大连理工大学管理论丛

基于大数据的企业信用评级与违约风险预测

——中国上市公司信用指数构建与信用特征分析

迟国泰 著

国家自然科学基金重点项目“大数据环境下的微观信用评价理论与方法研究”(71731003)
国家自然科学基金面上项目(72071026, 71873103, 71971051, 71971034)
国家自然科学基金青年科学基金项目(71901055, 71903019)
国家社会科学基金重大项目(18ZDA095)
大连银行小企业信用风险评级系统与贷款定价项目(2012-01)
中国邮政储蓄银行小额贷款信用风险评价项目(2009-07)
爱德力智能科技(厦门)有限公司智能风险管控模型与算法项目(2019-05)
大连理工大学经济管理学院
资助

科学出版社
北京

内容简介

本书以基于大数据的企业信用评级与违约风险预测为研究对象；以中国上市公司信用指数构建与信用特征分析为应用探索；以最优指标组合遴选、最优权重向量确定、最优信用等级划分三个关键的科学问题为突破口进行探索；建立了以违约率为核心的评级体系，把企业违约预测拓展到中国上市公司指数预测以及不同行业、不同地区、不同所有制的信用特征分析。

本书的读者对象包括财务管理、信用管理、银行管理、金融工程、金融学、大数据挖掘、管理科学与工程类专业的高校师生和研究人员；也包括股票和公司债投资、银行贷款、贷款信用保险、商业信用、互联网征信等实业领域的决策分析人员；还可供银行监管当局、证券监管当局、证券交易所等政策分析人员参考。

图书在版编目（CIP）数据

基于大数据的企业信用评级与违约风险预测：中国上市公司信用指数构建与信用特征分析 / 迟国泰著. —北京：科学出版社，2023.8
（大连理工大学管理论丛）
ISBN 978-7-03-070749-9

Ⅰ. ①基… Ⅱ. ①迟… Ⅲ. ①上市公司－企业信用－信用评级－研究－中国－2000-2023 ②上市公司－贷款风险－风险管理－研究－中国－2000-2023 Ⅳ. ①F832.4

中国版本图书馆 CIP 数据核字（2021）第 246470 号

责任编辑：陈会迎 郝 悦 王丹妮／责任校对：贾娜娜
责任印制：张 伟／封面设计：有道设计

科学出版社 出版
北京东黄城根北街 16 号
邮政编码：100717
http://www.sciencep.com
北京中科印刷有限公司 印刷
科学出版社发行 各地新华书店经销
*
2023 年 8 月第 一 版 开本：880×1230 1/16
2024 年 1 月第二次印刷 印张：54
字数：1 790 000
定价：398.00 元
（如有印装质量问题，我社负责调换）

作 者 简 介

迟国泰(1955 年生)，汉族，男，黑龙江海伦市人。大连理工大学经济管理学院二级教授，博士生导师，管理科学与工程博士。大连理工大学文科领军人才，国家社会科学基金学科规划评审组成员和会评专家。渤海银行股份有限公司独立董事，大连医诺生物股份有限公司独立董事。主要研究领域为金融工程。现阶段研究方向为基于大数据的信用评级理论和方法研究。作为第一完成人获辽宁省哲学社会科学成果奖二等奖(政府奖)7 项，获教育部高等学校科学研究优秀成果(人文社会科学)三等奖 1 项。在国家自然科学基金委员会管理科学部认定的 A 类重要学术期刊发表论文 200 多篇，发表 SSCI 检索的国际期刊论文 40 多篇，出版国家“十二五”规划教材《投资风险管理》一部，出版《财务管理》省级“十二五”规划教材一部。先后主持 11 项国家自然科学基金和国家社会科学基金项目，包括国家社会科学基金重大项目和国家自然科学基金重点项目。在信用评级核心技术和算法领域获得国家授权的国家发明专利两项(专利号：ZL 2012 10201461.6 和 ZL 201210201114.3)。

免责声明：本书是根据中国上市公司公开披露的企业信息与环境信息等客观资料，在采用 14 种典型的大数据模型进行交叉验证的情况下，客观地预测每家企业的违约状态和违约概率，并以此为基础构建了中国上市公司信用指数。本书的宏观与微观数据客观，模型与方法客观，学术研究成果客观。本书并不构成对任何公司股票投资、公司债券投资的投资建议，也不构成对任何公司的银行贷款以及具有上下游关系的任何公司的应收和应付账款之类的商业信用的授信建议和投资建议，也不承担由此而引发的任何法律责任。

丛书编委会

总　　序

编写一批能够反映大连理工大学经济管理学科科学研究成果的专著，是近些年一直在推动的事情。这是因为大连理工大学作为国内最早开展现代管理教育的高校，早在1980年就在国内率先开展了引进西方现代管理教育的工作，被学界誉为“中国现代管理教育的摇篮，中国MBA教育的发祥地，中国管理案例教学法的先锋”。

大连理工大学管理教育不仅在人才培养方面取得了丰硕的成果，在科学研究方面同样也取得了令同行瞩目的成绩。在教育部第二轮学科评估中，大连理工大学的管理科学与工程一级学科获得全国第三名的成绩；在教育部第三轮学科评估中，大连理工大学的工商管理一级学科获得全国第八名的成绩；在教育部第四轮学科评估中，大连理工大学工商管理学科和管理科学与工程学科分别获得A-的成绩，是中国国内拥有两个A级管理学科的6所商学院之一。

2020年经济管理学院获得的科研经费已达到4345万元，2015年至2020年期间获得的国家级重点重大项目达到27项，同时发表在国家自然科学基金委员会管理科学部认定核心期刊的论文达到1 000篇以上，国际SCI、SSCI论文发表超800篇。近年来，虽然学院的科研成果产出量在国内高校中处于领先地位，但是在学科领域内具有广泛性影响力的学术专著仍然不多。

在许多的管理学家看来，论文才是科学研究成果最直接、最有显示度的体现，而且论文时效性更强、含金量也更高，因此出现了不重视专著也不重视获奖的现象。无疑，论文是科学研究成果的重要载体，甚至是最主要的载体，但是，管理作为自然科学与社会科学的交叉成果，其成果载体存在的方式一定会呈现出多元化的特点，其自然科学部分更多地会以论文等成果形态出现，而社会科学部分则既可以以论文的形态呈现，也可以以专著、获奖、资政建议等形态出现，并且同样会呈现出生机和活力。

2010年，大连理工大学决定组建管理与经济学部，将原管理学院、经济系合并，重组后的管理与经济学部以学科群的方式组建下属单位，设立了管理科学与工程学院、工商管理学院、经济学院以及MBA/EMBA教育中心。2019年，大连理工大学管理与经济学部更名为大连理工大学经济管理学院。目前，学院拥有10个研究所、5个教育教学实验中心和9个行政办公室，建设有两个国家级工程研究中心和实验室，六个省部级工程研究中心和实验室，以及国内最大的管理案例共享平台。

经济管理学院秉承“笃行厚学”的理念，以“扎根实践培养卓越管理人才、凝练商学新知、推动社会进步”为使命，努力建设成扎根中国的世界一流商学院，并为中国的经济管理教育做出新的、更大的贡献。因此，全面体现学院研究成果的重要载体形式——专著的出版就变得更加必要和紧迫。本套论丛就是在这个背景下产生的。

本套论丛的出版主要考虑了以下几个因素：一是先进性。要将经济管理学院教师的最新科学研究成果反映在专著中，目的是更好地传播教师最新的科学研究成果，为推进经济管理学科的学术繁荣做贡献。二是广泛性。经济管理学院下设的10个研究所分布在与国际主流接轨的各个领域，所以专著的选题具有广泛性。三是选题的自由探索性。我们认为，经济管理学科在中国得到了迅速的发展，各种具有中国情境的理论与现实问题众多，可以研究和解决的现实问题也非常多，在这个方面，重要的是发扬科学家进行自由探索的精神，自己寻找选题，自己开展科学研究并进而形成科学研究的成果，这样一种机制会使得广大教师遵循科学探索精神，撰写出一批对于推动中国经济社会发展起到积极促进作用的专著。四是将其纳入学术成果考评之中。我们认为，既然学术专著是科研成果的展示，本身就具有很强的学术性，属于科学研究成果，那么就有必要将其纳入科学研究成果的考评之中，而这本身也必然会调动广大教师的积极性。

本套论丛的出版得到了科学出版社的大力支持和帮助。马跃社长作为论丛的负责人，在选题的确定和出版发行等方面给予了极大的支持，帮助经济管理学院解决出版过程中遇到的困难和问题。同时特别感谢经济管理学院的同行在论丛出版过程中表现出的极大热情，没有大家的支持，这套论丛的出版不可能如此顺利。

大连理工大学经济管理学院

2021 年 12 月

序

基于大数据的企业信用评级与违约风险预测是指通过建立企业内部和外部因素的大数据与企业违约状态的函数关系，预测企业未来的违约状态。

该书一方面探索了大数据背景下的信用评级与企业违约预测，另一方面把微观的、一个一个的企业违约预测，拓展到中国上市公司信用指数预测以及不同行业、不同地区的信用特征分析。从这个角度上讲，作者做了一次很有深度的且理论与实践相结合的有益尝试和探索。

作者采用线性判别分析(linear discriminant analysis，LDA)、支持向量机(support vector machine，SVM)、决策树(decision tree，DT)等 14 个大数据模型，通过精度(accuracy)、可解释性(interpretability)、复杂性(complexity)这个“不可能三角”的权衡，在综合考虑精度、可解释性和复杂性的情况下，反推出一个最优的违约预测模型。

作者首次提出中国上市公司信用指数的概念和标准，并开拓性地进行了中国上市公司信用特征分析。该书注重科学问题的深度挖掘，取得了可喜的进展。

该书在科学研究的方法论方面至少有如下三个特色。

一是通过遍历所有指标组合，在预测精度最高的基准下，遴选一个最优的指标组合。这个最优指标组合的遴选过程，也达到了大数据降维的目的。该书在204个指标构成的众多指标组合中，遴选出仅仅由10~25个特定的指标构成的不同行业、不同样本的最优指标组合，且其预测精度高于包括全部 204 个指标构成的指标组合在内的其他指标组合。

二是以预测误差最小为目标函数构建数学规划模型，反推出一组最优权重向量，保证了预测模型最大程度地区分违约与非违约企业。

三是通过以“信用等级越高，违约损失率越低”的“违约金字塔标准”为约束条件，以相邻等级违约损失率之间的差值最小为目标函数，通过构建数学规划模型进行了不同客户的最优信用等级的划分。

该书对于股票投资、公司债券投资、银行贷款、商业信用风险管理以及相关领域的监管和预警，具有重要的参考作用。

该书运用 2000~2018 年一共 19 年、每年 3400 多家企业、每个企业 204 个财务指标、非财务指标和宏观指标的数据，建立了 2000~2018 年 19 年间的企业违约判别模型，并预测了 2019~2023 年时间窗口长达 5 年的企业违约概率。

应用如上的大数据和大数据方法建立预测模型，该书得到了很多有趣的研究结论。

一是对上市公司违约状态有显著影响的宏观指标是“广义货币供应量(M2)同比增长率”“外商投资总额增长率”“中长期贷款基准利率”等 10 个指标。

二是对中国上市公司违约状态具有关键影响的短期预测指标为“基本每股收益”“长期资产适合率”“权益乘数”等 7 个指标，它们对企业未来 0~2 年的短期违约状态具有关键影响。

三是对中国上市公司违约状态具有关键影响的中期预测指标为“管理费用/营业总收入”“经营活动产生的现金流量净额/经营活动净收益”“营业收入占营业总收入比重”等 5 个指标，它们对企业未来 3~5 年的中期违约状态具有关键影响。

四是对中国上市公司违约状态中短期预测均有关键影响的指标为“资产负债率”“广义货币供应量(M2)同比增长率”这 2 个指标。不论是对未来 0~2 年的短期违约预测，还是对未来 3~5 年的中期违约预测都有重要影响。

该书还揭示了不同行业上市公司信用特征的分布规律，不同所有制形式上市公司信用特征的分布规律，以及揭示了不同地区上市公司信用特征的分布规律。

我郑重地向读者推荐这本学术专著。相信该书的出版对信用风险管理和中国信用指数研究，具有推动作用。

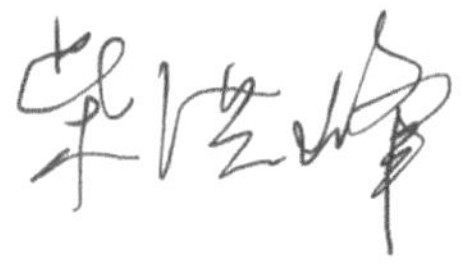

2021 年 4 月

前　言

金融的本质是资金的融通，资金融通的不确定性在于清偿能力的变化，即信用风险。控制信用风险的主要途径是违约判别和违约预测，它既包括单个企业的违约预测，又包括行业和地区的违约预测及信用特征的分析。

如何在大数据条件下防控中国金融风险及奠定中国金融安全的微观基础，一直是我们科研团队近年来的追求。

本书建立了以违约率为核心的评级体系。2021 年 3 月 28 日，中国人民银行、国家发展和改革委员会(简称国家发改委)、财政部、中国银行保险监督管理委员会(简称银保监会)、中国证券监督管理委员会(简称证监会)在《关于促进债券市场信用评级行业高质量健康发展的通知（征求意见稿）》中指出：“信用评级机构应当构建以违约率为核心的评级质量验证机制，制定实施方案，逐步将高评级主体比例降低至合理范围内，形成具有明确区分度的评级标准体系。”本书建立的正是这样的一个信用评级体系。

本书既对大数据背景下的企业违约预测进行了深入的探讨，又在宏观层面首次构建了揭示不同行业、不同地区信用风险的风向标——信用指数。

信用评级是通过对第 j 个企业第 i 个指标数据 X_{ij} 和第 j 个企业的违约状态 Y_j 之间的函数关系 $Y_j=f(X_{ij})$，挖掘企业的违约概率 $\hat{P}_j=g(X_{ij})$ 和确定企业的信用得分 $S_j=(1-\hat{P}_j)\times 100$，揭示企业违约风险大小。这里的指标既包括企业的财务与非财务指标，也包括宏观环境等指标。

违约预测是根据 $T-m$ 时刻的企业财务、非财务、宏观环境等指标数据 $X_{ij(T-m)}$ 和 T 时刻的违约状态 $Y_{j(T)}$ 之间的函数关系 $Y_{j(T)}=f(X_{ij(T-m)})$，建立大数据模型，实现通过 T 时刻的指标数据 $X_{ij(T)}$ 预测 $T+m$ 时刻企业的违约状态 $\hat{Y}_{j\,(T+m)}=f(X_{ij(T)})$、违约概率 $\hat{P}_{j\,(T+m)}=g(X_{ij(T)})$ 和信用得分 $S_{j(T+m)}=(1-P_{j(T+m)})\times 100$。

信用指数(credit index, CI)是指在上市公司样本中，选取 N 个典型公司样本，测算典型公司样本的信用得分 S_j。把 N 个典型公司样本的信用得分 S_j 进行加权平均，形成信用得分均值 $\bar{S}=\sum_{j=1}^{N}W_jS_j$。将第 T 年的信用得分均值 $\bar{S}_{(T)}$ 除以基准年 2000 年的信用得分均值 $\bar{S}_{(2000)}$，再乘以 1000，由此构建了第 T 年的上市公司信用指数 $\mathrm{CI}_{(T)}=(\bar{S}_{(T)}/\bar{S}_{(2000)})\times 1000$。信用指数旨在揭示全部上市公司或不同行业、不同地区、不同所有制形式的上市公司的清偿能力大小。信用指数越大，则说明清偿能力越强，信用状况越好。

信用风险指数(credit risk index, CRI)反映上市公司整体的违约可能性，即在上市公司样本中，选取 N 个典型公司样本，测算典型公司样本的违约风险得分$(100-S_j)$。把 N 个典型公司样本的违约风险得分$(100-S_j)$进行加权平均，形成违约风险得分均值 $\bar{R}=\sum_{j=1}^{N}W_j(100-S_j)$。将第 T 年违约风险得分均值 $\bar{R}_{(T)}$ 除以基准年 2000 年违约风险得分均值 $\bar{R}_{(2000)}$，再乘以 1000，由此构建了第 T 年的上市公司信用风险指数 $\mathrm{CRI}_{(T)}=(\bar{R}_{(T)}/\bar{R}_{(2000)})\times 1000$。信用风险指数越大，则说明上市公司整体的违约可能性越高，信用状况越差。不同行业、地区、所有制形式的信用风险指数同理。

信用风险指数与信用指数的差别，仅在于信用得分 S_j 的应用方式不同。信用指数是由信用得分 S_j 进行加权平均得到，反映清偿能力，信用指数越大，信用状况越好。相反，信用风险指数是由 100 减去信用得分 S_j 的$(100-S_j)$进行加权平均得到，反映违约可能性，信用风险指数越大，信用状况越差。

这里 N 个典型公司样本的选取，本书构造了三种方式。一是按上市公司资产总额 A_j 由大到小排序后，

选取资产总额 A_j 排序前 10%的上市公司样本。二是按上市公司负债总额 L_j 由大到小排序后，选取负债总额 L_j 排序前 10%的上市公司样本。三是按上市公司资产总额和负债总额之和(A_j+L_j)由大到小排序后，选取资产总额和负债总额之和(A_j+L_j)排序前 10%的上市公司样本。

指数权重 W_j 的确定，本书构造了三种方式。一是单个企业的资产总额 A_j 占全部典型样本企业资产总额 $\sum_{j=1}^{N} A_j$ 的比重，构造权重 $W_j^A=A_j/\sum_{j=1}^{N} A_j$。二是单个企业的负债总额 L_j 占全部典型样本企业负债总额 $\sum_{j=1}^{N} L_j$ 的比重，构造权重 $W_j^L=L_j/\sum_{j=1}^{N} L_j$。三是单个企业的资产总额和负债总额之和$(A_j+L_j)$占全部典型样本企业资产总额和负债总额之和 $\sum_{j=1}^{N}(A_j+L_j)$ 的比重，构造权重 $W_j^{A+L}=(A_j+L_j)/\sum_{j=1}^{N}(A_j+L_j)$。

本书以 2000 年为基准年，将基准年的信用指数和信用风险指数设定为 1000。将 2000~2023 年的全部 24 年中其他 23 年信用指数和信用风险指数，均以 2000 年指数为 1000 的基准进行折算。

在信用指数构建的基础上，就可以对中国上市公司的信用特征进行分析了。信用特征的分析包括行业特征、区域特征、所有制特征等。

企业的信用评级和违约预测是基础，信用指数的构建和上市公司信用特征的分析是应用。

本书共构建了下列 6 类信用指数和信用风险指数。

一是全部中国上市公司的信用指数和信用风险指数。

二是中国上市公司分行业的信用指数和信用风险指数，涵盖制造业、建筑业、采矿业等 9 个行业。

三是全部中国上市公司小企业的信用指数和信用风险指数。

四是上市公司小企业分行业的信用指数和信用风险指数，涵盖制造业、房地产业等 3 个行业。

五是上市公司不同所有制形式的信用指数和信用风险指数，涵盖中央国有企业[①]、民营企业、外资企业等全部 7 种所有制形式。

六是北京、上海、天津、重庆等 4 个直辖市以及辽宁省的上市公司信用指数和信用风险指数。

信用评级和违约预测对于股票和债券投资、商业银行贷款、金融监管当局实施监管以及企业间有应收账款和应付账款的供应链融资，具有重要的参考作用。

2020 年中国沪深两市上市公司 4154 家，股市市值 79.72 万亿元，总资产 309.27 万亿元，总负债 259.96 万亿元。对于仅次于美国的全球第二大股票市场的上市公司进行违约预测和信用指数编制，至少具有以下 5 个方面的作用。

一是对股票投资的作用。通过本书预测的上市公司信用指数，为股票投资者提前把握未来牛市或熊市的趋势执行加仓或减仓操作提供参考，为股票投资者提前卖出高风险行业、高风险企业、高风险地区的股票以降低股票投资风险提供依据。

二是对债券投资的作用。通过本书预测的上市公司信用指数，债券投资者能够提前识别并卖出未来极有可能违约的高风险行业、高风险所有制企业和高风险地区的债券，从而提前抛出高风险债券，减少损失。2020 年仅中国国有企业发行的公司债中，债券违约金额就高达 1077 亿元；若能提前识别其中 10%的违约债券，将挽回债券投资者约 107(1077×10%)亿元的损失。

三是对银行贷款的作用。通过本书预测的上市公司信用指数，商业银行能够提前识别某个行业、所有制类型、地区的公司违约风险，从而有针对性地进行贷款定价，如提高违约风险最大行业的企业贷款利率等，降低不良贷款率，减少损失。以 2020 年 6 月末我国商业银行不良贷款余额 2.74 万亿元进行测算，若不良贷款率降低 10%，则商业银行可减少近 2740 亿元的损失。对开展贷款信用保险的保险公司的作用同理。

四是对金融监管当局的作用。通过本书预测的上市公司信用指数，对上市公司所在行业、所有制类型、所在地区进行违约风险监测和预警，挖掘行业、所有制、地区的违约风险拐点，为证监会等金融监管当局提供预警信息，从而有针对性地进行及时监管预警或出台相应监管政策。

五是对商业信用风险的管理。我国企业商业信用规模巨大。据国家统计局的权威发布，我国 2020 年末，规模以上工业企业应收账款就达到了 16.41 万亿元，比上年末增长 15.1%。这还不包括其他企业的商业信

① 根据 Wind 数据库所划分的企业所有制属性，若企业实控人为国资委、中央国家机关时，企业所有制属性归类为中央国有企业。

用，也不包括应收票据等其他形式的商业信用。通过本书的企业违约预测与上市公司的信用指数预测，对供应链上下游企业的所在行业、所属所有制类型、所在地区的信用状况进行预警，可以为供应链融资的上下游企业间的应收账款、应付账款违约风险提供预警，从而有效降低供应链融资中的违约风险。

本书在科学研究的方法论方面的创新与特色有八。

一是最优指标组合遴选与大数据降维上的特色。本书在由 m 个指标构成的(2^m-1)个指标组合中，通过违约状态与指标数据的函数关系 $y=f(x_1,x_2,\cdots,x_m)$，遍历所有指标组合的预测精度，以几何平均精度最大为目标函数得到一个最优的指标组合，同时也得到了一个显著的大数据降维效果。企业违约预测最优指标组合的遴选是企业违约预测的关键科学问题。由于每个指标都有“选中”与“未选中”两种状态，因此，m 个指标就有(2^m-1)种组合。例如，本书上市公司的 204 个指标，构成的组合个数就有 $2^{204}-1\approx2.57\times10^{61}$ 之多。本书运用 2000~2018 年一共 19 年、每年 3400 多家企业、每个企业 204 个财务指标、非财务指标、宏观指标等众多的指标数据，进行大数据降维，得到了针对不同行业、不同预测年份的 15~20 个特定指标构成的具有最高判别与预测精度的最优指标组合，建立了 2000~2018 年 19 年间的企业违约判别模型，并预测了 2019~2023 年时间窗口长达 5 年的企业违约概率。这里根据的科学命题是：不同指标组合的预测精度不同，势必存在一个最优指标组合能够最大限度地把违约与非违约客户区分开来。

二是最优权重向量确定的特色。根据违约状态 $Y_{j(T)}$与指标权重向量 $W_{i(T-m)}$的函数关系 $Y_{j(T)}=f(W_{i(T-m)}, X_{ij(T-m)})$，将预测的理论违约状态 $\hat{Y}_j$ 与实际违约状态 Y_j 进行对比得到预测误差，以预测误差最小为目标函数构建数学规划模型，反推出一组最优权重向量，保证了预测模型最大限度地区分违约与非违约企业。最优权重向量的确定也是企业违约预测的关键科学问题。一个指标权重的 W_i 取值范围是 0 到 1，由于数轴上任意两点间的有理数有无穷多个，则多个指标权重 $W_i(i=1, 2, \cdots, m)$就有无穷多种组合。这里根据的科学命题是：不同权重向量的预测精度不同，势必存在一个最优的权重向量能够最大限度地把违约与否的客户区分开来。

三是最优预测模型建立上的特色。本书采用线性判别模型、支持向量机、决策树等 14 个大数据模型进行违约预测。本书以精度由高到低为第 1 排序标准，可解释性由强到弱为第 2 排序标准，复杂性由简洁到复杂为第 3 排序标准，遴选同时兼顾精度、可解释性、复杂性这个“不可能三角”规则的一个最优预警模型，作为构建信用指数的评价方程和预测方程。

四是预测窗口上的特色。通过挖掘 $T-m$ 时刻的指标数据 $X_{ij(T-m)}$和 T 时刻的违约状态 $Y_{j(T)}$之间的函数关系 $Y_{j(T)}=f(X_{ij(T-m)})$建立大数据模型，实现通过 T 时刻的指标数据 $X_{ij(T)}$预测 $T+m$ 时刻企业的违约状态 $Y_{j(T+m)}=f(X_{ij(T)})$。这里解决的是预测期限或多时间窗口的违约预测问题。

五是最优信用等级划分的特色。通过挖掘“信用等级越高，违约损失率越低”的信用等级与违约损失率的匹配关系，以相邻等级违约损失率之间的差值最小为目标函数，以违约损失率随等级降低严格递增为约束条件，建立信用等级划分模型，保证划分后的信用等级分布近似于等腰三角形的金字塔形状，使得信用等级的划分结果满足“信用等级越高，违约损失率越低”的评级本质规律。改变了现有研究中信用等级越高、违约损失率反而不低的荒谬现象，开拓了信用等级划分的新思路。

六是建立了以违约率为核心的评级体系。2021 年 3 月 28 日，中国人民银行等五部委就《关于促进债券市场信用评级行业高质量健康发展的通知征求意见稿》公开征求意见。文件明确指出：“信用评级机构应当构建以违约率为核心的评级质量验证机制，制定实施方案，逐步将高评级主体比例降低至合理范围内，形成具有明确区分度的评级标准体系。”本书就是“以违约率为核心的评级质量验证机制”，通过企业违约概率的测算得到企业信用评分，通过违约概率预测企业的违约状态。

七是信用特征分析上的特色。通过对公司信用得分均值之间的差异进行非参数检验，揭示了上市公司的信用特征。通过对不同行业、地区、企业所有制形式的公司信用得分均值之间的差异进行非参数检验，识别不同类别公司的信用资质高低，揭示不同行业、不同地区、不同所有制形式的中国上市公司，哪类公司的信用资质好，哪类公司的信用资质差，哪类公司的信用资质居中，为股票投资、债券投资提供投资参照，为上市公司自身风险管理提供参考，为银行贷款决策减少坏账损失提供依据，为金融监管当局提供监管建议。

八是首次建立了中国上市公司的信用指数和信用风险指数。通过负债总额、资产总额、资产总额加负债总额之和的三个标准分别由高到低选取公司样本总数的前 10%作为典型公司样本，根据最优违约预测模型计算得到典型公司样本的信用得分 S_j，并将典型公司样本的信用得分 S_j 加权平均后转化为信用指数，将典型公司样本的违约风险得分(100–S_j)加权平均后转化为信用风险指数。信用指数用于反映清偿能力大小，信用风险指数用于反映违约可能性大小，实现对未来第 T+m 年的信用状况和违约风险的监测和预警作用。

本书在数据处理方面的特色有三。

一是在非结构化指标处理方面的特色。本书采用证据权重(weight of evidence, WOE)方法来确定非结构化指标数据的真实得分，而不是人为给定 0 或 1 的主观得分。通过非结构化指标中某个特征违约客户数量占比和非违约客户数量占比之差，计算该特征的证据权重得分，保证了非结构化指标中特征的得分能够反映违约可能性大小，弥补了主观给定得分不能反映违约可能性的不足。

二是在非平衡数据处理方面的特色。本书采用合成少数类过采样技术(synthetic minority oversampling technique, SMOTE)方法来处理非平衡数据，即通过在真实违约客户之间进行线性插值的方式，合成虚拟的违约样本，扩充违约企业数量，确保样本中违约企业数量与非违约企业数量为 1∶1 的平衡比例，避免了非平衡样本导致训练得到的大数据模型对违约差客户识别率低的弊端。

三是在剔除异常值处理方面的特色。本书采用均值±3 倍标准差的方式进行异常值缩尾处理，根据标准正态分布的 3σ 原则，保留了样本 99.74%的信息，避免了样本中异常值存在影响违约预测精度的弊端。

本书在影响中国上市公司违约状态的主要因素方面的研究发现有五。

一是揭示了中国上市公司不同期限违约预测的最优指标组合。对于预测期限为 0 年的违约判别，影响企业违约状态的主要指标有“资产负债率”“每股权益合计”“违规类型”等 19 个指标。对于预测期限为 1 年的违约预测，影响企业违约状态的主要指标有“资产负债率”“营业外收入占营业总收入比重”“广义货币供应量(M2)同比增长率”等 11 个指标。对于预测期限为两年的违约预测，影响企业违约状态的主要指标有“资产负债率”“账面市值比”“审计意见类型”等14个指标。对于预测期限为3年的违约预测，影响企业违约状态的主要指标有“管理费用/营业总收入”“营业总成本增长率”“业绩预告次数”等 10 个指标。对于预测期限为 4 年的违约预测，影响企业违约状态的主要指标有“有形资产/负债合计”“净资产收益率”“审计意见类型”等 14 个指标。对于预测期限为 5 年的违约预测，影响企业违约状态的主要指标有“资产负债率”“管理费用/营业总收入”“每股社会贡献值”等 17 个指标。这些特点的指标组合，保证了违约预测精度最大。

二是影响中国上市公司违约状态的重要宏观指标为“广义货币供应量(M2)同比增长率”“外商投资总额增长率”“中长期贷款基准利率”等 10 个关键宏观指标，对上市企业违约状态有显著影响。

三是对中国上市公司违约状态具有关键影响的短期预测指标为“基本每股收益”“长期资产适合率”“权益乘数”等 7 个指标，它们对企业未来 0~2 年的短期违约状态具有关键影响。

四是对中国上市公司违约状态具有关键影响的中期预测指标为“管理费用/营业总收入”“经营活动产生的现金流量净额/经营活动净收益”“营业收入占营业总收入比重”等 5 个指标，它们对企业未来 3~5 年的中期违约状态具有关键影响。

五是对中国上市公司违约状态中短期预测均有关键影响的指标为“资产负债率”“广义货币供应量(M2)同比增长率”这两个指标。不论是对未来 0~2 年的短期违约预测，还是对未来 3~5 年的中期违约预测都有重要影响。

本书在揭示中国上市公司信用特征方面的研究特色有四。

一是本书首次构造了中国上市公司信用指数。对于股票投资、公司债券投资、银行贷款、企业的商业信用活动等，可以根据甄别企业信用风险、行业信用风险、地区信用风险，减少投资和贷款失误。对于证券交易所、金融监管当局，可以提供企业违约预警、行业违约预警、地区违约预警，提供未来违约风险变化态势，从而针对性地出台相应政策措施来维护证券市场稳定。

二是揭示了不同行业上市公司的信用特征分布规律：“信息传输、软件和信息技术服务业”、“制造业”和“建筑业”3 个行业的信用资质最高，“文化、体育和娱乐业”、“其他行业”和“批发和零售业”3 个行业的信用资质居中，“采矿业”、“电力、热力、燃气及水生产和供应业”和“房地产业”3 个行业的信用资质最低。

三是揭示了不同所有制形式上市公司的信用特征分布规律：民营企业、集体企业和外资企业的信用资质最高，公众企业[①]和中央国有企业的信用资质次之，地方国有企业和由协会等实际控股的其他所有制企业的信用资质最低。

四是揭示了不同地区上市公司的信用特征分布规律：广东省、浙江省、江苏省、北京市、福建省、贵州省、山东省、安徽省、陕西省和江西省 10 个地区的信用资质最高，河北省、河南省、上海市、甘肃省、湖南省、湖北省、四川省、西藏自治区、重庆市和内蒙古自治区 10 个地区的信用资质居中，辽宁省、天津市、吉林省、云南省、山西省、广西壮族自治区、青海省、宁夏回族自治区、海南省、黑龙江省和新疆维吾尔自治区 11 个地区的信用资质最低。

本书共 4 篇 23 章，包括 10 套上市公司不同行业的评级体系和 4 套上市小企业不同行业的评级体系。

第一篇的第 1~4 章是中国上市公司的企业违约预测和指数构建的原理与模型。包括信用评级原理、违约预测原理、指数构建原理、大数据违约评价模型构建原理、最优违约预警指标体系遴选原理、最优指标赋权原理、信用等级划分的违约金字塔原理。

第二篇的第 5~14 章是中国上市公司的企业违约预测与信用指数构建。分别描述了上市公司以及 9 个不同行业的信用指数构建原理、模型与实证分析。

第三篇的第 15~18 章是中国上市小企业的公司违约预测与信用指数构建。分别描述了上市小企业以及 3 个不同行业的信用指数构建原理、模型与实证分析。

第四篇的第 19~23 章是中国上市公司的信用特征分析及重点违约预警企业。描述了中国上市公司不同行业、不同地区、不同所有制形式的信用特征、重点的预警企业和各自的信用指数趋势预测。

本书科学研究内容的实践积淀得益于迟国泰教授主持的商业银行和智能科技公司的几个项目。一是 2007.06~2008.06 的“大连银行小企业信用风险评价系统”；二是 2009.07~2010.10 的“中国邮政储蓄银行农户小额贷款信用风险决策评价系统和商户小额贷款信用风险决策评价系统”；三是 2012.01~2013.12 的“大连银行小企业信用风险评级系统与贷款定价系统”；四是 2019.05~2020.12 的“爱德力智能科技(厦门)有限公司智能风险管控模型与算法系统研究”。

本书科学研究内容的理论探索和系统攻关方面得益于迟国泰教授主持的两个国家自然科学基金项目。一是 2012.01~2015.12 的国家自然科学基金面上项目“基于违约风险金字塔原理的小企业贷款定价模型”(71171031)。二是 2018.01~2022.12 的国家自然科学基金重点项目“大数据环境下的微观信用评价理论与方法研究”(71731003)。

本书五易其稿，六次修改，是迟国泰教授科研团队科学研究的最新成果，也是团队师生集体智慧的结晶。

博士生导师周颖教授，组织并参与了整个书稿的框架设计、内容安排和后期的文字润色，并对迟国泰教授科研团队初稿撰写的师生进行了协调。

博士生袁昆鹏协助作者组织了全部 5 次初稿的修改讨论会，负责对全部初稿起草小组的研究生进行协调、指导和帮助，并参加了相应篇章初稿的文字撰写和润色。博士生章彤、李哲参加了初稿的文字撰写和润色，并协助袁昆鹏进行了组织协调。

博士生袁昆鹏负责第 5~18 章等主要篇章不同样本的最优指标组合遴选模型、最优信用等级划分模型、信用指数模型、信用风险指数模型等 4 个部分的计算机编程和大数据分析。

博士生章彤负责线性判别模型、多数投票线性支持向量机(majority voting linear support vector machine，MV_LINSVM)、多数投票 BP 神经网络 (majority voting back propagation neural network，MV_BPNN) 模型等 8 种模型的计算机编程和大数据分析，他还负责了逻辑回归 (logistic regression，LR) 模型、决策树模型、K 近邻 (K-nearest neighbor，KNN) 模型等 5 种模型计算机软件的应用和大数据分析。

博士生李哲负责最优信用等级划分模型和广义加性模型(general addictive models，GAM)的计算机编程与大数据分析。

---

① 无实控人或企业在指定的媒体平台未公开实控人信息且没有其他依据为中央国有企业、地方国有企业、民营企业、外资企业、集体企业、其他所有制企业时，企业所有制属性归类为公众企业。

博士生李存、董冰洁、王珊珊、邢晋和硕士生沈隆、郑云浩等6人作为初稿文字撰写组长，负责各自撰写小组人员的组织和协调，并参加了相应篇章初稿的文字撰写和编辑。

博士生柏凤山、张志鹏、章彤等9人，硕士生郭秀斌、赵海浪、梁金月等14人参加了相应篇章初稿的文字撰写和编辑。

博士生李存、柏凤山，硕士生郑云浩负责了出版、校对事宜。

成力为教授和秦学志教授审阅了第4稿的书稿，并提出了宝贵的修改意见。

本书有幸得到中国工程院院士，金融信息工程管理专家，中国银联股份有限公司董事柴洪峰先生的阅读和指导，并拨冗为本书作序，向读者推荐本书。感谢柴院士的指导和鼓励。

科学出版社的李莉女士就本书内容的表述提出了很多宝贵的意见。

大连理工大学经济管理学院资助出版了本书。

感谢国家自然科学基金重点项目“大数据环境下的微观信用评价理论与方法研究”(71731003)的资助。

本书以基于大数据的企业信用评级与违约风险预测为研究对象；以中国上市公司信用指数构建与信用特征分析为应用探索；以最优指标组合的遴选、最优权重向量的确定、最优信用等级划分等三个关键的科学问题为突破口进行探索。

不失一般性，任何领域的科学研究对象的评价，其最本质的科学问题都离不开最优指标组合的遴选、最优权重向量的确定和最优评价等级的划分。不言而喻，对于任何一种基于大数据方法的企业信用评级和违约风险预测，都离不开这三个关键的科学问题。

本书研究开展时间为2019年，故使用2000~2018年这19年的3425家中国上市公司样本数据，建立了2000~2018年这19年间的企业违约判别模型，并预测了2019~2023年时间窗口长达5年的企业违约概率。应该指出，书中涉及的证券简称也为研究开展时间2019年的简称。

受作者的学识水平所限，书中难免存在疏漏之处，诚恳地希望读者批评指正。

作 者

2021年4月

目　录

第三篇 中国上市小企业的公司违约预测与信用指数构建

第四篇　中国上市公司的信用特征分析及重点违约预警企业

第一篇

中国上市公司的企业违约预测和指数构建的原理与模型

第1章 绪 论

1.1 科学问题的性质

1.1.1 企业违约预测与信用指数的定义

信用评级是通过企业的财务、非财务、宏观环境等指标数据X_{ij}和违约状态Y_j之间的大数据关系$Y_j=f(X_{ij})$，挖掘企业的违约概率$\hat{P}_j=g(X_{ij})$和确定企业的信用得分$S_j=(1-\hat{P}_j)\times100$，揭示企业违约风险大小。

违约预测是根据$T-m$时刻的企业财务、非财务、宏观环境等指标数据$X_{ij(T-m)}$和T时刻的违约状态$Y_{j(T)}$之间的函数关系$Y_{j(T)}=f(X_{ij(T-m)})$，建立大数据模型，实现通过T时刻的指标数据$X_{ij(T)}$预测$T+m$时刻企业的违约状态$\hat{Y}_{j\ (T+m)}=f(X_{ij(T)})$、违约概率$\hat{P}_{j\ (T+m)}=g(X_{ij(T)})$和信用得分$S_{j(T+m)}=(1-\hat{P}_{j\ (T+m)})\times100$。

信用指数旨在揭示清偿能力大小，即在上市公司样本中，选取N个典型公司样本，测算典型公司样本的信用得分S_j。把N个典型公司样本的信用得分S_j进行加权平均，形成信用得分均值$\bar{S}=\sum_{j=1}^{N}W_jS_j$。将第$T$年的信用得分均值$\bar{S}_{(T)}$除以基准年2000年的信用得分均值$\bar{S}_{(2000)}$，再乘以1000，由此构建了第$T$年上市公司信用指数$\mathrm{CI}_{(T)}=(\bar{S}_{(T)}/\bar{S}_{(2000)})\times1000$。信用指数越大，则说明上市公司整体清偿能力越强，上市公司整体的信用状况越好。

对于信用指数的权重W_j，本书分别采用了单个企业的资产总额A_j占全部样本企业资产总额A的比重A_j/A，单个企业的负债总额L_j占全部样本企业负债总额L的比重L_j/L，单个企业的资产总额加负债总额之和(A_j+L_j)占全部样本企业资产总额加负债总额之和$(A+L)$的比重$(A_j+L_j)/(A+L)$等三种方式，从而构建得到信用指数。

与信用指数相对应的是信用风险指数。信用风险指数反映上市公司整体的违约可能性，即在上市公司样本中，选取N个典型公司样本，测算典型公司样本的违约风险得分$(100-S_j)$。把N个典型公司样本的违约风险得分$(100-S_j)$进行加权平均，形成违约风险得分均值$\bar{R}=\sum_{j=1}^{N}W_j(100-S_j)$。将第$T$年的违约风险得分均值$\bar{R}_{(T)}$除以基准年2000年的违约风险得分均值$\bar{R}_{(2000)}$，再乘以1000，由此构建第$T$年上市公司信用风险指数$\mathrm{CRI}_{(T)}=(\bar{R}_{(T)}/\bar{R}_{(2000)})\times1000$。信用风险指数越大，则说明上市公司整体的违约可能性越高，信用状况越差。

本书共构建了下列6类信用指数和信用风险指数。

一是全部中国上市公司的信用指数和信用风险指数。

二是中国上市公司不同行业的信用指数和信用风险指数，涵盖制造业、建筑业、采矿业等9个行业。

三是全部中国上市公司小企业的信用指数和信用风险指数。

四是上市公司小企业不同行业的信用指数和信用风险指数，涵盖制造业、房地产业、其他行业这3个行业。

五是上市公司不同所有制形式的信用指数和信用风险指数，涵盖中央国有企业、民营企业、公众企业等全部7种所有制形式。

六是北京市、上海市、天津市、重庆市这4个直辖市以及辽宁省的上市公司信用指数和信用风险指数。

1.1.2 中国上市公司信用指数的构建原则

中国上市公司信用指数构建的原则有三。

一是信用指数的可比性原则。在求解各年信用指数时，将各年的上市公司信用得分均值以初始年份(2000 年)信用指数等于 1000 为基准进行折算得到，从而保证各年的信用指数可比，方便把握信用指数随时间变化的趋势。

二是信用指数的预测性原则。通过挖掘 $T-m(m=1, 2, 3, 4, 5)$时刻的指标数据 $X_{ij(T-m)}$和 T 时刻的违约状态 $\hat{Y}_{j(T)}$之间的函数关系 $\hat{Y}_{j(T)}=f(X_{ij(T-m)})$，得到用 T 时刻的指标数据 $X_{ij(T)}$预测 $T+m(m=1, 2, 3, 4, 5)$时刻的违约状态 $\hat{Y}_{j(T+m)}$，使得信用指数不仅能对上市公司当下的信用风险进行评价，还能对上市公司的未来信用风险大小进行预测。

三是信用指数的全面性原则。本书构建了一系列的信用指数，用以反映上市公司整体，以及不同行业、不同地区、不同所有制上市公司的信用状况，方便从不同角度把握上市公司信用状况。

1.2 研究背景及意义

1.2.1 研究背景

本书的研究背景有三。

一是我国上市公司在国民经济中的作用日益突出。截至 2020 年，我国上市公司数量已超 4100 家，总市值近 80 万亿元，涵盖了国民经济 90 个行业大类，总营业收入占全国 GDP 近一半，实体企业利润总额相当于规模以上工业企业的五成，吸纳员工总数近 2500 万人，在我国经济体系中“基本盘”和“顶梁柱”的地位日益巩固[1]。

二是现阶段缺乏对我国上市公司信用风险度量的有效方法。目前我国没有公认的、行之有效的上市公司信用评级与违约预测模型方法。加之现阶段国内经济下行压力加大、外部环境存在较大不确定性，对上市公司的信用风险进行准确评判更显得尤为重要。

三是大数据背景下，亟须新的理论范式指导信用风险管理实践。2012 年以来，多源大数据的产生，以及机器学习、人工智能等技术的飞速发展，给信用评级以及违约预测更准确地识别企业的违约风险提供了可能，也给信用评级理论发展提出了新的挑战[2]。

1.2.2 研究意义

中国上市公司信用指数构建的意义至少有四。

一是为股票或债券投资提供风险警示信息。有效的信用评级与违约预测能够为市场提供风险警示信息，促进资本市场的健康发展[3]。相反，如果无法准确识别违约风险，将会给银行以及各种投资者带来难以估量的损失，甚至引发连锁反应，重蹈 2008 年全球金融危机的覆辙[4]。本书通过对上市公司违约风险进行预测，为股票买卖、公司债投资等提供投资决策参考。比如，对股票或债券投资者来说，通过本书预测的上市公司 3 年后的违约概率，则可及时卖出未来最可能违约公司发行的股票或债券，以规避损失。同时可根据本书预测的上市公司所处行业、所有制形式和地区的信用指数，对不同行业、所有制形式和地域进行差异化投资布局，适当减少对信用指数较差行业、所有制形式或地域的整体投资，有效降低投资风险。

二是为商业银行贷款发放等投融资活动提供决策依据。目前我国不良贷款形势不容乐观，据银保监会披露[5-7]，2018 年末、2019 年末、2020 年 6 月末，我国商业银行不良贷款余额分别为 2.03 万亿元、2.41 万亿元及 2.74 万亿元，不良贷款率分别为 1.83%、1.86%和 1.94%。可以看出，近 3 年银行的不良贷款余额与不良贷款率呈增长趋势。银行坏账金额数目庞大，令人触目惊心。本书预测的上市公司的行业、所有制形式和地区的信用指数，能帮助商业银行在发放贷款时准确识别处于高风险行业、所有制形式和地区的公司，有效避免不良贷款的产生。

三是为金融监管当局提供政策建议。本书通过挖掘企业信用信息大数据，对上市公司的信用风险监测和预警，协助监管当局甄别可能违约的企业，从而提前采取监管谈话等警示措施，做到防患于未然。对上市公司所在行业的信用风险监测和预警，挖掘行业违约风险未来可能存在的拐点，为监管提供预警“雷达图”，帮助证监会等监管当局及时把握各个行业的信用风险变化态势，从而有针对性地出台相应政策措施。

四是为供应链融资业务的平稳运行提供参考依据。随着银行资金注入供应链，核心企业的信用状况会因供应链的联结而放大，信用风险也随之扩大，甚至传导至整条供应链。银行通过考察供应链全链条的运营情况，更加全面、准确地把握企业的违约风险，为供应链融资业务的平稳运行，进一步降低贷款的不确定性提供参考。

1.3　本书的主要工作及框架

本书共 4 篇 23 章，包括 10 套上市公司不同行业的评级体系和 4 套上市小企业不同行业的评级体系。主要框架如图 1.1 所示。

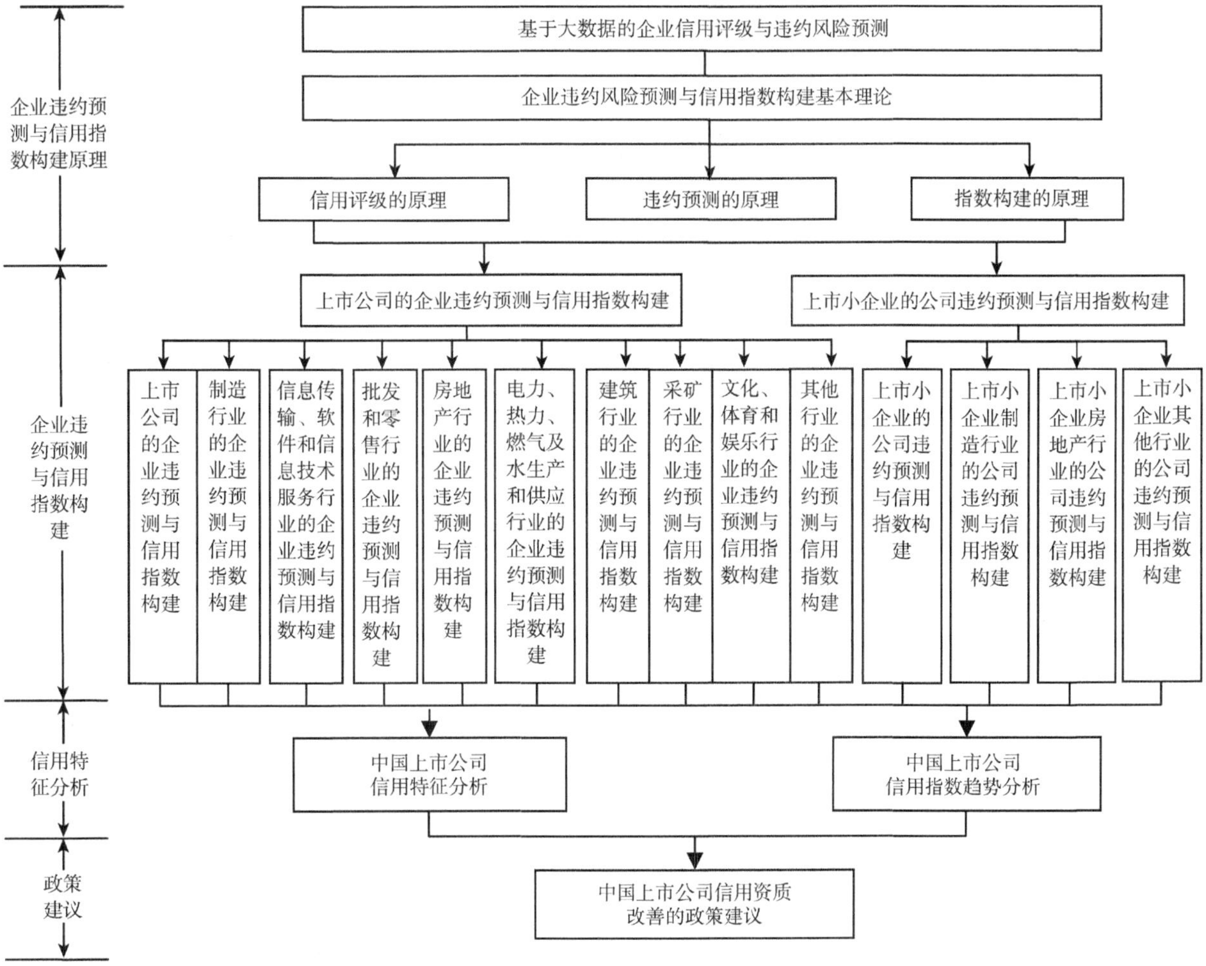

图 1.1　本书的主要内容框架

第一篇的第 1~4 章是中国上市公司的企业违约预测和指数构建的原理与模型。包括信用评级原理、违约预测原理、指数构建原理、大数据违约评价模型构建原理、最优违约预警指标体系遴选原理、最优指标赋权原理、信用等级划分的违约金字塔原理。

第二篇的第 5~14 章是中国上市公司的企业违约预测与信用指数构建。分别描述了上市公司以及 9 个不同行业的信用指数构建原理、模型与实证分析。

第三篇的第 15~18 章是中国上市小企业的公司违约预测与信用指数构建。分别描述了上市小企业以及 3 个不同行业的信用指数构建原理、模型与实证分析。

第四篇的第 19~23 章是中国上市公司的信用特征分析及重点违约预警企业。描述了中国上市公司不同行业、不同地区、不同所有制形式的信用特征、重点的预警企业和各自的信用指数趋势预测。

参 考 文 献

[1] 中国证券监督管理委员会. 落实新发展理念 推动上市公司高质量发展——阎庆民副主席在第二十五届(2021 年度)中国资本市场论坛上的讲话[EB/OL]. http://www.csrc.gov.cn/csrc/c100028/c1444702/content.shtml [2021-01-19].

[2] 郑建华, 黄灏然, 李晓龙. 基于大数据小微企业信用评级模型研究[J]. 技术经济与管理研究, 2020, (7)：22-26.

[3] 何平, 金梦. 信用评级在中国债券市场的影响力[J]. 金融研究, 2010, (4)：15-28.

[4] 章彤, 迟国泰. 基于最优信用特征组合的违约判别模型——以中国 A 股上市公司为例[J]. 系统工程理论与实践, 2020, 40(10)：2546-2562.

[5] 中华人民共和国中央人民政府网. 2018 年末我国商业银行不良贷款率降至 1.83%[EB/OL]. http://www.gov.cn/xinwen/2019-02/25/content_5368421.htm[2019-02-15].

[6] 中华人民共和国中央人民政府网. 银保监会：2019 年末我国商业银行不良贷款率 1.86%[EB/OL]. http://www.gov.cn/shuju/2020-02/17/content_5480190.htm[2020-02-17].

[7] 中华人民共和国中央人民政府网. 二季度末我国商业银行不良贷款率升至 1.94%[EB/OL]. http://www.gov.cn/xinwen/2020-08/10/ content_5533794.htm [2020-08-10].

第 2 章　基于大数据方法的违约风险预警研究进展

2.1　大数据违约风险预警的研究背景

人工智能、量子计算、物联网等领域的出现标志着第四次工业革命的兴起，以数字化、智能化为核心的“大数据、物联网、云计算”等新一代信息技术的不断发展，在深刻改变社会资源配置方式的同时造就了社会经济系统的全新运行状态[1]。智能化的发展在给社会带来效率的同时，为管理者的决策带来了大量多元化的数据资源。蚂蚁金服和 Affirm 等金融科技公司运用网络社交大数据进行个人信用风险评估，韩国的金融服务平台 Naver Financial 在 2019 年成立之初基于 Never Pay 平台结合线上和线下支付大数据推出信用卡等金融产品，美国的网络贷款平台 Kabbage 基于网商经营情况、客户在社交网络互动等信息开发了一套 Kabbage Score 的网商信用评级体系。阿里巴巴的芝麻信用评分系统基于用户财务数据、用户与朋友的互动数据等大数据建立了个人信用风险评估模型[2]。因此研究大数据环境下违约风险预警至关重要，主要作用如下。

1. 大数据环境下的违约风险预警是中国与全球经济体稳定发展的保障

随着经济全球化进程的不断加快，全球各经济体的交流日益密切，国际间的借贷已经逐渐成为影响各经济体间资金流动和信贷资源配置的重要环节。因此，国家的信用体系建设在国际交流和合作中的影响日益重要。信用评级在国际金融市场上占据主导地位，通过对各种金融资产的偿还能力或投资风险做出优劣评级[3]，能够展现世界各经济体的信用状态，从而使得信用评级成为资本、贸易流动的指挥者，为国际间信贷资源配置提供决策依据，降低全球经济体往来交易中潜在的风险，为巩固中国与国际间的经济合作打下坚实的基础。

2. 大数据环境下的违约风险预警是当代信用监管的关键

2019 年 7 月国务院办公厅在《关于加快推进社会信用体系建设 构建以信用为基础的新型监管机制的指导意见》[4]中指出，以加强信用监管为着力点，使得信用监管衔接事前、事中、事后整个环节，不断提升监管能力，优化营商环境。

在互联网时代，多元化的数据来源可以丰富传统违约鉴别的指标维度，能够为信用监管当局做出精确的评估提供信息。目前国内的大数据主要源自四类[5]：电商平台、P2P 网络借贷平台、同业信息数据库和互联网大数据公司。这些网络交易和社交平台积累的数据在弥补经济主体信用记录空白的同时，可为违约风险评价模型提供海量的训练数据，使得违约风险评价模型能够更准确地预测经济主体的违约风险概率，为信用监管当局的政策制定提供强有力的数据保障。

3. 大数据环境下的违约风险预警是小企业融资的重要支撑

小企业是中国国民经济的重要组成部分，中国小企业占企业总数的 76%以上，全球小企业占企业总数的 95%以上[6]。然而小企业的财务管理不规范、实物资产较少、缺乏抵质押担保等，导致其申请金融机构的融资通过率较低，金融机构自身征信数据缺乏、无外部数据补充也是小企业融资难的原因[7]。金融机构更愿意将资金流向违约风险较低的大型公司[8]。大数据环境下的银行等金融机构可以根据小企业不同的经营特点和风险特点，通过建立更客观的信用评价体系，从文本、图像、各平台的数据资源入手，打破以财务数据为核心的传统信用评价思维，改变传统以抵押担保为主的信贷方式，这将有利于创建低成本、高效能、全风控的创新型信用贷款管理模式，破解小企业的融资难题。

目前违约风险预警的研究难点包括如下几点。一是指标组合遴选的难点。由于每个指标都有“选中”与“未选中”两种状态，因此，m 个指标就有(2^m-1)种组合。例如，本书上市公司的 204 个指标，构成的组合个数就有 $2^{204}-1\approx2.57\times10^{61}$ 之多。指标组合不同，对应构建的预测模型也不同，进而模型的违约预测精度也不尽相同甚至相去甚远。如何从海量指标数据中遴选出对违约风险预警有重要作用的重要指标是难点所在。二是指标权重向量确定的难点。一个指标权重 W_i 的取值范围是 0 到 1，数轴上任意两点间的有理数有无穷多个，则多个指标权重 $W_i(i=1, 2, \cdots, m)$就有无穷多种组合可能，会得到无穷多个权重向量。不同的权重向量，违约预测精度也截然不同。如何从众多的权重向量中，确定一个违约预测精度高的最优指标权重向量是难点所在。三是预警模型确定的难点。为了从支持向量机、决策树、K 近邻等众多大数据模型中确定一个能兼顾精度、可解释性、复杂性这个“不可能三角”的最优违约预警模型，并使得违约预警模型实现用 T 年指标数据预测 $T+m$ 年违约状态的目的，本书对现有的违约风险预警研究进行改进，并构建中国上市公司信用指数。

2.2 违约风险评价指标体系的研究进展

根据构建评价指标体系的不同方法，现有评价指标体系构建分为单指标遴选的评价指标体系构建和指标组合遴选的指标体系构建。

1. 单指标遴选方法的研究

单指标遴选方法构建指标体系的主要思想是根据单个指标的违约鉴别能力，删除违约鉴别能力较弱、保留违约鉴别能力较强的指标。Jadhav 等利用信息增益的方法对初始指标集进行初步筛选[9]。Song 等采用 F 分值方法逐个遴选指标[10]。迟国泰等采用偏相关方法删除信息冗余的指标，并通过违约能力判别方法保留区分违约状态能力强的指标，最终建立了信用风险预测指标体系[11]。Gartner 等基于信息理论，采用信息熵筛选具有鉴别能力的指标[12]。

2. 指标组合遴选方法的研究

指标组合遴选方法构建指标体系的主要思想是寻找违约鉴别能力最强的指标组合。Mafarja 等基于二进制蚱蜢优化算法构建最优指标体系[13]。Maldonado 等提出了一种基于线性支持向量机的利润驱动的分类模型并同时进行指标组合的筛选[14]。胡毅等从客户外部因素、经营水平、交易水平三个角度，利用基于模拟退火算法的逻辑回归模型构建了违约预警指标体系[15]。Liang 等基于遗传算法和粒子群算法筛选影响企业信用风险的指标组合[16]。指标组合遴选的现有研究的弊端在于以违约判别精度为标准遴选指标组合，忽视了违约预测中第一类错误(即把非违约企业误判为违约企业)和第二类错误(即把违约企业误判为非违约企业)造成的损失是不同的问题。

现有评价指标体系研究的不足有如下几点。单指标遴选方法的弊端在于遴选的单个指标违约鉴别能力强，但组成的指标体系违约鉴别能力不一定最强。指标组合遴选方法以违约判别精度为标准遴选指标组合，忽视了违约预测中第一类错误(即把非违约企业误判为违约企业)和第二类错误(即把违约企业误判为非违约企业)造成的损失是不同的问题。事实上对于金融机构，第二类错误(将违约企业误判为非违约企业)将带来贷款本金和利息的损失，比第一类错误仅带来利息的损失更加严重。

本书的特色和创新：在指标遴选时，将单指标遴选和指标组合遴选方法相结合，构建基于两阶段指标遴选方法的评价指标体系。其原理是，第一阶段是在具有明确经济学含义的指标集中，使用指标间偏相关

系数和 F 值筛选出具有违约鉴别能力且指标间信息冗余最小的指标；第二阶段是构建前向选择支持向量机指标组合遴选模型，以几何平均精度为标准，采用前向选择筛选违约鉴别能力最大的指标组合，保证了构建的评价指标体系具有最大的违约鉴别能力，避免了违约鉴别能力强的单个指标构成的指标组合的违约鉴别能力不一定强的弊端。

2.3　违约风险评价指标赋权的研究进展

根据指标体系中各指标对违约判别的重要程度，可对评价指标赋予不同的权重。现有的评级赋权方法主要可分为两类：第一类是基于主观赋权方法，根据决策者主观上对信用评价指标的重视程度来确定指标权重的评价模型；第二类是客观赋权方法，根据原始数据之间的关系，通过数学规划方法来确定指标的权重，进而构建违约预警模型。

1. 主观赋权方法的研究

Pamučar 等使用改进的区间粗糙层次分析法确定评价模型中的权重系数，同时对比分析了传统层次分析法与模糊层次分析法两种主观赋权方法[17]。Vidgen 等利用德尔菲法，确定影响业务分析能力的指标权重，为管理者提供决策参考[18]。陈晓红和杨志慧利用改进模糊综合赋权法对中小企业进行信用评估，提出以基于群决策的层次分析法确定主观权重[19]。Ameyaw 和 Chan 利用模糊综合评价法，确定 PPP(public private partnership，公共私营合作制)项目风险评价模型中的指标权重[20]。余高锋等结合决策者的偏好，提出改进的局部变权模型，定义了改进的局部变权向量和局部变权向量的变权综合，利用局部变权向量建立企业质量信用评估模型[21]。

2. 客观赋权方法的研究

孟斌等通过模糊优劣解距离法对指标进行赋权，构建交通运输行业企业社会责任绩效评价模型[22]。Shen 等结合优劣解距离法与直觉模糊理论对信用指标赋权，建立多标准决策评价模型[23]。Ouenniche 等运用优劣解距离法对指标赋权，建立破产预测模型，同时在样本外测试中具备预测性能[24]。赵志冲和迟国泰采用变异系数、熵值等评价指标赋权方法评价小企业信用风险[25]。Ala'raj 和 Abbod 基于信息熵对 6 种分类模型赋予不同权重以预测客户信用得分[26]。Ji 等运用模糊熵权法确定出各评价指标的权重，建立风险评估模型[27]。

现有评价指标赋权研究的不足：主观赋权基于专家的主观判断计算权重，未考虑数据本身的差异性，有失客观性。客观赋权方法虽然取得了长足的发展，但大多数研究在进行赋权时，并未考虑权重与模型判别精度的关系。

本书的特色和创新：根据违约状态 y_j 与指标权重的函数关系 $y_j=f(w_i, x_{ij})$，将预测的违约状态 $\hat{y}_j$ 与实际违约状态 y_j 对比后，以违约和非违约两类企业的预测误差最小为目标，构建数学规划模型，反推出模型评价指标的最优权重，保证构建的预警方程能够最大限度地区分违约与非违约企业。

2.4　违约风险预警模型的研究进展

1. 基于违约风险预警方程的研究

王钊等基于违约状态判别模型和违约时间估计模型构建动态信用评分方程[28]。Gonçalves 等基于认知映射和交互式多标准决策构建小企业信用评价方程[29]。Lai 等基于探索性因素分析和粗糙集对指标赋权构建评价方程[30]。李刚等以基尼系数反映指标的信息含量，根据指标重要性构建评价方程[31]。王淑慧等通过改进的层次分析法对指标进行赋权构建评价方程[32]。顾海峰通过偏好熵权物元可拓方法对商业银行信用风险突变预警[33]。Che 等基于模糊层次分析法构建信用评价模型评估中国台湾中小企业的信用风险[34]。Huang 等运用二阶最小二乘法对指标赋权构建信用评价方程，评估银行信贷违约风险[35]。Ono 等基于倾向得分匹配法构建小企业信用评价方程，评估日本小企业信用风险[36]。

2. 基于确定违约风险预警模型组合权重的研究

迟国泰等通过逼近理想点的思路对多目标非线性规划模型求解最优的组合权重[37]。王剑和袁胜强基于偏差测度法计算客观权重，将客观权重和主观权重线性合成来研究风险型应急群决策问题[38]。程砚秋以违约样本误差最小为目标建立组合赋权模型评价小企业信用风险[39]。周颖基于信息增益值确定组合权重，构建小型工业企业的信用评价模型[40]。张奇等提出基于 Logit 与支持向量机的银行贷款信用风险预警模型[41]。陈云翔等提出一种基于信息熵的群组聚类组合赋权法来提高群组决策的科学性[42]。

现有的信用评价方程研究的不足：一是基于机器学习方法(支持向量机模型、决策树、K 近邻等)构建的信用评级方程在准确度、可解释性和复杂性三方面无法同时取得最优，即“不可能三角”；二是现有研究的信用评价大多都没有考虑时间因素。事实上，在企业破产(或被标记为 ST)前，企业的财务状况已经开始恶化，因此提前预测企业的财务危机更具现实意义。

本书的特色和创新：一是在构建的逻辑回归模型、线性判别模型、支持向量机等 14 个大数据模型基础上，以精度由高到低为第 1 排序标准，可解释性由强到弱为第 2 排序标准，复杂性由简洁到复杂为第 3 排序标准，遴选同时兼顾精度、可解释性、复杂性这个“不可能三角”规则的一个最优预警模型，作为构建信用指数的评价方程和预测方程；二是使用 $T\text{–}m$ 时刻(m 取值为 0, 1, 2, 3, 4, 5)的指标数据 $X_{ij(T-m)}$预测企业 T 时刻的违约状态 $y_{j(T)}$，以此实现用 T 年指标数据 $X_{ij(T)}$预测 $T+m$ 年违约状态 $y_{j(T+m)}$的目的。

参 考 文 献

[1] 米加宁, 章昌平, 李大宇, 等. “数字空间”政府及其研究纲领——第四次工业革命引致的政府形态变革[J]. 公共管理学报, 2020, 17(1)：1-17.

[2] Zhou X. Research on personal credit risk assessment index system based on internet social big data[C]. Chengdu：2019 IEEE 4th Advanced Information Technology, Electronic and Automation Control Conference (IAEAC), IEEE, 2019.

[3] 谭文君, 崔凡, 董桂才, 等. “一带一路”背景下国别信用评价体系的研究[J]. 宏观经济研究, 2018, (4)：79-84.

[4] 国务院办公厅. 国务院办公厅关于加快推进社会信用体系建设 构建以信用为基础的新型监管机制的指导意见[EB/OL]. http://www.gov.cn/zhengce/content/2019-07/16/content_5410120.htm[2019-07-16].

[5] 孙国峰. 金融大数据应用的风险与监管[J]. 清华金融评论, 2017, (10)：93-96.

[6] 于善丽. 基于违约鉴别能力的小企业信用评级模型研究[D]. 大连：大连理工大学, 2018.

[7] 杨天, 朱劲杰. 信用大数据精准构建“用户画像”[J]. 中国信用, 2017, (10)：100-102.

[8] Yoshino N, Taghizadeh-Hesary F. Optimal credit guarantee ratio for small and medium-sized enterprises’ financing：evidence from Asia[J]. Economic Analysis and Policy, 2019, 62：342-356.

[9] Jadhav S, He H, Jenkins K. Information gain directed genetic algorithm wrapper feature selection for credit rating[J]. Applied Soft Computing, 2018, 69：541-553.

[10] Song Q J, Jiang H Y, Liu J. Feature selection based on FDA and F-score for multi-class classification[J]. Expert Systems with Applications, 2017, 81：22-27.

[11] 迟国泰, 张亚京, 石宝峰. 基于 Probit 回归的小企业债信评级模型及实证[J]. 管理科学学报, 2016, 19(6)：136-156.

[12] Gartner D, Kolisch R, Neill D B, et al. Machine learning approaches for early DRG classification and resource allocation[J]. INFORMS Journal on Computing, 2015, 27(4)：718-734.

[13] Mafarja M, Aljarah I, Faris H, et al. Binary grasshopper optimisation algorithm approaches for feature selection problems[J]. Expert Systems with Applications, 2019, 117：267-286.

[14] Maldonado S, Bravo C, López J, et al. Integrated framework for profit-based feature selection and SVM classification in credit scoring[J]. Decision Support Systems, 2017, 104：113-121.

[15] 胡毅, 王珏, 杨晓光. 基于面板 Logit 模型的银行客户贷款违约风险预警研究[J]. 系统工程理论与实践, 2015, 35(7)：1752-1759.

[16] Liang D, Tsai C F, Wu H T. The effect of feature selection on financial distress prediction[J]. Knowledge-Based Systems, 2015,

73：289-297.

[17] Pamučar D, Stević Ž, Zavadskas E K. Integration of interval rough AHP and interval rough MABAC methods for evaluating university web pages[J]. Applied Soft Computing, 2018, 67：141-163.

[18] Vidgen R, Shaw S, Grant D B. Management challenges in creating value from business analytics[J]. European Journal of Operational Research, 2017, 261(2)：626-639.

[19] 陈晓红, 杨志慧. 基于改进模糊综合评价法的信用评估体系研究——以我国中小上市公司为样本的实证研究[J]. 中国管理科学, 2015, 23(1)：146-153.

[20] Ameyaw E E, Chan A P C. Evaluation and ranking of risk factors in public–private partnership water supply projects in developing countries using fuzzy synthetic evaluation approach[J]. Expert Systems with Applications, 2015, 42(12)：5102-5116.

[21] 余高锋, 刘文奇, 石梦婷. 基于局部变权模型的企业质量信用评估[J]. 管理科学学报, 2015, 18(2)：85-94.

[22] 孟斌, 沈思祎, 匡海波, 等. 基于模糊-Topsis 的企业社会责任评价模型——以交通运输行业为例[J]. 管理评论, 2019, 31(5)：191-202.

[23] Shen F, Ma X S, Li Z Y, et al. An extended intuitionistic fuzzy TOPSIS method based on a new distance measure with an application to credit risk evaluation[J]. Information Sciences, 2018, 428：105-119.

[24] Ouenniche J, Pérez-Gladish B, Bouslah K. An out-of-sample framework for TOPSIS-based classifiers with application in bankruptcy prediction[J]. Technological Forecasting and Social Change, 2018, 131：111-116.

[25] 赵志冲, 迟国泰. 基于似然比检验的工业小企业债信评级研究[J]. 中国管理科学, 2017, 25(1)：45-56.

[26] Ala'raj M, Abbod M F. Classifiers consensus system approach for credit scoring[J]. Knowledge-Based Systems, 2016, 104：89-105.

[27] Ji Y, Huang G H, Sun W. Risk assessment of hydropower stations through an integrated fuzzy entropy-weight multiple criteria decision making method：a case study of the Xiangxi River[J]. Expert Systems with Applications, 2015, 42(12)：5380-5389.

[28] 王钊, 蒋翠清, 丁勇. 基于混合生存分析的动态信用评分方法[J]. 系统工程理论与实践, 2021, (2)：389-399.

[29] Gonçalves T S H, Ferreira F A F, Jalali M S, et al. An idiosyncratic decision support system for credit risk analysis of small and medium-sized enterprises[J]. Technological & Economic Development of Economy, 2016, 22(4)：598-616.

[30] Lai X D, Liu J X, Georgiev G. Low carbon technology integration innovation assessment index review based on rough set theory—an evidence from construction industry in China[J]. Journal of Cleaner Production, 2016, 126：88-96.

[31] 李刚, 程砚秋, 董霖哲, 等. 基尼系数客观赋权方法研究[J]. 管理评论, 2014, 26(1)：12-22.

[32] 王淑慧, 胡毅, 戴菁菁. 多主体财政重点专项支出绩效评价方法研究——基于改进的 AHP 指标赋权[J].预测, 2013, 32(6)：3-77.

[33] 顾海峰. 信用突变下商业银行信用风险预警模型及应用[J]. 数量经济技术经济研究, 2013, 30(9)：122-136.

[34] Che Z H, Wang H S, Chuang C L. A fuzzy AHP and DEA approach for making bank loan decisions for small and medium enterprises in Taiwan[J]. Expert Systems with Applications, 2010, 37(10)：7189-7199.

[35] Huang H, Shi X J, Zhang S M. Counter-cyclical substitution between trade credit and bank credit [J]. Journal of Banking & Finance, 2011, 8(8)：1859-1878.

[36] Ono A, Hasumi R, Hirata H. Differentiated use of small business credit scoring by relationship lenders and transactional lenders：evidence from firm–bank matched data in Japan[J]. Journal of Banking & Finance, 2014, 42：371-380.

[37] 迟国泰, 李鸿禧, 潘明道. 基于违约鉴别能力组合赋权的小企业信用评级——基于小型工业企业样本数据的实证分析[J]. 管理科学学报, 2018, 21(3)：105-126.

[38] 王剑, 袁胜强. 基于前景理论和组合赋权的风险型应急群决策方法研究[C]. 南京：第十九届中国管理科学学术年会论文集，2017.

[39] 程砚秋. 基于违约判别度的小企业信用风险评价研究[J].科研管理, 2015, 36(S1)：510-517.

[40] 周颖. 基于信息增益的小型工业企业信用评级模型[J]. 运筹与管理, 2021, 30(1)：209-216.

[41] 张奇, 胡蓝艺, 王珏. 基于 Logit 与 SVM 的银行业信用风险预警模型研究[J]. 系统工程理论与实践, 2015, 35(7)：1784-1790.

[42] 陈云翔, 董骁雄, 项华春, 等. 基于信息熵的群组聚类组合赋权法[J]. 中国管理科学, 2015, 23(6)：142-146.

第3章　企业违约预测与信用指数构建原理

3.1　企业违约预测与信用指数构建

3.1.1　信用评级的原理

设：Y_j为第 j 个企业的违约状态。其中，违约企业的 Y_j=1，非违约企业的 Y_j=0。X_{ij}为第 j 个企业第 i 个指标的数值。$f(\cdot)$为指标数据 X_{ij}和违约状态 Y_j之间的函数关系。则企业违约状态 Y_j的判别表达式如下。

$$Y_j=f(X_{ij}) \tag{3.1}$$

式(3.1)的经济学含义：企业的财务、非财务、宏观环境等大数据指标数据 X_{ij}和违约状态 Y_j之间的大数据函数关系。这里的大数据函数关系可以是任意大数据模型，如本书选取的线性判别模型、逻辑回归模型、支持向量机模型等。

设：P_j为第 j 个企业的违约概率。X_{ij}为第 j 个企业第 i 个指标的数值。$g(\cdot)$为指标数据 X_{ij}和违约概率 P_j之间的函数关系。则违约概率 P_j的表达式如下。

$$P_j=g(X_{ij}) \tag{3.2}$$

式(3.2)的经济学含义：企业的财务、非财务、宏观环境等大数据指标数据 X_{ij}和违约概率 P_j之间的大数据函数关系。与式(3.1)同理，这里的大数据函数关系可以是任意大数据模型，如本书选取的线性判别模型、逻辑回归模型、支持向量机模型等。式(3.2)计算的违约概率 P_j越大，则企业违约可能性越大，信用资质越差。

设：S_j为第 j 个企业的信用得分。P_j为第 j 个企业的违约概率。则第 j 个企业信用得分 S_j的表达式如下。

$$S_j=(1-P_j)\times 100 \tag{3.3}$$

式(3.3)的经济学含义：将[0, 1]区间的违约概率值 P_j转化为[0, 100]区间的信用得分 S_j。式(3.3)计算的信用得分 S_j越高，则企业违约可能性越小，信用资质越好。

信用评级的原理：通过式(3.1)的企业财务、非财务、宏观环境等指标数据 X_{ij}和违约状态 Y_j之间的大数据关系 $Y_j=f(X_{ij})$，挖掘式(3.2)企业的违约概率 $P_j=g(X_{ij})$和式(3.3)的信用得分 $S_j=(1-P_j)\times 100$，揭示企业违约风险大小。

3.1.2　违约预测的原理

设：$Y_{j(T)}$为 T 时刻的第 j 个企业违约状态。其中，违约企业的 $Y_{j(T)}$=1，非违约企业的 $Y_{j(T)}$=0。$X_{ij(T-m)}$为 $T-m$ 时刻的第 j 个企业第 i 个指标数值。$f(\cdot)$为 $T-m$ 时刻的指标数据 $X_{ij(T-m)}$和违约状态 $Y_{j(T)}$之间的函数关系。则 T 时刻的企业违约状态 $Y_{j(T)}$预测方程的表达式如下。

$$Y_{j(T)}=f(X_{ij(T-m)}) \tag{3.4}$$

式(3.4)的经济学含义：$T-m$ 时刻的企业财务、非财务、宏观环境等大数据指标数据 $X_{ij(T-m)}$和 T 时刻的违约状态 $Y_{j(T)}$之间的大数据函数关系。式(3.4)与式(3.1)的差别在于，式(3.1)没有时间因素的下标 $T-m$，构建的是判别方程；而式(3.4)有时间因素的下标 $T-m$，构建的是预测方程。

设：$Y_{j(T+m)}$为 $T+m$ 时刻的第 j 个企业违约状态预测值。$X_{ij(T)}$为 T 时刻的第 j 个企业第 i 个指标数值。$f(\cdot)$为 T 时刻的指标数据 $X_{ij(T)}$和 $T+m$ 时刻的违约状态 $Y_{j(T+m)}$之间的函数关系。则 $T+m$ 时刻的企业违约状态 $Y_{j(T+m)}$

预测方程的表达式如下。

$$Y_{j(T+m)}=f(X_{ij(T)}) \tag{3.5}$$

式(3.5)的经济学含义：T 时刻的企业财务、非财务、宏观环境等大数据指标数据 $X_{ij(T)}$ 和 $T+m$ 时刻的违约状态 $Y_{j(T+m)}$ 之间的大数据函数关系。式(3.5)与式(3.4)所用的函数关系 $f(\cdot)$ 完全相同。式(3.5)与式(3.4)的差别仅在于参数的时间因素下标由 $[X_{ij(T-m)}, Y_{j(T)}]$ 替换为 $[X_{ij(T)}, Y_{j(T+m)}]$。式(3.5)表示利用 T 时刻的指标数据 $X_{ij(T)}$，对未来 $T+m$ 时刻违约状态进行预测。

设：$P_{j(T+m)}$ 为 $T+m$ 时刻的第 j 个企业的违约概率。$X_{ij(T)}$ 为 T 时刻的第 j 个企业第 i 个指标的数值。$g(\cdot)$ 为 T 时刻的指标数据 $X_{ij(T)}$ 和 $T+m$ 时刻的违约概率 $P_{j(T+m)}$ 之间的函数关系。则 $T+m$ 时刻的违约概率 $P_{j(T+m)}$ 的表达式如下。

$$P_{j(T+m)}=g(X_{ij(T)}) \tag{3.6}$$

式(3.6)的经济学含义：T 时刻的企业财务、非财务、宏观环境等大数据指标数据 $X_{ij(T)}$ 和 $T+m$ 时刻的违约概率 $P_{j(T+m)}$ 之间的大数据函数关系。式(3.6)计算的违约概率 P_j 越大，则企业违约可能性越大，信用资质越差。式(3.6)与式(3.2)的差别在于，式(3.2)没有时间因素的下标 $T+m$，构建的是判别方程；而式(3.6)有时间因素的下标 $T+m$，构建的是预测方程。

设：$S_{j(T+m)}$ 为 $T+m$ 时刻的第 j 个企业的信用得分。$P_{j(T+m)}$ 为 $T+m$ 时刻的第 j 个企业的违约概率。则 $T+m$ 时刻的第 j 个企业信用得分 $S_{j(T+m)}$ 的表达式如下。

$$S_{j(T+m)}=(1-P_{j(T+m)})\times 100 \tag{3.7}$$

式(3.7)的经济学含义：将[0, 1]区间的 $T+m$ 时刻违约概率值 $P_{j(T+m)}$ 转化为[0, 100]区间的 $T+m$ 时刻信用得分 $S_{j(T+m)}$。式(3.7)计算的信用得分 $S_{j(T+m)}$ 越高，则企业违约可能性越小，信用资质越好。式(3.7)与式(3.3)的差别在于，式(3.3)计算的是信用得分判别值；而式(3.7)计算的是 $T+m$ 时刻的信用得分预测值。

违约预测的原理：根据式(3.4)的 $T-m$ 时刻的企业财务、非财务、宏观环境等指标数据 $X_{ij(T-m)}$ 和 T 时刻的违约状态 $Y_{j(T)}$ 之间的函数关系 $Y_{j(T)}=f(X_{ij(T-m)})$，建立大数据模型，实现通过 T 时刻指标数据 $X_{ij(T)}$，预测 $T+m$ 时刻企业的违约状态 $Y_{j(T+m)}=f(X_{ij(T)})$、违约概率 $P_{j(T+m)}=g(X_{ij(T)})$ 和信用得分 $S_{j(T+m)}=(1-P_{j(T+m)})\times 100$。

3.1.3　指数构建的原理

设：$W_{j(T+m)}$ 为 $T+m$ 时刻第 j 个典型公司的信用得分权重。$A_{j(T+m)}$ 为 $T+m$ 时刻典型公司样本的第 j 个企业的资产总额，这里以资产总额标准为例进行原理介绍。

在构建信用指数时，本书基于三个不同的标准构建了三套不同的信用指数：基于资产总额 $A_{j(T+m)}$ 的信用指数、基于负债总额 $L_{j(T+m)}$ 的信用指数以及基于资产总额和负债总额之和 $A_{j(T+m)}+L_{j(T+m)}$ 的信用指数。这里以资产总额标准为例进行原理介绍。$N_{(T+m)}$ 为 $T+m$ 时刻典型公司样本的企业个数，则 $T+m$ 时刻第 j 个典型公司的信用得分权重 $W_{j(T+m)}$ 的表达式如下。

$$W_{j(T+m)} = A_{j(T+m)} \Big/ \sum_{j=1}^{N_{(T+m)}} A_{j(T+m)} \tag{3.8}$$

式(3.8)的经济学含义：分子是 $T+m$ 时刻典型公司样本的第 j 个企业的资产总额；分母是 $T+m$ 时刻典型公司样本的资产总额求和。分子与分母之比表示 $T+m$ 时刻典型公司样本中第 j 个企业的资产总额占全部典型公司样本资产总额之和的比重。式(3.8)中第 j 个典型公司的信用得分权重 $W_{j(T+m)}$ 数值越大，表示第 j 个典型公司样本在指数构建时的权重占比越高。

这里以“资产总额”标准为例进行指数构建的原理介绍。本书分别采用了“资产总额”“负债总额”“资产总额和负债总额之和”三个标准，如下文 3.5.3 节所示。

设：$\overline{S}_{(T+m)}$ 为 $T+m$ 时刻典型公司样本的信用得分加权平均值。$N_{(T+m)}$ 为 $T+m$ 时刻典型公司样本的企业个数。$W_{j(T+m)}$ 为 $T+m$ 时刻第 j 个典型公司的信用得分权重，如式(3.8)所示。$S_{j(T+m)}$ 为 $T+m$ 时刻第 j 个典型公司的信用得分。则 $T+m$ 时刻典型公司样本信用得分加权平均值 $\overline{S}_{(T+m)}$ 的表达式如下。

$$\overline{S}_{(T+m)} = \sum_{j=1}^{N_{(T+m)}} W_{j(T+m)} S_{j(T+m)} \tag{3.9}$$

式(3.9)的经济学含义：$T+m$ 时刻典型公司样本的信用得分加权平均。式(3.9)的信用得分加权平均值

$\bar{S}_{(T+m)}$ 数值越大，表示选取的典型公司样本越不可能违约，信用状况越好。

设：$CI_{(T+m)}$为 $T+m$ 时刻的信用指数。$\bar{S}_{(T+m)}$ 为 $T+m$ 时刻典型公司样本的信用得分加权平均值。$\bar{S}_{(2000)}$ 为基准年 2000 年典型公司样本的信用得分加权平均值。则 $T+m$ 时刻的信用指数 $CI_{(T+m)}$的表达式如下。

$$CI_{(T+m)} = \frac{\bar{S}_{(T+m)}}{\bar{S}_{(2000)}} \times 1000 \tag{3.10}$$

式(3.10)的经济学含义：分子 $\bar{S}_{(T+m)}$ 是 $T+m$ 时刻典型公司样本的信用得分加权平均值，分母 $\bar{S}_{(2000)}$ 是基准年 2000 年典型公司样本的信用得分加权平均值，分子与分母之比再乘以 1000 表示将 $T+m$ 时刻典型公司样本的信用得分加权平均值 $\bar{S}_{(T+m)}$，以 2000 年指数为 1000 的基准进行折算，保证了每年的信用指数可比性。式(3.10)的信用指数 $CI_{(T+m)}$数值越大，表示选取的典型公司样本的清偿能力越强，越不可能违约，信用状况越好。

设：$\bar{R}_{(T+m)}$ 为 $T+m$ 时刻典型公司样本的违约风险得分加权平均值。$N_{(T+m)}$为 $T+m$ 时刻典型公司样本的企业个数。$W_{j(T+m)}$为 $T+m$ 时刻第 j 个典型公司的违约风险得分权重，如式(3.8)所示。$S_{j(T+m)}$为 $T+m$ 时刻第 j 个典型公司的信用得分。则 $T+m$ 时刻典型公司样本违约风险得分加权平均值 $\bar{R}_{(T+m)}$ 的表达式如下。

$$\bar{R}_{(T+m)} = \sum_{j=1}^{N_{(T+m)}} W_{j(T+m)} \times (100 - S_{j(T+m)}) \tag{3.11}$$

式(3.11)的经济学含义：用信用得分最大值 100 减去 $T+m$ 时刻典型公司样本信用得分的加权平均，表示 $T+m$ 时刻典型公司样本的违约风险得分加权平均值。式(3.11)的违约风险得分加权平均值 $\bar{R}_{(T+m)}$ 数值越大，表示选取的典型公司样本违约风险越高，越可能发生违约，信用状况越差。式(3.11)与式(3.9)的差别仅在于信用得分的使用方式不同，式(3.9)直接由信用得分 $S_{j(T+m)}$进行加权平均得到，反映了清偿能力。相反，式(3.11)是由 100 减去信用得分($100-S_{j(T+m)}$)进行加权平均得到，反映了违约可能性。

设：$CRI_{(T+m)}$为 $T+m$ 时刻的信用风险指数。$\bar{R}_{(T+m)}$ 为 $T+m$ 时刻典型公司样本的违约风险得分加权平均值。$\bar{R}_{(2000)}$ 为基准年2000年典型公司样本的违约风险得分加权平均值。则 $T+m$ 时刻的信用风险指数 $CRI_{(T+m)}$的表达式如下。

$$CRI_{(T+m)} = \frac{\bar{R}_{(T+m)}}{\bar{R}_{(2000)}} \times 1000 \tag{3.12}$$

式(3.12)的经济学含义：分子 $\bar{R}_{(T+m)}$ 是 $T+m$ 时刻典型公司样本的违约风险得分加权平均值，分母 $\bar{R}_{(2000)}$ 是基准年 2000 年典型公司样本的违约风险得分加权平均值，分子与分母之比再乘以 1000 表示将 $T+m$ 时刻典型公司样本的违约风险得分加权平均值 $\bar{R}_{(T+m)}$，以 2000 年指数为 1000 的基准进行折算，保证了每年的信用风险指数可比性。式(3.12)与式(3.10)的差别在于，式(3.10)的信用指数 $CI_{(T+m)}$反映清偿能力大小，信用指数越大，清偿能力越强，信用状况越好，越不可能违约；式(3.12)的信用风险指数 $CRI_{(T+m)}$反映违约风险大小，信用风险指数越大，违约风险越高，信用状况越差，越可能违约。

信用指数构建的原理：在 $T+m$ 时刻的上市公司样本中，分别根据资产总额 $A_{j(T+m)}$、负债总额 $L_{j(T+m)}$、资产总额和负债总额之和($A_{j(T+m)}+L_{j(T+m)}$)由大到小排序后选取前 10%样本的标准，选取 $N_{(T+m)}$个典型公司样本。由式(3.7)测算典型公司样本的信用得分 $S_{j(T+m)}$。将 $N_{(T+m)}$个典型公司样本的信用得分 $S_{j(T+m)}$，根据式(3.8)的权重 $W_{j(T+m)}$进行加权平均，形成式(3.9)的信用得分均值 $\bar{S}_{(T+m)}$。将 $T+m$ 时刻的信用得分均值 $\bar{S}_{(T+m)}$ 除以基准年 2000 年的信用得分均值 $\bar{S}_{(2000)}$，再乘以 1000，由此构建了式(3.10)的 $T+m$ 时刻的上市公司信用指数 $CI_{(T+m)}=(\bar{S}_{(T+m)}/\bar{S}_{(2000)})\times 1000$。式(3.10)的信用指数 $CI_{(T+m)}$越大，则清偿能力越强，越不可能发生违约，信用状况越好。

信用风险指数构建的原理：在 $T+m$ 时刻的上市公司样本中，分别根据资产总额 $A_{j(T+m)}$、负债总额 $L_{j(T+m)}$、资产总额和负债总额之和($A_{j(T+m)}+L_{j(T+m)}$)由大到小排序后选取前 10%样本的标准，选取 $N_{(T+m)}$个典型公司样本。测算典型公司样本的违约风险得分($100-S_{(T+m)}$)。将 $N_{(T+m)}$个典型公司样本的违约风险得分($100-S_{j(T+m)}$)，根据式(3.8)的权重 $W_{j(T+m)}$进行加权平均，由此形成式(3.11)的违约风险得分均值 $\bar{R}_{(T+m)}$ =

$\sum_{j=1}^{N_{(T+m)}} W_{j(T+m)}(100-S_{j(T+m)})$。将 T+m 时刻的违约风险得分均值 $\bar{R}_{(T+m)}$ 除以基准年 2000 年的违约风险得分均值 $\bar{R}_{(2000)}$，乘以 1000，构建了式(3.12)的 T+m 时刻上市公司信用风险指数 $\mathrm{CRI}_{(T+m)}=(\bar{R}_{(T+m)}/\bar{R}_{(2000)})\times1000$。式(3.12)的信用风险指数 $\mathrm{CRI}_{(T+m)}$越大，则违约风险越高，越可能发生违约，信用状况越差。

3.1.4　企业违约预测与指数构建的特色

1. 本书在企业违约预测与指数构建的方法论方面的创新与特色有八

一是企业违约预测最优指标组合的遴选。这是企业违约预测的关键科学问题。本书的创新点是在 m 个指标构成的(2^m-1)个指标组合中，应用违约状态与指标数据的函数关系 $y=f(x_1,x_2,\cdots,x_m)$的大数据模型，遍历所有指标组合，以预测几何平均精度最大为目标函数得到一个最优的指标组合。这就保证了违约预测精度最高。由于每个指标都有“选中”与“未选中”两种状态，因此，m 个指标就有(2^m-1)种组合。例如，本书上市公司的 204 个指标，构成的组合个数就有 $2^{204}-1\approx2.57\times10^{61}$ 之多。这里的科学问题是：势必存在一个最优指标组合能够最大限度地把违约与非违约客户区分开来。

二是企业违约预测最优权重向量的确定。这也是企业违约预测的关键科学问题。本书的创新点是根据违约状态 $Y_{j(T)}$与指标权重向量 $W_{i(T-m)}$的函数关系 $Y_{j(T)}=f(W_{i(T-m)}, X_{ij(T-m)})$，将预测的理论违约状态 $\hat{Y}_j$ 与实际违约状态 Y_j 进行对比得到预测误差，以预测误差最小为目标函数构建数学规划模型，反推出一组最优权重向量，保证了预测模型最大限度地区分违约与非违约企业。一个指标权重 W_i 的取值范围是 0 到 1，由于数轴上任意两点间的有理数有无穷多个，则多个指标权重 $W_i(i=1, 2, \cdots, m)$就有无穷多种组合。这里的科学问题是：势必存在一个最优的权重向量能够最大限度地把违约与否的客户区分开来。

三是最优预测模型建立上的特色。本书采用线性判别模型、支持向量机、决策树等 14 个大数据模型，进行违约预测。本书以精度由高到低为第 1 排序标准，可解释性由强到弱为第 2 排序标准，复杂度由简洁到复杂为第 3 排序标准，遴选同时兼顾精度、可解释性、复杂性这个“不可能三角”规则的一个最优预警模型，作为构建信用指数的评价方程和预测方程。

四是预测窗口上的特色。通过挖掘 $T-m$ 时刻的指标数据 $X_{ij(T-m)}$和 T 时刻的违约状态 $Y_{j(T)}$之间的函数关系 $Y_{j(T)}=f(X_{ij(T-m)})$，建立大数据模型，实现通过 T 时刻的指标数据 $X_{ij(T)}$预测 T+m 时刻企业的违约状态 $Y_{j(T+m)}=f(X_{ij(T)})$。这里解决的是预测期限或多时间窗口的预测问题。

五是最优信用等级划分的特色。通过挖掘“信用等级越高，违约损失率越低”的信用等级与违约损失率的匹配关系，以相邻等级违约损失率之间的差值最小为目标函数，以违约损失率随等级降低严格递增为约束条件，建立信用等级划分模型，保证划分后的信用等级分布近似于等腰三角形的金字塔形状，使得信用等级的划分结果满足“信用等级越高，违约损失率越低”的评级本质规律，改变了现有研究中信用等级越高，违约损失率反而不低的荒谬现象，开拓了信用等级划分的新思路。

六是建立了以违约率为核心的评级体系。2021 年 3 月 28 日，中国人民银行等五部委就《关于促进债券市场信用评级行业高质量健康发展的通知（征求意见稿）》公开征求意见。文件明确指出：“信用评级机构应当构建以违约率为核心的评级质量验证机制，制定实施方案，逐步将高评级主体比例降低至合理范围内，形成具有明确区分度的评级标准体系。”本书就是“以违约率为核心的评级质量验证机制”，通过企业的违约概率的测算得到企业信用评分，通过违约概率预测企业的违约状态。

七是上市公司信用特征分析上的特色。通过对不同行业、地区、企业所有制形式的公司信用得分均值之间的差异进行非参数检验，识别不同类别公司的信用资质高低，揭示不同行业、不同地区、不同所有制形式的中国上市公司，哪类公司的信用资质好，哪类公司的信用资质差，哪类公司的信用资质居中，为股票投资、债券投资提供投资参照，为上市公司自身风险管理提供参考，为银行贷款决策减少坏账损失提供依据，为金融监管当局提供监管建议。

八是首次建立了中国上市公司的信用指数和信用风险指数。通过负债总额、资产总额、资产总额加负债总额之和的三个标准分别由高到低选取公司样本总数的前 10%作为典型公司样本，根据最优违约预警模型计算得到典型公司样本的信用得分 S_j，并将典型公司样本的信用得分 S_j 加权平均后转化为信用指数，将典型公司样本的违约风险得分$(100-S_j)$加权平均后转化为信用风险指数。信用指数用于反映清偿能力大小，信用风险指数用于反映违约可能性大小，实现对未来第 $T+m$ 年的信用状况和违约风险的监测与预警。

2. 本书在影响中国上市公司违约状态的主要因素的研究发现有五

一是揭示了中国上市公司不同期限违约预测的最优指标组合。对于预测期限为 0 年的违约判别，影响企业违约状态的主要指标有“资产负债率”“每股权益合计”“违规类型”等 19 个指标。对于预测期限为 1 年的违约预测，影响企业违约状态的主要指标有“资产负债率”“营业外收入占营业总收入比重”“广义货币供应量(M2)同比增长率”等 11 个指标。对于预测期限为 2 年的违约预测，影响企业违约状态的主要指标有“资产负债率”“账面市值比”“审计意见类型”等14个指标。对于预测期限为3年的违约预测，影响企业违约状态的主要指标有“管理费用/营业总收入”“营业总成本增长率”“业绩预告次数”等 10 个指标。对于预测期限为 4 年的违约预测，影响企业违约状态的主要指标有“有形资产/负债合计”“净资产收益率”“审计意见类型”等 14 个指标。对于预测期限为 5 年的违约预测，影响企业违约状态的主要指标有“资产负债率”“管理费用/营业总收入”“每股社会贡献值”等 17 个指标。

二是影响中国上市公司违约状态的重要宏观指标。“狭义货币(M1)供应量同比增长率”“广义货币供应量(M2)同比增长率”“外商投资总额增长率”等 10 个关键宏观指标，对上市企业违约状态有显著影响。

三是影响中国上市公司违约状态的短期预测指标。“基本每股收益”“长期资产适合率”“权益乘数”等 7 个指标对企业未来 0~2 年的短期违约状态具有关键影响。

四是对中国上市公司违约状态具有关键影响的中期预测指标。“管理费用/营业总收入”“经营活动产生的现金流量净额/经营活动净收益”“营业收入占营业总收入比重”等 5 个指标，它们对企业未来 3~5 年的中期违约状态具有关键影响。

五是对中国上市公司违约状态中短期预测均有关键影响的指标。“资产负债率”“广义货币供应量(M2)同比增长率”这两个指标，不论是对未来 0~2 年的短期违约预测，还是对未来 3~5 年的中期违约预测都有重要影响。

3. 本书在揭示中国上市公司信用特征方面的研究特色有四

一是本书首次构造了中国上市公司信用指数。对于股票投资、公司债券投资、银行贷款、企业的商业信用活动等，可以根据甄别企业信用风险、行业信用风险、地区信用风险，减少投资和贷款失误。对于证券交易所、金融监管当局，可以提供企业违约预警、行业违约预警、地区违约预警，提供未来违约风险变化态势，从而针对性地出台相应政策措施来维护证券市场稳定。

二是揭示了不同行业上市公司的信用特征分布规律：“信息传输、软件和信息技术服务业”、“制造业”和“建筑业”3 个行业的信用资质最高，“文化、体育和娱乐业”、“其他行业”和“批发和零售业”3 个行业的信用资质居中，“采矿业”、“电力、热力、燃气及水生产和供应业”和“房地产业”3 个行业的信用资质最低。

三是揭示了不同所有制形式上市公司的信用特征分布规律：民营企业、集体企业和外资企业的信用资质最高，公众企业和中央国有企业的信用资质次之，地方国有企业和由协会等实际控股的其他所有制企业的信用资质最低。

四是揭示了不同地区上市公司的信用特征分布规律：广东省、浙江省、江苏省等 10 个地区的信用资质最高，河北省、河南省、上海市等 10 个地区的信用资质居中，青海省、宁夏回族自治区和海南省等 11 个地区的信用资质最低。

3.2 十四种大数据模型

本书共采用了 14 种大数据违约评价模型进行对比分析，并从中遴选出一个最优的违约评价模型方案。

为方便介绍，将所用的 14 种大数据模型汇总列入表 3.1 中。表 3.1 中：第 1 列是模型方案序号，第 2 列是模型中文名称，第 3 列是模型介绍，第 4 列是模型可解释性排序(可解释性越强，则序号越小，排序越靠前)，第 5 列是模型复杂性排序(复杂性越低，则序号越小，排序越靠前)。

表 3.1　14 种大数据违约评价模型一览表

(1)序号	(2)模型中文名称	(3)模型介绍	(4)模型可解释性排序[1-2]	(5)模型复杂性排序[1, 3]
1	线性判别模型[4]	对应章节 3.2.1	1	1
2	逻辑回归模型[5]	对应章节 3.2.2	2	2
3	广义加性模型[6-7]	对应章节 3.2.3	4	3
4	线性支持向量机模型[8]	对应章节 3.2.4	10	4
5	决策树模型[9-10]	对应章节 3.2.5	3	5
6	BP 神经网络模型[11-12]	对应章节 3.2.6	11	7
7	K 近邻模型[13-14]	对应章节 3.2.7	9	6
8	多数投票线性判别模型[15]	对应章节 3.2.8	5	8
9	多数投票逻辑回归模型[15]	对应章节 3.2.9	6	9
10	多数投票广义加性模型[15]	对应章节 3.2.10	8	10
11	多数投票线性支持向量机模型[16]	对应章节 3.2.11	13	11
12	多数投票决策树模型[17]	对应章节 3.2.12	7	12
13	多数投票 BP 神经网络模型[18]	对应章节 3.2.13	14	14
14	多数投票 K 近邻模型[19]	对应章节 3.2.14	12	13

表 3.1 第 4 列的模型可解释性排序，是基于现有文献[1-2]对 14 种大数据模型可解释性的排序结果。排序的序号越小，表示模型的可解释性越强，即排序“1”的模型方案可解释性最强。

表 3.1 第 5 列的模型复杂性排序，是基于现有文献[1, 3]对 14 种大数据模型复杂性的排序结果。排序的序号越小，表示模型的复杂性越低，即排序“1”的模型方案复杂性最低。可解释性排序和复杂性排序，将和精度排序一起，用于下文第 5 章至第 18 章的模型对比分析最优模型方案选择中。

至于表 3.1 中的精度，当采用不同的样本或对于同一个样本采用不同的参数时，其精度不同。这也是“数据驱动”建模的特点。因此，下文各章的实证研究中才会给出不同情况下每种大数据模型的精度。

模型对比分析的思路：以“模型预测精度越高，则模型越好，排序越靠前”为排序标准一，以“模型可解释性越强，则模型越好，排序越靠前”为排序标准二，以“模型复杂性越低，则模型越好，排序越靠前”为排序标准三。综合以上三个标准的排序，并计算平均排序，在已建立的多个违约预警模型中遴选出平均排序最靠前的一个违约预警模型，即为最优的违约预警模型。

设：A_i 为第 i 个模型的精度排序，精度越高，排序越小。I_i 为第 i 个模型的可解释性排序，可解释性越强，排序越小。C_i 为第 i 个模型的复杂性排序，复杂性越低，排序越小。则第 i 个模型基于精度、可解释性、复杂性的平均排序 AIC_i 计算表达式如下。

$$\mathrm{AIC}_i=(A_i+I_i+C_i)/3 \tag{3.13}$$

式(3.13)的经济学含义：是精度 A_i、可解释性 I_i、复杂性 C_i 的排序算术平均值，表示第 i 个模型基于“不可能三角”规则[1]下的模型排序。式(3.13)的平均排序 AIC_i 越小，表示模型的精度越高、可解释性越强、复杂性越低，越应该入选最优模型方案。

式(3.13)的特色：通过基于模型的精度、可解释性、复杂性三个因素，遴选最优违约预警模型，避免了仅考虑预测精度而忽略模型可解释性的不足，保证了最优违约预警模型能够同时兼顾精度、可解释性、复杂性这三个因素。

3.2.1　线性判别模型

设：$\hat{p}_j$ 为第 j 个企业的违约概率预测值。m 为指标个数，也就是下文遴选出的最优指标组合。w_i 为第

i 个指标的权重。X_{ij} 为第 j 个企业的第 i 个指标值。$\hat{y}_j$ 为第 j 个企业的违约状态理论值。则第 j 个企业违约概率 $\hat{p}_j$ 的线性判别模型[4]如下。

$$\hat{p}_j = \sum_{i=1}^{m} w_i X_{ij} \tag{3.14}$$

式(3.14)的经济学含义：企业违约概率的线性判别方程。违约概率 p_j 越高，第 j 个企业信用状况越差。其中，本书第 i 个指标的权重 w_i 是基于下文式(3.64)所示的错判误差最小的目标函数反推得到。

同时，第 j 个企业违约状态理论值 $\hat{y}_j$ 的表达式如下。

$$\hat{y}_j = \begin{cases} 0, & \hat{p}_j < 0.5 \\ 1, & \hat{p}_j \geqslant 0.5 \end{cases} \tag{3.15}$$

式(3.15)的经济学含义：第 j 个公司违约状态的预测值。若违约概率小于临界值 0.5，则表示第 j 个企业判别结果为“非违约”，记违约状态理论值 $\hat{y}_j$=0。若违约概率大于等于临界值 0.5，则表示第 j 个企业判别结果为“违约”，记违约状态理论值 $\hat{y}_j$=1。

需要指出：每给一组权重，代入式(3.14)就会得到一组企业的违约概率 $\hat{p}$。将违约概率 $\hat{p}$ 再代入式(3.15)得到这组企业的违约状态理论值 $\hat{y}$。将违约状态理论值 $\hat{y}$ 与实际值 y 对比，得到错判误差值 E。给定多组权重，可以得到多个错判误差 E=E_k(k=1, 2, …, K)，错判误差最小值 E^*=$\min_W(E)$所对应的权重向量即为最优权重 W^*。

式(3.14)和式(3.15)线性判别模型的特色：线性判别模型刻画了违约状态与指标数据的线性关系，具有可解释性强、复杂性低的特点。

3.2.2 逻辑回归模型

设：$\hat{p}_j$ 为第 j 个公司的违约概率预测值；y_j 为第 j 个公司的违约状态，违约为 1，非违约为 0；X_j 为第 j 个公司指标的列向量；β_0 为常数项；m 为指标总个数，也就是下文遴选出的最优指标组合；β_i 为第 i 个指标的回归系数；X_{ij} 为第 j 个公司第 i 个指标的指标值；$\hat{y}_j$ 为第 j 个公司违约状态的预测值。则逻辑回归模型[5]如下。

$$\hat{p}_j = p(y_j = 1 | X_j) = \left(1 + \exp(-(\beta_0 + \sum_{i=1}^{m} \beta_i X_{ij}))\right)^{-1} \tag{3.16}$$

$$\hat{y}_j = \begin{cases} 0, & \hat{p}_j < 0.5 \\ 1, & \hat{p}_j \geqslant 0.5 \end{cases} \tag{3.17}$$

式(3.16)的经济学含义：第 j 个公司的违约概率 p_j 与其指标数据 X_{ij} 之间的非线性关系。逻辑回归系数 β_i 绝对值越大，则第 i 个指标数据 X_{ij} 对客户违约概率影响越显著。通过式(3.16)可以预测得到企业违约概率的理论值。这里回归系数是通过最大似然估计方法[5]来确定的。

式(3.17)的经济学含义：第 j 个公司违约状态的预测值。若违约概率小于临界值 0.5，则表示第 j 个企业判别结果为“非违约”，记违约状态理论值 $\hat{y}_j$=0。若违约概率大于等于临界值 0.5，则表示第 j 个企业判别结果为“违约”，记违约状态理论值 $\hat{y}_j$=1。

式(3.16)和式(3.17)逻辑回归模型的特色：通过对指标数据的线性之和进行逻辑函数变换，使其具有描述违约状态与指标数据之间非线性关系的能力，同时由于表达式中能够直观看到各个特征的权重，具有可解释性强、复杂性低的特点。

3.2.3 广义加性模型

设：$\hat{p}_j$ 为第 j 个公司的违约概率预测值；y_j 为第 j 个公司的违约状态，违约为 1，非违约为 0；X_j 为第 j 个公司指标的列向量 X_j=(X_{1j}, X_{2j},⋯, X_{mj})，其中 X_{ij} 表示第 j 个公司第 i 个指标的指标值，m 是指标总个数；β_0 为常数项；M 为样条基函数的个数；β_k 为第 k 个样条基函数的回归系数；$f_k(X_j)$为第 k 个样条基函数；$\hat{y}_j$ 为第 j 个公司违约状态的预测值。则基于样条基函数的广义加性模型[6]如下。

$$\hat{p}_j = p(y_j = 1 | X_j) = \beta_0 + \sum_{k=1}^{M} \beta_k f_k(X_j) \tag{3.18}$$

$$\hat{y}_j=\begin{cases}0, & \hat{p}_j<0.5\\ 1, & \hat{p}_j\geqslant 0.5\end{cases} \tag{3.19}$$

式(3.18)的含义：通过式(3.18)建立样条基函数的线性组合来计算公司违约概率的估计值。本书中以上待估参数 β_0、β_j 是通过下文式(3.64)所示的基于错判误差最小赋权的目标函数估计得出。

式(3.18)的特色：虽然在每一区域内将违约概率 p_j 与指标数值 X_{ij} 表示具有线性关系的样条基函数，但不同区域内的样条基函数并不相同，故在所有区域内表现为折线关系。从而更灵活地反映因变量违约概率 p_j 与指标数值 X_{ij} 之间的非线性关系。

式(3.19)的含义：第 j 个公司违约状态的预测值。若违约概率小于临界值 0.5，则表示第 j 个企业判别结果为“非违约”，记违约状态理论值 $\hat{y}_j=0$。若违约概率大于等于临界值 0.5，则表示第 j 个企业判别结果为“违约”，记违约状态理论值 $\hat{y}_j=1$。

设：X_{ij} 为第 j 个公司第 i 个指标的指标值。c_{ik} 为第 i 个指标所在数据区域的第 k 个节点。则式(3.18)中样条基函数 $f(x)$ 的表达式如下[7]。

$$f(x)^+=\max(0,X_{ij}-c_{ik})=\begin{cases}X_{ij}-c_{ik}, & X_{ij}>c_{ik}\\ 0, & X_{ij}\leqslant c_{ik}\end{cases} \tag{3.20}$$

或

$$f(x)^-=\max(0,c_{ik}-X_{ij})=\begin{cases}c_{ik}-X_{ij}, & X_{ij}<c_{ik}\\ 0, & X_{ij}\geqslant c_{ik}\end{cases} \tag{3.21}$$

式(3.20)和式(3.21)的几何学含义：式(3.20)和式(3.21)是一对镜面样条基函数，两个样条基函数关于 $x=c_{ik}$ 对称。如图 3.1 所示，式(3.20)表示节点 c_{ik} 右侧的样条基函数，用实线表示；式(3.21)表示节点 c_{ik} 左侧的样条基函数，用虚线表示。

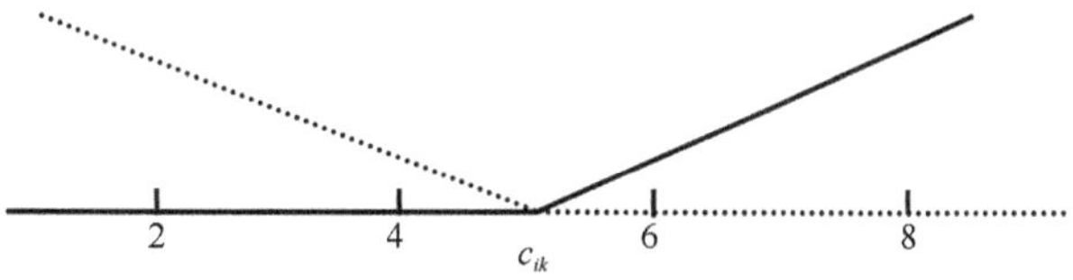

图 3.1　镜面样条基函数

式(3.20)和式(3.21)的经济学含义：通过构造样条基函数来拟合第 i 个指标所在子区域的指标数值，每个样条基函数只依赖于单个指标向量 $X_j=(X_{1j}, X_{2j},\cdots, X_{mj})$。应该指出，在第 i 个指标子区域中，每一个指标数值 X_{ij} 都可以作为一个节点 c_{ik}，每一个节点处都存在一对镜面样条基函数。

式(3.18)~式(3.21)广义加性模型的特色：通过将整个指标数据区域划分为多个子区域，在每个子区域内，因变量 y_j(违约状态)由一对镜面对称的线性回归直线(称为样条基函数)来拟合，根据数据的特征、采用局部回归建模的思想拟合出合适的违约风险评价模型，能够灵活地反映因变量 y_j(违约状态)与自变量 X_{ij}(指标数值)之间的非线性关系。相比于线性判别模型和逻辑回归模型，广义加性模型的复杂性偏高，但具有一定的可解释性。

3.2.4　线性支持向量机模型

设：W 为指标权重的列向量；ξ_j 为松弛变量；y_j 为第 j 个企业的实际违约状态(0 表示非违约，1 表示违约)；W^{T} 为指标权重列向量 W 的转置；X_j 为第 j 个公司的指标列向量；b 为截距项；n 为公司总个数。则线性支持向量机的目标函数[8]如下。

$$\min\frac{1}{2}\|W\|^2+\sum\nolimits_j\xi_j \tag{3.22}$$

$$\text{s.t. } y_j(W^{\mathrm{T}}X_j+b)\geqslant 1-\xi_j,\quad j=1,2,\cdots,n \tag{3.23}$$

式(3.22)的含义：在满足式(3.23)约束条件下，$\frac{1}{2}\|W\|^2$ 为指标权重的平方和，其倒数表示违约公司与非

违约公司违约概率的几何距离，距离越大表示模型对违约与非违约公司的鉴别能力越强。

设：p_j 为第 j 个公司违约概率的预测值；W^*为通过式(3.22)和式(3.23)引入拉格朗日乘子，求解出的指标权重列向量；$(W^*)^{\mathrm{T}}$ 为指标权重列向量 W^*的转置；X_j为第 j 个公司的指标列向量；b^*为通过式(3.22)和式(3.23)引入拉格朗日乘子，求解出的截距项；$\hat{y}_j$为第 j 个公司违约状态的预测值。则线性支持向量机预测模型如下[8]。

$$\hat{p}_j = 1/\{1+\exp[-(W^*)^{\mathrm{T}} X_j - b^*]\} \tag{3.24}$$

$$\hat{y}_j = \begin{cases} 0, & [(W^*)^{\mathrm{T}} X_j + b^*] < 0 \\ 1, & [(W^*)^{\mathrm{T}} X_j + b^*] \geqslant 0 \end{cases} \tag{3.25}$$

式(3.24)的含义：第 j 个公司违约概率的预测值。违约概率值越大，公司越容易违约，信用状况越差。

式(3.25)的含义：第 j 个公司违约状态的预测值。当 $\hat{y}_j$=0 时，表示第 j 个公司非违约；当 $\hat{y}_j$=1 时，表示第 i 个公司违约。

式(3.22)~式(3.25)线性支持向量机模型的特色：通过线性核函数构造目标函数最大化违约公司与非违约公司两类公司之间的距离，构造分类平面实现显著区别违约和非违约公司的目的。相比于线性判别模型、逻辑回归模型和广义加性模型，支持向量机模型的复杂性相对较高。

3.2.5 决策树模型

决策树模型是一个类似流程图的树状结构，由枝节点和叶节点组成。本书中的决策树模型，是基于错判误差的平方和最小，确定每一层作为划分标准的指标和指标划分的分界点。

设：$\hat{y}_j$为第 j 个公司违约状态的预测值；J 为决策树叶节点的个数；b_k为第 k 个终节点处的违约与否输出值；$I(x_j \in R_k)$是一个示性函数，当第 j 个公司属于第 k 个终节点 R_k时，则示性函数取值为 1，否则取值为 0；R_k为第 k 个终节点；x_j为第 j 个公司的指标数据；y_j为第 j 个公司的真实违约状态(0 表示非违约，1 表示违约)。则包括 J 个终节点的决策树模型[9-10]如下。

$$\hat{y}_j = \sum_{k=1}^{J} b_k I(x_j \in R_k) \tag{3.26}$$

式(3.26)的含义：第 j 个公司的违约状态预测结果。若第 j 个公司属于第 k 个终节点 R_k时，则示性函数 $I(x_j \in R_k)$=1。对于不是第 k 个终节点 R_k的其他终节点 R_l，则示性函数 $I(x_j \in R_l)$=0。则式(3.26)此时预测结果 $\hat{y}_j$=b_k。若第 k 个终节点 R_k是违约，则 b_k=1，即 $\hat{y}_j$=1；若第 k 个终节点 R_k是非违约，则 b_k=0，即 $\hat{y}_j$=0。

一个决策树模型结构示例如图 3.2 所示。图 3.2 中，每一个三角形的节点表示需要根据划分指标 x_i 及其阈值 s_i 划分为左右两个枝样本集，称为枝节点。实心点表示不能再进行划分的样本集，称为叶节点 R_k。

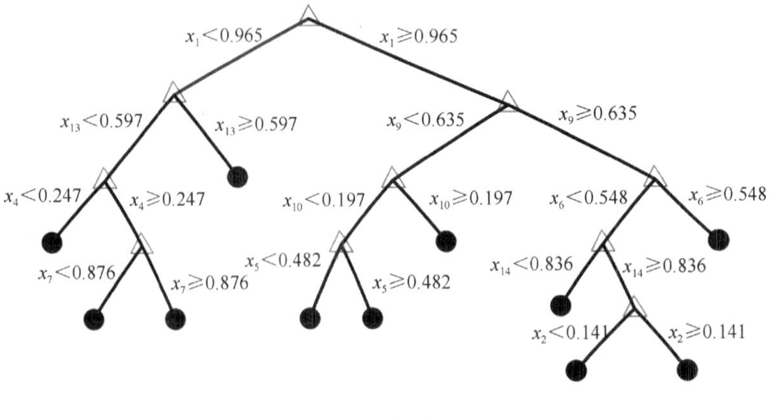

图 3.2 决策树模型结构示例

设：$R_1(k, s)$为根据第 k 个指标大于等于阈值 s 的所有公司；k 为第 k 个指标；s 为划分阈值；$x^{(k)}$为所有公司的第 k 个指标值。则按指标数据 $x^{(k)}$的阈值 s 来把客户总体划分为两个组，即决策树中的两个区域，分别如下所示[9-10]。

$$R_1(k,s)=\left\{x \mid x^{(k)} \geqslant s\right\} \tag{3.27}$$

$$R_2(k,s)=\left\{x \mid x^{(k)} < s\right\} \tag{3.28}$$

式(3.27)的含义：如果公司的指标数据 $x^{(k)}$的取值大于等于 s 时，则公司被分到右侧 R_1 区域。

式(3.28)的含义：如果公司的指标数据 $x^{(k)}$的取值小于 s 时，则公司被分到左侧 R_2 区域。

式(3.27)和式(3.28)是一个枝节点被划分为两个叶节点的规则。而如何确定使得决策树模型预测精度最高的最优划分指标 $x^{(k)}$和阈值 s 则是关键问题。

设：x_j 为第 j 个公司的指标数据；R_k 为第 k 个叶节点；y_j 为第 j 个公司的真实违约状态(0 表示非违约, 1 表示违约)；$\hat{y}_j$ 为第 j 个公司违约状态的预测值。则根据错判误差平方和最小，反推确定最优划分指标 $x^{(k)}$和阈值 s 的目标函数[10]如下。

$$\min \sum_{x_j \in R_k}\left(y_j-\hat{y}_j\right)^2 \tag{3.29}$$

式(3.29)的含义：最小化公司的违约预测结果 $\hat{y}_j$ 和第 j 个公司的真实违约状态 y_j 之间的偏差。式(3.29)的偏差越小，则表示决策树模型的预测结果越接近真实违约状态，预测精度越高。由于这里的预测结果 $\hat{y}_j$ 是由式(3.26)得到，而式(3.26)的叶节点 R_k 与式(3.27)和式(3.28)的划分指标 $x^{(k)}$及阈值 s 两个参数有关。因此，式(3.29)的最小化目标函数则可以反推得到最优划分指标 $x^{(k)*}$和阈值 s^*。

式(3.29)的特色：通过对每个指标的每个阈值进行遍历，根据式(3.27)和式(3.28)划分叶节点，并通过式(3.29)计算的违约状态预测结果 $\hat{y}_i$ 与真实违约状态 y_i 对比，得到当前每一个指标作为分裂节点的误差，最后选择分裂误差最小的指标将整个客户集合分为若干叶节点，确定了每个分裂节点处的最优划分指标及其分裂阈值，得到了违约预测精度最高的决策树模型。

具体步骤如下[10]。

步骤 1：根据式(3.27)和式(3.28)依次遍历每个指标 $x^{(k)}$，以及该指标的每个取值作为阈值 s，计算式(3.29)的每个分裂节点(k, s)平方误差函数，选择平方误差最小的指标作为分裂节点。

步骤 2：使用步骤 1 得到的分裂节点，将当前的公司总体划分为两个部分。

步骤 3：然后将被划分后的两个部分再次重复步骤 1 计算分裂节点，依次类推，直到找不到分裂误差最小的指标时，分裂结束。

步骤 4：最后将所有公司划分为 J 个区域 $R_1, R_2,\cdots, R_J$，即得到了 J 个叶节点，生成最终的决策树模型。以图 3.2 为例，指标 $x^{(1)}$的阈值 s_1=0.965，指标 $x^{(13)}$的阈值 s_{13}=0.597 等，最终划分了 J=11 个叶节点(实心点)。

式(3.26)~式(3.29)决策树模型的特色：最小化违约状态预测值 $\hat{y}_j$ 和第 j 个公司的真实违约状态 y_j 之间的偏差，确定了每个分裂节点处的最优划分指标及其分裂阈值，构造树状结构实现显著区别违约和非违约公司的目的。相比于线性判别模型、逻辑回归模型、广义加性模型、支持向量机模型，决策树模型的复杂性相对较高，但可解释性比支持向量机模型更强。

3.2.6　BP 神经网络模型

BP 神经模型网络是一种按误差拟传播算法训练的多层前馈网络[11]。一个 BP 神经网络模型结构示例[11]如图 3.3 所示，包含：输入层，输入值为公司的 m 个指标数值$(X_1, X_2, \cdots, X_m)$；隐含层，中间 p 个节点分别是假设的 z_j (j=1, 2, ⋯, p)个中间变量；输出层，输出值为该公司的违约概率预测值，通过与 0.5 的违约判别临界点对比，输出违约状态的预测结果，即“0”(非违约)或“1”(违约)。

设：z_j 为隐含层中第 j 个中间变量的值；m 为评价指标总个数；x_i 为第 i 个公司的指标数据；w_{ij} 为第 i 个输入层指标到第 j 个隐含层变量的连接权重，其中 j=1, 2, ⋯, Z；Z 为隐含层变量的总个数。则隐含层中第 j 个中间变量的计算表达式如下[11-12]。

$$z_j=\sum_{i=1}^m w_{ij} x_i \tag{3.30}$$

式(3.30)的含义：输入层的 m 个指标$(X_1, X_2, \cdots, X_m)$转化为隐含层中第 j 个中间变量 z_j 的加权求和结果。

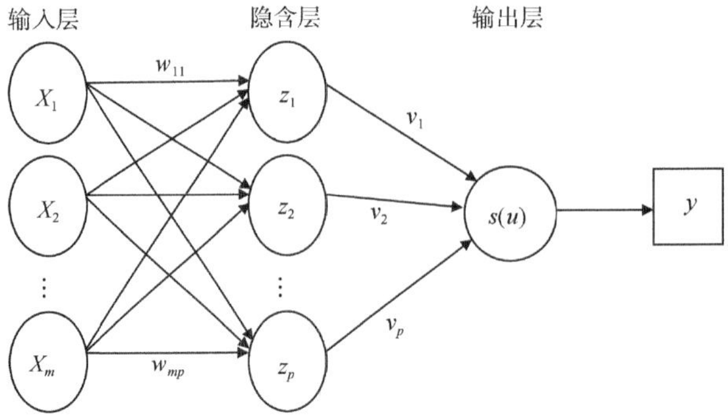

图 3.3　BP 神经网络模型结构示例

设：$s(u)$为第 u 次违约概率理论预测值；p 为隐含层的中间变量的个数；v_j 为隐含层的第 j 个中间变量到违约概率理论预测值的连接权值；b 为截距项。则违约概率的预测表达式如下[11-12]。

$$s(u)=\sum_{j=1}^{p}v_j z_j+b \tag{3.31}$$

式(3.31)的含义：通过对式(3.30)计算出的中间变量数值 z_j 再次赋权，计算违约概率理论预测值。

将式(3.30)代入式(3.31)可得下式。

$$\hat{s}(u)=\sum_{j=1}^{p}v_j\sum_{i=1}^{m}w_{ij}x_i+b \tag{3.32}$$

式(3.32)的含义：已知公司的 m 个指标数值，可以计算出该客户的违约概率理论预测值。

$$\hat{y}(u)=\begin{cases}1, & \hat{s}(u)\geqslant 0.5\\ 0, & \hat{s}(u)<0.5\end{cases} \tag{3.33}$$

式(3.33)的含义：将式(3.32)计算出的违约概率理论预测值进行判别，“1”表示预测为违约，“0”表示预测为非违约。

设：n 为样本中的公司总数量；$\varepsilon_r(u)$为第 u 次计算过程中第 r 个公司的违约状态预测值与真实值之间的偏差；y_r 为第 r 个公司的违约状态真实值；$\hat{y}_r(u)$为第 u 次计算过程的第 r 个公司违约状态预测值。则第 u 次计算过程的误差均方函数如下[11-12]。

$$\delta(u)=\frac{1}{2}\sum_{r=1}^{n}\varepsilon_r^{\ 2}(u)=\frac{1}{2}\sum_{r=1}^{n}(y_r-\hat{y}_r(u))^2 \tag{3.34}$$

式(3.34)的含义：在第 u 次计算违约状态预测值后，所有 n 个公司的违约状态预测值与实际值之间的误差均方函数。误差均方函数值越小，说明对违约状态预测越精确。

设：$V(u+1)$为第 u+1 次计算时的权重参数向量；$V(u)$为第 u 次计算时的权重参数向量；Z 为权值的单位修正步长；$\varepsilon(u)$为第 u 次计算过程中的违约状态预测值和真实值之间的偏差；p 为隐含层的中间变量的个数；v_j 为隐含层的第 j 个中间变量到违约概率理论预测值的连接权值；m 为评价指标总个数；w_{ij} 为第 i 个输入层指标到第 j 个隐含层变量的连接权重；x_i 为第 i 个公司的指标数据。则根据梯度下降算法，第 u+1 次计算时的权重参数向量 $V(u+1)$的更新表达式如下[11-12]。

$$V(u+1)=V(u)+Z\varepsilon(u)\sum_{j=1}^{p}v_j\sum_{i=1}^{m}w_{ij}x_i \tag{3.35}$$

式(3.35)的含义：第 u+1 次计算时的权重参数向量 $V(u+1)$的更新表达式。

神经网络模型中最优权重向量的确定过程如下。

当 u=1 时，即第 1 次计算时，初始化权重参数向量记为 $V(1)$，则根据式(3.30)至式(3.34)，可得第 1 次计算时的误差均方值 $\delta(1)$。

当 u=2 时，将第 1 次计算时的权重向量 $V(1)$和误差均方值 $\delta(1)$代入式(3.35)，可得修正后的第 2 次输出的理论违约状态与中间变量间的权值 $V(2)$。进而可以根据式(3.30)至式(3.34)，可得第 2 次计算时的误差均方值 $\delta(2)$。

同理，可以对后续 u 次的权值进行调整。

应该指出：对权值调整的停止标准是目标函数式(3.34)的误差均方函数值 $\delta(u)$达到最小，此时即为得到的最优权重向量。

式(3.30)~式(3.35)神经网络模型的特色：通过构造隐含层和最小化公司的违约预测结果 $\hat{y}_j$ 与真实违约状态 y_j 之间的偏差，确定了各层之间连接的最优权重值，构造神经网络结构实现显著高精度识别违约和非违约公司的目的。相比于线性判别模型、逻辑回归模型、广义加性模型、支持向量机模型、决策树模型，神经网络模型的复杂性相对较高，可解释性相对较差。

3.2.7　K 近邻模型

K 近邻模型的违约预测机制[13]是：通过计算样本中每一个公司与所要预测的第 i 个公司的距离(本书用的欧氏距离)，找到距离最近的 k 个公司，将距离最近的 k 个公司的 k 个违约状态按多数投票原则，得到违约预测结果。

设：x_i 为第 i 个公司的指标数据；x_j 为第 j 个公司的指标数据；m 为指标总个数；x_{il} 为第 i 个公司的第 l 个指标数值；x_{jl} 为第 j 个公司的第 l 个指标数值。则第 i 个公司和第 j 个公司的欧氏距离如下[13-14]。

$$L(x_i,x_j)=\left[\sum\nolimits_{l=1}^{m}\left|x_{il}-x_{jl}\right|^2\right]^{1/2} \tag{3.36}$$

式(3.36)的含义：第 i 个公司和第 j 个公司的指标数据差的平方和再开根号的结果，表示两个公司之间的欧氏距离。欧氏距离越小，表示两个公司的指标数据越相似，越应该有相同的违约状态。

设：$\hat{p}_j$ 为第 j 个公司的 K 近邻模型预测的违约概率值；k 为选择的最近邻公司个数；x_j 为第 j 个公司的指标数据；x_k 为第 k 个公司的指标数据；$L(x_j, x_k)$为第 j 个公司到其 k 近邻集合 p 公司的距离；y_j 为第 j 个公司的真实违约状态。则第 j 个公司的 K 近邻模型预测的违约概率值表达式如下[13-14]。

$$\hat{p}_j=\frac{1}{k}\sum\nolimits_{j\in\min_k L(x_j,x_k)}y_j \tag{3.37}$$

式(3.37)的含义：与第 j 个公司欧氏距离从小到大排序的前 k 个距离最近公司的违约状态的平均值，作为第 j 个公司的违约概率预测值。违约概率预测值越大，公司越容易违约。

第 j 个公司违约状态理论值 $\hat{y}_j$ 的表达式如下[13-14]。

$$\hat{y}_j=\begin{cases}0, & \hat{p}_j<0.5\\ 1, & \hat{p}_j\geqslant 0.5\end{cases} \tag{3.38}$$

式(3.38)的含义：企业违约状态理论值的表达式。若违约概率小于临界值 0.5，则表示第 j 个企业判别结果为“非违约”，记违约状态理论值 $\hat{y}_j$=0；若违约概率大于等于临界值 0.5，则表示第 j 个企业判别结果为“违约”，记违约状态理论值 $\hat{y}_j$=1。

式(3.36)~式(3.38) K 近邻模型的特色：通过计算欧氏距离最近的 k 个公司的违约状态平均值作为所要预测公司的违约概率值，进而确定了公司的违约状态预测结果。K 近邻模型的复杂性低于 BP 神经网络模型，但高于线性判别模型、逻辑回归模型、广义加性模型、支持向量机模型、决策树模型。K 近邻模型的可解释性低于线性判别模型、逻辑回归模型、广义加性模型、决策树模型，但高于支持向量机模型和 BP 神经网络模型。

3.2.8　多数投票线性判别模型

多数投票线性判别模型[15]是通过设定训练数据集中每个公司被抽中的概率满足均匀分布，即每个公司被抽中的概率为 $1/n$(这里 n 为公司总数)，从训练数据集中有放回地随机抽取数量为 n 的三个新的训练集。在每个新训练集上都训练一个 3.2.1 节中的线性判别模型，并将三个线性判别模型按多数投票规则给出最终违约预测结果。

设：$\hat{p}_j$ 为第 j 个公司的多数投票线性判别预测的违约概率值；$\hat{p}_{jk}$ 为第 j 个公司在第 k 个新训练集上构建线性判别模型式(3.14)的违约概率预测值。则第 j 个公司的多数投票线性判别模型预测的违约概率值表达式如下[15]。

$$\hat{p}_j=\frac{1}{3}\sum\nolimits_{k=1}^{3}\hat{p}_{jk} \tag{3.39}$$

式(3.39)的含义：第 j 个公司的多数投票线性判别违约概率预测结果等于三个线性判别模型对第 j 个公司的违约概率预测值的算术平均值。违约概率预测值越大，公司越容易违约。

第 j 个公司违约状态理论值 $\hat{y}_j$ 的表达式如下[15]。

$$\hat{y}_j = \begin{cases} 0, & \hat{p}_j < 0.5 \\ 1, & \hat{p}_j \geqslant 0.5 \end{cases} \tag{3.40}$$

式(3.40)的含义：企业违约状态理论值的表达式。若违约概率小于临界值 0.5，则表示第 j 个企业判别结果为“非违约”，记违约状态理论值 $\hat{y}_j$=0；若违约概率大于等于临界值 0.5，则表示第 j 个企业判别结果为“违约”，记违约状态理论值 $\hat{y}_j$=1。

3.2.9 多数投票逻辑回归模型

多数投票逻辑回归模型[15]是通过设定训练数据集中每个公司被抽中的概率满足均匀分布，即每个公司被抽中的概率为 $1/n$(这里 n 为公司总数)，从训练数据集中有放回地随机抽取数量为 n 的三个新的训练集。在每个新训练集上都训练一个 3.2.2 节中的逻辑回归模型，并将三个逻辑回归模型按多数投票规则给出最终违约预测结果。

设：$\hat{p}_j$ 为第 j 个公司的多数投票逻辑回归预测的违约概率值；$\hat{p}_{jk}$ 为第 j 个公司在第 k 个新训练集上构建逻辑回归模型式(3.16)的违约概率预测值。则第 j 个公司的多数投票逻辑回归模型预测的违约概率值表达式如下[15]。

$$\hat{p}_j = \frac{1}{3}\sum\nolimits_{k=1}^{3} \hat{p}_{jk} \tag{3.41}$$

式(3.41)的含义：第 j 个公司的多数投票逻辑回归违约概率预测结果等于三个逻辑回归模型对第 j 个公司的违约概率预测值的算术平均值。违约概率预测值越大，公司越容易违约。

第 j 个公司违约状态理论值 $\hat{y}_j$ 的表达式如下[15]。

$$\hat{y}_j = \begin{cases} 0, & \hat{p}_j < 0.5 \\ 1, & \hat{p}_j \geqslant 0.5 \end{cases} \tag{3.42}$$

式(3.42)的含义：企业违约状态理论值的表达式。若违约概率小于临界值 0.5，则表示第 j 个企业判别结果为“非违约”，记违约状态理论值 $\hat{y}_j$=0；若违约概率大于等于临界值 0.5，则表示第 j 个企业判别结果为“违约”，记违约状态理论值 $\hat{y}_j$=1。

3.2.10 多数投票广义加性模型

多数投票广义加性模型 [15]是通过设定训练数据集中每个公司被抽中的概率满足均匀分布，即每个公司被抽中的概率为 $1/n$(这里 n 为公司总数)，从训练数据集中有放回地随机抽取数量为 n 的三个新的训练集。在每个新训练集上都训练一个 3.2.3 节中的广义加性模型，并将三个广义加性模型按多数投票规则给出最终违约预测结果。

设：$\hat{p}_j$ 为第 j 个公司的多数投票广义加性模型预测的违约概率值；$\hat{p}_{jk}$ 为第 j 个公司在第 k 个新训练集上构建广义加性模型式(3.18)的违约概率预测值。则第 j 个公司的多数投票广义加性模型预测的违约概率值表达式如下[15]。

$$\hat{p}_j = \frac{1}{3}\sum\nolimits_{k=1}^{3} \hat{p}_{jk} \tag{3.43}$$

式(3.43)的含义：第 j 个公司的多数投票广义加性模型违约概率预测结果等于三个广义加性模型对第 j 个公司的违约概率预测值的算术平均值。违约概率预测值越大，公司越容易违约。

第 j 个公司违约状态理论值 $\hat{y}_j$ 的表达式如下[15]。

$$\hat{y}_j = \begin{cases} 0, & \hat{p}_j < 0.5 \\ 1, & \hat{p}_j \geqslant 0.5 \end{cases} \tag{3.44}$$

式(3.44)的含义：企业违约状态理论值的表达式。若违约概率小于临界值 0.5，则表示第 j 个企业判别结果为“非违约”，记违约状态理论值 $\hat{y}_j$=0；若违约概率大于等于临界值 0.5，则表示第 j 个企业判别结果为“违约”，记违约状态理论值 $\hat{y}_j$=1。

3.2.11　多数投票线性支持向量机模型

多数投票线性支持向量机模型[16]是通过设定训练数据集中每个公司被抽中的概率满足均匀分布，即每个公司被抽中的概率为 1/n(这里 n 为公司总数)，从训练数据集中有放回地随机抽取数量为 n 的三个新的训练集。在每个新训练集上都训练一个 3.2.4 节中的线性支持向量机模型，并将三个线性支持向量机模型按多数投票规则给出最终违约预测结果。

设：$\hat{p}_j$ 为第 j 个公司的多数投票线性支持向量机模型预测的违约概率值；$\hat{p}_{jk}$ 为第 j 个公司在第 k 个新训练集上构建线性支持向量机模型式(3.24)的违约概率预测值。则第 j 个公司的多数投票线性支持向量机模型预测的违约概率值表达式如下[16]。

$$\hat{p}_j = \frac{1}{3}\sum_{k=1}^{3}\hat{p}_{jk} \tag{3.45}$$

式(3.45)的含义：第 j 个公司的多数投票线性支持向量机模型违约概率预测结果等于三个线性支持向量机模型对第 j 个公司的违约概率预测值的算术平均值。违约概率预测值越大，公司越容易违约。

第 j 个公司违约状态理论值 $\hat{y}_j$ 的表达式如下[16]。

$$\hat{y}_j = \begin{cases} 0, & \hat{p}_j < 0.5 \\ 1, & \hat{p}_j \geqslant 0.5 \end{cases} \tag{3.46}$$

式(3.46)的含义：企业违约状态理论值的表达式。若违约概率小于临界值 0.5，则表示第 j 个企业判别结果为“非违约”，记违约状态理论值 $\hat{y}_j$=0；若违约概率大于等于临界值 0.5，则表示第 j 个企业判别结果为“违约”，记违约状态理论值 $\hat{y}_j$=1。

3.2.12　多数投票决策树模型

多数投票决策树模型[17]是通过设定训练数据集中每个公司被抽中的概率满足均匀分布，即每个公司被抽中的概率为 1/n(这里 n 为公司总数)，从训练数据集中有放回地随机抽取数量为 n 的三个新的训练集。在每个新训练集上都训练一个 3.2.5 节中的决策树模型，并将三个决策树模型按多数投票规则给出最终违约预测结果。

设：$\hat{p}_j$ 为第 j 个公司的多数投票决策树模型预测的违约概率值；$\hat{p}_{jk}$ 为第 j 个公司在第 k 个新训练集上构建决策树模型式(3.26)的违约状态预测值。则第 j 个公司的多数投票决策树模型预测的违约概率值表达式如下[17]。

$$\hat{p}_j = \frac{1}{3}\sum_{k=1}^{3}\hat{p}_{jk} \tag{3.47}$$

式(3.47)的含义：第 j 个公司的多数投票决策树模型违约概率预测结果等于三个决策树模型对第 j 个公司的违约概率预测值的算术平均值。违约概率预测值越大，公司越容易违约。

第 j 个公司违约状态理论值 $\hat{y}_j$ 的表达式如下[17]。

$$\hat{y}_j = \begin{cases} 0, & \hat{p}_j < 0.5 \\ 1, & \hat{p}_j \geqslant 0.5 \end{cases} \tag{3.48}$$

式(3.48)的含义：企业违约状态理论值的表达式。若违约概率小于临界值 0.5，则表示第 j 个企业判别结果为“非违约”，记违约状态理论值 $\hat{y}_j$=0；若违约概率大于等于临界值 0.5，则表示第 j 个企业判别结果为“违约”，记违约状态理论值 $\hat{y}_j$=1。

3.2.13　多数投票 BP 神经网络模型

多数投票 BP 神经网络模型[18]是通过设定训练数据集中每个公司被抽中的概率满足均匀分布，即每个公司被抽中的概率为 1/*n*(这里 *n* 为公司总数)，从训练数据集中有放回地随机抽取数量为 *n* 的三个新的训练集。在每个新训练集上都训练一个 3.2.6 节中的 BP 神经网络模型，并将三个 BP 神经网络模型按多数投票规则给出最终违约预测结果。

设：$\hat{p}_j$ 为第 j 个公司的多数投票 BP 神经网络模型预测的违约概率值；$\hat{p}_{jk}$ 为第 j 个公司在第 k 个新训练集上构建 BP 神经网络模型式(3.32)的违约概率预测值。则第 j 个公司的多数投票 BP 神经网络模型预测的违约概率值表达式如下[18]。

$$\hat{p}_j = \frac{1}{3}\sum_{k=1}^{3}\hat{p}_{jk} \tag{3.49}$$

式(3.49)的含义：第 j 个公司的多数投票 BP 神经网络模型违约概率预测结果等于三个 BP 神经网络模型对第 j 个公司的违约概率预测值的算术平均值。违约概率预测值越大，公司越容易违约。

第 j 个公司违约状态理论值 $\hat{y}_j$ 的表达式如下[18]。

$$\hat{y}_j = \begin{cases} 0, & \hat{p}_j < 0.5 \\ 1, & \hat{p}_j \geqslant 0.5 \end{cases} \tag{3.50}$$

式(3.50)的含义：企业违约状态理论值的表达式。若违约概率小于临界值 0.5，则表示第 j 个企业判别结果为“非违约”，记违约状态理论值 $\hat{y}_j$=0；若违约概率大于等于临界值 0.5，则表示第 j 个企业判别结果为“违约”，记违约状态理论值 $\hat{y}_j$=1。

3.2.14 多数投票 K 近邻模型

多数投票 K 近邻模型[19]是通过设定训练数据集中每个公司被抽中的概率满足均匀分布，即每个公司被抽中的概率为 1/*n*(这里 *n* 为公司总数)，从训练数据集中有放回地随机抽取数量为 *n* 的三个新的训练集。在每个新训练集上都训练一个 3.2.7 节中的 K 近邻模型，并将三个 K 近邻模型按多数投票规则给出最终违约预测结果。

设：$\hat{p}_j$ 为第 j 个公司的多数投票 K 近邻模型预测的违约概率值；$\hat{p}_{jk}$ 为第 j 个公司在第 k 个新训练集上构建 K 近邻模型式(3.37)的违约概率预测值。则第 j 个公司的多数投票 K 近邻模型预测的违约概率值表达式如下[19]。

$$\hat{p}_j = \frac{1}{3}\sum_{k=1}^{3}\hat{p}_{jk} \tag{3.51}$$

式(3.51)的含义：第 j 个公司的多数投票 K 近邻模型违约概率预测结果等于三个 K 近邻模型对第 j 个公司的违约概率预测值的算术平均值。违约概率预测值越大，公司越容易违约。

第 j 个公司违约状态理论值 $\hat{y}_j$ 的表达式如下[19]。

$$\hat{y}_j = \begin{cases} 0, & \hat{p}_j < 0.5 \\ 1, & \hat{p}_j \geqslant 0.5 \end{cases} \tag{3.52}$$

式(3.52)的含义：企业违约状态理论值的表达式。若违约概率小于临界值 0.5，则表示第 j 个企业判别结果为“非违约”，记违约状态理论值 $\hat{y}_j$=0；若违约概率大于等于临界值 0.5，则表示第 j 个企业判别结果为“违约”，记违约状态理论值 $\hat{y}_j$=1。

3.3 精 度 标 准

3.3.1 混淆矩阵

将企业的违约状态预测值 $\hat{y}$ 和企业的违约状态实际值 y 进行对比，将得到如表 3.2 所示的混淆矩阵(confusion matrix)中的四个参数[17]，分别是：实际违约样本模型判对个数(TP)、实际违约样本模型判错个数(FN)、实际非违约样本模型判错个数(FP)、实际非违约样本模型判对个数(TN)。

本书选取的 5 个模型违约预测精度评价标准，均可根据表 3.2 混淆矩阵中的四个参数 TP、TN、FP、FN 计算得到。

表 3.2 模型预测结果的混淆矩阵[20]

实际值 y	预测违约($\hat{y}$=1)	预测非违约($\hat{y}$=0)	合计
真实违约(y=1)	实际违约样本模型判对个数(TP)	实际违约样本模型判错个数(FN)	真实违约个数 (TP+FN)
真实非违约(y=0)	实际非违约样本模型判错个数(FP)	实际非违约样本模型判对个数(TN)	真实非违约个数 (FP+TN)
合计	模型预测的违约公司个数(TP+FP)	模型预测的非违约公司个数(FN+TN)	样本总个数 (TP+ FP+FN+TN)

3.3.2 第二类错误(Type-II Error)

设：FN 为实际违约样本模型判错个数；TP 为实际违约样本模型判对个数。则第二类错误(Type-II Error)[17]的表达式如下。

$$\text{Type - II Error} = \frac{\text{FN}}{\text{TP} + \text{FN}} \tag{3.53}$$

式(3.53)的含义：实际违约样本错判为非违约样本的错误比率，即第二类错误。式(3.53)的第二类错误越小，表示对违约客户预测越准确。

3.3.3 第一类错误(Type-I Error)

设：FP 为实际非违约样本模型判错个数；TN 为实际非违约样本模型判对个数。则第一类错误(Type-I Error)[17]的表达式如下。

$$\text{Type - I Error} = \frac{\text{FP}}{\text{FP} + \text{TN}} \tag{3.54}$$

式(3.54)的含义：实际非违约样本错判为违约样本的错误比率，即第一类错误。式(3.54)的第一类错误越小，表示对非违约客户预测越准确。

3.3.4 几何平均精度(G-mean)

设：TN 为实际非违约样本模型判对个数；FP 为实际非违约样本模型判错个数；TP 为实际违约样本模型判对个数；FN 为实际违约样本模型判错个数。则几何平均精度(geometric mean，G-mean)[17]的表达式如下。

$$\text{G-mean}=\sqrt{\frac{\text{TN}}{\text{TN} + \text{FP}} \times \frac{\text{TP}}{\text{TP} + \text{FN}}} \tag{3.55}$$

式(3.55)的含义：TP/(TP+FN)表示违约客户的判对率，TN/(TN+FP)表示非违约客户的判对率，两项相乘开根号是几何平均值的精度。式(3.55)的几何平均精度越高，表示模型对违约客户和非违约客户整体上的预测越准确。

3.3.5 总体预测精度(Accuracy)

设：TP 为实际违约样本模型判对个数；TN 为实际非违约样本模型判对个数；FP 为实际非违约样本模型判错个数；FN 为实际违约样本模型判错个数。则总体预测精度(Accuracy)[17]的表达式如下。

$$\text{Accuracy} = \frac{\text{TP} + \text{TN}}{\text{TP} + \text{FP} + \text{FN} + \text{TN}} \tag{3.56}$$

式(3.56)的含义：违约样本和非违约样本整体判对的比率，是衡量模型的总体违约判别能力最常用和最简明的评价标准。式(3.56)的总体预测精度越高，表示对违约和非违约客户总体上的预测越准确。

3.3.6　曲线下面积 AUC 值

AUC (area under the curve，AUC) 值[20]是受试中工作特征曲线下的面积，是评估模型对违约企业和非违约企业整体上的分类精度标准。AUC 值越大，表示模型对违约和非违约客户整体上的预测越准确。

3.4　企业违约判别与违约预警的大数据模型

3.4.1　违约判别和违约预警体系的主要模型

本书下文第 5 章~第 18 章的最优模型选择中，是根据模型的精度越高、可解释性越强、复杂性越低的“不可能三角”原则[1]，即以“模型预测精度越高，则模型越好，排序越靠前”为排序标准一，以“模型可解释性越强，则模型越好，排序越靠前”为排序标准二，以“模型复杂性越低，则模型越好，排序越靠前”为排序标准三。综合以上三个标准的排序，并计算平均排序，在 14 个大数据违约预警模型中，遴选出平均排序最靠前的一个违约预警模型，作为最优的违约预警模型。

通过对 14 个样本、14 个对比分析模型的实证研究，遴选出不同样本的两个最优违约预测模型如下。

(1)逻辑回归模型——第 6 章(上市公司制造行业)和第 17 章(上市小企业房地产行业)的违约判别和违约预测。

(2)线性判别模型——其他章节样本的违约判别和违约预测。

因此，这里将分别就“主模型 1”的线性判别模型和“主模型 2”的逻辑回归模型展开详细介绍。

3.4.2　“主模型 1”的线性判别模型介绍

本书的所有 14 个样本的最优指标组合的遴选，均采用的是下文的基于偏相关分析的第一次遴选和基于支持向量机向前搜索的第二次遴选，由此，形成了本书不同样本的最优指标组合的遴选过程。

例如，采用第 5 章的全部上市公司样本，对于未来 5 年的违约预测模型，在 204 个指标中遴选出了 17 个指标构成的最优指标组合。这也是大数据降维过程。

采用第 5 章的全部上市公司样本，对于未来 m 年的违约预测模型(m=0, 1, 2, 3, 4, 5)请详见下文。

采用其他样本，对于未来 m 年的违约预测模型(m=0, 1, 2, 3, 4, 5)的最优指标组合，请详见下文对应的章节。

1. 最优违约预警指标体系遴选原理

1)基于经济学含义和偏相关分析的第一次单指标遴选

目的：在具有经济学含义的评价指标中，剔除相关性强的反映信息冗余指标，避免指标反映信息重复。

思路：通过同一准则层内任意两个指标之间的偏相关系数[21]绝对值大于某一阈值，说明这一对指标反映信息冗余，则应该删除这一对指标中的一个指标。为避免误删经济学含义明显、违约鉴别能力强的指标，在相关系数绝对值大于某一阈值的两个指标中，优先保留经济学含义明显的指标。若两个指标的经济学含义近似，则根据指标对违约与非违约的组内离差越小、组间离差越大，则该指标违约鉴别能力越强，越应该保留的思路，删除违约鉴别能力差的指标，既避免了误删经济学含义明显的指标，又避免了指标间反映信息重复。

偏相关系数第一次指标筛选的步骤如下。

步骤 1：同一准则层指标偏相关系数 pr_{hg} 的计算。

设：r_{hg} 为第 h 个指标与第 g 个指标的相关系数；x_{hj} 为第 h 个指标第 j 个客户的指标数据；$\overline{x}_h$ 为第 h 个指标的平均值；x_{gj} 为第 g 个指标第 j 个客户的指标数据；$\overline{x}_g$ 为第 g 个指标的平均值。则指标 h 和指标 g 的相关系数 r_{hg} 如下[22]。

$$r_{hg} = \frac{\sum_{j=1}^{n}(x_{hj} - \overline{x}_h)(x_{gj} - \overline{x}_g)}{\sqrt{\sum_{j=1}^{n}(x_{hj} - \overline{x}_h)^2 (x_{gj} - \overline{x}_g)^2}} \tag{3.57}$$

式(3.57)的经济学含义：式(3.57)计算的第 h 个指标与第 g 个指标的相关系数越大，表明第 h 个指标与第 g 个指标的相关性越强，反之，相关性越弱。

设：R 为指标 h 与指标 g 之间的相关系数 r_{hg} 组成的 $q\times q$ 矩阵。q 为准则层内指标的个数。则相关系数矩阵 R 如下[22]。

$$R=\begin{bmatrix} r_{11} & r_{12} & \dots & r_{1q} \\ r_{21} & r_{22} & \dots & r_{2q} \\ \vdots & \vdots & & \vdots \\ r_{q1} & r_{q2} & \dots & r_{qq} \end{bmatrix} \tag{3.58}$$

R 的逆矩阵记为 C：

$$C = R^{-1}=\begin{bmatrix} c_{11} & c_{12} & \dots & c_{1q} \\ c_{21} & c_{22} & \dots & c_{2q} \\ \vdots & \vdots & & \vdots \\ c_{q1} & c_{q2} & \dots & c_{qq} \end{bmatrix} \tag{3.59}$$

则指标 h 与指标 g 之间的偏相关系数 pr_{hg} 如下[23]。

$$pr_{hg} = \frac{-c_{hg}}{\sqrt{c_{hh}c_{gg}}} \tag{3.60}$$

式(3.60)的经济学含义：式(3.60)计算的是指标 h 与指标 g 之间的偏相关系数，pr_{hg} 越大，表明指标 h 与指标 g 间的相关性越强，反之，相关性越弱。

式(3.60)的特色：式(3.60)的偏相关系数是在控制其他变量的线性影响的条件下分析两变量间的线性相关性。避免了当第三个指标同时影响两个指标时，相关性分析不能如实反映两个指标间相关程度的弊端。

步骤 2：F 值的计算。

设：F_h 为第 h 个指标的 F 值；$\overline{x}_h^{(0)}$ 为非违约客户中第 h 个指标的均值；$\overline{x}_h^{(1)}$ 为违约客户中第 h 个指标的均值；$\overline{x}_h$ 为全部客户中第 h 个指标的均值；$n^{(0)}$ 为非违约客户的个数；$n^{(1)}$ 为违约客户的个数；x_{hj} 为第 h 个指标第 j 个客户的指标数据；n 为客户总数。则第 h 个指标的 F 值 F_h 如下[22]。

$$F_h = \frac{(\overline{x}_h^{(0)} - \overline{x}_h)^2 + (\overline{x}_h^{(1)} - \overline{x}_h)^2}{\frac{1}{n^{(0)} - 1}\sum_{y_j=0}(x_{hj} - \overline{x}_h^{(0)})^2 + \frac{1}{n^{(1)} - 1}\sum_{y_j=1}(x_{hj} - \overline{x}_h^{(1)})^2} \tag{3.61}$$

式(3.61)的经济学含义：式(3.61)等号右边的分子第一项是第 h 个指标中非违约客户的均值与所有客户均值的距离，分子第二项是第 h 个指标中违约客户与所有客户均值的距离。整个分子表示第 h 个指标中违约客户均值、非违约客户均值与全部客户均值的距离，反映违约客户与非违约客户的差异。分子越大，差异越大，表明第 h 个指标越能区分企业的违约状态。分母中第一项是第 h 个指标非违约客户样本内的方差，第二项是第 h 个指标违约客户样本内的方差，整个分母是第 h 个指标中违约客户内的方差与非违约客户内的方差之和，反映了违约客户、非违约客户各自的离散程度，离散程度越小，表明违约客户、非违约客户内部的指标特征越集中。整个式(3.61)中的 F_h 表示第 h 个指标的违约鉴别能力，F_h 越大，表明指标 h 的违约鉴别能力越强，反之，违约鉴别能力越弱。

步骤 3：基于偏相关性分析的指标筛选。

基于偏相关性分析进行第一次指标筛选的思路：计算任意两个指标的偏相关系数，若两个指标的偏相关系数大于 0.8[23]，则说明这两个指标高度相关，优先保留经济学含义明显的指标。

若两个指标的偏相关系数$|r'_{kj}|>T_r$，说明两个指标的信息相近，只保留一个指标就能包含两个指标的信息。一般认为相关系数绝对值$|r'_{kj}|>0.8$[23]，两个指标高度相关。故本书选取的偏相关系数临界值 T_r=0.8，保证能够剔除反映信息重复的指标。

2)基于支持向量机向前搜索的第二次指标组合筛选

目的：由于单个指标违约鉴别能力强，其组成的指标体系，违约鉴别能力不一定最强[21]，因此需要进行第二次指标组合遴选。在第一次单指标遴选得到的指标构成的若干指标组合中，遴选违约预测精度最高的指标组合，保证了遴选得到的指标组合具有最强违约预测能力。

思路：根据指标组合支持向量机模型[8]违约预测几何平均精度最大的原则，采用序列前向选择算法，从 m 个指标构成的(2^m-1)个指标组合中筛选一个违约预测精度最高的最优指标组合，构建了违约风险预警风险指标体系，保证筛选后的指标组合有最强的违约鉴别能力。

特色：一是根据预测精度最高进行最优指标组合的遴选，避免了违约鉴别能力强的单个指标构成的指标组合的违约鉴别能力不一定强的弊端，保证了所构建的指标体系具有最强的违约预测能力。二是本书根据几何平均精度最大进行指标筛选，是因为几何平均精度同时考虑了模型对违约与非违约两类企业的预测精度，避免了模型对其中一类客户的判别精度高，对另一类客户判别精度低的弊端。

基于支持向量机向前搜索的第二次指标组合遴选的具体步骤如下。

步骤 4：由 1 个指标构成的指标组合的确定。

由 1 个指标构成的第 1 个指标组合违约预测精度 $\text{G-mean}^1{}_1$ 的确定。在第 1 次基于偏相关系数遴选后剩下的 m 个指标中，选取第 1 个指标。将线性支持向量机模型在这 1 个指标下的预测违约状态 $\hat{y}$ 与真实违约状态 y 比较得出如表 3.2 所示的四个参数，代入式(3.55)计算得到由第 1 个指标构成的第 1 个指标组合的违约预测几何平均精度，记为 $\text{G-mean}^1{}_1$。

由 1 个指标构成的第 k 个指标组合违约预测精度 $\text{G-mean}^k{}_1$ 的确定。在第 1 次基于偏相关系数遴选后剩下的 m 个指标中，既可以选取第 2 个指标构成第 2 个指标组合，也可以选取第 k 个指标构成第 k 个指标组合$(k=1, 2, \cdots, m)$。同理，由 1 个指标构成的第 k 个指标组合的违约预测几何平均精度，记为 $\text{G-mean}^k{}_1$ $(k=1, 2, \cdots, m)$。

由 1 个指标构成的指标组合中最高违约预测精度 $\text{G-mean}^{k^*}{}_1$ 的确定。令 $\text{G-mean}^{k^*}{}_1=\max(\text{G-mean}^k{}_1)=\max(\text{G-mean}^1{}_1, \text{G-mean}^2{}_1, \cdots, \text{G-mean}^m{}_1)$。则 $\text{G-mean}^{k^*}{}_1$ 即为由 1 个指标构成的指标组合的最高几何平均精度。最高几何平均精度 $\text{G-mean}^{k^*}{}_1$ 的上标 k^*表示第 k^*个指标组合，即由 1 个指标构成的精度最高的指标组合。为方便下文说明，将由 1 个指标构成的指标组合的最高几何平均精度 $\text{G-mean}^{k^*}{}_1$ 简化记为 G-mean_1。

步骤 5：由两个指标构成的指标组合的确定。

由两个指标构成的指标组合中最高违约预测精度 $\text{G-mean}^{l^*}{}_2$ 的确定。在步骤 4 选中的第 k^*个指标这一个指标后，剩余的$(m-1)$个指标中，选取一个指标，这里既可以选择剩余的$(m-1)$个指标中的第 1 个指标，也可以选择第$(m-1)$个指标，与步骤 4 选中的第 k^*个指标形成新的指标组合，因此可以形成$(m-1)$个新的由两个指标构成的指标组合。将线性支持向量机模型在新的指标组合下的预测违约状态 $\hat{y}$ 与真实违约状态 y 比较得出如表 3.2 所示的四个参数，代入式(3.55)计算的违约预测几何平均精度，记为 $\text{G-mean}^l{}_1$ $(l=1, 2, \cdots, m-1)$。令 $\text{G-mean}^{l^*}{}_2=\max(\text{G-mean}^l{}_2)=\max(\text{G-mean}^1{}_2, \text{G-mean}^2{}_2, \cdots, \text{G-mean}^{(m-1)}{}_2)$。则 $\text{G-mean}^{l^*}{}_2$ 即为由两个指标构成的指标组合的最高几何平均精度。最高几何平均精度 $\text{G-mean}^{l^*}{}_2$ 的上标 l^*表示第 k^*个指标组合，即由 1 个指标构成的精度最高的指标组合。为方便下文说明，将由两个指标构成的指标组合的最高几何平均精度 $\text{G-mean}^{l^*}{}_2$ 简化记为 G-mean_2。

步骤 6：最优违约预测指标体系的遴选。

仿照上述步骤 4 和步骤 5，不断地从初始指标体系中选出一个指标，加入前几步筛选出的指标中形成新的指标组合，使得在新的指标组合下，线性支持向量机模型根据式(3.55)所计算的违约预测几何平均精度最大，则可以得到由 s 个指标构成的指标组合的最高违约预测精度 $\text{G-mean}_s(s=1, 2, \cdots, m)$。令 $\text{G-mean}_{s^*}=\max(\text{G-mean}_s)=\max(\text{G-mean}_1, \text{G-mean}_2, \cdots, \text{G-mean}_m)$。则 G-mean_{s^*}即为全部指标组合中的最高几何平均精度。最高几何平均精度 G-mean_{s^*}的下标 s^*表示第 s^*个指标组合，即为最优指标组合。

应该指出，在指标组合遴选过程中，由于每个指标有“选中”与“不选中”两种状态，m 个指标就有(2^m-1)种指标组合可能性。遍历所有指标组合的预测精度，以几何平均精度最大为目标函数得到一个最优的指标组合，同时也得到显著的大数据降维效果。

3)以下文第 5 章上市公司 T–0 年样本为例

第一次指标筛选从 204 个海选指标集中遴选出 137 个指标。第二次指标组合筛选是从第一次指标筛选剩余的 137 个指标中，最终遴选出 19 个指标，如表 3.3 所示。

表 3.3　上市公司 T–0 年最优指标组合筛选结果

(1)序号	(2)准则层		(3)指标	(4)信用 5C 原则[22-25]
1	企业内部财务因素	偿债能力	X_1 资产负债率	能力
…			…	…
4			X_{38} 每股权益合计	能力
5		盈利能力	X_{53} 净资产收益率	资本
…			…	…
10			X_{85} 营业外支出占营业总成本比重	资本
11		成长能力	X_{115} 每股净资产(相对年初增长率)	资本
…			…	…
13			X_{125} 所有者权益增长率	资本
14	企业内部非财务因素	—	X_{140} 预审计情况	品质
…			…	…
17			X_{153} 违规类型	品质
18	外部宏观环境	—	X_{176} 广义货币供应量(M2)同比增长率	条件
19			X_{186} 国际投资净头寸增长率	条件

由表 3.3 可以看出，遴选出的 T–0 时刻的 19 个指标构成的最优指标体系，能够反映信用 5C 原则[22-25]：“资产负债率”“每股权益合计”“长期资产适合率”“其他应付款占流动负债总额的比例”等 4 个财务指标反映能力(capacity)；“净资产收益率”“所有者权益增长率”“营业外支出占营业总成本比重”等 9 个财务指标反映资本(capital)；“预审计情况”“违规类型”“管理层持股比例”等 4 个企业非财务因素反映品质(character)；“广义货币供应量(M2)同比增长率”“国际投资净头寸增长率”这两个宏观指标反映条件(condition)。

2. 基于错判误差最小的指标赋权原理

目的：根据违约预测错判误差最小，确定线性判别模型的指标权重。如前所述，除了第 6 章和第 17 章的样本，其他章节样本均是以遴选出的线性判别模型为违约预测模型。至于逻辑回归模型，则其根据样本的极大似然估计赋权[5]，可详见下文对应章节或参考文献，不需赘述。

思路：给定一组指标权重，通过将指标权重代入模型计算得到违约状态预测值 $\hat{y}$ 与违约状态实际值 y，对比得到对违约企业与非违约企业的预测错判误差。同理，多组指标权重则会得到多个错判误差。通过违约预测错判误差越小，则模型的违约鉴别能力越强的思路，以违约预测错判误差最小，反推一组最优的指标权重向量。

模型：这里以“主模型 1”的线性判别模型[4]为例进行指标赋权说明。应该指出，指标赋权涉及的预测模型可以是逻辑回归模型等任意带有指标权重参数的大数据模型。

设：$\hat{p}_j$ 为第 j 个企业的违约概率预测值；m 为指标个数，也就是上文遴选出的最优指标组合；w_i 为第 i 个指标的权重；X_{ij} 为第 j 个企业的第 i 个指标值；$\hat{y}_j$ 为第 j 个企业的违约状态理论值，则第 j 个企业违约概率 $\hat{p}_j$ 的线性判别模型[4]如下。

$$\hat{p}_j = \sum_{i=1}^{m} w_i X_{ij} \tag{3.62}$$

同时，第 j 个企业违约状态理论值 $\hat{y}_j$ 的表达式如下。

$$\hat{y}_j=\begin{cases}0, & \hat{p}_j<0.5\\ 1, & \hat{p}_j\geqslant 0.5\end{cases} \tag{3.63}$$

式(3.63)的经济学含义：第j个公司违约状态的理论值。若违约概率小于临界值 0.5，则表示第j个企业判别结果为“非违约”，记违约状态理论值$\hat{y}_j$=0；若违约概率大于等于临界值 0.5，则表示第j个企业判别结果为“违约”，记违约状态理论值$\hat{y}_j$=1。

设：E为错判误差率；FP 为实际非违约样本被模型错判为违约的个数；FN 为实际违约样本被模型错判为非违约的个数；TN 为实际非违约样本被模型正确判定为非违约的个数；TP 为实际违约样本被模型正确判定为违约的个数。构造错判误差最小的目标函数如下。

$$\min E=\frac{\text{FN}}{\text{TP}+\text{FN}}+\frac{\text{FP}}{\text{TN}+\text{FP}} \tag{3.64}$$

式(3.64)的经济学含义：式(3.64)等式右侧第一项的 FN/(TP+FN)表示违约客户的误授率，误授率越低，表示模型识别违约客户的准确率越高。第二项 FP/(TN+FP)表示非违约企业的误拒率，误拒率越低，表示模型识别非违约客户的准确率越高。式(3.64)则表示违约误授率和非违约误拒率之和最小。

对式(3.64)每给一组权重，代入式(3.62)就会得到一组企业的违约概率。将违约概率再代入式(3.63)得到这组企业的违约状态理论值$\hat{y}$。将违约状态理论值$\hat{y}$与实际值y对比，进而计算得到式(3.64)的错判误差值E值。给定多组权重，可以计算得到多个式(3.64)的值并得到错判误差最小值E^*=min(E)。错判误差最小值E^*所对应的权重向量即为最优权重W^*。

式(3.64)的特色：通过对违约企业和非违约企业的错判误差率之和最小，反推最优的权重，保证了所建立的违约预测模型能够保证较低的非违约企业误拒率和违约企业误授率，降低违约企业错判带来的贷款损失和非违约企业错判带来好客户流失的损失。

3. 最优的线性判别模型

仍然以下文第 5 章上市公司T–0 年样本为例。

根据上文最优指标组合遴选出的 19 个指标和上文最优权重向量确定，最终构建的T–0 年最优指标组合和最优权重的线性判别模型如下所示。

设：$\hat{p}_j(T-0)$为第j个上市企业T–0 年预测的违约概率；w_i^*为第i个指标最优权重；X_{ij}^*为第j个上市企业最优指标组合第i个指标数值。则构建的$T-0$年最优指标组合和最优权重的线性判别模型如下。

$$\hat{p}_j(T-0)=\sum w_i^* X_{ij}^*=3.295\times X_1\text{资产负债率}+\cdots+2.467\times X_{153}\text{违规类型}+0.202\times X_{176}\text{广义货币供应量(M2)同比增长率}+4.195\times X_{186}\text{国际投资净头寸增长率} \tag{3.65}$$

$$\hat{y}_j(T+0)=\begin{cases}1, & \hat{p}_j(T)\geqslant 0.5\\ 0, & \hat{p}_j(T)<0.5\end{cases} \tag{3.66}$$

$$\hat{S}_j(T-0)=\left(1-\hat{p}_j(T-0)\right)\times 100 \tag{3.67}$$

式(3.65)是违约概率计算表达式，式(3.66)是违约状态计算表达式，式(3.67)是信用得分计算表达式。

将式(3.66)计算出的违约状态预测值$\hat{y}$和企业的违约状态实际值y进行对比，根据式(3.53)~式(3.56)计算出五个精度，并与其他 13 个大数据模型进行精度、可解释性、复杂性对比，对比结果如表 3.4 所示。

表 3.4　上市公司 T–0 年样本最优模型方案的选择

(1)序号	(2)模型方案	(3)标准一：分类精度排序平均值	(4)标准二：可解释性排序[1-2]	(5)标准三：复杂性排序[1, 3]	(6)三个标准的排序平均值
1	线性判别模型[4]	7.23	1	1	3.08
2	逻辑回归模型[5]	6.40	2	2	3.47
3	广义加性模型[6-7]	6.30	4	3	4.43
4	线性支持向量机模型[8]	7.63	10	4	7.21
5	决策树模型[9-10]	7.83	3	5	5.28

续表

(1)序号	(2)模型方案	(3)标准一：分类精度排序平均值	(4)标准二：可解释性排序[1-2]	(5)标准三：复杂性排序[1, 3]	(6)三个标准的排序平均值
6	BP 神经网络模型[11-12]	8.80	11	7	8.93
7	K 近邻模型[13-14]	8.67	9	6	7.89
8	多数投票线性判别模型[15]	7.00	5	8	6.67
9	多数投票逻辑回归模型[15]	6.00	6	9	7.00
10	多数投票广义加性模型[15]	5.87	8	10	7.96
11	多数投票线性支持向量机模型[16]	7.07	13	11	10.36
12	多数投票决策树模型[17]	7.53	7	12	8.84
13	多数投票 BP 神经网络模型[18]	8.23	14	14	12.08
14	多数投票 K 近邻模型[19]	8.60	12	13	11.20

表 3.4 第 6 列是 14 种模型方案的三个标准的排序平均值，即第 3 列分类精度排序平均值、第 4 列可解释性排序和第 5 列复杂性排序的算术平均。排序平均值越小，表示模型方案越能够同时兼顾精度、可解释性、复杂性这三个因素，该模型越应该被选用。可以看出，第 1 行线性判别模型的平均排序值最小。因此，上市公司的最优模型方案是线性判别模型。

同理，对于其他样本、不同预测年份的模型进行对比分析，除了第 6 章和第 17 章的样本是逻辑回归模型外，下文其他各章的违约预测均是以线性判别模型为首选的最优模型。这个结论的分析过程，可详见下文有关章节。

4. 信用等级划分原理

目的：通过企业信用得分和违约损失率，划分企业的信用等级。

思路：通过“信用等级越高，违约损失率越低”的思路构建信用等级划分模型，以相邻等级违约损失率之间的差值最小为目标函数，以违约损失率随等级降低严格递增为约束条件，建立信用等级划分模型，保证划分后的信用等级分布近似于等腰三角形的金字塔形状。

模型：本书利用迟国泰科研创新团队已授权的发明专利[25]划分信用等级，分为以下几步。

1)计算违约损失率

设：LGD_e 为第 e 等级内违约损失率；n_e 为第 e 等级内所有公司数；P_j 为第 j 个公司的违约概率；D_{je} 为第 e 等级内第 j 个公司的负债额。则第 e 等级内违约损失率计算如下。

$$\mathrm{LGD}_e = \sum_{j=1}^{n_e} P_j D_{je} \Big/ \sum_{j=1}^{n_e} D_{je} \tag{3.68}$$

式(3.68)的经济学含义：分子中违约概率 $P_j \times$ 负债额 D_{je} 的求和，反映第 e 等级内公司违约对债权人造成的损失，相当于贷款应收未收本息 L_{je}。分母中负债额 D_{je} 的求和表示第 e 等级内公司所欠债务总额，相当于贷款应收本息 R_{je}。分子与分母相除，表示每个等级内违约概率加权负债额与总负债的比，即第 e 个等级内的违约损失率 LGD_e。

式(3.68)的特色：用同一等级内所有公司的违约概率加权负债额与总负债额测算违约损失率，侧面反映公司的违约风险，弥补了上市公司由于没有应收本息和应收未收本息数据从而无法直接计算违约损失率的不足。

2)信用等级划分

设：m 为需要划分的信用等级个数，本书取值为 m=9；$\Delta\mathrm{LGD}_{k,k-1}$ 为相邻的两个信用等级(第 k 个等级和第 k–1 个等级)的违约损失率之差；LGD_k 为第 k 个等级内客户的违约概率加权负债额与总负债之比，即式(3.68)的平均违约损失率。则基于违约金字塔原理的信用评级模型如下所示[26]。

$$\min \sum_{k=2}^{m-1} \left(\Delta\mathrm{LGD}_{k+1,k} - \Delta\mathrm{LGD}_{k,k-1}\right)^2 \tag{3.69}$$

$$\text{s.t.}\ \ \Delta\mathrm{LGD}_{k,k-1} = \mathrm{LGD}_k - \mathrm{LGD}_{k-1} \tag{3.70}$$

$$\mathrm{LGD}_k - \mathrm{LGD}_{k-1} > 0 \tag{3.71}$$

目标函数式(3.69)的经济学含义：相邻信用等级的违约损失率离差ΔLGD的偏差值越小，则违约损失率LGD分布越接近等腰三角形。以前三个信用等级的LGD为例，当等级1和等级2之间的偏差$\Delta\mathrm{LGD}_{2,1}$等于等级2和3的偏差$\Delta\mathrm{LGD}_{3,2}$时，等级间违约损失率的分布是理想的等腰三角形，式(3.69)目标函数计算的偏差越小，则违约损失率分布越接近等腰三角形的形状，因此也称为违约金字塔原理。

约束条件式(3.70)是相邻两个信用等级(第k个等级和第k–1个等级)的违约损失率离差$\Delta\mathrm{LGD}_{k,k-1}$的计算方式。

约束条件式(3.71)的不等式约束是第k个等级的平均违约损失率LGD_k要大于第k–1个等级的平均违约损失率LGD_{k-1}，保证后一个等级违约损失率要高于相邻的前一个等级违约损失率的严格递增。如图3.4所示。

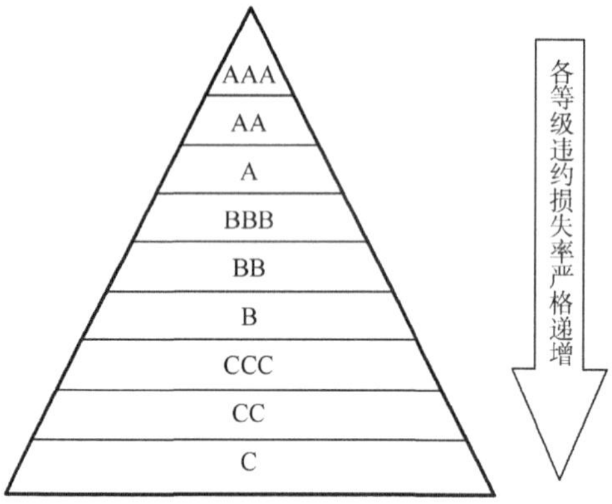

图3.4　违约金字塔构建原理图

式(3.69)~式(3.71)的特色：根据“信用等级越高，违约损失率越低”的违约金字塔原理，利用应收本息、应收未收本息、信用得分数据，构建信用等级和违约损失率匹配的信用等级划分模型，保证划分后的等级能够满足“信用等级越高，违约损失率越低”的违约金字塔原理，避免了信用等级不能反映违约损失率的弊端，改变了现有许多信用等级体系可能会出现的“高信用等级的借款人，但其违约损失率反而不低”的不合理现象。

3)信用等级的确定

根据每个等级的样本范围，不断调整样本数，以全部相邻等级违约损失率的差距最小为目标函数，比较不同样本范围下的目标函数值，目标函数最小值对应的解便是全局最优解，根据全局最优解划分的样本，即为最优的等级划分结果。

仍然以下文第5章上市公司T+0年信用等级划分为例。

根据上文的最优线性判别模型式(3.66)计算的T+0年信用得分数据按降序排列，列入表3.5第3列。使用式(3.65)根据第T年的指标数据计算的T+0年违约概率对应列入表3.5第4列。根据Wind数据库查找负债总额D_j数据列入表3.5第5列。将表3.5第4列和第5列的乘积作为应收未收本息数据L_j列入表3.5第6列。表3.5第7列应收本息R_j等于表3.5第5列负债总额D_j。

表3.5　上市公司最优线性判别模型的T+0年信用等级划分数据

(1)序号	(2)证券代码	(3)信用得分S_j	(4)违约概率p_j	(5)负债总额D_j/万元	(6)应收未收本息L_j/万元	(7)应收本息R_j/万元
1	2007-002168	100.00	0.00	3 234.73	0.00	3 234.73
2	2009-002315	100.00	0.00	12 072.99	0.00	12 072.99
3	2007-002153	100.00	0.00	9 053.14	0.00	9 053.14
…	…	…	…	…	…	…
31 685	2016-601169	49.57	0.50	126 000 000.00	63 000 000.00	126 000 000.00
…	…	…	…	…	…	…
47 171	2013-600301	0.00	1.00	219 891.63	219 891.63	219 891.63

将表 3.5 第 6、7 列的应收未收本息 L_j、应收本息 R_j 数据代入式(3.69)~式(3.71)，根据迟国泰教授科研创新团队的发明专利“信用等级越高，违约损失率越低”的违约金字塔原理[26]，得到的评级结果如表 3.6 第 3~5 列所示。

表 3.6　上市公司最优线性判别模型的 T+0 年信用等级划分结果

(1)序号	(2)等级	(3)信用得分区间	(4)样本数	(5)违约损失率/%	(6)信用度
1	AAA	49.57≤S≤100	31 685	17.49	特优
…	…	…	…	…	…
4	BBB	0.308≤S<0.324	17	99.69	较好
…	…	…	…	…	…
7	CCC	0.073≤S<0.164	111	99.88	差
…	…	…	…	…	…
9	C	0≤S<0.060	129	99.97	极差

根据表 3.6 第 4 列可知，T+0 年 AAA 级公司样本数为 31 685 个，即 AAA 级公司为按照信用得分降序排列后的第 1~31 685 个公司。这里的样本数 31 685 是指 2000~2018 年这 19 年包含的企业数量。由表 3.5 第 3 列知，第 31 685 行证券代码“2016-601169”公司对应的信用得分为 49.57，故 AAA 级公司的信用得分区间为 49.57≤S≤100，列入表 3.6 第 3 列第 1 行，即 T+0 年信用得分落在区间 49.57≤S≤100 的公司均为 AAA 级公司。同理，可得 AA、A、…、C 等其余 8 个等级划分结果，对应列入表 3.6 第 2 列第 2~9 行。信用等级 AAA、AA、A、BBB、BB、B、CCC、CC、C 依次对应特优、优、良、较好、一般、较差、差、很差、极差的信用度，列入表 3.6 第 6 列。

3.4.3　“主模型 2”的逻辑回归模型

1. 最优违约预警指标体系遴选

如前所述，本书对于不同样本遴选的最优模型如下。

(1)逻辑回归模型——第 6 章(上市公司制造行业)和第 17 章(上市小企业房地产行业)的违约判别与违约预测。

(2)线性判别模型——其他章节样本的违约判别和违约预测。

故这里来介绍“主模型 2”。模型的最优指标遴选的原理和方法与 3.4.2 节完全相同，不再赘述。

以下文第 6 章上市公司制造行业 T–0 年样本为例。

第一次指标筛选从 204 个海选指标集中遴选出 129 个指标。第二次指标组合筛选是从第一次指标筛选剩余的 129 个指标中，最终遴选出 25 个指标。如表 3.7 所示。

表 3.7　上市公司制造行业 T–0 年最优指标组合筛选结果

(1)序号	(2)准则层		(3)指标	(4)信用 5C 原则[23, 25]
1	企业内部财务因素	偿债能力	X_1 资产负债率	能力
…			…	…
5			X_{38} 每股权益合计	能力
6		盈利能力	X_{52} 财务费用/营业总收入	资本
…			…	…
9			X_{86} 资产利润率	资本
10		营运能力	X_{94} 营运资本周转率	能力
…			…	…

续表

(1)序号	(2)准则层		(3)指标	(4)信用 5C 原则[23, 25]
13	企业内部财务因素	营运能力	X_{98} 应付账款周转率	能力
14		成长能力	X_{115} 每股净资产(相对年初增长率)	资本
…			…	…
18			X_{134} 总资产增长率	资本
19	企业内部非财务因素	—	X_{140} 预审计情况	品质
…			…	…
21			X_{150} 总经理是否领取薪酬	品质
22	外部宏观环境	—	X_{162} 中国创新指数	条件
…			…	…
25			X_{186} 国际投资净头寸增长率	条件

由表 3.7 可以看出，遴选出的制造行业 T–0 年的 25 个指标构成的最优指标体系能够反映信用 5C 原则[23, 25]：“资产负债率”“每股权益合计”“长期资产适合率”等 5 个财务指标反映公司发展能力；“营运资本周转率”“应付账款周转率”“非流动资产周转率”等 4 个财务指标反映公司经营能力；“财务费用/营业总收入”“资产利润率”“总资产增长率”等 9 个财务指标反映公司资本；“预审计情况”“总经理是否领取薪酬”“派息比税前”这 3 个非财务因素反映公司品质；“中国创新指数”“国际投资净头寸增长率”“广义货币供应量(M2)同比增长率”等 4 个宏观指标反映公司的环境条件。

2. 基于极大似然估计的指标赋权

逻辑回归模型的最优指标赋权采用的是极大似然估计[5]，不再赘述。

3. 最优的逻辑回归模型

以下文第 6 章上市公司制造行业 T–0 年样本为例。

根据上文最优指标组合遴选出的 25 个指标与上文确定的最优权重向量，最终构建的制造行业 T–0 年最优指标组合和最优权重的逻辑回归模型如下所示。

设：$\hat{p}_j(T-0)$ 为第 j 个制造行业上市公司 T–0 年预测的违约概率；w_i^* 为第 i 个指标最优权重；X_i^* 为最优指标组合第 i 个指标数值。则构建的制造行业上市公司 T–0 年最优指标组合和最优权重的逻辑回归模型如下。

$$\hat{p}(T-0)=\frac{\exp(Z(T-0))}{1+\exp(Z(T-0))} \tag{3.72}$$

$$Z(T\text{–}0)=\sum w_i^* \times X_i^* =23.731-6.246\times X_1\text{资产负债率}+11.813\times X_4\text{长期资产适合率}+\cdots-5.265 \times X_{176}\text{广义货币供应量(M2)同比增长率}-4.988\times X_{186}\text{国际投资净头寸增长率} \tag{3.73}$$

$$\hat{y}_j(T+0)=\begin{cases}1, & \hat{p}_j(T)\geqslant 0.5\\ 0, & \hat{p}_j(T)<0.5\end{cases} \tag{3.74}$$

$$\hat{S}(T+0)=\left(1-\hat{p}(T)\right)\times 100 \tag{3.75}$$

式(3.72)是违约概率计算表达式，式(3.74)是违约状态计算表达式，式(3.75)是信用得分计算表达式。

将式(3.74)逻辑回归模型计算出的违约状态预测值 $\hat{y}$ 和企业的违约状态实际值 y 进行对比，根据上文式(3.53)~式(3.56)计算出五个精度。并与其他 13 个大数据模型进行精度、可解释性、复杂性对比，对比结果如表 3.8 所示。

表 3.8　上市公司制造行业 T–0 年最优模型方案的选择

(1)序号	(2)模型方案	(3)标准一：分类精度排序平均值	(4)标准二：可解释性排序[1-2]	(5)标准三：复杂性排序[1, 3]	(6)三个标准的排序平均值
1	线性判别模型[4]	7.13	1	1	3.04
2	逻辑回归模型[5]	4.70	2	2	2.90
3	广义加性模型[6-7]	6.47	4	3	4.49
4	线性支持向量机模型[8]	5.57	10	4	6.52
5	决策树模型[9-10]	9.33	3	5	5.78
6	BP 神经网络模型[11-12]	8.73	11	7	8.91
7	K 近邻模型[13-14]	9.23	9	6	8.08
8	多数投票线性判别模型[15]	7.33	5	8	6.78
9	多数投票逻辑回归模型[15]	5.40	6	9	6.80
10	多数投票广义加性模型[15]	5.50	8	10	7.83
11	多数投票线性支持向量机模型[16]	5.80	13	11	9.93
12	多数投票决策树模型[17]	8.47	7	12	9.16
13	多数投票 BP 神经网络模型[18]	7.97	14	14	11.99
14	多数投票 K 近邻模型[19]	9.80	12	13	11.60

表 3.8 第 6 列是 14 种模型方案的三个标准的排序平均值，即第 3 列分类精度排序平均值、第 4 列可解释性排序和第 5 列复杂性排序的算术平均值。排序平均值越小，表示模型方案越能够同时兼顾精度、可解释性、复杂性这三个因素，该模型越应该被选用。可以看出，第 2 行逻辑回归模型的排序平均值最小。因此，上市公司制造行业的最优模型方案是逻辑回归模型。

同理，对于其他样本、不同预测年份的模型进行对比分析，第 6 章和第 17 章的样本是逻辑回归模型为首选的最优模型。相关结论的分析过程，可详见下文有关章节。

4. 信用等级划分

逻辑回归模型的等级划分原理和方法与上文 3.4.2 节完全相同，不再赘述。

以下文第 6 章上市公司制造行业 T+0 年样本为例。

将上文最优逻辑回归模型式(3.75)计算的 T+0 年信用得分 S_j 按降序排列，列入表 3.9 第 3 列。式(3.72)计算的 T+0 年违约概率对应列入表 3.9 第 4 列。根据 Wind 数据库查找负债总额 D_j 数据列入表 3.9 第 5 列。将表 3.9 第 4 列和第 5 列的乘积，作为应收未收本息数据 L_j 列入表 3.9 第 6 列。表 3.9 第 7 列应收本息 R_j 等于表 3.9 第 5 列负债总额 D_j。

表 3.9　上市公司制造行业最优逻辑回归模型的 T+0 年信用等级划分数据

(1)序号	(2)证券代码	(3)信用得分 S_j	(4)违约概率 p_j	(5)负债总额 D_j/万元	(6)应收未收本息 L_j/万元	(7)应收本息 R_j/万元
1	2018-000039	100.00	0.00	10 600 000.00	0.00	10 600 000.00
2	2018-000869	100.00	0.00	322 724.17	0.00	322 724.17
3	2018-002001	100.00	0.00	571 987.16	0.00	571 987.16
…	…	…	…	…	…	…
22 104	2002-600651	49.98	0.50	67 837.49	33 918.75	67 837.49
…	…	…	…	…	…	…
28 502	2012-600678	0.00	1.00	13 895.03	13 895.03	13 895.03

将表 3.9 第 6、7 列的应收未收本息 L_j、应收本息 R_j 数据代入式(3.69)~式(3.71)，根据迟国泰教授科研创新团队的发明专利“信用等级越高，违约损失率越低”的违约金字塔原理[25]，得到的评级结果如表 3.10 第 3~5 列所示。

表 3.10 上市公司制造行业最优逻辑回归模型的 T+0 年信用等级划分结果

(1)序号	(2)等级	(3)信用得分区间	(4)样本数	(5)违约损失率/%	(6)信用度
1	AAA	$49.98 \leq S \leq 100$	22 104	8.23	特优
…	…	…	…	…	…
4	BBB	$0.71 \leq S < 2.357$	401	98.55	较好
…	…	…	…	…	…
7	CCC	$0.005 \leq S < 0.013$	96	99.99	差
…	…	…	…	…	…
9	C	$0 \leq S < 0.001$	312	100.00	极差

根据表 3.10 第 4 列可知，T+0 年 AAA 级制造行业公司样本数为 22 104 个，即 AAA 级公司为按照信用得分降序排列后的第 1~22 104 个公司。由表 3.9 第 3 列知，第 22 104 行证券代码“2002-600651”公司对应的信用得分 S_j 为 49.98，故 AAA 级公司的信用得分区间为 $49.98 \leq S \leq 100$，列入表 3.10 第 3 列第 1 行，即 T+0 年信用得分落在区间 $49.98 \leq S \leq 100$ 的公司均为 AAA 级公司。同理，可得 AA、A、…、C 等其余 8 个等级划分结果，对应列入表 3.10 第 2 列第 2~9 行。由信用等级 AAA、AA、A、BBB、BB、B、CCC、CC、C 依次对应特优、优、良、较好、一般、较差、差、很差、极差的信用度，列入表 3.10 第 6 列。

3.5 信用指数构建

3.5.1 信用指数构建原则

设：$Y_{j(T+m)}$为 $T+m$ 时刻的第 j 个企业违约状态预测值；$w^*_{i(T)}$为 T 时刻最优指标组合中第 i 个指标的最优权重；$X^*_{ij(T)}$为 T 时刻最优指标组合的第 j 个企业第 i 个指标数值；$f(\cdot)$为 T 时刻的指标数据 $X^*_{ij(T)}$和 $T+m$ 时刻的违约状态 $Y_{j(T+m)}$之间的函数关系；$P_{j(T+m)}$为 $T+m$ 时刻的第 j 个企业的违约概率；$g(\cdot)$为 T 时刻的指标数据 $X^*_{ij(T)}$和 $T+m$ 时刻的违约概率 $P_{j(T+m)}$之间的函数关系；$S_{j(T+m)}$为 $T+m$ 时刻的第 j 个企业的信用得分。则违约状态、违约概率、信用得分的表达式如下。

$T+m$ 时刻的企业违约状态 $Y_{j(T+m)}$的预测方程表达式如下。

$$Y_{j(T+m)}=f(w_i^*, X_{ij}^*)_T \tag{3.76}$$

$T+m$ 时刻的企业违约概率 $P_{j(T+m)}$的预测方程表达式如下。

$$P_{j(T+m)}=g(w_i^*, X_{ij}^*)_{(T)} \tag{3.77}$$

$T+m$ 时刻的企业信用得分 $S_{j(T+m)}$的预测方程表达式如下。

$$S_{j(T+m)}=(1-P_{j(T+m)})\times 100 \tag{3.78}$$

需要指出：一是这里的式(3.76)~式(3.78)的表达式与上文的式(3.5)~式(3.7)不同，这里的指标 $X^*_{ij(T)}$均是遴选出的最优指标组合，权重 $w^*_{i(T)}$均是上文遴选出的最优指标权重。二是这里的预测函数关系 $f(\cdot)$和 $g(\cdot)$可以是任一大数据模型，本书选取的是上文 3.2 节中的 14 种大数据模型。

信用指数构建原则：在 $T+m$ 时刻的上市公司样本中，根据下文 3.5.2 节的选取方式，选取 $N_{(T+m)}$个典型公司样本。根据式(3.76)测算这 $N_{(T+m)}$个典型公司样本的信用得分 $S_{j(T+m)}$。根据下文 3.5.3 节的权重 $W_{j(T+m)}$的计算标准，将 N 个典型公司样本的信用得分 $S_{j(T+m)}$进行加权平均，形成信用得分均值 $\bar{S}_{(T+m)}=$

$\sum_{j=1}^{N_{(T+m)}} W_{j(T+m)} S_{j(T+m)}$。将第 $T+m$ 年的信用得分均值 $\bar{S}_{(T+m)}$ 除以基准年 2000 年的信用得分均值 $\bar{S}_{(2000)}$，再乘以 1000，由此构建了 $T+m$ 时刻的上市公司信用指数 $CI_{(T+m)}=(\bar{S}_{(T+m)}/\bar{S}_{(2000)})\times1000$。信用指数越大，则清偿能力越强，越不可能发生违约，信用状况越好。

3.5.2　信用指数构建标准

1. 典型公司样本的选取标准

本书指数构建的典型公司样本是按所有公司个数的前 10%比例选取的。选取标准有三，分别是：资产总额 A_j、负债总额 L_j、资产总额加负债总额(A_j+L_j)。构建指数的三种样本具体选取方式如下。

1)基于资产总额 A_j 的指数构建典型公司样本选取标准

设：C^A 为基于资产总额标准选取的典型公司构成的样本集合；Rank^A_j 为第 j 个公司的资产总额 A_j 由大到小的排序序号，如第 1 个公司资产总额由大到小排第 5 位，则第 1 个公司资产总额排序 $\text{Rank}^A_1=5$；N 为全部公司个数。则基于资产总额标准选取的典型公司构成的样本集合公式如下。

$$C^A=\{\text{Rank}^A_j\leqslant N\times10\% \mid j=1, 2, \cdots, N\} \tag{3.79}$$

式(3.79)的含义：式(3.79)等号右端第 1 项 Rank^A_j 表示第 j 个公司的资产总额由大到小的排序序号；等号右端第 2 项 $N\times10\%$表示公司总个数 N 的 10%，即为入选典型公司样本的临界值。$\text{Rank}^A_j\leqslant N\times10\%$表示在全部 N 个公司中，选取资产总额排序小于等于公司总数 10%的公司，即选取了资产总额由大到小排序前 10%的上市公司。

以下文 2000 年上市公司样本为例进行具体说明。

2000 年公司总个数 N=1176 家，则入选典型公司样本的临界值为 $N\times10\%=117.6$。

第 1 个公司资产总额由大到小排第 5 位，则第 1 个公司的资产总额排序 $\text{Rank}^A_1=5$。由于 $\text{Rank}^A_1=5<117.6$，则第 1 个公司入选典型公司样本。

第 2 个公司资产总额由大到小排第 354 位，则第 2 个公司的资产总额排序 $\text{Rank}^A_2=354$。由于 $\text{Rank}^A_2=354>117.6$，则第 2 个公司不能入选典型公司样本。

同理，2000 年的 1176 家公司均可通过与入选典型公司样本的临界值 117.6 进行比较，确定是否入选。则根据公式 $C^A_{(2000)}=\{\text{Rank}^A_j\leqslant117.6 \mid j=1, 2, \cdots, 1176\}$，最终选取了 117 家资产总额排序前 10%的公司，形成了 2000 年指数构建的典型公司样本。

2)基于负债总额 L_j 的指数构建典型公司样本选取标准

设：C^L 为基于负债总额标准选取的典型公司构成的样本集合；Rank^L_j 为第 j 个公司的负债总额 L_j 由大到小的排序序号，如第 1 个公司负债总额由大到小排第 5 位，则第 1 个公司负债总额排序 $\text{Rank}^L_1=5$；N 为全部公司个数。则基于负债总额标准选取的典型公司构成的样本集合公式如下。

$$C^L=\{\text{Rank}^L_j\leqslant N\times10\% \mid j=1, 2, \cdots, N\} \tag{3.80}$$

式(3.80)的含义：式(3.80)等号右端第 1 项 Rank^L_j 表示第 j 个公司的负债总额由大到小的排序序号；等号右端第 2 项 $N\times10\%$表示公司总个数 N 的 10%，即为入选典型公司样本的临界值。$\text{Rank}^L_j\leqslant N\times10\%$表示在全部 N 个公司中，选取负债总额排序小于等于公司总数 10%的公司，即选取了负债总额由大到小排序前 10%的上市公司。

3)基于资产总额和负债总额之和(A_j+L_j)的指数构建典型公司样本选取标准

设：C^{A+L} 为基于资产总额和负债总额之和(A_j+L_j)标准选取的典型公司构成的样本集合；Rank^{A+L}_j 为第 j 个公司的资产总额和负债总额之和(A_j+L_j)由大到小的排序序号，如第 1 个公司资产总额和负债总额之和(A_1+L_1)由大到小排第 5 位，则第 1 个公司资产总额和负债总额之和的排序 $\text{Rank}^{A+L}_1=5$；N 为全部公司个数。则基于资产总额和负债总额之和标准选取的典型公司构成的样本集合公式如下。

$$C^{A+L}=\{\text{Rank}^{A+L}_j\leqslant N\times10\% \mid j=1, 2, \cdots, N\} \tag{3.81}$$

式(3.81)的含义：式(3.81)等号右端第 1 项 Rank^{A+L}_j 表示第 j 个公司按资产总额和负债总额之和(A_j+L_j)由大到小的排序序号；等号右端第 2 项 $N\times10\%$表示公司总个数 N 的 10%，即为入选典型公司样本的临界值。$\text{Rank}^{A+L}_j \leqslant N\times10\%$表示在全部 N 个公司中，选取资产总额和负债总额之和排序小于等于公司总数 10%的公司，即选取了资产总额和负债总额之和由大到小排序前 10%的上市公司。

2. 判别模型或预警模型的选取标准

本书在构建上市公司 2000~2023 年这 24 年的信用指数时，针对不同年份，分别选取判别模型或预警模型构建信用指数。

对 2000~2018 年这 19 年已有指标数据的年份，本书选取 T–0 的违约判别模型来计算违约概率 $P_{j(T)}=g(w_i^*, X_{ij}^*)_{(T)}$和信用得分 $S_{j(T)}=(1-P_{j(T)})\times100$，以此构建 2000~2018 年信用指数。

对 2019~2023 年这 5 年没有指标数据的年份，本书分别选取 $T+m(m=1, 2, 3, 4, 5)$的违约预测模型来计算违约概率 $P_{j(T+m)}=g(w_i^*, X_{ij}^*)_{(T)}$和信用得分 $S_{j(T+m)}=(1-P_{j(T)})\times100$，以此构建 2019~2023 年信用指数。例如，2019 年信用指数是采用 $T+1$ 的违约预测模型来计算违约概率 $P_{j(T+1)}=g(w_i^*, X_{ij}^*)_{(T)}$和信用得分 $S_{j(T+1)}=(1-P_{j(T+1)})\times100$ 得到的。

3.5.3 样本公司的权重确定

本书指数构建时典型公司样本的信用得分权重 W_j 的确定，共构建了三种方式。

由于信用指数和信用风险指数要反映清偿能力与违约风险，从而与公司负债有着密切关系。因此，本书推荐使用下文“基于负债总额标准”的指数权重确定方式。

1. 基于资产总额标准的样本公司权重确定

设：$W^A_{j(T+m)}$ 为 $T+m$ 时刻第 j 个典型公司基于资产总额标准的信用得分权重；$A_{j\,(T+m)}$为 $T+m$ 时刻典型公司样本的第 j 个公司的资产总额；$N^A{}_{(T+m)}$为 $T+m$ 时刻以资产总额标准由高到低选取前 10%的典型公司样本中的企业个数，即上文的“选取方式 1”。则 $T+m$ 时刻第 j 个典型公司基于资产总额标准的信用得分权重 $W^A_{j(T+m)}$ 的表达式如下。

$$W^A_{j(T+m)} = A_{j(T+m)} \Big/ \sum_{j=1}^{N^A_{(T+m)}} A_{j(T+m)} \tag{3.82}$$

式(3.82)的经济学含义：式(3.82)的分子是 $T+m$ 时刻典型公司样本的第 j 个企业的资产总额；分母是 $T+m$ 时刻典型公司样本的资产总额求和。分子与分母之比表示 $T+m$ 时刻典型公司样本的第 j 个企业的资产总额占全部典型公司样本资产总额之和的比重。式(3.82)的第 j 个典型公司的信用得分权重 $W_{j\,(T+m)}$的数值越大，表示第 j 个典型公司样本在指数构建中的权重占比越高。

式(3.82)的特色：以资产总额从高到低选择样本公司，并以资产总额占比赋权，这样的权重构建的信用指数能够反映市场中资产规模较大企业的信用资质。

式(3.82)是指数权重确定的方式 1：通过单个公司资产总额 $A_{j(T+m)}$占全部典型样本公司资产总额 $\sum_{j=1}^{N^A_{(T+m)}} A_{j(T+m)}$ 的比重，构建基于资产总额的第 j 个样本公司的权重 $W^A{}_{j(T+m)}$。

2. 基于负债总额标准的样本公司权重确定

设：$W^L_{j(T+m)}$ 为 $T+m$ 时刻第 j 个典型公司基于负债总额标准的信用得分权重；$L_{j(T+m)}$为 $T+m$ 时刻典型公司样本的第 j 个公司的负债总额；$N^L{}_{(T+m)}$为 $T+m$ 时刻以负债总额标准由高到低选取前 10%的典型公司样本中的企业个数，即上文的“选取方式 2”。则 $T+m$ 时刻第 j 个典型公司基于负债总额标准的信用得分权重 $W^L_{j(T+m)}$ 的表达式如下。

$$W^L_{j(T+m)} = L_{j(T+m)} \Big/ \sum_{j=1}^{N^L_{(T+m)}} L_{j(T+m)} \tag{3.83}$$

式(3.83)的经济学含义：式(3.83)的分子是 $T+m$ 时刻典型公司样本的第 j 个企业的负债总额；分母是 $T+m$ 时刻典型公司样本的负债总额求和。分子与分母之比表示 $T+m$ 时刻典型公司样本的第 j 个企业的负债总额占全部典型公司样本负债总额之和的比重。式(3.83)的第 j 个典型公司的信用得分权重 $W_{j\,(T+m)}$的数值越大，

表示第 j 个典型公司样本在指数构建中的权重占比越高。

式(3.83)的特色：以负债总额从高到低选择样本公司，并以负债总额占比赋权，这样的权重构建的信用指数能够反映市场中负债规模较大的企业的信用资质，得到的信用指数更能反映清偿能力大小和违约风险高低。因此是本书推荐使用的指数权重确定方式。

式(3.83)是指数权重确定的方式 2：通过单个企业的负债总额 $L_{j(T+m)}$ 占全部典型样本企业负债总额 $\sum_{j=1}^{N_{(T+m)}^{L}} L_{j(T+m)}$ 的比重，构建基于负债总额的第 j 个样本企业的权重 $W_{j(T+m)}^{L}$。

3. 基于资产总额与负债总额之和标准的样本公司权重确定

设：$W_{j(T+m)}^{A+L}$ 为 $T+m$ 时刻第 j 个典型公司基于资产总额与负债总额之和标准的信用得分权重；$A_{j(T+m)}$ 为 $T+m$ 时刻典型公司样本的第 j 个公司的资产总额；$L_{j(T+m)}$ 为 $T+m$ 时刻典型公司样本的第 j 个公司的负债总额；$N_{(T+m)}^{A+L}$ 为 $T+m$ 时刻以资产总额与负债总额之和标准由高到低选取前 10%的典型公司样本中的企业个数，即上文的"选取方式 3"。则 $T+m$ 时刻第 j 个典型公司基于资产总额和负债总额之和标准的信用得分权重 $W_{j(T+m)}^{A+L}$ 的表达式如下：

$$W_{j(T+m)}^{A+L} = (A_{j(T+m)} + L_{j(T+m)}) \Big/ \sum_{j=1}^{N_{(T+m)}^{A+L}} (A_{j(T+m)} + L_{j(T+m)}) \tag{3.84}$$

式(3.84)的经济学含义：式(3.84)的分子是 $T+m$ 时刻典型公司样本的第 j 个企业的资产总额与负债总额之和；分母是 $T+m$ 时刻所有典型公司样本的资产总额与负债总额之和的求和。分子与分母之比表示 $T+m$ 时刻典型公司样本的第 j 个企业的资产总额与负债总额之和占全部典型公司样本资产总额与负债总额之和求和的比重。式(3.84)的第 j 个典型公司的信用得分权重 $W_{j(T+m)}$ 数值越大，表示第 j 个典型公司样本在指数构建中的权重占比越高。

式(3.84)的特色：以资产总额与负债总额之和由高到低选择前 10%的样本公司，并以资产总额与负债总额之和的占比赋权，这样的权重构建的信用指数能够反映市场中资产规模与负债规模整体较大的企业的信用资质。

式(3.84)是指数权重确定的方式 3：通过单个企业的资产总额与负债总额之和($A_{j(T+m)}+ L_{j(T+m)}$)占全部典型样本公司资产总额与负债总额之和 $\sum_{j=1}^{N_{(T+m)}^{A+L}} (A_{j(T+m)} + L_{j(T+m)})$ 的比重，构建指数权重 $W_{j(T+m)}^{A+L}$。

3.5.4　信用指数表达式

本书采用如下的三个标准分别构建了信用指数。这三个信用指数分别反映市场中高资产规模的企业、高负债规模的企业、资产和负债加总后规模大的企业的信用状况，三个信用指数反映了市场中的三个不同角度，起到了相辅相成、相互印证的作用。

由于信用指数要反映清偿能力大小，从而与公司负债有着密切关系。因此，本书推荐使用下文基于负债总额标准的信用指数表达式。

1. 基于资产总额标准的信用指数表达式

设：$\bar{S}_{(T+m)}^{A}$ 为 $T+m$ 时刻典型公司样本基于资产总额标准的信用得分加权平均值；$N^{A}_{(T+m)}$ 为 $T+m$ 时刻以资产总额标准由高到低选取前 10%的典型公司样本中的企业个数；$W_{j(T+m)}^{A}$ 为 $T+m$ 时刻第 j 个典型公司基于资产总额标准的权重，如式(3.82)所示；$S_{j(T+m)}$ 为 $T+m$ 时刻第 j 个典型公司的信用得分，如式(3.78)所示。则 $T+m$ 时刻典型公司样本基于资产总额标准的信用得分加权平均值 $\bar{S}_{(T+m)}^{A}$ 表达式如下。

$$\bar{S}_{(T+m)}^{A} = \sum_{j=1}^{N_{(T+m)}^{A}} W_{j(T+m)}^{A} S_{j(T+m)} \tag{3.85}$$

式(3.85)的经济学含义：式(3.85)表示 $T+m$ 时刻典型公司样本基于资产总额标准的信用得分加权平均值。式(3.85)的信用得分加权平均值 $\bar{S}_{(T+m)}^{A}$ 数值越大，表示选取的典型公司样本越不可能违约，信用状况越好。

设：$CI^{A}_{(T+m)}$为 $T+m$ 时刻基于资产总额标准的信用指数；$\overline{S}^{A}_{(T+m)}$ 为 $T+m$ 时刻典型公司样本基于资产总额标准的信用得分加权平均值；$\overline{S}^{A}_{(2000)}$ 为基准年 2000 年典型公司样本基于资产总额标准的信用得分加权平均值。则 $T+m$ 时刻基于资产总额标准的信用指数 $CI^{A}_{(T+m)}$表达式如下。

$$CI^{A}_{(T+m)}=\frac{\overline{S}^{A}_{(T+m)}}{\overline{S}^{A}_{(2000)}}\times 1000 \tag{3.86}$$

式(3.86)的经济学含义：式(3.86)的分子 $\overline{S}^{A}_{(T+m)}$ 是 $T+m$ 时刻典型公司样本基于资产总额标准的信用得分加权平均值；分母 $\overline{S}^{A}_{(2000)}$ 是基准年 2000 年典型公司样本基于资产总额标准的信用得分加权平均值；分子与分母之比再乘以 1000 表示将 $T+m$ 时刻典型公司样本基于资产总额标准的信用得分加权平均值 $\overline{S}^{A}_{(T+m)}$，以 2000 年指数为 1000 的基准进行折算，保证了每年的信用指数可比性。式(3.86)的信用指数 $CI^{A}_{(T+m)}$数值越大，表示选取的典型公司样本的清偿能力越强，越不可能违约，信用状况越好。

式(3.86)的特色：一是以资产总额从高到低选择样本公司，能够反映市场中资产规模较大的公司的信用资质；二是将样本公司的信用得分均值，按初始年份 2000 年信用指数等于 1000 为基准进行折算，保证了每年的信用指数可比性，并用于对未来信用状况趋势进行判断。

2. 基于负债总额标准的信用指数表达式

设：$\overline{S}^{L}_{(T+m)}$ 为$(T+m)$时刻典型公司样本基于负债总额标准的信用得分加权平均值；$N^{L}_{(T+m)}$为 $T+m$ 时刻以负债总额标准由高到低选取前 10%的典型公司样本中的企业个数；$W^{L}_{j(T+m)}$ 为 $T+m$ 时刻第 j 个典型公司基于负债总额标准的权重，如上文式(3.83)所示；$S_{j(T+m)}$为 $T+m$ 时刻第 j 个典型公司的信用得分，如上文式(3.78)所示。则 $T+m$ 时刻典型公司样本基于负债总额标准的信用得分加权平均值 $\overline{S}^{L}_{(T+m)}$ 表达式如下。

$$\overline{S}^{L}_{(T+m)}=\sum_{j=1}^{N^{L}_{(T+m)}} W^{L}_{j(T+m)} S_{j(T+m)} \tag{3.87}$$

式(3.87)的经济学含义：$T+m$ 时刻典型公司样本基于负债总额标准的信用得分加权平均值。式(3.87)的信用得分加权平均值 $\overline{S}^{L}_{(T+m)}$ 数值越大，表示选取的典型公司样本越不可能违约，信用状况越好。

设：$CI^{L}_{(T+m)}$为 $T+m$ 时刻基于负债总额标准的信用指数；$\overline{S}^{L}_{(T+m)}$ 为 $T+m$ 时刻典型公司样本基于负债总额标准的信用得分加权平均值；$\overline{S}^{L}_{(2000)}$ 为基准年 2000 年典型公司样本基于负债总额标准的信用得分加权平均值。则 $T+m$ 时刻基于负债总额标准的信用指数 $CI^{L}_{(T+m)}$表达式如下。

$$CI^{L}_{(T+m)}=\frac{\overline{S}^{L}_{(T+m)}}{\overline{S}^{L}_{(2000)}}\times 1000 \tag{3.88}$$

式(3.88)的经济学含义：式(3.88)的分子 $\overline{S}^{L}_{(T+m)}$ 是 $T+m$ 时刻典型公司样本基于负债总额标准的信用得分加权平均值；分母 $\overline{S}^{L}_{(2000)}$ 是基准年 2000 年典型公司样本基于负债总额标准的信用得分加权平均值；分子与分母之比再乘以 1000 表示将 $T+m$ 时刻典型公司样本基于负债总额标准的信用得分加权平均值 $\overline{S}^{L}_{(T+m)}$，以 2000 年指数为 1000 的基准进行折算，保证了每年的信用指数可比性。式(3.88)的信用指数 $CI^{L}_{(T+m)}$数值越大，表示选取的典型公司样本的清偿能力越强，越不可能违约，信用状况越好。

式(3.88)的特色：一是以负债总额从高到低选择的样本公司，能够反映市场中负债较多的公司的信用资质，得到的信用指数更能反映清偿能力大小，也更能体现出指数预警的作用，因此是本书推荐的信用指数计算方式；二是将样本公司的信用得分均值，按初始年份 2000 年信用指数等于 1000 为基准进行折算，保证了每年的信用指数可比性，并用于对未来信用状况趋势进行判断。

3. 基于资产总额与负债总额之和标准的信用指数表达式

设：$\overline{S}_{(T+m)}^{A+L}$ 为 $T+m$ 时刻典型公司样本基于资产总额与负债总额之和标准的信用得分加权平均值；$N_{(T+m)}^{A+L}$ 为 $T+m$ 时刻以资产总额与负债总额之和标准由高到低选取前 10%的典型公司样本中的企业个数；$W_{j(T+m)}^{A+L}$ 为 $T+m$ 时刻第 j 个典型公司基于资产总额与负债总额之和标准的权重，如上文式(3.84)所示；$S_{j(T+m)}$为 $T+m$ 时刻第 j 个典型公司的信用得分，如上文式(3.78)所示。则 $T+m$ 时刻典型公司样本基于资产总额与负债总额之和标准的信用得分加权平均值 $\overline{S}_{(T+m)}^{A+L}$ 表达式如下。

$$\overline{S}_{(T+m)}^{A+L}=\sum_{j=1}^{N_{(T+m)}^{A+L}} W_{j(T+m)}^{A+L} S_{j(T+m)} \tag{3.89}$$

式(3.89)的经济学含义：$T+m$ 时刻典型公司样本基于资产总额与负债总额之和标准的信用得分加权平均值。式(3.89)的信用得分加权平均值 $\overline{S}_{(T+m)}^{A+L}$ 数值越大，表示选取的典型公司样本越不可能违约，信用状况越好。

设：$\mathrm{CI}_{(T+m)}^{A+L}$ 为 $T+m$ 时刻基于资产总额与负债总额之和标准的信用指数；$\overline{S}_{(T+m)}^{A+L}$ 为 $T+m$ 时刻典型公司样本基于资产总额与负债总额之和标准的信用得分加权平均值；$\overline{S}_{(2000)}^{A+L}$ 为基准年 2000 年典型公司样本基于资产总额与负债总额之和标准的信用得分加权平均值。则 $T+m$ 时刻基于资产总额与负债总额之和标准的信用指数 $\mathrm{CI}_{(T+m)}^{A+L}$ 表达式如下。

$$\mathrm{CI}_{(T+m)}^{A+L}=\frac{\overline{S}_{(T+m)}^{A+L}}{\overline{S}_{(2000)}^{A+L}}\times 1000 \tag{3.90}$$

式(3.90)的经济学含义：式(3.90)的分子 $\overline{S}_{(T+m)}^{A+L}$ 是 $T+m$ 时刻典型公司样本基于资产总额与负债总额之和标准的信用得分加权平均值；分母 $\overline{S}_{(2000)}^{A+L}$ 是基准年 2000 年典型公司样本基于资产总额与负债总额之和标准的信用得分加权平均值；分子与分母之比再乘以 1000 表示将 $T+m$ 时刻典型公司样本基于资产总额与负债总额之和标准的信用得分加权平均值 $\overline{S}_{(T+m)}^{A+L}$，以 2000 年指数为 1000 的基准进行折算，保证了每年的信用指数可比性。式(3.90)的信用指数 $\mathrm{CI}_{(T+m)}^{A+L}$ 数值越大，表示选取的典型公司样本的清偿能力越强，越不可能违约，信用状况越好。

式(3.90)的特色：一是以资产总额与负债总额之和从高到低选择的样本公司，反映了市场中资产规模和负债规模均较大的公司的信用水平；二是将样本公司的信用得分均值，按初始年份 2000 年信用指数等于 1000 为基准进行折算，保证了每年的信用指数可比性，并用于对未来信用状况趋势进行判断。

3.5.5　信用风险指数表达式

本书采用如下的三个标准分别构建了信用风险指数。这三个信用风险指数分别反映市场中高资产规模的企业、高负债规模的企业、资产和负债加总后规模大的企业的违约风险大小，三个信用风险指数反映了市场中三个不同的角度，起到了相辅相成、相互印证的作用。

由于信用风险指数要反映违约可能性高低，从而与公司负债有着密切关系。因此，本书推荐使用下文基于负债总额标准的信用风险指数表达式。

信用风险指数与信用指数的差别仅在于信用得分 S_j 的应用方式不同。信用指数是由信用得分 S_j 进行加权平均得到，反映了清偿能力，信用指数越大，信用状况越好。反之，信用风险指数是由 100 减去信用得分$(100-S_j)$进行加权平均得到，反映了违约可能性，信用风险指数越大，信用状况越差。

1. 基于资产总额标准的信用风险指数表达式

设：$\overline{R}_{(T+m)}^{A}$ 为 $T+m$ 时刻典型公司样本基于资产总额标准的违约风险得分加权平均值；$N_{(T+m)}^{A}$ 为 $T+m$ 时刻以资产总额标准由高到低选取前 10%的典型公司样本中的企业个数；$W_{j(T+m)}^{A}$ 为 $T+m$ 时刻第 j 个典型公司基于资产总额标准的权重，如上文式(3.82)所示；$S_{j(T+m)}$为 $T+m$ 时刻第 j 个典型公司的信用得分，如上文式(3.78)所示。则 $T+m$ 时刻典型公司样本基于资产总额标准的违约风险得分加权平均值 $\overline{R}^{A}_{(T+m)}$ 的表达式如下。

$$\overline{R}^{A}_{(T+m)} = \sum_{j=1}^{N^{A}_{(T+m)}} W^{A}_{j(T+m)}(100 - S_{j(T+m)}) \tag{3.91}$$

式(3.91)的经济学含义：$T+m$ 时刻典型公司样本的违约风险得分加权平均值。式(3.91)的违约风险得分加权平均值 $\overline{R}^{A}_{(T+m)}$ 数值越大，表示选取的典型公司样本违约风险越高，越可能发生违约，信用状况越差。式(3.91)与式(3.85)的差别仅在于信用得分的使用方式不同，式(3.85)直接由信用得分 $S_{j(T+m)}$进行加权平均得到，反映了清偿能力。相反，式(3.91)是由 100 减去信用得分($100-S_{j(T+m)}$)进行加权平均得到，反映了违约可能性。

设：$\mathrm{CRI}^{A}_{(T+m)}$为 $T+m$ 时刻基于资产总额标准的信用风险指数；$\overline{R}^{A}_{(T+m)}$ 为 $T+m$ 时刻典型公司样本基于资产总额标准的信用得分加权平均值；$\overline{R}^{A}_{(2000)}$ 为基准年 2000 年典型公司样本基于资产总额标准的违约风险得分加权平均值。则 $T+m$ 时刻基于资产总额标准的信用风险指数 $\mathrm{CRI}^{A}_{(T+m)}$的表达式如下。

$$\mathrm{CRI}^{A}_{(T+m)} = \frac{\overline{R}^{A}_{(T+m)}}{\overline{R}^{A}_{(2000)}} \times 1000 \tag{3.92}$$

式(3.92)的经济学含义：式(3.92)的分子 $\overline{R}^{A}_{(T+m)}$ 是 $T+m$ 时刻典型公司样本基于资产总额标准的违约风险得分加权平均值；分母 $\overline{R}^{A}_{(2000)}$ 是基准年 2000 年典型公司样本基于资产总额标准的违约风险得分加权平均值；分子与分母之比再乘以 1000 表示将 $T+m$ 时刻典型公司样本基于资产总额标准的违约风险得分加权平均值 $\overline{R}^{A}_{(T+m)}$，以2000年指数为1000的基准进行折算，保证了每年的信用风险指数可比性。式(3.92)与式(3.86)的差别在于，式(3.86)的信用指数 $\mathrm{CI}^{A}_{(T+m)}$反映清偿能力大小，信用指数越大，清偿能力越强，越不可能违约，信用状况就会越好；式(3.92)的信用风险指数 $\mathrm{CRI}^{A}_{(T+m)}$反映违约风险大小，信用风险指数越大，违约风险越高，越可能违约，信用状况就会越差。

2. 基于负债总额标准的信用风险指数表达式

设：$\overline{R}^{L}_{(T+m)}$ 为 $T+m$ 时刻典型公司样本基于负债总额标准的违约风险得分加权平均值；$N^{L}_{(T+m)}$为 $T+m$ 时刻以负债总额标准由高到低选取前 10%的典型公司样本中的企业个数；$W^{L}_{j(T+m)}$ 为 $T+m$ 时刻第 j 个典型公司基于负债总额标准的权重，如上文式(3.83)所示；$S_{j(T+m)}$为 $T+m$ 时刻第 j 个典型公司的信用得分，如上文式(3.78)所示。则 $T+m$ 时刻典型公司样本基于负债总额标准的违约风险得分加权平均值 $\overline{R}^{L}_{(T+m)}$ 的表达式如下。

$$\overline{R}^{L}_{(T+m)} = \sum_{j=1}^{N^{L}_{(T+m)}} W^{L}_{j(T+m)}(100 - S_{j(T+m)}) \tag{3.93}$$

式(3.93)的经济学含义：$T+m$ 时刻典型公司样本的违约风险得分加权平均值。式(3.93)的违约风险得分加权平均值 $\overline{R}^{L}_{(T+m)}$ 数值越大，表示选取的典型公司样本违约风险越高，越可能发生违约，信用状况就会越差。式(3.93)与式(3.87)的差别仅在于信用得分的使用方式不同，式(3.87)直接由信用得分 $S_{j(T+m)}$进行加权平均得到，反映了清偿能力。相反，式(3.93)是由 100 减去信用得分($100-S_{j(T+m)}$)进行加权平均得到，反映了违约可能性。

设：$\mathrm{CRI}^{L}_{(T+m)}$为 $T+m$ 时刻基于负债总额标准的信用风险指数；$\overline{R}^{L}_{(T+m)}$ 为 $T+m$ 时刻典型公司样本基于负债总额标准的信用得分加权平均值；$\overline{R}^{L}_{(2000)}$ 为基准年 2000 年典型公司样本基于负债总额标准的违约风险得分加权平均值。则 $T+m$ 时刻基于负债总额标准的信用风险指数 $\mathrm{CRI}^{L}_{(T+m)}$的表达式如下。

$$\mathrm{CRI}^{L}_{(T+m)} = \frac{\overline{R}^{L}_{(T+m)}}{\overline{R}^{L}_{(2000)}} \times 1000 \tag{3.94}$$

式(3.94)的经济学含义：式(3.94)的分子 $\overline{R}^{L}_{(T+m)}$ 是 $T+m$ 时刻典型公司样本基于负债总额标准的违约风险

得分加权平均值；分母 $\overline{R}^{L}_{(2000)}$ 是基准年 2000 年典型公司样本基于负债总额标准的违约风险得分加权平均值；分子与分母之比再乘以 1000 表示将 $T+m$ 时刻典型公司样本基于负债总额标准的违约风险得分加权平均值 $\overline{R}^{L}_{(T+m)}$，以2000年指数为1000的基准进行折算，保证了每年的信用风险指数可比性。式(3.94)与式(3.88)的差别在于，式(3.88)的信用指数 $\mathrm{CI}^{L}_{(T+m)}$反映清偿能力大小，信用指数越大，清偿能力越强，越不可能违约，信用状况就会越好；式(3.94)的信用风险指数 $\mathrm{CRI}^{L}_{(T+m)}$反映违约风险大小，信用风险指数越大，违约风险越高，越可能违约，信用状况就会越差。

3. 基于资产总额与负债总额之和标准的信用风险指数表达式

设：$\overline{R}^{A+L}_{(T+m)}$ 为 $T+m$ 时刻典型公司样本基于资产总额与负债总额之和标准的违约风险得分加权平均值；$N^{A+L}_{(T+m)}$ 为 $T+m$ 时刻以资产总额与负债总额之和标准由高到低选取前 10%的典型公司样本中的企业个数；$W^{A+L}_{j(T+m)}$ 为 $T+m$ 时刻第 j 个典型公司基于资产总额与负债总额之和标准的权重，如上文式(3.84)所示；$S_{j(T+m)}$ 为 $T+m$ 时刻第 j 个典型公司的信用得分，如上文式(3.78)所示。则 $T+m$ 时刻典型公司样本基于资产总额与负债总额之和标准的违约风险得分加权平均值 $\overline{R}^{A+L}_{(T+m)}$ 表达式如下。

$$\overline{R}^{A+L}_{(T+m)} = \sum_{j=1}^{N^{A+L}_{(T+m)}} W^{A+L}_{j(T+m)}(100 - S_{j(T+m)}) \tag{3.95}$$

式(3.95)的经济学含义：$T+m$ 时刻典型公司样本的违约风险得分加权平均值。式(3.95)的违约风险得分加权平均值 $\overline{R}^{A+L}_{(T+m)}$ 数值越大，表示选取的典型公司样本违约风险越高，越可能发生违约，信用状况就会越差。式(3.95)与式(3.89)的差别仅在于信用得分的使用方式不同，式(3.89)直接由信用得分 $S_{j(T+m)}$进行加权平均得到，反映了清偿能力。相反，式(3.95)是由 100 减去信用得分$(100–S_{j(T+m)})$进行加权平均得到，反映了违约可能性。

设：$\mathrm{CRI}^{A+L}_{(T+m)}$ 为 $T+m$ 时刻基于资产总额与负债总额之和标准的信用风险指数。$\overline{R}^{A+L}_{(T+m)}$ 为 $T+m$ 时刻典型公司样本基于资产总额与负债总额之和标准的信用得分加权平均值；$\overline{R}^{A+L}_{(2000)}$ 为基准年 2000 年典型公司样本基于资产总额与负债总额之和标准的违约风险得分加权平均值。则 $T+m$ 时刻基于资产总额与负债总额之和标准的信用风险指数 $\mathrm{CRI}^{A+L}_{(T+m)}$ 表达式如下。

$$\mathrm{CRI}^{A+L}_{(T+m)} = \frac{\overline{R}^{A+L}_{(T+m)}}{\overline{R}^{A+L}_{(2000)}} \times 1000 \tag{3.96}$$

式(3.96)的经济学含义：式(3.96)的分子 $\overline{R}^{A+L}_{(T+m)}$ 是 $T+m$ 时刻典型公司样本基于资产总额与负债总额之和标准的违约风险得分加权平均值；分母 $\overline{R}^{A+L}_{(2000)}$ 是基准年 2000 年典型公司样本基于资产总额与负债总额之和标准的违约风险得分加权平均值；分子与分母之比再乘以 1000 表示将 $T+m$ 时刻典型公司样本基于资产总额与负债总额之和标准的违约风险得分加权平均值 $\overline{R}^{A+L}_{(T+m)}$，以 2000 年指数为 1000 的基准进行折算，保证了每年的信用风险指数可比性。式(3.96)与式(3.90)的差别在于，式(3.90)的信用指数 $\mathrm{CI}^{A+L}_{(T+m)}$ 反映清偿能力大小，信用指数越大，清偿能力越强，越不可能违约，信用状况越好；式(3.96)的信用风险指数 $\mathrm{CRI}^{A+L}_{(T+m)}$ 反映违约风险大小，信用风险指数越大，违约风险越高，越可能违约，信用状况越差。

3.6 数据处理

3.6.1 指标数据标准化方法

指标标准化的目的：将指标的数据转化到[0, 1]区间，消除数据量纲对评价结果的影响。评价指标的打分包括定量指标打分和定性指标打分。

1. 正向定量指标标准化

设：x_{ij}为第j个企业第i个指标标准化后的值；u_{ij}为第j个企业第i个指标原始值；n为样本数量。则正向定量指标标准化表达式如下[22, 27]。

$$x_{ij}=\frac{u_{ij}-\min\limits_{1\leqslant j\leqslant n}(u_{ij})}{\max\limits_{1\leqslant j\leqslant n}(u_{ij})-\min\limits_{1\leqslant j\leqslant n}(u_{ij})} \tag{3.97}$$

2. 负向定量指标标准化

设：x_{ij}为第j个企业第i个指标标准化后的值；u_{ij}为第j个企业第i个指标原始值；n为样本数量。则负向定量指标标准化表达式如下[22, 27]。

$$x_{ij}=\frac{\max\limits_{1\leqslant j\leqslant n}(u_{ij})-u_{ij}}{\max\limits_{1\leqslant j\leqslant n}(u_{ij})-\min\limits_{1\leqslant j\leqslant n}(u_{ij})} \tag{3.98}$$

3. 区间型定量指标标准化

设：q_1为最佳区间的左边界；q_2为最佳区间的右边界。区间型指标是数值在某一个区间内时，企业信用状况最好的指标，则区间型指标的标准化表达式如下[22, 27]。

$$x_{ij}=\begin{cases}1-\dfrac{q_1-u_{ij}}{\max(q_1-\min\limits_{1\leqslant j\leqslant n}(u_{ij}),\ \max\limits_{1\leqslant j\leqslant n}(u_{ij})-q_2)}, & u_{ij}<q_1\\ 1-\dfrac{u_{ij}-q_2}{\max(q_1-\min\limits_{1\leqslant j\leqslant n}(u_{ij}),\ \max\limits_{1\leqslant j\leqslant n}(u_{ij})-q_2)}, & u_{ij}>q_2\\ 1, & q_1\leqslant u_{ij}\leqslant q_2\end{cases} \tag{3.99}$$

式(3.99)的经济学含义：当企业的原始数据u_{ij}大于等于q_1，且小于等于q_2时，企业的信用状况最好。此时，将标准化后的数据记为1；当企业的原始数据u_{ij}小于q_1或大于q_2时，原始数据u_{ij}距离区间$[q_1, q_2]$越远，企业的信用状况越差。

本书区间型指标只有1个，即居民消费价格指数，其最佳区间是[101, 105]，即左右端点分别是q_1=101，q_2=105[22, 27]。

4. 定性指标的证据权重标准化打分

对于定性指标，本书采用证据权重定性指标打分方法[28]，进行定性指标的标准化打分，确定定性指标每一个特征(如企业法人代表性别“男”或“女”两个特征)的标准化分数。

步骤1：计算指标第i个特征F_i的证据权重值WOE_i。

设：n_{0i}为第i个特征F_i对应的非违约客户数；N_0为全部非违约客户数；n_{1i}为第i个特征F_i对应的违约客户数；N_1为全部违约客户数。则第i个特征F_i的证据权重值WOE_i的表达式如下[29]。

$$\text{WOE}_i=\ln\left(\frac{n_{0i}/N_0}{n_{1i}/N_1}\right)=\ln\left(\frac{n_{0i}/n_{1i}}{N_0/N_1}\right) \tag{3.100}$$

式(3.100)的经济学含义：WOE_i对数符号的后边表示第i个特征F_i下非违约客户数与违约客户数比值n_{0i}/n_{1i}，与全部非违约客户数与全部违约客户数比值N_0/N_1的比例。由于式(3.100)的分母是常数，WOE_i值越大，说明第i个特征F_i下非违约客户数与违约客户数比值n_{0i}/n_{1i}越大，非违约客户更多地集中在第i个特征中，即第i个特征的违约率越低。

步骤2：根据权重值WOE_i确定指标第i个特征F_i的打分值。

根据式(3.100)可以确定第i个特征的WOE_i值，对所有客户的WOE_i值进行正向指标标准化处理即可得到该指标不同特征的标准化打分值如下[22, 27]。

$$标准化\ \mathrm{WOE}_i = \frac{\mathrm{WOE}_i - \min \mathrm{WOE}_i}{\max \mathrm{WOE}_i - \min \mathrm{WOE}_i} \tag{3.101}$$

3.6.2　去除异常值缩尾处理

本书采用均值±3 倍标准差的方式进行指标数据的异常值缩尾处理。根据标准正态分布的 3σ 原则[29]，选用均值±3 倍标准差方式进行异常值缩尾处理，能保留样本 99.74%的信息，避免了样本中异常值存在影响违约预测精度的弊端。

均值±3 倍标准差的缩尾处理方法：当指标值大于“均值+3 倍标准差”用“均值+3 倍标准差”代替；当指标值小于“均值–3 倍标准差”用“均值–3 倍标准差”代替。

3.6.3　非平衡数据处理

本书采用 SMOTE[30]方法来处理非平衡数据，即通过在真实违约客户之间进行线性插值的方式，合成虚拟的违约样本，扩充违约企业数量，确保样本中违约企业数量与非违约企业数量为 1∶1 的平衡比例，避免了非平衡样本会导致训练得到的大数据模型对违约差客户识别率低的弊端。

例如，本书第 5 章上市公司训练样本的违约数∶非违约数=333∶2064≈1∶6，属于非平衡样本。通过 SMOTE 方法扩充 1731 个虚拟违约样本后，达成了训练样本中违约数∶非违约数=(333+1731)∶2064= 2064∶2064=1∶1 的平衡比例。

参 考 文 献

[1] Jones S. Corporate bankruptcy prediction：a high dimensional analysis[J]. Review of Accounting Studies, 2017, 22：1366-1422.

[2] Doshi-Velez F, Kim B. Towards a rigorous science of interpretable machine learning[EB/OL]. https://arxiv.org/abs/1702.08608 [2017-02-28].

[3] Zhu X, Li J, Wu D, Wang H, et al. Balancing accuracy, complexity and interpretability in consumer credit decision making：A C-TOPSIS classification approach[J]. Knowledge Based Systems, 2013, 52：258-267.

[4] Desai V S, Crook J N, Overstreet G A. A comparison of neural networks and linear scoring models in the credit union environment[J]. European Journal of Operational Research, 1996, 95(1)：24-37.

[5] Bravo C, Maldonado S, Weber R. Granting and managing loans for micro-entrepreneurs：new developments and practical experiences [J]. European Journal of Operational Research, 2013, 227(2)：358-366.

[6] Djeundje V B, Crook J. Identifying hidden patterns in credit risk survival data using generalised additive models[J]. European Journal of Operational Research, 2019, 277：366-376.

[7] Friedman J H. Multivariate adaptive regression splines[J]. The Annals of Statistics, 1991, 19(1)：1-67.

[8] Huang C, Dai C, Guo M. A hybrid approach using two-level DEA for financial failure prediction and integrated SE-DEA and GCA for indicators selection[J]. Applied Mathematics and Computation, 2015, 251：431-441.

[9] Xia Y, Liu C, Li Y Y, et al. A boosted decision tree approach using Bayesian hyper-parameter optimization for credit scoring[J]. Expert Systems with Applications, 2017, 78：225-241.

[10] 陈丽. 基于决策树最优组合的企业违约预测模型[D]. 大连：大连理工大学, 2019.

[11] West D. Neural network credit scoring models[J]. Computers & Operations Research, 2000, 27(11-12)：1131-1152.

[12] Huang Z, Chen H, Hsu C J, et al. Credit rating analysis with support vector machines and neural networks：a market comparative study [J]. Decision Support Systems, 2004, 37(4)：543-558.

[13] Hand D J, Henley W E. Statistical classification methods in consumer credit scoring：a review[J]. Journal of the Royal Statistical Society Series a-Statistics in Society, 1997, 160：523-541.

[14] Ömer F E, Mehmet E T. A novel version of k nearest neighbor：dependent nearest neighbor[J]. Applied Soft Computing, 2017, 55(6)：480-490.

[15] Abellán J, Mantas C J. Improving experimental studies about ensembles of classifiers for bankruptcy prediction and credit scoring[J]. Expert Systems with Applications, 2014, 41(8)：3825-3830.

[16] Fan Q, Wang Z, Li D, et al. Entropy-based fuzzy support vector machine for imbalanced datasets[J]. Knowledge-Based Systems, 2017, 115：87-99.

[17] He H, Zhang W, Zhang S. A novel ensemble method for credit scoring：adaption of different imbalance ratios[J]. Expert Systems with Applications, 2018, 98：105-117.

[18] Campbell J Y, Hilscher J, Szilagyi J. In search of distress risk[J]. The Journal of Finance, 2008, 63(6)：2899-2939.

[19] Finlay S. Multiple classifier architectures and their application to credit risk assessment[J]. European Journal of Operational Research, 2011, 210(2)：368-378.

[20] Ferri C, Hernandez-Orallo J, Modroiu R. An experimental comparison of performance measures for classification[J]. Pattern Recognition Letters, 2009, 30(1)：27-38.

[21] Kohavi R, John G H. Wrappers for feature subset selection[J]. Artificial Intelligence, 1997, 97(2)：273-324.

[22] 迟国泰，张亚京，石宝峰. 基于 Probit 回归的小企业债信评级模型及实证[J]. 管理科学学报, 2016, 19(6)：136-156.

[23] 赵志冲，迟国泰. 基于似然比检验的工业小企业债信评级研究[J]. 中国管理科学, 2017, 25(1)：45-56.

[24] Wang T C, Chen Y H. Applying rough sets theory to corporate credit ratings[C]. Shanghai：IEEE International Conference：Service Operations and Logistics, and Informatics, 2006：132-136.

[25] 迟国泰，石宝峰. 基于信用等级与违约损失率匹配的信用评级系统与方法：中国, ZL 201210201461.6[P]. 2015-08-19.

[26] Shi B F, Chi G T, Li W P. Exploring the mismatch between credit ratings and loss-given-default：a credit risk approach[J]. Economic Modelling, 2020, 85：420-428.

[27] 迟国泰，王卫. 基于科学发展观的综合评价理论、方法与应用[M]. 北京：科学出版社, 2009.

[28] Abdou H A. Genetic programming for credit scoring：the case of Egyptian public sector banks[J]. Expert Systems with Applications, 2009, 36(9)：11402-11417.

[29] 肖明耀. 误差理论与应用[M]. 北京：计量出版社，1985.

[30] Chawla N V, Bowyer K W, Hall L O, et al. SMOTE：synthetic minority over-sampling technique[J]. Journal of Artificial Intelligence Research, 2002, 16(1)：321-357.

第 4 章　上市公司样本介绍

4.1　指标选取和数据来源

上市公司样本的含义：中国上海证券交易所(简称沪市)以及深圳证券交易所(简称深市)上市的 3425 家企业数据。

上市公司样本数据的描述：共包含 2000~2018 年这 19 年的 3425 家中国上市企业共计 47 171 条年度数据。通过 Wind 金融数据库、国泰安经济数据库、中国国家统计局和中国经济社会发展统计数据库收集，结合穆迪、标普和惠誉[1]三家国外权威机构，中国农业银行、中国银行等[2]国内金融机构的经典指标和权威参考文献[3-5]，建立了上市公司信用评价指标体系，包括资产负债率等 138 个财务指标，审计意见类型等 17 个非财务指标，行业景气指数等 49 个宏观指标，1 个违约状态指标在内的共计 205 个指标的上市企业信用风险指标集。

违约状态定义：将被标记为“ST”(special treatment，特别处理)的上市企业，定义为出现财务困境的企业，即违约的差客户，标记为“1”。将没有“ST”标记的上市企业，定义为没有出现财务困境的企业，即非违约的好客户，标记为“0”。

上述 205 个指标的原始数据如表 4.1 第 e 列所示，其中企业内部财务因素、企业内部非财务因素包含的指标来自 Wind 金融数据库和国泰安经济数据库，狭义货币供应量(M1)同比增长率等宏观指标来自中国国家统计局和中国经济社会发展统计数据库。

表 4.1　上市公司 2000~2018 年这 19 年的指标及数据

(a)序号	(b)一级准则层	(c)二级准则层	(d)指标名称	(e)47 171 条原始数据			(f)47 171 条标准化数据		
				(1) 企业 1	…	(47 171) 企业 47 171	(1) 企业 1	…	(47 171) 企业 47 171
1	企业内部财务因素	偿债能力	X_1 资产负债率	92.982	…	38.491	0.570	…	0.825
…			…	…	…	…	…	…	…
39		盈利能力	X_{39} 净资产收益率	10.741	…	26.000	0.505		0.000
…			…	…	…	…	…	…	…
…		营运能力	…	…	…	…	…	…	…
114			X_{114} 账面市值比	1.021	…	缺失	0.775	…	0.000
…		成长能力	…	…	…	…	…	…	…
138			X_{138} 可持续增长率	0.100	…	缺失	0.526	…	0.000
…	企业内部非财务因素	股权结构与业绩审计情况	…	…	…	…	…	…	…
145			X_{145} 派息比税后	0.145	…	缺失	0.203	…	0.000
…		高管基本情况	…	…	…	…	…	…	…
150			X_{150} 总经理是否领取薪酬	缺失	…	缺失	1.000	…	1.000

续表

(a)序号	(b)一级准则层	(c)二级准则层	(d)指标名称	(e)47 171 条原始数据			(f)47 171 条标准化数据		
				(1) 企业 1	…	(47 171) 企业 47 171	(1) 企业 1	…	(47 171) 企业 47 171
151	企业内部非财务因素	企业基本信用情况	X_{151} 缺陷类型	一般	…	缺失	1.000	…	0.731
…		商业信誉	…	…	…	…	…	…	…
153			X_{153} 违规类型	缺失	…	缺失	1.000	…	1.000
…		社会责任	…	…	…	…	…	…	…
155			X_{155} 社会捐赠强度	4×10^{-9}	…	缺失	0.039	…	0.181
156	外部宏观环境	—	X_{156} 行业景气指数	缺失	…	106.4	0.075	…	0.575
…			…	…	…	…	…	…	…
205	违约状态	—	违约状态	0	…	0	0	…	0

4.2 指标和样本处理

4.2.1 指标数据标准化处理

为了消除数据量纲对评价结果的影响，需要将指标的数据转化为[0, 1]区间。评价指标的打分包括定量指标打分和定性指标打分。

1. 定量指标标准化

对于定量指标，若是对信用状况有正向影响的净资产收益率等指标，采用正向指标标准化。若是对信用状况有负向影响的资产负债率等指标，采用负向指标标准化。若企业的某个指标值在某一个区间内时，企业信用状况最好，如居民消费价格指数等指标，则采用区间指标标准化。本书只有一个区间型指标，即居民消费价格指数，其最佳区间是[101, 105]，即左右端点分别是 q_1=101, q_2=105[6-7]。

2. 定性指标证据权重标准化打分

对于定性指标，采用证据权重定性指标标准化打分方法[8]，确定定性指标每一特征(如“标准的无保留意见”“无保留意见加事项说明”“保留意见”等 7 个特征)的标准化分数。经数据标准化处理后的指标如表 4.1 第 f 列所示。

4.2.2 数据缩尾处理

本书采用指标均值±3 倍标准差的方式对指标数据进行处理，以达到剔除影响违约预测的异常点，同时达到较大程度保留指标信息含量(99.74%)的目的。

数据缩尾处理的步骤：首先，计算第 i 个指标的均值 μ_i 和标准差 σ_i；其次，构造[$\mu_i-3\sigma_i$, $\mu_i+3\sigma_i$]的区间；最后，比较指标值是否在该区间内，若指标值 x_{ij} 大于($\mu_i+3\sigma_i$)，则用($\mu_i+3\sigma_i$)代替原指标值，若指标值 x_{ij} 小于($\mu_i-3\sigma_i$)，则用($\mu_i-3\sigma_i$)代替原指标值。

4.2.3 非平衡数据处理及样本划分

由于上市公司训练样本中违约样本：非违约样本=333：2064≈1：6，非违约样本数约为违约样本数的 6 倍，因此是非平衡样本。为了提高分类模型的预测精度，需要对上市公司违约样本进行扩充。本书采用 SMOTE[9]扩充训练样本中的违约企业个数，使违约与非违约企业数量相同。

将上市公司样本总量的 70%作为训练样本，30%作为测试样本。训练样本用于求解模型参数，构建训练模型；测试样本用于验证所构建的模型预测精度效果。本节只列出上市公司的训练、测试及 SMOTE 扩充的样本数量，上市公司的训练测试样本数量如表 4.2 所示。本书的所有 14 个样本的训练和测试样本划分，均采用上述相同的样本划分方式，详见下文对应的章节。

表 4.2　上市公司的训练测试样本数量一览

序号	(1)样本分类	(2)非违约公司	(3)违约公司	(4)总计
1	训练样本 $N_{train}=N\times70\%+N_{train}^{smote}$	2064+0=2064	333+1731=2064	4128
2	测试样本 $N_{test}=N\times30\%$	885	143	1028
3	全部样本 N	2949	2207	5156

4.3　样 本 选 取

4.3.1　*T–m* 年样本的选取

对于每一个违约的 ST 公司，都用这个公司被标记为 ST 发生时的年份，作为基准时刻 T。采用 T 时刻前 m 年的数据，即 $T–m(m=0, 1, 2, 3, 4, 5)$时刻的数据和 T 时刻的状态组成 6 个违约数据集。

对于每一个非 ST 公司，先确定具有连续 m 年跨度的所有非 ST 公司的数量 N_0。之后，通过(N_0/年份跨度 L)的结果取整，确定非 ST 公司分布于每年的数量。同样利用非 ST 公司的 $T–m$ 年指标数据 $X_{ij(T–m)}$与 T 时刻违约状态 $y_{j(T)}$，构建 $T–m$ 年的非 ST 公司数据集。

将 $T–m(m=0, 1, 2, 3, 4, 5)$年的违约、非违约企业组成 6 个新的数据集。如上市企业的每组时间窗口都包含了 3425 家企业，其中非违约企业共计 2949 家，违约企业共计 476 家。同理可以分别得到上市公司每个行业和上市小企业的 $T–m$ $(m=0, 1, 2, 3, 4, 5)$这 6 个时间窗口的数据集。

4.3.2　上市小企业样本的选取

为构建上市小企业的信用指数，对上市企业进行大中小微型企业的划分。本书根据国家统计局于 2017 年 12 月 28 日印发的《统计上大中小微型企业划分办法(2017)》[10]对上市企业的大小规模进行划分，具体划分标准如表 4.3 所示。

表 4.3　统计上大中小微型企业划分标准

(1)行业名称	(2)指标名称	(3)大型	(4)中型	(5)小型	(6)微型
农、林、牧、渔业	营业收入/万元	$Y\geqslant20\,000$	$500\leqslant Y<20\,000$	$50\leqslant Y<500$	$Y<50$
工业	从业人员/人	$X\geqslant1\,000$	$300\leqslant X<1\,000$	$20\leqslant X<300$	$X<20$
	营业收入/万元	$Y\geqslant40\,000$	$2\,000\leqslant Y<40\,000$	$300\leqslant Y<2\,000$	$Y<300$
建筑业	营业收入/万元	$Y\geqslant80\,000$	$6\,000\leqslant Y<80\,000$	$300\leqslant Y<6\,000$	$Y<300$
	资产总额/万元	$Z\geqslant80\,000$	$5\,000\leqslant Z<80\,000$	$300\leqslant Z<5\,000$	$Z<300$
批发业	从业人员/人	$X\geqslant200$	$20\leqslant X<200$	$5\leqslant X<20$	$X<5$
	营业收入/万元	$Y\geqslant40\,000$	$5\,000\leqslant Y<40\,000$	$1\,000\leqslant Y<5\,000$	$Y<1\,000$
零售业	从业人员/人	$X\geqslant300$	$50\leqslant X<300$	$10\leqslant X<50$	$X<10$
	营业收入/万元	$Y\geqslant20\,000$	$500\leqslant Y<20\,000$	$100\leqslant Y<500$	$Y<100$
交通运输业	从业人员/人	$X\geqslant1\,000$	$300\leqslant X<1\,000$	$20\leqslant X<300$	$X<20$
	营业收入/万元	$Y\geqslant30\,000$	$3\,000\leqslant Y<30\,000$	$200\leqslant Y<3\,000$	$Y<200$

续表

(1)行业名称	(2)指标名称	(3)大型	(4)中型	(5)小型	(6)微型
仓储业	从业人员/人	$X \geqslant 200$	$100 \leqslant X < 200$	$20 \leqslant X < 100$	$X < 20$
	营业收入/万元	$Y \geqslant 30\,000$	$1\,000 \leqslant Y < 30\,000$	$100 \leqslant Y < 1\,000$	$Y < 100$
邮政业	从业人员/人	$X \geqslant 1\,000$	$300 \leqslant X < 1\,000$	$20 \leqslant X < 300$	$X < 20$
	营业收入/万元	$Y \geqslant 30\,000$	$2\,000 \leqslant Y < 30\,000$	$100 \leqslant Y < 2\,000$	$Y < 100$
住宿业	从业人员/人	$X \geqslant 300$	$100 \leqslant X < 300$	$10 \leqslant X < 100$	$X < 10$
	营业收入/万元	$Y \geqslant 10\,000$	$2\,000 \leqslant Y < 10\,000$	$100 \leqslant Y < 2\,000$	$Y < 100$
餐饮业	从业人员/人	$X \geqslant 300$	$100 \leqslant X < 300$	$10 \leqslant X < 100$	$X < 10$
	营业收入/万元	$Y \geqslant 10\,000$	$2\,000 \leqslant Y < 10\,000$	$100 \leqslant Y < 2\,000$	$Y < 100$
信息传输业	从业人员/人	$X \geqslant 2\,000$	$100 \leqslant X < 2\,000$	$10 \leqslant X < 100$	$X < 10$
	营业收入/万元	$Y \geqslant 100\,000$	$1\,000 \leqslant Y < 100\,000$	$100 \leqslant Y < 1\,000$	$Y < 100$
软件和信息技术服务业	从业人员/人	$X \geqslant 300$	$100 \leqslant X < 300$	$10 \leqslant X < 100$	$X < 10$
	营业收入/万元	$Y \geqslant 10\,000$	$1\,000 \leqslant Y < 10\,000$	$50 \leqslant Y < 1\,000$	$Y < 50$
房地产开发经营	营业收入/人	$Y \geqslant 200\,000$	$1\,000 \leqslant Y < 200\,000$	$100 \leqslant Y < 1\,000$	$Y < 100$
	资产总额/万元	$Z \geqslant 10\,000$	$5\,000 \leqslant Z < 10\,000$	$2\,000 \leqslant Z < 5\,000$	$Z < 2\,000$
物业管理	从业人员/人	$X \geqslant 1\,000$	$300 \leqslant X < 1\,000$	$100 \leqslant X < 300$	$X < 100$
	营业收入/万元	$Y \geqslant 5\,000$	$1\,000 \leqslant Y < 5\,000$	$500 \leqslant Y < 1\,000$	$Y < 500$
租赁和商务服务业	从业人员/人	$X \geqslant 300$	$100 \leqslant X < 300$	$10 \leqslant X < 100$	$X < 10$
	资产总额/万元	$Z \geqslant 120\,000$	$8\,000 \leqslant Z < 120\,000$	$100 \leqslant Z < 8\,000$	$Z < 100$
其他未列明行业	从业人员/人	$X \geqslant 300$	$100 \leqslant X < 300$	$10 \leqslant X < 100$	$X < 10$

注：X 指从业人员；Y 指营业收入；Z 指资产总额。大型、中型和小型企业必须同时满足所列指标的下限，否则下划一档；微型企业只需要满足所列指标中的一项即可

本书共整理了2000~2018年643家中国上市小企业的财务、非财务以及宏观数据，共计11 011条年度数据，建立了包括资产负债率等138个财务指标、审计意见类型等17个非财务指标、行业景气指数等49个宏观指标、1个违约状态指标在内的共计205个指标的上市小企业信用风险指标集。

4.3.3 不同行业样本的选取

为构建不同行业的上市企业信用指数，分别将上市企业和上市小企业划分为不同行业。划分标准是证监会发布的《上市公司行业分类指引》(2012年修订) [11]，将上市企业划分为18个行业，分别是：①制造业；②房地产业；③采矿业；④电力、热力、燃气及水生产和供应业；⑤金融业；⑥交通运输、仓储和邮政业；⑦建筑业；⑧批发和零售业；⑨文化、体育和娱乐业；⑩信息传输、软件和信息技术服务业；⑪租赁和商务服务业；⑫农、林、牧、渔业；⑬水利、环境和公共设施管理业；⑭科学研究和技术服务业；⑮综合；⑯卫生和社会工作；⑰住宿和餐饮业；⑱教育业。

根据现有文献，构建合理预测模型的企业数量至少要求同时满足两点[12]：一是行业内企业数量大于等于53家，二是行业内违约企业数量大于10家。

表4.4是上市企业不同行业的违约与非违约企业数量分布表。表4.4中第2列是上市公司所属证监会行业名称。第3列是根据建模企业数量要求归类后的行业，共归类为9个行业：①制造业；②信息传输、软件和信息技术服务业；③批发和零售业；④房地产业；⑤电力、热力、燃气及水生产和供应业；⑥建筑业；⑦采矿业；⑧文化、体育和娱乐业；⑨其他行业。

表 4.4　上市企业不同行业的违约与非违约企业数量分布表

(1)序号	(2)所属证监会行业名称	(3)根据建模企业数量要求归类后的行业	(4)非违约个数	(5)违约个数	(6)企业总个数
1	制造业	制造业	1917	256	2173
2	信息传输、软件和信息技术服务业	信息传输、软件和信息技术服务业	227	17	244
3	批发和零售业	批发和零售业	140	22	162
4	房地产业	房地产业	77	48	125
5	电力、热力、燃气及水生产和供应业	电力、热力、燃气及水生产和供应业	78	26	104
6	建筑业	建筑业	84	15	99
7	采矿业	采矿业	50	25	75
8	文化、体育和娱乐业	文化、体育和娱乐业	42	15	57
9	交通运输、仓储和邮政业	其他行业	88	5	93
10	金融业		68	9	77
11	租赁和商务服务业		39	7	46
12	农、林、牧、渔业		32	12	44
13	水利、环境和公共设施管理业		37	5	42
14	科学研究和技术服务业		37	3	40
15	综合		18	5	23
16	卫生和社会工作		6	3	9
17	住宿和餐饮业		7	2	9
18	教育业		2	1	3
19	合计	—	2949	476	3425

表 4.5 是上市小企业不同行业的违约与非违约企业数量分布表。表 4.5 中第 2 列是上市小企业证监会划分的 14 个行业。第 3 列是根据建模企业数量要求归类后的行业，共归类为 3 个行业：①制造业；②房地产业；③其他行业。第 4~6 列分别是每个行业的上市小企业非违约个数、违约个数以及企业总个数。

表 4.5　上市小企业行业数据分布表

(1)序号	(2)所属证监会行业名称	(3)根据建模企业数量要求归类后的行业	(4)非违约个数	(5)违约个数	(6)企业总个数
1	制造业	制造业	365	42	407
2	房地产业	房地产业	65	38	103
3	电力、热力、燃气及水生产和供应业	其他行业	29	7	36
4	信息传输、软件和信息技术服务业		21	3	24
5	采矿业		11	7	18
6	租赁和商务服务业		15	0	15
7	交通运输、仓储和邮政业		11	1	12
8	建筑业		6	4	10
9	批发和零售业		8	1	9
10	综合		2	2	4
11	金融业		2	0	2
12	水利、环境和公共设施管理业		0	1	1
13	文化、体育和娱乐业		1	0	1
14	教育业		1	0	1
15	合计	—	537	106	643

为实现违约风险预测的目的，根据上文 4.3.1 节的 *T–m* 年样本选取原则，本书对每个行业分别构造了 6 组 *T–m* (*m*=0, 1, 2, 3, 4, 5)样本，每组样本由第 *T–m* 年的指标数据和第 *T* 年的违约状态构成。

4.3.4 地区与企业所有制样本的划分

根据 Wind 数据库，分别将上市企业整体样本、上市小企业整体样本以及上市企业和上市小企业的不同行业样本按照地区不同划分为 31 个省区市(港澳台除外)；按照所有制类型不同划分为 7 类企业所有制属性，分别是中央国有企业、地方国有企业、民营企业、集体企业、公众企业、外资企业和由协会等实际控股的其他所有制企业。

本节只列出 2000~2018 年这 19 年上市企业整体样本和上市小企业整体样本的不同地区、不同企业所有制的样本数量，如表 4.6 和表 4.7 所示。其中，表 4.6 和表 4.7 第 3~4 列的样本数量是 2000~2018 年这 19 年的上市企业总数，这里的总数包括相同企业不同年份的重复计数。例如，同一个企业 2000~2018 年这 19 年，则数量记为 19，其他类型企业的数量统计同理。上市企业和上市小企业的各自行业样本不同地区和不同企业所有制的样本数量不再赘述。

表 4.6 2000~2018 年这 19 年上市企业和上市小企业不同地区的样本数量表

(1)序号	(2)省区市	(3)上市企业样本数量	(4)上市小企业样本数量
1	广东省	7052	1724
2	浙江省	4945	1023
…	…	…	…
10	河北省	833	179
11	河南省	1131	170
…	…	…	…
29	青海省	207	57
…	…	…	…
31	海南省	487	173

表 4.7 2000~2018 年这 19 年上市企业和上市小企业不同所有制属性的样本数量表

(1)序号	(2)所有制属性	(3) 上市企业样本数量	(4)上市小企业样本数量
1	民营企业	25 067	6 875
2	集体企业	367	51
3	外资企业	1 451	406
4	公众企业	2 369	487
5	中央国有企业	5 969	987
6	地方国有企业	11 348	2 024
7	其他所有制企业	600	181

参 考 文 献

[1] Baghai R P, Becker B. Reputations and credit ratings：evidence from commercial mortgage-backed securities[J]. Journal of Financial Economics, 2020, 135(2)：425-444.

[2] 石宝峰, 刘锋, 王建军, 等. 基于 PROMETHEE-II 的商户小额贷款信用评级模型及实证[J]. 运筹与管理, 2017, 26(9)：137-147.

[3] 肖斌卿, 杨旸, 李心丹, 等. 基于模糊神经网络的小微企业信用评级研究[J]. 管理科学学报, 2016, 19(11)：114-126.

[4] 张发明, 李艾珉, 韩媛媛. 基于改进动态组合评价方法的小微企业信用评价研究[J]. 管理学报, 2019, 16(2)：286-296.

[5] 陈林, 谢彦妩, 李平, 等. 借款陈述文字中的违约信号——基于 P2P 网络借贷的实证研究[J]. 中国管理科学, 2019, 27(4): 37-47.
[6] 迟国泰, 张亚京, 石宝峰. 基于 Probit 回归的小企业债信评级模型及实证[J]. 管理科学学报, 2016, 19(6): 136-156.
[7] 迟国泰, 王卫. 基于科学发展观的综合评价理论、方法与应用[M]. 北京: 科学出版社, 2009.
[8] Abdou H A. Genetic programming for credit scoring: the case of Egyptian public sector banks[J]. Expert Systems with Applications, 2009, 36(9): 11402-11417.
[9] Chawla N V, Bowyer K W, Hall L O, et al. SMOTE: synthetic minority over-sampling technique[J]. Journal of Artificial Intelligence Research, 2002, 16: 321-357.
[10] 国家统计局. 统计上大中小微型企业划分办法(2017)[R]. 北京: 国家统计局, 2018.
[11] 中国证券监督管理委员会. 上市公司行业分类指引(2012 年修订)[R]. 北京: 中国证券监督管理委员会, 2012.
[12] Zhu Y, Zhou L, Xie C, et al. Forecasting SMEs' credit risk in supply chain finance with an enhanced hybrid ensemble machine learning approach[J]. International Journal of Production Economics, 2019, 211: 22-33.

第二篇

中国上市公司的企业违约预测与信用指数构建

第 5 章　上市公司的企业违约预测与信用指数构建

5.1　本章内容提要

本章是中国上市公司的企业违约预测与信用指数构建。中国上市公司的企业违约预测与信用指数构建包括以下五方面内容。

一是通过对上市公司的 $T-m$ (m=0, 1, 2, 3, 4, 5)年的财务数据、非财务数据、宏观数据，以及 T 年的违约与否状态进行实证分析，通过基于经济学含义和偏相关系数的第一次指标筛选和基于支持向量机向前搜索的第二次指标组合遴选，构建具有提前 m 年(m=0, 1, 2, 3, 4, 5)违约预警能力的最优指标体系。

二是通过违约评价方程的违约状态预测值 $\hat{y}$ 与实际值 y 对比的错判误差最小，反推最优的指标权重向量。

三是通过线性判别模型、支持向量机模型、决策树模型等 14 种大数据模型分别建模，并根据精度、可解释性、复杂性的“不可能三角”三个标准进行模型对比分析，最终确定一个能同时兼顾精度高、可解释性强、复杂性低的最佳违约预警模型。

四是利用选取的最佳违约预警模型，计算得到上市公司的违约概率和信用得分，并分析了上市公司在不同行业、地区、企业所有制方面的信用特征分布规律。

五是根据得到的上市公司信用得分，构建了中国上市公司的年度信用指数和信用风险指数，并分析了上市公司的信用状况年度发展规律以及预测了 2019~2023 年的信用状况趋势。

应该指出：用于计算信用指数的信用得分预测值 $S_{j(T+m)}$，共分为两种情况。

情况一：对于 2000~2018 年这 19 年已有指标数据的样本，用的是 m=0 的违约判别模型 $p_{j(T+0)}=f(w_i, x_{ij(T)})$ 计算出的违约概率 $p_{j(T+0)}$和信用得分 $S_{j(T+0)}=(1-p_{j(T+0)})\times100$。

情况二：对于 2019~2023 年这 5 年没有指标数据的样本，用的是 m=1, 2, 3, 4, 5 时刻的违约预测模型 $p_{j(T+m)}=f(w_i, x_{ij(T)})$计算出的违约概率 $p_{j(T+m)}$和信用得分 $S_{j(T+m)}=(1-p_{j(T+m)})\times100$。

本章的主要工作如下。

一是通过两阶段的指标遴选方法构建评价指标体系，在具有明确经济学含义的海选指标集中，根据指标间偏相关系数和 F 值筛选出具有违约鉴别能力且指标间信息冗余最小的一组指标；并在第二阶段构建前向选择线性支持向量机指标组合遴选模型，以几何平均精度最大为标准，筛选具有最大违约鉴别能力的指标组合，保证了构建的评价指标体系具有最大的违约鉴别能力。

二是根据违约状态 y_j 与指标权重的函数关系 $y_j=f(w_i,\ x_{ij})$，通过预测的违约状态 $\hat{y}_j$ 与实际违约状态 y_j 的对比，以违约和非违约两类公司的预测错判误差最小为目标，构建数学规划模型，反推出评价模型的最优指标权重，保证构建的预警模型能够显著区分违约与非违约公司。

三是以精度为模型排序的第 1 标准，可解释性为第 2 排序标准，复杂性为第 3 排序标准，在构建的逻辑回归模型、线性判别模型、广义加性模型等 14 个大数据模型中，遴选兼具高精度、强可解释性、低复杂性的最优模型。并使用 T 时刻的指标数据 $x_{ij(T)}$，预测公司 $T-m$(m=0, 1, 2, 3, 4, 5)时刻的违约状态 $y_{j(T+m)}=$

$f(x_{ij(T)})$、违约概率 $p_{j(T+m)}=g(x_{ij(T)})$和信用得分 $S_{j(T+m)}=(1-p_{j(T+m)})\times100$。

四是通过对不同行业、地区、企业所有制形式的公司的信用得分均值进行曼-惠特尼 U 非参数检验，揭示不同行业、不同地区、不同所有制的中国上市公司，哪类公司的信用资质好，哪类公司的信用资质差，哪类公司的信用资质居中，为股票投资、债券投资提供决策依据，为商业银行发放贷款提供参照，为金融监管当局提供监管预警建议。

五是通过最优违约预警模型计算得到上市公司未来第 $T+m$ 年的违约概率，将其转换为[0, 100]区间的信用得分后，按资产总额、负债总额、资产总额加负债总额之和的三个标准的选股规则选择指数构建样本公司，并将样本公司的信用得分根据负债总额、资产总额、资产总额加负债总额之和的占比分别进行加权平均，构建信用指数和信用风险指数。信用指数和信用风险指数用于反映信用发展规律，并预测未来第 $T+m$ 年的违约风险趋势。

5.2 上市公司的企业违约预测与信用指数构建的原理

中国上市公司的企业违约预测与信用指数构建的原理主要包括：信用评级原理、违约预测原理、指数构建原理、14 种违约预警大数据模型构建原理、最优违约预警指标体系遴选原理、基于错判误差最小的指标赋权原理、信用等级划分原理。具体原理介绍详见上文第 3 章，不再赘述。

5.3 上市公司数据处理

5.3.1 上市公司样本数据介绍

上市公司样本的含义：包括沪市和深市在内的 3425 家上市公司数据。

上市公司样本数据的描述：共包含 2000~2018 年 3425 家中国上市公司的财务指标、非财务指标以及宏观指标数据。通过 Wind 金融数据库、国泰安经济数据库、中国国家统计局和中国经济社会发展统计数据库搜集，结合经济学含义的进一步遴选，最终建立了包括资产负债率等 138 个财务指标，审计意见类型等 17 个非财务指标，行业景气指数等 49 个宏观指标, 1 个违约状态指标在内的共计 205 个指标的上市公司海选指标集。

违约状态定义[1-2]：将被标记为“ST”的上市企业，定义为出现财务困境的企业，即违约的差客户，标记为“1”。将没有“ST”标记的上市企业，定义为没有出现财务困境的企业，即非违约的好客户，标记为“0”。

上市公司 $T-m$ 数据的描述：为实现违约风险动态预警的目的，共构造了 6 组 $T+m(m=0, 1, 2, 3, 4, 5)$上市公司样本，每组上市公司样本是由第 $T-m$ 年的指标数据和第 T 年的违约状态构成。同时，每组 $T-m(m=0, 1, 2, 3, 4, 5)$上市公司样本分别包含 3425 个样本，其中违约样本 476，非违约样本 2949。

表 5.1 是上市公司 $T-m(m=0, 1, 2, 3, 4, 5)$时间窗口样本数据概览。其中 a 列是序号，b 列是时间窗口，c 列是企业代码，d 列是指标的原始数据，e 列是指标的标准化数据(标准化处理详见上文“3.6.1 指标数据标准化方法”)。

表 5.1 上市公司 $T-m(m=0, 1, 2, 3, 4, 5)$时间窗口样本数据概览

(a)序号	(b)时间窗口	(c)企业代码	(d)指标的原始数据 x_{ij}				(e)指标的标准化数据 x_{ij}			
			(1)资产负债率	…	(204)国内专利申请授权数增长率	(205)第 T 年的违约状态	(1)资产负债率	…	(204)国内专利申请授权数增长率	(205)第 T 年的违约状态
1	$T-0$	002806.SZ	33.884	…	0.074	0	0.846	…	0.025	0
2		000958.SZ	69.667	…	0.187	1	0.679	…	0.028	1

续表

(a)序号	(b)时间窗口	(c)企业代码	(d)指标的原始数据 x_{ij}				(e)指标的标准化数据 x_{ij}			
			(1)资产负债率	…	(204)国内专利申请授权数增长率	(205)第 T 年的违约状态	(1)资产负债率	…	(204)国内专利申请授权数增长率	(205)第 T 年的违约状态
3	T–0	603009.SH	52.151		0.051	0	0.744		0.023	0
…		…	…	…	…	…	…	…	…	…
3 425		000570.SZ	41.759	…	0.351	0	0.810	…	0.032	0
3 426	T–1	002806.SZ	48.306	…	0.340	0	0.779	…	0.032	0
3 427		000958.SZ	155.594	…	0.377	1	0.277	…	0.033	1
3 428		603009.SH	50.265		0.378	0	0.736		0.033	0
…		…	…	…	…	…	…	…	…	…
6 850		000570.SZ	38.693	…	–0.017	0	0.824	…	0.023	0
6 851	T–2	002806.SZ	50.437	…	0.056	0	0.769	…	0.025	0
6 852		000958.SZ	149.240	…	0.105	1	0.306	…	0.026	1
6 853		603009.SH	44.154		0.412	0	0.800		0.034	0
…		…	…	…	…	…	…	…	…	…
10 275		000570.SZ	37.112	…	–0.077	0	0.831	…	0.021	0
10 276	T–3	002806.SZ	54.008	…	0.110	0	0.752	…	0.026	0
10 277		000958.SZ	126.864	…	0.471	1	0.411	…	0.035	1
10 278		603009.SH	42.515		–0.017	0	0.806		0.023	0
…		…	…	…	…	…	…	…	…	…
13 700		000570.SZ	37.492	…	0.251	0	0.830	…	0.030	0
13 701	T–4	002806.SZ	55.669	…	0.196	0	0.744	…	0.028	0
13 702		000958.SZ	126.241	…	0.244	1	0.414	…	0.030	1
13 703		603009.SH	39.752		0.471	0	0.818		0.035	0
…		…	…	…	…	…	…	…	…	…
17 125		000570.SZ	38.324	…	–0.165	0	0.826	…	0.019	0
17 126	T–5	002806.SZ	55.832	…	0.076	0	0.744	…	0.025	0
17 127		000958.SZ	70.922	…	0.026	1	0.673	…	0.024	1
17 128		603009.SH	55.015		0.307	0	0.741		0.031	0
…		…	…	…	…	…	…	…	…	…
20 550		000570.SZ	39.979	…	–0.112	0	0.818	…	0.020	0

表 5.2 是上市公司 $T–m(m=0, 1, 2, 3, 4, 5)$时间窗口样本指标标准化数据的描述性统计表。其中第 1 列是序号，第 2 列是时间窗口，第 3 列是统计量，第 4~第 208 列是指标对应的统计值。

表 5.2　上市公司 $T–m(m=0, 1, 2, 3, 4, 5)$时间窗口样本指标标准化数据描述性统计表

(1)序号	(2)时间窗口	(3)统计量	(4)资产负债率	…	(8)权益乘数	…	(206)外商投资企业外方注册资本增长率	(207)国内专利申请授权数增长率	(208)违约状态
1	T–0	平均值	0.805	…	0.910	…	0.169	0.031	0.139
2		标准差	0.117	…	0.164	…	0.034	0.027	0.346

续表

(1)序号	(2)时间窗口	(3)统计量	(4)资产负债率	…	(8)权益乘数	…	(206)外商投资企业外方注册资本增长率	(207)国内专利申请授权数增长率	(208)违约状态
3	*T*–0	中位数	0.815	…	0.956	…	0.164	0.031	0.000
4	*T*–1	平均值	0.805	…	0.900	…	0.173	0.035	0.139
5		标准差	0.133	…	0.194	…	0.056	0.080	0.346
6		中位数	0.820	…	0.958	…	0.165	0.027	0.000
7	*T*–2	平均值	0.797	…	0.901	…	0.168	0.028	0.139
8		标准差	0.127	…	0.185	…	0.032	0.006	0.346
9		中位数	0.808	…	0.953	…	0.164	0.026	0.000
10	*T*–3	平均值	0.784	…	0.899	…	0.167	0.030	0.139
11		标准差	0.119	…	0.176	…	0.037	0.006	0.346
12		中位数	0.792	…	0.946	…	0.165	0.030	0.000
13	*T*–4	平均值	0.777	…	0.895	…	0.159	0.027	0.139
14		标准差	0.116	…	0.175	…	0.033	0.006	0.346
15		中位数	0.782	…	0.941	…	0.162	0.026	0.000
16	*T*–5	平均值	0.771	…	0.891	…	0.155	0.028	0.139
17		标准差	0.118	…	0.173	…	0.038	0.006	0.346
18		中位数	0.776	…	0.938	…	0.161	0.026	0.000

5.3.2 上市公司训练测试数据划分

训练测试样本划分的目的：将上市公司数据划分为训练样本和测试样本。训练样本用于求解模型参数，构建训练模型。测试样本用于验证所构建的模型预测精度效果。

训练测试样本划分比例[3-4]：70%作为训练样本，30%作为测试样本。

训练测试样本划分方式：随机从 $T–m(m=0, 1, 2, 3, 4, 5)$样本中抽取 70%的非违约企业样本与 70%的违约企业样本共同组成训练样本，剩余的 30%组成测试样本。

非平衡数据处理：由表 5.1 第 e 列第 205 子列违约状态统计可知，上市公司训练样本中的违约样本数∶非违约样本数=333∶2064≈1∶6，属于非平衡样本。非平衡样本会导致训练得到的模型对违约客户识别率低。为解决样本非平衡问题，本书通过 SMOTE 非平衡处理方法[5]，扩充训练样本中的违约公司个数，使违约与非违约公司数量比例为 1∶1。

上市公司的训练样本数量 N_{train}、测试样本数量 N_{test} 及 SMOTE 扩充的训练样本数量 N_{train}^{smote}，如表 5.3 所示。

表 5.3 上市公司的训练测试样本数量一览表

序号	(1)样本分类	(2)非违约公司	(3)违约公司	(4)总计
1	训练样本 $N_{train}=N\times70\%+N_{train}^{smote}$	2064+0=2064	333+1731=2064	4128
2	测试样本 $N_{test}=N\times30\%$	885	143	1028
3	全部样本 N	2949	2207	5156

5.4 上市公司违约预警指标体系的建立

根据表 5.3 第 1 行定义的训练样本 N_{train}，即表 5.1 第 e 列对应的上市公司在 $T–m(m=0, 1, 2, 3, 4, 5)$的 204

个指标数据，按照上文 3.4.2 节的指标遴选原理进行两次指标筛选。

第一次指标遴选是利用上市公司的 $T-m(m=0, 1, 2, 3, 4, 5)$个时间窗口样本，从全部 204 个指标中，遴选出冗余度小、经济学含义强的指标。第一次遴选出的指标数量分别是：[137, 124, 124, 131, 131, 135]。

第二次指标组合遴选是利用上市公司的 $T-m(m=0, 1, 2, 3, 4, 5)$个时间窗口样本，从第一次指标遴选后剩余指标构成的多个指标组合中，根据几何平均精度最大遴选最优指标组合。最终遴选出最优指标组合中的指标数量分别是：[19, 11, 14, 10, 14, 17]。

由下文 5.4.2 节可知，最终遴选出的指标能够满足 5C 原则[6-7]。其中："资产负债率""每股权益合计""资本公积占所有者权益的比例"等 14 个指标反映企业能力；"预审计情况""违规类型""审计意见类型"等 10 个指标反映公司品质；"净资产收益率""每股净资产""营业收入占营业总收入比重"等 21 个指标反映资本；"广义货币供应量(M2)同比增长率""国际投资净头寸增长率""国内专利申请授权数增长率"等 10 个指标反映经营环境。

5.4.1 基于偏相关系数第一次筛选后的指标体系

依照上文 3.4.2 节的步骤 1~步骤 3 进行基于偏相关性分析的第一次指标遴选。以上市公司 $T-0$ 年的指标数据为例进行说明。

步骤 1：同一准则层内指标偏相关系数的计算。将表 5.3 第 1 行定义的训练样本 N_{train} 中 2397(=2064+333)家公司对应表 5.1 前 2397 行第 e 列的 204 个 $T-0$ 年指标数据 x_{ij}，代入式(3.57)~式(3.60)计算任意两个指标间的偏相关系数。

步骤 2：F 值的计算。将表 5.1 前 2397 行第 e 列的 204 个 $T-0$ 年指标数据 x_{ij} 中每一列指标数据，分别代入式(3.61)计算每个指标对应的 F 值。

步骤 3：基于偏相关性分析筛选指标。在步骤 1 计算的偏相关系数大于 0.8 的指标对中，删除指标对中经济学含义不明显的一个指标。由此，$T-0$ 年的 204 个指标经过第一次指标筛选剩余 137 个指标，将剩余的 137 个指标列于表 5.4 第 c 列第 1~137 行。

表 5.4 第 d 列为训练集 N_{train} 中 2397 个公司第一次指标遴选后剩余的 137 个指标数据，第 e 列为测试集 N_{test} 中 1028 个公司第一次指标遴选后剩余的 137 个指标数据。

表 5.4 上市公司 $T-0$ 年基于偏相关系数的第一次指标筛选结果

(a)序号	(b)准则层		(c)指标	(d)训练集 N_{train} 中客户指标标准化数据 x_{ij}			(e)测试集 N_{test} 中客户指标标准化数据 x_{ij}		
				(1) 客户 1	…	(2397) 客户 2397	(2398) 客户 2398	…	(3425) 客户 3425
(1)	企业内部财务因素	偿债能力	X_1 资产负债率	0.846	…	0.869	0.815	…	0.688
…			…	…	…	…	…	…	…
(27)			X_{38} 每股权益合计	0.493	…	0.289	0.335	…	0.276
(28)		盈利能力	X_{40} 净资产收益率	0.487	…	0.602	0.449	…	0.448
…			…	…	…	…	…	…	…
(59)			X_{87} 归属于母公司普通股东的权益综合收益率	0.495	…	0.558	0.481	…	0.484
(60)		营运能力	X_{88} 流动资产/总资产	0.560	…	0.477	0.233	…	0.486
…			…	…	…	…	…	…	…
(85)		成长能力	X_{115} 每股净资产(相对年初增长率)	0.495	…	0.849	0.456	…	0.452
…			…	…	…	…	…	…	…
(92)			X_{136} 固定资产增长率	0.000	…	0.024	0.020	…	0.018

续表

(a)序号	(b)准则层		(c)指标	(d)训练集 N_{train} 中客户指标标准化数据 x_{ij}			(e)测试集 N_{test} 中客户指标标准化数据 x_{ij}		
				(1) 客户 1	…	(2397) 客户 2397	(2398) 客户 2398	…	(3425) 客户 3425
(93)	企业内部非财务因素	股权结构与业绩审计情况	X_{139} 是否为金融机构	0.000	…	0.000	0.115	…	0.000
…			…	…	…	…	…	…	…
(98)			X_{144} 派息比税前	0.131	…	0.000	0.000	…	0.000
(99)		高管基本情况	X_{147} 监事会持股比例	0.000	…	0.000	0.000	…	0.000
…			…	…	…	…	…	…	…
(103)		企业基本信用情况	X_{151} 缺陷类型	0.731	…	0.731	0.731	…	0.731
(104)		商业信誉	X_{152} 涉案总件数	0.878	…	0.878	0.878	…	0.878
(105)			X_{153} 违规类型	1.000	…	1.000	1.000	…	0.963
(106)		社会责任	X_{154} 每股社会贡献值	0.000	…	0.000	0.000	…	0.000
(107)			X_{155} 社会捐赠强度	0.000	…	0.000	0.000	…	0.000
(108)	外部宏观因素		X_{156} 行业景气指数	0.651	…	0.826	0.352	…	0.773
…			…	…	…	…	…	…	…
(137)			X_{204} 国内专利申请授权数增长率	0.025	…	0.037	0.037	…	0.029
(138)	—		违约状态	0	…	1	0	…	1

上述是 T–0 年的第一次指标遴选过程及结果。同理，仿照 T–0 年第一次指标筛选的流程，最终 T–1 年、T–2 年、T–3 年、T–4 年、T–5 年样本经第一次指标筛选，从 204 个指标中分别遴选出 124 个、124 个、131 个、131 个、135 个指标，将第一次指标遴选结果分别列入表 5.5 至表 5.9 的第 c 列。

表 5.5 上市公司 T–1 年基于偏相关系数的第一次指标筛选结果

(a)序号	(b)准则层		(c)指标	(d)训练集 N_{train} 中客户指标标准化数据 x_{ij}			(e)测试集 N_{test} 中客户指标标准化数据 x_{ij}		
				(1) 客户 1	…	(2397) 客户 2397	(2398) 客户 2398	…	(3425) 客户 3425
(1)	企业内部财务因素	偿债能力	X_1 资产负债率	0.779	…	0.826	0.765	…	0.781
…			…	…	…	…	…	…	…
(25)			X_{38} 每股权益合计	0.450	…	0.214	0.359	…	0.258
(26)		盈利能力	X_{40} 净资产收益率(加权)	0.508	…	0.417	0.489	…	0.371
…			…	…	…	…	…	…	…
(50)			X_{87} 归属于母公司普通股东的权益综合收益率	0.513	…	0.454	0.453	…	0.428
(51)		营运能力	X_{88} 流动资产/总资产	0.531	…	0.438	0.329	…	0.341
…			…	…	…	…	…	…	…
(75)			X_{114} 分配股利利润或偿付利息支付的现金占筹资活动现金流出小计的比重	0.917	…	0.998	0.936	…	0.726
(76)		成长能力	X_{115} 每股净资产(相对年初增长率)	0.490	…	0.386	0.486	…	0.465
…			…	…	…	…	…	…	…
(82)			X_{136} 固定资产增长率	0.000	…	0.014	0.019	…	0.018

续表

(a)序号	(b)准则层		(c)指标	(d)训练集 N_{train} 中客户指标标准化数据 x_{ij}			(e)测试集 N_{test} 中客户指标标准化数据 x_{ij}		
				(1) 客户 1	…	(2397) 客户 2397	(2398) 客户 2398	…	(3425) 客户 3425
(83)	企业内部非财务因素	股权结构与业绩审计情况	X_{139} 是否为金融机构	1.000	…	0.000	0.115	…	0.000
…			…	…	…	…	…	…	…
(88)			X_{144} 派息比税前	0.000	…	0.000	0.000	…	0.000
(89)		高管基本情况	X_{147} 监事会持股比例	0.000	…	0.000	0.000	…	0.001
…			…	…	…	…	…	…	
(93)		企业基本信用情况	X_{151} 缺陷类型	0.731	…	0.731	0.731	…	0.731
(94)		商业信誉	X_{152} 涉案总件数	0.878	…	0.878	0.878	…	0.878
(95)			X_{153} 违规类型	1.000	…	1.000	1.000	…	1.000
(96)		社会责任	X_{154} 每股社会贡献值	0.000	…	0.000	0.000	…	0.000
(97)			X_{155} 社会捐赠强度	0.000	…	0.000	0.000	…	0.000
(98)	外部宏观因素		X_{156} 行业景气指数	0.627	…	0.807	0.148	…	0.541
…			…	…	…	…	…	…	…
(124)			X_{204} 国内专利申请授权数增长率	0.032	…	0.027	0.027	…	0.024
(125)	—		违约状态	0	…	1	0	…	1

表 5.6　上市公司 T–2 年基于偏相关系数的第一次指标筛选结果

(a)序号	(b)准则层		(c)指标	(d)训练集 N_{train} 中客户指标标准化数据 x_{ij}			(e)测试集 N_{test} 中客户指标标准化数据 x_{ij}		
				(1) 客户 1	…	(2397) 客户 2397	(2398) 客户 2398	…	(3425) 客户 3425
(1)	企业内部财务因素	偿债能力	X_1 资产负债率	0.769	…	0.790	0.726	…	0.804
…			…	…	…	…	…	…	…
(26)			X_{38} 每股权益合计	0.420	…	0.265	0.335	…	0.269
(27)		盈利能力	X_{41} 净资产收益率(扣除/加权)	0.482	…	0.000	0.222	…	0.404
…			…	…	…	…	…	…	…
(50)			X_{87} 归属于母公司普通股东的权益综合收益率	0.498	…	0.472	0.256	…	0.444
(51)		营运能力	X_{89} 非流动资产/总资产	0.493	…	0.375	0.311	…	0.349
…			…	…	…	…	…	…	…
(74)			X_{114} 分配股利利润或偿付利息支付的现金占筹资活动现金流出小计的比重	0.892	…	0.987	0.951	…	0.887
(75)		成长能力	X_{115} 每股净资产(相对年初增长率)	0.485	…	0.000	0.429	…	0.482
…			…	…	…	…	…	…	…
(80)			X_{138} 可持续增长率	0.000	…	0.492	0.396	…	0.501
(81)	企业内部非财务因素	股权结构与业绩审计情况	X_{139} 是否为金融机构	1.000	…	0.000	0.115	…	0.000
…			…	…	…	…	…	…	…
(86)			X_{144} 派息比税前	0.000	…	0.000	0.000	…	0.000
(87)		高管基本情况	X_{147} 监事会持股比例	0.000	…	0.000	0.000	…	0.001
…			…	…	…	…	…	…	…

续表

(a)序号	(b)准则层		(c)指标	(d)训练集 N_{train} 中客户指标标准化数据 x_{ij}			(e)测试集 N_{test} 中客户指标标准化数据 x_{ij}		
				(1) 客户 1	…	(2397) 客户 2397	(2398) 客户 2398	…	(3425) 客户 3425
(91)	企业内部非财务因素	企业基本信用情况	X_{151} 缺陷类型	0.731	…	0.731	0.731	…	0.731
(92)		商业信誉	X_{152} 涉案总件数	0.878	…	0.878	0.878	…	0.878
(93)			X_{153} 违规类型	1.000	…	0.523	1.000	…	0.523
(94)		社会责任	X_{154} 每股社会贡献值	0.000	…	0.000	0.000	…	0.000
(95)			X_{155} 社会捐赠强度	0.000	…	0.000	0.000	…	0.000
(96)	外部宏观因素		X_{156} 行业景气指数	0.671	…	0.732	0.048	…	0.821
…			…	…	…	…	…	…	…
(124)			X_{204} 国内专利申请授权数增长率	0.025	…	0.029	0.029	…	0.029
(125)	—		违约状态	0	…	1	0	…	1

表 5.7　上市公司 *T*–3 年基于偏相关系数的第一次指标筛选结果

(a)序号	(b)准则层		(c)指标	(d)训练集 N_{train} 中客户指标标准化数据 x_{ij}			(e)测试集 N_{test} 中客户指标标准化数据 x_{ij}		
				(1) 客户 1	…	(2397) 客户 2397	(2398) 客户 2398	…	(3425) 客户 3425
(1)	企业内部财务因素	偿债能力	X_1 资产负债率	0.752	…	0.512	0.760	…	0.859
…			…	…	…	…	…	…	…
(27)			X_{38} 每股权益合计	0.401	…	0.175	0.413	…	0.276
(28)		盈利能力	X_{39} 净资产收益率(平均)	0.525	…	0.000	0.462	…	0.339
…			…	…	…	…	…	…	…
(56)			X_{87} 归属于母公司普通股东的权益综合收益率	0.523	…	1.000	0.473	…	0.359
(57)		营运能力	X_{89} 非流动资产/总资产	0.476	…	0.613	0.342	…	0.443
…			…	…	…	…	…	…	…
(80)			X_{114} 分配股利利润或偿付利息支付的现金占筹资活动现金流出小计的比重	0.881	…	0.983	0.954	…	0.889
(81)		成长能力	X_{115} 每股净资产(相对年初增长率)	0.494	…	0.307	0.477	…	0.428
…			…	…	…	…	…	…	…
(86)			X_{136} 固定资产增长率	0.000	…	0.021	0.023	…	0.011
(87)	企业内部非财务因素	股权结构与业绩审计情况	X_{139} 是否为金融机构	1.000	…	0.000	0.115	…	0.000
…			…	…	…	…	…	…	…
(92)			X_{144} 派息比税前	0.000	…	0.000	0.000	…	0.000
(93)		高管基本情况	X_{147} 监事会持股比例	0.000	…	0.000	0.000	…	0.001
…			…	…	…	…	…	…	…
(97)		企业基本信用情况	X_{151} 缺陷类型	0.731	…	0.731	0.731	…	0.731
(98)		商业信誉	X_{152} 涉案总件数	0.878	…	0.878	0.878	…	0.878
(99)			X_{153} 违规类型	1.000	…	1.000	1.000	…	1.000
(100)		社会责任	X_{154} 每股社会贡献值	0.000	…	0.000	0.000	…	0.000
(101)			X_{155} 社会捐赠强度	0.000	…	0.000	0.000	…	0.000

续表

(a)序号	(b)准则层	(c)指标	(d)训练集 N_{train} 中客户指标标准化数据 x_{ij} (1) 客户 1	…	(2397) 客户 2397	(e)测试集 N_{test} 中客户指标标准化数据 x_{ij} (2398) 客户 2398	…	(3425) 客户 3425
(102)	外部宏观因素	X_{156} 行业景气指数	0.713	…	0.781	0.072	…	0.773
…		…	…	…	…	…	…	…
(131)		X_{204} 国内专利申请授权数增长率	0.026	…	0.023	0.023	…	0.037
(132)	—	违约状态	0	…	1	0	…	1

表 5.8　上市公司 *T*–4 年基于偏相关系数的第一次指标筛选结果

(a)序号	(b)准则层		(c)指标	(d)训练集 N_{train} 中客户指标标准化数据 x_{ij} (1) 客户 1	…	(2397) 客户 2397	(e)测试集 N_{test} 中客户指标标准化数据 x_{ij} (2398) 客户 2398	…	(3425) 客户 3425
(1)	企业内部财务因素	偿债能力	X_1 资产负债率	0.744	…	0.623	0.742	…	0.800
…			…	…	…	…	…	…	…
(29)			X_{38} 每股权益合计	0.375	…	0.256	0.408	…	0.315
(30)		盈利能力	X_{39} 净资产收益率(平均)	0.569	…	0.058	0.456	…	0.463
…			…	…	…	…	…	…	…
(59)			X_{87} 归属于母公司普通股东的权益综合收益率	0.552	…	0.000	0.468	…	0.474
(60)		营运能力	X_{90} 有形资产/总资产	0.725	…	0.615	0.745	…	0.692
…			…	…	…	…	…	…	…
(82)			X_{114} 分配股利利润或偿付利息支付的现金占筹资活动现金流出小计的比重	0.893	…	0.892	0.961	…	0.952
(83)		成长能力	X_{115} 每股净资产(相对年初增长率)	0.510	…	0.402	0.476	…	0.477
…			…	…	…	…	…	…	…
(88)			X_{136} 固定资产增长率	0.000	…	0.020	0.024	…	0.019
(89)	企业内部非财务因素	股权结构与业绩审计情况	X_{139} 是否为金融机构	1.000	…	0.000	0.115	…	0.000
…			…	…	…	…	…	…	…
(94)			X_{144} 派息比税前	0.000	…	0.065	0.000	…	0.000
(95)		高管基本情况	X_{146} 董事会持股比例	0.000	…	0.000	0.000	…	0.000
…			…	…	…	…	…	…	…
(99)		企业基本信用情况	X_{151} 缺陷类型	0.731	…	0.731	0.731	…	0.731
(100)		商业信誉	X_{152} 涉案总件数	0.878	…	0.878	0.878	…	0.878
(101)			X_{153} 违规类型	1.000	…	1.000	1.000	…	1.000
(102)		社会责任	X_{154} 每股社会贡献值	0.000	…	0.000	0.000	…	0.000
(103)			X_{155} 社会捐赠强度	0.000	…	0.000	0.000	…	0.000
(104)	外部宏观因素		X_{156} 行业景气指数	0.707	…	0.803	0.287	…	0.729
…			…	…	…	…	…	…	…
(131)			X_{204} 国内专利申请授权数增长率	0.028	…	0.027	0.027	…	0.025
(132)	—		违约状态	0	…	1	0	…	1

表 5.9 上市公司 *T*–5 年基于偏相关系数的第一次指标筛选结果

(a)序号	(b)准则层		(c)指标	(d)训练集 N_{train} 中客户指标标准化数据 x_{ij}			(e)测试集 N_{test} 中客户指标标准化数据 x_{ij}		
				(1) 客户 1	…	(2397) 客户 2397	(2398) 客户 2398	…	(3425) 客户 3425
(1)	企业内部财务因素	偿债能力	X_1 资产负债率	0.744	…	0.712	0.747	…	0.820
…			…	…	…	…	…	…	…
(28)			X_{38} 每股权益合计	0.335	…	0.332	0.404	…	0.311
(29)		盈利能力	X_{39} 净资产收益率(平均)	0.589	…	0.312	0.462	…	0.385
…			…	…	…	…	…	…	…
(61)			X_{87} 归属于母公司普通股东的权益综合收益率	0.581	…	0.330	0.473	…	0.405
(62)		营运能力	X_{88} 流动资产/总资产	0.484	…	0.816	0.432	…	0.274
…			…	…	…	…	…	…	…
(85)			X_{114} 分配股利利润或偿付利息支付的现金占筹资活动现金流出小计的比重	0.757	…	0.843	0.946	…	0.933
(86)		成长能力	X_{115} 每股净资产(相对年初增长率)	0.000	…	0.445	0.476	…	0.459
…			…	…	…	…	…	…	…
(89)			X_{136} 固定资产增长率	0.000	…	0.031	0.019	…	0.021
(90)	企业内部非财务因素	股权结构与业绩审计情况	X_{139} 是否为金融机构	1.000	…	1.000	1.000	…	0.000
…			…	…	…	…	…	…	…
(95)			X_{144} 派息比税前	0.000	…	0.065	0.000	…	0.000
(96)		高管基本情况	X_{147} 监事会持股比例	0.000	…	0.000	0.000	…	0.000
…			…	…	…	…	…	…	…
(100)		企业基本信用情况	X_{151} 缺陷类型	0.731	…	0.731	0.731	…	0.731
(101)		商业信誉	X_{152} 涉案总件数	0.878	…	0.878	0.878	…	0.878
(102)			X_{153} 违规类型	1.000	…	1.000	1.000	…	0.523
(103)		社会责任	X_{154} 每股社会贡献值	0.000	…	0.000	0.000	…	0.000
(104)			X_{155} 社会捐赠强度	0.000	…	0.000	0.000	…	0.000
(105)	外部宏观因素		X_{156} 行业景气指数	0.686	…	0.790	0.231	…	0.767
…			…	…	…	…	…	…	…
(135)			X_{204} 国内专利申请授权数增长率	0.025	…	0.026	0.026	…	0.025
(136)	—		违约状态	0	…	1	0	…	1

5.4.2 基于支持向量机向前搜索第二次筛选后的指标体系

1. 基于 *T*–0 时间窗口的上市公司违约预测指标体系的构建

步骤 4：由 1 个指标构成的指标组合的确定。

由 1 个指标构成的第 1 个指标组合违约预测精度 G-mean^1_1 的确定。根据上文表 5.4 第 d 列的上市公司训练样本的 *T*–0 时间窗口下第一次遴选后的 137 个指标数据，从第一次遴选出的 137 个指标中选取第 1 个指标(即表 5.4 第 d 列第 1 行)，即将表 5.4 第 d 列第 1 行的指标数据和表 5.4 第 d 列第 138 行的违约状态，代入上文式(3.22)和式(3.23)求解出线性支持向量机模型的指标权重和截距项参数，并将求解得到的参数代入式(3.24)和式(3.25)得到线性支持向量机违约预测模型。将表 5.4 第 d 列第 1 行的全部 2397 个公司的指标数据，代入式(3.25)线性支持向量机违约预测模型，计算出违约状态预测值 $\hat{y}_j(j=1, 2, \cdots, 2397)$，将预测违约状态 $\hat{y}_j$ 与真实违约状态 y_j 进行比较后，代入式(3.55)计算违约预测精度，记为 G-mean$^1{}_1$。

同理，从第一次遴选出的 137 个指标中选取第 2 个指标(即表 5.4 第 d 列第 2 行)，可以得到第 2 个违约预测精度，记为 G-mean$^2{}_1$。第一次遴选后共剩余 137 个指标，则可以得到 137 个违约预测精度，记为 G-mean$^k{}_1$ $(k=1, 2, \cdots, 137)$。在这 137 个违约预测精度中选取最大值 G-mean$^{k^*}{}_1$= max(G-mean$^1{}_1$, G-mean$^2{}_1$, …, G-mean$^{137}{}_1$)，最高几何平均精度 G-mean$^{k^*}{}_1$ 的上标 k^*表示第 k^*个指标组合，即由 1 个指标构成的精度最高的指标组合，将其纳入第二次指标遴选中的待选指标组合。将由 1 个指标构成的指标组合的最高几何平均精度 G-mean$^{k^*}{}_1$ 简化记为 G-mean$_1$。

步骤 5：由 2 个指标构成的指标组合的确定。

在步骤 4 选中的第 k^*个指标这一指标后，在剩余的 136 个指标中，选取一个指标，这里既可以选择剩余的 136 个指标中的第 1 个指标，也可以选择第 136 个指标，与步骤 4 选中的第 k^*个指标形成新的指标组合，因此可以形成 136 个新的由 2 个指标构成的指标组合。将这 136 个指标组合对应的样本数据分别代入式(3.24)和式(3.25)的线性支持向量机模型，并根据式(3.55)计算得到 136 个违约预测几何平均精度，记为 G-mean$^l{}_1$ $(l=1, 2, \cdots, 136)$。在这 136 个违约预测几何平均精度中选择最大值 G-mean$^{l^*}{}_2$=max(G-mean$^1{}_2$, G-mean$^2{}_2$, …, G-mean$^{136}{}_2$)，最高几何平均精度 G-mean$^{l^*}{}_2$ 的上标 l^*表示第 l^*个指标组合，即由 2 个指标构成的精度最高的指标组合，将其纳入第二次指标遴选中的待选指标组合。将由 2 个指标构成的指标组合的最高几何平均精度 G-mean$^{l^*}{}_2$ 简化记为 G-mean$_2$。

步骤 6：遴选最优的违约预测指标组合。

仿照上述步骤 4 至步骤 5，不断地从剩余的指标中依次选取一个指标纳入前一步筛选出的指标组合形成新的指标组合，使得在新的指标组合下，线性支持向量机模型根据式(3.55)所计算的违约预测几何平均精度最大，则可以得到由 s 个指标构成的指标组合的最高违约预测精度 G-mean$_s(s=1, 2, \cdots, 137)$。令 G-mean$_{s*=19}$= max(G-mean$_1$, G-mean$_2$, …, G-mean$_{137}$)。则 G-mean$_{s*=19}$ 即为最高几何平均精度的指标组合。最高几何平均精度 G-mean$_{s*=19}$ 的下标 s^*=19 表示由 19 个指标构成的第 19 个指标组合即为最优指标组合。

应该指出，在指标组合遴选过程中，由于每个指标有“选中”与“不选中”两种状态，137 个指标就有$(2^{137}-1)\approx1.7\times10^{41}$ 种指标组合可能性。遍历所有指标组合的预测精度，以几何平均精度最大为目标函数得到一个最优的指标组合，同时也得到显著的大数据降维效果，指标维度降低幅度为 86.13%(=1–19/137)。

表 5.10 是第二次指标组合筛选出的基于 T–0 时间窗口的上市企业最优违约预测指标。第 1 列是序号；第 2 列是指标准则层；第 3 列是指标名称；第 4 列是第 3 列指标对应的 5C 原则[6-7]。

表 5.10　上市公司 T–0 年基于支持向量机向前搜索的第二次指标筛选结果

(1)序号	(2)准则层		(3)指标	(4)信用 5C 原则[6-7]
1	企业内部财务因素	偿债能力	X_1 资产负债率	能力
2			X_4 长期资产适合率	能力
…			…	…
4			X_{38} 每股权益合计	能力
5		盈利能力	X_{53} 净资产收益率	资本
…			…	…
10			X_{85} 营业外支出占营业总成本比重	资本
11		成长能力	X_{115} 每股净资产(相对年初增长率)	资本
…			…	…
13			X_{125} 所有者权益增长率	资本
14	企业内部非财务因素	股权结构与业绩审计情况	X_{140} 预审计情况	品质
…		…	…	…
17		商业信誉	X_{153} 违规类型	品质

续表

(1)序号	(2)准则层		(3)指标	(4)信用 5C 原则[6-7]
18	外部宏观环境	—	X_{176} 广义货币供应量(M2)同比增长率	条件
19			X_{186} 国际投资净头寸增长率	条件

从表 5.10 可以看出，遴选出的 T–0 时间窗口的指标体系能够反映信用 5C 原则[6-7]。包括："资产负债率""长期资产适合率""每股权益合计"等 4 个财务指标反映企业能力；"净资产收益率""所有者权益增长率""营业外支出占营业总成本比重"等 9 个财务指标反映公司资本；"预审计情况""违规类型""管理层持股比例"等 4 个企业非财务因素反映企业品质；"广义货币供应量(M2)同比增长率""国际投资净头寸增长率"这两个宏观指标反映企业的环境条件。

2. 基于其他时间窗口的上市公司违约预测指标体系的构建

步骤 7：构建其他时间窗口下的违约预测指标体系。仿照步骤 4 至步骤 6，分别在表 5.5 至表 5.9 的上市企业在 T–1 年至 T–5 年样本数据的第一次指标遴选基础上进行第二次指标组合筛选，第二次指标组合遴选出 T–1 年至 T–5 年的指标组合个数分别为 11 个、14 个、10 个、14 个、17 个，列入表 5.11 至表 5.15 的第 3 列。

表 5.11 上市公司 T–1 年基于支持向量机向前搜索的第二次指标筛选结果

(1)序号	(2)准则层		(3)指标	(4)信用 5C 原则[6-7]
1	企业内部财务因素	偿债能力	X_1 资产负债率	能力
…			…	…
3			X_{37} 资本公积占所有者权益的比例	能力
4		盈利能力	X_{62} 营业总成本/营业总收入	资本
…			…	…
8			X_{84} 营业外收入占营业总收入比重	资本
9		营运能力	X_{117} 归属母公司股东的权益(相对年初增长率)	资本
10	外部宏观环境	—	X_{176} 广义货币供应量(M2)同比增长率	条件
11			X_{204} 国内专利申请授权数增长率	条件

表 5.12 上市公司 T–2 年基于支持向量机向前搜索的第二次指标筛选结果

(1)序号	(2)准则层		(3)指标	(4)信用 5C 原则[6-7]
1	企业内部财务因素	偿债能力	X_1 资产负债率	能力
…			…	…
3			X_{21} 归属母公司股东的权益/带息债务	能力
4		盈利能力	X_{66} 扣除非经常损益后的净利润/净利润	资本
…			…	…
9			X_{84} 营业外收入占营业总收入比重	资本
10		营运能力	X_{99} 账面市值比	能力
…			…	…
12	企业内部非财务因素	股权结构与业绩审计情况	X_{143} 审计意见类型	品质
13		高管基本情况	X_{148} 高管持股比例	品质
14	外部宏观环境	—	X_{176} 广义货币供应量(M2)同比增长率	条件

表 5.13　上市公司 *T*–3 年基于支持向量机向前搜索的第二次指标筛选结果

<table>
<tr><th>(1)序号</th><th colspan="2">(2)准则层</th><th>(3)指标</th><th>(4)信用 5C 原则[6-7]</th></tr>
<tr><td>1</td><td rowspan="6">企业内部财务因素</td><td rowspan="3">偿债能力</td><td>X_1 资产负债率</td><td>能力</td></tr>
<tr><td>…</td><td>…</td><td>…</td></tr>
<tr><td>5</td><td>X_{37} 资本公积占所有者权益的比例</td><td>能力</td></tr>
<tr><td>6</td><td rowspan="2">盈利能力</td><td>X_{51} 管理费用/营业总收入</td><td>资本</td></tr>
<tr><td>7</td><td>X_{68} 经营活动产生的现金流量净额/经营活动净收益</td><td>资本</td></tr>
<tr><td>8</td><td>成长能力</td><td>X_{120} 营业总成本增长率</td><td>资本</td></tr>
<tr><td>9</td><td>企业内部非财务因素</td><td>股权结构与业绩审计情况</td><td>X_{141} 业绩预告次数</td><td>品质</td></tr>
<tr><td>10</td><td>外部宏观环境</td><td>—</td><td>X_{176} 广义货币供应量(M2)同比增长率</td><td>条件</td></tr>
</table>

表 5.14　上市公司 *T*–4 年基于支持向量机向前搜索的第二次指标筛选结果

<table>
<tr><th>(1)序号</th><th colspan="2">(2)准则层</th><th>(3)指标</th><th>(4)信用 5C 原则[6-7]</th></tr>
<tr><td>1</td><td rowspan="5">企业内部财务因素</td><td rowspan="2">偿债能力</td><td>X_1 资产负债率</td><td>能力</td></tr>
<tr><td>2</td><td>X_{23} 有形资产/负债合计</td><td>能力</td></tr>
<tr><td>3</td><td rowspan="3">盈利能力</td><td>X_{39} 净资产收益率</td><td>资本</td></tr>
<tr><td>…</td><td>…</td><td>…</td></tr>
<tr><td>8</td><td>X_{81} 营业收入占营业总收入比重</td><td>资本</td></tr>
<tr><td>9</td><td>企业内部非财务因素</td><td>股权结构与业绩审计情况</td><td>X_{143} 审计意见类型</td><td>品质</td></tr>
<tr><td>10</td><td rowspan="3">外部宏观环境</td><td rowspan="3">—</td><td>X_{174} 流通中货币(M0)同比增长率</td><td>条件</td></tr>
<tr><td>…</td><td>…</td><td>…</td></tr>
<tr><td>14</td><td>X_{190} 货物运输量增长率</td><td>条件</td></tr>
</table>

表 5.15　上市公司 *T*–5 年基于支持向量机向前搜索的第二次指标筛选结果

<table>
<tr><th>(1)序号</th><th colspan="2">(2)准则层</th><th>(3)指标</th><th>(4)信用 5C 原则[6-7]</th></tr>
<tr><td>1</td><td rowspan="8">企业内部财务因素</td><td rowspan="3">偿债能力</td><td>X_1 资产负债率</td><td>能力</td></tr>
<tr><td>…</td><td>…</td><td>…</td></tr>
<tr><td>3</td><td>X_{21} 归属母公司股东的权益/带息债务</td><td>能力</td></tr>
<tr><td>4</td><td rowspan="3">盈利能力</td><td>X_{51} 管理费用/营业总收入</td><td>资本</td></tr>
<tr><td>…</td><td>…</td><td>…</td></tr>
<tr><td>7</td><td>X_{81} 营业收入占营业总收入比重</td><td>资本</td></tr>
<tr><td>8</td><td>营运能力</td><td>X_{106} 支付其他与经营活动有关的现金占经营活动现金流出小计的比率</td><td>能力</td></tr>
<tr><td>9</td><td>成长能力</td><td>X_{115} 每股净资产(相对年初增长率)</td><td>资本</td></tr>
<tr><td>10</td><td rowspan="3">企业内部非财务因素</td><td>股权结构与业绩审计情况</td><td>X_{142} 应缴企业所得税税率</td><td>品质</td></tr>
<tr><td>…</td><td>…</td><td>…</td><td>…</td></tr>
<tr><td>12</td><td>社会责任</td><td>X_{154} 每股社会贡献值</td><td>品质</td></tr>
<tr><td>13</td><td rowspan="3">外部宏观环境</td><td rowspan="3">—</td><td>X_{175} 狭义货币供应量(M1)同比增长率</td><td>条件</td></tr>
<tr><td>…</td><td>…</td><td>…</td></tr>
<tr><td>17</td><td>X_{204} 国内专利申请授权数增长率</td><td>条件</td></tr>
</table>

5.4.3 遴选出的最优指标体系统计汇总

由上文表 5.10 至表 5.15 可知，对于所有 3425 家上市公司样本，违约预测的最优指标组合为：由 204 个指标构成的 $2^{204}-1\approx2.57\times10^{61}$ 个指标组合中，遴选出“资产负债率”“每股权益合计”“违规类型”等 19 个指标，构成了 T–0 年违约判别几何平均精度最大的指标组合；遴选出“资产负债率”“营业外收入占营业总收入比重”“广义货币供应量(M2)同比增长率”等 11 个指标，构成了 T–1 年违约预测几何平均精度最大的指标组合；遴选出“资产负债率”“账面市值比”“审计意见类型”等 14 个指标，构成了 T–2 年违约预测几何平均精度最大的指标组合；遴选出“管理费用/营业总收入”“营业总成本增长率”“业绩预告次数”等 10 个指标，构成了 T–3 年违约预测几何平均精度最大的指标组合；遴选出“有形资产/负债合计”“净资产收益率”“审计意见类型”等 14 个指标，构成了 T–4 年违约预测几何平均精度最大的指标组合；遴选出“资产负债率”“管理费用/营业总收入”“每股社会贡献值”等 17 个指标，构成了 T–5 年违约预测几何平均精度最大的指标组合。

表 5.16 汇总了 T–m(m=0, 1, 2, 3, 4, 5)年最优指标组合中的指标，并统计了各个指标被选入最优指标组合的次数。表 5.16 中：第 1 列是序号；第 2 列是指标名称；第 3 列是指标在 T–m(m=0, 1, 2, 3, 4, 5)年被选中状态，“1”表示被选中，“0”表示未被选中；第 4 列是指标在 T–m(m=0, 1, 2, 3, 4, 5)年被选中的总次数，等于第 3 列的求和。

表 5.16 上市公司 T–m 年最优指标组合汇总

(1)序号	(2)指标名称	(3)指标体系						(4)T–m 年指标被选择的次数
		T–0	T–1	T–2	T–3	T–4	T–5	
1	X_1 资产负债率	1	1	1	1	1	1	6
…	…	…	…	…	…	…	…	…
3	X_4 长期资产适合率	1	0	1	1	0	0	3
…	…	…	…	…	…	…	…	…
13	X_{51} 管理费用/营业总收入	0	0	0	1	0	1	2
…	…	…	…	…	…	…	…	…
19	X_{68} 经营活动产生的现金流量净额/经营活动净收益	0	1	0	1	1	0	3
…	…	…	…	…	…	…	…	…
21	X_{70} 权益乘数	1	1	0	0	0	0	2
…	…	…	…	…	…	…	…	…
23	X_{73} 基本每股收益	0	1	1	0	1	0	3
…	…	…	…	…	…	…	…	…
25	X_{81} 营业收入占营业总收入比重	0	0	1	0	1	1	3
…	…	…	…	…	…	…	…	…
47	X_{175} 狭义货币供应量(M1)同比增长率	0	0	0	0	0	1	1
48	X_{176} 广义货币供应量(M2)同比增长率	1	1	1	1	1	1	6
…	…	…	…	…	…	…	…	…
54	X_{201} 外商投资总额增长率	0	0	0	0	0	1	1
55	X_{204} 国内专利申请授权数增长率	0	1	0	0	0	1	2
56	指标数量合计	19	11	14	10	14	17	—

根据表 5.16 第 2 列可知，对于所有 3425 家上市公司样本，违约预测的重要宏观指标："狭义货币供应量(M1)同比增长率""广义货币供应量(M2)同比增长率""外商投资总额增长率"等 10 个宏观指标，对上市企业违约状态有显著影响。

根据表 5.16 第 3 列可知，"基本每股收益""长期资产适合率""权益乘数"等 7 个指标存在于 T–0, T–1, T–2 年的最优指标组合中，说明对企业未来 0~2 年的短期违约状态具有关键影响。"管理费用/营业总收入""经营活动产生的现金流量净额/经营活动净收益""营业收入占营业总收入比重"等 5 个指标存在于 T–3, T–4, T–5 年的最优指标组合中，说明对企业未来 3~5 年的中期违约预测具有关键影响。

根据表 5.16 第 4 列可知，"资产负债率""广义货币供应量(M2)同比增长率"这两个指标存在于 T–m(m=0, 1, 2, 3, 4, 5)年的最优指标组合中，说明这两个指标不论是对未来 0~2 年的短期违约预测，还是对未来 3~5 年的中期违约预测都有重要影响。其中，"广义货币供应量(M2)同比增长率"的意义在于：当货币发行量 M2 充分大时，市场流动性充分，则公司几乎不可能发生违约，因此是违约预测的关键指标。

综上，对于所有 3425 家上市公司样本，违约预测的关键指标："基本每股收益""长期资产适合率""权益乘数"等 7 个指标对企业未来 0~2 年的短期违约状态有决定作用；"管理费用/营业总收入""经营活动产生的现金流量净额/经营活动净收益""营业收入占营业总收入比重"等 5 个指标对企业未来 3~5 年的长期违约状态有决定作用。"资产负债率""广义货币供应量(M2)同比增长率"这两个指标，不论是对未来 0~2 年的短期违约预测，还是对未来 3~5 年的中期违约预测都有重要影响。

5.5　上市公司违约预警模型的精度计算

上文 5.4 节遴选出了最优指标组合。则根据最优指标组合对应的训练样本数据，可分别构建如上文 3.2 节所述的 14 种大数据违约评价模型方案。根据上文表 5.3 第 1 行定义的训练样本 N_{train} 对应的表 5.10 至表 5.15 所示的 T–m(m=0, 1, 2, 3, 4, 5)时间窗口的训练样本指标数据，求解模型参数得到 14 种违约评价模型，并根据上文表 5.3 第 2 行定义的测试样本 N_{test} 的 T–m(m=0, 1, 2, 3, 4, 5)时间窗口分别计算 14 种大数据违约评价模型的精度结果。

其中，本书选取的模型违约预测精度评价标准有 5 个，分别是第二类错误、第一类错误、几何平均精度、总体预测精度和受试者工作特征曲线下面积，精度定义如上文 3.3 节式(3.53)至式(3.56)所示。

以线性判别模型在 T–1 时间窗口样本的训练和测试为例进行说明。

将表 5.11 第 3 列 11 个指标对应表 5.5 第 d 列 T–1 时间窗口的经 SMOTE 扩充后的训练样本数据，代入式(3.64)为错判误差最小的目标函数，求解出线性判别模型中 11 个指标的权重向量，并代入式(3.62)和式(3.63)得到违约概率预测方程和违约状态预测方程如下。

线性判别模型在 T–1 时间窗口样本的违约概率预测方程如下。

$$\begin{aligned}\hat{p}(T-1) = &3.116\times X_1\text{资产负债率}+2.782\times X_{117}\text{归属母公司股东的权益增长率}\\ &+\cdots-2.109\times X_{204}\text{国内专利申请授权数增长率}\end{aligned} \tag{5.1}$$

线性判别模型在 T–1 时间窗口样本的违约状态预测方程如下。

$$\hat{y}_j(T+1)=\begin{cases}1, & \hat{p}_j(T)\geqslant 0.5\\ 0, & \hat{p}_j(T)<0.5\end{cases} \tag{5.2}$$

将表 5.11 第 3 列 11 个指标对应表 5.5 第 e 列 T–1 时间窗口 1028 个公司的测试样本数据，代入式(5.1)得到违约概率预测值 $\hat{p}_j$ (j=1, 2, …, 1028)，将违约概率预测值 $\hat{p}_j$ 代入式(5.2)得到违约状态预测值 $\hat{y}_j$(j=1, 2, …, 1028)。将违约状态预测值 $\hat{y}_j$ 与实际值 y_j 进行对比，可得如表 5.17 所示的混淆矩阵中 TP、TN、FP、FN 四个值。将表 5.17 所示的混淆矩阵中 TP、TN、FP、FN 四个值，代入式(3.53)，计算得到第二类错误 Type-II Error=FN/(TP+FN)=24/(119+24)≈0.168。

表 5.17 违约预测混淆矩阵结果

客户的真实违约状态	客户的预测违约状态	
	(1)预测违约	(2)预测非违约
(1)真实违约	违约样本判对的个数 TP=119	违约样本判错的个数 FN=24
(2)真实非违约	非违约样本判错的个数 FP=74	非违约样本判对的个数 TN=811

表 5.18 是上市公司 $T\text{–}m(m=0, 1, 2, 3, 4, 5)$时间窗口下 14 种大数据违约评价模型方案的测试样本预测精度结果。以线性判别模型在 $T\text{–}1$ 时间窗口样本为例，将上文计算得到的第二类错误 Type-II Error≈0.168，列入表 5.18 第 15 行第 4 列。同理，将表 5.17 所示的混淆矩阵中 TP、TN、FP、FN 四个值，分别代入上文式(3.54)至式(3.56)，得到其他四个精度结果，分别列在表 5.18 第 15 行第 5~8 列。

表 5.18 上市公司 $T\text{–}m(m=0, 1, 2, 3, 4, 5)$时间窗口下模型预测精度结果

(1)序号	(2)时间窗口	(3)模型方案	(4)第二类错误	(5)第一类错误	(6)几何平均精度	(7)总体预测精度	(8)AUC 值
1	T–0	线性判别模型[8]	0.161	0.238	0.799	0.772	0.904
2		逻辑回归模型[9]	0.119	0.199	0.840	0.812	0.931
3		广义加性模型[10]	0.070	0.207	0.859	0.812	0.939
4		线性支持向量机模型[11]	0.133	0.209	0.828	0.802	0.927
5		决策树模型[12-13]	0.217	0.130	0.826	0.858	0.812
6		BP 神经网络模型[14-15]	0.413	0.093	0.730	0.863	0.862
7		K 近邻模型[16-17]	0.175	0.129	0.848	0.865	0.848
8		多数投票线性判别模型[18]	0.140	0.238	0.809	0.775	0.906
9		多数投票逻辑回归模型[18]	0.105	0.198	0.847	0.815	0.932
10		多数投票广义加性模型[18]	0.063	0.191	0.871	0.827	0.944
11		多数投票线性支持向量机模型[19]	0.133	0.209	0.828	0.802	0.928
12		多数投票决策树模型[20]	0.182	0.125	0.846	0.867	0.901
13		多数投票 BP 神经网络模型[21]	0.371	0.149	0.732	0.820	0.885
14		多数投票 K 近邻模型[22]	0.161	0.141	0.849	0.856	0.864
15	T–1	线性判别模型[8]	0.168	0.084	0.873	0.905	0.933
16		逻辑回归模型[9]	0.133	0.118	0.875	0.880	0.935
17		广义加性模型[10]	0.119	0.097	0.892	0.900	0.940
18		线性支持向量机模型[11]	0.133	0.111	0.878	0.886	0.936
19		决策树模型[12-13]	0.224	0.080	0.845	0.900	0.869
20		BP 神经网络模型[14-15]	0.196	0.097	0.852	0.889	0.916
21		K 近邻模型[16-17]	0.238	0.072	0.841	0.905	0.845
22		多数投票线性判别模型[18]	0.161	0.084	0.877	0.906	0.931
23		多数投票逻辑回归模型[18]	0.140	0.116	0.872	0.880	0.934
24		多数投票广义加性模型[18]	0.161	0.093	0.873	0.898	0.943
25		多数投票线性支持向量机模型[19]	0.133	0.110	0.879	0.887	0.938
26		多数投票决策树模型[20]	0.203	0.093	0.850	0.892	0.914
27		多数投票 BP 神经网络模型[21]	0.168	0.103	0.864	0.888	0.925

续表

(1)序号	(2)时间窗口	(3)模型方案	(4)第二类错误	(5)第一类错误	(6)几何平均精度	(7)总体预测精度	(8)AUC 值
28	T−1	多数投票 K 近邻模型[22]	0.231	0.084	0.840	0.896	0.874
29	T−2	线性判别模型[8]	0.147	0.058	0.897	0.930	0.954
30		逻辑回归模型[9]	0.098	0.068	0.917	0.928	0.957
31		广义加性模型[10]	0.070	0.115	0.907	0.891	0.965
32		线性支持向量机模型[11]	0.112	0.063	0.912	0.930	0.962
33		决策树模型[12-13]	0.154	0.112	0.867	0.882	0.879
34		BP 神经网络模型[14-15]	0.182	0.056	0.879	0.926	0.934
35		K 近邻模型[16-17]	0.161	0.087	0.875	0.903	0.876
36		多数投票线性判别模型[18]	0.147	0.055	0.898	0.932	0.954
37		多数投票逻辑回归模型[18]	0.091	0.064	0.922	0.932	0.959
38		多数投票广义加性模型[18]	0.091	0.081	0.914	0.917	0.961
39		多数投票线性支持向量机模型[19]	0.112	0.063	0.912	0.930	0.963
40		多数投票决策树模型[20]	0.175	0.115	0.854	0.876	0.908
41		多数投票 BP 神经网络模型[21]	0.161	0.055	0.890	0.930	0.955
42		多数投票 K 近邻模型[22]	0.140	0.089	0.885	0.904	0.893
43	T−3	线性判别模型[8]	0.154	0.358	0.737	0.670	0.868
44		逻辑回归模型[9]	0.161	0.310	0.761	0.711	0.850
45		广义加性模型[10]	0.678	0.012	0.564	0.895	0.892
46		线性支持向量机模型[11]	0.182	0.295	0.760	0.721	0.857
47		决策树模型[12-13]	0.259	0.184	0.778	0.805	0.835
48		BP 神经网络模型[14-15]	0.315	0.311	0.687	0.689	0.788
49		K 近邻模型[16-17]	0.294	0.247	0.729	0.746	0.729
50		多数投票线性判别模型[18]	0.154	0.363	0.734	0.666	0.868
51		多数投票逻辑回归模型[18]	0.154	0.316	0.761	0.706	0.848
52		多数投票广义加性模型[18]	0.329	0.112	0.772	0.858	0.891
53		多数投票线性支持向量机模型[19]	0.154	0.303	0.768	0.718	0.857
54		多数投票决策树模型[20]	0.217	0.229	0.777	0.772	0.853
55		多数投票 BP 神经网络模型[21]	0.315	0.145	0.766	0.832	0.876
56		多数投票 K 近邻模型[22]	0.266	0.258	0.738	0.741	0.758
57	T−4	线性判别模型[8]	0.280	0.079	0.814	0.893	0.891
58		逻辑回归模型[9]	0.126	0.290	0.788	0.732	0.912
59		广义加性模型[10]	0.070	0.503	0.680	0.557	0.877
60		线性支持向量机模型[11]	0.133	0.401	0.721	0.636	0.883
61		决策树模型[12-13]	0.196	0.254	0.774	0.754	0.766
62		BP 神经网络模型[14-15]	0.350	0.072	0.777	0.889	0.890
63		K 近邻模型[16-17]	0.196	0.289	0.756	0.724	0.757
64		多数投票线性判别模型[18]	0.280	0.078	0.815	0.894	0.886
65		多数投票逻辑回归模型[18]	0.105	0.293	0.796	0.733	0.914

续表

(1)序号	(2)时间窗口	(3)模型方案	(4)第二类错误	(5)第一类错误	(6)几何平均精度	(7)总体预测精度	(8)AUC 值
66	T–4	多数投票广义加性模型[18]	0.063	0.480	0.698	0.578	0.877
67		多数投票线性支持向量机模型[19]	0.119	0.405	0.724	0.635	0.880
68		多数投票决策树模型[20]	0.210	0.261	0.764	0.746	0.812
69		多数投票 BP 神经网络模型[21]	0.441	0.066	0.723	0.882	0.833
70		多数投票 K 近邻模型[22]	0.196	0.292	0.755	0.722	0.766
71	T–5	线性判别模型[8]	0.203	0.433	0.672	0.599	0.762
72		逻辑回归模型[9]	0.203	0.420	0.680	0.610	0.789
73		广义加性模型[10]	0.196	0.428	0.678	0.604	0.783
74		线性支持向量机模型[11]	0.189	0.463	0.660	0.575	0.753
75		决策树模型[12-13]	0.245	0.261	0.747	0.741	0.770
76		BP 神经网络模型[14-15]	0.224	0.411	0.676	0.615	0.714
77		K 近邻模型[16-17]	0.238	0.308	0.726	0.701	0.727
78		多数投票线性判别模型[18]	0.210	0.433	0.670	0.598	0.763
79		多数投票逻辑回归模型[18]	0.196	0.427	0.679	0.605	0.784
80		多数投票广义加性模型[18]	0.196	0.440	0.671	0.594	0.790
81		多数投票线性支持向量机模型[19]	0.189	0.462	0.661	0.576	0.753
82		多数投票决策树模型[20]	0.231	0.297	0.735	0.712	0.813
83		多数投票 BP 神经网络模型[21]	0.203	0.451	0.662	0.584	0.673
84		多数投票 K 近邻模型[22]	0.238	0.316	0.722	0.695	0.736

以上是以线性判别模型在 T–1 时间窗口样本为例，说明了违约评价模型的精度计算过程。同理，可分别根据上文 3.2 节中的 14 种大数据违约评价模型的表达式，计算在上市公司 T–m(m=0, 1, 2, 3, 4, 5)测试样本上的精度结果，并将精度结果列入表 5.18 中。

由表 5.18 第 8 列 AUC 值可以看出，AUC 值基本都能达到 70%以上[23-24]，表明这 14 种模型在 5 年的时间窗口均能实现较好的模型预测效果，即模型有 5 年的预测能力。表 5.18 第 4 列的违约客户错判率第二类错误基本都在 30%以下[25-26]，说明所构建的模型对上市公司违约具有较好的预测能力。

5.6 上市公司最优违约预警模型的对比分析

上市公司违约预警模型最优方案选择共有如下三个选择标准。

第一标准：模型违约预测精度越高，模型方案排名越靠前。

第二标准：模型可解释性越强，模型方案排名越靠前。

第三标准：模型复杂性越低，模型方案排名越靠前。

表 5.19 给出了 14 种模型方案基于上市公司样本数据的三个标准排序结果。

表 5.19 第 2 列为 14 种模型方案的模型名称。

表 5.19 第 3 列为 14 种模型方案基于标准一预测精度的排序平均值，是基于表 5.18 中五个精度标准由高到低的精度排序平均值。排序的平均值越小，表示模型的预测精度越高，即排序平均值 5.87 的模型预测精度最高。

表 5.19 第 4 列为 14 种模型方案基于标准二可解释性的排序，是基于现有文献[27-28]对 14 种大数据

模型可解释性的排序结果。排序的序号越小，表示模型的可解释性越强，即排序为“1”的模型方案可解释性最强。

表 5.19 第 5 列为 14 种模型方案基于标准三复杂性的排序，是基于现有文献[27, 29]对 14 种大数据模型复杂性的排序结果。排序的序号越小，表示模型的复杂性越低，即排序为“1”的模型方案复杂性最低。

表 5.19 第 6 列为 14 种模型方案的三个标准的排序平均值，是第 3 列、第 4 列和第 5 列的算术平均值。三个标准的排序平均值越小，表示模型方案越能够同时兼顾精度、可解释性、复杂性这三个因素，越应该被选用，即排序最小的模型方案是最优模型方案。

表 5.19　上市公司最优模型方案的选择

(1)序号	(2)模型方案	(3)标准一：分类精度排序平均值	(4)标准二：可解释性排序	(5)标准三：复杂性排序	(6)三个标准的排序平均值
1	线性判别模型[8]	7.23	1	1	3.08
2	逻辑回归模型[9]	6.40	2	2	3.47
3	广义加性模型[10]	6.30	4	3	4.43
4	线性支持向量机模型[11]	7.63	10	4	7.21
5	决策树模型[12-13]	7.83	3	5	5.28
6	BP 神经网络模型[14-15]	8.80	11	7	8.93
7	K 近邻模型[16-17]	8.67	9	6	7.89
8	多数投票线性判别模型[18]	7.00	5	8	6.67
9	多数投票逻辑回归模型[18]	6.00	6	9	7.00
10	多数投票广义加性模型[18]	5.87	8	10	7.96
11	多数投票线性支持向量机模型[19]	7.07	13	11	10.36
12	多数投票决策树模型[20]	7.53	7	12	8.84
13	多数投票 BP 神经网络模型[21]	8.23	14	14	12.08
14	多数投票 K 近邻模型[22]	8.60	12	13	11.20

根据最优方案的三个选择标准，结合表 5.19 第 6 列的总排序可以得出，线性判别模型的排序平均值最小。因此，上市公司样本的最优违约评价模型方案是线性判别模型。

5.7　上市公司最优违约预警模型

由上文 5.6 节可知，上市公司样本的最优模型方案是线性判别模型。

设：$\hat{p}_j(T-m)$ 为第 j 个上市公司 T–m 年预测的违约概率。则根据 5.5 节中求解的上市公司对应的 T–m(m=0, 1, 2, 3, 4, 5)线性判别模型评价方程如下。

上市公司的 T–0 违约判别模型，如式(5.3)所示。

$$\begin{aligned}\hat{p}(T-0)=&3.295\times X_1\text{资产负债率}+\cdots+2.467\times X_{153}\text{违规类型}+0.202\\&\times X_{176}\text{广义货币供应量(M2)同比增长率}+4.195\\&\times X_{186}\text{国际投资净头寸增长率}\end{aligned}\tag{5.3}$$

上市公司的提前 1 年违约预警模型，如式(5.4)所示。

$$\begin{aligned}\hat{p}(T-1)=&3.116\times X_1\text{资产负债率}+\cdots+2.782\times X_{117}\text{归属母公司股东的权益增长率}\\&-0.492\times X_{176}\text{广义货币供应量(M2)同比增长率}-2.109\\&\times X_{204}\text{国内专利申请授权数增长率}\end{aligned}\tag{5.4}$$

上市公司的提前 2 年违约预警模型，如式(5.5)所示。

$$\hat{p}(T-2)=5.729\times X_1\text{资产负债率}+\cdots+6.972\times X_{143}\text{审计意见类型}+3.434\times X_{148}\text{高管持股比例}+1.925\times X_{176}\text{广义货币供应量(M2)同比增长率} \tag{5.5}$$

上市公司的提前 3 年违约预警模型，如式(5.6)所示。

$$\hat{p}(T-3)=3.076\times X_1\text{资产负债率}+\cdots+4.589\times X_{141}\text{业绩预告次数}+1.906\times X_{176}\text{广义货币供应量(M2)同比增长率} \tag{5.6}$$

上市公司的提前 4 年违约预警模型，如式(5.7)所示。

$$\hat{p}(T-4)=-3.06\times X_1\text{资产负债率}+\cdots+8.711\times X_{143}\text{审计意见类型}+\cdots+2.748\times X_{176}\text{广义货币供应量(M2)同比增长率}+\cdots-2.733\times X_{190}\text{货物运输量增长率} \tag{5.7}$$

上市公司的提前 5 年违约预警模型，如式(5.8)所示。

$$\hat{p}(T-5)=0.867\times X_1\text{资产负债率}+\cdots+1.264\times X_{151}\text{缺陷类型}+\cdots+1.217\times X_{176}\text{广义货币供应量(M2)同比增长率}+\cdots+30.739\times X_{204}\text{国内专利申请授权数增长率} \tag{5.8}$$

以上构建的模型式(5.3)至式(5.8)是通过第 $T-m$ 年的指标数据与第 T 年违约状态训练得到的提前 m 年违约预警的评价方程，以达到根据第 T 年的指标数据，预测企业第 $T+m$ 年违约状态的目的。应该指出，这里的第 $T-m$ 年的指标数据不是仅包含某一年(如 2008 年)的指标截面数据，而是包含了不同年份(如 2008 年、2014 年等)平移后的指标截面数据。

则第 j 个上市公司第 $T+m$ 年违约状态预测值 $\hat{y}_j(T+m)$的表达式如下。

$$\hat{y}_j(T+m)=\begin{cases}1, & \hat{p}_j(T)\geqslant 0.5\\ 0, & \hat{p}_j(T)<0.5\end{cases} \tag{5.9}$$

5.8 上市公司违约概率和信用得分的确定

由上文 5.7 节可知，最优模型方案为线性判别模型，共构建了 $T+m(m=0, 1, 2, 3, 4, 5)$共 6 个违约判别或预测模型表达式，如上文式(5.3)至式(5.8)所示。

将上文表 5.10 第 3 列 $T-0$ 年最优指标体系对应的 2000~2018 年这 19 年的上市公司数据，代入上文式(5.3)，得到上市公司第 $T+0$ 年的违约概率判别值，列入表 5.20 第 3 列。

表 5.20 上市公司最优模型方案线性判别模型的 2000~2018 年这 19 年的违约概率和信用得分结果

(1)序号	(2)证券序号	(a)$T+0$		(b)$T+1$		(c)$T+2$		(d)$T+3$		(e)$T+4$		(f)$T+5$	
		(3)违约概率 p_j	(4)信用得分 S_j	(5)违约概率 p_j	(6)信用得分 S_j	(7)违约概率 p_j	(8)信用得分 S_j	(9)违约概率 p_j	(10)信用得分 S_j	(11)违约概率 p_j	(12)信用得分 S_j	(13)违约概率 p_j	(14)信用得分 S_j
1	2018-000001	0.2706	72.94	0.8369	16.31	0.0415	95.85	0.9838	1.62	0.656	34.40	0.0004	99.96
2	2018-000002	0.8277	17.23	0.0403	95.97	0.0020	99.80	0.7794	22.06	0.8617	13.83	0.0001	99.99
3	2018-000004	0.9864	1.36	0.9739	2.61	0.9999	0.01	0.9851	1.49	0.9947	0.53	0.6149	38.51
…	…	…	…	…	…	…	…	…	…	…	…	…	…
47 169	2000-600898	0.9912	0.88	0.9998	0.02	1.00	0.00	0.9988	0.12	0.8550	14.50	0.1577	84.23
47 170	2000-601607	0.2736	72.64	0.0342	96.58	0.9716	2.84	0.0128	98.72	0.00	100.00	0.0000	100.00
47 171	2000-601857	0.4717	52.87	0.4465	55.35	0.9970	0.30	0.0087	99.13	0.0018	99.82	0.0027	99.73

如表 5.20 第 1 行所示，证券序号“2008-000001”表示 2018 年证券代码为“000001”的上市公司。第 1 行第 3 列表示“000001”上市公司在 2018 年的违约概率判别值 p_j=0.2706。将表 5.20 第 1 行第 3 列违约概率判别值 p_j=0.2706 代入上文式(3.3)的信用得分表达式，得到“000001”上市公司 2018 年的信用得分

$S_j=(1-p_j)\times 100=(1-0.2706)\times 100=72.94$，列入表 5.20 第 1 行第 4 列。

同理，对于表 5.11 至表 5.15 的 $T-m(m=1, 2, 3, 4, 5)$年的最优指标体系的数据，代入式(5.4)至式(5.8)，可分别计算 $T+m(m=1, 2, 3, 4, 5)$年的上市公司违约概率值 p_j 和信用得分值 S_j，将预测结果列入表 5.20 第 5~14 列。

由此得到表 5.20 所示的 2000~2018 年这 19 年上市公司最优模型方案线性判别模型的 $T+m(m=1, 2, 3, 4, 5)$违约概率与信用得分结果。

表 5.21 是上市公司 2000~2023 年这 24 年的违约概率和信用得分预测结果。

表 5.21　上市公司 2000~2023 年这 24 年的违约概率和信用得分预测结果

(1)序号	(2)证券代码	(3)年份	(4)行业	(5)省区市	(6)所有制	(7)违约概率 $p_{j(T+m)}$	(8)信用得分 $S_{j(T+m)}$
1	000001.SZ	2000	金融业	广东省	公众企业	0.5429	45.71
2	000002.SZ	2000	房地产业	广东省	公众企业	0.0410	95.90
3	000004.SZ	2000	制造业	广东省	民营企业	0.9179	8.21
…	…	…	…	…	…	…	…
47 172	000001.SZ	2019	金融业	广东省	公众企业	0.3538	64.62
47 173	000002.SZ	2019	房地产业	广东省	公众企业	0.1945	80.55
47 174	000004.SZ	2019	制造业	广东省	民营企业	0.7088	29.12
…	…	…	…	…	…	…	…
50 577	000001.SZ	2020	金融业	广东省	公众企业	0.3137	68.63
50 578	000002.SZ	2020	房地产业	广东省	公众企业	0.1489	85.11
50 579	000004.SZ	2020	制造业	广东省	民营企业	0.6766	32.34
…	…	…	…	…	…	…	…
53 982	000001.SZ	2021	金融业	广东省	公众企业	0.6812	31.88
53 983	000002.SZ	2021	房地产业	广东省	公众企业	0.3920	60.80
53 984	000004.SZ	2021	制造业	广东省	民营企业	0.9775	2.25
…	…	…	…	…	…	…	…
57 387	000001.SZ	2022	金融业	广东省	公众企业	0.3695	63.05
57 388	000002.SZ	2022	房地产业	广东省	公众企业	0.4431	55.69
57 389	000004.SZ	2022	制造业	广东省	民营企业	0.5023	49.77
…	…	…	…	…	…	…	…
64 194	603996.SH	2023	制造业	浙江省	民营企业	0.9892	1.08
64 195	603997.SH	2023	制造业	浙江省	民营企业	0.9712	2.88
64 196	603998.SH	2023	制造业	湖南省	民营企业	0.9933	0.67

表 5.21 中，第 1~47 171 行是 2000~2018 年这 19 年的公司数据按上文式(5.3)计算的 $T+0$ 判别的信用得分结果。第 47 172~64 196 行是根据 2018 年的公司数据，分别按上文式(5.4)至(5.8)的 $T+1\sim T+5$ 预测的信用得分结果。

将表 5.10 第 3 列 $T-0$ 年最优指标体系对应的 2000~2018 年 19 年的 47 171 家上市公司数据，代入上文式(5.3)，得到上市公司第 $T+0$ 年的违约概率判别值 $p_{j(T+0)}$，列入表 5.21 第 7 列第 1~47 171 行，并将违约概率判别值 $p_{j(T+0)}$代入上文式(3.3)的信用得分表达式得到信用得分 $S_{j(T+0)}$，列入表 5.21 第 8 列第 1~47 171 行。

将表 5.11 第 3 列 $T-1$ 年最优指标体系对应的 2018 年 3405 家上市公司数据，代入上文式(5.4)，得到上市公司第 $T+1$ 年的违约概率预测值 $p_{j(T+1)}$，并将违约概率预测值 $p_{j(T+1)}$代入上文式(3.7)的信用得分表达式得到 2019 年信用得分预测值 $S_{j(T+1)}$，列入表 5.21 第 8 列第 47 172~50 576 行。同理，可根据式(5.5)至式(5.8)预测 2020~2023 年的信用得分 $S_{j(T+m)}$，并将结果列入表 5.21 第 8 列第 50 577~64 196 行。

5.9 上市公司的信用等级划分

以 T+0 年的信用等级划分为例进行说明。

将上文表 5.20 第 4 列的 T+0 年信用得分 S_j 按降序排列，结果对应列入表 5.22 第 3 列；表 5.22 第 4 列违约概率 p_j 来自表 5.20 第 3 列；表 5.22 第 5 列负债总额数据来源于 Wind 数据库；表 5.22 第 6 列应收未收本息数据等于表 5.22 第 4 列和第 5 列的乘积；表 5.22 第 7 列应收本息数据等于表 5.22 第 5 列。

表 5.22 上市公司最优模型方案线性判别的 T+0 年信用等级划分数据

(1)序号	(2)证券代码	(3)信用得分 S_j	(4)违约概率 p_j	(5)负债总额 D_j/元	(6)应收未收本息 L_j/元	(7)应收本息 R_j/元
1	2007-002168	100.00	0.00	32 347 307.70	0.00	32 347 307.70
2	2009-002315	100.00	0.00	120 729 988.00	0.00	120 729 988.00
3	2007-002153	100.00	0.00	90 531 364.11	0.00	90 531 364.11
…	…	…	…	…	…	…
31 685	2016-601169	49.57	0.5043	1 260 000 000 000	635 418 000 000.00	1 260 000 000 000
…	…	…	…	…	…	…
47 171	2013-600301	0.00	1.00	2 198 916 270.00	2 198 916 270.00	2 198 916 270.00

依据上文 3.4.2 节的信用等级划分模型，将表 5.22 第 6~7 列的应收未收本息 L_j、应收本息 R_j 数据代入上文式(3.68)至式(3.71)的信用等级划分模型，根据迟国泰教授科研创新团队的发明专利“信用等级越高，违约损失率越低”的违约金字塔原理[30]，得到的评级结果如表 5.23 第 3~5 列所示。

表 5.23 上市公司最优模型方案线性判别的 T+0 年信用等级划分结果

(1)序号	(2)等级	(3)信用得分区间	(4)样本数	(5)违约损失率/%	(6)信用度
1	AAA	$49.57 \leqslant S \leqslant 100$	31 685	17.49	特优
…	…	…	…	…	…
4	BBB	$0.308 \leqslant S < 0.324$	17	99.69	较好
…	…	…	…	…	…
7	CCC	$0.073 \leqslant S < 0.164$	111	99.88	差
…	…	…	…	…	…
9	C	$0 \leqslant S < 0.06$	129	99.97	极差

根据表 5.23 第 4 列可知，T+0 年 AAA 级公司样本数为 31 685 个，即 AAA 级公司为按照信用得分降序排列后的第 1~31 685 个公司。由表 5.22 第 3 列可知，第 31 685 行证券代码“2016-601169”公司对应的信用得分为 49.57，故 AAA 级公司的信用得分区间为 $49.57 \leqslant S \leqslant 100$，列入表 5.23 第 3 列第 1 行，即 T+0 年信用得分落在区间 $49.57 \leqslant S \leqslant 100$ 的公司均为 AAA 级公司。同理，可得 AA、A、…、C 等其余 8 个等级的划分结果，对应列入表 5.23 第 2 列第 2~9 行。信用等级 AAA、AA、A、BBB、BB、B、CCC、CC、C 依次对应特优、优、良、较好、一般、较差、差、很差、极差的信用度，列入表 5.23 第 6 列。

以上是上市公司样本最优模型方案线性判别的 T+0 年信用等级划分结果。同理，可分别得到 $T+m$(m=1, 2, 3, 4, 5)年的上市公司的信用等级划分结果，如表 5.24 至表 5.28 所示。

表 5.24　上市公司最优模型方案线性判别的 $T+1$ 年信用等级划分结果

(1)序号	(2)等级	(3)信用得分区间	(4)样本数	(5)违约损失率/%	(6)信用度
1	AAA	49.419≤S≤100	38 300	3.28	特优
…	…	…	…	…	…
4	BBB	6.782≤S<16.305	44	90.57	较好
…	…	…	…	…	…
7	CCC	1.538≤S<2.667	2 458	97.96	差
…	…	…	…	…	…
9	C	0≤S<0.909	2 731	99.64	极差

表 5.25　上市公司最优模型方案线性判别的 $T+2$ 年信用等级划分结果

(1)序号	(2)等级	(3)信用得分区间	(4)样本数	(5)违约损失率/%	(6)信用度
1	AAA	0.118≤S≤100	43 687	7.49	特优
…	…	…	…	…	…
4	BBB	0.098≤S<0.101	39	99.90	较好
…	…	…	…	…	…
7	CCC	0.004≤S<0.04	1 100	99.98	差
…	…	…	…	…	…
9	C	0≤S<0.002	797	99.997	极差

表 5.26　上市公司最优模型方案线性判别的 $T+3$ 年信用等级划分结果

(1)序号	(2)等级	(3)信用得分区间	(4)样本数	(5)违约损失率/%	(6)信用度
1	AAA	48.724≤S≤100	27 108	17.02	特优
…	…	…	…	…	…
4	BBB	1.153≤S<18.485	5 797	94.57	较好
…	…	…	…	…	…
7	CCC	0.734≤S<0.841	319	99.21	差
…	…	…	…	…	…
9	C	0≤S<0.609	1 981	99.71	极差

表 5.27　上市公司最优模型方案线性判别的 $T+4$ 年信用等级划分结果

(1)序号	(2)等级	(3)信用得分区间	(4)样本数	(5)违约损失率/%	(6)信用度
1	AAA	45.17≤S≤100	29 737	20.67	特优
…	…	…	…	…	…
4	BBB	24.503≤S<29.584	2 004	72.79	较好
…	…	…	…	…	…
7	CCC	6.807≤S<11.593	1 754	90.96	差
…	…	…	…	…	…
9	C	0≤S<3.585	4 205	98.75	极差

表 5.28 上市公司最优模型方案线性判别的 T+5 年信用等级划分结果

(1)序号	(2)等级	(3)信用得分区间	(4)样本数	(5)违约损失率/%	(6)信用度
1	AAA	$49.881 \leqslant S \leqslant 100$	19 150	14.16	特优
…	…	…	…	…	…
4	BBB	$3.654 \leqslant S<4.05$	1 030	96.15	较好
…	…	…	…	…	…
7	CCC	$0.002 \leqslant S<0.02$	92	99.997	差
…	…	…	…	…	…
9	C	$0 \leqslant S<0.001$	37	99.999	极差

5.10 上市公司的信用特征分析

本节是中国上市公司不同行业、不同地区、不同所有制的信用特征分析。

应该指出：①上市公司的行业信用特征分析在本章第 5.10.1 节，同时也在下文第 19 章第 19.2 节；②上市公司的地区信用特征分析在本章第 5.10.2 节，同时也在下文第 20 章第 20.2 节；③上市公司的企业所有制信用特征分析在本章第 5.10.3 节，同时也在下文第 21 章第 21.2 节。

第 5 章的分析侧重于违约预测、基本分析和计算，下文第 19~21 章的分析则侧重于信用特征的描述和重点违约预警企业的应用分析。

5.10.1 所属行业的信用特征分析

1. 上市公司行业划分

行业划分的目的：将上市公司数据划分为不同行业数据，以实现不同行业的信用资质比较，并分行业构建模型。

证监会《上市公司行业分类指引》(2012 年修订)[31]将上市公司划分为 18 个行业，分别是：①制造业；②房地产业；③采矿业；④电力、热力、燃气及水生产和供应业；⑤金融业；⑥交通运输、仓储和邮政业；⑦建筑业；⑧批发和零售业；⑨文化、体育和娱乐业；⑩信息传输、软件和信息技术服务业；⑪租赁和商务服务业；⑫农、林、牧、渔业；⑬水利、环境和公共设施管理业；⑭科学研究和技术服务业；⑮综合；⑯卫生和社会工作；⑰住宿和餐饮业；⑱教育业。

表 5.29 是上市公司行业划分的数据分布表。表 5.29 中：第 2 列是上市公司所属证监会行业名称[31]；第 3 列是根据建模企业数量要求归类后的行业，共归类为 9 个行业；第 4~6 列是每个行业的上市企业非违约个数、违约个数以及公司总个数。

表 5.29 上市公司行业划分的数据分布表

(1)序号	(2)所属证监会行业名称	(3)根据建模样本数量要求归类后的行业	(4)非违约个数	(5)违约个数	(6)公司总个数
1	制造业	制造业	1917	256	2173
2	信息传输、软件和信息技术服务业	信息传输、软件和信息技术服务业	227	17	244
3	批发和零售业	批发和零售业	140	22	162
4	房地产业	房地产业	77	48	125
5	电力、热力、燃气及水生产和供应业	电力、热力、燃气及水生产和供应业	78	26	104
6	建筑业	建筑业	84	15	99
7	采矿业	采矿业	50	25	75

续表

(1)序号	(2)所属证监会行业名称	(3)根据建模样本数量要求归类后的行业	(4)非违约个数	(5)违约个数	(6)公司总个数
8	文化、体育和娱乐业	文化、体育和娱乐业	42	15	57
9	交通运输、仓储和邮政业	其他行业	88	5	93
10	金融业		68	9	77
11	租赁和商务服务业		39	7	46
12	农、林、牧、渔业		32	12	44
13	水利、环境和公共设施管理业		37	5	42
14	科学研究和技术服务业		37	3	40
15	综合		18	5	23
16	卫生和社会工作		6	3	9
17	住宿和餐饮业		7	2	9
18	教育业		2	1	3
19	合计	—	2949	476	3425

根据现有文献，构建合理预测模型的企业数量至少要求同时满足两点[32]：一是行业内公司总数大于等于 53 家；二是行业内违约公司数量大于 10 家。根据建模的公司数量要求可得出以下内容。

(1)表 5.29 第 2 列第 1~8 行的“制造业”“信息传输、软件和信息技术服务业”“批发和零售业”等 8 个行业能够满足建模的公司数量要求，因此可用于单独建模。

(2)表 5.29 第 2 列第 9~18 行的“交通运输、仓储和邮政业”“金融业”“租赁和商务服务业”等 10 个行业，无法单独用于构建违约预测模型。原因有二：一是行业所含公司数量小于 53 家；二是行业内违约公司数量小于 10 家。因此，将表 5.29 第 2 列第 9~18 行的 10 个行业合并归为“其他行业”。

下文第 6~14 章是上市公司不同行业的实证结果，即按照表 5.29 第 3 列的 9 个行业：“制造业”、“信息传输、软件和信息技术服务业”、“批发和零售业”、“房地产业”、“电力、热力、燃气及水生产和供应业”、“建筑业”、“采矿业”、“文化、体育和娱乐业”和“其他行业”，分别进行实证分析。

2. 上市公司的行业信用特征描述及分析

根据上文表 5.29 第 3 列划分的 9 个行业，计算表 5.21 第 8 列对应这 9 个行业的信用得分平均值、最大值、最小值、标准差、中位数和样本数量，将计算结果列在表 5.30 的第 3~8 列。

表 5.30　上市公司的行业信用特征描述表

(1)序号	(2)行业名称	(3)信用得分平均值	(4)信用得分最大值	(5)信用得分最小值	(6)信用得分标准差	(7)信用得分中位数	(8)样本数量
1	信息传输、软件和信息技术服务业	65.82	100.00	0.03	28.73	70.46	4 185
2	制造业	63.05	100.00	0.00	28.79	65.46	39 317
3	建筑业	59.73	99.75	0.00	27.56	59.52	1 844
4	文化、体育和娱乐业	59.40	100.00	0.12	29.26	63.29	1 020
5	其他行业	58.86	100.00	0.00	27.36	61.00	7 599
6	批发和零售业	57.32	100	0.00	27.13	59.20	2 427
7	采矿业	56.61	100.00	0.00	27.70	59.20	1 592
8	电力、热力、燃气及水生产和供应业	55.80	100	0.01	27.16	57.75	2 294
9	房地产业	52.10	100.00	0.01	25.08	53.42	2 908

其中，表 5.30 第 8 列的样本数量是 2000~2023 年这 24 年的上市公司总数，这里的总数包括相同企业不同年份的重复计数。例如，同一个企业在 2000~2023 年这 24 年，数量记为 24，其他企业的统计同理。

表 5.30 第 3 列平均信用得分表明，中国上市公司的行业信用分布特征为："信息传输、软件和信息技术服务业""制造业""建筑业"这 3 个行业的信用资质最高，"文化、体育和娱乐业""其他行业""批发和零售行业"这 3 个行业的信用资质居中，"采矿业""电力、热力、燃气及水生产和供应业""房地产业"这 3 个行业的信用资质最低。

同时，为检验两两行业之间的信用得分是否存在显著差异，本书采用曼-惠特尼 U 检验[33]来进行显著性水平检验。以"文化、体育和娱乐业"与"采矿业"为例，根据表 5.30 第 1 列第 4、7 行的序号排序和第 8 列第 4、7 行的企业数量，计算得到曼-惠特尼 U 检验统计量为 754 842.00，列入表 5.31 第 1 行第 3 列。通过查曼-惠特尼 U 检验统计量的显著性水平表，将对应的 p 值 0.001 列入表 5.31 第 1 行第 4 列。同理，将其他任意两个行业的曼-惠特尼 U 检验结果列在表 5.31 第 2~36 行。表 5.31 中第 4 列中第 1 行、第 35 行和第 36 行的 p 值均小于 0.01，第 6 行和第 7 行的 p 值均小于 0.1，这说明上市公司不同行业之间的信用特征差异显著。

表 5.31 上市公司的行业之间信用得分的差异性检验

(1)序号	(2)行业两两比较	(3)曼-惠特尼 U 检验统计量值	(4)p 值
1	"文化、体育和娱乐业" 与 "采矿业"	754 842.00***	0.001
…	…	…	…
3	"建筑业" 与 "文化、体育和娱乐业"	931 384	0.335
4	"电力、热力、燃气及水生产和供应业" 与 "采矿业"	1 787 697	0.133
5	"采矿业" 与 "批发和零售业"	2 704 150	0.254
6	"其他行业" 与 "文化、体育和娱乐业"	3 776 906	0.093
7	"电力、热力、燃气及水生产和供应业" 与 "批发和零售业"	3 809 167	0.015
…	…	…	…
35	"电力、热力、燃气及水生产和供应业" 与 "信息传输、软件和信息技术服务业"	3 695 331.00***	0.000
36	"其他行业" 与 "信息传输、软件和信息技术服务业"	13 270 897.00***	0.000

***、**、*分别表示在 99%、95%、90%的置信水平下显著

从表 5.31 中可以看出以下两点。

(1)信用特征具有显著差异的行业。"文化、体育和娱乐业"与"采矿业"、"电力、热力、燃气及水生产和供应业"与"信息传输、软件和信息技术服务业"、"其他行业"与"信息传输、软件和信息技术服务业"等 30 个两两行业之间信用特征差异显著(曼-惠特尼 U 检验的 p 值小于 0.01，说明两个行业之间的信用特征差异显著)。

(2)信用特征差异不显著的行业。"建筑业"与"文化、体育和娱乐业"、"电力、热力、燃气及水生产和供应业"与"采矿业"、"采矿业"与"批发和零售业"等 4 个两两行业间信用特征差异不显著(U 检验 p 值大于 0.1，说明两个行业之间信用特征差异不显著)。

表 5.32 是上市公司不同行业的 2000~2023 年这 24 年的信用得分表。

表 5.32 上市公司不同行业的 2000~2023 年这 24 年的信用得分表

(1)序号	(2)行业名称	信用得分判别值 $S_{(T+0)}$			信用得分预测值 $S_{(T+m)}$ (m=1, 2, 3, 4, 5)					(27)信用得分的行业均值 $\overline{S}$	(28)信用资质水平
		(3) 2000 年	…	(21) 2018 年	(22) 2019 年	(23) 2020 年	(24) 2021 年	(25) 2022 年	(26) 2023 年		
1	信息传输、软件和信息技术服务业	63.06	…	70.44	66.25	59.15	34.66	59.67	19.31	65.82	好
2	制造业	71.58	…	66.39	62.95	59.58	38.34	59.88	17.08	63.05	
3	建筑业	64.32	…	65.94	63.29	60.17	31.19	57.02	12.81	59.73	

续表

(1)序号	(2)行业名称	信用得分判别值 $S_{(T+0)}$			信用得分预测值 $S_{(T+m)}$ (m=1, 2, 3, 4, 5)					(27)信用得分的行业均值 $\bar{S}$	(28)信用资质水平
		(3) 2000 年	…	(21) 2018 年	(22) 2019 年	(23) 2020 年	(24) 2021 年	(25) 2022 年	(26) 2023 年		
4	文化、体育和娱乐业	64.83	…	72.21	67.39	59.89	40.41	59.80	15.13	59.40	中
5	其他行业	65.67	…	60.90	57.21	59.40	37.37	60.54	23.75	58.86	
6	批发和零售业	72.77	…	56.24	55.11	53.81	30.74	59.52	16.05	57.32	
7	采矿业	57.97	…	51.48	51.16	51.15	34.87	60.89	17.21	56.61	差
8	电力、热力、燃气及水生产和供应业	72.40	…	53.77	52.20	52.76	33.07	62.78	14.29	55.80	
9	房地产业	65.41	…	50.05	46.06	50.55	28.25	58.21	20.60	52.10	

表 5.32 中：第 2 列是行业名称，对应上文表 5.29 第 3 列划分后的 9 个行业。第 3~21 列是 2000~2018 年这 19 年的信用得分判别值 $S_{(T+0)}$，来自上文表 5.21 第 8 列 2000~2018 年这 19 年的行业信用得分判别值。第 22~26 列是 2019~2023 年这 5 年的信用得分预测值 $S_{(T+m)}$ (m=1, 2, 3, 4, 5)，来自上文表 5.21 第 8 列 2019~2023 年这 5 年的行业信用得分预测值。第 27 列是信用得分的行业均值，等于第 3~26 列的算术平均值；第 27 列的信用得分行业均值越大，则对应行业的信用资质越好。第 28 列是行业的信用资质水平，是根据第 27 列的信用得分行业均值 $\bar{S}$ 由大到小排序后的 1/3 和 2/3 两个分位点，区分出行业信用资质好、中、差的三种水平，以此来描述上市公司的行业信用特征分布。

图 5.1 是上市公司 9 个行业 2000~2023 年这 24 年的以年份为横轴的信用得分趋势图。图 5.1 是以上文表 5.32 第 3~26 列的列标识年份为横轴，以上文表 5.32 第 1~9 行第 3~26 列的信用得分为纵轴，作出的行业信用得分趋势图。

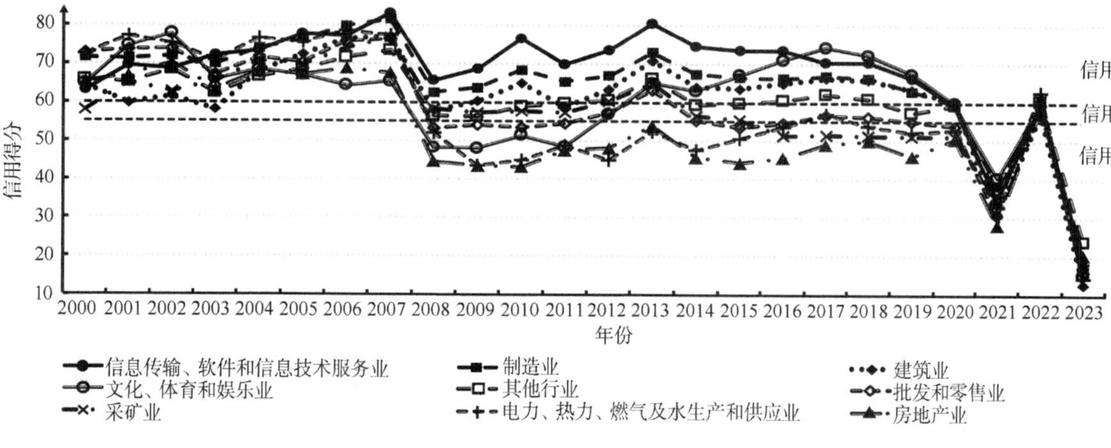

图 5.1　上市公司 9 个行业 2000~2023 年这 24 年的信用得分趋势图

例如，图 5.1 中“•”标识的实线“信息传输、软件和信息技术服务业”，即是以表 5.32 第 3~26 列的列标识 2000~2023 年这 24 年的年份为横轴，以表 5.32 第 1 行第 3~26 列的信用得分为纵轴，作出的“信息传输、软件和信息技术服务业”信用得分趋势图。同理，表 5.32 第 2 列的其他 8 个行业也作出对应的信用得分折线图，同样画在图 5.1 中。

根据图 5.1 得出结论如下。

(1)中国上市公司的行业信用特征分布规律。“信息传输、软件和信息技术服务业”“制造业”“建筑行业”这 3 个行业的信用资质最高，“文化、体育和娱乐业”“其他行业”“批发和零售业”这 3 个行业的信用资质居中，“采矿业”“电力、热力、燃气及水生产和供应业”“房地产业”这 3 个行业的信用资质最低。这也与上文表 5.30 的结论一致。

(2)中国上市公司的行业信用分布特征随年份变化的规律。2000~2019 年行业信用得分波动整体较为平稳，但在 2020~2023 年信用状况波动较大。具体表现为：2020 年所有 9 个行业的平均信用得分均急剧下跌，至 2021 年信用得分到达低谷，于 2022 年有所反弹，但在 2023 年又呈现急剧下跌趋势。同时可以看出，虽然上市公司 9 个行业的信用得分趋势总体一致，但相比于"文化、体育和娱乐业""批发和零售业""采矿行业"等其他 6 个信用资质居中和较差的行业，"信息传输、软件和信息技术服务业""制造业""建筑业"这 3 个信用资质较好行业的信用得分的下跌幅度要更小，抗风险能力相对较好。

图 5.2 是上市公司 9 个行业以行业为横轴的平均信用得分对比图。图 5.2 是以上文表 5.32 第 2 列的行业名称为横轴，以上文表 5.32 第 27 列第 1~9 行的平均信用得分为纵轴，作出的 9 个行业的平均信用得分对比图。图 5.2 通过行业平均信用得分越高，信用资质越好，将 9 个行业分为信用资质好、中、差三个级别。

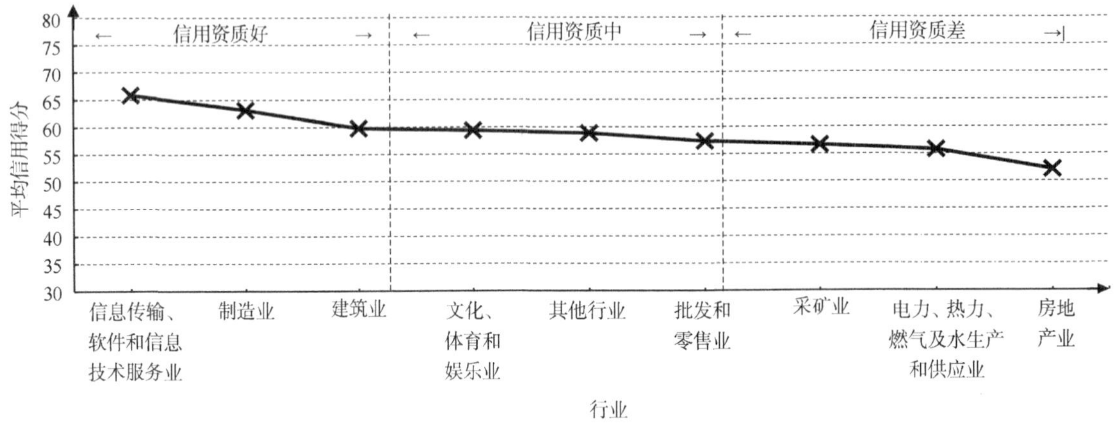

图 5.2　上市公司 9 个行业的平均信用得分对比图

图 5.2 中平均信用得分线("×"标记的实线)倾斜向下，表示 9 个行业的信用得分随着横轴向右信用资质依次递减。说明中国上市公司的行业信用分布特征整体表现为："信息传输、软件和信息技术服务业""制造业""建筑业"这 3 个行业的信用资质最高，"文化、体育和娱乐业""其他行业""批发和零售业"这 3 个行业的信用资质居中，"采矿业""电力、热力、燃气及水生产和供应业""房地产业"这 3 个行业的信用资质最低。

图 5.3 是上市公司 9 个行业未来 $T+3$ 年以行业为横轴的信用得分对比图。通过对比未来 $T+3$ 年 9 个行业的信用得分，深入挖掘出平均信用资质好，但在未来 $T+3$ 年信用资质反而不好的典型行业。图 5.3 是以上文表 5.32 第 2 列的行业名称为横轴，以上文表 5.32 第 24 列第 1~9 行的信用得分为纵轴，作出的 9 个行业在 2021 年($T+3$)的信用得分对比图。图 5.3 中纵轴的信用得分越高，表示信用资质越好。

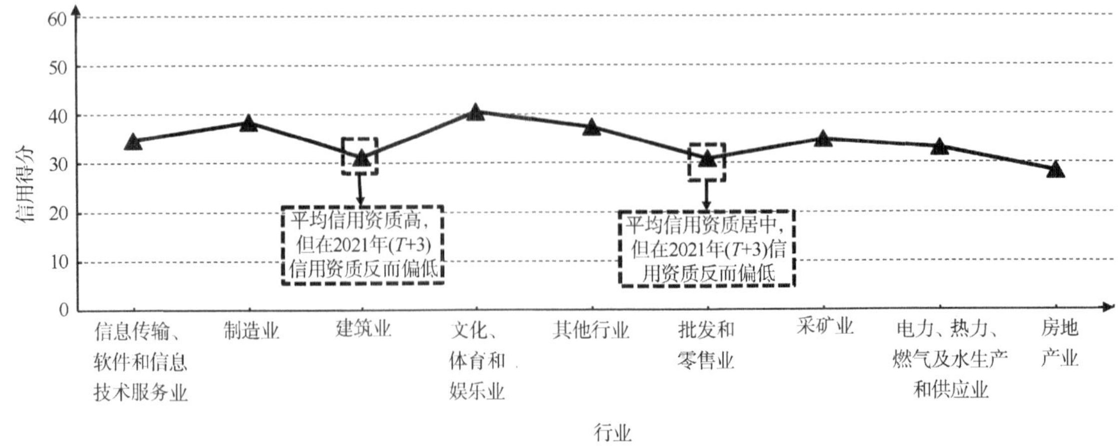

图 5.3　上市公司 9 个行业未来 $T+3$ 年的信用得分对比图

由图 5.3 可知，2021 年($T+3$) 9 个行业的信用得分对比中，"建筑业""批发和零售业""房地产业"的信用得分低，信用资质较差。综合上文图 5.2 的平均信用得分，得出结论有二：①平均信用资质高的"建筑业”，在 2021 年(T+3)的信用资质反而偏低。说明 2021 年，建筑行业会存在极高的违约风险。②平均信用资质居中的“批发和零售业”，在 2021 年(T+3)的信用资质反而偏低。说明 2021 年，“批发和零售业”会存在极高的违约风险。

接下来以“建筑业”为例，说明平均信用资质高的“建筑业”在未来 $T+m(m=0, 1, 2, 3, 4, 5)$年的信用特征并分析可能原因。“批发和零售业”同理，不再赘述。

图 5.4 是以上文表 5.32 第 21~26 列的列标识 2018~2023 年这 6 年的年份为横轴，以上文表 5.32 第 3 行第 21~26 列的信用得分为纵轴，作出的“建筑业”$T+m(m=0, 1, 2, 3, 4, 5)$年的信用得分趋势图。

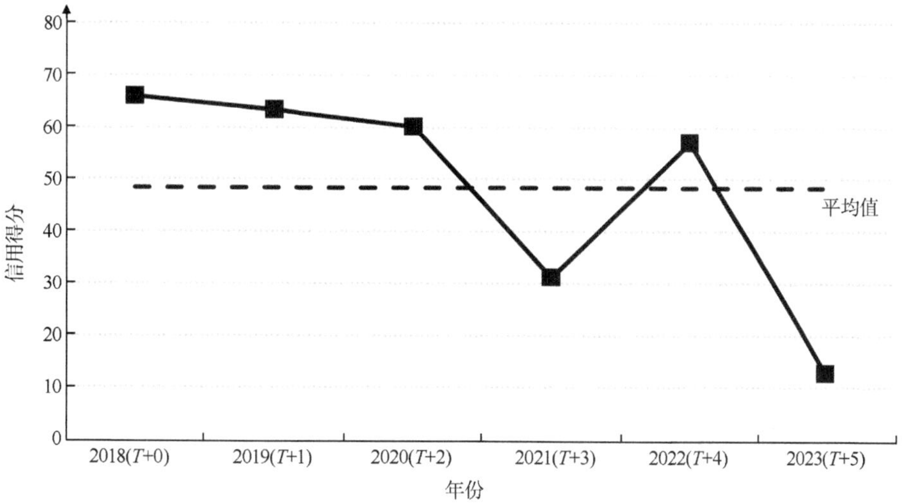

图 5.4　上市公司建筑业未来 $T+m(m=0, 1, 2, 3, 4, 5)$年的信用得分趋势图

由图 5.4 可知，平均信用资质高的“建筑业”在 T+0, T+1, T+2, T+4 这四年的信用得分高于平均值，但 T+3 年和 T+5 年的信用得分低于平均水平，信用资质将变差；且未来 T+5 年的信用得分最低，说明“建筑业”在 2023 年(T+5)的信用资质将更差，违约风险较高。2021 年(T+3)信用资质变差的可能原因为 2020 年受新冠疫情影响，建筑行业复工复产受到的影响相较其他类型行业更明显，导致建筑行业不景气。2023 年(T+5)的信用资质将更差的可能原因为在科技创新型新经济模式冲击下，传统建筑业可能受到明显的冲击且可能出现较大的泡沫，导致建筑行业信用资质更差。

综上，中国上市公司的行业信用分布特征为“信息传输、软件和信息技术服务业”“制造业”“建筑业”这 3 个行业的信用资质最高，“文化、体育和娱乐业”“其他行业”“批发和零售业”这 3 个行业的信用资质居中，“采矿业”“电力、热力、燃气及水生产和供应业”“房地产业”这 3 个行业的信用资质最低。“建筑业”的平均信用资质高，但在 2021 年和 2023 年的信用资质反而不高。

5.10.2　地区的信用特征分析

为检验不同地区的信用得分是否存在显著差异，本书根据表 5.21 第 5 列的 31 个省区市(港澳台除外，下同)和第 8 列的信用得分，统计出 31 个省区市的信用得分平均值、最大值、最小值、标准差、中位数和样本数量，列在表 5.33 的第 3~8 列。

表 5.33　上市公司的省区市信用特征描述表

(1)序号	(2)省区市	(3)信用得分平均值	(4)信用得分最大值	(5)信用得分最小值	(6)信用得分标准差	(7)信用得分中位数	(8)样本数量
1	广东省	66.11	100.00	0.03	25.67	66.67	9822
2	浙江省	65.02	100.00	0.03	27.99	67.12	6965
3	江苏省	64.81	100.00	0.00	28.56	67.10	6492
…	…	…	…	…	…	…	…
11	河北省	60.11	100.00	0.01	28.44	62.18	1108

续表

(1)序号	(2)省区市	(3)信用得分平均值	(4)信用得分最大值	(5)信用得分最小值	(6)信用得分标准差	(7)信用得分中位数	(8)样本数量
12	河南省	59.89	100.00	0.13	29.12	62.28	1511
13	上海市	59.60	100.00	0.00	28.44	62.01	5283
14	甘肃省	59.07	100.00	0.04	26.93	58.34	643
…	…	…	…	…	…	…	…
29	青海省	50.12	99.24	0.11	29.32	50.97	267
30	宁夏回族自治区	45.52	99.53	0.07	31.17	47.16	293
31	海南省	44.50	100.00	0.02	30.35	45.22	637

其中，表 5.33 第 8 列的样本数量是 2000~2023 年这 24 年的上市公司总数，这里的总数包括相同企业不同年份的重复计数。例如，同一个企业 2000~2023 年这 24 年，数量记为 24，其他企业的统计同理。

同时，为检验两两省区市之间信用得分是否存在显著差异，本书采用曼-惠特尼 U 检验[33]来进行显著性水平检验。以“广东省”与“河南省”为例，根据表 5.33 第 1 列第 1、12 行的序号排序和第 8 列第 1、12 行的企业数量，计算得到曼-惠特尼 U 检验统计量为 6 593 431.00，列入表 5.34 第 1 行第 3 列。将曼-惠特尼 U 检验统计量的显著性水平对应的 p 值 0.000 列入表 5.34 第 1 行第 4 列。同理，将其他任意两个省区市的曼-惠特尼 U 检验结果列在表 5.34 第 2~465 行。

表 5.34　上市公司的省区市之间信用得分的差异性检验

(1)序号	(2)省区市两两比较	(3)曼-惠特尼 U 检验统计量值	(4)p 值
1	广东省 与 河南省	6 593 431.00***	0.000
…	…	…	…
464	吉林省 与 湖北省	839 754.00***	0.006
465	海南省 与 湖北省	471 872.00***	0.000

***、**、*分别表示在 99%、95%、90%的置信水平下显著

表 5.33 和表 5.34 的实证结果表明，中国上市公司的省区市信用特征为广东省、浙江省、江苏省等 10 个省区市的信用资质最高，河北省、河南省、上海市等 10 个省区市的信用资质居中，青海省、宁夏回族自治区、海南省等 11 个省区市的信用资质最低。并且，任意两个省区市之间的信用资质经曼-惠特尼 U 检验均存在显著差异。

根据 31 个省区市的地理区域分布统计可知，信用得分高于 60 的信用资质较好的省区市基本分布在东南沿海地区。信用得分介于 56 和 60 之间的信用资质居中的省区市基本分布在中部地区。信用得分低于 56 的信用资质较差的省区市基本分布在西部地区和东北地区。

分析造成省区市信用特征差异化的原因可能是，相比于中西部内陆地区，东南部沿海地区的企业融资渠道和投资机会更多，从而企业的资金运营能力和盈利能力更强，信用资质也就更好。

表 5.35 是上市公司不同省区市的 2000~2023 年这 24 年的信用得分表。表 5.35 中：第 2 列是省区市名称，对应上文表 5.21 第 5 列的 31 个省区市。第 3~21 列是 2000~2018 年这 19 年的信用得分判别值 $S_{(T+0)}$，来自上文表 5.21 第 8 列 2000~2018 年这 19 年的省区市信用得分判别值。第 22~26 列是 2019~2023 年这 5 年的信用得分预测值 $S_{(T+m)}(m=1, 2, 3, 4, 5)$，来自上文表 5.21 第 8 列 2019~2023 年的省区市信用得分预测值。第 27 列是信用得分的省区市均值，等于第 3~26 列的算术平均值；第 27 列的信用得分省区市均值越大，则对应省区市的信用资质越好。第 28 列是省区市的信用资质水平，是根据第 27 列的信用得分省区市均值 $\bar{S}$ 由大到小排序后的 1/3 和 2/3 两个分位点，区分出省区市信用资质好、中、差的三种水平，以此来描述上市公司的省区市信用特征分布。

表 5.35　上市公司不同省区市的 2000~2023 年这 24 年的信用得分表

(1)序号	(2)省区市名称	信用得分判别值 $S_{(T+0)}$			信用得分预测值 $S_{(T+m)}$ (m=1, 2, 3, 4, 5)					(27)信用得分的省区市均值 $\bar{S}$	(28)信用资质水平
		(3) 2000 年	…	(21) 2018 年	(22) 2019 年	(23) 2020 年	(24) 2021 年	(25) 2022 年	(26) 2023 年		
1	广东省	66.08	…	69.67	65.36	61.52	39.11	59.95	51.85	66.11	好
2	浙江省	70.29	…	71.39	68.06	62.44	41.72	61.25	7.88	65.02	
3	江苏省	72.64	…	70.81	66.80	62.33	39.94	59.95	8.56	64.81	
…	…	…	…	…	…	…	…	…	…	…	…
11	河北省	73.07		61.35	58.85	57.65	39.47	62.08	14.34	60.11	中
12	河南省	68.55	…	57.93	54.43	54.81	33.37	58.90	8.75	59.89	
13	上海市	64.94	…	64.44	61.00	60.13	38.03	61.04	12.98	59.60	
…	…	…	…	…	…	…	…	…	…	…	…
29	青海省	74.08	…	46.64	43.60	51.31	24.00	54.31	16.01	50.12	差
30	宁夏回族自治区	78.70	…	32.61	36.37	46.23	28.89	57.01	5.36	45.52	
31	海南省	47.21	…	38.04	36.38	44.38	25.81	54.68	16.31	44.50	

图 5.5 是上市公司 9 个典型省区市 2000~2023 年这 24 年的以年份为横轴的信用得分趋势图。这里的 9 个典型省区市是指，表 5.35 第 2 列第 1~3 行信用资质较好的前 3 个省份、第 11~13 行信用资质居中的前 3 个省市、第 29~31 行信用资质较差的前 3 个省区。图 5.5 是以上文表 5.35 第 3~26 列的列标识年份为横轴，以上文表 5.35 第 3~26 列的第 1~3 行、第 11~13 行、第 29~31 行共 9 个典型省区市的信用得分为纵轴，作出的省区市信用得分趋势图。

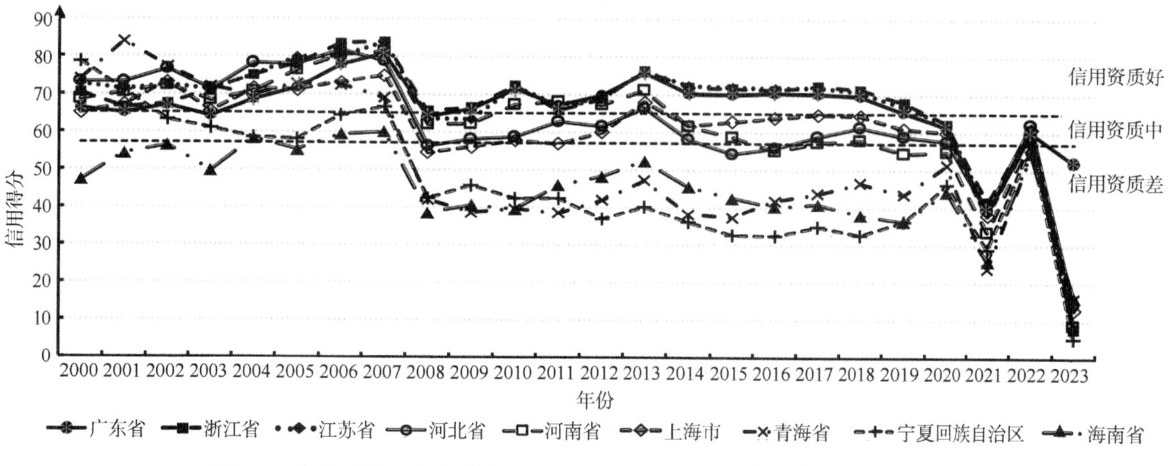

图 5.5　上市公司 9 个典型省区市 2000~2023 年这 24 年的信用得分趋势图

例如，图 5.5 中“•”标识的实线“广东省”，即是以表 5.35 第 3~26 列的列标识 2000~2023 年这 24 年的年份为横轴，以表 5.35 第 1 行第 3~26 列的信用得分为纵轴，作出的“广东省”信用得分趋势图。同理，表 5.35 第 2 列的其他 8 个典型省区市也作出对应的信用得分折线图，同样画在图 5.5 中。

根据图 5.5 得出结论如下。

(1)中国上市公司的省区市信用特征分布规律。广东省、浙江省、江苏省等 10 个省区市的信用资质最高，河北省、河南省、上海市等 10 个省区市的信用资质居中，青海省、宁夏回族自治区、海南省等 11 个省区市的信用资质最低。这也与上文表 5.33 的结论一致。

(2)中国上市公司的省区市信用分布特征随年份变化的规律。2000~2019 年省区市信用得分波动整体较为平稳，但在 2020~2023 年信用状况波动较大。具体表现为：2020 年所有 9 个典型省区市的信用得分均急剧下跌，至 2021 年信用得分到达低谷，于 2022 年有所反弹，但在 2023 年，9 个省区市的信用得分又呈现急剧下跌趋势。同时可以看出，虽然上市公司 9 个典型省区市的信用得分趋势总体一致，但相比于“青海省”“宁夏回族自治区”“海南省”等其他 6 个信用资质居中和较差的省区市，“广东省”“浙江省”“江苏省”这 3 个信用资质较好省份的信用得分的下跌幅度要更小，抗风险能力相对较好。

图 5.6 是上市公司 9 个典型省区市以省份为横轴的平均信用得分对比图。这里 9 个典型省区市是指，表 5.35 第 2 列第 1 至 3 行信用资质较好的 3 个省份、第 11 至 13 行信用资质居中的 3 个省市、第 29 至 31 行信用资质较差的 3 个省区。图 5.6 是以上文表 5.35 第 2 列的省区市名称为横轴，以上文表 5.35 第 27 列的第 1 至 3 行、第 11 至 13 行、第 29 至 31 行共 9 个典型省区市的平均信用得分为纵轴，作出的省区市平均信用得分对比图。图 5.6 中通过省区市的平均信用得分越高，信用资质越好，将 9 个典型省区市分为信用资质好、中、差三个级别。

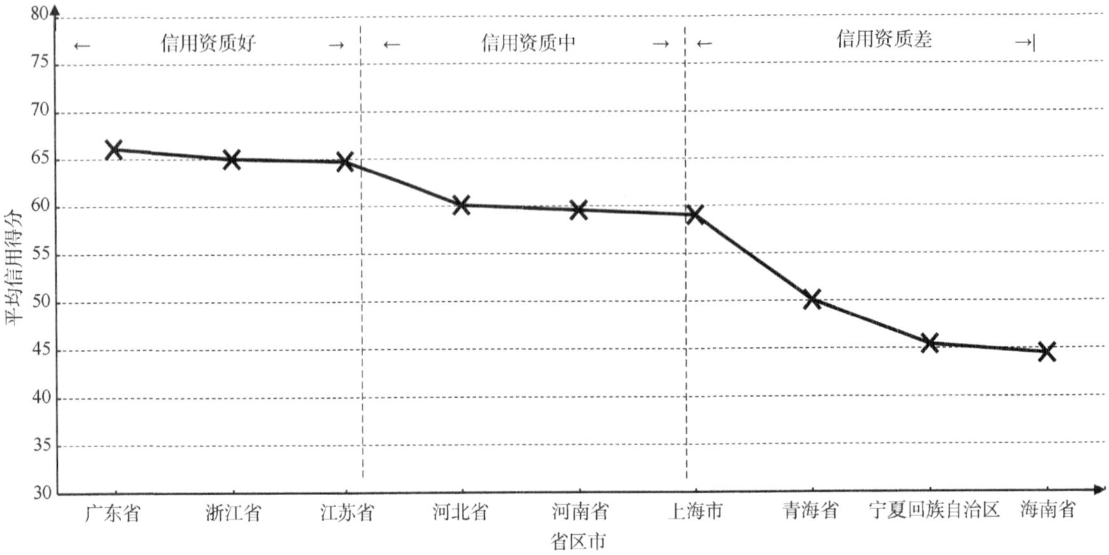

图 5.6　上市公司 9 个典型省区市平均信用得分对比图

由图 5.6 可知，平均信用得分线(“×”标记的实线)倾斜向下，表示 9 个典型省区市的信用得分随着横轴向右信用资质依次递减。说明中国上市公司的省区市信用特征分布表现为：广东省、浙江省、江苏省等 10 个省区市的信用资质最高，河北省、河南省、上海市等 10 个省区市的信用资质居中，青海省、宁夏回族自治区、海南省等 11 个省区市的信用资质最低。

图 5.7 是上市公司 9 个省区市未来 T+5 年以省区市为横轴的信用得分对比图。通过对比未来 T+5 年 9

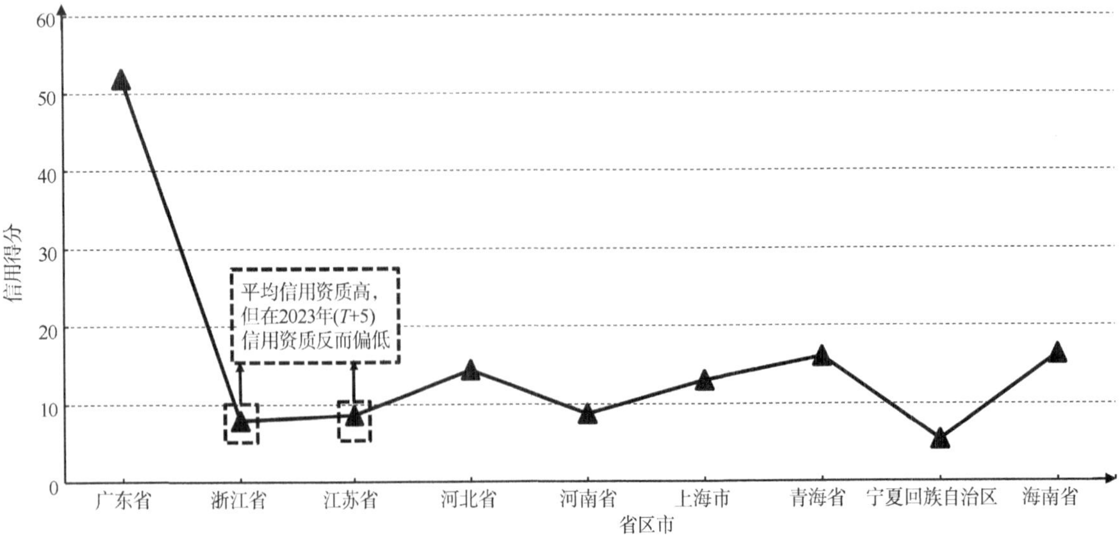

图 5.7　上市公司 9 个省区市未来 T+5 年的信用得分对比图

个省区市的信用得分，深入挖掘出平均信用资质好，但在未来 T+5 年信用资质反而不好的典型省区市。图 5.7 是以上文表 5.35 第 2 列的省区市名称为横轴，以上文表 5.35 第 26 列第 1~3 行、第 11~13 行、第 29~31 行的信用得分为纵轴，作出的省区市 2023 年(T+5)的信用得分对比图。图 5.7 中纵轴的信用得分越高，表示信用资质越好。

由图 5.7 可知，2023 年(T+5)省区市的信用得分对比中，浙江省、江苏省、宁夏回族自治区的信用得分低，信用资质较差。广东省的信用得分最高，信用资质最好。综合上文图 5.6 平均信用得分图，得出结论：平均信用资质高的浙江省和江苏省这两个省份，在 2023 年(T+5)的信用资质反而偏低。说明 2023 年，浙江省和江苏省这两个省份可能会存在极高的违约风险。

接下来以浙江省为例，说明平均信用资质高，在未来 T+5 年反而不高的可能原因。其他省同理，将不赘述。

下文图 5.8 是以上文表 5.35 第 21~26 列的列标识 2018~2023 年这 6 年的年份为横轴，以上文表 5.35 第 2 行第 21~26 列的信用得分为纵轴，作出的浙江省 T+m (m=0, 1, 2, 3, 4, 5)年的信用得分趋势图。

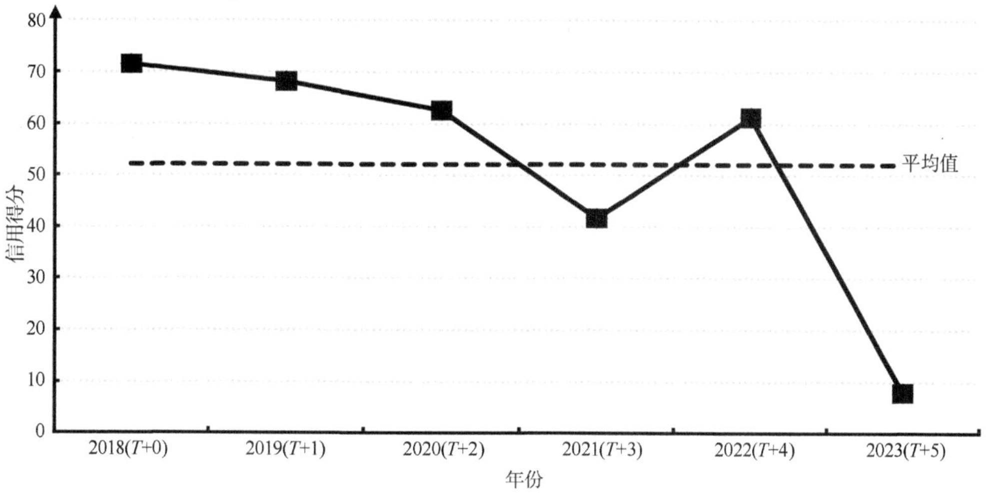

图 5.8　浙江省上市公司 T+m (m=0, 1, 2, 3, 4, 5)年的信用得分趋势图

由图 5.8 可知，浙江省的平均信用资质高，但未来 T+5 年的信用资质反而低，原因为浙江省 T+0, T+1, T+2, T+4 这 4 年的信用得分高于平均值，但未来 T+5 年的信用得分远低于平均水平。由图 5.8 还可知，浙江省 T+3 年的信用得分较低，说明浙江省 2021 年(T+3)的信用资质相对较差，违约风险相对较高。

综上，中国上市公司的省区市信用特征为：广东省、浙江省、江苏省等 10 个省区市的信用资质最高，河北省、河南省、上海市等 10 个省区市的信用资质居中，青海省、宁夏回族自治区、海南省等 11 个省区市的信用资质最低。平均信用资质高的浙江省和江苏省这两个省份，在 2023 年的信用资质反而偏低，可能会存在极高的违约风险。

5.10.3　公司所有制的信用特征分析

公司所有制属性的信用特征分布是一个值得研究的话题，现有文献[34]认为相比于中国非国有企业，国有企业拥有更高的平均收益率和更有竞争力的其他优势。本书根据大股东和实际控制人将上市公司的所有制属性分为 7 类，分别是中央国有企业、地方国有企业、民营企业、集体企业、公众企业、外资企业和由协会等实际控股的其他所有制企业。如表 5.36 第 2 列所示。

表 5.36　上市公司的公司所有制属性信用特征描述表

(1)序号	(2)所有制属性	(3)信用得分平均值	(4)信用得分最大值	(5)信用得分最小值	(6)信用得分标准差	(7)信用得分中位数	(8)样本数量
1	民营企业	64.48	100.00	0.00	29.01	67.24	35 447
2	集体企业	62.23	99.65	0.00	27.63	65.25	487
3	外资企业	61.88	100.00	0.00	29.01	64.62	2 021

续表

(1)序号	(2)所有制属性	(3)信用得分平均值	(4)信用得分最大值	(5)信用得分最小值	(6)信用得分标准差	(7)信用得分中位数	(8)样本数量
4	公众企业	59.27	100.00	0.00	27.40	61.61	3 139
5	中央国有企业	58.25	100.00	0.00	26.37	60.07	7 704
6	地方国有企业	56.18	100.00	0.00	27.16	58.82	14 608
7	其他所有制企业	53.90	100.00	0.02	29.39	55.79	790

本书根据表 5.21 第 6 列的 7 个所有制属性和第 8 列的信用得分，统计出 7 个所有制属性的信用得分平均值、最大值、最小值、标准差、中位数和样本数量，列在表 5.36 的第 3~8 列。

其中，表 5.36 第 8 列的样本数量是 2000~2023 年这 24 年的上市公司总数，这里的总数包括相同企业不同年份的重复计数。例如，同一个企业 2000~2023 年这 24 年，数量记为 24，其他企业的统计同理。

同时，为检验两两公司所有制属性之间信用得分是否存在显著差异，本书采用曼-惠特尼 U 检验[33]来进行显著性水平检验。以“民营企业”与“中央国有企业”为例，根据表 5.36 第 1 列第 1、5 行的序号排序和第 8 列第 1、5 行的企业数量，计算得到曼-惠特尼 U 检验统计量为 115 530 816.00，列入表 5.37 第 1 行第 3 列。通过查曼-惠特尼 U 检验统计量的显著性水平表，将对应的 p 值 0.000 列入表 5.37 第 1 行第 4 列。同理，将其他任意两个所有制属性的曼-惠特尼 U 检验结果列在表 5.37 第 2~21 行。

表 5.37 上市公司的企业所有制之间信用得分的差异性检验

(1)序号	(2)企业所有制两两比较	(3)曼-惠特尼 U 检验统计量值	(4)p 值
1	民营企业 与 中央国有企业	115 530 816.00***	0.000
…	…	…	…
20	集体企业 与 公众企业	708 993.00***	0.005
21	中央国有企业 与 公众企业	11 736 744.00***	0.008

***、**、*分别表示在 99%、95%、90%的置信水平下显著

表 5.36 和表 5.37 的实证结果表明，中国上市公司的企业所有制属性信用特征为：民营企业、集体企业、外资企业这 3 类所有制的信用资质最高，公众企业和中央国有企业这两类所有制的信用资质次之，地方国有企业和由协会等实际控股的其他所有制企业这两类所有制的信用资质最低。并且，任意两类所有制企业的信用资质均存在显著差异。

造成所有制属性信用特征分布差异的原因可能是：民营企业可能因为其市场化程度高、经营灵活、社会负担轻等优势，信用资质相对较好。国有企业可能由于受政府实际控制的原因，经营管理方面以平稳发展为主，信用资质居中。而由协会等实际控股的其他所有制企业可能由于追求快速发展、风险性投资较多，从而信用资质不佳。

表 5.38 是上市公司不同所有制的 2000~2023 年这 24 年的信用得分表。表 5.38 中：第 2 列是所有制名称，对应上文表 5.21 第 6 列的 7 个所有制属性。第 3~21 列是 2000~2018 年这 19 年的信用得分判别值 $S_{(T+0)}$，来自上文表 5.21 第 8 列 2000~2018 年这 19 年的所有制信用得分判别值。第 22~26 列是 2019~2023 年这 5 年的信用得分预测值 $S_{(T+m)}$ (m=1, 2, 3, 4, 5)，来自上文表 5.21 第 8 列 2019~2023 年这 5 年的所有制信用得分预测值。第 27 列是信用得分的所有制均值，等于第 3~26 列的算术平均值；第 27 列的所有制信用得分均值越大，则对应所有制的信用资质越好。第 28 列是所有制的信用资质水平，是根据第 27 列的信用得分所有制均值 $\overline{S}$ 由大到小排序后的 1/3 和 2/3 两个分位点，区分出所有制信用资质好、中、差的三种水平，以此来描述上市公司的所有制信用特征分布。

表 5.38　上市公司不同所有制的 2000~2023 年这 24 年的信用得分表

(1)序号	(2)所有制名称	信用得分判别值 $S_{(T+0)}$			信用得分预测值 $S_{(T+m)}$ (m=1, 2, 3, 4, 5)					(27)信用得分的所有制均值 $\bar{S}$	(28)信用资质水平
		(3) 2000 年	…	(21) 2018 年	(22) 2019 年	(23) 2020 年	(24) 2021 年	(25) 2022 年	(26) 2023 年		
1	民营企业	66.82	…	70.37	66.17	61.20	39.05	59.63	17.20	64.48	好
2	集体企业	85.74	…	63.56	61.82	61.79	36.51	60.57	16.92	62.23	
3	外资企业	64.89	…	68.21	66.40	62.47	40.63	62.67	23.76	61.88	
4	公众企业	64.14	…	58.72	54.99	55.88	32.85	58.93	28.32	59.27	中
5	中央国有企业	71.91	…	54.73	53.01	54.67	33.30	60.88	18.15	58.25	
6	地方国有企业	70.82	…	51.93	50.36	52.54	32.28	60.07	16.42	56.18	差
7	其他所有制	65.99	…	49.85	47.17	50.49	31.25	56.74	19.76	53.90	

图 5.9 是上市公司 7 个所有制 2000~2023 年这 24 年的以年份为横轴的信用得分趋势图。图 5.9 是以上文表 5.38 第 3~26 列的列标识年份为横轴，以上文表 5.38 第 3~26 列的第 1~7 行的信用得分为纵轴，作出的所有制信用得分趋势图。

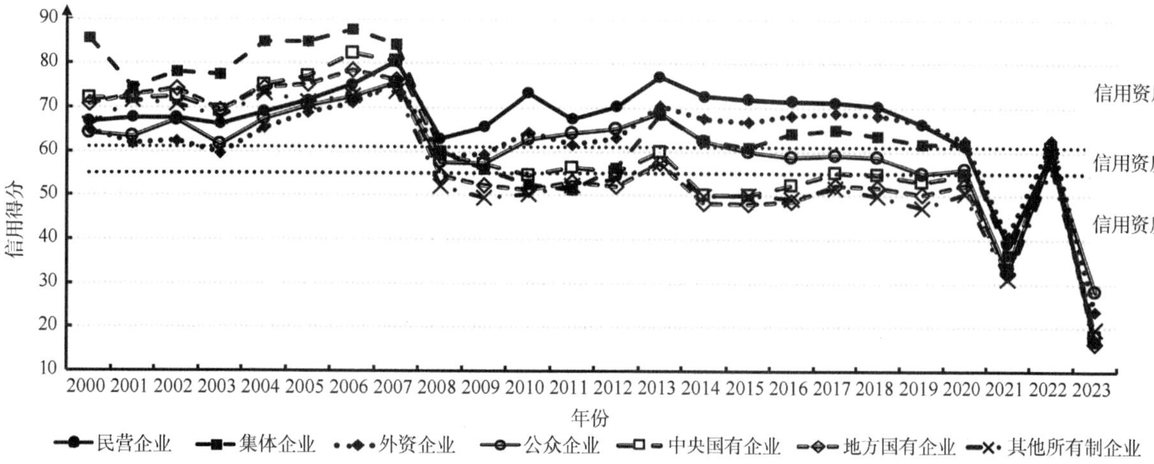

图 5.9　上市公司 7 个所有制 2000~2023 年这 24 年的信用得分趋势图

例如，图 5.9 中“•”标识的实线“民营企业”，即是以表 5.38 第 3~26 列的列标识 2000~2023 年这 24 年的年份为横轴，以表 5.38 第 1 行第 3~26 列的信用得分为纵轴，作出的“民营企业”信用得分趋势图。同理，对表 5.38 第 2 列的其他 6 个所有制也作出了对应的信用得分折线图，同样画在图 5.9 中。

根据图 5.9 得出结论如下。

(1)中国上市公司的企业所有制属性信用特征分布规律。民营企业、集体企业、外资企业这 3 类所有制的信用资质最高，公众企业和中央国有企业这两类所有制的信用资质次之，地方国有企业和由协会等实际控股的其他所有制企业这两类所有制的信用资质最低。这也与上文表 5.36 的结论一致。

(2)中国上市公司的企业所有制属性信用分布特征随年份变化的规律。2000~2019 年 7 个所有制的信用得分波动整体较为平稳，但在 2020~2023 年信用状况波动较大。具体表现为：2020 年所有 7 个所有制属性的信用得分均急剧下跌，至 2021 年信用得分到达低谷，于 2022 年有所反弹，但在 2023 年又呈现急剧下跌趋势。同时可以看出，虽然上市公司 7 个所有制属性的信用得分趋势总体一致，但相比于“地方国有企业”“中央国有企业”“其他所有制”“公众企业”4 个信用资质居中和较差的所有制属性，“民营企业”“集体企业”“外资企业”这 3 个信用资质较好的所有制属性的信用得分的下跌幅度要更小，抗风险能力相对较强。

图 5.10 是上市公司 7 个所有制属性的平均信用得分对比图。图 5.10 是以上文表 5.38 第 2 列的所有制名称为横轴，以上文表 5.38 第 27 列第 1~7 行的平均信用得分为纵轴，作出的 7 个所有制属性的平均信用

得分对比图。图 5.10 中通过所有制的平均信用得分越高，信用资质越好，将 7 个所有制属性分为信用资质好、中、差三个级别。

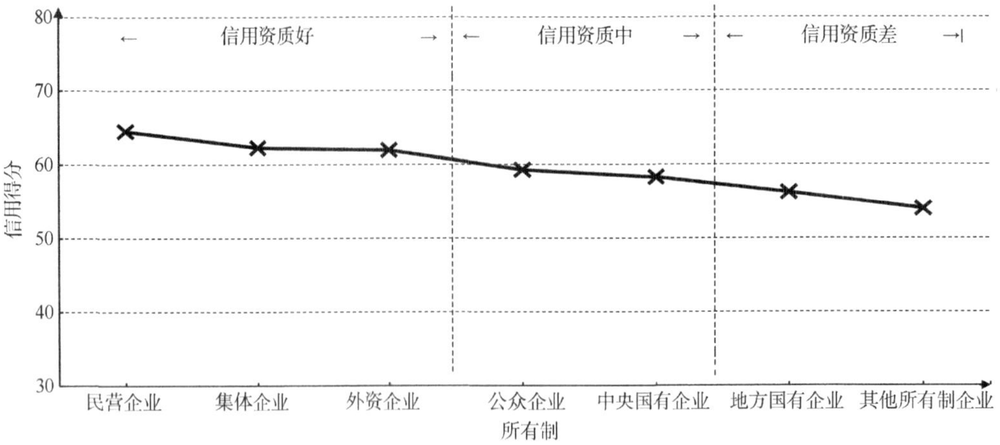

图 5.10　上市公司 7 个所有制属性的平均信用得分对比图

图 5.10 中平均信用得分线(“×”标记的实线)倾斜向下，表示 7 个所有制属性的信用得分随着横轴向右信用资质依次递减。说明中国上市公司的企业所有制属性信用分布特征整体表现为：民营企业、集体企业、外资企业这 3 类所有制的信用资质最高，公众企业和中央国有企业这两类所有制的信用资质次之，地方国有企业和由协会等实际控股的其他所有制企业这两类所有制的信用资质最低。

图 5.11 是上市公司 7 个所有制属性未来 T+5 年的信用得分对比图。通过对比未来 T+5 年 7 个所有制属性的信用得分，深入挖掘出平均信用资质好，但在未来 T+5 年信用资质反而不好的典型所有制。图 5.11 是以上文表 5.38 第 2 列的所有制名称为横轴，以上文表 5.38 第 26 列第 1~7 行的信用得分为纵轴，作出的 7 个所有制属性 2023 年(T+5)的信用得分对比图。图 5.11 中纵轴的信用得分越高，表示信用资质越好。

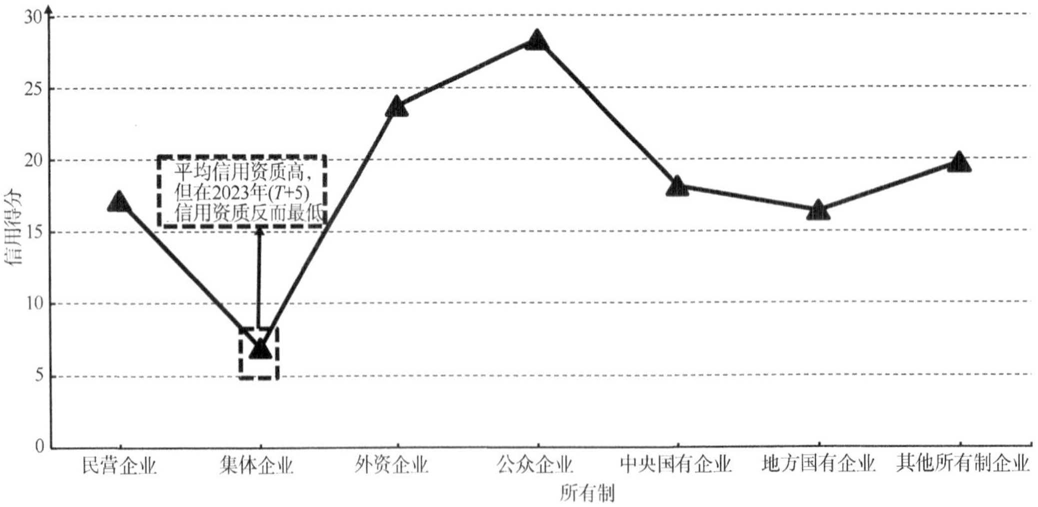

图 5.11　上市公司 7 个所有制属性未来 T+5 年的信用得分对比图

由图 5.11 可知，2023 年(T+5) 7 个所有制属性的信用得分对比中，“集体企业”的信用得分最低，信用资质最差。综合上文图 5.10 平均信用得分图，得出结论：平均信用得分高的集体企业，在 2023 年(T+5)的信用资质反而最低。说明 2023 年，集体企业可能会存在极高的违约风险。

图 5.12 是以上文表 5.38 第 21~26 列的列标识 2018~2023 年这 6 年的年份为横轴，以上文表 5.38 第 2 行第 21~26 列的信用得分为纵轴，作出的集体企业未来 $T+m$ (m=0, 1, 2, 3, 4, 5)年的信用得分趋势图。

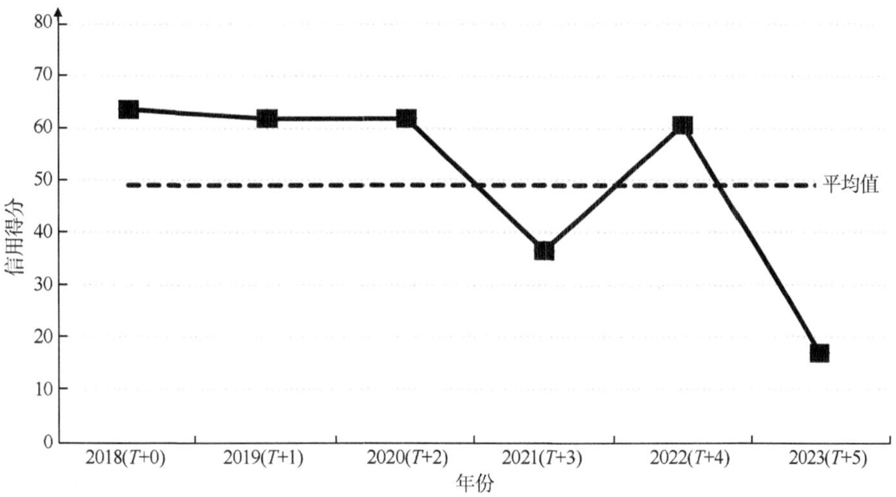

图 5.12　上市公司集体企业未来 $T+m$ (m=0, 1, 2, 3, 4, 5)年的信用得分趋势图

由图 5.12 可知，集体企业平均信用资质高，但未来 T+5 年的信用资质反而低的原因为，集体企业未来 T+0, T+1, T+2, T+4 这 4 年的信用得分高于平均值，但未来 T+5 年信用得分远低于平均水平。由图 5.12 还可知，集体企业未来 T+3 年的信用得分相对较低，说明集体企业 2021 年(T+3)的信用资质相对较差，违约风险相对较高。

综上，中国上市公司的企业所有制属性信用特征为民营企业、集体企业、外资企业这 3 类所有制的信用资质最高，公众企业和中央国有企业这两类所有制的信用资质次之，地方国有企业和由协会等实际控股的其他所有制企业这两类所有制的信用资质最低。平均信用资质高的集体企业，在 2023 年的信用资质反而最低。

5.11　上市公司的信用指数构建

表 5.39 第 5~7 列的上市公司的资产总额 A_j、负债总额 L_j、资产总额加负债总额(A_j+L_j)数据，是在 Wind 数据库查询得到的。表 5.39 第 8 列信用得分 $S_{j(T+m)}$来自上文表 5.21 的第 8 列。其中，对于 2000 年至 2018 年这 19 年已有指标数据的公司，用的是 m=0 的信用得分 $S_{j(T+0)}$；对于 2019 年至 2023 年这 5 年没有指标数据的公司，用的是 m=1, 2, 3, 4, 5 时刻预测的信用得分 $S_{j(T+m)}$。

表 5.39　上市公司的资产总额、负债总额、资产总额加负债总额和最优模型方案线性判别的信用得分结果

(1)序号	(2)证券代码	(3)证券简称	(4)年份	(5)资产总额 A_j/元	(6)负债总额 L_j/元	(7)资产总额加负债总额(A_j+L_j)/元	(8)信用得分 $S_{j(T+m)}$
1	000998.SZ	隆平高科	2000	926 413 446.70	148 443 973.00	1 074 857 419.70	99.98
2	600269.SH	赣粤高速	2000	3 979 439 799.00	1 167 347 595.00	5 146 787 394.00	99.97
3	600066.SH	宇通客车	2000	1 425 780 961.00	557 556 209.10	1 983 337 170.10	99.96
…	…	…	…	…	…	…	…
1 176	600647.SH	同达创业	2000	166 773 810.50	156 315 860.10	323 089 670.60	0.09
…	…	…	…	…	…	…	…
47 171	600800.SH	天津磁卡	2018	599 505 848.20	482 642 939.10	1 082 148 787.30	0.16
47 172	603040.SH	新坐标	2019	774 630 623.30	84 979 714.09	859 610 337.39	99.93
…	…	…	…	…	…	…	…

续表

(1)序号	(2)证券代码	(3)证券简称	(4)年份	(5)资产总额 A_j/元	(6)负债总额 L_j/元	(7)资产总额加负债总额(A_j+L_j)/元	(8)信用得分 $S_{j(T+m)}$
50 578	600318.SH	新力金融	2020	5 644 903 614.00	3 363 332 367.00	9 008 235 981.00	99.54
…	…	…	…	…	…	…	…
57 387	600830.SH	香溢融通	2022	2 964 879 672.00	669 288 901.00	3 634 168 573.00	100.00
…	…	…	…	…	…	…	…
64 196	601601.SH	中国太保	2023	1 340 000 000 000.00	1 180 000 000 000.00	2 520 000 000 000.00	0.00

5.11.1 基于资产总额标准的信用指数计算

以 2000 年基于资产总额标准的信用指数计算为例进行说明。

1. 基于资产总额标准的典型公司样本选取

将表 5.39 第 1~1176 行第 5 列资产总额 A_j 由高到低进行排序，并在表 5.39 第 1~1176 行 2000 年的 1176 家上市公司中选取年资产总额排名前 10%的公司，即 $N^A{}_{(2000)}$=1176×10%≈117 家上市公司，作为 2000 年信用指数构建的典型公司。将这 117 个典型公司的证券代码、证券简称、年份、资产总额 $A_{j(2000)}$分别列入表 5.40 第 2~5 列的第 1~117 行。

表 5.40 上市公司基于资产总额标准选取的典型公司样本

(1)序号	(2)证券代码	(3)证券简称	(4)年份	(5)资产总额 $A_{j(T+m)}$/万元	(6)典型公司样本权重 $W^A{}_{j(T+m)}$	(7)信用得分 $S_{j(T+m)}$
1	601857.SH	中国石油	2000	42 000 000.00	0.22	52.87
2	600028.SH	中国石化	2000	34 100 000.00	0.18	54.67
3	600036.SH	招商银行	2000	22 000 000.00	0.12	7.10
…	…	…	…	…	…	…
117	600476.SH	湘邮科技	2000	15 273.17	0.00	29.35
118	601857.SH	中国石油	2001	44 200 000.00	0.20	70.98
…	…	…	…	…	…	…
6 406	000613.SZ	*ST 东海 A	2023	8 819.71	0.00	1.13

以上是 2000 年基于资产总额标准的指数构建典型公司的选取。同理，可以得到 2001~2023 年这 23 年的典型公司样本，将典型公司样本的结果列入表 5.40 第 118~6406 行。

2. 基于资产总额标准的典型公司权重计算

将上文计算的 2000 年典型公司个数 $N^A{}_{(2000)}$≈117 和表 5.40 第 5 列的资产总额 $A_{j(2000)}$代入上文式(3.82)，得到 2000 年典型公司的权重。

以第 1 个典型公司“中国石油”(601857.SH)的指数权重 $W^A{}_{1(2000)}$为例。

将表 5.40 第 5 列第 1 行资产总额 $A_{1(2000)}$=42 000 000.00 代入上文式(3.82)分子，得到权重如下。

$$W^A{}_{1(2000)}=A_{1(2000)}/(A_{1(2000)}+\cdots+A_{117(2000)})=42\ 000\ 000.00/(42\ 000\ 000.00+\cdots+15\ 273.17)=0.22 \tag{5.10}$$

将式(5.10)的结果列入表 5.40 第 6 列第 1 行。同理，将表 5.40 第 5 列第 2~117 行的资产总额 $A_{j(2000)}$分别代入式(3.82)的分子，分别得到 2000 年其他 116 个典型公司的权重 $W^A{}_{j(2000)}$(j=2, 3, …, 117)，列入表 5.40 第 6 列第 2~117 行。

以上是基于资产总额标准的 2000 年的典型公司样本权重计算。同理，可以得到基于资产总额标准的 2001~2023 年的典型公司样本权重 $W^A{}_{j(T+m)}$，将结果列入表 5.40 第 6 列第 118~6406 行。

3. 基于资产总额标准的信用指数计算过程

根据上文表 5.21 第 2 列的证券代码和第 8 列的信用得分，将 5.40 第 7 列的信用得分 $S_{j(T+m)}$对应填充。

将表 5.40 第 1~117 行的 2000 年 117 家典型公司对应的第 6 列权重 $W^{A}_{j(T+m)}$、第 7 列信用得分 $S_{j(T+m)}$，以及上文选取的 2000 年典型公司个数 $N^{A}_{(2000)}\approx 117$，代入上文式(3.85)，得到 2000 年典型公司样本基于资产总额标准的信用得分加权平均值 $\overline{S}^{A}_{(2000)}$ 如下。

$$\overline{S}^{A}_{(2000)}=\sum_{j=1}^{117}W^{A}_{j(2000)}S_{j(2000)}=56.91 \tag{5.11}$$

将式(5.11)计算的 2000 年典型公司样本基于资产总额标准的信用得分加权平均值 $\overline{S}^{A}_{(2000)}=56.91$，代入上文式(3.86)，得到 2000 年典型公司样本基于资产总额标准的信用指数 $\mathrm{CI}^{A}_{(2000)}$如下。

$$\mathrm{CI}^{A}_{(2000)}=\frac{\overline{S}^{A}_{(2000)}}{\overline{S}^{A}_{(2000)}}\times 1000=\frac{56.91}{56.91}\times 1000=1000 \tag{5.12}$$

将式(5.12)计算的 2000 年典型公司样本基于资产总额标准的信用指数 $\mathrm{CI}^{A}_{(2000)}=1000$，列入表 5.41 第 3 列第 1 行。

表 5.41　上市公司 2000 年至 2023 年这 24 年的信用指数表

(1)序号	(2)年份	(3)资产总额前 10%的年度信用指数 $\mathrm{CI}^{A}_{(T+m)}$	(4)负债总额前 10%的年度信用指数 $\mathrm{CI}^{L}_{(T+m)}$	(5)基于资产总额加负债总额的年度信用指数 $\mathrm{CI}^{A+L}_{(T+m)}$
1	2000	1000.00	1000.00	1000.00
2	2001	1287.47	1317.76	1279.33
3	2002	1279.51	1339.35	1282.31
…	…	…	…	…
9	2007	1591.29	1240.60	1642.43
10	2008	1194.79	1100.29	1171.17
11	2009	1060.09	1100.29	1067.93
…	…	…	…	…
20	2019	1163.99	1337.43	1205.41
21	2020	1545.37	1813.79	1612.21
…	…	…	…	…
24	2023	620.83	731.19	669.00

同理，可计算 2001 年的信用得分加权平均值 $\overline{S}^{A}_{(2001)}=73.27$ 和信用指数 $\mathrm{CI}^{A}_{(2001)}=(73.27/56.91)\times 1000\approx 1287.47$，列入表 5.41 第 3 列第 2 行。

以上是上市公司基于资产总额标准的 2000 年和 2001 年的信用指数计算。依次类推，将基于资产总额标准的 2002 年至 2023 年的信用指数计算结果分别列入表 5.41 第 3 列第 3~24 行。

5.11.2　基于负债总额标准的信用指数计算

以 2000 年的基于负债总额标准的信用指数计算为例进行说明。

1. 基于负债总额标准的典型公司样本选取

将表 5.39 第 1~1176 行第 6 列负债总额 L_j 由高到低进行排序，并在表 5.39 第 1~1176 行 2000 年的 1176 家上市公司中选取年负债总额排名前 10%的公司，即 $N^{L}_{(2000)}=1176\times 10\%\approx 117$ 家上市公司，作为 2000 年信用指数构建的典型公司。将这 117 个典型公司的证券代码、证券简称、年份、负债总额 $L_{j(2000)}$分别列入表

5.42 第 2~5 列的第 1~117 行。

表 5.42 上市公司基于负债总额标准选取的典型公司样本

(1)序号	(2)证券代码	(3)证券简称	(4)年份	(5)负债总额 $L_{j(T+m)}$/万元	(6)典型公司样本权重 $W^L_{j(T+m)}$	(7)信用得分 $S_{j(T+m)}$
1	600036.SH	招商银行	2000	21 600 000.00	0.19	7.10
2	600028.SH	中国石化	2000	19 700 000.00	0.18	54.67
3	601857.SH	中国石油	2000	16 200 000.00	0.14	7.10
…	…	…	…	…	…	…
117	600763.SH	通策医疗	2000	507.16	0.00	53.40
118	600036.SH	招商银行	2001	26 100 000.00	0.19	4.10
…	…	…	…	…	…	…
6 406	000613.SZ	*ST 东海 A	2023	1 040.84	0.00	1.13

以上是 2000 年基于负债总额标准的指数构建典型公司的选取。同理，可以得到 2001~2023 年这 23 年的典型公司样本，将典型公司样本的结果列入表 5.42 第 2~5 列第 118~6406 行。

2. 基于负债总额标准的典型公司权重计算

将上文计算的 2000 年典型公司个数 $N^L_{(2000)}$≈117 和表 5.42 第 5 列的负债总额 $L_{j(2000)}$代入上文式(3.83)，得到 2000 年典型公司的权重。

以第 1 个典型公司“招商银行”(600036.SH)的指数权重 $W^L_{1(2000)}$为例。

将表 5.42 第 5 列第 1 行负债总额 $L_{1(2000)}$=21 600 000.00 代入上文式(3.83)分子，得到权重如下。

$$W^L_{1(2000)}=L_{1(2000)}/(L_{1(2000)}+\cdots+L_{117(2000)}) =21\,600\,000.00/(21\,600\,000.00+\cdots+507.16)=0.19 \tag{5.13}$$

将式(5.13)的结果列入表 5.42 第 6 列第 1 行。同理，将表 5.42 第 5 列第 2~117 行的负债总额 $L_{j(2000)}$分别代入式(3.83)的分子，分别得到 2000 年其他 116 个典型公司的权重 $W^L_{j(2000)}(j=2, 3, \cdots, 117)$，列入表 5.42 第 6 列第 2~117 行。

以上是基于负债总额标准的 2000 年的典型公司样本权重的计算。同理，可得到基于负债总额标准的 2001~2023 年这 23 年的典型公司样本权重 $W^L_{j(T+m)}$，将结果列入表 5.42 第 6 列第 118~6406 行。

3. 基于负债总额标准的信用指数计算过程

根据上文表 5.21 第 2 列的证券代码和第 8 列的信用得分，将表 5.42 第 7 列的信用得分 $S_{j(T+m)}$对应填充。

将表 5.42 第 1~117 行的 2000 年 117 家典型公司对应的第 6 列权重 $W^L_{j(T+m)}$、第 7 列信用得分 $S_{j(T+m)}$，以及上文选取的 2000 年典型公司个数 $N^L_{(2000)}$≈117，代入上文式(3.87)，得到 2000 年典型公司样本基于负债总额标准的信用得分加权平均值 $\bar{S}^L_{(2000)}$ 如下。

$$\bar{S}^L_{(2000)}=\sum_{j=1}^{117}W^L_{j(2000)}S_{j(2000)}=49.03 \tag{5.14}$$

将式(5.14)计算的 2000 年典型公司样本基于负债总额标准的信用得分加权平均值 $\bar{S}^L_{(2000)}$=49.03，代入上文式(3.88)，得到 2000 年典型公司样本基于负债总额标准的信用指数 $\mathrm{CI}^L_{(2000)}$如下。

$$\mathrm{CI}^L_{(2000)}=\frac{\bar{S}^L_{(2000)}}{\bar{S}^L_{(2000)}}\times1000=\frac{49.03}{49.03}\times1000=1000 \tag{5.15}$$

将式(5.15)计算的 2000 年典型公司样本基于负债总额标准的信用指数 $\mathrm{CI}^L_{(2000)}$=1000，列入上文表 5.41 第 4 列第 1 行。

同理，可计算 2001 年的信用得分加权平均值 $\bar{S}^L_{(2001)}$=64.61 和信用指数 $\mathrm{CI}^L_{(2001)}$= (64.61/49.03)×1000= 1317.76，列入上文表 5.41 第 4 列第 2 行。

以上是上市公司基于负债总额标准的 2000 年和 2001 年的信用指数计算。依次类推，将基于负债总额

标准的 2002 年至 2023 年的信用指数计算结果分别列入上文表 5.41 第 4 列第 3~24 行。

5.11.3　基于资产总额加负债总额标准的信用指数计算

以 2000 年的基于资产总额加负债总额标准的信用指数计算为例进行说明。

1. 基于资产总额加负债总额标准的典型公司样本选取

将表 5.39 第 1~1176 行第 7 列资产总额加负债总额(A_j+L_j)由高到低进行排序，并在表 5.39 第 1~1176 行 2000 年的 1176 家上市公司中选取资产总额加负债总额排名前 10%的公司，即 $N^{A+L}_{(2000)}$= 1176×10%≈117 家上市公司，作为 2000 年信用指数构建的典型公司。将这 117 个典型公司的证券代码、证券简称、年份、资产总额加负债总额$(A_{j(2000)}+L_{j(2000)})$分别列入表 5.43 第 2~5 列第 1~117 行。

表 5.43　上市公司基于资产总额加负债总额标准选取的典型公司样本

(1)序号	(2)证券代码	(3)证券简称	(4)年份	(5)资产总额加负债总额 $(A_{j(T+m)}+L_{j(T+m)})$/万元	(6)典型公司样本权重 $W^{A+L}_{j(T+m)}$	(7)信用得分 $S_{j(T+m)}$
1	601857.SH	中国石油	2000	58 200 000.00	0.19	52.87
2	600028.SH	中国石化	2000	53 800 000.00	0.18	54.67
3	600036.SH	招商银行	2000	43 600 000.00	0.15	7.10
…	…	…	…	…	…	…
117	600476.SH	湘邮科技	2000	19 116.90	0.00	29.35
118	601857.SH	中国石油	2001	60 700 000.00	0.17	70.98
…	…	…	…	…	…	…
6 406	000613.SZ	*ST 东海 A	2023	9 860.55	0.00	1.13

以上是 2000 年基于资产总额加负债总额标准的指数构建典型公司的选取。同理，可以得到 2001~2023 年这 23 年的典型公司样本，将典型公司样本的结果列入表 5.43 第 2~5 列第 118~6406 行。

2. 基于资产总额加负债总额标准的典型公司权重计算

将上文计算的 2000 年典型公司个数 $N^{A+L}_{(2000)}$≈117 和表 5.43 第 5 列的资产总额加负债总额$(A_{j(2000)}+L_{j(2000)})$代入上文式(3.84)，得到 2000 年典型公司的权重。

以第 1 个典型公司“中国石油”(601857.SH)的指数权重 $W^{A+L}_{1(2000)}$为例。

将表 5.43 第 5 列第 1 行的资产总额加负债总额$(A_{1(2000)}+L_{1(2000)})$= 58 200 000.00 代入上文式(3.84)的分子，得到权重如下。

$$
\begin{aligned}
W^{A+L}_{1(2000)}&=[A_{1(2000)}+L_{1(2000)}]/[(A_{1(2000)}+L_{1(2000)})+\cdots+(A_{117(2000)}+L_{117(2000)})]\\
&=58\,200\,000.00/(58\,200\,000.00+\cdots+19\,116.90)=0.19
\end{aligned}
\tag{5.16}
$$

将式(5.16)的结果列入表 5.43 第 6 列第 1 行。同理，将表 5.43 第 5 列第 2~117 行的资产总额加负债总额$(A_{j(2000)}+L_{j(2000)})$分别代入式(3.84)的分子，分别得到 2000 年其他 116 个典型公司的权重 $W^{A+L}_{j(2000)}(j=2, 3, \cdots, 117)$，列入表 5.43 第 6 列第 2~117 行。

以上是基于资产总额加负债总额标准的 2000 年的典型公司样本权重的计算。同理，可以得到基于资产总额加负债总额标准的 2001~2023 年这 23 年的典型公司样本权重 $W^{A+L}_{j(T+m)}$，将结果列入表 5.43 第 6 列第 118~6406 行。

3. 基于资产总额加负债总额标准的信用指数计算过程

根据上文表 5.21 第 2 列的证券代码和第 8 列的信用得分，将表 5.43 第 7 列的信用得分 $S_{j(T+m)}$对应填充。

将表 5.43 第 1~117 行的 2000 年 117 家典型公司对应的第 6 列权重 $W^{A+L}_{j(T+m)}$、第 7 列信用得分 $S_{j(T+m)}$，以及上文选取的 2000 年典型公司个数 $N^{A+L}_{(2000)}$≈117，代入上文式(3.89)，得到 2000 年典型公司样本基于资产总额加负债总额标准的信用得分加权平均值 $\overline{S}_{(2000)}^{A+L}$ 如下。

$$\overline{S}_{(2000)}^{A+L}=\sum\nolimits_{j=1}^{117}W_{j(2000)}^{A+L}S_{j(2000)}=54.56 \tag{5.17}$$

将式(5.17)计算的 2000 年典型公司样本基于资产总额加负债总额标准的信用得分加权平均值 $\overline{S}_{(2000)}^{A+L}$ =54.56，代入上文式(3.90)，得到 2000 年典型公司样本基于资产总额加负债总额标准的信用指数 $\mathrm{CI}^{A+L}{}_{(2000)}$ 如下。

$$\mathrm{CI}^{A+L}{}_{(2000)}=\frac{\overline{S}_{(2000)}^{A+L}}{\overline{S}_{(2000)}^{A+L}}\times 1000=\frac{54.56}{54.56}\times 1000=1000 \tag{5.18}$$

将式(5.18)计算得到的 2000 年典型公司样本基于资产总额加负债总额标准的信用指数 $\mathrm{CI}^{A+L}{}_{(2000)}$=1000，列入上文表 5.41 第 5 列第 1 行。

同理，可计算 2001 年的信用得分加权平均值 $\overline{S}_{(2001)}^{A+L}$=69.80 和信用指数 $\mathrm{CI}^{A+L}{}_{(2001)}$= (69.80/54.56)×1000= 1279.33，列入上文表 5.41 第 5 列第 2 行。

以上是上市公司基于资产总额加负债总额标准的 2000 年和 2001 年的信用指数计算。依次类推，将基于资产总额加负债总额标准的 2002 年至 2023 年的信用指数计算结果分别列入上文表 5.41 第 5 列第 3~24 行。

5.11.4 上市公司 2000~2023 年 24 年的信用指数趋势图

以表 5.41 第 2 列的年份为横轴，分别以第 3、4、5 列的年度信用指数为纵轴，作出上市公司的年度信用指数走势图，如图 5.13 所示。

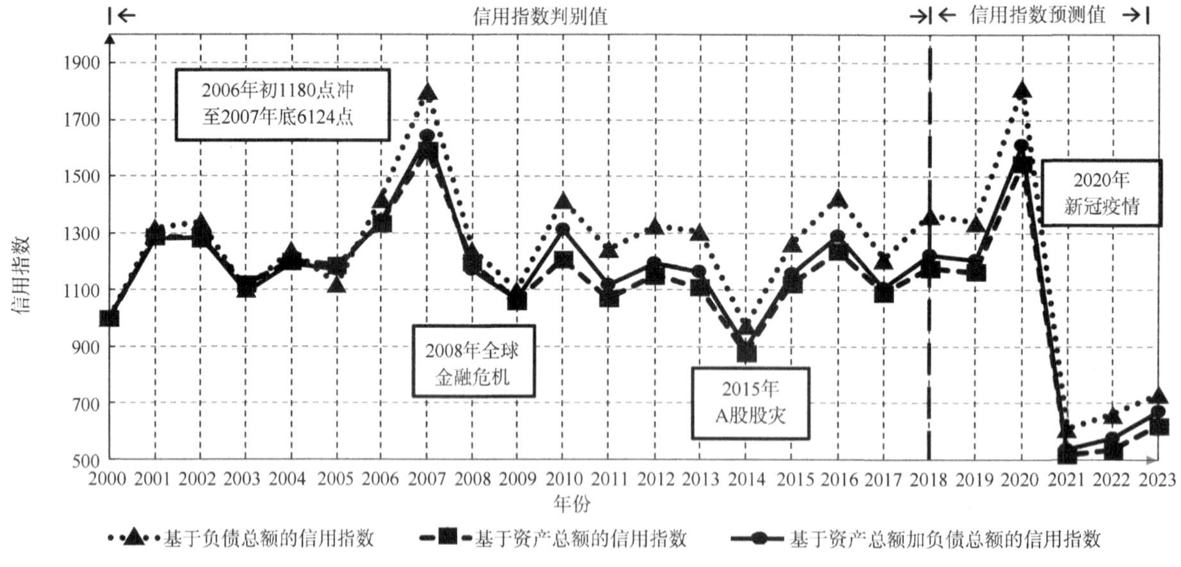

图 5.13 中国上市公司的年度信用指数走势图

上市公司 2000~2018 年这 19 年信用指数的发展规律，以及预测的 2019~2023 年这 5 年的信用指数趋势如图 5.13 所示。

1. 2000~2018 年这 19 年中国上市公司信用指数的发展规律及原因分析

(1)中国上市公司 2000~2018 年这 19 年信用指数发展规律。总体上看，2000~2006 年中国上市公司信用指数平稳波动，并于 2006 年出现增长拐点，至 2007 年达到高位并开始连续两年大幅下跌。之后于 2009 年初开始恢复，并于 2009~2013 年稳步波动增长。于 2014~2015 年出现下跌拐点，2015~2018 年平稳波动。

(2)中国上市公司 2000~2018 年这 19 年信用指数发展的宏观原因分析。2006~2007 年信用指数出现增长拐点并呈现上升趋势，这可能与当时“2006 年初上证指数由 1180 点冲至 2007 年底的 6124 点[35]”的宏观事件有关联。2007 年之后的大幅下跌可能是受 2008 年全球金融危机[36]的影响，导致 2008~2009 年信用指数持续急剧下跌。

(3)中国上市公司 2000~2018 年这 19 年信用指数发展的政策原因分析。2014~2015 年信用指数出现下跌拐点的原因可能在于，证监会、中国银行业监督管理委员会（简称银监会）、中国保险监督管理委员会（简称保监会）等六部门发布的《关于大力推进体制机制创新 扎实做好科技金融服务的意见》[37]推行的金融创新促使了杠杆融资和互联网借贷业务的发展，这也在某些层面上导致了 2015 年杠杆融资泡沫带来的 A 股市场股灾[38]。

2. 2019~2023 年这 5 年中国上市公司信用指数的趋势预测

(1)中国上市公司 2019~2023 年这 5 年信用指数的未来趋势。在 2019~2020 年信用指数呈现上升趋势，于 2020 年出现由好转差的拐点，并在 2020~2021 年信用指数持续下跌，在 2021~2023 年出现小幅回升，但仍然处于历史低位。

(2)中国上市公司 2019~2023 年这 5 年信用指数未来趋势的原因分析。2020 年出现由好转差的拐点原因可能是，受 2020 年新冠疫情的影响，宏观经济环境较差，中国上市公司的发展经营及融资均受影响，导致 A 股市场的信用指数整体下滑。2021~2023 年出现小幅回升的原因可能是，随着 2020 年底新《中华人民共和国证券法》中更为严格的退市政策落地[39]，对上市公司的监管将更加严格，促使了上市公司整体违约风险有所改善，信用状况逐步向好，但仍旧处于清偿能力较弱的阶段。

5.12　上市公司的信用风险指数构建

5.12.1　基于三个标准的信用风险指数计算

上市公司信用风险指数的典型公司样本选择以及权重计算方式，与上文 5.11 节的信用指数同理。但在信用风险指数计算时的差别在于：将信用指数计算公式中分子和分母的 $S_{j(T+m)}$ 替换为 $(100-S_{j(T+m)})$，如式(3.91)至式(3.96)所示，计算得到的信用风险指数反映违约可能性。信用风险指数越大，违约风险越高。计算过程同上文 5.11 节，不再赘述。

将计算得到的 2000~2023 年这 24 年三个标准下的信用风险指数，分别列入表 5.44 第 3~5 列。

表 5.44　中国上市公司的 2000 年至 2023 年这 24 年的信用风险指数表

(1)序号	(2)年份	(3)资产总额前 10%的年度信用风险指数 $CRI^{A}_{(T+m)}$	(4)负债总额前 10%的年度信用风险指数 $CRI^{L}_{(T+m)}$	(5)基于资产总额加负债总额的年度信用风险指数 $CRI^{A+L}_{(T+m)}$
1	2000	1000.00	1000.00	1000.00
2	2001	655.48	795.85	782.75
3	2002	630.78	673.52	661.08
…	…	…	…	…
8	2007	175.68	187.25	177.52
9	2008	501.20	443.36	496.63
10	2009	742.69	903.52	918.45
…	…	…	…	…
20	2019	1652.35	1312.34	1583.22
21	2020	1343.08	1106.82	1308.51
…	…	…	…	…
24	2023	3849.38	2877.88	3557.28

5.12.2 上市公司 2000~2023 年 24 年的信用风险指数趋势图

根据表 5.44 第 2 列的年份为横轴，分别以第 3、4、5 列的年度信用风险指数为纵轴，作出上市公司的年度信用风险指数走势图，如图 5.14 所示。

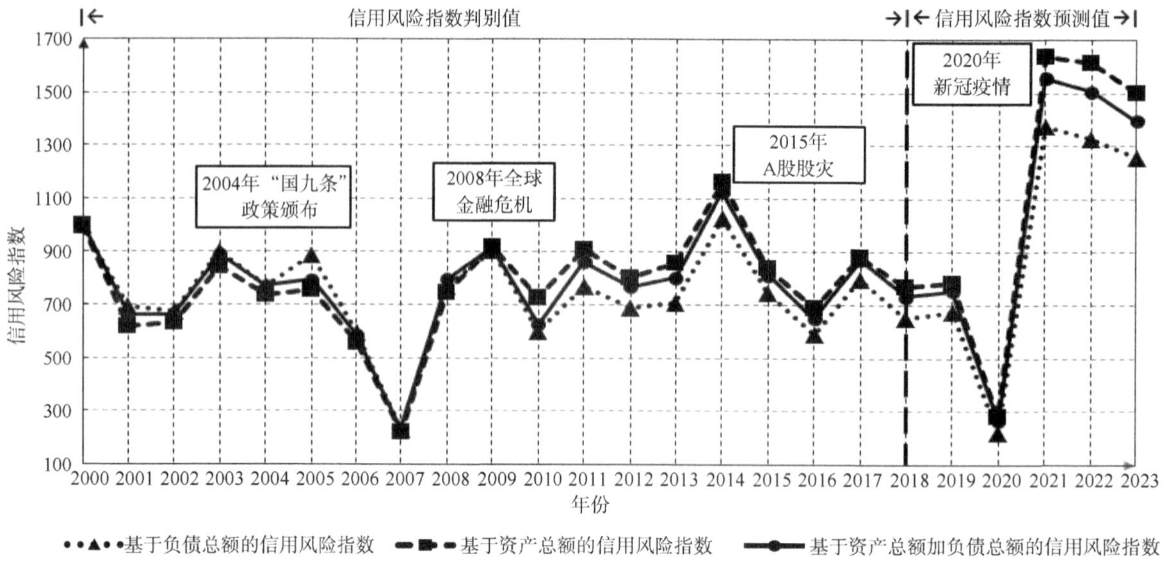

图 5.14 中国上市公司的年度信用风险指数走势图

上市公司 2000~2018 年这 19 年信用风险指数的发展规律，以及预测的 2019~2023 年这 5 年的信用风险指数趋势如图 5.14 所示。

1. 2000~2018 年这 19 年中国上市公司信用风险指数的发展规律

(1)中国上市公司 2000~2018 年这 19 年信用风险指数的发展规律。总体上看，2000~2002 年信用风险指数稳步降低，在 2003 年出现了一次小幅上升，2003~2005 年信用风险指数保持在高位，说明此时违约风险较大。在此之后信用风险指数持续下降至 2007 年。信用风险指数于 2007 年出现由小到大的拐点，违约风险急剧升高。并于 2008~2014 年逐步震荡攀升。2014~2018 年，信用风险指数稳步下降，违约风险持续降低。

(2)中国上市公司 2000~2018 年这 19 年信用风险指数的宏观原因分析。2007 年出现由好转差的拐点，违约风险急剧升高的原因可能是，受 2008 年全球金融危机[36]的宏观环境恶化影响，中国 A 股市场违约风险极大。2014 年出现信用风险指数由大到小的违约风险降低拐点的原因可能是由于 2015 年去杠杆使得 A 股市场违约风险降低[38]。

(3)中国上市公司 2000~2018 年这 19 年信用风险指数发展的政策原因分析。2003~2005 年信用风险指数保持在违约风险高位的政策原因可能是，2004 年 1 月 31 日，《国务院关于推进资本市场改革开放和稳定发展的若干意见》(简称“国九条”)明确了资本市场的作用和任务，使得 A 股融资市场风险不确定性增大。同时，2004 年全年政策出台频率快，如保险基金入市、以股抵债等试点政策相继出台，导致上市公司的投融资风险增大，进而可能导致上市公司违约风险升高。

2. 2019~2023 年这 5 年中国上市公司信用风险指数的趋势预测

(1)中国上市公司 2019~2023 年这 5 年信用风险指数未来趋势。2019~2020 年信用风险指数呈现下降趋势，2020~2021 年信用风险指数急剧上升，违约风险极高。2021~2022 年小幅下降后，并在 2022~2023 年信用风险指数再次下降。2021~2023 年的信用风险指数整体居高不下，说明违约风险可能持续较大。

(2)中国上市公司 2019~2023 年这 5 年信用风险指数未来趋势的原因分析。2020~2021 年信用风险指数急剧上升的原因可能是，受 2020 的新冠疫情的影响，宏观经济环境较差，中国上市公司的发展经营及融资均受影响，导致 A 股市场的信用指数整体下滑。2021~2022 年小幅下降的原因可能是，随着 2020 年底新《中华人民共和国证券法》中更为严格的退市政策落地[39]，对上市公司的监管将更加严格，促使了上市公司整体违约风险有所下降，但受宏观环境不景气的影响，2021~2023 年的信用风险指数整体居高不下，违约风险可能持续较大。

5.13 本章结论

5.13.1 主要工作

(1)本章遴选了上市公司最优违约预测指标组合。通过经济学含义结合偏相关系数的 F 检验进行指标的初步筛选，通过基于支持向量机的序列前向选择算法进一步筛选出最优的指标组合，获得了上市公司 T+0~T+5 年的最优指标组合。

(2)本章确定了上市公司指标最优权重向量。根据违约状态 Y_j 与指标权重的函数关系 $Y_j=f(w_i, x_{ij})$，将预测的违约状态 $\hat{Y}_j$ 与实际违约状态 Y_j 对比后，以违约和非违约两类企业的预测误差最小为目标，构建数学规划模型，反推出模型的评价指标的最优权重，保证构建的预警方程能够区分违约与非违约企业。

(3)本章构建了上市公司最优的违约风险预警模型。通过构建线性判别模型、逻辑回归模型、支持向量机模型等 14 种大数据模型，并根据模型的精度、可解释性和复杂性的“不可能三角”三个标准的对比分析，遴选出最优的 T+0~T+5 年的最优分类模型。

(4)本章分析了上市公司的行业、地区、所有制属性的信用特征分布。通过不同行业、省区市、所有制属性的公司信用得分均值，判断信用资质好坏，并通过曼-惠特尼 U 统计检验，验证信用资质差异。若曼-惠特尼 U 显著水平检验通过且该类公司信用得分高，则意味着信用资质好，反之就差。

(5)本章构建了基于资产总额、负债总额、资产总额加负债总额三个标准的信用指数和信用风险指数，并分析了信用指数和信用风险指数的趋势。通过最优违约预警模型计算得到的未来第 $T+m$ 年的违约概率和信用得分，按资产总额、负债总额、资产总额加负债总额三个标准的选股规则选择典型公司样本，并将典型公司样本的加权平均信用得分转化成信用指数。信用指数和信用风险指数反映了年度违约风险的趋势，并对未来第 $T+m$ 年的信用状况进行预警。

5.13.2 主要结论

(1)中国上市公司违约预测的最优指标组合。由 204 个指标构成的$(2^{204}-1)\approx 2.57\times 10^{61}$个指标组合中，遴选出“资产负债率”“每股权益合计”“违规类型”等 19 个指标，构成了 T–0 年违约判别几何平均精度最大的指标组合；遴选出“资产负债率”“营业外收入占营业总收入比重”“广义货币供应量(M2)同比增长率”等 11 个指标，构成了 T–1 年违约预测几何平均精度最大的指标组合；遴选出“资产负债率”“账面市值比”“审计意见类型”等 14 个指标，构成了 T–2 年违约预测几何平均精度最大的指标组合；遴选出“管理费用/营业总收入”“营业总成本增长率”“业绩预告次数”等 10 个指标，构成了 T–3 年违约预测几何平均精度最大的指标组合；遴选出“有形资产/负债合计”“净资产收益率”“审计意见类型”等 14 个指标，构成了 T–4 年违约预测几何平均精度最大的指标组合；遴选出“资产负债率”“管理费用/营业总收入”“每股社会贡献值”等 17 个指标，构成了 T–5 年违约预测几何平均精度最大的指标组合。

(2)中国上市公司违约预测的重要宏观指标。“狭义货币供应量(M1)同比增长率”“广义货币供应量(M2)同比增长率”“外商投资总额增长率”等 10 个关键宏观指标，对上市企业违约状态有显著影响。

(3)中国上市公司违约预测的关键指标。“基本每股收益”“长期资产适合率”“权益乘数”等 7 个指标对企业未来 0~2 年的短期违约状态具有关键影响。“管理费用/营业总收入”“经营活动产生的现金流量净额/经营活动净收益”“营业收入占营业总收入比重”等 5 个指标对企业未来 3~5 年的中期违约状态具有关键影响。“资产负债率”“广义货币供应量(M2)同比增长率”这两个指标，不论是对未来 0~2 年的短期违约预测，还是对未来 3~5 年的中期违约预测都有重要影响。

(4)中国上市公司的行业信用特征。“信息传输、软件和信息技术服务业”、“制造业”和“建筑业”3 个行业的信用资质最高，“文化、体育和娱乐业”、“其他行业”和“批发和零售业”3 个行业的信用资质居中，“采矿业”、“电力、热力、燃气及水生产和供应业”和“房地产业”3 个行业的信用资质最低。

(5)中国上市公司的省区市信用特征。广东省、浙江省、江苏省等 10 个省区市的信用资质最高，河北省、河南省、上海市等 10 个省区市的信用资质居中，青海省、宁夏回族自治区和海南省等 11 个省区市的信用资质最低。信用资质低的省区市主要分布于中西部，建议加大对中西部地区的政策扶持力度。

(6)中国上市公司的所有制信用特征。民营企业、集体企业和外资企业的信用资质最高，公众企业和中央国有企业的信用资质次之，地方国有企业和由协会等实际控股的其他所有制企业的信用资质最低。

(7)中国上市公司信用指数的未来趋势预测。在 2019~2020 年信用指数呈现上升趋势，于 2020 年出现由好转差的拐点，并在 2020~2021 年信用指数持续下跌，但在 2021~2023 年出现小幅回升，但仍然处于历史低位。2020 年出现由好转差的拐点原因可能是，受 2020 年新冠疫情的影响，宏观经济环境较差，中国上市公司的发展经营及融资均受影响，导致 A 股市场的信用指数整体下滑。2021~2023 年出现小幅回升的原因可能是，随着 2020 年底新《中华人民共和国证券法》中更为严格的退市政策落地[39]，对上市公司的监管将更加严格，促使了上市公司整体违约风险有所改善，信用状况逐步向好，但仍旧处于清偿能力较弱的阶段。

(8)中国上市公司信用风险指数的未来趋势预测。2019~2020 年信用风险指数呈现下降趋势，2020~2021 年信用风险指数急剧上升，违约风险极高。2021~2022 年小幅下降后，并在 2022~2023 年信用风险指数呈现下降趋势。2021~2023 年的信用风险指数整体居高不下，说明违约风险持续较高。2020~2021 年信用风险指数急剧上升的原因可能是，受 2020 年新冠疫情的影响，宏观经济环境较差，中国上市公司的发展经营及融资均受影响，导致 A 股市场的信用指数整体下滑。2021~2022 年小幅下降的原因可能是，随着 2020 年底新《中华人民共和国证券法》中更为严格的退市政策落地[39]，对上市公司的监管将更加严格，促使了上市公司整体违约风险有所下降，但受宏观环境不景气的影响，2021~2023 年的信用风险指数整体居高不下，违约风险持续较大。

5.13.3 特色与创新

(1)通过两阶段的指标遴选方法构建评价指标体系，在具有明确经济学含义的海选指标集中，根据指标间偏相关系数和 F 值筛选出具有违约鉴别能力且指标间信息冗余最小的一组指标；并在第二阶段构建前向选择支持向量机指标遴选模型，以几何平均精度最大为标准，采用前向选择的方法筛选违约鉴别能力最强的指标组合，保证了构建的评价指标体系具有最强的违约鉴别能力。

(2)通过对违约企业和非违约企业的错判误差率之和最小，反推最优的权重，保证了所建立的违约预测模型能够保证较低的非违约企业误拒率和违约企业误授率，降低违约企业错判带来的贷款损失和非违约企业错判带来好客户流失的损失。

(3)通过综合考虑精度、可解释性、复杂性的“不可能三角”，从构建的 14 种大数据违约预警模型中对比分析遴选出最优违约风险预警模型，保证得到的模型既具有较高的违约预测能力，又具有可解释性，同时模型的复杂性低。

(4)通过对不同行业、地区、所有制属性公司的信用得分均值进行曼-惠特尼 U 非参数检验，识别不同行业、地区、所有制属性公司的信用资质，揭示不同行业、地区、所有制的中国上市公司，哪类公司的信用资质好，哪类公司的信用资质差，哪类公司的信用资质居中，为股票投资、债券投资提供决策依据，供金融监管当局等政策分析人员参考。

(5)通过分别对资产总额、负债总额、资产总额加负债总额由大到小选取前 10%作为典型公司样本，并将典型公司样本的加权平均信用得分转化成年度信用指数和信用风险指数，反映了上市公司的违约风险趋势，并对未来第 $T+m(m=1, 2, 3, 4, 5)$年的信用状况进行预警。

参 考 文 献

[1] Carvalho D, Ferreira M A, Matos P. Lending relationships and the effect of bank distress：evidence from the 2007-2009 financial crisis[J]. Journal of Financial and Quantitative Analysis, 2015, 50(6)：1165-1197.

[2] Christopoulos A G, Dokas I G, Kalantonis P, et al. Investigation of financial distress with a dynamic logit based on the linkage between liquidity and profitability status of listed firms[J]. Journal of the Operational Research Society, 2019, 70(10)：1817-1829.

[3] Wu Y, Xu Y J, Li J Y. Feature construction for fraudulent credit card cash-out detection[J]. Decision Support Systems, 2019, 127：113155.

[4] Yeh C C, Lin F Y, Hsu C Y. A hybrid KMV model, random forests and rough set theory approach for credit rating[J]. Knowledge-Based Systems, 2012, 33：166-172.

[5] Chawla N V, Bowyer K W, Hall L O, et al. SMOTE：synthetic minority over-sampling technique[J]. Journal of Artificial Intelligence Research, 2002, 16(1)：321-357.

[6] 迟国泰, 张亚京, 石宝峰. 基于 Probit 回归的小企业债信评级模型及实证[J]. 管理科学学报, 2016, 19(6)：136-156.

[7] Wang T C, Chen Y H. Applying rough sets theory to corporate credit ratings[C]. Shanghai：IEEE International Conference：Service Operations and Logistics, and Informatics, 2006：132-136.

[8] Desai V S, Crook J N, Overstreet G A. A comparison of neural networks and linear scoring models in the credit union environment[J]. European Journal of Operational Research, 1996, 95(1)：24-37.

[9] Bravo C, Maldonado S, Weber R. Granting and managing loans for micro-entrepreneurs：new developments and practical experiences[J]. European Journal of Operational Research, 2013, 227(2)：358-366.

[10] Djeundje V B, Crook J. Identifying hidden patterns in credit risk survival data using generalised additive models[J]. European Journal of Operational Research, 2019, 277：366-376.

[11] Huang C, Dai C, Guo M. A hybrid approach using two-level DEA for financial failure prediction and integrated SE-DEA and GCA for indicators selection[J]. Applied Mathematics and Computation, 2015, 251：431-441.

[12] Xia Y, Liu C, Li Y Y, et al. A boosted decision tree approach using Bayesian hyper-parameter optimization for credit scoring[J]. Expert Systems with Applications, 2017, 78：225-241.

[13] 陈丽. 基于决策树最优组合的企业违约预测模型[D]. 大连：大连理工大学, 2019.

[14] West D. Neural network credit scoring models[J]. Computers & Operations Research, 2000, 27(11-12)：1131-1152.

[15] Huang Z, Chen H, Hsu C J, et al. Credit rating analysis with support vector machines and neural networks：a market comparative study[J]. Decision Support Systems, 2004, 37(4)：543-558.

[16] Hand D J, Henley W E. Statistical classification methods in consumer credit scoring：a review[J]. Journal of the Royal Statistical Society：Series A(Statistics in Society), 1997, 160：523-541.

[17] Ömer F E, Mehmet E T. A novel version of k nearest neighbor：dependent nearest neighbor[J]. Applied Soft Computing, 2017, 55(6)：480-490.

[18] Abellán J, Mantas C J. Improving experimental studies about ensembles of classifiers for bankruptcy prediction and credit scoring[J]. Expert Systems with Applications, 2014, 41(8)：3825-3830.

[19] Fan Q, Wang Z, Li D D, et al. Entropy-based fuzzy support vector machine for imbalanced datasets[J]. Knowledge-Based Systems, 2017, 115：87-99.

[20] He H L, Zhang W Y, Zhang S. A novel ensemble method for credit scoring：adaption of different imbalance ratios[J]. Expert Systems with Applications, 2018, 98：105-117.

[21] Campbell J Y, Hilscher J, Szilagyi J. In search of distress risk[J]. The Journal of Finance, 2008, 63(6)：2899-2939.

[22] Finlay S. Multiple classifier architectures and their application to credit risk assessment[J]. European Journal of Operational Research, 2011, 210(2)：368-378.

[23] Iyer R, Khwaja A I, Luttmer E F P, et al. Screening peers softly：inferring the quality of small borrowers[J]. Management Science, 2016, 62：1554-1577.

[24] Berg T, Burg V, Gombovic A, et al. On the rise of fintechs：credit scoring using digital footprints[J]. The Review of Financial Studies, 2020, 33：2845-2897.

[25] Geng R, Bose I, Chen X. Prediction of financial distress：an empirical study of listed Chinese companies using data mining[J]. European Journal of Operational Research, 2015, 241(1)：236-247.

[26] Junior L M, Nardini F M, Renso C, et al. A novel approach to define the local region of dynamic selection techniques in

imbalanced credit scoring problems[J]. Expert Systems with Applications, 2020, 152：113351.

[27] Jones S. Corporate bankruptcy prediction：a high dimensional analysis[J]. Review of Accounting Studies, 2017, 22：1366-1422.

[28] Doshi-Velez F, Kim B. Towards a rigorous science of interpretable machine learning[EB/OL]. https://arxiv.org/abs/1702.08608 [2017-02-28].

[29] Zhu X, Li J, Wu D, et al. Balancing accuracy, complexity and interpretability in consumer credit decision making：a C-TOPSIS classification approach[J]. Knowledge Based Systems, 2013, 52：258-267.

[30] 迟国泰, 石宝峰. 基于信用等级与违约损失率匹配的信用评级系统与方法：中国, ZL 201210201461.6[P]. 2015-08-19.

[31] 中国证券监督管理委员会. 上市公司行业分类指引(2012 年修订) [R]. 中国证券监督管理委员会, 2012.

[32] Zhu Y, Zhou L, Xie C, et al. Forecasting SMEs' credit risk in supply chain finance with an enhanced hybrid ensemble machine learning approach[J]. International Journal of Production Economics, 2019, 211：22-33.

[33] Ken B. Business Statistics：Contemporary Decision Making[M]. Hoboken：John Wiley and Sons, 2009.

[34] Liu L, Liu Q G, Tian G, et al. Government connections and the persistence of profitability：evidence from Chinese listed firms[J]. Emerging Markets Review, 2018, 36：110-129.

[35] 林汶奎. 2006 年的中国大牛市[J]. 现代阅读, 2014, (4)：26.

[36] 张茜. 中国股票市场发展与货币政策完善[D]. 太原：山西大学, 2012.

[37] 中国人民银行，科技部, 银监会, 等. 关于大力推进体制机制创新 扎实做好科技金融服务的意见[R]. 北京：中国人民银行，科技部, 银监会, 证监会, 保监会, 国家知识产权局, 2014.

[38] 许一力. 杠杆是 A 股的不可承受之重?[J]. 新经济, 2015，(9)：14.

[39] 全国人民代表大会常务委员会. 中华人民共和国证券法[J]. 中华人民共和国全国人民代表大会常务委员会公报，2020, (1)：4-32.

第 6 章　制造行业的企业违约预测与信用指数构建

6.1　本章内容提要

本章的主要内容是中国上市公司制造行业的企业违约预测与信用指数构建。制造行业是维持国民经济发展的重要支柱，是国家技术创新的重要来源，在推动国家和地区经济社会发展中发挥着重要作用。根据国务院国有资产监督管理委员会机械工业经济管理研究院与中国工业经济联合会联合发布的《2019 中国制造业上市公司年度报告》[1]，截至 2019 年 6 月 30 日，中国 A 股上市公司共计 3628 家，其中制造业上市公司 2276 家，占比 62.73%，制造行业上市企业在中国 A 股上市公司中依然占据主要地位，因此，针对中国上市公司制造行业进行企业违约预测与信用指数构建具有重要的现实意义。

中国上市公司制造行业的企业违约预测与信用指数构建包括以下五方面内容。

一是通过对上市公司制造行业的 $T-m$ (m=0, 1, 2, 3, 4, 5)年的财务数据、非财务数据、宏观数据，以及 T 年的违约与否状态进行实证分析，通过基于经济学含义和偏相关系数的第一次指标筛选和基于支持向量机向前搜索的第二次指标组合遴选，构建具有提前 m 年(m=0, 1, 2, 3, 4, 5)违约预警能力的指标体系。

二是通过违约评价方程的违约状态预测值 $\hat{y}$ 与实际值 y 对比的错判误差最小，反推最优的指标权重向量。

三是通过线性判别模型、支持向量机模型、决策树模型等 14 种大数据模型分别建模，并根据精度、可解释性、复杂性的“不可能三角”三个标准进行模型对比分析，最终确定一个能同时兼顾精度高、可解释性强、复杂性低的最佳违约预警模型。

四是利用选取的最佳违约预警模型，计算得到制造行业上市公司的违约概率和信用得分，并分析了制造行业上市公司的行业、地区、企业所有制的信用特征分布规律。

五是根据得到的上市公司制造行业的信用得分，构建了上市公司制造行业的年度信用指数和信用风险指数，并分析了上市公司制造行业的信用状况年度发展规律以及预测了 2019~2023 年的信用状况趋势。

应该指出：用于计算信用指数的信用得分预测值 $S_{j(T+m)}$，共分为两种情况。

情况一：对于 2000 年至 2018 年这 19 年已有指标数据的样本，用的是 m=0 的违约判别模型 $p_{j(T+0)}=f(w_i, x_{ij(T)})$计算出的违约概率 $p_{j(T+0)}$和信用得分 $S_{j(T+0)}=(1-p_{j(T+0)})\times100$。

情况二：对于 2019 年至 2023 年这 5 年没有指标数据的样本，用的是 m=1, 2, 3, 4, 5 时刻的违约预测模型 $p_{j(T+m)}=f(w_i, x_{ij(T)})$计算出的违约概率 $p_{j(T+m)}$和信用得分 $S_{j(T+m)}=(1-p_{j(T+m)})\times100$。

本章的主要工作如下。

一是通过两阶段的指标遴选方法构建评价指标体系，在具有明确经济学含义的海选指标集中，根据指标间偏相关系数和 F 值筛选出具有违约鉴别能力且指标间信息冗余最小的一组指标；并在第二阶段构建前向选择线性支持向量机指标遴选模型，以几何平均精度最大为标准，采用前向选择的方法筛选违约鉴别能力最强的指标组合，保证了构建的评价指标体系具有最强的违约鉴别能力。

二是根据违约状态 y_j 与指标权重的函数关系 $y_j=f(w_i, x_{ij})$，通过预测的违约状态 $\hat{y}_j$ 与实际违约状态 y_j 的对比，以违约和非违约两类企业的预测误差最小为目标，构建数学规划模型，反推出模型评价指标的最优权重，保证构建的预警方程能够区分违约与非违约企业。

三是以精度为模型第 1 排序标准，可解释性为第 2 排序标准，复杂性为第 3 排序标准，在构建的逻辑回归模型、线性判别模型、广义加性模型等 14 个大数据模型中，遴选兼具高精度、强可解释性、低复杂性的最优模型，并使用 T 时刻的指标数据 $x_{ij(T)}$，预测公司 $T+m$ (m=0, 1, 2, 3, 4, 5)时刻的违约状态 $y_{j(T+m)}=f(x_{ij(T)})$、违约概率 $p_{j(T+m)}=g(x_{ij(T)})$和信用得分 $S_{j(T+m)}=(1-p_{j(T+m)})\times100$。

四是通过对不同地区、企业、所有制属性的制造业上市公司的信用得分进行非参数检验，识别不同类别公司的信用资质，揭示不同地区、不同所有制形式的中国上市公司制造业企业中，哪类制造业企业的信用资质好，哪类制造业企业的信用资质差，哪类制造业企业的信用资质居中，为股票投资、债券投资提供决策依据，为商业银行发放贷款提供参照，为金融监管当局提供监管预警建议。

五是通过最优违约预警模型计算得到未来第 $T+m$ 年的违约概率，转换为[0, 100]区间的信用得分后，按资产总额、负债总额、资产总额加负债总额三个标准的选股规则选择指数构建样本公司，并将样本公司的信用得分根据资产总额、负债总额、资产总额加负债总额分别进行加权平均，构建信用指数和信用风险指数。信用指数和信用风险指数用于反映信用发展规律，并预测未来第 $T+m$ 年的违约风险趋势。

6.2 制造行业的企业违约预测与信用指数构建的原理

中国上市公司的企业违约预测与信用指数构建的原理主要包括：信用评级原理、违约预测原理、指数构建原理、14 种违约预警大数据模型构建原理、最优违约预警指标体系遴选原理、基于错判误差最小的指标赋权原理、信用等级划分原理。具体原理介绍详见上文第 3 章，不再赘述。

6.3 制造行业的数据处理

6.3.1 制造行业的数据介绍

上市公司制造行业样本的含义：中国沪市和深市在内的 2173 家制造业上市公司数据。

上市公司制造行业样本数据的描述：共包含 2000~2018 年 2173 家中国制造行业上市公司的财务指标、非财务指标以及宏观指标等 205 个指标数据。通过 Wind 金融数据库、国泰安经济数据库、中国国家统计局和中国经济社会发展统计数据库搜集，结合经济学含义的进一步遴选，最终建立了包括资产负债率等 138 个财务指标，审计意见类型等 17 个非财务指标，行业景气指数等 49 个宏观指标，1 个违约状态指标在内的共计 205 个指标的上市公司信用风险海选指标集。

违约状态定义[2-3]：将被标记为“ST”的上市公司，定义为出现财务困境的公司，即违约的差客户，标记为“1”。将没有“ST”标记的上市公司，定义为没有出现财务困境的公司，即非违约的好客户，标记为“0”。

上市公司制造行业 $T-m$ 数据的描述：为实现违约风险动态预警的目的，共构造了 6 组 $T-m$(m=0, 1, 2, 3, 4, 5)上市企业样本，每组上市企业样本是由第 $T-m$ 年的指标数据和第 T 年的违约状态构成的。同时，每组 $T-m$(m=0, 1, 2, 3, 4, 5)上市企业样本分别包含 2173 个样本，其中违约样本 256 个，非违约样本 1917 个。

表 6.1 是制造行业上市公司 $T-m$(m=0,1, 2, 3, 4, 5)时间窗口样本数据概览。其中 a 列是序号，b 列是时间窗口，c 列是企业代码，d 列是指标的标准化数据(标准化处理详见上文“3.6.1 指标数据标准化方法”)。

表 6.1　制造行业上市公司 $T-m(m=0, 1, 2, 3, 4, 5)$时间窗口样本数据概览

(a)序号	(b)时间窗口	(c)企业代码	(d)指标的标准化数据 x_{ij}			
			(1)资产负债率	…	(204)国内专利申请授权数增长率	(205)第 T 年的违约状态
1	T–0	002806.SZ	0.846	…	0.025	0
2		603009.SH	0.744	…	0.023	0
3		002493.SZ	0.714	…	0.035	0
…		…	…	…	…	…
2 173		000570.SZ	0.810	…	0.032	0
2 174	T–1	002806.SZ	0.779	…	0.032	0
2 175		603009.SH	0.736	…	0.033	0
2 176		002493.SZ	0.772	…	0.027	0
…		…	…	…	…	…
4 346		000570.SZ	0.824	…	0.023	0
4 347	T–2	002806.SZ	0.769	…	0.025	0
4 348		603009.SH	0.800	…	0.034	0
4 349		002493.SZ	0.804	…	0.034	0
…		…	…	…	…	…
6 519		000570.SZ	0.831	…	0.021	0
6 520	T–3	002806.SZ	0.752	…	0.026	0
6 521		603009.SH	0.806	…	0.023	0
6 522		002493.SZ	0.681	…	0.036	0
…		…	…	…	…	…
8 692		000570.SZ	0.830	…	0.030	0
8 693	T–4	002806.SZ	0.744	…	0.028	0
8 694		603009.SH	0.818	…	0.035	0
8 695		002493.SZ	0.629	…	0.030	0
…		…	…	…	…	…
10 865		000570.SZ	0.826	…	0.019	0
10 866	T–5	002806.SZ	0.744	…	0.025	0
10 867		603009.SH	0.741	…	0.031	0
10 868		002493.SZ	0.641	…	0.032	0
…		…	…	…	…	…
13 038		000570.SZ	0.818	…	0.020	0

表 6.2 是制造行业上市公司 $T-m(m=0, 1, 2, 3, 4, 5)$时间窗口样本指标数据描述性统计表。其中第 1 列是序号，第 2 列是时间窗口，第 3 列是统计量，第 4~208 列是指标对应的统计值。

表 6.2 制造行业上市公司 $T-m(m=0,1,2,3,4,5)$时间窗口样本指标数据描述性统计表

(1)序号	(2)时间窗口	(3)统计量	(4)资产负债率	…	(8)权益乘数	…	(206)外商投资企业外方注册资本增长率	(207)国内专利申请授权数增长率	(208)违约状态
1	$T-0$	平均值	0.822	…	0.931	…	0.169	0.032	0.118
2		标准差	0.107	…	0.130	…	0.025	0.032	0.322
3		中位数	0.833	…	0.963	…	0.165	0.031	0.000
4	$T-1$	平均值	0.825	…	0.926	…	0.174	0.035	0.118
5		标准差	0.118	…	0.155	…	0.057	0.083	0.322
6		中位数	0.839	…	0.965	…	0.165	0.027	0.000
7	$T-2$	平均值	0.814	…	0.925	…	0.168	0.028	0.118
8		标准差	0.113	…	0.145	…	0.030	0.006	0.322
9		中位数	0.823	…	0.959	…	0.164	0.026	0.000
10	$T-3$	平均值	0.798	…	0.923	…	0.165	0.030	0.118
11		标准差	0.103	…	0.125	…	0.035	0.005	0.322
12		中位数	0.804	…	0.952	…	0.165	0.030	0.000
13	$T-4$	平均值	0.788	…	0.916	…	0.160	0.027	0.118
14		标准差	0.101	…	0.128	…	0.033	0.006	0.322
15		中位数	0.790	…	0.946	…	0.162	0.026	0.000
16	$T-5$	平均值	0.780	…	0.909	…	0.157	0.028	0.118
17		标准差	0.102	…	0.131	…	0.037	0.005	0.322
18		中位数	0.780	…	0.941	…	0.161	0.026	0.000

6.3.2 制造行业的训练测试数据划分

训练测试样本划分的目的：将上市公司制造行业数据划分为训练样本和测试样本。训练样本用于求解模型参数，构建训练模型。测试样本用于验证所构建的模型预测精度效果。

训练测试样本划分比例[4-5]：70%作为训练样本，30%作为测试样本。

训练测试样本划分方式：随机从 $T-m(m=0, 1, 2, 3, 4, 5)$样本中抽取 70%非违约企业与 70%违约企业共同组成训练样本。剩余的 30%组成测试样本。

非平衡数据处理：由表 6.1 第 d 列第 205 子列违约状态统计可知，上市公司制造行业训练样本的违约样本数：非违约样本数=179∶1341≈1∶7.5，属于非平衡样本。非平衡样本会导致训练得到的模型对违约客户识别率低的弊端。为解决样本非平衡问题，本书通过 SMOTE 非平衡处理方法[6]，生成虚拟违约公司，扩充训练样本中的违约公司个数，使违约与非违约公司数量比例为 1∶1。

上市公司制造行业的训练样本数量 N_{train}、测试样本数量 N_{test} 及 SMOTE 扩充的样本数量 N_{train}^{smote}，如表 6.3 所示。

表 6.3 上市公司制造行业的训练测试样本数量一览

序号	(1)样本分类	(2)非违约公司	(3)违约公司	(4)总计
1	训练样本 $N_{train}=N\times70\%+N_{train}^{smote}$	1341+0=1341	179+1162=1341	2682
2	测试样本 $N_{test}=N\times30\%$	576	77	653
3	全部样本 N	1917	1418	3335

6.4　制造行业的违约预警指标体系的建立

根据表 6.3 第 1 行定义的训练样本 N_{train} 对应表 6.1 第 d 列的上市公司制造行业在 $T\!-\!m(m=0, 1, 2, 3, 4, 5)$ 的 204 个指标数据，按照上文 3.4.2 节指标遴选原理进行两次指标筛选。

第一次指标遴选是利用上市公司制造行业 $T\!-\!m(m=0, 1, 2, 3, 4, 5)$ 6 个时间窗口的样本，从全部 204 个指标中，遴选出冗余度小、经济学含义强的指标。第一次遴选出的指标数量分别是：[129, 118, 115, 120, 128, 130]。

第二次指标组合遴选是利用上市公司制造行业 $T\!-\!m(m=0, 1, 2, 3, 4, 5)$ 6 个时间窗口的样本，从第一次指标遴选后剩余指标构成的多个指标组合中，根据几何平均精度最大遴选出最优指标组合。最终遴选出最优指标组合中的指标数量分别是：[25, 16, 14, 10, 13, 17]。

由下文 6.4.2 节可知，最终遴选出的指标能够满足 5C 原则[7-8]。其中，“资产负债率”“每股权益合计”“长期资产适合率”等 5 个财务指标反映公司发展能力；“营运资本周转率”“应付账款周转率”“非流动资产周转率”等 4 个财务指标反映公司经营能力；“财务费用/营业总收入”“资产利润率”“总资产增长率”等 9 个财务指标反映公司资本；“预审计情况”“总经理是否领取薪酬”“派息比税前”这 3 个非财务因素反映公司品质；“中国创新指数”“国际投资净头寸增长率”“广义货币供应量(M2)同比增长率”等 4 个宏观指标反映公司的环境条件。

6.4.1　基于偏相关系数第一次筛选后的指标体系

依照上文 3.4.2 节的步骤 1~步骤 3 进行基于偏相关性分析的第一次指标遴选。以上市公司制造行业 T–0 年的指标数据为例进行说明。

步骤 1：同一准则层内指标偏相关系数的计算。将表 6.3 第 1 行定义的训练样本 N_{train} 中 1520(=1341+ 179)家公司对应表 6.1 前 1520 行第 d 列的 204 个 T–0 年指标数据 x_{ij}，代入上文式(3.57)~式(3.60)计算任意两个指标间的偏相关系数。

步骤 2：F 值的计算。将表 6.1 前 1520 行第 d 列的 204 个 T–0 年指标数据 x_{ij} 中每一列指标数据，分别代入式(3.61)计算每个指标对应的 F 值。

步骤 3：基于偏相关性分析筛选指标。在步骤 1 计算的偏相关系数大于 0.8 的指标对中，删除指标对中经济学含义不明显的一个指标。由此，T–0 年的 204 个指标经过第一次指标筛选剩余 129 个指标，将剩余的 129 个指标列于表 6.4 第 c 列第 1~129 行。

表 6.4 第 d 列为训练集 N_{train} 中 1520 个公司第一次指标遴选后剩余的 129 个指标数据，第 e 列为测试集 N_{test} 中 653 个公司第一次指标遴选后剩余的 129 个指标数据。

表 6.4　上市公司制造行业 T–0 年基于偏相关系数的第一次指标筛选结果

(a)序号	(b)准则层		(c)指标	(d)训练集 N_{train} 中客户指标标准化数据 x_{ij}			(e)测试集 N_{test} 中客户指标标准化数据 x_{ij}		
				(1) 客户 1	…	(1520) 客户 1520	(1521) 客户 1521	…	(2173) 客户 2173
1	企业内部财务因素	偿债能力	X_1 资产负债率	0.846	…	0.000	0.688	…	0.000
…			…	…	…	…	…	…	…
26			X_{38} 每股权益合计	0.493	…	0.000	0.564	…	0.000
27		盈利能力	X_{40} 净资产收益率(加权)	0.487	…	0.000	0.466	…	0.000
…			…	…	…	…	…	…	…
56			X_{87} 归属于母公司普通股东的权益综合收益率	0.495	…	0.000	0.491	…	0.000
57		营运能力	X_{90} 有形资产/总资产	0.835	…	0.000	0.650	…	0.000
…			…	…	…	…	…	…	…

续表

(a)序号	(b)准则层		(c)指标	(d)训练集 N_{train} 中客户指标标准化数据 x_{ij}			(e)测试集 N_{test} 中客户指标标准化数据 x_{ij}		
				(1) 客户 1	…	(1520) 客户 1520	(1521) 客户 1521	…	(2173) 客户 2173
78	企业内部财务因素	营运能力	X_{114} 分配股利利润或偿付利息支付的现金占筹资活动现金流出小计的比重	0.858	…	0.000	0.955	…	0.000
79		成长能力	X_{115} 每股净资产(相对年初增长率)	0.495	…	0.000	0.478	…	0.000
…			…	…	…	…	…	…	…
86			X_{136} 固定资产增长率	0.000	…	0.000	0.020	…	0.000
87	企业内部非财务因素	股权结构与业绩审计情况	X_{139} 是否为金融机构	0.000	…	0.000	0.000	…	0.000
…			…	…	…	…	…	…	…
92			X_{144} 派息比税前	0.131	…	0.000	0.095	…	0.000
93		高管基本情况	X_{147} 监事会持股比例	0.000	…	0.000	0.000	…	0.000
…			…	…	…	…	…	…	…
96			X_{150} 总经理是否领取薪酬	0.682	…	0.000	1.000	…	0.000
97		企业基本信用情况	X_{151} 缺陷类型	0.731	…	0.000	0.731	…	0.000
98		商业信誉	X_{152} 涉案总件数	0.878	…	0.000	0.878	…	0.000
99			X_{153} 违规类型	1.000	…	0.000	1.000	…	0.000
100		社会责任	X_{154} 每股社会贡献值	0.000	…	0.000	0.000	…	0.000
101			X_{155} 社会捐赠强度	0.000	…	0.000	0.000	…	0.000
102	外部宏观因素		X_{157} 分行业企业家信心指数	0.000	…	0.000	0.000	…	0.000
…			…	…	…	…	…	…	…
129			X_{204} 国内专利申请授权数增长率	0.025	…	0.000	0.040	…	0.000
130	—		违约状态	0	…	0	0	…	0

上述是 T–0 年的第一次指标遴选过程及结果。同理，仿照 T–0 年第一次指标筛选的流程，最终 T–1 年、T–2 年、T–3 年、T–4 年、T–5 年样本经第一次指标筛选，从 204 个指标中分别遴选出 118 个、115 个、120 个、128 个、130 个指标，将第一次指标遴选结果分别列入表 6.5 至表 6.9 的第 c 列。

表 6.5 上市公司制造行业 T–1 年基于偏相关系数的第一次指标筛选结果

(a)序号	(b)准则层		(c)指标	(d)训练集 N_{train} 中客户指标标准化数据 x_{ij}			(e)测试集 N_{test} 中客户指标标准化数据 x_{ij}		
				(1) 客户 1	…	(1520) 客户 1520	(1521) 客户 1521	…	(2173) 客户 2173
1	企业内部财务因素	偿债能力	X_1 资产负债率	0.779	…	0.684	0.682	…	0.629
…			…	…	…	…	…	…	…
26			X_{38} 每股权益合计	0.450	…	0.296	0.565	…	0.244
27		盈利能力	X_{40} 净资产收益率(加权)	0.508	…	0.270	0.490	…	0.202
…			…	…	…	…	…	…	…
50			X_{87} 归属于母公司普通股东的权益综合收益率	0.513	…	0.370	0.508	…	0.321
51		营运能力	X_{88} 流动资产/总资产	0.531	…	0.602	0.769	…	0.479
…			…	…	…	…	…	…	…
74			X_{114} 分配股利利润或偿付利息支付的现金占筹资活动现金流出小计的比重	0.917	…	0.966	0.904	…	0.960

续表

(a)序号	(b)准则层		(c)指标	(d)训练集 N_{train} 中客户指标标准化数据 x_{ij}			(e)测试集 N_{test} 中客户指标标准化数据 x_{ij}		
				(1) 客户 1	…	(1520) 客户 1520	(1521) 客户 1521	…	(2173) 客户 2173
75	企业内部财务因素	成长能力	X_{115} 每股净资产(相对年初增长率)	0.490	…	0.452	0.481	…	0.444
…			…	…	…	…	…	…	…
81			X_{136} 固定资产增长率	0.000	…	0.020	0.024	…	0.022
82	企业内部非财务因素	股权结构与业绩审计情况	X_{140} 预审计情况	0.970	…	0.970	0.970	…	1.000
…			…	…	…	…	…	…	…
86			X_{144} 派息比税前	0.000	…	0.000	0.144	…	0.000
87		高管基本情况	X_{147} 监事会持股比例	0.000	…	0.000	0.000	…	0.000
…			…	…	…	…	…	…	…
89			X_{149} 管理层持股比例	0.000	…	0.000	0.000	…	0.002
90		企业基本信用情况	X_{151} 缺陷类型	0.731	…	0.731	0.731	…	0.000
91		商业信誉	X_{152} 涉案总件数	0.878	…	0.878	0.878	…	0.878
92			X_{153} 违规类型	1.000	…	1.000	1.000	…	0.523
93		社会责任	X_{154} 每股社会贡献值	0.000	…	0.000	0.000	…	0.000
94			X_{155} 社会捐赠强度	0.000	…	0.000	0.000	…	0.000
95	外部宏观因素		X_{157} 分行业企业家信心指数	0.000	…	0.000	0.000	…	0.000
…			…	…	…	…	…	…	…
118			X_{204} 国内专利申请授权数增长率	0.032	…	0.032	0.034	…	0.021
119	—		违约状态	0	…	1	0	…	1

表 6.6 上市公司制造行业 T–2 年基于偏相关系数的第一次指标筛选结果

(a)序号	(b)准则层		(c)指标	(d)训练集 N_{train} 中客户指标标准化数据 x_{ij}			(e)测试集 N_{test} 中客户指标标准化数据 x_{ij}		
				(1) 客户 1	…	(1520) 客户 1520	(1521) 客户 1521	…	(2173) 客户 2173
1	企业内部财务因素	偿债能力	X_1 资产负债率	0.769	…	0.712	0.661	…	0.682
…			…	…	…	…	…	…	…
26			X_{38} 每股权益合计	0.420	…	0.310	0.472	…	0.261
27		盈利能力	X_{41} 净资产收益率	0.482	…	0.339	0.434	…	0.429
…			…	…	…	…	…	…	…
49			X_{87} 归属于母公司普通股东的权益综合收益率	0.498	…	0.386	0.495	…	0.470
50		营运能力	X_{89} 非流动资产/总资产	0.493	…	0.636	0.787	…	0.381
…			…	…	…	…	…	…	…
72			X_{114} 分配股利利润或偿付利息支付的现金占筹资活动现金流出小计的比重	0.892	…	0.943	0.951	…	0.923
73		成长能力	X_{115} 每股净资产(相对年初增长率)	0.485	…	0.436	0.484	…	0.388
…			…	…	…	…	…	…	…
77			X_{138} 可持续增长率	0.000	…	0.463	0.510	…	0.500

续表

(a)序号	(b)准则层		(c)指标	(d)训练集 N_{train} 中客户指标标准化数据 x_{ij}			(e)测试集 N_{test} 中客户指标标准化数据 x_{ij}		
				(1) 客户 1	…	(1520) 客户 1520	(1521) 客户 1521	…	(2173) 客户 2173
78	企业内部非财务因素	股权结构与业绩审计情况	X_{139} 是否为金融机构	1.000	…	0.000	0.000	…	0.000
79			X_{143} 审计意见类型	1.000	…	0.717	0.717	…	0.717
…			…	…	…	…	…	…	…
84		高管基本情况	X_{147} 监事会持股比例	0.000	…	0.000	0.000	…	0.000
…			…	…	…	…	…	…	…
87			X_{150} 总经理是否领取薪酬	1.000	…	0.682	1.000	…	0.000
88		企业基本信用情况	X_{151} 缺陷类型	0.731	…	0.731	0.731	…	0.731
89		商业信誉	X_{152} 涉案总件数	0.878	…	0.878	0.878	…	0.882
90			X_{153} 违规类型	1.000	…	1.000	1.000	…	0.538
91		社会责任	X_{154} 每股社会贡献值	0.000	…	0.000	0.000	…	0.000
92			X_{155} 社会捐赠强度	0.000	…	0.000	0.000	…	0.000
93	外部宏观因素		X_{157} 分行业企业家信心指数	0.000	…	0.000	0.000	…	0.000
…			…	…	…	…	…	…	…
115			X_{204} 国内专利申请授权数增长率	0.025	…	0.030	0.028	…	0.030
116	—		违约状态	0	…	1	0	…	1

表 6.7　上市公司制造行业 T–3 年基于偏相关系数的第一次指标筛选结果

(a)序号	(b)准则层		(c)指标	(d)训练集 N_{train} 中客户指标标准化数据 x_{ij}			(e)测试集 N_{test} 中客户指标标准化数据 x_{ij}		
				(1) 客户 1	…	(1520) 客户 1520	(1521) 客户 1521	…	(2173) 客户 2173
1	企业内部财务因素	偿债能力	X_{1} 资产负债率	0.752	…	0.738	0.632	…	0.682
…			…	…	…	…	…	…	…
26			X_{38} 每股权益合计	0.401	…	0.353	0.434	…	0.401
27		盈利能力	X_{41} 净资产收益率(扣除/加权)	0.525	…	0.443	0.449	…	0.191
…			…	…	…	…	…	…	…
51			X_{87} 归属于母公司普通股东的权益综合收益率	0.523	…	0.469	0.472	…	0.373
52		营运能力	X_{89} 非流动资产/总资产	0.476	…	0.693	0.824	…	0.388
…			…	…	…	…	…	…	…
74			X_{114} 分配股利利润或偿付利息支付的现金占筹资活动现金流出小计的比重	0.881	…	0.952	0.986	…	0.855
75		成长能力	X_{115} 每股净资产(相对年初增长率)	0.494	…	0.475	0.478	…	0.526
…			…	…	…	…	…	…	…
78			X_{120} 营业总成本增长率	0.000	…	0.658	0.633	…	0.665

续表

(a)序号	(b)准则层		(c)指标	(d)训练集 N_{train} 中客户指标标准化数据 x_{ij}			(e)测试集 N_{test} 中客户指标标准化数据 x_{ij}		
				(1) 客户 1	…	(1520) 客户 1520	(1521) 客户 1521	…	(2173) 客户 2173
79	企业内部非财务因素	股权结构与业绩审计情况	X_{139}是否为金融机构	1.000	…	0.000	0.000	…	0.000
…			…	…	…	…	…	…	…
84			X_{144}派息比税前	0.000	…	0.000	0.000	…	0.000
85		高管基本情况	X_{147}监事会持股比例	0.000	…	0.000	0.000	…	0.000
…			…	…	…	…	…	…	…
88			X_{150}总经理是否领取薪酬	1.000	…	0.682	0.682	…	0.682
89		企业基本信用情况	X_{151}缺陷类型	0.731	…	0.731	0.731	…	0.731
90		商业信誉	X_{152}涉案总件数	0.878	…	0.878	0.878	…	0.878
91			X_{153}违规类型	1.000	…	0.538	1.000	…	1.000
92		社会责任	X_{154}每股社会贡献值	0.000	…	0.000	0.000	…	0.000
93			X_{155}社会捐赠强度	0.000	…	0.000	0.000	…	0.000
94	外部宏观因素		X_{157}分行业企业家信心指数	0.000	…	0.000	0.000	…	0.000
…			…	…	…	…	…	…	…
120			X_{204}国内专利申请授权数增长率	0.026	…	0.033	0.027	…	0.019
121	—		违约状态	0	…	1	0	…	1

表 6.8　上市公司制造行业 *T*–4 年基于偏相关系数的第一次指标筛选结果

(a)序号	(b)准则层		(c)指标	(d)训练集 N_{train} 中客户指标标准化数据 x_{ij}			(e)测试集 N_{test} 中客户指标标准化数据 x_{ij}		
				(1) 客户 1	…	(1520) 客户 1520	(1521) 客户 1521	…	(2173) 客户 2173
1	企业内部财务因素	偿债能力	X_1资产负债率	0.744	…	0.732	0.653	…	0.628
…		…	…	…	…	…	…	…	…
57		盈利能力	X_{87}归属于母公司普通股东的权益综合收益率	0.552	…	0.479	0.467	…	0.421
58		营运能力	X_{88}流动资产/总资产	0.478	…	0.712	0.798	…	0.331
…			…	…	…	…	…	…	…
81			X_{114}分配股利利润或偿付利息支付的现金占筹资活动现金流出小计的比重	0.893	…	0.956	0.873	…	0.910
82		成长能力	X_{115}每股净资产(相对年初增长率)	0.510	…	0.477	0.475	…	0.450
…			…	…	…	…	…	…	…
85			X_{120}营业总成本增长率	0.000	…	0.673	0.647	…	0.681
86	企业内部非财务因素	股权结构与业绩审计情况	X_{139}是否为金融机构	1.000	…	0.000	0.000	…	0.000
…			…	…	…	…	…	…	…
91			X_{144}派息比税前	0.000	…	0.000	0.000	…	0.000
92		高管基本情况	X_{147}监事会持股比例	0.000	…	0.000	0.000	…	0.000
93			X_{148}高管持股比例	0.000	…	0.000	0.000	…	0.315

续表

(a)序号	(b)准则层		(c)指标	(d)训练集 N_{train} 中客户指标标准化数据 x_{ij}			(e)测试集 N_{test} 中客户指标标准化数据 x_{ij}		
				(1) 客户 1	…	(1520) 客户 1520	(1521) 客户 1521	…	(2173) 客户 2173
94	企业内部非财务因素	高管基本情况	X_{149} 管理层持股比例	0.000	…	0.000	0.000	…	0.226
95			X_{150} 总经理是否领取薪酬	1.000	…	0.682	0.682	…	0.682
96		企业基本信用情况	X_{151} 缺陷类型	0.731	…	0.731	0.731	…	0.731
97		商业信誉	X_{152} 涉案总件数	0.878	…	0.878	0.878	…	0.878
98			X_{153} 违规类型	1.000	…	1.000	1.000	…	1.000
99		社会责任	X_{154} 每股社会贡献值	0.000	…	0.000	0.000	…	0.000
100			X_{155} 社会捐赠强度	0.000	…	0.000	0.000	…	0.000
101	外部宏观因素		X_{156} 行业景气指数	0.707	…	0.807	0.803	…	0.713
…			…	…	…	…	…	…	…
128			X_{204} 国内专利申请授权数增长率	0.028	…	0.029	0.031	…	0.020
129	—		违约状态	0	…	1	0	…	1

表 6.9　上市公司制造行业 T–5 年基于偏相关系数的第一次指标筛选结果

(a)序号	(b)准则层		(c)指标	(d)训练集 N_{train} 中客户指标标准化数据 x_{ij}			(e)测试集 N_{test} 中客户指标标准化数据 x_{ij}		
				(1) 客户 1	…	(1520) 客户 1520	(1521) 客户 1521	…	(2173) 客户 2173
1	企业内部财务因素	偿债能力	X_1 资产负债率	0.744	…	0.723	0.849	…	0.653
…			…	…	…	…	…	…	…
27			X_{38} 每股权益合计	0.335	…	0.334	0.410	…	0.403
28		盈利能力	X_{39} 净资产收益率(平均)	0.589	…	0.454	0.487	…	0.448
…			…	…	…	…	…	…	…
60			X_{87} 归属于母公司普通股东的权益综合收益率	0.581	…	0.467	0.494	…	0.462
61		营运能力	X_{88} 流动资产/总资产	0.484	…	0.713	0.443	…	0.404
…			…	…	…	…	…	…	…
83			X_{114} 分配股利利润或偿付利息支付的现金占筹资活动现金流出小计的比重	0.757	…	0.954	0.733	…	0.885
84		成长能力	X_{115} 每股净资产(相对年初增长率)	0.000	…	0.474	0.475	…	0.472
85			X_{120} 营业总成本增长率	0.000	…	0.665	0.635	…	0.690
86			X_{136} 固定资产增长率	0.000	…	0.018	0.022	…	0.022
87	企业内部非财务因素	股权结构与业绩审计情况	X_{139} 是否为金融机构	1.000	…	0.000	1.000	…	0.000
…			…	…	…	…	…	…	…
92			X_{144} 派息比税前	0.000	…	0.000	0.184	…	0.978
93		高管基本情况	X_{147} 监事会持股比例	0.000	…	0.000	0.000	…	0.000
…			…	…	…	…	…	…	…
96			X_{150} 总经理是否领取薪酬	1.000	…	0.682	0.682	…	0.682
97		企业基本信用情况	X_{151} 缺陷类型	0.731	…	0.731	0.731	…	0.731

续表

(a)序号	(b)准则层		(c)指标	(d)训练集 N_{train} 中客户指标标准化数据 x_{ij}			(e)测试集 N_{test} 中客户指标标准化数据 x_{ij}		
				(1) 客户 1	…	(1520) 客户 1520	(1521) 客户 1521	…	(2173) 客户 2173
98	企业内部非财务因素	商业信誉	X_{152} 涉案总件数	0.878	…	0.878	0.878	…	0.878
99			X_{153} 违规类型	1.000	…	1.000	1.000	…	1.000
100		社会责任	X_{154} 每股社会贡献值	0.000	…	0.000	0.000	…	0.000
101			X_{155} 社会捐赠强度	0.000	…	0.000	0.000	…	0.000
102	外部宏观因素		X_{156} 行业景气指数	0.686	…	0.732	0.790	…	0.707
…			…	…	…	…	…	…	…
130			X_{204} 国内专利申请授权数增长率	0.025	…	0.028	0.029	…	0.032
131	—		违约状态	0	…	1	0	…	1

6.4.2　基于支持向量机向前搜索第二次筛选后的指标体系

1. 基于 T–0 时间窗口的上市公司制造行业违约预测指标体系的构建

步骤 4：由 1 个指标构成的指标组合的确定。

由 1 个指标构成的第 1 个指标组合违约预测精度 G-mean$^1{}_1$ 的确定。根据上文表 6.4 第 d 列的上市公司制造业训练样本的 T–0 时间窗口下第一次遴选后的 129 个指标数据，从第一次遴选出的 129 个指标中选取第 1 个指标(即表 6.4 第 d 列第 1 行)，即将表 6.4 第 d 列第 1 行的指标数据和表 6.4 第 d 列第 130 行的违约状态，代入上文式(3.22)和式(3.23)求解出线性支持向量机模型的指标权重和截距项参数。并将求解得到的参数代入式(3.24)和式(3.25)得到线性支持向量机违约预测模型。将表 6.4 第 d 列第 1 行的全部 1520 个公司的指标数据，代入式(3.23)线性支持向量机违约预测模型，计算出违约状态预测值 $\hat{y}_j(j=1, 2, \cdots, 1520)$，将预测违约状态 $\hat{y}_j$ 与真实违约状态 y_j 进行比较后，代入式(3.55)计算违约预测精度，记为 G-mean$^1{}_1$。

同理，从第一次遴选出的 129 个指标中选取第 2 个指标(即表 6.4 第 d 列第 2 行)，可以得到第 2 个违约预测精度，记为 G-mean$^2{}_1$。第一次遴选后共剩余 129 个指标，则可以得到 129 个违约预测精度，记为 G-mean$^k{}_1$ $(k=1, 2, \cdots, 129)$。在这 129 个违约预测精度中选取最大值 G-mean$^{k^*}{}_1$=max(G-mean$^1{}_1$, G-mean$^2{}_1$, …, G-mean$^{129}{}_1$)，最高几何平均精度 G-mean$^{k^*}{}_1$ 的上标 k^*表示第 k^*个指标组合，即由 1 个指标构成的精度最高的指标组合，将其纳入第二次指标遴选中的待选指标组合。将由 1 个指标构成的指标组合的最高几何平均精度 G-mean$^{k^*}{}_1$ 简化记为 G-mean$_1$。

步骤 5：由两个指标构成的指标组合的确定。

在步骤 4 选中的第 k^*个指标这一个指标后，剩余的 128 个指标中，选取一个指标，这里既可以选择剩余的 128 个指标中的第 1 个指标，也可以选择第 128 个指标，与步骤 4 选中的第 k^*个指标形成新的指标组合，因此可以形成 128 个新的由两个指标构成的指标组合。将这 128 个指标组合对应的样本数据分别代入式(3.24)和式(3.25)的线性支持向量机模型，并根据式(3.55)计算得到的 128 个违约预测几何平均精度，选择最大值 G-mean$^{l^*}{}_2$=max(G-mean$^1{}_2$, G-mean$^2{}_2$, …, G-mean$^{128}{}_2$)，最高几何平均精度 G-mean$^{l^*}{}_2$ 的上标 l^*表示第 l^*个指标组合，即由 1 个指标构成的精度最高的指标组合，将其纳入第二次指标遴选中的待选指标组合。将由两个指标构成的指标组合的最高几何平均精度 G-mean$^{l^*}{}_2$ 简化记为 G-mean$_2$。

步骤 6：遴选最优的违约预测指标组合。

仿照上述步骤 4 至步骤 5，不断地从剩余的指标中依次选取一个指标纳入前一步筛选出的指标组合形成新的指标组合，使得在新的指标组合下，线性支持向量机模型根据式(3.55)所计算的违约预测几何平均精度最大，则可以得到由 s 个指标构成的指标组合的最高违约预测精度 G-mean$_s$$(s=1, 2, \cdots, 129)$。令 G-mean$_{s^*=25}$ = max(G-mean$_1$, G-mean$_2$, …, G-mean$_{129}$)，则 G-mean$_{s^*=25}$ 即为最高几何平均精度的指标组合。最高几何平均

精度 G-mean$_{s^*=25}$ 的下标 s^*=25 表示由 25 个指标构成的第 25 个指标组合即为最优指标组合。

应该指出，在指标组合遴选过程中，由于每个指标有“选中”与“不选中”两种状态，129 个指标就有$(2^{129}-1)\approx 6.8\times 10^{38}$种指标组合可能性。遍历所有指标组合的预测精度，以几何平均精度最大为目标函数得到一个最优的指标组合，同时也得到显著的大数据降维效果，指标维度降低幅度为 80.62%(≈1–25/129)。

表 6.10 是第二次指标组合筛选出的基于 *T*–0 时间窗口的制造行业上市公司最优违约预测指标。第 1 列是序号；第 2 列是准则层；第 3 列是指标名称；第 4 列是第 3 列指标对应的 5C 原则[7-8]。

表 6.10　上市公司制造行业 *T*–0 年基于支持向量机向前搜索的第二次指标筛选结果

(1)序号	(2)准则层		(3)指标	(4)信用 5C 原则
1	企业内部财务因素	偿债能力	X_1 资产负债率	能力
…			…	…
5			X_{38} 每股权益合计	能力
6		盈利能力	X_{52} 财务费用/营业总收入	资本
…			…	…
9			X_{86} 资产利润率	资本
10		营运能力	X_{94} 营运资本周转率	能力
…			…	…
13			X_{98} 应付账款周转率	能力
14		成长能力	X_{115} 每股净资产(相对年初增长率)	资本
…			…	…
18			X_{134} 总资产增长率	资本
19	企业内部非财务因素	—	X_{140} 预审计情况	品质
…			…	…
21			X_{150} 总经理是否领取薪酬	品质
22	外部宏观环境	—	X_{162} 中国创新指数	条件
…			…	…
25			X_{186} 国际投资净头寸增长率	条件

从表 6.10 可以看出，遴选出的 *T*–0 时间窗口的指标体系能够反映信用 5C 原则[7-8]。包括：“资产负债率”“每股权益合计”“长期资产适合率”等 5 个财务指标反映公司发展能力；“营运资本周转率”“应付账款周转率”“非流动资产周转率”等 4 个财务指标反映公司经营能力；“财务费用/营业总收入”“资产利润率”“总资产增长率”等 9 个财务指标反映公司资本；“预审计情况”“总经理是否领取薪酬”“派息比税前”这 3 个非财务因素反映公司品质；“中国创新指数”“国际投资净头寸增长率”“广义货币供应量(M2)同比增长率”等 4 个宏观指标反映公司的环境条件。

2. 基于其他时间窗口的上市公司制造行业违约预测指标体系的构建

步骤 7：构建其他时间窗口下的违约预测指标体系。仿照步骤 4~步骤 6，分别在表 6.5~表 6.9 的上市公司制造行业 *T*–1~*T*–5 年样本数据的第一次指标遴选基础上进行第二次指标组合筛选，第二次指标组合遴选后，*T*–1~*T*–5 年 5 个时间窗口分别选出了 16 个、14 个、10 个、13 个、17 个指标，列入表 6.11~表 6.15 的第 3 列。

表 6.11　上市公司制造行业 T–1 年基于支持向量机向前搜索的第二次指标筛选结果

(1)序号	(2)准则层		(3)指标	(4)信用 5C 原则
1	企业内部财务因素	偿债能力	X_1 资产负债率	能力
…			…	…
9			X_{34} 无形资产占总资产比率	能力
10		盈利能力	X_{68} 经营活动产生的现金流量净额/经营活动净收益	资本
…			…	…
12		营运能力	X_{92} 应收账款周转率	能力
13	企业内部非财务因素	高管基本情况	X_{147} 监事会持股比例	品质
…			…	…
15	外部宏观因素	—	X_{176} 广义货币供应量(M2)同比增长率	条件
16			X_{204} 国内专利申请授权数增长率	条件

表 6.12　上市公司制造行业 T–2 年基于支持向量机向前搜索的第二次指标筛选结果

(1)序号	(2)准则层		(3)指标	(4)信用 5C 原则
1	企业内部财务因素	偿债能力	X_1 资产负债率	能力
…			…	…
8			X_{38} 每股权益合计	能力
9		盈利能力	X_{66} 扣除非经常损益后的净利润/净利润	资本
…			…	…
11			X_{85} 营业外支出占营业总成本比重	资本
12	企业内部非财务因素	股权结构与业绩审计情况	X_{139} 是否为金融机构	品质
13	外部宏观因素	—	X_{174} 流通中货币(M0)同比增长率	条件
14			X_{176} 广义货币供应量(M2)同比增长率	条件

表 6.13　上市公司制造行业 T–3 年基于支持向量机向前搜索的第二次指标筛选结果

(1)序号	(2)准则层		(3)指标	(4)信用 5C 原则
1	企业内部财务因素	偿债能力	X_1 资产负债率	能力
2			X_{32} 其他应收款与流动资产比	能力
3			X_{37} 资本公积占所有者权益的比例	能力
4		盈利能力	X_{52} 财务费用/营业总收入	资本
…			…	…
8			X_{87} 归属于母公司普通股东的权益综合收益率	资本
9	企业内部非财务因素	股权结构与业绩审计情况	X_{141} 业绩预告次数	品质
10	外部宏观因素	—	X_{176} 广义货币供应量(M2)同比增长率	条件

表 6.14　上市公司制造行业 T–4 年基于支持向量机向前搜索的第二次指标筛选结果

(1)序号	(2)准则层		(3)指标	(4)信用 5C 原则
1	企业内部财务因素	偿债能力	X_1 资产负债率	能力
2			X_{26} 经营活动产生的现金流量净额/负债合计	能力

续表

(1)序号	(2)准则层		(3)指标	(4)信用 5C 原则
3	企业内部财务因素	盈利能力	X_{41} 净资产收益率	资本
…			…	…
7			X_{86} 资产利润率	资本
8		成长能力	X_{120} 营业总成本增长率	资本
9	企业内部非财务因素	股权结构与业绩审计情况	X_{141} 业绩预告次数	品质
10			X_{143} 审计意见类型	品质
11	外部宏观因素	—	X_{159} 中长期贷款基准利率	条件
…			…	…
13			X_{190} 货物运输量增长率	条件

表 6.15　上市公司制造行业 *T*–5 年基于支持向量机向前搜索的第二次指标筛选结果

(1)序号	(2)准则层		(3)指标	(4)信用 5C 原则
1	企业内部财务因素	偿债能力	X_1 资产负债率	能力
2			X_4 长期资产适合率	能力
3			X_{22} 有形资产/带息债务	能力
4		盈利能力	X_{47} 主营业务比率	资本
…			…	…
7			X_{83} 税金及附加占利润总额比重	资本
8		营运能力	X_{88} 流动资产/总资产	能力
…			…	…
10			X_{98} 应付账款周转率	能力
11		成长能力	X_{136} 固定资产增长率	资本
12	企业内部非财务因素	股权结构与业绩审计情况	X_{142} 应缴企业所得税税率	品质
…		…	…	…
15		社会责任	X_{154} 每股社会贡献值	品质
16	外部宏观因素	—	X_{157} 分行业企业家信心指数	条件
17			X_{176} 广义货币供应量(M2)同比增长率	条件

6.4.3　遴选出的最优指标体系统计汇总

由上文表 6.10 至表 6.15 可知，对于所有 2173 家制造业上市公司样本，违约预测的最优指标组合为：由 204 个指标构成的 $2^{204}-1\approx2.57\times10^{61}$ 个指标组合中，遴选出“资产负债率”“长期资产适合率”“应付账款周转率”等 25 个指标，构成了 *T*–0 年违约判别几何平均精度最大的指标组合；遴选出“资产负债率”“长期资本负债率”“长期资产适合率”等 16 个指标，构成了 *T*–1 年违约预测几何平均精度最大的指标组合；遴选出“资产负债率”“长期资产适合率”“归属母公司股东的权益/带息债务”等 14 个指标，构成了 *T*–2 年违约预测几何平均精度最大的指标组合；遴选出“资产负债率”“权益乘数”“广义货币供应量(M2)同比增长率”等 10 个指标，构成了 *T*–3 年违约预测几何平均精度最大的指标组合；遴选出“资产负债率”“净资产收益率”“广义货币供应量(M2)同比增长率”等 13 个指标，构成了 *T*–4 年违约预测几何平均精度最大的指标组合；遴选出“资产负债率”“长期资产适合率”“主营业务比率”等 17 个指标，构成了 T–5 年违约预测几何平均精度最大的指标组合。

表 6.16 汇总了 T–m(m=0, 1, 2, 3, 4, 5)年最优指标组合中的指标，并统计了各个指标被选入最优指标组合的次数。表 6.16 中：第 1 列是序号；第 2 列是指标名称；第 3 列是指标在 T–m(m=0, 1, 2, 3, 4, 5)年被选中状态，“1”表示被选中，“0”表示未被选中；第 4 列是指标在 T–m(m=0, 1, 2, 3, 4, 5)年被选中的总次数，等于第 3 列的求和。

表 6.16　上市公司制造行业 T–m 年最优指标组合汇总

(1)序号	(2)指标	(3)指标体系						(4) T–m 年指标被选择的次数
		T–0	T–1	T–2	T–3	T–4	T–5	
1	X_1 资产负债率	1	1	1	1	1	1	6
2	X_3 长期资本负债率	0	1	0	0	0	0	1
3	X_4 长期资产适合率	1	1	1	0	0	1	4
…	…	…	…	…	…	…	…	…
6	X_{13} 流动比率	0	1	0	0	0	0	1
7	X_{21} 归属母公司股东的权益/带息债务	0	1	1	0	0	0	2
…	…	…	…	…	…	…	…	…
15	X_{41} 净资产收益率	0	0	0	0	1	0	1
16	X_{47} 主营业务比率	0	0	0	0	0	1	1
…	…	…	…	…	…	…	…	…
37	X_{98} 应付账款周转率	1	0	0	0	0	1	2
…	…	…	…	…	…	…	…	…
59	X_{157} 分行业企业家信心指数	0	0	0	0	0	1	1
60	X_{159} 中长期贷款基准利率	0	0	0	0	1	0	1
…	…	…	…	…	…	…	…	…
63	X_{176} 广义货币供应量(M2)同比增长率	1	1	1	1	1	1	6
…	…	…	…	…	…	…	…	…
66	X_{204} 国内专利申请授权数增长率	0	1	0	0	0	0	1
67	指标数量合计	25	16	14	10	13	17	—

根据表 6.16 第 2 列第 59~66 行可知，对于所有 2173 家制造业上市公司样本，违约预测的重要宏观指标：“中长期贷款基准利率”“广义货币供应量(M2)同比增长率”“国内专利申请授权数增长率”等 8 个宏观指标，对制造行业上市公司违约状态有显著影响。

根据表 6.16 第 3 列可知，“长期资本负债率”“流动比率”“归属母公司股东的权益/带息债务”等 33 个指标存在于 T–0, T–1, T–2 年的最优指标组合中，说明这些指标对制造行业上市公司未来 0~2 年的短期违约状态具有关键影响。“净资产收益率”“主营业务比率”“应付账款周转率”等 22 个指标存在于 T–3, T–4, T–5 年的最优指标组合中，说明这些指标对制造行业上市公司未来 3~5 年的中期违约预测具有关键影响。

根据表 6.16 第 4 列可知，“资产负债率”“广义货币供应量(M2)同比增长率”这两个指标存在于 T–m(m=0, 1, 2, 3, 4, 5)年的最优指标组合中，说明这两个指标不论对于制造行业上市公司未来 0~2 年的短期违约预测，还是未来 3~5 年的中期违约预测都有重要影响。其中，“广义货币供应量(M2)同比增长率”的意义在于：当货币发行量 M2 充分大时，市场流动性充分，则公司几乎不可能发生违约，因此是违约预测的关键指标。

综上，对于所有 2173 家制造业上市公司样本，违约预测的关键指标："长期资本负债率""流动比率""归属母公司股东的权益/带息债务"等33个指标对企业未来0~2年的短期违约预测有决定作用。"净资产收益率""主营业务比率""应付账款周转率"等 22 个指标对企业未来 3~5 年的中期违约状态有决定作用。"资产负债率""广义货币供应量(M2)同比增长率"这两个指标，不论对于企业未来 0~2 年的短期违约预测，还是未来 3~5 年的中期违约预测都有重要影响。

6.5 制造行业的违约预警模型的精度计算

上文 6.4 节遴选出了最优指标组合。根据最优指标组合对应的训练样本数据，可分别构建如上文 3.2 节所述的14种大数据违约评价模型方案。根据上文表6.3第1行定义的训练样本 N_{train} 对应的表6.10~表6.15所示的 $T-m$ (m=0, 1, 2, 3, 4, 5)时间窗口的训练样本指标数据，求解模型参数得到 14 种违约评价模型，并根据上文表 6.3 第 2 行定义的测试样本 N_{test} 的 $T-m$ (m=0, 1, 2, 3, 4, 5)时间窗口分别计算 14 种大数据违约评价模型的精度结果。

其中，本书选取的模型违约预测精度评价标准有 5 个。分别是第二类错误、第一类错误、几何平均精度、总体预测精度和 AUC 值，精度定义如上文 3.3 节式(3.53)~式(3.56)所示。

以逻辑回归模型在 T–1 时间窗口样本的训练和测试为例进行说明。

将表 6.11 第 3 列 16 个指标对应表 6.5 第 d 列 T–1 时间窗口经 SMOTE 扩充后的训练样本数据，根据极大似然估计方法求解出逻辑回归模型中 16 个指标的权重向量，并代入式(3.16)和式(3.17)得到违约概率预测方程和违约状态预测方程如下。

逻辑回归模型在 T–1 时间窗口样本的违约概率预测方程如下。

$$\hat{p}(T-1)=(1+\exp(-(17.240-11.355\times X_1\text{资产负债率}+0.781\times X_3\text{长期资本负债率}+\cdots -2.227\times X_{204}\text{国内专利申请授权数增长率})))^{-1} \tag{6.1}$$

逻辑回归模型在 T–1 时间窗口样本的违约状态预测方程如下。

$$\hat{y}_j(T+1)=\begin{cases}1, & \hat{p}_j(T)\geqslant 0.5\\ 0, & \hat{p}_j(T)<0.5\end{cases} \tag{6.2}$$

将表 6.11 第 3 列 16 个指标对应表 6.5 第 e 列 T–1 时间窗口 653 个公司的测试样本数据，代入式(6.1)得到违约概率预测值 $\hat{p}_j$ (j=1, 2, …, 653)，将违约概率预测值 $\hat{p}_j$ 代入式(6.2)得到违约状态预测值 $\hat{y}_j$ (j=1, 2, …, 653)。将违约状态预测值 $\hat{y}_j$ 与实际值 y_j 进行对比，可得如表 6.17 所示的混淆矩阵中 TP、TN、FP、FN 四个值。将表 6.17 所示的混淆矩阵中 TP、TN、FP、FN 四个值，代入式(3.53)，计算得到第二类错误 Type-II Error=FN/(TP+FN)=10/(67+10)≈0.130。

表 6.17 违约预测混淆矩阵

客户的真实违约状态	客户的预测违约状态	
	(1)预测违约	(2)预测非违约
(1)真实违约	违约样本判对的个数 TP=67	违约样本判错的个数 FN=10
(2)真实非违约	非违约样本判错的个数 FP=46	非违约样本判对的个数 TN=530

表 6.18 是上市公司制造行业 $T-m$(m=0, 1, 2, 3, 4, 5)时间窗口的 14 种大数据违约评价模型方案的测试样本预测精度结果。以逻辑回归模型在 T–1 时间窗口样本为例，将上文计算得到的第二类错误 Type-II Error=0.130，列入表 6.18 第 16 行第 4 列。同理，将表 6.17 所示的混淆矩阵中 TP、TN、FP、FN 4 个值，分别代入上文式(3.54)~式(3.56)，并绘制 ROC 曲线，得到其他 4 个精度结果，分别列入表 6.18 第 16 行第 5~8 列。

表 6.18　上市公司制造行业 $T-m(m=0, 1, 2, 3, 4, 5)$时间窗口下模型预测精度结果

(1)序号	(2)时间窗口	(3)模型方案	(4)第二类错误	(5)第一类错误	(6)几何平均精度	(7)总体预测精度	(8) AUC 值
1	T–0	线性判别模型[9]	0.208	0.122	0.834	0.868	0.930
2		逻辑回归模型[10]	0.117	0.090	0.896	0.907	0.963
3		广义加性模型[11]	0.091	0.113	0.898	0.890	0.974
4		线性支持向量机模型[12]	0.143	0.102	0.877	0.893	0.954
5		决策树模型[13-14]	0.234	0.095	0.833	0.888	0.801
6		BP 神经网络模型[15]	0.026	0.385	0.774	0.657	0.902
7		K 近邻模型[16]	0.260	0.063	0.833	0.914	0.839
8		多数投票线性判别模型[17]	0.208	0.128	0.831	0.862	0.930
9		多数投票逻辑回归模型[18]	0.104	0.108	0.894	0.893	0.961
10		多数投票广义加性模型[17]	0.078	0.106	0.908	0.897	0.971
11		多数投票线性支持向量机模型[18]	0.130	0.102	0.884	0.894	0.958
12		多数投票决策树模型[19]	0.247	0.102	0.822	0.881	0.897
13		多数投票 BP 神经网络模型[20]	0.325	0.083	0.787	0.888	0.923
14		多数投票 K 近邻模型[21]	0.260	0.063	0.833	0.914	0.853
15	T–1	线性判别模型[9]	0.169	0.073	0.878	0.916	0.938
16		逻辑回归模型[10]	0.130	0.080	0.895	0.914	0.940
17		广义加性模型[11]	0.130	0.087	0.891	0.908	0.936
18		线性支持向量机模型[12]	0.156	0.073	0.885	0.917	0.933
19		决策树模型[13-14]	0.221	0.080	0.847	0.904	0.873
20		BP 神经网络模型[15]	0.169	0.076	0.876	0.913	0.940
21		K 近邻模型[16]	0.260	0.076	0.827	0.902	0.832
22		多数投票线性判别模型[17]	0.169	0.073	0.878	0.916	0.942
23		多数投票逻辑回归模型[18]	0.130	0.082	0.894	0.913	0.937
24		多数投票广义加性模型[17]	0.117	0.090	0.896	0.907	0.945
25		多数投票线性支持向量机模型[18]	0.156	0.073	0.885	0.917	0.933
26		多数投票决策树模型[19]	0.221	0.090	0.842	0.894	0.917
27		多数投票 BP 神经网络模型[20]	0.169	0.078	0.875	0.911	0.912
28		多数投票 K 近邻模型[21]	0.260	0.097	0.817	0.884	0.840
29	T–2	线性判别模型[9]	0.091	0.038	0.935	0.956	0.981
30		逻辑回归模型[10]	0.026	0.042	0.966	0.960	0.984
31		广义加性模型[11]	0.065	0.045	0.945	0.953	0.981
32		线性支持向量机模型[12]	0.039	0.038	0.961	0.962	0.982
33		决策树模型[13-14]	0.091	0.057	0.926	0.939	0.944
34		BP 神经网络模型[15]	0.039	0.068	0.947	0.936	0.974
35		K 近邻模型[16]	0.208	0.054	0.866	0.928	0.869
36		多数投票线性判别模型[17]	0.091	0.038	0.935	0.956	0.981
37		多数投票逻辑回归模型[18]	0.039	0.042	0.960	0.959	0.983
38		多数投票广义加性模型[17]	0.065	0.040	0.947	0.957	0.982

续表

(1)序号	(2)时间窗口	(3)模型方案	(4)第二类错误	(5)第一类错误	(6)几何平均精度	(7)总体预测精度	(8) AUC 值
39	T-2	多数投票线性支持向量机模型[18]	0.052	0.038	0.955	0.960	0.982
40		多数投票决策树模型[19]	0.091	0.056	0.927	0.940	0.973
41		多数投票 BP 神经网络模型[20]	0.039	0.038	0.961	0.962	0.981
42		多数投票 K 近邻模型[21]	0.182	0.061	0.877	0.925	0.905
43	T-3	线性判别模型[9]	0.325	0.085	0.786	0.887	0.880
44		逻辑回归模型[10]	0.234	0.158	0.803	0.833	0.847
45		广义加性模型[11]	0.221	0.128	0.824	0.861	0.907
46		线性支持向量机模型[12]	0.299	0.120	0.786	0.859	0.883
47		决策树模型[13-14]	0.312	0.108	0.784	0.868	0.745
48		BP 神经网络模型[15]	0.364	0.064	0.772	0.900	0.788
49		K 近邻模型[16]	0.234	0.193	0.786	0.802	0.787
50		多数投票线性判别模型[17]	0.325	0.089	0.785	0.884	0.881
51		多数投票逻辑回归模型[18]	0.260	0.156	0.790	0.832	0.850
52		多数投票广义加性模型[17]	0.143	0.142	0.857	0.858	0.911
53		多数投票线性支持向量机模型[18]	0.299	0.120	0.786	0.859	0.880
54		多数投票决策树模型[19]	0.195	0.122	0.841	0.870	0.885
55		多数投票 BP 神经网络模型[20]	0.481	0.056	0.700	0.894	0.856
56		多数投票 K 近邻模型[21]	0.234	0.194	0.786	0.801	0.805
57	T-4	线性判别模型[9]	0.026	0.398	0.766	0.646	0.920
58		逻辑回归模型[10]	0.117	0.229	0.825	0.784	0.929
59		广义加性模型[11]	0.091	0.358	0.764	0.674	0.920
60		线性支持向量机模型[12]	0.143	0.226	0.815	0.784	0.933
61		决策树模型[13-14]	0.208	0.238	0.777	0.766	0.811
62		BP 神经网络模型[15]	0.078	0.359	0.769	0.674	0.904
63		K 近邻模型[16]	0.156	0.229	0.807	0.779	0.807
64		多数投票线性判别模型[17]	0.026	0.398	0.766	0.646	0.922
65		多数投票逻辑回归模型[18]	0.130	0.210	0.829	0.799	0.930
66		多数投票广义加性模型[17]	0.078	0.378	0.757	0.657	0.916
67		多数投票线性支持向量机模型[18]	0.117	0.247	0.816	0.769	0.935
68		多数投票决策树模型[19]	0.195	0.247	0.779	0.760	0.838
69		多数投票 BP 神经网络模型[20]	0.117	0.311	0.780	0.712	0.897
70		多数投票 K 近邻模型[21]	0.143	0.233	0.811	0.778	0.826
71	T-5	线性判别模型[9]	0.195	0.385	0.703	0.637	0.813
72		逻辑回归模型[10]	0.221	0.345	0.714	0.669	0.820
73		广义加性模型[11]	0.130	0.385	0.731	0.645	0.839
74		线性支持向量机模型[12]	0.195	0.417	0.685	0.609	0.796
75		决策树模型[13-14]	0.234	0.238	0.764	0.763	0.766
76		BP 神经网络模型[15]	0.195	0.408	0.690	0.617	0.767

续表

(1)序号	(2)时间窗口	(3)模型方案	(4)第二类错误	(5)第一类错误	(6)几何平均精度	(7)总体预测精度	(8) AUC 值
77	T–5	K 近邻模型[16]	0.260	0.227	0.756	0.769	0.756
78		多数投票线性判别模型[17]	0.195	0.384	0.704	0.639	0.813
79		多数投票逻辑回归模型[18]	0.221	0.342	0.716	0.672	0.822
80		多数投票广义加性模型[17]	0.130	0.384	0.732	0.646	0.846
81		多数投票线性支持向量机模型[18]	0.195	0.417	0.685	0.609	0.797
82		多数投票决策树模型[19]	0.234	0.243	0.762	0.758	0.809
83		多数投票 BP 神经网络模型[20]	0.247	0.378	0.684	0.637	0.789
84		多数投票 K 近邻模型[21]	0.260	0.240	0.750	0.758	0.764

以上以逻辑回归模型在 T–1 时间窗口样本为例，说明了违约评价模型的精度计算过程。同理，可分别根据上文 3.2 节中的 14 种大数据违约评价模型的表达式，计算在上市公司制造行业 $T–m(m=0, 1, 2, 3, 4, 5)$ 测试样本上的精度结果，并将精度结果列入表 6.18 中。

由表 6.18 第 8 列 AUC 值可以看出，AUC 值基本都能达到 70%以上[22-23]，表明这 14 种模型在 5 年的时间窗口均能实现较好的模型预测效果，即模型有 5 年的预测能力。表 6.18 第 4 列的违约客户错判率第二类错误基本都在 30%以下[24-25]，说明所构建的模型对制造行业上市公司的违约具有较好的预测能力。

6.6　制造行业的最优违约预警模型的对比分析

上市公司制造行业违约预警模型最优方案选择共有 3 个选择标准。第一标准：模型违约预测精度越高，模型方案排名越靠前。第二标准：模型可解释性越强，模型方案排名越靠前。第三标准：模型复杂性越低，模型方案排名越靠前。

表 6.19 给出了 14 种模型方案基于上市公司制造行业样本数据的 3 个标准排序结果。

表 6.19 第 2 列为 14 种模型方案的名称。表 6.19 第 3 列为 14 种模型方案基于标准一预测精度的排序平均值，是基于表 6.18 中 5 个精度标准的精度排序平均值。排序的平均数值越小，表示模型的预测精度越高，即排序平均值为 4.70 的模型预测精度最高。表 6.19 第 4 列为 14 种模型方案基于标准二可解释性的排序数值，是基于现有文献[26-27]对 14 种大数据模型可解释性的排序结果。排序的数值越小，表示模型的可解释性越强，即排序为“1”的模型方案可解释性最强。表 6.19 第 5 列为 14 种模型方案基于标准三复杂性的排序数值，是基于现有文献[26, 28]对 14 种大数据模型复杂性的排序结果。排序的序号越小，表示模型的复杂性越低，即排序为“1”的模型方案复杂性最低。表 6.19 第 6 列为 14 种模型方案的三个标准的排序平均值，是第 3 列、第 4 列和第 5 列的算术平均值。三个标准的排序平均值越小，表示模型方案越能够同时兼顾精度、可解释性、复杂性这三个因素，越应该被选用，即排序平均值最小的模型方案是最优模型方案。

表 6.19　上市公司制造行业最优模型方案的选择

(1)序号	(2)模型方案	(3)标准一：分类精度排序平均值	(4)标准二：可解释性排序[26-27]	(5)标准三：复杂性排序[26, 28]	(6)三个标准的排序平均值
1	线性判别模型[9]	7.13	1	1	3.04
2	逻辑回归模型[10]	4.70	2	2	2.90
3	广义加性模型[11]	6.47	4	3	4.49
4	线性支持向量机模型[12]	5.57	10	4	6.52

续表

(1)序号	(2)模型方案	(3)标准一：分类精度排序平均值	(4)标准二：可解释性排序[26-27]	(5)标准三：复杂性排序[26, 28]	(6)三个标准的排序平均值
5	决策树模型[13-14]	9.33	3	5	5.78
6	BP 神经网络模型[15]	8.73	11	7	8.91
7	K 近邻模型[16]	9.23	9	6	8.08
8	多数投票线性判别模型[17]	7.33	5	8	6.78
9	多数投票逻辑回归模型[18]	5.40	6	9	6.80
10	多数投票广义加性模型[17]	5.50	8	10	7.83
11	多数投票线性支持向量机模型[18]	5.80	13	11	9.93
12	多数投票决策树模型[19]	8.47	7	12	9.16
13	多数投票 BP 神经网络模型[20]	7.97	14	14	11.99
14	多数投票 K 近邻模型[21]	9.80	12	13	11.60

根据最优方案的三个选择标准，结合表 6.19 第 6 列的三个标准的排序平均值可以得出，逻辑回归模型的排序平均值最小。因此，上市公司制造行业样本的最优模型方案是逻辑回归模型。

6.7 制造行业的最优违约预警模型

由上文 6.6 节可知，上市公司制造行业样本的最优模型方案是逻辑回归模型。

设：$\hat{p}_j(T-m)$ 为第 j 个制造行业上市公司 T–m 年预测的违约概率。则根据 6.5 节中求解的上市公司制造行业对应的 T–m(m=0, 1, 2, 3, 4, 5)逻辑回归模型评价方程如下。

上市公司制造行业的 T–0 违约判别模型，如式(6.3)所示。

$$\begin{aligned}\hat{p}(T-0) = &(1+\exp(-(23.731-6.246\times X_1\text{资产负债率}+11.813\times X_4\text{长期资产适合率}+\cdots-5.265\\&\times X_{176}\text{广义货币供应量(M2)同比增长率}-4.988\times X_{186}\text{国际投资净头寸增长率})))^{-1}\end{aligned} \tag{6.3}$$

上市公司制造行业的提前 1 年违约预警模型，如式(6.4)所示。

$$\begin{aligned}\hat{p}(T-1) = &(1+\exp(-(17.240-11.355\times X_1\text{资产负债率}+0.781\times X_3\text{长期资本负债率}+\cdots-0.238\\&\times X_{176}\text{广义货币供应量(M2)同比增长率}-2.227\times X_{204}\text{国内专利申请授权数增长率})))^{-1}\end{aligned} \tag{6.4}$$

上市公司制造行业的提前 2 年违约预警模型，如式(6.5)所示。

$$\begin{aligned}\hat{p}(T-2) = &(1+\exp(-(10.216+4.988\times X_1\text{资产负债率}-1.069\times X_2\text{剔除预收款项后的资产负债率}+\cdots\\&-2.185\times X_{174}\text{流通中货币供应量(M0)同比增长率}-0.86\\&\times X_{176}\text{广义货币供应量(M2)同比增长率})))^{-1}\end{aligned} \tag{6.5}$$

上市公司制造行业的提前 3 年违约预警模型，如式(6.6)所示。

$$\begin{aligned}\hat{p}(T-3) = &(1+\exp(-(280.048-1.401\times X_1\text{资产负债率}-1.317\times X_{32}\text{其他应收款与流动资产比}+\cdots\\&-246.789\times X_{141}\text{业绩预告次数}-6.402\times X_{176}\text{广义货币供应量(M2)同比增长率})))^{-1}\end{aligned} \tag{6.6}$$

上市公司制造行业的提前 4 年违约预警模型，如式(6.7)所示。

$$\begin{aligned}\hat{p}(T-4) = &(1+\exp(-(250.743-7.382\times X_1\text{资产负债率}-4.58\\&\times X_{26}\text{经营活动产生的现金流量净额/负债合计}+\cdots-1.897\\&\times X_{176}\text{广义货币供应量(M2)同比增长率}+2.951\times X_{190}\text{货物运输量增长率})))^{-1}\end{aligned} \tag{6.7}$$

上市公司制造行业的提前 5 年违约预警模型，如式(6.8)所示。

$$\begin{aligned}\hat{p}(T-5) = &(1+\exp(-(-4.128-10.135\times X_1\text{资产负债率}-0.644\times X_4\text{长期资产适合率}+\cdots-4.448\\&\times X_{154}\text{每股社会贡献值}+2.823\times X_{176}\text{广义货币供应量(M2)同比增长率})))^{-1}\end{aligned} \tag{6.8}$$

以上构建的模型式(6.3)至式(6.8)是通过第 $T-m$ 年的指标数据与第 T 年违约状态训练得到的提前 m 年违约预警的评价方程，以达到根据第 T 年的指标数据，预测企业第 $T+m$ 年违约状态的目的。应该指出，这里的第 $T-m$ 年的指标数据不仅包含某一年(如 2008 年)的指标截面数据，而且包含了不同年份(如 2008 年、2014 年等)平移后的指标截面数据。

制造行业第 j 个上市公司第 $T+m$ 年违约状态预测值 $\hat{y}_j(T+m)$ 的表达式如下。

$$\hat{y}_j(T+m)=\begin{cases}1, & \hat{p}_j(T)\geqslant 0.5\\ 0, & \hat{p}_j(T)<0.5\end{cases} \tag{6.9}$$

6.8　制造行业违约概率和信用得分的确定

由上文 6.7 节可知，最优模型方案为逻辑回归模型，共构建了 $T+m(m=0,1,2,3,4,5)$ 共 6 个违约判别或预测模型表达式，如上文式(6.3)至(6.8)所示。

将上文表 6.10 第 3 列 $T-0$ 年最优指标体系对应的 2000~2018 年这 19 年的上市公司制造行业数据，代入上文式(6.3)，得到制造行业上市公司第 $T+0$ 年的违约概率判别值 p_j，列入表 6.20 第 3 列。

表 6.20　上市公司制造行业最优模型方案逻辑回归模型的 2000~2018 年这 19 年的违约概率和信用得分结果

(1)序号	(2)证券代码	(a)T+0		(b)T+1		(c)T+2		(d)T+3		(e)T+4		(f)T+5	
		(3)违约概率 p_j	(4)信用得分 S_j	(5)违约概率 p_j	(6)信用得分 S_j	(7)违约概率 p_j	(8)信用得分 S_j	(9)违约概率 p_j	(10)信用得分 S_j	(11)违约概率 p_j	(12)信用得分 S_j	(13)违约概率 p_j	(14)信用得分 S_j
1	2018-000004	0.89	11.00	1.00	0.00	1.00	0.00	1.00	0.00	0.87	13.00	0.61	39.00
2	2018-000008	0.42	58.00	0.19	81.00	0.28	72.00	0.86	14.00	0.40	60.00	0.89	11.00
3	2018-000012	0.02	98.00	0.00	100	0.29	71.00	0.24	76.00	0.32	68.00	0.95	5.00
…	…	…	…	…	…	…	…	…	…	…	…	…	…
28 500	2000-600893	0.75	25.00	0.93	7.00	0.00	100.00	0.97	3.00	1.00	0.00	0.06	94.00
28 501	2000-600894	0.12	88.00	0.34	66.00	0.00	100.00	0.44	56.00	0.99	1.00	0.10	90.00
28 502	2000-600898	1.00	0.00	1.00	0.00	0.00	100.00	1.00	0.00	1.00	0.00	1.00	0.00

如表 6.20 第 1 行所示，证券代码“2018-000004”表示 2018 年证券代码为“000004”的上市公司。第 1 行第 3 列表示证券代码为“000004”的上市公司在 2018 年的违约概率判别值 p_j=0.89，将违约概率判别值 p_j=0.89 代入式(3.3)的信用得分表达式，得到证券代码为“000004”上市公司 2018 年的信用得分 $S_j=(1-p_j)\times 100=(1-0.89)\times 100=11.00$，列入表 6.20 第 1 行第 4 列。

同理，将表 6.11~表 6.15 的 $T-m(m=1,2,3,4,5)$ 年的最优指标体系的数据，代入式(6.4)~式(6.8)，可分别计算 $T+m(m=1,2,3,4,5)$ 年的上市公司违约概率值 p_j 和信用得分值 S_j，将预测结果列入表 6.20 第 5~14 列。

由此得到表 6.20 所示的 2000~2018 年这 19 年上市公司制造行业最优模型方案逻辑回归模型的 $T+m(m=0,1,2,3,4,5)$ 违约概率与信用得分结果。

表 6.21 是上市公司制造行业的 2000~2023 年这 24 年的违约概率和信用得分预测结果。

表 6.21　上市公司制造行业 2000~2023 年这 24 年的违约概率和信用得分预测结果

(1)序号	(2)证券代码	(3)年份	(4)行业	(5)省区市	(6)所有制	(7)违约概率 $p_{j(T+m)}$	(8)信用得分 $S_{j(T+m)}$
1	000004.SZ	2000	制造业	广东省	民营企业	0.9962	0.38
2	000008.SZ	2000	制造业	北京市	公众企业	0.9464	5.36
3	000012.SZ	2000	制造业	广东省	公众企业	0.0462	95.38
…	…	…	…	…	…	…	…

续表

(1)序号	(2)证券代码	(3)年份	(4)行业	(5)省区市	(6)所有制	(7)违约概率 $p_{j(T+m)}$	(8)信用得分 $S_{j(T+m)}$
28 503	000004.SZ	2019	制造业	广东省	民营企业	0.9993	0.07
28 504	000008.SZ	2019	制造业	北京市	公众企业	0.1901	80.99
28 505	000012.SZ	2019	制造业	广东省	公众企业	0.0025	99.75
…	…	…	…	…	…	…	…
30 666	000004.SZ	2020	制造业	广东省	民营企业	0.9994	0.06
30 667	000008.SZ	2020	制造业	北京市	公众企业	0.278	72.20
30 668	000012.SZ	2020	制造业	广东省	公众企业	0.291	70.90
…	…	…	…	…	…	…	…
32 829	000004.SZ	2021	制造业	广东省	民营企业	0.996	0.40
32 830	000008.SZ	2021	制造业	北京市	公众企业	0.8589	14.11
32 831	000012.SZ	2021	制造业	广东省	公众企业	0.2438	75.62
…	…	…	…	…	…	…	…
34 992	000004.SZ	2022	制造业	广东省	民营企业	0.8725	12.75
34 993	000008.SZ	2022	制造业	北京市	公众企业	0.3976	60.24
34 994	000012.SZ	2022	制造业	广东省	公众企业	0.3157	68.43
…	…	…	…	…	…	…	…
39 317	603998.SH	2023	制造业	湖南省	民营企业	0.9651	3.49

表 6.21 中，第 1~28 502 行是 2000~2018 年这 19 年制造行业上市公司数据按上文式(6.3)的 T+0 的判别结果。第 28 503~39 317 行是根据 2018 年的公司数据，分别按式(6.4)至式(6.8)计算的 T+1~T+5 年的信用得分预测结果。

将表 6.10 第 3 列 T–0 年最优指标体系对应的 2000~2018 年这 19 年 28 502 家上市公司制造行业的数据，代入上文式(6.3)，得到上市公司制造行业第 T+0 年的违约概率判别值 $p_{j(T+0)}$，列入表 6.21 第 7 列第 1~28 502 行，并将违约概率判别值 $p_{j(T+0)}$代入上文式(3.3)的信用得分表达式得到信用得分 $S_{j(T+0)}$，列入表 6.21 第 8 列第 1~28 502 行。

将表 6.11 第 3 列 T–1 年最优指标体系对应的 2018 年制造行业 2163 家上市公司数据，代入上文式(6.4)，得到上市公司制造行业第 T+1 年的违约概率预测值 $p_{j(T+1)}$，并将违约概率预测值 $p_{j(T+1)}$代入上文式(3.7)的信用得分表达式，得到 2019 年的信用得分 $S_{j(T+1)}$，列入表 6.21 第 8 列第 28 503~30 665 行。同理，可根据式(6.5)至式(6.8)计算 2020~2023 年的信用得分 $S_{j(T+m)}$，并将结果列入表 6.21 第 8 列第 30 666~39 317 行。

6.9　制造行业的信用等级划分

以 T+0 年的信用等级划分为例进行说明。

将上文表 6.20 第 4 列的 T+0 年信用得分数据 S_j 按降序排列，结果对应列入表 6.22 第 3 列。表 6.22 第 4 列违约概率数据来自表 6.20 第 3 列。表 6.22 第 5 列负债总额数据来源于 Wind 数据库。表 6.22 第 6 列应收未收本息数据等于表 6.22 第 4 列和第 5 列的乘积。表 6.22 第 7 列应收本息数据等于表 6.22 第 5 列。

表 6.22　上市公司制造行业最优模型方案逻辑回归模型的 T+0 年信用等级划分数据

(1)序号	(2)证券代码	(3)信用得分 S_j	(4)违约概率 p_j	(5)负债总额 D_j/元	(6)应收未收本息 L_j/元	(7)应收本息 R_j/元
1	2018-000039	100.00	0.00	106 000 000 000.00	0.00	106 000 000 000.00
2	2018-000869	100.00	0.00	3 227 241 675.00	0.00	3 227 241 675.00

续表

(1)序号	(2)证券代码	(3)信用得分 S_j	(4)违约概率 p_j	(5)负债总额 D_j/元	(6)应收未收本息 L_j/元	(7)应收本息 R_j/元
3	2018-002001	100.00	0.00	5 719 871 589.00	0.00	5 719 871 589.00
…	…	…	…	…	…	…
22 104	2002-600651	49.98	0.50	678 374 883.90	339 187 441.95	678 374 883.90
…	…	…	…	…	…	…
28 502	2012-600678	0.00	1.00	138 950 269.30	138 950 269.30	138 950 269.30

依据上文 3.4.2 节的信用等级划分模型，将表 6.22 第 6~7 列的应收未收本息 L_j、应收本息 R_j 数据代入上文式(3.68)~式(3.71)的信用等级划分模型，根据迟国泰教授科研创新团队的发明专利“信用等级越高，违约损失率越低”的违约金字塔原理[29]，得到的评级结果如表 6.23 第 3~5 列所示。

表 6.23　上市公司制造行业最优模型方案逻辑回归模型的 T+0 年信用等级划分结果

(1)序号	(2)等级	(3)信用得分区间	(4)样本数	(5)违约损失率/%	(6)信用度
1	AAA	$49.98 \leqslant S \leqslant 100$	22 104	8.23	特优
…	…	…	…	…	…
4	BBB	$0.71 \leqslant S < 2.36$	401	98.55	较好
…	…	…	…	…	…
7	CCC	$0.005 \leqslant S < 0.013$	96	99.99	差
…	…	…	…	…	…
9	C	$0 \leqslant S < 0.001$	312	100.00	极差

根据表 6.23 第 4 列可知，T+0 年 AAA 级公司样本数为 22 104 个，即 AAA 级公司为按照信用得分降序排列后的第 1~22 104 个公司。由表 6.22 第 3 列知，第 22 104 行证券代码“2002-600651”公司对应的信用得分 S_j 为 49.98，故 AAA 级公司的信用得分区间为 $49.98 \leqslant S \leqslant 100$，列入表 6.23 第 3 列第 1 行，即 T+0 年信用得分落在区间 $49.98 \leqslant S \leqslant 100$ 的公司均为 AAA 级公司。同理，可得 AA、A、…、C 等其余 8 个等级划分结果，对应列入表 6.23 第 2 列第 2~9 行。由信用等级 AAA、AA、A、BBB、BB、B、CCC、CC、C 依次对应特优、优、良、较好、一般、较差、差、很差、极差的信用度，列入表 6.23 第 6 列。

以上是上市公司制造行业的最优模型方案逻辑回归模型的 T+0 年信用等级划分结果。同理，可分别得到 $T+m(m=1, 2, 3, 4, 5)$年的上市公司制造行业的信用等级划分结果，如表 6.24~表 6.28 所示。

表 6.24　上市公司制造行业最优模型方案逻辑回归模型的 T+1 年信用等级划分结果

(1)序号	(2)等级	(3)信用得分区间	(4)样本数	(5)违约损失率/%	(6)信用度
1	AAA	$49.34 \leqslant S \leqslant 100$	23 105	11.91	特优
…	…	…	…	…	…
4	BBB	$0.033 \leqslant S < 2.41$	1 420	99.16	较好
…	…	…	…	…	…
7	CCC	$0.003 \leqslant S < 0.004$	16	100.00	差
…	…	…	…	…	…
9	C	$0 \leqslant S < 0.001$	85	100.00	极差

表 6.25　上市公司制造行业最优模型方案逻辑回归模型的 T+2 年信用等级划分结果

(1)序号	(2)等级	(3)信用得分区间	(4)样本数	(5)违约损失率/%	(6)信用度
1	AAA	49.28≤S≤100	25 131	6.07	特优
…	…	…	…	…	…
4	BBB	0.42≤S<1.39	699	99.14	较好
…	…	…	…	…	…
7	CCC	0.002≤S<0.01	111	99.99	差
…	…	…	…	…	…
9	C	0≤S<0.001	164	100.00	极差

表 6.26　上市公司制造行业最优模型方案逻辑回归模型的 T+3 年信用等级划分结果

(1)序号	(2)等级	(3)信用得分区间	(4)样本数	(5)违约损失率/%	(6)信用度
1	AAA	49.98≤S≤100	17 010	45.77	特优
…	…	…	…	…	…
4	BBB	27.21≤S<38.65	1 181	93.97	较好
…	…	…	…	…	…
7	CCC	2.86≤S<10.69	1 451	66.82	差
…	…	…	…	…	…
9	C	0≤S<0.001	2 698	100.00	极差

表 6.27　上市公司制造行业最优模型方案逻辑回归模型的 T+4 年信用等级划分结果

(1)序号	(2)等级	(3)信用得分区间	(4)样本数	(5)违约损失率/%	(6)信用度
1	AAA	49.04≤S≤100	17 612	11.69	特优
…	…	…	…	…	…
4	BBB	9.05≤S<10.75	283	90.14	较好
…	…	…	…	…	…
7	CCC	0.28≤S<0.82	435	99.47	差
…	…	…	…	…	…
9	C	0≤S<0.001	2 559	100.00	极差

表 6.28　上市公司制造行业最优模型方案逻辑回归模型的 T+5 年信用等级划分结果

(1)序号	(2)等级	(3)信用得分区间	(4)样本数	(5)违约损失率/%	(6)信用度
1	AAA	48.64≤S≤100	12 942	10.11	特优
…	…	…	…	…	…
4	BBB	0.16≤S<10.34	9 405	96.47	较好
…	…	…	…	…	…
7	CCC	0.004≤S<0.005	13	100.00	差
…	…	…	…	…	…
9	C	0≤S<0.001	153	100.00	极差

6.10　制造行业的信用特征分析

6.10.1　地区的信用特征分析

为检验不同地区的信用得分是否存在显著差异，本书根据表 6.21 第 5 列的 31 个省区市(港澳台除外)和第 8 列的信用得分，统计出 31 个省区市的信用得分平均值、最大值、最小值、标准差、中位数等，列在表 6.29 的第 3~8 列。

表 6.29　上市公司制造行业的省区市信用特征描述表

(1)序号	(2)省区市	(3)信用得分平均值	(4)信用得分最大值	(5)信用得分最小值	(6)信用得分标准差	(7)信用得分中位数	(8)样本数量
1	浙江省	70.23	100.00	0.00	24.76	74.94	5046
2	江苏省	69.66	100.00	0.00	25.27	74.64	4733
3	广东省	69.09	100.00	0.00	26.13	74.29	6219
…	…	…	…	…	…	…	…
11	天津市	64.98	99.82	0.03	29.33	72.86	468
12	安徽省	64.58	100.00	0.00	25.88	67.52	1299
13	河南省	63.85	100.00	0.00	27.60	67.81	1181
…	…	…	…	…	…	…	…
…	…	…	…	…	…	…	…
29	山西省	51.46	100.00	0.00	32.49	53.95	509
30	青海省	47.44	100.00	0.00	29.60	46.92	208
31	宁夏回族自治区	45.78	100.00	0.06	29.66	45.75	209

其中，表 6.29 第 8 列的样本数量是 2000~2023 年这 24 年的制造行业上市公司总数，这里的总数包括相同企业不同年份的重复计数。例如，同一个企业 2000~2023 年这 24 年，数量记为 24，其他企业的统计同理。

同时，为检验两两省区市之间的信用得分是否存在显著差异，本书采用曼-惠特尼 U 检验[30]来进行显著性水平检验。以“广东省”与“河南省”为例，根据表 6.29 第 1 列第 3、13 行的序号排序和第 8 列第 3、13 行的企业数量得到曼-惠特尼 U 检验统计量为 3 258 905.00，列入表 6.30 第 1 行第 3 列。通过查曼-惠特尼 U 检验统计量的显著性水平表，将对应的 p 值 0.000 列入表 6.30 第 1 行第 4 列。同理，将其他任意两个省区市的曼-惠特尼 U 检验结果列在表 6.30 第 2~465 行。

表 6.30　上市公司制造行业的省区市之间信用得分的差异性检验

(1)序号	(2)省区市两两比较	(3)曼-惠特尼 U 检验统计量值	(4)p 值
1	广东省 与 河南省	3 258 905.00***	0.000
2	广东省 与 贵州省	1 039 766.00***	0.000
3	广东省 与 海南省	409 700.00***	0.000
…	…	…	…
464	四川省 与 安徽省	882 980.00**	0.016
465	四川省 与 江西省	413 653.00**	0.020

***、**、*分别表示在 99%、95%、90%的置信水平下显著

表 6.29 和表 6.30 的实证结果表明，中国上市公司制造行业的行业特征为：浙江省、江苏省、广东省等 10 个省区市的信用资质最高，天津市、安徽省、河南省等 10 个省区市的信用资质居中，山西省、青海省、

宁夏回族自治区等 11 个省区市的信用资质最低。并且，广东省与河南省、四川省与江西省等两两省区市之间的信用资质经曼-惠特尼 U 检验均存在显著差异。

根据 31 个省区市的地理区域分布统计可知，信用得分高于 64 的信用资质较好的省区市基本分布在东南沿海地区。信用得分介于 59 和 64 之间的信用资质居中的省区市基本分布在中部地区。信用得分低于 59 的信用资质较差的省区市基本分布在西部地区和北部地区。

分析造成省区市信用特征差异化的原因可能是，相比于中西部内陆地区，东南沿海地区的企业融资渠道和投资机会更多，从而企业的资金运营能力和盈利能力更强，信用资质也就更好。

6.10.2 企业所有制的信用特征分析

企业所有制属性的信用特征分布是一个值得研究的话题，现有文献[31]认为相比于中国非国有企业，国有企业拥有更高的平均收益率和更有竞争力的其他优势。本书根据大股东和实际控制人将上市企业的所有制属性分为 7 类，分别是中央国有企业、地方国有企业、民营企业、集体企业、公众企业、外资企业和由协会等实际控股的其他所有制企业。上市公司制造行业包含的 7 类企业所有制属性，如表 6.31 第 2 列所示。

表 6.31 上市公司制造行业的企业所有制属性信用特征描述表

(1)序号	(2)所有制属性	(3)信用得分平均值	(4)信用得分最大值	(5)信用得分最小值	(6)信用得分标准差	(7)信用得分中位数	(8)样本数量
1	民营企业	69.23	100.00	0.00	26.27	74.92	24 814
2	外资企业	67.62	100.00	0.00	27.58	73.98	1 501
3	集体企业	65.68	100.00	0.08	26.61	70.24	353
4	公众企业	61.95	100.00	0.00	28.17	65.16	1 552
5	中央国有企业	59.25	100.00	0.00	26.58	60.97	4 181
6	其他所有制企业	58.17	100.00	0.10	28.25	62.24	339
7	地方国有企业	56.61	100.00	0.00	28.63	58.66	6 577

本书根据表 6.21 第 6 列的 7 个所有制属性和第 8 列的信用得分，统计出 7 个所有制属性的信用得分平均值、最大值、最小值、标准差、中位数和样本数量，列在表 6.31 的第 3~8 列。

其中，表 6.31 第 8 列的样本数量是 2000~2023 年这 24 年制造行业的上市公司总数，这里的总数包括相同企业不同年份的重复计数。例如，同一个企业 2000~2023 年这 24 年，数量记为 24，其他企业的统计同理。

同时，为检验两两公司所有制属性之间的信用得分是否存在显著差异，本书采用曼-惠特尼 U 检验[30]来进行显著性水平检验。以“民营企业”与“中央国有企业”为例，根据表 6.31 第 1 列第 1、5 行的序号排序和第 8 列第 1、5 行的企业数量，计算得到曼-惠特尼 U 检验统计量为 39 911 502.00，列入表 6.32 第 1 行第 3 列。通过查曼-惠特尼 U 检验统计量的显著性水平表，将对应的 p 值 0.000 列入表 6.32 第 1 行第 4 列。同理，将其他任意两个所有制属性的曼-惠特尼 U 检验结果列在表 6.32 第 2~21 行。

表 6.32 上市公司制造行业的企业所有制之间信用得分的差异性检验

(1)序号	(2)企业所有制两两比较	(3)曼-惠特尼 U 检验统计量值	(4)p 值
1	中央国有企业 与 民营企业	39 911 502.00***	0.000
2	中央国有企业 与 集体企业	625 567.00***	0.000
3	中央国有企业 与 外资企业	2 509 295.00***	0.000
…	…	…	…
20	民营企业 与 公众企业	16 297 653.00***	0.000
21	地方国有企业 与 公众企业	4 540 342.00***	0.000

***、**、*分别表示在 99%、95%、90%的置信水平下显著

表 6.31 和表 6.32 的实证结果表明，中国上市公司制造行业企业所有制属性信用特征为：民营企业和外资企业这两类所有制的信用资质最高，集体企业、公众企业和中央国有企业这三类所有制的信用资质次之，其他所有制企业和地方国有企业这两类所有制的信用资质最低。并且，任意两类所有制属性上市企业的信用资质均存在显著差异。

造成所有制属性信用特征分布差异的原因可能是：上市公司制造业民营企业可能因为其市场化程度高、经营灵活、社会负担轻等优势，信用资质相对较好。国有企业可能由于政府实际控制等原因，经营管理方面以平稳发展为主，信用资质居中。地方国有企业可能由于地方政府管制，地区追求快速发展，风险性投资较多，从而导致信用资质不佳。

6.11　制造行业的信用指数构建

表 6.33 第 5~7 列是上市公司制造行业的资产总额 A_j、负债总额 L_j、资产总额加负债总额(A_j+L_j)数据，是在 Wind 数据库中查询得到的。表 6.33 第 8 列信用得分 $S_{j(T+m)}$来自上文表 6.21 的第 8 列。其中，对于 2000 年至 2018 年这 19 年已有指标数据的公司，用的是 m=0 的信用得分 $S_{j(T+0)}$；对于 2019 年至 2023 年这 5 年没有指标数据的公司，用的是 m=1, 2, 3, 4, 5 时刻预测的信用得分 $S_{j(T+m)}$。

表 6.33　上市公司制造行业的资产总额、负债总额、资产总额加负债总额和信用得分结果

(1)序号	(2)证券代码	(3) 证券简称	(4)年份	(5)资产总额 A_j/元	(6)负债总额 L_j/元	(7) 资产总额加负债总额(A_j+L_j)/元	(8)信用得分 $S_{j(T+m)}$
1	000004.SZ	国农科技	2000	508 206 707.10	387 304 340.80	895 511 047.90	0.38
2	000008.SZ	神州高铁	2000	290 828 409.00	166 631 021.00	457 459 430.00	5.36
3	000012.SZ	南玻 A	2000	2 824 842 003.00	934 713 931.70	3 759 555 934.70	95.38
…	…		…	…	…		…
605	600898.SH	国美通讯	2000	961 714 197.80	2 267 262 005.00	3 228 976 202.80	0.01
606	000004.SZ	国农科技	2001	222 008 804.80	102284470.70	324 293 275.50	31.72
…	…		…	…	…		…
28 502	603998.SH	方盛制药	2018	1 642 658 615.00	529814644.50	2 172 473 259.50	92.16
28 503	000004.SZ	国农科技	2019	351 177 470.20	167850868.40	519 028 338.60	56.31
…	…		…	…	…		…
30 666	000004.SZ	国农科技	2020	351 177 470.20	167850868.40	519 028 338.60	23.83
…	…		…	…	…		…
39 317	603998.SH	方盛制药	2023	1 642 658 615.00	529 814 644.50	2 172 473 259.50	3.49

6.11.1　基于资产总额标准的信用指数计算

以 2000 年基于资产总额标准的信用指数计算为例进行说明。

1. 基于资产总额标准的典型公司样本选取

将表 6.33 第 1~605 行第 5 列资产总额 A_j 由高到低进行排序，并在表 6.33 第 1~605 行 2000 年的 605 家上市公司中选取年资产总额排名前 10%的企业，即 $N^A{}_{(2000)}$=605×10%≈60 家上市公司，作为 2000 年信用指数构建的典型公司。将这 60 个典型公司的证券代码、证券简称、年份、资产总额 $A_{j(2000)}$分别列入表 6.34 的第 2~5 列的第 1~60 行。

表 6.34 上市公司制造行业基于资产总额标准选取的典型公司样本

(1)序号	(2)证券代码	(3)证券简称	(4)年份	(5)资产总额 $A_{j(T+m)}$ /万元	(6)典型公司成分股权重 $W^A_{j(T+m)}$	(7)信用得分 $S_{j(T+m)}$
1	600019.SH	宝钢股份	2000	3 896 670.41	0.12	99.84
2	600688.SH	上海石化	2000	2 209 965.70	0.07	87.22
3	600808.SH	马钢股份	2000	1 685 726.95	0.05	18.15
…	…	…	…	…	…	…
60	000023.SZ	深天地 A	2000	82 855.45	0.00	74.63
61	600019.SH	宝钢股份	2001	5 804 206.18	0.14	99.94
…	…	…	…	…	…	…
3 275	300449.SZ	汉邦高科	2020	228 967.94	0.00	64.37
3 276	600104.SH	上汽集团	2021	78 300 000.00	0.07	68.73
…	…	…	…	…	…	…
3 923	300449.SZ	汉邦高科	2023	228 967.94	0.00	8.47

以上是 2000 年基于资产总额标准的指数构建典型公司的选取。同理，可以得到 2001~2023 年这 23 年的典型公司样本，将典型公司样本的结果列入表 6.34 第 61~3923 行。

2. 基于资产总额标准的典型公司权重计算

将上文计算的 2000 年典型公司个数 $N^A_{(2000)}$≈60 和表 6.34 第 5 列的资产总额 $A_{j(2000)}$代入上文式(3.82)，得到 2000 年典型公司的权重。

以第 1 个典型公司“宝钢股份(600019.SH)”的指数权重 $W^A_{1(2000)}$为例，将表 6.34 第 5 列第 1 行的资产总额 $A_{1(2000)}$=3 896 670.41 代入上文式(3.82)的分子，得到：

$$W^A_{1(2000)}=A_{1(2000)}/(A_{1(2000)}+\cdots+A_{60(2000)}) =3\ 896\ 670.41/(3\ 896\ 670.41+\cdots+82\ 855.45)=0.12 \tag{6.10}$$

将式(6.10)的结果列入表 6.34 第 6 列第 1 行。同理，将表 6.34 第 5 列第 2~60 行的资产总额 $A_{j(2000)}$分别代入式(3.82)的分子，得到 2000 年其他 59 个成分股的权重 $W^A_{j(2000)}$(j=2, 3, …, 60)，列入表 6.34 第 6 列第 2~60 行。

以上是基于资产总额标准的 2000 年的典型公司样本权重的计算。同理，可以得到基于资产总额标准的 2001~2023 年的典型公司样本权重 $W^A_{j(T+m)}$，将结果列入表 6.34 第 6 列第 61~3923 行。

3. 基于资产总额标准的信用指数计算过程

根据上文表 6.21 第 2 列的证券代码和第 8 列的信用得分，将 6.34 第 7 列的信用得分 $S_{j(T+m)}$对应填充。

将表 6.34 第 1~60 行的 2000 年 60 家典型公司对应的第 6 列权重 $W^A_{j(T+m)}$、第 7 列信用得分 $S_{j(T+m)}$，以及上文选取的 2000 年典型公司个数 $N^A_{(2000)}$≈60，代入上文式(3.85)，得到 2000 年典型公司样本基于资产总额标准的信用得分加权平均值 $\bar{S}^A_{(2000)}$ 如下。

$$\bar{S}^A_{(2000)} = \sum_{j=1}^{60} W^A_{j(2000)} S_{j(2000)} =80.84 \tag{6.11}$$

将式(6.11)计算的 2000 年典型公司样本基于资产总额标准的信用得分加权平均值 $\bar{S}^A_{(2000)}$=80.84，代入上文式(3.86)，得到 2000 年典型公司样本基于资产总额标准的信用指数 $\mathrm{CI}^A_{(2000)}$如下。

$$\mathrm{CI}^A_{(2000)} = \frac{\bar{S}^A_{(2000)}}{\bar{S}^A_{(2000)}}\times 1000=\frac{80.84}{80.84}\times 1000=1000 \tag{6.12}$$

将式(6.12)计算的 2000 年典型公司样本基于资产总额标准的信用指数 $\mathrm{CI}^A_{(2000)}$=1000，列入表 6.35 第 3 列第 1 行。

表 6.35　上市公司制造行业的 2000 年至 2023 年这 24 年的信用指数表

(1)序号	(2)年份	(3)资产总额前 10%的年度信用指数 $CI^{A}_{(T+m)}$	(4)负债总额前 10%的年度信用指数 $CI^{L}_{(T+m)}$	(5)基于资产总额加负债总额的年度信用指数 $CI^{A+L}_{(T+m)}$
1	2000	1000.00	1000.00	1000.00
2	2001	1081.64	1074.01	1057.88
3	2002	1143.19	1179.29	1135.81
…	…	…	…	…
8	2007	1195.32	1294.99	1219.13
9	2008	1118.19	1202.03	1134.11
10	2009	1189.76	1291.39	1211.77
…	…	…	…	…
15	2014	793.69	802.31	788.68
16	2015	893.70	914.51	892.27
…	…	…	…	…
20	2019	845.43	886.64	844.62
21	2020	918.71	961.23	917.81
…	…	…	…	…
24	2023	324.84	318.43	318.67

同理，可计算 2001 年的信用得分加权平均值 $\bar{S}^{A}_{(2001)}$=87.44 和信用指数 $CI^{A}_{(2001)}$=(87.44/80.84)×1000≈1081.64，列入表 6.35 第 3 列第 2 行。

以上是上市公司制造行业基于资产总额标准的 2000 年和 2001 年的信用指数计算。依次类推，将基于资产总额标准的 2002 年至 2023 年的信用指数计算结果分别列入表 6.35 第 3 列第 3~24 行。

6.11.2　基于负债总额标准的信用指数计算

以 2000 年的基于负债总额标准的信用指数计算为例进行说明。

1. 基于负债总额标准的典型公司样本选取

将表 6.33 第 1~605 行第 6 列负债总额 L_j 由高到低进行排序，并在表 6.33 第 1~605 行 2000 年的 605 家制造业上市公司中选取年负债总额排名前 10%的企业，即 $N^{L}_{(2000)}$=605×10%≈60 家上市公司，作为 2000 年信用指数构建的典型公司。将这 60 个典型公司的证券代码、证券简称、年份、负债总额 $L_{j(2000)}$分别列入表 6.36 第 2~5 列的第 1~60 行。

表 6.36　上市公司制造行业基于负债总额标准选取的典型公司样本

(1)序号	(2)证券代码	(3)证券简称	(4)年份	(5)负债总额 $L_{j(T+m)}$/万元	(6)典型公司样本权重 $W^{L}_{j(T+m)}$	(7) 信用得分 $S_{j(T+m)}$
1	600019.SH	宝钢股份	2000	1 368 516.70	0.09	99.84
2	600688.SH	上海石化	2000	800 236.60	0.05	87.22
3	000100.SZ	TCL 集团	2000	660 461.00	0.04	99.76
…	…	…	…	…	…	…
60	000584.SZ	哈工智能	2000	38 730.37	0.00	0.10
61	600019.SH	宝钢股份	2001	3 175 203.34	0.14	99.94
…	…	…	…	…	…	…

续表

(1)序号	(2)证券代码	(3)证券简称	(4)年份	(5)负债总额 $L_{j(T+m)}$ /万元	(6)典型公司样本权重 $W^L_{j(T+m)}$	(7) 信用得分 $S_{j(T+m)}$
3 275	300666.SZ	江丰电子	2020	82 827.79	0.00	72.74
3 276	600104.SH	上汽集团	2021	49 800 000.00	0.07	68.73
…	…	…	…	…	…	…
3 923	300666.SZ	江丰电子	2023	82 827.79	0.00	33.43

以上是 2000 年基于负债总额标准的指数构建典型公司的选取。同理，可以得到 2001~2023 年这 23 年的典型公司样本，将典型公司样本的结果列入表 6.36 第 2~5 列第 61~3923 行。

2. 基于负债总额标准的典型公司权重计算

将上文计算的 2000 年典型公司个数 $N^L_{(2000)}$≈60 和表 6.36 第 5 列的负债总额 $L_{j(2000)}$代入上文式(3.83)，得到 2000 年典型公司的权重。

以第 1 个典型公司"宝钢股份(600019.SH)"的指数权重 $W^L_{1(2000)}$为例，将表 6.36 第 5 列第 1 行的负债总额 $L_{1(2000)}$=1 368 516.70 代入上文式(3.83)的分子，得到权重如下。

$$W^L_{1(2000)}=L_{1(2000)}/(L_{1(2000)}+\cdots+L_{60(2000)})=1\ 368\ 516.70/(1\ 368\ 516.70+\cdots+38\ 730.37)=0.09 \tag{6.13}$$

将式(6.13)的结果列入表 6.36 第 6 列第 1 行。同理，将表 6.36 第 5 列第 2~60 行的负债总额 $L_{j(2000)}$分别代入式(3.83)的分子，得到 2000 年其他 59 个成分股的权重 $W^L_{j(2000)}$(j=2, 3,…, 60)，列入表 6.36 第 6 列第 2~60 行。

以上是基于负债总额标准的 2000 年的典型公司样本权重的计算。同理，可得到基于负债总额标准的 2001~2023 年这 23 年的典型公司样本权重 $W^L_{j(T+m)}$，将结果列入表 6.36 第 6 列第 61~3923 行。

3. 基于负债总额标准的信用指数计算过程

根据上文表 6.21 第 2 列的证券代码和第 8 列的信用得分，将 6.36 第 7 列的信用得分 $S_{j(T+m)}$对应填充。

将表 6.36 第 1~60 行的 2000 年 60 家典型公司对应的第 6 列权重 $W^L_{j(T+m)}$、第 7 列信用得分 $S_{j(T+m)}$，以及上文选取的 2000 年典型公司个数 $N^L_{(2000)}$≈60，代入上文式(3.87)，得到 2000 年典型公司样本基于负债总额标准的信用得分加权平均值 $\bar{S}^L_{(2000)}$ 如下。

$$\bar{S}^L_{(2000)}=\sum_{j=1}^{60}W^L_{j(2000)}S_{j(2000)}=73.37 \tag{6.14}$$

将式(6.14)计算的 2000 年典型公司样本基于负债总额标准的信用得分加权平均值 $\bar{S}^L_{(2000)}$=73.37，代入上文式(3.88)，得到 2000 年典型公司样本基于负债总额标准的信用指数 $\mathrm{CI}^L_{(2000)}$如下。

$$\mathrm{CI}^L_{(2000)}=\frac{\bar{S}^L_{(2000)}}{\bar{S}^L_{(2000)}}\times 1000=\frac{73.37}{73.37}\times 1000=1000 \tag{6.15}$$

将式(6.15)计算的 2000 年典型公司样本基于负债总额标准的信用指数 $\mathrm{CI}^L_{(2000)}$=1000，列入上文表 6.35 第 4 列第 1 行。

同理，可计算 2001 年的信用得分加权平均值 $\bar{S}^L_{(2001)}$=78.80 和信用指数 $\mathrm{CI}^L_{(2001)}$= (78.80/73.37)×1000=1074.01，列入上文表 6.35 第 4 列第 2 行。

以上是上市公司制造行业基于负债总额标准的 2000 年和 2001 年的信用指数计算。依次类推，将基于负债总额标准的 2002 年至 2023 年的信用指数计算结果分别列入上文表 6.35 第 4 列第 3~24 行。

6.11.3 基于资产总额加负债总额标准的信用指数计算

以 2000 年的基于资产总额加负债总额标准的信用指数计算为例进行说明。

1. 基于资产总额加负债总额标准的典型公司样本选取

将表 6.33 第 1~605 行第 7 列资产总额加负债总额(A_j+L_j)由高到低进行排序，并在表 6.33 第 1~605 行 2000 年 605 家上市公司中选取资产总额加负债总额排名前 10%的公司，即 $N^{A+L}_{(2000)}=605\times10\%\approx60$ 家上市公司，作为 2000 年信用指数构建的典型公司。将这 60 个典型公司的证券代码、证券简称、年份、资产总额加负债总额($A_{j(2000)}+L_{j(2000)}$)分别列入表 6.37 的第 2~5 列的第 1~60 行。

表 6.37　上市公司制造行业基于资产总额加负债总额标准选取的典型公司样本

(1)序号	(2)证券代码	(3)证券简称	(4)年份	(5)资产总额加负债总额 ($A_{j(T+m)}+L_{j(T+m)}$)/万元	(6)典型公司样本权重 $W^{A+L}_{j(T+m)}$	(7)信用得分 $S_{j(T+m)}$
1	600019.SH	宝钢股份	2000	5 265 187.11	0.11	99.84
2	600688.SH	上海石化	2000	3 010 202.30	0.06	87.22
3	600808.SH	马钢股份	2000	2 182 655.42	0.05	18.15
…	…	…	…	…	…	…
60	600303.SH	曙光股份	2000	113 097.79	0.00	100.00
61	600019.SH	宝钢股份	2001	8 979 409.53	0.14	99.94
…	…	…	…	…	…	…
3 275	002651.SZ	利君股份	2020	297 492.65	0.00	61.33
3 276	600104.SH	上汽集团	2021	128 100 000.00	0.07	68.73
…	…	…	…	…	…	…
3 923	002651.SZ	利君股份	2023	297 492.65	0.00	43.03

以上是 2000 年基于资产总额加负债总额标准的指数构建典型公司的选取。同理，可以得到 2001~2023 年这 23 年的典型公司样本，将典型公司样本的结果列入表 6.37 的第 2~5 列第 61~3923 行。

2. 基于资产总额加负债总额标准的典型公司权重计算

将上文计算的2000年典型公司个数 $N^{A+L}_{(2000)}\approx60$ 和表6.37第5列的资产总额加负债总额($A_{j(2000)}+L_{j(2000)}$)代入上文式(3.84)，得到 2000 年典型公司的权重。

以第 1 个典型公司“宝钢股份(600019.SH)”的指数权重 $W^{A+L}_{1(2000)}$为例。

将表 6.37 第 5 列第 1 行的资产总额加负债总额($A_{1(2000)}+L_{1(2000)}$)=5 265 187.11 代入上文式(3.84)的分子，得到权重如下。

$$W^{A+L}_{1(2000)}=(A_{1(2000)}+L_{1(2000)})/\ [(A_{1(2000)}+L_{1(2000)})+\cdots+(A_{60(2000)}+L_{60(2000)})]$$
$$=5\ 265\ 187.11/(5\ 265\ 187.11+\cdots+113\ 097.79)=0.11 \tag{6.16}$$

将式(6.16)的结果列入表 6.37 第 6 列第 1 行。同理，将表 6.37 第 5 列第 2~60 行的资产总额加负债总额($A_{j(2000)}+L_{j(2000)}$)分别代入式(3.84)的分子，分别得到 2000 年其他 59 个典型公司的权重 $W^{A+L}_{j(2000)}$(j=2, 3, …, 60)，列入表 6.37 第 6 列第 2~60 行。

以上是基于资产总额加负债总额标准的 2000 年的典型公司样本权重的计算。同理，可以得到基于资产总额加负债总额标准的 2001~2023 年这 23 年的典型公司样本权重 $W^{A+L}_{j(T+m)}$，将结果列入表 6.37 第 6 列第 61~3923 行。

3. 基于资产总额加负债总额标准的信用指数计算过程

根据上文表 6.21 第 2 列的证券代码和第 8 列的信用得分，将表 6.37 第 7 列的信用得分 $S_{j(T+m)}$对应填充。

将表 6.37 第 1~60 行的 2000 年 60 家典型公司对应的第 6 列权重 $W^{A+L}_{j(T+m)}$、第 7 列信用得分 $S_{j(T+m)}$，以及上文选取的 2000 年典型公司个数 $N^{A+L}_{(2000)}\approx60$，代入上文式(3.89)，得到 2000 年典型公司样本基于资产总额加负债总额标准的信用得分加权平均值 $\bar{S}^{A+L}_{(2000)}$ 如下。

$$\overline{S}_{(2000)}^{A+L}=\sum_{j=1}^{60}W_{j(2000)}^{A+L}S_{j(2000)}=78.96 \tag{6.17}$$

将式(6.17)计算的 2000 年典型公司样本基于资产总额加负债总额标准的信用得分加权平均值 $\overline{S}_{(2000)}^{A+L}=78.96$，代入上文式(3.90)，得到 2000 年典型公司样本基于资产总额加负债总额标准的信用指数 $\mathrm{CI}^{A+L}{}_{(2000)}$如下。

$$\mathrm{CI}^{A+L}{}_{(2000)}=\frac{\overline{S}_{(2000)}^{A+L}}{\overline{S}_{(2000)}^{A+L}}\times 1000=\frac{78.96}{78.96}\times 1000=1000 \tag{6.18}$$

将式(6.18)计算的 2000 年典型公司样本基于资产总额加负债总额标准的信用指数 $\mathrm{CI}^{A+L}{}_{(2000)}=1000$，代入上文表 6.35 第 5 列第 1 行。

同理，可计算 2001 年的信用得分加权平均值 $\overline{S}_{(2001)}^{A+L}=83.53$ 和信用指数 $\mathrm{CI}^{A+L}{}_{(2001)}=(83.53/78.96)\times 1000\approx 1057.88$，列入上文表 6.35 第 5 列第 2 行。

以上是上市公司制造行业基于资产总额加负债总额标准的 2000 年和 2001 年的信用指数计算。依次类推，将基于资产总额加负债总额标准的 2002 年至 2023 年的信用指数计算结果分别列入上文表 6.35 第 5 列第 3~24 行。

6.11.4 2000~2023 年制造行业的信用指数趋势图

以表 6.35 第 2 列的年份为横轴，分别以第 3、4、5 列的年度信用指数为纵轴，作出上市公司制造行业的年度信用指数走势图，如图 6.1 所示。

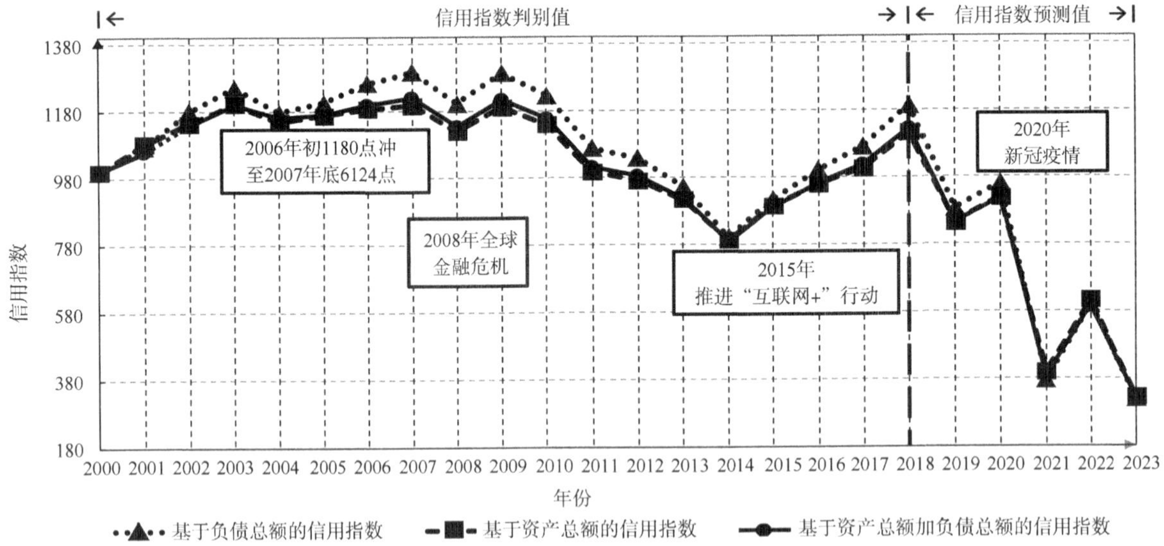

图 6.1 上市公司制造行业的年度信用指数走势图

上市公司制造行业 2000~2018 年这 19 年信用指数的发展规律，以及预测的 2019~2023 年这 5 年的信用指数趋势如图 6.1 所示。

1. 2000~2018 年这 19 年中国上市公司制造行业信用指数的发展规律及原因分析

(1)中国上市公司制造行业 2000~2018 年这 19 年的信用指数发展规律。总体上看，2000~2007 年信用指数呈现上升趋势，2007~2008 年出现小幅下降后，2008~2009 年出现小幅增长，2009~2014 年信用指数呈现急剧下降趋势，2014 年出现增长拐点，2014~2018 年出现上升趋势。

(2)中国上市公司制造行业 2000~2018 年这 19 年信用指数发展的宏观原因分析。2000~2003 年信用指数呈现上升趋势，2003~2004 年出现小幅下降后，2004~2007 年信用指数呈现小幅平稳上升趋势，这可能与当时的“2006 年初上证指数由 1180 点冲至 2007 年底的 6124 点[32]”的具体事件有关。2007~2008 年信用指数呈现下跌趋势可能是受 2008 年全球金融危机[33]的影响，导致 2007~2014 年信用指数整体呈现急剧下跌趋势。

(3)中国上市公司制造行业 2000~2018 年这 19 年信用指数发展的政策原因分析。2014~2018 年信用指数稳步上升，中国制造业经历了飞速发展，总体规模出现了大幅提升，综合实力不断增强，这与 2015 年 7 月，发布的《国务院关于积极推进“互联网+”行动的指导意见》有关[34]，相关政策文件的出台促进了互联网与制造业的融合，使制造行业的数字化、网络化水平得到提升，有力地推动了制造行业的转型升级。

2. 2019~2023 年这 5 年中国上市公司制造行业信用指数的趋势预测

(1)中国上市公司制造行业 2019~2023 年这 5 年的信用指数未来趋势。中国 A 股制造行业市场 2018~2019 年信用指数处于下滑阶段，2019 年出现拐点。2019~2020 年信用指数呈缓慢回升趋势，2020 年出现拐点。在 2020~2021 年信用指数呈现急剧下跌趋势，2021 年出现拐点，2021~2022 年信用指数呈现小幅上升趋势，但在 2022~2023 年再次呈现下滑趋势。

(2)中国上市公司制造行业 2019~2023 年这 5 年信用指数未来趋势的原因分析。受 2020 年新冠疫情的影响，宏观经济环境动荡，制造行业的发展经营及融资受影响，导致 A 股制造行业市场的信用指数在 2020~2021 年出现剧烈下滑。随着疫情形势逐渐得到控制，国家采取一系列措施恢复经济，促使 A 股制造行业市场的信用指数在 2021~2022 年出现小幅回升趋势。随着数字化时代的到来，由于众多制造行业公司的数字化水平可能较低，无法适应数字化技术的飞速发展，因而在数字化革命中再次受到挤压，导致 A 股制造业市场的信用指数在 2022~2023 年再次出现下跌趋势。

6.12 制造行业的信用风险指数构建

6.12.1 基于三个标准的信用风险指数计算

上市公司制造行业信用风险指数的成分股选择以及权重计算方式与上文 6.11 节中上市公司制造行业信用指数同理。但在信用风险指数计算时的差别在于：将信用指数计算公式中分子和分母的 $S_{j(T+m)}$ 替换为 $(100-S_{j(T+m)})$，如式(3.91)至式(3.96)所示，计算得到的信用风险指数反映违约可能性。信用风险指数越大，违约风险越高。计算过程与上文 6.11 节类推，不再赘述。

将计算得到的 2000~2023 年这 24 年的三个标准下的信用风险指数，分别列入表 6.38 第 3~5 列。

表 6.38　上市公司制造行业的 2000 年至 2023 这 24 年的信用风险指数表

(1)序号	(2)年份	(3)资产总额前 10%的年度信用风险指数 $CRI^{A}_{(T+m)}$	(4)负债总额前 10%的年度信用风险指数 $CRI^{L}_{(T+m)}$	(5)基于资产总额加负债总额的年度信用风险指数 $CRI^{A+L}_{(T+m)}$
1	2000	1000.00	1000.00	1000.00
2	2001	655.48	795.85	782.75
3	2002	395.70	506.02	490.24
…	…	…	…	…
8	2007	175.68	187.25	177.52
9	2008	501.20	443.36	496.63
10	2009	199.17	197.17	205.14
…	…	…	…	…
15	2014	1870.71	1544.69	1793.18
16	2015	1448.61	1235.54	1404.33
…	…	…	…	…
20	2019	1652.35	1312.34	1583.22

续表

(1)序号	(2)年份	(3)资产总额前 10%的年度信用风险指数 $CRI^{A}_{(T+m)}$	(4)负债总额前 10%的年度信用风险指数 $CRI^{L}_{(T+m)}$	(5)基于资产总额加负债总额的年度信用风险指数 $CRI^{A+L}_{(T+m)}$
21	2020	1343.08	1106.82	1308.51
…	…	…	…	…
24	2023	3849.38	2877.88	3557.28

6.12.2 2000~2023 年制造行业的信用风险指数趋势图

以表 6.38 第 2 列的年份为横轴，以第 3、4、5 列的年度信用风险指数为纵轴，作出上市公司制造行业的年度信用风险指数走势图，如图 6.2 所示。

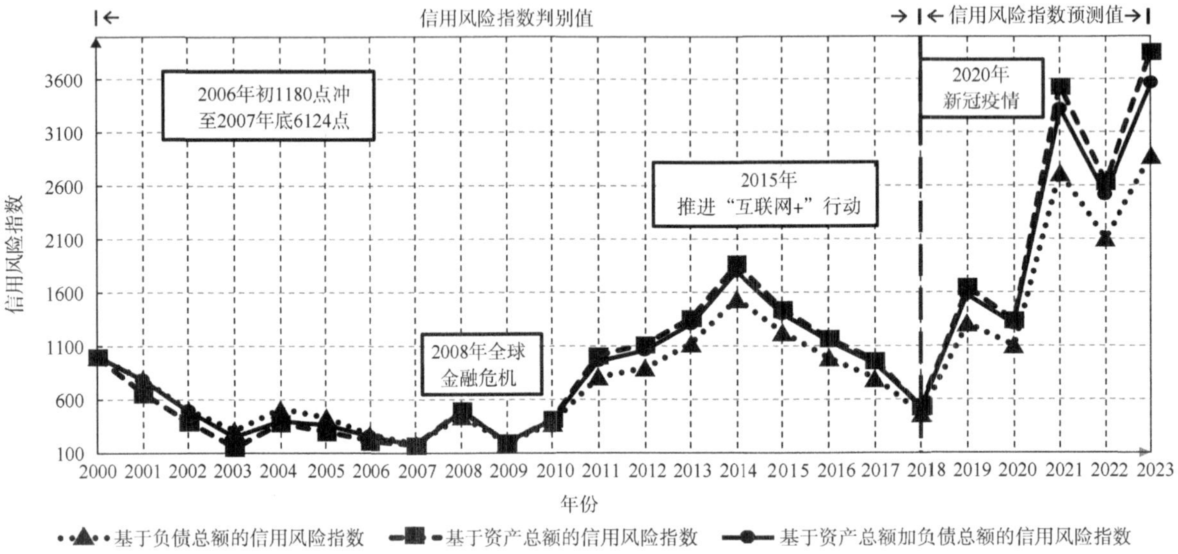

图 6.2 上市公司制造行业的年度信用风险指数走势图

上市公司制造行业 2000~2018 年这 19 年信用风险指数的发展规律，以及预测的 2019~2023 年这 5 年的信用风险指数趋势如图 6.2 所示。

1. 2000~2018 年这 19 年中国上市公司制造行业信用风险指数的发展规律

(1)中国上市公司制造行业 2000~2018 年这 19 年的信用风险指数发展规律。总体上看，2000~2003 年中国上市公司制造行业信用风险指数呈现下跌趋势，2003~2004 年出现小幅增长，2004~2007 年信用风险指数出现下降趋势，2007~2008 年信用风险指数呈现上升趋势。2008 年出现下降拐点，2008~2009 年信用风险指数出现下跌。2009 年出现增长拐点，2009~2014 年信用风险指数呈现上升趋势。2014 年出现下降拐点，2014~2018 年呈现急剧下跌趋势。

(2)中国上市公司制造行业 2000~2018 年这 19 年信用风险指数的宏观原因分析。2000~2003 年信用风险指数呈现下跌趋势，可能与 2001 年中国加入世界贸易组织（World Trade Organization，WTO）有关，加入 WTO 为我国制造业发展提供了国际市场和国际环境，提高了我国制造业的国际竞争力，促使制造业得到飞速发展[35]。2007~2008 年信用风险指数呈现上升趋势，这可能与当时的“2008 年全球金融危机[33]”的具体事件有关。

(3)中国上市公司制造行业 2000~2018 年这 19 年信用风险指数发展的政策原因分析。2014~2018 年信用风险指数呈现下跌趋势，这可能与 2015 年 7 月，发布的《国务院关于积极推进“互联网+”行动的指导意见》有关[34]，相关政策文件的出台促进了互联网与制造业的融合，使制造行业的数字化、网络化水平得到提升，有力地推动了制造行业的转型升级，导致上市公司制造行业的信用风险降低。

2. 2019~2023 年这 5 年中国上市公司制造行业信用风险指数的趋势预测

(1)中国上市公司制造行业 2019~2023 年这 5 年信用风险指数的未来趋势。中国 A 股制造行业市场 2018~2019 年信用风险指数处于上升阶段。2019 年出现拐点，2019~2020 年信用风险指数呈小幅下跌趋势。2020 年出现拐点，在 2020~2021 年信用风险指数呈现急剧上升趋势。2021 年出现拐点，2021~2022 年信用风险指数呈现下滑趋势，但在 2022~2023 年再次呈现上升趋势。

(2)中国上市公司制造行业 2019~2023 年这 5 年信用风险指数未来趋势的原因分析。受 2020 年新冠疫情的影响，宏观经济环境动荡，制造行业的发展经营及融资受影响，导致 A 股制造行业市场的信用风险指数在 2020~2021 年出现急剧上升。随着疫情形势逐渐得到控制，国家采取一系列措施恢复经济，促使 A 股制造行业市场的信用风险指数在 2021~2022 年出现小幅下滑趋势。随着数字化时代的到来，由于众多制造行业公司的数字化水平较低，无法适应数字化技术的飞速发展，因而在数字化革命中可能受到挤压，导致 A 股制造业市场的信用风险指数在 2022~2023 年再次出现上升趋势。

6.13　本 章 结 论

6.13.1　主要工作

(1)本章遴选了中国上市公司制造行业最优违约预测指标组合。通过经济学含义结合偏相关系数的 F 检验进行指标的初步筛选，通过基于支持向量机的序列前向选择算法进一步筛选出最优的指标组合，获得了上市公司制造行业 T+0~T+5 年的最优指标组合。

(2)本章确定了中国上市公司制造行业指标最优权重向量。根据违约状态 y_j 与指标权重的函数关系 $y_j=f(w_i, x_{ij})$，将预测的违约状态 $\hat{y}_j$ 与实际违约状态 y_j 对比后，以违约和非违约两类企业的预测误差最小为目标，构建数学规划模型，反推出模型评价指标的最优权重，保证构建的预警方程能够区分违约与非违约公司。

(3)本章构建了中国上市公司制造行业最优的违约风险预警模型。通过构建线性判别模型、逻辑回归模型、支持向量机模型等 14 种大数据模型，并根据模型的精度、可解释性和复杂性的“不可能三角”三个标准的对比分析，遴选出最优的 T+0~T+5 年的最优分类模型。

(4)本章分析了上市公司制造行业的地区、所有制属性的信用特征分布。通过不同省区市、所有制属性的公司信用得分均值，判断信用资质好坏。并通过曼-惠特尼 U 统计检验，验证信用资质差异。若曼-惠特尼 U 显著水平检验通过且该类公司信用得分高，则意味着信用资质好，反之就差。

(5)本章构建了中国上市公司制造行业基于资产总额、负债总额、资产总额加负债总额三个标准的信用指数和信用风险指数，并分析了信用指数和信用风险指数的趋势。通过最优违约预警模型计算得到未来第 $T+m$ 年的违约概率和信用得分，按资产总额、负债总额、资产总额加负债总额三个标准的选股规则选择典型公司样本，并将典型公司样本的加权平均信用得分转化成信用指数。信用指数和信用风险指数反映了年度违约风险的趋势，并对未来第 $T+m$ 年的信用状况进行预警。

6.13.2　主要结论

(1)中国上市公司制造行业违约预测的最优指标组合。从 204 个指标构成的 $2^{204}-1\approx2.57\times10^{61}$ 个指标组合中，遴选出“资产负债率”“长期资产适合率”“应付账款周转率”等 25 个指标，构成了 T–0 年违约判别几何平均精度最大的指标组合；遴选出“资产负债率”“长期资本负债率”“长期资产适合率”等 16 个指标，构成了 T–1 年违约预测几何平均精度最大的指标组合；遴选出“资产负债率”“长期资产适合率”“归属母公司股东的权益/带息债务”等 14 个指标，构成了 T–2 年违约预测几何平均精度最大的指标组合；遴选出“资产负债率”“权益乘数”“广义货币供应量(M2)同比增长率”等 10 个指标，构成了 T–3 年违约预测几何平均精度最大的指标组合；遴选出“资产负债率”“净资产收益率”“广义货币供应量

(M2)同比增长率”等 13 个指标，构成了 T–4 年违约预测几何平均精度最大的指标组合；遴选出“资产负债率”“长期资产适合率”“主营业务比率”等 17 个指标，构成了 T–5 年违约预测几何平均精度最大的指标组合。

(2)中国上市公司制造行业违约预测的重要宏观指标。“中长期贷款基准利率”“广义货币供应量(M2)同比增长率”“国内专利申请授权数增长率”等 8 个宏观指标，对制造行业上市企业违约状态有显著影响。

(3)中国上市公司制造行业违约预测的关键指标。“长期资本负债率”“流动比率”“归属母公司股东的权益/带息债务”等 33 个指标对企业未来 0~2 年的短期违约预测有决定作用。“净资产收益率”“主营业务比率”“应付账款周转率”等 22 个指标对企业未来 3~5 年的中期违约状态有决定作用。“资产负债率”“广义货币供应量(M2)同比增长率”这两个指标，不论对于企业未来 0~2 年的短期违约预测，还是未来 3~5 年的中期违约预测都有重要影响。

(4)中国上市公司制造行业的省区市信用特征。浙江省、江苏省、广东省等 10 个省区市的信用资质最高，天津市、安徽省、河南省等 10 个省区市的信用资质居中，山西省、青海省、宁夏回族自治区等 11 个省区市的信用资质最低。并且，广东省与河南省、四川省与江西省等两两省区市间的信用资质经曼-惠特尼 U 检验均存在显著差异。

(5)中国上市公司制造行业的所有制信用特征。以“鲁泰 A(000726.SZ)”、“双汇发展(000895.SZ)”和“方大集团(000055.SZ)”为代表的民营企业与外资企业这两类所有制企业的信用资质最高，以“*ST 西发(000752.SZ)”、“长园集团(600525.SH)”和“航天晨光(600501.SH)”为代表的集体企业、公众企业及中央国有企业这三类所有制企业的信用资质次之，以“北大医药(000788.SZ)”、“富奥股份(000030.SZ)”和“东方电子(000682.SZ)”为代表的其他所有制企业及地方国有企业这两类所有制企业的信用资质最低。并且，任意两类所有制企业的信用资质均存在显著差异。

(6)中国上市公司制造行业信用指数的未来预测趋势。中国 A 股制造行业市场 2018~2019 年信用指数处于下滑阶段，2019 年出现拐点，2019~2020 年信用指数呈缓慢回升趋势。2020 年出现拐点，在 2020~2021 年信用指数呈现急剧下跌趋势。2021 年出现拐点，2021~2022 年信用指数呈现小幅增长趋势，但在 2022~2023 年再次呈现下滑趋势。受 2020 年新冠疫情的影响，宏观经济环境动荡，制造行业的发展经营及融资受到影响，导致 A 股制造行业市场的信用指数在 2020~2021 年出现剧烈下滑；随着疫情形势逐渐得到控制，国家采取一系列措施恢复经济，促使 A 股制造行业市场的信用指数在 2021~2022 年出现小幅回升趋势；随着数字化时代的到来，由于众多制造行业公司的数字化水平较低，无法适应数字化技术的飞速发展，因而在数字化革命中可能受到挤压，导致 A 股制造业市场的信用指数在 2022~2023 年再次出现下跌趋势。

(7)中国上市公司制造行业信用风险指数的未来预测趋势。中国 A 股制造行业市场 2018~2019 年信用风险指数处于上升阶段，2019 年出现拐点，2019~2020 年信用风险指数呈小幅下跌趋势。2020 年出现拐点，在 2020~2021 年信用风险指数呈现急剧上升趋势。2021 年出现拐点，2021~2022 年信用风险指数呈现下滑趋势，但在 2022~2023 年再次呈现上升趋势。受 2020 年新冠疫情的影响，宏观经济环境动荡，制造行业的发展经营及融资受到影响，导致 A 股制造行业市场的信用风险指数在 2020~2021 年出现急剧上升；随着疫情形势逐渐得到控制，国家采取一系列措施恢复经济，促使 A 股制造行业市场的信用风险指数在 2021~2022 年出现小幅下滑趋势。随着数字化时代的到来，由于众多制造行业公司的数字化水平较低，无法适应数字化技术的飞速发展，因而在数字化革命中可能受到挤压，导致 A 股制造业市场的信用风险指数在 2022~2023 年再次出现上升趋势。

6.13.3 特色与创新

(1)通过两阶段的指标遴选方法构建评价指标体系，在具有明确经济学含义的海选指标集中，根据指标间偏相关系数和 F 值筛选出具有违约鉴别能力且指标间信息冗余最小的一组指标；并在第二阶段构建前向选择支持向量机指标遴选模型，以几何平均精度最大为标准，采用前向选择的方法筛选违约鉴别能力的最大指标组合保证了构建的评价指标体系具有最大的违约鉴别能力。

(2)通过对违约企业和非违约企业的错判误差率之和最小，反推最优的权重，保证了所建立的违约预测模型能够保证较低的非违约企业误拒率和违约企业误授率，降低违约企业错判带来的贷款损失和非违约企业错判带来好客户流失的损失。

(3)通过综合考虑精度、可解释性、复杂性的“不可能三角”，从构建的 14 种大数据违约预警模型中对比分析遴选出最优违约风险预警模型，保证得到的模型既具有较高的违约预测能力，又具有可解释性，同时模型的复杂性较低。

(4)通过对制造行业不同地区、所有制属性公司的信用得分均值进行曼-惠特尼 U 非参数检验，识别不同地区、所有制属性公司的信用资质，揭示不同地区、所有制形式的中国制造业上市公司，哪类制造业公司的信用资质好，哪类制造业公司的信用资质差，哪类制造业公司的信用资质居中，为股票投资、债券投资提供决策依据，供金融监管当局等政策分析人员参考。

(5)通过分别对资产总额、负债总额、资产总额加负债总额由大到小选取前 10%作为典型公司样本，并将典型公司样本的加权平均信用得分转化成年度信用指数和信用风险指数，反映了上市公司的违约风险趋势，并对未来第 $T+m$ (m=1, 2, 3, 4, 5)年的信用状况进行预警。

参 考 文 献

[1] 国资委机械工业经济管理研究院，中国工业经济联合会. 2019 中国制造业上市公司年度报告[R]. 北京：国资委机械工业经济管理研究院，中国工业经济联合会, 2019.

[2] Carvalho D, Ferreira M A, Matos P. Lending relationships and the effect of bank distress：evidence from the 2007-2009 financial crisis[J]. Journal of Financial and Quantitative Analysis, 2015, 50(6)：1165-1197.

[3] Christopoulos A G, Dokas I G, Kalantonis P, et al. Investigation of financial distress with a dynamic logit based on the linkage between liquidity and profitability status of listed firms[J]. Journal of the Operational Research Society, 2019, 70(10)：1817-1829.

[4] Wu Y, Xu Y J, Li J Y. Feature construction for fraudulent credit card cash-out detection[J]. Decision Support Systems, 2019, 127：113155.

[5] Yeh C C, Lin F Y, Hsu C Y. A hybrid KMV model, random forests and rough set theory approach for credit rating[J]. Knowledge-Based Systems, 2012, 33：166-172.

[6] Chawla N V, Bowyer K W, Hall L O, et al. SMOTE：synthetic minority over-sampling technique[J]. Journal of Artificial Intelligence Research, 2002, 16(1)：321-357.

[7] 迟国泰，张亚京，石宝峰. 基于 Probit 回归的小企业债信评级模型及实证[J]. 管理科学学报, 2016, 19(6)：136-156.

[8] Wang T C, Chen Y H. Applying rough sets theory to corporate credit ratings[C]. Shanghai：IEEE International Conference：Service Operations and Logistics, and Informatics, 2006：132-136.

[9] Desai V S, Crook J N, Overstreet G A. A comparison of neural networks and linear scoring models in the credit union environment[J]. European Journal of Operational Research, 1996, 95(1)：24-37.

[10] Bravo C, Maldonado S, Weber R. Granting and managing loans for micro-entrepreneurs：new developments and practical experiences[J]. European Journal of Operational Research, 2013, 227(2)：358-366.

[11] Djeundje V B, Crook J. Identifying hidden patterns in credit risk survival data using generalised additive models[J]. European Journal of Operational Research, 2019, 277：366-376.

[12] Huang C, Dai C, Guo M. A hybrid approach using two-level DEA for financial failure prediction and integrated SE-DEA and GCA for indicators selection[J]. Applied Mathematics and Computation, 2015, 251：431-441.

[13] Xia Y, Liu C, Li Y Y, et al. A boosted decision tree approach using Bayesian hyper-parameter optimization for credit scoring[J]. Expert Systems with Applications, 2017, 78：225-241.

[14] 陈丽. 基于决策树最优组合的企业违约预测模型[D]. 大连：大连理工大学, 2019.

[15] West D. Neural network credit scoring models[J]. Computers & Operations Research, 2000, 27(12)：1131-1152.

[16] Hand D J, Henley W E. Statistical classification methods in consumer credit scoring：a review[J]. Journal of the Royal Statistical Society：Series A(Statistics in Society), 1997, 160：523-541.

[17] Abellán J, Mantas C J. Improving experimental studies about ensembles of classifiers for bankruptcy prediction and credit scoring[J]. Expert Systems with Applications, 2014, 41(8)：3825-3830.

[18] Fan Q, Wang Z, Li D D, et al. Entropy-based fuzzy support vector machine for imbalanced datasets[J]. Knowledge-Based Systems, 2017, 115：87-99.

[19] He H L, Zhang W Y, Zhang S. A novel ensemble method for credit scoring：adaption of different imbalance ratios[J]. Expert Systems with Applications, 2018, 98：105-117.

[20] Campbell J Y, Hilscher J, Szilagyi J. In search of distress risk[J]. The Journal of Finance, 2008, 63(6)：2899-2939.

[21] Finlay S. Multiple classifier architectures and their application to credit risk assessment[J]. European Journal of Operational Research, 2011, 210(2)：368-378.

[22] Iyer R, Khwaja A I, Luttmer E E P, et al. Screening peers softly：inferring the quality of small borrowers[J]. Management Science, 2016, 62(6)：1554-1577.

[23] Berg T, Burg V, Gombovic A, et al. On the rise of fintechs：credit scoring using digital footprints[J]. The Review of Financial Studies, 2020, 33：2845-2897.

[24] Geng R B, Bose I, Chen X. Prediction of financial distress：an empirical study of listed Chinese companies using data mining[J]. European Journal of Operational Research, 2015, 241(1)：236-247.

[25] Junior L M, Nardini F M, Renso C, et al. A novel approach to define the local region of dynamic selection techniques in imbalanced credit scoring problems[J]. Expert Systems with Applications, 2020, 152：113351.

[26] Jones S. Corporate bankruptcy prediction：a high dimensional analysis[J]. Review of Accounting Studies, 2017, 22：1366-1422.

[27] Doshi-Velez F, Kim B. Towards a rigorous science of interpretable machine learning[EB/OL]. https://arxiv.org/abs/1702.08608 [2017-02-28].

[28] Zhu X, Li J, Wu D, et al. Balancing accuracy, complexity and interpretability in consumer credit decision making：a C-TOPSIS classification approach[J]. Knowledge Based Systems, 2013, 52：258-267.

[29] 迟国泰, 石宝峰. 基于信用等级与违约损失率匹配的信用评级系统与方法：中国, ZL 201210201461.6[P]. 2015-08-19.

[30] Ken B. Business Statistics：Contemporary Decision Making[M]. Hoboken：John Wiley and Sons, 2009.

[31] Liu L, Liu Q G, Tian G, et al. Government connections and the persistence of profitability：evidence from Chinese listed firms[J]. Emerging Markets Review, 2018, 36：110-129.

[32] 林汶奎. 2006 年的中国大牛市[J]. 现代阅读, 2014, (4)：26.

[33] 张茜. 中国股票市场发展与货币政策完善[D]. 太原：山西大学, 2012.

[34] 石喜爱, 季良玉, 程中华. “互联网+”对中国制造业转型升级影响的实证研究——中国 2003–2014 年省级面板数据检验[J]. 科技进步与对策, 2017, 34(22)：64-71.

[35] 王彬宇. 加入世界贸易组织后对中国制造业中小企业影响研究[J]. 经济师, 2017, (2)：30-32.

第 7 章　信息传输、软件和信息技术服务行业的企业违约预测与信用指数构建

7.1　本章内容提要

本章是上市公司“信息传输、软件和信息技术服务行业”的企业违约预测与信用指数构建。“信息传输、软件和信息技术服务行业”是指利用计算机等技术对信息进行生产、收集、处理、加工、存储、运输、检索和利用等过程，并提供信息服务的业务活动。信息传输、软件和信息技术服务业对经济社会发展具有重要的支撑和引领作用。国家统计局公布的 2018 年“信息传输、软件和信息技术服务行业”增加值同比增长 30.7%，增速居国民经济各行业之首，占 GDP 比重达 3.6%。2019 年上半年行业增加值达 18 516 亿元，同比增长 20.6%，其中，二季度行业增加值达 9324 亿元，同比增长 20.1%。第三季度中，“信息传输、软件和信息技术服务行业”GDP 同比增长 19.8%，排名第一。该行业正在形成具有实力的大企业和充满活力的小企业协同发展的良好局面。因此，发展“信息传输、软件和信息技术服务行业”对培育和发展战略性新兴产业，建设创新型国家，提高国家信息安全保障能力具有重要意义。

中国上市公司“信息传输、软件和信息技术服务行业”的企业违约预测与信用指数构建包括以下五方面内容。

一是通过对“信息传输、软件和信息技术服务行业”上市公司的 $T-m(m=0, 1, 2, 3, 4, 5)$年的财务数据、非财务数据、宏观数据，以及 T 年的违约与否状态进行实证分析，通过基于经济学含义和偏相关系数的第一次指标筛选和基于支持向量机向前搜索的第二次指标组合遴选，构建具有提前 m 年$(m=0, 1, 2, 3, 4, 5)$违约预警能力的最优指标体系。

二是通过违约评价方程的违约状态预测值 $\hat{y}$ 与实际值 y 对比的错判误差最小，反推最优的指标权重向量。

三是通过线性判别模型、支持向量机模型、决策树模型等 14 种大数据模型分别建模，并根据精度、可解释性、复杂性的“不可能三角”三个标准进行模型对比分析，最终确定一个能同时兼顾精度高、可解释性强、复杂性低的最佳违约预警模型。

四是利用选取的最佳违约预警模型计算得到“信息传输、软件和信息技术服务行业”上市公司的违约概率和信用得分，并分析了“信息传输、软件和信息技术服务行业”上市公司在不同地区、不同企业所有制方面的信用特征分布规律。

五是根据得到的“信息传输、软件和信息技术服务行业”上市公司的信用得分，构建了中国上市公司“信息传输、软件和信息技术服务行业”的年度信用指数和信用风险指数，并分析了上市公司“信息传输、软件和信息技术服务行业”的信用状况年度发展规律以及预测了 2019~2023 年的信用状况趋势。

应该指出：用于计算信用指数的信用得分预测值 $S_{j(T+m)}$，共分为两种情况。

情况一：对于 2000~2018 年这 19 年已有指标数据的样本，用的是 $m=0$ 的违约判别模型 $p_{j(T+0)}=f(w_i, x_{ij(T)})$ 计算出的违约概率 $p_{j(T+0)}$和信用得分 $S_{j(T+0)}=(1-p_{j(T+0)})\times100$。

情况二：对于 2019~2023 年这 5 年没有指标数据的样本，用的是 $m=1, 2, 3, 4, 5$ 时刻的违约预测模型 $p_{j(T+m)}=f(w_i, x_{ij(T)})$计算出的违约概率 $p_{j(T+m)}$和信用得分 $S_{j(T+m)}=(1-p_{j(T+m)})\times100$。

本章的主要工作如下。

一是通过两阶段指标遴选方法构建评价指标体系，在具有明确经济学含义的海选指标集中，根据指标间偏相关系数和 F 值筛选出具有违约鉴别能力且指标间信息冗余最小的一组指标；并在第二阶段构建前向选择线性支持向量机指标组合遴选模型，以几何平均精度最大为标准，筛选具有最大违约鉴别能力的指标组合，保证了构建的评价指标体系具有最大的违约鉴别能力。

二是根据违约状态 y_j 与指标权重的函数关系 $y_j=f(w_i, x_{ij})$，通过预测的违约状态 $\hat{y}_j$ 与实际违约状态 y_j 对比，以违约和非违约两类企业的预测误差最小为目标，构建数学规划模型，反推出模型评价指标的最优权重，保证构建的预警方程能够区分违约与非违约企业。

三是以精度为模型排序的第 1 标准，可解释性为第 2 排序标准，复杂性为第 3 排序标准，在构建的逻辑回归模型、线性判别模型、广义加性模型等 14 个大数据模型中，遴选兼具高精度、强可解释性、低复杂性的最优模型。并使用 T 时刻的指标数据 $x_{ij(T)}$，预测公司 $T+m(m=0, 1, 2, 3, 4, 5)$时刻的违约状态 $y_{j(T+m)}=f(x_{ij(T)})$、违约概率 $p_{j(T+m)}=g(x_{ij(T)})$和信用得分 $S_{j(T+m)}=(1-p_{j(T+m)})\times100$。

四是通过对不同地区、所有制类型的公司信用得分均值进行曼-惠特尼 U 非参数检验，揭示不同省区市、不同所有制的中国上市公司，哪类公司的信用资质好，哪类公司的信用资质差，哪类公司的信用资质居中，为股票投资、债券投资提供决策依据，为商业银行发放贷款提供参照，为金融监管当局提供监管预警建议。

五是通过最优违约预警模型计算得到上市公司未来第 $T+m$ 年的违约概率，将其转换为[0, 100]区间的信用得分后，按资产总额、负债总额、资产总额加负债总额之和的三个标准的选股规则选择指数构建样本公司，并将样本公司的信用得分根据负债总额、资产总额、资产总额加负债总额之和的占比分别进行加权平均，构建信用指数和信用风险指数。信用指数和信用风险指数用于反映信用发展规律，并预测未来第 $T+m$ 年的违约风险趋势。

7.2 信息传输、软件和信息技术服务行业的企业违约预测与信用指数构建的原理

中国上市公司“信息传输、软件和信息技术服务行业”的企业违约预测与信用指数构建的原理主要包括：信用评级原理、违约预测原理、指数构建原理、14 种违约预警大数据模型构建原理、最优违约预警指标体系遴选原理、基于错判误差最小的指标赋权原理、信用等级划分原理。具体原理介绍详见上文第 3 章，不再赘述。

7.3 信息传输、软件和信息技术服务行业的数据处理

7.3.1 信息传输、软件和信息技术服务行业的样本数据介绍

上市公司“信息传输、软件和信息技术服务行业”样本的含义：中国沪市和深市在内的 244 家上市公司数据。

上市公司“信息传输、软件和信息技术服务行业”样本数据的描述：共包含 2000~2018 年 244 家中国上市公司“信息传输、软件和信息技术服务行业”的财务、非财务以及宏观数据。通过 Wind 金融数据库、国泰安经济数据库、中国国家统计局和中国经济社会发展统计数据库搜集，结合经济学含义的进一步遴选，最终建立了包括资产负债率等 138 个财务指标，审计意见类型等 17 个非财务指标，行业景气指数等 49 个宏观指标，1 个违约状态指标在内的共计 205 个指标的上市公司信用风险海选指标集。

违约状态定义[1-2]：将被标记为“ST”的上市公司，定义为出现财务困境的企业，即违约的差客户，标

记为“1”。将没有“ST”标记的上市公司，定义为没有出现财务困境的企业，即非违约的好客户，标记为“0”。

上市公司“信息传输、软件和信息技术服务行业”$T\text{–}m$ 数据的描述：为实现违约风险动态预警的目的，共构造了 6 组 $T\text{–}m(m=0, 1, 2, 3, 4, 5)$时间窗口的上市公司样本，每组上市公司样本包括 $T\text{–}m$ 年的指标数据和第 T 年的违约状态。同时，每组 $T\text{–}m(m=0, 1, 2, 3, 4, 5)$上市公司样本分别包含 244 个样本，其中违约样本 17，非违约样本 227。

表 7.1 是 $T\text{–}m(m=0, 1, 2, 3, 4, 5)$上市公司样本数据概览。其中 a 列是序号，b 列是时间窗口，c 列是企业代码，d 列是指标标准化数据(标准化处理见上文“3.6.1 指标数据标准化方法”)。

表 7.1　“信息传输、软件和信息技术服务行业”上市公司 $T\text{–}m(m=0, 1, 2, 3, 4, 5)$时间窗口样本数据概览

(a) 序号	(b) 时间窗口	(c) 企业代码	(d)指标的标准化数据 x_{ij}			
			(1)资产负债率	…	(204)国内专利申请授权数增长率	(205)第 T 年的违约状态
1		300365.SZ	0.976	…	0.028	0
2		300597.SZ	0.866	…	0.026	0
3	$T\text{–}0$	300541.SZ	0.846	…	0.025	0
…		…	…	…	…	…
244		600845.SH	0.873	…	0.030	0
245		300365.SZ	0.919	…	0.029	0
246		300597.SZ	0.852	…	0.032	0
247	$T\text{–}1$	300541.SZ	0.760		0.029	0
…		…	…	…	…	…
488		600845.SH	0.832	…	0.027	0
489		300365.SZ	0.917	…	0.029	0
490		300597.SZ	0.818	…	0.025	0
491	$T\text{–}2$	300541.SZ	0.701	…	0.028	0
…		…	…	…	…	…
732		600845.SH	0.828	…	0.025	0
733		300365.SZ	0.870	…	0.029	0
734		300597.SZ	0.749	…	0.025	0
735	$T\text{–}3$	300541.SZ	0.703	…	0.294	0
…		…	…	…	…	…
976		600845.SH	0.829	…	0.028	0
977		300365.SZ	0.850	…	0.035	0
978		300597.SZ	0.778	…	0.029	0
979	$T\text{–}4$	300541.SZ	0.717	…	0.029	0
…		…	…	…	…	…
1 220		600845.SH	0.775	…	0.024	0
1 221		300365.SZ	0.929	…	0.031	0
1 222		300597.SZ	0.722	…	0.027	0
1 223	$T\text{–}5$	300541.SZ	0.701	…	0.029	0
…		…	…	…	…	…
1 464		600845.SH	0.737	…	0.022	0

表 7.2 是 $T-m(m=0, 1, 2, 3, 4, 5)$上市公司“信息传输、软件和信息技术服务行业”样本指标标准化数据的描述性统计表。其中第 1 列是序号，第 2 列是时间窗口，第 3 列是统计量，第 4~208 列是指标对应的统计值。

表 7.2 上市公司“信息传输、软件和信息技术服务行业”$T-m(m=0, 1, 2, 3, 4, 5)$时间窗口指标数据描述性统计表

(1)序号	(2)时间窗口	(3)统计量	(4)资产负债率	…	(8)权益乘数	…	(206)外商投资企业外方注册资本增长率	(207)国内专利申请授权数增长率	(208)违约状态
1	T–0	平均值	0.847	…	0.933	…	0.168	0.030	0.070
2		标准差	0.109	…	0.164	…	0.021	0.015	0.255
3		中位数	0.863	…	0.972	…	0.163	0.030	0.000
4	T–1	平均值	0.853	…	0.942	…	0.170	0.028	0.070
5		标准差	0.115	…	0.144	…	0.020	0.005	0.255
6		中位数	0.873	…	0.975	…	0.165	0.028	0.000
7	T–2	平均值	0.842	…	0.944	…	0.165	0.028	0.070
8		标准差	0.112	…	0.119	…	0.015	0.006	0.255
9		中位数	0.853	…	0.969	…	0.164	0.026	0.000
10	T–3	平均值	0.827	…	0.940	…	0.173	0.030	0.070
11		标准差	0.105	…	0.115	…	0.035	0.006	0.255
12		中位数	0.839	…	0.965	…	0.166	0.030	0.000
13	T–4	平均值	0.817	…	0.933	…	0.163	0.028	0.070
14		标准差	0.105	…	0.128	…	0.022	0.005	0.255
15		中位数	0.820	…	0.958	…	0.163	0.028	0.000
16	T–5	平均值	0.810	…	0.926	…	0.157	0.028	0.070
17		标准差	0.110	…	0.133	…	0.028	0.004	0.255
18		中位数	0.818	…	0.957	…	0.161	0.028	0.000

7.3.2 信息传输、软件和信息技术服务行业的训练测试数据划分

训练测试样本划分的目的：将上市公司“信息传输、软件和信息技术服务行业”的数据划分为训练样本和测试样本。训练样本用于求解模型参数，构建训练模型。测试样本用于验证所构建的模型预测精度效果。

训练测试样本划分比例[3-4]：70%作为训练样本，30%作为测试样本。

训练测试样本划分方式：随机从 $T-m(m=0, 1, 2, 3, 4, 5)$样本中抽取 70%非违约企业与 70%违约企业共同组成训练样本。剩余的 30%组成测试样本。

非平衡数据处理：由表 7.1 第 d 列第 205 子列违约状态统计可知，上市公司“信息传输、软件和信息技术服务行业”训练样本的违约样本数∶非违约样本数=11∶158≈1∶14，属于非平衡样本。非平衡样本会导致训练得到的模型对违约客户识别率低的弊端。为解决样本非平衡问题，本书通过 SMOTE 非平衡处理方法[5]，扩充训练样本中的违约企业个数，使违约与非违约企业数量比例为 1∶1。

上市公司“信息传输、软件和信息技术服务行业”的训练样本数量 N_{train}、测试样本数量 N_{test} 及 SMOTE 扩充的训练样本数量 N_{train}^{smote}，如表 7.3 所示。

表 7.3 上市公司“信息传输、软件和信息技术服务行业”的训练测试样本数量一览表

(1)样本分类	(2)非违约公司	(3)违约公司	(4)总计
训练样本 $N_{train}=N\times70\%+N_{train}^{smote}$	158+0=158	11+147=158	316
测试样本 $N_{test}=N\times30\%$	69	6	75
全部样本 N	227	164	391

7.4　信息传输、软件和信息技术服务行业的违约预警指标体系的建立

根据表 7.3 第 1 行定义的训练样本 N_{train} 对应表 7.1 第 d 列的上市公司在 $T\text{–}m(m=0, 1, 2, 3, 4, 5)$ 时间窗口的 204 个指标数据，按照上文 3.4.2 节指标遴选原理进行两次指标筛选。

第一次指标遴选是利用上市公司“信息传输、软件和信息技术服务行业” $T\text{–}m(m=0, 1, 2, 3, 4, 5)$ 个时间窗口的样本，从全部 204 个指标中，遴选出冗余度小、经济学含义强的指标。第一次遴选出的指标数量分别是：[128, 112, 118, 114, 125, 125]。

第二次指标组合遴选是利用上市公司“信息传输、软件和信息技术服务行业” $T\text{–}m(m=0, 1, 2, 3, 4, 5)$ 个时间窗口的样本，从第一次指标遴选后剩余指标构成的多个指标组合中，根据几何平均精度最大遴选出最优指标组合。最终遴选出最优指标组合中的指标数量分别是：[12, 16, 14, 19, 15, 17]。

由下文 7.4.2 节可知，最终遴选出的指标能够满足 5C 原则[6-7]，其中：“资产负债率”“每股权益合计”“资本公积占所有者权益的比例”等指标反映经营能力；“业绩预告次数”等指标反映品质；“主营业务比率”“扣除非经常性损益后的净利润”等指标反映资本；“广义货币供应量(M2)同比增长率”等指标反映经营环境。

7.4.1　基于偏相关系数第一次筛选后的指标体系

依照上文 3.4.2 节的步骤 1~步骤 3 进行基于偏相关性分析的第一次指标遴选。以上市公司“信息传输、软件和信息技术服务行业” $T\text{–}0$ 年的指标数据为例进行说明。

步骤 1：同一准则层内指标偏相关系数的计算。将表 7.3 第 1 行定义的训练样本 N_{train} 中 169 (=158+11) 家公司对应表 7.1 前 169 行第 d 列的 204 个 $T\text{–}0$ 年指标数据 x_{ij}，代入式(3.57)~式(3.60)计算任意两个指标间的偏相关系数。

步骤 2：F 值的计算。将表 7.1 前 169 行第 d 列的 204 个 $T\text{–}0$ 年指标数据 x_{ij} 中每一列指标数据，分别代入式(3.61)计算每个指标对应的 F 值。

步骤 3：基于偏相关性分析筛选指标。在步骤 1 计算的偏相关系数大于 0.8 的指标对中，删除经济学含义不明显的一个指标。由此，$T\text{–}0$ 年的 204 个指标经过第一次指标筛选剩余 128 个指标，将剩余的 128 个指标列于表 7.4 第 c 列第 1~128 行。表 7.4 第 d 列为训练集 N_{train} 中 169 个公司第一次指标遴选后剩余的 128 个指标数据，第 e 列为测试集 N_{test} 中 75 个公司第一次指标遴选后剩余的 128 个指标数据。

表 7.4　上市公司“信息传输、软件和信息技术服务行业” $T\text{–}0$ 年基于偏相关系数的第一次指标筛选结果

(a)序号	(b)准则层		(c)指标	(d)训练集 N_{train} 中客户指标标准化数据 x_{ij}			(e)测试集 N_{test} 中客户指标标准化数据 x_{ij}		
				(1) 客户 1	…	(169) 客户 169	(170) 客户 170	…	(244) 客户 244
(1)	企业内部财务因素	偿债能力	X_1 资产负债率	0.976	…	0.555	0.822	…	0.539
…			…	…	…	…	…	…	…
(27)			X_{38} 每股权益合计	0.606	…	0.200	0.678	…	0.190
(28)		盈利能力	X_{41} 净资产收益率	0.542	…	0.000	0.440	…	0.000
…			…	…	…	…	…	…	…
(54)			X_{87} 归属于母公司普通股东的权益综合收益率	0.514	…	0.000	0.465	…	1.000
(55)		营运能力	X_{88} 流动资产/总资产	0.882	…	0.476	0.797	…	0.307
…			…	…	…	…	…	…	…
(78)			X_{114} 分配股利利润或偿付利息支付的现金占筹资活动现金流出小计的比重	0.979	…	0.938	0.919	…	0.871

续表

(a)序号	(b)准则层		(c)指标	(d)训练集 N_{train} 中客户指标标准化数据 x_{ij}			(e)测试集 N_{test} 中客户指标标准化数据 x_{ij}		
				(1) 客户 1	…	(169) 客户 169	(170) 客户 170	…	(244) 客户 244
(79)	企业内部财务因素	成长能力	X_{115} 每股净资产(相对年初增长率)	0.482	…	0.357	0.474	…	0.343
…			…	…	…	…	…	…	…
(87)			X_{136} 固定资产增长率	0.022	…	0.020	0.022	…	0.021
(88)	企业内部非财务因素	股权结构与业绩审计情况	X_{139} 是否为金融机构	0.000	…	0.000	0.000	…	0.000
…			…	…	…	…	…	…	…
(93)			X_{145} 派息比税后	0.133	…	0.000	0.018	…	0.000
(94)		高管基本情况	X_{147} 监事会持股比例	0.611	…	0.000	0.083	…	0.000
…			…	…	…	…	…	…	…
(98)		企业基本信用情况	X_{151} 缺陷类型	0.731	…	1.000	0.731	…	0.000
(99)		商业信誉	X_{152} 涉案总件数	0.878	…	0.882	0.878	…	0.878
(100)			X_{153} 违规类型	1.000	…	0.538	1.000	…	0.538
(101)		社会责任	X_{154} 每股社会贡献值	0.000	…	0.000	0.000	…	0.000
(102)			X_{155} 社会捐赠强度	0.000	…	0.000	0.000	…	0.000
(103)	外部宏观因素		X_{160} 全国居民基尼系数	0.242	…	0.264	0.264	…	0.264
…			…	…	…	…	…	…	…
(128)			X_{204} 国内专利申请授权数增长率	0.028	…	0.030	0.027	…	0.025
(129)	—		违约状态	0	…	1	0	…	1

上述是 *T*–0 年的第一次指标遴选过程及结果。同理，*T*–1 年、*T*–2 年、*T*–3 年、*T*–4 年、*T*–5 年仿照 *T*–0 年指标筛选的流程，从 204 个指标中分别遴选出 112、118、114、125、125 个指标，将第一次指标遴选结果分别列入表 7.5 至表 7.9 的第 c 列。

表 7.5　上市公司“信息传输、软件和信息技术服务行业”*T*–1 年基于偏相关系数的第一次指标筛选结果

(a)序号	(b)准则层		(c)指标	(d)训练集 N_{train} 中客户指标标准化数据 x_{ij}			(e)测试集 N_{test} 中客户指标标准化数据 x_{ij}		
				(1) 客户 1	…	(169) 客户 169	(170) 客户 170	…	(244) 客户 244
(1)	企业内部财务因素	偿债能力	X_1 资产负债率	0.919	…	0.674	0.897	…	0.764
…			…	…	…	…	…	…	…
(26)			X_{38} 每股权益合计	0.580	…	0.345	0.671	…	0.497
(27)		盈利能力	X_{40} 净资产收益率	0.638	…	0.384	0.427	…	0.453
…			…	…	…	…	…	…	…
(46)			X_{85} 营业外支出占营业总成本比重	0.959	…	0.955	0.958	…	0.959
(47)		营运能力	X_{90} 有形资产/总资产	0.921	…	0.590	0.896	…	0.704
…			…	…	…	…	…	…	…
(68)			X_{114} 分配股利利润或偿付利息支付的现金占筹资活动现金流出小计的比重	0.929	…	0.945	0.524	…	0.923
(69)		成长能力	X_{115} 每股净资产(相对年初增长率)	0.516	…	0.470	0.473	…	0.478
…			…	…	…	…	…	…	…
(74)			X_{138} 可持续增长率	0.000	…	0.000	0.000	…	0.000

续表

(a)序号	(b)准则层		(c)指标	(d)训练集 N_{train} 中客户指标标准化数据 x_{ij}			(e)测试集 N_{test} 中客户指标标准化数据 x_{ij}		
				(1)客户 1	…	(169)客户 169	(170)客户 170	…	(244)客户 244
(75)	企业内部非财务因素	股权结构与业绩审计情况	X_{140} 预审计情况	0.970	…	1.000	1.000	…	1.000
…			…	…	…	…	…	…	…
(79)			X_{144} 派息比税前	0.148	…	0.000	0.000	…	0.000
(80)		高管基本情况	X_{147} 监事会持股比例	0.000	…	0.000	0.000	…	0.000
…			…	…	…	…	…	…	…
(83)		企业基本信用情况	X_{151} 缺陷类型	0.731	…	0.731	0.731	…	0.731
(84)		商业信誉	X_{152} 涉案总件数	0.878	…	0.878	0.878	…	0.878
(85)			X_{153} 违规类型	1.000	…	0.538	1.000	…	1.000
(86)		社会责任	X_{154} 每股社会贡献值	0.000	…	0.000	0.000	…	0.000
(87)			X_{155} 社会捐赠强度	0.000	…	0.000	0.000	…	0.000
(88)	外部宏观因素		X_{156} 行业景气指数	0.795	…	0.777	0.777	…	0.777
…			…	…	…	…	…	…	…
(112)			X_{204} 国内专利申请授权数增长率	0.029	…	0.027	0.025	…	0.024
(113)	—		违约状态	0	…	1	0	…	1

表 7.6　上市公司“信息传输、软件和信息技术服务行业” T–2 年基于偏相关系数的第一次指标筛选结果

(a)序号	(b)准则层		(c)指标	(d)训练集 N_{train} 中客户指标标准化数据 x_{ij}			(e)测试集 N_{test} 中客户指标标准化数据 x_{ij}		
				(1)客户 1	…	(169)客户 169	(170)客户 170	…	(244)客户 244
(1)	企业内部财务因素	偿债能力	X_1 资产负债率	0.917	…	0.666	0.856	…	0.830
…			…	…	…	…	…	…	…
(27)			X_{38} 每股权益合计	0.482	…	0.349	0.671	…	0.488
(28)		盈利能力	X_{41} 净资产收益率	0.662	…	0.457	0.537	…	0.440
…			…	…	…	…	…	…	…
(53)			X_{85} 营业外支出占营业总成本比重	0.960	…	0.952	0.955	…	0.954
(54)		营运能力	X_{90} 有形资产/总资产	0.916	…	0.592	0.858	…	0.741
…			…	…	…	…	…	…	…
(75)			X_{114} 分配股利利润或偿付利息支付的现金占筹资活动现金流出小计的比重	0.948	…	0.910	0.974	…	0.881
(76)		成长能力	X_{116} 资产总计(相对年初增长率)	0.401	…	0.531	0.483	…	0.755
…			…	…	…	…	…	…	…
(81)			X_{138} 可持续增长率	0.000	…	0.525	0.512	…	0.494
(82)	企业内部非财务因素	股权结构与业绩审计情况	X_{139} 是否为金融机构	1.000	…	0.000	0.000	…	0.000
…			…	…	…	…	…	…	…
(87)			X_{144} 派息比税前	0.000	…	0.000	0.329	…	0.029
(88)		高管基本情况	X_{147} 监事会持股比例	0.000	…	0.000	0.084	…	0.000
…			…	…	…	…	…	…	…
(92)		企业基本信用情况	X_{151} 缺陷类型	0.731	…	0.000	0.731	…	1.000

续表

(a)序号	(b)准则层		(c)指标	(d)训练集 N_{train} 中客户指标标准化数据 x_{ij}			(e)测试集 N_{test} 中客户指标标准化数据 x_{ij}		
				(1) 客户 1	…	(169) 客户 169	(170) 客户 170	…	(244) 客户 244
(93)	企业内部非财务因素	商业信誉	X_{152} 涉案总件数	0.878	…	0.878	0.878	…	0.878
(94)			X_{153} 违规类型	1.000	…	0.538	1.000	…	0.538
(95)		社会责任	X_{154} 每股社会贡献值	0.000	…	0.000	0.000	…	0.000
(96)			X_{155} 社会捐赠强度	0.000	…	0.000	0.000	…	0.000
(97)	外部宏观因素		X_{157} 行业企业家信心指数	0.804	…	0.626	0.626	…	0.626
…			…	…	…	…	…	…	…
(118)			X_{204} 国内专利申请授权数增长率	0.029	…	0.025	0.025	…	0.022
(119)	—		违约状态	0	…	1	0	…	1

表 7.7　上市公司“信息传输、软件和信息技术服务行业”T–3 年基于偏相关系数的第一次指标筛选结果

(a)序号	(b)准则层		(c)指标	(d)训练集 N_{train} 中客户指标标准化数据 x_{ij}			(e)测试集 N_{test} 中客户指标标准化数据 x_{ij}		
				(1) 客户 1	…	(169) 客户 169	(170) 客户 170	…	(244) 客户 244
(1)	企业内部财务因素	偿债能力	X_1 资产负债率	0.870	…	0.749	0.791	…	0.707
…			…	…	…	…	…	…	…
(26)			X_{38} 每股权益合计	0.394	…	0.345	0.531	…	0.344
(27)		盈利能力	X_{40} 净资产收益率	0.720	…	0.479	0.552	…	0.398
…			…	…	…	…	…	…	…
(51)			X_{86} 资产利润率	0.899	…	0.488	0.570	…	0.376
(52)		营运能力	X_{90} 有形资产/总资产	0.867	…	0.704	0.793	…	0.616
…			…	…	…	…	…	…	…
(73)			X_{114} 分配股利利润或偿付利息支付的现金占筹资活动现金流出小计的比重	0.614	…	0.906	0.972	…	0.830
(74)		成长能力	X_{115} 每股净资产(相对年初增长率)	0.524	…	0.472	0.498	…	0.471
…			…	…	…	…	…	…	…
(78)			X_{136} 固定资产增长率	0.000	…	0.316	0.000	…	0.097
(79)	企业内部非财务因素	股权结构与业绩审计情况	X_{139} 是否为金融机构	1.000	…	0.000	1.000	…	0.000
…			…	…	…	…	…	…	…
(83)			X_{144} 派息比税前	0.000	…	0.131	0.000	…	0.000
(84)		高管基本情况	X_{147} 监事会持股比例	0.000	…	0.000	0.000	…	0.000
…			…	…	…	…	…	…	…
(88)		企业基本信用情况	X_{151} 缺陷类型	0.731	…	0.731	0.731	…	0.731
(89)		商业信誉	X_{152} 涉案总件数	0.878	…	0.878	0.878	…	0.878
(90)			X_{153} 违规类型	1.000	…	1.000	1.000	…	1.000
(91)		社会责任	X_{154} 每股社会贡献值	0.000	…	0.000	0.000	…	0.000
(92)			X_{155} 社会捐赠强度	0.000	…	0.000	0.000	…	0.000
(93)	外部宏观因素		X_{158} 短期贷款基准	0.212	…	1.000	1.000	…	1.000
…			…	…	…	…	…	…	…
(114)			X_{204} 国内专利申请授权数增长率	0.029	…	0.028	0.030	…	0.029
(115)	—		违约状态	0	…	1	0	…	1

表 7.8 上市公司“信息传输、软件和信息技术服务行业”T–4 年基于偏相关系数的第一次指标筛选结果

(a)序号	(b)准则层		(c)指标	(d)训练集 N_{train} 中客户指标标准化数据 x_{ij}			(e)测试集 N_{test} 中客户指标标准化数据 x_{ij}		
				(1)客户 1	…	(169)客户 169	(170)客户 170	…	(244)客户 244
(1)	企业内部财务因素	偿债能力	X_1 资产负债率	0.850	…	0.829	0.795	…	0.716
…			…	…	…	…	…	…	…
(28)			X_{38} 每股权益合计	0.336	…	0.347	0.476	…	0.348
(29)		盈利能力	X_{39} 净资产收益率	0.723	…	0.497	0.471	…	0.439
…			…	…	…	…	…	…	…
(58)			X_{86} 资产利润率	1.000	…	0.502	0.435	…	0.383
(59)		营运能力	X_{88} 流动资产/总资产	0.540	…	0.753	0.807	…	0.141
…			…	…	…	…	…	…	…
(81)			X_{114} 分配股利利润或偿付利息支付的现金占筹资活动现金流出小计的比重	0.800	…	0.915	0.959	…	0.662
(82)		成长能力	X_{115} 每股净资产(相对年初增长率)	0.444	…	0.494	0.479	…	0.472
…			…	…	…	…	…	…	…
(86)			X_{136} 固定资产增长率	0.000	…	0.003	0.000	…	0.019
(87)	企业内部非财务因素	股权结构与业绩审计情况	X_{139} 是否为金融机构	1.000	…	0.000	1.000	…	0.000
…			…	…	…	…	…	…	…
(92)			X_{144} 派息比税前	0.000	…	0.131	0.000	…	0.000
(93)		高管基本情况	X_{147} 监事会持股比例	0.000	…	0.000	0.000	…	0.001
…			…	…	…	…	…	…	…
(97)		企业基本信用情况	X_{151} 缺陷类型	0.731	…	0.731	0.731	…	0.731
(98)		商业信誉	X_{152} 涉案总件数	0.878	…	0.878	0.878	…	0.878
(99)			X_{153} 违规类型	1.000	…	1.000	1.000	…	1.000
(100)		社会责任	X_{154} 每股社会贡献值	0.000	…	0.000	0.000	…	0.000
(101)			X_{155} 社会捐赠强度	0.000	…	0.000	0.000	…	0.000
(102)	外部宏观因素		X_{158} 短期贷款基准	0.550	…	0.437	0.437	…	0.437
…			…	…	…	…	…	…	…
(125)			X_{204} 国内专利申请授权数增长率	0.035	…	0.024	0.028	…	0.018
(126)	—		违约状态	0	…	1	0	…	1

表 7.9 上市公司“信息传输、软件和信息技术服务行业”T–5 年基于偏相关系数的第一次指标筛选结果

(a)序号	(b)准则层		(c)指标	(d)训练集 N_{train} 中客户指标标准化数据 x_{ij}			(e)测试集 N_{test} 中客户指标标准化数据 x_{ij}		
				(1)客户 1	…	(169)客户 169	(170)客户 170	…	(244)客户 244
(1)	企业内部财务因素	偿债能力	X_1 资产负债率	0.929	…	0.879	0.811	…	0.720
…			…	…	…	…	…	…	…
(27)			X_{38} 每股权益合计	0.379	…	0.333	0.464	…	0.317
(28)		盈利能力	X_{39} 净资产收益率	0.625	…	0.492	0.556	…	0.455
…			…	…	…	…	…	…	…
(59)			X_{87} 归属于母公司普通股东的权益综合收益率	0.611	…	0.498	0.545	…	0.468

续表

(a)序号	(b)准则层		(c)指标	(d)训练集 N_{train} 中客户指标标准化数据 x_{ij}			(e)测试集 N_{test} 中客户指标标准化数据 x_{ij}		
				(1) 客户 1	…	(169) 客户 169	(170) 客户 170	…	(244) 客户 244
(60)	企业内部财务因素	营运能力	X_{88} 流动资产/总资产	0.609	…	0.459	0.793	…	0.134
…			…	…	…	…	…	…	…
(82)			X_{114} 分配股利利润或偿付利息支付的现金占筹资活动现金流出小计的比重	0.373	…	0.821	0.945	…	0.708
(83)		成长能力	X_{115} 每股净资产(相对年初增长率)	0.000	…	0.481	0.497	…	0.475
…			…	…	…	…	…	…	…
(85)			X_{136} 固定资产增长率	0.000	…	0.019	0.000	…	0.020
(86)	企业内部非财务因素	股权结构与业绩审计情况	X_{139} 是否为金融机构	1.000	…	0.000	1.000	…	0.000
…			…	…	…	…	…	…	…
(90)			X_{145} 派息比税后	0.000	…	0.064	0.000	…	0.010
(91)		高管基本情况	X_{146} 董事会持股比例	0.000	…	0.000	0.000	…	0.000
…			…	…	…	…	…	…	…
(94)		企业基本信用情况	X_{151} 缺陷类型	0.731	…	0.731	0.731	…	0.731
(95)		商业信誉	X_{152} 涉案总件数	0.878	…	0.878	0.878	…	0.878
(96)			X_{153} 违规类型	1.000	…	1.000	1.000	…	1.000
(97)		社会责任	X_{154} 每股社会贡献值	0.000	…	0.000	0.000	…	0.000
(98)			X_{155} 社会捐赠强度	0.000	…	0.000	0.000	…	0.000
(99)	外部宏观因素		X_{157} 分行业企业家信心指数	0.867	…	0.701	0.701	…	0.701
…			…	…	…	…	…	…	…
(125)			X_{204} 国内专利申请授权数增长率	0.031	…	0.022	0.029	…	0.023
(126)	—		违约状态	0	…	1	0	…	1

7.4.2 基于支持向量机向前搜索第二次筛选后的指标体系

1. 基于 T–0 的上市公司“信息传输、软件和信息技术服务行业”违约预测指标体系的构建

步骤 4：由 1 个指标构成的指标组合的确定。

由 1 个指标构成的第 1 个指标组合违约预测精度 G-mean$^1{}_1$ 的确定。根据上文表 7.4 第 d 列的上市公司“信息传输、软件和信息技术服务行业”训练样本的 T–0 时间窗口下第一次遴选后的 128 个指标数据，从第一次遴选出的 128 个指标中选取第 1 个指标(即表 7.4 第 d 列第 1 行)，即将表 7.4 第 d 列第 1 行的指标数据和表 7.4 第 d 列第 129 行的违约状态，代入上文式(3.22)和式(3.23)求解出线性支持向量机模型的指标权重和截距项参数，并将求解得到的参数代入式(3.24)和式(3.25)得到线性支持向量机违约预测模型。将表 7.4 第 d 列第 1 行的全部 169 个公司的指标数据，代入式(3.25)线性支持向量机违约预测模型，计算出违约状态预测值 $\hat{y}_j$(j=1, 2,⋯, 169)，将预测违约状态 $\hat{y}_j$ 与真实违约状态 y_j 进行比较后，代入式(3.55)计算违约预测精度，记为 G-mean$^1{}_1$。

同理，从第一次遴选出的 128 个指标中选取第 2 个指标(即表 7.4 第 d 列第 2 行)，可以得到第 2 个违约预测精度，记为 G-mean$^2{}_1$。第一次遴选后共剩余 128 个指标，则可以得到 128 个违约预测精度，记为 G-mean$^k{}_1$ (k=1, 2, ⋯, 128)。在这 128 个违约预测精度中选取最大值 G-mean$^{k^*}{}_1$= max(G-mean$^1{}_1$, G-mean$^2{}_1$, ⋯, G-mean$^{128}{}_1$)，最高几何平均精度 G-mean$^{k^*}{}_1$ 的上标 k^*表示第 k^*个指标组合，即由 1 个指标构成的精度最高

的指标组合，将其纳入第二次指标遴选中的待选指标组合。将由 1 个指标构成的指标组合的最高几何平均精度 $\text{G-mean}^{k^*}{}_1$ 简化记为 G-mean_1。

步骤 5：由两个指标构成的指标组合的确定。

在步骤 4 选中的第 k^*个指标这一指标后，剩余的 127 个指标中，选取一个指标，这里既可以选择剩余的 127 个指标中的第 1 个指标，也可以选择第 127 个指标，与步骤 4 选中的第 k^*个指标形成新的指标组合，因此可以形成 127 个新的由两个指标构成的指标组合。将这 127 个指标组合对应的样本数据分别代入式(3.24)和式(3.25)的线性支持向量机模型，并根据式(3.55)计算得到 127 个违约预测几何平均精度，记为 $\text{G-mean}^l{}_2$ (l=1, 2, …, 127)。在这 127 个违约预测几何平均精度中选择最大值 $\text{G-mean}^{l^*}{}_2=\max(\text{G-mean}^1{}_2, \text{G-mean}^2{}_2, \cdots, \text{G-mean}^{127}{}_2)$，最高几何平均精度 $\text{G-mean}^{l^*}{}_2$ 的上标 l^*表示第 l^*个指标组合，即由 2 个指标构成的精度最高的指标组合，将其纳入第二次指标遴选中的待选指标组合。将由两个指标构成的指标组合的最高几何平均精度 $\text{G-mean}^{l^*}{}_2$ 简化记为 G-mean_2。

步骤 6：遴选最优的违约预测指标组合。

仿照上述步骤 4 至步骤 5，不断地从剩余的指标中依次选取一个指标纳入前一步筛选出的指标组合形成新的指标组合，使得在新的指标组合下，线性支持向量机模型根据式(3.55)所计算的违约预测几何平均精度最大，则可以得到由 s 个指标构成的指标组合的最高违约预测精度 G-mean_s(s=1, 2, …, 128)。令 $\text{G-mean}_{s^*=12}=\max(\text{G-mean}_1, \text{G-mean}_2, \cdots, \text{G-mean}_{128})$。则 $\text{G-mean}_{s^*=12}$ 即为最高几何平均精度的指标组合。最高几何平均精度 $\text{G-mean}_{s^*=12}$ 的下标 s^*=12 表示由 12 个指标构成的第 12 个指标组合即为最优指标组合。

应该指出，在指标组合遴选过程中，由于每个指标有“选中”与“不选中”两种状态，128 个指标就有$(2^{128}-1)\approx 3.4\times 10^{38}$种指标组合可能性。遍历所有指标组合的预测精度，以几何平均精度最大为目标函数得到一个最优的指标组合，同时也得到显著的大数据降维效果，指标维度降低幅度为 90.63%(=1–12/128)。

表 7.10 是第二次指标组合筛选出的基于 T–0 时间窗口的“信息传输、软件和信息技术服务行业”上市企业最优违约预测指标。第 1 列是序号；第 2 列是指标准则层；第 3 列是指标名称；第 4 列是第 3 列指标对应的信用 5C 原则[6-7]。

表 7.10　上市公司“信息传输、软件和信息技术服务行业”T–0 年支持向量机向前搜索的第二次指标筛选结果

(1)序号	(2)准则层		(3)指标	(4)信用 5C 原则
1	企业内部财务因素	偿债能力	X_1 资产负债率	能力
…			…	…
10			X_{37} 资本公积占所有者权益的比例	能力
11		盈利能力	X_{47} 主营业务比率	资本
12	外部宏观环境	—	X_{176} 广义货币供应量(M2)同比增长率	条件

从表 7.10 可以看出，遴选出的 T–0 时间窗口的指标体系能够反映信用 5C 原则[6-7]。包括：“资产负债率”“资本公积占所有者权益的比例”等指标反映企业经营能力；“业绩预告次数”等指标反映品质；“主营业务比率”“扣除非经常性损益后的净利润”等指标反映公司资本；“广义货币供应量(M2)同比增长率”等宏观指标反映公司的环境条件。

2. 基于其他时间窗口的上市公司“信息传输、软件和信息技术服务行业”违约预测指标体系的构建

步骤 7：构建其他时间窗口下的违约预测指标体系。仿照步骤 4 至步骤 6，分别在表 7.5 至表 7.9 的上市公司“信息传输、软件和信息技术服务行业”T–1~T–5 年样本数据的第一次指标遴选基础上进行第二次指标组合筛选后，T–1~T–5 年 5 个时间窗口分别选出了 16 个、14 个、19 个、15 个、17 个指标，列入表 7.11 至表 7.15 的第 3 列。

表 7.11 上市公司“信息传输、软件和信息技术服务行业”T–1 年支持向量机向前搜索的第二次指标筛选结果

(1)序号	(2)准则层		(3)指标	(4)信用 5C 原则
1	企业内部财务因素	偿债能力	X_1 资产负债率	能力
…			…	…
11			X_{32} 其他应收款与流动资产比	能力
12		盈利能力	X_{40} 净资产收益率	资本
13			…	…
14		商业信誉	X_{153} 违规类型	品质
15	外部宏观环境	—	X_{176} 广义货币供应量(M2)同比增长率	条件
16			X_{186} 国际投资净头寸增长率	条件

表 7.12 上市公司“信息传输、软件和信息技术服务行业”T–2 年支持向量机向前搜索的第二次指标筛选结果

(1)序号	(2)准则层		(3)指标	(4)信用 5C 原则
1	企业内部财务因素	偿债能力	X_1 资产负债率	能力
…			…	…
11			X_{17} 现金到期债务比	能力
12		盈利能力	X_{66} 扣除非经常损益后的净利润/净利润	资本
13	企业内部非财务因素	高管基本情况	X_{149} 管理层持股比例	品质
14	外部宏观环境	—	X_{176} 广义货币供应量(M2)同比增长率	条件

表 7.13 上市公司“信息传输、软件和信息技术服务行业”T–3 年支持向量机向前搜索的第二次指标筛选结果

(1)序号	(2)准则层		(3)指标	(4)信用 5C 原则
1	企业内部财务因素	偿债能力	X_1 资产负债率	能力
…			…	…
16			X_{37} 资本公积占所有者权益的比例	能力
17		盈利能力	X_{40} 净资产收益率	资本
18			X_{66} 扣除非经常损益后的净利润/净利润	资本
19	外部宏观环境	—	X_{176} 广义货币供应量(M2)同比增长率	条件

表 7.14 上市公司“信息传输、软件和信息技术服务行业”T–4 年支持向量机向前搜索的第二次指标筛选结果

(1)序号	(2)准则层		(3)指标	(4)信用 5C 原则
1	企业内部财务因素	偿债能力	X_1 资产负债率	能力
…			…	…
12			X_{38} 每股权益合计	能力
13		盈利能力	X_{45} 销售期间费用率	资本
14			X_{141} 业绩预告次数	品质
15	外部宏观环境	—	X_{176} 广义货币供应量(M2)同比增长率	条件

表 7.15 上市公司“信息传输、软件和信息技术服务行业”T–5 年支持向量机向前搜索的第二次指标筛选结果

(1)序号	(2)准则层		(3)指标	(4)信用 5C 原则
1	企业内部财务因素	偿债能力	X_1 资产负债率	能力
…			…	…
12			X_{32} 其他应收款与流动资产比	能力
13		盈利能力	X_{91} 存货周转率	能力

续表

(1)序号	(2)准则层		(3)指标	(4)信用 5C 原则
14	企业内部非财务因素	—	X_{139} 是否为金融机构	品质
…			…	…
16			X_{146} 董事会持股比例	品质
17	外部宏观环境	—	X_{176} 广义货币供应量(M2)同比增长率	条件

7.4.3 遴选出的最优指标体系统计汇总

由上文表 7.10 至表 7.15 可知，对于所有 244 家上市公司“信息传输、软件和信息技术服务行业”样本，违约预测的最优指标组合为：由 204 个指标构成的 $2^{204}\approx2.57\times10^{61}$ 个指标组合中，遴选出“资产负债率”“长期资产适合率”“资本固定化比率”等 12 个指标，构成了 T–0 年违约判别几何平均精度最大的指标组合；遴选出“资产负债率”“流动负债权益比率”“长期资产适合率”等 16 个指标，构成了 T–1 年违约预测几何平均精度最大的指标组合；遴选出“资产负债率”“长期资产适合率”“流动负债权益比率”等 14 个指标，构成了 T–2 年违约预测几何平均精度最大的指标组合；遴选出“资产负债率”“权益乘数”“广义货币供应量(M2)同比增长率”等 19 个指标，构成了 T–3 年违约预测几何平均精度最大的指标组合；遴选出“资产负债率”“长期资产适合率”“权益乘数”等 15 个指标，构成了 T–4 年违约预测几何平均精度最大的指标组合；遴选出“资产负债率”“长期资产适合率”“资本固定化比率”等 17 个指标，构成了 T–5 年违约预测几何平均精度最大的指标组合。

表 7.16 汇总了 T–m(m=0, 1, 2, 3, 4, 5)年最优指标组合中的指标，并统计了各个指标被选入最优指标组合的次数。表 7.16 中：第 1 列是序号；第 2 列是指标名称；第 3 列是指标在 T–m(m=0, 1, 2, 3, 4, 5)年的被选中状态，“1”表示被选中，“0”表示未被选中；第 4 列是指标在 T–m(m=0, 1, 2, 3, 4, 5)年被选中的总次数，等于第 3 列的求和。

表 7.16　上市公司“信息传输、软件和信息技术服务行业”T–m 年最优指标组合汇总

(1)序号	(2)指标	(3)指标体系						(4)T–m 年指标被选择的次数
		T–0	T–1	T–2	T–3	T–4	T–5	
1	X_1 资产负债率	1	1	1	1	1	1	6
…	…	…	…	…	…	…	…	…
4	X_4 长期资产适合率	1	1	1	1	1	1	6
5	X_5 权益乘数	0	0	1	1	1	1	4
6	X_6 非流动负债权益比率	0	0	0	1	1	1	3
7	X_7 流动负债权益比率	0	1	1	1	0	1	4
…	…	…	…	…	…	…	…	…
12	X_{15} 保守速动比率	0	0	0	1	0	0	1
13	X_{16} 现金比率	1	1	0	0	0	0	2
…	…	…	…	…	…	…	…	…
16	X_{21} 归属母公司股东的权益/带息债务	0	1	0	0	0	0	1
…	…	…	…	…	…	…	…	…
18	X_{24} 有形资产/净债务	0	0	0	1	0	0	1
…	…	…	…	…	…	…	…	…
38	X_{176} 广义货币供应量(M2)同比增长率	1	1	1	1	1	1	6
39	X_{186} 国际投资净头寸增长率	0	1	0	0	0	0	1
40	指标数量合计	11	15	13	18	14	16	—

由表 7.16 第 2 列可知，对于所有 244 家上市公司“信息传输、软件和信息技术服务行业”样本，违约预测的重要宏观指标：“广义货币供应量(M2)同比增长率”“国际投资净头寸增长率”这两个宏观指标，对上市公司“信息传输、软件和信息技术服务行业”违约状态有显著影响。

由表 7.16 第 3 列可知，“现金比率”“归属母公司股东的权益/带息债务”“国际投资净头寸增长率”等 8 个指标存在于 T–0, T–1, T–2 年的最优指标组合中，说明对企业未来 0~2 年的短期违约状态具有关键影响。“非流动负债权益比率”“保守速动比率”“有形资产/净债务”等 13 个指标存在于 T–3, T–4, T–5 年的最优指标组合中，说明对企业未来 3~5 年的中期违约预测具有关键影响。

由表 7.16 第 4 列可知，“资产负债率”“长期资产适合率”“广义货币供应量(M2)同比增长率”等 4 个指标存在于 $T-m(m=0, 1, 2, 3, 4, 5)$年的最优指标组合中，说明这 4 个指标不论是对未来 0~2 年的短期违约预测，还是对未来 3~5 年的中期违约预测都有重要影响。其中，“广义货币供应量(M2)同比增长率”的意义在于：当货币发行量 M2 充分大时，市场流动性充分，则公司几乎不可能发生违约，因此是违约预测的关键指标。

综上，对于所有 244 家上市公司“信息传输、软件和信息技术服务行业”样本，违约预测的关键指标：“现金比率”“归属母公司股东的权益/带息债务”“国际投资净头寸增长率”等 8 个指标对企业未来 0~2 年的短期违约状态有决定作用。“非流动负债权益比率”“保守速动比率”“有形资产/净债务”等 13 个指标对企业未来 3~5 年的中期违约预测有决定作用。“资产负债率”“长期资产适合率”“广义货币供应量(M2)同比增长率”等 4 个指标，不论是对未来 0~2 年的短期违约预测，还是对未来 3~5 年的中期违约预测都有重要影响。

7.5 信息传输、软件和信息技术服务行业的违约预警模型精度计算

上文 7.4 节遴选出了最优指标组合。根据最优指标组合对应的训练样本数据，可分别构建如上文 3.2 节所述的 14 种大数据违约评价模型方案。根据上文表 7.3 第 1 行定义的训练样本 N_{train} 对应的表 7.10~表 7.15 所示的 $T-m(m=0, 1, 2, 3, 4, 5)$时间窗口的训练样本指标数据，求解模型参数得到 14 种违约评价模型，并根据上文表 7.3 第 2 行定义的测试样本 N_{test} 的 $T-m(m=0, 1, 2, 3, 4, 5)$时间窗口分别计算 14 种大数据违约评价模型的精度结果。

其中，本书选取的模型违约预测精度评价标准有 5 个，分别是第二类错误、第一类错误、几何平均精度、总体预测精度和 AUC 值，精度定义如上文 3.3 节式(3.53)至式(3.56)所示。

以线性判别模型在 T–1 时间窗口样本的训练和测试为例进行说明。

将表 7.11 第 3 列 16 个指标对应表 7.5 第 d 列 T–1 时间窗口经 SMOTE 扩充后的训练样本数据，代入式(3.64)的线性判别模型最优权重向量的目标函数，求解出线性判别模型中 16 个指标的权重向量，并代入式(3.62)和式(3.63)得到违约概率预测方程和违约状态预测方程如下。

线性判别模型在 T–1 时间窗口样本的违约概率预测方程如下。

$$\begin{aligned}\hat{p}(T-1) =& 18.718\times X_1\text{资产负债率}-6.855\times X_4\text{长期资产适合率}+\cdots+55.848\\ &\times X_{40}\text{净资产收益率}+4.18\times X_{176}\text{广义货币供应量(M2)同比增长率}+12.665\\ &\times X_{186}\text{国际投资净头寸增长率}\end{aligned} \tag{7.1}$$

线性判别模型在 T–1 时间窗口样本的违约状态预测方程如下。

$$\hat{y}(T+1)=\begin{cases}1, & \hat{p}(T)\geqslant 0.5\\ 0, & \hat{p}(T)<0.5\end{cases} \tag{7.2}$$

将表 7.11 第 3 列 16 个指标对应表 7.5 第 e 列 T–1 时间窗口 75 个公司的测试样本数据，代入式(7.1)得到违约概率预测值 $\hat{p}_j$ (j=1, 2, …, 75)，将违约概率预测值 $\hat{p}_j$ 代入式(7.2)得到违约状态预测值 $\hat{y}_j$ (j=1, 2, …, 75)。将违约状态预测值 $\hat{y}_j$ 与实际值 y_j 进行对比，可得如表 7.17 所示的混淆矩阵中 TP、TN、FP、FN 四个值。将表 7.17 所示的混淆矩阵中 TP、TN、FP、FN 四个值，代入式(3.53)，计算得到第二类错误 Type-II

Error=FN/(TP+FN)=1/(5+1) ≈0.167。

表 7.17　违约预测混淆矩阵

客户的真实违约状态	客户的预测违约状态	
	(1)预测违约	(2)预测非违约
(1)真实违约	违约样本判对的个数 TP=5	违约样本判错的个数 FN=1
(2)真实非违约	非违约样本判错的个数 FP=1	非违约样本判对的个数 TN=68

表 7.18 是上市公司“信息传输、软件和信息技术服务行业” $T-m(m=0, 1, 2, 3, 4, 5)$时间窗口的 14 种大数据违约评价模型方案的测试样本预测精度结果。以线性判别模型在 $T-1$ 时间窗口样本为例，将上文计算得到的第二类错误 Type-II Error≈0.167，列入表 7.18 第 15 行第 4 列。同理，将表 7.17 所示的混淆矩阵中 TP、TN、FP、FN 四个值，分别代入上文式(3.53)~式(3.56)，并绘制 ROC 曲线，得到其他四个精度结果，分别列入表 7.18 第 15 行第 5~8 列。

表 7.18　上市公司“信息传输、软件和信息技术服务行业” $T-m(m=0, 1, 2, 3, 4, 5)$时间窗口下模型预测精度结果

(1)序号	(2)时间窗口	(3)模型方案	(4)第二类错误	(5)第一类错误	(6)几何平均精度	(7)总体预测精度	(8)AUC 值
1	$T-0$	线性判别模型[8]	0.333	0.145	0.755	0.840	0.766
2		逻辑回归模型[9]	0.333	0.130	0.761	0.853	0.778
3		广义加性模型[10]	0.333	0.043	0.799	0.933	0.845
4		线性支持向量机模型[11]	0.333	0.159	0.749	0.827	0.763
5		决策树模型[12-13]	0.500	0.029	0.697	0.933	0.736
6		BP 神经网络模型[14]	0.500	0.029	0.697	0.933	0.761
7		K 近邻模型[15]	0.333	0.029	0.805	0.947	0.819
8		多数投票线性判别模型[16]	0.333	0.145	0.755	0.840	0.773
9		多数投票逻辑回归模型[17]	0.333	0.159	0.749	0.827	0.787
10		多数投票广义加性模型[16]	0.667	0.000	0.577	0.947	0.725
11		多数投票线性支持向量机模型[17]	0.333	0.174	0.742	0.813	0.756
12		多数投票决策树模型[18]	0.667	0.014	0.573	0.933	0.774
13		多数投票 BP 神经网络模型[19]	0.333	0.145	0.755	0.840	0.763
14		多数投票 K 近邻模型[20]	0.333	0.029	0.805	0.947	0.816
15	$T-1$	线性判别模型[8]	0.167	0.014	0.906	0.973	0.949
16		逻辑回归模型[9]	0.333	0.014	0.811	0.960	0.912
17		广义加性模型[10]	0.500	0.014	0.702	0.947	0.925
18		线性支持向量机模型[11]	0.167	0.014	0.906	0.973	0.959
19		决策树模型[12-13]	0.500	0.029	0.697	0.933	0.736
20		BP 神经网络模型[14]	0.167	0.000	0.913	0.987	0.957
21		K 近邻模型[15]	0.167	0.014	0.906	0.973	0.909
22		多数投票线性判别模型[16]	0.167	0.014	0.906	0.973	0.949
23		多数投票逻辑回归模型[17]	0.167	0.029	0.900	0.960	0.909
24		多数投票广义加性模型[16]	0.500	0.014	0.702	0.947	0.845
25		多数投票线性支持向量机模型[17]	0.167	0.014	0.906	0.973	0.957

续表

(1)序号	(2)时间窗口	(3)模型方案	(4)第二类错误	(5)第一类错误	(6)几何平均精度	(7)总体预测精度	(8)AUC 值
26	T−1	多数投票决策树模型[18]	0.500	0.029	0.697	0.933	0.894
27		多数投票 BP 神经网络模型[19]	0.167	0.014	0.906	0.973	0.942
28		多数投票 K 近邻模型[20]	0.167	0.014	0.906	0.973	0.908
29	T−2	线性判别模型[8]	0.333	0.058	0.792	0.920	0.937
30		逻辑回归模型[9]	0.333	0.145	0.755	0.840	0.746
31		广义加性模型[10]	0.167	1.000	0.000	0.067	0.814
32		线性支持向量机模型[11]	0.500	0.058	0.686	0.907	0.891
33		决策树模型[12-13]	0.333	0.043	0.799	0.933	0.812
34		BP 神经网络模型[14]	0.000	0.130	0.933	0.880	0.964
35		K 近邻模型[15]	0.500	0.043	0.692	0.920	0.728
36		多数投票线性判别模型[16]	0.333	0.058	0.792	0.920	0.930
37		多数投票逻辑回归模型[17]	0.333	0.159	0.749	0.827	0.742
38		多数投票广义加性模型[16]	0.167	1.000	0.000	0.067	0.821
39		多数投票线性支持向量机模型[17]	0.500	0.058	0.686	0.907	0.915
40		多数投票决策树模型[18]	0.167	0.072	0.879	0.920	0.963
41		多数投票 BP 神经网络模型[19]	0.500	0.087	0.676	0.880	0.937
42		多数投票 K 近邻模型[20]	0.500	0.058	0.686	0.907	0.796
43	T−3	线性判别模型[8]	0.500	0.188	0.637	0.787	0.802
44		逻辑回归模型[9]	0.333	0.130	0.761	0.853	0.865
45		广义加性模型[10]	0.833	0.014	0.405	0.920	0.971
46		线性支持向量机模型[11]	0.333	0.087	0.780	0.893	0.894
47		决策树模型[12-13]	0.500	0.058	0.686	0.907	0.522
48		BP 神经网络模型[14]	0.333	0.174	0.742	0.813	0.901
49		K 近邻模型[15]	0.833	0.116	0.384	0.827	0.525
50		多数投票线性判别模型[16]	0.500	0.130	0.659	0.840	0.838
51		多数投票逻辑回归模型[17]	0.500	0.203	0.631	0.773	0.749
52		多数投票广义加性模型[16]	0.000	0.971	0.170	0.107	0.949
53		多数投票线性支持向量机模型[17]	0.333	0.101	0.774	0.880	0.915
54		多数投票决策树模型[18]	0.500	0.101	0.670	0.867	0.922
55		多数投票 BP 神经网络模型[19]	0.333	0.261	0.702	0.733	0.850
56		多数投票 K 近邻模型[20]	0.833	0.116	0.384	0.827	0.739
57	T−4	线性判别模型[8]	0.667	0.014	0.573	0.933	0.804
58		逻辑回归模型[9]	0.333	0.087	0.780	0.893	0.905
59		广义加性模型[10]	0.000	0.971	0.170	0.107	0.879
60		线性支持向量机模型[11]	0.833	0.000	0.408	0.933	0.804
61		决策树模型[12-13]	0.833	0.043	0.399	0.893	0.378
62		BP 神经网络模型[14]	0.833	0.043	0.399	0.893	0.746
63		K 近邻模型[15]	0.833	0.014	0.405	0.920	0.576

续表

(1)序号	(2)时间窗口	(3)模型方案	(4)第二类错误	(5)第一类错误	(6)几何平均精度	(7)总体预测精度	(8)AUC 值
64	T–4	多数投票线性判别模型[16]	0.500	0.043	0.692	0.920	0.816
65		多数投票逻辑回归模型[17]	0.333	0.101	0.774	0.880	0.880
66		多数投票广义加性模型[16]	0.500	0.029	0.697	0.933	0.853
67		多数投票线性支持向量机模型[17]	0.833	0.058	0.396	0.880	0.754
68		多数投票决策树模型[18]	0.667	0.058	0.560	0.893	0.719
69		多数投票 BP 神经网络模型[19]	0.000	0.812	0.434	0.253	0.884
70		多数投票 K 近邻模型[20]	0.667	0.029	0.569	0.920	0.723
71	T–5	线性判别模型[8]	0.167	0.203	0.815	0.800	0.880
72		逻辑回归模型[9]	0.167	0.188	0.822	0.813	0.900
73		广义加性模型[10]	0.167	0.217	0.808	0.787	0.833
74		线性支持向量机模型[11]	0.167	0.203	0.815	0.800	0.865
75		决策树模型[12-13]	0.167	0.058	0.886	0.933	0.888
76		BP 神经网络模型[14]	0.167	0.478	0.659	0.547	0.652
77		K 近邻模型[15]	0.167	0.159	0.837	0.840	0.837
78		多数投票线性判别模型[16]	0.167	0.203	0.815	0.800	0.879
79		多数投票逻辑回归模型[17]	0.167	0.188	0.822	0.813	0.832
80		多数投票广义加性模型[16]	0.167	0.246	0.792	0.760	0.797
81		多数投票线性支持向量机模型[17]	0.167	0.203	0.815	0.800	0.896
82		多数投票决策树模型[18]	0.500	0.087	0.676	0.880	0.837
83		多数投票 BP 神经网络模型[19]	0.000	0.304	0.834	0.720	0.906
84		多数投票 K 近邻模型[20]	0.167	0.159	0.837	0.840	0.833

以上是以线性判别模型在 T–1 时间窗口样本为例，说明了违约评价模型的精度计算过程。同理，可分别根据上文 3.2 节中的 14 种大数据违约评价模型的表达式，计算在上市公司“信息传输、软件和信息技术服务行业” T–m(m=0, 1, 2, 3, 4, 5)测试样本上的精度结果，并将精度结果列入表 7.18 中。

由表 7.18 第 8 列 AUC 值可以看出，AUC 值基本都能达到 70%以上[21-22]，表明这 14 种模型在 5 年的时间窗口均能实现较好的模型预测效果，即模型有 5 年的预测能力。表 7.18 第 5 列违约预测的第一类错误基本都在 30%以下[23-24]，说明所构建的模型对上市公司“信息传输、软件和信息技术服务行业”的违约具有较好的预测能力。

7.6　信息传输、软件和信息技术服务行业的最优违约预警模型的对比分析

上市公司违约预警模型最优方案选择共有如下三个选择标准。

第一标准：模型违约预测精度越高，模型方案排名越靠前。

第二标准：模型可解释性越强，模型方案排名越靠前。

第三标准：模型复杂性越低，模型方案排名越靠前。

表 7.19 给出了 14 种模型方案基于上市公司“信息传输、软件和信息技术服务行业”样本数据的三个

标准排序结果。

表 7.19 上市公司“信息传输、软件和信息技术服务行业”最优模型方案的选择

(1)序号	(2)模型方案	(3)标准一：分类精度排序平均值	(4)标准二：可解释性排序[25-26]	(5)标准三：复杂性排序[25, 27]	(6)三个标准的排序平均值
1	线性判别模型[8]	5.27	1	1	2.42
2	逻辑回归模型[9]	5.93	2	2	3.31
3	广义加性模型[10]	7.53	4	3	4.84
4	线性支持向量机模型[11]	5.27	10	4	6.42
5	决策树模型[12-13]	7.10	3	5	5.03
6	BP 神经网络模型[14]	6.70	11	7	8.23
7	K 近邻模型[15]	5.57	9	6	6.86
8	多数投票线性判别模型[16]	5.13	5	8	6.04
9	多数投票逻辑回归模型[17]	7.93	6	9	7.64
10	多数投票广义加性模型[16]	8.43	8	10	8.81
11	多数投票线性支持向量机模型[17]	6.27	13	11	10.09
12	多数投票决策树模型[18]	7.43	7	12	8.81
13	多数投票 BP 神经网络模型[19]	6.63	14	14	11.54
14	多数投票 K 近邻模型[20]	5.60	12	13	10.20

表 7.19 第 2 列为 14 种模型方案的模型名称。

表 7.19 第 3 列为 14 种模型方案基于标准一预测精度的排序平均值，是基于表 7.18 中五个精度标准的精度排序平均值。排序平均值越小，表示模型的预测精度越高，即排序平均值为 5.13 的模型预测精度最高。

表 7.19 第 4 列为 14 种模型方案基于标准二可解释性的排序，是基于现有文献[25-26]对 14 种大数据模型可解释性的排序结果。排序的序号越小，表示模型的可解释性越强，即排序“1”的模型方案可解释性最强。

表 7.19 第 5 列为 14 种模型方案基于标准三复杂性的排序，是基于现有文献[25, 27]对 14 种大数据模型复杂性的排序结果。排序的序号越小，表示模型的复杂性越低，即排序为“1”的模型方案复杂性最低。

表 7.19 第 6 列为 14 种模型方案三个标准的排序平均值，是第 3 列、第 4 列和第 5 列的算术平均值。三个标准的排序平均值越小，表示模型方案越能够同时兼顾精度、可解释性、复杂性这三个因素，越应该被选用，即排序平均值最小的模型方案是最优模型方案。

根据最优方案的三个选择标准，结合表 7.19 第 6 列三个标准的排序平均值可以得出，线性判别模型的排序平均值最小。因此，上市公司“信息传输、软件和信息技术服务行业”样本的最优模型方案是线性判别模型。

7.7 信息传输、软件和信息技术服务行业的最优违约预警模型

由上文 7.6 节可知，上市公司“信息传输、软件和信息技术服务行业”样本的最优模型方案是线性判别模型。

设：$\hat{p}_j(T-m)$ 为第 j 个上市公司“信息传输、软件和信息技术服务行业”样本对应的 $T\text{–}m$ 年预测的违约概率。则上市公司“信息传输、软件和信息技术服务行业”对应的 $T\text{–}m$(m=0, 1, 2, 3, 4, 5)线性判别模型评价方程如下。

上市公司“信息传输、软件和信息技术服务行业”T–0 年违约判别模型，如式(7.3)所示。

$$\hat{p}(T-0)=16.62\times X_1\text{资产负债率}+\cdots-3.365\times X_{37}\text{资本公积占所有者权益的比例}-1.468\times X_{47}\text{主营业务比率}-1.971\times X_{176}\text{广义货币供应量(M2)同比增长率} \tag{7.3}$$

上市公司“信息传输、软件和信息技术服务行业”的提前 1 年违约预警模型，如式(7.4)所示。

$$\hat{p}(T-1)=18.718\times X_1\text{资产负债率}-6.855\times X_4\text{长期资产适合率}+\cdots+30.99\times X_{153}\text{违规类型}+4.18\times X_{176}\text{广义货币供应量(M2)同比增长率}+12.665\times X_{186}\text{国际投资净头寸增长率} \tag{7.4}$$

上市公司“信息传输、软件和信息技术服务行业”的提前 2 年违约预警模型，如式(7.5)所示。

$$\hat{p}(T-2)=8.82\times X_1\text{资产负债率}+\cdots+3.632\times X_{149}\text{管理层持股比例}+3.71\times X_{176}\text{广义货币供应量(M2)同比增长率} \tag{7.5}$$

上市公司“信息传输、软件和信息技术服务行业”的提前 3 年违约预警模型，如式(7.6)所示。

$$\hat{p}(T-3)=0.161\times X_1\text{资产负债率}+\cdots+7.148\times X_{66}\text{扣除非经常损益后的净利润/净利润}-2.698\times X_{176}\text{广义货币供应量(M2)同比增长率} \tag{7.6}$$

上市公司“信息传输、软件和信息技术服务行业”的提前 4 年违约预警模型，如式(7.7)所示。

$$\hat{p}(T-4)=-5.015\times X_1\text{资产负债率}+\cdots+5.251\times X_{35}\text{应交税费占负债总额的比例}+\cdots-3.029\times X_{176}\text{广义货币供应量(M2)同比增长率} \tag{7.7}$$

上市公司“信息传输、软件和信息技术服务行业”的提前 5 年违约预警模型，如式(7.8)所示。

$$\hat{p}(T-5)=-0.335\times X_1\text{资产负债率}+23.456\times X_4\text{长期资产适合率}+\cdots+293.229\times X_{139}\text{是否为金融机构}+\cdots-8.149\times X_{176}\text{广义货币供应量(M2)同比增长率} \tag{7.8}$$

以上构建的模型式(7.3)至式(7.8)是通过第 T–m 年的指标数据与第 T 年违约状态训练得到的提前 m 年违约预警的评价方程，以达到根据第 T 年的指标数据，预测企业第 T+m 年违约状态的目的。应该指出，这里的第 T–m 年的指标数据不仅包含某一年(如 2008 年)的指标截面数据，而且包含了不同年份(如 2008 年、2014 年等)平移后的指标截面数据。

则第 j 个上市公司第 T+m 年违约状态预测值 $\hat{y}_j(T+m)$的表达式如下。

$$\hat{y}_j(T+m)=\begin{cases}1, & \hat{p}_j(T)\geqslant 0.5\\ 0, & \hat{p}_j(T)<0.5\end{cases} \tag{7.9}$$

7.8　信息传输、软件和信息技术服务行业的违约概率和信用得分的确定

由上文 7.7 节可知，共构建了 T+m(m=0, 1, 2, 3, 4, 5)共 6 个违约判别或预测模型表达式，如上文式(7.3)~式(7.8)所示。

将上文表 7.10 第 3 列 T–0 年最优指标体系对应的 2000~2018 年上市公司“信息传输、软件和信息技术服务行业”数据，代入上文式(7.3)，得到“信息传输、软件和信息技术服务行业”上市公司第 T+0 年的违约概率判别值，列入表 7.20 第 3 列。

表 7.20　“信息传输、软件和信息技术服务行业”线性判别模型 2000~2018 年的违约概率和信用得分结果

(1)序号	(2)证券代码	(a)T+0		(b)T+1		(c)T+2		(d)T+3		(e)T+4		(f)T+5	
		(3)违约概率 p_j	(4)信用得分 S_j	(5)违约概率 p_j	(6)信用得分 S_j	(7)违约概率 p_j	(8)信用得分 S_j	(9)违约概率 p_j	(10)信用得分 S_j	(11)违约概率 p_j	(12)信用得分 S_j	(13)违约概率 p_j	(14)信用得分 S_j
1	2000-000503	0.1828	81.72	1.00	0.00	0.0129	98.71	0.9782	2.18	0.0118	98.82	0.00	100.00
2	2000-000555	0.0031	99.69	1.00	0.00	0.9603	3.97	0.9741	2.59	0.9989	0.11	0.00	100.00

续表

(1)序号	(2)证券代码	(a)T+0		(b)T+1		(c)T+2		(d)T+3		(e)T+4		(f)T+5	
		(3)违约概率 p_j	(4)信用得分 S_j	(5)违约概率 p_j	(6)信用得分 S_j	(7)违约概率 p_j	(8)信用得分 S_j	(9)违约概率 p_j	(10)信用得分 S_j	(11)违约概率 p_j	(12)信用得分 S_j	(13)违约概率 p_j	(14)信用得分 S_j
3	2000-000662	0.9912	0.88	1.00	0.00	1.00	0.00	0.9977	0.23	0.8505	14.95	0.00	100.00
…	…	…	…	…	…	…	…	…	…	…	…	…	…
2963	2018-603888	0.0010	99.90	0.00	100.00	0.0001	99.99	0.0060	99.40	0.0004	99.96	1.00	0.00
2964	2018-603918	0.2005	79.95	0.00	100.00	0.0003	99.97	0.0049	99.51	0.0978	90.22	0.00	100.00
2965	2018-603990	0.0669	93.31	0.00	100.00	0.0005	99.95	0.0010	99.90	0.0634	93.66	0.00	100.00

如表 7.20 第 1 行所示，证券序号“2000-000503”表示 2000 年证券代码为“000503”的上市公司。第 1 行第 3 列表示“000503”上市公司在 2000 年的违约概率判别值 p_j=0.1828。将表 7.20 第 1 行第 3 列违约概率判别值 p_j=0.1828 代入上文式(3.3)的信用得分表达式，得到“000503”上市公司 2000 年的信用得分 $S_j=(1-p_j)\times 100=(1-0.1828)\times 100=81.72$，列入表 7.20 第 1 行第 4 列。

同理，对于表 7.11 至表 7.15 的 $T-m(m=1, 2, 3, 4, 5)$年的最优指标体系的数据，代入式(7.4)至式(7.8)，可分别计算 $T+m(m=1, 2, 3, 4, 5)$年的上市公司违约概率值 p_j 和信用得分值 S_j，将预测结果列入表 7.20 第 5~14 列。

由此得到表 7.20 所示的 2000~2018 年这 19 年的上市公司最优模型方案线性判别模型的 $T+m(m=0, 1, 2, 3, 4, 5)$违约概率与信用得分结果。

表 7.21 是上市公司“信息传输、软件和信息技术服务行业”2000~2023 年这 24 年的违约概率和信用得分结果。

表 7.21 上市公司“信息传输、软件和信息技术服务行业”2000~2023 年的违约概率和信用得分预测结果

(1)序号	(2)证券代码	(3)年份	(4)行业	(5)省区市	(6)所有制	(7)违约概率 $p_{j(T+m)}$	(8)信用得分 $S_{j(T+m)}$
1	000503.SZ	2000	信息传输、软件和信息技术服务行业	海南省	民营企业	0.1828	81.72
2	000555.SZ	2000	信息传输、软件和信息技术服务行业	广东省	公众企业	0.0031	99.69
3	000662.SZ	2000	信息传输、软件和信息技术服务行业	广西壮族自治区	民营企业	0.9912	0.88
…	…	…	…	…	…	…	…
2966	000503.SZ	2019	信息传输、软件和信息技术服务行业	海南省	民营企业	0.4649	53.51
2967	000555.SZ	2019	信息传输、软件和信息技术服务行业	广东省	公众企业	0.2315	76.85
2968	000662.SZ	2019	信息传输、软件和信息技术服务行业	广西壮族自治区	民营企业	0.3163	68.37
…	…	…	…	…	…	…	…
3210	000503.SZ	2020	信息传输、软件和信息技术服务行业	海南省	民营企业	0.6426	35.74
3211	000555.SZ	2020	信息传输、软件和信息技术服务行业	广东省	公众企业	0.6830	31.70
3212	000662.SZ	2020	信息传输、软件和信息技术服务行业	广西壮族自治区	民营企业	0.4871	51.29
…	…	…	…	…	…	…	…
3454	000503.SZ	2021	信息传输、软件和信息技术服务行业	海南省	民营企业	0.94991	5.009
3455	000555.SZ	2021	信息传输、软件和信息技术服务行业	广东省	公众企业	0.6699	33.01
3456	000662.SZ	2021	信息传输、软件和信息技术服务行业	广西壮族自治区	民营企业	0.4261	57.39
…	…	…	…	…	…	…	…
3698	000503.SZ	2022	信息传输、软件和信息技术服务行业	海南省	民营企业	0.0359	96.41
3699	000555.SZ	2022	信息传输、软件和信息技术服务行业	广东省	公众企业	0.0343	96.57

续表

(1)序号	(2)证券代码	(3)年份	(4)行业	(5)省区市	(6)所有制	(7)违约概率 $p_{j(T+m)}$	(8)信用得分 $S_{j(T+m)}$
3700	000662.SZ	2022	信息传输、软件和信息技术服务行业	广西壮族自治区	民营企业	0.0000	100.00
…	…	…	…	…	…	…	…
3942	000503.SZ	2023	信息传输、软件和信息技术服务行业	海南省	民营企业	1.0000	0.00
3943	000555.SZ	2023	信息传输、软件和信息技术服务行业	广东省	公众企业	1.0000	0.00
3944	000662.SZ	2023	信息传输、软件和信息技术服务行业	广西壮族自治区	民营企业	1.0000	0.00
…	…	…	…	…	…	…	…
4185	603990.SH	2023	信息传输、软件和信息技术服务行业	江苏省	民营企业	0.0000	100

表 7.21 中，第 1~2965 行是 2000~2018 年这 19 年的公司数据按上文式(7.3)计算的 $T+0$ 判别的信用得分结果。第 2966~4185 行是根据 2018 年的公司数据，分别按上文式(7.4)至式(7.8)的 $T+1$~$T+5$ 预测的信用得分结果。

将表 7.10 第 3 列 $T-0$ 年最优指标体系对应的 2000~2018 年这 19 年的 2965 家上市公司数据，代入上文式(7.3)，得到上市公司第 $T+0$ 年的违约概率判别值 $p_{j(T+0)}$，列入表 7.21 第 7 列第 1~2965 行，并将违约概率判别值 $p_{j(T+0)}$代入上文式(3.3)的信用得分表达式得到信用得分 $S_{j(T+0)}$，列入表 7.21 第 8 列第 1~2965 行。

将表 7.11 第 3 列 $T-1$ 年最优指标体系对应的 2018 年上市公司数据，代入上文式(7.4)，得到上市公司第 $T+1$ 年的违约概率预测值 $p_{j(T+1)}$，并将违约概率预测值 $p_{j(T+1)}$代入上文式(3.7)的信用得分表达式得到 2019 年信用得分预测值 $S_{j(T+1)}$，列入表 7.21 第 8 列第 2966~3209 行。同理，可根据式(7.5)~式(7.8)预测 2020~2023 年的信用得分 $S_{j(T+m)}$，并将结果列入表 7.21 第 8 列第 3210~4185 行。

7.9　信息传输、软件和信息技术服务行业的信用等级划分

以 $T+0$ 年的信用等级划分为例进行说明。

将上文表 7.20 第 4 列的 $T+0$ 年信用得分 S_j 按降序排列，结果对应列入表 7.22 第 3 列。表 7.22 第 4 列违约概率 p_j 来自表 7.20 第 3 列。表 7.22 第 5 列负债总额数据来源于 Wind 数据库。表 7.22 第 6 列应收未收本息数据等于表 7.22 第 4 列和第 5 列的乘积。表 7.22 第 7 列应收本息数据等于表 7.22 第 5 列。

表 7.22　上市公司“信息传输、软件和信息技术服务行业”最优模型方案线性判别的 $T+0$ 年信用等级划分数据

(1)序号	(2)证券代码	(3)信用得分 S_j	(4)违约概率 p_j	(5)负债总额 D_j/元	(6)应收未收本息 L_j/元	(7)应收本息 R_j/元
1	2016-300518	99.99	0.0001	77 014 949.72	7 701.49	77 014 949.72
2	2017-300315	99.98	0.0002	1 372 262 816.00	274 452.56	1 372 262 816.00
3	2017-300399	99.97	0.0003	80 256 523.67	24 076.96	80 256 523.67
…	…	…	…	…	…	…
2 445	2007-300043	47.11	0.5289	36 116 269.39	19 101 894.88	36 116 269.39
…	…	…	…	…	…	…
2 965	2009-000555	0.00	1.00	156 781 476.60	156 781 476.60	156 781 476.60

依据上文 3.4.2 节的信用等级划分模型，将表 7.22 第 6~7 列的应收未收本息 L_j、应收本息 R_j 数据代入上文式(3.68)至式(3.71)的信用等级划分模型，根据迟国泰教授科研创新团队的发明专利“信用等级越高，违约损失率越低”的违约金字塔原理[28]，得到的评级结果如表 7.23 第 3~5 列所示。

表 7.23 上市公司“信息传输、软件和信息技术服务行业”最优模型方案线性判别的 T+0 年信用等级划分结果

(1)序号	(2)等级	(3)信用得分区间	(4)样本数	(5)违约损失率/%	(6)信用度
1	AAA	47.11≤S≤100.00	2445	13.53	特优
…	…	…	…	…	…
4	BBB	20.46≤S<20.50	14	79.51	较好
…	…	…	…	…	…
7	CCC	7.13≤S<12.59	51	90.29	差
…	…	…	…	…	…
9	C	0≤S<4.06	116	98.54	极差

根据表 7.23 第 4 列可知，T+0 年 AAA 级公司样本数为 2445 个，即 AAA 级公司为按照信用得分降序排列后的第 1~2445 个公司。由表 7.22 第 3 列知，第 2445 行证券代码“2007-300043”公司对应的信用得分为 47.11，故 AAA 级公司的信用得分区间为 47.11≤S≤100，列入表 7.23 第 3 列第 1 行，即 T+0 年信用得分落在区间 47.11≤S≤100 的公司均为 AAA 级公司。同理，可得 AA、A、…、C 等其余 8 个等级划分结果，对应列入表 7.23 第 2~9 行。由信用等级 AAA、AA、A、BBB、BB、B、CCC、CC、C 依次对应特优、优、良、较好、一般、较差、差、很差、极差的信用度，列入表 7.23 第 6 列。

以上是上市公司“信息传输、软件和信息技术服务行业”最优模型方案线性判别的 T+0 年信用等级划分结果。同理，可分别得到 $T+m(m=1, 2, 3, 4, 5)$年的上市公司信息传输、软件和信息技术服务行业的信用等级划分结果，如表 7.24 至表 7.28 所示。

表 7.24 上市公司“信息传输、软件和信息技术服务行业”最优模型方案线性判别的 T+1 年信用等级划分结果

(1)序号	(2)等级	(3)信用得分区间	(4)样本数	(5)违约损失率/%	(6)信用度
1	AAA	46.10≤S≤100.00	2632	0.76	特优
…	…	…	…	…	…
4	BBB	14.27≤S<26.07	14	80.40	较好
…	…	…	…	…	…
7	CCC	0.04≤S<0.36	26	99.85	差
…	…	…	…	…	…
9	C	0≤S<0.001	162	100.00	极差

表 7.25 上市公司“信息传输、软件和信息技术服务行业”最优模型方案线性判别的 T+2 年信用等级划分结果

(1)序号	(2)等级	(3)信用得分区间	(4)样本数	(5)违约损失率/%	(6)信用度
1	AAA	48.71≤S≤100.00	2622	3.38	特优
…	…	…	…	…	…
4	BBB	24.19≤S<24.95	2	75.45	较好
…	…	…	…	…	…
7	CCC	1.44≤S<5.47	36	96.93	差
…	…	…	…	…	…
9	C	0≤S<0.001	71	100.00	极差

表 7.26　上市公司“信息传输、软件和信息技术服务行业”最优模型方案线性判别的 T+3 年信用等级划分结果

(1)序号	(2)等级	(3)信用得分区间	(4)样本数	(5)违约损失率/%	(6)信用度
1	AAA	$47.37 \leq S \leq 100$	2352	12.58	特优
…	…	…	…	…	…
4	BBB	$9.82 \leq S < 15.64$	57	87.41	较好
…	…	…	…	…	…
7	CCC	$0.04 \leq S < 2.91$	169	99.03	差
…	…	…	…	…	…
9	C	$0 \leq S < 0.001$	22	100.00	极差

表 7.27　上市公司“信息传输、软件和信息技术服务行业”最优模型方案线性判别的 T+4 年信用等级划分结果

(1)序号	(2)等级	(3)信用得分区间	(4)样本数	(5)违约损失率/%	(6)信用度
1	AAA	$48.99 \leq S \leq 100.00$	2609	40.11	特优
…	…	…	…	…	…
4	BBB	$24.79 \leq S < 31.21$	18	72.26	较好
…	…	…	…	…	…
7	CCC	$12.98 \leq S < 16.12$	18	85.34	差
…	…	…	…	…	…
9	C	$0.001 \leq S < 10.60$	182	90.75	极差

表 7.28　上市公司“信息传输、软件和信息技术服务行业”最优模型方案线性判别的 T+5 年信用等级划分结果

(1)序号	(2)等级	(3)信用得分区间	(4)样本数	(5)违约损失率/%	(6)信用度
1	AAA	$48.67 \leq S \leq 100.00$	1891	1.40	特优
…	…	…	…	…	…
4	BBB	$45.77 \leq S < 47.01$	14	53.70	较好
…	…	…	…	…	…
7	CCC	$11.91 \leq S < 17.90$	181	85.40	差
…	…	…	…	…	…
9	C	$0 \leq S < 0.001$	1040	100.00	极差

7.10　信息传输、软件和信息技术服务行业的信用特征分析

7.10.1　地区的信用特征分析

为检验不同地区的信用得分是否存在显著差异，本书根据表 7.21 第 5 列的 23 个中国省区市(港澳台除外，“信息传输、软件和信息技术服务行业”仅涉及 23 个省区市)和第 8 列的信用得分，统计出 23 个省区市的信用得分平均值、最大值、最小值、标准差、中位数等，列在表 7.29 的第 3~8 列。

表 7.29　上市公司“信息传输、软件和信息技术服务行业”地区信用特征描述表

(1)序号	(2)省区市	(3)信用得分平均值	(4)信用得分最大值	(5)信用得分最小值	(6)信用得分标准差	(7)信用得分中位数	(8)样本数量
1	新疆维吾尔自治区	89.48	100.00	69.84	7.44	90.98	24
2	贵州省	85.64	100.00	0.00	24.20	95.70	28

续表

(1)序号	(2)省区市	(3)信用得分平均值	(4)信用得分最大值	(5)信用得分最小值	(6)信用得分标准差	(7)信用得分中位数	(8)样本数量
3	北京市	84.76	100.00	0.00	21.63	95.32	1042
…	…	…	…	…	…	…	…
10	上海市	73.84	100.00	0.00	27.85	81.50	595
11	山东省	69.43	100.00	0.00	31.14	75.70	144
12	河南省	68.21	100.00	0.00	29.75	74.56	40
…	…	…	…	…	…	…	…
21	陕西省	56.21	98.65	0.00	25.41	62.70	24
22	河北省	54.27	93.14	0.00	21.80	59.25	24
23	广西壮族自治区	52.45	100.00	0.00	30.72	58.34	81

其中，表 7.29 第 8 列的样本数量是 2000~2023 年这 24 年的“信息传输、软件和信息技术服务行业”上市公司总数，这里的总数包括相同企业不同年份的重复计数。例如，同一个企业 2000~2023 年这 24 年，数量记为 24，其他企业的统计同理。

同时，为检验两两省区市之间的信用得分是否存在显著差异，本书采用曼-惠特尼 U 检验[29]来进行显著性水平检验。以“北京市”与“河南省”为例，根据表 7.29 第 1 列第 3、12 行的序号排序和第 8 列第 3、12 行企业数量，计算得到曼-惠特尼 U 检验统计量 13 602.50，列入表 7.30 第 1 行第 3 列。通过查曼-惠特尼 U 检验统计量的显著性水平表，将对应的 p 值 0.000 列入表 7.30 第 1 行第 4 列。同理，将其他任意两个省区市的曼-惠特尼 U 检验结果列在表 7.30 第 2~253 行。

表 7.30 上市公司“信息传输、软件和信息技术服务行业”的省区市之间信用得分的差异性检验

(1)序号	(2)省区市两两比较	(3)曼-惠特尼 U 检验统计量值	(4)p 值
1	北京市 与 河南省	13 602.50***	0.000
2	辽宁省 与 北京市	25 543.00***	0.000
3	辽宁省 与 河北省	405.00***	0.000
…	…	…	…
252	陕西省 与 广东省	3 690.50***	0.006
253	江苏省 与 广东省	6 7845.50***	0.000

***、**、*分别表示在 99%、95%、90%的置信水平下显著

表 7.29 和表 7.30 的实证结果表明，中国上市公司“信息传输、软件和信息技术服务行业”的特征为：新疆维吾尔自治区、贵州省、北京市等 9 个省区市的信用资质最高，上海市、山东省、河南省等 9 个省区市的信用资质居中，陕西省、河北省、广西壮族自治区等 5 个省区市的信用资质最低。并且，任意两个省区市间的信用资质经曼-惠特尼 U 检验均存在显著差异。23 个省区市之间的信用资质存在显著差异。

根据 23 个省区市的地理区域分布统计可知，信用得分高于 79 的信用资质较好的省区市基本分布在东南沿海地区。信用得分介于 65 和 79 之间的信用资质居中的省区市基本分布在东北地区和华东地区。信用得分低于 65 的信用资质较差的省区市基本分布在中南部地区。

分析造成省区市信用特征差异化的原因可能是：相比于中西部内陆地区，东南沿海地区的企业融资渠道和投资机会更多，从而企业的资金运营能力和盈利能力更强，信用资质也就更好。

7.10.2 公司所有制的信用特征分析

公司所有制属性的信用特征分布是一个值得研究的话题，现有文献[30]认为相比于中国非国有企业，国有企业拥有更高的平均收益率和更有竞争力的其他优势。本书根据大股东和实际控制人将上市公司的所

有制属性分为 7 类，分别是中央国有企业、地方国有企业、民营企业、集体企业、公众企业、外资企业和由协会等实际控股的其他所有制企业。上市公司“信息传输、软件和信息技术服务行业”仅包含 6 类公司所有制属性，如表 7.31 第 2 列所示。

表 7.31　上市公司“信息传输、软件和信息技术服务行业”的公司所有制属性信用特征描述表

(1)序号	(2)所有制属性	(3)信用得分平均值	(4)信用得分最大值	(5)信用得分最小值	(6)信用得分标准差	(7)信用得分中位数	(8)样本数量
1	民营企业	79.92	100.00	0.00	26.03	92.25	3138
2	外资企业	76.55	99.99	0.00	27.17	87.38	41
3	公众企业	75.62	100.00	0.00	27.05	82.87	323
4	中央国有企业	71.43	99.97	0.00	25.97	75.56	326
5	其他所有制企业	68.29	99.78	0.00	29.35	73.14	87
6	地方国有企业	67.37	99.88	0.00	26.56	73.23	270

本书根据表 7.21 第 6 列的 6 个所有制属性和第 8 列的信用得分，统计出 6 个所有制属性的信用得分平均值、最大值、最小值、标准差、中位数和样本数量，列在表 7.31 的第 3~8 列。

其中，表 7.31 第 8 列的样本数量是 2000~2023 年这 24 年的“信息传输、软件和信息技术服务行业”上市公司总数，这里的总数包括相同企业不同年份的重复计数。例如，同一个企业 2000~2023 年这 24 年，数量记为 24，其他企业的统计同理。

同时，为检验两两公司所有制属性之间的信用得分是否存在显著差异，本书采用曼-惠特尼 U 检验[29]来进行显著性水平检验。以“民营企业”与“中央国有企业”为例，根据表 7.31 第 1 列第 1、4 行的序号排序和第 8 列第 1、4 行的企业数量，计算得到曼-惠特尼 U 检验统计量 382 677.00，列入表 7.32 第 1 行第 3 列。通过查曼-惠特尼 U 检验统计量的显著性水平表，将对应的 p 值 0.000 列入表 7.32 第 1 行第 4 列。同理，将其他任意两个所有制属性的曼-惠特尼 U 检验结果列在表 7.32 第 2~15 行。

表 7.32　上市公司“信息传输、软件和信息技术服务行业”的公司所有制之间信用得分的差异性检验

(1)序号	(2)企业所有制两两比较	(3)曼-惠特尼 U 检验统计量值	(4)p 值
1	民营企业 与 中央国有企业	382 677***	0.000
2	民营企业 与 其他所有制企业	98 133***	0.000
3	民营企业 与 公众企业	426 904***	0.000
…	…	…	…
14	公众企业 与 地方国有企业	32 982.00***	0.000
15	外资企业 与 地方国有企业	4 015.50***	0.002

***、**、*分别表示在 99%、95%、90%的置信水平下显著

表 7.31 和表 7.32 的实证结果表明，中国上市公司“信息传输、软件和信息技术服务行业”企业所有制属性信用特征为：民营企业和外资企业的信用资质最高，公众企业和中央国有企业的信用资质次之，由协会等实际控股的其他所有制企业和地方国有企业的信用资质最低。并且，任意两类所有制属性上市企业的信用资质均存在显著差异。

造成所有制属性信用特征分布差异的原因可能是：民营企业可能因为其市场化程度高、经营灵活、社会负担轻等优势，信用资质相对较好。中央国有企业可能由于政府实际控制等原因，经营管理方面以平稳发展为主，信用资质居中。而由协会等实际控股的其他所有制企业可能由于追求快速发展，风险性投资较多，从而导致信用资质不佳。

7.11 信息传输、软件和信息技术服务行业的信用指数构建

表 7.33 第 5~7 列的上市公司“信息传输、软件和信息技术服务行业”的资产总额 A_j、负债总额 L_j、资产总额加负债总额(A_j+L_j)数据，是在 Wind 数据库查询得到的。表 7.33 第 8 列信用得分 $S_{j(T+m)}$来自上文表 7.21 的第 8 列。其中，对于 2000 年至 2018 年已有指标数据的公司，用的是 m=0 的信用得分 $S_{j(T+0)}$；对于 2019 年至 2023 年没有指标数据的公司，用的是 m=1, 2, 3, 4, 5 时刻预测的信用得分 $S_{j(T+m)}$。

表 7.33 上市公司“信息传输、软件和信息技术服务行业”的负债总额、资产总额和信用得分结果

(1)序号	(2)证券代码	(3)证券简称	(4)年份	(5)资产总额 A_j/元	(6)负债总额 L_j/元	(7) 资产总额加负债总额(A_j+L_j)/元	(8)信用得分 $S_{j(T+m)}$
1	000503.SZ	海虹控股	2000	967 103 642.40	460 549 303.60	1 427 652 946.00	81.72
2	000555.SZ	神州信息	2000	114 498 048.90	11 811 614.57	126 309 663.47	99.69
3	000662.SZ	天夏智慧	2000	306 141 703.30	234 761 518.10	540 903 221.40	0.88
…	…		…	…	…	…	…
39	600892.SH	大晟文化	2000	245 460 945.00	138 764 504.40	384 225 449.40	11.72
40	000503.SZ	海虹控股	2001	936 814 567.80	472 923 650.10	1 409 738 218.00	35.98
…	…		…	…	…	…	…
2965	603990.SH	麦迪科技	2018	717 212 623.80	244 055 145.00	961 267 768.80	91.85
2966	000503.SZ	海虹控股	2019	1280 351 320.00	62 734 647.00	1 343 085 967.00	53.52
…	…		…	…	…	…	…
4185	603990.SH	麦迪科技	2023	717 212 623.80	244 055 145.00	961 267 768.80	100.00

7.11.1 基于资产总额标准的信用指数计算

以 2000 年基于资产总额标准的信用指数计算为例进行说明。

1. 基于资产总额标准的典型公司样本选取

将表 7.33 第 1~39 行第 5 列资产总额 A_j 由高到低进行排序，并在表 7.33 第 1~39 行 2000 年的 39 家上市公司中选取年资产总额排名前 10%的公司，即 $N^A{}_{(2000)}$=39×10%≈3 家上市公司，作为 2000 年信用指数构建的典型公司。将这 3 家典型公司的证券代码、证券简称、年份、资产总额 $A_{j(2000)}$分别列入表 7.34 第 2~5 列的第 1~3 行。

表 7.34 上市公司“信息传输、软件和信息技术服务行业”基于资产总额标准选取的典型公司样本

(1)序号	(2)证券代码	(3)证券简称	(4)年份	(5)资产总额 $A_{j(T+m)}$/万元	(6)典型公司样本权重 $W^A{}_{j(T+m)}$	(7)信用得分 $S_{j(T+m)}$
1	600050.SH	中国联通	2000	11 300 000.00	0.90	81.65
2	600602.SH	云赛智联	2000	773 991.49	0.06	53.33
3	600637.SH	东方明珠	2000	468 414.47	0.03	2.39
…	…	…	…	…	…	…
407	600996.SH	贵广网络	2023	1 249 869.50	0.01	0.00
408	300017.SZ	网宿科技	2023	1 194 012.46	0.01	0.00
409	002464.SZ	*ST 众应	2023	317 180.68	0.00	0.00

以上是 2000 年基于资产总额标准的指数构建典型公司的选取。同理，可以得到 2001~2023 年这 23 年的典型公司样本，将典型公司样本的结果列入表 7.34 第 4~409 行。

2. 基于资产总额标准的典型公司权重计算

将上文计算的 2000 年典型公司个数 $N^A_{(2000)}$≈3 和表 7.34 第 5 列的资产总额 $A_{j(2000)}$代入上文式(3.82)，得到 2000 年典型公司的权重。

以第 1 个典型公司“中国联通(600050.SH)”的指数权重 $W^A_{1(2000)}$为例。

将表 7.34 第 5 列第 1 行的资产总额 $A_{1(2000)}$=11 300 000.00 代入上文式(3.82)的分子，得到权重如下。

$$W^A_{1(2000)}=A_{1(2000)}/(A_{1(2000)}+\cdots+A_{3(2000)}) =11\ 300\ 000.00/(11\ 300\ 000.00+\cdots+468\ 414.47)=0.90 \tag{7.10}$$

将式(7.10)的结果列入表 7.34 第 6 列第 1 行。同理，将表 7.34 第 5 列第 2~3 行的资产总额 $A_{j(2000)}$分别代入式(3.82)的分子，得到 2000 年其他两个典型公司的权重 $W^A_{j(2000)}$(j=2, 3)，列入表 7.34 第 6 列第 2~3 行。

以上是基于资产总额标准的 2000 年的典型公司样本权重计算。同理，可以得到基于资产总额标准的 2001~2023 年的典型公司样本权重 $W^A_{j(T+m)}$，将结果列入表 7.34 的第 6 列第 4~409 行。

3. 基于资产总额标准的信用指数计算

根据上文表 7.21 第 2 列的证券代码和第 8 列的信用得分，将 7.34 第 7 列的信用得分 $S_{j(T+m)}$对应填充。

将表 7.34 第 1~3 行的 2000 年 3 家典型公司对应的第 6 列权重 $W^A_{j(T+m)}$、第 7 列信用得分 $S_{j(T+m)}$，以及上文选取的 2000 年典型公司个数 $N^A_{(2000)}$≈3，代入上文式(3.85)，得到 2000 年典型公司样本基于资产总额标准的信用得分加权平均值 $\bar{S}^A_{(2000)}$ 如下。

$$\bar{S}^A_{(2000)}=\sum\nolimits_{j=1}^{3}W^A_{j(2000)}S_{j(2000)}=76.94 \tag{7.11}$$

将式(7.11)计算的 2000 年典型公司样本基于资产总额标准的信用得分加权平均值 $\bar{S}^A_{(2000)}$=76.94，代入上文式(3.86)，得到 2000 年典型公司样本基于资产总额标准的信用指数 $\mathrm{CI}^A_{(2000)}$如下。

$$\mathrm{CI}^A_{(2000)}=\frac{\bar{S}^A_{(2000)}}{\bar{S}^A_{(2000)}}\times 1000=\frac{76.94}{76.94}\times 1000=1000 \tag{7.12}$$

将式(7.12)计算的 2000 年典型公司样本基于资产总额标准的信用指数 $\mathrm{CI}^A_{(2000)}$=1000，列入表 7.35 第 3 列第 1 行。

表 7.35　上市公司“信息传输、软件和信息技术服务行业”的 2000 年至 2023 年这 24 年的信用指数表

(1)序号	(2)年份	(3)资产总额前 10%的年度信用指数 $\mathrm{CI}^A_{(T+m)}$	(4)负债总额前 10%的年度信用指数 $\mathrm{CI}^L_{(T+m)}$	(5)基于资产总额加负债总额的年度信用指数 $\mathrm{CI}^{A+L}_{(T+m)}$
1	2000	1000.00	1000.00	1000.00
2	2001	919.94	924.05	913.08
3	2002	427.70	432.64	429.24
…	…	…	…	…
8	2007	1 092.57	998.52	1 055.86
9	2008	759.65	727.34	747.26
10	2009	166.41	120.46	153.94
…	…	…	…	…
15	2014	302.67	242.30	270.49
16	2015	332.74	209.67	286.10
…	…	…	…	…
20	2019	1 172.92	1 056.87	1 146.56
21	2020	1 192.17	1 068.97	1 168.45
…	…	…	…	…
24	2023	128.29	117.19	136.70

同理，可计算 2001 年的信用得分加权平均值 $\bar{S}^{A}_{(2001)}$=70.78 和信用指数 $CI^{A}_{(2001)}$=(70.78/76.94)×1000≈919.94，列入表 7.35 第 3 列第 2 行。

以上是上市公司基于资产总额标准的 2000 年和 2001 年的信用指数计算。依次类推，将基于资产总额标准的 2002 年至 2023 年的信用指数计算结果分别列入表 7.35 第 3 列第 3~24 行。

7.11.2 基于负债总额标准的信用指数计算

以 2000 年基于负债总额标准的信用指数计算为例进行说明。

1. 基于负债总额标准的典型公司样本选取

将表 7.33 第 1~39 行第 6 列负债总额 L_j 由高到低进行排序，并在表 7.33 第 1~39 行 2000 年的 39 家上市公司中选取年负债总额排名前 10%的公司，即 $N^{L}_{(2000)}$=39×10%≈3 家上市公司，作为 2000 年信用指数构建的典型公司。将这 3 家典型公司的证券代码、证券简称、年份、负债总额 $L_{j(2000)}$分别列入表 7.36 第 2~5 列的第 1~3 行。

表 7.36 上市公司“信息传输、软件和信息技术服务行业”基于负债总额标准选取的典型公司样本

(1)序号	(2)证券代码	(3)证券简称	(4)年份	(5)负债总额 $L_{j(T+m)}$ /万元	(6)成分股权重 $W^{L}_{j(T+m)}$	(7) 信用得分 $S_{j(T+m)}$
1	600050.SH	中国联通	2000	5 468 713.33	0.88	81.65
2	600602.SH	云赛智联	2000	385 325.61	0.06	53.33
3	600637.SH	东方明珠	2000	336 050.51	0.05	2.39
…	…	…	…	…	…	…
407	002368.SZ	太极股份	2023	630 806.00	0.01	0.00
408	002354.SZ	天神娱乐	2023	622 617.66	0.01	0.00
409	002316.SZ	键桥通讯	2023	224 729.45	0.00	0.00

以上是 2000 年基于负债总额标准的指数构建典型公司的选取。同理，可以得到 2001~2023 年这 23 年的典型公司样本，将典型公司样本的结果列入表 7.36 第 2~5 列第 4~409 行。

2. 基于负债总额标准的典型公司权重计算

将上文计算的 2000 年典型公司个数 $N^{L}_{(2000)}$≈3 和表 7.36 第 5 列的负债总额 $L_{j(2000)}$代入上文式(3.83)，得到 2000 年典型公司的权重。

以第 1 个典型公司“中国联通(600050.SH)”的指数权重 $W^{L}_{1(2000)}$为例。

将表 7.36 第 5 列第 1 行的负债总额 $L_{1(2000)}$=5 468 713.33 代入上文式(3.83)的分子，得到权重如下。

$$W^{L}_{1(2000)}=L_{1(2000)}/(L_{1(2000)}+\cdots+L_{3(2000)}) =5\,468\,713.33/(5\,468\,713.33+\cdots+336\,050.51)=0.88 \quad (7.13)$$

将式(7.13)的结果列入表 7.36 第 6 列第 1 行。同理，将表 7.36 第 5 列第 2~3 行的负债总额 $L_{j(2000)}$分别代入式(3.83)的分子，分别得到 2000 年其他两个典型公司的权重 $W^{L}_{j(2000)}$(j=2, 3)，列入表 7.36 第 6 列第 2~3 行。

以上是基于负债总额标准的 2000 年的典型公司样本权重的计算。同理，可以得到基于负债总额标准的 2001~2023 年这 23 年的典型公司样本权重 $W^{L}_{j(T+m)}$，将结果列入表 7.36 第 6 列第 4~409 行。

3. 基于负债总额标准的信用指数计算过程

根据上文表 7.21 第 2 列的证券代码和第 8 列的信用得分，将表 7.36 第 7 列的信用得分 $S_{j(T+m)}$对应填充。

将表 7.36 第 1~3 行的 2000 年 3 家典型公司对应的第 6 列权重 $W^{L}_{j(T+m)}$、第 7 列信用得分 $S_{j(T+m)}$，以及上文选取的 2000 年典型公司个数 $N^{L}_{(2000)}$≈3，代入上文式(3.87)，得到 2000 年典型公司样本基于负债总额标准的信用得分加权平均值 $\bar{S}^{L}_{(2000)}$ 如下。

$$\bar{S}^{L}_{(2000)}=\sum\nolimits_{j=1}^{3}W^{L}_{j(2000)}S_{j(2000)}=75.58 \tag{7.14}$$

将式(7.14)计算的 2000 年典型公司样本基于负债总额标准的信用得分加权平均值 $\bar{S}^{L}_{(2000)}$=75.58，代入上文式(3.88)，得到 2000 年典型公司样本基于负债总额标准的信用指数 $\mathrm{CI}^{L}{}_{(2000)}$如下。

$$\mathrm{CI}^{L}_{(2000)}=\frac{\bar{S}^{L}_{(2000)}}{\bar{S}^{L}_{(2000)}}\times 1000=\frac{75.58}{75.58}\times 1000=1000 \tag{7.15}$$

将式(7.15)计算的 2000 年典型公司样本基于负债总额标准的信用指数 $\mathrm{CI}^{L}{}_{(2000)}$=1000，列入上文表 7.35 第 4 列第 1 行。

同理，可计算 2001 年的信用得分加权平均值 $\bar{S}^{L}_{(2001)}$=69.84 和信用指数 $\mathrm{CI}^{L}{}_{(2001)}$= (69.84/75.58)×1000≈924.05，列入上文表 7.35 第 4 列第 2 行。

以上是上市公司基于负债总额标准的 2000 年和 2001 年的信用指数计算。依次类推，将基于负债总额标准的 2002 年至 2023 年的信用指数计算结果分别列入上文表 7.35 第 4 列第 3~24 行。

7.11.3　基于资产总额加负债总额标准的信用指数计算

以 2000 年的基于资产总额加负债总额标准的信用指数计算为例进行说明。

1. 基于资产总额加负债总额标准的典型公司样本选取

将表 7.33 第 1~39 行第 7 列资产总额加负债总额(A_j+L_j)由高到低进行排序，并在表 7.33 第 1~39 行 2000 年的 39 家上市公司中选取资产总额加负债总额排名前 10%的公司，即 $N^{A+L}{}_{(2000)}$=39×10%≈3 家上市公司，作为 2000 年信用指数构建的典型公司。将这 3 家典型公司的证券代码、证券简称、年份、资产总额加负债总额($A_{j(2000)}+L_{j(2000)}$)分别列入表 7.37 第 2~5 列的第 1~3 行。

表 7.37　上市公司“信息传输、软件和信息技术服务行业”基于资产总额加负债总额标准选取的典型公司样本

(1)序号	(2)证券代码	(3)证券简称	(4)年份	(5)资产总额加负债总额($A_{j(T+m)}+L_{j(T+m)}$)/万元	(6)典型公司样本权重 $W^{A+L}{}_{j(T+m)}$	(7)信用得分 $S_{j(T+m)}$
1	600050.SH	中国联通	2000	16 768 713.33	0.89	81.65
2	600602.SH	云赛智联	2000	1 159 317.10	0.06	53.33
3	600637.SH	东方明珠	2000	804 464.98	0.04	2.39
…	…	…	…	…	…	…
409	000613.SZ	*ST 东海 A	2023	1 956 580.49	0.00	1.13

以上是 2000 年基于资产总额加负债总额标准的指数构建典型公司的选取。同理，可以得到 2001~2023 年这 23 年的典型公司样本，将典型公司样本的结果列入表 7.37 第 2~5 列第 4~409 行。

2. 基于资产总额加负债总额标准的典型公司权重计算

将上文计算的 2000 年典型公司个数 $N^{A+L}{}_{(2000)}$≈3 和表 7.37 第 5 列的资产总额加负债总额($A_{j(2000)}+L_{j(2000)}$)代入上文式(3.84)，得到 2000 年典型公司的权重。

以第 1 个典型公司“中国联通(600050.SH)”的指数权重 $W^{A+L}{}_{1(2000)}$为例。

将表 7.37 第 5 列第 1 行的资产总额加负债总额($A_{1(2000)}+L_{1(2000)}$)= 16 768 713.33 代入上文式(3.84)的分子，得到权重如下。

$$\begin{aligned}W^{A+L}{}_{1(2000)}&=(A_{1(2000)}+L_{1(2000)})/[(A_{1(2000)}+L_{1(2000)})+\cdots+(A_{3(2000)}+L_{3(2000)})]\\&=16\,768\,713.33/(16\,768\,713.33+\cdots+804\,464.98)=0.89\end{aligned} \tag{7.16}$$

将式(7.16)的结果列入表 7.37 第 6 列第 1 行。同理，将表 7.37 第 5 列第 2~3 行的资产总额加负债总额($A_{j(2000)}+L_{j(2000)}$)分别代入式(3.84)的分子，分别得到 2000 年其他两个典型公司的权重 $W^{A+L}{}_{j(2000)}$(j=2, 3)，列入表 7.37 第 6 列第 2~3 行。

以上是基于资产总额加负债总额标准的2000年的典型公司样本权重的计算。同理，可以得到基于资产总额加负债总额标准的2001~2023年这23年的典型公司样本权重 $W^{A+L}{}_{j(T+m)}$，将结果列入表7.37第6列第4~409行。

3. 基于资产总额加负债总额标准的信用指数计算过程

根据上文表7.21第2列的证券代码和第8列的信用得分，将表7.37第7列的信用得分 $S_{j(T+m)}$对应填充。

将表7.37第1~3行的2000年3家典型公司对应的第6列权重 $W^{A+L}{}_{j(T+m)}$、第7列信用得分 $S_{j(T+m)}$，以及上文选取的2000年典型公司个数 $N^{A+L}{}_{(2000)}$≈3，代入上文式(3.89)，得到2000年典型公司样本基于资产总额加负债总额标准的信用得分加权平均值 $\overline{S}^{A+L}_{(2000)}$ 如下。

$$\overline{S}^{A+L}_{(2000)} = \sum\nolimits_{j=1}^{3} W^{A+L}_{j(2000)} S_{j(2000)} = 79.50 \tag{7.17}$$

将式(7.17)计算的2000年典型公司样本基于资产总额加负债总额标准的信用得分加权平均值 $\overline{S}^{A+L}_{(2000)}$ =79.50，代入上文式(3.90)，得到2000年典型公司样本基于资产总额加负债总额标准的信用指数 $\text{CI}^{A+L}{}_{(2000)}$ 如下。

$$\text{CI}^{A+L}_{(2000)} = \frac{\overline{S}^{A+L}_{(2000)}}{\overline{S}^{A+L}_{(2000)}} \times 1000 = \frac{79.50}{79.50} \times 1000 = 1000 \tag{7.18}$$

将式(7.18)计算的2000年典型公司样本基于资产总额加负债总额标准的信用指数 $\text{CI}^{A+L}{}_{(2000)}$=1000，列入上文表7.35第5列第1行。

同理，可计算2001年的信用得分加权平均值 $\overline{S}^{A+L}_{(2001)}$=72.59 和信用指数 $\text{CI}^{A+L}{}_{(2001)}$= (72.59/79.50)×1000≈913.08，列入上文表7.35第5列第2行。

以上是上市公司基于资产总额加负债总额标准的2000年和2001年的信用指数计算。依次类推，将基于资产总额加负债总额标准的2002年至2023年的信用指数计算结果分别列入上文表7.35第5列第3~24行。

7.11.4 信息传输、软件和信息技术服务行业2000~2023年这24年的信用指数趋势图

以表7.35第2列的年份为横轴，分别以第3、4、5列的年度信用指数为纵轴，作出上市公司“信息传输、软件和信息技术服务行业”的年度信用指数走势图，如图7.1所示。

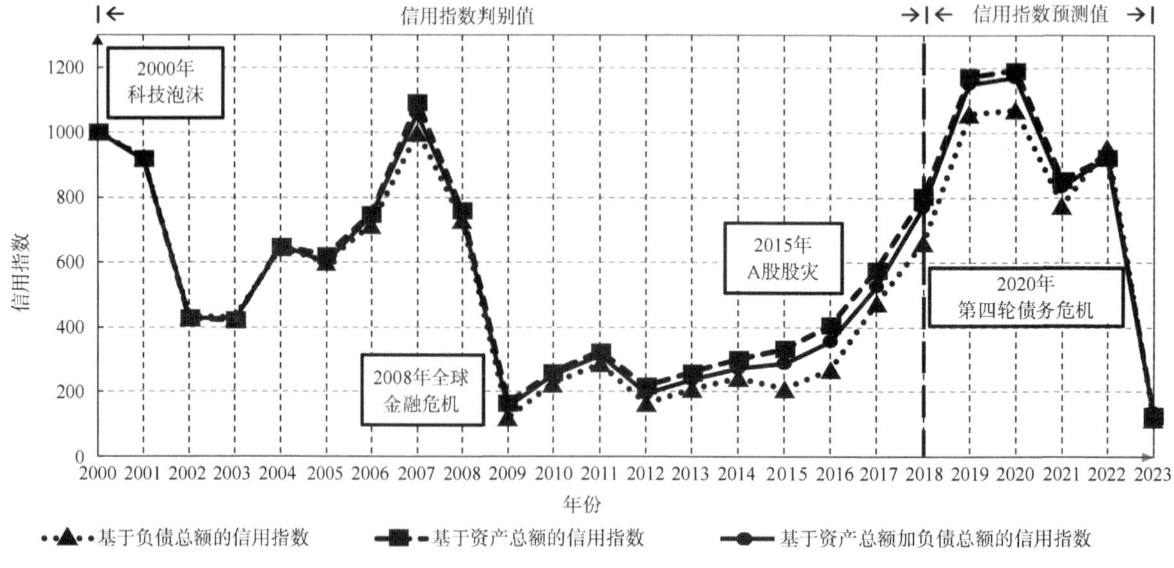

图7.1 上市公司“信息传输、软件和信息技术服务行业”的年度信用指数走势图

上市公司“信息传输、软件和信息技术服务行业”2000~2018年这19年信用指数的发展规律，以及预

测的 2019~2023 年这 5 年的信用指数趋势如图 7.1 所示。

1. 2000~2018 年这 19 年中国上市公司“信息传输、软件和信息技术服务行业”信用指数的发展规律及原因分析

(1)中国上市公司“信息传输、软件和信息技术服务行业”2000~2018 年这 19 年信用指数的发展规律。总体上看，2000~2003 年“信息传输、软件和信息技术服务行业”信用指数呈现大幅度下降趋势，从 2000 年的 1000 点跌倒 2003 年的 423.99 点，下降幅度达到 57.6%。于 2004 年初开始升高，在 2007 年出现第一次大幅下降拐点，从 2007 年的 1055.86 点下降到 2009 年的 153.94 点，下降幅度为 85.42%左右，并且跌破历史最低点。2009 年至 2011 年出现小幅度上升，2011 年至 2012 年信用指数出现下降，2012 年至 2018 年恢复稳步波动增长趋势。

(2)中国上市公司“信息传输、软件和信息技术服务行业”2000~2018 年这 19 年信用指数发展的宏观原因分析。2000~2003 年信用指数呈现大幅度下降趋势，这可能与当时的“2000 年科技泡沫”[31]事件有关。受当时经济高速发展、股权分置改革、人民币升值等利好情况的影响，2003~2007 年信用指数呈现上升趋势，从 2004 年的 651.38 点上升到 2007 的 1000 点左右，上升幅度约 62.1%。受“2008 年全球金融危机[32]”的影响，2007 年末至 2009 年信用指数出现第一次拐点，急剧下跌。

(3)中国上市公司“信息传输、软件和信息技术服务行业”2000~2018 年这 19 年信用指数发展的政策原因分析。2014 年至 2015 年信用指数小幅上升的原因可能在于，证监会、银监会、保监会等六部门发布了《关于大力推进体制机制创新 扎实做好科技金融服务的意见》，推行的金融创新政策促进了杠杆融资和互联网借贷业务的发展。

2. 2019~2023 年这 5 年中国上市公司“信息传输、软件和信息技术服务行业”信用指数的趋势预测

(1)中国上市公司“信息传输、软件和信息技术服务行业”2019~2023 年这 5 年信用指数的未来趋势。2019~2020 年信用指数呈现缓慢上升趋势，但在 2020~2021 年之后呈现信用指数下跌趋势。在 2021~2022 年出现回升趋势，在 2022 年出现拐点，在 2022~2023 年信用指数呈现急剧的大幅度下降趋势，且下降的幅度远超往年下降幅度，信用指数在 2023 年达到最低值。

(2)中国上市公司“信息传输、软件和信息技术服务行业”2019~2023 年这 5 年信用指数未来趋势的原因分析。2020~2021 年之后呈现信用指数下跌趋势，但随着疫情形势逐渐得到控制，国家采取一系列措施恢复经济，促使 A 股“信息传输、软件和信息技术服务行业”市场的信用指数在 2021 出现回升，在 2022 年出现拐点，在 2022~2023 年信用指数呈现急剧的大幅度下降趋势，且下降的幅度远超往年下降幅度，信用指数在 2023 年达到最低值。造成下跌的可能原因是全球正在经历第四次债务危机，目前世界银行已经就新一轮全球债务危机发出警告，此次危机会使新兴行业和新兴市场无力偿还到期债务，这将会导致上市公司“信息传输、软件和信息技术服务行业”的信用指数整体下滑。

7.12 信息传输、软件和信息技术服务行业信用风险指数构建

7.12.1 基于三个标准的信用风险指数计算

上市公司“信息传输、软件和信息技术服务行业”信用风险指数的典型公司样本选择以及权重计算方式，与上文 7.11 节的信用指数同理。但信用风险指数计算时的差别在于：将信用指数计算公式中分子和分母的 $S_{j(T+m)}$ 替换为 $(100-S_{j(T+m)})$，如式(3.91)至式(3.96)所示，计算得到的信用风险指数反映违约可能性。信用风险指数越大，违约风险越高。计算过程同上文 7.11 节，不再赘述。

将计算得到的 2000 年至 2023 年这 24 年三个标准下的信用风险指数，分别列入表 7.38 第 3~5 列。

表 7.38 中国上市公司“信息传输、软件和信息技术服务行业”2000 年至 2023 年 24 年的信用风险指数表

(1)序号	(2)年份	(3)资产总额前 10%的年度信用风险指数 $CRI^{A}_{(T+m)}$	(4)负债总额前 10%的年度信用风险指数 $CRI^{L}_{(T+m)}$	(5)基于资产总额加负债总额的年度信用风险指数 $CRI^{A+L}_{(T+m)}$
1	2000	1000.00	1000.00	1000.00
2	2001	1267.37	1235.37	1282.89
3	2002	2910.17	2756.74	2857.74
…	…	…	…	…
8	2007	691.03	1004.59	818.17
9	2008	1802.22	1844.24	1822.62
…	…	…	…	…
20	2019	422.83	823.91	522.96
21	2020	358.59	786.45	451.72
…	…	…	…	…
24	2023	3909.48	3733.49	3809.92

7.12.2 信息传输、软件和信息技术服务行业 2000~2023 年这 24 年的信用风险指数趋势图

以表 7.38 第 2 列的年份为横轴，以第 3、4、5 列的年度信用风险指数为纵轴，作出上市公司的年度信用风险指数走势图，如图 7.2 所示。

图 7.2 上市公司“信息传输、软件和信息技术服务行业”样本的年度信用风险指数走势图

上市公司“信息传输、软件和信息技术服务行业”2000~2018 年这 19 年信用风险指数的发展规律，以及预测的 2019~2023 年这 5 年的信用风险指数趋势如图 7.2 所示。

1. 2000~2018 年这 19 年中国上市公司“信息传输、软件和信息技术服务行业”信用风险指数的发展规律及原因分析

(1)中国上市公司“信息传输、软件和信息技术服务行业”2000~2018 年这 19 年的信用风险指数发展规律。2000~2003 年“信息传输、软件和信息技术服务行业”信用风险指数呈现大幅度上升趋势，从 2000 年的 1000 点上升到 2003 年的 2874.82 点，上升幅度达到 187.5%左右，于 2004 年开始下降，在 2007 年出现第一次信用风险指数大幅度上升拐点，从 2007 年的 818.17 点上升到 2009 年的 3753.8 点，并冲破信用风险

指数历史最高点，2009 年开始出现逐步下降趋势。

(2)中国上市公司“信息传输、软件和信息技术服务行业”2000~2018 年这 19 年信用风险指数发展的宏观原因分析。2008 年信用风险指数升高，违约风险急剧升高的原因可能是受“2008 年全球金融危机[32]”的宏观环境恶化影响，导致中国 A 股市场违约风险极大。

(3)中国上市公司“信息传输、软件和信息技术服务行业”2000~2018 年这 19 年信用风险指数发展的政策原因分析。2004 年出现信用风险指数由小到大的较大违约风险拐点的政策原因可能是，2004 年 1 月 31 日，“国九条”明确了资本市场的作用，并使得 A 股融资市场风险不确定性增大。同时，2004 年全年政策出台频率快，如保险基金入市、以股抵债等试点政策相继出台，导致上市公司的投融资风险增大，进而导致上市公司违约风险升高。

2. 2019~2023 年这 5 年中国上市公司“信息传输、软件和信息技术服务行业”信用风险指数的趋势预测

(1)中国上市公司“信息传输、软件和信息技术服务行业”2019~2023 年这 5 年信用风险指数的未来趋势。2019~2020 年信用风险指数呈现下降趋势，2020~2021 年信用风险指数急剧上升，违约风险极高。2021~2022 年小幅下降后，在 2022~2023 年信用风险指数再次上升。2021~2023 年的信用风险指数居高不下，说明违约风险持续较大。

(2)中国上市公司“信息传输、软件和信息技术服务行业”2019~2023 年这 5 年信用风险指数未来趋势的原因分析。2019~2020 年信用风险指数呈现逐步下降趋势，但在 2020~2021 年之后信用风险指数呈现上升趋势，随着新冠疫情形势逐渐得到控制，国家采取一系列措施恢复经济，促使 A 股“信息传输、软件和信息技术服务行业”市场的信用风险指数在 2021~2022 年出现下降趋势，在 2022 年出现拐点，2022~2023 年信用风险指数呈现急剧的大幅度上升趋势，信用风险指数在 2023 年到达最高值。造成信用风险指数上升的可能原因是全球正在经历第四次债务危机，目前世界银行已经就新一轮全球债务危机发出警告，此次危机会使新兴行业和新兴市场无力偿还到期债务，这将会导致上市公司“信息传输、软件和信息技术服务行业”信用风险指数整体上升。该结论与上市公司“信息传输、软件和信息技术服务行业”样本信用指数的结论具有一致性。

7.13　本 章 结 论

7.13.1　主要工作

(1)本章遴选了上市公司“信息传输、软件和信息技术服务行业”最优违约预测指标组合。通过经济学含义结合偏相关系数的 F 检验进行指标的初步筛选，通过基于支持向量机的序列前向选择算法进一步筛选出最优的指标组合，获得了上市公司“信息传输、软件和信息技术服务行业”T+0~T+5 年的最优指标组合。

(2)本章确定了上市公司“信息传输、软件和信息技术服务行业”的指标最优权重向量。根据违约状态 y_j 与指标权重的函数关系 $y_j=f(w_i, x_{ij})$，预测的违约状态 $\hat{y}_j$ 与实际违约状态 y_j 对比后，以违约和非违约两类企业的预测误差最小为目标，构建数学规划模型，反推出模型的评价指标的最优权重，保证构建的预警方程能够区分违约与非违约公司。

(3)本章构建了上市公司“信息传输、软件和信息技术服务行业”最优的违约风险预警模型。通过构建线性判别模型、逻辑回归模型、支持向量机模型等 14 种大数据模型，并根据模型的精度、可解释性和复杂性的“不可能三角”三个标准的对比分析，遴选出最优的 T+0~T+5 年的最优分类模型。

(4)本章分析了上市公司“信息传输、软件和信息技术服务行业”的省区市、所有制属性的信用特征分布。通过省区市、所有制属性的公司信用得分均值，判断信用资质好坏。并通过曼-惠特尼 U 统计检验，验证信用资质差异。若曼-惠特尼 U 显著水平检验通过且该类公司信用得分高，则意味着信用资质好，反之就差。

(5)本章构建了基于资产总额、负债总额、资产总额加负债总额三个标准的信用指数和信用风险指数，并分析了信用指数和信用风险指数的趋势。通过最优违约预警模型计算得到未来第 $T+m$ 年的违约概率和信用得分，按资产总额、负债总额、资产总额加负债总额三个标准的选股规则选择典型公司样本，并将典型公司样本的加权平均信用得分转化成信用指数。信用指数和信用风险指数反映了年度违约风险的趋势，并对未来第 $T+m$ 年的信用状况进行预警。

7.13.2 主要结论

(1)中国上市公司“信息传输、软件和信息技术服务行业”违约预测的最优指标组合。由 204 个指标构成的 $2^{204}-1\approx2.57\times10^{61}$ 个指标组合中，遴选出“资产负债率”“长期资产适合率”“资本固定化比率”等 12 个指标，构成了 T–0 年违约判别几何平均精度最大的指标组合；遴选出“资产负债率”“流动负债权益比率”“长期资产适合率”等 16 个指标，构成了 T–1 年违约预测几何平均精度最大的指标组合；遴选出“资产负债率”“长期资产适合率”“流动负债权益比率”等 14 个指标，构成了 T–2 年违约预测几何平均精度最大的指标组合；遴选出“资产负债率”“权益乘数”“广义货币供应量(M2)同比增长率”等 19 个指标，构成了 T–3 年违约预测几何平均精度最大的指标组合；遴选出“资产负债率”“长期资产适合率”“权益乘数”等 15 个指标，构成了 T–4 年违约预测几何平均精度最大的指标组合；遴选出“资产负债率”“长期资产适合率”“资本固定化比率”等 17 个指标，构成了 T–5 年违约预测几何平均精度最大的指标组合。

(2)中国上市公司“信息传输、软件和信息技术服务行业”违约预测的重要宏观指标。“广义货币供应量(M2)同比增长率”“国际投资净头寸增长率”这两个宏观指标，对上市公司“信息传输、软件和信息技术服务行业”违约状态有显著影响。

(3)中国上市公司违约预测的关键指标。“现金比率”“归属母公司股东的权益/带息债务”“国际投资净头寸增长率”等 8 个指标对企业未来 0~2 年的短期违约状态具有关键影响。“非流动负债权益比率”“保守速动比率”“有形资产/净债务”等13个指标对企业未来3~5年的中期违约预测具有关键影响。“资产负债率”“长期资产适合率”“广义货币供应量(M2)同比增长率”等 4 个指标，不论是对未来 0~2 年的短期违约预测，还是对未来 3~5 年的中期违约预测都有重要影响。

(4)中国上市公司“信息传输、软件和信息技术服务行业”的地区信用分布特征为：新疆维吾尔自治区、贵州省、北京市等 9 个省区市的信用资质最高，上海市、山东省、河南省等 9 个省区市的信用资质居中，陕西省、河北省、广西壮族自治区等 5 个省区市的信用资质最低。并且，任意两个省区市之间的信用资质经曼-惠特尼 U 检验均存在显著差异。“信息传输、软件和信息技术服务行业”的 23 个省区市之间的信用资质存在显著差异。

(5)中国上市公司“信息传输、软件和信息技术服务行业”的企业所有制属性信用特征。以“智度股份(000676.SZ)”“*ST 高升(000971.SZ)”“凯撒文化(002425.SZ)”为代表的民营企业和外资企业的信用资质最高。以“茂业通信(000889.SZ)”“中国联通(600050.SH)”“金证股份(600446.SH)”为代表的公众企业和中央国有企业的信用资质次之。以“浙大网新(600797.SH)”“久远银海(002777.SZ)”“辰安科技(300523.SZ)”为代表的由协会等实际控股的其他所有制企业和地方国有企业的信用资质最低。

(6)中国上市公司“信息传输、软件和信息技术服务行业”信用指数的未来预测趋势。2000~2003 年“信息传输、软件和信息技术服务行业”信用指数呈现大幅度下降趋势，从 2000 年的 1000 点跌倒 2003 年的 423.99 点左右，下降幅度达到 57.6%，这与当时的“2000 年科技泡沫”[31]事件有关。受当时经济高速发展、股权分置改革、人民币升值等利好情况的影响，2003~2007 年信用指数呈现上升趋势，从 2004 年的 651.38 点上升到 2007 的 1055.86 点，上升幅度达到 62.1%。受“2008 年全球金融危机[32]”的影响，2007 年末至 2009 年信用指数出现第一次拐点，急剧下跌。2014~2015 年“信息传输、软件和信息技术服务行业”信用指数处于较低水平，可能与当时的“2015 年年中 A 股股灾事件”有联系。

(7)中国上市公司“信息传输、软件和信息技术服务行业”信用风险指数的未来预测趋势。2019~2020 年信用风险指数呈现逐步下降趋势，但在 2020~2021 年之后信用风险指数呈现上升趋势，随着疫情形势逐渐得到控制，国家采取一系列措施恢复经济，促使 A 股“信息传输、软件和信息技术服务行业”市场的信用风险指数在 2021~2022 年出现下降趋势，在 2022 年出现拐点，2022~2023 年信用风险指数呈现急剧的大幅度上升趋势，信用风险指数在 2023 年到达最高值。造成信用风险指数上升的可能原因是全球正在经历第四次债务危机，目前世界银行已经就新一轮全球债务危机发出警告，此次危机可能会使新兴行业和新兴市场无力偿还到期债务，这可能会导致上市公司“信息传输、软件和信息技术服务行业”信用风险指数整体上升。

7.13.3　特色与创新

(1)通过明确两阶段的指标遴选方法构建评价指标体系，在具有经济学含义的海选指标集中，根据指标间偏相关系数和 F 值筛选出具有违约鉴别能力且指标间信息冗余最小的一组指标；并通过第二阶段的构建前向选择支持向量机指标遴选模型，以几何平均精度最大为标准，采用前向选择的方法筛选违约鉴别能力最大的指标组合，保证了构建的评价指标体系具有最大的违约鉴别能力。

(2)通过违约企业和非违约企业的错判误差率之和最小，反推最优的权重，保证了所建立的违约预测模型能够保证较低的非违约企业误拒率和违约企业误授率，降低了违约企业错判带来的贷款损失和非违约企业错判带来好客户流失的损失。

(3)通过综合考虑精度、可解释性、复杂性的“不可能三角”，从构建的 14 种大数据违约预警模型中对比分析遴选出最优违约风险预警模型，保证得到的模型既具有较高的违约预测能力，又具有可解释性，同时模型的复杂性较低。

(4)通过对不同省区市、企业所有制属性公司的信用得分均值进行曼-惠特尼 U 非参数检验，识别不同省区市、企业所有制属性公司的信用资质，揭示不同省区市、不同所有制形式的中国上市公司，哪类公司的信用资质好，哪类公司的信用资质差，哪类公司的信用资质居中，为股票投资、债券投资提供决策依据，供金融监管当局等政策分析人员参考。

(5)通过分别对资产总额、负债总额、资产总额加负债总额由大到小选取前 10%作为典型公司样本，并将典型公司样本的加权平均信用得分转化成年度信用指数和信用风险指数，反映了上市公司“信息传输、软件和信息技术服务行业”的违约风险趋势，并对未来第 $T+m(m=1, 2, 3, 4, 5)$年的信用状况进行预警。

参 考 文 献

[1] Carvalho D, Ferreira M A, Matos P. Lending relationships and the effect of bank distress：evidence from the 2007-2009 financial crisis[J]. Journal of Financial and Quantitative Analysis, 2015, 50(6)：1165-1197.

[2] Christopoulos A G, Dokas I G, Kalantonis P, et al. Investigation of financial distress with a dynamic logit based on the linkage between liquidity and profitability status of listed firms[J]. Journal of the Operational Research Society, 2019, 70(10)：1817-1829.

[3] Wu Y, Xu Y J, Li J Y. Feature construction for fraudulent credit card cash-out detection[J]. Decision Support Systems, 2019, 127：113155.

[4] Yeh C C, Lin F Y, Hsu C Y. A hybrid KMV model, random forests and rough set theory approach for credit rating[J]. Knowledge-Based Systems, 2012, 33：166-172.

[5] Chawla N V, Bowyer K W, Hall L O, et al. SMOTE：synthetic minority over-sampling technique[J]. Journal of Artificial Intelligence Research, 2002, 16(1)：321-357.

[6] 迟国泰, 张亚京, 石宝峰. 基于 Probit 回归的小企业债信评级模型及实证[J]. 管理科学学报, 2016, 19(6)：136-156.

[7] Wang T C, Chen Y H. Applying rough sets theory to corporate credit ratings[C]. Shanghai：IEEE International Conference：Service Operations and Logistics, and Informatics, 2006：132-136.

[8] Desai V S, Crook J N, Overstreet G A. A comparison of neural networks and linear scoring models in the credit union environment[J]. European Journal of Operational Research, 1996, 95(1)：24-37.

[9] Bravo C, Maldonado S, Weber R. Granting and managing loans for micro-entrepreneurs：new developments and practical experiences[J]. European Journal of Operational Research, 2013, 227(2)：358-366.

[10] Djeundje V B, Crook J. Identifying hidden patterns in credit risk survival data using generalised additive models[J]. European Journal of Operational Research, 2019, 277：366-376.

[11] Huang C, Dai C, Guo M. A hybrid approach using two-level DEA for financial failure prediction and integrated SE-DEA and GCA for indicators selection[J]. Applied Mathematics and Computation, 2015, 251：431-441.

[12] Xia Y, Liu C, Li Y Y, et al. A boosted decision tree approach using Bayesian hyper-parameter optimization for credit scoring[J]. Expert Systems with Applications, 2017, 78：225-241.

[13] 陈丽. 基于决策树最优组合的企业违约预测模型[D]. 大连：大连理工大学, 2019.

[14] West D. Neural network credit scoring models[J]. Computers & Operations Research, 2000, 27(11-12)：1131-1152.

[15] Hand D J, Henley W E. Statistical classification methods in consumer credit scoring：a review[J]. Journal of the Royal Statistical Society：Series A(Statistics in Society), 1997, 160：523-541.

[16] Abellán J, Mantas C J. Improving experimental studies about ensembles of classifiers for bankruptcy prediction and credit scoring[J]. Expert Systems with Applications, 2014, 41(8)：3825-3830.

[17] Fan Q, Wang Z, Li D D, et al. Entropy-based fuzzy support vector machine for imbalanced datasets[J]. Knowledge-Based Systems, 2017, 115：87-99.

[18] He H, Zhang W, Zhang S. A novel ensemble method for credit scoring：adaption of different imbalance ratios[J]. Expert Systems with Applications, 2018, 98：105-117.

[19] Campbell J Y, Hilscher J, Szilagyi J. In search of distress risk[J]. The Journal of Finance, 2008, 63(6)：2899-2939.

[20] Finlay S. Multiple classifier architectures and their application to credit risk assessment[J]. European Journal of Operational Research, 2011, 210(2)：368-378.

[21] Iyer R, Khwaja A I, Luttmer E E P, et al. Screening peers softly：inferring the quality of small borrowers[J]. Management Science, 2016, 62：1554-1577.

[22] Berg T, Burg V, Gombovic A, et al. On the rise of FinTechs：credit scoring using digital footprints[J]. The Review of Financial Studies, 2020, 33：2845-2897.

[23] Geng R, Bose I, Chen X. Prediction of financial distress：an empirical study of listed Chinese companies using data mining[J]. European Journal of Operational Research, 2015, 241(1)：236-247.

[24] Junior L M, Nardini F M, Renso C, et al. A novel approach to define the local region of dynamic selection techniques in imbalanced credit scoring problems[J]. Expert Systems with Applications, 2020, 152：113351.

[25] Jones S. Corporate bankruptcy prediction：a high dimensional analysis[J]. Review of Accounting Studies, 2017, 22：1366-1422.

[26] Doshi-Velez F, Kim B. Towards a rigorous science of interpretable machine learning[EB/OL]. https://arxiv.org/abs/1702.08608 [2017-02-28].

[27] Zhu X, Li J, Wu D, et al. Balancing accuracy, complexity and interpretability in consumer credit decision making：A C-TOPSIS classification approach[J]. Knowledge Based Systems, 2013, 52：258-267.

[28] 迟国泰, 石宝峰. 基于信用等级与违约损失率匹配的信用评级系统与方法：中国, ZL 201210201461.6[P]. 2015-08-19.

[29] Ken B. Business Statistics：Contemporary Decision Making[M]. Hoboken：John Wiley and Sons, 2009.

[30] Liu L, Liu Q G, Tian G, et al. Government connections and the persistence of profitability：evidence from Chinese listed firms[J]. Emerging Markets Review, 2018, 36：110-129.

[31] 东兴证券. 创业板难现纳斯达克式科技股泡沫[N]. 上海证券报, 2014-03-12(A04).

[32] 张茜. 中国股票市场发展与货币政策完善[D]. 太原：山西大学, 2012.

第 8 章　批发和零售行业的企业违约预测与信用指数构建

8.1　本章内容提要

本章是中国上市公司“批发和零售行业”的企业违约预测与信用指数构建。“批发和零售行业”是社会化大生产过程中的重要环节，是决定国家经济运行速度、质量和效益的引导性力量。“批发和零售行业”也是我国市场化程度最高、竞争最为激烈的行业之一，逐渐成为国民经济的重要组成部分，因此针对“批发和零售行业”上市公司的企业违约预测与信用指数构建研究对国民经济发展等问题至关重要。

本章的中国上市公司“批发和零售行业”的企业违约预测与信用指数构建包括以下五个内容。

一是通过对上市“批发和零售行业”公司的 $T-m$ (m=0, 1, 2, 3, 4, 5)年的财务数据、非财务数据、宏观数据，以及 T 年的违约与否状态进行实证分析，通过基于经济学含义和偏相关系数的第一次指标筛选和基于支持向量机向前搜索的第二次指标组合遴选，构建具有提前 m 年(m=0, 1, 2, 3, 4, 5)违约预警能力的指标体系。

二是通过违约评价方程的违约状态预测值 $\hat{y}$ 与实际值 y 对比的错判误差最小，反推最优的指标权重向量。

三是通过线性判别模型、支持向量机模型、决策树模型等 14 种大数据模型分别建模，并根据精度、可解释性、复杂性的“不可能三角”三个标准进行模型对比分析，最终确定一个能同时兼顾精度高、可解释性强、复杂性低的最佳违约预警模型。

四是利用选取的最佳违约预警模型计算上市公司“批发和零售行业”的违约概率和信用得分，并分析上市公司“批发和零售行业”在不同地区、企业所有制方面的信用特征分布规律。

五是根据得到的上市公司“批发和零售行业”的信用得分，构建上市公司“批发和零售行业”的年度信用指数和信用风险指数，并分析上市公司“批发和零售行业”的信用状况年度发展规律以及预测 2019~2023 年这 5 年的信用状况趋势。

应该指出：用于计算信用指数的信用得分预测值 $S_{j(T+m)}$，共分为两种情况。

情况一：对于 2000~2018 年这 19 年已有指标数据的样本，用的是 m=0 的违约判别模型 $p_{j(T+0)}=f(w_i, x_{ij(T)})$ 计算出的违约概率 $p_{j(T+0)}$和信用得分 $S_{j(T+0)}=(1-p_{j(T+0)})\times100$。

情况二：对于 2019~2023 年这 5 年没有指标数据的样本，用的是 m=1, 2, 3, 4, 5 时刻的违约预警模型 $p_{j(T+m)}=f(w_i, x_{ij(T)})$计算出的违约概率 $p_{j(T+m)}$和信用得分 $S_{j(T+m)}=(1-p_{j(T+m)})\times100$。

本章的主要工作如下。

一是在经济学含义明确的海选指标集中，根据指标间偏相关系数和 F 值筛选出具有违约鉴别能力且指标间信息冗余最小的一组指标；并在第二阶段构建前向选择线性支持向量机指标组合遴选模型，以几何平均精度最大为标准，采用前向选择的方法筛选具有违约鉴别能力最大指标组合，保证构建的评价指标体系具有最大的违约鉴别能力。

二是根据违约状态 y_j 与指标权重的函数关系 $y_j=f(w_i, x_{ij})$，以预测的违约状态 $\hat{y}_j$ 与实际违约状态 y_j 对比后，以违约和非违约两类公司的预测错判误差最小为目标，构建数学规划模型，反推出评价模型的最优指标权重，保证构建的预警模型能够显著区分违约与非违约公司。

三是以精度为模型第一排序标准，可解释性为第二排序标准，复杂性为第三排序标准，在构建的逻辑回归模型、线性判别模型、广义加性模型等 14 个大数据模型中，遴选兼具高精度、强可解释性、低复杂性的最优模型，并使用 T 时刻的指标数据 $x_{ij(T)}$，预测公司 $T+m(m=0, 1, 2, 3, 4, 5)$时刻的违约状态 $y_{j(T+m)}=f(x_{ij(T)})$、违约概率 $p_{j(T+m)}=g(x_{ij(T)})$和信用得分 $S_{j(T+m)}=(1-p_{j(T+m)})\times100$。

四是通过对不同地区、企业所有制形式公司的信用得分均值进行曼-惠特尼 U 非参数检验，揭示不同地区、不同所有制的中国上市公司“批发和零售行业”中，哪类公司的信用资质好，哪类公司的信用资质差，哪类公司的信用资质居中，为股票投资、债券投资提供决策依据，为商业银行发放贷款提供参照，为金融监管当局提供监管预警建议。

五是通过最优违约预测模型计算得到的未来第 $T+m$ 年违约概率，转换为[0, 100]区间的信用得分后，按“资产总额”“负债总额”“资产总额加负债总额之和”三个标准的选股规则选择样本公司，并将样本公司的信用得分根据“负债总额”“资产总额”“资产总额加负债总额之和”的占比分别进行加权平均，构建信用指数和信用风险指数。信用指数和信用风险指数用于反映信用发展规律，并预测未来第 $T+m$ 年的违约风险趋势。

8.2　批发和零售行业的企业违约预测与信用指数构建的原理

中国上市公司“批发和零售行业”的企业违约预测与信用指数构建的原理主要包括：信用评级原理、违约预测原理、指数构建原理、14 种违约预警大数据模型构建原理、最优违约预警指标体系遴选原理、基于错判误差最小的指标赋权原理、信用等级划分原理。具体原理介绍详见上文第 3 章，不再赘述。

8.3　批发和零售行业的数据处理

8.3.1　批发和零售行业的数据介绍

上市公司“批发和零售行业”样本的含义：中国沪市和深市在内的 162 家“批发和零售行业”上市公司数据。

上市公司“批发和零售行业”样本数据的描述：共包含 2000~2018 年 162 家中国上市批发和零售业公司的财务、非财务以及宏观指标数据。通过 Wind 金融数据库、国泰安经济数据库、国家统计局和中国经济与社会发展统计数据库搜集，结合经济学含义的进一步遴选，最终建立了包括资产负债率等 138 个财务指标，审计意见类型等 17 个非财务指标，行业景气指数等 49 个宏观指标，1 个违约状态指标在内的共计 205 个指标的上市公司信用风险海选指标集。

违约状态定义[1-2]：将被标记为“ST”的上市公司，定义为出现财务困境的公司，即违约的差客户，标记为“1”。将没有“ST”标记的上市公司，定义为没有出现财务困境的公司，即非违约的好客户，标记为“0”。

上市公司“批发和零售行业”$T-m$ 数据的描述：为实现违约风险动态预警的目的，共构造了 6 组 $T-m$ $(m=0, 1, 2, 3, 4, 5)$时间窗口的上市公司“批发和零售行业”样本，每组上市公司“批发和零售行业”样本是由第 $T-m$ 年的指标数据和第 T 年的违约状态构成。同时，每组 $T-m(m=0, 1, 2, 3, 4, 5)$时间窗口上市公司“批发和零售行业”样本分别包含 162 个样本，其中违约样本 22 个，非违约样本 140 个。

表 8.1 是 $T-m(m=0, 1, 2, 3, 4, 5)$上市公司样本数据概览。其中 a 列是序号，b 列是时间窗口，c 列是公司代码，d 列是指标的标准化数据(标准化处理详见“3.6.1 指标数据标准化方法”)。

表 8.1　上市公司“批发和零售行业” $T\text{–}m(m=0, 1, 2, 3, 4, 5)$ 时间窗口样本数据概览

(a)序号	(b)时间窗口	(c)公司代码	(d)指标的标准化数据			
			(1)资产负债率	…	(204)国内专利申请授权数增长率	(205)第 T 年的违约状态
1	T–0	000032.SZ	0.771	…	0.028	0
2		600755.SH	0.666	…	0.025	0
3		000028.SZ	0.709	…	0.028	0
…		…	…	…	…	…
162		600738.SH	0.784	…	0.008	0
163	T–1	000032.SZ	0.773	…	0.025	0
164		600755.SH	0.659	…	0.020	0
165		000028.SZ	0.735	…	0.025	0
…		…	…	…	…	…
324		600738.SH	0.712	…	0.108	0
325	T–2	000032.SZ	0.801	…	0.031	0
326		600755.SH	0.644	…	0.032	0
327		000028.SZ	0.698	…	0.031	0
…		…	…	…	…	…
486		600738.SH	0.779	…	0.027	0
487	T–3	000032.SZ	0.687	…	0.029	0
488		600755.SH	0.749	…	0.025	0
489		000028.SZ	0.686	…	0.030	0
…		…	…	…	…	…
648		600738.SH	0.810	…	0.032	0
649	T–4	000032.SZ	0.693	…	0.027	0
650		600755.SH	0.733	…	0.026	0
651		000028.SZ	0.690	…	0.027	0
…		…	…	…	…	…
810		600738.SH	0.810	…	0.025	0
811	T–5	000032.SZ	0.688	…	0.026	0
812		600755.SH	0.747	…	0.024	0
813		000028.SZ	0.923	…	0.026	0
…		…	…	…	…	…
972		600738.SH	0.811	…	0.031	0

表 8.2 是 $T\text{–}m(m=0, 1, 2, 3, 4, 5)$ 时间窗口上市公司“批发和零售行业”样本指标标准化数据的描述性统计表。其中第 1 列是序号，第 2 列是时间窗口，第 3 列是统计量，第 4~208 列是指标对应的统计值。

表 8.2 上市公司“批发和零售行业” $T-m(m=0, 1, 2, 3, 4, 5)$ 时间窗口样本指标数据描述性统计表

(1)序号	(2)时间窗口	(3)统计量	(4)资产负债率	…	(8)权益乘数	…	(206)外商投资企业外方注册资本增长率	(207)国内专利申请授权数增长率	(208)违约状态
1	T–0	平均值	0.745	…	0.873	…	0.173	0.031	0.136
2		标准差	0.091	…	0.145	…	0.069	0.008	0.344
3		中位数	0.731	…	0.901	…	0.166	0.031	0.000
4	T–1	平均值	0.737	…	0.859	…	0.177	0.041	0.136
5		标准差	0.126	…	0.183	…	0.072	0.108	0.344
6		中位数	0.733	…	0.910	…	0.168	0.028	0.000
7	T–2	平均值	0.741	…	0.859	…	0.169	0.028	0.136
8		标准差	0.130	…	0.198	…	0.019	0.006	0.344
9		中位数	0.746	…	0.920	…	0.168	0.028	0.000
10	T–3	平均值	0.736	…	0.865	…	0.164	0.029	0.136
11		标准差	0.142	…	0.186	…	0.039	0.008	0.344
12		中位数	0.738	…	0.914	…	0.167	0.028	0.000
13	T–4	平均值	0.736	…	0.866	…	0.160	0.028	0.136
14		标准差	0.125	…	0.183	…	0.039	0.008	0.344
15		中位数	0.741	…	0.917	…	0.165	0.027	0.000
16	T–5	平均值	0.740	…	0.871	…	0.145	0.028	0.136
17		标准差	0.116	…	0.167	…	0.054	0.006	0.344
18		中位数	0.744	…	0.919	…	0.159	0.026	0.000

8.3.2 批发和零售行业的训练测试数据划分

训练测试样本划分的目的：将上市公司“批发和零售行业”数据划分为训练样本和测试样本。训练样本用于求解模型参数，构建训练模型。测试样本用于验证所构建的模型预测精度效果。

训练测试样本划分比例[3-4]：70%作为训练样本，30%作为测试样本。

训练测试样本划分方式：随机从 $T-m$ $(m=0, 1, 2, 3, 4, 5)$个时间窗口的样本中抽取 70%的非违约公司与 70%的违约公司共同组成训练样本，剩余的 30%组成测试样本。

非平衡数据处理：由表 8.1(d)列第 205 子列违约状态统计可知，上市公司“批发和零售行业”训练样本的违约样本数∶非违约样本数=15∶98≈1∶7，属于非平衡样本。非平衡样本会导致训练得到的模型对违约客户识别率低。为解决样本非平衡问题，本书通过 SMOTE 非平衡样本处理方法[5]，扩充训练样本中的违约公司个数，使违约与非违约公司数量比例为 1∶1。

上市公司“批发和零售行业”样本的训练样本数量为 N_{train}、测试样本数量为 N_{test}，SMOTE 扩充的样本数量为 N_{train}^{smote}，如表 8.3 所示。

表 8.3 上市公司“批发和零售行业”的训练测试样本数量一览

序号	(1)样本分类	(2)非违约公司	(3)违约公司	(4)总计
1	$N_{train}=N\times70\%+N_{train}^{smote}$	98+0=98	15+83=98	196
2	$N_{test}=N\times30\%$	42	7	49
3	N	140	105	245

8.4　批发和零售行业的违约预警指标体系的建立

根据表 8.3 定义的训练样本 N_{train}，即表 8.1(d)列对应的上市公司在 $T\text{–}m(m=0, 1, 2, 3, 4, 5)$时刻的 204 个指标数据，按照上文 3.4.2 节的指标遴选原理进行两次指标筛选。

第一次指标遴选是利用上市公司“批发和零售行业”的 $T\text{–}m(m=0, 1, 2, 3, 4, 5)$个时间窗口样本，从全部 204 个指标中，遴选出冗余度小、经济学含义强的指标，第一次遴选出的指标数量分别是：[123, 114, 121, 112, 119, 115]。

第二次指标组合遴选是利用上市公司“批发和零售行业”的 $T\text{–}m(m=0, 1, 2, 3, 4, 5)$个时间窗口样本，从第一次指标遴选后剩余指标构成的多个指标组合中，根据几何平均精度最大遴选最优指标组合，最终遴选出最优指标组合中的指标数量分别是：[12, 16, 14, 19, 15, 17]。

由 8.4.2 节可知，最终遴选出的最优指标组合能够满足 5C 原则[6-7]，其中：“中长期贷款基准利率”“国内专利申请授权数增长率”等指标反映经营环境。“净资产收益率”“每股净资产”“营业收入占营业总收入比重”等指标反映资本；“预审计情况”“违规类型”“审计意见类型”等指标反映公司品质。

8.4.1　基于偏相关系数第一次筛选后的指标体系

依照上文 3.4.2 节的步骤 1~步骤 3 进行基于偏相关性分析的第一次指标遴选。以上市公司“批发和零售行业”T–0 年的指标数据为例进行说明。

步骤 1：同一准则层内指标偏相关系数的计算。将表 8.3 第 1 行定义的训练样本 N_{train} 中 113(即 98+15)家公司对应表 8.1 前第 1~113 行(d)列的 204 个 T–0 年指标数据 x_{ij}，代入式(3.57)~式(3.60)计算任意两个指标间的偏相关系数。

步骤 2：F 值的计算。将表 8.1 第 1~113 行(d)列的 204 个 T–0 年指标数据 x_{ij} 中每一列指标数据，分别代入式(3.61)计算每个指标对应的 F 值。

步骤 3：基于偏相关性分析筛选指标。在步骤 1 计算的偏相关系数大于 0.8 的指标对中，删除指标对中经济学含义不明显的指标。由此，T–0 年的 204 个指标经过第一次指标筛选剩余 123 个指标，将剩余的 123 个指标列于表 8.4(c)列第 1~123 行。

表 8.4(d)列为训练样本 N_{train} 中 113 个公司第一次指标遴选后剩余的 123 个指标数据，(e)列为测试样本 N_{test} 中 49 个公司第一次指标遴选后剩余的 123 个指标数据。

表 8.4　上市公司“批发和零售行业”T–0 年基于偏相关系数的第一次指标筛选结果

(a)序号	(b)准则层		(c)指标	(d)训练样本 N_{train} 中客户指标标准化数据 x_{ij}			(e)测试样本 N_{test} 中客户指标标准化数据 x_{ij}		
				(1) 客户 1	…	(113) 客户 113	(114) 客户 114	…	(162) 客户 162
1	企业内部财务因素	偿债能力	X_1 资产负债率	0.771	…	0.648	0.888	…	0.778
…			…	…	…	…	…	…	…
24			X_{38} 每股权益合计	0.424	…	0.288	0.844	…	0.279
25		盈利能力	X_{39} 净资产收益率	0.484	…	0.614	0.505	…	0.535
…			…	…	…	…	…	…	…
54			X_{87} 归属于母公司普通股东的权益综合收益率	0.492	…	0.581	0.508	…	0.524
55		营运能力	X_{88} 流动资产/总资产	0.788	…	0.277	0.731	…	0.477
…			…	…	…	…	…	…	…
78			X_{114} 分配股利、利润或偿付利息支付的现金占筹资活动现金流出小计的比重	0.918	…	0.952	0.936	…	0.950

续表

(a)序号	(b)准则层		(c)指标	(d)训练样本 N_{train} 中客户指标标准化数据 x_{ij}			(e)测试样本 N_{test} 中客户指标标准化数据 x_{ij}		
				(1) 客户 1	…	(113) 客户 113	(114) 客户 114	…	(162) 客户 162
79	企业内部财务因素	成长能力	X_{115} 每股净资产(相对年初增长率)	0.478	…	0.530	0.484	…	0.532
…			…	…	…	…	…	…	…
87			X_{136} 固定资产增长率	0.019	…	0.019	0.020	…	0.000
88	企业内部非财务因素	股权结构与业绩审计情况	X_{139} 是否为金融机构	0.000	…	0.000	0.000	…	0.000
…			…	…	…	…	…	…	…
93			X_{144} 派息比税前	0.144	…	0.000	0.131	…	0.000
94		高管基本情况	X_{147} 监事会持股比例	0.000	…	0.000	0.000	…	0.001
…			…	…	…	…	…	…	…
97			X_{150} 总经理是否领取薪酬	0.682	…	0.682	0.682	…	0.682
98		企业基本信用情况	X_{151} 缺陷类型	0.731	…	0.731	0.731	…	0.731
99		商业信誉	X_{152} 涉案总件数	0.878	…	0.878	0.878	…	0.878
100			X_{153} 违规类型	1.000	…	1.000	1.000	…	0.523
101		社会责任	X_{154} 每股社会贡献值	0.000	…	0.000	0.000	…	0.000
102			X_{155} 社会捐赠强度	0.000	…	0.000	0.000	…	0.000
103	外部宏观环境		X_{166} 固定资产投资价格指数	0.324	…	0.503	0.774	…	0.676
…			…	…	…	…	…	…	…
123			X_{204} 国内专利申请授权数增长率	0.028	…	0.033	0.030	…	0.028
124	—		客户实际违约状态	0	…	1	0	…	1

上述是 T–0 年的第一次指标遴选过程及结果。同理，仿照 T–0 年第一次指标遴选的流程，最终 T–1 年、T–2 年、T–3 年、T–4 年、T–5 年经第一次指标筛选，从 204 个指标中分别遴选出 114 个、121 个、112 个、119 个、115 个指标，将第一次指标遴选结果，分别列入表 8.5 至表 8.9 的(c)列中。

表 8.5　上市公司“批发和零售行业”T–1 年基于偏相关系数的第一次指标筛选结果

(a)序号	(b)准则层		(c)指标	(d)训练样本 N_{train} 中客户指标标准化数据 x_{ij}			(e)测试样本 N_{test} 中客户指标标准化数据 x_{ij}		
				(1) 客户 1	…	(113) 客户 113	(114) 客户 114	…	(162) 客户 162
1	企业内部财务因素	偿债能力	X_1 资产负债率	0.773	…	0.613	0.903	…	0.603
…			…	…	…	…	…	…	…
25			X_{38} 每股权益合计	0.412	…	0.260	1.000	…	0.270
26		盈利能力	X_{39} 净资产收益率	0.472	…	0.126	0.556	…	0.000
…			…	…	…	…	…	…	…
49			X_{87} 归属于母公司普通股东的权益综合收益率	0.482	…	0.202	0.545	…	0.000
50		营运能力	X_{88} 流动资产/总资产	0.769	…	0.386	0.741	…	0.643
…			…	…	…	…	…	…	…
72			X_{114} 分配股利、利润或偿付利息支付的现金占筹资活动现金流出小计的比重	0.780	…	0.933	0.972	…	0.805

续表

(a)序号	(b)准则层		(c)指标	(d)训练样本 N_{train} 中客户指标标准化数据 x_{ij}			(e)测试样本 N_{test} 中客户指标标准化数据 x_{ij}		
				(1) 客户 1	…	(113) 客户 113	(114) 客户 114	…	(162) 客户 162
73	企业内部财务因素	成长能力	X_{116} 资产总计(相对年初增长率)	0.359	…	0.377	0.380	…	0.305
…			…	…	…	…	…	…	…
76			X_{136} 固定资产增长率	0.024	…	0.022	0.022	…	0.020
77	企业内部非财务因素	股权结构与业绩审计情况	X_{139} 是否为金融机构	0.000	…	0.000	0.000	…	0.000
…			…	…	…	…	…	…	…
82			X_{144} 派息比税前	0.104	…	0.000	0.395	…	0.000
83		高管基本情况	X_{147} 监事会持股比例	0.000	…	0.000	0.000	…	0.001
…			…	…	…	…	…	…	…
86			X_{150} 总经理是否领取薪酬	0.682	…	0.682	0.682	…	0.682
87		企业基本信用情况	X_{151} 缺陷类型	0.731	…	0.731	0.731	…	0.731
88		商业信誉	X_{152} 涉案总件数	0.878	…	0.878	0.878	…	0.878
89			X_{153} 违规类型	1.000	…	1.000	1.000	…	0.523
90		社会责任	X_{154} 每股社会贡献值	0.000	…	0.000	0.000	…	0.000
91	外部宏观环境		X_{160} 全国居民基尼系数	0.231	…	0.011	0.077	…	0.077
…			…	…	…	…	…	…	…
114			X_{204} 国内专利申请授权数增长率	0.025	…	0.037	0.033	…	0.034
115	—		客户实际违约状态	0	…	1	0	…	1

表 8.6　上市公司"批发和零售行业"T–2 年基于偏相关系数的第一次指标筛选结果

(a)序号	(b)准则层		(c)指标	(d)训练集 N_{train} 中客户指标标准化数据 x_{ij}			(e)测试集 N_{test} 中客户指标标准化数据 x_{ij}		
				(1) 客户 1	…	(113) 客户 113	(114) 客户 114	…	(162) 客户 162
1	企业内部财务因素	偿债能力	X_1 资产负债率	0.801	…	0.623	0.876	…	0.721
…			…	…	…	…	…	…	…
28			X_{38} 每股权益合计	0.410	…	0.257	1.000	…	0.434
29		盈利能力	X_{41} 净资产收益率	0.498	…	0.000	0.520	…	0.348
…			…	…	…	…	…	…	…
54			X_{86} 资产利润率	0.480	…	0.054	0.566	…	0.263
55		营运能力	X_{88} 流动资产/总资产	0.777	…	0.390	0.743	…	0.633
…			…	…	…	…	…	…	…
77			X_{114} 分配股利、利润或偿付利息支付的现金占筹资活动现金流出小计的比重	0.669	…	0.952	0.586	…	0.967
78		成长能力	X_{116} 资产总计(相对年初增长率)	0.324	…	0.237	0.380	…	0.322
…			…	…	…	…	…	…	…
84			X_{138} 可持续增长率	0.507	…	0.318	0.524	…	0.454

续表

(a)序号	(b)准则层		(c)指标	(d)训练集 N_{train} 中客户指标标准化数据 x_{ij}			(e)测试集 N_{test} 中客户指标标准化数据 x_{ij}		
				(1) 客户 1	…	(113) 客户 113	(114) 客户 114	…	(162) 客户 162
85	企业内部非财务因素	股权结构与业绩审计情况	X_{139} 是否为金融机构	0.000	…	0.000	0.000	…	0.000
…			…	…	…	…	…	…	…
90			X_{144} 派息比税前	0.157	…	0.000	0.395	…	0.000
91		高管基本情况	X_{147} 监事会持股比例	0.000	…	0.001	0.000	…	0.001
…			…	…	…	…	…	…	…
94			X_{150} 总经理是否领取薪酬	0.682	…	1.000	0.682	…	0.682
95		企业基本信用情况	X_{151} 缺陷类型	0.731	…	0.731	0.731	…	0.731
96		商业信誉	X_{152} 涉案总件数	0.878	…	0.878	0.878	…	0.878
97			X_{153} 违规类型	1.000	…	1.000	1.000	…	1.000
98		社会责任	X_{154} 每股社会贡献值	0.000	…	0.000	0.000	…	0.000
99			X_{155} 社会捐赠强度	0.000	…	0.000	0.000	…	0.000
100	外部宏观环境		X_{157} 分行业企业家信心指数	0.550	…	0.574	0.687	…	0.687
…			…	…	…	…	…	…	…
121			X_{204} 国内专利申请授权数长率	0.031	…	0.024	0.029	…	0.036
122	—		客户实际违约状态	0	…	1	0	…	1

表 8.7　上市公司“批发和零售行业” *T*–3 年基于偏相关系数的第一次指标筛选结果

(a)序号	(b)准则层		(c)指标	(d)训练集 N_{train} 中客户指标标准化数据 x_{ij}			(e)测试集 N_{test} 中客户指标标准化数据 x_{ij}		
				(1) 客户 1	…	(113) 客户 113	(114) 客户 114	…	(162) 客户 162
1	企业内部财务因素	偿债能力	X_1 资产负债率	0.779	…	0.692	0.899	…	0.742
…			…	…	…	…	…	…	…
26			X_{38} 每股权益合计	0.447	…	0.351	0.996	…	0.459
27		盈利能力	X_{39} 净资产收益率	0.506	…	0.461	0.506	…	0.463
…			…	…	…	…	…	…	…
52			X_{87} 归属于母公司普通股东的权益综合收益率	0.498	…	0.473	0.509	…	0.475
53		营运能力	X_{88} 流动资产/总资产	0.771	…	0.469	0.747	…	0.627
…			…	…	…	…	…	…	…
76			X_{114} 分配股利、利润或偿付利息支付的现金占筹资活动现金流出小计的比重	0.938	…	0.951	0.483	…	0.944
77		成长能力	X_{115} 每股净资产(相对年初增长率)	0.569	…	0.477	0.484	…	0.472
…			…	…	…	…	…	…	…
81			X_{136} 固定资产增长率	0.020	…	0.025	0.023	…	0.028
82	企业内部非财务因素	股权结构与业绩审计情况	X_{139} 是否为金融机构	1.000	…	0.000	0.000	…	0.000
…			…	…	…	…	…	…	…
86			X_{144} 派息比税前	0.263	…	0.000	0.858	…	0.000

续表

(a)序号	(b)准则层		(c)指标	(d)训练集 N_{train} 中客户指标标准化数据 x_{ij}			(e)测试集 N_{test} 中客户指标标准化数据 x_{ij}		
				(1) 客户 1	…	(113) 客户 113	(114) 客户 114	…	(162) 客户 162
87	企业内部非财务因素	高管基本情况	X_{147} 监事会持股比例	0.002	…	0.000	0.000	…	0.002
…			…	…	…	…	…	…	…
89			X_{150} 总经理是否领取薪酬	0.682	…	1.000	0.000	…	0.682
90		企业基本信用情况	X_{151} 缺陷类型	0.731	…	0.731	0.731	…	0.731
91		商业信誉	X_{152} 涉案总件数	0.878	…	0.878	0.878	…	0.878
92			X_{153} 违规类型	1.000	…	1.000	1.000	…	1.000
93		社会责任	X_{154} 每股社会贡献值	0.000	…	0.000	0.000	…	0.000
94			X_{155} 社会捐赠强度	0.000	…	0.000	0.000	…	0.000
95	外部宏观环境		X_{157} 分行业企业家信心指数	0.493	…	0.531	0.574	…	0.574
…			…	…	…	…	…	…	…
112			X_{204} 国内专利申请授权数增长率	0.030	…	0.026	0.028	…	0.026
113	—		客户实际违约状态	0	…	1	0	…	1

表 8.8　上市公司“批发和零售行业”T–4 年基于偏相关系数的第一次指标筛选结果

(a)序号	(b)准则层		(c)指标	(d)训练集 N_{train} 中客户指标标准化数据 x_{ij}			(e)测试集 N_{test} 中客户指标标准化数据 x_{ij}		
				(1) 客户 1	…	(113) 客户 113	(114) 客户 114	…	(162) 客户 162
1	企业内部财务因素	偿债能力	X_1 资产负债率	0.693	…	0.719	0.915	…	0.790
…			…	…	…	…	…	…	…
28			X_{38} 每股权益合计	0.346	…	0.335	0.936	…	0.477
29		盈利能力	X_{39} 净资产收益率	0.524	…	0.421	0.525	…	0.486
…			…	…	…	…	…	…	…
54			X_{86} 资产利润率	0.475	…	0.361	0.585	…	0.451
55		营运能力	X_{90} 有形资产/总资产	0.688	…	0.674	0.907	…	0.763
…			…	…	…	…	…	…	…
75			X_{114} 分配股利、利润或偿付利息支付的现金占筹资活动现金流出小计的比重	0.901	…	0.943	0.885	…	0.964
76		成长能力	X_{115} 每股净资产(相对年初增长率)	0.484	…	0.465	0.560	…	0.483
…			…	…	…	…	…	…	…
82			X_{136} 固定资产增长率	0.020	…	0.025	0.000	…	0.032
83	企业内部非财务因素	股权结构与业绩审计情况	X_{139} 是否为金融机构	1.000	…	0.000	0.000	…	0.000
…			…	…	…	…	…	…	…
88			X_{144} 派息比税前	0.131	…	0.000	0.528	…	0.263
89		高管基本情况	X_{147} 监事会持股比例	0.002	…	0.000	0.000	…	0.002
…			…	…	…	…	…	…	…
91			X_{150} 总经理是否领取薪酬	0.682	…	1.000	1.000	…	0.682

续表

(a)序号	(b)准则层		(c)指标	(d)训练集 N_{train} 中客户指标标准化数据 x_{ij}			(e)测试集 N_{test} 中客户指标标准化数据 x_{ij}		
				(1) 客户 1	…	(113) 客户 113	(114) 客户 114	…	(162) 客户 162
92	企业内部非财务因素	企业基本信用情况	X_{151} 缺陷类型	0.731	…	0.731	0.731	…	0.731
93		商业信誉	X_{153} 违规类型	1.000	…	1.000	1.000	…	1.000
94		社会责任	X_{154} 每股社会贡献值	0.000	…	0.000	0.000	…	0.000
95			X_{155} 社会捐赠强度	0.000	…	0.000	0.000	…	0.000
96	外部宏观环境		X_{156} 行业景气指数	0.581	…	0.789	0.768	…	0.768
…			…	…	…	…	…	…	…
119			X_{204} 国内专利申请授权数增长率	0.027	…	0.028	0.027	…	0.025
120	—		客户实际违约状态	0	…	1	0	…	1

表 8.9 上市公司“批发和零售行业”T–5 年基于偏相关系数的第一次指标筛选结果

(a)序号	(b)准则层		(c)指标	(d)训练集 N_{train} 中客户指标标准化数据 x_{ij}			(e)测试集 N_{test} 中客户指标标准化数据 x_{ij}		
				(1) 客户 1	…	(113) 客户 113	(114) 客户 114	…	(162) 客户 162
1	企业内部财务因素	偿债能力	X_1 资产负债率	0.688	…	0.767	0.831	…	0.808
…			…	…	…	…	…	…	…
28			X_{38} 每股权益合计	0.333	…	0.346	0.671	…	0.459
29		盈利能力	X_{39} 净资产收益率	0.520	…	0.461	0.559	…	0.495
…			…	…	…	…	…	…	…
57			X_{87} 归属于母公司普通股东的权益综合收益率	0.520	…	0.472	0.549	…	0.499
58		营运能力	X_{90} 有形资产/总资产	0.683	…	0.722	0.808	…	0.772
…			…	…	…	…	…	…	…
79			X_{114} 分配股利、利润或偿付利息支付的现金占筹资活动现金流出小计的比重	0.893	…	0.950	0.846	…	0.928
80		成长能力	X_{115} 每股净资产(相对年初增长率)	0.484	…	0.452	0.493	…	0.485
…			…	…	…	…	…	…	…
82			X_{121} 销售费用增长率	0.898	…	0.955	0.000	…	0.952
83	企业内部非财务因素	股权结构与业绩审计情况	X_{139} 是否为金融机构	1.000	…	1.000	1.000	…	0.000
…			…	…	…	…	…	…	…
88			X_{145} 派息比税后	0.112	…	0.056	0.000	…	0.000
89		高管基本情况	X_{147} 监事会持股比例	0.002	…	0.001	0.000	…	0.002
…			…	…	…	…	…	…	…
91			X_{150} 总经理是否领取薪酬	0.682	…	1.000	1.000	…	1.000
92		企业基本信用情况	X_{151} 缺陷类型	0.731	…	0.731	0.731	…	0.731
93		商业信誉	X_{153} 违规类型	1.000	…	1.000	1.000	…	1.000
94		社会责任	X_{154} 每股社会贡献值	0.000	…	0.000	0.000	…	0.000

续表

(a)序号	(b)准则层	(c)指标	(d)训练集 N_{train} 中客户指标标准化数据 x_{ij}			(e)测试集 N_{test} 中客户指标标准化数据 x_{ij}		
			(1) 客户 1	…	(113) 客户 113	(114) 客户 114	…	(162) 客户 162
95	外部宏观环境	X_{159} 中长期贷款基准利率	0.577	…	0.737	0.737	…	0.737
…		…	…	…	…	…	…	…
115		X_{204} 国内专利申请授权数增长率	0.026	…	0.024	0.031	…	0.029
116	—	客户实际违约状态	0	…	1	0	…	1

8.4.2　基于支持向量机向前搜索第二次筛选后的指标体系

1. 基于 T–0 时间窗口的上市公司“批发和零售行业”违约预测指标体系的构建

步骤 4：由 1 个指标构成的指标组合的确定。

由 1 个指标构成的第 1 个指标组合违约预测精度 $\text{G-mean}^1{}_1$ 的确定。根据上文表 8.4(d)列的上市公司“批发和零售行业”训练样本的 T–0 时间窗口下第一次遴选后的 123 个指标数据，从第一次遴选出的 123 个指标中选取第 1 个指标(即表 8.4(d)列第 1 行)，即将表 8.4(d)列第 1 行的指标数据和表 8.4(d)列第 124 行的违约状态，代入式(3.24)和式(3.25)求出线性支持向量机模型的指标权重和截距项参数。并将求解得到的参数代入式(3.26)得到线性支持向量机违约预测模型。将表 8.4(d)列第 1 行的全部 162 个公司指标数据，代入式(3.26)线性支持向量机违约预测模型计算出违约状态预测值 $\hat{y}_j(j=1, 2,\cdots, 162)$，将预测违约状态 $\hat{y}_j$ 与真实违约状态 y_j 进行比较后，代入式(3.55)计算违约预测几何平均精度，记为 $\text{G-mean}^1{}_1$。

同理，从第一次遴选出的 123 个指标中选取第 2 个指标(即表 8.4(d)列第 2 行)，可以得到第 2 个违约预测几何平均精度，记为 $\text{G-mean}^2{}_1$。第一次遴选共剩余 123 个指标，则可以得到 123 个违约预测几何平均精度，记为 $\text{G-mean}^k{}_1$ $(k=1, 2,\cdots, 123)$。在这 123 个违约预测几何平均精度中选取最大值 $\text{G-mean}^{k^*}{}_1=\max(\text{G-mean}^1{}_1, \text{G-mean}^2{}_1, \cdots, \text{G-mean}^{123}{}_1)$，最高几何平均精度 $\text{G-mean}^{k^*}{}_1$ 的上标 k^*表示第 k^*个指标组合，即由 1 个指标构成的精度最高的指标组合，将其纳入第二次指标遴选中的待选指标组合。将由 1 个指标构成的指标组合的最高几何平均精度 $\text{G-mean}^{k^*}{}_1$ 简化记为 G-mean_1。

步骤 5：由 2 个指标构成的指标组合的确定。

在步骤 4 选中的第 k^*个指标这一个指标后，剩余的 122 个指标中，选取一个指标，这里既可以选择剩余的 122 个指标中的第 1 个指标，也可以选择第 122 个指标，与步骤 4 选中的第 k^*个指标形成新的指标组合，因此可以形成 122 个新的由 2 个指标构成的指标组合。将这 122 个指标组合对应的样本数据分别代入式(3.24)和式(3.25)的支持向量机模型，并根据式(3.55)计算得到 122 个违约预测几何平均精度，记为 $\text{G-mean}^l{}_2$ $(l=1, 2, \cdots, 122)$。在这 122 个违约预测几何平均精度中选择最大值 $\text{G-mean}^{l^*}{}_2=\max(\text{G-mean}^1{}_2, \text{G-mean}^2{}_2, \cdots, \text{G-mean}^{122}{}_2)$，最高几何平均精度 $\text{G-mean}^{l^*}{}_2$ 的上标 l^*表示第 l^*个指标组合，即由 1 个指标构成的精度最高的指标组合，将其纳入第二次指标遴选中的待选指标组合。将由 2 个指标构成的指标组合的最高几何平均精度 $\text{G-mean}^{l^*}{}_2$ 简化记为 G-mean_2。

步骤 6：遴选最优的违约预测指标组合。

仿照上述步骤 4 至步骤 5，不断地从剩余的指标中依次选取一个指标纳入前一步筛选出的指标组合形成新的指标组合，使得在新的指标组合下，线性支持向量机模型根据式(3.55)所计算的违约预测几何平均精度最大，得到由 s 个指标构成的指标组合的最高违约预测精度 $\text{G-mean}_s(s=1, 2, \cdots, 123)$。令 $\text{G-mean}_{s^*=12}=\max(\text{G-mean}_1, \text{G-mean}_2, \cdots, \text{G-mean}_{123})$，则 $\text{G-mean}_{s^*=12}$ 即为最高几何平均精度的指标组合。最高几何平均精度 $\text{G-mean}_{s^*=12}$ 的下标 $s^*=12$ 表示由 12 个指标构成的第 12 个指标组合即为最优指标组合。

应该指出，在指标组合遴选过程中，由于每个指标有“选中”与“不选中”两种状态，123 个指标就有$(2^{123}-1)\approx1.06\times10^{37}$ 种指标组合可能性。遍历所有指标组合的预测精度，以几何平均精度最大为目标函数得到一个最优的指标组合，同时得到显著的大数据降维效果，指标维度降低幅度为90.24%(=1–12/123)。

表8.10是第二次指标组合筛选出的基于T–0时间窗口的上市公司违约预测指标。第1列是序号，第2列是准则层，第3列是指标名称，第4列是第3列指标对应的信用5C原则[6-7]。

表8.10 上市公司“批发和零售行业”T–0年基于支持向量机向前搜索的第二次指标筛选结果

(1)序号	(2)准则层		(3)指标	(4)信用5C原则[6-7]
1	企业内部财务因素	偿债能力	X_1资产负债率	能力
…			…	…
9			X_{23}其他应收款与流动资产比	能力
10		盈利能力	X_{70}权益乘数	资本
11		成长能力	X_{116}资产总计	资本
12	外部宏观环境	—	X_{176}广义货币供应量(M2)同比增长率	条件

从表8.10可以看出，遴选出的T–0时间窗口的指标体系能够部分反映信用5C原则[6-7]，包括资产负债率、其他应收款与流动资产比等9个财务指标反映企业能力；权益乘数(杜邦分析)、资产总计(相对年初增长率)等2个财务指标反映公司资本；广义货币供应量(M2)同比增长率这1个宏观指标反映企业的环境条件。

2. 基于其他时间窗口的上市公司“批发和零售行业”违约预测指标体系的构建

步骤7：构建其他时间窗口下的违约预测指标体系。仿照步骤4至步骤6，分别在表8.5至表8.9的上市公司在T–1年至T–5年的第一次指标遴选基础上进行第二次指标组合筛选，第二次指标组合遴选后，T–1年至T–5年5个时间窗口分别选出了16、14、19、15、17个指标，列入表8.11至表8.15的第3列。

表8.11 上市公司“批发和零售行业”T–1年基于支持向量机向前搜索的第二次指标筛选结果

(1)序号	(2)准则层		(3)指标	(4)信用5C原则
1	企业内部财务因素	偿债能力	X_1资产负债率	能力
…			…	…
11			X_{36}其他应付款占流动负债总额的比例	能力
12		盈利能力	X_{64}营业外收支净额/利润总额	资本
…			…	…
14			X_{70}权益乘数	资本
15	外部宏观环境	—	X_{176}广义货币供应量(M2)同比增长率	条件
16			X_{180}能源消费总量增长率	条件

表8.12 上市公司“批发和零售行业”T–2年基于支持向量机向前搜索的第二次指标筛选结果

(1)序号	(2)准则层		(3)指标	(4)信用5C原则
1	企业内部财务因素	偿债能力	X_1资产负债率	能力
…			…	…
9			X_{37}资本公积占所有者权益的比例	能力
10		盈利能力	X_{64}营业外收支净额/利润总额	资本
…			…	…
12			X_{70}权益乘数	资本
13	企业内部非财务因素	高管基本情况	X_{150}总经理是否领取薪酬	品质
14	外部宏观环境	—	X_{176}广义货币供应量(M2)同比增长率	条件

表 8.13　上市公司“批发和零售行业”*T*–3 年基于支持向量机向前搜索的第二次指标筛选结果

(1)序号	(2)准则层		(3)指标	(4)信用 5C 原则
1	企业内部财务因素	偿债能力	X_1 资产负债率	能力
…			…	…
11			X_{33} 在建工程比例	能力
12		盈利能力	X_{46} 成本费用利润率	资本
…			…	…
16			X_{70} 权益乘数	资本
17	外部宏观环境	—	X_{176} 广义货币供应量(M2)同比增长率	条件
18			X_{189} 货物周转量增长率	条件
19			X_{192} 入境旅游人数增长率	条件

表 8.14　上市公司“批发和零售行业”*T*–4 年基于支持向量机向前搜索的第二次指标筛选结果

(1)序号	(2)准则层		(3)指标	(4)信用 5C 原则
1	企业内部财务因素	偿债能力	X_1 资产负债率	能力
…			…	…
13			X_{21} 归属母公司股东的权益/带息债务	能力
14			X_{25} 息税折旧摊销前利润/负债合计	能力
15	外部宏观环境	—	X_{176} 广义货币供应量(M2)同比增长率	条件

表 8.15　上市公司“批发和零售行业”*T*–5 年基于支持向量机向前搜索的第二次指标筛选结果

(1)序号	(2)准则层		(3)指标	(4)信用 5C 原则
1	企业内部财务因素	偿债能力	X_1 资产负债率	能力
…			…	…
12			X_{20} 归属母公司股东的权益/负债合计	能力
13		盈利能力	X_{78} 经济增加值	资本
14		营运能力	X_{114} 分配股利、利润或偿付利息支付的现金占筹资活动现金流出小计的比重	能力
15		成长能力	X_{121} 销售费用增长率	资本
16	外部宏观环境	—	X_{176} 广义货币供应量(M2)同比增长率	条件
17			X_{191} 国内旅游收入增长率	条件

8.4.3　遴选出的最优指标体系统计汇总

由上文表 8.10 至表 8.15 可知，对于所有 162 家上市公司“批发和零售行业”样本，违约预测的最优指标组合为：由 204 个指标构成的$(2^{204}-1)\approx 2.57\times 10^{61}$个指标组合中，遴选出资产负债率、权益乘数、资产总计等 12 个指标，构成了 *T*–0 年几何平均精度最大的指标组合；遴选出资产负债率、其他应付款占流动负债总额的比例、广义货币供应量(M2)同比增长率等 16 个指标，构成了 *T*–1 年几何平均精度最大的指标组合；遴选出资产负债率、资本公积占所有者权益的比例、总经理是否领取薪酬等 14 个指标，构成了 *T*–2 年几何平均精度最大的指标组合；遴选出资产负债率、在建工程比例、入境旅游人数增长率等 19 个指标，构成了 *T*–3 年几何平均精度最大的指标组合；遴选出资产负债率、归属母公司股东的权益/带息债务、广义货币供应量(M2)同比增长率等 15 个指标，构成了 *T*–4 年几何平均精度最大的指标组合；遴选出资产负债率、归属母公司股东的权益/负债合计、销售费用增长率等 17 个指标，构成了 *T*–5 年几何平均精度最大的指标组合。

表 8.16 汇总了 $T\text{–}m$(m=0, 1, 2, 3, 4, 5)年最优指标组合中的指标，并统计了各个指标被选入最优指标组合的次数。表 8.16 中：第 1 列是序号；第 2 列是指标名称；第 3 列是指标在 $T\text{–}m$(m=0, 1, 2, 3, 4, 5)年被选中状态，“1”表示被选中，“0”表示未被选中；第 4 列是指标在 $T\text{–}m$(m=0, 1, 2, 3, 4, 5)年被选中的总次数，等于第 3 列的求和。

表 8.16　上市公司“批发和零售行业”$T\text{–}m$ 年最优指标组合汇总

(1)序号	(2)指标名称	(3)指标体系						(4)$T\text{–}m$ 年指标被选择的次数
		T–0	T–1	T–2	T–3	T–4	T–5	
1	X_1 资产负债率	1	1	1	1	1	1	6
…	…	…	…	…	…	…	…	…
4	X_4 长期资产适合率	1	1	1	1	1	1	6
…	…	…	…	…	…	…	…	…
7	X_7 流动负债权益比率	0	0	0	1	1	1	3
…	…	…	…	…	…	…	…	…
16	X_{18} 现金流量利息保障倍数	0	0	0	1	1	1	3
…	…	…	…	…	…	…	…	…
33	X_{70} 权益乘数	1	1	0	1	0	0	3
…	…	…	…	…	…	…	…	…
46	X_{176} 广义货币供应量(M2)同比增长率	1	1	1	1	1	1	6
47	X_{80} 能源消费总量增长率	0	1	0	0	0	0	1
48	X_{189} 货物周转量增长率	0	0	0	1	0	0	1
49	X_{191} 国内旅游收入增长率	0	0	0	0	0	1	1
50	X_{192} 入境旅游人数增长率	0	0	0	1	0	0	7
51	指标数量合计	12	16	15	19	15	17	94

根据表 8.16 第 2 列可知，对于所有 162 家上市公司批发与零售行业样本，违约预测的重要宏观指标为：狭义货币供应量(M1)同比增长率、广义货币供应量(M2)同比增长率、外商投资总额增长率等 8 个关键宏观指标，对上市公司“批发和零售行业”企业违约状态有显著影响。

根据表 8.16 第 3 列可知，长期资产适合率、权益乘数、资产负债率等 4 个指标存在于 T–0 年、T–1 年、T–2 年的最优指标组合中，说明这 4 个指标对公司未来 0~2 年的短期违约状态预测具有关键影响。流动负债权益比率、现金流量利息保障倍数、广义货币供应量(M2)同比增长率等 4 个指标存在于 T–3 年、T–4 年、T–5 年的最优指标组合中，说明这 4 个指标对公司未来 3~5 年的中期违约状态预测具有关键影响。

根据表 8.16 第 4 列可知，资产负债率、长期资产适合率、广义货币供应量(M2)同比增长率 3 个指标存在于 $T\text{–}m$(m=0, 1, 2, 3, 4, 5)年的最优指标组合中，说明这 3 个指标不论对于公司未来 0~2 年的短期违约状态预测，还是未来 3~5 年的中期违约状态预测，均有关键影响。

综上，对于上市公司批发和零售行业样本，长期资产适合率、权益乘数、资产负债率等 4 个指标对公司未来 0~2 年的短期违约状态预测具有关键影响。流动负债权益比率、现金流量利息保障倍数、广义货币供应量(M2)同比增长率等 4 个指标对公司未来 3~5 年的中期违约状态预测具有关键影响。资产负债率、长期资产适合率、广义货币供应量(M2)同比增长率这 3 个指标，不论对于公司未来 0~2 年的短期违约状态预测，还是未来 3~5 年的中期违约状态预测，均有关键影响。

8.5 批发和零售行业的违约预警模型的精度计算

上文 8.4 节中遴选出了最优指标组合。根据最优指标组合对应的训练样本数据，可分别构建如上文 3.2 节所述的 14 种大数据违约评价模型方案。根据上文表 8.3 第 1 行定义的训练样本 N_{train} 对应的表 8.10 至表 8.15 所示的 $T-m(m=0, 1, 2, 3, 4, 5)$时间窗口的训练样本指标数据，求解模型参数得到 14 种违约评价模型，并根据上文表 8.3 第 2 行定义的测试样本 N_{test} 的 $T-m(m=0, 1, 2, 3, 4, 5)$时间窗口分别计算 14 种大数据违约评价模型的精度结果。

其中，本书选取的模型违约预测精度评价标准有 5 个。分别是第二类错误、第一类错误、几何平均精度、总体预测精度和 AUC 值，精度定义如上文 3.3 节式(3.53)至式(3.56)所示。

以线性判别模型在 $T-1$ 时间窗口样本的训练和测试为例进行说明。

将表 8.11 第 3 列 16 个指标对应表 8.5(d)列 $T-1$ 时间窗口的经 SMOTE 扩充后的训练样本数据，代入式(3.64)的线性判别模型最优权重向量的目标函数，求解出线性判别模型中 16 个指标的权重向量，并代入式(3.62)和式(3.63)得到违约概率预测方程和违约状态预测方程。

线性判别模型在 $T-1$ 时间窗口样本的违约概率预测方程如下。

$$\hat{p}(T-1)=3.116\times X_1\text{资产负债率}+\cdots+2.782\times X_{117}\text{归属母公司股东的权益}-0.492\times X_{176}\text{广义货币供应量(M2)同比增长率}-2.109\times X_{204}\text{国内专利申请授权数增长率} \tag{8.1}$$

线性判别模型在 $T-1$ 时间窗口样本的违约状态预测方程如下：

$$\hat{y}_j(T+1)=\begin{cases}1, & \hat{p}_j(T)\geqslant 0.5\\ 0, & \hat{p}_j(T)<0.5\end{cases} \tag{8.2}$$

将表 8.11 第 3 列 16 个指标对应表 8.5(e)列 $T-1$ 时间窗口 49 个公司的测试样本数据，代入式(8.1)得到违约概率预测值 $\hat{p}_j$ $(j=1, 2,\cdots, 49)$，将违约概率预测值 $\hat{p}_j$ 代入式(8.2)得到违约状态预测值 $\hat{y}_j(j=1, 2,\cdots, 49)$。将违约状态预测值 $\hat{y}_j$ 与实际值 y_j 进行对比，可得如表 8.17 所示的混淆矩阵中 TP、TN、FP、FN 四个值。将表 8.17 所示的混淆矩阵中 TP、TN、FP、FN 四个值，代入式(3.53)，计算得到第二类错误 Type-II Error=FN/(TP+FN)=0/(2+0)=0。

表 8.17　违约预测混淆矩阵结果

客户的真实违约状态	客户的预测违约状态	
	(1)预测违约	(2)预测非违约
(1)真实违约	违约样本判对的个数 TP=2	违约样本判错的个数 FN=0
(2)真实非违约	非违约样本判错的个数 FP=5	非违约样本判对的个数 TN=42

表 8.18 是上市公司“批发和零售行业”$T-m(m=0, 1, 2, 3, 4, 5)$时间窗口的 14 种大数据违约评价模型方案的测试样本预测精度结果。以线性判别模型在 $T-1$ 时间窗口样本为例，将上文计算得到的第二类错误 Type-II Error=0，列入表 8.18 第 15 行第 4 列。同理，将表 8.17 所示的混淆矩阵中 TP、TN、FP、FN 四个值，分别代入式(3.54)至式(3.56)，将得到的精度结果分别列在表 8.18 第 15 行第 5~8 列。

表 8.18　上市公司“批发和零售行业”$T-m(m=0, 1, 2, 3, 4, 5)$时间窗口下模型预测精度结果

(1)序号	(2)时间窗口	(3)模型方案	(4)第二类错误	(5)第一类错误	(6)几何平均精度	(7)总体预测精度	(8)AUC 值
1	$T-0$	线性判别模型[8]	0.571	0.071	0.631	0.857	0.752
2		逻辑回归模型[9]	0.571	0.119	0.614	0.816	0.765
3		广义加性模型[10]	0.571	0.024	0.647	0.898	0.680
4		线性支持向量机模型[11]	0.571	0.095	0.623	0.837	0.803

续表

(1)序号	(2)时间窗口	(3)模型方案	(4)第二类错误	(5)第一类错误	(6)几何平均精度	(7)总体预测精度	(8)AUC 值
5	T–0	决策树模型[12-13]	0.714	0.071	0.515	0.837	0.806
6		BP 神经网络模型[14-15]	0.286	0.214	0.749	0.776	0.806
7		K 近邻模型[16-17]	0.714	0.167	0.488	0.755	0.560
8		多数投票线性判别模型[18]	0.571	0.095	0.623	0.837	0.769
9		多数投票逻辑回归模型[18]	0.571	0.119	0.614	0.816	0.779
10		多数投票广义加性模型[18]	0.714	0.190	0.481	0.735	0.653
11		多数投票线性支持向量机模型[19]	0.571	0.143	0.606	0.796	0.793
12		多数投票决策树模型[20]	0.714	0.048	0.522	0.857	0.759
13		多数投票 BP 神经网络模型[21]	0.714	0.095	0.508	0.816	0.813
14		多数投票 K 近邻模型[22]	0.714	0.143	0.495	0.776	0.633
15	T–1	线性判别模型[8]	0.000	0.071	0.964	0.939	0.980
16		逻辑回归模型[9]	0.429	0.071	0.728	0.878	0.956
17		广义加性模型[10]	0.000	0.262	0.859	0.776	0.966
18		线性支持向量机模型[11]	0.000	0.071	0.964	0.939	0.973
19		决策树模型[12,13]	0.429	0.024	0.747	0.918	0.753
20		BP 神经网络模型[14-15]	0.143	0.095	0.881	0.898	0.966
21		K 近邻模型[16-17]	0.143	0.071	0.892	0.918	0.893
22		多数投票线性判别模型[18]	0.000	0.071	0.964	0.939	0.980
23		多数投票逻辑回归模型[18]	0.286	0.048	0.825	0.918	0.973
24		多数投票广义加性模型[18]	0.000	0.333	0.817	0.714	0.976
25		多数投票线性支持向量机模型[19]	0.000	0.071	0.964	0.939	0.980
26		多数投票决策树模型[20]	0.429	0.000	0.756	0.939	0.925
27		多数投票 BP 神经网络模型[21]	0.000	0.095	0.951	0.918	0.973
28		多数投票 K 近邻模型[22]	0.000	0.071	0.964	0.939	0.971
29	T–2	线性判别模型[8]	0.000	0.000	1.000	1.000	1.000
30		逻辑回归模型[9]	0.143	0.000	0.926	0.980	0.864
31		广义加性模型[10]	0.000	0.000	1.000	1.000	1.000
32		线性支持向量机模型[11]	0.000	0.024	0.988	0.980	1.000
33		决策树模型[12-13]	0.286	0.024	0.835	0.939	0.946
34		BP 神经网络模型[14-15]	0.000	0.000	1.000	1.000	1.000
35		K 近邻模型[16-17]	0.286	0.000	0.845	0.959	0.857
36		多数投票线性判别模型[18]	0.000	0.000	1.000	1.000	1.000
37		多数投票逻辑回归模型[18]	0.143	0.071	0.892	0.918	0.969
38		多数投票广义加性模型[18]	0.143	0.000	0.926	0.980	1.000
39		多数投票线性支持向量机模型[19]	0.000	0.024	0.988	0.980	1.000
40		多数投票决策树模型[20]	0.286	0.024	0.835	0.939	0.990

续表

(1)序号	(2)时间窗口	(3)模型方案	(4)第二类错误	(5)第一类错误	(6)几何平均精度	(7)总体预测精度	(8)AUC 值
41	T–2	多数投票 BP 神经网络模型[21]	0.000	0.024	0.988	0.980	1.000
42		多数投票 K 近邻模型[22]	0.286	0.048	0.825	0.918	0.918
43	T–3	线性判别模型[8]	0.429	0.071	0.728	0.878	0.653
44		逻辑回归模型[9]	0.429	0.119	0.710	0.837	0.719
45		广义加性模型[10]	0.429	0.095	0.719	0.857	0.864
46		线性支持向量机模型[11]	0.429	0.095	0.719	0.857	0.690
47		决策树模型[12-13]	0.571	0.095	0.623	0.837	0.641
48		BP 神经网络模型[14-15]	0.429	0.071	0.728	0.878	0.701
49		K 近邻模型[16-17]	0.429	0.119	0.710	0.837	0.726
50		多数投票线性判别模型[18]	0.429	0.095	0.719	0.857	0.660
51		多数投票逻辑回归模型[18]	0.429	0.095	0.719	0.857	0.745
52		多数投票广义加性模型[18]	0.286	0.190	0.760	0.796	0.864
53		多数投票线性支持向量机模型[19]	0.429	0.095	0.719	0.857	0.714
54		多数投票决策树模型[20]	0.714	0.071	0.515	0.837	0.759
55		多数投票 BP 神经网络模型[21]	0.429	0.119	0.710	0.837	0.667
56		多数投票 K 近邻模型[22]	0.429	0.143	0.700	0.816	0.765
57	T–4	线性判别模型[8]	0.286	0.238	0.738	0.755	0.769
58		逻辑回归模型[9]	0.429	0.286	0.639	0.694	0.762
59		广义加性模型[10]	0.143	0.214	0.821	0.796	0.857
60		线性支持向量机模型[11]	0.429	0.238	0.660	0.735	0.752
61		决策树模型[12-13]	0.571	0.238	0.571	0.714	0.651
62		BP 神经网络模型[14-15]	0.429	0.310	0.628	0.673	0.738
63		K 近邻模型[16-17]	0.429	0.143	0.700	0.816	0.714
64		多数投票线性判别模型[18]	0.286	0.238	0.738	0.755	0.776
65		多数投票逻辑回归模型[18]	0.429	0.286	0.639	0.694	0.748
66		多数投票广义加性模型[18]	0.429	0.190	0.680	0.776	0.827
67		多数投票线性支持向量机模型[19]	0.429	0.190	0.680	0.776	0.731
68		多数投票决策树模型[20]	0.714	0.119	0.502	0.796	0.735
69		多数投票 BP 神经网络模型[21]	0.143	0.524	0.639	0.531	0.776
70		多数投票 K 近邻模型[22]	0.429	0.238	0.660	0.735	0.673
71	T–5	线性判别模型[8]	0.286	0.619	0.522	0.429	0.724
72		逻辑回归模型[9]	0.571	0.286	0.553	0.673	0.571
73		广义加性模型[10]	0.286	0.619	0.522	0.429	0.599
74		线性支持向量机模型[11]	0.286	0.619	0.522	0.429	0.690
75		决策树模型[12-13]	0.571	0.452	0.484	0.531	0.493
76		BP 神经网络模型[14-15]	0.286	0.595	0.538	0.449	0.599

续表

(1)序号	(2)时间窗口	(3)模型方案	(4)第二类错误	(5)第一类错误	(6)几何平均精度	(7)总体预测精度	(8)AUC 值
77	T–5	K 近邻模型[16-17]	0.429	0.548	0.508	0.469	0.512
78		多数投票线性判别模型[18]	0.286	0.619	0.522	0.429	0.690
79		多数投票逻辑回归模型[18]	0.429	0.286	0.639	0.694	0.680
80		多数投票广义加性模型[18]	0.286	0.571	0.553	0.469	0.629
81		多数投票线性支持向量机模型[19]	0.286	0.619	0.522	0.429	0.694
82		多数投票决策树模型[20]	0.429	0.500	0.535	0.510	0.527
83		多数投票 BP 神经网络模型[21]	0.143	0.619	0.571	0.449	0.622
84		多数投票 K 近邻模型[22]	0.286	0.548	0.568	0.490	0.582

以上是以线性判别模型在 T–1 时间窗口样本为例，说明了违约评价模型的精度计算过程。同理，可分别根据上文 3.2 节中的 14 种大数据违约评价模型的表达式，计算在上市公司“批发和零售行业”$T–m(m=0, 1, 2, 3, 4, 5)$测试样本上的精度结果，并将精度结果列入表 8.18 中。

由表 8.18 第 8 列 AUC 值可以看出，AUC 值基本都能达到 70%以上[23-24]，表明这 14 种模型在五年的时间窗口均能实现较好的模型预测效果，即模型有五年的预测能力。表 8.18 第 4 列的违约客户错判率第二类错误近一半都在 30%以下[25-26]，说明所构建的模型对公司违约具有较好的预测能力。

8.6 批发和零售行业的最优违约预警模型的对比分析

上市公司违约预警模型最优方案选择共有如下三个选择标准。

第一标准：模型违约预测精度越高，模型方案排名越靠前。

第二标准：模型可解释性越强，模型方案排名越靠前。

第三标准：模型复杂性越低，模型方案排名越靠前。

表 8.19 给出了 14 种模型方案基于上市公司“批发和零售行业”样本数据的三个标准排序结果。

表 8.19 上市公司“批发和零售行业”样本最优模型方案的选择

(1)序号	(2)模型方案	(3)标准一：分类精度排序平均值	(4)标准二：可解释性排序[27-28]	(5)标准三：复杂性排序[27, 29]	(6)三个标准的排序平均值
1	线性判别模型[8]	3.47	1	1	1.82
2	逻辑回归模型[9]	7.60	2	2	3.87
3	广义加性模型[10]	4.27	4	3	3.76
4	线性支持向量机模型[11]	4.63	10	4	6.21
5	决策树模型[12-13]	9.47	3	5	2.82
6	BP 神经网络模型[14-15]	6.03	11	7	8.01
7	K 近邻模型[16-17]	8.47	9	6	7.82
8	多数投票线性判别模型[18]	3.73	5	8	5.58
9	多数投票逻辑回归模型[18]	6.67	6	9	7.22
10	多数投票广义加性模型[18]	6.80	8	10	8.27
11	多数投票线性支持向量机模型[19]	4.77	13	11	9.59

续表

(1)序号	(2)模型方案	(3)标准一：分类精度排序平均值	(4)标准二：可解释性排序[27-28]	(5)标准三：复杂性排序[27, 29]	(6)三个标准的排序平均值
12	多数投票决策树模型[20]	7.97	7	12	8.99
13	多数投票 BP 神经网络模型[21]	6.37	14	14	11.46
14	多数投票 K 近邻模型[22]	8.00	12	13	11.00

表 8.19 第 2 列为 14 种模型方案的模型名称。

表 8.19 第 3 列为 14 种模型方案基于标准一预测精度的排序平均值，是基于表 8.18 中五个精度标准的排序平均值。排序平均值越小，表示模型的预测精度越高，即排序平均值为 3.47 的模型预测精度最高。

表 8.19 第 4 列为 14 种模型方案基于标准二可解释性的排序，是基于现有文献[27-28]对 14 种大数据模型可解释性的排序结果。排序的序号越小，表示模型的可解释性越强，即排序为“1”的模型方案可解释性最强。

表 8.19 第 5 列为 14 种模型方案基于标准三复杂性的排序，是基于现有文献[27, 29]对 14 种大数据模型复杂性的排序结果。排序的序号越小，表示模型的复杂性越低，即排序为“1”的模型方案复杂性最低。

表 8.19 第 6 列为 14 种模型方案三个标准的排序平均值，是第 3 列、第 4 列和第 5 列的平均值。三个标准的排序平均值越小，表示模型方案越能够同时兼顾精度、可解释性、复杂性这三个因素，越应该被选用，即排序最小的模型方案是最优模型方案。

根据最优方案的三个选择标准，结合表 8.19 第 6 列的排序平均值可以得出，线性判别模型的排序平均值最小。因此，上市公司“批发和零售行业”样本的最优模型方案是线性判别模型。

8.7　批发和零售行业的最优违约预警模型

由 8.6 节可知，上市公司“批发和零售行业”样本的最优模型方案是线性判别模型。

设：$\hat{p}_j(T-m)$ 为第 j 个上市公司 T–m 年预测的违约概率。则根据 8.5 节中求解的上市公司“批发和零售行业”样本对应的 T–m(m=0,1, 2, 3, 4, 5)线性判别模型评价方程如下。

上市公司“批发和零售行业”样本的 T–0 违约判别模型，如式(8.3)所示：

$$\begin{aligned}\hat{p}(T-0) =& 3.295\times X_1\text{资产负债率}+0.598\times X_4\text{长期资产适合率}+\cdots+4.099\\ &\times X_{149}\text{管理层持股比例}+2.467\times X_{153}\text{违规类型}+0.202\\ &\times X_{176}\text{广义货币供应量(M2)同比增长率}+4.195\times X_{186}\text{国际投资净头寸增长率}\end{aligned} \tag{8.3}$$

上市公司“批发和零售行业”的提前 1 年违约预警模型，如式(8.4)所示：

$$\begin{aligned}\hat{p}(T-1) =& 3.116\times X_1\text{资产负债率}+\cdots+2.382\times X_{117}\text{归属母公司股东的权益}-0.492\\ &\times X_{176}\text{广义货币供应量(M2)同比增长率}-2.109\times X_{204}\text{国内专利申请授权数增长率}\end{aligned} \tag{8.4}$$

上市公司“批发和零售行业”的提前 2 年违约预警模型，如式(8.5)所示：

$$\begin{aligned}\hat{p}(T-2) =& 5.329\times X_1\text{资产负债率}+\cdots+6.972\times X_{143}\text{审计意见类型}+3.434\\ &\times X_{148}\text{高管持股比例}+1.925\times X_{176}\text{广义货币供应量(M2)同比增长率}\end{aligned} \tag{8.5}$$

上市公司“批发和零售行业”的提前 3 年违约预警模型，如式(8.6)所示：

$$\begin{aligned}\hat{p}(T-3) =& 3.076\times X_1\text{资产负债率}+\cdots+4.589\times X_{141}\text{业绩预告次数}+1.906\\ &\times X_{176}\text{广义货币供应量(M2)同比增长率}\end{aligned} \tag{8.6}$$

上市公司“批发和零售行业”的提前 4 年违约预警模型，如式(8.7)所示：

$$\begin{aligned}\hat{p}(T-4) =& -3.06\times X_1\text{资产负债率}+\cdots+8.311\times X_{143}\text{审计意见类型}+\cdots+2.348\\ &\times X_{176}\text{广义货币供应量(M2)同比增长率}+\cdots-2.333\times X_{190}\text{货物运输量增长率}\end{aligned} \tag{8.7}$$

上市公司"批发和零售行业"的提前 5 年违约预警模型，如式(8.8)所示：

$$\hat{p}(T-5)=0.867\times X_1\text{资产负债率}+\cdots+1.217\times X_{176}\text{广义货币供应量(M2)同比增长率}+\cdots$$
$$+30.339\times X_{204}\text{国内专利申请授权数增长率} \tag{8.8}$$

以上构建的模型式(8.3)至式(8.8)是通过第 $T-m$ 年的指标数据与 T 年违约状态训练得到的提前 m 年违约预警的评价方程，以达到根据第 T 年的指标数据，预测公司第 $T+m$ 年违约状态的目的。应该指出，这里的第 $T-m$ 年的指标数据不是仅包含某一年(如 2008 年)的指标截面数据，而是包含了不同年份(如 2008 年、2014 年等)平移后的指标截面数据。

第 j 个上市公司"批发和零售行业"第 $T+m$ 年违约状态预测值 $\hat{y}_j(T+m)$的表达式如下：

$$\hat{y}_j(T+m)=\begin{cases}1, & \hat{p}_j(T)\geqslant 0.5\\0, & \hat{p}_j(T)<0.5\end{cases} \tag{8.9}$$

8.8 批发和零售行业的违约概率和信用得分的确定

由 8.7 节可知，最优模型方案为线性判别模型，共构建了 $T+m(m=0, 1, 2, 3, 4, 5)$共 6 个违约判别或预测模型表达式，如上文式(8.3)至(8.8)所示。

将表 8.10 第 3 列 $T-0$ 年最优指标体系对应的 2000~2018 年这 19 年上市公司"批发和零售行业"样本数据，代入式(8.3)，得到上市公司"批发和零售行业"第 $T+0$ 年的违约概率判别值，列入表 8.20 第 3 列。

表 8.20 上市公司"批发和零售行业"2000~2018 年这 19 年最优模型方案线性判别的预测结果

(1)序号	(2)证券序号	(a)$T+0$		(b)$T+1$		(c)$T+2$		(d)$T+3$		(e)$T+4$		(f)$T+5$	
		(3)违约概率 p_j	(4)信用得分 S_j	(5)违约概率 p_j	(6)信用得分 S_j	(7)违约概率 p_j	(8)信用得分 S_j	(9)违约概率 p_j	(10)信用得分 S_j	(11)违约概率 p_j	(12)信用得分 S_j	(13)违约概率 p_j	(14)信用得分 S_j
1	2018-000025	0.0086	99.14	0.7327	26.73	0.0001	99.99	0.1380	86.20	0.3176	68.24	0.9676	3.24
2	2018-000026	0.0095	99.05	0.0004	99.96	0.0001	99.99	0.1126	88.74	0.2673	73.27	0.9659	3.41
3	2018-000028	0.0161	98.39	0.0004	99.96	0.0002	99.98	0.1346	86.54	0.2142	78.58	0.9901	0.99
…	…	…	…	…	…	…	…	…	…	…	…	…	…
2630	2000-600861	0.0238	97.62	0.0001	99.99	0.0001	99.99	0.0001	99.99	0.0325	96.75	0.0299	97.01
2631	2000-600865	0.6809	31.91	0.0050	99.50	0.0002	99.98	0.0141	98.59	0.9538	4.62	0.0789	92.11
2632	2000-601607	0.1769	82.31	0.1016	89.84	0.0017	99.83	0.0105	98.95	0.7192	28.08	0.0029	99.71

如表 8.20 第 1 行所示，证券序号"2018-000025"表示 2018 年序号为"000025"上市公司。第 1 行第 3 列表示"000025"上市公司在 2018 年的违约概率判别值 p_j=0.0086，将违约概率判别值 p_j=0.0086 代入上文式(3.3)的信用得分表达式，得到"000025"上市公司 2018 年信用得分 $S_j=(1-p_j)\times100=(1-0.0086)\times100=99.14$，列入表 8.20 第 1 行第 4 列。

同理，对于表 8.11 至表 8.15 的 $T-m(m=1, 2, 3, 4, 5)$年的最优指标体系的数据，代入式(8.4)至式(8.8)，可分别计算 $T+m(m=1, 2, 3, 4, 5)$年的上市公司违约概率值 p_j 和信用得分值 S_j，将预测结果列入表 8.20 第 5~14 列。

由此得到表 8.20 所示的 2000~2018 年这 19 年中国上市公司"批发和零售行业"最优模型方案线性判别模型的 $T+m(m=0, 1, 2, 3, 4, 5)$违约概率与信用得分结果。

表 8.21 是中国上市公司"批发和零售行业"2000~2023 年这 24 年的违约概率和信用得分结果。

表 8.21　上市公司"批发和零售行业"2000~2023 年这 24 年的最优模型线性判别信用得分结果

(1)序号	(2)证券代码	(3)年份	(4)行业	(5)省区市	(6)所有制	(7)违约概率 $p_{j(T+m)}$	(8)信用得分 $S_{j(T+m)}$
1	000025.SZ	2000	批发和零售行业	广东省	地方国有企业	0.7371	26.29
2	000026.SZ	2000	批发和零售行业	广东省	中央国有企业	0.0172	98.28
3	000028.SZ	2000	批发和零售行业	广东省	中央国有企业	0.0049	99.51
…	…	…	…	…	…	…	…
2 630	603883.SH	2018	批发和零售行业	湖南省	民营企业	0.0234	97.66
2 631	603900.SH	2018	批发和零售行业	江苏省	民营企业	0.0046	99.54
2 632	603939.SH	2018	批发和零售行业	湖南省	民营企业	0.0048	99.52
…	…	…	…	…	…	…	…
5 264	000025.SZ	2020	批发和零售行业	广东省	地方国有企业	0.0001	99.99
5 265	000026.SZ	2020	批发和零售行业	广东省	中央国有企业	0.0001	99.99
5 266	000028.SZ	2020	批发和零售行业	广东省	中央国有企业	0.0002	99.98
…	…	…	…	…	…	…	…
7 896	000025.SZ	2021	批发和零售行业	广东省	地方国有企业	0.1380	86.20
7 897	000026.SZ	2021	批发和零售行业	广东省	中央国有企业	0.1126	88.74
7 898	000028.SZ	2021	批发和零售行业	广东省	中央国有企业	0.1346	86.54
…	…	…	…	…	…	…	…
10 528	000025.SZ	2022	批发和零售行业	广东省	地方国有企业	0.3276	67.24
10 529	000026.SZ	2022	批发和零售行业	广东省	中央国有企业	0.2673	73.27
10 530	000028.SZ	2022	批发和零售行业	广东省	中央国有企业	0.2142	78.58
…	…	…	…	…	…	…	…
13 158	603883.SH	2023	批发和零售行业	湖南省	民营企业	0.9659	3.41
13 159	603900.SH	2023	批发和零售行业	江苏省	民营企业	0.9901	0.99
13 160	603939.SH	2023	批发和零售行业	湖南省	民营企业	0.9848	1.52

表 8.21 中，第 1~2632 行是 2000~2018 年这 19 年公司数据按式(8.3)计算的 T+0 判别的信用得分结果。第 2633~13 160 行是根据 2018 年的公司数据，分别按上文式(8.4)至(8.8)预测的 T+1~T+5 信用得分结果。

将表 8.10 第 3 列 T–0 年最优指标体系对应的 2000~2018 年这 19 年 2632 家上市公司"批发和零售行业"的数据，代入上文式(8.3)，得到上市公司第 T+0 年的违约概率判别值 $p_{j(T+0)}$，列入表 8.21 第 7 列第 1~2632 行。并将违约概率判别值 $p_{j(T+0)}$代入上文式(3.3)的信用得分表达式得到信用得分 $S_{j(T+0)}$，列入表 8.21 第 8 列第 1~2632 行。

将表 8.11 第 3 列 T–1 年最优指标体系对应的 2018 年 161 家上市公司"批发和零售行业"，代入上文式(8.4)，得到上市公司第 T+1 年的违约概率预测值 $p_{j(T+1)}$，并将违约概率预测值 $p_{j(T+1)}$代入上文式(3.7)的信用得分表达式得到 2019 年信用得分预测值 $S_{j(T+1)}$，列入表 8.21 第 8 列第 2633~5263 行。同理，可根据式(8.5)至式(8.8)预测 2020~2023 年这四年的信用得分 $S_{j(T+m)}$，并将结果列入表 8.21 第 8 列第 5264~13 160 行。

8.9　批发和零售行业的信用等级划分

以 T+0 年的信用等级划分为例进行说明。

将表 8.20 第 4 列的 T+0 年信用得分 S_j 按降序排列，结果对应列入表 8.22 第 3 列。表 8.22 第 4 列违约概率 p_j 来自表 8.20 第 3 列。表 8.22 第 5 列负债总额数据来源于 Wind 数据库。表 8.22 第 6 列应收未收本息数据等于表 8.22 第 4 列和第 5 列的乘积。表 8.22 第 7 列应收本息数据等于表 8.22 第 5 列。

表 8.22 上市公司“批发和零售行业”样本最优模型方案线性判别的 T+0 年信用等级划分数据

(1)序号	(2)证券序号	(3)信用得分 S_j	(4)违约概率 p_j	(5)负债总额 D_j/元	(6)应收未收本息 L_j/元	(7)应收本息 R_j/元
1	2000-000996	100.00	0.00	70 772 707.47	0.00	70 772 707.47
2	2010-002356	100.00	0.00	264 624 196.30	0.00	264 624 196.30
3	2011-002640	100.00	0.00	169 582 179.20	0.00	169 582 179.20
…	…	…	…	…	…	…
2 287	2018-000679	17.89	0.82	4 554 939 941.00	3 735 050 751.62	4 554 939 941.00
…	…	…	…	…	…	…
2 630	2016-600753	0.00	1.00	63 628 094.85	63 628 094.85	63 628 094.85
2 631	2008-600180	0.00	1.00	311 349 274.20	311 349 274.20	311 349 274.20
2 632	2007-300131	0.00	1.00	31 411 773.26	31 411 773.26	31 411 773.26

依据上文 3.4.2 节的信用等级划分模型，将表 8.22 第 6~7 列的应收未收本息 L_j、应收本息 R_j 数据代入上文式(3.68)至式(3.71)的信用等级划分模型，根据迟国泰教授科研创新团队的发明专利“信用等级越高，违约损失率越低”的违约金字塔原理[30]，得到的评级结果如表 8.23 第 3~5 列所示。

表 8.23 上市公司“批发和零售行业”最优模型方案线性判别的 T+0 年信用等级划分结果

(1)序号	(2)等级	(3)信用得分区间	(4)样本数	(5)违约损失率/%	(6)信用度
1	AAA	$17.89 \leqslant S \leqslant 100$	2287	11.39	特优
…	…	…	…	…	…
4	BBB	$6.58 \leqslant S < 8.04$	17	92.71	较好
…	…	…	…	…	…
7	CCC	$0.005 \leqslant S < 0.008$	11	99.99	差
…	…	…	…	…	…
9	C	$0 \leqslant S < 0.004$	80	100.00	极差

根据表 8.23 第 4 列可知，T+0 年 AAA 级公司样本数为 2287 个，即 AAA 级公司为按照信用得分降序排列后的第 1~2287 个公司。由表 8.22 第 3 列可知，第 2287 行证券序号“2018-000679”公司对应的信用得分为 17.89，故 AAA 级公司的信用得分区间为 $17.89 \leqslant S \leqslant 100$，列入表 8.23 第 3 列第 1 行，即 T+0 年信用得分落在区间 $17.89 \leqslant S \leqslant 100$ 的公司均为 AAA 级公司。同理，可得 AA、A 等其余 8 个等级划分结果，对应列入表 8.23 第 2~9 行。由信用等级 AAA、AA、A、BBB、BB、B、CCC、CC、C 依次对应特优、优、良、较好、一般、较差、差、很差、极差的信用度，列入表 8.23 第 6 列。

以上是上市公司“批发和零售行业”样本最优模型方案线性判别的 T+0 年信用等级划分结果。同理，可分别得到 $T+m(m=1, 2, 3, 4, 5)$年的上市公司“批发和零售行业”的信用等级划分结果，如表 8.24 至表 8.28 所示。

表 8.24 上市公司“批发和零售行业”最优模型方案线性判别的 T+1 年信用等级划分结果

(1)序号	(2)等级	(3)信用得分区间	(4)样本数	(5)违约损失率/%	(6)信用度
1	AAA	$49.991 \leqslant S \leqslant 100$	2078	2.51	特优
…	…	…	…	…	…
4	BBB	$18.889 \leqslant S < 20.075$	4	80.52	较好
…	…	…	…	…	…

续表

(1)序号	(2)等级	(3)信用得分区间	(4)样本数	(5)违约损失率/%	(6)信用度
7	CCC	$0.005 \leqslant S < 0.012$	13	99.99	差
…	…	…	…	…	…
9	C	$0 \leqslant S < 0.001$	24	100.00	极差

表 8.25　上市公司“批发和零售行业”最优模型方案线性判别的 T+2 年信用等级划分结果

(1)序号	(2)等级	(3)信用得分区间	(4)样本数	(5)违约损失率/%	(6)信用度
1	AAA	$49.595 \leqslant S \leqslant 100$	2072	1.04	特优
…	…	…	…	…	…
4	BBB	$6.748 \leqslant S < 20.565$	56	85.37	较好
…	…	…	…	…	…
7	CCC	$1.979 \leqslant S < 2.122$	2	97.95	差
…	…	…	…	…	…
9	C	$0 \leqslant S < 0.099$	101	99.98	极差

表 8.26　上市公司“批发和零售行业”最优模型方案线性判别的 T+3 年信用等级划分结果

(1)序号	(2)等级	(3)信用得分区间	(4)样本数	(5)违约损失率/%	(6)信用度
1	AAA	$49.645 \leqslant S \leqslant 100$	1940	8.88	特优
…	…	…	…	…	…
4	BBB	$22.459 \leqslant S < 24.3$	12	76.68	较好
…	…	…	…	…	…
7	CCC	$0.011 \leqslant S < 0.18$	64	99.92	差
…	…	…	…	…	…
9	C	$0 \leqslant S < 0.001$	56	100.00	极差

表 8.27　上市公司“批发和零售行业”最优模型方案线性判别的 T+4 年信用等级划分结果

(1)序号	(2)等级	(3)信用得分区间	(4)样本数	(5)违约损失率/%	(6)信用度
1	AAA	$47.003 \leqslant S \leqslant 100$	1580	14.33	特优
…	…	…	…	…	…
4	BBB	$0.033 \leqslant S < 0.321$	50	99.84	较好
…	…	…	…	…	…
7	CCC	$0.002 \leqslant S < 0.009$	8	100.00	差
…	…	…	…	…	…
9	C	$0 \leqslant S < 0.002$	43	100.00	极差

表 8.28　上市公司“批发和零售行业”最优模型方案线性判别的 T+5 年信用等级划分结果

(1)序号	(2)等级	(3)信用得分区间	(4)样本数	(5)违约损失率/%	(6)信用度
1	AAA	$49.999 \leqslant S \leqslant 100$	940	3.31	特优
…	…	…	…	…	…

续表

(1)序号	(2)等级	(3)信用得分区间	(4)样本数	(5)违约损失率/%	(6)信用度
4	BBB	$7.441 \leqslant S < 19.88$	12	81.42	较好
…	…	…	…	…	…
7	CCC	$0.028 \leqslant S < 2.429$	1184	99.25	差
…	…	…	…	…	…
9	C	$0 \leqslant S < 0.005$	4	100.00	极差

8.10 批发和零售行业的信用特征分析

8.10.1 地区的信用特征分析

为检验不同地区的信用得分是否存在显著差异。本书根据表 8.21 第 5 列的 27 个省区市(港澳台除外，包括批发和零售行业的仅有 27 个省区市)和第 8 列的信用得分，统计出 27 个省区市的信用得分平均值、最大值、最小值、标准差、中位数和样本数量，列在表 8.29 的第 3~8 列。

表 8.29 上市公司“批发和零售行业”的省区市信用特征描述表

(1)序号	(2)省区市	(3)信用得分平均值	(4)信用得分最大值	(5)信用得分最小值	(6)信用得分标准差	(7)信用得分中位数	(8)样本数量
1	重庆市	72.84	100.00	3.59	21.02	74.59	36
2	北京市	67.33	100.00	0.00	25.21	72.75	275
3	河北省	66.63	100.00	0.26	26.85	63.01	34
…	…	…	…	…	…	…	…
9	湖北省	62.56	100.00	0.00	25.29	64.99	189
10	黑龙江省	62.06	99.21	0.00	20.21	64.54	48
11	甘肃省	62.00	99.70	0.00	30.72	66.88	37
…	…	…	…	…	…	…	…
17	浙江省	56.65	99.66	0.00	25.63	59.90	293
18	广西壮族自治区	56.06	100.00	0.00	26.24	57.68	37
19	四川省	54.18	100.00	0.00	30.45	52.75	57
…	…	…	…	…	…	…	…
25	江西省	46.67	97.65	0.00	20.39	42.53	24
26	天津市	36.39	97.56	0.00	23.00	35.66	96
27	河南省	35.35	83.10	0.00	22.45	34.68	24

其中，表 8.29 第 8 列的样本数量是 2000~2023 年这 24 年的“批发和零售行业”上市公司总数，这里的总数包括相同企业不同年份的重复计数。例如，同一个企业 2000~2023 年这 24 年，则数量记为 24，其他企业的统计同理。

同时，为检验两两地区之间的信用得分是否存在显著差异，本书采用曼-惠特尼 U 检验[31]来进行显著性水平检验。以河北省与浙江省为例，根据表 8.29 第 1 列第 3 行、第 17 行的序号排序和第 8 列第 3 行、第 17 行的公司数量，计算得到曼-惠特尼 U 检验统计量为 3957.00，列入表 8.30 第 1 行第 3 列。通过查曼-惠特尼 U 检验统计量的显著性水平表，将对应的 p 值 0.025 列入表 8.30 第 1 行第 4 列。同理，将其他任意两个省区市的曼-惠特尼 U 检验结果列在表 8.30 第 2~351 行。

表 8.30　上市公司“批发和零售行业”的省区市之间信用得分的差异性检验

(1)序号	(2)省区市两两比较	(3)曼-惠特尼 U 检验统计量值	(4)p 值
1	河北省与浙江省	3957.00**	0.025
2	河北省与四川省	746.00**	0.033
3	河北省与广西壮族自治区	515.50*	0.097
…	…	…	…
349	天津市与安徽省	1506.00***	0.000
350	天津市与新疆维吾尔自治区	2480.00***	0.000
351	天津市与山西省	1088.00***	0.000

***、**、*分别表示在 99%、95%、90%的置信水平下显著

表 8.29 和表 8.30 的实证结果表明，中国上市公司“批发和零售行业”的行业特征为重庆市、北京市、河北省等 10 个省区市的信用资质最高，浙江省、广西壮族自治区、四川省等 9 个省区市的信用资质居中，江西省、天津市、河南省等 8 个省区市的信用资质最低。并且，任意两个地区间的信用资质经曼-惠特尼 U 检验均存在显著差异。

根据上市公司“批发和零售行业”的 27 个省区市地理区域分布统计可知，信用得分高于 61 的信用资质较好的省区市基本分布在中部地区。信用得分介于 54 和 61 之间的信用资质居中的省区市基本分布在西部及部分东部沿海地区。信用得分低于 54 的信用资质较差的省区市基本分布在东部地区和东北地区。

造成省区市信用特征分布差异的原因可能是，相比于东部沿海、东北地区，我国中南部地区的公司融资渠道和投资机会更多，从而公司的资金运营能力和盈利能力更强，信用资质也就更好。

8.10.2　公司所有制信用特征分析

公司所有制属性的信用特征分布是一个值得研究的话题，现有文献[32]认为相比于中国非国有企业，国有企业拥有更高的平均收益率和更有竞争力的其他优势。本书根据大股东和实际控制人将上市企业的所有制属性分为 7 类，分别是中央国有企业、地方国有企业、民营企业、集体企业、公众企业、外资企业和由协会等实际控股的其他所有制企业。上市公司“批发和零售行业”的 7 个所有制属性，如表 8.31 第 2 列所示。

表 8.31　上市公司“批发和零售行业”的企业所有制属性信用特征描述表

(1)序号	(2)所有制属性	(3)信用得分平均值	(4)信用得分最大值	(5)信用得分最小值	(6)信用得分标准差	(7)信用得分中位数	(8)样本数量
1	民营企业	62.45	100.00	0.00	27.25	66.57	1426
2	外资企业	60.48	100.00	0.00	33.01	69.90	77
3	集体企业	56.97	98.83	0.00	27.94	56.58	30
4	公众企业	56.18	99.95	0.00	28.51	55.28	89
5	中央国有企业	55.58	99.95	0.00	27.66	60.85	361
6	地方国有企业	55.16	99.95	0.00	25.80	58.45	1335
7	其他所有制企业	51.88	99.45	0.00	24.94	55.21	119

本书根据表 8.21 第 6 列的 7 个所有制属性和第 8 列的信用得分，统计出 7 个所有制属性的信用得分平均值、最大值、最小值、标准差、中位数等，列在表 8.31 的第 3~8 列。

其中，表 8.31 第 8 列的样本数量是 2000~2023 年这 24 年的“批发和零售行业”上市公司总数，这里的总数包括相同企业不同年份的重复计数。例如，同一个企业 2000~2023 年这 24 年，数量记为 24，其他企业的统计同理。

同时，为检验两两地区之间的信用得分是否存在显著差异，本书采用曼-惠特尼 U 检验[31]来进行显著性水平检验。以外资企业与中央国有企业为例，根据表 8.31 第 1 列第 2 行、第 5 行的序号排序和第 8 列第 2 行、第 5 行的公司数量，计算得到曼-惠特尼 U 检验统计量 12 153.00，列入表 8.32 第 1 行第 3 列。通过查曼-惠特尼 U 检验统计量的显著性水平表，将对应的 p 值 0.042 列入表 8.32 第 1 行第 4 列。同理，将其他任意两个所有制属性的曼-惠特尼 U 检验结果列在表 8.32 第 2~21 行。

表 8.32 上市公司“批发和零售行业”的所有制之间信用得分的差异性检验

(1)序号	(2)企业所有制两两比较	(3)曼-惠特尼 U 检验统计量值	(4)p 值
1	中央国有企业与外资企业	12 153.00**	0.042
2	中央国有企业与民营企业	218 824.00***	0.000
3	中央国有企业与其他所有制企业	19 619.00*	0.078
…	…	…	…
20	民营企业与公众企业	16 297 653.00***	0.000
21	地方国有企业与公众企业	4 540 342.00***	0.000

***、**、*分别表示在 99%、95%、90%的置信水平下显著

表 8.31 和表 8.32 的实证结果表明，中国上市公司“批发和零售行业”的公司所有制的属性信用特征为民营企业和外资企业两个所有制类型的信用资质最高，集体企业、公众企业和中央国有企业等三个所有制类型的信用资质次之，地方国有企业和其他所有制企业两个所有制类型的信用资质最低。并且，任意两类所有制企业的信用资质存在显著差异。

造成所有制属性信用特征分布差异的原因可能是：民营企业可能因为其市场化程度高、经营灵活、社会负担轻等优势，信用资质相对较好。国有企业经营管理方面以平稳发展为主，信用资质居中。而地方国有企业可能由于追求快速发展，风险性投资较多，从而信用资质不佳。

8.11 批发和零售行业的信用指数构建

表 8.33 第 5~7 列的上市公司“批发和零售业”公司的“资产总额 A_j”“负债总额 L_j”“资产总额加负债总额(A_j+L_j)”数据，是在 Wind 数据库查询得到的。表 8.33 第 8 列信用得分 $S_{j(T+m)}$来自上文表 8.21 的第 8 列。其中，对于 2000~2018 年这 19 年已有指标数据的公司，用的是 m=0 时刻判别的信用得分 $S_{j(T+0)}$；对于 2019~2023 年这 5 年没有指标数据的公司，用的是 m=1, 2, 3, 4, 5 时刻预测的信用得分 $S_{j(T+m)}$。

表 8.33 上市公司“批发和零售行业”样本的负债总额、资产总额、资产总额加负债总额和信用得分结果

(1)序号	(2)证券代码	(3)证券简称	(4)年份	(5)负债总额 L_j/元	(6)资产总额 A_j/元	(7)资产总额加负债总额(A_j+L_j)/元	(8)信用得分 $S_{j(T+m)}$
1	000025.SZ	特力 A	2000	667 874 791.70	766 478 943.80	1 434 353 735.50	26.29
2	000026.SZ	飞亚达 A	2000	179 945 361.30	781 982 535.20	961 927 896.50	98.28
3	000028.SZ	国药一致	2000	85 826 814.66	490 886 574.50	576 713 389.16	99.51
…	…	…	…	…	…	…	…
104	601607.SH	上海医药	2000	3 535 292 561.00	2 549 988 801.00	6 085 281 362.00	2.45
105	000025.SZ	特力 A	2001	1 368 433 165.00	1 078 311 253.00	2 446 744 418.00	0.37
…	…	…	…	…	…	…	…
2 633	000025.SZ	特力 A	2019	1 658 295 531.00	559 013 315.10	2 217 308 846.10	26.73
2 634	000026.SZ	飞亚达 A	2019	3 599 691 650.00	1 029 551 086.00	4 629 242 736.00	99.96

续表

(1)序号	(2)证券代码	(3)证券简称	(4)年份	(5)负债总额 L_j/元	(6)资产总额 A_j/元	(7)资产总额加负债总额(A_j+L_j)/元	(8)信用得分 $S_{j(T+m)}$
2 635	000028.SZ	国药一致	2019	28 930 300 520.00	15 024 524 027.00	43 954 824 547.00	99.96
…	…	…	…	…	…	…	…
2 794	000025.SZ	特力 A	2020	1 658 295 531.00	559 013 315.10	2 217 308 846.10	99.99
2 795	000026.SZ	飞亚达 A	2020	3 599 691 650.00	1 029 551 086.00	4 629 242 736.00	99.99
2 796	000028.SZ	国药一致	2020	28 930 300 520.00	15 024 524 027.00	43 954 824 547.00	99.98
…	…	…	…	…	…	…	…
2 955	000025.SZ	特力 A	2021	1 658 295 531.00	559 013 315.10	2 217 308 846.10	86.20
2 956	000026.SZ	飞亚达 A	2021	3 599 691 650.00	1 029 551 086.00	4 629 242 736.00	88.74
2 957	000028.SZ	国药一致	2021	28 930 300 520.00	15 024 524 027.00	43 954 824 547.00	86.54
…	…	…	…	…	…	…	…
3 116	000025.SZ	特力 A	2022	1 658 295 531.00	559 013 315.10	2 217 308 846.10	67.24
3 117	000026.SZ	飞亚达 A	2022	3 599 691 650.00	1 029 551 086.00	4 629 242 736.00	73.27
3 118	000028.SZ	国药一致	2022	28 930 300 520.00	15 024 524 027.00	43 954 824 547.00	78.58
…	…	…	…	…	…	…	…
3 435	603883.SH	老百姓	2023	8 484 775 059.00	5 115 443 386.00	13 600 218 445.00	3.41
3 436	603900.SH	通灵珠宝	2023	2 781 267 718.00	380 660 103.30	3 161 927 821.30	0.99
3 437	603939.SH	益丰药房	2023	7 868 142 645.00	3 698 303 512.00	11 566 446 157.00	1.52

8.11.1 基于资产总额标准的信用指数计算

以 2000 年基于资产总额标准的信用指数计算为例进行说明。

1. 基于资产总额标准的典型公司样本选取

将表 8.33 第 1~104 行第 6 列资产总额 A_j 由高到低进行排序，并在表 8.33 第 1~104 行 2000 年的 104 家中国上市公司“批发和零售业”中选取年资产总额排名前 10%的公司，即 $N^A_{(2000)}$=104×10%≈10 家中国上市公司“批发和零售行业”，作为 2000 年信用指数构建的典型公司。将这 10 家典型公司的证券代码、证券简称、年份、资产总额 $A_{j(2000)}$分别列入表 8.34 第 2~5 列的第 1~10 行。

表 8.34　上市公司“批发和零售行业”基于资产总额选取的典型公司

(1)序号	(2)证券代码	(3)证券简称	(4)年份	(5)资产总额 $A_{j(T+m)}$/万元	(6)典型公司权重 $W^A_{j(T+m)}$	(7)信用得分 $S_{j(T+m)}$
1	600811.SH	东方集团	2000	536 786.23	0.16	87.34
2	600058.SH	五矿发展	2000	429 360.13	0.13	28.95
3	601607.SH	上海医药	2000	353 529.26	0.11	2.45
…	…	…	…	…	…	…
10	600647.SH	同达创业	2000	316 677.38	0.01	99.37
…	…	…	…	…	…	…
259	600153.SH	建发股份	2019	21 700 000.00	0.15	55.03
260	002024.SZ	苏宁云商	2019	19 900 000.00	0.14	80.26
261	600297.SH	广汇汽车	2019	14 100 000.00	0.10	57.76
…	…	…	…	…	…	…

续表

(1)序号	(2)证券代码	(3)证券简称	(4)年份	(5)资产总额 $A_{j(T+m)}$/万元	(6)典型公司权重 $W^A_{j(T+m)}$	(7)信用得分 $S_{j(T+m)}$
336	600710.SH	ST 常林	2023	4 271 922.24	0.03	0.00
337	000078.SZ	海王生物	2023	4 112 674.34	0.03	0.00
338	600247.SH	ST 成城	2023	96 265.15	0.01	0.00

以上是 2000 年基于资产总额标准的指数构建典型公司的选取。同理，可以得到 2001~2023 年的典型公司样本，将典型公司样本的结果列入表 8.34 第 11~338 行。

2. 基于资产总额标准的典型公司权重计算

将上文计算的 2000 年典型公司个数 $N^A_{(2000)}\approx 10$ 和表 8.34 第 5 列的资产总额 $A_{j(2000)}$代入上文式(3.82)，得到 2000 年典型公司的权重。

以第 1 个典型公司“东方集团(600811.SH)”的指数权重 $W^A_{1(2000)}$为例。

将表 8.34 第 5 列第 1 行的资产总额 $A_{1(2000)}$=536 786.23 代入上文式(3.82)的分子，得到：

$$W^A_{1(2000)}=A_{1(2000)}/(A_{1(2000)}+\cdots+A_{10(2000)})=536\ 786.23/(536\ 786.23+\cdots+316\ 677.38)=0.16 \tag{8.10}$$

将式(8.10)的结果列入表 8.34 第 6 列第 1 行。同理，将表 8.34 第 5 列第 2~10 行的资产总额 $A_{j(2000)}$分别代入式(3.82)的分子，分别得到 2000 年其他 9 个典型公司的权重 $W^A_{j(2000)}(j=2, 3, \cdots, 10)$，列入表 8.34 第 6 列第 2~10 行。

以上是基于资产总额标准的 2000 年的典型公司样本权重的计算。同理，可以得到基于资产总额标准的 2001~2023 年的典型公司样本权重 $W^A_{j(T+m)}$，将结果列入表 8.34 的第 6 列第 11~338 行。

3. 基于资产总额标准的信用指数计算过程

根据上文表 8.21 第 2 列的证券代码和第 8 列的信用得分，将表 8.34 第 7 列的信用得分 $S_{j(T+m)}$对应填充。

将表 8.34 第 1~10 行的 2000 年 10 家典型公司对应的第 6 列权重 $W^A_{j(T+m)}$、第 7 列信用得分 $S_{j(T+m)}$，以及上文选取的 2000 年典型公司个数 $N^A_{(2000)}\approx 10$，代入上文式(3.85)，得到 2000 年典型公司样本基于资产总额标准的信用得分加权平均值 $\bar{S}^A_{(2000)}$ 如下。

$$\bar{S}^A_{(2000)}=\sum_{j=1}^{10} W^A_{j(2000)} S_{j(2000)}=30.32 \tag{8.11}$$

将式(8.11)计算的 2000 年典型公司样本基于资产总额标准的信用得分加权平均值 $\bar{S}^A_{(2000)}$ =30.32，代入上文式(3.86)，得到 2000 年典型公司样本基于资产总额标准的信用指数 $\mathrm{CI}^A_{(2000)}$如下。

$$\mathrm{CI}^A_{(2000)}=\frac{\bar{S}^A_{(2000)}}{\bar{S}^A_{(2000)}}\times 1000=\frac{30.32}{30.32}\times 1000=1000 \tag{8.12}$$

将式(8.12)计算的 2000 年典型公司样本基于资产总额标准的信用指数 $\mathrm{CI}^A_{(2000)}$=1000，列入表 8.35 第 3 列第 1 行。

表 8.35　上市公司“批发和零售行业”2000~2023 年这 24 年的信用指数表

(1)序号	(2)年份	(3)资产总额前 10%的年度信用指数 $\mathrm{CI}^A_{(T+m)}$	(4)负债总额前 10%的年度信用指数 $\mathrm{CI}^L_{(T+m)}$	(5)基于资产总额加负债总额的年度信用指数 $\mathrm{CI}^{A+L}_{(T+m)}$
1	2000	1000.00	1000.00	1000.00
2	2001	898.09	964.29	973.79
3	2002	570.33	417.83	524.34
…	…	…	…	…
8	2007	441.13	279.77	483.03
9	2008	536.34	371.59	484.66

续表

(1)序号	(2)年份	(3)资产总额前 10%的年度信用指数 $CI^{A}_{(T+m)}$	(4)负债总额前 10%的年度信用指数 $CI^{L}_{(T+m)}$	(5)基于资产总额加负债总额的年度信用指数 $CI^{A+L}_{(T+m)}$
10	2009	131.79	83.86	144.04
…	…	…	…	…
15	2014	628.03	502.24	600.27
16	2015	456.21	427.21	492.02
17	2016	787.77	692.14	785.73
…	…	…	…	…
20	2019	2483.98	3328.00	2930.22
21	2020	1792.82	2023.70	2056.31
22	2021	2102.00	2670.36	2472.96
…	…	…	…	…
24	2023	404.98	559.44	446.47

同理，可计算 2001 年的信用得分加权平均值 $\bar{S}^{A}_{(2001)}=27.23$ 和信用指数 $CI^{A}_{(2001)}=(27.23/30.32)\times1000=898.09$，列入表 8.35 第 3 列第 2 行。

以上是上市公司基于资产总额标准的 2000 年和 2001 年的信用指数计算。依次类推，将基于资产总额标准的 2002 年至 2023 年的信用指数计算结果分别列入表 8.35 第 3 列第 3~24 行。

8.11.2 基于负债总额标准的信用指数计算

以 2000 年的基于负债总额标准的信用指数计算为例进行说明。

1. 基于负债总额标准的典型公司样本选取

将表 8.33 第 1~104 行第 5 列负债总额 L_j 由高到低进行排序，并在表 8.33 第 1~104 行 2000 年的 104 家“批发和零售行业”上市公司中选取年负债总额排名前 10%的公司，即 $N^{L}_{(2000)}=104\times10\%\approx10$ 家中国上市“批发和零售行业”公司，作为 2000 年信用指数构建的典型公司。将这 10 家典型公司的证券代码、证券简称、年份、负债总额 $L_{j(2000)}$ 分别列入表 8.36 第 2~5 列的第 1~10 行。

表 8.36　上市公司“批发和零售行业”基于负债总额标准选取的典型公司样本

(1)序号	(2)证券代码	(3)公司名称	(4)年份	(5)负债总额 $L_{j(T+m)}$/万元	(6)典型公司权重 $W^{L}_{j(T+m)}$	(7)信用得分 $S_{j(T+m)}$
1	601607.SH	上海医药	2000	254 998.88	0.14	2.45
2	600058.SH	五矿发展	2000	240 946.56	0.13	28.96
3	600653.SH	申华控股	2000	223 827.98	0.12	12.66
…	…	…	…	…	…	…
10	600647.SH	同达创业	2000	15 631.59	0.01	99.37
…	…	…	…	…	…	…
259	600153.SH	建发股份	2019	16 300 000.00	0.17	55.03
260	002024.SZ	苏宁云商	2019	11 100 000.00	0.12	80.26
261	600751.SH	天海投资	2019	11 100 000.00	0.12	19.71
…	…	…	…	…	…	…
336	600811.SH	东方集团	2023	2 856 054.97	0.03	0.00
337	601258.SH	庞大集团	2023	2 638 998.03	0.03	99.99
338	600247.SH	ST 成城	2023	94 114.95	0.01	0.00

以上是 2000 年基于负债总额标准的指数构建典型公司的选取。同理，可以得到 2001~2023 年这 23 年的典型公司样本，将典型公司样本结果列入表 8.36 第 2~5 列第 11~338 行。

2. 基于负债总额标准的典型公司权重计算

将上文计算的 2000 年典型公司个数 $N^L_{(2000)}≈10$ 和表 8.36 第 5 列的负债总额 $L_{j(2000)}$代入上文式(3.83)，得到 2000 年典型公司的权重。

以第 1 个典型公司“上海医药(601607.SH)”的指数权重 $W^L_{1(2000)}$为例。

将表 8.36 第 5 列第 1 行的负债总额 $L_{1(2000)}$= 254 998.88 代入上文式(3.83)的分子，得到权重如下。

$$W^L_{1(2000)}=L_{1(2000)}/(L_{1(2000)}+\cdots+L_{10(2000)})=254\ 998.88/(254\ 998.88+\cdots+15\ 631.59)=0.14 \tag{8.13}$$

将式(8.13)的结果列入表 8.36 第 6 列第 1 行。同理，将表 8.36 第 5 列第 2~10 行的负债总额 $L_{j(2000)}$分别代入式(3.83)的分子，分别得到 2000 年其他 9 个典型公司的权重 $W^L_{j(2000)}$(j=2, 3, …, 10)，列入表 8.36 第 6 列第 2~10 行。

以上是基于负债总额标准的 2000 年的典型公司样本权重的计算。同理，可以得到基于负债总额标准的 2001~2023 年这 23 年的典型公司样本权重 $W^L_{j(T+m)}$，将结果列入表 8.36 第 6 列第 11~338 行。

3. 基于负债总额标准的信用指数计算过程

根据上文表 8.21 第 2 列的证券代码和第 8 列的信用得分，将 8.36 第 7 列的信用得分 $S_{j(T+m)}$对应填充。

将表 8.36 第 1~10 行的 2000 年 10 家典型公司对应的第 6 列权重 $W^L_{j(T+m)}$、第 7 列信用得分 $S_{j(T+m)}$，以及上文选取的 2000 年典型公司个数 $N^L_{(2000)}≈10$，代入上文式(3.87)，得到 2000 年典型公司样本基于负债总额标准的信用得分加权平均值 $\bar{S}^L_{(2000)}$ 如下。

$$\bar{S}^L_{(2000)}=\sum_{j=1}^{10}W^L_{j(2000)}S_{j(2000)}=83.74 \tag{8.14}$$

将式(8.14)计算的 2000 年典型公司样本基于负债总额标准的信用得分加权平均值 $\bar{S}^L_{(2000)}$ =83.74，代入上文式(3.88)，得到 2000 年典型公司样本基于负债总额标准的信用指数 $\mathrm{CI}^L_{(2000)}$如下。

$$\mathrm{CI}^L_{(2000)}=\frac{\bar{S}^L_{(2000)}}{\bar{S}^L_{(2000)}}\times 1000=\frac{83.74}{83.74}\times 1000=1000 \tag{8.15}$$

将式(8.15)计算的 2000 年典型公司样本基于负债总额标准的信用指数 $\mathrm{CI}^L_{(2000)}$=1000，列入上文表 8.35 第 4 列第 1 行。

同理，可计算 2001 年的信用得分加权平均值 $\bar{S}^L_{(2001)}$=80.75 和信用指数 $\mathrm{CI}^L_{(2001)}$=(80.75/83.74)×1000=964.29，列入上文表 8.35 第 4 列第 2 行。

以上是上市公司“批发和零售行业”基于负债总额标准的 2000 年和 2001 年的信用指数计算。依次类推，将基于负债总额标准的 2002~2023 年这 22 年的信用指数计算结果分别列入上文表 8.35 第 4 列第 3~24 行。

8.11.3 基于资产总额加负债总额标准的信用指数计算

以 2000 年的基于资产总额加负债总额标准的信用指数计算为例进行说明。

1. 基于资产总额加负债总额标准的典型公司样本选取

将表 8.33 第 1~104 行第 7 列资产总额加负债总额(A_j+L_j)由高到低进行排序，并在表 8.33 第 1~104 行 2000 年的 104 家上市公司“批发和零售行业”中选取资产总额加负债总额排名前 10%的公司，即 $N^{A+L}_{(2000)}$=104×10%≈10 家上市公司“批发和零售行业”，作为 2000 年信用指数构建的典型公司。将这 10 家典型公司的证券代码、证券简称、年份、资产总额加负债总额($A_{j(2000)}$+$L_{j(2000)}$)分别列入表 8.37 第 2~5 列的第 1~10 行。

表 8.37　上市公司基于资产总额加负债总额标准选取的典型公司

(1)序号	(2)证券代码	(3)公司名称	(4)年份	(5)资产总额加负债总额 $(A_{j(T+m)}+L_{j(T+m)})$/万元	(6)典型公司权重 $W^{A+L}_{j(T+m)}$	(7)信用得分 $S_{j(T+m)}$
1	600811.SH	东方集团	2000	716 006.56	0.14	86.06
2	600058.SH	五矿发展	2000	670 306.69	0.13	86.95
3	601607.SH	上海医药	2000	608 528.14	0.12	88.16
…	…	…	…	…	…	…
10	600647.SH	同达创业	2000	32 308.97	0.01	99.37
…	…	…	…	…	…	…
259	600153.SH	建发股份	2019	38 000 000.00	0.16	83.92
260	002024.SZ	苏宁云商	2019	31 000 000.00	0.13	86.88
261	600751.SH	天海投资	2019	24 000 000.00	0.10	89.84
…	…	…	…	…	…	…
336	000078.SZ	海王生物	2023	7 513 487.56	0.03	96.82
337	600827.SH	百联股份	2023	7 102 570.28	0.03	96.99
338	600247.SH	ST 成城	2023	190 380.10	0.00	99.92

以上是 2000 年基于资产总额加负债总额标准的指数构建典型公司的选取。同理，可以得到 2001~2023 年这 23 年的典型公司样本，将典型公司样本结果列入表 8.37 第 2~5 列第 11~338 行。

2. 基于资产总额加负债总额标准的典型公司权重计算

将上文计算的 2000 年典型公司个数 $N^{A+L}_{(2000)}≈10$ 和表 8.37 第 5 列的资产总额加负债总额$(A_{j(2000)}+L_{j(2000)})$代入上文式(3.84)，得到 2000 年典型公司的权重。

以第 1 个典型公司东方集团(600811.SH)的指数权重 $W^{A+L}_{1(2000)}$为例。

将表 8.37 第 5 列第 1 行的资产总额加负债总额$(A_{1(2000)}+L_{1(2000)})$= 716 006.56 代入上文式(3.84)的分子，得到权重如下。

$$W^{A+L}_{1(2000)}=[A_{1(2000)}+L_{1(2000)}]/(A_{1(2000)}+L_{1(2000)}+\cdots+A_{10(2000)}+L_{10(2000)})$$
$$=716\,006.56/(716\,006.56+\cdots+32\,308.97)=0.14 \tag{8.16}$$

将式(8.16)的结果列入表 8.37 第 6 列第 1 行。同理，将表 8.37 第 5 列第 2~10 行的资产总额加负债总额$(A_{j(2000)}+L_{j(2000)})$分别代入式(3.84)的分子，分别得到 2000 年其他 9 个典型公司的权重 $W^{A+L}_{j(2000)}(j=2, 3, \cdots, 10)$，列入表 8.37 第 6 列第 2~10 行。

以上是基于资产总额加负债总额标准的 2000 年的典型公司样本权重的计算。同理，可以得到基于资产总额加负债总额标准的 2001~2023 年这 23 年的典型公司样本权重 $W^{A+L}_{j(T+m)}$，将结果列入表 8.37 第 6 列第 11~338 行。

3. 基于资产总额加负债总额标准的信用指数计算过程

根据上文表 8.21 第 2 列的证券代码和第 8 列的信用得分，将 8.37 第 7 列的信用得分 $S_{j(T+m)}$对应填充。

将表 8.37 第 1~10 行的 2000 年 10 家典型公司对应的第 6 列权重 $W^{A+L}_{j(T+m)}$、第 7 列信用得分 $S_{j(T+m)}$，以及上文选取的 2000 年典型公司个数 $N^{A+L}_{(2000)}≈10$，代入上文式(3.89)，得到 2000 年典型公司样本基于资产总额加负债总额标准的信用得分加权平均值 $\bar{S}^{A+L}_{(2000)}$ 如下。

$$\bar{S}^{A+L}_{(2000)}=\sum_{j=1}^{15}W^{A+L}_{j(2000)}S_{j(2000)}=50.74 \tag{8.17}$$

将式(8.17)计算的 2000 年典型公司样本基于资产总额加负债总额标准的信用得分加权平均值 $\bar{S}^{A+L}_{(2000)}$=50.74，代入上文式(3.90)，得到 2000 年典型公司样本基于资产总额加资产总额标准的信用指数 $CI^{A+L}_{(2000)}$ 如下。

$$\mathrm{CI}^{A+L}{}_{(2000)}=\frac{\bar{S}^{A+L}_{(2000)}}{\bar{S}^{A+L}_{(2000)}}\times 1000=\frac{50.74}{50.74}\times 1000=1000 \tag{8.18}$$

将式(8.18)计算的 2000 年典型公司样本基于资产总额加负债总额标准的信用指数 $\mathrm{CI}^{A+L}{}_{(2000)}=1000$，列入上文表 8.35 第 5 列第 1 行。

同理，可计算 2001 年的信用得分加权平均值 $\bar{S}^{A+L}_{(2001)}=49.41$ 和信用指数 $\mathrm{CI}^{A+L}{}_{(2001)}=(49.41/50.74)\times 1000=973.79$，列入上文表 8.35 第 5 列第 2 行。

以上是上市公司“批发和零售行业”基于资产总额加负债总额标准的 2000 年和 2001 年的信用指数计算。依次类推，将基于资产总额加负债总额标准的 2002~2023 年这 22 年的信用指数计算结果分别列入上文表 8.35 第 5 列第 3~24 行。

8.11.4 批发和零售行业 2000~2023 年 24 年的信用指数趋势图

以表 8.35 第 2 列的年份为横轴，分别以第 3、4、5 列的年度信用指数为纵轴，做出上市公司批发和零售行业的年度信用指数走势图，如图 8.1 所示。

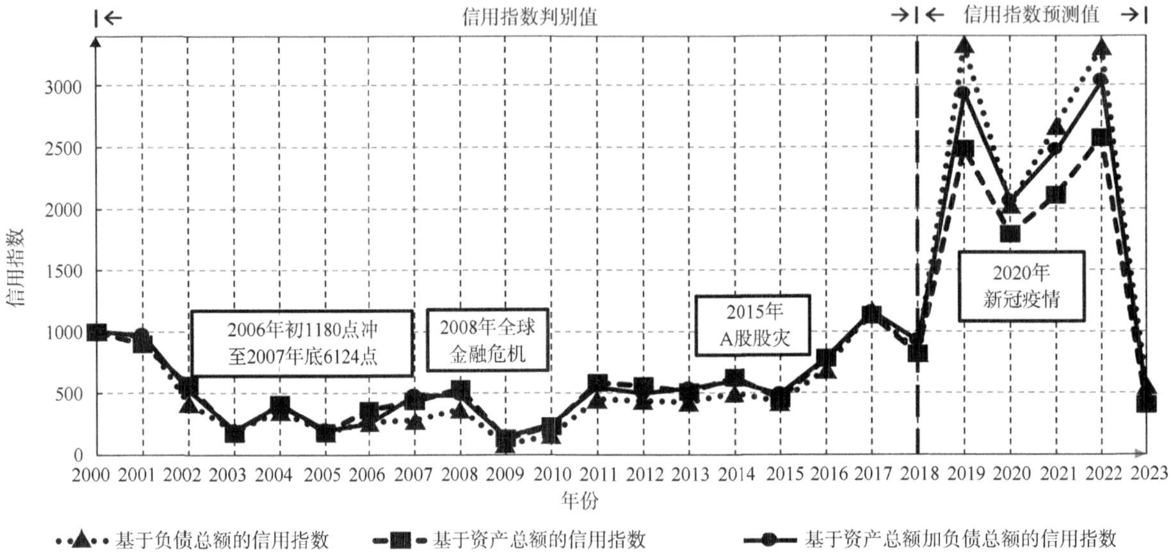

图 8.1 上市公司批发和零售行业样本的年度信用指数走势图

上市公司批发和零售行业 2000~2018 年这 19 年信用指数的发展规律，以及预测的 2019~2023 年这 5 年信用指数趋势如图 8.1 所示。

1. 2000~2018 年这 19 年中国上市公司批发和零售行业信用指数的发展规律及原因分析

(1)中国上市公司批发和零售行业 2000~2018 年这 19 年信用指数发展规律。2000~2003 年信用指数下跌，2005~2007 年小幅上涨，2008~2009 年下跌，2009~2014 年上升，2014~2015 年小幅下跌，2015~2017 年上升，2017~2018 年下跌。

(2)中国上市公司批发和零售行业 2000~2018 年这 19 年信用指数发展的宏观原因分析。2005~2007 年信用指数呈现上升趋势，这可能与当时的“2006 年初上证指数由 1180 点冲至 2007 年底的 6124 点”[33]的具体事件有关。2008~2009 年信用指数下跌比较厉害，这可能与当时的“2008 年全球金融危机”[34]事件有关联。2015~2017 年信用指数呈现上升趋势，这与消费需求的多元化发展，超级市场、专卖店、便利店等多种零售业迅速发展，新型零售业不断兴起，零售业态种类逐渐丰富有着密不可分的关系。

(3)中国上市公司批发和零售行业 2000~2018 年这 19 年信用指数发展的政策原因分析。2012~2014 年信用指数稳步增长，中国上市公司批发和零售行业经历了飞速发展。这可能与 2012 年 9 月，国务院办公厅发布《国内贸易发展“十二五”规划》，提出积极发挥中央财政资金的促进作用，重点支持农产品流通、生活服务业、连锁经营企业发展有关，相关政策文件的出台促进了批发和零售行业的高速发展。

2. 2019~2023 年这 5 年中国上市公司批发和零售行业信用指数的趋势预测

(1)中国上市公司批发和零售行业 2019~2023 年这 5 年信用指数未来趋势。中国 A 股批发和零售行业市场在 2018~2023 年信用指数呈"M"形态势，即 2018~2019 年呈上升态势，2019 年出现拐点，在 2019 年至 2020 年信用指数小幅下跌，2020 年出现拐点，2020~2022 年急剧上升，2022 年出现拐点，但在 2022~2023 年呈现更为明显的下跌趋势。

(2)中国上市公司批发和零售行业 2019~2023 年这 5 年信用指数未来趋势的原因分析。在 2020~2022 年呈现上升趋势的原因可能是，受 2020 年新冠疫情的持续影响，我国的境外货物输入减少，国内的批发和零售行业占据了更多的市场份额，导致 A 股批发和零售行业市场的信用指数在 2020~2022 年出现上升趋势。

8.12　批发和零售行业的信用风险指数构建

8.12.1　基于三个标准的信用风险指数计算

信用风险指数的典型公司样本选择以及权重计算方式，与上文 8.11 节的信用指数同理。但在信用风险指数计算时的差别在于：将信用指数计算公式中分子和分母的 $S_{j(T+m)}$ 替换为 $(100-S_{j(T+m)})$，如式(3.88)至式(3.93)所示，计算得到的信用风险指数反映违约可能性。信用风险指数越大，违约风险越高。计算过程与上文 8.11 节类推，不再赘述。

将计算得到的 2000~2023 年这 24 年三个标准下的信用风险指数，分别列入表 8.38 第 3~5 列。

表 8.38　上市公司"批发和零售行业"2000~2023 年这 24 年的信用风险指数表

(1)序号	(2)年份	(3)资产总额前 10%的年度信用风险指数 $CRI^{A}_{(T+m)}$	(4)负债总额前 10%的年度信用风险指数 $CRI^{L}_{(T+m)}$	(5)基于资产总额加负债总额的年度信用风险指数 $CRI^{A+L}_{(T+m)}$
1	2000	1000.00	1000.00	1000.00
2	2001	1053.81	1012.18	1010.76
3	2002	1227.13	1198.78	1195.87
…	…	…	…	…
8	2007	1295.43	1245.92	1212.88
9	2008	1245.09	1214.57	1212.21
10	2009	1458.95	1312.81	1352.47
…	…	…	…	…
17	2016	1112.19	1105.12	1088.23
…	…	…	…	…
24	2023	1314.54	1150.43	1227.93

8.12.2　批发和零售行业 2000~2023 年这 24 年的信用风险指数趋势图

以表 8.38 第 2 列的年份为横轴，以第 3、4、5 列的年度信用风险指数为纵轴，做出上市公司批发和零售行业的年度信用风险指数走势图，如图 8.2 所示。上市公司批发和零售行业 2000~2018 年这 19 年信用风险指数的发展规律，以及预测的 2019~2023 年这 5 年的信用风险指数趋势，如图 8.2 所示。

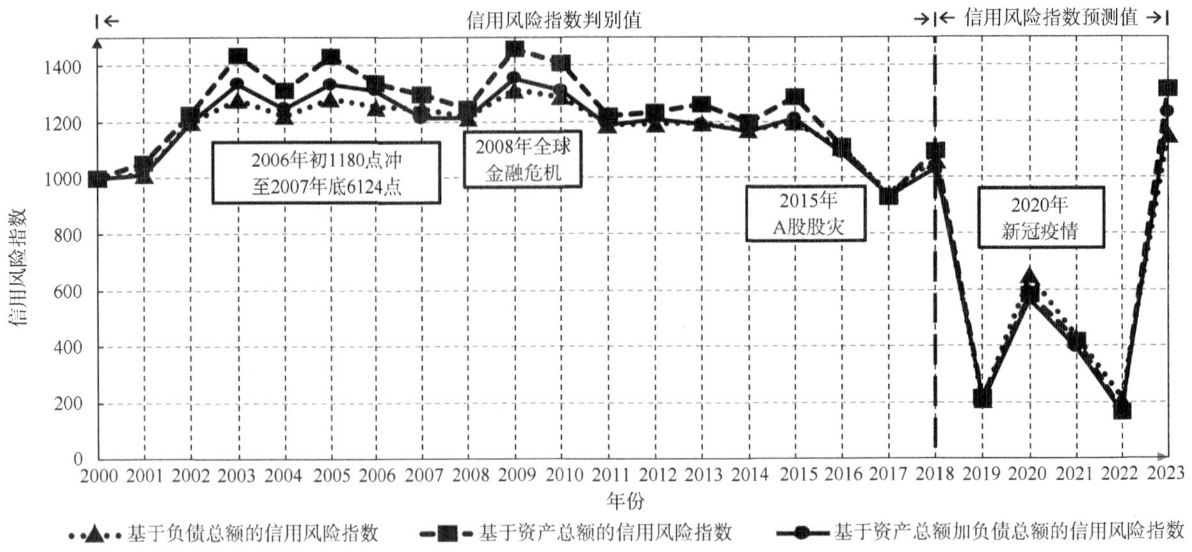

图 8.2 中国上市公司批发和零售行业的年度信用风险指数趋势图

1. 2000~2018 年这 19 年中国上市公司批发和零售行业信用风险指数的发展规律及原因分析

(1)中国上市公司批发和零售行业 2000~2018 年这 19 年信用风险指数发展规律。2000~2003 年中国上市公司批发和零售行业信用风险指数上升，2003~2004 年下降，2004 年出现拐点；2004~2005 年呈上升态势，2005 年出现拐点；2005~2007 年下跌，2008~2009 年上升，2009~2017 年信用风险指数震荡下行。

(2)中国上市公司批发和零售行业 2000~2018 年这 19 年信用风险指数发展的宏观原因分析。2008~2009 年信用风险指数上升，这可能与当时“2008 年全球金融危机”[34]宏观事件有关。2015 年之后的大幅下降是受“2015 年年中 A 股股灾事件”[35]的影响，导致众多投资者转投实体行业，此时中国上市公司批发和零售行业资金量充足，整个行业发展态势良好。

(3)中国上市公司批发和零售行业 2000~2018 年这 19 年信用风险指数发展的政策原因分析。2017 年信用风险指数创下新低的原因在于，2017 年出现证监会铁腕治理市场乱象[36]，导致众多投资者投资谨慎，倾向于投资实体行业而非投资金融市场。

2. 2019~2023 年这 5 年中国上市公司批发和零售行业信用风险指数的趋势预测

(1)中国上市公司批发和零售行业 2019~2023 年这 5 年信用风险指数未来趋势。中国 A 股批发和零售行业市场在 2018~2023 年信用风险指数呈现“W”形走势，即在 2018~2019 年信用风险指数下降，2019 年出现拐点；但在 2019~2020 年呈现上升趋势，2020 年出现拐点；2020~2022 年下降，2022 年出现拐点；在 2022 年之后呈上升趋势。

(2)中国上市公司批发和零售行业 2019~2023 年这 5 年信用风险指数未来趋势的可能原因分析。在 2020 年呈现下跌趋势的原因分析：受 2020 年新冠疫情的持续影响，宏观经济环境动荡，海外进口商品总量下降，促使国内上市公司批发和零售行业的发展经营状态良好，导致 A 股批发和零售行业市场的信用风险指数整体下降。

8.13 本 章 结 论

8.13.1 主要工作

(1)本章遴选了中国上市公司批发和零售行业最优违约预测指标组合。通过经济学含义结合偏相关系数的 F 检验进行指标的初步筛选，通过基于支持向量机的序列前向选择算法进一步筛选出最优的指标组合，获得了上市公司批发和零售行业样本的 $T+0\sim T+5$ 年的最优指标组合。

(2)本章确定了中国上市公司批发和零售行业指标最优权重向量。根据违约状态 y_j 与指标权重的函数关系 $y_j=f(w_i, x_{ij})$，将预测的违约状态 $\hat{y}_j$ 与实际违约状态 y_j 对比后，以违约和非违约两类公司的预测误差最小为目标，构建数学规划模型，反推出模型评价指标的最优权重，保证构建的预警方程能够区分违约与非违约公司。

(3)本章构建了中国上市公司批发和零售行业最优的违约风险预警模型。通过构建线性判别模型、逻辑回归模型、支持向量机模型等 14 种大数据模型，并根据模型的精度、可解释性和复杂性的“不可能三角”三个标准的对比分析，遴选出最优的 $T+0\sim T+5$ 年的最优分类模型。

(4)本章分析了上市公司批发和零售行业的省区市、所有制属性的信用特征分布。通过不同省区市、所有制属性的公司信用得分均值，判断信用资质好坏，并通过曼-惠特尼 U 统计检验，验证信用资质差异。若曼-惠特尼 U 显著水平检验通过且该类公司信用得分高，则意味着信用资质好，反之就差。

(5)本章构建了中国上市公司批发和零售行业基于资产总额、 负债总额、 资产总额加负债总额三个标准的信用指数和信用风险指数，并分析了信用指数和信用风险指数的趋势。通过最优违约预警模型计算得到的未来第 $T+m$ 年违约概率和信用得分，按资产总额、负债总额、资产总额加负债总额三个标准的选股规则选择典型公司样本，并将典型公司样本的加权平均信用得分转化成信用指数。信用指数和信用风险指数反映了年度违约风险的趋势，并对未来第 $T+m$ 年的信用状况进行预警。

8.13.2　主要结论

(1)中国上市公司批发和零售行业违约预测的最优指标组合：由 204 个指标构成的$(2^{204}-1)\approx 2.57\times10^{61}$ 个指标组合中，遴选出资产负债率、每股净资产(相对年初增长率)、固定资产投资价格指数等 12 个指标，构成了 T–0 年违约判别几何平均精度最大的指标组合；遴选出资产总计(相对年初增长率)、派息比税前、监事会持股比例等 16 个指标，构成了 T–1 年违约预测几何平均精度最大的指标组合；遴选出资产负债率、资本公积占所有者权益的比例、总经理是否领取薪酬等 14 个指标，构成了 T–2 年违约预测几何平均精度最大的指标组合；遴选出资产负债率、在建工程比例、入境旅游人数增长率等 19 个指标，构成了 T–3 年违约预测几何平均精度最大的指标组合；遴选出资产负债率、归属母公司股东的权益/带息债务、广义货币供应量(M2)同比增长率等 15 个指标，构成了 T–4 年违约预测几何平均精度最大的指标组合；遴选出资产负债率、归属母公司股东的权益/负债合计、销售费用增长率等 17 个指标，构成了 T–5 年违约预测几何平均精度最大的指标组合。

(2)中国上市公司批发和零售行业违约预测的重要宏观指标：狭义货币供应量(M1)同比增长率、广义货币供应量(M2)同比增长率、外商投资总额增长率等 8 个关键宏观指标，对上市公司批发和零售行业的企业违约状态有显著影响。

(3)中国上市公司批发和零售行业违约预测的关键指标：长期资产适合率、权益乘数、资产负债率等 4 个指标对公司未来 0~2 年的短期违约状态预测具有关键影响。流动负债权益比率、现金流量利息保障倍数、广义货币供应量(M2)同比增长率等 4 个指标对公司未来 3~5 年的中期违约状态预测具有关键影响。资产负债率、长期资产适合率、广义货币供应量(M2)同比增长率这 3 个指标，不论对于公司 0~2 年的短期违约预测，还是未来 3~5 年的中期违约状态预测，均有关键影响。

(4)中国上市公司批发和零售行业企业地区信用分布特征：重庆市、北京市、河北省等 10 个省区市的信用资质最高，浙江省、广西壮族自治区、四川省等 9 个省区市的信用资质居中，江西省、天津市、河南省等 8 个省区市的信用资质最低。

(5)中国上市公司批发和零售行业的所有制信用特征为：以博士眼镜(300622.SZ)、友阿股份(002277.SZ)为代表的民营企业和外资企业这 2 类所有制的信用资质最高，以天音控股(000829.SZ)、东方中科(002819.SZ)和华通医药(002758.SZ)为代表的集体企业、公众企业和中央国有企业这 3 类所有制的信用资质次之，以人民同泰(600829.SH)、供销大集和快乐购(300413.SZ)为代表的其他所有制企业及地方国有企业这 2 类所有制的信用资质最低。并且，任意两类所有制企业的信用资质均存在显著差异。

(6)中国上市公司批发和零售行业信用指数的未来预测趋势为：中国 A 股批发和零售行业市场在

2018~2023 年信用指数呈“M”形态势，即 2018~2019 年呈上升态势，2019 年出现拐点，在 2019~2020 年信用指数小幅下跌，2020 年出现拐点, 2020~2022 年急剧上升，2022 年出现拐点，但在 2022~2023 年呈现更为明显的下跌趋势。可能受 2020 年新冠疫情的持续影响，我国的境外货物输入减少，国内的批发和零售行业占据了更多的市场份额，导致 A 股批发和零售行业市场的信用指数在 2020~ 2022 年出现上升趋势。

(7)中国上市公司批发和零售行业信用风险指数的未来预测趋势为：中国 A 股批发和零售行业市场在 2018~2023 年信用风险指数呈现“W”走势，即在 2018~2019 年信用风险指数下降，2019 年出现拐点；但在 2019~2020 年呈现上升趋势，2020 年出现拐点；2020~2022 年下降，2022 年出现拐点；在 2022 年之后呈上升趋势。受 2020 年新冠疫情的持续影响，宏观经济环境动荡，海外进口商品总量下降，促使国内上市公司批发和零售行业的发展经营状态良好，导致 A 股市场的信用风险指数整体下降。

8.13.3　特色与创新

(1)通过两阶段的指标遴选方法构建评价指标体系，在具有明确经济学含义的海选指标集中，根据指标间偏相关系数和 F 值筛选出具有违约鉴别能力且指标间信息冗余最小的一组指标；并在第二阶段构建前向选择支持向量机指标遴选模型，以几何平均精度最大为标准，采用前向选择的方法筛选违约鉴别能力的最大指标组合保证了构建的评价指标体系具有最大的违约鉴别能力，改变了现有研究的单指标筛选并不能保证指标体系违约鉴别能力最强的不足。

(2)通过对违约公司和非违约公司的错判误差率之和最小，反推最优的权重，保证了所建立的违约预测模型能够保证较低的非违约公司误拒率和违约公司误授率，降低违约公司错判带来的贷款损失和非违约公司错判带来好客户流失的损失。

(3)通过综合考虑精度、可解释性、复杂性的“不可能三角”，从构建的 14 种大数据违约预警模型中对比分析遴选出最优违约风险预警模型，保证得到的模型既具有较高的违约预测能力，又具有可解释性，同时模型复杂性低。

(4)通过对不同地区、所有制属性的批发和零售行业公司的信用得分均值进行曼-惠特尼 U 非参数检验，识别不同地区、所有制属性的批发和零售行业公司的信用资质，揭示不同地区、不同所有制形式的中国上市公司批发和零售行业中哪家公司的信用资质好、哪家公司的信用资质差、哪家公司的信用资质居中，为股票投资、债券投资提供决策依据，供金融监管当局等政策分析人员参考。

(5)通过分别对资产总额、负债总额、资产总额加负债总额由大到小选取前 10%作为典型公司样本，并将典型公司的平均信用得分转化成年度信用指数，用于反映上市公司批发和零售行业的信用趋势，并对未来第 $T+m(m=1, 2, 3, 4, 5)$年的信用状况起到预警作用。

参 考 文 献

[1] Carvalho D, Ferreira M A, Matos P. Lending relationships and the effect of bank distress：evidence from the 2007-2009 financial crisis. Journal of Financial and Quantitative Analysis, 2015, 50(6)：1165-1197.

[2] Christopoulos A G, Dokas I G, Kalantonis P, et al. Investigation of financial distress with a dynamic logit based on the linkage between liquidity and profitability status of listed firms[J]. Journal of the Operational Research Society, 2019, 70(10)：1817-1829.

[3] Wu Y, Xu Y J, Li J Y. Feature construction for fraudulent credit card cash-out detection[J]. Decision Support Systems, 2019, 127：113155.

[4] Yeh C C, Lin F Y, Hsu C Y. A hybrid KMV model, random forests and rough set theory approach for credit rating[J]. Knowledge-Based Systems, 2012, 33：166-172.

[5] Chawla N V, Bowyer K W, Hall L O, et al. SMOTE：synthetic minority over-sampling technique[J]. Journal of Artificial Intelligence Research, 2002, 16(1)：321-357.

[6] 迟国泰, 张亚京, 石宝峰. 基于 Probit 回归的小企业债信评级模型及实证[J]. 管理科学学报, 2016, 19(6)：136-156.

[7] Wang T C, Chen Y H. Applying rough sets theory to corporate credit ratings[C]. Shanghai：IEEE International Conference：Service Operations and Logistics, and Informatics, 2006：132-136.

[8] Desai V S, Crook J N, Overstreet G A. A comparison of neural networks and linear scoring models in the credit union environment[J]. European Journal of Operational Research, 1996, 95(1)：24-37.
[9] Bravo C, Maldonado S, Weber R. Granting and managing loans for micro-entrepreneurs：new developments and practical experiences[J]. European Journal of Operational Research, 2013, 227(2)：358-366.
[10] Djeundje V B, Crook J. Identifying hidden patterns in credit risk survival data using generalised additive models[J]. European Journal of Operational Research, 2019, 277：366-376.
[11] Huang C, Dai C, Guo M. A hybrid approach using two-level DEA for financial failure prediction and integrated SE-DEA and GCA for indicators selection[J]. Applied Mathematics and Computation, 2015, 251：431-441.
[12] Xia Y, Liu C, Li Y Y, et al. A boosted decision tree approach using Bayesian hyper-parameter optimization for credit scoring[J]. Expert Systems with Applications, 2017, 78：225-241.
[13] 陈丽. 基于决策树最优组合的企业违约预测模型[D]. 大连：大连理工大学, 2019.
[14] West D. Neural network credit scoring models[J]. Computers & Operations Research, 2000, 27(11-12)：1131-1152.
[15] Huang Z, Chen H, Hsu C J, et al. Credit rating analysis with support vector machines and neural networks：a market comparative study[J]. Decision Support Systems, 2004, 37(4)：543-558.
[16] Hand D J, Henley W E. Statistical classification methods in consumer credit scoring：a review[J]. Journal of the Royal Statistical Society：Series A(Statistics in Society), 1997, 160：523-541.
[17] Ömer F E, Mehmet E T. A novel version of k nearest neighbor：dependent nearest neighbor[J]. Applied Soft Computing, 2017, 55(6)：480-490.
[18] Abellán J, Mantas C J. Improving experimental studies about ensembles of classifiers for bankruptcy prediction and credit scoring[J]. Expert Systems with Applications, 2014, 41(8)：3825-3830.
[19] Fan Q, Wang Z, Li D D, et al. Entropy-based fuzzy support vector machine for imbalanced datasets[J]. Knowledge-Based Systems, 2017, 115：87-99.
[20] He H, Zhang W, Zhang S. A novel ensemble method for credit scoring：adaption of different imbalance ratios[J]. Expert Systems with Applications, 2018, 98：105-117.
[21] Campbell J Y, Hilscher J, Szilagyi J. In search of distress risk[J]. The Journal of Finance, 2008, 63(6)：2899-2939.
[22] Finlay S. Multiple classifier architectures and their application to credit risk assessment[J]. European Journal of Operational Research, 2011, 210(2)：368-378.
[23] Iyer R, Khwaja A I, Luttmer E E P, et al. Screening peers softly：inferring the quality of small borrowers[J]. Management Science, 2016, 62：1554-1577.
[24] Berg T, Burg V, Gombovic A, et al. On the rise of FinTechs：credit scoring using digital footprints[J]. The Review of Financial Studies, 2020, 33：2845-2897.
[25] Geng R, Bose I, Chen X. Prediction of financial distress：an empirical study of listed Chinese companies using data mining[J]. European Journal of Operational Research, 2015, 241(1)：236-247.
[26] Junior L M, Nardini F M, Renso C, et al. A novel approach to define the local region of dynamic selection techniques in imbalanced credit scoring problems[J]. Expert Systems with Applications, 2020, 152：113351.
[27] Jones S. Corporate bankruptcy prediction：a high dimensional analysis[J]. Review of Accounting Studies, 2017, 22：1366-1422.
[28] Doshi-Velez F, Kim B. Towards a rigorous science of interpretable machine learning [EB/OL]. https://arxiv.org/abs/1702.08608 [2017-02-28].
[29] Zhu X, Li J, Wu D, et al. Balancing accuracy, complexity and interpretability in consumer credit decision making：A C-TOPSIS classification approach[J]. Knowledge Based Systems, 2013, 52：258-267.
[30] 迟国泰, 石宝峰. 基于信用等级与违约损失率匹配的信用评级系统与方法：中国, ZL 201210201461.6[P]. 2015-08-19.
[31] Ken B. Business Statistics：Contemporary Decision Making[M]. Hoboken：John Wiley and Sons, 2009.
[32] Liu L, Liu Q G, Tian G, et al. Government connections and the persistence of profitability：evidence from Chinese listed firms[J]. Emerging Markets Review, 2018, 36：110-129.
[33] 林汶奎. 2006 年的中国大牛市[J]. 现代阅读, 2014, (4)：26.
[34] 张茜. 中国股票市场发展与货币政策完善[D]. 太原：山西大学, 2012.
[35] 张建军. “危”与“机”：全球主要股灾背景下的救市措施与 A 股选择[J]. 中国市场, 2015, (51)：37-41.
[36] 李思霖. 证监会定调 2017 年资本市场监管工作：协调推进资本市场改革稳定发展[J]. 中国金融家, 2017, (2)：23-24.

第 9 章　房地产行业的企业违约预测与信用指数构建

9.1　本章内容提要

本章是中国上市公司房地产行业的企业违约预测与信用指数构建。根据恒大研究院 2020 年测算[1]，2019 年房地产行业和房地产行业拉动上下游行业的增加值分别占 GDP 的 7%、17.2%，合计占比 24.2%。2019 年房地产行业及其上下游行业的增加值对 GDP 增长的贡献率分别高达 7%、18%，合计占比 25%，超过采矿业、制造业等其他行业。而在 1999 年，房地产行业占 GDP 的比重仅为 17.1%，对 GDP 增长的贡献仅为 14%。20 年过去了，房地产行业经历了多个周期的宏观调控，但是占 GDP 的比重以及对 GDP 增长的贡献不降反升，分别提高了 7.1 个百分点和 11 个百分点。为了实现全面建成小康社会，房地产行业的稳定运行将是重要保证，对中国上市公司房地产行业进行企业违约预测与信用指数构建具有重要意义。

中国上市公司房地产行业的企业违约预测与信用指数构建包括以下五个内容。

一是通过对上市公司房地产行业 $T-m(m=0, 1, 2, 3, 4, 5)$年的财务数据、非财务数据、宏观数据，以及 T 年的违约与否状态进行实证分析，通过基于经济学含义和偏相关系数的第一次指标筛选和基于支持向量机向前搜索的第二次指标组合遴选，构建具有提前 m 年$(m=0, 1, 2, 3, 4, 5)$违约预警能力的指标体系。

二是通过违约评价方程的违约状态预测值 $\hat{y}$ 与实际值 y 之间的错判误差最小，反推最优的指标权重向量。

三是通过线性判别模型、支持向量机模型、决策树模型等 14 种大数据模型分别建模，并根据精度、可解释性、复杂性的“不可能三角”三个标准进行模型对比分析，最终确定一个能同时兼顾精度高、可解释性强、复杂性低的最佳违约预警模型。

四是利用选取的最佳违约预警模型计算得到房地产行业上市公司的违约概率和信用得分，并分析上市公司房地产行业在不同地区、公司所有制方面的信用特征分布规律。

五是根据得到的上市公司房地产行业的信用得分，构建上市公司房地产行业的年度信用指数和信用风险指数，并分析上市公司房地产行业的信用状况年度发展规律以及预测 2019~2023 年这 5 年的信用状况趋势。

应该指出：用于计算信用指数的信用得分预测值 $S_{j(T+m)}$，共分为两种情况。

情况一：对于 2000~2018 年这 19 年已有指标数据的样本，用的是 $m=0$ 的违约判别模型 $p_{j(T+0)}=f(w_i, x_{ij(T)})$ 计算出的违约概率 $p_{j(T+0)}$和信用得分 $S_{j(T+0)}=(1-p_{j(T+0)})\times 100$。

情况二：对于 2019~2023 年这 5 年没有指标数据的样本，用的是 $m=1, 2, 3, 4, 5$ 时刻的违约预测模型 $p_{j(T+m)}=f(w_i, x_{ij(T)})$计算出的违约概率 $p_{j(T+m)}$和信用得分 $S_{j(T+m)}=(1-p_{j(T+m)})\times 100$。

本章的主要工作如下。

一是通过两阶段的指标遴选方法构建评价指标体系，在具有明确经济学含义的海选指标集中，根据指标间偏相关系数和 F 值筛选出具有违约鉴别能力且指标间信息冗余最小的一组指标；并在第二阶段构建前向选择支持向量机指标遴选模型，以几何平均精度最大为标准，采用前向选择的方法筛选违约鉴别能力最大的指标组合保证构建的评价指标体系具有最大的违约鉴别能力。

二是根据违约状态 y_j 与指标权重的函数关系 $y_j=f(w_i, x_{ij})$，将预测的违约状态 $\hat{y}_j$ 与实际违约状态 y_j 对比后，以违约和非违约两类公司的预测误差最小为目标，构建数学规划模型，反推模型评价指标的最优权重，保证构建的预警方程能够区分违约与非违约公司。

三是以精度排序均值作为模型排序的第 1 标准，可解释性作为第 2 排序标准，复杂性作为第 3 排序标准，在构建的逻辑回归模型、线性判别模型、广义加性模型等 14 个大数据模型中，遴选兼具高精度、强可解释性、低复杂性的最优模型，并使用 T 时刻的指标数据 $x_{ij(T)}$，预测公司 $T+m$ (m=0, 1, 2, 3, 4, 5)时刻的违约状态 $y_{j(T+m)}=f(x_{ij(T)})$、违约概率 $p_{j(T+m)}=g(x_{ij(T)})$和信用得分 $S_{j(T+m)}=(1-p_{j(T+m)})\times100$。

四是通过对不同地区、公司所有制属性的房地产行业上市公司的信用得分进行非参数检验揭示不同地区、不同所有制形式的中国上市公司房地产行业中，哪类公司的信用资质好、哪类公司的信用资质差、哪类公司的信用资质居中，为股票投资、债券投资提供决策依据，为商业银行发放贷款提供参照，为金融监管当局提供监管预警建议。

五是通过将最优违约预警模型计算得到的未来第 $T+m$ 年的违约概率，转换为[0, 100]区间的信用得分后，按资产总额、负债总额、资产总额与负债总额之和的三个标准的选股规则选择典型样本公司，并将典型样本公司的信用得分根据资产总额、负债总额、资产总额与负债总额之和的占比分别进行加权平均，构建信用指数和信用风险指数。信用指数用于反映年度信用发展规律，并预测未来第 $T+m$ 年的违约风险趋势。

9.2　房地产行业的企业违约预测与信用指数构建的原理

中国上市公司房地产行业的企业违约预测与信用指数构建的原理主要包括：信用评级原理、违约预测原理、指数构建原理、14 种违约预警大数据模型构建原理、最优违约预警指标体系遴选原理、基于错判误差最小的指标赋权原理、信用等级划分原理。具体原理介绍详见上文第 3 章，不再赘述。

9.3　房地产行业的数据处理

9.3.1　房地产行业的样本数据介绍

上市公司房地产行业样本数据的含义：中国沪市和深市的 125 家上市公司房地产行业数据。

上市公司房地产行业样本数据的描述：共包含 2000~2018 年这 19 年 125 家房地产行业上市公司的财务、非财务以及宏观指标等数据。通过 Wind 金融数据库、国泰安经济数据库、国家统计局和中国经济社会发展统计数据库搜集，结合经济学含义的进一步遴选，最终建立了包括资产负债率等 138 个财务指标，审计意见类型等 17 个非财务指标，行业景气指数等 49 个宏观指标，1 个违约状态指标在内的共计 205 个指标的上市公司信用风险海选指标集。

违约状态定义[2-3]：将被标记为“ST”的上市公司房地产行业公司，定义为出现财务困境的公司，即违约的差客户，标记为“1”。将没有“ST”标记的上市公司房地产行业公司，定义为没有出现财务困境的公司，即非违约的好客户，标记为“0”。

上市公司房地产行业 $T-m$ 数据的描述：为实现违约风险动态预警的目的，共构造了 6 组 $T-m$(m=0, 1, 2, 3, 4, 5)上市公司房地产行业样本，每组上市公司房地产行业样本是由第 $T-m$ 年的指标数据和第 T 年的违约状态构成。同时，每组 $T-m$(m=0, 1, 2, 3, 4, 5)时间窗口上市公司房地产行业样本分别包含 125 个样本，其中违约样本为 48 个，非违约样本为 77 个。

表 9.1 是 $T-m$(m=0, 1, 2, 3, 4, 5)上市公司房地产行业样本数据概览。其中 a 列是序号，b 列是时间窗口，c 列是公司代码，d 列是指标的标准化数据(标准化处理详见上文“3.6.1 指标数据标准化方法”)。

表 9.1 上市公司房地产行业 $T-m(m=0,1, 2, 3, 4, 5)$时间窗口样本数据概览

(a)序号	(b)时间窗口	(c)公司代码	(d)指标的标准化数据 x_{ij}			
			(1)资产负债率	…	(204)国内专利申请授权数增长率	(205)第 T 年的违约状态
1		600533.SH	0.651	…	0.028	0
2		600158.SH	0.696	…	0.028	0
3	$T-0$	600503.SH	0.704		0.031	1
…		…	…	…	…	…
125		000514.SZ	0.671	…	0.026	0
126		600533.SH	0.657	…	0.602	0
127		600158.SH	0.552	…	0.032	0
128	$T-1$	600503.SH	0.715	…	0.028	1
…		…	…	…	…	…
250		000514.SZ	0.685	…	0.031	0
251		600533.SH	0.704	…	0.031	0
252		600158.SH	0.777	…	0.033	0
253	$T-2$	600503.SH	0.680		0.014	1
…		…	…	…	…	…
375		000514.SZ	0.776	…	0.026	0
376		600533.SH	0.812	…	0.029	0
377		600158.SH	0.825	…	0.023	0
378	$T-3$	600503.SH	0.794		0.061	1
…		…	…	…	…	…
500		000514.SZ	0.749	…	0.039	0
501		600533.SH	0.678	…	0.022	0
502		600158.SH	0.941	…	0.027	0
503	$T-4$	600503.SH	0.918	…	0.030	1
…		…	…	…	…	…
625		000514.SZ	0.740	…	0.023	0
626		600533.SH	0.689	…	0.024	0
627		600158.SH	0.929	…	0.025	0
628	$T-5$	600503.SH	0.794		0.032	1
…		…	…	…	…	…
750		000514.SZ	0.728	…	0.029	0

表 9.2 是 $T-m(m=0, 1, 2, 3, 4, 5)$时间窗口上市公司房地产行业指标标准化数据的描述性统计表。其中，第 1 列是序号，第 2 列是时间窗口，第 3 列是统计量，第 4 列至第 208 列是指标对应的统计值。

表 9.2　上市公司房地产行业 $T-m(m=0,1,2,3,4,5)$时间窗口样本指标数据描述性统计表

(1)序号	(2)时间窗口	(3)统计量	(4)资产负债率	…	(8)权益乘数	…	(206)外商投资企业外方注册资本增长率	(207)国内专利申请授权数增长率	(208)违约状态
1	T–0	平均值	0.728	…	0.834	…	0.171	0.032	0.384
2		标准差	0.117	…	0.200	…	0.052	0.020	0.488
3		中位数	0.718	…	0.898	…	0.165	0.030	0.000
4	T–1	平均值	0.704	…	0.775	…	0.164	0.037	0.384
5		标准差	0.167	…	0.290	…	0.018	0.087	0.488
6		中位数	0.717	…	0.896	…	0.162	0.030	0.000
7	T–2	平均值	0.704	…	0.787	…	0.169	0.028	0.384
8		标准差	0.163	…	0.285	…	0.052	0.006	0.488
9		中位数	0.717	…	0.896	…	0.163	0.028	0.000
10	T–3	平均值	0.707	…	0.783	…	0.164	0.030	0.384
11		标准差	0.161	…	0.295	…	0.043	0.009	0.488
12		中位数	0.718	…	0.898	…	0.165	0.028	0.000
13	T–4	平均值	0.722	…	0.797	…	0.155	0.027	0.384
14		标准差	0.154	…	0.285	…	0.043	0.006	0.488
15		中位数	0.727	…	0.903	…	0.160	0.027	0.000
16	T–5	平均值	0.725	…	0.830	…	0.152	0.029	0.384
17		标准差	0.167	…	0.238	…	0.041	0.007	0.488
18		中位数	0.733	…	0.910	…	0.155	0.028	0.000

9.3.2　房地产行业的训练测试数据划分

训练测试样本划分的目的：将上市公司房地产行业数据划分为训练样本和测试样本。训练样本用于求解模型参数，构建训练模型。测试样本用于验证所构建的模型预测精度效果。

训练测试样本划分比例[4]：70%作为训练样本，30%作为测试样本。

训练测试样本划分方式：随机从 $T-m(m=0, 1, 2, 3, 4, 5)$6 个时间窗口的样本中抽取 70%的非违约公司样本与 70%的违约公司样本共同组成训练样本，剩余的 30%组成测试样本。

非平衡数据处理：由表 9.1(d)列第 205 子列违约状态统计可知，上市公司房地产行业训练样本的违约样本数∶非违约样本数=33∶53≈1∶2，属于非平衡样本。非平衡样本会导致训练得到的模型对违约客户识别率低。为解决样本非平衡问题，本书通过 SMOTE 非平衡样本处理方法[5]，生成虚拟违约公司，扩充训练样本中的违约公司个数，使违约与非违约公司数量比例为 1∶1。

上市公司房地产行业的训练样本数量为 N_{train}、测试样本数量为 N_{test}，SMOTE 扩充的样本数量为 $N_{train}{}^{smote}$，如表 9.3 所示。

表 9.3　房地产行业上市公司的训练测试样本数量一览

序号	(1)样本分类	(2)非违约公司	(3)违约公司	(4)总计
1	$N_{train}=N\times70\%+N_{train}{}^{smote}$	53+0=53	33+20=53	106
2	$N_{test}=N\times30\%$	24	15	39
3	全部样本 N	77	68	145

9.4 房地产行业的违约预警指标体系的建立

根据表 9.3 定义的训练样本 N_{train}，即表 9.1(d)列对应的上市公司房地产行业在 $T\text{–}m(m=0, 1, 2, 3, 4, 5)$的 204 个指标数据，按照上文 3.4.2 节指标遴选原理进行两次指标筛选。

第一次指标遴选是利用上市公司房地产行业的 $T\text{–}m(m=0, 1, 2, 3, 4, 5)$六个时间窗口的样本，从全部 204 个指标中，遴选出冗余度小、经济学含义强的指标，第一次遴选出的指标数量分别是：[138, 142, 137, 125, 123, 128]。

第二次指标组合遴选是利用上市公司房地产行业的 $T\text{–}m(m=0, 1, 2, 3, 4, 5)$六个时间窗口的样本，从第一次指标遴选后剩余指标构成的多个指标组合中，根据几何平均精度最大遴选最优指标组合，最终遴选出最优指标组合中指标数量分别是：[10, 16, 14, 19, 15, 17]。

由 9.4.2 节可知，最终遴选出的指标能够满足 5C 原则[6-7]。其中：资产负债率、净资产收益率(平均)、流动资产/总资产等 16 个指标反映经营能力；应计项目、现金比率和有形资产/总资产等 12 个指标反映资本，派息比税前、管理层持股比例和社会捐赠强度反映品质；广义货币供应量(M2)同比增长率、能源消费总量增长率和国际投资净头寸增长率等 4 个指标反映经营环境。

9.4.1 基于偏相关系数第一次筛选后的指标体系

依照上文 3.4.2 节的步骤 1~步骤 3 进行基于偏相关性分析的第一次指标遴选。以上市公司房地产行业 $T\text{–}0$ 年的指标数据为例进行说明。

步骤 1：同一准则层内指标偏相关系数的计算。将表 9.3 定义的 N_{train} 中 86(即 53+33)家公司对应表 9.1 前 86 行(d)列的 204 个 $T\text{–}0$ 年指标数据 x_{ij}，代入式(3.57)~式(3.60)计算任意两个指标间的偏相关系数。

步骤 2：F 值的计算。将表 9.1 前 86 行(d)列的 204 个 $T\text{–}0$ 年指标数据 x_{ij} 中每一列指标数据，分别代入式(3.61)计算每个指标对应的 F 值。

步骤 3：基于偏相关性分析筛选指标。在步骤 1 计算的偏相关系数大于 0.8 的指标对中，删除指标对中经济学含义不明显的一个指标。由此，$T\text{–}0$ 年的 204 个指标经过第一次指标筛选剩余 138 个指标，将剩余的 138 个指标列于表 9.4(c)列前 138 行。

表 9.4(d)列为训练样本 N_{train} 中 86 个公司第一次指标遴选后剩余的 138 个指标数据，(e)列为测试样本 N_{test} 中 39 个真实公司第一次指标遴选后剩余的 138 个指标数据。

表 9.4 上市公司房地产行业 $T\text{–}0$ 年基于偏相关系数的第一次指标筛选结果

(a)序号	(b)准则层		(c)指标	(d)训练样本 N_{train} 中客户指标标准化数据 x_{ij}			(e)测试样本 N_{test} 中客户指标标准化数据 x_{ij}		
				(1)客户1	…	(86)客户86	(87)客户87	…	(125)客户125
1	公司内部财务因素	偿债能力	X_1 资产负债率	0.651	…	0.696	0.671	…	0.688
…			…	…	…	…	…	…	…
28		盈利能力	X_{39} 净资产收益率(平均)	0.569	…	0.726	0.588	…	0.463
…			…	…	…	…	…	…	…
58		营运能力	X_{88} 流动资产/总资产	0.982	…	0.776	0.910	…	0.486
…			…	…	…	…	…	…	…
81		成长能力	X_{116} 资产总计(相对年初增长率)	0.407	…	0.257	0.377	…	0.290
…			…	…	…	…	…	…	…
97	公司内部非财务因素	股权结构与业绩审计情况	X_{139} 是否为金融机构	0.000	…	0.000	0.000	…	0.000
…			…	…	…	…	…	…	…
103		高管基本情况	X_{147} 监事会持股比例	0.000	…	0.000	0.000	…	0.000
…			…	…	…	…	…	…	…

续表

(a)序号	(b)准则层		(c)指标	(d)训练样本 N_{train} 中客户指标标准化数据 x_{ij}			(e)测试样本 N_{test} 中客户指标标准化数据 x_{ij}		
				(1)客户 1	…	(86)客户 86	(87)客户 87	…	(125)客户 125
107	公司内部非财务因素	公司基本信用情况	X_{151} 缺陷类型	0.731	…	0.731	0.731	…	0.731
108		商业信誉	X_{152} 涉案总件数	0.878	…	0.878	0.878	…	0.878
…			…	…	…	…	…	…	…
110		社会责任	X_{154} 每股社会贡献值	0.000	…	0.000	0.000	…	0.000
…			…	…	…	…	…	…	…
112	外部宏观环境		X_{156} 行业景气指数	0.729	…	0.541	0.541	…	0.773
…			…	…	…	…	…	…	…
139	—		违约状态	0	…	1	0	…	1

上述是 T–0 年的第一次指标遴选过程及结果。同理，根据 T–0 年第一次指标筛选的流程，最终 T–1 年、T–2 年、T–3 年、T–4 年、T–5 年经第一次指标筛选，从 204 个指标中分别遴选出 142 个、137 个、125 个、123 个、128 个指标，将第一次指标遴选结果，分别列入表 9.5 至表 9.9 的(c)列中。

表 9.5　上市公司房地产行业 T–1 年基于偏相关系数的第一次指标筛选结果

(a)序号	(b)准则层		(c)指标	(d)训练样本 N_{train} 中客户指标标准化数据 x_{ij}			(e)测试样本 N_{test} 中客户指标标准化数据 x_{ij}		
				(1)客户 1	…	(86)客户 86	(87)客户 87	…	(125)客户 125
1	公司内部财务因素	偿债能力	X_1 资产负债率	0.657	…	0.552	0.685	…	0.781
…			…	…	…	…	…	…	…
31		盈利能力	X_{40} 净资产收益率(加权)	0.555	…	0.669	0.543	…	0.371
…			…	…	…	…	…	…	…
61		营运能力	X_{88} 流动资产/总资产	0.985	…	0.263	0.911	…	0.341
…			…	…	…	…	…	…	…
85		成长能力	X_{115} 每股净资产(相对年初增长率)	0.486	…	0.525	0.419	…	0.465
…			…	…	…	…	…	…	…
99	公司内部非财务因素	股权结构与业绩审计情况	X_{139} 是否为金融机构	0.000	…	0.000	0.000	…	0.000
…			…	…	…	…	…	…	…
105		高管基本情况	X_{147} 监事会持股比例	0.000	…	0.000	0.000	…	0.001
…			…	…	…	…	…	…	…
109		公司基本信用情况	X_{151} 缺陷类型	0.731	…	0.731	0.731	…	0.731
110		商业信誉	X_{152} 涉案总件数	0.878	…	0.878	0.878	…	0.878
…			…	…	…	…	…	…	…
112		社会责任	X_{154} 每股社会贡献值	0.000	…	0.000	0.000	…	0.000
…			…	…	…	…	…	…	…
114	外部宏观环境		X_{157} 分行业企业家信心指数	0.751	…	0.708	0.708	…	0.061
…			…	…	…	…	…	…	…
143	—		违约状态	0	…	1	0	…	1

表 9.6 上市公司房地产行业 T–2 年基于偏相关系数的第一次指标筛选结果

(a)序号	(b)准则层		(c)指标	(d)训练样本 N_{train} 中客户指标标准化数据 x_{ij}			(e)测试样本 N_{test} 中客户指标标准化数据 x_{ij}		
				(1)客户 1	…	(86)客户 86	(87)客户 87	…	(125)客户 125
1	公司内部财务因素	偿债能力	X_1 资产负债率	0.704	…	0.548	0.767	…	0.804
…			…	…	…	…	…	…	…
32		盈利能力	X_{41} 净资产收益率(扣除/加权)	0.529	…	0.095	0.497	…	0.404
…			…	…	…	…	…	…	…
66		营运能力	X_{88} 流动资产/总资产	0.870	…	0.233	0.915	…	0.349
…			…	…	…	…	…	…	…
90		成长能力	X_{115} 每股净资产(相对年初增长率)	0.492	…	0.453	0.470	…	0.482
…			…	…	…	…	…	…	…
100	公司内部非财务因素	股权结构与业绩审计情况	X_{139} 是否为金融机构	0.000	…	0.000	0.000	…	0.000
…			…	…	…	…	…	…	…
106		高管基本情况	X_{147} 监事会持股比例	0.000	…	0.000	0.000	…	0.001
…			…	…	…	…	…	…	…
109		公司基本信用情况	X_{151} 缺陷类型	0.731	…	0.731	0.731	…	0.731
110		商业信誉	X_{152} 涉案总件数	0.878	…	0.878	0.878	…	0.878
…			…	…	…	…	…	…	…
112		社会责任	X_{154} 每股社会贡献值	0.000	…	0.000	0.000	…	0.000
…			…	…	…	…	…	…	…
114	外部宏观环境		X_{157} 分行业企业家信心指数	0.685	…	0.655	0.655	…	0.708
…			…	…	…	…	…	…	…
138	—		违约状态 y_j	0	…	1	0	…	1

表 9.7 上市公司房地产行业 T–3 年基于偏相关系数的第一次指标筛选结果

(a)序号	(b)准则层		(c)指标	(d)训练样本 N_{train} 中客户指标标准化数据 x_{ij}			(e)测试样本 N_{test} 中客户指标标准化数据 x_{ij}		
				(1)客户 1	…	(86)客户 86	(87)客户 87	…	(125)客户 125
1	公司内部财务因素	偿债能力	X_1 资产负债率	0.812	…	0.547	0.684	…	0.859
…			…	…	…	…	…	…	…
30			X_{38} 每股权益合计	0.436	…	0.189	0.346	…	0.276
31		盈利能力	X_{39} 净资产收益率(平均)	0.518	…	0.602	0.458	…	0.339
…			…	…	…	…	…	…	…
60		营运能力	X_{88} 流动资产/总资产	0.977	…	0.208	0.784	…	0.443
…			…	…	…	…	…	…	…
83		成长能力	X_{115} 每股净资产(相对年初增长率)	0.637	…	0.362	0.410	…	0.428
…			…	…	…	…	…	…	…
91	公司内部非财务因素	股权结构与业绩审计情况	X_{139} 是否为金融机构	1.000	…	0.000	0.000	…	0.000
…			…	…	…	…	…	…	…
97		高管基本情况	X_{147} 监事会持股比例	0.000	…	0.000	0.000	…	0.001
…			…	…	…	…	…	…	…

续表

(a)序号	(b)准则层		(c)指标	(d)训练样本 N_{train} 中客户指标标准化数据 x_{ij}			(e)测试样本 N_{test} 中客户指标标准化数据 x_{ij}		
				(1)客户1	…	(86)客户86	(87)客户87	…	(125)客户125
99	公司内部非财务因素	公司基本信用情况	X_{151} 缺陷类型	0.731	…	0.731	0.731	…	0.731
100		商业信誉	X_{152} 涉案总件数	0.878	…	0.878	0.878	…	0.878
…			…	…	…	…	…	…	…
102		社会责任	X_{154} 每股社会贡献值	0.000	…	0.000	0.000	…	0.000
…			…	…	…	…	…	…	…
104	外部宏观环境		X_{157} 分行业企业家信心指数	0.685	…	0.604	0.604	…	0.655
…			…	…	…	…	…	…	…
126	—		违约状态	0	…	1	0	…	1

表 9.8　上市公司房地产行业 T−4 年基于偏相关系数的第一次指标筛选结果

(a)序号	(b)准则层		(c)指标	(d)训练样本 N_{train} 中客户指标标准化数据 x_{ij}			(e)测试样本 N_{test} 中客户指标标准化数据 x_{ij}		
				(1)客户1	…	(86)客户86	(87)客户87	…	(125)客户125
1	公司内部财务因素	偿债能力	X_1 资产负债率	0.678	…	0.554	0.695	…	0.800
…			…	…	…	…	…	…	…
31		盈利能力	X_{39} 净资产收益率(平均)	0.595	…	0.534	0.514	…	0.463
…			…	…	…	…	…	…	…
61		营运能力	X_{88} 流动资产/总资产	0.965	…	0.177	0.808	…	0.321
…			…	…	…	…	…	…	…
84		成长能力	X_{115} 每股净资产(相对年初增长率)	0.000	…	0.900	0.492	…	0.477
…			…	…	…	…	…	…	…
91	公司内部非财务因素	股权结构与业绩审计情况	X_{139} 是否为金融机构	1.000	…	0.000	0.000	…	0.000
…			…	…	…	…	…	…	…
97		高管基本情况	X_{146} 董事会持股比例	0.000	…	0.000	0.000	…	0.000
…			…	…	…	…	…	…	…
100		公司基本信用情况	X_{151} 缺陷类型	0.731	…	0.731	0.731	…	0.731
101		商业信誉	X_{152} 涉案总件数	0.878	…	0.878	0.878	…	0.878
…			…	…	…	…	…	…	…
103		社会责任	X_{154} 每股社会贡献值	0.000	…	0.000	0.000	…	0.000
…			…	…	…	…	…	…	…
105	外部宏观环境		X_{159} 中长期贷款基准利率	0.577	…	0.641	0.641	…	0.641
…			…	…	…	…	…	…	…
124	—		违约状态 y_j	0	…	1	0	…	1

表 9.9 上市公司房地产行业 *T*–5 年基于偏相关系数的第一次指标筛选结果

(a)序号	(b)准则层		(c)指标	(d)训练样本 N_{train} 中客户指标标准化数据 x_{ij}			(e)测试样本 N_{test} 中客户指标标准化数据 x_{ij}		
				(1)客户1	…	(86)客户86	(87)客户87	…	(125)客户125
1	公司内部财务因素	偿债能力	X_1 资产负债率	0.689	…	0.555	0.752	…	0.820
…			…	…	…	…	…	…	…
30			X_{38} 每股权益合计	0.295	…	0.190	0.454	…	0.311
31		盈利能力	X_{40} 净资产收益率(加权)	0.000	…	0.454	0.460	…	0.323
…			…	…	…	…	…	…	…
60		营运能力	X_{88} 流动资产/总资产	0.959	…	0.137	0.828	…	0.274
…			…	…	…	…	…	…	…
83		成长能力	X_{115} 每股净资产(相对年初增长率)	0.000	…	0.871	0.482	…	0.459
…			…	…	…	…	…	…	…
88	公司内部非财务因素	股权结构与业绩审计情况	X_{139} 是否为金融机构	1.000	…	0.000	0.000	…	0.000
…			…	…	…	…	…	…	…
94		高管基本情况	X_{146} 董事会持股比例	0.000	…	0.000	0.000	…	0.000
…			…	…	…	…	…	…	…
98		公司基本信用情况	X_{151} 缺陷类型	0.731	…	0.731	0.731	…	0.731
99		商业信誉	X_{152} 涉案总件数	0.878	…	0.878	0.878	…	0.878
…			…	…	…	…	…	…	…
101		社会责任	X_{154} 每股社会贡献值	0.000	…	0.000	0.000	…	0.000
…			…	…	…	…	…	…	…
103	外部宏观环境		X_{157} 分行业企业家信心指数	0.643	…	0.685	0.685	…	0.751
…			…	…	…	…	…	…	…
129	—		违约状态	0	…	1	0	…	1

9.4.2 基于支持向量机向前搜索第二次筛选后的指标体系

1. 基于 *T*–0 时间窗口的上市公司房地产行业违约预测指标体系的构建

步骤 4：由 1 个指标构成的指标组合的确定。

由 1 个指标构成的第 1 个指标组合违约预测精度 $\text{G-mean}^1{}_1$ 的确定。根据表 9.4(d)列的上市公司房地产行业训练样本的 *T*–0 时间窗口下第一次遴选后的 138 个指标数据，从第一次遴选出的 138 个指标中选取第 1 个指标(即表 9.4(d)列第 1 行)，即将表 9.4(d)列第 1 行的指标数据和表 9.4(d)列第 139 行的违约状态，代入式(3.22)和式(3.23)求解出线性支持向量机模型的指标权重和截距项参数，并将求解得到的参数代入式(3.24)和式(3.25)得到线性支持向量机违约预测模型。将表 9.4(d)列第 1 行的全部 86 个公司指标数据，代入式(3.25)线性支持向量机违约预测模型计算出违约状态预测值 $\hat{y}_j$(j=1, 2,⋯, 86)，将预测违约状态 $\hat{y}_j$ 与真实违约状态 y_j 进行比较后，代入式(3.55)计算违约预测几何平均精度，记为 $\text{G-mean}^1{}_1$。

同理，从第一次遴选出的 138 个指标中选取第 2 个指标(即表 9.4(d)列第 2 行)，可以得到第 2 个违约预测几何平均精度，记为 $\text{G-mean}^2{}_1$。第一次遴选共剩余 138 个指标，则可以得到 138 个违约预测几何平均精度，记为 $\text{G-mean}^k{}_1$ (k=1, 2, ⋯, 138)。在这 138 个违约预测几何平均精度中选取最大值 $\text{G-mean}^{k^*}{}_1=\max(\text{G-mean}^1{}_1, \text{G-mean}^2{}_1, \cdots, \text{G-mean}^{138}{}_1)$，最高几何平均精度 $\text{G-mean}^{k^*}{}_1$ 的上标 k^*表示第 k^*个指标组合，即由 1 个指标构成的精度最高的指标组合，将其纳入第二次指标遴选中的待选指标组合。将由 1 个指标构成的指标组合的最高几何平均精度 G-mean$^{k^*}_1$ 简化记为 G-mean$_1$。

步骤 5：由 2 个指标构成的指标组合的确定。

在步骤 4 选中的第 k^*个指标这一个指标后，剩余的 137 个指标中，选取一个指标，这里既可以选择剩余的 137 个指标中的第 1 个指标，也可以选择第 137 个指标，与步骤 4 选中的第 k^*个指标形成新的指标组合，因此可以形成 137 个新的由 2 个指标构成的指标组合。将这 137 个指标组合对应的样本数据分别代入式(3.24)和式(3.25)的线性支持向量机违约预测模型，并根据式(3.55)计算得到 137 个违约预测几何平均精度，记为 G-mean$^l_2$ (l=1, 2, …, 137)。在这 137 个违约预测几何平均精度中选择最大值 G-mean$^{l^*}_2$=max(G-mean$^1_2$, G-mean$^2_2$, …, G-mean$^{137}_2$)，最高几何平均精度 G-mean$^{l^*}_2$ 的上标 l^*表示第 l^*个指标组合，即由 2 个指标构成的精度最高的指标组合，将其纳入第二次指标遴选中的待选指标组合。将由 2 个指标构成的指标组合的最高几何平均精度 G-mean$^{l^*}_2$ 简化记为 G-mean$_2$。

步骤 6：遴选最优的违约预测指标组合。

仿照上述步骤 4 至步骤 5，不断地从剩余的指标中依次选取一个指标纳入前一步筛选出的指标组合形成新的指标组合，使得在新的指标组合下，线性支持向量机模型根据式(3.55)所计算的违约预测几何平均精度最大，得到由 s 个指标构成的指标组合的最高违约预测精度 G-mean$_s$(s=1, 2, …, 138)。令 G-mean$_{s^*=10}$= max(G-mean$_1$, G-mean$_2$, …, G-mean$_{138}$)，则 G-mean$_{s^*=10}$ 即为最高几何平均精度的指标组合。最高几何平均精度 G-mean$_{s^*=10}$ 的下标 s^*=10 表示由 10 个指标构成的第 10 个指标组合即为最优指标组合。

应该指出，在指标组合遴选过程中，由于每个指标都有选中与不选中两种状态，138 个指标就有 $(2^{138}-1)\approx 3.48\times 10^{41}$ 种指标组合可能性。遍历所有指标组合的预测精度，以几何平均精度最大为目标函数得到一个最优的指标组合，同时得到显著的大数据降维效果，指标维度降低幅度为 92.75%(=1–10/138)。

表 9.10 中，每一行表示第二次指标组合筛选出的基于 T–0 时间窗口的上市公司违约预测指标。第 1 列是序号，第 2 列是准则层，第 3 列是指标名称，第 4 列是第 3 列指标对应的信用 5C 原则[7-8]。

表 9.10　上市公司房地产行业 T–0 年基于支持向量机向前搜索的第二次指标筛选结果

(1)序号	(2)准则层		(3)指标	(4)信用 5C 原则
1	公司内部财务因素	偿债能力	X_1 资产负债率	能力
2			X_{16} 现金比率	能力
3		营运能力	X_{90} 有形资产/总资产	能力
4		成长能力	X_{123} 应计项目	资本
5			X_{128} 每股净资产增长率	资本
6			…	…
7	公司内部非财务因素	—	X_{144} 派息比税前	品质
8			X_{149} 管理层持股比例	品质
9	外部宏观环境	—	X_{176} 广义货币供应量(M2)同比增长率	条件
10			X_{186} 国际投资净头寸增长率	条件

从表 9.10 可以看出，遴选出的 T–0 时间窗口的指标体系能够反映信用 5C 原则[6-7]，包括资产负债率、现金比率、有形资产/总资产这 3 个财务指标反映企业发展能力；应计项目、每股净资产增长率等财务指标反映公司资本；派息比税前、管理层持股比例反映企业品质；广义货币供应量(M2)同比增长率、国际投资净头寸增长率这 2 个宏观指标反映企业的环境条件。

2. 基于其他时间窗口的上市公司违约预测指标体系的构建

步骤 7：构建其他时间窗口下的违约预测指标体系。仿照步骤 4 至步骤 6，分别在表 9.5 至表 9.9 的上市公司在 T–1 至 T–5 年的第一次指标遴选基础上进行第二次指标组合筛选，第二次指标组合遴选后，T–1 至 T–5 年 5 个时间窗口分别选出了 16 个、14 个、19 个、15 个、17 个指标，列入表 9.11 至表 9.15 的第 3 列。

表 9.11 上市公司房地产行业 T–1 年基于支持向量机向前搜索的第二次指标筛选结果

(1)序号	(2)准则层		(3)指标	(4)信用 5C 原则
1			X_1 资产负债率	能力
…		偿债能力	…	…
11	公司内部财务因素		X_{36} 其他应付款占流动负债总额的比例	能力
12			X_{40} 净资产收益率(加权)	资本
13		盈利能力	…	…
14			X_{66} 扣除非经常损益后的净利润/净利润	资本
15	公司内部非财务因素	—	X_{155} 社会捐赠强度	品质
16	外部宏观环境	—	X_{176} 广义货币供应量(M2)同比增长率	条件

表 9.12 上市公司房地产行业 T–2 年基于支持向量机向前搜索的第二次指标筛选结果

(1)序号	(2)准则层		(3)指标	(4)信用 5C 原则
1			X_1 资产负债率	能力
…		偿债能力	…	…
3			X_{21} 归属母公司股东的权益/带息债务	能力
4			X_{66} 扣除非经常损益后的净利润/净利润	资本
…	公司内部财务因素	盈利能力	…	…
9			X_{84} 营业外收入占营业总收入比重	资本
10		营运能力	X_{99} 账面市值比	能力
…			…	…
12	公司内部非财务因素	—	X_{143} 审计意见类型	品质
…		…	…	…
14	外部宏观环境	—	X_{176} 广义货币供应量(M2)同比增长率	条件

表 9.13 上市公司房地产行业 T–3 年基于支持向量机向前搜索的第二次指标筛选结果

(1)序号	(2)准则层		(3)指标	(4)信用 5C 原则
1		偿债能力	X_1 资产负债率	能力
…			…	…
13	公司内部财务因素	盈利能力	X_{66} 扣除非经常损益后的净利润/净利润	资本
14			…	…
15		成长能力	X_{116} 资产总计(相对年初增长率)	资本
…			…	…
…			…	…
18	外部宏观环境	—	X_{176} 广义货币供应量(M2)同比增长率	条件
19			X_{180} 能源消费总量增长率	条件

表 9.14 上市公司房地产行业 T–4 年基于支持向量机向前搜索的第二次指标筛选结果

(1)序号	(2)准则层		(3)指标	(4)信用 5C 原则
1			X_1 资产负债率	能力
…	公司内部财务因素	偿债能力	…	…
8			X_{25} 息税折旧摊销前利润/负债合计	能力

续表

(1)序号	(2)准则层		(3)指标	(4)信用 5C 原则
9	公司内部财务因素	盈利能力	X_{39} 净资产收益率（平均）	资本
…			…	…
11			X_{65} 所得税/利润总额	资本
12			X_{78} 经济附加值	资本
13		营运能力	X_{101} 销售商品、提供劳务收到的现金与经营活动现金流入总额的百分比	能力
14	公司内部非财务因素	—	X_{141} 业绩预告次数	品质
15	外部宏观环境	—	X_{176} 广义货币供应量(M2)同比增长率	条件

表 9.15 上市公司房地产行业 *T*–5 年基于支持向量机向前搜索的第二次指标筛选结果

(1)序号	(2)准则层		(3)指标	(4)信用 5C 原则
1	公司内部财务因素	偿债能力	X_1 资产负债率	能力
…			…	…
14			X_{18} 现金流量利息保障倍数	能力
15		盈利能力	X_{78} 经济附加值	资本
16		成长能力	X_{101} 销售商品、提供劳务收到的现金与经营活动现金流入总额的百分比	能力
17	外部宏观环境	—	X_{176} 广义货币供应量(M2)同比增长率	条件

9.4.3 遴选出的最优指标体系统计汇总

由上文表 9.10 至表 9.15 可知，对于所有 125 家上市公司房地产行业样本，违约预测的最优指标组合为：由 204 个指标构成的$(2^{204}-1)\approx 2.57\times 10^{61}$个指标组合中，遴选出资产负债率、现金比率、有形资产/总资产等 10 个指标，构成了 *T*–0 年违约判别几何平均精度最大的指标组合；遴选出资产负债率、剔除预收款项后的资产负债率、长期资产适合率等 16 个指标，构成了 *T*–1 年违约预测几何平均精度最大的指标组合；遴选出资产负债率、剔除预收款项后的资产负债率、长期资本负债率等 14 个指标，构成了 *T*–2 年违约预测几何平均精度最大的指标组合；遴选出资产负债率、剔除预收款项后的资产负债率、长期资产适合率等 19 个指标，构成了 *T*–3 年违约预测几何平均精度最大的指标组合；遴选出资产负债率、长期资产适合率、带息债务/全部投入资本等 15 个指标，构成了 *T*–4 年违约预测几何平均精度最大的指标组合；遴选出资产负债率、剔除预收款项后的资产负债率、长期资本负债率等 17 个指标，构成了 *T*–5 年违约预测几何平均精度最大的指标组合。

表 9.16 汇总了 *T*–*m*(*m*=0, 1, 2, 3, 4, 5)年最优指标组合中的指标，并统计了各个指标被选入最优指标组合的次数。表 9.16 中：第 1 列是序号；第 2 列是指标名称；第 3 列是指标在 *T*–*m*(*m*=0, 1, 2, 3, 4, 5)年被选中状态，“1”表示被选中，“0”表示未被选中；第 4 列是指标在 *T*–*m*(*m*=0, 1, 2, 3, 4, 5)年被选中的总次数，等于第 3 列的求和。

表 9.16 上市公司房地产行业 *T*–*m* 年最优指标组合汇总

(1)序号	(2)指标	(3)指标体系						(4)*T*–*m* 年指标被选中的次数
		T–0	*T*–1	*T*–2	*T*–3	*T*–4	*T*–5	
1	X_1 资产负债率	1	1	1	1	1	1	6
2	X_2 剔除预收款项后的资产负债率	0	1	1	1	0	1	4
3	X_3 长期资本负债率	0	0	1	0	0	1	2
…	…	…	…	…	…	…	…	…

续表

(1)序号	(2)指标	(3)指标体系						(4)$T\text{–}m$ 年指标被选中的次数
		T–0	T–1	T–2	T–3	T–4	T–5	
7	X_7 流动负债权益比率	0	1	1	1	0	1	4
8	X_8 带息债务/全部投入资本	0	0	0	1	1	1	3
…	…	…	…	…	…	…	…	…
48	X_{48} 广义货币供应量(M2)同比增长率	1	1	1	1	1	1	6
…	…	…	…	…	…	…	…	…
50	X_{50} 国际投资净头寸增长率	1	0	0	0	0	0	1
51	指标数量合计	10	16	14	19	15	17	—

根据表 9.16 第 2 列可知，对于 125 家上市的房地产公司，违约预测的重要宏观指标：广义货币供应量(M2)同比增长率、能源消费总量增长率、国际投资净头寸增长率这 3 个宏观指标，对上市的房地产公司违约状态预测有显著影响。

根据表 9.16 第 4 列可知，剔除预收款项后的资产负债率、流动负债权益比率这 2 个指标存在于 T–0、T–1、T–2 年的最优指标组合中，说明这 2 个指标对公司未来 0~2 年的短期违约状态具有关键影响。带息债务/全部投入资本这 1 个指标存在于 T–3、T–4、T–5 年的最优指标组合中，说明这 1 个指标对公司未来 3~5 年的中期违约状态具有关键影响。

根据表 9.16 第 4 列可知，因为在 $T\text{–}m(m=0, 1, 2, 3, 4, 5)$年指标被选择的次数为 6 次，所以资产负债率、广义货币供应量(M2)同比增长率这 2 个指标存在于 $T\text{–}m(m=1, 2, 3, 4, 5)$年的最优指标组合中，说明这 2 个指标不论对于公司未来 0~2 年的短期违约预测，还是未来 3~5 年的中期违约状态，均有关键影响。其中，资产负债率的意义在于：当资产负债率充分大时，公司负债数额巨大，公司很可能发生违约，因此是违约预测的关键指标。

综上，对于 125 家上市公司房地产行业样本，违约预测的关键指标：剔除预收款项后的资产负债率、流动负债权益比率这 2 个指标对公司未来 0~2 年的短期违约状态具有关键影响。带息债务/全部投入资本这 1 个指标对公司未来 3~5 年的中期违约状态具有关键影响。资产负债率、长期资产适合率、广义货币供应量(M2)同比增长率这 3 个指标不论对于公司未来 0~2 年的短期违约预测，还是未来 3~5 年的中期违约状态，均有关键影响。

9.5 房地产行业的违约预警模型的精度计算

上文 9.4 节中遴选出了最优指标组合，根据最优指标组合对应的训练样本数据，可分别构建如上文 3.2 节所述的 14 种大数据违约评价模型方案。根据表 9.3 定义的训练样本 N_{train} 分别对应的表 9.10 至表 9.15 所示的 $T\text{–}m(m=0, 1, 2, 3, 4, 5)$时间窗口的训练样本指标数据，求解模型参数得到 14 种违约评价模型，并在表 9.3 定义的测试样本 N_{test} 的 $T\text{–}m(m=0, 1, 2, 3, 4, 5)$时间窗口分别计算 14 种大数据违约评价模型的精度结果。

其中，本书选取的模型违约预测精度评价标准有 5 个，分别是第二类错误、第一类错误、几何平均精度、总体预测精度和 AUC 值，其中各个参数的定义如 3.3 节式(3.53)至式(3.56)所示。

以线性判别模型在 T–1 时间窗口样本的训练和测试为例进行说明。

将表 9.11 第 3 列 16 个指标对应表 9.5(d)列 T–1 时间窗口的经 SMOTE 扩充后的训练样本数据，代入式(3.64)的线性判别模型最优权重向量的目标函数，求解出线性判别模型中 16 个指标的权重向量，并代入式(3.62)和式(3.63)得到违约概率预测方程和违约状态预测方程。

线性判别模型在 T–1 时间窗口样本的违约概率预测方程：

$$\hat{p}(T-1)=20.741\times X_1\text{资产负债率}+\cdots+12.86\times X_{60}\text{净利润/营业总收入}+9.367$$
$$\times X_{155}\text{社会捐赠强度}-11.08\times X_{176}\text{广义货币供应量(M2)同比增长率} \quad (9.1)$$

线性判别模型在 T–1 时间窗口样本的违约状态预测方程如下：

$$\hat{y}_j(T+1)=\begin{cases}1, & \hat{p}_j(T)\geqslant 0.5\\ 0, & \hat{p}_j(T)<0.5\end{cases} \quad (9.2)$$

将表 9.11 第 3 列 16 个指标对应表 9.5(e)列 T–1 时间窗口 39 个公司的测试样本数据，代入式(9.1)得到违约概率预测值 $\hat{p}_j$ (j=1, 2, ⋯, 39)，将违约概率预测值 $\hat{p}_j$ 代入式(9.2)得到违约状态预测值$\hat{y}_j$(j=1, 2,⋯, 39)。将违约状态预测值$\hat{y}_j$与实际值 y_j 进行对比，可得如表 9.17 所示的混淆矩阵中 TP、TN、FP、FN 四个值。将表 9.17 所示的混淆矩阵中 TP、TN、FP、FN 四个值，代入式(3.53)，计算得到第二类错误 Type-Ⅱ Error=FN/(TP+FN)=6/(9+6)=0.4。

表 9.17　违约预测混淆矩阵

客户的真实违约状态	客户的预测违约状态	
	(1)预测违约	(2)预测非违约
(1)真实违约	违约样本判对的个数 TP=9	违约样本判错的个数 FN=6
(2)真实非违约	非违约样本判错的个数 FP=3	非违约样本判对的个数 TN=21

表 9.18 是上市公司房地产行业 T–m(m=0, 1, 2, 3, 4, 5)时间窗口的 14 种大数据违约评价模型方案的测试样本预测精度结果。以线性判别模型在 T–1 时间窗口样本为例，将上文计算得到第二类错误 Type-Ⅱ Error=0.4，列入表 9.18 第 15 行第 4 列。同理，将表 9.17 所示的混淆矩阵中 TP、TN、FP、FN 四个值，分别代入式(3.54)至式(3.56)，并绘制 ROC 曲线，得到其他四个精度结果，分别列入表 9.18 第 15 行第 5~8 列。

表 9.18　上市公司房地产行业 T–m(m=0, 1, 2, 3, 4, 5)时间窗口下模型预测精度结果

(1)序号	(2)时间窗口	(3)模型方案	(4)第二类错误	(5)第一类错误	(6)几何平均精度	(7)总体预测精度	(8)AUC 值
1	T–0	线性判别模型[8]	0.067	0.750	0.483	0.513	0.669
2		逻辑回归模型[9]	0.200	0.375	0.707	0.692	0.725
3		广义加性模型[10]	0.200	0.292	0.753	0.744	0.769
4		线性支持向量机模型[11]	0.067	0.875	0.342	0.436	0.747
5		决策树模型[12-13]	0.200	0.292	0.753	0.744	0.764
6		BP 神经网络模型[14-15]	0.467	0.542	0.494	0.487	0.450
7		K 近邻模型[16-17]	0.200	0.458	0.658	0.641	0.671
8		多数投票线性判别模型[18]	0.000	0.792	0.456	0.513	0.747
9		多数投票逻辑回归模型[18]	0.133	0.375	0.736	0.718	0.733
10		多数投票广义加性模型[18]	0.133	0.292	0.784	0.769	0.803
11		多数投票线性支持向量机模型[19]	0.067	0.792	0.441	0.487	0.692
12		多数投票决策树模型[20]	0.200	0.292	0.753	0.744	0.806
13		多数投票 BP 神经网络模型[21]	0.733	0.250	0.447	0.564	0.533
14		多数投票 K 近邻模型[22]	0.200	0.500	0.632	0.615	0.642
15	T–1	线性判别模型[8]	0.400	0.125	0.725	0.769	0.803
16		逻辑回归模型[9]	0.333	0.167	0.745	0.769	0.776
17		广义加性模型[10]	0.267	0.125	0.801	0.821	0.889
18		线性支持向量机模型[11]	0.400	0.125	0.725	0.769	0.794

续表

(1)序号	(2)时间窗口	(3)模型方案	(4)第二类错误	(5)第一类错误	(6)几何平均精度	(7)总体预测精度	(8)AUC 值
19	T–1	决策树模型[12-13]	0.200	0.417	0.683	0.667	0.763
20		BP 神经网络模型[14-15]	0.400	0.125	0.725	0.769	0.789
21		K 近邻模型[16-17]	0.333	0.125	0.764	0.795	0.771
22		多数投票线性判别模型[18]	0.400	0.167	0.707	0.744	0.814
23		多数投票逻辑回归模型[18]	0.400	0.250	0.671	0.692	0.783
24		多数投票广义加性模型[18]	0.333	0.042	0.799	0.846	0.911
25		多数投票线性支持向量机模型[19]	0.400	0.208	0.689	0.718	0.811
26		多数投票决策树模型[20]	0.333	0.250	0.707	0.718	0.810
27		多数投票 BP 神经网络模型[21]	0.333	0.208	0.726	0.744	0.817
28		多数投票 K 近邻模型[22]	0.333	0.125	0.764	0.795	0.822
29	T–2	线性判别模型[8]	0.267	0.125	0.801	0.821	0.783
30		逻辑回归模型[9]	0.267	0.125	0.801	0.821	0.742
31		广义加性模型[10]	0.933	0.042	0.253	0.615	0.758
32		线性支持向量机模型[11]	0.267	0.167	0.782	0.795	0.817
33		决策树模型[12-13]	0.267	0.250	0.742	0.744	0.700
34		BP 神经网络模型[14-15]	0.267	0.167	0.782	0.795	0.781
35		K 近邻模型[16-17]	0.333	0.083	0.782	0.821	0.792
36		多数投票线性判别模型[18]	0.400	0.167	0.707	0.744	0.839
37		多数投票逻辑回归模型[18]	0.400	0.250	0.671	0.692	0.656
38		多数投票广义加性模型[18]	0.333	0.042	0.799	0.846	0.786
39		多数投票线性支持向量机模型[19]	0.267	0.167	0.782	0.795	0.828
40		多数投票决策树模型[20]	0.267	0.208	0.762	0.769	0.786
41		多数投票 BP 神经网络模型[21]	0.267	0.083	0.820	0.846	0.897
42		多数投票 K 近邻模型[22]	0.333	0.083	0.782	0.821	0.775
43	T–3	线性判别模型[8]	0.200	0.292	0.753	0.744	0.856
44		逻辑回归模型[9]	0.333	0.375	0.646	0.641	0.769
45		广义加性模型[10]	0.400	0.042	0.758	0.821	0.900
46		线性支持向量机模型[11]	0.200	0.292	0.753	0.744	0.894
47		决策树模型[12-13]	0.333	0.250	0.707	0.718	0.776
48		BP 神经网络模型[14-15]	0.400	0.125	0.725	0.769	0.794
49		K 近邻模型[16-17]	0.333	0.333	0.667	0.667	0.667
50		多数投票线性判别模型[18]	0.067	0.458	0.711	0.692	0.908
51		多数投票逻辑回归模型[18]	0.333	0.333	0.667	0.667	0.761
52		多数投票广义加性模型[18]	0.200	0.292	0.753	0.744	0.817
53		多数投票线性支持向量机模型[19]	0.067	0.250	0.837	0.821	0.933
54		多数投票决策树模型[20]	0.200	0.167	0.817	0.821	0.849
55		多数投票 BP 神经网络模型[21]	0.200	0.417	0.683	0.667	0.806
56		多数投票 K 近邻模型[22]	0.400	0.292	0.652	0.667	0.631

续表

(1)序号	(2)时间窗口	(3)模型方案	(4)第二类错误	(5)第一类错误	(6)几何平均精度	(7)总体预测精度	(8)AUC 值
57	T–4	线性判别模型[8]	0.267	0.208	0.762	0.769	0.750
58		逻辑回归模型[9]	0.200	0.250	0.775	0.769	0.833
59		广义加性模型[10]	0.333	0.167	0.745	0.769	0.783
60		线性支持向量机模型[11]	0.267	0.125	0.801	0.821	0.775
61		决策树模型[12-13]	0.267	0.375	0.677	0.667	0.661
62		BP 神经网络模型[14-15]	0.267	0.083	0.820	0.846	0.786
63		K 近邻模型[16-17]	0.267	0.208	0.762	0.769	0.763
64		多数投票线性判别模型[18]	0.267	0.333	0.699	0.692	0.772
65		多数投票逻辑回归模型[18]	0.267	0.292	0.721	0.718	0.756
66		多数投票广义加性模型[18]	0.267	0.042	0.838	0.872	0.842
67		多数投票线性支持向量机模型[19]	0.267	0.125	0.801	0.821	0.792
68		多数投票决策树模型[20]	0.333	0.500	0.577	0.564	0.711
69		多数投票 BP 神经网络模型[21]	0.533	0.167	0.624	0.692	0.711
70		多数投票 K 近邻模型[22]	0.267	0.167	0.782	0.795	0.808
71	T–5	线性判别模型[8]	0.067	0.917	0.279	0.410	0.658
72		逻辑回归模型[9]	0.200	0.750	0.447	0.462	0.689
73		广义加性模型[10]	0.067	0.708	0.522	0.538	0.844
74		线性支持向量机模型[11]	0.067	0.958	0.197	0.385	0.578
75		决策树模型[12-13]	0.000	0.667	0.577	0.590	0.667
76		BP 神经网络模型[14-15]	0.333	0.833	0.333	0.359	0.494
77		K 近邻模型[16-17]	0.200	0.667	0.516	0.513	0.567
78		多数投票线性判别模型[18]	0.000	0.958	0.204	0.410	0.567
79		多数投票逻辑回归模型[18]	0.267	0.542	0.580	0.564	0.628
80		多数投票广义加性模型[18]	0.200	0.375	0.707	0.692	0.758
81		多数投票线性支持向量机模型[19]	0.067	0.958	0.197	0.385	0.636
82		多数投票决策树模型[20]	0.067	0.833	0.394	0.462	0.694
83		多数投票 BP 神经网络模型[21]	0.267	0.792	0.391	0.410	0.472
84		多数投票 K 近邻模型[22]	0.267	0.625	0.524	0.513	0.586

以上是以线性判别模型在 T–1 时间窗口样本为例，说明违约评价模型的精度计算过程。同理，可分别根据上文 3.2 节中的 14 种大数据违约评价模型的表达式，计算在上市公司房地产行业 T–m(m=0, 1, 2, 3, 4, 5) 测试样本上的精度结果，并将精度结果列入表 9.18 中。

由表 9.18 第 8 列 AUC 值可以看出，AUC 值基本都能达到 70%以上[23-24]，表明这 14 种模型在五年的时间窗口均能实现较好的模型预测效果，即模型有五年的预测能力。表 9.18 第 4 列的违约客户错判率第二类错误基本都在 30%以下[25-26]，说明所构建的模型对公司违约具有较好的预测能力。

9.6 房地产行业的最优违约预警模型的对比分析

上市公司违约预警模型最优方案选择共有如下三个选择标准。

第一标准：模型违约预测精度越高，模型方案排名越靠前。

第二标准：模型可解释性越强，模型方案排名越靠前。

第三标准：模型复杂性越低，模型方案排名越靠前。

表 9.19 给出了 14 种模型方案基于上市公司房地产行业样本数据的三个标准排序结果。

表 9.19　上市公司房地产行业最优模型方案的选择

(1)序号	(2)模型方案	(3)标准一：分类精度排序平均值	(4)标准二：可解释性排序[27-28]	(5)标准三：复杂性排序[27, 29]	(6)三个标准的排序平均值
1	线性判别模型[8]	6.40	1	1	2.80
2	逻辑回归模型[9]	6.90	2	2	3.63
3	广义加性模型[10]	5.20	4	3	4.07
4	线性支持向量机模型[11]	6.53	10	4	6.84
5	决策树模型[12-13]	7.67	3	5	5.22
6	BP 神经网络模型[14-15]	7.60	11	7	8.53
7	K 近邻模型[16-17]	6.87	9	6	7.29
8	多数投票线性判别模型[18]	8.27	5	8	7.09
9	多数投票逻辑回归模型[18]	9.07	6	9	8.02
10	多数投票广义加性模型[18]	2.80	8	10	6.93
11	多数投票线性支持向量机模型[19]	6.33	13	11	10.11
12	多数投票决策树模型[20]	6.90	7	12	8.63
13	多数投票 BP 神经网络模型[21]	7.93	14	14	11.98
14	多数投票 K 近邻模型[22]	6.50	12	13	10.50

表 9.19 第 2 列为 14 种模型方案的模型名称。

表 9.19 第 3 列为 14 种模型方案基于标准一预测精度的排序平均值，是基于表 9.18 中五个精度标准的精度排序平均值。排序的平均数值越小，表示模型的预测精度越高，即排序平均值为 2.80 的模型预测精度最高。

表 9.19 第 4 列为 14 种模型方案基于标准二可解释性的排序，是基于现有文献[27-28]对 14 种大数据模型可解释性的排序结果。排序的序号越小，表示模型的可解释性越强，即排序为“1”的模型方案可解释性最强。

表 9.19 第 5 列为 14 种模型方案基于标准三复杂性的排序，是基于现有文献[27, 29]对 14 种大数据模型复杂性的排序结果。排序的序号越小，表示模型的复杂性越低，即排序为“1”的模型方案复杂性最低。

表 9.19 第 6 列为 14 种模型方案三个标准的排序平均值，是第 3 列、第 4 列和第 5 列的算术平均值。排序的平均值越小，表示模型方案越能够同时兼顾精度、可解释性、复杂性这三个因素，越应该被选用，即排序平均值最小的模型方案是最优模型方案。

根据最优方案的三个选择标准，结合表 9.19 第 6 列的排序平均值可以得出，线性判别模型的排序平均值最小。因此，上市公司房地产行业样本的最优模型方案是线性判别模型。

9.7　房地产行业的最优违约预警模型

由 9.6 节可知，上市公司房地产行业的最优模型方案是线性判别模型。

设：$\hat{p}_j(T-m)$ 为第 j 个上市公司 T–m 年预测的违约概率。则根据 9.5 节中求解的上市房地产行业对应的 T–m(m=0, 1, 2, 3, 4, 5)线性判别模型评价方程如下。

上市公司房地产行业的 T–0 违约判别模型，如式(9.3)所示。

$$\hat{p}(T-0)=1.23\times X_1\text{资产负债率}-6.426\times X_{16}\text{现金比率}+\cdots+0.735\times X_{176}\text{广义货币供应量(M2)同比增长率}+5.031\times X_{186}\text{国际投资净头寸增长率} \tag{9.3}$$

上市公司房地产行业的提前 1 年违约预警模型，如式(9.4)所示。

$$\hat{p}(T-1)=20.741\times X_1\text{资产负债率}-5.539\times X_2\text{剔除预收款项后的资产负债率}+\cdots+9.367\times X_{155}\text{社会捐赠强度}-11.08\times X_{176}\text{广义货币供应量(M2)同比增长率} \tag{9.4}$$

上市公司房地产行业的提前 2 年违约预警模型，如式(9.5)所示。

$$\hat{p}(T-2)=-3.85\times X_1\text{资产负债率}-3.367\times X_2\text{剔除预收款项后的资产负债率}+\cdots-6.652\times X_{176}\text{广义货币供应量(M2)同比增长率} \tag{9.5}$$

上市公司房地产行业的提前 3 年违约预警模型，如式(9.6)所示。

$$\hat{p}(T-3)=4.097\times X_1\text{资产负债率}+0.189\times X_2\text{剔除预收款项后的资产负债率}+\cdots+5.257\times X_{180}\text{能源消费总量增长率} \tag{9.6}$$

上市公司房地产行业的提前 4 年违约预警模型，如式(9.7)所示。

$$\hat{p}(T-4)=3.031\times X_1\text{资产负债率}+1.126\times X_4\text{长期资产适合率}-1.776\times X_9\text{带息债务/全部投入资本}+\cdots+3.453\times X_{141}\text{业绩预告次数}+1.164\times X_{176}\text{广义货币供应量(M2)同比增长率} \tag{9.7}$$

上市公司房地产行业的提前 5 年违约预警模型，如式(9.8)所示。

$$\hat{p}(T-5)=-5.902\times X_1\text{资产负债率}+1.224\times X_2\text{剔除预收款项后的资产负债率}+\cdots+6.5\times X_{176}\text{广义货币供应量(M2)同比增长率} \tag{9.8}$$

以上构建的模型式(9.3)至式(9.8)是通过第 T–m 年的指标数据与 T 年违约状态训练得到的提前 m 年违约预警的评价方程，以达到根据第 T 年的指标数据，预测公司第 T+m 年违约状态的目的。应该指出，这里的第 T–m 年的指标数据不是仅包含某一年(如 2008 年)的指标截面数据，而是包含了不同年份(如 2008 年、2014 年等)平移后的指标截面数据。

则第 j 个上市公司房地产行业样本第 T+m 年违约状态预测值 $\hat{y}_j(T+m)$的表达式如下。

$$\hat{y}_j(T+m)=\begin{cases}1, & \hat{p}_j(T)\geqslant 0.5\\ 0, & \hat{p}_j(T)<0.5\end{cases} \tag{9.9}$$

9.8　房地产行业的违约概率和信用得分的确定

由上文 9.7 节可知，最优模型方案为线性判别模型，共构建了 T+m(m=0, 1, 2, 3, 4, 5)共 6 个违约判别或预测模型表达式，如上文式(9.3)至式(9.8)所示。

将表 9.10 第 3 列 T–0 年最优指标体系对应的 2000~2018 年这 19 年上市公司房地产行业样本数据，代入上文式(9.3)，得到上市房地产行业第 T+0 年的违约概率判别值，列入表 9.20 第 3 列。

表 9.20 上市公司房地产行业 2000~2018 年这 19 年的最优模型方案线性判别的预测结果

(1)序号	(2)证券序号	(a)T+0		(b)T+1		(c)T+2		(d)T+3		(e)T+4		(f)T+5	
		(3)违约概率 p_j	(4)信用得分 S_j	(5)违约概率 p_j	(6)信用得分 S_j	(7)违约概率 p_j	(8)信用得分 S_j	(9)违约概率 p_j	(10)信用得分 S_j	(11)违约概率 p_j	(12)信用得分 S_j	(13)违约概率 p_j	(14)信用得分 S_j
1	2000-000002	0.9056	9.44	0.00	100.00	0.0003	99.97	0.1344	86.56	0.0279	97.21	0.7686	23.14
2	2000-000006	0.4897	51.03	0.00	100.00	0.00	100.00	0.4836	51.64	0.2882	71.18	0.9992	0.08
3	2000-000007	0.6258	37.42	1.00	0.00	1.00	0.00	1.00	0.00	0.9439	5.61	0.9937	0.63
…	…	…	…	…	…	…	…	…	…	…	…	…	…
2291	2018-600890	0.9964	0.36	1.00	0.00	0.9994	0.06	0.8407	15.93	0.9998	0.02	0.6147	39.53
2292	2018-601155	0.8479	15.21	0.00	100.00	0.0004	99.96	0.7798	22.02	0.0184	98.16	0.729	27.10
2293	2018-601588	0.7102	28.98	0.00	100.00	0.00	100.00	0.2122	78.78	0.5573	44.27	0.9963	0.37

如表 9.20 第 1 行所示，证券序号“2000-000002”表示 2020 年代码为“000002”上市公司。第 1 行第 3 列表示“000002”上市公司在 2000 年的违约概率判别值 p_j=0.9056，将违约概率判别值 p_j=0.9056 代入上文式(3.3)的信用得分表达式，得到“000002”上市公司 2000 年信用得分 $S_j=(1-p_j)\times100=(1-0.9056)\times100=9.44$，列入表 9.20 第 1 行第 4 列。

同理，对于表 9.11 至表 9.15 的 $T-m(m=1, 2, 3, 4, 5)$年的最优指标体系的数据，代入式(9.4)至式(9.8)，可分别计算 $T+m(m=1, 2, 3, 4, 5)$年的上市公司违约概率值 p_j 和信用得分值 S_j，将预测结果列入表 9.20 第 5 列至第 14 列。

由此得到表 9.20 所示的 2000~2018 年这 19 年上市公司最优模型方案线性判别模型的 $T+m(m=0, 1, 2, 3, 4, 5)$违约概率与信用得分结果。

表 9.21 是中国上市公司房地产行业 2000~2023 年这 24 年的违约概率和信用得分结果。

表 9.21 上市公司房地产行业 2000~2023 年这 24 年的违约概率和信用得分结果

(1)序号	(2)证券代码	(3)年份	(4)行业	(5)省区市	(6)所有制	(7)违约概率 $p_{j(T+m)}$	(8)信用得分 $S_{j(T+m)}$
1	000981.SZ	2000	房地产行业	甘肃省	外资企业	0.0023	99.77
2	600266.SH	2000	房地产行业	北京市	地方国有企业	0.0055	99.45
3	600657.SH	2000	房地产行业	北京市	中央国有企业	0.0098	99.02
…	…	…	…	…	…	…	…
2171	000002.SZ	2018	房地产业	广东省	公众企业	0.5972	40.28
2172	000006.SZ	2018	房地产业	广东省	地方国有企业	0.3265	67.35
2173	000007.SZ	2018	房地产业	广东省	民营企业	0.3485	65.15
…	…	…	…	…	…	…	…
2294	000002.SZ	2019	房地产业	广东省	公众企业	0.5229	47.71
2295	000006.SZ	2019	房地产业	广东省	地方国有企业	0.3664	63.36
2296	000007.SZ	2019	房地产业	广东省	民营企业	0.4290	57.10
…	…	…	…	…	…	…	…
2417	000002.SZ	2020	房地产业	广东省	公众企业	0.7391	26.09
2418	000006.SZ	2020	房地产业	广东省	地方国有企业	0.4325	56.75
2419	000007.SZ	2020	房地产业	广东省	民营企业	0.6049	39.51
…	…	…	…	…	…	…	…
2540	000002.SZ	2021	房地产业	广东省	公众企业	0.5033	49.67

续表

(1)序号	(2)证券代码	(3)年份	(4)行业	(5)省区市	(6)所有制	(7)违约概率 $p_{j(T+m)}$	(8)信用得分 $S_{j(T+m)}$
2541	000006.SZ	2021	房地产业	广东省	地方国有企业	0.3334	66.66
2542	000007.SZ	2021	房地产业	广东省	民营企业	0.6824	31.76
…	…	…	…	…	…	…	…
2663	000002.SZ	2022	房地产业	广东省	公众企业	0.1665	83.35
2664	000006.SZ	2022	房地产业	广东省	地方国有企业	0.0000	100.00
2665	000007.SZ	2022	房地产业	广东省	民营企业	0.0009	99.91
…	…	…	…	…	…	…	…
2786	000002.SZ	2023	房地产业	广东省	公众企业	1.0000	0.00
2787	000006.SZ	2023	房地产业	广东省	地方国有企业	1.0000	0.00
2788	000007.SZ	2023	房地产业	广东省	民营企业	1.0000	0.00

表 9.21 中，第 1~2293 行是 2000~2018 年这 19 年公司数据按上文式(9.3)计算的 T+0 判别的信用得分结果。第 2294~2788 行是根据 2018 年的公司数据，分别按上文式(9.4)至式(9.8)的 T+1~T+5 预测的信用得分结果。

将表 9.10 第 3 列 T–0 年最优指标体系对应的 2000~2018 年这 19 年 2293 家上市公司数据，代入上文式(9.3)，得到上市公司第 T+0 年的违约概率判别值 $p_{j(T+0)}$，列入表 9.21 第 7 列第 1~2293 行，并将违约概率判别值 $p_{j(T+0)}$代入上文式(3.3)的信用得分表达式得到信用得分 $S_{j(T+0)}$，列入表 9.21 第 8 列第 1~2293 行。

将表 9.11 第 3 列 T–1 年最优指标体系对应的 2018 年 123 家上市公司数据，代入上文式(9.4)，得到上市公司第 T+1 年的违约概率预测值 $p_{j(T+1)}$，并将违约概率预测值 $p_{j(T+1)}$代入上文式(3.7)的信用得分表达式得到 2019 年信用得分预测值 $S_{j(T+1)}$，列入表 9.21 第 8 列第 2293~2416 行。同理，可根据式(9.5)至式(9.8)预测 2020 年至 2023 年这四年的信用得分 $S_{j(T+m)}$，并将结果列入表 9.21 第 7 列第 2417~2788 行。

9.9 房地产行业的信用等级划分

以 T+0 年的信用等级划分为例进行说明。

将表 9.20 第 4 列的 T+0 年信用得分 S_j 按降序排列，结果对应列入表 9.22 第 3 列。表 9.22 第 4 列违约概率 p_j 来自表 9.20 第 3 列。表 9.22 第 5 列负债总额数据来源于 Wind 数据库。表 9.22 第 6 列应收未收本息数据等于表 9.22 第 4 列和第 5 列的乘积。表 9.22 第 7 列应收本息数据等于表 9.22 第 5 列。

表 9.22　上市公司房地产行业最优模型方案线性判别的 T+0 年信用等级划分数据

(1)序号	(2)证券代码	(3)信用得分 S_j	(4)违约概率 p_j	(5)负债总额 D_j/元	(6)应收未收本息 L_j/元	(7)应收本息 R_j/元
1	2007-002147	99.998	0.000 02	46 283 867.18	925.68	46 283 867.18
2	2007-002133	99.996	0.000 04	3 043 916 092	121 756.64	3 043 916 092
3	2002-600510	99.98	0.000 2	349 193 335.3	69 838.67	349 193 335.3
…	…	…	…	…	…	…
1 310	2016-600052	30.785	0.692 15	2 444 319 599	1 691 835 810.45	2 444 319 599
…	…	…	…	…	…	…
2 293	2017-000616	0.050 0	0.999 5	1 095 656 132	1 095 108 303.93	1 095 656 132

依据上文 3.4.2 节的信用等级划分模型，将表 9.22 第 6~7 列的应收未收本息 L_j、应收本息 R_j 数据代入上文式(3.68)至式(3.71)的信用等级划分模型，根据迟国泰教授科研创新团队的发明专利“信用等级越高，违约损失率越低”的违约金字塔原理[30]，得到的评级结果如表 9.23 第 3~5 列所示。

表 9.23　上市公司房地产行业最优模型方案线性判别的 T+0 年信用等级划分结果

(1)序号	(2)等级	(3)信用得分区间	(4)样本数	(5)违约损失率/%	(6)信用度
1	AAA	30.785≤S≤100	1310	29.35	特优
…	…	…	…	…	…
4	BBB	20.508≤S<23.576	91	77.99	较好
…	…	…	…	…	…
7	CCC	7.933≤S<14.118	230	88.86	差
…	…	…	…	…	…
9	C	0≤S<4.865	209	98.14	极差

根据表 9.23 第 4 列可知，T+0 年 AAA 级公司样本数为 1310 个，即 AAA 级公司为按照信用得分降序排列后的第 1~1310 个公司。由表 9.22 第 3 列可知，第 1310 行证券代码“2016-600052”公司对应的信用得分为 30.785，故 AAA 级公司的信用得分区间为 30.785≤S≤100，列入表 9.23 第 3 列第 1 行，即 T+0 年信用得分落在区间 30.785≤S≤100 的公司均为 AAA 级公司。同理，可得 AA、A、…、C 等其余 8 个等级划分结果，对应列入表 9.23 第 2~9 行。由 AAA、AA、A、BBB、BB、B、CCC、CC、C 依次对应特优、优、良、较好、一般、较差、差、很差、极差，列入表 9.23 第 6 列。

以上是上市公司房地产行业最优模型方案线性判别的 T+0 年信用等级划分结果。同理，可得到 $T+m(m=1, 2, 3, 4, 5)$年的上市公司房地产行业的等级划分结果，如表 9.24 至表 9.28 所示。

表 9.24　上市公司房地产行业最优模型方案线性判别的 T+1 年信用等级划分结果

(1)序号	(2)等级	(3)信用得分区间	(4)样本数	(5)违约损失率/%	(6)信用度
1	AAA	49.68≤S≤100	1491	1.02	特优
…	…	…	…	…	…
4	BBB	11.697≤S<25.807	111	81.79	较好
…	…	…	…	…	…
7	CCC	3.444≤S<4.121	104	96.24	差
…	…	…	…	…	…
9	C	0≤S<0.134	353	99.98	极差

表 9.25　上市公司房地产行业最优模型方案线性判别的 T+2 年信用等级划分结果

(1)序号	(2)等级	(3)信用得分区间	(4)样本数	(5)违约损失率/%	(6)信用度
1	AAA	49.946≤S≤100	1233	1.25	特优
…	…	…	…	…	…
4	BBB	0.153≤S<9.345	183	98.95	较好
…	…	…	…	…	…
7	CCC	0.01≤S<0.032	359	99.98	差
…	…	…	…	…	…
9	C	0≤S<0.002	382	100.00	极差

表 9.26　上市公司房地产行业最优模型方案线性判别的 $T+3$ 年信用等级划分结果

(1)序号	(2)等级	(3)信用得分区间	(4)样本数	(5)违约损失率/%	(6)信用度
1	AAA	$49.734 \leqslant S \leqslant 100$	1143	11.75	特优
…	…	…	…	…	…
4	BBB	$0.023 \leqslant S < 0.261$	404	99.88	较好
…	…	…	…	…	…
7	CCC	$0.002 \leqslant S < 0.003$	210	99.9997	差
…	…	…	…	…	…
9	C	$0 \leqslant S < 0.001$	198	100.00	极差

表 9.27　上市公司房地产行业最优模型方案线性判别的 $T+4$ 年信用等级划分结果

(1)序号	(2)等级	(3)信用得分区间	(4)样本数	(5)违约损失率/%	(6)信用度
1	AAA	$48.581 \leqslant S \leqslant 100$	1488	10.74	特优
…	…	…	…	…	…
4	BBB	$15.296 \leqslant S < 21.402$	112	81.71	较好
…	…	…	…	…	…
7	CCC	$3.722 \leqslant S < 8.903$	275	93.89	差
…	…	…	…	…	…
9	C	$0 \leqslant S < 2.791$	174	99.74	极差

表 9.28　上市公司房地产行业最优模型方案线性判别的 $T+5$ 年信用等级划分结果

(1)序号	(2)等级	(3)信用得分区间	(4)样本数	(5)违约损失率/%	(6)信用度
1	AAA	$29.577 \leqslant S \leqslant 100$	1108	23.71	特优
…	…	…	…	…	…
4	BBB	$8.606 \leqslant S < 8.82$	141	91.29	较好
…	…	…	…	…	…
7	CCC	$2.312 \leqslant S < 4.483$	345	96.81	差
…	…	…	…	…	…
9	C	$0 \leqslant S < 1.272$	275	99.36	极差

9.10　房地产行业的信用特征分析

9.10.1　地区的信用特征分析

为检验不同地区上市公司房地产行业的信用得分是否存在显著差异，本书根据表 9.21 第 5 列的 23 个中国省区市(港澳台除外，包括房地产行业的仅有 23 个省区市)和第 8 列的信用得分，统计出 23 个省区市的信用得分平均值、最大值、最小值、标准差、中位数和样本数量，列在表 9.29 的第 3~8 列。

表 9.29　房地产行业上市公司省区市信用特征描述表

(1)序号	(2)省区市	(3)信用得分平均值	(4)信用得分最大值	(5)信用得分最小值	(6)信用得分标准差	(7)信用得分中位数	(8)样本数量
1	湖北省	61.58	99.91	0.00	22.72	59.97	66

续表

(1)序号	(2)省区市	(3)信用得分平均值	(4)信用得分最大值	(5)信用得分最小值	(6)信用得分标准差	(7)信用得分中位数	(8)样本数量
2	河北省	60.18	100.00	0.00	23.03	56.10	44
3	云南省	59.09	99.96	0.00	22.89	58.94	48
…	…	…	…	…	…	…	…
10	江苏省	53.13	99.85	0.00	22.95	54.95	153
11	北京市	52.20	100.00	0.00	24.16	53.65	405
12	四川省	49.45	99.31	0.00	21.33	48.02	48
…	…	…	…	…	…	…	…
21	江西省	42.28	90.68	0.00	24.03	46.47	24
22	陕西省	34.97	100.00	0.00	27.87	41.19	24
23	山东省	34.34	93.60	0.00	23.78	31.76	48

其中，表 9.29 第 8 列的样本数量是 2000~2023 年这 24 年的房地产行业上市公司总数，这里的总数包括相同企业不同年份的重复计数。例如，同一个企业 2000~2023 年这 24 年，数量记为 24，其他企业的统计同理。

同时，为检验两两省区市之间的信用得分是否存在显著差异，本书采用曼-惠特尼 U 检验[31]来进行显著性水平检验。以江西省与云南省为例，根据表 9.29 第 1 列第 3、21 行的序号排序和第 8 列第 3、21 行的公司数量计算得到曼-惠特尼 U 检验统计量为 356.00，列入表 9.30 第 1 行第 3 列。通过查曼-惠特尼 U 检验统计量的显著性水平表，将对应的 p 值 0.004 列入表 9.30 第 1 行第 4 列。同理，将其他任意两个省区市的曼-惠特尼 U 检验结果列在表 9.30 第 2~253 行。

表 9.30 房地产行业的省区市之间信用得分的差异性检验

(1)序号	(2)省区市两两比较	(3)曼-惠特尼 U 检验统计量值	(4)p 值
1	江西省与云南省	356.00***	0.004
2	江西省与广西壮族自治区	194.50**	0.028
3	江西省与吉林省	642.00**	0.030
…	…	…	…
252	湖北省与重庆	2036.00***	0.000
253	陕西省与重庆	863.00**	0.029

***、**、*分别表示在 99%、95%、90%的置信水平下显著

表 9.29 和表 9.30 的实证结果表明，中国上市公司房地产行业的省区市特征为：湖北省、河北省、云南省等 9 个省区市的信用资质最高，江苏省、北京市、四川省等 7 个省区市的信用资质居中，江西省、陕西省、山东省等 7 个省区市的信用资质最低。并且，任意两个省区市间的信用资质经曼-惠特尼 U 检验均存在显著差异。23 个省区市之间的信用资质存在显著差异。

根据上市公司房地产行业的 23 个省区市地理区域分布统计可知，信用得分高于 54 的信用资质较好的省区市基本分布在环渤海、中部、南部地区。信用得分介于 47 和 54 之间的信用资质居中的省区市基本分布在长三角和川渝地区。信用得分低于 47 的信用资质较差的省区市基本分布在西北地区和西南地区。

造成省区市信用特征产生差异的原因可能是，相比于西部内陆地区，环渤海、中部、南部地区的公司融资渠道和投资机会更多，从而公司的资金运营能力和盈利能力更强，信用资质也就更好。

9.10.2 公司所有制的信用特征分析

公司所有制属性的信用特征分布是一个值得研究的话题，现有文献[32]认为相比于中国非国有公司，

国有公司拥有更高的平均收益率和更有竞争力的其他优势。本书根据大股东和实际控制人将上市公司的所有制属性分为 7 类，分别是中央国有企业、地方国有企业、民营企业、集体企业、公众企业、外资企业和由协会等实际控股的其他所有制企业。上市公司房地产行业的 7 个所有制属性，如表 9.31 第 2 列所示。

表 9.31　房地产行业公司所有制属性信用特征描述表

(1)序号	(2)所有制属性	(3)信用得分平均值	(4)信用得分最大值	(5)信用得分最小值	(6)信用得分标准差	(7)信用得分中位数	(8)样本数量
1	集体企业	63.30	99.91	0.00	20.92	59.31	24
2	公众企业	58.06	99.99	0.00	22.18	59.28	144
3	中央国有企业	54.43	100.00	0.00	24.64	55.42	261
4	外资企业	54.04	100.00	0.00	23.50	53.25	192
5	地方国有企业	51.79	100.00	0.00	24.62	53.68	1116
6	民营企业	49.82	100.00	0.00	25.54	50.84	1099
7	其他所有制企业	44.73	100.00	0.00	24.35	49.59	72

本书根据表 9.21 第 6 列的 7 个所有制属性和第 8 列的信用得分，统计出 7 个所有制属性的信用得分平均值、最大值、最小值、标准差、中位数等，列在表 9.31 的第 3~8 列。

其中，表 9.31 第 8 列的样本数量是 2000~2023 年这 24 年的房地产行业上市公司总数，这里的总数包括相同企业不同年份的重复计数。例如，同一个企业 2000~2023 年这 24 年，数量记为 24，其他企业的统计同理。

同时，为检验两两地区之间的信用得分是否存在显著差异，本书采用曼-惠特尼 U 检验[30]来进行显著性水平检验。以集体企业与外资企业为例，根据表 9.31 第 1 列第 1、4 行的序号排序和第 8 列第 1、4 行的公司数量，计算得到曼-惠特尼 U 检验统计量为 1712.00，列入表 9.32 第 1 行第 3 列。通过查曼-惠特尼 U 检验统计量的显著性水平表，将对应的 p 值 0.02 列入表 9.32 第 1 行第 4 列。同理，将其他任意两个所有制属性的曼-惠特尼 U 检验结果列在表 9.32 第 2~21 行。

表 9.32　房地产行业公司所有制之间信用得分的差异性检验

(1)序号	(2)公司所有制两两比较	(3)曼-惠特尼 U 检验统计量值	(4)p 值
1	外资企业与集体企业	1 712.00***	0.02
2	外资企业与民营企业	95 511.00***	0.02
3	外资企业与其他所有制企业	5 568.00***	0.01
…	…	…	…
19	民营企业与集体企业	8 893.50***	0.00
20	民营企业与公众企业	63 014.00***	0.00
21	集体企业与中央国有企业	2 465.50**	0.04

***、**、*分别表示在 99%、95%、90%的置信水平下显著

表 9.31 和表 9.32 的实证结果表明，中国房地产行业上市公司的所有制属性信用特征为：集体企业和公众企业这 2 类所有制的信用资质最高，中央国有企业、外资企业和地方国有企业这 3 类所有制的信用资质次之，民营企业和其他所有制企业这 2 类所有制的信用资质最低。并且，任意两类所有制公司的信用资质均存在显著差异。

造成房地产行业上市公司所有制属性信用特征分布差异的原因可能是：集体企业是我国社会主义公有制经济的组成部分，可以保证成员个人利益，能充分发挥中国特色社会主义的制度优势，信用资质相对较好。国有企业经营管理方面以平稳发展为主，信用资质居中。而由协会等实际控股的其他所有制企业可能由于追求快速发展，风险性投资较多，从而信用资质不佳。

9.11 房地产行业的信用指数分析

表 9.33 第 5~7 列是上市公司房地产行业的资产总额 A_j、负债总额 L_j、资产总额加负债总额(A_j+L_j)数据，是在 Wind 数据库查询得到的。表 9.33 第 8 列信用得分 $S_{j(T+m)}$来自上文表 9.21 的第 8 列。其中，对于 2000 年至 2018 年这 19 年已有指标数据的公司，用的是 m=0 的信用得分 $S_{j(T+0)}$；对于 2019 年至 2023 年这五年没有指标数据的公司，用的是 m=1, 2, 3, 4, 5 时刻预测的信用得分 $S_{j(T+m)}$。

表 9.33 上市公司房地产行业的资产总额、负债总额、资产总额加负债总额和信用得分结果

(1)序号	(2)证券代码	(3)证券简称	(4)年份	(5)资产总额 A_j/元	(6)负债总额 L_j/元	(7)资产总额加负债总额(A_j+L_j)/元	(8)信用得分 $S_{j(T+m)}$
1	000002.SZ	万科	2000	5 622 247 215.00	2 656 602 254.00	8 278 849 469.00	70.57
2	000006.SZ	深振业	2000	3 787 811 194.00	2 523 867 313.00	6 311 678 507.00	7.09
3	000007.SZ	全新好	2000	951 889 239.60	813 920 414.80	1 765 809 654.40	0.12
…	…		…	…	…	…	…
110	600890.SH	中房股份	2000	1 198 111 177.00	329 043 143.70	1 527 154 320.70	93.57
…	…		…	…	…	…	…
2 293	601588.SH	北辰实业	2018	91 894 399 862.00	75 050 416 145.00	166 944 816 007.00	45.16
2 294	000002.SZ	万科	2019	1 822 478 469.00	729 720 291.90	2 552 198 760.90	47.71
…	…		…	…	…	…	…
2 417	000002.SZ	万科	2020	1 822 478 469.00	729 720 291.90	2 552 198 760.90	26.09
…	…		…	…	…	…	…
2 908	601588.SH	北辰实业	2023	91 894 399 862.00	75 050 416 145.00	166 944 816 007.00	0.00

9.11.1 基于资产总额标准的信用指数计算

以 2000 年基于资产总额标准的信用指数计算为例进行说明。

1. 基于资产总额标准的典型公司样本选取

将表 9.33 第 1~110 行第 5 列资产总额 A_j 由高到低进行排序，并在表 9.33 第 1~110 行 2000 年的 110 家上市公司中选取年资产总额排名前 10%的公司，即 $N^A{}_{(2000)}$=110×10%=11 家上市公司，作为 2000 年信用指数构建的典型公司。将这 11 家典型公司的证券代码、证券简称、年份、资产总额 $A_{j(2000)}$分别列入表 9.34 第 2~5 列的第 1~11 行。

表 9.34 上市公司房地产行业基于资产总额标准选取的典型公司样本

(1)序号	(2)证券代码	(3)证券简称	(4)年份	(5)资产总额 $A_{j(T+m)}$/万元	(6)典型公司样本权重 $W^A{}_{j(T+m)}$	(7)信用得分 $S_{j(T+m)}$
1	600663.SH	陆家嘴	2000	738 460.17	0.14	88.36
2	600649.SH	城投控股	2000	705 140.44	0.14	93.00
3	600266.SH	北京城建	2000	673 937.69	0.13	4.27
…	…	…	…	…	…	…
11	000797.SZ	中国武夷	2000	314 865.49	0.06	21.14
12	600663.SH	陆家嘴	2001	752 830.24	0.14	42.51
…		…	…	…	…	
283	600622.SH	光大嘉宝	2023	2 509 946.07	0.01	0.00

以上是 2000 年基于资产总额标准的指数构建典型公司的选取。同理，可以得到 2001~2023 年的典型

公司样本，将典型公司样本的结果列入表 9.34 第 12~283 行。

2. 基于资产总额标准的典型公司权重计算

将上文计算的 2000 年典型公司个数 $N^A_{(2000)}=11$ 和表 9.34 第 5 列的资产总额 $A_{j(2000)}$代入上文式(3.82)，得到 2000 年典型公司的权重。

以第 1 个典型公司"陆家嘴(600663.SH)"的指数权重 $W^A_{1(2000)}$为例。

将表 9.34 第 5 列第 1 行的资产总额 $A_{1(2000)}=738\ 460.17$ 代入上文式(3.82)的分子，得到权重如下。

$$W^A_{1(2000)}=A_{1(2000)}/(A_{1(2000)}+\cdots+A_{11(2000)})=738\ 460.17/(738\ 460.17+\cdots+314\ 865.49)=0.14 \tag{9.10}$$

将式(9.10)的结果列入表 9.34 第 6 列第 1 行。同理，将表 9.34 第 5 列第 2~11 行的资产总额 $A_{j(2000)}$分别代入式(3.82)的分子，分别得到 2000 年其他 10 个典型公司的权重 $W^A_{j(2000)}(j=2, 3, \cdots, 11)$，列入表 9.34 第 6 列第 2~11 行。

以上是基于资产总额标准的 2000 年的典型公司样本权重的计算。同理，可以得到基于资产总额标准的 2001~2023 年的典型公司样本权重 $W^A_{j(T+m)}$，将结果列入表 9.34 的第 6 列第 12~283 行。

3. 基于资产总额标准的信用指数计算过程

根据上文表 9.21 第 2 列的证券代码和第 8 列的信用得分，将表 9.34 第 7 列的信用得分 $S_{j(T+m)}$对应填充。

将表 9.34 第 1~11 行的 2000 年 11 家典型公司对应的第 6 列权重 $W^A_{j(T+m)}$、第 7 列信用得分 $S_{j(T+m)}$，以及上文选取的 2000 年典型公司个数 $N^A_{(2000)}=11$，代入上文式(3.85)，得到 2000 年典型公司样本基于资产总额标准的信用得分加权平均值 $\overline{S}^A_{(2000)}$ 如下。

$$\overline{S}^A_{(2000)}=\sum_{j=1}^{11} W^A_{j(2000)} S_{j(2000)}=52.12 \tag{9.11}$$

将式(9.11)计算的 2000 年典型公司样本基于资产总额标准的信用得分加权平均值 $\overline{S}^A_{(2000)}=52.12$，代入上文式(3.86)，得到 2000 年典型公司样本基于资产总额标准的信用指数 $\mathrm{CI}^A_{(2000)}$如下。

$$\mathrm{CI}^A_{(2000)}=\frac{\overline{S}^A_{(2000)}}{\overline{S}^A_{(2000)}}\times 1000=\frac{52.12}{52.12}\times 1000=1000 \tag{9.12}$$

将式(9.12)计算的 2000 年典型公司样本基于资产总额标准的信用指数 $\mathrm{CI}^A_{(2000)}=1000$，列入表 9.35 第 3 列第 1 行。

表 9.35　上市公司房地产行业 2000~2023 年这 24 年的信用指数表

(1)序号	(2)年份	(3)资产总额前 10%的年度信用指数 $\mathrm{CI}^A_{(T+m)}$	(4)负债总额前 10%的年度信用指数 $\mathrm{CI}^L_{(T+m)}$	(5)基于资产总额加负债总额的年度信用指数 $\mathrm{CI}^{A+L}_{(T+m)}$
1	2000	1000.00	1000.00	1000.00
2	2001	989.26	806.68	1043.40
3	2002	916.75	693.09	969.76
…	…	…	…	…
8	2007	835.67	603.50	851.11
9	2008	537.36	614.52	589.64
10	2009	368.73	381.12	368.65
…	…	…	…	…
15	2014	225.05	227.81	211.87
16	2015	165.61	196.98	179.15
…	…	…	…	…
20	2019	1911.56	2518.04	2160.39
21	2020	416.30	366.87	434.07
…	…	…	…	…
24	2023	126.41	177.13	138.58

同理，可计算 2001 年的信用得分加权平均值 $\overline{S}^{A}_{(2001)}$=51.56 和信用指数 $CI^{A}_{(2001)}$= (51.56/52.12)×1000= 989.26，列入表 9.35 第 3 列第 2 行。

以上是上市公司基于资产总额标准的 2000 年和 2001 年的信用指数计算。依次类推，将基于资产总额标准的 2002~2023 年的信用指数计算结果分别列入表 9.35 第 3 列第 3~24 行。

9.11.2 基于负债总额标准的信用指数计算

以 2000 年的基于负债总额标准的信用指数计算为例进行说明。

1. 基于负债总额标准的典型公司样本选取

将表 9.33 第 1~110 行第 6 列负债总额 L_j 由高到低进行排序，并在表 9.33 第 1~110 行 2000 年的 110 家上市公司中选取年负债总额排名前 10%的公司，即 $N^{L}_{(2000)}$=110×10%=11 家上市公司，作为 2000 年信用指数构建的典型公司。将这 11 个典型公司的证券代码、证券简称、年份、负债总额 $L_{j(2000)}$分别列入表 9.36 第 2~5 列的第 1~11 行。

表 9.36 上市公司房地产行业基于负债总额标准选取的典型公司样本

(1)序号	(2)证券代码	(3)证券简称	(4)年份	(5)负债总额 $L_{j(T+m)}$/万元	(6)典型公司样本权重 $W^{L}_{j(T+m)}$	(7)信用得分 $S_{j(T+m)}$
1	600266.SH	北京城建	2000	497 281.89	0.18	4.27
2	000886.SZ	海南高速	2000	270 386.56	0.10	96.10
3	600663.SH	陆家嘴	2000	264 461.70	0.10	88.36
…	…	…	…	…	…	…
11	600007.SH	中国国贸	2000	161 589.20	0.06	99.39
12	600675.SH	中华企业	2001	372 727.96	0.13	2.10
…	…	…	…	…	…	…
283	600622.SH	光大嘉宝	2023	1 695 207.39	0.01	0.00

以上是 2000 年基于负债总额标准的指数构建典型公司的选取。同理，可以得到 2001~2023 年这 23 年的典型公司样本，将典型公司样本的结果列入表 9.36 第 2~5 列第 12~283 行。

2. 基于负债总额标准的典型公司权重计算

将上文计算的 2000 年典型公司个数 $N^{L}_{(2000)}$=11 和表 9.36 第 5 列的负债总额 $L_{j(2000)}$代入上文式(3.83)，得到 2000 年典型公司的权重。

以第 1 个典型公司“北京城建(600266.SH)”的指数权重 $W^{L}_{1(2000)}$为例。

将表 9.36 第 5 列第 1 行的负债总额 $L_{1(2000)}$=497 281.89 代入上文式(3.83)的分子，得到

$$W^{L}_{1(2000)}=L_{1(2000)}/(L_{1(2000)}+\cdots+L_{11(2000)})=497\ 281.89/(497\ 281.89+\cdots+161\ 589.20)=0.18 \quad (9.13)$$

将式(9.13)的结果列入表 9.36 第 6 列第 1 行。同理，将表 9.36 第 5 列第 2~11 行的负债总额 $L_{j(2000)}$分别代入式(3.83)的分子，分别得到 2000 年其他 10 个典型公司的权重 $W^{L}_{j(2000)}(j=2, 3, \cdots, 11)$，列入表 9.36 第 6 列第 2~11 行。

以上是基于负债总额标准的 2000 年的典型公司样本权重的计算。同理，可以得到基于负债总额标准的 2001~2023 年这 23 年的典型公司样本权重 $W^{L}_{j(T+m)}$，将结果列入表 9.36 第 6 列第 12~283 行。

3. 基于负债总额标准的信用指数计算过程

根据上文表 9.21 第 2 列的证券代码和第 8 列的信用得分，将表 9.36 第 7 列的信用得分 $S_{j(T+m)}$对应填充。

将表 9.36 第 1~11 行的 2000 年 11 家典型公司对应的第 6 列权重 $W^{L}_{j(T+m)}$、第 7 列信用得分 $S_{j(T+m)}$，以及上文选取的 2000 年典型公司个数 $N^{L}_{(2000)}$=11，代入上文式(3.87)，得到 2000 年典型公司样本基于负债总

额标准的信用得分加权平均值 $\bar{S}^L_{(2000)}$ 如下。

$$\bar{S}^L_{(2000)}=\sum_{j=1}^{11}W^L_{j(2000)}S_{j(2000)}=39.52 \tag{9.14}$$

将式(9.14)计算的 2000 年典型公司样本基于负债总额标准的信用得分加权平均值 $\bar{S}^L_{(2000)}$=39.52，代入上文式(3.88)，得到 2000 年典型公司样本基于负债总额标准的信用指数 $\mathrm{CI}^L{}_{(2000)}$如下。

$$\mathrm{CI}^L{}_{(2000)}=\frac{\bar{S}^L_{(2000)}}{\bar{S}^L_{(2000)}}\times 1000=\frac{39.52}{39.52}\times 1000=1000 \tag{9.15}$$

将式(9.15)计算的 2000 年典型公司样本基于负债总额标准的信用指数 $\mathrm{CI}^L{}_{(2000)}$=1000，列入上文表 9.35 第 4 列第 1 行。

同理，可计算 2001 年的信用得分加权平均值 $\bar{S}^L_{(2001)}$=31.88 和信用指数 $\mathrm{CI}^L{}_{(2001)}$=(31.88/39.52)×1000=806.68，列入上文表 9.35 第 4 列第 2 行。

以上是上市公司基于负债总额标准的 2000 年和 2001 年的信用指数计算。依次类推，将基于负债总额标准的 2002 年至 2023 年这 22 年的信用指数计算结果分别列入上文表 9.35 第 4 列第 3~24 行。

9.11.3　基于资产总额加负债总额标准的信用指数计算

以 2000 年基于资产总额加负债总额标准的信用指数计算为例进行说明。

1. 基于资产总额加负债总额标准的典型公司样本选取

将表 9.33 第 1~110 行第 7 列资产总额加负债总额(A_j+L_j)由高到低进行排序，并在表 9.33 第 1~110 行 2000 年的 110 家上市公司中选取资产总额加负债总额排名前 10%的公司，即 $N^{A+L}{}_{(2000)}$=110×10%=11 家上市公司，作为 2000 年信用指数构建的典型公司。将这 11 个典型公司的证券代码、证券简称、年份、资产总额加负债总额($A_{j(2000)}$+$L_{j(2000)}$)分别列入表 9.37 第 2~5 列的第 1~11 行。

表 9.37　上市公司房地产行业基于资产总额加负债总额标准选取的典型公司样本

(1)序号	(2)证券代码	(3)证券简称	(4)年份	(5)资产总额加负债总额($A_{j(T+m)}$+$L_{j(T+m)}$)/万元	(6)典型公司样本权重 $W^{A+L}{}_{j(T+m)}$	(7)信用得分 $S_{j(T+m)}$
1	600266.SH	北京城建	2000	1 171 219.57	0.15	4.27
2	600663.SH	陆家嘴	2000	1 002 921.88	0.13	88.36
3	600649.SH	城投控股	2000	960 387.72	0.12	93.00
…	…	…	…	…	…	…
11	000797.SZ	中国武夷	2000	497 388.49	0.06	21.14
12	600663.SH	陆家嘴	2001	1 024 161.36	0.12	42.51
…	…	…	…	…	…	…
283	002305.SZ	南国置业	2023	4 280 831.80	0.01	0.00

以上是 2000 年基于资产总额加负债总额标准的指数构建典型公司的选取。同理，可以得到 2001~2023 年这 23 年的典型公司样本，将典型公司样本的结果列入表 9.37 第 2~5 列第 12~283 行。

2. 基于资产总额加负债总额标准的典型公司权重计算

将上文计算的 2000 年典型公司个数 $N^{A+L}{}_{(2000)}$=11 和表 9.37 第 5 列的资产总额加负债总额($A_{j(2000)}$+$L_{j(2000)}$)代入上文式(3.84)，得到 2000 年典型公司的权重。

以第 1 个典型公司“北京城建(600266.SH)”的指数权重 $W^{A+L}{}_{1(2000)}$为例。

将表 9.37 第 5 列第 1 行的资产总额加负债总额($A_{1(2000)}$+$L_{1(2000)}$)=1 171 219.57 代入上文式(3.84)的分子，得到权重如下。

$$\begin{aligned}W^{A+L}{}_{1(2000)}&=[A_{1(2000)}+L_{1(2000)}]/(A_{1(2000)}+L_{1(2000)}+\cdots+A_{11(2000)}+L_{11(2000)})\\&=1\,171\,219.57/(1\,171\,219.57+\cdots+497\,388.49)=0.15\end{aligned} \tag{9.16}$$

将式(9.16)的结果列入表 9.37 第 6 列第 1 行。同理，将表 9.37 第 5 列第 2~11 行的资产总额加负债总额($A_{j(2000)}+L_{j(2000)}$)分别代入式(3.84)的分子，分别得到 2000 年其他 10 个典型公司的权重 $W^{A+L}{}_{j(2000)}$(j=2, 3, …, 11)，列入表 9.37 第 6 列第 2~11 行。

以上是基于资产总额加负债总额标准的 2000 年的典型公司样本权重的计算。同理，可以得到基于资产总额加负债总额标准的 2001~2023 年的典型公司样本权重 $W^{A+L}{}_{j(T+m)}$，将结果列入表 9.37 第 6 列第 12~283 行。

3. 基于资产总额加负债总额标准的信用指数计算过程

根据上文表 9.21 第 2 列的证券代码和第 8 列的信用得分，将表 9.37 第 7 列的信用得分 $S_{j(T+m)}$对应填充。

将表 9.37 第 1~11 行的 2000 年 11 家典型公司对应的第 6 列权重 $W^{A+L}{}_{j(T+m)}$、第 7 列信用得分 $S_{j(T+m)}$，以及上文选取的 2000 年典型公司个数 $N^{A+L}{}_{(2000)}$=11，代入上文式(3.89)，得到 2000 年典型公司样本基于资产总额加负债总额标准的信用得分加权平均值 $\overline{S}^{A+L}_{(2000)}$ 如下。

$$\overline{S}^{A+L}_{(2000)}=\sum\nolimits_{j=1}^{11}W^{A+L}_{j(2000)}S_{j(2000)}=46.08 \tag{9.17}$$

将式(9.17)计算的 2000 年典型公司样本基于资产总额加负债总额标准的信用得分加权平均值 $\overline{S}^{A+L}_{(2000)}$=46.08，代入上文式(3.90)，得到 2000 年典型公司样本基于资产总额加负债总额标准的信用指数 $\mathrm{CI}^{A+L}{}_{(2000)}$如下。

$$\mathrm{CI}^{A+L}{}_{(2000)}=\frac{\overline{S}^{A+L}_{(2000)}}{\overline{S}^{A+L}_{(2000)}}\times1000=\frac{46.08}{46.08}\times1000=1000 \tag{9.18}$$

将式(9.18)计算的 2000 年典型公司样本基于资产总额加负债总额标准的信用指数 $\mathrm{CI}^{A+L}{}_{(2000)}$=1000，列入上文表 9.35 第 5 列第 1 行。

同理，可计算 2001 年的信用得分加权平均值 $\overline{S}^{A+L}_{(2001)}$=48.08 和信用指数 $\mathrm{CI}^{A+L}{}_{(2001)}$=(48.08/46.08)×1000=1043.40，列入上文表 9.35 第 5 列第 2 行。

以上是上市公司基于资产总额加负债总额标准的 2000 年和 2001 年的信用指数计算。依次类推，将基于资产总额加负债总额标准的 2002 年至 2023 年的信用指数计算结果分别列入上文表 9.35 第 5 列第 3~24 行。

9.11.4 房地产行业 2000~2023 年这 24 年的信用指数趋势图

以表 9.35 第 2 列的年份为横轴，分别以第 3、4、5 列的年度信用指数为纵轴，做出上市公司房地产行业的年度信用指数走势图，如图 9.1 所示。

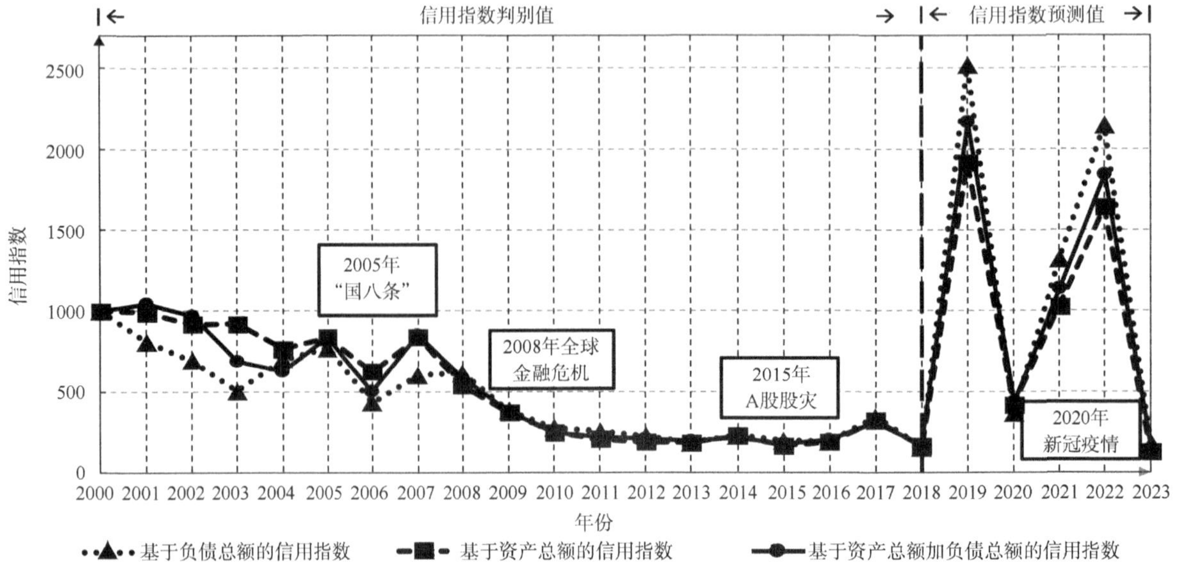

图 9.1 上市公司房地产行业的年度信用指数走势图

上市公司房地产行业 2000~2018 年信用指数的发展规律，以及预测的 2019~2023 年的信用指数趋势如

图 9.1 所示。

1. 2000~2018 年中国上市公司房地产行业信用指数的发展规律及原因分析

(1)中国上市公司房地产行业 2000~2018 年信用指数发展规律。2000~2013 年房地产行业信用指数呈下降趋势，在 2006 年初、2007 年末有小幅上升，2013 年末升高，2017 年出现下降拐点。

(2)中国上市公司房地产行业 2000~2018 年信用指数发展的宏观原因分析。由于宏观因素，从指数变化来看，2008~2013 年房地产行业信用指数呈现急剧下跌趋势，这与当时的“2008 年全球金融危机”[33]有关。

(3)中国上市公司房地产行业 2000~2018 年信用指数发展的政策原因分析。由于监管环境的变化，2006~2008 年房地产行业信用指数呈现先升后降趋势，这可能与 2005 年国务院推出“国八条”，提出采取有效措施，抑制住房价格过快上涨[34]的具体事件有关，2014 年后房地产行业信用指数呈现上升趋势，这可能与 2013 年中央实行的一系列房地产行业政策和规划“国五条及细则出台，楼市调控效应减弱”“十八届三中全会召开强调市场化利楼市”“中央城镇化工作会议召开，房地产借力城镇化”[35]有关。

2. 2019~2023 年中国上市公司房地产行业信用指数的趋势预测

(1)中国上市公司房地产行业 2019~2023 年信用指数趋势。中国 A 股整体市场房地产行业在 2018 年后信用指数呈现“M”形且有 2 次先升后降的变化趋势，但在 2022 年后，中国 A 股房地产行业的信用指数会有一个大的下跌。

(2)中国上市公司房地产行业 2019~2023 年信用指数趋势的原因分析。短期内中国房地产行业呈现利好趋势，2020 年财政政策和金融政策整体体现出了宽松信号，有利于缓解房市下行压力，导致 A 股市场房地产行业短期的信用指数上涨；但 2020 年新冠疫情对经济的影响是较大的，2022 年后 A 股市场房地产行业不容乐观。

9.12　房地产行业的信用风险指数构建

9.12.1　基于三个标准的信用风险指数计算

上市公司房地产行业信用风险指数的典型公司样本选择以及权重计算方式，与上文 9.11 节的信用指数同理。但在信用风险指数计算时的差别在于：将信用指数计算公式中分子和分母的 $S_{j(T+m)}$ 替换为 $(100-S_{j(T+m)})$，如式(3.91)至式(3.96)所示，计算得到的信用风险指数反映违约可能性。信用风险指数越大，违约风险越高。计算过程与上文 9.11 节类似，不再赘述。

将计算得到的 2000 年至 2023 年三个标准下的信用风险指数，分别列入表 9.38 第 3~5 列。

表 9.38　上市公司房地产行业的 2000~2023 年这 24 年的信用风险指数表

(1)序号	(2)年份	(3)资产总额前 10%的年度信用风险指数 $CRI^{A}_{(T+m)}$	(4)负债总额前 10%的年度信用风险指数 $CRI^{L}_{(T+m)}$	(5)基于资产总额加负债总额的年度信用风险指数 $CRI^{A+L}_{(T+m)}$
1	2000	1000.00	1000.00	1000.00
2	2001	1011.72	1126.28	962.90
3	2002	1090.62	1200.54	1025.84
…	…	…	…	…
8	2007	1178.87	1259.08	1127.26
9	2008	1503.57	1251.88	1350.74
10	2009	1687.12	1404.38	1539.63
…	…	…	…	…

续表

(1)序号	(2)年份	(3)资产总额前 10%的年度信用风险指数 $CRI^{A}_{(T+m)}$	(4)负债总额前 10%的年度信用风险指数 $CRI^{L}_{(T+m)}$	(5)基于资产总额加负债总额的年度信用风险指数 $CRI^{A+L}_{(T+m)}$
15	2014	1843.51	1504.55	1673.63
16	2015	1908.21	1524.69	1701.60
…	…	…	…	…
20	2019	1520.43	1296.62	1415.54
21	2020	1635.34	1413.69	1483.71
…	…	…	…	…
24	2023	1950.88	1653.40	1736.27

9.12.2 房地产行业 2000~2023 年信用风险指数趋势图

以表 9.38 第 2 列的年份为横轴，分别以第 3、4、5 列的年度信用风险指数为纵轴，做出上市公司房地产行业的年度信用风险指数走势图，如图 9.2 所示。

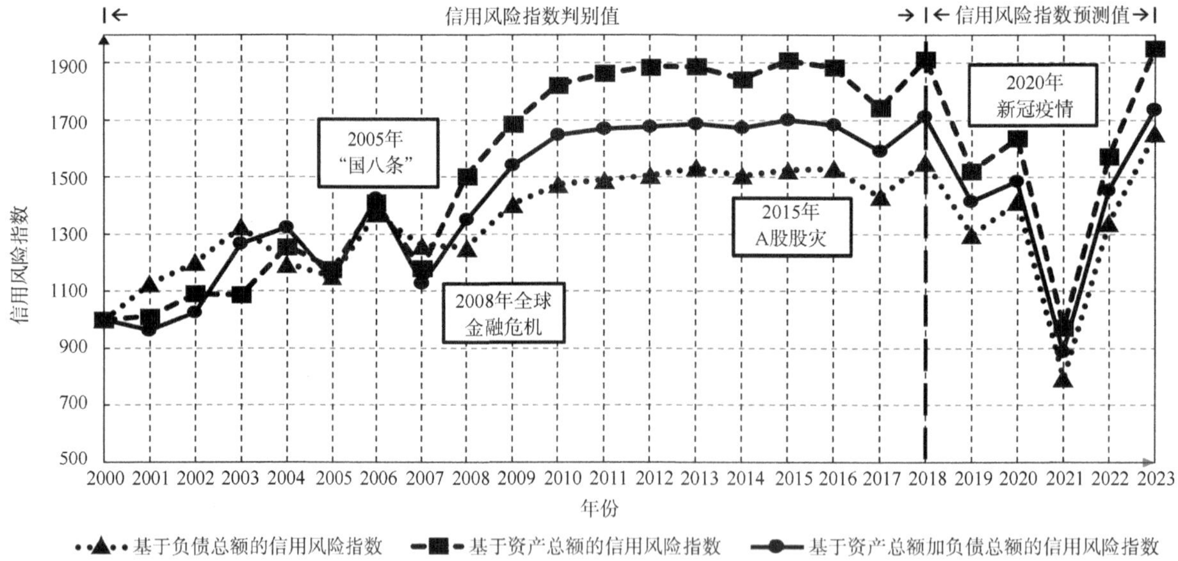

图 9.2 上市公司房地产行业的年度信用风险指数走势图

上市公司房地产行业 2000~2018 年信用风险指数的发展规律，以及预测的 2019~2023 年信用风险指数趋势如图 9.2 所示。

1. 2000~2018 年中国上市公司房地产行业信用风险指数的发展规律

(1)中国上市公司房地产行业 2000~2018 年信用风险指数发展规律。2000~2004 年房地产行业信用风险指数呈上升趋势，在 2005 年、2007 年有小幅下降，2008 年以后房地产行业信用风险指数上升较快。

(2)中国上市公司房地产行业 2000~2018 年信用风险指数发展的宏观原因分析。由于宏观因素，从指数变化来看，2008 年以后房地产行业信用风险指数呈现上升趋势，这可能与“2008 年全球金融危机”[33]“2015 年 A 股股灾”[34]有关。

(3)中国上市公司房地产行业 2000~2018 年信用风险指数发展的政策原因分析。由于监管环境的变化，2005 年和 2007 年房地产行业信用风险指数呈现下降趋势，这可能与 2005 年国务院推出“国八条”，提出采取有效措施，抑制住房价格过快上涨[35]有关。

2. 2019~2023 年中国上市公司房地产行业信用风险指数的趋势预测

(1)中国上市公司房地产行业 2019~2023 年信用风险指数趋势。中国 A 股整体市场房地产行业在 2018~2021 年信用风险指数呈现下降趋势，但在 2022 年后，中国 A 股房地产行业的信用风险指数会有一个大的上涨。

(2)中国上市公司房地产行业 2019~2023 年信用风险指数趋势的可能原因分析。短期内中国房地产行业呈现利好趋势，2020 年财政政策和金融政策整体体现出了宽松信号，有利于缓解房市下行压力，导致 A 股市场房地产行业短期的信用风险指数下降；但 2020 年新冠疫情对经济的影响是较大的，2022 年后 A 股市场房地产行业不容乐观。

9.13　本 章 结 论

9.13.1　主要工作

(1)本章遴选了上市公司房地产行业最优违约预测指标组合。通过经济学含义结合偏相关系数的 F 检验进行指标的初步筛选，通过基于支持向量机的序列前向选择算法进一步筛选出最优的指标组合，获得了上市公司房地产行业的 T+0~T+5 年的最优指标组合。

(2)本章确定了上市公司房地产行业指标最优权重向量。根据违约状态 y_j 与指标权重的函数关系 $y_j=f(w_i, x_{ij})$，将预测的违约状态 $\hat{y}_j$ 与实际违约状态 y_j 对比后，以违约和非违约两类公司的预测误差最小为目标，构建数学规划模型，反推模型评价指标的最优权重，保证构建的预警方程能够区分违约与非违约公司。

(3)本章构建了上市公司房地产行业最优的违约风险预警模型。通过构建线性判别模型、逻辑回归模型、支持向量机模型等 14 种大数据模型，并根据模型的精度、可解释性和复杂性的“不可能三角”三个标准的对比分析，遴选出最优的 T+0~T+5 年的最优分类模型。

(4)本章分析了上市公司房地产行业的省区市、所有制属性的信用特征分布。通过房地产行业的省区市、所有制属性的公司信用得分均值，判断信用资质好坏，并通过曼-惠特尼 U 统计检验，验证信用资质差异。若曼-惠特尼 U 显著水平检验通过且该类公司信用得分高，则意味着信用资质好，反之就差。

(5)本章构建了基于资产总额、负债总额、资产总额加负债总额三个标准的信用指数和信用风险指数，并分析了信用指数和信用风险指数的趋势。通过最优违约预警模型计算得到未来第 T+m 年违约概率和信用得分，按资产总额、负债总额、资产总额加负债总额三个标准的选股规则选择典型公司样本，并将典型公司样本的加权平均信用得分转化成信用指数。信用指数和信用风险指数反映了年度违约风险的趋势，并对未来第 T+m 年的信用状况进行预警。

9.13.2　主要结论

(1)中国上市公司房地产行业违约预测的最优指标组合。由 204 个指标构成的$(2^{204}-1)\approx 2.57\times10^{61}$个指标组合中，遴选出资产负债率、现金比率、有形资产/总资产等 10 个指标，构成了 T–0 年违约判别几何平均精度最大的指标组合；遴选出资产负债率、剔除预收款项后的资产负债率、长期资产适合率等 16 个指标，构成了 T–1 年违约预测几何平均精度最大的指标组合；遴选出资产负债率、剔除预收款项后的资产负债率、长期资本负债率等 14 个指标，构成了 T–2 年违约预测几何平均精度最大的指标组合；遴选出资产负债率、剔除预收款项后的资产负债率、长期资产适合率等 19 个指标，构成了 T–3 年违约预测几何平均精度最大的指标组合；遴选出资产负债率、长期资产适合率、带息债务/全部投入资本等 15 个指标，构成了 T–4 年违约预测几何平均精度最大的指标组合；遴选出资产负债率、剔除预收款项后的资产负债率、长期资本负债率等 17 个指标，构成了 T–5 年违约预测几何平均精度最大的指标组合。

(2)中国上市公司房地产行业违约预测的重要宏观指标。广义货币供应量(M2)同比增长率、能源消费总量增长率、国际投资净头寸增长率这 3 个宏观指标，对上市公司房地产企业违约状态预测有显著影响。

(3)中国上市公司房地产行业违约预测的关键指标。剔除预收款项后的资产负债率、流动负债权益比率这 2 个指标对公司未来 0~2 年的短期违约状态具有关键影响。带息债务/全部投入资本这 1 个指标对公司未来 3~5 年的中期违约状态具有关键影响。资产负债率、长期资产适合率、广义货币供应量(M2)同比增长率这 3 个指标不论对于公司未来 0~2 年的短期违约预测，还是未来 3~5 年的中期违约状态，均有关键影响。

(4)中国上市公司房地产行业的地区信用特征。湖北省、河北省、云南省等 9 个省区市的信用资质最高，江苏省、北京市、四川省等 7 个省区市的信用资质居中，江西省、陕西省、山东省等 7 个省区市的信用资质最低。并且，任意两个省区市间的信用资质经曼-惠特尼 U 检验均存在显著差异。房地产行业的 23 个省区市之间的信用资质存在显著差异。

(5)中国上市公司房地产行业的所有制信用特征。集体企业和公众企业的信用资质最高，如万业公司(600641.SH)、金地集团(600383.SH)和中洲控股(000042.SZ)等 168 家企业。中央国有企业、外资企业和地方国有企业的信用资质次之，如南国置业(002305.SZ)、中体产业(600158.SH)和光大嘉宝(600622.SH)等 1569 家企业。民营企业和其他所有制企业的信用资质最低。并且，任意两类所有制公司的信用资质均存在显著差异，如阳光城(000671.SZ)、华夏幸福(600340.SH)和荣盛发展(002146.SZ)等 1171 家企业。

(6)中国上市公司房地产行业信用指数的预测趋势。中国 A 股整体市场房地产行业在 2018 年后信用指数呈现上涨趋势，说明中国房地产行业呈现利好趋势；2019~2020 年这两年信用指数受新冠疫情的影响呈现下降趋势，但在 2021 年之后呈现上涨趋势，猜测造成上涨的可能原因是，2020 年财政政策和金融政策整体体现出了宽松信号，有利于缓解房市下行压力，导致 A 股市场房地产行业短期的信用指数上涨，但新冠疫情对经济的影响是较大的，预计 2022 年后，中国 A 股房地产行业的信用指数会有一个大的下跌。

(7)中国上市公司房地产行业信用风险指数的预测趋势。中国 A 股整体市场房地产行业在 2018 年后信用风险指数呈现下降趋势，说明中国房地产行业呈现利好趋势；但新冠疫情对经济的影响是较大的，预计 2022 年后，中国 A 股房地产行业的信用风险指数会有一个大的上涨。

9.13.3 特色与创新

(1)通过两阶段的指标遴选方法构建评价指标体系，在具有明确经济学含义的海选指标集中，根据指标间偏相关系数和 F 值筛选出具有违约鉴别能力且指标间信息冗余最小的一组指标；并在第二阶段构建前向选择支持向量机指标遴选模型，以几何平均精度最大为标准，采用前向选择的方法筛选违约鉴别能力最大的指标组合，保证了构建的评价指标体系具有最大的违约鉴别能力。

(2)通过对房地产行业违约公司和非违约公司的错判误差率之和最小，反推最优的权重，保证了所建立的违约预测模型能够保证较低的非违约公司误拒率和违约公司误授率，降低违约公司错判带来的贷款损失和非违约公司错判带来好客户流失的损失。

(3)通过综合考虑精度、可解释性、复杂性的“不可能三角”，从构建的 14 种大数据违约预警模型中对比分析遴选出最优违约风险预警模型，保证得到的模型既具有较高的违约预测能力，又具有可解释性，同时模型复杂性低。

(4)通过对房地产行业不同地区、所有制属性公司的信用得分均值进行曼-惠特尼 U 非参数检验，识别房地产行业的不同地区、所有制属性公司的信用资质，揭示房地产行业不同地区、不同所有制形式的中国上市公司中哪类公司的信用资质好、哪类公司的信用资质差、哪类公司的信用资质居中，为股票投资、债券投资提供决策依据，供金融监管当局等政策分析人员参考。

(5)通过分别对资产总额、负债总额、资产总额加负债总额由大到小选取前 10%作为典型公司样本，并将典型公司样本的加权平均信用得分转化成年度信用指数和信用风险指数，反映了上市公司的违约风险趋势，并对未来第 $T+m(m=1, 2, 3, 4, 5)$年的信用状况进行预警。

参 考 文 献

[1] 夏磊，易炜林，庞欣. 房地产行业：疫情对房地产市场的影响及政策建议[R]. 上海：恒大研究院，2020.03.08.

[2] Carvalho D, Ferreira M A, Matos P. Lending relationships and the effect of bank distress：evidence from the 2007-2009 financial

crisis[J]. Journal of Financial and Quantitative Analysis, 2015, 50(6)：1165-1197.

[3] Christopoulos A G, Dokas I G, Kalantonis P, et al. Investigation of financial distress with a dynamic logit based on the linkage between liquidity and profitability status of listed firms[J]. Journal of the Operational Research Society, 2019, 70(10)：1817-1829.

[4] Yeh C C, Lin F Y, Hsu C Y. A hybrid KMV model, random forests and rough set theory approach for credit rating[J]. Knowledge-Based Systems, 2012, 33：166-172.

[5] Chawla N V, Bowyer K W, Hall L O, et al. SMOTE：synthetic minority over-sampling technique[J]. Journal of Artificial Intelligence Research, 2002, 16(1)：321-357.

[6] 迟国泰，张亚京，石宝峰. 基于 Probit 回归的小企业债信评级模型及实证[J]. 管理科学学报, 2016, 19(6)：136-156.

[7] Wang T C, Chen Y H. Applyjng rough sets theory to corporate credit ratings[C]. Shanghai：IEEE International Conference：Service Operations and Logistics, and Informatics, 2006, 132-136.

[8] Desai V S, Crook J N, Overstreet G A. A comparison of neural networks and linear scoring models in the credit union environment[J]. European Journal of Operational Research, 1996, 95(1)：24-37.

[9] Bravo C, Maldonado S, Weber R. Granting and managing loans for micro-entrepreneurs：new developments and practical experiences[J]. European Journal of Operational Research, 2013, 227(2)：358-366.

[10] Djeundje V B, Crook J. Identifying hidden patterns in credit risk survival data using generalised additive models[J]. European Journal of Operational Research, 2019, 277：366-376.

[11] Huang C, Dai C, Guo M. A hybrid approach using two-level DEA for financial failure prediction and integrated SE-DEA and GCA for indicators selection[J]. Applied Mathematics and Computation, 2015, 251：431-441.

[12] Xia Y, Liu C, Li Y Y, et al. A boosted decision tree approach using Bayesian hyper-parameter optimization for credit scoring[J]. Expert Systems with Applications, 2017, 78：225-241.

[13] 陈丽. 基于决策树最优组合的企业违约预测模型[D]. 大连：大连理工大学, 2019.

[14] West D. Neural network credit scoring models [J]. Computers & Operations Research, 2000, 27(11)：1131-1152.

[15] Huang Z, Chen H, Hsu C J, et al. Credit rating analysis with support vector machines and neural networks: a market comparative study[J]. Decision Support Systems, 2004, 37(4)：543-558.

[16] Hand D J, Henley W E. Statistical classification methods in consumer credit scoring：a review[J]. Journal of the Royal Statistical Society：Series A(Statistics in Society), 1997, 160：523~541.

[17] Ömer F E, Mehmet E T. A novel version of k nearest neighbor：dependent nearest neighbor[J]. Applied Soft Computing, 2017, 55(6)：480-490.

[18] Abellán J, Mantas C J. Improving experimental studies about ensembles of classifiers for bankruptcy prediction and credit scoring[J]. Expert Systems with Applications, 2014, 41(8)：3825-3830.

[19] Fan Q, Wang Z, Li D D, et al. Entropy-based fuzzy support vector machine for imbalanced datasets[J]. Knowledge-Based Systems, 2017, 115：87-99.

[20] He H, Zhang W, Zhang S. A novel ensemble method for credit scoring：adaption of different imbalance ratios[J]. Expert Systems with Applications, 2018, 98：105-117.

[21] Campbell J Y, Hilscher J, Szilagyi J. In search of distress risk[J]. The Journal of Finance, 2008, 63(6)：2899-2939.

[22] Finlay S. Multiple classifier architectures and their application to credit risk assessment[J]. European Journal of Operational Research, 2011, 210(2)：368-378.

[23] Iyer R, Khwaja A I, Luttmer E E P, et al. Screening peers softly：inferring the quality of small borrowers[J]. Management Science, 2016, 62：1554-1577.

[24] Berg T, Burg V, Gombovic A, et al. On the rise of FinTechs：credit scoring using digital footprints[J]. The Review of Financial Studies, 2020, 33：2845-2897.

[25] Geng R, Bose I, Chen X. Prediction of financial distress：an empirical study of listed Chinese companies using data mining[J]. European Journal of Operational Research, 2015, 241(1)：236-247.

[26] Junior L M, Nardini F M, Renso C, et al. A novel approach to define the local region of dynamic selection techniques in imbalanced credit scoring problems[J]. Expert Systems with Applications, 2020, 152：113351.

[27] Jones S. Corporate bankruptcy prediction：a high dimensional analysis[J]. Review of Accounting Studies, 2017, 22：1366-1422.

[28] Doshi-Velez F, Kim B. Towards a rigorous science of interpretable machine learning[EB/OL]. https://arxiv.org/abs/1702.08608 [2017-02-28].

[29] Zhu X, Li J, Wu D, et al. Balancing accuracy, complexity and interpretability in consumer credit decision making：A C-TOPSIS

classification approach[J]. Knowledge Based Systems, 2013, 52：258-267.
[30] 迟国泰, 石宝峰. 基于信用等级与违约损失率匹配的信用评级系统与方法：中国, ZL 201210201461.6[P]. 2015-08-19.
[31] Ken B. Business Statistics：Contemporary Decision making[M]. Hoboken：John Wiley and Sons, 2009.
[32] Liu L, Liu Q G, Tian G, et al. Government connections and the persistence of profitability：evidence from Chinese listed firms[J]. Emerging Markets Review, 2018, 36：110-129.
[33] 张茜. 中国股票市场发展与货币政策完善[D]. 太原：山西大学, 2012.
[34] 陈致远, 唐振鹏. 中国股灾回顾,证监会政策评价及启示——于 2015 年中国股票市场案例分析[J]. 亚太经济, 2020, (3)：31-35.
[35] 杨红旭. 房地产二十年调控效果评价[J]. 中国经济报告, 2013, (8)：72-76.

第10章 电力、热力、燃气及水生产和供应行业的企业违约预测与信用指数构建

10.1 本章内容提要

本章是中国上市公司“电力、热力、燃气及水生产和供应行业”的企业违约预测与信用指数构建。“电力、热力、燃气及水生产和供应行业”与人民的生活息息相关。“电力、热力、燃气及水生产和供应行业”的稳健发展对于国家稳定、社会和谐具有重要作用。电力、热力与燃气工业是国民经济发展中重要的基础能源产业，水的生产与供应直接影响人民日常生活。构建“电力、热力、燃气及水生产和供应行业”的信用指数，对于促进行业健康发展，推动社会和谐稳定有着重要意义。

中国上市公司“电力、热力、燃气及水生产和供应行业”的企业违约预测与信用指数构建包括以下五个内容。

一是通过对上市公司“电力、热力、燃气及水生产和供应行业”的 $T-m(m=0, 1, 2, 3, 4, 5)$年的财务数据、非财务数据、宏观数据，以及 T 年的违约与否状态进行实证分析，通过基于经济学含义和偏相关系数的第一次指标筛选和基于支持向量机向前搜索的第二次指标组合遴选，构建具有提前 m 年$(m=0, 1, 2, 3, 4, 5)$违约预警能力的最优指标体系。

二是通过违约评价方程的违约状态预测值 $\hat{y}_j$ 与实际违约状态 y_j 对比的错判误差最小，反推最优的指标权重向量。

三是通过线性判别模型、支持向量机模型、决策树模型等14种大数据模型分别建模，并根据精度、可解释性、复杂性的“不可能三角”三个标准进行模型对比分析，最终确定一个能同时兼顾精度高、可解释性强、复杂性低的最佳违约预警模型。

四是利用选取的最佳违约预警模型，计算得到上市公司“电力、热力、燃气及水生产和供应行业”的违约概率和信用得分，并分析上市公司“电力、热力、燃气及水生产和供应行业”在不同地区、企业所有制方面的信用特征分布规律。

五是根据得到的上市公司“电力、热力、燃气及水生产和供应行业”的信用得分，构建上市公司“电力、热力、燃气及水生产和供应行业”的年度信用指数和信用风险指数，并分析上市公司“电力、热力、燃气及水生产和供应行业”的信用状况年度发展规律以及预测2019~2023年的信用状况趋势。

应该指出：用于计算信用指数的信用得分预测值 $S_{j(T+m)}$，共分为两种情况。

情况一：对于2000~2018年这19年已有指标数据的样本，用的是 m=0 的违约判别模型 $P_{j(T+0)}=f(w_i, x_{ij(T)})$ 计算出违约概率 $P_{j(T+0)}$和信用得分 $S_{j(T+0)}=(1-p_{j(T+0)})\times100$。

情况二：对于2019~2023年这5年没有指标数据的样本，用的是 m=1, 2, 3, 4, 5 时刻的违约预测模型 $P_{j(T+m)}=f(w_i, x_{ij(T)})$计算出的违约概率 $P_{j(T+m)}$和信用得分 $S_{j(T+m)}=(1-p_{j(T+m)})\times100$。

本章的主要工作如下。

一是通过明确两阶段的指标遴选方法构建评价指标体系，在具有指标经济学含义的海选指标集中，根据指标间偏相关系数和 F 值筛选出具有违约鉴别能力且指标间信息冗余最小的一组指标；并在第二阶段构

建前向选择支持向量机指标遴选模型，以几何平均精度最大为标准，采用前向选择的方法筛选违约鉴别能力最大的指标组合，保证构建的评价指标体系具有最大的违约鉴别能力。

二是根据违约状态 y_j 与指标权重的函数关系 $y_j=f(w_i, x_{ij})$，将预测的违约状态 $\hat{y}_j$ 与实际违约状态 y_j 对比后，以违约和非违约两类公司的预测误差最小为目标，构建数学规划模型，反推出模型评价指标的最优权重，保证构建的预警方程能够区分违约与非违约公司。

三是以精度为模型第 1 排序标准，可解释性为第 2 排序标准，复杂性为第 3 排序标准，在构建的逻辑回归模型、线性判别模型、广义加性模型等 14 个大数据模型中，遴选兼具高精度、强可解释性、低复杂性的最优模型，并使用 T 时刻的指标数据 $x_{ij(T)}$，预测公司 $T+m$ (m=0, 1, 2, 3, 4, 5)时刻的违约状态 $y_{j(T+m)}=f(x_{ij(T)})$、违约概率 $p_{j(T+m)}=g(x_{ij(T)})$和信用得分 $S_{j(T+m)}=(1-p_{j(T+m)})\times100$。

四是通过对“电力、热力、燃气及水生产和供应行业”的不同地区、所有制的信用得分均值进行曼-惠特尼 U 非参数检验，揭示不同地区、不同所有制的中国上市公司“电力、热力、燃气及水生产和供应行业”中哪类公司的信用资质好、哪类公司的信用资质差、哪类公司的信用资质居中，为股票投资、债券投资提供决策依据，为商业银行发放贷款提供参照，为金融监管当局提供监管预警建议。

五是通过最优违约预警模型计算得到未来第 $T+m$ 年违约概率，转换为[0, 100]区间的信用得分后，按资产总额、负债总额、资产总额与负债总额之和三个标准的选股规则选择样本公司，并将样本公司的信用得分根据负债总额、资产总额、负债总额与资产总额之和的占比分别进行加权平均，构建信用指数和信用风险指数。信用指数和信用风险指数用于反映信用发展规律，并预测未来第 $T+m$ 年的违约风险趋势。

10.2 电力、热力、燃气及水生产和供应行业的企业违约预测与信用指数构建的原理

中国上市公司“电力、热力、燃气及水生产和供应行业”的企业违约预测与信用指数构建的原理主要包括：信用评级原理、违约预测原理、指数构建原理、14 种违约预警大数据模型构建原理、最优违约预警指标体系遴选原理、基于错判误差最小的指标赋权原理、信用等级划分原理。具体原理介绍详见上文第 3 章，不再赘述。

10.3 电力、热力、燃气及水生产和供应行业的数据处理

10.3.1 电力、热力、燃气及水生产和供应行业的数据介绍

上市公司“电力、热力、燃气及水生产和供应行业”样本的含义：包括沪市和深市在内的 104 家“电力、热力、燃气及水生产和供应行业”上市公司数据。

“电力、热力、燃气及水生产和供应行业”上市公司样本数据的描述：共包含 2000~2018 年 104 家中国上市公司的财务指标、非财务指标以及宏观指标等 205 个指标数据。通过 Wind 金融数据库、国泰安经济数据库、国家统计局和中国经济社会发展统计数据库搜集，结合经济学含义的进一步遴选，最终建立了包括资产负债率等 138 个财务指标，审计意见类型等 17 个非财务指标，行业景气指数等 49 个宏观指标，1 个违约状态指标在内的共计 205 个指标的上市公司“电力、热力、燃气及水生产和供应行业”信用风险海选指标集。

违约状态定义[1-2]：将被标记为“ST”的上市公司，定义为出现财务困境的公司，即违约的差客户，标记为“1”。将没有“ST”标记的上市公司，定义为没有出现财务困境的公司，即非违约的好客户，标记为“0”。

上市公司“电力、热力、燃气及水生产和供应行业”$T-m$ 数据的描述：为实现违约风险动态预警的目

的，共构造了 6 组 $T\text{–}m(m=0, 1, 2, 3, 4, 5)$时间窗口的上市公司样本，每组样本中是第 $T\text{–}m$ 年的指标数据和第 t 年的违约状态。同时，每组 $T\text{–}m(m=0, 1, 2, 3, 4, 5)$时间窗口的上市公司样本分别包含 104 个样本，其中违约样本 26 个，非违约样本 78 个。

表 10.1 是 $T\text{–}m(m=0,1, 2, 3, 4, 5)$时间窗口的上市公司“电力、热力、燃气及水生产和供应行业”样本数据概览。其中(a)列是序号，(b)列是时间窗口，(c)列是企业代码，(d)列是指标的标准化数据(标准化处理详见上文“3.6.1 指标数据标准化方法”)。

表 10.1　上市公司“电力、热力、燃气及水生产和供应行业” $T\text{–}m(m=0,1, 2, 3, 4, 5)$时间窗口样本数据概览

(a)序号	(b)时间窗口	(c)企业代码	(d)指标的标准化数据			
			(1)资产负债率	…	(204)国内专利申请授权数增长率	(205)第 t 年的违约状态
1	T–0	000958.SZ	0.679	…	0.028	1
2		600187.SH	0.797	…	0.026	1
3		000301.SZ	0.721	…	0.028	0
…		…	…	…	…	…
104		600886.SH	0.686	…	0.027	0
105	T–1	000958.SZ	0.277	…	0.033	1
106		600187.SH	0.748	…	0.025	1
107		000301.SZ	0.729	…	0.027	0
…		…	…	…	…	…
208		600886.SH	0.670	…	0.025	0
209	T–2	000958.SZ	0.306	…	0.026	1
210		600187.SH	0.584	…	0.028	1
211		000301.SZ	0751	…	0.031	0
…		…	…	…	…	…
312		600886.SH	0.668	…	0.025	0
313	T–3	000958.SZ	0.411	…	0.035	1
314		600187.SH	0.216	…	0.030	1
315		000301.SZ	0.778	…	0.029	0
…		…	…	…	…	…
416		600886.SH	0.668	…	0.030	0
417	T–4	000958.SZ	0.414	…	0.030	1
418		600187.SH	0.250	…	0.024	1
419		000301.SZ	0.852	…	0.022	0
…		…	…	…	…	…
520		600886.SH	0.653	…	0.028	0
521	T–5	000958.SZ	0.673	…	0.024	1
522		600187.SH	0.447	…	0.023	1
523		000301.SZ	0.855	…	0.024	0
…		…	…	…	…	…
624		600886.SH	0.636	…	0.029	0

表 10.2 是 $T\text{–}m(m=0, 1, 2, 3, 4, 5)$上市公司“电力、热力、燃气及水生产和供应行业”样本指标标准化数据的描述性统计表。其中第 1 列是序号，第 2 列是时间窗口，第 3 列是统计量，第 4~208 列是指标对应的统计值。

表 10.2 上市公司“电力、热力、燃气及水生产和供应行业” $T\text{–}m(m=0,1, 2, 3, 4, 5)$样本数据描述性统计表

(1)序号	(2)时间窗口	(3)统计量	(4)资产负债率	…	(8)权益乘数	…	(206)外商投资企业外方注册资本增长率	(207)国内专利申请授权数增长率	(208)违约状态
1	T–0	平均值	0.749	…	0.871	…	0.174	0.030	0.250
2		标准差	0.093	…	0.168	…	0.038	0.005	0.435
3		中位数	0.743	…	0.918	…	0.164	0.031	0.000
4	T–1	平均值	0.738	…	0.852	…	0.173	0.038	0.250
5		标准差	0.152	…	0.212	…	0.069	0.096	0.435
6		中位数	0.739	…	0.915	…	0.166	0.027	0.000
7	T–2	平均值	0.735	…	0.852	…	0.167	0.028	0.250
8		标准差	0.149	…	0.204	…	0.024	0.004	0.435
9		中位数	0.740	…	0.915	…	0.162	0.028	0.000
10	T–3	平均值	0.738	…	0.871	…	0.168	0.030	0.250
11		标准差	0.147	…	0.189	…	0.049	0.006	0.435
12		中位数	0.751	…	0.924	…	0.166	0.029	0.000
13	T–4	平均值	0.739	…	0.870	…	0.155	0.027	0.250
14		标准差	0.146	…	0.190	…	0.043	0.005	0.435
15		中位数	0.755	…	0.926	…	0.162	0.027	0.000
16	T–5	平均值	0.750	…	0.876	…	0.149	0.028	0.250
17		标准差	0.123	…	0.188	…	0.046	0.005	0.435
18		中位数	0.758	…	0.938	…	0.161	0.027	0.000

10.3.2 电力、热力、燃气及水生产和供应行业的训练测试数据划分

训练测试样本划分的目的：将“电力、热力、燃气及水生产和供应行业”公司数据划分为训练样本和测试样本。训练样本用于求解模型参数，构建训练模型。测试样本用于验证所构建的模型预测精度效果。

训练测试样本划分比例[3-4]：70%作为训练样本，30%作为测试样本。

训练测试样本划分方式：随机从 $T\text{–}m(m=0, 1, 2, 3, 4, 5)$样本中抽取 70%非违约公司与 70%违约公司共同组成训练样本。剩余的 30%组成测试样本。

非平衡数据处理：由表 10.1(d)列第 205 子列违约状态统计可知，上市公司“电力、热力、燃气及水生产和供应行业”训练样本的违约样本数∶非违约样本数=18∶54=1∶3，属于非平衡样本。非平衡样本会导致训练得到的模型对违约客户识别率低。为解决样本非平衡问题，本书通过 SMOTE 非平衡样本处理方法[5]，生成虚拟违约公司，扩充训练样本中的违约公司个数，使违约与非违约公司数量比例为 1∶1。

上市公司“电力､热力､燃气及水生产和供应行业”的训练样本数量 N_{train}､测试样本数量 N_{test} 及 SMOTE 扩充的训练样本数量 $N_{\text{train}}{}^{\text{smote}}$，如表 10.3 所示。

表 10.3 上市公司“电力、热力、燃气及水生产和供应行业”的训练测试样本数量一览

序号	(1)样本分类	(2)非违约企业	(3)违约企业	(4)总计
1	训练样本 $N_{\text{train}}=N\times70\%+N_{\text{train}}{}^{\text{smote}}$	54+0=54	18+36=54	108
2	测试样本 $N_{\text{test}}=N\times30\%$	24	8	32
3	全部样本 N	78	62	140

10.4　电力、热力、燃气及水生产和供应行业的违约预警指标体系的建立

根据表 10.3 第 1 行定义的训练样本 N_{train} 对应表 10.1(d)列的上市公司在 $T\text{–}m(m=0, 1, 2, 3, 4, 5)$时间窗口的 204 个指标数据，按照上文 3.4.2 节指标遴选原理进行两次指标筛选。

第一次指标遴选是利用上市公司“电力、热力、燃气及水生产和供应行业”的 $T\text{–}m(m=0, 1, 2, 3, 4, 5)$六个时间窗口样本，从全部 204 个指标中，遴选出冗余度小、经济含义强的指标，第一次遴选出的指标数量分别是：[130, 119, 121, 122, 115, 128]。

第二次指标组合遴选是利用上市公司“电力、热力、燃气及水生产和供应行业”的 $T\text{–}m(m=0, 1, 2, 3, 4, 5)$六个时间窗口样本，从第一次遴选后剩余指标构成的多个指标组合中，根据几何平均精度最大遴选最优指标组合，最终遴选出最优指标组合中的指标数量分别是：[12, 16, 14, 19, 15, 17]。

由 10.4.2 节可知，最终遴选出的指标能够满足 5C 原则[6-7]，如资产负债率、流动负债/负债合计、资本公积占所有者权益的比例等指标反映能力，经营活动产生的现金流量净额/经营活动净收益、所得税/利润总额、稀释每股收益等指标反映资本，是否为金融机构、预审计情况、总经理是否领取薪酬等指标反映品质，广义货币供应量(M2)同比增长率、能源消费总量增长率、实际利用外商直接投资金额增长率等指标反映环境条件。

10.4.1　基于偏相关系数第一次筛选后的指标体系

依照上文 3.4.2 节的步骤 1~步骤 3 进行基于偏相关性分析的第一次指标遴选。

步骤 1：同一准则层内指标偏相关系数的计算。将表 10.3 第 1 行定义的训练样本 N_{train} 中 72(即 54+18)家公司对应表 10.1 前 72 行(d)列的 204 个 $T\text{–}0$ 年指标数据 x_{ij}，代入式(3.57)~式(3.60)计算任意两个指标间的偏相关系数。

步骤 2：F 值的计算。将表 10.1 前 72 行(d)列的 204 个 $T\text{–}0$ 年指标数据 x_{ij} 中每一列指标数据，分别代入式(3.61)计算每个指标对应的 F 值。

步骤 3：基于偏相关性分析筛选指标。在步骤 1 计算的偏相关系数大于 0.8 的指标对中，删除指标对中经济学含义不明显或 F 值较小的一个指标。由此，$T\text{–}0$ 年的 204 个指标经过第一次指标筛选剩余 130 个指标，将剩余的 130 个指标列于表 10.4(c)列前 130 行。

表 10.4(d)列为训练样本 N_{train} 中 72 个公司第一次指标遴选后剩余的 130 个指标数据，(e)列为测试样本 N_{test} 中 32 个真实公司第一次指标遴选后剩余的 130 个指标数据。

表 10.4　上市公司“电力、热力、燃气及水生产和供应行业”$T\text{–}0$ 年基于偏相关系数第一次指标筛选结果

(a)序号	(b)准则层		(c)指标	(d)训练样本 N_{train} 中客户指标标准化数据 x_{ij}			(e)测试样本 N_{test} 中客户指标标准化数据 x_{ij}		
				(1) 客户 1	…	(72) 客户 72	(73) 客户 73	…	(104) 客户 104
1	企业内部财务因素	偿债能力	X_1 资产负债率	0.721	…	0.752	0.705	…	0.637
…			…	…	…	…	…	…	…
27			X_{38} 每股权益合计	0.392	…	0.331	0.317	…	0.330
28		盈利能力	X_{39} 净资产收益率(平均)	0.460	…	0.513	0.488	…	0.519
…			…	…	…	…	…	…	…
55			X_{85} 营业外支出占营业总成本比重	0.837	…	0.929	0.953	…	0.960
56		营运能力	X_{88} 流动资产/总资产	0.333	…	0.143	0.184	…	0.131
…			…	…	…	…	…	…	…
80			X_{114} 分配股利、利润或偿付利息支付的现金占筹资活动现金流出小计的比重	0.956	…	0.965	0.758	…	0.911

续表

(a)序号	(b)准则层		(c)指标	(d)训练样本 N_{train} 中客户指标标准化数据 x_{ij}			(e)测试样本 N_{test} 中客户指标标准化数据 x_{ij}		
				(1) 客户 1	…	(72) 客户 72	(73) 客户 73	…	(104) 客户 104
81	企业内部财务因素	成长能力	X_{115} 每股净资产(相对年初增长率)	0.477	…	0.490	0.479	…	0.489
…			…	…	…	…	…	…	…
93			X_{138} 可持续增长率	0.500	…	0.534	0.511	…	0.538
94	企业内部非财务因素	股权结构与业绩审计情况	X_{139} 是否为金融机构	0.000	…	0.000	0.000	…	0.000
…			…	…	…	…	…	…	…
99			X_{145} 派息比税后	0.000	…	0.000	0.065	…	0.000
100		高管基本情况	X_{147} 监事会持股比例	0.000	…	0.000	0.000	…	0.000
…			…	…	…	…	…	…	…
104		企业基本信用情况	X_{151} 缺陷类型	0.731	…	0.771	0.731	…	1.000
105		商业信誉	X_{152} 涉案总件数	0.878	…	0.558	0.878	…	0.878
106			X_{153} 违规类型	0.538	…	1.000	1.000	…	0.842
107		社会责任	X_{154} 每股社会贡献值	0.000	…	0.000	0.000	…	0.000
108			X_{155} 社会捐赠强度	0.000	…	0.051	0.000	…	0.000
109	外部宏观环境		X_{156} 行业景气指数	0.839	…	0.719	0.754	…	0.824
…			…	…	…	…	…	…	…
130			X_{204} 国内专利申请授权数增长率	0.028	…	0.033	0.027	…	0.034
131	—		违约状态	0	…	1	0	…	1

上述是 *T*–0 年的第一次指标遴选过程及结果。同理，根据 *T*–0 年第一次指标筛选的流程，最终 *T*–1 年、*T*–2 年、*T*–3 年、*T*–4 年、*T*–5 年经第一次指标筛选，从 204 个指标中分别遴选出 119 个、121 个、122 个、115 个、128 个指标，将第一次指标遴选结果，分别列入表 10.5 至表 10.9 的(c)列中。

表 10.5 上市公司“电力、热力、燃气及水生产和供应行业”*T*–1 年基于偏相关系数第一次指标筛选结果

(a)序号	(b)准则层		(c)指标	(d)训练样本 N_{train} 中客户指标标准化数据 x_{ij}			(e)测试样本 N_{test} 中客户指标标准化数据 x_{ij}		
				(1) 客户 1	…	(72) 客户 72	(73) 客户 73	…	(104) 客户 104
1	企业内部财务因素	偿债能力	X_1 资产负债率	0.729	…	0.710	0.707	…	0.620
…			…	…	…	…	…	…	…
29			X_{38} 每股权益合计	0.386	…	0.315	0.310	…	0.315
30		盈利能力	X_{39} 净资产收益率(平均)	0.430	…	0.000	0.471	…	0.337
…			…	…	…	…	…	…	…
53			X_{86} 资产利润率	0.377	…	0.000	0.418	…	0.317
54		营运能力	X_{90} 有形资产/总资产	0.742	…	0.673	0.707	…	0.642
…			…	…	…	…	…	…	…
71			X_{114} 分配股利、利润或偿付利息支付的现金占筹资活动现金流出小计的比重	0.916	…	0.914	0.672	…	0.898
72		成长能力	X_{116} 资产总计(相对年初增长率)	0.334	…	0.275	0.356	…	0.328
…			…	…	…	…	…	…	…
79			X_{138} 可持续增长率	0.483	…	0.290	0.000	…	0.435

续表

(a)序号	(b)准则层		(c)指标	(d)训练样本 N_{train} 中客户指标标准化数据 x_{ij}			(e)测试样本 N_{test} 中客户指标标准化数据 x_{ij}		
				(1) 客户 1	…	(72) 客户 72	(73) 客户 73	…	(104) 客户 104
80	企业内部非财务因素	股权结构与业绩审计情况	X_{139} 是否为金融机构	0.000	…	0.000	1.000	…	0.000
…			…	…	…	…	…	…	…
85			X_{145} 派息比税后	0.000	…	0.000	0.000	…	0.000
86		高管基本情况	X_{147} 监事会持股比例	0.000	…	0.000	0.000	…	0.000
…			…	…	…	…	…	…	…
90		企业基本信用情况	X_{151} 缺陷类型	0.731	…	1.000	0.731	…	0.731
91		商业信誉	X_{152} 涉案总件数	0.878	…	0.878	0.878	…	0.878
92			X_{153} 违规类型	1.000	…	1.000	1.000	…	1.000
93		社会责任	X_{154} 每股社会贡献值	0.000	…	0.000	0.000	…	0.000
94			X_{155} 社会捐赠强度	0.000	…	0.000	0.000	…	0.000
95	外部宏观环境		X_{156} 行业景气指数	0.818	…	0.771	0.754	…	0.710
…			…	…	…	…	…	…	…
119			X_{204} 国内专利申请授权数增长率	0.027	…	0.024	0.025	…	0.030
120	—		违约状态	0	…	1	0	…	1

表 10.6　上市公司“电力、热力、燃气及水生产和供应行业”T–2 年基于偏相关系数第一次指标筛选结果

(a)序号	(b)准则层		(c)指标	(d)训练样本 N_{train} 中客户指标标准化数据 x_{ij}			(e)测试样本 N_{test} 中客户指标标准化数据 x_{ij}		
				(1) 客户 1	…	(72) 客户 72	(73) 客户 73	…	(104) 客户 104
1	企业内部财务因素	偿债能力	X_1 资产负债率	0.751	…	0.586	0.721	…	0.642
…			…	…	…	…	…	…	…
28			X_{38} 每股权益合计	0.398	…	0.256	0.424	…	0.344
29		盈利能力	X_{40} 净资产收益率(加权)	0.460	…	0.041	0.438	…	0.393
…			…	…	…	…	…	…	…
51			X_{86} 资产利润率	0.465	…	0.080	0.417	…	0.376
52		营运能力	X_{88} 流动资产/总资产	0.407	…	0.071	0.133	…	0.133
…			…	…	…	…	…	…	…
74			X_{114} 分配股利、利润或偿付利息支付的现金占筹资活动现金流出小计的比重	0.912	…	0.899	0.804	…	0.840
75		成长能力	X_{116} 资产总计(相对年初增长率)	0.376	…	0.260	0.319	…	0.320
…			…	…	…	…	…	…	…
81			X_{138} 可持续增长率	0.505	…	0.283	0.502	…	0.485
82	企业内部非财务因素	股权结构与业绩审计情况	X_{139} 是否为金融机构	0.000	…	0.000	0.000	…	0.000
…			…	…	…	…	…	…	…
87			X_{144} 派息比税前	0.091	…	0.000	0.053	…	0.000
88		高管基本情况	X_{147} 监事会持股比例	0.000	…	0.000	0.000	…	0.000
…			…	…	…	…	…	…	…
92		企业基本信用情况	X_{151} 缺陷类型	0.731	…	0.771	0.731	…	0.731

续表

(a)序号	(b)准则层		(c)指标	(d)训练样本 N_{train} 中客户指标标准化数据 x_{ij}			(e)测试样本 N_{test} 中客户指标标准化数据 x_{ij}		
				(1) 客户 1	…	(72) 客户 72	(73) 客户 73	…	(104) 客户 104
93	企业内部非财务因素	商业信誉	X_{152} 涉案总件数	0.878	…	0.878	0.878	…	0.878
94			X_{153} 违规类型	1.000	…	1.000	1.000	…	1.000
95		社会责任	X_{154} 每股社会贡献值	0.000	…	0.000	0.000	…	0.000
96			X_{155} 社会捐赠强度	0.000	…	0.000	0.000	…	0.000
97	外部宏观环境		X_{157} 分行业企业家信心指数	0.710	…	0.692	0.560	…	0.625
…			…	…	…	…	…	…	…
121			X_{204} 国内专利申请授权数增长率	0.031	…	0.026	0.025	…	0.036
122	—		违约状态	0	…	1	0	…	1

表 10.7　上市公司“电力、热力、燃气及水生产和供应行业” T–3 年基于偏相关系数第一次指标筛选结果

(a)序号	(b)准则层		(c)指标	(d)训练样本 N_{train} 中客户指标标准化数据 x_{ij}			(e)测试样本 N_{test} 中客户指标标准化数据 x_{ij}		
				(1) 客户 1	…	(72) 客户 72	(73) 客户 73	…	(104) 客户 104
1	企业内部财务因素	偿债能力	X_1 资产负债率	0.778	…	0.664	0.718	…	0.647
…			…	…	…	…	…	…	…
27			X_{38} 每股权益合计	0.387	…	0.399	0.418	…	0.378
28		盈利能力	X_{41} 净资产收益率(扣除/加权)	0.483	…	0.463	0.469	…	0.478
…			…	…	…	…	…	…	…
56			X_{87} 归属于母公司普通股东的权益综合收益率	0.489	…	0.488	0.476	…	0.486
57		营运能力	X_{88} 流动资产/总资产	0.422	…	0.107	0.228	…	0.123
…			…	…	…	…	…	…	…
79			X_{113} 偿还债券支付的现金占筹资活动现金流出小计的比重	0.070	…	0.175	0.457	…	0.168
80		成长能力	X_{115} 每股净资产(相对年初增长率)	0.479	…	0.471	0.561	…	0.481
…			…	…	…	…	…	…	…
86			X_{121} 销售费用增长率	0.948	…	0.962	0.000	…	0.000
87	企业内部非财务因素	股权结构与业绩审计情况	X_{139} 是否为金融机构	1.000	…	0.000	0.000	…	0.000
…			…	…	…	…	…	…	…
92			X_{144} 派息比税前	0.091	…	0.065	0.058	…	0.025
93		高管基本情况	X_{147} 监事会持股比例	0.000	…	0.000	0.000	…	0.000
…			…	…	…	…	…	…	…
96		企业基本信用情况	X_{151} 缺陷类型	0.731	…	0.731	0.731	…	0.731
97		商业信誉	X_{152} 涉案总件数	0.878	…	0.878	0.878	…	0.878
98			X_{153} 违规类型	1.000	…	1.000	1.000	…	1.000
99		社会责任	X_{154} 每股社会贡献值	0.000	…	0.000	0.000	…	0.000
100			X_{155} 社会捐赠强度	0.000	…	0.000	0.000	…	0.000
101	外部宏观环境		X_{157} 分行业企业家信心指数	0.699	…	0.697	0.550	…	0.639
…			…	…	…	…	…	…	…
122			X_{204} 国内专利申请授权数增长率	0.029	…	0.036	0.030	…	0.032
123	—		违约状态	0	…	1	0	…	1

表 10.8　上市公司"电力、热力、燃气及水生产和供应行业"T–4 年基于偏相关系数第一次指标筛选结果

(a)序号	(b)准则层		(c)指标	(d)训练样本 N_{train} 中客户指标标准化数据 x_{ij}			(e)测试样本 N_{test} 中客户指标标准化数据 x_{ij}		
				(1) 客户 1	…	(72) 客户 72	(73) 客户 73	…	(104) 客户 104
1	企业内部财务因素	偿债能力	X_1 资产负债率	0.852	…	0.675	0.673	…	0.635
…			…	…	…	…	…	…	…
30			X_{38} 每股权益合计	0.379	…	0.424	0.337	…	0.366
31		盈利能力	X_{42} 总资产报酬率	0.486	…	0.478	0.456	…	0.496
…			…	…	…	…	…	…	…
52			X_{87} 归属于母公司普通股东的权益综合收益率	0.498	…	0.507	0.487	…	0.473
53		营运能力	X_{88} 流动资产/总资产	0.333	…	0.147	0.089	…	0.151
…			…	…	…	…	…	…	…
74			X_{114} 分配股利、利润或偿付利息支付的现金占筹资活动现金流出小计的比重	0.937	…	0.851	0.528	…	0.918
75		成长能力	X_{115} 每股净资产(相对年初增长率)	0.481	…	0.484	0.478	…	0.435
…			…	…	…	…	…	…	…
79			X_{134} 总资产增长率	0.080	…	0.078	0.000	…	0.230
80	企业内部非财务因素	股权结构与业绩审计情况	X_{139} 是否为金融机构	1.000	…	0.000	0.000	…	0.000
…			…	…	…	…	…	…	…
85			X_{144} 派息比税前	0.091	…	0.078	0.059	…	0.131
86		高管基本情况	X_{146} 董事会持股比例	0.000	…	0.000	0.000	…	0.000
…			…	…	…	…	…	…	…
89		企业基本信用情况	X_{151} 缺陷类型	0.731	…	0.731	0.731	…	0.731
90		商业信誉	X_{152} 涉案总件数	0.878	…	0.878	0.878	…	0.878
91			X_{153} 违规类型	1.000	…	1.000	1.000	…	1.000
92		社会责任	X_{154} 每股社会贡献值	0.000	…	0.000	0.000	…	0.000
93			X_{155} 社会捐赠强度	0.000	…	0.003	0.000	…	0.000
94	外部宏观环境		X_{157} 分行业企业家信心指数	0.687	…	0.572	0.617	…	0.291
…			…	…	…	…	…	…	…
115			X_{204} 国内专利申请授权数增长率	0.022	…	0.020	0.028	…	0.032
116	—		违约状态	0	…	1	0	…	1

表 10.9　上市公司"电力、热力、燃气及水生产和供应行业"T–5 年基于偏相关系数第一次指标筛选结果

(a)序号	(b)准则层		(c)指标	(d)训练样本 N_{train} 中客户指标标准化数据 x_{ij}			(e)测试样本 N_{test} 中客户指标标准化数据 x_{ij}		
				(1) 客户 1	…	(72) 客户 72	(73) 客户 73	…	(104) 客户 104
1	企业内部财务因素	偿债能力	X_1 资产负债率	0.855	…	0.671	0.668	…	0.864
…			…	…	…	…	…	…	…
29			X_{38} 每股权益合计	0.369	…	0.409	0.335	…	0.389
30		盈利能力	X_{39} 净资产收益率(平均)	0.515	…	0.496	0.486	…	0.460
…			…	…	…	…	…	…	…
59			X_{87} 归属于母公司普通股东的权益综合收益率	0.502	…	0.501	0.493	…	0.472

续表

(a)序号	(b)准则层		(c)指标	(d)训练样本 N_{train} 中客户指标标准化数据 x_{ij}			(e)测试样本 N_{test} 中客户指标标准化数据 x_{ij}		
				(1) 客户 1	…	(72) 客户 72	(73) 客户 73	…	(104) 客户 104
60	企业内部财务因素	营运能力	X_{88} 流动资产/总资产	0.428	…	0.119	0.083	…	0.100
…			…	…	…	…	…	…	…
84			X_{114} 分配股利、利润或偿付利息支付的现金占筹资活动现金流出小计的比重	0.681	…	0.829	0.673	…	0.764
85		成长能力	X_{115} 每股净资产(相对年初增长率)	0.556	…	0.483	0.479	…	0.474
…			…	…	…	…	…	…	…
88			X_{136} 固定资产增长率	0.000	…	0.070	0.000	…	0.026
89	企业内部非财务因素	股权结构与业绩审计情况	X_{139} 是否为金融机构	1.000	…	0.000	1.000	…	0.000
…			…	…	…	…	…	…	…
94			X_{144} 派息比税前	0.065	…	0.078	0.000	…	0.000
95		高管基本情况	X_{147} 监事会持股比例	0.000	…	0.000	0.000	…	0.001
…			…	…	…	…	…	…	…
98		企业基本信用情况	X_{151} 缺陷类型	0.731	…	0.731	0.731	…	0.731
99		商业信誉	X_{152} 涉案总件数	0.878	…	0.878	0.878	…	0.878
100			X_{153} 违规类型	1.000	…	1.000	1.000	…	1.000
101		社会责任	X_{154} 每股社会贡献值	0.000	…	0.000	0.000	…	0.000
102			X_{155} 社会捐赠强度	0.000	…	0.000	0.000	…	0.000
103	外部宏观环境		X_{159} 中长期贷款基准利率	0.577	…	0.609	0.502	…	0.000
…			…	…	…	…	…	…	…
128			X_{204} 国内专利申请授权数增长率	0.024	…	0.039	0.029	…	0.032
129	—		违约状态	0	…	1	0	…	1

10.4.2　基于支持向量机向前搜索第二次筛选后的指标体系

1. 基于 T–0 时间窗口的上市公司“电力、热力、燃气及水生产和供应行业”违约预测指标体系的构建

步骤 4：由 1 个指标构成的指标组合的确定。

由 1 个指标构成的第 1 个指标组合违约预测精度 G-mean$^1{}_1$ 的确定。根据表 10.4(d)列的上市公司“电力、热力、燃气及水生产和供应行业”训练样本的 T–0 时间窗口下第一次遴选后的 130 个指标数据，从第一次遴选出的 130 个指标中选取第 1 个指标(即表 10.4(d)列第 1 行)，即将表 10.4(d)列第 1 行的指标数据和表 10.4(d)列第 131 行的违约状态，代入式(3.22)和式(3.23)求解出线性支持向量机模型的指标权重和截距项参数，并将求解得到的参数代入式(3.24)和式(3.25)得到线性支持向量机违约预测模型。将表 10.4(d)列第 1 行的全部 72 个公司指标数据，代入式(3.25)线性支持向量机违约预测模型计算出违约状态预测值 $\hat{y}_j$(j=1, 2,⋯, 72)，将预测违约状态 $\hat{y}_j$ 与真实违约状态 y_j 进行比较后，代入式(3.55)计算违约预测几何平均精度，记为 G-mean$^1{}_1$。

同理，从第一次遴选出的 130 个指标中选取第 2 个指标(即表 10.4(d)列第 2 行)，可以得到第 2 个违约预测几何平均精度，记为 G-mean$^2{}_1$。第一次遴选共剩余 130 个指标，则可以得到 130 个违约预测几何平均精度，记为 G-mean$^k{}_1$ (k=1, 2, ⋯, 130)。在这 130 个违约预测几何平均精度中选取最大值 G-mean$^{k^*}{}_1$=

$\max(\text{G-mean}^1{}_1, \text{G-mean}^2{}_1, \cdots, \text{G-mean}^{130}{}_1)$，最高几何平均精度 $\text{G-mean}^{k^*}{}_1$ 的上标 k^*表示第 k^*个指标组合，即由 1 个指标构成的精度最高的指标组合，将其纳入第二次指标遴选中的待选指标组合。将由 1 个指标构成的指标组合的最高几何平均精度 $\text{G-mean}^{k^*}{}_1$ 简化记为 G-mean_1。

步骤 5：由 2 个指标构成的指标组合的确定。

在步骤 4 选中第 k^*个指标后，剩余的 129 个指标中，选取一个指标，这里既可以选择剩余的 129 个指标中的第 1 个指标，也可以选择第 129 个指标，与步骤 4 选中的第 k^*个指标形成新的指标组合，因此可以形成 129 个新的由 2 个指标构成的指标组合。将这 129 个指标组合对应的样本数据分别代入式(3.24)和式(3.25)的支持向量机模型，并根据式(3.55)计算得到 129 个违约预测几何平均精度，记为 $\text{G-mean}^l{}_2$ $(l=1, 2, \cdots, 129)$。在这 129 个违约预测几何平均精度中选择最大值 $\text{G-mean}^{l^*}{}_2=\max(\text{G-mean}^1{}_2, \text{G-mean}^2{}_2, \cdots, \text{G-mean}^{129}{}_2)$，最高几何平均精度 $\text{G-mean}^{l^*}{}_2$ 的上标 l^*表示第 l^*个指标组合，即由 1 个指标构成的精度最高的指标组合，将其纳入第二次指标遴选中的待选指标组合。将由 2 个指标构成的指标组合的最高几何平均精度 $\text{G-mean}^{l^*}{}_2$ 简化记为 G-mean_2。

步骤 6：遴选最优的违约预测指标组合。

仿照上述步骤 4 至步骤 5，不断地从剩余的指标中依次选取一个指标纳入前一步筛选出的指标组合形成新的指标组合，使得在新的指标组合下，线性支持向量机模型根据式(3.55)所计算的违约预测几何平均精度最大，得到由 s 个指标构成的指标组合的最高违约预测精度 $\text{G-mean}_s(s=1, 2, \cdots, 130)$。令 $\text{G-mean}_{s^*=12}=\max(\text{G-mean}_1, \text{G-mean}_2, \cdots, \text{G-mean}_{130})$，则 $\text{G-mean}_{s^*=12}$ 即为最高几何平均精度的指标组合。最高几何平均精度 $\text{G-mean}_{s^*=12}$ 的下标 $s^*=12$ 表示由 12 个指标构成的第 12 个指标组合即为最优指标组合。

应该指出，在指标组合遴选过程中，由于每个指标都有“选中”与“不选中”两种状态，130 个指标就有$(2^{130}-1)\approx1.36\times10^{39}$ 种指标组合可能性。遍历所有指标组合的预测精度，以几何平均精度最大为目标函数得到一个最优的指标组合，同时也得到显著的大数据降维效果，指标维度降低幅度为 90.77%(=1–12/130)。

表 10.10 中，每一行表示第二次指标组合筛选出的基于 T–0 时间窗口的上市公司“电力、热力、燃气及水生产和供应行业”违约预测指标。第 1 列是序号，第 2 列是准则层，第 3 列是指标名称，第 4 列是第 3 列指标对应的信用 5C 原则[6-7]。

表 10.10　上市公司“电力、热力、燃气及水生产和供应行业”T–0 年基于支持向量机第二次指标筛选结果

(1)序号	(2)准则层		(3)指标	(4)信用 5C 原则
1	企业内部财务因素	偿债能力	X_1 资产负债率	能力
…			…	…
9			X_{37} 资本公积占所有者权益的比例	能力
10	企业内部非财务因素	—	X_{140} 预审计情况	品质
11			X_{151} 缺陷类型	品质
12	外部宏观环境	—	X_{176} 广义货币供应量(M2)同比增长率	条件

表 10.10 可以看出，遴选出的 T–0 时间窗口的指标体系能够反映信用 5C 原则[6-7]。包括：资产负债率、资本公积占所有者权益的比例等财务指标反映公司能力；预审计情况等非财务指标反映公司品质；广义货币供应量(M2)同比增长率等宏观指标反映环境条件。

2. 基于其他时间窗口的上市公司“电力、热力、燃气及水生产和供应行业”违约预测指标体系的构建

步骤 7：构建其他时间窗口下的违约预测指标体系。仿照步骤 4 至步骤 6，分别对表 10.5 至表 10.9 的上市公司在 T–1 年至 T–5 年的第一次指标遴选基础上进行第二次指标组合筛选，第二次指标组合遴选后，T–1 年至 T–5 年 5 个时间窗口分别选出了 16 个、14 个、19 个、15 个、17 个指标，列入表 10.11 至表 10.15 的第 3 列。

表 10.11 上市公司“电力、热力、燃气及水生产和供应行业”T–1 年基于支持向量机第二次指标筛选结果

(1)序号	(2)准则层		(3)指标	(4)信用 5C 原则
1	企业内部财务因素	偿债能力	X_1 资产负债率	能力
…			…	…
12			X_{21} 归属母公司股东的权益/带息债务	能力
13		盈利能力	X_{68} 经营活动产生的现金流量净额/经营活动净收益	资本
14	外部宏观环境	—	X_{176} 广义货币供应量(M2)同比增长率	条件
15			X_{180} 能源消费总量增长率	条件
16			X_{182} 实际利用外商直接投资金额增长率	条件

表 10.12 上市公司“电力、热力、燃气及水生产和供应行业”T–2 年基于支持向量机第二次指标筛选结果

(1)序号	(2)准则层		(3)指标	(4)信用 5C 原则
1	企业内部财务因素	偿债能力	X_1 资产负债率	能力
…			…	…
10			X_{21} 归属母公司股东的权益/带息债务	能力
11		盈利能力	X_{68} 经营活动产生的现金流量净额/经营活动净收益	资本
12			X_{84} 营业外收入占营业总收入比重	资本
13		营运能力	X_{94} 营运资本周转率	能力
14	外部宏观环境	—	X_{176} 广义货币供应量(M2)同比增长率	条件

表 10.13 上市公司“电力、热力、燃气及水生产和供应行业”T–3 年基于支持向量机第二次指标筛选结果

(1)序号	(2)准则层		(3)指标	(4)信用 5C 原则
1	企业内部财务因素	偿债能力	X_1 资产负债率	能力
…			…	…
13			X_{34} 无形资产占总资产比率	能力
14		盈利能力	X_{65} 所得税/利润总额	资本
15			X_{68} 经营活动产生的现金流量净额/经营活动净收益	资本
16			X_{74} 稀释每股收益	资本
17		成长能力	X_{120} 营业总成本增长率	资本
18	企业内部非财务因素	—	X_{150} 总经理是否领取薪酬	品质
19	外部宏观环境	—	X_{176} 广义货币供应量(M2)同比增长率	条件

表 10.14 上市公司“电力、热力、燃气及水生产和供应行业”T–4 年基于支持向量机第二次指标筛选结果

(1)序号	(2)准则层		(3)指标	(4)信用 5C 原则
1	企业内部财务因素	偿债能力	X_1 资产负债率	能力
…			…	…
9			X_{10} 流动负债/负债合计	能力
10		盈利能力	X_{68} 经营活动产生的现金流量净额/经营活动净收益	资本
11			X_{73} 基本每股收益	资本
12		营运能力	X_{105} 支付的各项税费占经营活动现金流出小计的比率	能力
13	企业内部非财务因素	—	X_{139} 是否为金融机构	品质
14		—	X_{141} 业绩预告次数	品质
15	外部宏观环境	—	X_{176} 广义货币供应量(M2)同比增长率	条件

表 10.15　上市公司“电力、热力、燃气及水生产和供应行业”T–5 年基于支持向量机第二次指标筛选结果

(1)序号	(2)准则层		(3)指标	(4)信用 5C 原则
1	企业内部财务因素	偿债能力	X_1 资产负债率	能力
…			…	…
15			X_{29} 长期债务与营运资金比率	能力
16		盈利能力	X_{78} 经济附加值(口径一)	资本
17	外部宏观环境	—	X_{176} 广义货币供应量(M2)同比增长率	条件

10.4.3　遴选出的最优指标体系统计汇总

由上文表 10.10 至表 10.15 可知，对于所有 104 家“电力、热力、燃气及水生产和供应行业”上市公司样本，违约预测的最优指标组合为：由 204 个指标构成的$(2^{204}-1)\approx 2.57\times 10^{61}$个指标组合中，遴选出资产负债率、资本公积占所有者权益的比例、预审计情况等 12 个指标，构成了 *T*–0 年违约判别几何平均精度最大的指标组合；遴选出资产负债率、归属母公司股东的权益/带息债务、经营活动产生的现金流量净额/经营活动净收益等 16 个指标，构成了 *T*–1 年违约预测几何平均精度最大的指标组合；遴选出资产负债率、归属母公司股东的权益/带息债务、经营活动产生的现金流量净额/经营活动净收益等 14 个指标，构成了 *T*–2 年违约预测几何平均精度最大的指标组合；遴选出资产负债率、无形资产占总资产比率、所得税/利润总额等 19 个指标，构成了 *T*–3 年违约预测几何平均精度最大的指标组合；遴选出资产负债率、经营活动产生的现金流量净额/经营活动净收益、基本每股收益等 15 个指标，构成了 *T*–4 年违约预测几何平均精度最大的指标组合；遴选出资产负债率、长期债务与营运资金比率、广义货币供应量(M2)同比增长率等 17 个指标，构成了 *T*–5 年违约预测几何平均精度最大的指标组合。

表 10.16 汇总了 *T*–*m*(*m*=0, 1, 2, 3, 4, 5)年最优指标组合中的指标，并统计了各个指标被选入最优指标组合的次数。表 10.16 中：第 1 列是序号；第 2 列是指标名称；第 3 列是指标在 *T*–*m*(*m*=0, 1, 2, 3, 4, 5)年被选中状态，“1”表示被选中，“0”表示未被选中；第 4 列是指标在 *T*–*m*(*m*=0, 1, 2, 3, 4, 5)年被选中的总次数，等于第 3 列的求和。

表 10.16　上市公司“电力、热力、燃气及水生产和供应行业”T–m 年最优指标组合汇总

(1)序号	(2)指标	(3)指标体系						(4)*T*–*m* 年指标被选中的次数
		T–0	*T*–1	*T*–2	*T*–3	*T*–4	*T*–5	
1	X_1 资产负债率	1	1	1	1	1	1	6
2	X_2 剔除预收款项后的资产负债率	0	1	1	0	1	1	4
3	X_3 长期资本负债率	0	1	1	1	1	1	5
4	X_4 长期资产适合率	1	1	1	1	1	1	6
…	…	…	…	…	…	…	…	…
8	X_8 归属母公司股东的权益/全部投入资本	0	0	0	0	1	1	2
9	X_9 带息债务/全部投入资本	0	1	1	1	1	1	5
…	…	…	…	…	…	…	…	…
21	X_{21} 归属母公司股东的权益/带息债务	0	1	1	1	0	0	3
…	…	…	…	…	…	…	…	…
68	X_{68} 经营活动产生的现金流量净额/经营活动净收益	0	1	1	1	1	0	4
…	…	…	…	…	…	…	…	…
176	X_{176} 广义货币供应量(M2)同比增长率	1	1	1	1	1	1	6

续表

(1)序号	(2)指标	(3)指标体系						(4)$T-m$ 年指标被选中的次数
		$T-0$	$T-1$	$T-2$	$T-3$	$T-4$	$T-5$	
180	X_{180} 能源消费总量增长率	0	1	0	0	0	0	1
182	X_{182} 实际利用外商直接投资金额增长率	0	1	0	0	0	0	1
183	指标数量合计	13	17	15	20	16	18	—

根据表 10.16 第 2 列可知，对于所有 104 家上市公司样本，违约预测的重要宏观指标：广义货币供应量(M2)同比增长率、能源消费总量增长率、实际利用外商直接投资金额增长率对上市企业违约状态有显著影响。

根据表 10.16 第 3 列可知，资产负债率、长期资产适合率、广义货币供应量(M2)同比增长率等 5 个指标存在于 $T-0$、$T-1$、$T-2$ 年的最优指标组合中，说明其对企业未来 0~2 年的短期违约状态具有关键影响。长期资本负债率、带息债务/全部投入资本、长期资产适合率等 7 个指标存在于 $T-3$、$T-4$、$T-5$ 年的最优指标组合中，说明这 7 个指标对企业未来 3~5 年的中期违约预测具有关键影响。

根据表 10.16 第 4 列可知，资产负债率、广义货币供应量(M2)同比增长率、长期资产适合率等 6 个指标存在于 $T-m(m=0, 1, 2, 3, 4, 5)$年的最优指标组合中，说明这 6 个指标不论是对未来 0~2 年的短期违约预测，还是对未来 3~5 年的中期违约预测都有重要影响。其中，广义货币供应量(M2)同比增长率的意义在于：当广义货币发行量充分大时，市场流动性充分，则公司几乎不可能发生违约，因此是违约预测的关键指标。

综上，对于所有 104 家上市公司样本，违约预测的关键指标：资产负债率、长期资产适合率、广义货币供应量(M2)同比增长率等 5 个指标对企业未来 0~2 年的短期违约状态有关键影响。长期资本负债率、带息债务/全部投入资本、长期资产适合率等 7 个指标对企业未来 3~5 年的中期违约状态有关键影响。资产负债率、广义货币供应量(M2)同比增长率、长期资产适合率等 6 个指标，不论是对未来 0~2 年的短期违约预测，还是对未来 3~5 年的中期违约预测都有重要影响。

10.5 电力、热力、燃气及水生产和供应行业的违约预警模型的精度计算

上文 10.4 节中遴选出了最优指标组合。则根据最优指标组合对应的训练样本数据，可分别构建如上文 3.2 节所述的 14 种大数据违约评价模型方案。根据表 10.3 第 1 行定义的训练样本 N_{train} 分别对应的表 10.10 至表 10.15 所示的 $T-m(m=0, 1, 2, 3, 4, 5)$时间窗口的训练样本指标数据，求解模型参数得到 14 种违约评价模型，并在表 10.3 第 2 行定义的测试样本 N_{test} 的 $T-m(m=0, 1, 2, 3, 4, 5)$时间窗口分别计算 14 种大数据违约评价模型的精度结果。

其中，本书选取的模型违约预测精度评价标准有 5 个，分别为第二类错误、第一类错误、几何平均精度、总体预测精度和 AUC 值，精度定义如 3.3 节式(3.53)至式(3.56)所示[8-9]。

以线性判别模型在 $T-1$ 时间窗口样本的训练和测试为例进行说明。

将表 10.11 第 3 列 16 个指标对应表 10.5(d)列 $T-1$ 时间窗口的经 SMOTE 扩充后的训练样本数据，代入式(3.64)的线性判别模型最优权重向量的目标函数，求解出线性判别模型中 16 个指标的权重向量，并代入式(3.16)和式(3.17)得到违约概率预测方程和违约状态预测方程如下。

线性判别模型在 $T-1$ 时间窗口样本的违约概率预测方程如下。

$$\hat{p}(T-1)=3.702\times X_1\text{资产负债率}+0.965\times X_2\text{剔除预收款项后的资产负债率}+\cdots$$
$$-11.092\times X_4\text{长期资产适合率}+9.689\times X_5\text{权益乘数}+\cdots+10.85\times X_{180}\text{能源消费总量增长率}$$
$$-3.673\times X_{182}\text{实际利用外商直接投资金额增长率} \tag{10.1}$$

线性判别模型在 T–1 时间窗口样本的违约状态预测方程如下。

$$\hat{y}_j(T+1)=\begin{cases}1, & \hat{p}_j(T)\geqslant 0.5\\ 0, & \hat{p}_j(T)<0.5\end{cases} \tag{10.2}$$

将表 10.11 第 3 列 16 个指标对应表 10.5(e)列 T–1 时间窗口 32 个公司的测试样本数据，代入式(10.1)得到违约概率预测值 $\hat{p}_j$ (j=1, 2, …, 32)，将违约概率预测值 $\hat{p}_j$ 代入式(10.2)得到违约状态预测值 $\hat{y}_j$(j=1, 2, …, 32)。将违约状态预测值 $\hat{y}_j$ 与实际值 y_j 进行对比，可得如表 10.17 所示的混淆矩阵中 TP、TN、FP、FN 四个值。将表 10.17 所示的混淆矩阵中 TP、TN、FP、FN 四个值，代入式(3.53)，计算得到第二类错误 Type-II Error=FN/(TP+FN)= 2/(6+2)=0.25。

表 10.17　违约预测混淆矩阵

客户的真实违约状态	客户的预测违约状态	
	(1)预测违约	(2)预测非违约
(1)真实违约	违约样本判对的个数 TP=6	违约样本判错的个数 FN=2
(2)真实非违约	非违约样本判错的个数 FP=3	非违约样本判对的个数 TN=21

表 10.18 是上市公司“电力、热力、燃气及水生产和供应行业” T–m(m=0, 1, 2, 3, 4, 5)时间窗口的 14 种大数据违约评价模型方案的测试样本预测精度结果。以线性判别模型在 T–1 时间窗口样本为例，将上文计算得到的第二类错误 Type-II Error=0.25，列入表 10.18 第 15 行第 4 列。同理，将表 10.17 所示的混淆矩阵中 TP、TN、FP、FN 四个值，分别代入式(3.54)至式(3.56)，并绘制 ROC 曲线，得到其他四个精度结果，分别列入表 10.18 第 15 行第 5~8 列。

表 10.18　上市公司“电力、热力、燃气及水生产和供应行业” T–m(m=0,1, 2, 3, 4, 5)年模型预测精度结果

(1)序号	(2)时间窗口	(3)模型方案	(4)第二类错误	(5)第一类错误	(6)几何平均精度	(7)总体预测精度	(8)AUC 值
1	T–0	线性判别模型[10]	0.500	0.125	0.661	0.781	0.823
2		逻辑回归模型[11]	0.375	0.083	0.757	0.844	0.865
3		广义加性模型[12]	0.500	0.500	0.500	0.500	0.615
4		线性支持向量机模型[13]	0.875	0.167	0.323	0.656	0.750
5		决策树模型[14-15]	0.375	0.042	0.774	0.875	0.805
6		BP 神经网络模型[16-17]	0.750	0.292	0.421	0.594	0.453
7		K 近邻模型[18-19]	0.875	0.333	0.289	0.531	0.396
8		多数投票线性判别模型[20]	0.750	0.125	0.468	0.719	0.802
9		多数投票逻辑回归模型[20]	0.250	0.083	0.829	0.875	0.859
10		多数投票广义加性模型[20]	0.375	0.542	0.535	0.500	0.609
11		多数投票线性支持向量机模型[21]	0.500	0.167	0.646	0.750	0.776
12		多数投票决策树模型[22]	0.250	0.208	0.771	0.781	0.823
13		多数投票 BP 神经网络模型[23]	1.000	0.125	0.000	0.656	0.651
14		多数投票 K 近邻模型[24]	0.875	0.292	0.298	0.563	0.352
15	T–1	线性判别模型[10]	0.250	0.125	0.810	0.844	0.677
16		逻辑回归模型[11]	0.625	0.417	0.468	0.531	0.451
17		广义加性模型[12]	0.250	0.125	0.810	0.844	0.724
18		线性支持向量机模型[13]	0.250	0.125	0.810	0.844	0.776

续表

(1)序号	(2)时间窗口	(3)模型方案	(4)第二类错误	(5)第一类错误	(6)几何平均精度	(7)总体预测精度	(8)AUC 值
19	T–1	决策树模型[14-15]	0.500	0.125	0.661	0.781	0.578
20		BP 神经网络模型[16-17]	0.250	0.250	0.750	0.750	0.698
21		K 近邻模型[18-19]	0.625	0.208	0.545	0.688	0.583
22		多数投票线性判别模型[20]	0.250	0.125	0.810	0.844	0.693
23		多数投票逻辑回归模型[20]	0.500	0.167	0.646	0.750	0.706
24		多数投票广义加性模型[20]	0.250	0.167	0.791	0.813	0.766
25		多数投票线性支持向量机模型[21]	0.250	0.125	0.810	0.844	0.734
26		多数投票决策树模型[22]	0.375	0.125	0.740	0.813	0.758
27		多数投票 BP 神经网络模型[23]	0.500	0.125	0.661	0.781	0.724
28		多数投票 K 近邻模型[24]	0.500	0.167	0.646	0.750	0.604
29	T–2	线性判别模型[10]	0.000	0.083	0.957	0.938	0.974
30		逻辑回归模型[11]	0.375	0.250	0.685	0.719	0.771
31		广义加性模型[12]	0.000	0.083	0.957	0.938	0.958
32		线性支持向量机模型[13]	0.000	0.083	0.957	0.938	0.948
33		决策树模型[14-15]	0.625	0.042	0.599	0.813	0.380
34		BP 神经网络模型[16-17]	0.375	0.083	0.757	0.844	0.859
35		K 近邻模型[18-19]	0.875	0.208	0.315	0.625	0.458
36		多数投票线性判别模型[20]	0.000	0.083	0.957	0.938	0.979
37		多数投票逻辑回归模型[20]	0.375	0.125	0.740	0.813	0.828
38		多数投票广义加性模型[20]	0.375	0.042	0.774	0.875	0.932
39		多数投票线性支持向量机模型[21]	0.000	0.083	0.957	0.938	0.927
40		多数投票决策树模型[22]	0.375	0.042	0.774	0.875	0.729
41		多数投票 BP 神经网络模型[23]	0.625	0.083	0.586	0.781	0.854
42		多数投票 K 近邻模型[24]	0.875	0.208	0.315	0.625	0.422
43	T–3	线性判别模型[10]	0.500	0.542	0.479	0.469	0.505
44		逻辑回归模型[11]	0.250	0.458	0.637	0.594	0.628
45		广义加性模型[12]	0.375	0.583	0.510	0.469	0.521
46		线性支持向量机模型[13]	0.375	0.542	0.535	0.500	0.531
47		决策树模型[14-15]	0.375	0.583	0.510	0.469	0.521
48		BP 神经网络模型[16-17]	0.625	0.500	0.433	0.469	0.484
49		K 近邻模型[18-19]	0.125	0.500	0.661	0.594	0.688
50		多数投票线性判别模型[20]	0.375	0.500	0.559	0.531	0.552
51		多数投票逻辑回归模型[20]	0.500	0.500	0.500	0.500	0.547
52		多数投票广义加性模型[20]	0.750	0.250	0.433	0.625	0.427
53		多数投票线性支持向量机模型[21]	0.375	0.542	0.535	0.500	0.526
54		多数投票决策树模型[22]	0.375	0.583	0.510	0.469	0.505
55		多数投票 BP 神经网络模型[23]	0.375	0.458	0.582	0.563	0.578
56		多数投票 K 近邻模型[24]	0.250	0.458	0.637	0.594	0.682

续表

(1)序号	(2)时间窗口	(3)模型方案	(4)第二类错误	(5)第一类错误	(6)几何平均精度	(7)总体预测精度	(8)AUC 值
57	T–4	线性判别模型[10]	0.375	0.458	0.582	0.563	0.625
58		逻辑回归模型[11]	0.500	0.292	0.595	0.656	0.542
59		广义加性模型[12]	0.375	0.167	0.722	0.781	0.672
60		线性支持向量机模型[13]	0.375	0.375	0.625	0.625	0.583
61		决策树模型[14-15]	0.625	0.292	0.515	0.625	0.346
62		BP 神经网络模型[16-17]	0.250	0.375	0.685	0.656	0.646
63		K 近邻模型[18-19]	0.625	0.375	0.484	0.563	0.500
64		多数投票线性判别模型[20]	0.375	0.292	0.665	0.688	0.641
65		多数投票逻辑回归模型[20]	0.375	0.375	0.625	0.625	0.602
66		多数投票广义加性模型[20]	0.500	0.208	0.629	0.719	0.661
67		多数投票线性支持向量机模型[21]	0.375	0.375	0.625	0.625	0.583
68		多数投票决策树模型[22]	0.500	0.208	0.629	0.719	0.648
69		多数投票 BP 神经网络模型[23]	0.250	0.250	0.750	0.750	0.682
70		多数投票 K 近邻模型[24]	0.500	0.417	0.540	0.563	0.542
71	T–5	线性判别模型[10]	0.375	0.833	0.323	0.281	0.245
72		逻辑回归模型[11]	1.000	0.667	0.000	0.250	0.208
73		广义加性模型[12]	0.375	0.833	0.323	0.281	0.359
74		线性支持向量机模型[13]	0.375	0.833	0.323	0.281	0.219
75		决策树模型[14-15]	0.500	0.708	0.382	0.344	0.409
76		BP 神经网络模型[16-17]	0.625	0.750	0.306	0.281	0.427
77		K 近邻模型[18-19]	1.000	0.542	0.000	0.344	0.229
78		多数投票线性判别模型[20]	0.375	0.833	0.323	0.281	0.208
79		多数投票逻辑回归模型[20]	0.500	0.708	0.382	0.344	0.292
80		多数投票广义加性模型[20]	0.500	0.833	0.289	0.250	0.266
81		多数投票线性支持向量机模型[21]	0.375	0.833	0.323	0.281	0.193
82		多数投票决策树模型[22]	0.625	0.708	0.331	0.313	0.346
83		多数投票 BP 神经网络模型[23]	0.375	0.500	0.559	0.531	0.349
84		多数投票 K 近邻模型[24]	1.000	0.625	0.000	0.281	0.169

以上是以线性判别模型在 T–1 时间窗口样本为例，说明了违约评价模型的计算过程。同理，可分别根据上文 3.2 节中的 14 种大数据违约评价模型的表达式，计算在上市公司 $T-m(m=0, 1, 2, 3, 4, 5)$测试样本上的精度结果，并将精度结果列入表 10.18 中。

由表 10.18 第 8 列 AUC 值可以看出，AUC 值基本都能达到 70%以上[25-26]，表明这 14 种模型在五年的时间窗口均能实现较好的模型预测效果，即模型有五年的预测能力。表 10.18 第 4 列的违约客户错判率第二类错误基本都在 30%以下[27-28]，说明所构建的模型对公司违约具有较好的预测能力。

10.6 电力、热力、燃气及水生产和供应行业的最优违约预警模型的对比分析

上市公司“电力、热力、燃气及水生产和供应行业”违约预警模型最优方案选择共有如下三个选择标准。

第一标准：模型违约预测精度越高，模型方案排名越靠前。

第二标准：模型可解释性越强，模型方案排名越靠前。

第三标准：模型复杂性越低，模型方案排名越靠前。

表 10.19 给出了 14 种模型方案基于上市公司“电力、热力、燃气及水生产和供应行业”数据的三个标准排序结果。

表 10.19 上市公司“电力、热力、燃气及水生产和供应行业”最优模型方案的选择

(1)序号	(2)模型方案	(3)标准一：分类精度排序平均值	(4)标准二：可解释性排序[29-30]	(5)标准三：复杂性排序[29, 31]	(6)三个标准的排序平均值
1	线性判别模型[10]	5.80	1	1	2.60
2	逻辑回归模型[11]	7.93	2	2	3.98
3	广义加性模型[12]	4.83	4	3	3.94
4	线性支持向量机模型[13]	5.33	10	4	6.44
5	决策树模型[14,15]	7.07	3	5	5.02
6	BP 神经网络模型[16,17]	7.83	11	7	8.61
7	K 近邻模型[18,19]	9.80	9	6	8.27
8	多数投票线性判别模型[20]	4.53	5	8	5.84
9	多数投票逻辑回归模型[20]	6.43	6	9	7.14
10	多数投票广义加性模型[20]	6.93	8	10	8.31
11	多数投票线性支持向量机模型[21]	5.20	13	11	9.73
12	多数投票决策树模型[22]	5.77	7	12	8.26
13	多数投票 BP 神经网络模型[23]	5.43	14	14	11.14
14	多数投票 K 近邻模型[24]	9.53	12	13	11.51

表 10.19 第 2 列为 14 种模型方案的模型名称。

表 10.19 第 3 列为 14 种模型方案基于标准一预测精度的排序平均值，是基于表 10.18 中五个精度标准的精度排序平均值。排序平均值越小，表示模型的预测精度越高，即排序为 4.53 的模型预测精度最高。

表 10.19 第 4 列为 14 种模型方案基于标准二可解释性的排序，是基于现有文献[29, 30]对 14 种大数据模型可解释性的排序结果。排序的序号越小，表示模型的可解释性越强，即排序为“1”的模型方案可解释性最强。

表 10.19 第 5 列为 14 种模型方案基于标准三复杂性的排序，是基于现有文献[29, 31]对 14 种大数据模型复杂性的排序结果。排序的序号越小，表示模型的复杂性越低，即排序为“1”的模型方案复杂性最低。

表 10.19 第 6 列为 14 种模型方案三个标准的排序平均值，是第 3 列、第 4 列和第 5 列的算术平均值。排序平均值越小，表示模型方案越能够同时兼顾精度、可解释性、复杂性这三个因素，越应该被选用，即排序平均值最小的模型方案是最优模型方案。

根据最优方案的三个选择标准，结合表 10.19 第 6 列的平均排序可以得出，线性判别模型的平均排序最小。因此，上市公司“电力、热力、燃气及水生产和供应行业”样本的最优模型方案是线性判别模型。

10.7　电力、热力、燃气及水生产和供应行业的最优违约预警模型

由上文 10.6 节可知，上市公司“电力、热力、燃气及水生产和供应行业”的最优模型方案是线性判别模型。

设：$\hat{p}_j(T-m)$ 为第 j 个上市公司 T–m 年预测的违约概率，根据 10.5 节中求解的上市公司“电力、热力、燃气及水生产和供应行业”对应的 T–m(m=0, 1, 2, 3, 4, 5)线性判别模型评价方程如下。

上市公司“电力、热力、燃气及水生产和供应行业”的违约判别模型，如式(10.3)所示。

$$\hat{p}_j(T-0)=11.444\times X_1\text{资产负债率}+9.226\times X_4\text{长期资产适合率}+\cdots-1.165\times X_{151}\text{缺陷类型}+1.256\times X_{176}\text{广义货币供应量(M2)同比增长率} \tag{10.3}$$

上市公司“电力、热力、燃气及水生产和供应行业”的提前 1 年违约预警模型，如式(10.4)所示。

$$\hat{p}_j(T-1)=3.702\times X_1\text{资产负债率}+0.965\times X_2\text{剔除预收款项后的资产负债率}-\cdots+10.85\times X_{180}\text{能源消费总量增长率}-3.673\times X_{182}\text{实际利用外商直接投资金额增长率} \tag{10.4}$$

上市公司“电力、热力、燃气及水生产和供应行业”的提前 2 年违约预警模型，如式(10.5)所示。

$$\hat{p}_j(T-2)=3.46\times X_1\text{资产负债率}-2.971\times X_2\text{剔除预收款项后的资产负债率}+\cdots-0.515\times X_{94}\text{营运资本周转率}+8.997\times X_{176}\text{广义货币供应量(M2)同比增长率} \tag{10.5}$$

上市公司“电力、热力、燃气及水生产和供应行业”的提前 3 年违约预警模型，如式(10.6)所示。

$$\hat{p}_j(T-3)=-3.907\times X_1\text{资产负债率}+19.862\times X_3\text{长期资本负债率}+\cdots+20.938\times X_{150}\text{总经理是否领取薪酬}+5.136\times X_{176}\text{广义货币供应量(M2)同比增长率} \tag{10.6}$$

上市公司“电力、热力、燃气及水生产和供应行业”的提前 4 年违约预警模型，如式(10.7)所示。

$$\hat{p}_j(\mathrm{T}-4)=10.241\times X_1\text{资产负债率}-2.252\times X_2\text{剔除预收款项后的资产负债率}+\cdots+13.506\times X_{176}\text{广义货币供应量(M2)同比增长率} \tag{10.7}$$

上市公司“电力、热力、燃气及水生产和供应行业”的提前 5 年违约预警模型，如式(10.8)所示。

$$\hat{p}_j(T-5)=6.026\times X_1\text{资产负债率}-6.5\times X_2\text{剔除预收款项后的资产负债率}+\cdots-62.202\times X_{78}\text{经济附加值}+2.036\times X_{176}\text{广义货币供应量(M2)同比增长率} \tag{10.8}$$

以上构建的模型式(10.3)至式(10.8)是通过第 T–m 年的指标数据与 T 年违约状态训练得到的提前 m 年违约预警的评价方程，以达到根据第 T 年的指标数据，预测公司第 T+m 年违约状态的目的。应该指出，这里的第 T–m 年的指标数据不是仅包含某一年(如 2008 年)的指标截面数据，而是包含了不同年份(如 2008 年、2014 年等)平移后的指标截面数据。

则第 j 个“电力、热力、燃气及水生产和供应行业”上市公司第 T+m 年违约状态预测值 $\hat{y}_j(T+m)$的表达式如下。

$$\hat{y}_j(T+m)=\begin{cases}1, & \hat{p}_j(T)\geqslant 0.5\\ 0, & \hat{p}_j(T)<0.5\end{cases} \tag{10.9}$$

10.8　电力、热力、燃气及水生产和供应行业的违约概率和信用得分的确定

由上文 10.7 节可知，最优模型方案为线性判别模型，共构建了 T+m(m=0, 1, 2, 3, 4, 5)共 6 个违约判别或预测模型表达式，如上文式(10.3)至式(10.8)所示。

将表 10.10 第 3 列 T–0 年最优指标体系对应的 2000 年至 2018 年这 19 年“电力、热力、燃气及水生产和供应行业”上市公司样本数据，代入上文式(10.3)，得到“电力、热力、燃气及水生产和供应行业”上市公司第 T+0 年的违约概率判别值，列入表 10.20 第 3 列。

表 10.20　上市公司“电力、热力、燃气及水生产和供应行业”2000~2018 年最优模型方案线性判别预测结果

(1)序号	(2)证券代码	(a)$T+0$		(b)$T+1$		(c)$T+2$		(d)$T+3$		(e)$T+4$		(f)$T+5$	
		(3)违约概率 p_j	(4)信用得分 S_j	(5)违约概率 p_j	(6)信用得分 S_j	(7)违约概率 p_j	(8)信用得分 S_j	(9)违约概率 p_j	(10)信用得分 S_j	(11)违约概率 p_j	(12)信用得分 S_j	(13)违约概率 p_j	(14)信用得分 S_j
1	2018-000027	0.2572	74.28	0.00	100.00	0.0000	100.00	0.1733	82.67	0.9340	6.60	1.00	0.00
2	2018-000037	0.3081	69.19	1.00	0.00	0.9998	0.02	0.9042	9.58	1.0000	0.00	1.00	0.00
3	2018-000301	0.1876	81.24	0.00	100.00	0.0004	99.96	0.0005	99.95	0.9990	0.10	1.00	0.00
…	…	…	…	…	…	…	…	…	…	…	…	…	…
1772	2000-600868	0.0956	90.44	0.00	100.00	0.0013	99.87	0.0000	100.00	0.0001	99.99	0.00	100.00
1773	2000-600874	1.0000	0.00	1.00	0.00	0.0139	98.61	0.0436	95.64	0.0000	100.00	0.00	100.00
1774	2000-600886	0.1403	85.97	0.00	100.00	0.1859	81.05	0.0100	99.00	0.2680	73.20	0.00	100.00

如表 10.20 第 1 行所示，证券代码“2018-000027”表示 2018 年代码为“000027”上市公司。第 1 行第 3 列表示“000027”上市公司在 2018 年的违约概率判别值 p_j=0.2572，将表 10.20 第 1 行第 3 列违约概率判别值 p_j=0.2572 代入上文式(3.3)的信用得分表达式，得到“000027”上市公司 2018 年信用得分 $S_j=(1-p_j)\times 100=(1-0.2572)\times 100=74.28$，列入表 10.20 第 1 行第 4 列。

同理，对于表 10.11 至表 10.15 的 $T-m(m=1, 2, 3, 4, 5)$年的最优指标体系的数据，代入式(10.4)至式(10.8)，可分别计算 $T+m(m=1, 2, 3, 4, 5)$年的“电力、热力、燃气及水生产和供应行业”上市公司违约概率值 p_j 和信用得分值 S_j，将预测结果列入表 10.20 第 5 列至第 14 列。

由此得到表 10.20 所示的 2000~2018 年上市公司最优模型方案线性判别模型的 $T+m(m=1, 2, 3, 4, 5)$违约概率与信用得分结果。

表 10.21 是“电力、热力、燃气及水生产和供应行业”上市公司的 2000~2023 年违约概率和信用得分结果。

表 10.21　“电力、热力、燃气及水生产和供应行业”2000~2023 年违约概率和信用得分结果

(1)序号	(2)证券代码	(3)年份	(4)行业	(5)省区市	(6)所有制属性	(7)违约概率 $p_{j(T+m)}$	(8)信用得分 $S_{j(T+m)}$
1	000027.SZ	2000	电力、热力、燃气及水生产和供应行业	广东省	地方国有企业	0.2559	74.41
2	000037.SZ	2000	电力、热力、燃气及水生产和供应行业	广东省	公众企业	0.2201	77.99
3	000301.SZ	2000	电力、热力、燃气及水生产和供应行业	江苏省	地方国有企业	0.1323	86.77
…	…	…	…	…	…	…	…
1772	603393.SH	2018	电力、热力、燃气及水生产和供应行业	新疆维吾尔自治区	民营企业	0.0078	99.22
1773	603689.SH	2018	电力、热力、燃气及水生产和供应行业	安徽省	地方国有企业	0.0318	96.82
1774	603817.SH	2018	电力、热力、燃气及水生产和供应行业	福建省	地方国有企业	0.1011	89.89
…	…	…	…	…	…	…	…
2292	603393.SH	2023	电力、热力、燃气及水生产和供应行业	新疆维吾尔自治区	民营企业	0.9405	5.95
2293	603689.SH	2023	电力、热力、燃气及水生产和供应行业	安徽省	地方国有企业	0.9842	1.58
2294	603817.SH	2023	电力、热力、燃气及水生产和供应行业	福建省	地方国有企业	0.9951	0.49

表 10.21 中，第 1~1774 行是 2000~2018 年这 19 年公司数据按上文式(10.3)计算的 $T+0$ 判别的信用得分结果。第 1775~2294 行是根据 2018 年的公司数据，分别按上文式(10.4)至式(10.8)的 $T+1\sim T+5$ 预测的信用得分结果。

将表 10.10 第 3 列 $T-0$ 年最优指标体系对应的 2000 年至 2018 年这 19 年 1774 家上市公司数据，代入上文式(10.3)，得到上市公司第 $T+0$ 年的违约概率判别值 $p_{j(T+0)}$，列入表 10.21 第 7 列第 1~1774 行，并将

违约概率判别值 $p_{j(T+0)}$代入上文式(3.3)的信用得分表达式得到信用得分 $S_{j(T+0)}$，列入表 10.21 第 8 列第 1~1774 行。

将表 10.11 第 3 列 T–1 年最优指标体系对应的 2018 年 105 家上市公司数据，代入上文式(10.4)，得到上市公司第 T+1 年的违约概率预测值 $p_{j(T+1)}$，并将违约概率预测值 $p_{j(T+1)}$代入上文式(3.7)的信用得分表达式得到 2019 年信用得分预测值 $S_{j(T+1)}$，列入表 10.21 第 8 列第 1775~1879 行。同理，可根据式(10.5)至式(10.8)预测 2020 年至 2023 年这四年的信用得分 $S_{j(T+m)}$，并将结果列入表 10.21 第 7 列第 1880~2294 行。

10.9　电力、热力、燃气及水生产和供应行业的信用等级划分

以 T+0 年的信用等级划分为例进行说明。

将表 10.20 第 4 列的 T+0 年信用得分数据按降序排列，结果对应列入表 10.22 第 3 列。表 10.22 第 4 列违约概率数据来自表 10.20 第 3 列。表 10.22 第 5 列负债总额数据来源于 Wind 数据库。表 10.22 第 6 列应收未收本息数据等于表 10.22 第 4 列和第 5 列的乘积。表 10.22 第 7 列应收本息数据等于表 10.22 第 5 列。

表 10.22　上市公司“电力、热力、燃气及水生产和供应行业”样本最优模型方案 T+0 年信用等级划分数据

(1)序号	(2)证券代码	(3)信用得分 S_j	(4)违约概率 p_j	(5)负债总额 D_j/元	(6)应收未收本息 L_j/元	(7)应收本息 R_j/元
1	2011-600167	100.00	0.00	1 170 724 257	0.00	1 170 724 257
2	2013-000605	100.00	0.00	129 960 715.6	0.00	129 960 715.6
…	…	…	…	…	…	…
1 556	2018-601368	49.261	0.50	8 504 090 627	4 252 045 313	8 504 090 627
…	…	…	…	…	…	…
1 772	2018-603393	99.22	0.01	2 759 175 199	27 591 751.99	2 759 175 199
1 773	2018-603689	96.82	0.03	892 878 406.7	26 786 352.2	892 878 406.7
1 774	2018-603817	89.89	0.50	1 561 098 222	780 549 111	1 561 098 222

依据上文 3.4.2 节的信用等级划分模型，将表 10.22 第 6、7 列的应收未收本息 L_i、应收本息 R_i 数据代入上文式(3.68)至式(3.71)的信用等级划分模型，根据迟国泰教授科研创新团队的发明专利“信用等级越高，违约损失率越低”的违约金字塔原理[32]，得到的评级结果如表 10.23 第 3~5 列所示。

表 10.23　上市公司“电力、热力、燃气及水生产和供应行业”最优模型方案的 T+0 年信用等级划分结果

(1)序号	(2)等级	(3)信用得分区间	(4)样本数	(5)违约损失率/%	(6)信用度
1	AAA	$49.261 \leqslant S \leqslant 100$	1556	21.41	特优
…	…	…	…	…	…
4	BBB	$1.12 \leqslant S < 14.224$	51	92.88	较好
…	…	…	…	…	…
7	CCC	$0.011 \leqslant S < 0.022$	7	99.98	差
…	…	…	…	…	…
9	C	$0 \leqslant S < 0.002$	5	100.00	极差

根据表 10.23 第 4 列可知，T+0 年 AAA 级公司样本数为 1556 个，即 AAA 级公司为按照信用得分降序排列后的第 1~1556 个公司。由表 10.22 第 3 列可知，第 1556 行证券代码“2018-601368”公司对应的信用得分为 49.261，故 AAA 级公司的信用得分区间为 $49.261 \leqslant S \leqslant 100$，列入表 10.23 第 3 列第 1 行，即 T+0

年信用得分落在区间 49.261≤S≤100 的公司均为 AAA 级公司。同理，可得 AA、A、…、C 等其余 8 个等级划分结果，对应列入表 10.23 第 2~9 行。由信用等级 AAA、AA、A、BBB、BB、B、CCC、CC、C 依次对应特优、优、良、较好、一般、较差、差、很差、极差的信用度，列入表 10.23 第 6 列。

以上是中国上市公司“电力、热力、燃气及水生产和供应行业”样本最优模型方案线性判别的 $T+0$ 年信用等级划分结果。同理，可分别得到 $T+m(m=1, 2, 3, 4, 5)$年的中国上市公司“电力、热力、燃气及水生产和供应行业”样本的信用等级划分结果，如表 10.24 至表 10.28 所示。

表 10.24　上市公司“电力、热力、燃气及水生产和供应行业”最优模型方案的 T+1 年信用等级划分结果

(1)序号	(2)等级	(3)信用得分区间	(4)样本数	(5)违约损失率/%	(6)信用度
1	AAA	49.756≤S≤100	1370	0.08	特优
…	…	…	…	…	…
4	BBB	6.248≤S<15.907	0	89.26	较好
…	…	…	…	…	…
7	CCC	0.441≤S<0.683	1	99.46	差
…	…	…	…	…	…
9	C	0≤S<0.11	400	100.00	极差

表 10.25　上市公司“电力、热力、燃气及水生产和供应行业”最优模型方案的 T+2 年信用等级划分结果

(1)序号	(2)等级	(3)信用得分区间	(4)样本数	(5)违约损失率/%	(6)信用度
1	AAA	49.66≤S≤100	1272	2.68	特优
…	…	…	…	…	…
4	BBB	16.436≤S<21.569	4	81.07	较好
…	…	…	…	…	…
7	CCC	3.078≤S<6.723	35	95.21	差
…	…	…	…	…	…
9	C	0≤S<0.189	288	99.96	极差

表 10.26　上市公司“电力、热力、燃气及水生产和供应行业”最优模型方案的 T+3 年信用等级划分结果

(1)序号	(2)等级	(3)信用得分区间	(4)样本数	(5)违约损失率/%	(6)信用度
1	AAA	48.452≤S≤100	795	3.78	特优
…	…	…	…	…	…
4	BBB	29.469≤S<30.346	1	70.11	较好
…	…	…	…	…	…
7	CCC	2.301≤S<8.463	69	95.30	差
…	…	…	…	…	…
9	C	0≤S<0.001	396	100.00	极差

表 10.27　上市公司“电力、热力、燃气及水生产和供应行业”最优模型方案的 T+4 年信用等级划分结果

(1)序号	(2)等级	(3)信用得分区间	(4)样本数	(5)违约损失率/%	(6)信用度
1	AAA	49.989≤S≤100	724	4.74	特优
…	…	…	…	…	…
4	BBB	15.401≤S<17.404	14	83.59	较好
…	…	…	…	…	…

续表

(1)序号	(2)等级	(3)信用得分区间	(4)样本数	(5)违约损失率/%	(6)信用度
7	CCC	0.0050≤*S*<0.0054	14	99.998	差
…	…	…	…	…	…
9	C	0≤*S*<0.001	218	100.00	极差

表 10.28　上市公司“电力、热力、燃气及水生产和供应行业”最优模型方案的 *T*+5 年信用等级划分结果

(1)序号	(2)等级	(3)信用得分区间	(4)样本数	(5)违约损失率/%	(6)信用度
1	AAA	42.831≤*S*≤100	453	12.48	特优
…	…	…	…	…	…
4	BBB	1.237≤*S*<31.581	3	82.85	较好
…	…	…	…	…	…
7	CCC	0.26≤*S*<0.264	0	99.74	差
…	…	…	…	…	…
9	C	0≤*S*<0.016	1298	99.99	极差

10.10　电力、热力、燃气及水生产和供应行业的信用特征分析

10.10.1　地区的信用特征分析

为检验不同地区的信用得分是否存在显著差异。本书根据表 10.21 第 5 列的 28 个中国地区(港澳台除外，且全部 31 个省区市中西藏、青海和海南这 3 个省区没有“电力、热力、燃气及水生产和供应行业”上市公司，因此只有 28 个省区市)和第 8 列的信用得分，统计出 28 个省区市的信用得分平均值、最大值、最小值、标准差、中位数和样本数量，列在表 10.29 的第 3~8 列。

表 10.29　上市公司“电力、热力、燃气及水生产和供应行业”省区市信用特征描述表

(1)序号	(2)省区市	(3)信用得分平均值	(4)信用得分最大值	(5)信用得分最小值	(6)信用得分标准差	(7)信用得分中位数	(8)样本数量
1	安徽省	71.10	99.85	0.00	24.58	76.00	275
2	浙江省	68.42	99.89	0.00	23.14	71.17	78
3	云南省	66.76	99.21	0.00	20.14	74.53	72
…	…	…	…	…	…	…	…
12	上海市	61.83	99.80	0.00	21.48	63.85	72
13	福建省	61.58	99.96	0.00	24.73	63.77	83
14	北京市	58.16	100.00	0.00	25.78	61.22	223
…	…	…	…	…	…	…	…
26	贵州省	47.96	99.14	0.00	25.13	49.85	34
27	宁夏回族自治区	46.67	99.55	0.00	29.85	37.50	36
28	山西省	45.53	99.77	0.00	27.95	46.82	72

其中，表 10.29 第 8 列的样本数量是 2000~2023 年这 24 年的“电力、热力、燃气及水生产和供应行业”上市公司总数，这里的总数包括相同企业不同年份的重复计数。例如，同一个企业 2000~2023 年这 24 年，

数量记为 24，其他企业的统计同理。

同时，为检验两两省区市之间的信用得分是否存在显著差异，本书采用曼-惠特尼 U 检验[33]来进行显著性水平检验。以广东省与河北省为例，根据表 10.29 第 1 列第 5、22 行的序号排序和第 8 列第 5、22 行的公司数量，计算得到曼-惠特尼 U 检验统计量为 4026.00，作为曼-惠特尼 U 检验统计量，列入表 10.30 第 1 行第 3 列。通过查曼-惠特尼 U 检验统计量的显著性水平表，将对应的 p 值 0.000 列入表 10.30 第 1 行第 4 列。同理，将其他任意两个省区市的曼-惠特尼 U 检验结果列在表 10.30 第 2~465 行。

表 10.30　上市公司"电力、热力、燃气及水生产和供应行业"省区市信用得分的差异性检验

(1)序号	(2)省区市两两比较	(3)曼-惠特尼 U 检验统计量值	(4)p 值
1	广东省与河北省	4 026.00***	0.000
2	吉林省与福建省	2 971.00***	0.002
3	江西省与天津市	851.00**	0.02
…	…	…	…
465	四川省与湖北省	11 325.00*	0.063

***、**、*分别表示在 99%、95%、90%的置信水平下显著

表 10.29 和表 10.30 的实证结果表明，中国上市公司"电力、热力、燃气及水生产和供应行业"的省区市特征为：安徽省、浙江省、云南省等 11 个省区市的信用资质最高，上海市、福建省、北京市等 8 个省区市的信用资质居中，贵州省、宁夏回族自治区、山西省等 9 个省区市的信用资质最低。并且，任意两个省区市间的信用资质经曼-惠特尼 U 检验均存在显著差异。28 个省区市之间的信用资质存在显著差异。

根据上市公司"电力、热力、燃气及水生产和供应行业"的 28 个省区市地理区域分布统计可知，信用得分高于 62 的信用资质较好的省区市基本分布在南方地区。信用得分介于 52 和 62 之间的信用资质居中的省区市基本分布在中部地区。信用得分低于 52 的信用资质较差的省区市基本分布在华北地区和东北地区。

造成省区市信用特征差异的原因可能是，相比于中西部内陆地区以及大部分北部地区，东南部沿海地区的公司融资渠道和投资机会更多，从而公司的资金运营能力和盈利能力更强，信用资质也更好。

10.10.2　公司所有制的信用特征分析

公司所有制属性的信用特征分布是一个值得研究的话题，现有文献[34]认为相比于中国非国有企业，国有企业拥有更高的平均收益率和更有竞争力的其他优势。本书根据大股东和实际控制人将中国上市公司的所有制属性分为 7 类，分别是中央国有企业、地方国有企业、民营企业、集体企业、公众企业、外资企业和其他所有制企业。上市公司"电力、热力、燃气及水生产和供应行业"包含的 6 个所有制属性，如表 10.31 第 2 列所示。

表 10.31　上市公司"电力、热力、燃气及水生产和供应行业"样本公司所有制属性信用特征描述表

(1)序号	(2)所有制属性	(3)信用得分平均值	(4)信用得分最大值	(5)信用得分最小值	(6)信用得分标准差	(7)信用得分中位数	(8)样本数量
1	集体企业	67.39	98.48	0	20.34	69.08	23
2	地方国有企业	61.11	99.98	0	25.61	65.25	1095
3	民营企业	58.61	100.00	0	29.60	62.39	337
4	公众企业	54.70	99.68	0	25.26	54.00	120
5	中央国有企业	53.71	100.00	0	24.46	56.52	671
6	其他所有制企业	53.38	98.96	0	24.26	58.05	48

本书根据表 10.21 第 6 列的 6 个所有制属性和第 8 列的信用得分，统计出 6 个所有制属性的信用得分平均值、最大值、最小值、标准差、中位数等，列在表 10.31 的第 3~8 列。

其中，表 10.31 第 8 列的样本数量是 2000~2023 年这 24 年的"电力、热力、燃气及水生产和供应行业"

上市公司总数，这里的总数包括相同企业不同年份的重复计数。例如，同一个企业 2000~2023 年这 24 年，数量记为 24，其他企业的统计同理。

同时，为检验两两所有制属性之间的信用得分是否存在显著差异，本书采用曼-惠特尼 U 检验[33]来进行显著性水平检验。以民营企业与中央国有企业为例，根据表 10.31 第 1 列第 3、5 行的序号排序和第 8 列第 3、5 行的企业数量，计算得到曼-惠特尼 U 检验统计量为 99 261.00，将其作为曼-惠特尼 U 检验统计量，列入表 10.32 第 1 行第 3 列。通过查曼-惠特尼 U 检验统计量的显著性水平表，将对应的 p 值 0.001 列入表 10.32 第 1 行第 4 列。同理，将其他任意两个所有制属性的曼-惠特尼 U 检验结果列在表 10.32 第 2~15 行。

表 10.32　上市公司“电力、热力、燃气及水生产和供应行业”公司所有制之间信用得分的差异性检验

(1)序号	(2)公司所有制两两比较	(3)曼-惠特尼 U 检验统计量值	(4)p 值
1	民营企业与中央国有企业	99 261.00***	0.001
2	集体企业与公众企业	942.50***	0.008
3	地方国有企业与民营企业	294 974.00***	0.000
…	…	…	…
13	民营企业与公众企业	18 162.00**	0.049
14	其他所有制企业与集体企业	348.00***	0.006
15	中央国有企业与集体企业	4 994.00***	0.002

***、**、*分别表示在 99%、95%、90%的置信水平下显著

表 10.31 和表 10.32 的实证结果表明，中国上市公司“电力、热力、燃气及水生产和供应行业”的公司所有制属性信用特征为：集体企业和地方国有企业的信用资质最高；民营企业和公众企业的信用资质次之；中央国有企业和由协会等实际控股的其他所有制企业的信用资质最低。并且，任意两类所有制企业的信用资质基本存在显著差异。

造成所有制属性信用特征分布差异的原因可能是：集体企业和地方国有企业能够结合区域市场特点制定经营策略，因而资质较好，相反，中央国有企业及其他所有制企业则因为规模巨大难以制定灵活策略，其信用资质偏低。

10.11　电力、热力、燃气及水生产和供应行业的信用指数构建

表 10.33 第 5~7 列的“电力、热力、燃气及水生产和供应行业”上市公司的资产总额 A_j、负债总额 L_j、资产总额加负债总额(A_j+L_j)数据，是在 Wind 数据库查询得到的。表 10.33 第 8 列信用得分 $S_{j(T+m)}$来自上文表 10.21 的第 8 列。其中，2000 年至 2018 年这 19 年已有指标数据的公司，用的是 m=0 的信用得分 $S_{j(T+0)}$；对于 2019 年至 2023 年这 5 年没有指标数据的公司，用的是 m=1, 2, 3, 4, 5 时刻预测的信用得分 $S_{j(T+m)}$。

表 10.33　“电力、热力、燃气及水生产和供应行业”三个标准的最优模型线性判别的信用得分结果

(1)序号	(2)证券代码	(3)证券简称	(4)年份	(5)资产总额 A_j/元	(6)负债总额 L_j/元	(7)资产总额加负债总额(A_j+L_j)/元	(8)信用得分 $S_{j(T+m)}$
1	000027.SZ	深圳能源	2000	7 544 313 536.00	3 192 827 381.00	10 737 140 917.00	74.41
2	000037.SZ	深南电 A	2000	1 341 408 121.00	623 866 493.60	1 965 274 614.60	77.99
3	000301.SZ	东方市场	2000	1 788 129 796.00	572 940 365.50	2 361 070 161.50	86.77
…	…	…	…	…	…	…	…
1 774	603817.SH	海峡环保	2018	3 220 031 311.00	1 561 098 222.00	4 781 129 533.00	89.89
…	…	…	…	…	…	…	…
2 294	603817.SH	海峡环保	2023	3 220 031 311.00	1 561 098 222.00	4 781 129 533	0.49

10.11.1 基于资产总额标准的信用指数计算

以 2000 年信用指数为例进行说明。

1. 基于资产总额标准的典型公司样本选取

将表 10.33 第 1~71 行第 5 列资产总额 A_j 由高到低进行排序，并在表 10.33 第 1~71 行 2000 年的 71 家“电力、热力、燃气及水生产和供应行业”上市公司中选取年资产总额排名前 10%的公司，即 $N^A_{(2000)}=71\times10\%\approx7$ 家“电力、热力、燃气及水生产和供应行业”上市公司，作为 2000 年“电力、热力、燃气及水生产和供应行业”信用指数构建的典型公司，将这 7 个典型公司的证券代码、证券简称、年份、资产总额 $A_{j(2000)}$ 分别列入表 10.34 第 2~5 列的第 1~7 行。

表 10.34　上市公司“电力、热力、燃气及水生产和供应行业”样本基于资产总额选取的典型公司样本

(1)序号	(2)证券代码	(3)证券简称	(4)年份	(5)资产总额 $A_{j(T+m)}$/万元	(6)典型公司样本权重 $W^A_{j(T+m)}$	(7)信用得分 $S_{j(T+m)}$
1	000966.SZ	长源电力	2000	1 129 912.38	0.1390	97.62
2	600642.SH	申能股份	2000	991 534.58	0.1220	99.18
3	000027.SZ	深圳能源	2000	754 431.35	0.0928	74.41
…	…	…	…	…	…	…
8	000027.SZ	深圳能源	2001	776 486.44	0.0820	98.03
…	…	…	…	…	…	…
219	601991.SH	大唐发电	2023	28 800 000.00	0.1380	14.21

以上是 2000 年基于资产总额标准的指数构建典型公司的选取。同理，可以得到 2001~2023 年这 23 年的典型公司样本，将典型公司样本的结果列入表 10.34 第 8~219 行。

2. 基于资产总额标准的典型公司权重计算

将上文计算的 2000 年典型公司个数 $N^A_{(2000)}\approx7$ 和表 10.34 第 5 列的资产总额 $A_{j(2000)}$ 代入上文式(3.82)，得到 2000 年典型公司的权重。

以第 1 个典型公司“长源电力(000966.SZ)”的指数权重 $W^A_{1(2000)}$ 为例。

将表 10.34 第 5 列第 1 行的资产总额 $A_{1(2000)}$=1 129 912.38 代入上文式(3.82)的分子，得到权重如下。

$$W^A_{1(2000)}=A_{1(2000)}/(A_{1(2000)}+\cdots+A_{7(2000)})=1\ 129\ 912.38/(1\ 129\ 912.38+\cdots+991\ 534.58)=0.1390 \qquad (10.10)$$

将式(10.10)的结果列入表 10.34 第 6 列第 1 行。同理，将表 10.34 第 5 列第 2~7 行的资产总额 $A_{j(2000)}$ 代入式(3.82)的分子，分别得到 2000 年其他 6 个典型公司的权重 $W^A_{j(2000)}(j=2, 3, \cdots, 7)$，列入表 10.34 第 6 列第 2~7 行。

以上是基于资产总额标准的 2000 年的典型公司样本权重的计算。同理，可以得到基于资产总额标准的 2001~2023 年这 23 年的典型公司样本权重 $W^A_{j(T+m)}$，将结果列入表 10.34 的第 6 列第 8~219 行。

以上是 2000 年的典型公司样本权重的计算方式。同理，可以计算得到 2001~2023 年的典型公司样本权重 $W^A_{j(T+m)}$，将结果列入表 10.34 第 6 列第 8~219 行。

3. 基于资产总额标准的信用指数计算过程

根据上文表 10.21 第 2 列的证券代码和第 8 列的信用得分，将表 10.34 第 7 列的信用得分 $S_{j(T+m)}$ 对应填充。

将表 10.34 第 1~7 行的 2000 年 7 家典型公司对应的第 6 列权重 $W^A_{j(T+m)}$、第 7 列信用得分 $S_{j(T+m)}$，以及上文选取的 2000 年典型公司个数 $N^A_{(2000)}\approx7$，代入上文式(3.85)，得到 2000 年典型公司样本基于资产总额标准的信用得分加权平均值 $\overline{S}^A_{(2000)}$ 如下。

$$\bar{S}^{A}_{(2000)}=\sum_{j=1}^{7}W^{A}_{j(2000)}S_{j(2000)}=60.96 \tag{10.11}$$

将式(10.11)计算的 2000 年典型公司样本基于资产总额标准的信用得分加权平均值 $\bar{S}^{A}_{(2000)}=60.96$，代入上文式(3.86)，得到 2000 年典型公司样本基于资产总额标准的信用指数 $\mathrm{CI}^{A}{}_{(2000)}$如下。

$$\mathrm{CI}^{A}{}_{(2000)}=\frac{\bar{S}^{A}_{(2000)}}{\bar{S}^{A}_{(2000)}}\times 1000=\frac{60.96}{60.96}\times 1000=1000 \tag{10.12}$$

将式(10.12)计算的 2000 年典型公司样本基于资产总额标准的信用指数 $\mathrm{CI}^{A}{}_{(2000)}=1000$，列入表 10.35 第 3 列第 1 行。

同理，可计算 2001 年的信用得分加权平均值 $\bar{S}^{A}_{(2001)}=45.671$ 和信用指数 $\mathrm{CI}^{A}{}_{(2001)}=(45.671/60.96)\times 1000=749.20$，将后者列入表 10.35 第 3 列第 2 行。

以上是上市公司基于资产总额标准的 2000 年和 2001 年的信用指数计算。依次类推，将基于资产总额标准的 2002 年至 2023 年的信用指数计算结果分别列入表 10.35 第 3 列第 3~24 行。

表 10.35　上市公司“电力、热力、燃气及水生产和供应行业”样本的 2000 年至 2023 年的信用指数表

(1)序号	(2)年份	(3)资产总额前 10%的年度信用指数 $\mathrm{CI}^{A}{}_{(T+m)}$	(4)负债总额前 10%的年度信用指数 $\mathrm{CI}^{L}{}_{(T+m)}$	(5)基于资产总额加负债总额的年度信用指数 $\mathrm{CI}^{A+L}{}_{(T+m)}$
1	2000	1000.00	1000.00	1000.00
2	2001	749.20	731.05	746.27
3	2002	1027.05	1020.79	1035.96
…	…	…	…	…
8	2007	315.43	183.63	192.56
9	2008	78.69	65.92	72.51
10	2009	275.05	227.57	242.28
…	…	…	…	…
15	2014	149.55	128.03	142.90
16	2015	185.41	163.71	178.28
…	…	…	…	…
20	2019	1062.02	1102.66	1147.61
21	2020	485.06	423.09	456.26
…	…	…	…	…
24	2023	231.89	182.12	210.38

10.11.2　基于负债总额标准的信用指数计算

以 2000 年信用指数为例进行说明。

1. 基于负债总额标准的典型公司样本选取

将表 10.33 第 1~71 行第 6 列负债总额 L_j 由高到低进行排序，并在表 10.33 第 1~71 行 2000 年的 71 家上市公司中选取年负债总额排名前 10%的公司，即 $N^{L}{}_{(2000)}=71\times 10\%\approx 7$ 家上市公司，作为 2000 年信用指数构建的典型公司。将这 7 个典型公司的证券代码、证券简称、年份、负债总额 $L_{j(2000)}$分别列入表 10.36 第 2~5 列的第 1~7 行。

表 10.36 上市公司“电力、热力、燃气及水生产和供应行业”样本基于负债总额选取的典型公司样本

(1)序号	(2)证券代码	(3)证券简称	(4)年份	(5)负债总额 $L_{j(T+m)}$/万元	(6)典型公司样本权重 $W^L_{j(T+m)}$	(7)信用得分 $S_{j(T+m)}$
1	600642.SH	申能股份	2000	508 190.98	0.136 6	99.18
2	000027.SZ	深圳能源	2000	319 282.74	0.085 8	74.41
3	000966.SZ	长源电力	2000	114 864.36	0.030 9	97.62
…	…	…	…	…	…	…
8	000027.SZ	深圳能源	2001	313 884.61	0.075 3	98.03
…	…	…	…	…	…	…
219	601991.SH	大唐发电	2023	21 800 000.00	0.150 3	14.21

以上是 2000 年基于负债总额标准的指数构建典型公司的选取。同理，可以得到 2001~2023 年这 23 年的典型公司样本，将典型公司样本的结果列入表 10.36 第 2~5 列第 8~219 行。

2. 基于负债总额标准的典型公司权重计算

将上文计算的 2000 年典型公司个数 $N^L_{(2000)}\approx 7$ 和表 10.36 第 5 列的负债总额 $L_{j(2000)}$代入上文式(3.83)，得到 2000 年典型公司的权重。

以第 1 个典型公司“申能股份(600642.SH)”的指数权重 $W^L_{1(2000)}$为例。

将表 10.36 第 5 列第 1 行的负债总额 $L_{1(2000)}$=508 190.98 代入上文式(3.83)的分子，得到权重如下。

$$W^L_{1(2000)}=L_{1(2000)}/(L_{1(2000)}+\cdots+L_{7(2000)})=508\ 190.98/(508\ 190.98+\cdots+114\ 823.27)=0.1366 \tag{10.13}$$

将式(10.13)的结果列入表 10.36 第 6 列第 1 行。同理，将表 10.36 第 5 列第 2~7 行的负债总额 $L_{j(2000)}$代入式(3.83)的分子，得到 2000 年另 6 个典型公司的权重 $W^L_{j(2000)}(j=2, 3, \cdots, 7)$，列入表 10.36 第 6 列第 2~7 行。

以上是基于负债总额标准的 2000 年的典型公司样本权重的计算。同理，可以得到基于负债总额标准的 2001~2023 年的典型公司样本权重 $W^L_{j(T+m)}$，将结果列入表 10.36 第 6 列第 8~219 行。

3. 基于负债总额标准的信用指数计算过程

根据上文表 10.21 第 2 列的证券代码和第 8 列的信用得分，将表 10.36 第 7 列的信用得分 $S_{j(T+m)}$对应填充。

将表 10.36 第 1~7 行的 2000 年 7 家典型公司对应的第 6 列权重 $W^L_{j(T+m)}$、第 7 列信用得分 $S_{j(T+m)}$，以及上文选取的 2000 年典型公司个数 $N^L_{(2000)}\approx 7$，代入上文式(3.87)，得到 2000 年典型公司样本基于负债总额标准的信用得分加权平均值 $\overline{S}^L_{(2000)}$ 如下。

$$\overline{S}^L_{(2000)}=\sum\nolimits_{j=1}^{7}W^L_{j(2000)}S_{j(2000)}=57.93 \tag{10.14}$$

将式(10.14)计算的 2000 年典型公司样本基于负债总额标准的信用得分加权平均值 $\overline{S}^L_{(2000)}$=57.93，代入上文式(3.88)，得到 2000 年典型公司样本基于负债总额标准的信用指数 $CI^L_{(2000)}$如下。

$$CI^L_{(2000)}=\frac{\overline{S}^L_{(2000)}}{\overline{S}^L_{(2000)}}\times 1000=\frac{57.93}{57.93}\times 1000=1000 \tag{10.15}$$

将式(10.15)计算的 2000 年典型公司样本基于负债总额标准的信用指数 $CI^L_{(2000)}$=1000，列入上文表 10.35 第 4 列第 1 行。依次类推，将基于负债总额标准的 2001 年至 2023 年的信用指数计算结果分别列入上文表 10.35 第 4 列第 2~24 行。

同理，可计算 2001 年的信用得分加权平均值 $\overline{S}^L_{(2001)}$=42.35 和信用指数 $CI^L_{(2001)}$= (42.35/57.93)×1000=731.05，列入上文表 10.35 第 4 列第 2 行。

以上是上市公司基于负债总额标准的 2000 年和 2001 年的信用指数计算。依次类推，将基于负债总额

标准的 2002 年至 2023 年的信用指数计算结果分别列入上文表 10.35 第 4 列第 3~24 行。

10.11.3　基于资产总额加负债总额标准的信用指数计算

以 2000 年的基于资产总额加负债总额标准的信用指数计算为例进行说明。

1. 基于资产总额加负债总额标准的典型公司样本选取

将表 10.33 第 1~71 行第 7 列资产总额加负债总额(A_i+L_j)由高到低进行排序，并在表 10.33 第 1~71 行 2000 年的 71 家上市公司中选取资产总额加负债总额排名前 10%的公司，即 $N^{A+L}{}_{(2000)}=71\times10\%\approx7$ 家上市公司，作为 2000 年信用指数构建的典型公司。将这 7 家典型公司的证券代码、证券简称、年份、资产总额加负债总额($A_{j(2000)}+L_{j(2000)}$)分别列入表 10.37 第 2~5 列的第 1~7 行。

表 10.37　“电力、热力、燃气及水生产和供应行业”样本基于负债总额加资产总额选取的典型公司样本

(1)序号	(2)证券代码	(3)证券简称	(4)年份	(5)资产总额加负债总额 ($A_{j(T+m)}+L_{j(T+m)}$)/万元	(6)典型公司样本权重 $W^{A+L}{}_{j(T+m)}$	(7)信用得分 $S_{j(T+m)}$
1	000027.SZ	深圳能源	2000	1 073 714.09	0. 091 6	74.41
2	000966.SZ	长源电力	2000	328 763.25	0.028 1	97.62
3	600642.SH	申能股份	2000	1 499 725.56	0.080 3	99.18
…	…	…	…	…	…	…
8	000027.SZ	深圳能源	2001	1 090 371.05	0.046 6	98.03
…	…	…	…	…	…	…
219	601991.SH	大唐发电	2023	50 600 000.00	0.143 3	14.21

以上是 2000 年基于资产总额加负债总额标准的指数构建典型公司的选取。同理，可以得到 2001~2023 年的典型公司样本，将典型公司样本的结果列入表 10.37 第 2~5 列第 8~219 行。

2. 基于资产总额加负债总额标准的典型公司权重计算

将上文计算的 2000 年典型公司个数 $N^{A+L}{}_{(2000)}\approx7$ 和表 10.37 第 5 列的资产总额加负债总额($A_{j(2000)}+L_{j(2000)}$)代入上文式(3.84)，得到 2000 年典型公司的权重。

以第 1 个典型公司“深圳能源(000027.SZ)”的指数权重 $W^{A+L}{}_{1(2000)}$为例。

将表 10.37 第 5 列第 1 行的资产总额加负债总额($A_{1(2000)}+L_{1(2000)}$)=1 073 714.09 代入上文式(3.84)的分子，得到权重如下。

$$W^{A+L}{}_{1(2000)}=(L_{1(2000)}+A_{1(2000)})\ /\ (L_{1(2000)}+A_{1(2000)}+\cdots+L_{7(2000)}+A_{7(2000)})$$
$$=1\ 073\ 714.09/(1\ 073\ 714.09+\cdots+1\ 499\ 725.56)=0.0916 \tag{10.16}$$

将式(10.16)的结果列入表 10.37 第 6 列第 1 行。同理，将表 10.37 第 5 列第 2~7 行的资产总额加负债总额($A_{2(2000)}+L_{2(2000)}$)，…，($A_{7(2000)}+L_{7(2000)}$)分别代入式(3.84)的分子，得到 2000 年另 6 个典型公司的权重 $W^{A+L}{}_{2(2000)}$，列入表 10.37 第 6 列第 2~7 行。

以上是基于资产总额加负债总额标准的 2000 年的典型公司样本权重的计算。同理，可以得到基于资产总额加负债总额标准的 2001~2023 年的典型公司样本权重 $W^{A+L}{}_{j(T+m)}$，将结果列入表 10.37 第 6 列第 8~219 行。

3. 基于资产总额加负债总额标准的信用指数计算过程

根据上文表 10.21 第 2 列的证券代码和第 8 列的信用得分，将表 10.37 第 7 列的信用得分 $S_{j(T+m)}$对应填充。

将表 10.37 第 1~7 行的 2000 年 7 家典型公司对应的第 6 列权重 $W^{A+L}{}_{j(T+m)}$、第 7 列信用得分 $S_{j(T+m)}$，以及上文选取的 2000 年典型公司个数 $N^{A+L}{}_{(2000)}\approx7$，代入上文式(3.89)，得到 2000 年典型公司样本基于资产总

额加负债总额标准的信用得分加权平均值 $\overline{S}_{(2000)}^{A+L}$ 如下。

$$\overline{S}_{(2000)}^{A+L}=\sum\nolimits_{j=1}^{7}W_{j(2000)}^{A+L}S_{j(2000)}=60.30 \tag{10.17}$$

将式(10.17)计算的 2000 年典型公司样本基于资产总额加负债总额标准的信用得分加权平均值 $\overline{S}_{(2000)}^{A+L}$ =60.30，代入上文式(3.90)，得到 2000 年典型公司样本基于资产总额加负债总额标准的信用指数 $\text{CI}^{A+L}{}_{(2000)}$ 如下。

$$\text{CI}^{A+L}{}_{(2000)}=\frac{\overline{S}_{(2000)}^{A+L}}{\overline{S}_{(2000)}^{A+L}}\times 1000=\frac{60.30}{60.30}\times 1000=1000 \tag{10.18}$$

将式(10.18)计算的 2000 年典型公司样本基于资产总额加负债总额标准的信用指数 $\text{CI}^{A+L}{}_{(2000)}$=1000，列入上文表 10.35 第 5 列第 1 行。

同理，可计算 2001 年的信用得分加权平均值 $\overline{S}_{(2001)}^{A+L}$=45.00 和信用指数 $\text{CI}^{A+L}{}_{(2001)}$=(45.00/60.30)×1000=746.27，列入上文表 10.35 第 5 列第 2 行。

以上是上市公司基于资产总额加负债总额标准的 2000 年和 2001 年的信用指数计算。依次类推，将基于资产总额加负债总额标准的2002 年至2023 年信用指数计算结果分别列入上文表 10.35 第 5 列第 3~24 行。

10.11.4　电力、热力、燃气及水生产和供应行业 2000~2023 年 24 年的信用指数趋势图

以表 10.35 第 2 列的年份为横轴，分别以第 3、4、5 列的年度信用指数为纵轴，做出中国上市公司样本的年度信用指数走势图，如图 10.1 所示。

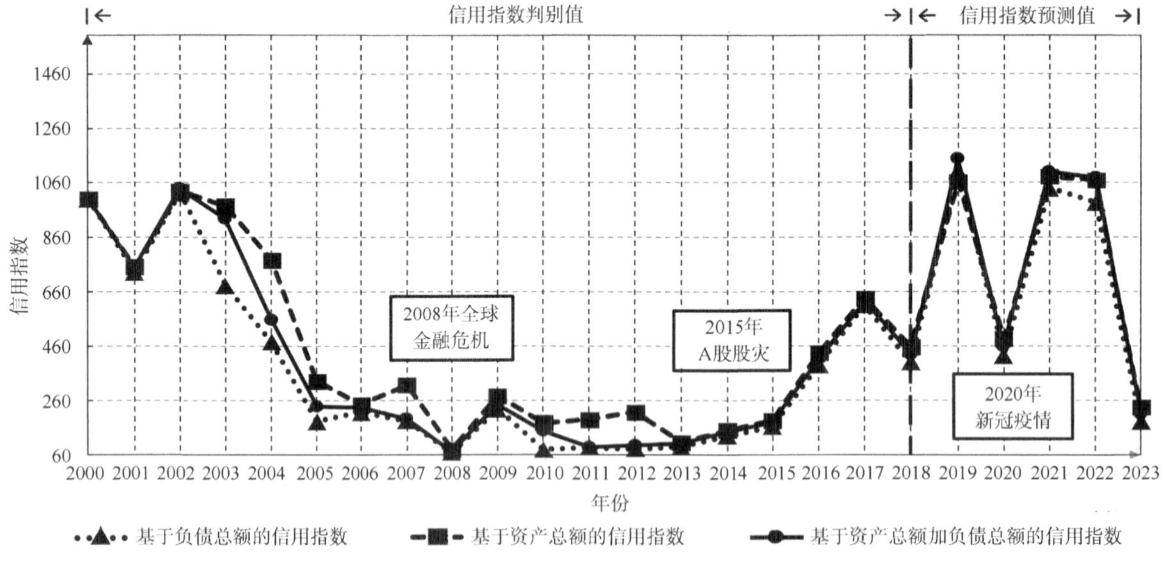

图 10.1　上市公司“电力、热力、燃气及水生产和供应行业”样本的年度信用指数走势图

上市公司“电力、热力、燃气及水生产和供应行业”2000~2018 年信用指数的发展规律，以及预测的2019~2023 年信用指数趋势如图 10.1 所示。

1. 2000~2018 年这 19 年中国上市公司“电力、热力、燃气及水生产和供应行业”信用指数的发展规律及原因分析

(1)中国上市公司“电力、热力、燃气及水生产和供应行业”2000~2018 年这 19 年信用指数发展规律。2002 年以后信用指数持续走低，在 2009 年略有上扬后又下降，在 2011 年到达最低点后，信用指数逐渐上升，至 2017 年达到峰值，2018 年信用指数略有降低。

(2)中国上市公司“电力、热力、燃气及水生产和供应行业”2000~2018 年这 19 年信用指数发展的可能宏观原因分析。2001 年，中国加入 WTO 后，国内企业面临外来企业的竞争，导致信用指数降低。其间又

经历了 2008 年全球金融危机[35]和 2015 年 A 股股灾[36]，进一步影响了企业的信用指数。

(3)中国上市公司“电力、热力、燃气及水生产和供应行业”2000~2018 年这 19 年信用指数发展的可能政策原因分析。2001 年中国加入 WTO 后，国内企业面临激烈的行业竞争，在金融危机后，国家发布了 4 万亿计划，刺激我国经济的发展，信用指数随之逐渐提升。

2. 2019~2023 年这 5 年中国上市公司“电力、热力、燃气及水生产和供应行业”信用指数的趋势预测

(1)中国上市公司“电力、热力、燃气及水生产和供应行业”2019~2023 年这 5 年信用指数趋势。中国 A 股上市公司“电力、热力、燃气及水生产和供应行业”市场在 2019 年信用指数呈现上升趋势，但在 2020 年呈现下跌趋势。2020 年之后信用指数回弹，在 2023 年落回低点。

(2)中国上市公司“电力、热力、燃气及水生产和供应行业”2019~2023 年这 5 年信用指数趋势的可能原因分析。2019 年，国内经济向好，“电力、热力、燃气及水生产和供应行业”信用指数回弹。在 2020 年，受新冠疫情影响，信用指数降到低点。随着国家的扶持政策出台后，行业信用指数上升。从长远来看，在 2022 年之后，经济全球化导致中国上市公司面临更加严峻的竞争风险，信用指数下降。

10.12　电力、热力、燃气及水生产和供应行业的信用风险指数构建

10.12.1　基于三个标准的信用风险指数计算

上市公司信用风险指数的典型公司样本选择以及权重计算方式，与上文 10.11 节的信用指数同理。但在信用风险指数计算时的差别在于：将信用指数计算公式中分子和分母的 $S_{j(T+m)}$替换为$(100–S_{j(T+m)})$，如式(3.91)至式(3.96)所示，计算得到的信用风险指数反映违约可能性。信用风险指数越大，违约风险越高。计算过程与上文 10.11 节类推，不再赘述。

将计算得到的 2000~2023 年这 24 年的三个标准下的信用风险指数，分别列入表 10.38 第 3~5 列。

表 10.38　上市公司“电力、热力、燃气及水生产和供应行业”2000 年至 2023 年的信用风险指数表

(1)序号	(2)年份	(3)资产总额前 10%的年度信用风险指数 $CRI^{A}_{(T+m)}$	(4)负债总额前 10%的年度信用风险指数 $CRI^{L}_{(T+m)}$	(5)基于资产总额加负债总额的年度信用风险指数 $CRI^{A+L}_{(T+m)}$
1	2000	1000.00	1000.00	1000.00
2	2001	1391.57	1369.54	385.37
3	2002	957.77	971.39	945.40
…	…	…	…	…
8	2007	2068.80	2124.00	2226.18
9	2008	2438.41	2286.06	2408.48
10	2009	2131.84	2063.51	2150.67
…	…	…	…	…
15	2014	2327.77	2200.56	2301.58
16	2015	2271.80	2151.43	2247.86
…	…	…	…	…
20	2019	1037.99	980.67	1019.54
21	2020	1803.96	1794.30	1825.72
…	…	…	…	…
24	2023	2199.23	2126.08	2199.11

10.12.2 电力、热力、燃气及水生产和供应行业 2000~2023 年 24 年的信用风险指数趋势图

以表 10.38 第 2 列的年份为横轴，分别以第 3、4、5 列的年度信用风险指数为纵轴，做出中国上市公司“电力、热力、燃气及水生产和供应行业”的年度信用风险指数走势图，如图 10.2 所示。

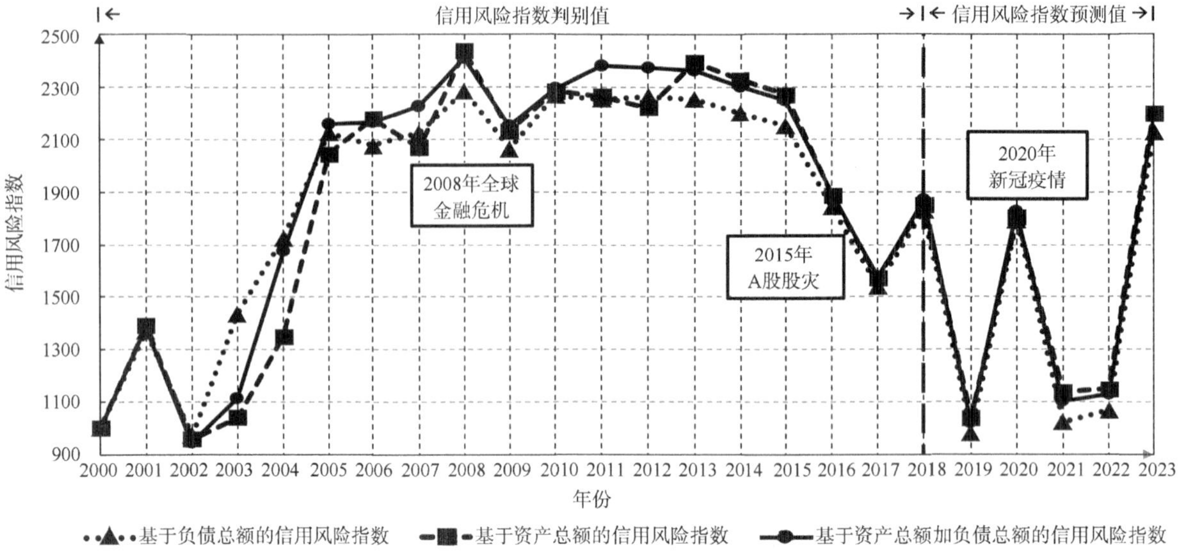

图 10.2 上市公司“电力、热力、燃气及水生产和供应行业”的年度信用风险指数走势图

上市公司“电力、热力、燃气及水生产和供应行业”2000~2018 年信用风险指数的发展规律，以及预测的 2019~2023 年信用风险指数趋势如图 10.2 所示。

1. 2000~2018 年这 19 年中国上市公司“电力、热力、燃气及水生产和供应行业”信用风险指数的发展规律及原因分析

(1)中国上市公司“电力、热力、燃气及水生产和供应行业”2000~2018 年这 19 年信用风险指数发展规律。2002 年以后信用风险指数持续升高，在 2008 年达到峰值后下降，在 2009 年达到波谷后信用风险逐渐上升，至 2013 年达到峰值，2013 年后信用风险逐渐降低，2018 年信用风险指数略有升高。

(2)中国上市公司“电力、热力、燃气及水生产和供应行业”2000~2018 年这 19 年信用风险指数发展的可能宏观原因分析。2001 年，中国加入 WTO 后，国内企业面临外来企业的竞争，导致信用风险上升。其间又经历了 2008 年全球金融危机[35]和 2015 年 A 股股灾[36]，这进一步增加了企业的信用风险。

(3)中国上市公司“电力、热力、燃气及水生产和供应行业”2000~2018 年这 19 年信用风险指数发展的可能政策原因分析。2001 年中国加入 WTO 后，国内企业受到激烈的行业竞争，导致信用风险指数上升。2013 年，国家城镇化政策成效显著，带动了行业发展，行业信用风险指数随之逐渐降低。

2. 2019~2023 年这 5 年中国上市公司“电力、热力、燃气及水生产和供应行业”信用风险指数的趋势预测

(1)中国上市公司“电力、热力、燃气及水生产和供应行业”2019~2023 年这 5 年信用风险指数趋势。在 2020 年信用风险指数处于波峰，随后信用风险开始下降，在 2023 年又有所上升。

(2)中国上市公司“电力、热力、燃气及水生产和供应行业”2019~2023 年这 5 年信用风险指数趋势的可能原因分析。2019 年，国内经济向好，“电力、热力、燃气及水生产和供应行业”信用风险降低。在 2020 年，受新冠疫情影响，企业信用风险水平上升。随着国家的扶持政策出台，行业信用风险指数会回落。从长远来看，在 2022 年之后，由于经济全球化，中国上市公司面临更加严峻的竞争风险，信用风险指数升高。

10.13　本章结论

10.13.1　主要工作

(1)本章确定了中国上市公司“电力、热力、燃气及水生产和供应行业”样本信用风险指标组合的计算思路。通过经济学含义结合偏相关系数的 F 检验进行指标的初步筛选，通过基于支持向量机的序列前向选择算法进一步筛选出最优的指标组合，获得了中国上市公司“电力、热力、燃气及水生产和供应行业”样本的 $T+0\sim T+5$ 年的最优指标组合。

(2)本章确定了中国上市公司“电力、热力、燃气及水生产和供应行业”样本信用风险指标权重向量的计算思路。根据违约状态 y_j 与指标权重的函数关系 $y_j=f(w_i,\ x_{ij})$，将预测的违约状态 $\hat{y}_j$ 与实际违约状态 y_j 对比后，以违约和非违约两类公司的预测误差最小为目标，构建数学规划模型，反推出模型评价指标的最优权重，保证构建的预警方程能够区分违约与非违约公司。

(3)本章确定了中国上市公司“电力、热力、燃气及水生产和供应行业”样本最优的风险预警模型的构建思路。通过构建线性判别模型、逻辑回归模型、支持向量机模型等 14 种大数据模型，并根据模型的精度、可解释性和复杂性的“不可能三角”三个标准的对比分析，遴选出最优的 $T+0\sim T+5$ 年的最优分类模型。

(4)本章分析了中国上市公司“电力、热力、燃气及水生产和供应行业”省区市、所有制属性的信用特征分布。通过不同省区市、所有制属性的公司信用得分均值，判断信用资质好坏，并通过曼-惠特尼 U 统计检验，验证信用资质差异。若曼-惠特尼 U 显著水平检验通过且该类公司信用得分高，则意味着信用资质好，反之就差。

(5)本章构建了基于资产总额、负债总额、资产总额加负债总额三个标准的信用指数和信用风险指数，并分析了信用指数和信用风险指数的趋势。通过最优违约预警模型计算得到未来第 $T+m$ 年的违约概率和信用得分，按资产总额、负债总额、资产总额加负债总额三个标准的选股规则选择典型公司样本，并将典型公司样本的加权平均信用得分转化成信用指数。信用指数和信用风险指数反映了年度违约风险的趋势，并对未来第 $T+m$ 年的信用状况进行预警。

10.13.2　主要结论

(1)中国上市公司“电力、热力、燃气及水生产和供应行业”违约预测的最优指标组合。由 204 个指标构成的 $(2^{204}-1)\approx 2.57\times 10^{61}$ 个指标组合中，遴选出资产负债率、资本公积占所有者权益的比例、预审计情况等 12 个指标，构成了 $T-0$ 年违约判别几何平均精度最大的指标组合；遴选出资产负债率、归属母公司股东的权益/带息债务、经营活动产生的现金流量净额/经营活动净收益等 16 个指标，构成了 $T-1$ 年违约预测几何平均精度最大的指标组合；遴选出资产负债率、归属母公司股东的权益/带息债务、经营活动产生的现金流量净额/经营活动净收益等 14 个指标，构成了 $T-2$ 年违约预测几何平均精度最大的指标组合；遴选出资产负债率、无形资产占总资产比率、所得税/利润总额等 19 个指标，构成了 $T-3$ 年违约预测几何平均精度最大的指标组合；遴选出资产负债率、经营活动产生的现金流量净额/经营活动净收益、基本每股收益等 15 个指标，构成了 $T-4$ 年违约预测几何平均精度最大的指标组合；遴选出资产负债率、长期债务与营运资金比率、广义货币供应量(M2)同比增长率等 17 个指标，构成了 $T-5$ 年违约预测几何平均精度最大的指标组合。

(2)中国上市公司“电力、热力、燃气及水生产和供应行业”违约预测的重要宏观指标。广义货币供应量(M2)同比增长率、能源消费总量增长率、实际利用外商直接投资金额增长率对上市企业违约状态有显著影响。

(3)中国上市公司“电力、热力、燃气及水生产和供应行业”违约预测的关键指标。资产负债率、长期资产适合率、广义货币供应量(M2)同比增长率等 5 个指标对企业未来 0~2 年的短期违约状态有决定作用。长期资本负债率、带息债务/全部投入资本、长期资产适合率等 7 个指标对企业未来 3~5 年的中期违约状态有关键影响。资产负债率、广义货币供应量(M2)同比增长率、长期资产适合率等 6 个指标，不论是对未来

0~2 年的短期违约预测，还是对未来 3~5 年的中期违约预测都有重要影响。

(4)中国上市公司“电力、热力、燃气及水生产和供应行业”的地区信用特征。安徽省、浙江省、云南省等 11 个省区市的信用资质最高，上海市、福建省、北京市等 8 个省区市的信用资质居中，贵州省、宁夏回族自治区、山西省等 9 个省区市的信用资质最低。

(5)中国上市公司“电力、热力、燃气及水生产和供应行业”的所有制信用特征。以“通宝能源(600780.SH)”“海峡环保(603817.SH)”“洪城水业(600461.SH)”为代表的集体企业和地方国有企业的信用资质最高。以“凯迪生态(000939.SZ)”“百川能源(600681.SH)”“梅雁吉祥(600868.SH)”为代表的民营企业和公众企业的信用资质次之。以“长江电力(600900.SH)”“华能国际(600011.SH)”“国电电力(600795.SH)”为代表的中央国有企业和由协会等实际控股的其他所有制企业的信用资质最低。

(6)中国上市公司“电力、热力、燃气及水生产和供应行业”信用指数的预测趋势。中国 A 股上市公司“电力、热力、燃气及水生产和供应行业”市场在 2019 年信用指数呈现上升趋势，但在 2020 年呈现下跌趋势。2020 年之后信用指数回弹，在 2023 年落回低点。猜测造成下跌的可能原因是，2019 年，国内经济向好，“电力、热力、燃气及水生产和供应行业”信用指数回弹。在 2020 年，受新冠疫情影响，信用指数降到低点。随着国家的扶持政策出台，行业信用指数上升。从长远来看，在 2022 年之后，由于经济全球化，中国上市公司面临更加严峻的竞争风险，信用指数下降。

(7)中国上市公司“电力、热力、燃气及水生产和供应行业”信用风险指数的预测趋势。中国 A 股上市公司“电力、热力、燃气及水生产和供应行业”市场在 2020 年信用风险指数处于波峰，随后信用风险开始下降，在 2023 年有所上升。猜测造成下跌的可能原因是，2019 年，国内经济向好，“电力、热力、燃气及水生产和供应行业”信用风险降低。在 2020 年，受新冠疫情影响，企业信用风险水平上升。随着国家的扶持政策出台，行业信用风险指数会回落。从长远来看，在 2022 年之后，由于经济全球化，中国上市公司面临更加严峻的竞争风险，信用风险指数升高。

10.13.3 特色与创新

(1)通过两阶段的指标遴选方法构建评价指标体系，在具有明确经济学含义的海选指标集中，根据指标间偏相关系数和 F 值筛选出具有违约鉴别能力且指标间信息冗余最小的一组指标；并在第二阶段构建前向选择支持向量机指标遴选模型，以几何平均精度最大为标准，采用前向选择的方法筛选违约鉴别能力最大的指标组合，保证了构建的评价指标体系具有最大的违约鉴别能力。

(2)通过对违约公司和非违约公司的错判误差率之和最小，反推最优的权重，保证了所建立的违约预测模型能够有较低的非违约公司误拒率和违约公司误授率，降低违约公司错判带来的贷款损失和非违约公司错判带来的好客户流失的损失。

(3)通过综合考虑精度、可解释性、复杂性的“不可能三角”，从构建的 14 种大数据违约预警模型中对比分析遴选出最优违约风险预警模型，保证得到的模型既具有较高的违约预测能力，又具有可解释性，同时模型的复杂性低。

(4)通过对不同省区市、公司所有制属性的公司信用得分均值进行曼-惠特尼 U 非参数检验，识别不同省区市、所有制属性公司的信用资质，揭示不同省区市、不同所有制形式的中国上市公司中哪类公司的信用资质好、哪类公司的信用资质差、哪类公司的信用资质居中，为股票投资、债券投资提供决策依据，供金融监管当局等政策分析人员参考。

(5)通过分别对资产总额、负债总额、资产总额加负债总额由大到小选取前 10%作为典型公司样本，并将典型公司样本的加权平均信用得分转化成年度信用指数和信用风险指数，反映了上市公司“电力、热力、燃气及水生产和供应行业”的违约风险趋势，并对未来第 $T+m(m=1, 2, 3, 4, 5)$年的信用状况进行预警。

参 考 文 献

[1] Carvalho D, Ferreira M A, Matos P. Lending relationships and the effect of bank distress：evidence from the 2007-2009 financial crisis[J]. Journal of Financial and Quantitative Analysis, 2015, 50(6)：1165-1197.

[2] Christopoulos A G, Dokas I G, Kalantonis P, et al. Investigation of financial distress with a dynamic logit based on the linkage between liquidity and profitability status of listed firms[J]. Journal of the Operational Research Society, 2019, 70(10): 1817-1829.

[3] Wu Y, Xu Y J, Li J Y. Feature construction for fraudulent credit card cash-out detection[J]. Decision Support Systems, 2019, 127: 113155.

[4] Yeh C C, Lin F Y, Hsu C Y. A hybrid KMV model, random forests and rough set theory approach for credit rating[J]. Knowledge-Based Systems, 2012, 33: 166-172.

[5] Chawla N V, Bowyer K W, Hall L O, et al. SMOTE: Synthetic minority over-sampling technique[J]. Journal of Artificial Intelligence Research, 2002, 16(1): 321-357.

[6] 迟国泰, 张亚京, 石宝峰. 基于 Probit 回归的小企业债信评级模型及实证[J]. 管理科学学报, 2016, 19(6): 136-156.

[7] Wang T C, Chen Y H. Applying rough sets theory to corporate credit ratings[C]. Shanghai: IEEE International Conference: Service Operations and Logistics, and Informatics, 2006: 132-136.

[8] Nekooeimehr I, Lai-Yuen S K . Adaptive semi-unsupervised weighted oversampling (A-SUWO)for imbalanced datasets[J]. Expert Systems with Applications, 2016, 46: 405-416.

[9] Ferri C, Hernandez-Orallo J, Modroiu R, et al. An experimental comparison of performance measures for classification[J]. Pattern Recognition Letters, 2009, 30(1): 27-38.

[10] Desai V S, Crook J N, Overstreet G A. A comparison of neural networks and linear scoring models in the credit union environment[J]. European Journal of Operational Research, 1996, 95(1): 24-37.

[11] Bravo C, Maldonado S, Weber R. Granting and managing loans for micro-entrepreneurs: new developments and practical experiences[J]. European Journal of Operational Research, 2013, 227(2): 358-366.

[12] Djeundje V B, Crook J. Identifying hidden patterns in credit risk survival data using generalised additive models[J]. European Journal of Operational Research, 2019, 277: 366-376.

[13] Huang C, Dai C, Guo M. A hybrid approach using two-level DEA for financial failure prediction and integrated SE-DEA and GCA for indicators selection[J]. Applied Mathematics and Computation, 2015, 251: 431-441.

[14] Xia Y, Liu C, Li Y Y, et al. A boosted decision tree approach using Bayesian hyper-parameter optimization for credit scoring[J]. Expert Systems with Applications, 2017, 78: 225-241.

[15] 陈丽. 基于决策树最优组合的企业违约预测模型[D]. 大连: 大连理工大学, 2019.

[16] West D. Neural network credit scoring models[J]. Computers & Operations Research, 2000, 27(11-12): 1131-1152.

[17] Huang Z, Chen H, Hsu C J, et al. Credit rating analysis with support vector machines and neural networks: a market comparative study[J]. Decision Support Systems, 2004, 37(4): 543-558.

[18] Hand D J, Henley W E. Statistical classification methods in consumer credit scoring: a review[J]. Journal of the Royal Statistical Society A Series A(Statistics in Society), 1997, 160: 523-541.

[19] Ömer F E, Mehmet E T. A novel version of k nearest neighbor: dependent nearest neighbor[J]. Applied Soft Computing, 2017, 55(6): 480-490.

[20] Abellán J, Mantas C J. Improving experimental studies about ensembles of classifiers for bankruptcy prediction and credit scoring[J]. Expert Systems with Applications, 2014, 41(8): 3825-3830.

[21] Fan Q, Wang Z, Li D D, et al. Entropy-based fuzzy support vector machine for imbalanced datasets[J]. Knowledge-Based Systems, 2017, 115: 87-99.

[22] He H, Zhang W, Zhang S. A novel ensemble method for credit scoring: adaption of different imbalance ratios[J]. Expert Systems with Applications, 2018, 98: 105-117.

[23] Campbell J Y, Hilscher J, Szilagyi J. In search of distress risk[J]. The Journal of Finance, 2008, 63(6): 2899-2939.

[24] Finlay S. Multiple classifier architectures and their application to credit risk assessment[J]. European Journal of Operational Research, 2011, 210(2): 368-378.

[25] Iyer R, Khwaja A I, Luttmer E E P, et al. Screening peers softly: inferring the quality of small borrowers[J]. Management Science, 2016, 62: 1554-1577.

[26] Berg T, Burg V, Gombovic A, et al. On the rise of fintechs: credit scoring using digital footprints[J]. The Review of Financial Studies, 2020, 33: 2845-2897.

[27] Geng R, Bose I, Chen X. Prediction of financial distress: an empirical study of listed Chinese companies using data mining[J]. European Journal of Operational Research, 2015, 241(1): 236-247.

[28] Junior L M, Nardini F M, Renso C, et al. A novel approach to define the local region of dynamic selection techniques in

imbalanced credit scoring problems[J]. Expert Systems with Applications, 2020, 152：113351.

[29] Jones S. Corporate bankruptcy prediction：a high dimensional analysis[J]. Review of Accounting Studies, 2017, 22：1366-1422.

[30] Doshi-Velez F, Kim B. Towards a rigorous science of interpretable machine learning[EB/OL]. https://arxiv.org/abs/1702.08608 [2017-02-28].

[31] Zhu X, Li J, Wu D, et al. Balancing accuracy, complexity and interpretability in consumer credit decision making：A C-TOPSIS classification approach[J]. Knowledge Based Systems, 2013, 52：258-267.

[32] 迟国泰, 石宝峰. 基于信用等级与违约损失率匹配的信用评级系统与方法：中国, ZL 201210201461.6[P]. 2015-08-19.

[33] Ken B. Business Statistics：Contemporary Decision Making[M]. Hoboken：John Wiley and Sons, 2009.

[34] Liu L, Liu Q G, Tian G, et al. Government connections and the persistence of profitability：evidence from Chinese listed firms[J]. Emerging Markets Review, 2018, 36：110-129.

[35] 张茜. 中国股票市场发展与货币政策完善[D]. 太原：山西大学, 2012.

[36] 陈致远, 唐振鹏. 中国股灾回顾，证监会政策评价及启示——基于 2015 年中国股票市场案例分析[J]. 亚太经济, 2020, (3)：31-35.

第11章　建筑行业的企业违约预测与信用指数构建

11.1　本章内容提要

本章是中国上市公司建筑行业的企业违约预测与信用指数构建。建筑行业是拉动我国经济发展的重要行业，在当前我国市场信用体系尚待健全、失信行为依然存在的前提下，必须要对建筑行业企业进行信用等级的评估与预测，这个衡量手段要贯穿始终。通过制定科学合理的建筑行业企业信用等级评估与预测体系，对企业当前以及未来的信用情况进行评判，能够较好地体现建筑行业企业是否能够长久具备较好的建造能力、经营能力及财务状况，从而保证企业的运转以及与金融机构之间的借贷行为能够顺利进行，以此维护我国市场的整体秩序。

中国上市公司建筑行业的企业违约预测与信用指数构建包括以下五个内容。

一是通过对建筑行业上市公司的 $T-m(m=0, 1, 2, 3, 4, 5)$年的财务数据、非财务数据、宏观数据，以及 T 年的违约与否状态进行实证分析，通过基于经济学含义和偏相关系数的第一次指标筛选和基于支持向量机向前搜索的第二次指标组合遴选，构建具有提前 m ($m=0, 1, 2, 3, 4, 5$)年违约预警能力的最优指标体系。

二是通过违约评价方程的违约状态预测值 $\hat{y}$ 与实际值 y 对比的错判误差最小，反推最优的指标权重向量。

三是通过线性判别模型、支持向量机模型、决策树模型等 14 种大数据模型分别建模，并根据精度、可解释性、复杂性的“不可能三角”三个标准进行模型对比分析，最终确定一个能同时兼顾精度高、可解释性强、复杂性低的最佳违约预警模型。

四是利用选取的最佳违约预警模型，计算得到上市公司建筑行业的违约概率和信用得分，并分析上市公司建筑行业在不同地区、企业所有制方面的信用特征分布规律。

五是根据得到的上市公司建筑行业的信用得分，构建上市公司建筑行业的年度信用指数和信用风险指数，并分析上市公司建筑行业的信用状况年度发展规律以及预测 2019~2023 年这 5 年的信用状况趋势。

应该指出：用于计算信用指数的信用得分预测值 $S_{j(T+m)}$，共分为两种情况。

情况一：对于 2000~2018 年这 19 年已有指标数据的样本，用的是 m=0 的违约判别模型 $p_{j(T+0)}=f(w_i, x_{ij})_{(T)}$ 计算出的违约概率 $p_{j(T+0)}$和信用得分 $S_{j(T+0)}=(1-p_{j(T+0)})\times100$。

情况二：对于 2019~2023 年这 5 年没有指标数据的样本，用的是 m=1, 2, 3, 4, 5 时刻的违约预测模型 $p_{j(T+m)}=f(w_i, x_{ij})_{(T)}$计算出的违约概率 $p_{j(T+m)}$和信用得分 $S_{j(T+m)}=(1-p_{j(T+m)})\times100$。

本章的主要工作如下。

一是通过两阶段的指标遴选方法构建评价指标体系，在具有明确经济学含义的海选指标集中，根据指标间偏相关系数和 F 值筛选出具有违约鉴别能力且指标间信息冗余最小的一组指标；并在第二阶段构建前向选择支持向量机指标遴选模型，以几何平均精度最大为标准，采用前向选择的方法筛选具有违约鉴别能力的最大指标组合，保证构建的评价指标体系具有最大的违约鉴别能力。

二是根据违约状态 y_j 与指标权重的函数关系 $y_j=f(w_i, x_{ij})$，以预测的违约状态 $\hat{y}_j$ 与实际违约状态 y_j 对比后，以违约和非违约两类公司的预测错判误差最小为目标，构建数学规划模型，反推出评价模型的最优指标权重，保证构建的预警模型能够显著区分违约与非违约公司。

三是以精度为模型第 1 排序标准，可解释性为第 2 排序标准，复杂性为第 3 排序标准，在构建的逻辑回归模型，线性判别模型、广义加性模型等 14 个大数据模型中，遴选兼具高精度、强可解释性、低复杂性的最优模型，并使用 T 时刻的指标数据 $x_{ij(T)}$，预测公司 $T+m$ (m=0, 1, 2, 3, 4, 5)时刻的违约状态 $y_{j(T+m)}=f(x_{ij})_{(T)}$、违约概率 $p_{j(T+m)}=g(x_{ij})_{(T)}$和信用得分 $S_{j(T+m)}=(1-p_{j(T+m)})\times100$。

四是通过对建筑行业的不同地区、企业所有制的公司的信用得分均值进行曼-惠特尼 U 非参数检验，揭示中国上市公司不同地区、不同所有制的建筑行业，哪类公司的信用资质好、哪类公司的信用资质差、哪类公司的信用资质居中，为股票投资、债券投资提供决策依据，为商业银行发放贷款提供参照，为金融监管当局提供监管预警建议。

五是将通过最优违约预警模型计算得到的未来第 $T+m$ 年违约概率，转换为[0, 100]区间的信用得分后，按资产总额、负债总额、资产总额与负债总额之和的三个标准的选股规则选择样本公司，并将样本公司的信用得分根据负债总额、资产总额、资产总额与负债总额之和的占比分别进行加权平均，构建信用指数和信用风险指数。信用指数和信用风险指数用于反映信用发展规律，并预测未来第 $T+m$ 年的违约风险趋势。

11.2 建筑行业的企业违约预测与信用指数构建的原理

中国上市公司建筑行业的企业违约预测与信用指数构建的原理主要包括：信用评级原理、违约预测原理、指数构建原理、14 种违约预警大数据模型构建原理、最优违约预警指标体系遴选原理、基于错判误差最小的指标赋权原理、信用等级划分原理。具体原理介绍详见上文第 3 章，不再赘述。

11.3 建筑行业的数据处理

11.3.1 建筑行业的样本数据介绍

上市公司建筑行业样本的含义：包括沪市和深市在内的 99 家建筑行业上市公司数据。

上市公司建筑行业样本数据的描述：共包含 2000~2018 年这 19 年 99 家建筑行业中国上市公司的财务指标、非财务指标以及宏观指标等 205 个指标数据。通过 Wind 金融数据库、国泰安经济数据库、国家统计局和中国经济社会发展统计数据库搜集，结合经济学含义的进一步遴选，最终建立了包括资产负债率等 138 个财务指标，审计意见类型等 17 个非财务指标，行业景气指数等 49 个宏观指标，1 个违约状态指标在内的共计 205 个指标的上市公司信用风险海选指标集。

违约状态定义[1-2]：将被标记为“ST”的上市企业，定义为出现财务困境的企业，即违约的差客户，标记为“1”。将没有“ST”标记的上市企业，定义为没有出现财务困境的企业，即非违约的好客户，标记为“0”。

上市公司建筑行业 T–m 数据的描述：为实现违约风险动态预警的目的，共构造了 6 组 T–m(m=0, 1, 2, 3, 4, 5)时间窗口的上市公司样本，每组上市公司建筑行业样本是第 T–m 年的指标数据和第 T 年的违约状态。同时，每组 T–m(m=0, 1, 2, 3, 4, 5)上市公司建筑行业样本分别包含 99 个样本，其中违约样本 15，非违约样本 84。

表 11.1 是 T–m(m=0, 1, 2, 3, 4, 5)上市公司建筑行业样本数据概览。其中，(a)列是序号，(b)列是时间窗口，(c)列是企业代码，(d)列是指标的标准化数据(标准化处理详见上文“3.6.1 指标数据标准化方法”)。

表 11.1　建筑行业上市公司 $T-m(m=0,1, 2, 3, 4, 5)$时间窗口样本数据概览

(a)序号	(b)时间窗口	(c)企业代码	(d)指标的标准化数据 x_{ij}			
			(1)资产负债率	…	(204)国内专利申请授权数增长率	(205)第 T 年的违约状态
1	$T-0$	601611.SH	0.585	…	0.028	0
2		300117.SZ	0.828	…	0.029	0
3		600502.SH	0.664	…	0.027	0
…		…	…	…	…	…
99		600853.SH	0.592	…	0.025	0
100	$T-1$	601611.SH	0.596	…	0.029	0
101		300117.SZ	0.835	…	0.035	0
102		600502.SH	0.681	…	0.029	0
…		…	…	…	…	…
198		600853.SH	0.573	…	0.024	0
199	$T-2$	601611.SH	0.592	…	0.029	0
200		300117.SZ	0.735	…	0.031	0
201		600502.SH	0.685	…	0.023	0
…		…	…	…	…	…
297		600853.SH	0.578	…	0.022	0
298	$T-3$	601611.SH	0.587	…	0.029	0
299		300117.SZ	0.692	…	0.028	0
300		600502.SH	0.740	…	0.027	0
…		…	…	…	…	…
396		600853.SH	0.586	…	0.029	0
397	$T-4$	601611.SH	0.592	…	0.035	0
398		300117.SZ	0.702	…	0.032	0
399		600502.SH	0.705	…	0.026	0
…		…	…	…	…	…
495		600853.SH	0.592	…	0.018	0
496	$T-5$	601611.SH	0.593	…	0.031	0
497		300117.SZ	0.670	…	0.026	0
498		600502.SH	0.700	…	0.020	0
…		…	…	…	…	…
594		600853.SH	0.590	…	0.023	0

表 11.2 是 $T-m(m=0, 1, 2, 3, 4, 5)$上市公司建筑行业样本指标标准化数据的描述性统计表。其中，第 1 列是序号，第 2 列是时间窗口，第 3 列是统计量，第 4~208 列是指标对应的统计值。

表 11.2 建筑行业上市公司 $T-m(m=0, 1, 2, 3, 4, 5)$时间窗口样本指标数据描述性统计表

(1)序号	(2)时间窗口	(3)统计量	(4)资产负债率	…	(8)权益乘数	…	(206)外商投资企业外方注册资本增长率	(207)国内专利申请授权数增长率	(208)违约状态
1	T–0	平均值	0.715	…	0.842	…	0.168	0.030	0.152
2		标准差	0.108	…	0.183	…	0.021	0.005	0.360
3		中位数	0.713	…	0.892	…	0.164	0.030	0.000
4	T–1	平均值	0.735	…	0.852	…	0.168	0.028	0.152
5		标准差	0.109	…	0.202	…	0.022	0.005	0.360
6		中位数	0.736	…	0.912	…	0.166	0.028	0.000
7	T–2	平均值	0.738	…	0.863	…	0.174	0.028	0.152
8		标准差	0.088	…	0.164	…	0.057	0.006	0.360
9		中位数	0.731	…	0.909	…	0.164	0.026	0.000
10	T–3	平均值	0.719	…	0.841	…	0.175	0.029	0.152
11		标准差	0.084	…	0.177	…	0.033	0.006	0.360
12		中位数	0.713	…	0.893	…	0.166	0.030	0.000
13	T–4	平均值	0.713	…	0.846	…	0.157	0.028	0.152
14		标准差	0.101	…	0.150	…	0.036	0.007	0.360
15		中位数	0.707	…	0.887	…	0.161	0.027	0.000
16	T–5	平均值	0.712	…	0.844	…	0.156	0.028	0.152
17		标准差	0.095	…	0.155	…	0.030	0.005	0.360
18		中位数	0.698	…	0.877	…	0.161	0.028	0.000

11.3.2 建筑行业的训练测试数据划分

训练测试样本划分的目的：将上市公司建筑行业数据划分为训练样本和测试样本。训练样本用于求解模型参数，构建训练模型。测试样本用于验证所构建的模型预测精度效果。

训练测试样本划分比例[3-4]：70%作为训练样本，30%作为测试样本。

训练测试样本划分方式：随机从 $T-m(m=0, 1, 2, 3, 4, 5)$样本中抽取 70%非违约企业与 70%违约企业共同组成训练样本，剩余的 30%组成测试样本。

非平衡数据处理：由表 11.1(d)列第 205 子列违约状态统计可知，建筑行业上市公司训练样本的违约样本数∶非违约样本数=10∶58≈1∶6，属于非平衡样本。非平衡样本会导致训练得到的模型对违约客户识别率低的弊端。为解决样本非平衡问题，本书通过 SMOTE 非平衡样本处理方法[5]，生成虚拟违约公司，扩充训练样本中的违约公司个数，使违约与非违约公司数量比例为 1∶1。

上市公司的训练样本数量 N_{train}、测试样本数量 N_{test} 及 SMOTE 扩充的训练样本数量 N_{train}^{smote}，如表 11.3 所示。

表 11.3 建筑行业上市公司的训练测试样本数量一览

序号	(1)样本分类	(2)非违约公司	(3)违约公司	(4)总计
1	训练样本 $N_{train}=N\times70\%+N_{train}^{smote}$	58+0=58	10+48=58	116
2	测试样本 $N_{test}=N\times30\%$	26	5	31
3	全部样本 N	84	63	147

11.4　建筑行业的违约预警指标体系的建立

根据表 11.3 第 1 行定义的训练样本 N_{train} 对应表 11.1(d)列的上市公司在 $T\text{–}m$ (m=0, 1, 2, 3, 4, 5)的 204 个指标数据，按照上文 3.4.2 节的指标遴选原理进行两次指标筛选。

第一次指标遴选是利用上市公司建筑行业的 $T\text{–}m$(m=0, 1, 2, 3, 4, 5)六个时间窗口样本，从全部 204 个指标中，遴选出冗余度小、经济学含义强的指标，第一次遴选出的指标数量分别是：[119, 115, 111, 115, 114, 114]。

第二次指标组合遴选是利用上市公司建筑行业的 $T\text{–}m$(m=0, 1, 2, 3, 4, 5)六个时间窗口样本，从第一次指标遴选后剩余指标构成的多个指标组合中，根据几何平均精度最大遴选最优指标组合，最终遴选出最优指标组合中的指标数量分别是：[12, 16, 14, 19, 15, 17]。

由 11.4.2 节可知，最终遴选出的最优指标组合能够满足信用 5C 原则[6-7]。其中，资产负债率、每股权益合计、扣除非经常损益后的净利润/净利润等 15 个指标反映经营能力；预审计情况、是否为金融机构这 2 个指标反映公司品质；扣除非经常损益后的净利润/净利润、管理费用/营业总收入、经营活动产生的现金流量净额/经营活动净收益等 5 个指标反映资本；广义货币供应量(M2)同比增长率指标反映经营环境。

11.4.1　基于偏相关系数第一次筛选后的指标体系

依照上文 3.4.2 节的步骤 1~步骤 3 进行基于偏相关性分析的第一次指标遴选。以上市公司 T–0 年的指标数据为例进行说明。

步骤 1：同一准则层内指标偏相关系数的计算。将表 11.3 第 1 行定义的训练样本 N_{train} 中 68(即 58+10)家公司对应表 11.1 前 68 行(d)列的 204 个 T–0 年指标数据 x_{ij}，代入式(3.57)~式(3.60)计算任意两个指标间的偏相关系数。

步骤 2：F 值的计算。将表 11.1 前 68 行(d)列的 204 个 T–0 年指标数据 x_{ij} 中每一列指标数据，分别代入式(3.61)计算每个指标对应的 F 值。

步骤 3：基于偏相关性分析筛选指标。在步骤 1 计算的偏相关系数大于 0.8 的指标对中，删除指标对中经济学含义不明显的一个指标。由此，T–0 年的 204 个指标经过第一次指标筛选剩余 119 个指标，将剩余的 119 个指标列于表 11.4(c)列第 1~119 行。

表 11.4(d)列为训练样本 N_{train} 中 68 个公司第一次指标遴选后剩余的 119 个指标数据，(e)列为测试样本 N_{test} 中 31 个真实公司第一次指标遴选后剩余的 119 个指标数据。

表 11.4　上市公司建筑行业 T–0 年基于偏相关系数的第一次指标筛选结果

(a)序号	(b)准则层		(c)指标	(d)训练样本 N_{train} 中客户指标标准化数据 x_{ij}			(e)测试样本 N_{test} 中客户指标标准化数据 x_{ij}		
				(1) 客户 1	…	(68) 客户 68	(69) 客户 69	…	(99) 客户 99
1	企业内部财务因素	偿债能力	X_1 资产负债率	0.585	…	0.655	0.677	…	0.000
…			…	…	…	…	…	…	…
24			X_{38} 每股权益合计	0.340	…	0.343	0.311	…	0.237
25		盈利能力	X_{40} 净资产收益率(加权)	0.554	…	0.735	0.485	…	0.000
…			…	…	…	…	…	…	…
46			X_{86} 资产利润率	0.431	…	0.456	0.459	…	0.369
47		营运能力	X_{88} 流动资产/总资产	0.768	…	0.849	0.443	…	0.000
…			…	…	…	…	…	…	…
70			X_{114} 分配股利、利润或偿付利息支付的现金占筹资活动现金流出小计的比重	0.955	…	0.943	0.643	…	0.571

续表

(a)序号	(b)准则层		(c)指标	(d)训练样本 N_{train} 中客户指标标准化数据 x_{ij} (1) 客户 1	…	(68) 客户 68	(e)测试样本 N_{test} 中客户指标标准化数据 x_{ij} (69) 客户 69	…	(99) 客户 99
71	企业内部财务因素	成长能力	X_{115} 每股净资产(相对年初增长率)	0.499	…	0.000	0.471	…	0.000
…			…	…	…	…	…	…	…
78			X_{136} 固定资产增长率	0.000	…	0.009	0.021	…	0.000
79	企业内部非财务因素	股权结构与业绩审计情况	X_{139} 是否为金融机构	1.000	…	0.000	0.000	…	0.000
…			…	…	…	…	…	…	…
84			X_{144} 派息比税前	0.000	…	0.000	0.104	…	0.000
85		高管基本情况	X_{147} 监事会持股比例	0.000	…	0.000	0.448	…	0.000
…			…	…	…	…	…	…	…
88			X_{150} 总经理是否领取薪酬	1.000	…	1.000	0.682	…	1.000
89		企业基本信用情况	X_{151} 缺陷类型	0.731	…	0.731	0.731	…	0.000
90		商业信誉	X_{152} 涉案总件数	0.878	…	0.878	0.878	…	0.878
91			X_{153} 违规类型	1.000	…	0.273	1.000	…	0.273
92		社会责任	X_{154} 每股社会贡献值	0.000	…	0.000	0.000	…	0.000
93			X_{155} 社会捐赠强度	0.000	…	0.000	0.000	…	0.000
94	外部宏观环境		X_{157} 分行业企业家信心指数	0.495	…	0.438	0.715	…	0.426
…			…	…	…	…	…	…	…
119			X_{204} 国内专利申请授权数增长率	0.028	…	0.030	0.032	…	0.030
120	—		违约状态	0	…	1	0	…	1

上述是 T–0 年的第一次指标遴选过程及结果。同理，根据 T–0 年第一次指标筛选的流程，最终 T–1 年、T–2 年、T–3 年、T–4 年、T–5 年经第一次指标筛选，从 204 个指标中分别遴选出 115 个、111 个、115 个、114 个、114 个指标，将第一次指标遴选结果，分别列入表 11.5 至表 11.9 的(c)列中。

表 11.5 上市公司建筑行业 T–1 年基于偏相关系数的第一次指标筛选结果

(a)序号	(b)准则层		(c)指标	(d)训练样本 N_{train} 中客户指标标准化数据 x_{ij} (1) 客户 1	…	(68) 客户 68	(e)测试样本 N_{test} 中客户指标标准化数据 x_{ij} (69) 客户 69	…	(99) 客户 99
1	企业内部财务因素	偿债能力	X_1 资产负债率	0.596	…	0.550	0.678	…	0.816
…			…	…	…	…	…	…	…
27			X_{38} 每股权益合计	0.327	…	0.196	0.314	…	0.273
28		盈利能力	X_{39} 净资产收益率(平均)	0.550	…	0.000	0.506	…	0.448
…			…	…	…	…	…	…	…
48			X_{87} 归属于母公司普通股东的权益综合收益率	0.541	…	1.000	0.510	…	0.462
49		营运能力	X_{88} 流动资产/总资产	0.753	…	0.266	0.429	…	0.929
…			…	…	…	…	…	…	…
69			X_{114} 分配股利、利润或偿付利息支付的现金占筹资活动现金流出小计的比重	0.964	…	0.722	0.686	…	0.951

续表

(a)序号	(b)准则层		(c)指标	(d)训练样本 N_{train} 中客户指标标准化数据 x_{ij}			(e)测试样本 N_{test} 中客户指标标准化数据 x_{ij}		
				(1) 客户 1	…	(68) 客户 68	(69) 客户 69	…	(99) 客户 99
70	企业内部财务因素	成长能力	X_{115} 每股净资产(相对年初增长率)	0.497	…	0.332	0.408	…	0.474
…			…	…	…	…	…	…	…
76			X_{138} 可持续增长率	0.000	…	0.641	0.491	…	0.000
77	企业内部非财务因素	股权结构与业绩审计情况	X_{140} 预审计情况	0.970	…	0.970	0.970	…	0.970
…			…	…	…	…	…	…	…
81			X_{144} 派息比税前	0.000	…	0.000	0.263	…	0.000
82		高管基本情况	X_{146} 董事会持股比例	0.000	…	0.000	0.299	…	0.000
…			…	…	…	…	…	…	…
84			X_{148} 高管持股比例	0.000	…	0.000	0.373	…	0.000
85		企业基本信用情况	X_{151} 缺陷类型	0.731	…	0.731	0.731	…	0.731
86		商业信誉	X_{152} 涉案总件数	0.878	…	0.878	0.878	…	0.878
87			X_{153} 违规类型	1.000	…	1.000	1.000	…	0.538
88		社会责任	X_{154} 每股社会贡献值	0.000	…	0.000	0.000	…	0.000
89			X_{155} 社会捐赠强度	0.000	…	0.000	0.000	…	0.000
90	外部宏观环境		X_{158} 短期贷款基准利率	0.437	…	0.000	0.446	…	1.000
…			…	…	…	…	…	…	…
115			X_{204} 国内专利申请授权数增长率	0.029	…	0.033	0.039	…	0.027
116	—		违约状态	0	…	1	0	…	1

表 11.6　上市公司建筑行业 T–2 年基于偏相关系数的第一次指标筛选结果

(a)序号	(b)准则层		(c)指标	(d)训练样本 N_{train} 中客户指标标准化数据 x_{ij}			(e)测试样本 N_{test} 中客户指标标准化数据 x_{ij}		
				(1) 客户 1	…	(68) 客户 68	(69) 客户 69	…	(99) 客户 99
1	企业内部财务因素	偿债能力	X_1 资产负债率	0.592	…	0.545	0.682	…	0.856
…			…	…	…	…	…	…	…
24			X_{38} 每股权益合计	0.301	…	0.194	0.433	…	0.271
25		盈利能力	X_{43} 销售毛利率	0.325	…	0.605	0.360	…	0.356
…			…	…	…	…	…	…	…
44			X_{87} 归属于母公司普通股东的权益综合收益率	0.536	…	1.000	0.511	…	0.463
45		营运能力	X_{88} 流动资产/总资产	0.754	…	0.197	0.375	…	0.919
…			…	…	…	…	…	…	…
66			X_{114} 分配股利、利润或偿付利息支付的现金占筹资活动现金流出小计的比重	0.866	…	0.000	0.845	…	0.949
67		成长能力	X_{115} 每股净资产(相对年初增长率)	0.502	…	0.350	0.485	…	0.474
…			…	…	…	…	…	…	…
72			X_{136} 固定资产增长率	0.000	…	0.019	0.019	…	0.071

续表

(a)序号	(b)准则层		(c)指标	(d)训练样本 N_{train} 中客户指标标准化数据 x_{ij}			(e)测试样本 N_{test} 中客户指标标准化数据 x_{ij}		
				(1) 客户 1	…	(68) 客户 68	(69) 客户 69	…	(99) 客户 99
73	企业内部非财务因素	股权结构与业绩审计情况	X_{139} 是否为金融机构	1.000	…	0.000	0.000	…	0.000
…			…	…	…	…	…	…	…
78			X_{144} 派息比税前	0.000	…	0.000	0.528	…	0.000
79		高管基本情况	X_{147} 监事会持股比例	0.000	…	0.000	0.891	…	0.000
…			…	…	…	…	…	…	…
82			X_{150} 总经理是否领取薪酬	1.000	…	0.682	0.682	…	0.682
83		企业基本信用情况	X_{151} 缺陷类型	0.731	…	0.731	0.731	…	1.000
84		商业信誉	X_{152} 涉案总件数	0.878	…	0.878	0.878	…	0.878
85			X_{153} 违规类型	1.000	…	1.000	1.000	…	1.000
86		社会责任	X_{154} 每股社会贡献值	0.000	…	0.000	0.000	…	0.000
87			X_{155} 社会捐赠强度	0.000	…	0.000	0.000	…	0.000
88	外部宏观环境		X_{157} 分行业企业家信心指数	0.508	…	0.630	0.599	…	0.312
…			…	…	…	…	…	…	…
111			X_{204} 国内专利申请授权数增长率	0.029	…	0.031	0.030	…	0.025
112	—		违约状态	0	…	1	0	…	1

表 11.7　上市公司建筑行业 T–3 年基于偏相关系数的第一次指标筛选结果

(a)序号	(b)准则层		(c)指标	(d)训练样本 N_{train} 中客户指标标准化数据 x_{ij}			(e)测试样本 N_{test} 中客户指标标准化数据 x_{ij}		
				(1) 客户 1	…	(68) 客户 68	(69) 客户 69	…	(99) 客户 99
1	企业内部财务因素	偿债能力	X_1 资产负债率	0.587	…	0.641	0.779	…	0.974
…			…	…	…	…	…	…	…
29			X_{38} 每股权益合计	0.281	…	0.261	0.413	…	0.263
30		盈利能力	X_{39} 净资产收益率(平均)	0.553	…	0.000	0.511	…	0.445
…			…	…	…	…	…	…	…
49			X_{86} 资产利润率	0.437	…	0.000	0.540	…	0.378
50		营运能力	X_{88} 流动资产/总资产	0.728	…	0.308	0.619	…	0.883
…			…	…	…	…	…	…	…
72			X_{114} 分配股利、利润或偿付利息支付的现金占筹资活动现金流出小计的比重	0.964	…	0.946	0.650	…	0.945
73		成长能力	X_{115} 每股净资产(相对年初增长率)	0.490	…	0.394	0.485	…	0.493
…			…	…	…	…	…	…	…
76			X_{121} 销售费用增长率	0.000	…	0.978	0.963	…	0.993
77	企业内部非财务因素	股权结构与业绩审计情况	X_{139} 是否为金融机构	1.000	…	0.000	0.000	…	0.000
…			…	…	…	…	…	…	…
82			X_{144} 派息比税前	0.000	…	0.000	0.131	…	0.000

续表

(a)序号	(b)准则层		(c)指标	(d)训练样本 N_{train} 中客户指标标准化数据 x_{ij}			(e)测试样本 N_{test} 中客户指标标准化数据 x_{ij}		
				(1) 客户 1	…	(68) 客户 68	(69) 客户 69	…	(99) 客户 99
83	企业内部非财务因素	高管基本情况	X_{147} 监事会持股比例	0.000	…	0.000	0.891	…	0.000
…			…	…	…	…	…	…	…
86			X_{150} 总经理是否领取薪酬	1.000	…	1.000	0.682	…	0.682
87		企业基本信用情况	X_{151} 缺陷类型	0.731	…	0.731	0.731	…	0.731
88		商业信誉	X_{152} 涉案总件数	0.878	…	0.878	0.878	…	0.878
89			X_{153} 违规类型	1.000	…	1.000	1.000	…	1.000
90		社会责任	X_{154} 每股社会贡献值	0.000	…	0.000	0.000	…	0.000
91			X_{155} 社会捐赠强度	0.000	…	0.000	0.000	…	0.000
92	外部宏观环境		X_{156} 行业景气指数	0.786	…	0.763	0.755	…	0.709
…			…	…	…	…	…	…	…
115			X_{204} 国内专利申请授权数增长率	0.029	…	0.022	0.025	…	0.028
116	—		违约状态	0	…	1	0	…	1

表 11.8　上市公司建筑行业 T–4 年基于偏相关系数的第一次指标筛选结果

(a)序号	(b)准则层		(c)指标	(d)训练样本 N_{train} 中客户指标标准化数据 x_{ij}			(e)测试样本 N_{test} 中客户指标标准化数据 x_{ij}		
				(1) 客户 1	…	(68) 客户 68	(69) 客户 69	…	(99) 客户 99
1	企业内部财务因素	偿债能力	X_1 资产负债率	0.592	…	0.705	0.783	…	0.949
…			…	…	…	…	…	…	…
27			X_{38} 每股权益合计	0.266	…	0.360	0.394	…	0.253
28		盈利能力	X_{39} 净资产收益率(平均)	0.534	…	0.287	0.498	…	0.546
…			…	…	…	…	…	…	…
50			X_{86} 资产利润率	0.428	…	0.139	0.494	…	0.610
51		营运能力	X_{88} 流动资产/总资产	0.778	…	0.390	0.598	…	0.996
…			…	…	…	…	…	…	…
72			X_{114} 分配股利、利润或偿付利息支付的现金占筹资活动现金流出小计的比重	0.947	…	0.923	0.000	…	0.959
73		成长能力	X_{115} 每股净资产(相对年初增长率)	0.000	…	0.415	0.486	…	0.840
…			…	…	…	…	…	…	…
78			X_{121} 销售费用增长率	0.000	…	0.932	0.940	…	0.962
79	企业内部非财务因素	股权结构与业绩审计情况	X_{139} 是否为金融机构	1.000	…	0.000	0.000	…	0.000
…			…	…	…	…	…	…	…
84			X_{144} 派息比税前	0.000	…	0.000	0.131	…	0.000
85		高管基本情况	X_{148} 高管持股比例	0.000	…	0.000	0.341	…	0.000
86		企业基本信用情况	X_{151} 缺陷类型	0.731	…	0.731	0.731	…	0.731

续表

(a)序号	(b)准则层		(c)指标	(d)训练样本 N_{train} 中客户指标标准化数据 x_{ij}			(e)测试样本 N_{test} 中客户指标标准化数据 x_{ij}		
				(1) 客户 1	…	(68) 客户 68	(69) 客户 69	…	(99) 客户 99
87	企业内部非财务因素	商业信誉	X_{152} 涉案总件数	0.878	…	0.878	0.878	…	0.878
88			X_{153} 违规类型	1.000	…	1.000	1.000	…	1.000
89		社会责任	X_{154} 每股社会贡献值	0.000	…	0.000	0.000	…	0.000
90			X_{155} 社会捐赠强度	0.000	…	0.000	0.000	…	0.000
91	外部宏观环境		X_{158} 短期贷款基准利率	0.550	…	0.608	0.689	…	0.437
…			…	…	…	…	…	…	…
114			X_{204} 国内专利申请授权数增长率	0.035	…	0.030	0.033	…	0.024
115	—		违约状态	0	…	1	0	…	1

表 11.9　上市公司建筑行业 *T*–5 年基于偏相关系数的第一次指标筛选结果

(a)序号	(b)准则层		(c)指标	(d)训练样本 N_{train} 中客户指标标准化数据 x_{ij}			(e)测试样本 N_{test} 中客户指标标准化数据 x_{ij}		
				(1) 客户 1	…	(68) 客户 68	(69) 客户 69	…	(99) 客户 99
1	企业内部财务因素	偿债能力	X_1 资产负债率	0.593	…	0.781	0.796	…	0.654
…			…	…	…	…	…	…	…
29			X_{38} 每股权益合计	0.370	…	0.499	0.375	…	0.205
30		盈利能力	X_{40} 净资产收益率(加权)	0.000	…	0.424	0.537	…	0.156
…			…	…	…	…	…	…	…
53			X_{87} 归属于母公司普通股东的权益综合收益率	0.512	…	0.467	0.487	…	0.276
54		营运能力	X_{90} 有形资产/总资产	0.589	…	0.719	0.810	…	0.615
…			…	…	…	…	…	…	…
74			X_{114} 分配股利、利润或偿付利息支付的现金占筹资活动现金流出小计的比重	0.938	…	0.918	0.993	…	0.964
75		成长能力	X_{115} 每股净资产(相对年初增长率)	0.000	…	0.476	0.584	…	0.432
76			X_{121} 销售费用增长率	0.000	…	0.930	0.000	…	0.951
77	企业内部非财务因素	股权结构与业绩审计情况	X_{139} 是否为金融机构	1.000	…	0.000	1.000	…	0.000
…			…	…	…	…	…	…	…
81			X_{144} 派息比税前	0.000	…	0.000	0.197	…	0.000
82		高管基本情况	X_{148} 高管持股比例	0.000	…	0.000	0.341	…	0.000
83			X_{150} 总经理是否领取薪酬	1.000	…	1.000	1.000	…	0.682
84		企业基本信用情况	X_{151} 缺陷类型	0.731	…	0.731	0.731	…	0.731
85		商业信誉	X_{152} 涉案总件数	0.878	…	0.878	0.878	…	0.878
86			X_{153} 违规类型	1.000	…	1.000	1.000	…	1.000
87		社会责任	X_{154} 每股社会贡献值	0.000	…	0.000	0.000	…	0.000
88			X_{155} 社会捐赠强度	0.000	…	0.000	0.000	…	0.000

续表

(a)序号	(b)准则层	(c)指标	(d)训练样本 N_{train} 中客户指标标准化数据 x_{ij}			(e)测试样本 N_{test} 中客户指标标准化数据 x_{ij}		
			(1) 客户 1	…	(68) 客户 68	(69) 客户 69	…	(99) 客户 99
89	外部宏观环境	X_{156} 行业景气指数	0.823	…	0.737	0.702	…	0.694
…		…	…	…	…	…	…	…
114		X_{204} 国内专利申请授权数增长率	0.031	…	0.025	0.030	…	0.022
115	—	违约状态	0	…	1	0	…	1

11.4.2　基于支持向量机向前搜索第二次筛选后的指标体系

1. 基于 T–0 时间窗口的上市公司违约预测指标体系的构建

步骤 4：由 1 个指标构成的指标组合的确定。

由 1 个指标构成的第 1 个指标组合违约预测精度 $\text{G-mean}^1{}_1$ 的确定。根据表 11.4(d)列的上市企业建筑行业训练样本的 T–0 时间窗口下第一次遴选后的 119 个指标数据，从第一次遴选出的 119 个指标中选取第 1 个指标(即表 11.4(d)列第 1 行)，即将表 11.4(d)列第 1 行的指标数据和表 11.4(d)列第 120 行的违约状态，代入式(3.22)和式(3.23)求解出线性支持向量机模型的指标权重和截距项参数，并将求解得到的参数代入式(3.24)和式(3.25)得到线性支持向量机违约预测模型。将表 11.4(d)列第 1 行的全部 68 个公司指标数据，代入式(3.25)线性支持向量机违约预测模型计算出违约状态预测值 $\hat{y}_j(j=1, 2, \cdots, 68)$，将预测违约状态 $\hat{y}_j$ 与真实违约状态 y_j 进行比较后，代入式(3.55)计算违约预测几何平均精度，记为 $\text{G-mean}^1{}_1$。

同理，从第一次遴选出的 119 个指标中选取第 2 个指标(即表 11.4(d)列第 2 行)，可以得到第 2 个违约预测几何平均精度，记为 $\text{G-mean}^2{}_1$。第一次遴选共剩余 119 个指标，则可以得到 119 个违约预测几何平均精度，记为 $\text{G-mean}^k{}_1$ (k=1, 2, …, 119)。在这 119 个几何平均精度中选取最大值 $\text{G-mean}^{k^*}{}_1= \max(\text{G-mean}^1{}_1, \text{G-mean}^2{}_1, \cdots, \text{G-mean}^{119}{}_1)$，最高几何平均精度 $\text{G-mean}^{k^*}{}_1$ 的上标 k^*表示第 k^*个指标组合，即由 1 个指标构成的精度最高的指标组合，将其纳入第二次指标遴选中的待选指标组合。将由 1 个指标构成的指标组合的最高几何平均精度 $\text{G-mean}^{k^*}{}_1$ 简化记为 G-mean_1。

步骤 5：由 2 个指标构成的指标组合的确定。

在步骤 4 选中的第 k^*个指标这一个指标后，剩余的 118 个指标中，选取一个指标，这里既可以选择剩余的 118 个指标中的第 1 个指标，也可以选择第 118 个指标，与步骤 4 选中的第 k^*个指标形成新的指标组合，因此可以形成 118 个新的由 2 个指标构成的指标组合。将这 118 个指标组合对应的样本数据分别代入式(3.24)和式(3.25)的支持向量机模型，并根据式(3.55)计算得到 118 个违约预测几何平均精度，记为 $\text{G-mean}^l{}_2$ (l=1, 2, …, 118)。在这 118 个几何平均精度中选择最大值 $\text{G-mean}^{l^*}{}_2=\max(\text{G-mean}^1{}_2, \text{G-mean}^2{}_2, \cdots, \text{G-mean}^{118}{}_2)$，最高几何平均精度 $\text{G-mean}^{l^*}{}_2$ 的上标 l^*表示第 l^*个指标组合，即由 1 个指标构成的精度最高的指标组合，将其纳入第二次指标遴选中的待选指标组合。将由 2 个指标构成的指标组合的最高几何平均精度 $\text{G-mean}^{l^*}{}_2$ 简化记为 G-mean_2。

步骤 6：遴选最优的违约预测指标组合。

仿照上述步骤 4 至步骤 5，不断地从剩余的指标中依次选取一个指标纳入前一步筛选出的指标组合形成新的指标组合，使得在新的指标组合下，线性支持向量机模型根据式(3.55)所计算的违约预测几何平均精度最大，得到由 s 个指标构成的指标组合的最高违约预测精度 G-mean_s(s=1, 2, …, 119)。令 $\text{G-mean}_{s^*=12}=\max(\text{G-mean}_1, \text{G-mean}_2, \cdots, \text{G-mean}_{119})$，则 $\text{G-mean}_{s^*=12}$ 即为最高几何平均精度的指标组合。最高几何平均精度 $\text{G-mean}_{s^*=12}$ 的下标 s^*=12 表示由 12 个指标构成的第 12 个指标组合即为最优指标组合。

应该指出，在指标组合遴选过程中，由于每个指标有“选中”与“不选中”两种状态，119 个指标就有$(2^{119}-1)\approx 6.65\times 10^{35}$种指标组合可能性。遍历所有指标组合的预测精度，以几何平均精度最大为目标函数得到一个最优的指标组合，同时也得到显著的大数据降维效果，指标维度降低幅度为 89.92%(即 1–12/119)。

表 11.10 中，每一行表示第二次指标组合筛选出的基于 T–0 时间窗口的上市企业违约预测指标。第 1 列是序号，第 2 列是准则层，第 3 列是指标名称，第 4 列是第 3 列指标对应的信用 5C 原则[6-7]。

表 11.10　上市公司建筑行业 T–0 年基于支持向量机向前搜索的第二次指标筛选结果

(1)序号	(2)准则层		(3)指标	(4)信用 5C 原则
1	企业内部财务因素	偿债能力	X_1 资产负债率	能力
…			…	…
10			X_{24} 有形资产/净债务	能力
11	企业内部非财务因素	股权结构与业绩审计情况	X_{140} 预审计情况	品质
12	外部宏观环境	—	X_{176} 广义货币供应量(M2)同比增长率	条件

从表 11.10 可以看出，遴选出的 T–0 时间窗口的指标体系能够反映信用 5C 原则[6-7]，包括资产负债率、有形资产/净债务等财务指标反映企业经营能力；预审计情况等非财务指标反映公司品质；广义货币供应量(M2)同比增长率等宏观指标反映企业的环境条件。

2. 基于其他时间窗口的上市公司违约预测指标体系的构建

步骤 7：构建其他时间窗口下的违约预测指标体系。仿照步骤 4 至步骤 6，分别对表 11.5 至表 11.9 的上市企业在 T–1 至 T–5 年的第一次指标遴选基础上进行第二次指标组合筛选，第二次指标组合遴选后 T–1 年至 T–5 年 5 个时间窗口分别选出了 16 个、14 个、19 个、15 个、17 个指标，列入表 11.11 至表 11.15 的第 3 列。

表 11.11　上市公司建筑行业 T–1 年基于支持向量机向前搜索的第二次指标筛选结果

(1)序号	(2)准则层		(3)指标	(4)信用 5C 原则
1	企业内部财务因素	偿债能力	X_1 资产负债率	能力
…			…	…
14			X_{38} 每股权益合计	能力
15		盈利能力	X_{66} 扣除非经常损益后的净利润/净利润	资本
16	外部宏观环境	—	X_{176} 广义货币供应量(M2)同比增长率	条件

表 11.12　上市公司建筑行业 T–2 年基于支持向量机向前搜索的第二次指标筛选结果

(1)序号	(2)准则层		(3)指标	(4)信用 5C 原则
1	企业内部财务因素	偿债能力	X_1 资产负债率	能力
…			…	…
12			X_{36} 其他应付款占流动负债总额的比例	能力
13		盈利能力	X_{66} 扣除非经常损益后的净利润/净利润	资本
14	外部宏观环境	—	X_{176} 广义货币供应量(M2)同比增长率	条件

表 11.13　上市公司建筑行业 T–3 年基于支持向量机向前搜索的第二次指标筛选结果

(1)序号	(2)准则层		(3)指标	(4)信用 5C 原则
1	企业内部财务因素	偿债能力	X_1 资产负债率	能力
…			…	…
13			X_{38} 每股权益合计	能力

续表

(1)序号	(2)准则层		(3)指标	(4)信用 5C 原则
14	企业内部财务因素	盈利能力	X_{41} 净资产收益率(扣除/加权)	资本
…			…	…
18			X_{71} 归属母公司股东的净利润/净利润	资本
19	外部宏观环境	—	X_{176} 广义货币供应量(M2)同比增长率	条件

表 11.14　上市公司建筑行业 T–4 年基于支持向量机向前搜索的第二次指标筛选结果

(1)序号	(2)准则层		(3)指标	(4)信用 5C 原则
1	企业内部财务因素	偿债能力	X_1 资产负债率	能力
…			…	…
12			X_{18} 现金流量利息保障倍数	能力
13		成长能力	X_{121} 销售费用增长率	资本
14	企业内部非财务因素	股权结构与业绩审计情况	X_{139} 是否为金融机构	品质
15	外部宏观环境	—	X_{176} 广义货币供应量(M2)同比增长率	条件

表 11.15　上市公司建筑行业 T–5 年基于支持向量机向前搜索的第二次指标筛选结果

(1)序号	(2)准则层		(3)指标	(4)信用 5C 原则
1	企业内部财务因素	偿债能力	X_1 资产负债率	能力
…			…	…
15			X_{38} 每股权益合计	能力
16		盈利能力	X_{78}EVA(口径一)	资本
17	外部宏观环境	—	X_{176} 广义货币供应量(M2)同比增长率	条件

注：EVA 全称为 economic value added，经济附加值

11.4.3　遴选出的最优指标体系统计汇总

由上文表 11.10 至表 11.15 可知，对于全部 99 家建筑行业上市公司样本，违约预测的最优指标组合为：由 204 个指标构成的$(2^{204}-1)\approx 2.57\times 10^{61}$个指标组合中，遴选出资产负债率、预审计情况、广义货币供应量(M2)同比增长率等 12 个指标，构成 T–0 年违约判别几何平均精度最大的指标组合；遴选出资产负债率、长期资产适合率、权益乘数等 16 个指标，构成了 T–1 年违约判别几何平均精度最大的指标组合；遴选出资产负债率、长期资本负债率、流动比率等 14 个指标，构成了 T–2 年违约预测几何平均精度最大的指标组合；遴选出资产负债率、现金比率、有形资产/负债合计等 19 个指标，构成了 T–3 年违约预测几何平均精度最大的指标组合；遴选出剔除预收款项后的资产负债率、流动负债权益比率、流动比率等 15 个指标，构成了 T–4 年违约预测几何平均精度最大的指标组合；遴选出资产负债率、流动比率、货币资金比例等 17 个指标，构成了 T–5 年违约预测几何平均精度最大的指标组合。

表 11.16 汇总了 T–m(m=0, 1, 2, 3, 4, 5)年最优指标组合中的指标，并统计了各个指标被选入最优指标组合的次数。表 11.16 中：第 1 列是序号；第 2 列是指标名称；第 3 列是指标在 T–m(m=0, 1, 2, 3, 4, 5)年被选中状态，“1”表示被选中，“0”表示未被选中；第 4 列是指标在 T–m(m=0, 1, 2, 3, 4, 5)年被选中的总次数，等于第 3 列的求和。

表 11.16　上市企业建筑行业 T–m 年最优指标组合汇总

(1)序号	(2)指标	(3)指标体系						(4)T–m 年指标被选择的次数
		T–0	T–1	T–2	T–3	T–4	T–5	
1	X_1 资产负债率	1	1	1	1	1	1	6
…	…	…	…	…	…	…	…	…
4	X_4 长期资产适合率	1	1	1	1	1	1	6
…	…	…	…	…	…	…	…	…
8	X_8 归属母公司股东的权益/全部投入资本	1	0	0	1	1	1	4
…	…	…	…	…	…	…	…	…
10	X_{10} 流动负债/负债合计	0	0	0	1	1	1	3
11	X_{12} 资本固定化比率	1	1	1	0	1	0	4
12	X_{13} 流动比率	1	1	1	1	1	1	6
…	…	…	…	…	…	…	…	…
40	X_{176} 广义货币供应量(M2)同比增长率	1	1	1	1	1	1	6
41	指标数量合计	12	16	14	19	15	17	—

根据表 11.16 第 2 列可知，对于所有 99 家上市公司样本，违约预测的重要宏观指标：广义货币供应量(M2)同比增长率这 1 个宏观指标对建筑行业上市企业违约状态有显著影响。

根据表 11.16 第 3 列可知，资本固定化比率指标存在于 T–0、T–1、T–2 年的最优指标组合中，说明对企业未来 0~2 年的短期违约状态具有关键影响。归属母公司股东的权益/全部投入资本、流动负债/负债合计指标存在于 T–3、T–4、T–5 年的最优指标组合中，说明这个指标对企业未来 3~5 年的中期违约预测具有关键影响。

根据表 11.16 第 4 列可知，资产负债率、长期资产适合率、流动比率等 4 个指标存在于 T–m(m=0, 1, 2, 3, 4, 5)年的最优指标组合中，说明这 4 个指标不论对于企业未来 0~2 年的短期、还是未来 3~5 年的中期违约状态，均有关键影响。其中，广义货币供应量(M2)同比增长率的意义在于：当广义货币发行量充分大，市场流动性充分时，则公司几乎不可能发生违约，因此是违约预测的关键指标。

综上，对于所有 99 家建筑行业上市公司样本，违约预测的关键指标：资本固定化比率这个指标对企业未来 0~2 年的短期违约状态有关键影响。归属母公司股东的权益/全部投入资本、流动负债/负债合计这 2 个指标对企业未来 3~5 年的中期违约状态有关键影响。资产负债率、长期资产适合率、流动比率等 4 个指标，不论是对未来 0~2 年的短期违约预测，还是对未来 3~5 年的中期违约预测都有关键影响。

11.5　建筑行业的违约预警模型的精度计算

上文 11.4 节中遴选出了最优指标组合，根据最优指标组合对应的训练样本数据，可分别构建如上文 3.2 节所述的 14 种大数据违约评价模型方案。根据表 11.3 第 1 行定义的训练样本 N_{train} 分别对应的表 11.10 至表 11.15 所示的 T–m(m=0, 1, 2, 3, 4, 5)时间窗口的训练样本指标数据，求解模型参数得到 14 种违约评价模型，并在表 11.3 第 2 行定义的测试样本 N_{test} 的 T–m(m=0, 1, 2, 3, 4, 5)时间窗口分别计算 14 种大数据违约评价模型的精度结果。

其中，本书选取的模型违约预测精度评价标准有 5 个，分别是第二类错误、第一类错误、几何平均精度、总体预测精度和 AUC 值，精度定义如 3.3 节式(3.53)至式(3.56)所示。

以线性判别模型在 T–1 时间窗口样本的训练和测试为例进行说明。

将表 11.11 第 3 列 16 个指标对应表 11.5(d)列 T–1 时间窗口经 SMOTE 扩充后的训练样本数据，代入式(3.64)的线性判别模型最优权重向量的目标函数，求解出线性判别模型中 19 个指标的权重向量，并代入式(3.62)和式(3.63)得到违约概率预测方程和违约状态预测方程如下。

线性判别模型在 T–1 时间窗口样本的违约概率预测方程如下。

$$\hat{p}(T-1)=0.184\times X_1\text{资产负债率}+\cdots+40.604\times X_{66}\text{扣除非经常损益后的净利润/净利润}+7.317\times X_{176}\text{广义货币供应量(M2)同比增长率} \tag{11.1}$$

线性判别模型在 T–1 时间窗口样本的违约状态预测方程如下。

$$\hat{y}_j(T+1)=\begin{cases}1, & \hat{p}_j(T)\geqslant 0.5\\ 0, & \hat{p}_j(T)<0.5\end{cases} \tag{11.2}$$

将表 11.11 第 3 列 16 个指标对应表 11.5(e)列 T–1 时间窗口 31 个公司的测试样本数据，代入式(11.1)得到违约概率预测值 $\hat{p}_j$ (j=1, 2, …, 31)，将违约概率预测值 $\hat{p}_j$ 代入式(11.2)得到违约状态预测值 $\hat{y}_j$(j=1, 2, …, 31)。将违约状态预测值 $\hat{y}_j$ 与实际值 y_j 进行对比，可得如表 11.17 所示的混淆矩阵中 TP、TN、FP、FN 四个值。将表 11.17 所示的混淆矩阵中 TP、TN、FP、FN 四个值，代入式(3.53)，计算得到第二类错误 Type-II Error=FN/(TP+FN)=6/(9+6)=0.4。

表 11.17　违约预测混淆矩阵

客户的真实违约状态	客户的预测违约状态	
	(1)预测违约	(2)预测非违约
(1)真实违约	违约样本判对的个数 TP=9	违约样本判错的个数 FN=6
(2)真实非违约	非违约样本判错的个数 FP=21	非违约样本判对的个数 TN=3

表 11.18 是上市公司建筑行业 T–m(m=0, 1, 2, 3, 4, 5)时间窗口的 14 种大数据违约评价模型方案的测试样本预测精度结果。以线性判别模型在 T–1 时间窗口样本为例，将上文计算得到的第二类错误 Type-II Error=0.4，列入表 11.18 第 15 行第 4 列。同理，将表 11.17 所示的混淆矩阵中 TP、TN、FP、FN 四个值，分别代入式(3.54)至式(3.56)，并绘制 ROC 曲线，得到其他四个精度结果，分别列入表 11.18 第 15 行第 5~8 列。

表 11.18　上市公司建筑行业 T–m(m=0, 1, 2, 3, 4, 5)时间窗口下模型预测精度结果

(1)序号	(2)时间窗口	(3)模型方案	(4)第二类错误	(5)第一类错误	(6)几何平均精度	(7)总体预测精度	(8)AUC 值
1	T–0	线性判别模型[8]	0.800	0.231	0.392	0.677	0.246
2		逻辑回归模型[9]	0.800	0.346	0.362	0.581	0.385
3		广义加性模型[10]	0.200	1.000	0.000	0.129	0.315
4		线性支持向量机模型[11]	0.600	0.000	0.632	0.903	0.562
5		决策树模型[12-13]	1.000	0.000	0.000	0.839	0.535
6		BP 神经网络模型[14-15]	0.600	0.577	0.411	0.419	0.392
7		K 近邻模型[16-17]	0.800	0.077	0.430	0.806	0.562
8		多数投票线性判别模型[18]	0.800	0.231	0.392	0.677	0.262
9		多数投票逻辑回归模型[18]	0.800	0.269	0.382	0.645	0.300
10		多数投票广义加性模型[18]	0.200	1.000	0.000	0.129	0.254
11		多数投票线性支持向量机模型[19]	0.600	0.000	0.632	0.903	0.569
12		多数投票决策树模型[20]	1.000	0.077	0.000	0.774	0.458
13		多数投票 BP 神经网络模型[21]	0.600	0.577	0.411	0.419	0.492
14		多数投票 K 近邻模型[22]	0.800	0.038	0.439	0.839	0.504
15	T–1	线性判别模型[8]	0.400	0.115	0.729	0.839	0.835

续表

(1)序号	(2)时间窗口	(3)模型方案	(4)第二类错误	(5)第一类错误	(6)几何平均精度	(7)总体预测精度	(8)AUC 值
16	T–1	逻辑回归模型[9]	0.400	0.154	0.713	0.806	0.785
17		广义加性模型[10]	0.400	0.077	0.744	0.871	0.946
18		线性支持向量机模型[11]	0.400	0.077	0.744	0.871	0.877
19		决策树模型[12-13]	0.200	0.192	0.804	0.806	0.804
20		BP 神经网络模型[14-15]	0.200	0.346	0.723	0.677	0.715
21		K 近邻模型[16-17]	0.600	0.154	0.582	0.774	0.623
22		多数投票线性判别模型[18]	0.400	0.115	0.729	0.839	0.831
23		多数投票逻辑回归模型[18]	0.400	0.154	0.713	0.806	0.873
24		多数投票广义加性模型[18]	0.200	0.038	0.877	0.935	0.915
25		多数投票线性支持向量机模型[19]	0.400	0.154	0.713	0.806	0.869
26		多数投票决策树模型[20]	0.200	0.154	0.823	0.839	0.919
27		多数投票 BP 神经网络模型[21]	0.200	0.308	0.744	0.710	0.831
28		多数投票 K 近邻模型[22]	0.400	0.231	0.679	0.742	0.669
29	T–2	线性判别模型[8]	0.600	0.077	0.608	0.839	0.608
30		逻辑回归模型[9]	0.600	0.077	0.608	0.839	0.669
31		广义加性模型[10]	0.600	0.077	0.608	0.839	0.492
32		线性支持向量机模型[11]	0.600	0.077	0.608	0.839	0.769
33		决策树模型[12-13]	0.600	0.077	0.608	0.839	0.569
34		BP 神经网络模型[14-15]	0.600	0.077	0.608	0.839	0.669
35		K 近邻模型[16-17]	0.600	0.077	0.608	0.839	0.662
36		多数投票线性判别模型[18]	0.600	0.077	0.608	0.839	0.585
37		多数投票逻辑回归模型[18]	0.600	0.077	0.608	0.839	0.654
38		多数投票广义加性模型[18]	0.600	0.077	0.608	0.839	0.723
39		多数投票线性支持向量机模型[19]	0.600	0.077	0.608	0.839	0.762
40		多数投票决策树模型[20]	0.600	0.077	0.608	0.839	0.546
41		多数投票 BP 神经网络模型[21]	0.600	0.077	0.608	0.839	0.823
42		多数投票 K 近邻模型[22]	0.600	0.077	0.608	0.839	0.650
43	T–3	线性判别模型[8]	0.200	0.038	0.877	0.935	0.792
44		逻辑回归模型[9]	0.600	0.154	0.582	0.774	0.700
45		广义加性模型[10]	0.200	0.385	0.702	0.645	0.746
46		线性支持向量机模型[11]	0.200	0.154	0.823	0.839	0.846
47		决策树模型[12-13]	0.200	0.077	0.859	0.903	0.869
48		BP 神经网络模型[14-15]	0.200	0.192	0.804	0.806	0.746
49		K 近邻模型[16-17]	0.200	0.269	0.765	0.742	0.765
50		多数投票线性判别模型[18]	0.200	0.115	0.841	0.871	0.808
51		多数投票逻辑回归模型[18]	0.200	0.154	0.823	0.839	0.900
52		多数投票广义加性模型[18]	0.400	0.154	0.713	0.806	0.915
53		多数投票线性支持向量机模型[19]	0.200	0.115	0.841	0.871	0.862

续表

(1)序号	(2)时间窗口	(3)模型方案	(4)第二类错误	(5)第一类错误	(6)几何平均精度	(7)总体预测精度	(8)AUC 值
54	T–3	多数投票决策树模型[20]	0.200	0.115	0.841	0.871	0.838
55		多数投票 BP 神经网络模型[21]	0.400	0.077	0.744	0.871	0.777
56		多数投票 K 近邻模型[22]	0.200	0.269	0.765	0.742	0.758
57	T–4	线性判别模型[8]	0.400	0.500	0.548	0.516	0.508
58		逻辑回归模型[9]	0.600	0.308	0.526	0.645	0.546
59		广义加性模型[10]	0.800	0.000	0.447	0.871	0.631
60		线性支持向量机模型[11]	0.200	0.423	0.679	0.613	0.600
61		决策树模型[12-13]	0.600	0.192	0.568	0.742	0.604
62		BP 神经网络模型[14-15]	0.200	0.423	0.679	0.613	0.677
63		K 近邻模型[16-17]	0.200	0.269	0.765	0.742	0.765
64		多数投票线性判别模型[18]	0.400	0.500	0.548	0.516	0.477
65		多数投票逻辑回归模型[18]	0.600	0.346	0.511	0.613	0.612
66		多数投票广义加性模型[18]	0.000	0.346	0.809	0.710	0.785
67		多数投票线性支持向量机模型[19]	0.200	0.423	0.679	0.613	0.669
68		多数投票决策树模型[20]	0.200	0.385	0.702	0.645	0.765
69		多数投票 BP 神经网络模型[21]	0.200	0.500	0.632	0.548	0.638
70		多数投票 K 近邻模型[22]	0.200	0.269	0.765	0.742	0.762
71	T–5	线性判别模型[8]	0.000	0.423	0.760	0.645	0.946
72		逻辑回归模型[9]	0.000	0.346	0.809	0.710	0.885
73		广义加性模型[10]	0.000	0.962	0.196	0.194	0.838
74		线性支持向量机模型[11]	0.000	0.423	0.760	0.645	0.792
75		决策树模型[12-13]	0.000	0.154	0.920	0.871	0.923
76		BP 神经网络模型[14-15]	0.200	0.269	0.765	0.742	0.877
77		K 近邻模型[16-17]	0.000	0.346	0.809	0.710	0.827
78		多数投票线性判别模型[18]	0.000	0.423	0.760	0.645	0.788
79		多数投票逻辑回归模型[18]	0.000	0.385	0.784	0.677	0.815
80		多数投票广义加性模型[18]	0.000	0.962	0.196	0.194	0.885
81		多数投票线性支持向量机模型[19]	0.000	0.423	0.760	0.645	0.815
82		多数投票决策树模型[20]	0.000	0.154	0.920	0.871	0.912
83		多数投票 BP 神经网络模型[21]	0.000	0.462	0.734	0.613	0.692
84		多数投票 K 近邻模型[22]	0.000	0.385	0.784	0.677	0.846

以上是以线性判别模型在 $T-1$ 时间窗口样本为例，说明了违约评价模型的精度计算过程。同理，可分别根据上文 3.2 节中的 14 种大数据违约评价模型的表达式，计算在上市公司建筑行业 $T-m(m=0, 1, 2, 3, 4, 5)$ 测试样本上的精度结果，并将精度结果列入表 11.18 中。

由表 11.18 第 8 列 AUC 值可以看出，AUC 值基本都能达到 70%以上[23-24]，表明这 14 种模型在 5 年的时间窗口均能实现较好的模型预测效果，即模型有 5 年的预测能力。表 11.18 第 4 列的第二类错误(违约客户错判率)基本都在 30%以下[25-26]，说明所构建的模型对公司违约具有较好的预测能力。

11.6 建筑行业的最优违约预警模型的对比分析

上市公司建筑行业违约预警模型最优方案选择共有如下三个选择标准。

第一标准：模型违约预测精度越高，模型方案排名越靠前。

第二标准：模型可解释性越强，模型方案排名越靠前。

第三标准：模型复杂性越低，模型方案排名越靠前。

表 11.19 给出了 14 种模型方案基于上市公司建筑行业样本数据的三个标准排序结果。

表 11.19　上市公司建筑行业最优模型方案的选择

(1)序号	(2)模型方案	(3)标准一：分类精度排序平均值	(4)标准二：可解释性排序[27-28]	(5)标准三：复杂性排序[27, 29]	(6)三个标准的排序平均值
1	线性判别模型[8]	5.97	1	1	2.66
2	逻辑回归模型[9]	7.23	2	2	3.74
3	广义加性模型[10]	7.37	4	3	4.79
4	线性支持向量机模型[11]	4.33	10	4	6.11
5	决策树模型[12-13]	4.33	3	5	4.11
6	BP 神经网络模型[14-15]	6.67	11	7	8.22
7	K 近邻模型[16-17]	5.63	9	6	6.88
8	多数投票线性判别模型[18]	6.60	5	8	6.53
9	多数投票逻辑回归模型[18]	6.30	6	9	7.10
10	多数投票广义加性模型[18]	5.50	8	10	7.83
11	多数投票线性支持向量机模型[19]	4.30	13	11	9.43
12	多数投票决策树模型[20]	4.00	7	12	7.67
13	多数投票 BP 神经网络模型[21]	6.97	14	14	11.66
14	多数投票 K 近邻模型[22]	5.80	12	13	10.27

表 11.19 第 2 列为 14 种模型方案的模型名称。

表 11.19 第 3 列为 14 种模型方案基于标准一预测精度的排序平均值，是基于表 11.18 中五个精度标准的精度排序平均值。排序的平均数值越小，表示模型的预测精度越高，即排序为 4.00 的模型预测精度最高。

表 11.19 第 4 列为 14 种模型方案基于标准二可解释性的排序，是基于现有文献[27, 28]对 14 种大数据模型可解释性的排序结果。排序的序号越小，表示模型的可解释性越强，即排序为“1”的模型方案可解释性最强。

表 11.19 第 5 列为 14 种模型方案基于标准三复杂性的排序，是基于现有文献[27, 29]对 14 种大数据模型复杂性的排序结果。排序的序号越小，表示模型的复杂性越低，即排序为“1”的模型方案复杂性最低。

表 11.19 第 6 列为 14 种模型方案三个标准排序平均值，是第 3 列、第 4 列和第 5 列的算术平均值。排序平均值越小，表示模型方案越能够同时兼顾精度、可解释性、复杂性这三个因素，越应该被选用，即排序平均值最小的模型方案是最优模型方案。

根据最优方案的三个选择标准，结合表 11.19 第 6 列的平均排序可以得出，线性判别模型的平均排序最小。因此，上市公司建筑行业的最优违约评价模型方案是线性判别模型。

11.7　建筑行业的最优违约预警模型

由上文 11.6 节可知，上市公司建筑行业的最优模型方案是线性判别模型。

设：$\hat{p}_j(T-m)$ 为第 j 个上市公司 T–m 年预测的违约概率，根据 11.5 节中求解的上市公司建筑行业对应的 T–m(m=0, 1, 2, 3, 4, 5)线性判别模型评价方程如下。

上市公司建筑行业的 T–0 违约判别模型，如式(11.3)所示。

$$\hat{p}(T-0)=13.22\times X_1\text{资产负债率}+\cdots+2.96\times X_{176}\text{广义货币供应量(M2)同比增长率} \tag{11.3}$$

上市公司建筑行业的提前 1 年违约预警模型，如式(11.4)所示。

$$\begin{aligned}\hat{p}(T-1)=&0.184\times X_1\text{资产负债率}+\cdots+40.604\times X_{66}\text{扣除非经常损益后的净利润 / 净利润}\\&+7.317\times X_{176}\text{广义货币供应量(M2)同比增长率}\end{aligned} \tag{11.4}$$

上市公司建筑行业的提前 2 年违约预警模型，如式(11.5)所示。

$$\begin{aligned}\hat{p}(T-2)=&25.991\times X_1\text{资产负债率}+\cdots-1.594\times X_{36}\text{其他应付款占流动负债总额的比例}\\&+62.274\times X_{66}\text{扣除非经常损益后的净利润 / 净利润}\\&+2.653\times X_{176}\text{广义货币供应量(M2)同比增长率}\end{aligned} \tag{11.5}$$

上市公司建筑行业的提前 3 年违约预警模型，如式(11.6)所示。

$$\begin{aligned}\hat{p}(T-3)=&-20.444\times X_1\text{资产负债率}+\cdots+29.222\\&\times X_{68}\text{经营活动产生的现金流量净额 / 经营活动净收益}\\&-30.214\times X_{71}\text{归属母公司股东的净利润 / 净利润}\\&+5.416\times X_{176}\text{广义货币供应量(M2)同比增长率}\end{aligned} \tag{11.6}$$

上市公司建筑行业的提前 4 年违约预警模型，如式(11.7)所示。

$$\begin{aligned}\hat{p}(T-4)=&-0.734\times X_1\text{资产负债率}+\cdots-3.689\times X_{121}\text{销售费用增长率}+17.398\\&\times X_{139}\text{是否为金融机构}-1.725\times X_{176}\text{广义货币供应量(M2)同比增长率}\end{aligned} \tag{11.7}$$

上市公司建筑行业的提前 5 年违约预警模型，如式(11.8)所示。

$$\begin{aligned}\hat{p}(T-5)=&-28.199\times X_1\text{资产负债率}+\cdots+30.151\times X_{38}\text{每股权益合计}-133.9\\&\times X_{78}\text{经济附加值}-15.755\times X_{176}\text{广义货币供应量(M2)同比增长率}\end{aligned} \tag{11.8}$$

以上构建的模型式(11.3)至式(11.8)是通过第 T–m 年的指标数据与第 T 年违约状态训练得到的提前 m 年违约预警的评价方程，以达到根据第 T 年的指标数据，预测企业第 T+m 年违约状态的目的。应该指出，这里的第 T–m 年的指标数据不是仅包含某一年(如 2008 年)的指标截面数据，而是包含了不同年份(如 2008 年、2014 年等)平移后的指标截面数据。

则第 j 个上市公司第 T+m 年违约状态预测值 $\hat{y}_j(T+m)$的表达式如下。

$$\hat{y}_j(T+m)=\begin{cases}1, & \hat{p}_j(T)\geqslant 0.5\\0, & \hat{p}_j(T)<0.5\end{cases} \tag{11.9}$$

11.8　建筑行业的违约概率和信用得分的确定

由上文 11.7 节可知，最优模型方案为线性判别模型，共构建了 T–m(m=0, 1, 2, 3, 4, 5)共 6 个违约判别或预测模型表达式，如上文式(11.3)至式(11.8)所示。

将表 11.10 第 3 列 T–0 年最优指标体系对应的 2000 年至 2018 年这 19 年建筑行业上市公司样本数据，代入上文式(11.3)，得到建筑行业上市公司第 T+0 年的违约概率判别值，列入表 11.20 第 3 列。

表 11.20　上市公司建筑行业 2000~2018 年这 19 年的最优模型方案线性判别的预测结果

(1)序号	(2)证券代码	(a)T+0		(b)T+1		(c)T+2		(d)T+3		(e)T+4		(f)T+5	
		(3)违约概率 p_j	(4)信用得分 S_j	(5)违约概率 p_j	(6)信用得分 S_j	(7)违约概率 p_j	(8)信用得分 S_j	(9)违约概率 p_j	(10)信用得分 S_j	(11)违约概率 p_j	(12)信用得分 S_j	(13)违约概率 p_j	(14)信用得分 S_j
1	2000-600039	0.1110	88.90	1.0000	0.00	1.0000	0.00	0.9900	1.00	0.0000	100	0.0000	100
2	2000-600209	0.0100	99.00	0.0000	100	0.4635	53.65	0.0000	100	0.0000	100	0.0000	100
3	2000-600853	0.7361	26.39	0.9915	0.85	0.9999	0.01	0.9917	0.83	0.8201	17.99	0.0207	97.93
…	…	…	…	…	…	…	…	…	…	…	…	…	…
1347	2018-000010	0.9784	2.16	0.9979	0.21	1.0000	0.00	0.9998	0.20	0.9999	0.01	0.5452	45.48
1348	2018-000018	0.9038	9.62	0.9877	1.23	1.0000	0.00	0.9899	1.01	1.0000	0.00	0.5643	43.57
1349	2018-002047	0.0152	98.48	0.0064	99.36	0.0000	100	0.9603	3.97	0.9998	0.02	1.0000	0.00

如表 11.20 第 1 行所示，证券代码“2000-600039”表示 2000 年代码为“600039”上市公司。第 1 行第 3 列表示“600039”上市公司在 2000 年的违约概率判别值 p_j=0.1110。将表 11.20 第 1 行第 3 列违约概率判别值 p_j=0.1110 代入上文式(3.3)的信用得分表达式，得到“600039”上市公司 2000 年信用得分 $S_j=(1-p_j)\times100=(1-0.1110)\times100=88.90$，列入表 11.20 第 1 行第 4 列。

同理，对于表 11.11 至表 11.15 的 $T-m(m=1, 2, 3, 4, 5)$年的最优指标体系的数据，代入式(11.4)至式(11.8)，可分别计算 $T+m(m=1, 2, 3, 4, 5)$年的建筑行业上市公司违约概率值 p_j 和信用得分值 S_j，将预测结果列入表 11.20 第 5 列至第 14 列。

由此得到表 11.20 所示的 2000~2018 年这 19 年上市公司最优模型方案线性判别模型的 $T+m(m=0, 1, 2, 3, 4, 5)$违约概率与信用得分结果。

表 11.21 是建筑行业上市公司的 2000~2023 年这 24 年的违约概率和信用得分结果。

表 11.21　上市公司建筑行业的 2000~2023 年这 24 年的违约概率和信用得分预测结果

(1)序号	(2)证券代码	(3)年份	(4)行业	(5)省区市	(6)所有制	(7)违约概率 $p_{j(T+m)}$	(8)信用得分 $S_{j(T+m)}$
1	000010.SZ	2000	建筑业	广东省	民营企业	0.5757	42.43
2	000018.SZ	2000	建筑业	广东省	民营企业	0.2460	75.40
3	000040.SZ	2000	建筑业	广东省	民营企业	0.3058	69.42
…	…	…	…	…	…	…	…
1350	000010.SZ	2019	建筑业	广东省	民营企业	0.6555	34.45
1351	000018.SZ	2019	建筑业	广东省	民营企业	0.5506	44.94
1352	000040.SZ	2019	建筑业	广东省	民营企业	0.5106	48.94
…	…	…	…	…	…	…	…
1448	603955.SH	2019	建筑业	江苏省	民营企业	0.0847	91.53
1449	000010.SZ	2020	建筑业	广东省	民营企业	0.7660	23.40
1450	000018.SZ	2020	建筑业	广东省	民营企业	0.3130	68.70
…	…	…	…	…	…	…	…
1844	603955.SH	2023	建筑业	江苏省	民营企业	0.9896	1.04

表 11.21 中，第 1~1349 行是 2000~2018 年这 19 年公司数据按上文式(11.3)计算的 T+0 判别的信用得分结果。第 1350~1844 行是根据 2018 年的公司数据，分别按上文式(11.4)至式(11.8)的 $T+1\sim T+5$ 年预测的信用得分结果。

将表 11.10 第 3 列 T–0 年最优指标体系对应的 2000 年至 2018 年 1349 家上市公司数据，代入上文式(11.3)，得到上市公司第 T+0 年的违约概率判别值 $p_{j(T+0)}$，列入表 11.21 第 7 列第 1~1349 行。并将违约概率判别值 $p_{j(T+0)}$代入上文式(3.3)的信用得分表达式得到信用得分 $S_{j(T+0)}$，列入表 11.21 第 8 列第 1~1349 行。

将表 11.11 第 3 列 T–1 年最优指标体系对应的 2018 年 99 家上市公司数据，代入上文式(11.4)，得到上市公司第 T+1 年的违约概率预测值 $p_{j(T+1)}$，并将违约概率预测值 $p_{j(T+1)}$代入上文式(3.7)的信用得分表达式得到 2019 年信用得分预测值 $S_{j(T+1)}$，列入表 11.21 第 8 列第 1350~1448 行。同理，可根据式(11.5)至式(11.8)预测 2020~2023 年的信用得分 $S_{j(T+m)}$，并将结果列入表 11.21 第 7 列第 1449~1844 行。

11.9 建筑行业的信用等级划分

以 T+0 年的信用等级划分为例进行说明。

将表 11.20 第 4 列的 T+0 年信用得分 S_j 按降序排列，结果对应列入表 11.22 第 3 列。表 11.22 第 4 列违约概率 p_j 来自表 11.20 第 3 列。表 11.22 第 5 列负债总额数据来源于 Wind 数据库。表 11.22 第 6 列应收未收本息数据等于表 11.22 第 4 列和第 5 列的乘积。表 11.22 第 7 列应收本息数据等于表 11.22 第 5 列。

表 11.22 上市公司建筑行业最优模型方案线性判别的 T+0 年信用等级划分数据

(1)序号	(2)证券代码	(3)信用得分 S_j	(4)违约概率 p_j	(5)负债总额 D_j/元	(6)应收未收本息 L_j/元	(7)应收本息 R_j/元
1	2011-300237	100.00	0.00	323 119 450.30	0.00	323 119 450.30
2	2009-002323	100.00	0.00	41 193 717.24	0.00	41 193 717.24
3	2009-002310	100.00	0.00	353 056 632.20	0.00	353 056 632.20
…	…	…	…	…	…	…
1 349	2018-600610	0.01	0.99	488 710 134.70	483 823 033.35	488 710 134.70

依据上文 3.4.2 节的信用等级划分模型，将表 11.22 第 6~7 列的应收未收本息 L_j、应收本息 R_j 数据代入上文式(3.68)至式(3.71)的信用等级划分模型，根据迟国泰教授科研创新团队的发明专利“信用等级越高，违约损失率越低”的违约金字塔原理[30]，得到的评级结果如表 11.23 第 3~5 列所示。

表 11.23 上市公司建筑行业最优模型方案线性判别的 T+0 年信用等级划分结果

(1)序号	(2)等级	(3)信用得分区间	(4)样本数	(5)违约损失率/%	(6)信用度
1	AAA	48.39≤S≤100	1 171	7.70	特优
…	…	…	…	…	…
4	BBB	0.012≤S<0.142	4	99.94	较好
…	…	…	…	…	…
7	CCC	0.002 8≤S<0.003 1	1	100.00	差
…	…	…	…	…	…
9	C	0≤S<0.000 06	8	100.00	极差

根据表 11.23 第 4 列可知，T+0 年 AAA 级公司样本数为 1171 个，即 AAA 级公司为按照信用得分降序排列后的第 1~1171 个公司。由表 11.22 第 3 列可知，第 1171 行证券代码“2013-600820”公司对应的信用得分为 48.39，故 AAA 级公司的信用得分区间为 48.39≤S≤100，列入表 11.23 第 3 列第 1 行，即 T+0 年信用得分落在区间 48.39≤S≤100 的公司均为 AAA 级公司。同理，可得 AA、A、…、C 等其余 8 个等级划分结果，对应列入表 11.23 第 3 列第 2~9 行。由信用等级 AAA、AA、A、BBB、BB、B、CCC、CC、C

依次对应特优、优、良、较好、一般、较差、差、很差、极差的信用度，列入表 11.23 第 6 列。

以上是上市公司建筑行业最优模型方案线性判别的 T+0 年信用等级划分结果。同理，可分别得到 $T+m(m=1, 2, 3, 4, 5)$年的上市公司建筑行业的信用等级划分结果，如表 11.24 至表 11.28 所示。

表 11.24 上市公司建筑行业最优模型方案线性判别的 T+1 年信用等级划分结果

(1)序号	(2)等级	(3)信用得分区间	(4)样本数	(5)违约损失率/%	(6)信用度
1	AAA	49.996≤S≤100	1151	0.72	特优
…	…	…	…	…	…
4	BBB	49.49≤S<49.505	1	50.51	较好
…	…	…	…	…	…
7	CCC	48.244≤S<49.311	2	51.31	差
…	…	…	…	…	…
9	C	0≤S<0.001	1	100.00	极差

表 11.25 上市公司建筑行业最优模型方案线性判别的 T+2 年信用等级划分结果

(1)序号	(2)等级	(3)信用得分区间	(4)样本数	(5)违约损失率/%	(6)信用度
1	AAA	45.598≤S≤100	1190	0.35	特优
…	…	…	…	…	…
4	BBB	42.31≤S<44.085	1	56.77	较好
…	…	…	…	…	…
7	CCC	0.001≤S<6.208	13	99.30	差
…	…	…	…	…	…
9	C	0≤S<0.001	1	100.00	极差

表 11.26 上市公司建筑行业最优模型方案线性判别的 T+3 年信用等级划分结果

(1)序号	(2)等级	(3)信用得分区间	(4)样本数	(5)违约损失率/%	(6)信用度
1	AAA	43.217≤S≤100	1066	3.50	特优
…	…	…	…	…	…
4	BBB	21.329≤S<25.433	8	76.59	较好
…	…	…	…	…	…
7	CCC	2.296≤S<5.108	14	96.49	差
…	…	…	…	…	…
9	C	0≤S<0.001	16	100.00	极差

表 11.27 上市公司建筑行业最优模型方案线性判别的 T+4 年信用等级划分结果

(1)序号	(2)等级	(3)信用得分区间	(4)样本数	(5)违约损失率/%	(6)信用度
1	AAA	49.797≤S≤100	529	1.75	特优
…	…	…	…	…	…
4	BBB	17.686≤S<20.885	1	80.74	较好
…	…	…	…	…	…
7	CCC	0.01≤S<0.036	89	99.98	差
…	…	…	…	…	…
9	C	0≤S<0.001	6	100.00	极差

表 11.28　上市公司建筑行业最优模型方案线性判别的 T+5 年信用等级划分结果

(1)序号	(2)等级	(3)信用得分区间	(4)样本数	(5)违约损失率/%	(6)信用度
1	AAA	39.529≤S≤100	510	0.55	特优
…	…	…	…	…	…
4	BBB	20.88≤S<27.548	1	75.84	较好
…	…	…	…	…	…
7	CCC	4.463≤S<10.464	3	93.31	差
…	…	…	…	…	…
9	C	0≤S<0.001	1	100.00	极差

11.10　建筑行业的信用特征分析

11.10.1　地区的信用特征分析

为检验不同地区的信用得分是否存在显著差异。本书根据表 11.21 第 5 列的 18 个中国省区市(港澳台除外，包括建筑行业的仅有 18 个省区市)和第 8 列的信用得分，统计出 18 个省区市的信用得分平均值、最大值、最小值、标准差、中位数和样本数量，列在表 11.29 的第 3~8 列。

表 11.29　上市公司建筑行业省区市信用特征描述表

(1)序号	(2)省区市	(3)信用得分平均值	(4)信用得分最大值	(5)信用得分最小值	(6)信用得分标准差	(7)信用得分中位数	(8)样本数量
1	天津市	89.67	100	55.99	12.91	97.04	12
2	青海省	74.81	100	37.08	16.29	75.13	13
3	海南省	57.15	99.78	0	25.58	55.99	24
…	…	…	…	…	…	…	…
8	北京市	60.53	100.00	0.00	29.42	63.53	375
9	陕西省	58.05	99.23	0.00	25.89	64.31	24
10	安徽省	58.05	98.00	0.00	21.17	58.70	67
…	…	…	…	…	…	…	…
16	四川省	40.55	95.11	0.00	26.09	40.75	64
17	吉林省	39.54	95.50	0.00	21.88	37.26	24
18	黑龙江省	27.36	68.27	0	22.40	22.66	24

其中，表 11.29 第 8 列的样本数量是 2000~2023 年这 24 年的建筑行业上市公司总数，这里的总数包括相同企业不同年份的重复计数。例如，同一个企业 2000~2023 年这 24 年，数量记为 24，其他企业的统计同理。

同时，为检验两两省区市之间信用得分是否存在显著差异，本书采用曼-惠特尼 U 检验[31]来进行显著性水平检验。以海南省与陕西省为例，根据表 11.29 第 1 列第 3、9 行的序号排序和第 8 列第 3、9 行的企业数量，计算得到曼-惠特尼 U 检验统计量为 277.50，列入表 11.30 第 1 行第 3 列。将曼-惠特尼 U 检验统计量的显著性水平表及对应的 p 值 0.418 列入表 11.30 第 1 行第 4 列。同理，将其他任意两个省区市的曼-惠特尼 U 检验结果列在表 11.30 第 2~153 行。

表 11.30　上市公司建筑行业的省区市之间信用得分的差异性检验

(1)序号	(2)省区市两两比较	(3)曼-惠特尼 U 检验统计量值	(4)p 值
1	陕西省与海南省	277.50**	0.418
2	陕西省与天津	29.00***	0.000
3	江苏省与西藏自治区	1964.50**	0.421
…	…	…	…
153	上海与西藏自治区	2072.50*	0.082

***、**、*分别表示在 99%、95%、90%的置信水平下显著

表 11.29 和表 11.30 的实证结果表明，中国上市公司的行业特征为天津市、青海省、海南省等 7 个省区市的信用资质最高，北京市、陕西省、安徽省等 6 个省区市的信用资质居中，四川省、吉林省、黑龙江省等 5 个省区市的信用资质最低。并且，任意两个省区市间的信用资质经曼-惠特尼 U 检验均存在显著差异。

根据上市公司建筑行业的 18 个省区市地理区域分布统计可知，信用得分高于 60 的信用资质较好的省区市基本分布在东南沿海以及西部地区。信用得分介于 55 和 60 之间的信用资质居中的省区市基本分布在中部地区。信用得分低于 55 的信用资质较差的省区市基本分布在西部地区和东北地区。

造成省区市信用特征差异的原因可能是，相比于东北及西部地区，东南沿海和中部地区的交通更为便利，气候环境更适合建筑行业作业。同时，由于我国投融资结构的差异，东南沿海及中部地区的资金流动也更为发达，因此更适合建筑行业的蓬勃发展，也保证了建筑行业企业的生产经营、资金流动都更为健康。

11.10.2　公司所有制的信用特征分析

公司所有制属性的信用特征分布是一个值得研究的话题，现有文献[32]认为相比于中国非国有企业，国有企业拥有更高的平均收益率和更有竞争力的其他优势。本书根据大股东和实际控制人将上市公司的所有制属性分为 7 类，分别是中央国有企业、地方国有企业、民营企业、集体企业、公众企业、外资企业和其他所有制企业。上市公司建筑行业包含的 5 种所有制形式，如表 11.31 第 2 列所示。

表 11.31　上市公司建筑行业公司所有制属性信用特征描述表

(1)序号	(2)所有制属性	(3)信用得分平均值	(4)信用得分最大值	(5)信用得分最小值	(6)信用得分标准差	(7)信用得分中位数	(8)样本数量
1	民营企业	69.83	100.00	0.00	25.91	76.07	994
2	外资企业	66.67	100.00	0.00	27.58	66.55	50
3	中央国有企业	50.58	99.60	0.00	26.08	51.74	350
4	地方国有企业	47.35	99.95	0.00	25.74	48.11	409
5	公众企业	35.57	91.79	0.00	20.29	39.38	41

本书根据表 11.21 第 6 列的 5 个所有制属性和第 8 列的信用得分。统计出 5 个所有制属性的信用得分平均值、最大值、最小值、标准差、中位数等，列在表 11.31 的第 3~8 列。

其中，表 11.31 第 8 列的样本数量是 2000~2023 年这 24 年的建筑行业上市公司总数，这里的总数包括相同企业不同年份的重复计数。例如，同一个企业 2000~2023 年这 24 年，数量记为 24，其他企业的统计同理。

同时，为检验两两所有制之间信用得分是否存在显著差异，本书采用曼-惠特尼 U 检验[31]来进行显著性水平检验。以公众企业与地方国有企业为例，根据表 11.31 第 1 列第 4、5 行的序号排序和第 8 列第 4、5 行的企业数量，计算得到曼-惠特尼 U 检验统计量为 5958.00，列入表 11.32 第 1 行第 3 列。通过查曼-惠特尼 U 检验统计量的显著性水平表，将对应的 p 值 0.001 列入表 11.32 第 1 行第 4 列。同理，将其他任意两个所有制属性的曼-惠特尼 U 检验结果列在表 11.32 第 2~10 行。

表 11.32　建筑行业公司所有制之间信用得分的差异性检验

(1)序号	(2)企业所有制两两比较	(3)曼-惠特尼 U 检验统计量值	(4)p 值
1	公众企业与地方国有企业	5 958.00***	0.001
2	公众企业与中央国有企业	4 449.00***	0.000
3	中央国有企业与民营企业	98 967.00***	0.000
…	…	…	…
10	中央国有企业与外资企业	5 718.00***	0.000

***、**、*分别表示在 99%、95%、90%的置信水平下显著

表 11.31 和表 11.32 的实证结果表明，中国上市公司的企业所有制的属性信用特征为：民营企业和外资企业的信用资质最高，中央国有企业的信用资质次之，地方国有企业和公众企业的信用资质最低。并且，任意两类所有制企业的信用资质均存在显著差异。

造成建筑行业公司所有制属性信用特征分布差异的原因可能是：民营企业可能由于其市场化程度高、经营灵活、社会负担轻等优势，信用资质相对较好。中央国有企业经营管理以平稳发展为主，信用资质居中。而地方国有企业和公众企业可能由于追求快速发展，风险性投资较多，从而信用资质不佳。

11.11　建筑行业的信用指数构建

表 11.33 第 5~7 列的建筑行业上市公司资产总额 A_j、负债总额 L_j、资产总额加负债总额(A_j+L_j)数据，是在 Wind 数据库查询得到的。表 11.33 第 8 列信用得分 $S_{j(T+m)}$来自上文表 11.21 的第 8 列。其中，对于 2000 年至 2018 年这 19 年已有指标数据的公司，用的是 m=0 的信用得分 $S_{j(T+0)}$；对于 2019 年至 2023 年这 5 年没有指标数据的公司，用的是 m=1, 2, 3, 4, 5 时刻预测的信用得分 $S_{j(T+m)}$。

表 11.33　上市公司建筑行业的资产总额、负债总额、资产总额加负债总额和最优模型方案线性判别的信用得分结果

(1)序号	(2)证券代码	(3)证券简称	(4)年份	(5)资产总额 A_j/元	(6)负债总额 L_j/元	(7)资产总额加负债总额(A_j+L_j)/元	(8)信用得分 $S_{j(T+m)}$
1	000010.SZ	美丽生态	2000	351 781 927.80	184 834 985.60	536 616 913.40	42.43
2	000018.SZ	神州长城	2000	437 732 668.00	130 647 911.00	568 380 579.00	75.40
3	600853.SH	龙建股份	2000	2 218 514 134.00	1 430 806 937.00	3 649 321 071.00	26.39
…	…	…	…	…	…	…	…
24	600769.SH	祥龙电业	2000	1 200 142 703.00	267 437 298.90	1 467 580 001.90	84.41
25	600820.SH	隧道股份	2000	4 431 554 950.00	3 099 847 757.00	7 531 402 707.00	71.62
26	600846.SH	同济科技	2000	1 055 490 066.00	678 931 600.40	1 734 421 666.40	67.83
…	…	…	…	…	…	…	…
1 844	603955.SH	大千生态	2023	2 921 818 300.00	1 643 467 083.00	4 565 285 383.00	1.04

11.11.1　基于资产总额标准的信用指数计算

以 2000 年基于资产总额标准的上市公司建筑行业信用指数计算为例进行说明。

1. 基于资产总额标准的典型公司样本选取

将表 11.33 第 1~26 行第 5 列资产总额 A_j 由高到低进行排序，并在表 11.33 第 1~26 行 2000 年的 26 家建筑行业上市公司中选取年资产总额排名前 10%的公司，即 $N^A{}_{(2000)}$=26×10%≈2 家建筑行业上市公司，作为 2000 年建筑行业信用指数构建的典型公司。将这 2 家典型公司的证券代码、证券简称、年份、资产总额

$A_{j(2000)}$分别列入表 11.34 第 2~5 列的第 1~2 行。

表 11.34 上市公司建筑行业基于资产总额标准选取的典型公司样本

(1)序号	(2)证券代码	(3)证券简称	(4)年份	(5)资产总额 $A_{j(T+m)}$/万元	(6)典型公司样本权重 $W^A_{j(T+m)}$	(7)信用得分 $S_{j(T+m)}$
1	600170.SH	上海建工	2000	512 623.82	0.90	10.34
2	600248.SH	延长化建	2000	59 127.45	0.10	89.66
3	600170.SH	上海建工	2001	656 227.45	0.82	17.91
…	…	…	…	…	…	…
169	002659.SZ	中泰桥梁	2023	380 876.85	0.001	99.92

以上是 2000 年基于资产总额标准的指数构建典型公司的选取。同理，可以得到 2001~2023 年这 23 年的典型公司样本，将典型公司样本的结果列入表 11.34 第 3~169 行。

2. 基于资产总额标准的典型公司权重计算

将上文计算的 2000 年典型公司个数 $N^A_{(2000)}\approx 2$ 和表 11.34 第 5 列的资产总额 $A_{j(2000)}$代入上文式(3.82)，得到 2000 年典型公司的权重。

以第 1 个典型公司“上海建工(600170.SH)”的指数权重 $W^A_{1(2000)}$为例。

将表 11.34 第 5 列第 1 行的资产总额 $A_{1(2000)}$= 512 623.82 代入上文式(3.82)的分子，得到权重如下。

$$W^A_{1(2000)}=A_{1(2000)}/(A_{1(2000)}+A_{2(2000)})=512\ 623.82/(512\ 623.82+59\ 127.45)=0.90 \tag{11.10}$$

将式(11.10)的结果列入表 11.34 第 6 列第 1 行。同理，将表 11.34 第 5 列第 2 行的资产总额 $A_{2(2000)}$代入式(3.82)的分子，分别得到 2000 年另一个典型公司的权重 $W^A_{2(2000)}$，列入表 11.34 第 6 列第 2 行。

以上是基于资产总额标准的 2000 年的典型公司样本权重的计算。同理，可以得到基于资产总额标准的 2001~2023 年这 23 年的典型公司样本权重 $W^A_{j(T+m)}$，将结果列入表 11.34 的第 6 列第 3~169 行。

3. 基于资产总额标准的信用指数计算过程

根据上文表 11.21 第 2 列的证券代码和第 8 列的信用得分，将表 11.34 第 7 列的信用得分 $S_{j(T+m)}$对应填充。

将表 11.34 第 1~2 行的 2000 年 2 家典型公司对应的第 6 列权重 $W^A_{j(T+m)}$、第 7 列信用得分 $S_{j(T+m)}$，以及上文选取的 2000 年典型公司个数 $N^A_{(2000)}\approx 2$，代入上文式(3.85)，得到 2000 年典型公司样本基于资产总额标准的信用得分加权平均值 $\overline{S}^A_{(2000)}$ 如下。

$$\overline{S}^A_{(2000)}=\sum_{j=1}^{2} W^A_{j(2000)} S_{j(2000)}=55.95 \tag{11.11}$$

将式(11.11)计算的 2000 年典型公司样本基于资产总额标准的信用得分加权平均值 $\overline{S}^A_{(2000)}=55.95$，代入上文式(3.86)，得到 2000 年典型公司样本基于资产总额标准的信用指数 $\mathrm{CI}^A_{(2000)}$如下。

$$\mathrm{CI}^A_{(2000)}=\frac{\overline{S}^A_{(2000)}}{\overline{S}^A_{(2000)}}\times 1000=\frac{55.95}{55.95}\times 1000=1000 \tag{11.12}$$

将式(11.12)计算的 2000 年典型公司样本基于资产总额标准的信用指数 $\mathrm{CI}^A_{(2000)}=1000$，列入表 11.35 第 3 列第 1 行。

表 11.35 上市公司建筑行业 2000 年至 2023 年这 24 年的信用指数表

(1)序号	(2)年份	(3)资产总额前 10%的年度信用指数 $\mathrm{CI}^A_{(T+m)}$	(4)负债总额前 10%的年度信用指数 $\mathrm{CI}^L_{(T+m)}$	(5)基于资产总额加负债总额的年度信用指数 $\mathrm{CI}^{A+L}_{(T+m)}$
1	2000	1000.00	1000.00	1000.00
2	2001	366.76	198.98	226.72

续表

(1)序号	(2)年份	(3)资产总额前 10%的年度信用指数 $CI^A_{(T+m)}$	(4)负债总额前 10%的年度信用指数 $CI^L_{(T+m)}$	(5)基于资产总额加负债总额的年度信用指数 $CI^{A+L}_{(T+m)}$
3	2002	138.27	661.54	126.71
…	…	…	…	…
24	2023	26.07	75.68	36.89

同理，可计算 2001 年的信用得分加权平均值 $\overline{S}^A_{(2001)}$=20.52 和信用指数 $CI^A_{(2001)}$= (20.52/55.95)×1000=366.76，列入表 11.35 第 3 列第 2 行。

以上是上市公司基于资产总额标准的 2000 年和 2001 年的信用指数计算。依次类推，将基于资产总额标准的 2002~2023 年这 22 年的信用指数计算结果分别列入表 11.35 第 3 列第 3~24 行。

11.11.2 基于负债总额标准的信用指数计算

以 2000 年的基于负债总额标准的信用指数计算为例进行说明。

1. 基于负债总额标准的典型公司样本选取

将表 11.33 第 1~26 行第 6 列负债总额 L_j 由高到低进行排序，并在表 11.33 第 1~26 行 2000 年的 26 家上市公司中选取年负债总额排名前 10%的公司，即 $N^L_{(2000)}$=26×10%≈2 家上市公司，作为 2000 年信用指数构建的典型公司。将这 2 家典型公司的证券代码、证券简称、年份、负债总额 $L_{j(2000)}$分别列入表 11.36 第 2~5 列的第 1~2 行。

表 11.36 上市公司建筑行业基于负债总额标准选取的典型公司样本

(1)序号	(2)证券代码	(3)证券简称	(4)年份	(5)负债总额 $L_{j(T+m)}$/万元	(6)典型公司样本权重 $W^L_{j(T+m)}$	(7)信用得分 $S_{j(T+m)}$
1	600820.SH	隧道股份	2000	309 984.78	0.93	4.14
2	600193.SH	创兴资源	2000	24 106.84	0.07	83.34
3	600820.SH	隧道股份	2001	435 019.38	0.79	0.96
…	…	…	…	…	…	…
169	000010.SZ	美丽生态	2023	268 246.76	0.001	0

以上是 2000 年基于负债总额标准的指数构建典型公司的选取。同理，可以得到 2001~2023 年这 23 年的典型公司样本，将典型公司样本的结果列入表 11.36 第 2~5 列第 3~169 行。

2. 基于负债总额标准的典型公司权重计算

将上文计算的 2000 年典型公司个数 $N^L_{(2000)}$≈2 和表 11.36 第 5 列的负债总额 $L_{j(2000)}$代入上文式(3.83)，得到 2000 年典型公司的权重。

以第 1 个典型公司“隧道股份(600820.SH)”的指数权重 $W^L_{1(2000)}$为例。

将表 11.36 第 5 列第 1 行的负债总额 $L_{1(2000)}$= 309 984.78 代入上文式(3.83)的分子，得到权重如下。

$$W^L_{1(2000)}=L_{1(2000)}/(L_{1(2000)}+L_{2(2000)})=309\,984.78/(309\,984.78+24\,106.84)=0.93 \tag{11.13}$$

将式(11.13)的结果列入表 11.36 第 6 列第 1 行。同理，将表 11.36 第 5 列第 2 行的负债总额 $L_{2(2000)}$代入式(3.83)的分子，得到 2000 年另一个典型公司的权重 $W^L_{2(2000)}$，列入表 11.36 第 6 列第 2 行。

以上是基于负债总额标准的 2000 年的典型公司样本权重的计算。同理，可以得到基于负债总额标准的 2001~2023 年这 23 年的典型公司样本权重 $W^L_{j(T+m)}$，将结果列入表 11.36 第 6 列第 3~169 行。

3. 基于负债总额标准的信用指数计算过程

根据上文表 11.21 第 2 列的证券代码和第 8 列的信用得分，将表 11.36 第 7 列的信用得分 $S_{j(T+m)}$对应填充。

将表 11.36 第 1~2 行的 2000 年 2 家典型公司对应的第 6 列权重 $W^L_{j(T+m)}$、第 7 列信用得分 $S_{j(T+m)}$，以及上文选取的 2000 年典型公司个数 $N^L_{(2000)}\approx 2$，代入上文式(3.87)，得到 2000 年典型公司样本基于负债总额标准的信用得分加权平均值 $\bar{S}^L_{(2000)}$ 如下。

$$\bar{S}^L_{(2000)}=\sum_{j=1}^{2}W^L_{j(2000)}S_{j(2000)}=9.85 \tag{11.14}$$

将式(11.14)计算的 2000 年典型公司样本基于负债总额标准的信用得分加权平均值 $\bar{S}^L_{(2000)}=9.85$，代入上文式(3.88)，得到 2000 年典型公司样本基于负债总额标准的信用指数 $\text{CI}^L_{(2000)}$如下。

$$\text{CI}^L_{(2000)}=\frac{\bar{S}^L_{(2000)}}{\bar{S}^L_{(2000)}}\times 1000=\frac{9.85}{9.85}\times 1000=1000 \tag{11.15}$$

将式(11.15)计算的 2000 年典型公司样本基于负债总额标准的信用指数 $\text{CI}^L_{(2000)}=1000$，列入上文表 11.35 第 4 列第 1 行。

同理，可计算 2001 年的信用得分加权平均值 $\bar{S}^L_{(2001)}=1.96$ 和信用指数 $\text{CI}^L_{(2001)}=(1.96/9.85)\times 1000=198.98$，列入上文表 11.35 第 4 列第 2 行。

以上是上市公司基于负债总额标准的 2000 年和 2001 年的信用指数计算。依次类推，将基于负债总额标准的 2002 年至 2023 年这 22 年的信用指数计算结果分别列入上文表 11.35 第 4 列第 3~24 行。

11.11.3　基于资产总额加负债总额标准的信用指数计算

以 2000 年的基于资产总额加负债总额标准的信用指数计算为例进行说明。

1. 基于资产总额加负债总额标准的典型公司样本选取

将表 11.33 第 1~26 行第 7 列资产总额加负债总额(A_i+L_i)由高到低进行排序，并在表 11.33 第 1~26 行 2000 年的 26 家上市公司中选取资产总额加负债总额排名前 10%的公司，即 $N^{A+L}_{(2000)}=26\times 10\%\approx 2$ 家上市公司，作为 2000 年信用指数构建的典型公司。将这 2 个典型公司的证券代码、证券简称、年份、资产总额加负债总额 $A_{j(2000)}+L_{j(2000)}$分别列入表 11.37 第 2~5 列的第 1~2 行。

表 11.37　上市公司建筑行业基于资产总额加负债总额标准选取的典型公司样本

(1)序号	(2)证券代码	(3)证券简称	(4)年份	(5)资产总额加负债总额$(A_{j(T+m)}+L_{j(T+m)})$/万元	(6)典型公司样本权重 $W^{A+L}_{j(T+m)}$	(7)信用得分 $S_{j(T+m)}$
1	600170.SH	上海建工	2000	812 818.73	0.91	50.96
2	600193.SH	创兴资源	2000	78 543.38	0.09	83.34
3	600170.SH	上海建工	2001	1 035 227.06	0.80	7.34
…	…	…	…	…	…	…
169	000628.SZ	高新发展	2023	617 325.34	0.001	0

以上是 2000 年基于资产总额加负债总额标准的指数构建典型公司的选取。同理，可以得到 2001~2023 年这 23 年的典型公司样本，将典型公司样本的结果列入表 11.37 第 2~5 列第 3~169 行。

2. 基于资产总额加负债总额标准的典型公司权重计算

将上文计算的 2000 年典型公司个数 $N^{A+L}_{(2000)}\approx 2$ 和表 11.37 第 5 列的资产总额加负债总额$(A_{j(2000)}+L_{j(2000)})$代入上文式(3.84)，得到 2000 年典型公司的权重。

以第 1 个典型公司“上海建工(600170.SH)”的指数权重 $W^{A+L}_{1(2000)}$为例。

将表 11.37 第 5 列第 1 行的资产总额加负债总额$(A_{1(2000)}+L_{1(2000)})$= 812 818.73 代入上文式(3.84)的分子，得到权重如下。

$$\begin{aligned}W^{A+L}_{1(2000)}&=[A_{1(2000)}+L_{1(2000)}]/(A_{1(2000)}+L_{1(2000)}+A_{2(2000)}+L_{2(2000)})\\&=812\,818.73/(812\,818.73+78\,543.38)=0.91\end{aligned} \tag{11.16}$$

将式(11.16)的结果列入表 11.37 第 6 列第 1 行。同理，将表 11.37 第 5 列第 2 行的资产总额加负债总额($A_{2(2000)}+L_{2(2000)}$)代入式(3.84)的分子，得到 2000 年另一个典型公司的权重 $W^{A+L}{}_{2(2000)}$，列入表 11.37 第 6 列第 2 行。

以上是基于资产总额加负债总额标准的 2000 年的典型公司样本权重的计算。同理，可以得到基于资产总额加负债总额标准的 2001~2023 年这 23 年的典型公司样本权重 $W^{A+L}{}_{j(T+m)}$，将结果列入表 11.37 第 6 列第 3~169 行。

3. 基于资产总额加负债总额标准的信用指数计算过程

根据上文表 11.21 第 2 列的证券代码和第 8 列的信用得分，将表 11.37 第 7 列的信用得分 $S_{j(T+m)}$对应填充。

将表 11.37 第 1~2 行的 2000 年 2 家典型公司对应的第 6 列权重 $W^{A+L}{}_{j(T+m)}$、第 7 列信用得分 $S_{j(T+m)}$，以及上文选取的 2000 年典型公司个数 $N^{A+L}{}_{(2000)}$≈2，代入上文式(3.89)，得到 2000 年典型公司样本基于资产总额加负债总额标准的信用得分加权平均值 $\overline{S}^{A+L}_{(2000)}$ 如下。

$$\overline{S}^{A+L}_{(2000)}=\sum\nolimits_{j=1}^{2}W^{A+L}_{j(2000)}S_{j(2000)}=53.81 \tag{11.17}$$

将式(11.17)计算的 2000 年典型公司样本基于资产总额加负债总额标准的信用得分加权平均值 $\overline{S}^{A+L}_{(2000)}=53.81$，代入上文式(3.90)，得到 2000 年典型公司样本基于资产总额加负债总额标准的信用指数 $\mathrm{CI}^{A+L}{}_{(2000)}$如下。

$$\mathrm{CI}^{A+L}{}_{(2000)}=\frac{\overline{S}^{A+L}_{(2000)}}{\overline{S}^{A+L}_{(2000)}}\times 1000=\frac{53.81}{53.81}\times 1000=1000 \tag{11.18}$$

将式(11.18)计算的 2000 年典型公司样本基于资产总额加负债总额标准的信用指数 $\mathrm{CI}^{A+L}{}_{(2000)}=1000$，列入上文表 11.35 第 5 列第 1 行。

同理，可计算 2001 年的信用得分加权平均值 $\overline{S}^{A+L}_{(2001)}=12.20$ 和信用指数 $\mathrm{CI}^{A+L}{}_{(2001)}=(12.20/53.81)\times 1000=226.72$，列入上文表 11.35 第 5 列第 2 行。

以上是上市公司基于资产总额加负债总额标准的 2000 年和 2001 年的信用指数计算。依次类推，将基于资产总额加负债总额标准的 2002 年至 2023 年这 22 年的信用指数计算结果分别列入上文表 11.35 第 5 列第 3~24 行。

11.11.4　建筑行业 2000~2023 年 24 年的信用指数趋势图

以表 11.35 第 2 列的年份为横轴，分别以第 3、4、5 列的年度信用指数为纵轴，做出上市公司的年度信用指数走势图，如图 11.1 所示。

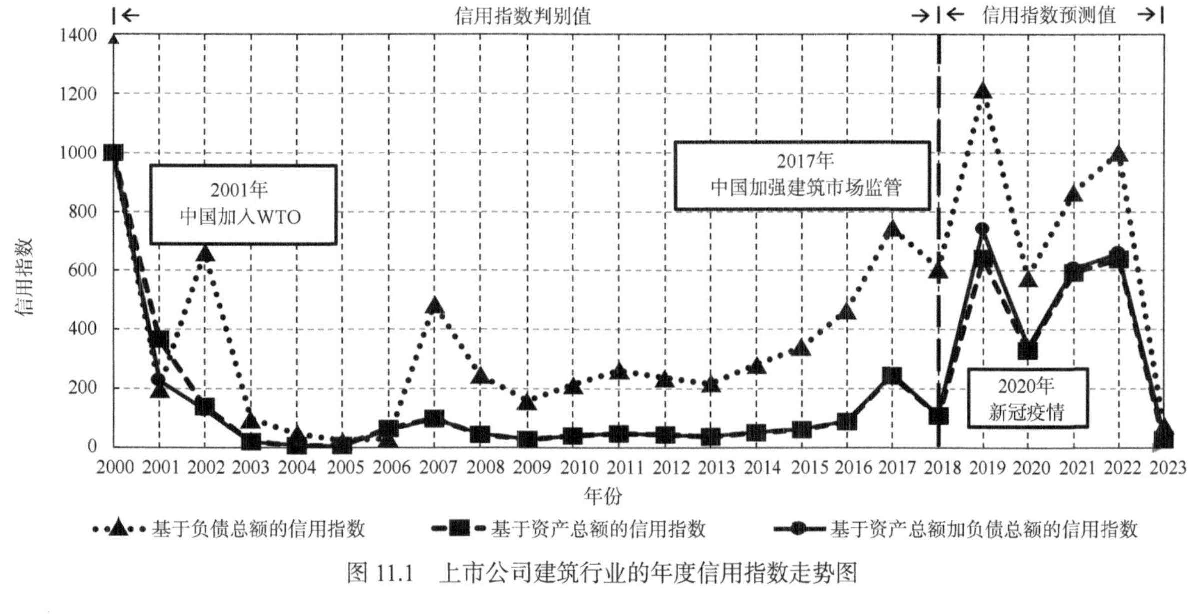

图 11.1　上市公司建筑行业的年度信用指数走势图

上市公司建筑行业 2000~2018 年这 19 年信用指数的发展规律，以及预测的 2019~2023 年这 5 年的信用指数趋势如图 11.1 所示。

1. 2000~2018 年这 19 年中国上市公司建筑行业信用指数的发展规律及原因分析

(1)由图 11.1 可知中国上市公司建筑行业 2000~2018 年这 19 年信用指数发展规律。总体上看，2001~2017 年这 17 年中国上市公司建筑行业信用指数平稳波动，但在 2000~2001 年这两年有骤降，并于 2017 年出现拐点，在 2017~2018 年这两年出现下降。

(2)中国上市公司建筑行业 2000~2018 年这 19 年信用指数发展的可能宏观原因分析。中国建筑行业一直处于一个高度需求的状态，长期的高周转之下，市场缺乏有力的监管，因此在没有新政出台时，整体信用情况较差，且很难波动。

(3)中国上市公司建筑行业 2000~2018 年这 19 年信用指数发展的可能政策原因分析。2000~2001 年这两年信用指数呈现急剧下跌趋势，这与 2001 年我国加入 WTO 有关。无论是市场层面还是企业层面都发生了变化，行业与市场的监管力度加强，导致我国大多数建筑行业企业无法适应当下的监管力度，以致未来的几年内，建筑行业的信用指数都处于一个较低的水平[33]。2017~2018 年这两年信用指数出现了较为明显的下降趋势，这也与当时我国出台的《国务院办公厅关于促进建筑行业持续健康发展的意见》[34]有关，中国加强建筑市场的监管和建筑行业的发展转型，导致建筑市场出现萎缩，以传统房屋建筑施工为主业的企业难以为继。

2. 2019~2023 年这 5 年中国上市公司建筑行业信用指数的趋势预测

(1)中国上市公司建筑行业 2019~2023 年这 5 年信用指数趋势。在 2019~2020 年这 2 年信用指数呈现下降趋势，于 2020 年出现由差转好的拐点，并在 2022~2023 年这两年信用指数持续下跌。

(2)中国上市公司建筑行业 2019~2023 年这 5 年信用指数趋势的可能原因分析。2019~2020 年这 2 年信用指数出现下降是因为 2017 年开始的国内建筑行业高速发展的第一次回弹。2020~2022 年这 3 年信用指数呈上升趋势，是因为 2020 年新冠疫情暴发，国内各行业经济出现停滞状态，需要建筑行业作为国内的命脉行业拉动经济发展。2022~2023 年这 2 年信用指数再一次出现下降的原因可能是国内由于多年的土木建筑为主的经济出现了较大的泡沫，国家开始将新经济放在科技创新方向，国内建筑企业收入受到冲击，从而使建筑行业整体的信用指数再度下降。

11.12 建筑行业的信用风险指数构建

11.12.1 基于三个标准的信用风险指数计算

上市公司信用风险指数的典型公司样本选择以及权重计算方式，与上文 11.11 节的信用指数同理。但在信用风险指数计算时的差别在于：将信用指数计算公式中分子和分母的 $S_{j(T+m)}$ 替换为 $(100-S_{j(T+m)})$，如式(3.91)至式(3.96)所示，计算得到的信用风险指数反映违约可能性。信用风险指数越大，违约风险越高。计算过程与上文 11.11 节类推，不再赘述。

将计算得到的 2000 年至 2023 年这 24 年三个标准下的信用风险指数，分别列入表 11.38 第 3~5 列。

表 11.38 上市公司建筑行业的 2000~2023 年这 24 年的信用风险指数表

(1)序号	(2)年份	(3)资产总额前 10%的年度信用风险指数 $CRI^{A}_{(T+m)}$	(4)负债总额前 10%的年度信用风险指数 $CRI^{L}_{(T+m)}$	(5)基于资产总额加负债总额的年度信用风险指数 $CRI^{A+L}_{(T+m)}$
1	2000	1000.00	1000.00	1000.00
2	2001	1804.34	1087.52	1900.95

续表

(1)序号	(2)年份	(3)资产总额前 10%的年度信用风险指数 $CRI^{A}_{(T+m)}$	(4)负债总额前 10%的年度信用风险指数 $CRI^{L}_{(T+m)}$	(5)基于资产总额加负债总额的年度信用风险指数 $CRI^{A+L}_{(T+m)}$
3	2002	2094.62	1036.98	2017.51
…	…	…	…	…
24	2023	2270.26	1109.27	2165.14

11.12.2　建筑行业 2000~2023 年 24 年的信用风险指数趋势图

以表 11.38 第 2 列的年份为横轴，分别以第 3、4、5 列的年度信用风险指数为纵轴，做出上市公司的年度信用风险指数走势图，如图 11.2 所示。

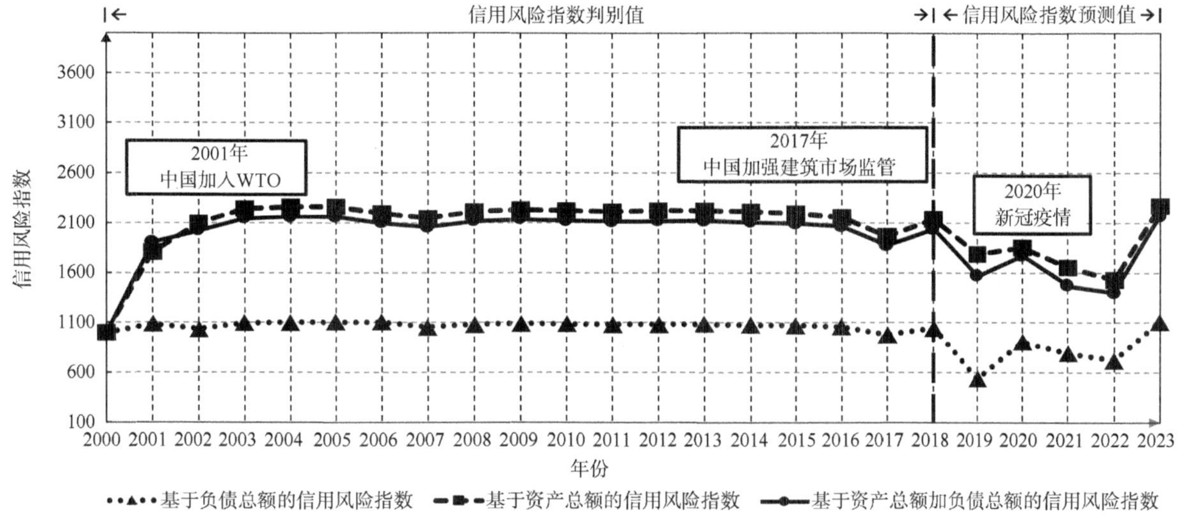

图 11.2　上市公司建筑行业样本的年度信用风险指数走势图

上市公司建筑行业 2000~2018 年这 19 年信用风险指数的发展规律，以及预测的 2019~2023 年这 5 年信用风险指数趋势如图 11.2 所示。

1. 2000~2018 年这 19 年中国上市公司建筑行业信用风险指数的发展规律及原因分析

(1)中国上市公司建筑行业 2000~2018 年这 19 年风险信用指数发展规律。总体上看，2000~2018 年这 19 年中国上市公司建筑行业信用风险指数平稳波动，但在 2000~2001 年有上升。

(2)中国上市公司建筑行业 2000~2018 年这 19 年信用风险指数发展的宏观原因分析。中国上市公司建筑行业一直处于一个高度需求的状态，长期的高周转之下，市场缺乏有力的监管，因此在没有新政出台时，整体信用情况较差，且很难波动。

(3)中国上市公司建筑行业 2000~2018 年这 19 年信用风险指数发展的政策原因分析。2000~2001 年这两年信用风险指数呈现上升趋势，这与 2001 年我国加入 WTO 有关。无论是市场层面还是企业层面都发生了变化，行业与市场的监管力度加强，导致我国大多数建筑行业企业无法适应当下的监管力度，出现违约的风险有所提高，以致未来的几年内，建筑行业的信用风险指数都处于较高的水平[33]。2017~2018 年信用风险指数出现小幅上升趋势，这也与当时我国出台的《国务院办公厅关于促进建筑行业持续健康发展的意见》[34]有关，中国加强建筑市场的监管和建筑行业的发展转型，导致建筑市场出现萎缩，以传统房屋建筑施工为主业的企业难以为继。

2. 2019~2023 年这 5 年中国上市公司建筑行业信用风险指数的趋势预测

(1)中国上市公司建筑行业 2019~2023 年这 5 年信用风险指数趋势。在 2018~2022 年这 5 年信用风险指数呈现下降趋势，于 2019 年和 2022 年出现由下降变为上升的拐点，并在 2022~2023 年信用风险指数持续上升。

(2)中国上市公司建筑行业 2019~2023 年这 5 年信用风险指数趋势的原因分析。2018~2022 年这 5 年信用风险指数出现了明显的下降，这也与我国出台的《国务院办公厅关于促进建筑行业持续健康发展的意见》[34]有关，通过对国内建筑行业的第二次重点管理，使得已经积蓄多年的建筑企业实现成功转型，适应最新的监管机制，从而提高了建筑企业的运营能力，降低了违约风险。2019~2020 年这两年信用风险指数出现上升趋势，原因是 2020 年暴发的新冠疫情导致各行各业受到直接的负面冲击，建筑行业也不例外。生产经营受阻致使违约风险升高。2022~2023 年信用风险指数再一次出现上升，原因可能是国内以土木建筑为主的经济出现了较大的泡沫，国家开始将新经济放在科技创新方向，导致国内建筑企业收入受到冲击，盈利能力降低而直接导致违约风险升高，从而使建筑行业整体的信用风险指数再度上升。

11.13 本 章 结 论

11.13.1 主要工作

(1)本章遴选了上市公司建筑行业最优违约预测指标组合。通过经济学含义结合偏相关系数的 F 检验进行指标的初步筛选，通过基于支持向量机的序列前向选择算法进一步筛选出最优的指标组合，获得了上市公司 T+0~T+5 年的最优指标组合。

(2)本章确定了上市公司建筑行业指标最优权重向量。根据违约状态 y_j 与指标权重的函数关系 $y_j=f(w_i, x_{ij})$，将预测的违约状态 $\hat{y}_j$ 与实际违约状态 y_j 对比后，以违约和非违约两类企业的预测误差最小为目标，构建数学规划模型，反推出模型评价指标的最优权重，保证构建的预警方程能够区分违约与非违约企业。

(3)本章构建了上市公司建筑行业最优的违约风险预警模型。通过构建线性判别模型、逻辑回归模型、支持向量机模型等 14 种大数据模型，并根据模型的精度、可解释性和复杂性的“不可能三角”三个标准的对比分析，遴选出 T+0~T+5 年的最优分类模型。

(4)本章分析了上市公司建筑行业的不同省区市、所有制属性的信用特征分布。通过不同省区市、所有制属性的公司信用得分均值，判断信用资质好坏，并通过曼-惠特尼 U 统计检验，验证信用资质差异。若曼-惠特尼 U 显著水平检验通过且该类公司信用得分高，则意味着信用资质好，反之就差。

(5)本章构建了基于资产总额、负债总额、资产总额加负债总额三个标准的信用指数和信用风险指数，并分析了信用指数和信用风险指数的趋势。通过最优违约预警模型计算得到未来第 $T+m$ 年的违约概率和信用得分，按资产总额、负债总额、资产总额加负债总额三个标准的选股规则选择典型公司样本，并将典型公司样本的加权平均信用得分转化成信用指数。信用指数和信用风险指数反映了年度违约风险的趋势，并对未来第 $T+m$ 年的信用状况进行预警。

11.13.2 主要结论

(1)中国上市公司建筑行业违约预测的最优指标组合。从 204 个指标构成的$(2^{204}-1)\approx 2.57\times10^{61}$ 个指标组合中，遴选出资产负债率、预审计情况、广义货币供应量(M2)同比增长率等 12 个指标，构成了 T–0 年违约判别几何平均精度最大的指标组合；遴选出资产负债率、长期资产适合率、权益乘数等 16 个指标，构成了 T–1 年违约预测几何平均精度最大的指标组合；遴选出资产负债率、长期资本负债率、流动比率等 14 个指标，构成了 T–2 年违约预测几何平均精度最大的指标组合；遴选出资产负债率、现金比率、有形资产/负债合计等 19 个指标，构成了 T–3 年违约预测几何平均精度最大的指标组合；遴选出剔除预收款项后的资产负债率、流动负债权益比率、流动比率等 15 个指标，构成了 T–4 年违约预测几何平均精度最大的指标组合；遴选出资产负债率、流动比率、货币资金比例等 17 个指标，构成了 T–5 年违约预测几何平均精度最大的指标组合。

(2)中国上市公司建筑行业违约预测的重要宏观指标。广义货币供应量(M2)同比增长率这 1 个关键宏观指标，对上市企业违约状态有显著影响。

(3)中国上市公司建筑行业违约预测的关键指标。资本固定化比率这个指标对企业未来 0~2 年的短期违约状态有关键影响。归属母公司股东的权益/全部投入资本、流动负债/负债合计这 2 个指标对企业未来 3~5 年的中期违约状态有关键影响。资产负债率、长期资产适合率、流动比率等 4 个指标，不论是对未来 0~2 年的短期违约预测，还是对未来 3~5 年的中期违约预测都有重要影响。

(4)中国上市公司建筑行业的省区市信用特征。天津市、青海省、海南省等 7 个省区市的信用资质最高，北京市、陕西省、安徽省等 6 个省区市的信用资质居中，四川省、吉林省、黑龙江省等 5 个省区市的信用资质最低。

(5)中国上市公司建筑行业的所有制信用特征。以“绿茵生态(002887.SZ)”、“东珠景观(603359.SH)”和“建艺集团(002789.SZ)”为代表的 25 个民营企业的信用资质最高，以“东旭蓝天(000040.SZ)”、“中国中铁(601390.SH)”和“葛洲坝(600068.SH)”等为代表的 10 个中央国有企业的信用资质次之，以“祥龙电业(600769.SH)”、“安徽水利(600502.SH)”和“上海建工(600170.SH)”为代表的 11 个地方国有企业及以 “中毅达(600610.SH)”“宁波建工(601789.SH)”为代表的 2 个公众企业的信用资质最低。

(6)中国上市公司建筑行业信用指数的预测趋势。2018~2022 年这 5 年建筑行业信用指数正常波动。2022~2023 年这 2 年信用指数再一次出现下降的原因可能是由于国内多年的土木建筑为主的经济出现了较大的泡沫，国家开始将新经济放在科技创新方向，国内建筑企业收入受到冲击，从而使建筑行业整体的信用指数再度下降。

(7)中国上市公司建筑行业信用风险指数的预测趋势。2018~2022 年这 5 年建筑行业信用风险指数出现了明显的下降，这也与当时我国出台的《国务院办公厅关于促进建筑行业持续健康发展的意见》有关，通过对国内建筑行业的第二次重点管理，使得已经积蓄多年的建筑企业实现成功转型，适应最新的监管机制，从而提高了建筑企业的运营能力，降低了违约风险。2022~2023 年信用风险指数再一次出现上升，原因可能是国内以土木建筑为主的经济出现了较大的泡沫，国家开始将新经济放在科技创新方向，导致国内建筑企业收入受到冲击，盈利能力降低而直接导致违约风险升高，从而使建筑行业整体的信用风险指数再度上升。

11.13.3　特色与创新

(1)通过两阶段的指标遴选方法构建评价指标体系，在具有明确经济学含义的海选指标集中，根据指标间偏相关系数和 F 值筛选出具有违约鉴别能力且指标间信息冗余最小的一组指标；并在第二阶段构建前向选择支持向量机指标遴选模型，以几何平均精度最大为标准，采用前向选择的方法筛选违约鉴别能力的最大指标组合，保证了构建的评价指标体系具有最大的违约鉴别能力。

(2)通过对违约企业和非违约企业的错判误差率之和最小，反推最优的权重，保证了所建立的违约预测模型能够有较低的非违约企业误拒率和违约企业误授率，降低违约企业错判带来的贷款损失和非违约企业错判带来好客户流失的损失。

(3)通过综合考虑精度、可解释性、复杂性的“不可能三角”，从构建的 14 种大数据违约预警模型中对比分析遴选出最优违约风险预警模型，保证得到的模型既具有较高的违约预测能力，又具有可解释性，同时模型复杂性低。

(4)通过对不同地区、所有制属性公司的信用得分均值进行曼–惠特尼 U 非参数检验，识别不同地区、所有制属性公司的信用资质，揭示不同地区、不同所有制的中国上市公司中哪类公司的信用资质好、哪类公司的信用资质差、哪类公司的信用资质居中，为股票投资、债券投资提供决策依据，供金融监管当局等政策分析人员参考。

(5)通过分别对资产总额、负债总额、资产总额加负债总额由大到小选取前 10%作为典型公司样本，并将典型公司样本的加权平均信用得分转化成年度信用指数和信用风险指数，反映了上市公司建筑行业的违约风险趋势，并对未来第 $T+m(m=1, 2, 3, 4, 5)$年的信用状况进行预警。

参 考 文 献

[1] Carvalho D, Ferreira M A, Matos P. Lending relationships and the effect of bank distress：evidence from the 2007-2009 financial crisis[J]. Journal of Financial and Quantitative Analysis, 2015, 50(6)：1165-1197.

[2] Christopoulos A G, Dokas I G, Kalantonis P, et al. Investigation of financial distress with a dynamic logit based on the linkage between liquidity and profitability status of listed firms[J]. Journal of the Operational Research Society, 2019, 70(10)：1817-1829.

[3] Wu Y, Xu Y J, Li J Y. Feature construction for fraudulent credit card cash-out detection[J]. Decision Support Systems, 2019, 127：113155.

[4] Yeh C C, Lin F Y, Hsu C Y. A hybrid KMV model, random forests and rough set theory approach for credit rating[J]. Knowledge-Based Systems, 2012, 33：166-172.

[5] Chawla N V, Bowyer K W, Hall L O, et al. SMOTE：synthetic minority over-sampling technique[J]. Journal of Artificial Intelligence Research, 2002, 16(1)：321-357.

[6] 迟国泰，张亚京，石宝峰. 基于 Probit 回归的小企业债信评级模型及实证[J]. 管理科学学报, 2016, 19(6)：136-156.

[7] Wang T C, Chen Y H. Applying rough sets theory to corporate credit ratings[C]. Shanghai：IEEE International Conference：Service Operations and Logistics, and Informatics, 2006：132-136.

[8] Desai V S, Crook J N, Overstreet G A. A comparison of neural networks and linear scoring models in the credit union environment[J]. European Journal of Operational Research, 1996, 95(1)：24-37.

[9] Bravo C, Maldonado S, Weber R. Granting and managing loans for micro-entrepreneurs：new developments and practical experiences[J]. European Journal of Operational Research, 2013, 227(2)：358-366.

[10] Djeundje V B, Crook J. Identifying hidden patterns in credit risk survival data using generalised additive models[J]. European Journal of Operational Research，2019, 277：366-376.

[11] Huang C, Dai C, Guo M. A hybrid approach using two-level DEA for financial failure prediction and integrated SE-DEA and GCA for indicators selection[J]. Applied Mathematics and Computation, 2015, 251：431-441.

[12] Xia Y F, Liu C Z, Li Y Y, et al. A boosted decision tree approach using Bayesian hyper-parameter optimization for credit scoring[J]. Expert Systems with Applications, 2017, 78：225-241.

[13] 陈丽. 基于决策树最优组合的企业违约预测模型[D]. 大连：大连理工大学, 2019.

[14] West D. Neural network credit scoring models[J]. Computers & Operations Research, 2000, 27(11-12)：1131-1152.

[15] Huang Z, Chen H, Hsu C J, et al. Credit rating analysis with support vector machines and neural networks：a market comparative study[J]. Decision Support Systems, 2004, 37(4)：543-558.

[16] Hand D J, Henley W E. Statistical classification methods in consumer credit scoring：a review[J]. Journal of the Royal Statistical Society：Series A(Statistics in Society), 1997, 160：523-541.

[17] Ömer F E, Mehmet E T. A novel version of k nearest neighbor：dependent nearest neighbor[J]. Applied Soft Computing, 2017, 55(6)：480-490.

[18] Abellán J, Mantas C J. Improving experimental studies about ensembles of classifiers for bankruptcy prediction and credit scoring[J]. Expert Systems with Applications, 2014, 41(8)：3825-3830.

[19] Fan Q, Wang Z, Li D D, et al. Entropy-based fuzzy support vector machine for imbalanced datasets[J]. Knowledge-Based Systems, 2017, 115：87-99.

[20] He H, Zhang W, Zhang S. A novel ensemble method for credit scoring：adaption of different imbalance ratios[J]. Expert Systems with Applications, 2018, 98：105-117.

[21] Campbell J Y, Hilscher J, Szilagyi J. In search of distress risk[J]. The Journal of Finance, 2008, 63(6)：2899-2939.

[22] Finlay S. Multiple classifier architectures and their application to credit risk assessment[J]. European Journal of Operational Research, 2011, 210(2)：368-378.

[23] Iyer R, Khwaja A I, Luttmer E, et al. Screening peers softly：inferring the quality of small borrowers[J]. Management Science, 2016, 62：1554-1577.

[24] Berg T, Burg V, Gombovic A, et al. On the rise of fintechs：credit scoring using digital footprints[J]. The Review of Financial Studies, 2020, 33：2845-2897.

[25] Geng R, Bose I, Chen X. Prediction of financial distress：an empirical study of listed Chinese companies using data mining[J]. European Journal of Operational Research, 2015, 241(1)：236-247.

[26] Junior L M, Nardini F M, Renso C, et al. A novel approach to define the local region of dynamic selection techniques in

imbalanced credit scoring problems[J]. Expert Systems with Applications, 2020, 152：113351.
[27] Jones S. Corporate bankruptcy prediction：a high dimensional analysis[J]. Review of Accounting Studies, 2017, 22：1366-1422.
[28] Doshi-Velez F, Kim B. Towards a rigorous science of interpretable machine learning[EB/OL]. https://arxiv.org/abs/1702.08608 [2017-02-28].
[29] Zhu X, Li J, Wu D, et al. Balancing accuracy, complexity and interpretability in consumer credit decision making：A C-TOPSIS classification approach[J]. Knowledge Based Systems, 2013, 52：258-267.
[30] 迟国泰，石宝峰. 基于信用等级与违约损失率匹配的信用评级系统与方法：中国, ZL 201210201461.6[P]. 2015-08-19.
[31] Ken B. Business Statistics：Contemporary Decision Making[M]. Hoboken：John Wiley and Sons, 2009.
[32] Liu L, Liu Q G, Tian G, et al. Government connections and the persistence of profitability：evidence from Chinese listed firms[J]. Emerging Markets Review, 2018, 36：110-129.
[33] 张桦. 2001-2005 年我国建筑设计行业改革与发展综述[J]. 建筑设计管理, 2005, 6(6)：11-16.
[34] 住房和城乡建设部建筑市场监管司，住房和城乡建设部政策研究中心. 中国建筑行业发展环境分析[J].中国勘察设计, 2019, (2)：50-59.

第 12 章　采矿行业的企业违约预测与信用指数构建

12.1　本章内容提要

本章是上市公司采矿行业的企业违约预测与信用指数构建。采矿行业作为我国的龙头行业之一[1-2]，其分支下的煤炭工业、石油工业、盐业、其他采矿行业等与我国工业体系的飞速发展息息相关。我国颁布的《三次产业划分规定》[3]中，采矿行业隶属于第二产业。据国家统计局的 2019 年公开数据[4]，采矿行业 2019 年的产值为 46 162.2 亿元，约占第二产业比重的 12.95%，占国内生产总值约 4.70%。因此，对于上市公司采矿行业进行企业违约预测与信用指数构建，具有至关重要的意义。

中国上市公司采矿行业的企业违约预测与信用指数构建包括以下五个内容。

一是通过对采矿行业上市公司的 $T-m(m=0, 1, 2, 3, 4, 5)$年的财务数据、非财务数据、宏观数据，以及 T 年的违约与否状态进行实证分析，通过基于经济学含义和偏相关系数的第一次指标筛选和基于支持向量机向前搜索的第二次指标组合遴选，构建具有提前 m 年$(m=0, 1, 2, 3, 4, 5)$违约预警能力的指标体系。

二是通过违约评价方程的违约状态预测值 $\hat{y}$ 与实际值 y 对比的错判误差最小，反推最优的指标权重向量。

三是通过线性判别模型、支持向量机模型、决策树模型等 14 种大数据模型分别建模，并根据精度、可解释性、复杂性的“不可能三角”三个标准进行模型对比分析，最终确定一个能同时兼顾精度高、可解释性强、复杂性低的最佳违约预警模型。

四是利用选取的最佳违约预警模型计算得到采矿行业上市公司的违约概率和信用得分，并分析上市公司采矿行业在不同地区、企业所有制方面的信用特征分布规律。

五是根据得到的上市公司采矿行业的信用得分，构建上市公司采矿行业的年度信用指数和信用风险指数，并分析上市公司采矿行业的信用状况年度发展规律以及预测 2019~2023 年这 5 年的信用状况发展趋势。

应该指出：用于计算信用指数的信用得分预测值 $S_{j(T+m)}$，共分为两种情况。

情况一：对于 2000~2018 年这 19 年已有指标数据的样本，用的是 m=0 的违约判别模型 $p_{j(T+0)}=f(w_i, x_{ij(T)})$ 计算出的违约概率 $p_{j(T+0)}$和信用得分 $S_{j(T+0)}=(1-p_{j(T+0)})\times100$。

情况二：对于 2019~2023 年这 5 年没有指标数据的样本，用的是 m=1, 2, 3, 4, 5 时刻的违约预测模型 $p_{j(T+m)}=f(w_i, x_{ij(T)})$计算出的违约概率 $p_{j(T+m)}$和信用得分 $S_{j(T+m)}=(1-p_{j(T+m)})\times100$。

本章的主要工作如下。

一是通过两阶段的指标遴选方法构建评价指标体系，在具有明确经济学含义的海选指标集中，根据指标间偏相关系数和 F 值筛选出具有违约鉴别能力且指标间信息冗余最小的一组指标；并在第二阶段构建前向选择支持向量机指标遴选模型，以几何平均精度最大为标准，采用前向选择的方法筛选违约鉴别能力最大的指标组合保证构建的评价指标体系具有最大的违约鉴别能力。

二是根据违约状态 y_j 与指标权重的函数关系 $y_j=f(w_i, x_{ij})$，将预测的违约状态 $\hat{y}_j$ 与实际违约状态 y_j 对比后，以违约和非违约两类企业的预测误差最小为目标，构建数学规划模型，反推出模型评价指标的最优权重，保证构建的预警方程能够区分违约与非违约企业。

三是以精度排序均值作为模型排序的第 1 标准，可解释性作为第 2 排序标准，复杂性作为第 3 排序标准，在构建的逻辑回归模型、线性判别模型、广义加性模型等 14 个大数据模型中，遴选兼具高精度、强可解释性、低复杂性的最优模型，并使用 T 时刻的指标数据 $x_{ij(T)}$，预测公司 $T+m(m=0, 1, 2, 3, 4, 5)$时刻的违约状态 $y_{j(T+m)}=f(x_{ij(T)})$、违约概率 $p_{j(T+m)}=g(x_{ij(T)})$和信用得分 $S_{j(T+m)}=(1-p_{j(T+m)})\times 100$。

四是通过对采矿行业不同地区、企业所有制属性公司的信用得分进行非参数检验，识别不同类别公司的信用资质，揭示采矿行业不同省区市、不同所有制形式的中国上市公司中哪类公司的信用资质好、哪类公司的信用资质差、哪类公司的信用资质居中，为股票投资、债券投资提供决策依据，为金融监管当局和各类投资者撰写研究报告提供依据。

五是将通过最优违约预警模型计算得到的未来第 $T+m$ 年的违约概率，转换为[0, 100]区间的信用得分后，按资产总额、负债总额、资产总额与负债总额之和的三个标准的选股规则选择典型样本公司，并将典型样本公司的信用得分根据资产总额、负债总额、资产总额与负债总额之和的占比分别进行加权平均，并转化成信用指数和信用风险指数。信用指数用于反映年度信用发展规律，并预测未来第 $T+m$ 年的违约风险发展趋势。

12.2　采矿行业的企业违约预测与信用指数构建的原理

中国上市公司采矿行业的企业违约预测与信用指数构建的原理主要包括：信用评级原理、违约预测原理、指数构建原理、14 种违约预警大数据模型构建原理、最优违约预警指标体系遴选原理、基于错判误差最小的指标赋权原理、信用等级划分原理。具体原理介绍详见上文第 3 章，不再赘述。

12.3　采矿行业的数据处理

12.3.1　采矿行业的样本数据介绍

上市公司采矿行业样本的含义：包括沪市和深市在内的 75 家上市采矿企业数据。

上市公司采矿行业样本数据的描述：共包含 2000~2018 年这 19 年 75 家中国上市公司采矿行业的财务指标、非财务指标以及宏观指标等数据。通过 Wind 金融数据库、国泰安经济数据库、国家统计局和中国经济社会发展统计数据库搜集，结合经济学含义的进一步遴选，最终建立了包括资产负债率等 138 个财务指标，审计意见类型等 17 个非财务指标，行业景气指数等 49 个宏观指标，1 个违约状态指标在内的共计 205 个指标的上市公司信用风险海选指标集。

违约状态定义[5-6]：将被标记为“ST”的上市采矿行业企业，定义为出现财务困境的企业，即违约的差客户，标记为“1”。将没有“ST”标记的上市采矿行业企业，定义为没有出现财务困境的企业，即非违约的好客户，标记为“0”。

上市公司采矿行业 $T-m$ 数据的描述：为实现违约风险动态预警的目的，共构造了 6 组 $T-m(m=0, 1, 2, 3, 4, 5)$时间窗口的上市公司采矿行业样本，每组上市公司采矿行业样本是第 $T-m$ 年的指标数据和第 T 年的违约状态。同时，每组 $T-m(m=0, 1, 2, 3, 4, 5)$上市公司采矿行业分别包含 75 个样本，其中违约样本 25 个，非违约样本 50 个。

表 12.1 是 $T-m(m=0, 1, 2, 3, 4, 5)$时间窗口上市公司采矿行业数据概览。其中，a 列是序号，b 列是时间窗口，c 列是企业代码，d 列是指标的标准化数据(标准化处理详见“3.6.1 指标数据标准化方法”)。

表 12.1 上市公司采矿行业 *T*–*m*(*m*=0, 1, 2, 3, 4, 5)时间窗口样本数据概览

(a)序号	(b)时间窗口	(c)企业代码	(d)指标的标准化数据 x_{ij}			
			(1)资产负债率	…	(204)国内专利申请授权数增长率	(205)第 *T* 年的违约状态
1	*T*–0	601699.SH	0.764	…	0.027	0
2		002207.SZ	0.559	…	0.028	1
3		600311.SH	0.962	…	0.032	1
…		…	…	…	…	…
75		000506.SZ	0.000	…	0.036	1
76	*T*–1	601699.SH	0.751	…	0.034	0
77		002207.SZ	0.774	…	0.027	1
78		600311.SH	0.962	…	0.025	1
…		…	…	…	…	…
150		000506.SZ	0.705	…	0.026	1
151	*T*–2	601699.SH	0.739	…	0.027	0
152		002207.SZ	0.712	…	0.018	1
153		600311.SH	0.967	…	0.003	1
…		…	…	…	…	…
225		000506.SZ	0.751	…	0.025	1
226	*T*–3	601699.SH	0.686	…	0.024	0
227		002207.SZ	0.743	…	0.040	1
228		600311.SH	0.961	…	0.037	1
…		…	…	…	…	…
300		000506.SZ	0.746	…	0.029	1
301	*T*–4	601699.SH	0.707	…	0.024	0
302		002207.SZ	0.806	…	0.025	1
303		600311.SH	0.948	…	0.030	1
…		…	…	…	…	…
375		000506.SZ	0.749	…	0.025	1
376	*T*–5	601699.SH	0.721	…	0.030	0
377		002207.SZ	0.857	…	0.035	1
378		600311.SH	0.834	…	0.035	1
…		…	…	…	…	…
450		000506.SZ	0.762	…	0.022	1

表 12.2 是 *T*–*m*(*m*=0, 1, 2, 3, 4, 5)时间窗口上市公司采矿行业指标标准化数据的描述性统计表。其中，第 1 列是序号，第 2 列是时间窗口，第 3 列是统计量，第 4~208 列是指标对应的统计值。

表 12.2　上市公司采矿行业 $T-m$(m=0, 1, 2, 3, 4, 5)时间窗口样本指标数据描述性统计表

(1)序号	(2)时间窗口	(3)统计量	(4)资产负债率	…	(8)权益乘数	…	(206)外商投资企业外方注册资本增长率	(207)国内专利申请授权数增长率	(208)违约状态
1	T–0	平均值	0.760	…	0.851	…	0.167	0.033	0.333
2		标准差	0.169	…	0.256	…	0.018	0.026	0.475
3		中位数	0.794	…	0.947	…	0.162	0.031	0.000
4	T–1	平均值	0.758	…	0.820	…	0.188	0.029	0.333
5		标准差	0.156	…	0.304	…	0.099	0.011	0.475
6		中位数	0.781	…	0.941	…	0.170	0.027	0.000
7	T–2	平均值	0.753	…	0.841	…	0.174	0.028	0.333
8		标准差	0.153	…	0.265	…	0.064	0.006	0.475
9		中位数	0.790	…	0.945	…	0.165	0.027	0.000
10	T–3	平均值	0.753	…	0.858	…	0.182	0.030	0.333
11		标准差	0.154	…	0.245	…	0.054	0.009	0.475
12		中位数	0.776	…	0.938	…	0.166	0.028	0.000
13	T–4	平均值	0.749	…	0.850	…	0.162	0.028	0.333
14		标准差	0.161	…	0.258	…	0.029	0.005	0.475
15		中位数	0.773	…	0.937	…	0.164	0.027	0.000
16	T–5	平均值	0.739	…	0.851	…	0.157	0.027	0.333
17		标准差	0.179	…	0.262	…	0.048	0.006	0.475
18		中位数	0.764	…	0.931	…	0.160	0.026	0.000

12.3.2　采矿行业的训练测试数据划分

训练测试样本划分的目的：将上市公司采矿行业数据划分为训练样本和测试样本。训练样本用于求解模型参数，构建训练模型。测试样本用于验证所构建的模型预测精度效果。

训练测试样本划分比例[7-8]：70%作为训练样本，30%作为测试样本。

训练测试样本划分方式：随机从 $T-m$(m=0, 1, 2, 3, 4, 5)样本中抽取 70%非违约企业与 70%违约企业共同组成训练样本，剩余的 30%组成测试样本。

非平衡数据处理：由表 12.1(d)列第 205 子列违约状态统计可知，上市公司采矿行业训练样本的违约样本数∶非违约样本数=17∶35≈1∶2，属于非平衡样本。非平衡样本会导致训练得到的模型对违约客户识别率低。为解决样本非平衡问题，本书通过 SMOTE 非平衡样本处理方法[9]，生成虚拟违约公司，扩充训练样本中的违约企业个数，使违约与非违约企业数量比例为 1∶1。

上市公司采矿行业的训练样本数量 N_{train}、测试样本数量 N_{test} 及 SMOTE 扩充的训练样本数量 $N_{\text{train}}^{\text{smote}}$，如表 12.3 所示。

表 12.3　上市公司采矿行业的训练测试样本数量一览

序号	(1)样本分类	(2)非违约企业	(3)违约企业	(4)总计
1	训练样本 $N_{\text{train}}=N\times70\%+N_{\text{train}}^{\text{smote}}$	35+0=35	17+18=35	70
2	测试样本 $N_{\text{test}}=N\times30\%$	15	8	23
3	全部样本 N	50	43	93

12.4 采矿行业的违约预警指标体系的建立

根据表12.3第1行定义的训练样本N_{train}对应表12.1(d)列的上市采矿企业在T–m(m=0, 1, 2, 3, 4, 5)的204个指标数据，按照上文3.4.2节指标遴选原理进行两次指标筛选。

第一次指标遴选是利用上市公司采矿行业的T–m(m=0, 1, 2, 3, 4, 5)六个时间窗口的样本，从全部204个指标中，遴选出冗余度小、经济学含义强的指标，第一次遴选出的指标数量分别是：[126, 117, 120, 117, 130, 127]。

第二次指标组合遴选，是利用上市公司采矿行业的T–m(m=0, 1, 2, 3, 4, 5)六个时间窗口的样本，从第一次指标遴选后剩余指标构成的多个指标组合中，根据几何平均精度最大遴选最优指标组合，最终遴选出最优指标组合中的指标数量分别是：[12, 16, 14, 19, 15, 17]。

由12.4.2节可知，最终遴选出的指标能够满足信用5C原则[10-11]。其中，资产负债率、每股权益合计、营运资本周转率等反映经营能力；是否为金融机构、派息比税前反映品质，扣除非经常损益后的净利润/净利润、资本支出/折旧和摊销反映资本；广义货币供应量(M2)同比增长率反映公司的环境条件。

12.4.1 基于偏相关系数第一次筛选后的指标体系

依照上文3.4.2节的步骤1~步骤3进行基于偏相关性分析的第一次指标遴选。以上市公司采矿行业T–0年的指标数据为例进行说明。

步骤1：同一准则层内指标偏相关系数的计算。将表12.3第1行定义的训练样本N_{train}中52(即35+17)家公司对应表12.1前52行(d)列的204个T–0年指标数据x_{ij}，代入式(3.57)~式(3.60)计算任意两个指标间的偏相关系数。

步骤2：F值的计算。将表12.1前52行(d)列的204个T–0年指标数据x_{ij}中每一列指标数据，分别代入式(3.61)计算每个指标对应的F值。

步骤3：基于偏相关性分析筛选指标。在步骤1计算的偏相关系数大于0.8的指标对中，删除指标对中经济学含义不明显或F值较小的一个指标。由此，T–0年的204个指标经过第一次指标筛选剩余126个指标，将剩余的126个指标列于表12.4(c)列前126行。

表12.4(d)列为训练样本N_{train}中52个公司第一次指标遴选后剩余的126个指标数据，(e)列为测试样本N_{test}中23个真实公司第一次指标遴选后剩余的126个指标数据。

表 12.4 上市公司采矿行业 T–0 年基于偏相关系数的第一次指标筛选结果

(a)序号	(b)准则层		(c)指标	(d)训练样本N_{train}中客户指标标准化数据x_{ij}			(e)测试样本N_{test}中客户指标标准化数据x_{ij}		
				(1) 客户1	…	(52) 客户52	(53) 客户53	…	(75) 客户75
1	企业内部财务因素	偿债能力	X_1资产负债率	0.764	…	0.731	0.779	…	0.000
…			…	…	…	…	…	…	…
26			X_{38}每股权益合计	0.690	…	0.280	0.701	…	0.125
27		盈利能力	X_{40}净资产收益率(加权)	0.741	…	0.707	0.533	…	0.000
…			…	…	…	…	…	…	…
56			X_{85}营业外支出占营业总成本比重	0.949	…	0.919	0.946	…	0.000
57		营运能力	X_{90}有形资产/总资产	0.718	…	0.728	0.741	…	0.000
…			…	…	…	…	…	…	…
78			X_{114}分配股利、利润或偿付利息支付的现金占筹资活动现金流出小计的比重	0.578	…	0.949	0.058	…	0.037

续表

(a)序号	(b)准则层		(c)指标	(d)训练样本 N_{train} 中客户指标标准化数据 x_{ij}			(e)测试样本 N_{test} 中客户指标标准化数据 x_{ij}		
				(1) 客户 1	…	(52) 客户 52	(53) 客户 53	…	(75) 客户 75
79	企业内部财务因素	成长能力	X_{115} 每股净资产(相对年初增长率)	0.430	…	0.533	0.481	…	0.189
…			…	…	…	…	…	…	…
86			X_{136} 固定资产增长率	0.056	…	0.025	0.025	…	0.000
87	企业内部非财务因素	股权结构与业绩审计情况	X_{139} 是否为金融机构	0.000	…	0.000	0.000	…	0.000
…			…	…	…	…	…	…	…
92			X_{145} 派息比税后	0.000	…	0.000	0.523	…	0.000
93		高管基本情况	X_{147} 监事会持股比例	0.000	…	0.000	0.000	…	0.000
…			…	…	…	…	…	…	…
97		企业基本信用情况	X_{151} 缺陷类型	0.731	…	0.731	0.731	…	0.731
98		商业信誉	X_{152} 涉案总件数	0.878	…	0.878	0.878	…	0.878
99			X_{153} 违规类型	1.000	…	1.000	1.000	…	1.000
100		社会责任	X_{154} 每股社会贡献值	0.000	…	0.000	0.000	…	0.000
101			X_{155} 社会捐赠强度	0.000	…	0.000	0.000	…	0.000
102	外部宏观环境		X_{159} 中长期贷款基准利率	0.769	…	0.000	0.000	…	0.448
…			…	…	…	…	…	…	…
126			X_{204} 国内专利申请授权数增长率	0.027	…	0.031	0.034	…	0.036
127	—		违约状态	0	…	1	0	…	1

上述是 T–0 年的第一次指标遴选过程及结果。同理，根据 T–0 年第一次指标筛选的流程，最终 T–1 年、T–2 年、T–3 年、T–4 年、T–5 年经第一次指标筛选，从 204 个指标中分别遴选出 117 个、120 个、117 个、130 个、127 个指标，将第一次指标遴选结果，分别列入表 12.5 至表 12.9 的(c)列中。

表 12.5　上市公司采矿行业 T–1 年基于偏相关系数的第一次指标筛选结果

(a)序号	(b)准则层		(c)指标	(d)训练样本 N_{train} 中客户指标标准化数据 x_{ij}			(e)测试样本 N_{test} 中客户指标标准化数据 x_{ij}		
				(1) 客户 1	…	(52) 客户 52	(53) 客户 53	…	(75) 客户 75
1	企业内部财务因素	偿债能力	X_{1} 资产负债率	0.751	…	0.665	0.795	…	0.705
…			…	…	…	…	…	…	…
29		盈利能力	X_{38} 每股权益合计	0.695	…	0.251	0.648	…	0.259
…			…	…	…	…	…	…	…
50			X_{87} 归属于母公司普通股东的权益综合收益率	0.560	…	0.421	0.563	…	0.179
51		营运能力	X_{88} 流动资产/总资产	0.663	…	0.058	0.427	…	0.307
…			…	…	…	…	…	…	…
73			X_{114} 分配股利、利润或偿付利息支付的现金占筹资活动现金流出小计的比重	0.432	…	0.491	0.515	…	0.964
74		成长能力	X_{115} 每股净资产(相对年初增长率)	0.501	…	0.499	0.496	…	0.424
…			…	…	…	…	…	…	…
81			X_{136} 固定资产增长率	0.019	…	0.151	0.028	…	0.017

续表

(a)序号	(b)准则层		(c)指标	(d)训练样本 N_{train} 中客户指标标准化数据 x_{ij}			(e)测试样本 N_{test} 中客户指标标准化数据 x_{ij}		
				(1) 客户 1	…	(52) 客户 52	(53) 客户 53	…	(75) 客户 75
82	企业内部非财务因素	股权结构与业绩审计情况	X_{139} 是否为金融机构	0.000	…	0.000	0.000	…	0.000
…			…	…	…	…	…	…	…
87			X_{145} 派息比税后	0.867	…	0.000	0.827	…	0.000
88		高管基本情况	X_{147} 监事会持股比例	0.000	…	0.000	0.000	…	0.000
89			X_{150} 总经理是否领取薪酬	0.682	…	0.682	0.682	…	0.682
90		企业基本信用情况	X_{151} 缺陷类型	0.731	…	0.731	0.731	…	0.731
91		商业信誉	X_{152} 涉案总件数	0.878	…	0.878	0.878	…	0.878
92			X_{153} 违规类型	1.000	…	1.000	1.000	…	1.000
93		社会责任	X_{154} 每股社会贡献值	0.000	…	0.000	0.000	…	0.000
94	外部宏观环境		X_{160} 全国居民基尼系数	0.077	…	0.011	0.011	…	0.011
…			…	…	…	…	…	…	…
117			X_{202} 外商注册资本增长率	0.292	…	0.240	0.299	…	0.226
118	—		违约状态	0	…	1	0	…	1

表 12.6　上市公司采矿行业 *T*–2 年基于偏相关系数的第一次指标筛选结果

(a)序号	(b)准则层		(c)指标	(d)训练样本 N_{train} 中客户指标标准化数据 x_{ij}			(e)测试样本 N_{test} 中客户指标标准化数据 x_{ij}		
				(1) 客户 1	…	(52) 客户 52	(53) 客户 53	…	(75) 客户 75
1	企业内部财务因素	偿债能力	X_1 资产负债率	0.739	…	0.626	0.760	…	0.751
…			…	…	…	…	…	…	…
27			X_{38} 每股权益合计	0.625	…	0.245	0.571	…	0.300
28		盈利能力	X_{41} 净资产收益率(扣除/加权)	0.776	…	0.329	0.606	…	0.368
…			…	…	…	…	…	…	…
48			X_{87} 归属于母公司普通股东的权益综合收益率	0.568	…	0.562	0.561	…	0.405
49		营运能力	X_{88} 流动资产/总资产	0.637	…	0.837	0.563	…	0.339
…			…	…	…	…	…	…	…
72			X_{114} 分配股利、利润或偿付利息支付的现金占筹资活动现金流出小计的比重	0.295	…	0.360	0.646	…	0.960
73		成长能力	X_{115} 每股净资产(相对年初增长率)	0.000	…	0.533	0.498	…	0.469
…			…	…	…	…	…	…	…
78			X_{138} 可持续增长率	0.554	…	0.577	0.540	…	0.463
79	企业内部非财务因素	股权结构与业绩审计情况	X_{139} 是否为金融机构	0.000	…	0.000	0.000	…	0.000
…			…	…	…	…	…	…	…
84			X_{144} 派息比税前	0.395	…	0.000	0.660	…	0.000
85		高管基本情况	X_{146} 董事会持股比例	0.000	…	0.000	0.000	…	0.000
…			…	…	…	…	…	…	…
90		企业基本信用情况	X_{151} 缺陷类型	0.731	…	0.731	0.731	…	0.731

续表

(a)序号	(b)准则层		(c)指标	(d)训练样本 N_{train} 中客户指标标准化数据 x_{ij}			(e)测试样本 N_{test} 中客户指标标准化数据 x_{ij}		
				(1) 客户 1	…	(52) 客户 52	(53) 客户 53	…	(75) 客户 75
91	企业内部非财务因素	商业信誉	X_{152} 涉案总件数	0.878	…	0.878	0.878	…	0.878
92			X_{153} 违规类型	1.000	…	1.000	1.000	…	1.000
93		社会责任	X_{154} 每股社会贡献值	0.000	…	0.000	0.000	…	0.000
94			X_{155} 社会捐赠强度	0.000	…	0.000	0.000	…	0.000
95	外部宏观环境		X_{156} 行业景气指数	0.972	…	0.983	0.983	…	0.985
…			…	…	…	…	…	…	…
120			X_{204} 国内专利申请授权数增长率	0.027	…	0.025	0.024	…	0.025
121	—		违约状态	0	…	1	0	…	1

表 12.7　上市公司采矿行业 T–3 年基于偏相关系数的第一次指标筛选结果

(a)序号	(b)准则层		(c)指标	(d)训练样本 N_{train} 中客户指标标准化数据 x_{ij}			(e)测试样本 N_{test} 中客户指标标准化数据 x_{ij}		
				(1) 客户 1	…	(52) 客户 52	(53) 客户 53	…	(75) 客户 75
1	企业内部财务因素	偿债能力	X_1 资产负债率	0.686	…	0.598	0.791	…	0.746
…			…	…	…	…	…	…	…
28			X_{38} 每股权益合计	0.436	…	0.226	0.509	…	0.276
29		盈利能力	X_{41} 净资产收益率	0.767	…	0.319	0.565	…	0.302
…			…	…	…	…	…	…	…
49			X_{87} 归属于母公司普通股东的权益综合收益率	0.667	…	0.398	0.532	…	0.465
50		营运能力	X_{88} 流动资产/总资产	0.472	…	0.859	0.499	…	0.342
…			…	…	…	…	…	…	…
73		成长能力	X_{115} 每股净资产(相对年初增长率)	0.000	…	0.471	0.493	…	0.477
…			…	…	…	…	…	…	…
77			X_{136} 固定资产增长率	0.000	…	0.008	0.021	…	0.038
78	企业内部非财务因素	股权结构与业绩审计情况	X_{139} 是否为金融机构	1.000	…	0.000	0.000	…	0.000
…			…	…	…	…	…	…	…
83			X_{145} 派息比税后	0.000	…	0.000	0.404	…	0.000
84		高管基本情况	X_{147} 监事会持股比例	0.000	…	0.000	0.000	…	0.000
…			…	…	…	…	…	…	…
88		企业基本信用情况	X_{151} 缺陷类型	0.731	…	0.731	0.731	…	0.731
89		商业信誉	X_{152} 涉案总件数	0.878	…	0.878	0.878	…	0.878
90			X_{153} 违规类型	1.000	…	1.000	1.000	…	1.000
91		社会责任	X_{154} 每股社会贡献值	0.000	…	0.000	0.000	…	0.000
92			X_{155} 社会捐赠强度	0.000	…	0.000	0.000	…	0.000
93	外部宏观环境		X_{158} 短期贷款基准利率	0.608	…	0.608	0.608	…	0.689
…			…	…	…	…	…	…	…
117			X_{204} 国内专利申请授权数增长率	0.024	…	0.024	0.024	…	0.029
118	—		违约状态	0	…	1	0	…	1

表 12.8 上市公司采矿行业 *T*–4 年基于偏相关系数的第一次指标筛选结果

(a)序号	(b)准则层		(c)指标	(d)训练样本 N_{train} 中客户指标标准化数据 x_{ij}			(e)测试样本 N_{test} 中客户指标标准化数据 x_{ij}		
				(1) 客户 1	…	(52) 客户 52	(53) 客户 53	…	(75) 客户 75
1	企业内部财务因素	偿债能力	X_1 资产负债率	0.707	…	0.578	0.814	…	0.749
…			…	…	…	…	…	…	…
28			X_{38} 每股权益合计	0.428	…	0.228	0.466	…	0.274
29		盈利能力	X_{39} 净资产收益率	0.624	…	0.510	0.535	…	0.479
…			…	…	…	…	…	…	…
55			X_{86} 资产利润率	0.651	…	0.405	0.572	…	0.454
56		营运能力	X_{88} 流动资产/总资产	0.445	…	0.853	0.333	…	0.312
…			…	…	…	…	…	…	…
80			X_{114} 分配股利、利润或偿付利息支付的现金占筹资活动现金流出小计的比重	0.615	…	0.357	0.596	…	0.878
81		成长能力	X_{115} 每股净资产(相对年初增长率)	0.000	…	0.462	0.628	…	0.473
…			…	…	…	…	…	…	…
88			X_{137} 营业利润增长率	0.000	…	0.510	0.000	…	0.498
89	企业内部非财务因素	股权结构与业绩审计情况	X_{139} 是否为金融机构	1.000	…	0.000	0.000	…	1.000
…			…	…	…	…	…	…	…
94			X_{144} 派息比税前	0.000	…	0.000	0.131	…	0.000
95		高管基本情况	X_{147} 监事会持股比例	0.000	…	0.000	0.000	…	0.000
…			…	…	…	…	…	…	…
99		企业基本信用情况	X_{151} 缺陷类型	0.731	…	0.731	0.731	…	0.731
100		商业信誉	X_{152} 涉案总件数	0.878	…	0.878	0.878	…	0.878
101			X_{153} 违规类型	1.000	…	1.000	1.000	…	0.963
102		社会责任	X_{154} 每股社会贡献值	0.000	…	0.000	0.000	…	0.000
103			X_{155} 社会捐赠强度	0.000	…	0.000	0.000	…	0.000
104	外部宏观环境		X_{157} 不同行业企业家信心指数	0.639	…	0.690	0.690	…	0.587
…			…	…	…	…	…	…	…
130			X_{204} 国内专利申请授权数增长率	0.024	…	0.029	0.030	…	0.025
131	—		违约状态	0	…	1	0	…	1

表 12.9 上市公司采矿行业 *T*–5 年基于偏相关系数的第一次指标筛选结果

(a)序号	(b)准则层		(c)指标	(d)训练样本 N_{train} 中客户指标标准化数据 x_{ij}			(e)测试样本 N_{test} 中客户指标标准化数据 x_{ij}		
				(1) 客户 1	…	(52) 客户 52	(53) 客户 53	…	(75) 客户 75
1	企业内部财务因素	偿债能力	X_1 资产负债率	0.721	…	0.583	0.725	…	0.762
…			…	…	…	…	…	…	…
29			X_{38} 每股权益合计	0.364	…	0.232	0.314	…	0.281
30		盈利能力	X_{39} 净资产收益率	0.000	…	0.000	0.606	…	0.497
…			…	…	…	…	…	…	…
56			X_{87} 归属于母公司普通股东的权益综合收益率	0.563	…	0.000	0.591	…	0.501

续表

(a)序号	(b)准则层		(c)指标	(d)训练样本 N_{train} 中客户指标标准化数据 x_{ij}			(e)测试样本 N_{test} 中客户指标标准化数据 x_{ij}		
				(1) 客户 1	…	(52) 客户 52	(53) 客户 53	…	(75) 客户 75
57	企业内部财务因素	营运能力	X_{88} 流动资产/总资产	0.361	…	0.829	0.403	…	0.306
…			…	…	…	…	…	…	…
81			X_{114} 分配股利、利润或偿付利息支付的现金占筹资活动现金流出小计的比重	0.710	…	0.544	0.000	…	0.487
82		成长能力	X_{115} 每股净资产(相对年初增长率)	0.000	…	0.391	0.482	…	0.486
83			X_{121} 销售费用增长率	0.000	…	0.915	0.000	…	0.961
84	企业内部非财务因素	股权结构与业绩审计情况	X_{139} 是否为金融机构	1.000	…	1.000	1.000	…	1.000
…			…	…	…	…	…	…	…
89			X_{145} 派息比税后	0.000	…	0.000	0.000	…	0.000
90		高管基本情况	X_{146} 董事会持股比例	0.000	…	0.000	0.000	…	0.000
…			…	…	…	…	…	…	…
94		企业基本信用情况	X_{151} 缺陷类型	0.731	…	0.731	0.731	…	0.731
95		商业信誉	X_{152} 涉案总件数	0.878	…	0.878	0.878	…	0.878
96			X_{153} 违规类型	1.000	…	0.842	1.000	…	1.000
97		社会责任	X_{154} 每股社会贡献值	0.000	…	0.000	0.000	…	0.000
98	外部宏观环境		X_{156} 行业景气指数	0.944	…	0.924	0.924	…	0.887
…			…	…	…	…	…	…	…
127			X_{204} 国内专利申请授权数增长率	0.030	…	0.024	0.021	…	0.022
128	—		违约状态	0	…	1	0	…	1

12.4.2　基于支持向量机向前搜索第二次筛选后的指标体系

1. 基于 T–0 时间窗口的上市公司违约预测指标体系的构建

步骤 4：由 1 个指标构成的指标组合的确定。

由 1 个指标构成的第 1 个指标组合违约预测精度 G-mean$^1{}_1$ 的确定。根据上文表 12.4(d)列的上市公司采矿行业训练样本的 T–0 时间窗口下第一次遴选后的 126 个指标数据，从第一次遴选出的 126 个指标中选取第 1 个指标(即表 12.4(d)列第 1 行)，即将表 12.4(d)列第 1 行的指标数据和表 12.4(d)列第 127 行的违约状态，代入式(3.22)和式(3.23)求解出线性支持向量机模型的指标权重和截距项参数，并将求解得到的参数代入式(3.24)和式(3.25)得到线性支持向量机违约预测模型。将表 12.4(d)列第 1 行的全部 52 个公司指标数据，代入式(3.25)线性支持向量机违约预测模型计算出违约状态预测值 $\hat{y}_j$(j=1, 2, 3, 4, 5)，将预测违约状态 $\hat{y}_j$ 与真实违约状态 y_j 进行比较后，代入式(3.55)计算违约预测几何平均精度，记为 G-mean$^1{}_1$。

同理，从第一次遴选出的 126 个指标中选取第 2 个指标(即表 12.4(d)列第 2 行)，可以得到第 2 个违约预测几何平均精度，记为 G-mean$^2{}_1$。第一次遴选共剩余 126 个指标，则可以得到 126 个违约预测几何平均精度，记为 G-mean$^k{}_1$ (k=1, 2, …, 126)。在这 126 个违约预测几何平均精度中选取最大值 G-mean$^{k^*}{}_1$= max(G-mean$^1{}_1$, G-mean$^2{}_1$, …, G-mean$^{126}{}_1$)，最高几何平均精度 G-mean$^{k^*}{}_1$ 的上标 k^*表示第 k^*个指标组合，即由 1 个指标构成的精度最高的指标组合，将其纳入第二次指标遴选中的待选指标组合。将由 1 个指标构成的指标组合的最高几何平均精度 G-mean$^{k^*}{}_1$ 简化记为 G-mean$_1$。

步骤 5：由 2 个指标构成的指标组合的确定。

在步骤 4 选中第 k^*个指标这一个指标后，在剩余的 125 个指标中，选取一个指标，这里既可以选择剩余的 125 个指标中的第 1 个指标，也可以选择第 125 个指标，与步骤 4 选中的第 k^*个指标形成新的指标组合，因此可以形成 125 个新的由 2 个指标构成的指标组合。将这 125 个指标组合对应的样本数据分别代入式(3.24)和式(3.25)的支持向量机模型，并根据式(3.55)计算得到 125 个违约预测几何平均精度，记为 G-mean^{l}_{2} (l=1, 2, …, 125)。在这 125 个违约预测几何平均精度中选择最大值，记为 G-mean_2。若 G-mean_2 大于 G-mean_1，则保留 G-mean_2 对应的指标组合进入下一步骤；否则，仍然保留 G-mean_1 对应的指标组合 $\text{G-mean}^{l^*}_{2}=\max(\text{G-mean}^{1}_{2}, \text{G-mean}^{2}_{2}, \cdots, \text{G-mean}^{125}_{2})$，最高几何平均精度 $\text{G-mean}^{l^*}_{2}$ 的上标 l^* 表示第 l^* 个指标组合，即由 2 个指标构成的精度最高的指标组合，将其纳入第二次指标遴选中的待选指标组合。将由 2 个指标构成的指标组合的最高几何平均精度 $\text{G-mean}^{l^*}_{2}$ 简化记为 G-mean_2。

步骤 6：遴选最优的违约预测指标组合。

仿照上述步骤 4 至步骤 5，不断地从剩余的指标中依次选取一个指标纳入前一步筛选出的指标组合形成新的指标组合，使得在新的指标组合下，线性支持向量机模型根据式(3.55)所计算的违约预测几何平均精度最大，得到由 s 个指标构成的指标组合的最高违约预测精度 G-mean_s(s=1, 2, …, 126)。令 $\text{G-mean}_{s^*=12}=\max(\text{G-mean}_1, \text{G-mean}_2, \cdots, \text{G-mean}_{126})$，则 $\text{G-mean}_{s^*=12}$ 即为最高几何平均精度的指标组合。最高几何平均精度 $\text{G-mean}_{s^*=12}$ 的下标 s^*=12 表示由 12 个指标构成的第 12 个指标组合即为最优指标组合。

应该指出，在指标组合遴选过程中，由于每个指标有“选中”与“不选中”两种状态，126 个指标就有 $(2^{126}-1)\approx 8.51\times 10^{37}$ 种指标组合可能性。遍历所有指标组合的预测精度，以几何平均精度最大为目标函数得到一个最优的指标组合，同时也得到显著的大数据降维效果，指标维度降低幅度为 90.48%(即 1–12/126)。

表 12.10 是第二次指标组合筛选出的基于 T–0 时间窗口的上市公司采矿行业违约预测指标，第 1 列是序号；第 2 列是准则层；第 3 列是指标名称；第 4 列是第 3 列指标对应的信用 5C 原则[10-11]。

表 12.10　上市公司采矿行业 T–0 年基于支持向量机向前搜索的第二次指标筛选结果

(1)序号	(2)准则层		(3)指标	(4)信用 5C 原则[10-11]
1	企业内部财务因素	偿债能力	X_1 资产负债率	能力
…			…	…
7			X_{38} 每股权益合计	能力
8		营运能力	X_{94} 营运资本周转率	能力
9			X_{97} 总资产周转率	能力
10	企业内部非财务因素	股权结构与业绩审计情况	X_{139} 是否为金融机构	品质
11			X_{140} 预审计情况	品质
12	外部宏观环境	—	X_{176} 广义货币供应量(M2)同比增长率	条件

从表 12.10 可以看出，遴选出的 T–0 时间窗口的指标体系能够反映信用 5C 原则[10-11]，包括资产负债率、每股权益合计、营运资本周转率等反映企业发展能力，是否为金融机构、预审计情况反映企业品质，广义货币供应量(M2)同比增长率，反映企业环境条件。

2. 基于其他时间窗口的上市公司违约预测指标体系的构建

步骤 7：构建其他时间窗口下的违约预测指标体系。仿照步骤 4 至步骤 6，分别在表 12.5 至表 12.9 的上市公司在 T–1 年至 T–5 年的第一次指标遴选基础上进行第二次指标组合遴选，第二次指标组合遴选 T–1 年至 T–5 年分别选出了 16 个、14 个、19 个、15 个、17 个指标，列入表 12.11 至表 12.15 的第 3 列。

表 12.11　上市公司采矿行业 T–1 年基于支持向量机向前搜索的第二次指标筛选结果

(1)序号	(2)准则层		(3)指标	(4)信用 5C 原则[10-11]
1	企业内部财务因素	偿债能力	X_1 资产负债率	能力
…			…	…
13			X_{17} 现金到期债务比	能力

续表

(1)序号	(2)准则层		(3)指标	(4)信用 5C 原则[10-11]
14	企业内部财务因素	盈利能力	X_{66} 扣除非经常损益后的净利润/净利润	资本
15			X_{69} 资本支出/折旧和摊销	资本
16	外部宏观环境	—	X_{176} 广义货币供应量(M2)同比增长率	条件

表 12.12　上市公司采矿行业 *T*–2 年基于支持向量机向前搜索的第二次指标筛选结果

(1)序号	(2)准则层		(3)指标	(4)信用 5C 原则[10-11]
1	企业内部财务因素	偿债能力	X_1 资产负债率	能力
…			…	…
11			X_{38} 每股权益合计	能力
12		盈利能力	X_{66} 扣除非经常损益后的净利润/净利润	资本
13			X_{70} 权益乘数(杜邦分析)	资本
14	外部宏观环境	—	X_{176} 广义货币供应量(M2)同比增长率	条件

表 12.13　上市公司采矿行业 *T*–3 年基于支持向量机向前搜索的第二次指标筛选结果

(1)序号	(2)准则层		(3)指标	(4)信用 5C 原则[10-11]
1	企业内部财务因素	偿债能力	X_1 资产负债率	能力
…			…	…
14			X_{21} 归属母公司股东的权益/带息债务	能力
15		盈利能力	X_{66} 扣除非经常损益后的净利润/净利润	资本
16			X_{70} 权益乘数(杜邦分析)	资本
17		营运能力	X_{92} 应收账款周转率	能力
18	企业内部非财务因素	社会责任	X_{155} 社会捐赠强度	品质
19	外部宏观环境	—	X_{176} 广义货币供应量(M2)同比增长率	条件

表 12.14　上市公司采矿行业 *T*–4 年基于支持向量机向前搜索的第二次指标筛选结果

(1)序号	(2)准则层		(3)指标	(4)信用 5C 原则[10-11]
1	企业内部财务因素	偿债能力	X_1 资产负债率	能力
…			…	…
9			X_{21} 归属母公司股东的权益/带息债务	能力
10		盈利能力	X_{65} 所得税/利润总额	资本
11			X_{70} 权益乘数(杜邦分析)	资本
12		营运能力	X_{110} 投资活动现金流出占现金流出总量比	能力
13	企业内部非财务因素	股权结构与业绩审计情况	X_{139} 是否为金融机构	品质
14			X_{144} 派息比税前	品质
15	外部宏观环境	—	X_{176} 广义货币供应量(M2)同比增长率	条件

表 12.15　上市公司采矿行业 *T*–5 年基于支持向量机向前搜索的第二次指标筛选结果

(1)序号	(2)准则层		(3)指标	(4)信用 5C 原则[10-11]
1	企业内部财务因素	偿债能力	X_1 资产负债率	能力
…			…	…
11			X_{18} 现金流量利息保障倍数	能力

续表

(1)序号	(2)准则层		(3)指标	(4)信用 5C 原则[10-11]
12	企业内部财务因素	盈利能力	X_{41} 净资产收益率(扣除/加权)	资本
…			…	…
14			X_{78}EVA	资本
15	企业内部非财务因素	股权结构与业绩审计情况	X_{143} 审计意见类型	品质
16	外部宏观环境	—	X_{176} 广义货币供应量(M2)同比增长率	条件
17			X_{189} 货物周转量增长率	条件

12.4.3 遴选出的最优指标体系统计汇总

由上文表 12.10 至表 12.15 可知，对于所有 75 家采矿行业上市公司，违约预测的最优指标组合为：由 204 个指标构成的$(2^{204}-1)\approx 2.57\times 10^{61}$个指标组合中，遴选出资产负债率、每股权益合计、营运资本周转率等 12 个指标，构成了 T–0 年违约判别几何平均精度最大的指标组合；遴选出资产负债率、现金到期债务比、扣除非经常损益后的净利润/净利润等 16 个指标，构成了 T–1 年违约预测几何平均精度最大的指标组合；遴选出资产负债率、每股权益合计、扣除非经常损益后的净利润/净利润等 14 个指标，构成了 T–2 年违约预测几何平均精度最大的指标组合；遴选出资产负债率、归属母公司股东的权益/带息债务、扣除非经常损益后的净利润/净利润等 19 个指标，构成了 T–3 年违约预测几何平均精度最大的指标组合；遴选出资产负债率、归属母公司股东的权益/带息债务、净资产收益率等 15 个指标，构成了 T–4 年违约预测几何平均精度最大的指标组合；遴选出资产负债率、流动比率、净资产收益率等 17 个指标，构成了 T–5 年违约预测几何平均精度最大的指标组合。

表 12.16 汇总了 T–m(m=0, 1, 2, 3, 4, 5)年最优指标组合中的指标，并统计了各个指标被选入最优指标组合的次数。表 12.16 中，第 1 列是序号；第 2 列是指标名称；第 3 列是指标在 T–m(m=0, 1, 2, 3, 4, 5)年被选中状态，“1”表示被选中，“0”表示未被选中；第 4 列是指标在 T–m(m=0, 1, 2, 3, 4, 5)年被选中的总次数，等于第 3 列的求和。

表 12.16　上市公司采矿行业 T–m 年最优指标组合汇总

(1)序号	(2)指标	(3)指标体系						(4)T–m 年指标被选择的次数
		T–0	T–1	T–2	T–3	T–4	T–5	
1	X_1 资产负债率	1	1	1	1	1	1	6
2	X_3 长期资本负债率	0	0	0	1	0	0	1
3	X_4 长期资产适合率	1	0	1	1	0	0	3
…	…	…	…	…	…	…	…	…
6	X_{21} 归属母公司股东的权益/带息债务	0	0	1	0	0	1	2
…	…	…	…	…	…	…	…	…
36	X_{51} 管理费用/营业总收入	0	0	0	1	0	1	2
…	…	…	…	…	…	…	…	…
39	X_{66} 扣除非经常损益后的净利润/净利润	1	0	1	0	0	0	2
…	…	…	…	…	…	…	…	…
41	X_{68} 经营活动产生的现金流量净额/经营活动净收益	0	1	0	1	1	0	3
42	X_{70} 权益乘数(杜邦分析)	1	1	0	0	0	0	2
43	X_{71} 归属母公司股东的净利润/净利润	0	0	1	0	1	0	2
…	…	…	…	…	…	…	…	…

续表

(1)序号	(2)指标	(3)指标体系						(4)$T-m$ 年指标被选择的次数
		$T-0$	$T-1$	$T-2$	$T-3$	$T-4$	$T-5$	
57	X_{81} 营业收入占营业总收入比重	0	0	1	0	1	1	3
58	X_{84} 营业外收入占营业总收入比重	0	1	1	0	0	0	2
…	…	…	…	…	…	…	…	…
62	X_{143} 审计意见类型	0	0	1	0	1	0	2
…	…	…	…	…	…	…	…	…
68	X_{174} 流通中现金供应量(M0)同比增长率	0	0	0	0	1	0	1
69	X_{175} 狭义货币供应量(M1)同比增长率	0	0	0	0	0	1	1
70	X_{176} 广义货币供应量(M2)同比增长率	1	1	1	1	1	1	6
…	…	…	…	…	…	…	…	…
80	指标数量合计	12	16	14	19	15	17	—

根据表 12.16 第 2 列可知，对于所有 75 家采矿行业上市公司，违约预测的重要宏观指标：流通中现金供应量(M0)同比增长率、狭义货币供应量(M1)同比增长率、广义货币供应量(M2)同比增长率等 10 个宏观指标，对上市公司采矿行业违约状态有显著影响。

根据表 12.16 第 3 列可知，长期资产适合率、扣除非经常损益后的净利润/净利润、权益乘数(杜邦分析)这 3 个指标存在于 $T-0$、$T-1$、$T-2$ 年的最优指标组合中，说明对企业未来 0~2 年的短期违约状态具有关键影响；归属母公司股东的权益/带息债务、管理费用/营业总收入、审计意见类型等 5 个指标存在于 $T-3$、$T-4$、$T-5$ 年的最优指标组合中，说明这些指标对企业未来 3~5 年的中期违约状态具有关键影响。

根据表 12.16 第 4 列可知，资产负债率、广义货币供应量(M2)同比增长率 2 个指标存在于 $T-m(m=0, 1, 2, 3, 4, 5)$年的最优指标组合中，说明这 2 个指标不论对于企业未来 0~2 年的短期违约状态，还是未来 3~5 年的中期违约状态，均有关键影响。广义货币供应量(M2)同比增长率的意义在于：当广义货币发行量充分大，市场流动性充分时，则公司几乎不可能发生违约，因此是违约预测的关键指标。

综上，对于上市公司采矿行业样本，违约预测的关键指标：长期资产适合率、扣除非经常损益后的净利润/净利润、权益乘数(杜邦分析)这 3 个指标对企业未来 0~2 年的短期违约状态具有关键影响。归属母公司股东的权益/带息债务、管理费用/营业总收入、审计意见类型等 5 个指标对企业未来 3~5 年的中期违约状态具有关键影响。资产负债率、广义货币供应量(M2)同比增长率 2 个指标不论对于企业未来 0~2 年的短期违约预测，还是未来 3~5 年的中期违约状态，均有关键影响。

12.5　采矿行业的违约预警模型的精度计算

上文 12.4 节中遴选出了最优指标组合，根据最优指标组合对应的训练样本数据，可分别构建如上文 3.2 节所述的 14 种大数据违约评价模型方案。根据表 12.3 第 1 行定义的训练样本 N_{train} 分别对应表 12.10 至表 12.15 的 $T-m(m=0, 1, 2, 3, 4, 5)$时间窗口的训练样本指标数据，求解模型参数得到 14 种违约评价模型，并在表 12.3 第 2 行定义的测试样本 N_{test} 的 $T-m(m=0, 1, 2, 3, 4, 5)$时间窗口分别计算 14 种大数据违约评价模型的精度结果。

其中，本书选取的模型几何平均精度评价标准有 5 个，分别是第二类错误、第一类错误、几何平均精度、总体预测精度和 AUC 值，其中各个参数的定义如 3.3 节式(3.53)至式(3.56)所示。

以线性判别模型在 $T-1$ 时间窗口样本的训练和测试为例进行说明。

将表 12.11 第 3 列 16 个指标对应表 12.5(d)列 $T-1$ 时间窗口经 SMOTE 扩充后的训练样本数据，代入式

(3.64)的线性判别模型最优权重向量的目标函数，求解出线性判别模型中 19 个指标的权重向量，并代入式(3.62)和式(3.63)得到违约概率预测方程和违约状态预测方程如下。

线性判别模型在 T–1 时间窗口样本的违约概率预测方程如下。

$$\hat{p}(T-1)=16.278\times X_1\text{资产负债率}+\cdots-6.593\times X_9\text{带息债务/全部投入资本}-20.183\times X_{10}\text{流动负债/负债合计}+\cdots+56.445\times X_{66}\text{扣除非经常损益后的净利润/净利润}-\cdots-4.325\times X_{176}\text{广义货币供应量(M2)同比增长率} \tag{12.1}$$

线性判别模型在 T–1 时间窗口样本的违约状态预测方程如下。

$$\hat{y}_j(T+1)=\begin{cases}1, & \hat{p}_j(T)\geqslant 0.5\\ 0, & \hat{p}_j(T)<0.5\end{cases} \tag{12.2}$$

将表 12.11 第 3 列 16 个指标对应表 12.5(e)列 T–1 时间窗口 23 个公司的测试样本数据，代入式(12.1)得到违约概率预测值 $\hat{p}_j$ (j=1, 2, …, 23)，将违约概率预测值 $\hat{p}_j$ 代入式(12.2)得到违约状态预测值 $\hat{y}_j$(j=1, 2, …, 23)。将违约状态预测值 $\hat{y}_j$ 与实际值 y_j 进行对比，可得如表 12.17 所示的混淆矩阵中 TP、TN、FP、FN 四个值。将表 12.17 所示的混淆矩阵中 TP、TN、FP、FN 四个值，代入式(3.53)，计算得到第二类错误=FN/(TP+FN)=1/(7+1)=0.125。

表 12.17 违约预测混淆矩阵

客户的真实违约状态	客户的预测违约状态	
	(1)预测违约	(2)预测非违约
(1)真实违约	违约样本判对的个数 TP=7	违约样本判错的个数 FN=1
(2)真实非违约	非违约样本判错的个数 FP=0	非违约样本判对的个数 TN=15

表 12.18 是上市公司采矿行业 T–m(m=0, 1, 2, 3, 4, 5)时间窗口的 14 种大数据违约评价模型方案的测试样本预测精度结果。以线性判别模型在 T–1 时间窗口样本为例，将上文计算得到的第二类错误 Type-II Error=0.125，列入表 12.18 第 15 行第 4 列。同理，将表 12.17 所示的混淆矩阵中 TP、TN、FP、FN 四个值，分别代入式(3.54)至式(3.56)，得到其他四个精度结果，分别列入表 12.18 第 15 行第 5~8 列。

表 12.18 上市公司采矿行业 T–m(m=0, 1, 2, 3, 4, 5)时间窗口下模型预测精度结果

(1)序号	(2)时间窗口	(3)模型方案	(4)第二类错误	(5)第一类错误	(6)几何平均精度	(7)总体预测精度	(8)AUC 值
1	T–0	线性判别模型[12]	0.250	0.067	0.837	0.870	0.858
2		逻辑回归模型[13]	0.625	0.000	0.612	0.783	0.750
3		广义加性模型[14]	0.500	0.000	0.707	0.826	0.925
4		线性支持向量机模型[15]	0.250	0.133	0.806	0.826	0.850
5		决策树模型[16-17]	0.375	0.133	0.736	0.783	0.754
6		BP 神经网络模型[18]	0.375	0.067	0.764	0.826	0.783
7		K 近邻模型[19]	0.250	0.067	0.837	0.870	0.842
8		多数投票线性判别模型[20]	0.250	0.067	0.837	0.870	0.858
9		多数投票逻辑回归模型[20]	0.125	0.000	0.935	0.957	0.921
10		多数投票广义加性模型[20]	0.250	0.000	0.866	0.913	0.883
11		多数投票线性支持向量机模型[21]	0.250	0.133	0.806	0.826	0.842
12		多数投票决策树模型[22]	0.125	0.133	0.871	0.870	0.888
13		多数投票 BP 神经网络模型[23]	0.375	0.133	0.736	0.783	0.733
14		多数投票 K 近邻模型[24]	0.250	0.067	0.837	0.870	0.838

续表

(1)序号	(2)时间窗口	(3)模型方案	(4)第二类错误	(5)第一类错误	(6)几何平均精度	(7)总体预测精度	(8)AUC 值
15	T–1	线性判别模型[12]	0.125	0.000	0.935	0.957	1.000
16		逻辑回归模型[13]	0.000	0.000	1.000	1.000	1.000
17		广义加性模型[14]	0.000	0.000	1.000	1.000	1.000
18		线性支持向量机模型[15]	0.375	0.000	0.791	0.870	1.000
19		决策树模型[16-17]	0.250	0.000	0.866	0.913	0.983
20		BP 神经网络模型[18]	0.125	0.000	0.935	0.957	0.983
21		K 近邻模型[19]	0.375	0.000	0.791	0.870	0.813
22		多数投票线性判别模型[20]	0.125	0.067	0.904	0.913	0.983
23		多数投票逻辑回归模型[20]	0.125	0.000	0.935	0.957	1.000
24		多数投票广义加性模型[20]	0.000	0.067	0.966	0.957	1.000
25		多数投票线性支持向量机模型[21]	0.125	0.000	0.935	0.957	1.000
26		多数投票决策树模型[22]	0.000	0.000	1.000	1.000	1.000
27		多数投票 BP 神经网络模型[23]	0.125	0.000	0.935	0.957	0.992
28		多数投票 K 近邻模型[24]	0.250	0.000	0.866	0.913	0.875
29	T–2	线性判别模型[12]	0.000	0.000	1.000	1.000	1.000
30		逻辑回归模型[13]	0.125	0.000	0.935	0.957	1.000
31		广义加性模型[14]	0.000	0.133	0.931	0.913	0.975
32		线性支持向量机模型[15]	0.000	0.000	1.000	1.000	1.000
33		决策树模型[16-17]	0.125	0.067	0.904	0.913	0.904
34		BP 神经网络模型[18]	0.125	0.000	0.935	0.957	0.992
35		K 近邻模型[19]	0.000	0.000	1.000	1.000	1.000
36		多数投票线性判别模型[20]	0.000	0.000	1.000	1.000	1.000
37		多数投票逻辑回归模型[20]	0.000	0.000	1.000	1.000	1.000
38		多数投票广义加性模型[20]	0.000	0.267	0.856	0.826	0.950
39		多数投票线性支持向量机模型[21]	0.000	0.000	1.000	1.000	1.000
40		多数投票决策树模型[22]	0.000	0.067	0.966	0.957	0.963
41		多数投票 BP 神经网络模型[23]	0.125	0.000	0.935	0.957	1.000
42		多数投票 K 近邻模型[24]	0.000	0.000	1.000	1.000	1.000
43	T–3	线性判别模型[12]	0.375	0.067	0.764	0.826	0.750
44		逻辑回归模型[13]	0.375	0.067	0.764	0.826	0.779
45		广义加性模型[14]	0.375	0.067	0.764	0.826	0.842
46		线性支持向量机模型[15]	0.250	0.067	0.837	0.870	0.858
47		决策树模型[16-17]	0.250	0.067	0.837	0.870	0.842
48		BP 神经网络模型[18]	0.750	0.067	0.483	0.696	0.842
49		K 近邻模型[19]	0.375	0.067	0.764	0.826	0.779
50		多数投票线性判别模型[20]	0.375	0.067	0.764	0.826	0.717
51		多数投票逻辑回归模型[20]	0.375	0.067	0.764	0.826	0.825
52		多数投票广义加性模型[20]	0.750	0.000	0.500	0.739	0.875

续表

(1)序号	(2)时间窗口	(3)模型方案	(4)第二类错误	(5)第一类错误	(6)几何平均精度	(7)总体预测精度	(8)AUC 值
53	T–3	多数投票线性支持向量机模型[21]	0.250	0.067	0.837	0.870	0.867
54		多数投票决策树模型[22]	0.250	0.067	0.837	0.870	0.892
55		多数投票 BP 神经网络模型[23]	0.375	0.067	0.764	0.826	0.833
56		多数投票 K 近邻模型[24]	0.375	0.067	0.764	0.826	0.775
57	T–4	线性判别模型[12]	0.375	0.200	0.707	0.739	0.825
58		逻辑回归模型[13]	0.375	0.267	0.677	0.696	0.775
59		广义加性模型[14]	0.875	0.000	0.354	0.696	0.958
60		线性支持向量机模型[15]	0.375	0.200	0.707	0.739	0.808
61		决策树模型[16-17]	0.250	0.133	0.806	0.826	0.792
62		BP 神经网络模型[18]	0.375	0.067	0.764	0.826	0.783
63		K 近邻模型[19]	0.375	0.267	0.677	0.696	0.679
64		多数投票线性判别模型[20]	0.375	0.267	0.677	0.696	0.800
65		多数投票逻辑回归模型[20]	0.375	0.267	0.677	0.696	0.792
66		多数投票广义加性模型[20]	0.500	0.000	0.707	0.826	0.967
67		多数投票线性支持向量机模型[21]	0.375	0.200	0.707	0.739	0.825
68		多数投票决策树模型[22]	0.125	0.067	0.904	0.913	0.950
69		多数投票 BP 神经网络模型[23]	0.375	0.133	0.736	0.783	0.833
70		多数投票 K 近邻模型[24]	0.375	0.267	0.677	0.696	0.650
71	T–5	线性判别模型[12]	0.250	0.600	0.548	0.522	0.708
72		逻辑回归模型[13]	0.250	0.600	0.548	0.522	0.642
73		广义加性模型[14]	0.500	0.067	0.683	0.783	0.667
74		线性支持向量机模型[15]	0.250	0.667	0.500	0.478	0.792
75		决策树模型[16-17]	0.500	0.400	0.548	0.565	0.558
76		BP 神经网络模型[18]	0.250	0.467	0.632	0.609	0.683
77		K 近邻模型[19]	0.250	0.600	0.548	0.522	0.575
78		多数投票线性判别模型[20]	0.250	0.600	0.548	0.522	0.667
79		多数投票逻辑回归模型[20]	0.250	0.600	0.548	0.522	0.683
80		多数投票广义加性模型[20]	0.500	0.000	0.707	0.826	0.742
81		多数投票线性支持向量机模型[21]	0.250	0.600	0.548	0.522	0.783
82		多数投票决策树模型[22]	0.250	0.667	0.500	0.478	0.729
83		多数投票 BP 神经网络模型[23]	0.250	0.667	0.500	0.478	0.633
84		多数投票 K 近邻模型[24]	0.250	0.600	0.548	0.522	0.538

以上是以线性判别模型在 T–1 时间窗口样本为例。同理，可分别根据上文 3.2 节中的 14 种大数据违约评价模型的表达式，计算在上市公司采矿行业 T–m(m=0, 1, 2, 3, 4, 5)测试样本上的精度结果，并将精度结果列入表 12.18 中。

由表 12.18 第 8 列 AUC 值可以看出，AUC 值基本都能达到 70%以上[25-26]，表明这 14 种模型在 5 年的时间窗口均能实现较好的模型预测效果，即模型有 5 年的预测能力。表 12.18 第 4 列的违约客户错判率第二类错误基本都在 30%以下[27-28]，说明所构建的模型对公司违约具有较好的预测能力。

12.6　采矿行业的最优违约预警模型的对比分析

上市公司采矿行业违约预警模型最优方案选择共有如下三个选择标准。

第一标准：模型违约预测精度越高，模型方案排名越靠前。

第二标准：模型可解释性越强，模型方案排名越靠前。

第三标准：模型复杂性越低，模型方案排名越靠前。

表 12.19 是给出了 14 种模型方案基于上市公司采矿行业样本数据的三个标准排序结果。

表 12.19　上市公司采矿行业最优模型方案的选择

(1)序号	(2)模型方案	(3)标准一：分类精度排序平均值	(4)标准二：可解释性排序[29-30]	(5)标准三：复杂性排序[29, 31]	(6)三个标准的排序平均值
1	线性判别模型[12]	7.23	1	1	3.08
2	逻辑回归模型[13]	6.40	2	2	3.47
3	广义加性模型[14]	6.30	4	3	4.43
4	线性支持向量机模型[15]	7.63	10	4	7.21
5	决策树模型[16-17]	7.83	3	5	5.28
6	BP 神经网络模型[18]	8.80	11	7	8.93
7	K 近邻模型[19]	8.67	9	6	7.89
8	多数投票线性判别模型[20]	7.00	5	8	6.67
9	多数投票逻辑回归模型[20]	6.00	6	9	7.00
10	多数投票广义加性模型[20]	5.87	8	10	7.96
11	多数投票线性支持向量机模型[21]	7.07	13	11	10.36
12	多数投票决策树模型[22]	7.53	7	12	8.84
13	多数投票 BP 神经网络模型[23]	8.23	14	14	12.08
14	多数投票 K 近邻模型[24]	8.60	12	13	11.20

表 12.19 第 2 列为 14 种模型方案的模型名称。

表 12.19 第 3 列为 14 种模型方案基于标准一预测精度的排序平均值，是基于表 12.18 中五个精度标准的精度排序平均值。排序的平均值越小，表示模型的预测精度越高，即排序平均值为 5.87 的模型预测精度最高。

表 12.19 第 4 列为 14 种模型方案基于标准二可解释性的排序，是基于现有文献[29-30]对 14 种大数据模型可解释性的排序结果。排序的序号越小，表示模型的可解释性越强，即排序为“1”的模型方案可解释性最强。

表 12.19 第 5 列为 14 种模型方案基于标准三复杂性的排序，是基于现有文献[29, 31]对 14 种大数据模型复杂性的排序结果。排序的序号越小，表示模型的复杂性越低，即排序为“1”的模型方案复杂性最低。

表 12.19 第 6 列为 14 种模型方案的三个标准排序平均值，是第 3 列、第 4 列和第 5 列的算术平均值。排序平均值越小，表示模型方案越能够同时兼顾精度、可解释性、复杂性这三个因素，越应该被选用，即排序平均值最小的模型方案是最优模型方案。

根据最优方案的三个选择标准，结合表 12.19 第 6 列的平均排序可以得出，线性判别模型的排序平均值最小。因此，上市公司采矿行业的最优模型方案是线性判别模型。

12.7 采矿行业的最优违约预警模型

由 12.6 节可知，上市公司采矿行业的最优模型方案是线性判别模型。

设：$\hat{p}_j(T-m)$ 为第 j 个上市公司 T–m 年预测的违约概率，则根据 12.5 节中求解的上市公司采矿行业对应的 T–m(m=0, 1, 2, 3, 4, 5)线性判别模型评价方程如下。

上市公司采矿行业的 T–0 违约判别模型，如式(12.3)所示。

$$\begin{aligned}\hat{p}(T-0) =& 5.108\times X_1 \text{资产负债率}+18.523\times X_2 \text{剔除预收款项后的资产负债率}+\cdots \\ & -1.155\times X_{31}\text{货币资金比例}+12.17\times X_{38}\text{每股权益合计}+\cdots-7.801\times X_{139}\text{是否为金融机构} \\ & +8.305\times X_{140}\text{预审计情况}-0.858\times X_{176}\text{广义货币供应量(M2)同比增长率}\end{aligned} \tag{12.3}$$

上市公司采矿行业的提前 1 年违约预警模型，如式(12.4)所示。

$$\begin{aligned}\hat{p}(T-1) =& 16.278\times X_1 \text{资产负债率}+\cdots+56.445\times X_{66}\text{扣除非经常损益后的净利润/净利润} \\ & -10.511\times X_{69}\text{资本支出/折旧和摊销}-4.325\times X_{176}\text{广义货币供应量(M2)同比增长率}\end{aligned} \tag{12.4}$$

上市公司采矿行业的提前 2 年违约预警模型，如式(12.5)所示。

$$\begin{aligned}\hat{p}(T-2) =& 20.5\times X_1 \text{资产负债率}+\cdots+2.994\times X_{18}\text{现金流量利息保障倍数} \\ & +17.309\times X_{38}\text{每股权益合计}+\cdots+1.382\times X_{176}\text{广义货币供应量(M2)同比增长率}\end{aligned} \tag{12.5}$$

上市公司采矿行业的提前 3 年违约预警模型，如式(12.6)所示。

$$\begin{aligned}\hat{p}(T-3) =& 41.046\times X_1 \text{资产负债率}+\cdots+40.813\times X_{66}\text{扣除非经常损益后的净利润/净利润}+\cdots \\ & -17.345\times X_{155}\text{社会捐赠强度}+13.37\times X_{176}\text{广义货币供应量(M2)同比增长率}\end{aligned} \tag{12.6}$$

上市公司采矿行业的提前 4 年违约预警模型，如式(12.7)所示。

$$\begin{aligned}\hat{p}(T-4) =& -0.399\times X_1 \text{资产负债率}+\cdots+25.528\times X_{65}\text{所得税/利润总额}+\cdots \\ & +12.138\times X_{139}\text{是否为金融机构}+25.462\times X_{144}\text{派息比税前}+18.151 \\ & \times X_{176}\text{广义货币供应量(M2)同比增长率}\end{aligned} \tag{12.7}$$

上市公司采矿行业的提前 5 年违约预警模型，如式(12.8)所示。

$$\begin{aligned}\hat{p}(T-5) =& -17.565\times X_1 \text{资产负债率}+\cdots+15.926\times X_{41}\text{净资产收益率(扣除/加权)}+\cdots \\ & -22.385\times X_{189}\text{货物周转量增长率}\end{aligned} \tag{12.8}$$

以上构建的模型式(12.3)至式(12.8)是通过第 T–m 年的指标数据与 T 年违约状态训练得到的提前 m 年违约预警的评价方程，以达到根据第 T 年的指标数据，预测公司第 T+m 年违约状态的目的。应该指出，这里的第 T–m 年的指标数据不是仅包含某一年(如 2008 年)的指标截面数据，而是包含了不同年份(如 2008 年、2014 年等)平移后的指标截面数据。

则第 j 个上市公司采矿行业第 T+m 年违约状态预测值 $\hat{y}_j(T+m)$的表达式如下。

$$\hat{y}_j(T+m)=\begin{cases}1, & \hat{p}_j(T)\geqslant 0.5 \\ 0, & \hat{p}_j(T)<0.5\end{cases} \tag{12.9}$$

12.8 采矿行业的违约概率和信用得分的确定

由上文 12.7 节可知，最优模型方案为线性判别模型，共构建了 T+m(m=0, 1, 2, 3, 4, 5)共 6 个违约判别或预测模型表达式，如上文式(12.3)至式(12.8)所示。

将表 12.10 第 3 列 T–0 年最优指标体系对应的 2000~2018 年这 19 年的上市公司采矿行业数据，代入式(12.3)，得到上市公司采矿行业第 T+0 年的违约概率判别值，列入表 12.20 第 3 列。

表 12.20　上市公司采矿行业 2000~2018 年这 19 年的最优模型方案线性判别的预测结果

(1)序号	(2)证券序号	(a)T+0		(b)T+1		(c)T+2		(d)T+3		(e)T+4		(f)T+5	
		(3)违约概率 p_j	(4)信用得分 S_j	(5)违约概率 p_j	(6)信用得分 S_j	(7)违约概率 p_j	(8)信用得分 S_j	(9)违约概率 p_j	(10)信用得分 S_j	(11)违约概率 p_j	(12)信用得分 S_j	(13)违约概率 p_j	(14)信用得分 S_j
1	2018-000426	0.4792	52.08	1.00	0.00	0.999	0.10	0.9994	0.06	1.00	0.00	0.9545	4.55
2	2018-000506	0.1349	86.51	0.9997	0.03	0.9991	0.09	1.00	0.00	0.7362	26.38	1.00	0.00
3	2018-000552	0.0006	99.94	0.0001	99.99	0.0001	99.99	0.0006	99.94	0.9433	5.67	1.00	0.00
…	…	…	…	…	…	…	…	…	…	…	…	…	…
1220	2000-600766	0.9988	0.12	0.00	100.00	0.0012	99.88	0.9988	0.12	0.015	98.50	0.00	100.00
1221	2000-600871	1.00	0.00	0.00	100.00	1.00	0.00	0.00	1.00	1.00	0.00	0.0001	99.99
1222	2000-601857	0.0258	97.42	0.8602	13.98	1.00	0.00	1.00	0.00	0.4606	53.94	0.7915	20.85

如表 12.20 第 1 行所示，证券序号“2018-000426”表示 2018 年代码为“000426”上市公司。第 1 行第 3 列表示“000426”上市公司在 2018 年的违约概率判别值 p_j=0.4792，将违约概率判别值 p_j=0.4792 代入上文式(3.3)的信用得分表达式，得到“000426”上市公司 2018 年信用得分 $S_j=(1-p_j)\times100=(1-0.4792)\times100=52.08$，列入表 12.20 第 1 行第 4 列。

同理，对于表 12.11 至表 12.15 的 $T-m(m=1, 2, 3, 4, 5)$年的最优指标体系的数据，代入式 (12.4)至式(12.8)，可分别计算 $T+m(m=1, 2, 3, 4, 5)$年的上市公司违约概率值 p_j 和信用得分值 S_j，将预测结果列入表 12.20 第 5 列至第 14 列。

表 12.21 是上市公司采矿行业 2000~2023 年这 24 年的违约概率和信用得分预测结果。

表 12.21　上市公司采矿行业 2000~2023 年这 24 年的违约概率和信用得分预测结果

(1)序号	(2)证券代码	(3)年份	(4)行业	(5)省区市	(6)所有制	(7)违约概率 $p_{j(T+m)}$	(8)信用得分 $S_{j(T+m)}$
1	000426.SZ	2000	采矿行业	内蒙古自治区	民营企业	0.0112	98.88
2	000506.SZ	2000	采矿行业	山东省	民营企业	0.8835	11.65
3	000552.SZ	2000	采矿行业	甘肃省	地方国有企业	0.6418	35.82
…	…	…	…	…	…	…	…
1223	000426.SZ	2019	采矿行业	内蒙古自治区	公众企业	0.5205	47.95
1224	000506.SZ	2019	采矿行业	山东省	民营企业	0.7949	20.51
1225	000552.SZ	2019	采矿行业	甘肃省	地方国有企业	0.2397	76.03
…	…	…	…	…	…	…	…
1296	603993.SH	2019	采矿行业	河南省	民营企业	0.2256	77.44
1297	000426.SZ	2020	采矿行业	内蒙古自治区	民营企业	0.6759	32.41
1298	000506.SZ	2020	采矿行业	山东省	民营企业	0.7944	20.56
…	…	…	…	…	…	…	…
1445	000426.SZ	2022	采矿行业	内蒙古自治区	民营企业	0.0019	99.81
1446	000506.SZ	2022	采矿行业	山东省	民营企业	0.0576	94.24
1447	000552.SZ	2022	采矿行业	甘肃省	地方国有企业	0.0175	98.25
…	…	…	…	…	…	…	…
1590	603727.SH	2023	采矿行业	天津市	民营企业	1.0000	0.00
1591	603979.SH	2023	采矿行业	北京市	民营企业	1.0000	0.00
1592	603993.SH	2023	采矿行业	河南省	民营企业	1.0000	0.00

表 12.21 中，第 1~1222 行是 2000~2018 年这 19 年上市公司数据按上文式(12.3)计算的 T+0 判别的信用得分结果。第 1223~1592 行是根据 2018 年的上市公司数据，分别按上文式(12.4)至式(12.8)计算的 T+1~T+5 年预测的信用得分结果。

将表 12.10 第 3 列 T–0 年最优指标体系对应的 2000 年至 2018 年 1222 家上市公司数据，代入上文式(12.3)，得到上市公司第 T+0 年的违约概率判别值 $p_{j(T+0)}$，列入表 12.21 第 7 列第 1~1222 行，并将违约概率判别值 $p_{j(T+0)}$代入上文式(3.3)的信用得分表达式得到信用得分 $S_{j(T+0)}$，列入表 12.21 第 8 列第 1~1222 行。

将表 12.11 第 3 列 T–1 年最优指标体系对应的 2018 年 74 家上市公司数据，代入上文式(12.4)，得到上市公司第 T+1 年的违约概率预测值 $p_{j(T+1)}$，并将违约概率预测值 $p_{j(T+1)}$代入上文式(3.7)的信用得分表达式得到 2019 年信用得分预测值 $S_{j(T+1)}$，列入表 12.21 第 8 列第 1223~1296 行。同理，可根据式(12.5)至式(12.8)预测 2020 年至 2023 年的信用得分 $S_{j(T+m)}$，并将结果列入表 12.21 第 8 列第 1297~1592 行。

12.9　采矿行业的信用等级划分

以 T+0 年的信用等级划分为例进行说明。

将表 12.20 第 4 列的 T+0 年信用得分 S_j 按降序排列，结果对应列入表 12.22 第 3 列。表 12.22 第 4 列违约概率 p_j 来自表 12.20 第 3 列。表 12.22 第 5 列负债总额 D_j 数据来源于 Wind 数据库。表 12.22 第 6 列应收未收本息数据等于表 12.22 第 4 列和第 5 列的乘积。表 12.22 第 7 列应收本息数据等于表 12.22 第 5 列。

表 12.22　上市公司采矿行业最优模型方案线性判别的 T+0 年信用等级划分数据

(1)序号	(2)证券代码	(3)信用得分 S_j	(4)违约概率 p_j	(5)负债总额 D_j/元	(6)应收未收本息 L_j/元	(7)应收本息 R_j/元
1	2007-600759	100.00	0.00	68 596 515.06	0.00	68 596 515.06
2	2012-600508	99.99	0.00	2 924 581 621.00	0.00	2 924 581 621.00
3	2011-600508	99.99	0.00	2 859 349 253.00	0.00	2 859 349 253.00
…	…	…	…	…	…	…
706	2016-600348	49.61	0.50	27 763 190 007.00	13 881 595 003.50	27 763 190 007.00
…	…	…	…	…	…	…
1 222	2006-000688	0.00	1.00	1 570 339 970.00	1 570 339 970.00	1 570 339 970.00

依据上文 3.4.2 节的信用等级划分模型，将表 12.22 第 6~7 列的应收未收本息 L_j、应收本息 R_j 数据代入上文式(3.68)至式(3.71)的信用等级划分模型，根据迟国泰教授科研创新团队的发明专利“信用等级越高，违约损失率越低”的违约金字塔原理[32]，得到的评级结果如表 12.23 第 3~5 列所示。

表 12.23　上市公司采矿行业最优模型方案线性判别的 T+0 年信用等级划分结果

(1)序号	(2)等级	(3)信用得分区间	(4)样本数	(5)违约损失率/%	(6)信用度
1	AAA	$49.61 \leq S \leq 100$	706	5.29	特优
…	…	…	…	…	…
4	BBB	$13.60 \leq S < 16.50$	11	85.00	较好
…	…	…	…	…	…
7	CCC	$0.002 \leq S < 0.001$	6	99.9991	差
…	…	…	…	…	…
9	C	$0 \leq S < 0.001$	35	100.00	极差

根据表 12.23 第 4 列可知，T+0 年 AAA 级公司样本数为 706 个，即 AAA 级公司为按照信用得分降序排列后的第 1~706 个公司。由表 12.22 第 3 列可知，第 706 行证券代码“2016-600348”公司对应的信用得分为 49.61，故 AAA 级公司的信用得分区间为 49.61≤S≤100，列入表 12.23 第 3 列第 1 行，即 T+0 年信用得分落在区间 49.61≤S≤100 的公司均为 AAA 级公司。同理，可得 AA、A、…、C 等其余 8 个等级划分结果，对应列入表 12.23 第 2 列第 2~9 行。由信用等级 AAA、AA、A、BBB、BB、B、CCC、CC、C 依次对应特优、优、良、较好、一般、较差、差、很差、极差的信用度，列入表 12.23 第 6 列。

以上是上市公司采矿行业最优模型方案线性判别的 T+0 年信用等级划分结果。同理，可分别得到 $T+m(m=1, 2, 3, 4, 5)$年的上市公司采矿行业的信用等级划分结果，如表 12.24 至表 12.28 所示。

表 12.24　上市公司采矿行业最优模型方案线性判别的 T+1 年信用等级划分结果

(1)序号	(2)等级	(3)信用得分区间	(4)样本数	(5)违约损失率/%	(6)信用度
1	AAA	47.5≤S≤100	851	0.77	特优
…	…	…	…	…	…
4	BBB	26.0≤S<31.1	3	71.55	较好
…	…	…	…	…	…
7	CCC	12.8≤S<16.7	3	85.34	差
…	…	…	…	…	…
9	C	0≤S<2.8	155	99.85	极差

表 12.25　上市公司采矿行业最优模型方案线性判别的 T+2 年信用等级划分结果

(1)序号	(2)等级	(3)信用得分区间	(4)样本数	(5)违约损失率/%	(6)信用度
1	AAA	48.7≤S≤100	854	1.48	特优
…	…	…	…	…	…
4	BBB	16.7≤S<20	4	81.67	较好
…	…	…	…	…	…
7	CCC	0.2≤S<0.3	4	99.74	差
…	…	…	…	…	…
9	C	0≤S<0.1	3	100.00	极差

表 12.26　上市公司采矿行业最优模型方案线性判别的 T+3 年信用等级划分结果

(1)序号	(2)等级	(3)信用得分区间	(4)样本数	(5)违约损失率/%	(6)信用度
1	AAA	48.5≤S≤100	742	2.98	特优
…	…	…	…	…	…
4	BBB	44.3≤S<47.3	3	54.15	较好
…	…	…	…	…	…
7	CCC	13.1≤S<15.9	5	85.40	差
…	…	…	…	…	…
9	C	0≤S<0.1	1	100.00	极差

表 12.27　上市公司采矿行业最优模型方案线性判别的 T+4 年信用等级划分结果

(1)序号	(2)等级	(3)信用得分区间	(4)样本数	(5)违约损失率/%	(6)信用度
1	AAA	44.9≤S≤100	635	5.19	特优
…	…	…	…	…	…

续表

(1)序号	(2)等级	(3)信用得分区间	(4)样本数	(5)违约损失率/%	(6)信用度
4	BBB	26.3≤S≤28.1	4	72.82	较好
…	…	…	…	…	…
7	CCC	3.7≤S<9.4	35	93.83	差
…	…	…	…	…	…
9	C	0≤S<0.1	16	100.00	极差

表 12.28　上市公司采矿行业最优模型方案线性判别的 T+5 年信用等级划分结果

(1)序号	(2)等级	(3)违约概率区间	(4)样本数	(5)违约损失率/%	(6)信用度
1	AAA	48.7≤S≤100	386	1.40	特优
…	…	…	…	…	…
4	BBB	45.8≤S<47	1	53.70	较好
…	…	…	…	…	…
7	CCC	11.9≤S<17.9	4	85.40	差
…	…	…	…	…	…
9	C	0≤S<0.1	1	100.00	极差

12.10　采矿行业的信用特征分析

12.10.1　地区的信用特征分析

为检验不同地区的信用得分是否存在显著差异。本书根据表 12.21 第 5 列的 25 个中国省区市(港澳台除外，包括采矿行业的仅有 25 个省区市)和第 8 列的信用得分，统计出上市公司采矿行业所在的 25 个省区市的信用得分平均值、最大值、最小值、标准差、中位数等，列在表 12.29 的第 3~8 列。

表 12.29　上市公司采矿行业省区市信用特征描述表

(1)序号	(2)省区市	(3)信用得分平均值	(4)信用得分最大值	(5)信用得分最小值	(6)信用得分标准差	(7)信用得分中位数	(8)样本数量
1	陕西省	80.60	100.00	0.00	21.78	82.94	51
2	浙江省	72.18	99.24	0.00	30.60	82.97	29
3	贵州省	71.98	99.51	0.00	22.55	76.72	24
…	…	…	…	…	…	…	…
13	上海市	62.99	99.49	0.00	24.40	68.73	47
14	内蒙古自治区	62.55	99.99	0.00	27.66	67.19	113
15	安徽省	60.77	99.80	0.00	24.77	66.10	43
…	…	…	…	…	…	…	…
17	西藏自治区	58.14	99.24	0.00	30.46	63.70	61
…	…	…	…	…	…	…	…
20	山东省	51.62	99.72	0.00	29.41	56.77	119
…	…	…	…	…	…	…	…
23	四川省	44.21	98.73	0.00	28.74	41.30	42

续表

(1)序号	(2)省区市	(3)信用得分平均值	(4)信用得分最大值	(5)信用得分最小值	(6)信用得分标准差	(7)信用得分中位数	(8)样本数量
24	辽宁省	43.88	94.88	0.00	26.73	46.14	24
25	重庆市	41.15	82.73	0.00	26.81	37.90	24

其中，表 12.29 第 8 列的样本数量是 2000~2023 年这 24 年的采矿行业上市公司总数，这里的总数包括相同企业不同年份的重复计数。例如，同一个企业 2000~2023 年这 24 年，数量记为 24，其他企业的统计同理。

同时，为检验两两省区市之间的信用得分是否存在显著差异，本书采用曼-惠特尼 U 检验[33]来进行显著性水平检验。以西藏自治区与山东省为例，根据表 12.29 第 1 列第 17、20 行的序号排序和第 8 列第 17、20 行的企业数量，计算得到曼-惠特尼 U 检验统计量为 3192.00，列入表 12.30 第 1 行第 3 列。通过查曼-惠特尼 U 检验统计量的显著性水平表，将对应的 p 值 0.093 列入表 12.30 第 1 行第 4 列。同理，将其他任意两个省区市的曼-惠特尼 U 检验结果列在表 12.30 第 2~300 行。

表 12.30　上市公司采矿行业的省区市之间信用得分的差异性检验

(1)序号	(2)省区市两两比较	(3)曼-惠特尼 U 检验统计量值	(4)p 值
1	西藏自治区与山东省	3192 .00*	0.093
2	西藏自治区与云南省	609.50	0.179
3	西藏自治区与江西省	511.50**	0.016
…	…	…	…
299	四川省与浙江省	300.00***	0.001
300	新疆维吾尔自治区与浙江省	1034 .00**	0.025

***、**、*分别表示在 99%、95%、90%的置信水平下显著

表 12.29 和表 12.30 的实证结果表明，中国上市公司的省区市特征为陕西省、浙江省、贵州省等 12 个省区市的信用资质最高，上海市、内蒙古自治区、安徽省等 5 个省区市的信用资质居中，四川省、辽宁省、重庆市等 8 个省区市的信用资质最低。除西藏自治区和云南省信用资质差别不明显外，其余两两省区市之间的信用资质均存在显著差异。

根据上市公司采矿行业的 25 个省区市地理区域分布统计可知，信用得分高于 65 的信用资质较好的省区市基本分布在中部地区。信用得分介于 55 和 65 之间的信用资质居中的省区市基本分布在西北地区和东南地区。信用得分低于 55 的信用资质较差的省区市基本分布在西部地区和东北地区。

造成省区市信用特征差异的原因可能是，相比于西部内陆和东南地区，西北地区和中南地区矿产资源丰富，进而企业数量众多，相比于其他地区的采矿行业，这些地区的采矿行业企业具有更强的盈利能力和更大的发展空间，因此企业的资金运营能力也更强，信用资质也就更好。

12.10.2　公司所有制信用特征分析

公司所有制属性的信用特征分布是一个值得研究的话题，现有文献[34]认为相比于中国非国有企业，国有企业拥有更高的平均收益率和更有竞争力的其他优势。本书根据大股东和实际控制人将上市公司的所有制属性分为 7 类，分别是中央国有企业、地方国有企业、民营企业、集体企业、公众企业、外资企业和其他所有制企业。上市公司采矿行业包含的 6 类公司所有制属性，如表 12.31 第 2 列所示。

表 12.31　上市公司采矿行业公司所有制属性信用特征描述表

(1)序号	(2)所有制属性	(3)信用得分平均值	(4)信用得分最大值	(5)信用得分最小值	(6)信用得分标准差	(7)信用得分中位数	(8)样本数量
1	其他所有制企业	79.85	99.90	0.00	22.26	82.71	18
2	中央国有企业	62.97	99.91	0.00	25.06	67.23	340

续表

(1)序号	(2)所有制属性	(3)信用得分平均值	(4)信用得分最大值	(5)信用得分最小值	(6)信用得分标准差	(7)信用得分中位数	(8)样本数量
3	民营企业	60.78	100.00	0.00	31.44	64.88	543
4	地方国有企业	63.55	99.96	0.00	25.28	67.35	643
5	外资企业	33.69	90.27	0.00	24.82	39.71	24
6	公众企业	55.10	91.79	0.02	22.35	60.63	24

本书根据表 12.21 第 6 列的 6 个所有制属性和第 8 列的信用得分，统计出 6 个所有制属性的信用得分平均值、最大值、最小值、标准差、中位数等，列在表 12.31 的第 3~8 列。

其中，表 12.31 第 8 列的样本数量是 2000~2023 年这 24 年的采矿行业上市公司总数，这里的总数包括相同企业不同年份的重复计数。例如，同一个企业 2000~2023 年这 24 年，数量记为 24，其他企业的统计同理。

同时，为检验两种所有制形式之间的信用得分是否存在显著差异，本书采用曼-惠特尼 U 检验[33]来进行显著性水平检验。以其他所有制企业与中央国有企业为例，根据表 12.31 第 1 列第 1、2 行的序号排序和第 8 列第 1、2 行的企业数量，计算得到曼-惠特尼 U 检验统计量为 1585.50，列入表 12.32 第 1 行第 3 列。通过查曼-惠特尼 U 检验统计量的显著性水平表，将对应的 p 值 0.000 列入表 12.32 第 1 行第 4 列。同理，将其他任意两个所有制属性的曼-惠特尼 U 检验结果列在表 12.32 第 2~21 行。

表 12.32　上市公司采矿行业公司所有制之间信用得分的差异性检验

(1)序号	(2)企业所有制两两比较	(3)曼-惠特尼 U 检验统计量值	(4)p 值
1	其他所有制企业与中央国有企业	1585.50***	0.000
2	其他所有制企业与民营企业	3128.50***	0.005
3	其他所有制企业与地方国有企业	3060.50***	0.000
…	…	…	…
20	地方国有企业与公众企业	5834.50**	0.021
21	外资企业与公众企业	153.50***	0.003

***、**、*分别表示在 99%、95%、90%的置信水平下显著

表 12.31 和表 12.32 的实证结果表明，中国上市公司采矿行业的企业所有制属性信用特征为其他所有制企业和中央国有企业这 2 类所有制的信用资质最高，民营企业和地方国有企业这 2 类所有制的信用资质次之，外资企业、公众企业这 2 类所有制的信用资质最低。并且，任意两类所有制企业的信用资质均存在显著差异。

造成所有制属性信用特征分布差异的原因可能是：中央国有企业可能由于政府实际控制的原因，经营管理由政府主导，社会负担轻，信用相对较好。其他所有制企业可能因为其市场化程度高、经营灵活等优势，所以信用资质也相对较好。民营企业可能由于融资难或规模等原因，信用资质居中。外资企业和公众企业可能由于追求快速发展，风险性投资较多，从而导致信用资质不佳。

12.11　采矿行业的信用指数构建

表 12.33 第 5~7 列的上市公司采矿行业资产总额 A_j、负债总额 L_j、资产总额加负债总额(A_j+L_j)数据，是在 Wind 数据库查询得到的。表 12.33 第 8 列信用得分 $S_{j(T+m)}$来自上文表 12.21 第 8 列。其中，对于 2000~2018 年这 19 年已有指标数据的公司，用的是 m=0 的信用得分 $S_{j(T+0)}$；对于 2019~2023 年这 5 年没有指标

数据的公司，用的是 m=1, 2, 3, 4, 5 时刻预测的信用得分 $S_{j(T+m)}$。

表 12.33　上市公司采矿行业的资产总额、负债总额、资产总额加负债总额和最优模型方案线性判别的信用得分结果

(1)序号	(2)证券代码	(3)证券简称	(4)年份	(5)资产总额 A_j/元	(6)负债总额 L_j/元	(7)资产总额加负债总额(A_j+L_j)/元	(8)信用得分 $S_{j(T+m)}$
1	600871.SH	石化油服	2000	11 361 088 000.00	1 067 870 879.00	2 483 757 000.00	99.19
2	000426.SZ	兴业矿业	2000	1 067 870 879.00	326 349 011.10	1 394 219 890.00	98.88
3	600339.SH	中油工程	2000	794 185 834.40	185 476 930.00	979 662 764.40	97.85
…	…	…	…	…	…	…	…
41	600759.SH	洲际油气	2000	252 435 676.40	730 468 033.90	982 903 710.30	0.00
…	…	…	…	…	…	…	…
1 222	603993.SH	洛阳钼业	2018	51 618 181 925.00	101 000 000 000.00	152 618 181 925.00	65.66
1 223	000426.SZ	兴业矿业	2019	3 821 543 713.00	8 933 497 776.00	12 755 041 489.00	47.95
…	…	…	…	…	…	…	…
1 298	000506.SZ	中润资源	2020	1 418 200 278.50	2 532 760 657.00	3 950 960 935.50	71.22
…	…	…	…	…	…	…	…
1 500	601020.SH	华钰矿业	2022	1 255 751 105.00	3 895 675 114.00	5 151 426 219.00	99.16
…	…	…	…	…	…	…	…
1 592	603993.SH	洛阳钼业	2023	51 618 181 925.00	101 000 000 000.00	152 618 181 925.00	0.00

12.11.1　基于资产总额标准的信用指数计算

以 2000 年基于资产总额标准的信用指数计算为例进行说明。

1. 基于资产总额标准的典型公司样本选取

将表 12.33 第 1~41 行第 5 列资产总额 A_j 由高到低进行排序，并在表 12.33 第 1~41 行 2000 年的 41 家上市公司中选取年资产总额排名前 10%的公司，即 $N^A_{(2000)}$=41×10%≈4 家上市公司，作为 2000 年信用指数构建的典型公司，将这 4 家典型公司的证券代码、证券简称、年份、资产总额 $A_{j(2000)}$分别列入表 12.34 第 2~5 列的第 1~4 行。

表 12.34　上市公司采矿行业基于资产总额标准选取的典型公司样本

(1)序号	(2)证券代码	(3)证券简称	(4)年份	(5)资产总额 $A_{j(T+m)}$/万元	(6)典型公司样本权重 $W^A_{j(T+m)}$	(7)信用得分 $S_{j(T+m)}$
1	601857.SH	中国石油	2000	42 000 000.00	0.55	96.16
2	600028.SH	中国石化	2000	34 100 000.00	0.45	56.69
3	000688.SZ	建新矿业	2000	147 272.26	0.00	15.97
…	…	…	…	…	…	…
5	601857.SH	中国石油	2001	44 200 000.00	0.54	48.66
…	…	…	…	…	…	…
7	600188.SH	兖州煤业	2001	1 135 022.32	0.02	48.28
8	600759.SH	洲际油气	2001	5 850.98	0.00	0.00
…	…	…	…	…	…	…
142	601088.SH	中国神华	2023	58 700 000.00	0.42	0.00
…	…	…	…	…	…	…
147	600157.SH	永泰能源	2023	10 700 000.00	0.08	0.00
148	300084.SZ	海默科技	2023	308 042.76	0.00	1.98

以上是 2000 年基于资产总额标准的指数构建典型公司的选取。同理，可以得到 2001~2023 年的典型公司样本，将典型公司样本的结果列入表 12.34 第 5~148 行。

2. 基于资产总额标准的典型公司权重计算

将上文计算的 2000 年典型公司个数 $N^A{}_{(2000)}$≈4 和表 12.34 第 5 列的资产总额 $A_{j(2000)}$代入上文式(3.82)，得到 2000 年典型公司的权重。

以第 1 个典型公司“中国石油(601857.SH)”的指数权重 $W^A{}_{1(2000)}$为例。

将表 12.34 第 5 列第 1 行的资产总额 $A_{1(2000)}$=42 000 000.00 代入上文式(3.82)的分子，得到权重如下。

$$W^A{}_{1(2000)}=A_{1(2000)}/(A_{1(2000)}+\cdots+A_{4(2000)})=42\ 000\ 000.00/(42\ 000\ 000.00+\cdots+25\ 243.57)=0.55 \tag{12.10}$$

将式(12.10)的结果列入表 12.34 第 6 列第 1 行。同理，将表 12.34 第 5 列第 2~4 行的资产总额 $A_{j(2000)}$分别代入式(3.82)的分子，分别得到 2000 年其他 3 个典型公司的权重 $W^A{}_{j(2000)}(j=2, 3, 4)$，列入表 12.34 第 6 列第 2~4 行。

以上是基于资产总额标准的 2000 年的典型公司样本权重的计算。同理，可以得到基于资产总额标准的 2001~2023 年的典型公司样本权重 $W^A{}_{j(T+m)}$，将结果列入表 12.34 的第 6 列第 5~148 行。

3. 基于资产总额标准的信用指数计算

根据上文表 12.21 第 2 列的证券代码和第 8 列的信用得分，将表 12.34 第 7 列的信用得分 $S_{j(T+m)}$对应填充。

将表 12.34 第 1~4 行的 2000 年 4 家典型公司对应的第 6 列权重 $W^A{}_{j(T+m)}$、第 7 列信用得分 $S_{j(T+m)}$，以及上文选取的 2000 年典型公司个数 $N^A{}_{(2000)}$≈4，代入上文式(3.85)，得到 2000 年典型公司样本基于资产总额标准的信用得分加权平均值 $\overline{S}^A_{(2000)}$ 如下。

$$\overline{S}^A_{(2000)}=\sum_{j=1}^{4}W^A_{j(2000)}S_{j(2000)}=77.83 \tag{12.11}$$

将式(12.11)计算的 2000 年典型公司样本基于资产总额标准的信用得分加权平均值 $\overline{S}^A_{(2000)}$ =77.83，代入上文式(3.86)，得到 2000 年典型公司样本基于资产总额标准的信用指数 $\mathrm{CI}^A{}_{(2000)}$如下。

$$\mathrm{CI}^A{}_{(2000)}=\frac{\overline{S}^A_{(2000)}}{\overline{S}^A_{(2000)}}\times1000=\frac{77.83}{77.83}\times1000=1000 \tag{12.12}$$

将式(12.12)计算的 2000 年典型公司样本基于资产总额标准的信用指数 $\mathrm{CI}^A{}_{(2000)}$=1000，列入表 12.35 第 3 列第 1 行。

表 12.35 上市公司采矿行业的 2000~2023 年这 24 年的信用指数表

(1)序号	(2)年份	(3)资产总额前 10%的年度信用指数 $\mathrm{CI}^A{}_{(T+m)}$	(4)负债总额前 10%的年度信用指数 $\mathrm{CI}^L{}_{(T+m)}$	(5)基于资产总额加负债总额的年度信用指数 $\mathrm{CI}^{A+L}{}_{(T+m)}$
1	2000	1000.00	1000.00	1000.00
2	2001	909.67	879.72	905.71
3	2002	940.88	898.91	929.00
…	…	…	…	…
8	2007	1025.12	985.90	1013.28
9	2008	1045.38	1028.09	1043.12
10	2009	602.24	736.41	672.00
…	…	…	…	…
15	2014	1006.21	984.73	965.80
16	2015	890.48	1110.10	1015.56
…	…	…	…	…

续表

(1)序号	(2)年份	(3)资产总额前 10%的年度信用指数 $CI^A_{(T+m)}$	(4)负债总额前 10%的年度信用指数 $CI^L_{(T+m)}$	(5)基于资产总额加负债总额的年度信用指数 $CI^{A+L}_{(T+m)}$
20	2019	1179.36	1301.61	1229.16
21	2020	1147.59	1293.67	1216.13
…	…	…	…	…
24	2023	508.97	493.16	580.58

同理，可计算2001年的信用得分加权平均值 $\bar{S}^A_{(2001)}$ =70.80 和信用指数 $CI^A_{(2001)}$=(70.80/77.83)×1000= 909.67，列入表 12.35 第 3 列第 2 行。

以上是上市公司基于资产总额标准的 2000 年和 2001 年的信用指数计算。依次类推，将基于资产总额标准的 2002~2023 年的信用指数计算结果分别列入表 12.35 第 3 列第 3~24 行。

12.11.2　基于负债总额标准的信用指数计算

以 2000 年基于负债总额标准的信用指数计算为例进行说明。

1. 基于负债总额标准的典型公司样本选取

将表 12.33 第 1~41 行第 6 列负债总额 L_j 由高到低进行排序，并在表 12.33 第 1~41 行 2000 年的 41 家上市公司中选取年负债总额排名前 10%的公司，即 $N^L_{(2000)}$=41×10%≈4 家上市公司，作为 2000 年信用指数构建的典型公司。将这 4 家典型公司的证券代码、证券简称、年份、负债总额 $L_{j(2000)}$分别列入表 12.36 第 2~5 列的第 1~4 行。

表 12.36　上市公司采矿行业基于负债总额标准选取的典型公司样本

(1)序号	(2)证券代码	(3)证券简称	(4)年份	(5)负债总额 $L_{j(T+m)}$/万元	(6)典型公司样本权重 $W^L_{j(T+m)}$	(7)信用得分 $S_{j(T+m)}$
1	600028.SH	中国石化	2000	19 700 000.00	0.55	56.69
2	601857.SH	中国石油	2000	16 200 000.00	0.45	96.16
3	000688.SZ	建新矿业	2000	96 116.82	0.00	15.97
…	…	…	…	…	…	…
5	600028.SH	中国石化	2001	19 800 000.00	0.01	39.38
…	…	…	…	…	…	…
8	000629.SZ	洲际油气	2001	41 845.10	0.45	48.66
…		…	…	…	…	…
142	300084.SZ	海默科技	2023	102 000 000.00	0.00	1.98
…	…	…	…	…	…	…
147	601857.SH	中国石油	2023	7 807 913.56	0.45	0.00
148	601898.SH	中煤能源	2023	119 707.68	0.07	0.00

以上是 2000 年基于负债总额标准的指数构建典型公司的选取。同理，可以得到 2001~2023 年的典型公司样本，将典型公司样本的结果列入表 12.36 第 2~5 列第 5~148 行。

2. 基于负债总额标准的典型公司权重计算

将上文计算的 2000 年典型公司个数 $N^L_{(2000)}$≈4 和表 12.36 第 5 列的负债总额 $L_{j(2000)}$代入上文式(3.83)，得到 2000 年典型公司的权重。

以第 1 个典型公司“中国石化(600028.SH)”的指数权重 $W^L{}_{1(2000)}$为例。

将表 12.36 第 5 列第 1 行的负债总额 $L_{1(2000)}$= 19 700 000.00 代入上文式(3.83)的分子，得到权重如下。

$$W^L{}_{1(2000)}=L_{1(2000)}/(L_{1(2000)}+\cdots+L_{4(2000)})=19\,700\,000.00/(19\,700\,000.00+\cdots+73\,046.80)=0.55 \quad (12.13)$$

将式(12.13)的结果列入表 12.36 第 6 列第 1 行。同理，将表 12.36 第 5 列第 2~4 行的负债总额 $L_{j(2000)}$分别代入式(3.83)的分子，分别得到 2000 年其他 3 个典型公司的权重 $W^L{}_{j(2000)}(j=2, 3, 4)$，列入表 12.36 第 6 列第 2~4 行。

以上是基于负债总额标准的 2000 年的典型公司样本权重的计算。同理，可以得到基于负债总额标准的 2001~2023 年的典型公司样本权重 $W^L{}_{j(T+m)}$，将结果列入表 12.36 第 6 列第 5~148 行。

3. 基于负债总额标准的信用指数计算过程

根据上文表 12.21 第 2 列的证券代码和第 8 列的信用得分，将表 12.36 第 7 列的信用得分 $S_{j(T+m)}$对应填充。

将表 12.36 第 1~4 行的 2000 年 4 家典型公司对应的第 6 列权重 $W^L{}_{j(T+m)}$、第 7 列信用得分 $S_{j(T+m)}$，以及上文选取的 2000 年典型公司个数 $N^L{}_{(2000)}$≈4，代入上文式(3.87)，得到 2000 年典型公司样本基于负债总额标准的信用得分加权平均值 $\bar{S}^L_{(2000)}$ 如下。

$$\bar{S}^L_{(2000)}=\sum\nolimits_{j=1}^{4}W^L_{j(2000)}S_{j(2000)}=73.08 \quad (12.14)$$

将式(12.14)计算的 2000 年典型公司样本基于负债总额标准的信用得分加权平均值 $\bar{S}^L_{(2000)}$ =73.08，代入上文式(3.88)，得到 2000 年典型公司样本基于负债总额标准的信用指数 $\mathrm{CI}^L{}_{(2000)}$如下。

$$\mathrm{CI}^L{}_{(2000)}=\frac{\bar{S}^L_{(2000)}}{\bar{S}^L_{(2000)}}\times 1000=\frac{73.08}{73.08}\times 1000=1000 \quad (12.15)$$

将式(12.15)计算的 2000 年典型公司样本基于负债总额标准的信用指数 $\mathrm{CI}^L{}_{(2000)}$=1000，列入上文表 12.35 第 4 列第 1 行。

同理，可计算 2001 年的信用得分加权平均值 $\bar{S}^L_{(2001)}$ =64.29 和信用指数 $\mathrm{CI}^L{}_{(2001)}$=(64.29/73.08)×1000=879.72，列入上文表 12.35 第 4 列第 2 行。

以上是上市公司基于负债总额标准的 2000 年和 2001 年的信用指数计算。依次类推，将基于负债总额标准的 2002~2023 年的信用指数计算结果分别列入上文表 12.35 第 4 列第 3~24 行。

12.11.3 基于资产总额加负债总额标准的信用指数计算

以 2000 年的基于资产总额加负债总额标准的信用指数计算为例进行说明。

1. 基于资产总额加负债总额标准的典型公司样本选取

将表 12.33 第 1~41 行第 7 列资产总额加负债总额(A_i+L_j)由高到低进行排序，并在表 12.33 第 1~41 行 2000 年的 41 家上市公司中选取资产总额加负债总额排名前 10%的公司，即 $N^{A+L}{}_{(2000)}$=41×10%≈4 家公司，作为 2000 年信用指数构建的典型公司。将这 4 家典型公司的证券代码、证券简称、年份、资产总额加负债总额 $A_{j(2000)}+L_{j(2000)}$分别列入表 12.37 第 2~5 列的第 1~4 行。

表 12.37 上市公司采矿行业基于资产总额加负债总额选取的典型公司样本

(1)序号	(2)证券代码	(3)证券简称	(4)年份	(5)资产总额加负债总额 $(A_{j(T+m)}+L_{j(T+m)})$/万元	(6)典型公司样本权重 $W^{A+L}{}_{j(T+m)}$	(7)信用得分 $S_{j(T+m)}$
1	601857.SH	中国石油	2000	58 200 000.00	0.52	96.16
2	600028.SH	中国石化	2000	53 800 000.00	0.48	56.69
3	000688.SZ	建新矿业	2000	243 389.08	0.00	15.97
…	…	…	…	…	…	…

续表

(1)序号	(2)证券代码	(3)证券简称	(4)年份	(5)资产总额加负债总额 $(A_{j(T+m)}+L_{j(T+m)})$/万元	(6)典型公司样本权重 $W^{A+L}{}_{j(T+m)}$	(7)信用得分 $S_{j(T+m)}$
5	601857.SH	中国石油	2001	60 700 000.00	0.51	48.66
…	…	…	…	…	…	…
8	600759.SH	洲际油气	2001	47 696.08	0.00	0.00
…	…	…	…	…	…	…
142	601857.SH	中国石油	2023	102 182 247.85	0.30	0.00
…	…	…	…	…	…	…
147	600157.SH	永泰能源	2023	18 507 913.56	0.05	0.00
148	300084.SZ	海默科技	2023	427 750.43	0.00	1.98

以上是 2000 年基于资产总额加负债总额标准的指数构建典型公司的选取。同理，可以得到 2001~2023 年的典型公司样本，将典型公司样本的结果列入表 12.37 第 2~5 列第 5~148 行。

2. 基于资产总额加负债总额标准的典型公司权重计算

将上文计算的2000年典型公司个数 $N^{A+L}{}_{(2000)}$≈4 和表12.37 第5 列的资产总额加负债总额$(A_{j(2000)}+L_{j(2000)})$代入上文式(3.84)，得到 2000 年典型公司的权重。

以第 1 个典型公司“中国石油(601857.SH)”的指数权重 $W^{A+L}{}_{1(2000)}$为例。

将表12.37第5列第1行的资产总额加负债总额$(A_{1(2000)}+L_{1(2000)})$=58 200 000.00 代入上文式(3.84)的分子，得到权重如下。

$$
\begin{aligned}
W^{A+L}{}_{1(2000)}&=[A_{1(2000)}+L_{1(2000)}]/(A_{1(2000)}+L_{1(2000)}+\cdots+A_{117(2000)}+L_{117(2000)})\\
&=58\,200\,000.00/(58\,200\,000.00+\cdots+98\,290.37)=0.52
\end{aligned}
\tag{12.16}
$$

将式(12.16)的结果列入表 12.37 第 6 列第 1 行。同理，将表 12.37 第 5 列第 2~4 行的资产总额加负债总额$(A_{j(2000)}+L_{j(2000)})$分别代入式(3.84)的分子，分别得到 2000 年其他 3 个典型公司的权重 $W^{A+L}{}_{j(2000)}(j=2, 3, 4)$，列入表 12.37 第 6 列第 2~4 行。

以上是基于资产总额加负债总额标准的 2000 年的典型公司样本权重的计算。同理，可以得到基于资产总额加负债总额标准的 2001~2023 年的典型公司样本权重 $W^{A+L}{}_{j(T+m)}$，将结果列入表 12.37 第 6 列第 5~148 行。

3. 基于资产总额加负债总额标准的信用指数计算过程

根据上文表 12.21 第 2 列的证券代码和第 8 列的信用得分，将表 12.37 第 7 列的信用得分 $S_{j(T+m)}$对应填充。

将表 12.37 第 1~4 行 2000 年 4 家典型公司对应的第 6 列权重 $W^{A+L}{}_{j(T+m)}$、第 7 列信用得分 $S_{j(T+m)}$，以及上文选取的 2000 年典型公司个数 $N^{A+L}{}_{(2000)}$≈4，代入上文式(3.89)，得到 2000 年典型公司样本基于资产总额加负债总额标准的信用得分加权平均值 $\overline{S}^{A+L}_{(2000)}$ 如下。

$$
\overline{S}^{A+L}_{(2000)}=\sum\nolimits_{j=1}^{4}W^{A+L}_{j(2000)}S_{j(2000)}=77.21 \tag{12.17}
$$

将式(12.17)计算的 2000 年典型公司样本基于资产总额加负债总额标准的信用得分加权平均值 $\overline{S}^{A+L}_{(2000)}$=77.21，代入上文式(3.90)，得到 2000 年典型公司样本基于资产总额加负债总额标准的信用指数 $\mathrm{CI}^{A+L}{}_{(2000)}$如下。

$$
\mathrm{CI}^{A+L}{}_{(2000)}=\frac{\overline{S}^{A+L}_{(2000)}}{\overline{S}^{A+L}_{(2000)}}\times 1000=\frac{77.21}{77.21}\times 1000=1000 \tag{12.18}
$$

将式(12.18)计算的 2000 年典型公司样本基于资产总额加负债总额标准的信用指数 $\mathrm{CI}^{A+L}{}_{(2000)}$=1000，列入上文表 12.35 第 5 列第 1 行。

同理，可计算 2001 年的信用得分加权平均值 $\bar{S}^{A+L}_{(2001)}$=69.80 和信用指数 $\mathrm{CI}^{A+L}{}_{(2001)}$=(69.63/77.21)×1000=905.71，列入上文表 12.35 第 5 列第 2 行。

以上是上市公司基于资产总额加负债总额标准的 2000 年和 2001 年的信用指数计算。依次类推，将基于资产总额加负债总额标准的 2002~2023 年的信用指数计算结果分别列入上文表 12.35 第 5 列第 3~24 行。

12.11.4 采矿行业 2000~2023 年 24 年的信用指数趋势图

以表 12.35 第 2 列的年份为横轴，分别以第 3、4、5 列的年度信用指数为纵轴，做出上市公司采矿行业的年度信用指数走势图，如图 12.1 所示。

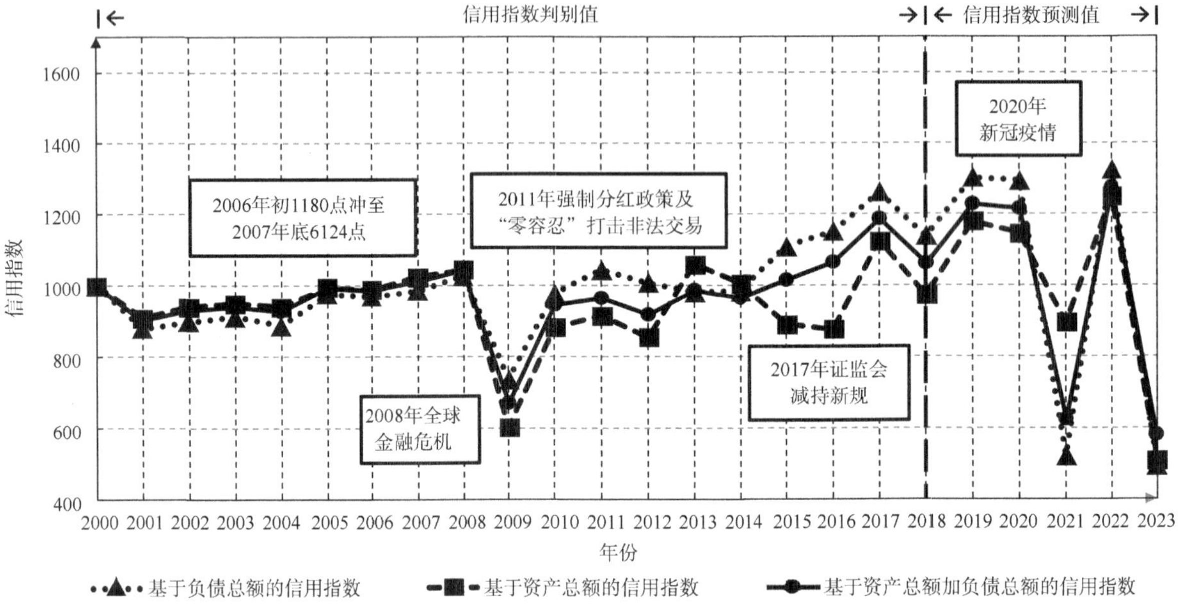

图 12.1 上市公司采矿行业的年度信用指数走势图

上市公司采矿行业 2000~2018 年这 19 年信用指数的发展规律，以及预测的 2019~2023 年这 5 年信用指数发展趋势如下。

1. 2000~2018 年这 19 年中国上市公司采矿行业信用指数的发展规律及原因分析

(1)中国上市公司采矿行业 2000~2018 年这 19 年信用指数发展规律。总体上看，2000 年至 2008 年采矿行业信用指数呈稳步升高趋势，在 2008 年出现第一次大幅下降拐点，并于 2009 年初开始恢复稳步波动增长，于 2011 年再次达到下降拐点，2012~2017 年呈现上升态势，并于 2017 年出现第二次大幅下降拐点。

(2)中国上市公司采矿行业 2000~2018 年这 19 年信用指数发展的宏观原因分析。2006~2007 年信用指数呈现上升趋势，这与当时的“2006 年初上证指数由 1180 点冲至 2007 年底的 6124 点”[35]的事件有关联。受“2008 年全球金融危机”[36]的影响，2008~2009 年信用指数出现第一次拐点，急剧下跌。

(3)中国上市公司采矿行业 2000~2018 年这 19 年信用指数发展的政策原因分析。2011 年采矿行业信用指数小幅下跌，可能与当时的“证监会主席换届、强制分红及‘零容忍’打击非法交易”[37]有联系。2017~2018 年采矿行业信用指数大幅下跌，出现第二次大幅下降拐点，由 2017 年的 1200 点跌到 2018 年的 1080 点，这与当时证监会发布的减持新规，从股东身份、减持通道、股票来源等多个方面所升级的监管措施，即遏制大股东哄抬股价有关[38]。

2. 2019~2023 年这 5 年中国上市公司采矿行业信用指数的发展趋势预测

(1)中国上市公司采矿行业 2019~2023 年这 5 年的信用指数发展趋势：2018~2019 年缓慢上升，在 2019 年出现拐点，中国 A 股采矿行业市场在 2018~2019 年保持增长，2019 年至 2020 年保持平稳。在 2021 年出现大幅下降拐点，呈下降趋势，指数于 2022 年之后呈现上升趋势，于 2023 年再度下降。

(2)中国上市公司采矿行业 2019~2023 年这 5 年信用指数发展趋势的原因分析。预测 2020~2021 年可能造成下跌的原因是，受 2020 年新冠疫情的影响，造成宏观经济环境动荡，上市公司的发展经营及融资受影响，导致 A 股市场的信用指数整体下滑。2021~2023 年先上升后下降的原因可能是后疫情时期，宏观环境持续改善，但由于监管和新政策规定的原因，指数会有所下降。因此，根据采矿行业信用指数的预测结果，应该注意 2021~2022 年宏观环境改变而造成的指数波动。

12.12　采矿行业的信用风险指数构建

12.12.1　基于三个标准的信用风险指数计算

上市公司信用风险指数的典型公司样本选择及权重计算方式，与上文 12.11 节的信用指数同理。但在信用风险指数计算时的差别在于：将信用指数计算公式中分子和分母的 $S_{j(T+m)}$ 替换为 $(100–S_{j(T+m)})$，如式(3.91)至式(3.96)所示，计算得到的信用风险指数反映违约可能性。信用风险指数越大，违约风险越高。计算过程与上文 12.11 节类推，不再赘述。

将计算得到的 2000 年至 2023 年三个标准下的信用风险指数，分别列入表 12.38 第 3~5 列。

表 12.38　上市公司采矿行业的 2000~2023 年的信用风险指数表

(1)序号	(2)年份	(3)资产总额前 10%的年度信用风险指数 $CRI^{A}_{(T+m)}$	(4)负债总额前 10%的年度信用风险指数 $CRI^{L}_{(T+m)}$	(5)基于资产总额加负债总额的年度信用风险指数 $CRI^{A+L}_{(T+m)}$
1	2000	1000.00	1000.00	1000.00
2	2001	1326.01	1345.65	1328.76
3	2002	1213.66	1290.62	1237.67
…	…	…	…	…
8	2007	909.23	1040.53	955.56
9	2008	836.00	919.25	855.64
10	2009	2437.47	1757.78	2098.04
…	…	…	…	…
15	2014	977.54	1043.91	1114.49
16	2015	1395.80	683.47	947.90
…	…	…	…	…
20	2019	351.81	132.90	232.85
21	2020	466.60	155.74	276.45
…	…	…	…	…
24	2023	2766.35	2712.38	2608.51

12.12.2　采矿行业 2000~2023 年 24 年的信用风险指数趋势图

根据表 12.38，以第 2 列的年份为横轴，以第 3、4、5 列的年度信用风险指数为纵轴，做出上市公司的年度信用风险指数走势图，如图 12.2 所示。

上市公司采矿行业 2000~2018 年这 19 年信用风险指数的发展规律，以及预测的 2019~2023 年这 5 年信用风险指数发展趋势如下。

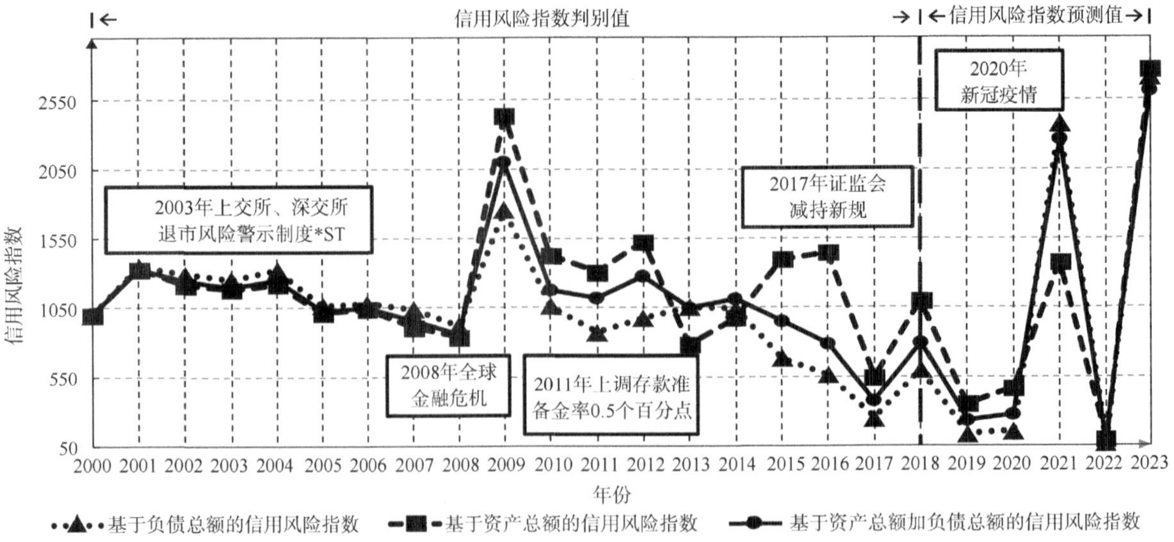

图 12.2　上市公司采矿行业的年度信用风险指数走势图

1. 2000~2018 年这 19 年中国上市公司采矿行业信用风险指数发展规律及原因分析

(1)中国上市公司采矿行业 2000~2018 年这 19 年信用风险指数发展规律。总体上看，2000~2003 年采矿行业信用风险指数稳步降低，在 2003 年出现一次上升拐点，在此之后持续降低。信用风险指数于 2008 年出现大幅上升拐点，信用风险急剧升高，并于 2009 年初开始稳步下降，于 2011 年再次达到上升拐点，2012~2017 年，信用风险指数降低，至 2017 年呈现上升趋势。

(2)中国上市公司采矿行业 2000~2018 年这 19 年信用风险指数发展的可能宏观原因分析。由于政策及宏观环境的变化，2003 年信用风险出现上升趋势，这可能与当时的“2003 年上交所和深交所发布《关于对存在股票终止上市风险的公司加强风险警示等有关问题的通知》[39]”事件有关。存在股票终止上市风险的公司，交易所对其股票交易实行“警示存在终止上市风险的特别处理”，在公司股票简称前冠以“*ST”标记[39]。2008 年信用风险急剧升高，出现第一次大幅上升拐点，是受“2008 年全球金融危机”[36]的外部宏观环境的强烈冲击。

(3)中国上市公司采矿行业 2000~2018 年这 19 年信用风险指数发展的可能政策原因分析。由于政策及监管环境的变化，2011~2012 年采矿行业信用风险指数升高，这与当时的央行上调存款准备金率 0.5 个百分点有关联[40]。2017~2018 年采矿行业信用风险指数大幅升高，出现第二次大幅上升拐点，由 2017 年的 350 点上升到 2018 年的 750 点，这与当时证监会发布的减持新规，从股东身份、减持通道、股票来源等多个方面所升级的监管措施，即遏制大股东哄抬股价有关[38]。

2. 2019~2023 年这 5 年中国上市公司采矿行业信用风险指数的发展趋势预测

(1)中国上市公司采矿行业 2019~2023 年这 5 年的信用风险指数发展趋势。2019~2023 年这 5 年，信用风险指数在 2018~2019 年稳步下降，中国 A 股采矿行业市场在 2020 年出现拐点，信用风险陡然上升，指数于 2021 年之后呈现下降趋势，于 2022 年再度上升。

(2)中国上市公司采矿行业 2019~2023 年这 5 年信用风险指数发展趋势的可能原因分析。预测 2020~2021 信用风险可能上升的原因是，受 2020 年新冠疫情的影响，造成宏观经济环境受到冲击，上市公司采矿行业作为第二产业的重要组成部分，其发展经营及融资将受到负面影响，这势必会使其信用风险指数整体升高。2021~2023 年信用风险指数先下降后上升的原因可能是：后疫情时期，由于宏观环境持续改善，以及我国采矿行业自身的庞大体量等因素，信用风险指数会有所下降。此外，由于信用风险的上升会带来采矿行业监管和新政策规定的出台，因此信用风险也会相应地降低。根据采矿行业信用风险指数的预测结果，应该注意 2021~2022 年疫情时期由于宏观环境不稳定而造成的信用风险波动。综上，从信用风险指数的趋势可以看到，信用风险指数走势与 12.11 节信用指数的结论具有一定的互补性。从宏观环境与具体事件来看，2000~2023 年信用风险指数所出现的上升拐点与信用指数出现的下降拐点具有一致性，这充分证明了信用指数与信用风险指数测算真实且合理。

12.13　本章结论

12.13.1　主要工作

(1)本章遴选了中国上市公司采矿行业最优违约预测指标组合。通过经济学含义结合偏相关系数的 F 检验进行指标的初步筛选，通过基于支持向量机的序列前向选择算法进一步筛选出最优的指标组合，获得了上市公司采矿行业的 T+0~T+5 年的最优指标组合。

(2)本章确定了中国上市公司采矿行业指标最优权重向量。根据违约状态 y_j 与指标权重的函数关系 $y_j=f(w_i, x_{ij})$，将预测的违约状态 $\hat{y}_j$ 与实际违约状态 y_j 对比后，以违约和非违约两类企业的预测误差最小为目标，构建数学规划模型，反推出模型评价指标的最优权重，保证构建的预警方程能够区分违约与非违约企业。

(3)本章构建了中国上市公司采矿行业最优的违约风险预警模型。通过构建线性判别模型、逻辑回归模型、支持向量机模型等 14 种大数据模型，并根据模型的精度、可解释性和复杂性的“不可能三角”三个标准的对比分析，遴选出最优的 T+0~T+5 年的最优分类模型。

(4)本章分析了中国上市公司采矿行业的省区市、所有制属性的信用特征分布。通过不同行业、省区市、所有制属性的公司信用得分均值，判断信用资质好坏，并通过曼-惠特尼 U 统计检验，验证信用资质差异。若曼-惠特尼 U 显著水平检验通过且该类公司信用得分高，则意味着信用资质好，反之就差。

(5)本章构建了中国上市公司采矿行业基于资产总额、负债总额、资产总额加负债总额三个标准的信用指数和信用风险指数，并分析了信用指数和信用风险指数的发展趋势。通过最优违约预警模型计算得到的未来第 $T+m$ 年违约概率和信用得分，按资产总额、负债总额、资产总额加负债总额三个标准的选股规则选择典型公司样本，并将典型公司样本的加权平均信用得分转化成信用指数。信用指数和信用风险指数反映了年度违约风险的发展趋势，并对未来第 $T+m$ 年的信用状况进行预警。

12.13.2　主要结论

(1)中国上市公司采矿行业违约预测的最优指标组合。从 204 个指标构成的$(2^{204}-1)\approx2.57\times10^{61}$个指标组合中，遴选出资产负债率、长期资产适合率、其他应付款占流动负债总额的比例等 12 个指标，构成了 T–0 年违约预测几何平均精度最大的指标组合；遴选出资产负债率、有形资产/带息债务、资本公积占所有者权益的比例等 16 个指标，构成了 T–1 年违约预测几何平均精度最大的指标组合；遴选出资产负债率、长期资产适合率、归属母公司股东的权益/带息债务等 14 个指标，构成了 T–2 年违约预测几何平均精度最大的指标组合；遴选出资产负债率、长期资本负债率、长期资产适合率等 19 个指标，构成了 T–3 年违约预测几何平均精度最大的指标组合；遴选出资产负债率、有形资产/负债合计、净资产收益率等 15 个指标，构成了 T–4 年违约预测几何平均精度最大的指标组合；遴选出资产负债率、流动比率、归属母公司股东的权益/带息债务等 17 个指标，构成了 T–5 年违约预测几何平均精度最大的指标组合。

(2)中国上市公司采矿行业违约预测的重要宏观指标。流通中现金供应量同比增长率、狭义货币供应量(M1)同比增长率、广义货币供应量(M2)同比增长率等 10 个宏观指标，对上市公司采矿行业违约状态有显著影响。

(3)中国上市公司采矿行业违约预测的关键指标。扣除非经常损益后的净利润/净利润、权益乘数(杜邦分析)、营业外收入占营业总收入比重这 3 个指标对企业未来 0~2 年的短期违约状态具有关键影响。归属母公司股东的净利润/净利润、管理费用/营业总收入、审计意见类型等 5 个指标对企业未来 3~5 年的中期违约状态具有关键影响。资产负债率、广义货币供应量(M2)同比增长率 2 个指标不论对于企业未来 0~2 年的短期违约状态，还是未来 3~5 年的中期违约状态，均有关键影响。

(4)中国上市公司采矿行业的省区市信用特征为：陕西省、浙江省、贵州省等 12 个省区市的信用资质最高，上海市、内蒙古自治区、安徽省等 5 个省区市的信用资质居中，四川省、辽宁省、重庆市等 8 个省区市的信用资质最低。

(5)中国上市公司采矿行业信用指数的预测趋势。中国上市公司采矿行业在 2018~2019 年信用指数呈现上升趋势，2019 年至 2020 年出现小幅下降。在 2020 年出现大幅下降拐点，呈急剧下降趋势，由于后疫情时期，宏观经营环境持续改善，2021 年之后信用指数呈现上升趋势，2022 年后再度呈现下降趋势。

(6)中国上市公司采矿行业信用风险指数的预测趋势。2019~2023 年这 5 年，信用风险指数在 2018~2019 年稳步下降，中国 A 股采矿行业市场在 2020 年出现拐点，信用风险呈上升趋势，指数于 2021 年之后呈现下降趋势，于 2022 年再度上升。预测 2020~2021 年信用风险上升的原因是，受 2020 年新冠疫情的影响，造成宏观经济环境受到冲击，上市公司采矿行业作为第二产业的重要组成部分，其发展经营及融资将受到负面影响，这势必会使其信用风险指数整体升高。2021~2023 年信用风险指数先下降后上升的原因可能是：后疫情时期，由于宏观环境持续改善，以及我国采矿行业自身的庞大体量等因素，风险指数会有所下降。此外，由于信用风险的上升会带来采矿行业监管和新政策规定的出台，因此信用风险也会相应地降低。根据采矿行业信用风险指数的预测结果，应该注意 2021~2022 年后疫情时期由于宏观环境不稳定而造成的信用风险波动。

12.13.3　特色与创新

(1)在有具有明确经济学含义的海选指标集中，根据指标间偏相关系数和 F 值筛选出具有违约鉴别能力且指标间信息冗余最小的一组指标；并通过第二阶段构建前向选择支持向量机指标遴选模型，以几何平均精度最大为标准，采用前向选择的方法筛选违约鉴别能力最大的指标组合保证了构建的评价指标体系具有最大的违约鉴别能力，弥补了现有研究单指标筛选不能保证指标体系违约鉴别能力最强的不足。

(2)通过对违约企业和非违约企业的错判误差率之和最小，反推最优的权重，保证了所建立的违约预测模型能够保证较低的非违约企业误拒率和违约企业误授率，降低违约企业错判带来的贷款损失和非违约企业错判带来好客户流失的损失。

(3)通过综合考虑精度、可解释性、复杂性的“不可能三角”，从构建的 14 种大数据违约预警模型中对比分析遴选出最优违约风险预警模型，保证得到的模型既具有较高的违约预测能力，又具有可解释性，同时模型复杂性低。

(4)通过对采矿行业不同地区、所有制属性公司的信用得分均值进行曼-惠特尼 U 非参数检验，识别采矿行业中不同省区市、所有制属性公司的信用资质，揭示不同省区市、不同所有制形式的中国采矿行业上市公司中哪类公司的信用资质好、哪类公司的信用资质差、哪类公司的信用资质居中，为股票投资、债券投资提供决策依据，供金融监管当局等政策分析人员参考。

(5)通过分别对资产总额、负债总额、资产总额加负债总额由大到小选取前 10%作为典型公司样本，并将典型公司样本的加权平均信用得分转化成年度信用指数和信用风险指数，反映了上市公司的违约风险发展趋势，并对未来第 $T+m(m=0, 1, 2, 3, 4, 5)$年的信用状况进行预警。

参 考 文 献

[1] 范海章. 矿山采矿技术中的安全管理相关问题的探讨[J]. 大科技, 2019, (8)：137-138.

[2] 韩斌. 煤矿工程采矿技术的探究[J]. 科学技术创新, 2017, (28)：42-43.

[3] 国家统计局. 三次产业划分规定[R]. 北京：国家统计局, 2013.

[4] 季闪电, 魏然, 王飞, 等. 采矿行业地质勘查业产业划分分析[J]. 中国矿业, 2020, (10)：24-27.

[5] Carvalho D, Ferreira M A, Matos P. Lending relationships and the effect of bank distress：evidence from the 2007-2009 financial crisis[J]. Journal of Financial and Quantitative Analysis, 2015, 50(6)：1165-1197.

[6] Geng R B, Bose I, Chen X. Prediction of financial distress：an empirical study of listed Chinese companies using data mining[J]. European Journal of Operational Research, 2015, 241(1)：236-247.

[7] Wu Y, Xu Y J, Li J Y. Feature construction for fraudulent credit card cash-out detection[J]. Decision Support Systems, 2019, 127：113155.

[8] Yeh C C, Lin F Y, Hsu C Y. A hybrid KMV model, random forests and rough set theory approach for credit rating[J]. Knowledge-Based Systems, 2012, 33：166-172.

[9] Chawla N V, Bowyer K W, Hall L O, et al. SMOTE：synthetic minority over-sampling technique[J]. Journal of Artificial Intelligence Research, 2002, 16(1)：321-357.

[10] 迟国泰, 张亚京, 石宝峰. 基于 Probit 回归的小企业债信评级模型及实证[J]. 管理科学学报, 2016, 19(6)：136-156.

[11] Wang T C, Chen Y H. Applying rough sets theory to corporate credit ratings[C]. Shanghai：IEEE International Conference：Service Operations and Logistics, and Informatics, 2006：132-136.

[12] Desai V S, Crook J N, Overstreet G A. A comparison of neural networks and linear scoring models in the credit union environment[J]. European Journal of Operational Research, 1996, 95(1)：24-37.

[13] Bravo C, Maldonado S, Weber R. Granting and managing loans for micro-entrepreneurs：new developments and practical experiences[J]. European Journal of Operational Research, 2013, 227(2)：358-366.

[14] Djeundje V B, Crook J. Identifying hidden patterns in credit risk survival data using generalised additive models[J]. European Journal of Operational Research, 2019, 277：366-376.

[15] Huang C, Dai C, Guo M. A hybrid approach using two-level DEA for financial failure prediction and integrated SE-DEA and GCA for indicators selection[J]. Applied Mathematics and Computation, 2015, 251：431-441.

[16] Xia Y F, Liu C Z, Li Y, et al. A boosted decision tree approach using Bayesian hyper-parameter optimization for credit scoring[J]. Expert Systems with Applications, 2017, 78：225-241.

[17] 陈丽. 基于决策树最优组合的企业违约预测模型[D]. 大连：大连理工大学, 2019.

[18] West D. Neural network credit scoring models[J]. Computers & Operations Research, 2000, 27(11-12)：1131-1152.

[19] Hand D J, Henley W E. Statistical classification methods in consumer credit scoring：a review[J]. Journal of the Royal Statistical Society：Series A(Statistics in Society), 1997, 160：523-541.

[20] Abellán J, Mantas C J. Improving experimental studies about ensembles of classifiers for bankruptcy prediction and credit scoring[J]. Expert Systems with Applications, 2014, 41(8)：3825-3830.

[21] Fan Q, Wang Z, Li D D, et al. Entropy-based fuzzy support vector machine for imbalanced datasets[J]. Knowledge-Based Systems, 2017, 115：87-99.

[22] He H, Zhang W, Zhang S. A novel ensemble method for credit scoring：adaption of different imbalance ratios[J]. Expert Systems with Applications, 2018, 98：105-117.

[23] Campbell J Y, Hilscher J, Szilagyi J. In search of distress risk[J]. The Journal of Finance, 2008, 63(6)：2899-2939.

[24] Finlay S. Multiple classifier architectures and their application to credit risk assessment[J]. European Journal of Operational Research, 2011, 210(2)：368-378.

[25] Iyer R, Khwaja A I, Luttmer E E P, et al. Screening peers softly：inferring the quality of small borrowers[J]. Management Science, 2016, 62：1554-1577.

[26] Berg T, Burg V, Gombovic A, et al. On the rise of FinTechs：credit scoring using digital footprints[J]. The Review of Financial Studies, 2020, 33：2845-2897.

[27] Hu J L, Wang J R, Lin J N, et al. MD-SVM：a novel SVM-based algorithm for the motif discovery of transcription factor binding sites[J]. BMC Bioinformatics, 2019, 28(1)：56-62.

[28] Junior L M, Nardini F M, Renso C, et al. A novel approach to define the local region of dynamic selection techniques in imbalanced credit scoring problems[J]. Expert Systems with Applications, 2020, 152：113351.

[29] Jones S. Corporate bankruptcy prediction：a high dimensional analysis[J]. Review of Accounting Studies, 2017, 22：1366-1422.

[30] Doshi-Velez F, Kim B. Towards a rigorous science of interpretable machine learning [EB/OL]. https://arxiv.org/abs/1702.08608 [2017-02-28].

[31] Zhu X, Li J, Wu D, et al. Balancing accuracy, complexity and interpretability in consumer credit decision making：A C-TOPSIS classification approach[J]. Knowledge Based Systems, 2013, 52：258-267.

[32] 迟国泰, 石宝峰. 基于信用等级与违约损失率匹配的信用评级系统与方法：中国, ZL 201210201461.6[P]. 2015-08-19.

[33] Ken B. Business Statistics：Contemporary Decision Making[M]. Hoboken：John Wiley and Sons, 2009.

[34] Liu L, Liu Q G, Tian G, et al. Government connections and the persistence of profitability：evidence from Chinese listed firms[J]. Emerging Markets Review, 2018, 36：110-129.

[35] 林汶奎. 2006 年的中国大牛市[J]. 现代阅读, 2014, (4)：26.

[36] 张茜. 中国股票市场发展与货币政策完善[D]. 太原：山西大学, 2012.

[37] 王柄根. 2011 中国股市大事记[J]. 股市动态分析, 2011, (52)：13-15.

[38] 中国证券监督管理委员会. 上市公司股东、董监高减持股份的若干规定[R]. 北京：中国证券监督管理委员会, 2017.

[39] 中华人民共和国中央人民政府. 2003 年中国证券市场大事记[R]. 北京：中华人民共和国中央人民政府, 2003.

[40] 中央人民银行. 中国人民银行决定上调金融机构人民币存款准备金率 0.5 个百分点[R]. 北京：中央人民银行, 2011.

第 13 章　文化、体育和娱乐行业的企业违约预测与信用指数构建

13.1　本章内容提要

本章是上市公司文化、体育和娱乐行业的企业违约预测与信用指数构建。文化体育行业是指经营文化、体育活动的行业。文化行业包括表演、经营游览场所和各种展览、培训活动业务等。体育行业是指举办各种体育比赛和为体育活动提供场所等业务的行业。娱乐行业是为顾客进行娱乐活动提供服务的行业，包括各种娱乐场所以及电影、音乐等大众媒体[1]。文化、体育和娱乐行业的发展对就业、带动相关产业发展、文化输出方面都有极大的推动作用。相关产业公司发展迅速，因此对于上市公司文化、体育和娱乐行业进行企业违约预测与信用指数构建十分必要[2]。

中国上市公司文化、体育和娱乐行业的企业违约预测与信用指数构建包括以下五个内容。

一是通过对文化、体育和娱乐行业上市公司的 $T-m(m=0, 1, 2, 3, 4, 5)$年的财务数据、非财务数据、宏观数据，以及 T 年的违约与否状态进行实证分析，通过基于经济学含义和偏相关系数的第一次指标筛选和基于支持向量机向前搜索的第二次指标组合遴选，构建具有提前 m (m=0, 1, 2, 3, 4, 5)年违约预警能力的指标体系。

二是通过违约评价方程的违约状态预测值 $\hat{y}$ 与实际值 y 对比的错判误差最小，反推最优的指标权重向量。

三是通过线性判别模型、支持向量机模型、决策树模型等 14 种大数据模型分别建模，并根据精度、可解释性、复杂性的“不可能三角”三个标准进行模型对比分析，最终确定一个能同时兼顾精度高、可解释性强、复杂性低的最佳违约预警模型。

四是利用选取的最佳违约预警模型计算得到文化、体育和娱乐行业上市公司的违约概率和信用得分，并分析文化、体育和娱乐行业上市公司在不同地区、企业所有制方面的信用特征分布规律。

五是根据得到的上市公司文化、体育和娱乐行业的信用得分，构建上市公司文化、体育和娱乐行业的年度信用指数和信用风险指数，并分析上市公司文化、体育和娱乐行业的信用状况年度发展规律以及预测 2019~2023 年的信用状况趋势。

应该指出：用于计算信用指数的信用得分预测值 $S_{j(T+m)}$，共分为两种情况。

情况一：对于 2000~2018 年这 19 年已有指标数据的样本，用的是 m=0 的违约判别模型 $p_{j(T+0)}=f(w_i, x_{ij(T)})$ 计算出的违约概率 $p_{j(T+0)}$和信用得分 $S_{j(T+0)}=(1-p_{j(T+0)})\times 100$。

情况二：对于 2019~2023 年这 5 年没有指标数据的样本，用的是 m=1, 2, 3, 4, 5 时刻的违约预测模型 $p_{j(T+m)}=f(w_i, x_{ij(T)})$计算出的违约概率 $p_{j(T+m)}$和信用得分 $S_{j(T+m)}=(1-p_{j(T+m)})\times 100$。

本章的主要工作如下。

一是通过两阶段的指标遴选方法构建评价指标体系，在具有明确经济学含义的海选指标集中，根据指标间偏相关系数和 F 值筛选出具有违约鉴别能力且指标间信息冗余最小的一组指标；并在第二阶段构建前向选择支持向量机指标遴选模型，以几何平均精度最大为标准，采用前向选择的方法筛选违约鉴别能力最

大的指标组合保证构建的评价指标体系具有最大的违约鉴别能力。

二是根据违约状态 y_j 与指标权重的函数关系 $y_j=f(w_i, x_{ij})$，将预测的违约状态 $\hat{y}_j$ 与实际违约状态 y_j 对比后，以违约和非违约两类公司的预测误差最小为目标，构建数学规划模型，反推出模型评价指标的最优权重，保证构建的预警方程能够区分违约与非违约公司。

三是以精度排序均值作为模型排序的第 1 标准，可解释性作为第 2 排序标准，复杂性作为第 3 排序标准，在构建的逻辑回归模型、线性判别模型、广义加性模型等 14 个大数据模型中，遴选兼具高精度、强可解释性、低复杂性的最优模型，并使用 T 时刻的指标数据 $x_{ij(T)}$，预测公司 $T+m(m=0, 1, 2, 3, 4, 5)$ 时刻的违约状态 $y_{j(T+m)}=f(x_{ij(T)})$、违约概率 $p_{j(T+m)}=g(x_{ij(T)})$ 和信用得分 $S_{j(T+m)}=(1-p_{j(T+m)})\times100$。

四是通过对文化、体育和娱乐行业不同地区、企业所有制属性公司的信用得分进行非参数检验，揭示不同地区、不同所有制形式的中国上市公司，哪类公司的信用资质好、哪类公司的信用资质差、哪类公司的信用资质居中，为股票投资、债券投资提供决策依据，为金融监管当局和各类投资者撰写研究报告提供建议。

五是将通过最优违约预警模型计算得到的未来第 $T+m$ 年的违约概率，转换为[0, 100]区间的信用得分后，按资产总额、负债总额、资产总额与负债总额之和的三个标准的选股规则选择典型样本公司，并将典型样本公司的信用得分根据资产总额、负债总额、资产总额与负债总额之和的占比分别进行加权平均，并转化成信用指数和信用风险指数。信用指数用于反映年度信用发展规律，并预测未来第 $T+m$ 年的违约风险趋势。

13.2 文化、体育和娱乐行业的企业违约预测与信用指数构建的原理

中国上市公司文化、体育和娱乐行业的企业违约预测与信用指数构建的原理主要包括：信用评级原理、违约预测原理、指数构建原理、14 种违约预警大数据模型构建原理、最优违约预警指标体系遴选原理、基于错判误差最小的指标赋权原理、信用等级划分原理。具体原理介绍详见上文第 3 章，不再赘述。

13.3 文化、体育和娱乐行业的数据处理

13.3.1 文化、体育和娱乐行业的样本数据介绍

上市公司文化、体育和娱乐行业样本的含义：中国沪市和深市在内的 57 家上市文化、体育和娱乐行业公司数据。

上市公司文化、体育和娱乐行业样本数据的描述：共包含 2000~2018 年这 19 年 57 家上市公司文化、体育和娱乐行业的财务指标、非财务指标以及宏观指标等数据。通过 Wind 金融数据库、国泰安经济数据库、国家统计局和中国经济社会发展统计数据库搜集，结合经济学含义的进一步遴选，最终建立了包括资产负债率等 138 个财务指标，审计意见类型等 17 个非财务指标，行业景气指数等 49 个宏观指标，1 个违约状态指标在内的共计 205 个指标的上市公司信用风险海选指标集。

违约状态定义[3-4]：将被标记为“ST”的上市公司文化、体育和娱乐行业，定义为出现财务困境的公司，即违约的差客户，标记为“1”。将没有“ST”标记的上市公司文化、体育和娱乐行业，定义为没有出现财务困境的公司，即非违约的好客户，标记为“0”。

上市公司文化、体育和娱乐行业 $T-m$ 数据的描述：为实现违约风险动态预警的目的，共构造了 6 组 $T-m(m=0, 1, 2, 3, 4, 5)$ 时间窗口的上市公司文化、体育和娱乐行业样本，每组上市公司文化、体育和娱乐行业中是第 $T-m$ 年的指标数据和第 T 年的违约状态。同时，每组 $T-m(m=0, 1, 2, 3, 4, 5)$ 上市公司文化、体育

和娱乐行业分别包含 57 个样本，其中违约样本 15 个，非违约样本 42 个。

表 13.1 是 $T\!-\!m(m=0, 1, 2, 3, 4, 5)$上市公司文化、体育和娱乐行业数据概览。其中(a)列是序号，(b)列是时间窗口，(c)列是公司代码，(d)列是指标的标准化数据(标准化处理详见“3.6.1 指标数据标准化方法”)。

表 13.1　上市公司文化、体育和娱乐行业 $T\!-\!m(m=0, 1, 2, 3, 4, 5)$时间窗口样本数据概览

(a)序号	(b)时间窗口	(c)公司代码	(d)指标的标准化数据 x_{ij}			
			(1)资产负债率	…	(204)国内专利申请授权数增长率	(205)第 T 年的违约状态
1	T–0	300426.SZ	0.731	…	0.021	0
2		601949.SH	0.811	…	0.024	0
3		300592.SZ	0.783	…	0.026	0
…		…	…	…	…	…
57		603999.SH	0.940	…	0.108	0
58	T–1	300426.SZ	0.818	…	0.030	0
59		601949.SH	0.800	…	0.025	0
60		300592.SZ	0.748	…	0.023	0
…		…	…	…	…	…
114		603999.SH	0.947	…	0.027	0
115	T–2	300426.SZ	0.715	…	0.022	0
116		601949.SH	0.786	…	0.030	0
117		300592.SZ	0.754	…	0.030	0
…		…	…	…	…	…
171		603999.SH	0.939	…	0.032	0
172	T–3	300426.SZ	0.727	…	0.025	0
173		601949.SH	0.772	…	0.028	0
174		300592.SZ	0.757	…	0.026	0
…		…	…	…	…	…
228		603999.SH	0.888	…	0.025	0
229	T–4	300426.SZ	0.744	…	0.035	0
230		601949.SH	0.736	…	0.029	0
231		300592.SZ	0.718	…	0.025	0
…		…	…	…	…	…
285		603999.SH	0.892	…	0.031	0
286	T–5	300426.SZ	0.777	…	0.027	0
287		601949.SH	0.717	…	0.029	0
288		300592.SZ	0.689	…	0.035	0
…		…	…	…	…	…
342		603999.SH	0.906	…	0.037	0

表 13.2 是 $T\!-\!m(m=0, 1, 2, 3, 4, 5)$上市公司文化、体育和娱乐行业指标标准化数据的描述性统计表。其中第 1 列是序号，第 2 列是时间窗口，第 3 列是统计量，第 4 列至第 208 列是指标对应的统计值。

表 13.2 上市公司文化、体育和娱乐行业 $T-m(m=0, 1, 2, 3, 4, 5)$时间窗口样本指标数据描述性统计表

(1)序号	(2)时间窗口	(3)统计量	(4)资产负债率	…	(8)权益乘数	…	(206)外商投资企业外方注册资本增长率	(207)国内专利申请授权数增长率	(208)违约状态
1	T–0	平均值	0.827	…	0.931	…	0.186	0.030	0.263
2		标准差	0.121	…	0.145	…	0.116	0.011	0.444
3		中位数	0.854	…	0.970	…	0.163	0.028	0.000
4	T–1	平均值	0.792	…	0.842	…	0.172	0.028	0.263
5		标准差	0.194	…	0.312	…	0.036	0.006	0.444
6		中位数	0.839	…	0.965	…	0.167	0.026	0.000
7	T–2	平均值	0.782	…	0.833	…	0.167	0.028	0.263
8		标准差	0.196	…	0.315	…	0.019	0.006	0.444
9		中位数	0.828	…	0.961	…	0.163	0.027	0.000
10	T–3	平均值	0.763	…	0.836	…	0.177	0.029	0.263
11		标准差	0.172	…	0.297	…	0.042	0.005	0.444
12		中位数	0.788	…	0.945	…	0.168	0.030	0.000
13	T–4	平均值	0.764	…	0.849	…	0.163	0.028	0.263
14		标准差	0.148	…	0.259	…	0.026	0.007	0.444
15		中位数	0.783	…	0.942	…	0.164	0.028	0.000
16	T–5	平均值	0.757	…	0.862	…	0.165	0.030	0.263
17		标准差	0.167	…	0.231	…	0.026	0.007	0.444
18		中位数	0.769	…	0.935	…	0.165	0.029	0.000

13.3.2 文化、体育和娱乐行业的训练测试数据划分

训练测试样本划分的目的：将上市公司数据划分为训练样本和测试样本。训练样本用于求解模型参数，构建训练模型。测试样本用于验证所构建的模型预测精度效果。

训练测试样本划分比例[5-6]：70%作为训练样本，30%作为测试样本。

训练测试样本划分方式：随机从 $T-m(m=0, 1, 2, 3, 4, 5)$样本中抽取 70%非违约公司与 70%违约公司共同组成训练样本，剩余的 30%组成测试样本。

非平衡数据处理：由表 13.1(d)列第 205 子列违约状态统计可知，上市公司文化、体育和娱乐行业训练样本的违约样本数∶非违约样本数=10∶29≈1∶3，属于非平衡样本。非平衡样本会导致训练得到的模型对违约客户识别率低。为解决样本非平衡问题，本书通过 SMOTE 非平衡处理方法[7]，生成虚拟违约公司，扩充训练样本中的违约公司个数，使违约与非违约公司数量比例为 1∶1。

上市公司文化、体育和娱乐行业的训练样本数量 N_{train}、测试样本数量 N_{test} 及 SMOTE 扩充的样本数量样本 $N_{train}{}^{smote}$，如表 13.3 所示。

表 13.3 上市公司文化、体育和娱乐行业的训练测试样本数量一览

序号	(1)样本分类	(2)非违约公司	(3)违约公司	(4)总计
1	训练样本 $N_{train}=N\times70\%+N_{train}{}^{smote}$	29+0=29	10+19=29	58
2	测试样本 $N_{test}=N\times30\%$	13	4	17
3	全部样本 N	42	33	75

13.4　文化、体育和娱乐行业的违约预警指标体系的建立

根据表 13.3 第 1 行定义的训练样本 N_{train} 对应表 13.1(d)列的上市公司文化、体育和娱乐行业在 $T-m(m=0, 1, 2, 3, 4, 5)$ 的 204 个指标数据，按照上文 3.4.2 节进行两次指标筛选。

第一次指标遴选是利用上市公司文化、体育和娱乐行业的 $T-m(m=0, 1, 2, 3, 4, 5)$ 六个时间窗口的样本，从全部 204 个指标中，遴选出冗余度小、经济学含义强的指标，第一次遴选出的指标数量分别是：[107, 106, 106, 106, 104, 97]。

第二次指标组合遴选是利用上市公司文化、体育和娱乐行业的 $T-m(m=0, 1, 2, 3, 4, 5)$ 六个时间窗口的样本，从第一次指标遴选后剩余指标构成的多个指标组合中，根据几何平均精度最大遴选最优指标组合，最终遴选出最优指标组合中的指标数量分别是：[12, 16, 14, 19, 15, 17]。

由 13.4.2 节可知，最终遴选出的指标能够满足信用 5C 原则[8-9]。其中，资产负债率、每股权益合计、营运资本周转率等反映能力；是否为金融机构、派息比税前反映品质，扣除非经常损益后的净利润/净利润、资本支出/折旧和摊销反映资本；广义货币供应量(M2)同比增长率反映条件。

13.4.1　基于偏相关系数第一次筛选后的指标体系

依照上文 3.4.2 节的步骤 1~步骤 3 进行基于偏相关性分析的第一次指标遴选。以上市公司文化、体育和娱乐行业 $T-0$ 年的指标数据为例进行说明。

步骤 1：同一准则层内指标偏相关系数的计算。将表 13.3 第 1 行定义的训练样本 N_{train} 中 39(即 29+10)家公司对应表 13.1 前 39 行(d)列的 204 个 $T-0$ 年指标数据 x_{ij}，代入式(3.57)~式(3.60)计算任意两个指标间的偏相关系数。

步骤 2：F 值的计算。将表 13.1 前 39 行(d)列的 204 个 $T-0$ 年指标数据 x_{ij} 中每一列指标数据，分别代入式(3.61)计算每个指标对应的 F 值。

步骤 3：基于偏相关性分析筛选指标。在步骤 1 计算的偏相关系数大于 0.8 的指标对中，删除指标对中经济学含义不明显的一个指标。由此，$T-0$ 年的 204 个指标经过第一次指标筛选剩余 107 个指标，将剩余的 107 个指标列于表 13.4(c)列前 107 行。

表 13.4(d)列为训练样本 N_{train} 中 39 个真实公司第一次指标遴选后剩余的 107 个指标数据，(e)列为测试样本 N_{test} 中 18 个真实公司第一次指标遴选后剩余的 107 个指标数据。

表 13.4　上市公司文化、体育和娱乐行业 $T-0$ 年基于偏相关系数的第一次指标筛选结果

(a)序号	(b)准则层		(c)指标	(d)训练样本 N_{train} 中客户指标标准化数据 x_{ij}			(e)测试样本 N_{test} 中客户指标标准化数据 x_{ij}		
				(1) 客户 1	…	(39) 客户 39	(40) 客户 40	…	(57) 客户 57
1	公司内部财务因素	偿债能力	X_1 资产负债率	0.712	…	0.860	0.956	…	0.591
…			…	…	…	…	…	…	…
23			X_{38} 每股权益合计	0.371		0.520	0.650		0.191
24		盈利能力	X_{39} 净资产收益率(加权)	0.589	…	0.486	0.539	…	0.674
…			…	…	…	…	…	…	…
49			X_{87} 归属于母公司普通股东的权益综合收益率	0.540		0.477	0.530	…	0.619
50		营运能力	X_{90} 有形资产/总资产	0.670	…	0.607	0.736	…	0.260
…			…	…	…	…	…	…	…
67			X_{114} 分配股利、利润或偿付利息支付的现金占筹资活动现金流出小计的比重	0.928		0.981	0.523		0.874

续表

(a)序号	(b)准则层		(c)指标	(d)训练样本 N_{train} 中客户指标标准化数据 x_{ij}			(e)测试样本 N_{test} 中客户指标标准化数据 x_{ij}		
				(1) 客户 1	…	(39) 客户 39	(40) 客户 40	…	(57) 客户 57
68	公司内部财务因素	成长能力	X_{115} 每股净资产(相对年初增长率)	0.406	…	0.000	0.494	…	0.544
…			…	…	…	…	…	…	…
76			X_{136} 固定资产增长率	0.022	…	0.043	0.022	…	0.019
77	公司内部非财务因素	股权结构与业绩审计情况	X_{139} 是否为金融机构	0.000	…	0.000	0.000	…	0.000
…			…	…	…	…	…	…	…
82			X_{144} 派息比税前	0.058	…	0.000	0.157	…	0.000
83		高管基本情况	X_{146} 董事会持股比例	0.688	…	0.0557	0.303	…	0.000
…			…	…	…	…	…	…	…
85			X_{150} 总经理是否领取薪酬	0.682		0.682	1.000	…	0.682
86		公司基本信用情况	X_{151} 缺陷类型	0.731	…	0.731	0.731	…	0.731
87		商业信誉	X_{152} 涉案总件数	0.878	…	0.875	0.879	…	0.878
88			X_{153} 违规类型	1.000	…	0.575	1.000	…	1.000
89		社会责任	X_{163} 每股社会贡献值	0.000	…	0.000	0.000	…	0.000
90			X_{154} 社会捐赠强度	0.000	…	0.000	0.000	…	0.000
91	外部宏观环境		X_{156} 行业景气指数	0.627	…	0.659	0.728	…	0.707
…			…	…	…	…	…	…	…
107			X_{204} 国内专利申请授权数增长率	0.022	…	0.031	0.032	…	0.034
108	—		X_{205} 违约状态	0	…	1	0	…	1

上述是 T–0 年的第一次指标遴选过程及结果。同理，根据 T–0 年第一次指标筛选的流程，最终 T–1 年、T–2 年、T–3 年、T–4 年、T–5 年经第一次指标筛选，从 204 个指标中分别遴选出 106 个、106 个、106 个、104 个、97 个指标，将第一次指标遴选结果，分别列入表 13.5 至表 13.9 的(c)列中。

表 13.5 上市公司文化、体育和娱乐行业 T–1 年基于偏相关系数的第一次指标筛选结果

(a)序号	(b)准则层		(c)指标	(d)训练样本 N_{train} 中客户指标标准化数据 x_{ij}			(e)测试样本 N_{test} 中客户指标标准化数据 x_{ij}		
				(1) 客户 1	…	(39) 客户 39	(40) 客户 40	…	(57) 客户 57
1	公司内部财务因素	偿债能力	X_1 资产负债率	0.818	…	0.431	0.946	…	0.560
…			…	…	…	…	…	…	…
28			X_{38} 每股权益合计	0.573		0.176	0.539		0.190
29		盈利能力	X_{40} 净资产收益率(加权)	0.531	…	0.000	0.520	…	0.000
…			…	…	…	…	…	…	…
46			X_{87} 归属于母公司普通股东的权益综合收益率	0.519		1.000	0.519	…	0.000
47		营运能力	X_{88} 流动资产/总资产	0.991	…	0.188	0.244	…	0.343
…			…	…	…	…	…	…	…
68			X_{114} 分配股利、利润或偿付利息支付的现金占筹资活动现金流出小计的比重	0.930		0.573	0.551		0.874

续表

(a)序号	(b)准则层		(c)指标	(d)训练样本 N_{train} 中客户指标标准化数据 x_{ij}			(e)测试样本 N_{test} 中客户指标标准化数据 x_{ij}		
				(1) 客户 1	…	(39) 客户 39	(40) 客户 40	…	(57) 客户 57
69	公司内部财务因素	成长能力	X_{116} 资产总计	0.526	…	0.225	0.354	…	0.229
…			…	…	…	…	…	…	…
73			X_{136} 固定资产增长率	0.000	…	0.019	0.000	…	0.021
74	公司内部非财务因素	股权结构与业绩审计情况	X_{139} 是否为金融机构	0.000	…	0.000	1.000	…	0.000
…			…	…	…	…	…	…	…
79			X_{145} 派息比税后	0.112	…	0.000	0.000	…	0.000
80		高管基本情况	X_{147} 监事会持股比例	0.682	…	0.682	1.000	…	0.682
…			…	…	…	…	…	…	…
82			X_{150} 总经理是否领取薪酬	0.000	…	0.000	0.000	…	0.004
83		公司基本信用情况	X_{151} 缺陷类型	0.731	…	0.731	0.731	…	0.731
84		商业信誉	X_{152} 涉案总件数	0.878	…	0.878	0.878	…	0.878
85			X_{153} 违规类型	1.000	…	1.000	1.000	…	1.000
86		社会责任	X_{154} 每股社会贡献值	0.000	…	0.000	0.000	…	0.000
87			X_{155} 社会捐赠强度	0.000	…	0.000	0.000	…	0.000
88	外部宏观环境		X_{158} 短期贷款基准利率	1.000	…	0.437	1.000	…	0.212
…			…	…	…	…	…	…	…
106			X_{204} 国内专利申请授权数增长率	0.029	…	0.020	0.022	…	0.024
107	—		X_{205} 违约状态	0	…	1	0	…	1

表 13.6　上市公司文化、体育和娱乐行业 T–2 年基于偏相关系数的第一次指标筛选结果

(a)序号	(b)准则层		(c)指标	(d)训练样本 N_{train} 中客户指标标准化数据 x_{ij}			(e)测试样本 N_{test} 中客户指标标准化数据 x_{ij}		
				(1) 客户 1	…	(39) 客户 39	(40) 客户 40	…	(57) 客户 57
1	公司内部财务因素	偿债能力	X_1 资产负债率	0.715	…	0.559	0.943	…	0.532
…			…	…	…	…	…	…	…
28			X_{38} 每股权益合计	0.589		0.192	0.501		0.187
29		盈利能力	X_{43} 销售毛利率	0.665	…	0.337	0.803	…	0.572
…			…	…	…	…	…	…	…
45			X_{87} 归属于母公司普通股东的权益综合收益率	0.574		0.000	0.525	…	0.000
46		营运能力	X_{88} 流动资产/总资产	0.987	…	0.362	0.230	…	0.511
…			…	…	…	…	…	…	…
65			X_{114} 分配股利、利润或偿付利息支付的现金占筹资活动现金流出小计的比重	0.905		0.756	0.601		0.874
66		成长能力	X_{115} 每股资产增长率	0.516	…	0.377	0.492	…	0.571
…			…	…	…	…	…	…	…
72			X_{138} 可持续增长率	0.000	…	0.269	0.535	…	0.246

续表

(a)序号	(b)准则层		(c)指标	(d)训练样本 N_{train} 中客户指标标准化数据 x_{ij}			(e)测试样本 N_{test} 中客户指标标准化数据 x_{ij}		
				(1) 客户 1	…	(39) 客户 39	(40) 客户 40	…	(57) 客户 57
73	公司内部非财务因素	股权结构与业绩审计情况	X_{139} 是否为金融机构	1.000	…	0.000	1.000	…	0.000
…			…	…	…	…	…	…	…
78			X_{144} 派息比税前	0.000	…	0.000	0.131	…	0.000
79		高管基本情况	X_{150} 总经理是否领取薪酬	1.000	…	0.000	0.682	…	1.000
…			…	…	…	…	…	…	…
81			X_{147} 监事会持股比例	0.000	…	0.000	0.000	…	0.000
82		公司基本信用情况	X_{151} 缺陷类型	0.731	…	0.731	0.731	…	0.731
83		商业信誉	X_{152} 涉案总件数	0.878	…	0.878	0.878	…	0.878
84			X_{153} 违规类型	1.000	…	1.000	1.000	…	0.538
85		社会责任	X_{154} 每股社会贡献值	0.000	…	0.000	0.000	…	0.000
86			X_{155} 社会捐赠强度	0.000	…	0.000	0.000	…	0.000
87	外部宏观环境		X_{156} 行业景气指数	0.699	…	0.707	0.627	…	0.685
…			…	…	…	…	…	…	…
106			X_{204} 国内专利申请授权数增长率	0.021	…	0.024	0.022	…	0.035
107	—		X_{205} 违约状态	0	…	1	0	…	1

表 13.7 上市公司文化、体育和娱乐行业 *T*–3 年基于偏相关系数的第一次指标筛选结果

(a)序号	(b)准则层		(c)指标	(d)训练样本 N_{train} 中客户指标标准化数据 x_{ij}			(e)测试样本 N_{test} 中客户指标标准化数据 x_{ij}		
				(1) 客户 1	…	(39) 客户 39	(40) 客户 40	…	(57) 客户 57
1	公司内部财务因素	偿债能力	X_1 资产负债率	0.727	…	0.604	0.919	…	0.514
…			…	…	…	…	…	…	…
28			X_{38} 每股权益合计	0.490	…	0.200	0.461		0.186
29		盈利能力	X_{41} 净资产收益率(加权)	0.608	…	0.038	0.544	…	0.000
…			…	…	…	…	…	…	…
49			X_{87} 归属于母公司普通股东的权益综合收益率	0.574	…	0.529	0.512	…	1.000
50		营运能力	X_{88} 流动资产/总资产	0.987	…	0.384	0.236	…	0.469
…			…	…	…	…	…	…	…
70			X_{114} 分配股利、利润或偿付利息支付的现金占筹资活动现金流出小计的比重	0.924	…	0.960	0.001	…	1.000
71		成长能力	X_{116} 每股资产增长率	0.000	…	0.514	0.432	…	0.287
…			…	…	…	…	…	…	…
73			X_{128} 可持续增长率	0.460	…	0.365	0.591	…	0.181
74	公司内部非财务因素	股权结构与业绩审计情况	X_{139} 是否为金融机构	1.000	…	0.000	0.000	…	0.000
…			…	…	…	…	…	…	…
79			X_{144} 派息比税前	0.000	…	0.000	0.091	…	0.000

续表

(a)序号	(b)准则层		(c)指标	(d)训练样本 N_{train} 中客户指标标准化数据 x_{ij}			(e)测试样本 N_{test} 中客户指标标准化数据 x_{ij}		
				(1) 客户 1	…	(39) 客户 39	(40) 客户 40	…	(57) 客户 57
80	公司内部非财务因素	高管基本情况	X_{150} 总经理是否领取薪酬	1.000	…	0.000	0.682	…	1.000
…			…	…	…	…	…	…	…
82			X_{147} 监事会持股比例	0.000	…	0.000	0.000	…	0.000
83		公司基本信用情况	X_{151} 缺陷类型	0.731	…	1.000	0.731	…	0.731
84		商业信誉	X_{152} 涉案总件数	0.878	…	0.878	0.878	…	0.878
85			X_{153} 违规类型	1.000	…	1.000	1.000	…	1.000
86		社会责任	X_{154} 每股社会贡献值	0.000	…	0.000	0.000	…	0.000
87			X_{155} 社会捐赠强度	0.000	…	0.000	0.000	…	0.000
88	外部宏观环境		X_{156} 行业景气指数	0.707	…	0.707	0.660	…	0.685
…			…	…	…	…	…	…	…
106			X_{204} 国内专利申请授权数增长率	0.025	…	0.026	0.030	…	0.034
107	—		X_{205} 违约状态	0	…	1	0	…	1

表 13.8　上市公司文化、体育和娱乐行业 T–4 年基于偏相关系数的第一次指标筛选结果

(a)序号	(b)准则层		(c)指标	(d)训练样本 N_{train} 中客户指标标准化数据 x_{ij}			(e)测试样本 N_{test} 中客户指标标准化数据 x_{ij}		
				(1) 客户 1	…	(39) 客户 39	(40) 客户 40	…	(57) 客户 57
1	公司内部财务因素	偿债能力	X_{1} 资产负债率	0.744	…	0.602	0.965	…	0.608
…			…	…	…	…	…	…	…
25			X_{38} 每股权益合计	0.417	…	0.200	0.625		0.201
26		盈利能力	X_{41} 净资产收益率(加权)	0.629	…	0.000	0.513	…	0.000
…			…	…	…	…	…	…	…
46			X_{87} 归属于母公司普通股东的权益综合收益率	0.591	…	0.665	0.509	…	0.000
47		营运能力	X_{90} 有形资产/总资产	0.758	…	0.493	0.872	…	0.510
…			…	…	…	…	…	…	…
66			X_{114} 分配股利、利润或偿付利息支付的现金占筹资活动现金流出小计的比重	0.896		0.000	0.351		0.997
67		成长能力	X_{115} 每股净资产	0.526	…	0.580	0.486	…	0.381
…			…	…	…	…	…	…	…
73			X_{134} 总资产增长率	0.000	…	0.084	0.083	…	0.045
74	公司内部非财务因素	股权结构与业绩审计情况	X_{139} 是否为金融机构	1.000	…	0.000	0.000	…	0.000
…			…	…	…	…	…	…	…
79			X_{144} 派息比税前	0.000	…	0.000	0.197	…	0.000
80		高管基本情况	X_{150} 总经理是否领取薪酬	1.000	…	0.682	0.682	…	0.682
…			…	…	…	…	…	…	…
82			X_{147} 监事会持股比例	0.000	…	0.000	0.000	…	0.000

续表

(a)序号	(b)准则层		(c)指标	(d)训练样本 N_{train} 中客户指标标准化数据 x_{ij}			(e)测试样本 N_{test} 中客户指标标准化数据 x_{ij}		
				(1) 客户 1	…	(39) 客户 39	(40) 客户 40	…	(57) 客户 57
83	公司内部非财务因素	商业信誉	X_{152} 涉案总件数	0.878	…	0.878	0.878	…	0.878
84			X_{153} 违规类型	1.000	…	1.000	0.963	…	1.000
85		社会责任	X_{154} 每股社会贡献值	0.000	…	0.000	0.000	…	0.000
86			X_{155} 社会捐赠强度	0.000	…	0.000	0.000	…	0.000
87	外部宏观环境		X_{156} 行业景气指数	0.707	…	0.802	0.700	…	0.551
…			…	…	…	…	…	…	…
104			X_{204} 国内专利申请授权数增长率	0.034	…	0.026	0.022	…	0.027
107	—		X_{205} 违约状态	0	…	1	0	…	1

表 13.9 上市公司文化、体育和娱乐行业 T–5 年基于偏相关系数的第一次指标筛选结果

(a)序号	(b)准则层		(c)指标	(d)训练样本 N_{train} 中客户指标标准化数据 x_{ij}			(e)测试样本 N_{test} 中客户指标标准化数据 x_{ij}		
				(1) 客户 1	…	(39) 客户 39	(40) 客户 40	…	(57) 客户 57
1	公司内部财务因素	偿债能力	X_1 资产负债率	0.777	…	0.577	0.968	…	0.686
…			…	…	…	…	…	…	…
24			X_{38} 每股权益合计	0.352	…	0.271	0.583		0.230
25		盈利能力	X_{41} 净资产收益率(加权)	0.668	…	0.000	0.490	…	0.444
…			…	…	…	…	…	…	…
39			X_{87} 归属于母公司普通股东的权益综合收益率	0.706	…	0.378	0.594	…	0.425
40		营运能力	X_{90} 有形资产/总资产	0.983	…	0.083	0.355	…	0.763
…			…	…	…	…	…	…	…
61			X_{114} 分配股利、利润或偿付利息支付的现金占筹资活动现金流出小计的比重	0.462		0.000	0.315		0.957
62		成长能力	X_{115} 每股净资产	0.000	…	0.377	0.484	…	0.456
…			…	…	…	…	…	…	…
64			X_{134} 总资产增长率	0.000	…	0.050	0.081	…	0.079
65	公司内部非财务因素	股权结构与业绩审计情况	X_{139} 是否为金融机构	1.000	…	0.000	0.000	…	0.000
…			…	…	…	…	…	…	…
69			X_{144} 派息比税前	0.000	…	0.000	0.131	…	0.000
70		高管基本情况	X_{150} 总经理是否领取薪酬	1.000	…	0.682	0.682	…	0.682
…			…	…	…	…	…	…	…
72			X_{147} 监事会持股比例	0.000	…	0.000	0.140	…	0.000
73		商业信誉	X_{152} 涉案总件数	0.000	…	0.000	0.000	…	0.000
74			X_{153} 违规类型	1.000	…	1.000	1.000	…	1.000
75		社会责任	X_{154} 每股社会贡献值	0.000	…	0.000	0.000	…	0.000
76			X_{155} 社会捐赠强度	0.000	…	0.000	0.000	…	0.00

续表

(a)序号	(b)准则层	(c)指标	(d)训练样本 N_{train} 中客户指标标准化数据 x_{ij}			(e)测试样本 N_{test} 中客户指标标准化数据 x_{ij}		
			(1) 客户 1	…	(39) 客户 39	(40) 客户 40	…	(57) 客户 57
77	外部宏观环境	X_{156} 行业景气指数	0.821	…	0.685	0.707	…	0.970
…		…	…	…	…	…	…	…
97		X_{204} 国内专利申请授权数增长率	0.026	…	0.033	0.025	…	0.033
98	—	X_{205} 违约状态	0	…	1	0	…	1

13.4.2　基于支持向量机向前搜索第二次筛选后的指标体系

1. 基于 T–0 时间窗口的上市公司违约预测指标体系的构建

步骤 4：由 1 个指标构成的指标组合的确定。

由 1 个指标构成的第 1 个指标组合违约预测精度 G-mean$^1{}_1$ 的确定。根据表 13.4(d)列的上市公司文化、体育和娱乐行业训练样本的 T–0 时间窗口下第一次遴选后的 107 个指标数据，从第一次遴选出的 107 个指标中选取第 1 个指标(即表 13.4(d)列第 1 行)，即将表 13.4(d)列第 1 行的指标数据和表 13.4(d)列第 108 行的违约状态，代入式(3.22)和式(3.23)求解出线性支持向量机模型的指标权重和截距项参数，并将求解得到的参数代入式(3.24)和式(3.25)得到线性支持向量机违约预测模型。将表 13.4(d)列第 1 行的全部 57 个公司指标数据，代入式(3.25)线性支持向量机违约预测模型计算出违约状态预测值 $\hat{y}_j(j=1, 2, 3, 4, 5)$，将预测违约状态 $\hat{y}_j$ 与真实违约状态 y_j 进行比较后，代入式(3.55)计算违约预测几何平均精度，记为 G-mean$^1{}_1$。

同理，从第一次遴选出的 107 个指标中选取第 2 个指标(即表 13.4(d)列第 2 行)，可以得到第 2 个违约预测几何平均精度，记为 G-mean$^2{}_1$。第一次遴选共剩余 107 个指标，则可以得到 107 个违约预测几何平均精度，记为 G-mean$^k{}_1$ (k=1, 2, …, 107)。在这 107 个违约预测精度中选取最大值 G-mean$^{k^*}{}_1$= max(G-mean$^1{}_1$, G-mean$^2{}_1$, …, G-mean$^{107}{}_1$)，最高几何平均精度 G-mean$^{k^*}{}_1$ 的上标 k^*表示第 k^*个指标组合，即由 1 个指标构成的精度最高的指标组合，将其纳入第二次指标遴选中的待选指标组合。将由 1 个指标构成的指标组合的最高几何平均精度 G-mean$^{k^*}{}_1$ 简化记为 G-mean$_1$。

步骤 5：由 2 个指标构成的指标组合的确定。

在步骤 4 选中第 k^*个指标这一个指标后，剩余的 106 个指标中，选取一个指标，这里既可以选择剩余的 106 个指标中的第 1 个指标，也可以选择第 106 个指标，与步骤 4 选中的第 k^*个指标形成新的指标组合，因此可以形成 106 个新的由 2 个指标构成的指标组合。将这 106 个指标组合对应的样本数据分别代入式(3.24)和式(3.25)的支持向量机模型，并根据式(3.55)计算得到 106 个违约预测几何平均精度，记为 G-mean$^l{}_2$ (l=1, 2, …, 106)。在这 106 个违约预测几何平均精度中选择最大值 G-mean$^{l^*}{}_2$=max(G-mean$^1{}_2$, G-mean$^2{}_2$, …, G-mean$^{106}{}_2$)，最高几何平均精度 G-mean$^{l^*}{}_2$ 的上标 l^*表示第 l^*个指标组合，即由 1 个指标构成的精度最高的指标组合，将其纳入第二次指标遴选中的待选指标组合。将由 2 个指标构成的指标组合的最高几何平均精度 G-mean$^{l^*}{}_2$ 简化记为 G-mean$_2$。

步骤 6：遴选最优的违约预测指标组合。

仿照上述步骤 4 至步骤 5，不断地从剩余的指标中依次选取一个指标纳入前一步筛选出的指标组合形成新的指标组合，使得在新的指标组合下，线性支持向量机模型根据式(3.55)所计算的违约预测几何平均精度最大，得到由 s 个指标构成的指标组合的最高违约预测精度 G-mean$_s$(s=1, 2, …, 107)。令 G-mean$_{s^*=12}$= max(G-mean$_1$, G-mean$_2$, …, G-mean$_{107}$)，则 G-mean$_{s^*=12}$ 即为最高几何平均精度的指标组合。最高几何平均精度 G-mean$_{s^*=12}$ 的下标 s^*=12 表示由 12 个指标构成的第 12 个指标组合即为最优指标组合。

应该指出，在指标组合遴选过程中，由于每个指标有“选中”与“不选中”两种状态，107 个指标就有$(2^{107}-1)\approx1.62\times10^{32}$ 种指标组合可能性。遍历所有指标组合的预测精度，以几何平均精度最大为目标函数得到一个最优的指标组合，同时也得到显著的大数据降维效果，指标维度降低幅度为88.79%(即 1–12/107)。

表 13.10 中，每一行表示第二次指标组合筛选出的基于 T–0 时间窗口的上市公司文化、体育和娱乐行业违约预测指标。第 1 列是序号，第 2 列是准则层，第 3 列是指标名称，第 4 列是第 3 列指标对应的信用 5C 原则[8-9]。

表 13.10　上市公司文化、体育和娱乐行业 T–0 年基于支持向量机向前搜索的第二次指标筛选结果

(1)序号	(2)准则层		(3)指标	(4)信用 5C 原则[8-9]
1	公司内部财务因素	偿债能力	X_1 资产负债率	能力
…			…	…
6			X_{23} 有形资产/负债合计	能力
7		营运能力	X_{94} 营运资本周转率	能力
…			…	…
9			X_{114} 分配股利、利润或偿付利息支付的现金占筹资活动现金流出小计的比重	能力
10	外部宏观环境	—	X_{176} 广义货币供应量(M2)同比增长率	条件
…			…	…
12			X_{187} 铁路营业里程增长率	条件

表 13.10 可以看出，遴选出的 T–0 时间窗口的指标体系能够反映信用 5C 原则[8-9]。包括：资产负债率、有形资产/负债合计等财务指标反映企业偿债能力；营运资本周转率、分配股利等财务指标反映企业能力；广义货币供应量(M2)同比增长率、铁路营业里程增长率这 2 个宏观指标反映企业的条件。

2. 基于其他时间窗口的上市文化、体育和娱乐行业公司违约预测指标体系的构建

步骤 7：构建其他时间窗口下的违约预测指标体系。仿照步骤 4 至步骤 6，分别对表 13.5 至表 13.9 的上市公司在 T–1 年至 T–5 年的第一次指标遴选基础上进行第二次指标组合筛选，第二次指标组合遴选后，T–1 年至 T–5 年 5 个时间窗口分别选出了 16 个、14 个、19 个、15 个、17 个指标，列入表 13.11 至表 13.15 的第 3 列。

表 13.11　上市公司文化、体育和娱乐行业 T–1 年基于支持向量机向前搜索的第二次指标筛选结果

(1)序号	(2)准则层		(3)指标	(4)信用 5C 原则[8-9]
1	公司内部财务因素	偿债能力	X_1 资产负债率	能力
…			…	…
13			X_{18} 现金流量利息保障倍数	能力
14		盈利能力	X_{40} 净资产收益率	资本
15			X_{66} 扣除非经常损益后的净利润/净利润	资本
16	外部宏观环境	—	X_{176} 广义货币供应量(M2)同比增长率	条件

表 13.12　上市公司文化、体育和娱乐行业 T–2 年基于支持向量机向前搜索的第二次指标筛选结果

(1)序号	(2)准则层		(3)指标	(4)信用 5C 原则[8-9]
1	公司内部财务因素	偿债能力	X_1 资产负债率	能力
…			…	…
12			X_{26} 经营活动产生的现金流量净额/负债合计	能力
13		盈利能力	X_{68} 经营活动产生的现金流量净额/经营活动净收益	资本
14	外部宏观环境	—	X_{176} 广义货币供应量(M2)同比增长率	条件

表 13.13　上市公司文化、体育和娱乐行业 T–3 年基于支持向量机向前搜索的第二次指标筛选结果

(1)序号	(2)准则层		(3)指标	(4)信用 5C 原则[8-9]
1	公司内部财务因素	偿债能力	X_1 资产负债率	能力
…			…	…
15			X_{32} 其他应收款与流动资产比	能力
16		营运能力	X_{109} 购建固定资产	能力
17	公司内部非财务因素	股权结构与业绩审计情况	X_{139} 是否为金融机构	品质
18	外部宏观环境	—	X_{176} 广义货币供应量(M2)同比增长率	条件
19			X_{192} 入境旅游人数增长率	条件

表 13.14　上市公司文化、体育和娱乐行业 T–4 年基于支持向量机向前搜索的第二次指标筛选结果

(1)序号	(2)准则层		(3)指标	(4)信用 5C 原则[8-9]
1	公司内部财务因素	偿债能力	X_1 资产负债率	能力
…			…	…
13			X_{30} 长期负债占比	能力
14	公司内部非财务因素	股权结构与业绩审计情况	X_{139} 是否为金融机构	品质
15	外部宏观环境	—	X_{176} 广义货币供应量(M2)同比增长率	条件

表 13.15　上市公司文化、体育和娱乐行业 T–5 年基于支持向量机向前搜索的第二次指标筛选结果

(1)序号	(2)准则层		(3)指标	(4)信用 5C 原则[8-9]
1	公司内部财务因素	偿债能力	X_1 资产负债率	能力
…			…	…
15			X_{38} 每股权益合计	能力
16		成长能力	X_{120} 营业总成本增长率	能力
17	外部宏观环境	—	X_{176} 广义货币供应量(M2)同比增长率	条件

13.4.3　遴选出的最优指标体系统计汇总

由上文表 13.10 至表 13.15 可知，对于所有 56 家上市公司文化、体育和娱乐行业样本，违约预测的最优指标组合为：由 204 个指标构成的$(2^{204}-1)\approx2.57\times10^{61}$个指标组合中，遴选出资产负债率、有形资产/负债合计、营运资本周转率等 12 个指标，构成了 *T*–0 年违约判别几何平均精度最大的指标组合；遴选出资产负债率、现金流量利息保障倍数、净资产收益率等 16 个指标，构成了 *T*–1 年违约预测几何平均精度最大的指标组合；遴选出资产负债率、经营活动产生的现金流量净额/负债合计、经营活动产生的现金流量净额/经营活动净收益等 14 个指标，构成了 *T*–2 年违约预测几何平均精度最大的指标组合；遴选出资产负债率、其他应收款与流动资产比、购建固定资产等 19 个指标，构成了 *T*–3 年违约预测几何平均精度最大的指标组合；遴选出资产负债率、长期负债占比、是否为金融机构等 15 个指标，构成了 *T*–4 年违约预测几何平均精度最大的指标组合；遴选出资产负债率、每股权益合计、营业总成本增长率等 17 个指标，构成了 *T*–5 年违约预测几何平均精度最大的指标组合。

表 13.16 汇总了 *T*–*m*(*m*=0, 1, 2, 3, 4, 5)年最优指标组合中的指标，并统计了各个指标被选入最优指标组合的次数。表 13.16 中，第 1 列是序号；第 2 列是指标名称；第 3 列是指标在 *T*–*m*(*m*=0, 1, 2, 3, 4, 5)年被选中状态，“1”表示被选中，“0”表示未被选中；第 4 列是指标在 *T*–*m*(*m*=0, 1, 2, 3, 4, 5)年被选中的总次数，等于第 3 列的求和。

表 13.16 上市公司文化、体育和娱乐行业 $T\text{–}m$ 年最优指标组合汇总

(1)序号	(2)指标	(3)指标体系						(4)$T\text{–}m$ 年指标被选择的次数
		T–0	T–1	T–2	T–3	T–4	T–5	
1	X_1 资产负债率	1	1	1	1	1	1	6
2	X_3 长期资产适合率	1	1	1	1	1	1	6
3	X_{176} 广义货币供应量(M2)同比增长率	1	1	1	1	1	1	6
…	…	…	…	…	…	…	…	…
7	X_{25} 息税折旧摊销前利润/负债合计	0	0	1	1	1	1	4
8	X_{10} 流动负债/负债合计	1	1	1	0	0	0	3
9	X_{26} 经营活动产生的现金流量净额/负债合计	0	0	1	1	1	1	4
…	…	…	…	…	…	…	…	…
12	X_{12} 资本固定化比率	0	1	0	0	1	1	3
13	X_9 带息债务/全部投入资本	0	1	0	1	0	0	2
…	…	…	…	…	…	…	…	…
19	X_{90} 有形资产/负债合计	1	0	0	1	0	0	2
…	…	…	…	…	…	…	…	…
38	X_{187} 铁路营业里程增长率	1	0	0	0	0	0	1
39	X_{192} 入境旅游人数增长率	0	0	0	1	0	0	1
40	指标数量合计	12	16	14	19	15	17	—

根据表 13.16 第 2 列可知，对于所有 56 家上市公司文化、体育和娱乐行业样本，违约预测的重要宏观指标：铁路营业里程增长率、入境旅游人数增长率等 4 个宏观指标，对上市公司文化、体育和娱乐行业违约状态有显著影响。

根据表 13.16 第 3 列可知，带息债务/全部投入资本、长期资产适合率、有形资产/负债合计等 7 个指标存在于 T–0、T–1、T–2 年的最优指标组合中，说明其对企业未来 0~2 年的短期违约状态具有关键影响。经营活动产生的现金流量净额/负债合计、息税折旧摊销前利润/负债合计、资本固定化比率 3 个指标存在于 T–3、T–4、T–5 年的最优指标组合中，说明其对企业未来 3~5 年的中期违约预测具有关键影响。

根据表 13.16 第 4 列可知，资产负债率、长期资产适合率以及广义货币供应量(M2)同比增长率这 3 个指标存在于 $T\text{–}m(m=0, 1, 2, 3, 4, 5)$年的最优指标组合中，说明这 3 个指标不论是对未来 0~2 年的短期违约预测，还是对未来 3~5 年的中期违约预测都有重要影响。其中，广义货币供应量(M2)同比增长率的意义在于：当广义货币发行量充分大时，市场流动性充分，则公司几乎不可能发生违约，因此是违约预测的关键指标。

综上，对于所有 56 家上市公司文化、体育和娱乐行业样本，违约预测的关键指标：带息债务/全部投入资本、长期资产适合率、有形资产/负债合计等 7 个指标对企业未来 0~2 年的短期违约状态有关键影响。经营活动产生的现金流量净额/负债合计、息税折旧摊销前利润/负债合计、资本固定化比率 3 个指标对企业未来 3~5 年的中期违约状态有关键影响。资产负债率、长期资产适合率以及广义货币供应量(M2)同比增长率这 3 个指标，不论是对未来 0~2 年的短期违约预测，还是对未来 3~5 年的中期违约预测都有关键影响。

13.5 文化、体育和娱乐行业的违约预警模型的精度计算

上文 13.4 节中遴选出了最优指标组合，根据最优指标组合对应的训练样本数据，可分别构建如上文 3.2 节所述的 14 种大数据违约评价模型方案。根据表 13.3 第 1 行定义的训练样本 N_{train} 分别对应的表 13.10 至表 13.15 的 $T\text{–}m(m=0, 1, 2, 3, 4, 5)$时间窗口的训练样本指标数据，求解模型参数得到 14 种违约评价模型，

并在表 13.3 第 2 行定义的测试样本 N_{test} 的 $T-m(m=0, 1, 2, 3, 4, 5)$时间窗口分别计算 14 种大数据违约评价模型的精度结果。

其中，本书选取的模型违约预测精度评价标准有 5 个，分别是第二类错误、第一类错误、几何平均精度、总体预测精度和 AUC 值，其中各个参数的定义如 3.3 节式(3.53)至式(3.56)所示。

以线性判别模型在 $T-1$ 时间窗口样本的训练和测试为例进行说明。

将表 13.11 第 3 列 16 个指标对应表 13.5(d)列 $T-1$ 时间窗口的经 SMOTE 扩充后的训练样本数据，代入式(3.64)的线性判别模型最优权重向量的目标函数，求解出线性判别模型中 19 个指标的权重向量，并代入式(3.62)和式(3.63)得到违约概率预测方程和违约状态预测方程。

线性判别模型在 $T-1$ 时间窗口样本的违约概率预测方程：

$$\hat{p}(T-1)=54.907\times X_1\text{资产负债率}+\cdots-1.997\times X_3\text{长期资本负债率}+\cdots+4.462\times X_{13}\text{流动比率}+\cdots-12.148\times X_{176}\text{广义货币供应量(M2)同比增长率} \tag{13.1}$$

线性判别模型在 $T-1$ 时间窗口样本的违约状态预测方程：

$$\hat{y}_j(T+1)=\begin{cases}1, & \hat{p}_j(T)\geqslant 0.5\\ 0, & \hat{p}_j(T)<0.5\end{cases} \tag{13.2}$$

将表 13.11 第 3 列 16 个指标对应表 13.5(e)列 $T-1$ 时间窗口 18 个公司的测试样本数据，代入式(13.1)得到违约概率预测值 $\hat{p}_j$ $(j=1, 2, \cdots, 18)$，将违约概率预测值 $\hat{p}_j$ 代入式(13.2)得到违约状态预测值 $\hat{y}_j(j=1, 2,\cdots, 18)$。将违约状态预测值 $\hat{y}_j$ 与实际值 y_j 进行对比，可得如表 13.17 所示的混淆矩阵中 TP、TN、FP、FN 四个值。将表 13.17 所示的混淆矩阵中 TP、TN、FP、FN 四个值，代入式(3.53)，计算得到第二类错误=FN/(TP+FN)= 2/(3+2)=0.4。

表 13.17　违约预测混淆矩阵

客户的真实违约状态	客户的预测违约状态	
	(1)预测违约	(2)预测非违约
(1)真实违约	违约样本判对的个数 TP=3	违约样本判错的个数 FN=2
(2)真实非违约	非违约样本判错的个数 FP=0	非违约样本判对的个数 TN=13

表 13.18 是上市公司文化、体育和娱乐行业 $T-m(m=0, 1, 2, 3, 4, 5)$时间窗口的 14 种大数据违约评价模型方案的测试样本预测精度结果。以线性判别模型在 $T-1$ 时间窗口样本为例，将上文计算得到的第二类错误 Type-II Error=0.4，列入表 13.18 第 15 行第 4 列。同理，将表 13.17 所示的混淆矩阵中 TP、TN、FP、FN 四个值，分别代入式(3.54)至式(3.56)，并绘制 ROC 曲线，得到其他四个精度结果，分别列入表 9.18 第 15 行第 5~8 列。

表 13.18　上市公司文化、体育和娱乐行业 $T-m(m=0, 1, 2, 3, 4, 5)$时间窗口下模型预测精度结果

(1)序号	(2)时间窗口	(3)模型方案	(4)第二类错误	(5)第一类错误	(6)几何平均精度	(7)总体预测精度	(8)AUC 值
1	$T-0$	线性判别模型[10]	0.600	0.154	0.582	0.722	0.815
2		逻辑回归模型[11]	0.600	0.154	0.582	0.722	0.723
3		广义加性模型[12]	0.600	0.231	0.555	0.667	0.708
4		线性支持向量机模型[13]	0.600	0.154	0.582	0.722	0.800
5		决策树模型[14-15]	0.800	0.077	0.430	0.722	0.685
6		BP 神经网络模型[16-17]	0.200	0.615	0.555	0.500	0.677
7		K 近邻模型[18-19]	0.600	0.077	0.608	0.778	0.662
8		多数投票线性判别模型[20]	0.600	0.154	0.582	0.722	0.831
9		多数投票逻辑回归模型[20]	0.600	0.154	0.582	0.722	0.708

续表

(1)序号	(2)时间窗口	(3)模型方案	(4)第二类错误	(5)第一类错误	(6)几何平均精度	(7)总体预测精度	(8)AUC 值
10	T–0	多数投票广义加性模型[20]	0.400	0.231	0.679	0.722	0.708
11		多数投票线性支持向量机模型[21]	0.600	0.154	0.582	0.722	0.815
12		多数投票决策树模型[22]	0.600	0.231	0.555	0.667	0.638
13		多数投票 BP 神经网络模型[23]	0.600	0.308	0.526	0.611	0.754
14		多数投票 K 近邻模型[24]	0.400	0.154	0.713	0.778	0.700
15	T–1	线性判别模型[10]	0.400	0.000	0.775	0.889	0.908
16		逻辑回归模型[11]	0.600	0.000	0.632	0.833	0.677
17		广义加性模型[12]	0.400	0.077	0.744	0.833	0.800
18		线性支持向量机模型[13]	0.400	0.000	0.775	0.889	0.908
19		决策树模型[14-15]	0.200	0.000	0.894	0.944	0.900
20		BP 神经网络模型[16-17]	0.600	0.077	0.608	0.778	0.862
21		K 近邻模型[18-19]	0.400	0.077	0.744	0.833	0.762
22		多数投票线性判别模型[20]	0.400	0.000	0.775	0.889	0.892
23		多数投票逻辑回归模型[20]	0.600	0.000	0.632	0.833	0.700
24		多数投票广义加性模型[20]	0.200	0.000	0.894	0.944	0.877
25		多数投票线性支持向量机模型[21]	0.400	0.077	0.744	0.833	0.892
26		多数投票决策树模型[22]	0.200	0.000	0.894	0.944	0.877
27		多数投票 BP 神经网络模型[23]	0.400	0.077	0.744	0.833	0.862
28		多数投票 K 近邻模型[24]	0.400	0.077	0.744	0.833	0.762
29	T–2	线性判别模型[10]	0.200	0.077	0.859	0.889	0.877
30		逻辑回归模型[11]	0.200	0.308	0.744	0.722	0.715
31		广义加性模型[12]	0.200	0.077	0.859	0.889	0.908
32		线性支持向量机模型[13]	0.200	0.077	0.859	0.889	0.923
33		决策树模型[14-15]	0.200	0.077	0.859	0.889	0.862
34		BP 神经网络模型[16-17]	0.400	0.231	0.679	0.722	0.708
35		K 近邻模型[18-19]	0.400	0.077	0.744	0.833	0.762
36		多数投票线性判别模型[20]	0.200	0.077	0.859	0.889	0.862
37		多数投票逻辑回归模型[20]	0.200	0.308	0.744	0.722	0.815
38		多数投票广义加性模型[20]	0.200	0.077	0.859	0.889	0.923
39		多数投票线性支持向量机模型[21]	0.200	0.077	0.859	0.889	0.938
40		多数投票决策树模型[22]	0.200	0.077	0.859	0.889	0.885
41		多数投票 BP 神经网络模型[23]	0.200	0.154	0.823	0.833	0.846
42		多数投票 K 近邻模型[24]	0.200	0.077	0.859	0.889	0.854
43	T–3	线性判别模型[10]	0.200	0.077	0.859	0.889	0.892
44		逻辑回归模型[11]	0.200	0.077	0.859	0.889	0.862
45		广义加性模型[12]	0.400	0.308	0.645	0.667	0.692
46		线性支持向量机模型[13]	0.400	0.077	0.744	0.833	0.877
47		决策树模型[14-15]	0.400	0.154	0.713	0.778	0.723
48		BP 神经网络模型[16-17]	0.200	0.231	0.784	0.778	0.769

续表

(1)序号	(2)时间窗口	(3)模型方案	(4)第二类错误	(5)第一类错误	(6)几何平均精度	(7)总体预测精度	(8)AUC 值
49	T–3	K 近邻模型[18-19]	0.400	0.231	0.679	0.722	0.685
50		多数投票线性判别模型[20]	0.000	0.077	0.961	0.944	0.923
51		多数投票逻辑回归模型[20]	0.200	0.154	0.823	0.833	0.808
52		多数投票广义加性模型[20]	0.000	0.154	0.920	0.889	0.892
53		多数投票线性支持向量机模型[21]	0.400	0.077	0.744	0.833	0.877
54		多数投票决策树模型[22]	0.600	0.154	0.582	0.722	0.708
55		多数投票 BP 神经网络模型[23]	0.200	0.538	0.608	0.556	0.815
56		多数投票 K 近邻模型[24]	0.400	0.231	0.679	0.722	0.769
57	T–4	线性判别模型[10]	0.400	0.154	0.713	0.778	0.831
58		逻辑回归模型[11]	0.400	0.077	0.744	0.833	0.738
59		广义加性模型[12]	0.400	0.000	0.775	0.889	0.938
60		线性支持向量机模型[13]	0.200	0.231	0.784	0.778	0.908
61		决策树模型[14-15]	0.400	0.077	0.744	0.833	0.762
62		BP 神经网络模型[16-17]	0.200	0.308	0.744	0.722	0.908
63		K 近邻模型[18-19]	0.000	0.308	0.832	0.778	0.846
64		多数投票线性判别模型[20]	0.400	0.154	0.713	0.778	0.877
65		多数投票逻辑回归模型[20]	0.600	0.154	0.582	0.722	0.846
66		多数投票广义加性模型[20]	0.400	0.000	0.775	0.889	0.923
67		多数投票线性支持向量机模型[21]	0.200	0.077	0.859	0.889	0.908
68		多数投票决策树模型[22]	0.200	0.077	0.859	0.889	0.931
69		多数投票 BP 神经网络模型[23]	0.200	0.154	0.823	0.833	0.877
70		多数投票 K 近邻模型[24]	0.000	0.385	0.784	0.722	0.808
71	T–5	线性判别模型[10]	0.000	0.231	0.877	0.833	0.892
72		逻辑回归模型[11]	0.000	0.308	0.832	0.778	0.846
73		广义加性模型[12]	0.000	0.462	0.734	0.667	0.908
74		线性支持向量机模型[13]	0.000	0.231	0.877	0.833	0.892
75		决策树模型[14-15]	0.200	0.154	0.823	0.833	0.823
76		BP 神经网络模型[16-17]	0.200	0.385	0.702	0.667	0.723
77		K 近邻模型[18-19]	0.000	0.154	0.920	0.889	0.923
78		多数投票线性判别模型[20]	0.000	0.231	0.877	0.833	0.908
79		多数投票逻辑回归模型[20]	0.000	0.385	0.784	0.722	0.792
80		多数投票广义加性模型[20]	0.000	0.462	0.734	0.667	0.708
81		多数投票线性支持向量机模型[21]	0.000	0.154	0.920	0.889	0.892
82		多数投票决策树模型[22]	0.200	0.154	0.823	0.833	0.823
83		多数投票 BP 神经网络模型[23]	0.200	0.308	0.744	0.722	0.846
84		多数投票 K 近邻模型[24]	0.000	0.154	0.920	0.889	0.923

以上是以线性判别模型在 T–1 时间窗口样本为例，说明了违约评价模型的精度计算过程。同理，可分

别根据上文 3.2 节中的 14 种大数据违约评价模型的表达式，计算在上市公司文化、体育和娱乐行业 $T-m(m=0, 1, 2, 3, 4, 5)$测试样本上的精度结果，并将精度结果列入表 13.18 中。

由表 13.18 第 8 列 AUC 值可以看出，AUC 值基本都能达到 70%以上[25-26]，表明这 14 种模型在 5 年的时间窗口均能实现较好的模型预测效果，即模型有五年的预测能力。表 13.18 第 4 列的违约客户错判率第二类错误基本都在 30%以下[27-28]，说明所构建的模型对公司是否违约具有较好的预测能力。

13.6 文化、体育和娱乐行业的最优违约预警模型的对比分析

上市公司违约预警模型最优方案选择共有如下三个选择标准。

第一标准：模型违约预测精度越高，模型方案排名越靠前。

第二标准：模型可解释性越强，模型方案排名越靠前。

第三标准：模型复杂性越低，模型方案排名越靠前。

表 13.19 给出了 14 种模型方案基于上市公司文化、体育和娱乐行业数据的三个标准排序结果。

表 13.19　上市公司文化、体育和娱乐行业最优模型方案的选择

(1)序号	(2)模型方案	(3)标准一：分类精度排序平均值	(4)标准二：可解释性排序[29-30]	(5)标准三：复杂性排序[29, 31]	(6)三个标准的排序平均值
1	线性判别模型[10]	3.90	1	1	1.97
2	逻辑回归模型[11]	6.80	2	2	3.60
3	广义加性模型[12]	6.83	4	3	4.61
4	线性支持向量机模型[13]	3.80	10	4	5.93
5	决策树模型[14-15]	5.83	3	5	4.61
6	BP 神经网络模型[16-17]	10.33	11	7	9.44
7	K 近邻模型[18-19]	6.57	9	6	7.19
8	多数投票线性判别模型[20]	3.60	5	8	5.53
9	多数投票逻辑回归模型[20]	8.03	6	9	7.68
10	多数投票广义加性模型[20]	4.17	8	10	7.39
11	多数投票线性支持向量机模型[21]	3.27	13	11	9.09
12	多数投票决策树模型[22]	5.60	7	12	8.20
13	多数投票 BP 神经网络模型[23]	8.37	14	14	12.12
14	多数投票 K 近邻模型[24]	5.47	12	13	10.16

表 13.19 第 2 列为 14 种模型方案的模型名称。

表 13.19 第 3 列为 14 种模型方案基于标准一预测精度的排序平均值，是基于表 13.18 中五个精度标准的精度排序平均值。排序的平均值越小，表示模型的预测精度越高，即排序为 3.27 的模型预测精度最高。

表 13.19 第 4 列为 14 种模型方案基于标准二可解释性的排序，是基于现有文献[29-30]对 14 种大数据模型可解释性的排序结果。排序的序号越小，表示模型的可解释性越强，即排序为“1”的模型方案可解释性最强。

表 13.19 第 5 列为 14 种模型方案基于标准三复杂性的排序，是基于现有文献[29, 31]对 14 种大数据模型复杂性的排序结果。排序的序号越小，表示模型的复杂性越低，即排序为“1”的模型方案复杂性最低。

表 13.19 第 6 列为 14 种模型方案三个标准的排序平均值，是第 3 列、第 4 列和第 5 列的算术平均值。

排序平均值越小，表示模型方案越能够同时兼顾精度、可解释性、复杂性这三个因素，越应该被选用，即排序平均值最小的模型方案是最优模型方案。

根据最优方案的三个选择标准，结合表 13.19 第 6 列的平均排序可以得出，线性判别模型的排序平均值最小。因此，上市公司文化、体育和娱乐行业样本的最优模型方案是线性判别模型。

13.7　文化、体育和娱乐行业的最优违约预警模型

由 13.6 节可知，上市公司文化、体育和娱乐行业的最优模型方案是线性判别模型。

设：$\hat{p}_j(T-m)$为第 j 个上市公司 T–m 年预测的违约概率，则根据 13.5 节中求解的上市公司文化、体育和娱乐行业样本对应的 T–m(m=0, 1, 2, 3, 4, 5)年线性判别模型评价方程如下。

上市公司文化、体育和娱乐行业的 T–0 违约判别模型，如式(13.3)所示。

$$\hat{p}(T-0)=72.297\times X_1\text{资产负债率}+\cdots-4.521\times X_{23}\text{有形资产/负债合计}+0.484\times X_{94}\text{营运资本周转率}-\cdots-6.667\times X_{114}\text{分配股利、利润或偿付利息支付的现金占筹资活动现金流出小计的比重}-\cdots-21\times X_{187}\text{铁路营业里程增长率} \tag{13.3}$$

上市公司文化、体育和娱乐行业的提前 1 年违约预警模型，如式(13.4)所示。

$$\hat{p}(T-1)=54.907\times X_1\text{资产负债率}+\cdots-1.914\times X_6\text{非流动负债权益比率}+\cdots-12.148\times X_{176}\text{广义货币供应量(M2)同比增长率} \tag{13.4}$$

上市公司文化、体育和娱乐行业的提前 2 年违约预警模型，如式(13.5)所示。

$$\hat{p}(T-2)=4.882\times X_1\text{资产负债率}+\cdots+3.209\times X_{10}\text{流动负债/负债合计}+\cdots-0.076\times X_{176}\text{广义货币供应量(M2)同比增长率} \tag{13.5}$$

上市公司文化、体育和娱乐行业的提前 3 年违约预警模型，如式(13.6)所示。

$$\hat{p}(T-3)=6.927\times X_1\text{资产负债率}+\cdots+12.649\times X_{18}\text{现金流量利息保障倍数}-157.533\times X_{21}\text{归属母公司股东的权益/带息债务}\cdots+1.59\times X_{32}\text{其他应收款与流动资产比}+\cdots+2.549\times X_{192}\text{入境旅游人数增长率} \tag{13.6}$$

上市公司文化、体育和娱乐行业的提前 4 年违约预警模型，如式(13.7)所示。

$$\hat{p}(T-4)=7.905\times X_1\text{资产负债率}+\cdots-4.319\times X_{18}\text{现金流量利息保障倍数}+0.292\times X_{20}\text{归属母公司股东的权益/负债合计}+\cdots-4.199\times X_{28}\text{已获利息倍数}-\cdots-2.418\times X_{176}\text{广义货币供应量(M2)同比增长率} \tag{13.7}$$

上市公司文化、体育和娱乐行业的提前 5 年违约预警模型，如式(13.8)所示。

$$\hat{p}(T-5)=-14.297\times X_1\text{资产负债率}-\cdots+9.896\times X_{13}\text{流动比率}+5.194\times X_{17}\text{现金到期债务比}-\cdots+12.766\times X_{28}\text{已获利息倍数}+\cdots+1.825\times X_{176}\text{广义货币供应量(M2)同比增长率} \tag{13.8}$$

以上构建的模型式(13.3)至式(13.8)是通过第 T–m 年的指标数据与 T 年违约状态训练得到的提前 m 年违约预警的评价方程，以达到根据第 T 年的指标数据，预测公司第 T+m 年违约状态的目的。应该指出，这里的第 T–m 年的指标数据不是仅包含某一年(如 2008 年)的指标截面数据，而是包含了不同年份(如 2008 年、2014 年等)平移后的指标截面数据。

则第 j 个上市公司文化、体育和娱乐行业样本第 T+m 年违约状态预测值 $\hat{y}_j(T+m)$的表达式如下。

$$\hat{y}_j(T+m)=\begin{cases}1, & \hat{p}_j(T)\geqslant 0.5\\ 0, & \hat{p}_j(T)<0.5\end{cases} \tag{13.9}$$

13.8 文化、体育和娱乐行业的违约概率和信用得分的确定

由上文 13.7 节可知，最优模型方案为线性判别模型，共构建了 $T+m(m=0, 1, 2, 3, 4, 5)$共 6 个违约判别或预测模型表达式，如上文式(13.3)至式(13.8)所示。

将表 13.10 第 3 列 $T–0$ 年最优指标体系对应的 2000 年至 2018 年这 19 年的上市公司文化、体育和娱乐行业数据，代入上文式 (13.3)，得到上市公司文化、体育和娱乐行业第 $T+0$ 年的违约概率判别值，列入表 13.20 第 3 列。

表 13.20 上市公司文化、体育和娱乐行业 2000 年至 2018 年这 19 年最优模型方案线性判别的预测结果

(1)序号	(2)证券代码	(a)$T+0$		(b)$T+1$		(c)$T+2$		(d)$T+3$		(e)$T+4$		(f)$T+5$	
		(3)违约概率 p_j	(4)信用得分 S_j	(5)违约概率 p_j	(6)信用得分 S_j	(7)违约概率 p_j	(8)信用得分 S_j	(9)违约概率 p_j	(10)信用得分 S_j	(11)违约概率 p_j	(12)信用得分 S_j	(13)违约概率 p_j	(14)信用得分 S_j
1	2018-000156	0.00	100.00	0.00	100.00	0.00	100.00	0.00	99.99	0.0001	99.99	0.0083	99.17
2	2018-000504	1.00	0.00	1.00	0.00	1.00	0.00	1.00	0.01	0.0011	99.89	1.00	0.00
3	2018-000607	0.0001	99.99	0.00	100.00	0.00	100.00	0.00	100.00	0.0202	97.98	0.7572	24.28
…	…	…	…	…	…	…	…	…	…	…	…	…	…
738	2000-600757	1.00	0.00	0.00	100.00	0.00	100.00	0.00	99.77	0.0067	99.33	0.8887	11.13
739	2000-600825	1.00	0.00	0.0026	99.74	0.00	100.00	0.7298	27.02	0.4516	54.84	0.8904	10.96
740	2000-600880	0.0019	99.81	0.00	100.00	0.00	100.00	0.00	100.00	0.0013	99.87	0.9378	6.22

如表 13.20 第 1 行所示，证券代码“2018-000156”表示 2018 年代码为“000156”上市公司。第 1 行第 3 列表示“000156”上市公司在 2018 年的违约概率判别值 p_j=0.00，将违约概率判别值 p_j=0.00 代入上文式(3.3)的信用得分表达式，得到“000156”上市公司 2018 年信用得分 $S_j=(1–p_j)\times100=(1–0.00)\times100=100.00$，列入表 13.20 第 1 行第 4 列。

同理，将表 13.11 至表 13.15 的 $T–m(m=1, 2, 3, 4, 5)$年的最优指标体系的数据，代入式(13.4)至式(13.8)，可分别计算 $T+m(m=1, 2, 3, 4, 5)$年的上市公司违约概率值 p_j 和信用得分值 S_j，将预测结果列入表 13.20 第 5 列至第 14 列。

表 13.21 是中国上市公司文化、体育和娱乐行业 2000~2023 年这 24 年的违约概率和信用得分结果。表 13.21 中，第 1~740 行是 2000~2018 年这 19 年公司数据按上文式(13.3)计算的 $T+0$ 年判别的信用得分结果。第 741~960 行是根据 2018 年的公司数据，分别按上文式(13.4)至式(13.8)的 $T+1\sim T+5$ 年预测的信用得分结果。

表 13.21 上市公司文化、体育和娱乐行业 2000~2023 年这 24 年的违约概率和信用得分预测结果

(1)序号	(2)证券代码	(3)年份	(4)行业	(5)省区市	(6)所有制	(7)违约概率 $p_{j(T+m)}$	(8)信用得分 $S_{j(T+m)}$
1	000156.SZ	2000	文化、体育和娱乐行业	浙江省	地方国有企业	0.0064	99.36
2	600551.SH	2000	文化、体育和娱乐行业	上海市	地方国有企业	0.0144	98.56
3	000793.SZ	2000	文化、体育和娱乐行业	海南省	公众企业	0.0282	97.18
…	…	…	…	…	…	…	…
741	000156.SZ	2019	文化、体育和娱乐行业	江苏省	民营企业	0.0000	100.00
742	300640.SZ	2019	文化、体育和娱乐行业	福建省	民营企业	0.0015	99.85
743	000607.SZ	2019	文化、体育和娱乐行业	浙江省	地方国有企业	0.2108	78.92
…	…	…	…	…	…	…	…

续表

(1)序号	(2)证券代码	(3)年份	(4)行业	(5)省区市	(6)所有制	(7)违约概率 $p_{j(T+m)}$	(8)信用得分 $S_{j(T+m)}$
796	000156.SZ	2020	文化、体育和娱乐行业	江苏省	民营企业	0.0003	99.97
797	300640.SZ	2020	文化、体育和娱乐行业	福建省	民营企业	0.0008	99.92
798	002858.SZ	2020	文化、体育和娱乐行业	上海市	民营企业	0.0026	99.74
…	…	…	…	…	…	…	…
851	000156.SZ	2021	文化、体育和娱乐行业	江苏省	民营企业	0.0002	99.98
852	603103.SH	2021	文化、体育和娱乐行业	浙江省	其他所有制企业	0.0018	99.82
853	603721.SH	2021	文化、体育和娱乐行业	湖南省	集体企业	0.0027	99.73
…	…	…	…	…	…	…	…
958	603103.SH	2023	文化、体育和娱乐行业	浙江省	其他所有制企业	1.0000	0.00
959	603466.SH	2023	文化、体育和娱乐行业	上海市	民营企业	0.0000	100.00
960	603721.SH	2023	文化、体育和娱乐行业	湖南省	集体企业	0.9397	6.03

将表 13.10 第 3 列 T–0 年最优指标体系对应的 2000~2018 年 55 家上市公司数据，代入上文式(13.3)，得到上市公司第 T+0 年的违约概率判别值 $p_{j(T+0)}$，列入表 13.21 第 7 列第 1~740 行，并将违约概率判别值 $p_{j(T+0)}$代入上文式(3.3)的信用得分表达式得到信用得分 $S_{j(T+0)}$，列入表 13.21 第 8 列第 1~740 行。

将表 13.11 第 3 列 T–1 年最优指标体系对应的 2018 年 725 家上市公司数据，代入上文式(13.4)，得到上市公司第 T+1 年的违约概率预测值 $p_{j(T+1)}$，并将违约概率预测值 $p_{j(T+1)}$代入上文式(3.7)的信用得分表达式得到 2019 年信用得分预测值 $S_{j(T+1)}$，列入表 13.21 第 8 列第 741~795 行。同理，可根据式(13.5)至式(13.8)预测 2020~2023 年的信用得分 $S_{j(T+m)}$，并将结果列入表 13.21 第 7 列第 796~960 行。

13.9　文化、体育和娱乐行业的信用等级划分

以 T+0 年的信用等级划分为例进行说明。

将表 13.20 第 4 列的 T+0 年信用得分数据按降序排列，结果对应列入表 13.22 第 3 列。表 13.22 第 4 列违约概率 p_j 数据来自表 13.20 第 3 列。表 13.22 第 5 列负债总额数据来源于 Wind 数据库。表 13.22 第 6 列应收未收本息数据等于表 13.22 第 4 列和第 5 列的乘积。表 13.22 第 7 列应收本息数据等于表 13.22 第 5 列。

表 13.22　上市公司文化、体育和娱乐行业最优模型方案线性判别的 T+0 年信用等级划分数据

(1)序号	(2)证券代码	(3)信用得分 S_j	(4)违约概率 p_j	(5)负债总额 D_j/元	(6)应收未收本息 L_j/元	(7)应收本息 R_j/元
1	2018-000156	100.00	0.00	4 095 268 838.00	0.00	4 095 268 838.00
2	2018-000504	100.00	0.00	234 954 728.30	0.00	234 954 728.30
3	2018-000607	100.00	0.00	167 850 868.40	0.00	167 850 868.40
…	…	…	…	…	…	…
417	2015-002502	37.538	0.624 62	227 529 396.90	142 119 411.89	227 529 396.90
…	…	…	…	…	…	…
740	2000-600880	99.81	0.001 9	187 179 433.20	355 640.92	187 179 433.20

依据上文 3.4.2 节的信用等级划分模型，将表 13.22 第 6~7 列的应收未收本息 L_j、应收本息 R_j 数据代入式(3.68)至式(3.71)的信用等级划分模型，根据迟国泰教授科研创新团队的发明专利“信用等级越高，违约损失率越低”的违约金字塔原理[32]，得到的评级结果如表 13.23 第 3~5 列所示。

表 13.23 上市公司文化、体育和娱乐行业最优模型方案线性判别的 T+0 年信用等级划分结果

(1)序号	(2)等级	(3)信用得分区间	(4)样本数	(5)违约损失率/%	(6)信用度
1	AAA	37.538≤S≤100	417	5.19	特优
…	…	…	…	…	…
4	BBB	23.474≤S<25.159	2	75.69	较好
…	…	…	…	…	…
7	CCC	4.1≤S<11.476	26	92.71	差
…	…	…	…	…	…
9	C	0≤S<0.001	154	100.00	极差

根据表 13.23 第 4 列可知，T+0 年 AAA 级公司样本数为 417 个，即 AAA 级公司为按照信用得分降序排列后的第 1~417 个公司。由表 13.22 第 3 列知，第 417 行证券代码“2015-002502”公司对应的信用得分为 37.538，故 AAA 级公司的信用得分区间为 37.538≤S≤100，列入表 13.23 第 3 列第 1 行，即 T+0 年信用得分落在区间 37.538≤S≤100 的公司均为 AAA 级公司。同理，可得 AA、A、…、C 等其余 8 个等级划分结果，对应列入表 13.23 第 2 列第 2~9 行。由信用等级 AAA、AA、A、BBB、BB、B、CCC、CC、C 依次对应特优、优、良、较好、一般、较差、差、很差、极差的信用度，列入表 13.23 第 6 列。

以上是上市公司文化、体育和娱乐行业样本最优模型方案线性判别的 T+0 年信用等级划分结果。同理，可分别得到 T+m(m=1, 2, 3, 4, 5)年的上市公司文化、体育和娱乐行业样本的信用等级划分结果，如表 13.24 至表 13.28 所示。

表 13.24 上市公司文化、体育和娱乐行业最优模型方案线性判别的 T+1 年信用等级划分结果

(1)序号	(2)等级	(3)信用得分区间	(4)样本数	(5)违约损失率/%	(6)信用度
1	AAA	33.925≤S≤100	755	0.23	特优
…	…	…	…	…	…
4	BBB	24.777≤S<26.193	6	74.87	较好
…	…	…	…	…	…
7	CCC	0≤S<0.257	104	100.00	差
…	…	…	…	…	…
9	C	0≤S<0.001	25	100.00	极差

表 13.25 上市公司文化、体育和娱乐行业最优模型方案线性判别的 T+2 年信用等级划分结果

(1)序号	(2)等级	(3)信用得分区间	(4)样本数	(5)违约损失率/%	(6)信用度
1	AAA	21.44≤S≤100	707	0.01	特优
…	…	…	…	…	…
4	BBB	0.733≤S<3.632	4	98.16	较好
…	…	…	…	…	…
7	CCC	0.003≤S<0.0032	157	100.00	差
…	…	…	…	…	…
9	C	0≤S<0.001	1	100.00	极差

表 13.26　上市公司文化、体育和娱乐行业最优模型方案线性判别的 *T*+3 年信用等级划分结果

(1)序号	(2)等级	(3)信用得分区间	(4)样本数	(5)违约损失率/%	(6)信用度
1	AAA	$0.25 \leqslant S \leqslant 100$	681	26.57	特优
…	…	…	…	…	…
4	BBB	$0.033 \leqslant S < 0.149$	33	99.92	较好
…	…	…	…	…	…
7	CCC	$0.003 \leqslant S < 0.0032$	23	100.00	差
…	…	…	…	…	…
9	C	$0 \leqslant S < 0.001$	49	100.00	极差

表 13.27　上市公司文化、体育和娱乐行业最优模型方案线性判别的 *T*+4 年信用等级划分结果

(1)序号	(2)等级	(3)信用得分区间	(4)样本数	(5)违约损失率/%	(6)信用度
1	AAA	$42.062 \leqslant S \leqslant 100$	658	9.11	特优
…	…	…	…	…	…
4	BBB	$0.352 \leqslant S < 0.685$	8	99.49	较好
…	…	…	…	…	…
7	CCC	$0.122 \leqslant S < 0.135$	2	99.87	差
…	…	…	…	…	…
9	C	$0 \leqslant S < 0.002$	6	100.00	极差

表 13.28　上市公司文化、体育和娱乐行业最优模型方案线性判别的 *T*+5 年信用等级划分结果

(1)序号	(2)等级	(3)信用得分区间	(4)样本数	(5)违约损失率/%	(6)信用度
1	AAA	$45.618 \leqslant S \leqslant 100$	433	6.99	特优
…	…	…	…	…	…
4	BBB	$32.847 \leqslant S < 35.604$	7	65.87	较好
…	…	…	…	…	…
7	CCC	$11.131 \leqslant S < 21.036$	43	84.43	差
…	…	…	…	…	…
9	C	$0 \leqslant S < 5.809$	294	98.90	极差

13.10　文化、体育和娱乐行业的信用特征分析

13.10.1　地区的信用特征分析

为检验不同省区市的信用得分是否存在显著差异。本书根据表 13.21 第 5 列的 19 个中国省区市(港澳台除外，包括文化、体育和娱乐行业的仅有 19 个省区市)和第 8 列的信用得分，统计出上市公司文化、体育和娱乐行业所在的 19 个省区市的信用得分平均值、最大值、最小值、标准差、中位数等，列在表 13.29 的第 3~8 列。

表 13.29　上市公司文化、体育和娱乐行业省区市信用特征描述表

(1)序号	(2)省区市	(3)信用得分平均值	(4)信用得分最大值	(5)信用得分最小值	(6)信用得分标准差	(7)信用得分中位数	(8)样本数量/个
1	甘肃省	99.84	99.84	99.47	0.15	99.90	7

续表

(1)序号	(2)省区市	(3)信用得分平均值	(4)信用得分最大值	(5)信用得分最小值	(6)信用得分标准差	(7)信用得分中位数	(8)样本数量/个
2	福建省	98.86	98.86	94.84	1.57	99.54	11
3	天津市	97.61	97.61	76.91	6.29	99.74	12
…	…	…	…	…	…	…	…
7	安徽省	73.30	99.29	0.00	23.68	77.81	42
8	广东省	72.66	99.82	0.00	29.10	80.36	45
9	海南省	71.56	99.51	0.00	22.75	80.47	24
…	…	…	…	…	…	…	…
12	山东省	65.15	99.49	0.00	27.36	72.19	35
…	…	…	…	…	…	…	…
17	辽宁省	48.60	99.54	0.00	32.52	45.89	42
18	重庆市	44.06	82.98	0.00	25.10	46.90	23
19	山西省	41.51	95.67	0.00	27.77	36.70	24

其中，表 13.29 第 8 列的样本数量是 2000~2023 年这 24 年的上市公司文化、体育和娱乐行业总数，这里的总数包括相同企业不同年份的重复计数。例如，同一个企业 2000~2023 年这 24 年，数量记为 24，其他企业的统计同理。

同时，为检验两两省区市之间的信用得分是否存在显著差异，本书采用曼-惠特尼 U 检验[33]来进行显著性水平检验。以山东省与海南省为例，根据表 13.29 第 1 列第 9、12 行的序号排序和第 8 列第 9、12 行的公司数量，计算得到曼-惠特尼 U 检验统计量为 340.00，列入表 13.30 第 1 行第 3 列。通过查曼-惠特尼 U 检验统计量的显著性水平表，将对应的 p 值 0.109 列入表 13.30 第 1 行第 4 列。同理，将其他任意两个省区市的曼-惠特尼 U 检验结果列在表 13.30 第 2~171 行。

表 13.30　上市公司文化、体育和娱乐行业省区市之间信用得分的差异性检验

(1)序号	(2)省区市两两比较	(3)曼-惠特尼 U 检验统计量值	(4)p 值
1	山东省与海南省	340.00***	0.109
2	山东省与湖北省	864.00***	0.004
3	山东省与江西省	332.00*	0.088
…	…	…	…
170	浙江省与四川省	3012.00***	0.021
171	辽宁省与四川省	395.00***	0.000

***、**、*分别表示在 99%、95%、90%的置信水平下显著

表 13.29 和表 13.30 的实证结果表明，中国上市公司文化、体育和娱乐行业的行业特征为甘肃省、福建省、天津市等 6 个省区市的信用资质最高，安徽省、广东省、海南省等 6 个省区市的信用资质居中，辽宁省、重庆市、山西省等 7 个省区市的信用资质最低，并且任意两个省区市间的信用资质经曼-惠特尼 U 检验均存在显著差异。19 省区市之间的信用资质存在显著差异。

根据上市公司文化、体育和娱乐行业的 19 个省区市地理区域分布统计可知，信用得分高于 72 的信用资质较好的省区市基本分布在西部地区。信用得分介于 65 和 72 之间的信用资质居中的省区市基本分布在东南沿海地区。信用得分低于 65 的信用资质较差的省区市基本分布在中部地区和东北地区。

造成省区市信用特征差异的原因可能是，相比于我国中部地区以及东北地区，影视传媒文化的飞速发展促进了我国西部地区和东南沿海地区的产业发展方向转型，人文旅游资源不断开发，使得西部地区“文

化、体育和娱乐行业”的企业信用资质较好。

13.10.2　公司所有制的信用特征分析

公司所有制属性的信用特征分布是一个值得研究的话题，现有文献[34]认为相比于中国非国有企业，国有企业拥有更高的平均收益率和更有竞争力的其他优势。本书根据大股东和实际控制人将上市公司的所有制属性分为 7 类，分别是中央国有企业、地方国有企业、民营企业、集体企业、公众企业、外资企业和由协会等实际控股的其他所有制企业。上市公司文化、体育和娱乐行业的 6 个所有制形式如表 13.31 第 2 列所示。

表 13.31　上市公司文化、体育和娱乐行业企业所有制属性信用特征描述表

(1)序号	(2)所有制属性	(3)信用得分平均值	(4)信用得分最大值	(5)信用得分最小值	(6)信用得分标准差	(7)信用得分中位数	(8)样本数量/个
1	集体企业	89.18	99.89	0.00	27.24	98.79	12
2	中央国有企业	79.68	99.99	0.00	26.75	90.60	78
3	民营企业	69.64	100.00	0.00	29.65	78.93	432
4	其他所有制企业	62.85	99.82	0.00	38.51	81.59	11
5	地方国有企业	60.68	100.00	0.00	30.62	69.49	439
6	公众企业	60.60	99.51	0.00	25.79	67.58	48

本书根据表 13.21 第 6 列的 6 个所有制属性和第 8 列的信用得分，统计出 6 个所有制属性的信用得分平均值、最大值、最小值、标准差、中位数等，列在表 13.31 的第 3~8 列。

其中，表 13.31 第 8 列的样本数量是 2000~2023 年这 24 年文化、体育和娱乐行业的上市公司总数，这里的总数包括相同企业不同年份的重复计数。例如，同一个企业 2000~2023 年这 24 年，数量记为 24，其他企业的统计同理。

同时，为检验两两省区市之间的信用得分是否存在显著差异，本书采用曼-惠特尼 U 检验[33]来进行显著性水平检验。以民营企业与集体企业为例，根据表 13.31 第 1 列第 1、3 行的序号排序和第 8 列第 1、3 行的企业数量，计算得到曼-惠特尼 U 检验统计量为 1213.50，列入表 13.32 第 1 行第 3 列。通过查曼-惠特尼 U 检验统计量的显著性水平表，将对应的 p 值 0.000 列入表 13.32 第 1 行第 4 列。同理，将其他任意两个所有制属性的曼-惠特尼 U 检验结果列在表 13.32 第 2~14 行。

表 13.32　企业所有制之间信用得分的差异性检验

(1)序号	(2)企业所有制两两比较	(3)曼-惠特尼 U 检验统计量值	(4)p 值
1	民营企业与集体企业	1 213.50***	0.000
2	民营企业与地方国有企业	75 903.50***	0.000
3	民营企业与其他所有制企业	2 243.50	0.376
…	…	…	…
13	其他所有制企业与公众企业	212.00	0.158
14	中央国有企业与公众企业	929.00***	0.000

***、**、*分别表示在 99%、95%、90%的置信水平下显著

表 13.31 和表 13.32 的实证结果表明，中国上市公司文化、体育和娱乐行业企业所有制的属性信用特征为：集体企业和中央国有企业这两类所有制的信用资质最高，民营企业和其他所有制企业这两类所有制的信用资质次之，公众企业和地方国有企业这两类所有制的信用资质最低，并且除民营企业和其他所有制企业、公众企业和其他所有制企业信用资质差异不显著外，其他两种所有制企业的信用资质均存在显著差异。

造成所有制属性信用特征分布差异的原因可能是：公众企业可能由于追求快速发展，风险性投资较多，从而可能信用资质不佳。

13.11 文化、体育和娱乐行业的信用指数构建

表 13.33 第 5~7 列的上市公司文化、体育和娱乐行业资产总额 A_j、负债总额 L_j、资产总额加负债总额 (A_j+L_j)数据，是在 Wind 数据库查询得到。表 13.33 第 8 列信用得分 $S_{j(T+m)}$来自上文表 13.21 的第 8 列。其中，对于 2000~2018 年这 19 年已有指标数据的公司，用的是 m=0 的信用得分 $S_{j(T+0)}$；对于 2019~2023 年这 5 年没有指标数据的公司，用的是 m=1, 2, 3, 4, 5 时刻预测的信用得分 $S_{j(T+m)}$。

表 13.33 上市公司文化、体育和娱乐行业资产总额、负债总额、资产总额加负债总额和线性判别的信用得分结果

(1)序号	(2)证券代码	(3)证券简称	(4)年份	(5)资产总额 A_j/元	(6)负债总额 L_j/元	(7)资产总额加负债总额(A_j+L_j)/元	(8)信用得分 $S_{j(T+m)}$
1	600088.SH	中视传媒	2000	807 277 802	93 143 630.36	900 421 432.36	99.36
2	600551.SH	时代出版	2000	119 450 675	45 670 925.57	165 121 600.57	98.56
3	000793.SZ	华闻传媒	2000	1 855 271 965	714 097 155.6	2 569 369 120.60	97.18
…	…	…	…	…	…	…	…
21	600880.SH	博瑞传播	2000	398 647 462.50	187 179 433.20	585 826 895.7	70.82
22	000156.SZ	华数传媒	2001	671 315 200.40	188 651 544.00	859 966 744.4	48.67
…	…	…	…	…	…	…	…
740	603721.SH	中广天择	2018	621 410 594.00	84 045 377.03	705 455 971.03	97.46
741	000156.SZ	华数传媒	2019	14 773 173 503.00	4 095 268 838.00	18 868 442 341	76.75
…	…	…	…	…	…	…	…
797	000156.SZ	华数传媒	2020	14 773 173 503.00	4 095 268 838.00	18 868 442 341	73.58
…	…	…	…	…	…	…	…
1 020	603721.SH	中广天择	2023	621 410 594.00	84 045 377.03	705 455 971.03	0.00

13.11.1 基于资产总额标准的信用指数计算

以 2000 年基于资产总额标准的信用指数计算为例进行说明。

1. 基于资产总额标准的典型公司样本选取

将表 13.33 第 1~21 行第 5 列资产总额 A_j 由高到低进行排序，并在表 13.33 第 1~21 行 2000 年的 21 家上市公司中选取年资产总额排名前 10%的公司，即 $N^A_{(2000)}$=21×10%≈2 家上市公司，作为 2000 年信用指数构建的典型公司，将这 2 个典型公司的证券代码、公司名称、年份、资产总额 $A_{j(2000)}$分别列入表 13.34 第 2~5 列的第 1~2 行。

表 13.34 上市公司文化、体育和娱乐行业基于资产总额标准选取的典型公司样本

(1)序号	(2)证券代码	(3)公司名称	(4)年份	(5)资产总额 $A_{j(T+m)}$/万元	(6)典型公司样本权重 $W^A_{j(T+m)}$	(7)信用得分 $S_{j(T+m)}$
1	600757.SH	长江传媒	2000	288 541.33	0.61	31.50
2	000793.SZ	华闻传媒	2000	185 527.20	0.39	97.18
3	600757.SH	长江传媒	2001	329 835.81	0.62	6.34
…	…	…	…	…	…	…
5	600757.SH	长江传媒	2002	370 063.09	0.57	67.52
…	…	…	…	…	…	…
84	600373.SH	中文传媒	2022	608 581.41	0.19	81.12
…	…	…	…	…	…	…

续表

(1)序号	(2)证券代码	(3)公司名称	(4)年份	(5)资产总额 $A_{j(T+m)}$/万元	(6)典型公司样本权重 $W^A_{j(T+m)}$	(7)信用得分 $S_{j(T+m)}$
89	600373.SH	中文传媒	2023	608 581.41	0.19	81.12
90	601098.SH	中南传媒	2023	782 110.96	0.20	79.72

以上是 2000 年基于资产总额标准的指数构建典型公司的选取。同理，可以得到 2001~2023 年的典型公司样本，将典型公司样本的结果列入表 13.34 第 3~90 行。

2. 基于资产总额标准的典型公司权重计算

将上文计算的 2000 年典型公司个数 $N^A_{(2000)}$≈2 和表 13.34 第 5 列的资产总额 $A_{j(2000)}$代入上文式(3.82)，得到 2000 年典型公司的权重。

以第 1 个典型公司“长江传媒(600757.SH)”的指数权重 $W^A_{1(2000)}$为例。

将表 13.34 第 5 列第 1 行的资产总额 $A_{1(2000)}$= 288 541.33 代入上文式(3.82)的分子，得到权重如下。

$$W^A_{1(2000)}=A_{1(2000)}/(A_{1(2000)}+A_{2(2000)})=288\ 541.33/(288\ 541.33+185\ 527.20)=0.61 \tag{13.10}$$

将式(13.10)的结果列入表 13.34 第 6 列第 1 行。同理，将表 13.34 第 5 列第 2 行的资产总额 $A_{j(2000)}$代入式(3.82)的分子，得到 2000 年另外一个典型公司的权重 $W^A_{j(2000)}(j=2)$，列入表 13.34 第 6 列第 2 行。

以上是基于资产总额标准的 2000 年的成分股指数权重的计算方式。同理，可以计算得到 2001~2023 年的成分股指数权重 $W^A_{j(T+m)}$，将结果列入表 13.34 第 6 列第 3~90 行。

3. 基于资产总额标准的信用指数计算过程

根据上文表 13.21 第 2 列的证券代码和第 8 列的信用得分，将表 13.34 第 7 列的信用得分 $S_{j(T+m)}$对应填充。

将表 13.34 第 1~2 行的 2000 年 2 家上市成分股公司对应的第 6 列成分股权重 $W^A_{j(T+m)}$、第 7 列信用得分 $S_{j(T+m)}$，以及上文选取的 2000 年典型公司 $N^A_{(2000)}$≈2 代入上文式(3.85)，得到 2000 年典型公司样本基于资产总额标准的信用得分加权平均值 $\bar{S}^A_{(2000)}$ 如下。

$$\bar{S}^A_{(2000)}=\sum\nolimits_{j=1}^{2}W^A_{j(2000)}S_{j(2000)}=23.82 \tag{13.11}$$

将式(13.11)计算的 2000 年典型公司样本基于资产总额标准的信用得分加权平均值 $\bar{S}^A_{(2000)}=23.82$，代入上文式(3.86)，得到 2000 年典型公司样本基于资产总额标准的信用指数 $CI^A_{(2000)}$如下。

$$CI^A_{(2000)}=\frac{\bar{S}^A_{(2000)}}{\bar{S}^A_{(2000)}}\times 1000=\frac{23.82}{23.82}\times 1000=1000 \tag{13.12}$$

将式(13.12)计算的 2000 年典型公司样本基于资产总额标准的信用指数 $CI^A_{(2000)}$=1000，列入表 13.35 第 3 列第 1 行。

表 13.35　上市公司文化、体育和娱乐行业 2000 年至 2023 年的信用指数表

(1)序号	(2)年份	(3)资产总额前 10%的年度信用指数 $CI^A_{(T+m)}$	(4)负债总额前 10%的年度信用指数 $CI^L_{(T+m)}$	(5)基于资产总额加负债总额之和的年度信用指数 $CI^{A+L}_{(T+m)}$
1	2000	1000.00	1000.00	1000.00
2	2001	704.03	461.87	679.06
3	2002	724.93	239.33	695.99
…	…	…	…	…
8	2007	1414.94	627.16	882.53
9	2008	1125.66	1426.72	1109.37

续表

(1)序号	(2)年份	(3)资产总额前 10%的年度信用指数 $CI^{A}_{(T+m)}$	(4)负债总额前 10%的年度信用指数 $CI^{L}_{(T+m)}$	(5)基于资产总额加负债总额之和的年度信用指数 $CI^{A+L}_{(T+m)}$
10	2009	1319.41	1335.83	1330.40
…	…	…	…	…
15	2014	1628.22	1501.84	1670.52
16	2015	1632.31	1563.30	1677.79
…	…	…	…	…
20	2019	1635.70	1809.76	1676.12
21	2020	1444.86	1682.88	1469.48
…	…	…	…	…
24	2023	589.21	991.54	600.25

同理，可计算 2001 年的信用得分加权平均值 $\overline{S}^{A}_{(2001)}=16.77$ 和信用指数 $CI^{A}_{(2001)}=(16.77/23.82)\times1000=704.03$，列入表 13.35 第 3 列第 2 行。

以上是 2000 年信用指数的计算方式。同理，2001~2023 年的信用指数计算结果分别列入表 13.35 第 3 列第 3~24 行。

13.11.2　基于负债总额标准的信用指数计算

以 2000 年基于负债总额标准的信用指数计算为例进行说明。

1. 基于负债总额标准的典型公司样本选取

将表 13.33 第 1~21 行第 6 列负债总额 L_j 由高到低进行排序，并在表 13.33 第 1~21 行 2000 年的 21 家上市公司中选取年负债总额排名前 10%的公司，即 $N^{L}_{(2000)}=21\times10\%\approx2$ 家上市公司，作为 2000 年信用指数构建的典型公司，将这 2 个典型公司的证券代码、公司名称、年份、负债总额 $L_{j(2000)}$ 分别列入表 13.36 第 2~5 列的第 1~2 行。

表 13.36　上市公司文化、体育和娱乐行业基于负债总额标准选取的典型公司样本

(1)序号	(2)证券代码	(3)公司名称	(4)年份	(5)负债总额 $L_{j(T+m)}$/万元	(6)典型公司样本权重 $W^{L}_{j(T+m)}$	(7)信用得分 $S_{j(T+m)}$
1	600757.SH	长江传媒	2000	154 166.51	0.62	38.27
2	600825.SH	新华传媒	2000	95 594.33	0.38	1.22
3	600757.SH	长江传媒	2001	199 467.81	0.69	30.60
4	600757.SH	长江传媒	2002	236 840.60	0.59	67.51
5	000892.SZ	欢瑞世纪	2002	158 691.04	0.40	59.88
…	…	…	…	…	…	…
84	601928.SH	凤凰传媒	2022	1 023 071.60	0.22	77.18
…	…	…	…	…	…	…
90	601928.SH	凤凰传媒	2023	782 110.96	0.17	82.56

以上是 2000 年基于负债总额标准的指数构建典型公司的选取。同理，可以得到 2001~2023 年的典型公司样本，将典型公司样本的结果列入表 13.36 第 3~90 行。

2. 基于负债总额标准的典型公司权重计算

将上文计算的 2000 年典型公司个数 $N^{A}_{(2000)}$≈2 和表 13.36 第 5 列的负债总额 $L_{j(2000)}$代入上文式(3.83)，得到 2000 年典型公司的权重。

以第 1 个典型公司“长江传媒(600757.SH)”的指数权重 $W^{L}_{1(2000)}$为例。

将表 13.36 第 5 列第 1 行的负债总额 $L_{1(2000)}$=154 166.51 代入上文式(3.83)的分子，得到权重如下。

$$W^{L}_{1(2000)}=L_{1(2000)}/(L_{1(2000)}+L_{2(2000)})=154\ 166.51/(154\ 166.51+95\ 594.33)=0.62 \tag{13.13}$$

将式(13.13)的结果列入表 13.36 第 6 列第 1 行。同理，将表 13.36 第 5 列第 2 行的负债总额 $L_{j(2000)}$代入式(3.83)的分子，得到 2000 年另外一个典型公司的权重 $W^{A}_{j(2000)}(j=2)$，列入表 13.36 第 6 列第 2 行。

以上是基于负债总额标准的 2000 年的典型公司样本权重的计算。同理，可以得到基于负债总额标准的 2001~2023 年的典型公司样本权重 $W^{L}_{j(T+m)}$，将结果列入表 13.36 第 6 列第 3~90 行。

3. 基于负债总额标准的信用指数计算过程

根据上文表 13.21 第 2 列的证券代码和第 8 列的信用得分，将表 13.36 第 7 列的信用得分 $S_{j(T+m)}$对应填充。

将表 13.36 第 1~2 行的 2000 年 2 家上市成分股公司对应的第 6 列成分股权重 $W^{L}_{j(T+m)}$、第 7 列信用得分 $S_{j(T+m)}$，以及上文选取的 2000 年典型公司 $N^{A}_{(2000)}$≈2 代入上文式(3.87)，得到 2000 年典型公司样本基于负债总额标准的信用得分加权平均值 $\bar{S}^{L}_{(2000)}$ 如下。

$$\bar{S}^{L}_{(2000)}=\sum_{j=1}^{2}W^{L}_{j(2000)}S_{j(2000)}=46.68 \tag{13.14}$$

将式(13.14)计算的 2000 年典型公司样本基于负债总额标准的信用得分加权平均值 $\bar{S}^{L}_{(2000)}$=46.68，代入上文式(3.88)，得到 2000 年典型公司样本基于负债总额标准的信用指数 $\mathrm{CI}^{L}_{(2000)}$如下。

$$\mathrm{CI}^{L}_{(2000)}=\frac{\bar{S}^{L}_{(2000)}}{\bar{S}^{L}_{(2000)}}\times1000=\frac{46.68}{46.68}\times1000=1000 \tag{13.15}$$

将式(13.15)计算的 2000 年典型公司样本基于负债总额标准的信用指数 $\mathrm{CI}^{L}_{(2000)}$=1000，列入表 13.35 第 4 列第 1 行。

同理，可计算 2001 年的信用得分加权平均值 $\bar{S}^{L}_{(2001)}$=21.56 和信用指数 $\mathrm{CI}^{L}_{(2001)}$=(21.56/46.68)×1000=461.87，列入表 13.35 第 4 列第 2 行。

以上是上市公司基于负债总额标准的 2000 年和 2001 年的信用指数计算。依次类推，将基于负债总额标准的 2002~2023 年的信用指数计算结果分别列入上文表 13.35 第 4 列第 3~24 行。

13.11.3　基于资产总额加负债总额标准的信用指数计算

以 2000 年的基于资产总额加负债总额标准的信用指数计算为例进行说明。

1. 基于资产总额加负债总额标准的典型公司样本选取

将表 13.33 第 1~41 行第 7 列资产总额加负债总额(A_j+L_j)由高到低排序，并在表 13.33 第 1~21 行 2000 年的 21 家上市公司中选取资产总额加负债总额排名前 10%的公司，即 $N^{A+L}_{(2000)}$=21×10%≈2 家上市公司，作为 2000 年信用指数构建的典型公司。将这 2 个典型公司的证券代码、公司名称、年份、资产总额加负债总额 $A_{j(2000)}+L_{j(2000)}$分别列入表 13.37 第 2~5 列的第 1~2 行。

表 13.37　上市公司文化、体育和娱乐行业基于资产总额加负债总额选取的典型公司样本

(1)序号	(2)证券代码	(3)公司名称	(4)年份	(5)资产总额加负债总额($A_{j(T+m)}+L_{j(T+m)}$)/万元	(6)典型公司样本权重 $W^{A+L}_{j(T+m)}$	(7)信用得分 $S_{j(T+m)}$
1	600757.SH	长江传媒	2000	442 707.83	0.63	31.50
2	000793.SZ	华闻传媒	2000	256 936.91	0.37	97.18
3	600757.SH	长江传媒	2001	529 303.62	0.66	6.34

续表

(1)序号	(2)证券代码	(3)公司名称	(4)年份	(5)资产总额加负债总额($A_{j(T+m)}+L_{j(T+m)}$)/万元	(6)典型公司样本权重 $W^{A+L}_{j(T+m)}$	(7)信用得分 $S_{j(T+m)}$
4	000793.SZ	华闻传媒	2001	276 155.61	0.34	42.93
5	600757.SH	长江传媒	2002	606 903.69	0.60	67.52
…	…	…	…	…	…	…
40	601811.SH	新华文轩	2013	1 130 207.99	0.14	97.35
…	…	…	…	…	…	…
89	601098.SH	中南传媒	2023	2 729 258.82	0.18	100.00
90	601928.SH	凤凰传媒	2023	2 634 586.84	0.17	87.49

以上是 2000 年基于资产总额加负债总额标准的指数构建典型公司的选取。同理，可以得到 2001~2023 年的典型公司样本，将典型公司样本的结果列入表 13.37 第 2~5 列第 3~90 行。

2. 基于资产总额加负债总额标准的典型公司权重计算

将上文计算的2000年典型公司个数$N^{A+L}_{(2000)}$≈2和表13.37第5列的资产总额加负债总额($A_{j(2000)}+L_{j(2000)}$)代入上文式(3.84)，得到 2000 年典型公司的权重。

以第 1 个典型公司“长江传媒(600757.SH)”的指数权重 $W^{A+L}_{1(2000)}$为例。

将表 13.37 第 5 列第 1 行的资产总额加负债总额($A_{1(2000)}+L_{1(2000)}$)= 442 707.83 代入上文式(3.84)的分子，得到权重如下。

$$\begin{aligned}W^{A+L}_{1(2000)}&=[A_{1(2000)}+L_{1(2000)}]/(A_{1(2000)}+L_{1(2000)}+A_{2(2000)}+L_{2(2000)})\\&=442\ 707.83/(442\ 707.83+256\ 936.91)=0.63\end{aligned}\tag{13.16}$$

将式(13.16)的结果列入表 13.37 第 6 列第 1 行。同理，将表 13.37 第 5 列第 2 行的资产总额加负债总额 256 936.91 代入式(3.84)的分子，得到 2000 年第 2 个典型公司的权重 $W^{A+L}_{j(2000)}(j=2)$，列入表 13.37 第 6 列第 2 行。

以上是基于资产总额加负债总额标准的 2000 年的典型公司样本权重的计算。同理，可以得到基于资产总额加负债总额标准的 2001~2023 年的典型公司样本权重 $W^{A+L}_{j(T+m)}$，将结果列入表 13.37 第 6 列第 3~90 行。

3. 基于资产总额加负债总额标准的信用指数计算过程

根据上文表 13.21 第 2 列的证券代码和第 8 列的信用得分，将表 13.37 第 7 列的信用得分 $S_{j(T+m)}$对应填充。

将表 13.37 第 1~2 行 2000 年 2 家典型公司对应的第 6 列权重 $W^{A+L}_{j(T+m)}$、第 7 列信用得分 $S_{j(T+m)}$，以及上文选取的 2000 年典型公司个数 $N^{A+L}_{(2000)}$≈2，代入上文式(3.89)，得到 2000 年典型公司样本基于资产总额加负债总额标准的信用得分加权平均值 $\overline{S}^{A+L}_{(2000)}$ 如下。

$$\overline{S}^{A+L}_{(2000)}=\sum\nolimits_{j=1}^{2}W^{A+L}_{j(2000)}S_{j(2000)}=19.91\tag{13.17}$$

将式(13.17)计算的 2000 年典型公司样本基于资产总额加负债总额标准的信用得分加权平均值 $\overline{S}^{A+L}_{(2000)}$ =19.91，代入上文式(3.90)，得到 2000 年典型公司样本基于资产总额加负债总额标准的信用指数 $\mathrm{CI}^{A+L}_{(2000)}$ 如下。

$$\mathrm{CI}^{A+L}_{(2000)}=\frac{\overline{S}^{A+L}_{(2000)}}{\overline{S}^{A+L}_{(2000)}}\times1000=\frac{19.91}{19.91}\times1000=1000\tag{13.18}$$

将式(13.18)计算的 2000 年典型公司样本基于资产总额加负债总额标准的信用指数 $\mathrm{CI}^{A+L}_{(2000)}$=1000，列入上文表 13.35 第 5 列第 1 行。

同理，可计算 2001 年的信用得分加权平均值 $\overline{S}^{A+L}_{(2001)}$=13.52 和信用指数 $\mathrm{CI}^{A+L}_{(2001)}$=(13.52/19.91)×1000= 679.06，列入上文表 13.35 第 5 列第 2 行。

以上是上市公司基于资产总额加负债总额标准的 2000 年和 2001 年的信用指数计算。依次类推，将基于资产总额加负债总额标准的 2002~2023 年的信用指数计算结果分别列入上文表 13.35 第 5 列第 3~24 行。

13.11.4　文化、体育和娱乐行业 2000~2023 年 24 年的信用指数趋势图

根据表 13.35，以第 2 列的年份为横轴，分别以第 3、4、5 列的年度信用指数为纵轴，做出上市公司文化、体育和娱乐行业样本的年度信用指数走势图，如图 13.1 所示。

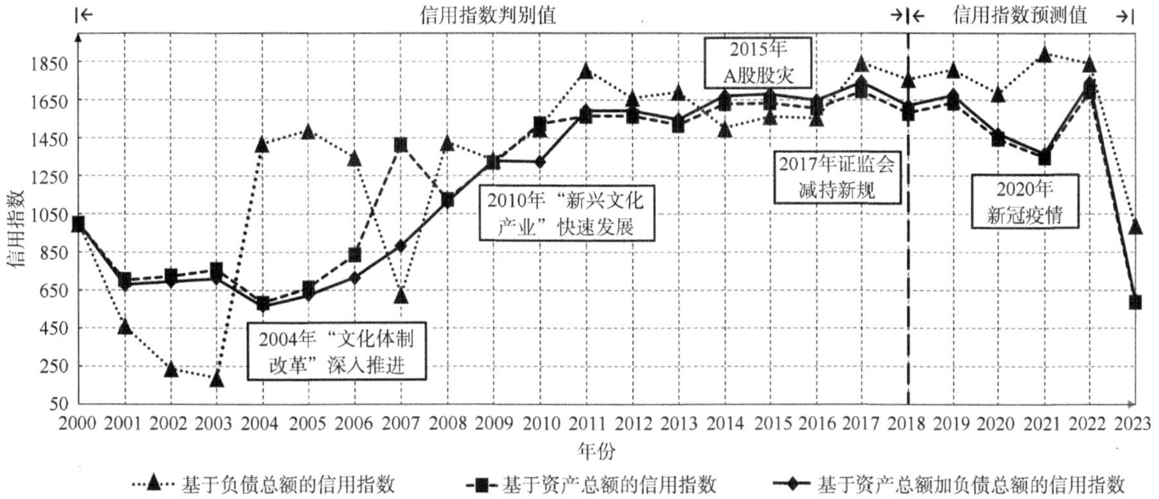

图 13.1　上市公司文化、体育和娱乐行业样本的年度信用指数走势图

1. 2000~2018 年这 19 年中国上市公司文化、体育和娱乐行业信用指数的发展规律及原因分析

(1)中国上市公司文化、体育和娱乐行业 2000~2018 年这 19 年信用指数发展规律。总体上，2000~2004 年基于资产总额加负债总额平均的信用指数呈下降趋势，2004 年后开始升高，在 2011 年出现小幅下降趋势，2013~2014 年出现小幅度增长，2015~2018 年呈现波动降低趋势。

(2)中国上市公司文化、体育和娱乐行业 2000~2018 年这 19 年信用指数发展的可能宏观原因分析。由于宏观因素，从指数变化来看，2004 年信用指数呈现上升趋势，这可能与文化体制改革深入推进有关[35]。2009~2010 年出现小幅下降，可能受全球金融危机的影响[36]。2010 年后开始呈现上升趋势，可能受新兴文化产业快速发展的影响[37]。2015~2018 年出现小幅波动下降趋势，可能是受 A 股股灾事件的影响[38]。

(3)中国上市公司文化、体育和娱乐行业 2000~2018 年这 19 年信用指数发展的可能政策原因分析。由于监管环境的变化，2010~2011 年信用指数上升，这与《文化产业振兴规划》的落实，文化产业投资和文化资源开发持续升温有关[39]。2015~2018 年文化、体育和娱乐行业信用指数呈现波动下降趋势，可能与当时证监会发布的减持新规有关[40]。

2. 2019~2023 年这 5 年中国上市公司文化、体育和娱乐行业信用指数的趋势预测

(1)中国上市公司文化、体育和娱乐行业 2019~2023 年这 5 年的信用指数趋势。2018~2021 年持续下降，在 2021 年出现拐点，于 2022 年再度下降。

(2)中国上市公司文化、体育和娱乐行业 2019~2023 年这 5 年信用指数趋势的可能原因分析。预测 2020~2021 年可能造成下跌的原因是，受 2020 年新冠疫情的影响，宏观经济环境动荡，上市公司的发展经营及融资受影响，导致 A 股市场的信用指数整体下滑。2021~2023 年先上升后下降的原因可能是疫情时期，宏观环境持续改善，但由于监管和新政策规定的原因，指数会有所下降。因此，根据资产总额加负债总额平均的信用指数的预测结果，应该注意 2021~2022 年宏观环境改变而造成的指数波动。

13.12　文化、体育和娱乐行业的信用风险指数构建

13.12.1　基于三个标准的信用风险指数计算

上市公司文化、体育和娱乐行业信用风险指数的成分股选择以及权重计算方式，与上文 13.11 节中的上市公司文化、体育和娱乐行业信用指数同理。但在信用风险指数计算时的差别在于：将信用指数计算公式中分子和分母的 $S_{j(T+m)}$ 替换为 $(100-S_{j(T+m)})$，如式(3.91)至式(3.96)所示，计算得到的信用风险指数反映违约可能性。信用风险指数越大，违约风险越高。计算过程与上文 13.11 节类推，不再赘述。

将计算得到的 2000 年至 2023 年三个标准下的信用风险指数，分别列入表 13.38 第 3~5 列。

表 13.38　上市公司文化、体育和娱乐行业 2000 年至 2023 年的信用风险指数表

(1)序号	(2)年份	(3)资产总额前 10%的年度信用风险指数 $CRI^{A}_{(T+m)}$	(4)负债总额前 10%的年度信用风险指数 $CRI^{L}_{(T+m)}$	(5)基于资产总额加负债总额的年度信用风险指数 $CRI^{A+L}_{(T+m)}$
1	2000	1000.00	1000.00	1000.00
2	2001	1395.84	1133.81	1402.21
3	2002	1367.69	1189.15	1381.02
…	…	…	…	…
8	2007	445.35	1092.71	1147.22
9	2008	832.03	769.02	862.92
10	2009	573.04	666.76	585.91
…	…	…	…	…
15	2014	160.26	126.01	159.62
16	2015	154.79	110.73	150.51
…	…	…	…	…
20	2019	150.26	299.17	152.60
21	2020	405.35	455.59	411.59
…	…	…	…	…
24	2023	1549.11	1002.10	1501.02

13.12.2　文化、体育和娱乐行业 2000~2023 年 24 年的信用风险指数趋势图

根据表 13.38，以第 2 列的年份为横轴，分别以第 3、4、5 列的年度信用风险指数为纵轴，做出上市公司的年度信用风险指数走势图，如图 13.2 所示。

上市公司文化、体育和娱乐行业 2000~2018 年这 19 年信用风险指数的发展规律，以及预测的 2019~2023 年这 5 年信用风险指数趋势如下。

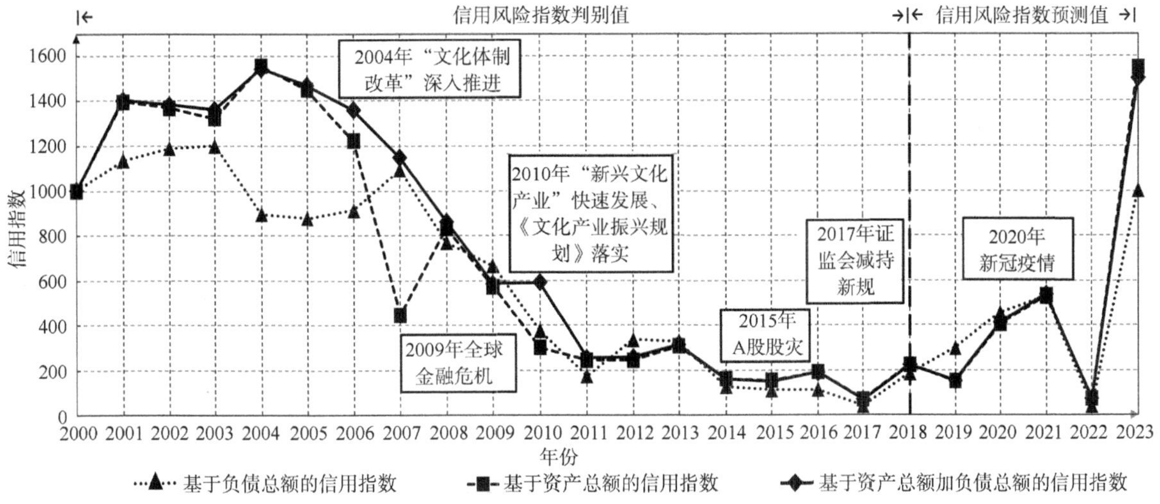

图 13.2　上市公司文化、体育和娱乐行业的年度信用风险指数走势图

1. 2000~2018 年这 19 年中国上市公司文化、体育和娱乐行业信用风险指数发展规律及原因分析

(1)中国上市公司文化、体育和娱乐行业 2000~2018 年这 19 年信用风险指数发展规律。总体上看，2000~2004 年文化、体育和娱乐行业信用风险指数呈现波动上升趋势，2004~2009 年信用风险指数明显下降，2009~2010 年出现小幅上升，2010 年开始，信用风险指数再次稳步降低，2015~2018 年呈现波动上升趋势。

(2)中国上市公司文化、体育和娱乐行业 2000~2018 年这 19 年信用风险指数发展的宏观原因分析。由于宏观因素，从指数变化来看，2004 年信用风险指数呈现下降趋势，这可能与文化体制改革深入推进有关[35]。2009 年出现小幅上升，可能受全球金融危机的影响[36]。2010 年开始资产总额加负债总额平均的信用风险指数出现下跌，可能受新兴文化产业快速发展的影响[37]。2015~2018 年呈现波动上升趋势，这与 A 股股灾的宏观事件有关[38]。

(3)中国上市公司文化、体育和娱乐行业 2000~2018 年这 19 年信用风险指数发展的政策原因分析。由于政策及监管环境的变化，2010~2011 年信用风险指数下降，这与《文化产业振兴规划》的落实，文化产业投资和文化资源开发持续升温有关[39]。2015~2018 年文化、体育和娱乐行业信用风险指数呈现波动上升趋势，可能与当时证监会发布的减持新规有关[40]。

2. 2019~2023 年这 5 年中国上市公司文化、体育和娱乐行业信用风险指数的趋势预测

(1)中国上市公司文化、体育和娱乐行业 2019~2023 年这 5 年的信用风险指数发展趋势为：2019~2023 年这 5 年，信用风险指数 2018 年至 2019 年多数稳步下降，中国 A 股文化、体育和娱乐行业市场在 2019~2020 年信用风险指数持续上涨，指数于 2021 年之后呈现下降趋势，于 2022 年再度上升。

(2)中国上市公司文化、体育和娱乐行业 2019~2023 年这 5 年信用风险指数发展趋势的原因分析。预测 2020~2021 年信用风险上升的原因可能是：文化、体育和娱乐行业作为第三产业，相比于其他必选消费品行业，2020 年新冠疫情将使文化、体育和娱乐行业受到显著冲击，从而营业收入等经营性指标暂时性下降，进而因为疫情引发的不可抗力因素造成信用风险指数升高。2021~2023 年信用风险指数先下降后上升的原因可能是随着疫情得到控制，各项行业政策纷纷落地，化危为机，局势持续向好发展。因此，根据文化、体育和娱乐行业信用风险指数的预测结果，应该持续加强行业的监管，有针对性地发布相关局势下的行业政策，以免信用风险发生波动。综上，从信用风险指数的趋势可以看到，信用风险指数走势与 13.11 节信用指数的结论具有一定的互补性。从宏观环境与具体事件来看，2000~2023 年信用风险指数所出现的上升拐点与信用指数出现的下降拐点具有一致性，这充分证明了信用指数与信用风险指数测算的真实性和合理性。

13.13 本章结论

13.13.1 主要工作

(1)本章确定了中国上市公司文化、体育和娱乐行业最优违约预测指标组合。通过经济学含义结合偏相关系数的 F 检验进行指标的初步筛选，通过基于支持向量机的序列前向选择算法进一步筛选出最优的指标组合，获得了上市公司文化、体育和娱乐行业样本的 T+0~T+5 年的最优指标组合。

(2)本章确定了中国上市公司文化、体育和娱乐行业指标最优权重向量。根据违约状态 y_j 与指标权重的函数关系 $y_j=f(w_i, x_{ij})$，将预测的违约状态 $\hat{y}_j$ 与实际违约状态 y_j 对比后，违约和非违约两类企业的预测误差最小为目标，构建数学规划模型，反推出模型评价指标的最优权重，保证构建的预警方程能够区分违约与非违约企业。

(3)本章确定了中国上市公司文化、体育和娱乐行业最优的违约风险预警模型。通过构建线性判别模型、逻辑回归模型、支持向量机模型等 14 种大数据模型，并根据模型的精度、可解释性和复杂性的“不可能三角”三个标准的对比分析，遴选出最优的 T+0~T+5 年的最优分类模型。

(4)本章分析了中国上市公司文化、体育和娱乐行业的省区市、所有制属性的信用特征分布。通过不同行业、省区市、所有制属性的公司信用得分均值，判断信用资质好坏，并通过曼-惠特尼 U 统计检验，验证信用资质差异。若曼-惠特尼 U 显著水平检验通过且该类公司信用得分高，则意味着信用资质好，反之就差。

(5)本章分析了构建中国上市公司文化、体育和娱乐行业基于资产总额、负债总额、资产总额加负债总额三个标准的信用指数和信用风险指数，并分析了信用指数和信用风险指数的趋势。将通过最优违约预警模型计算得到的未来第 $T+m$ 年的违约概率，转换为[0, 100]区间的信用得分后，按三个标准的选股规则选择成分股，并将成分股的平均信用得分转化成信用指数。信用指数用于反映年度信用趋势，并对未来第 $T+m$ 年的信用状况起到预警作用。

13.13.2 主要结论

(1)中国上市公司文化、体育和娱乐行业违约预测的最优指标组合。由 204 个指标构成的$(2^{204}-1)\approx 2.57\times10^{61}$个指标组合中，遴选出资产负债率、有形资产/负债合计、营运资本周转率等 12 个指标，构成了 T–0 年违约判别几何平均精度最大的指标组合；遴选出资产负债率、现金流量利息保障倍数、净资产收益率等 16 个指标，构成了 T–1 年违约预测几何平均精度最大的指标组合；遴选出资产负债率、经营活动产生的现金流量净额/负债合计、经营活动产生的现金流量净额/经营活动净收益等 14 个指标，构成了 T–2 年违约预测几何平均精度最大的指标组合；遴选出资产负债率、其他应收款与流动资产比、购建固定资产等 19 个指标，构成了 T–3 年违约预测几何平均精度最大的指标组合；遴选出资产负债率、长期负债占比、是否为金融机构等 15 个指标，构成了 T–4 年违约预测几何平均精度最大的指标组合；遴选出资产负债率、每股权益合计、营业总成本增长率等 17 个指标，构成了 T–5 年违约预测几何平均精度最大的指标组合。

(2)中国上市公司文化、体育和娱乐行业违约预测的重要宏观指标。狭义货币供应量(M1)同比增长率、铁路营业里程、入境旅游人数等 4 个宏观指标，对上市公司文化、体育和娱乐行业违约状态有显著影响。

(3)中国上市公司文化、体育和娱乐行业违约预测的关键指标。带息债务/全部投入资本、长期资产适合率、有形资产/负债合计等 7 个指标对企业未来 0~2 年的短期违约状态有关键影响。经营活动产生的现金流量净额/负债合计、息税折旧摊销前利润/负债合计、资本固定化比率 3 个指标对企业未来 3~5 年的长期违约状态有关键影响。资产负债率、长期资产适合率以及广义货币供应量(M2)同比增长率这 3 个指标，不论是对未来 0~2 年的短期违约预测，还是对未来 3~5 年的中期违约预测都有重要影响。

(4)中国上市公司文化、体育和娱乐行业的省区市信用特征。甘肃省、福建省、天津市等 6 个省区市的信用资质最高，安徽省、广东省、海南省等 6 个省区市的信用资质居中，辽宁省、重庆市、山西省等 7 个省区市的信用资质最低。

(5)中国上市公司文化、体育和娱乐行业的所有制属性信用特征。集体企业和中央国有企业这 2 类所有制的信用资质最高，民营企业和其他所有制企业这 2 类所有制的信用资质次之，公众企业和地方国有企业这 2 类所有制的信用资质最低。

(6)中国上市公司文化、体育和娱乐行业信用指数的预测趋势。2018 年开始，中国上市公司文化、体育和娱乐行业信用指数呈现持续下降趋势，在 2021 年出现拐点，于 2022 年再度下降。

(7)中国上市公司文化、体育和娱乐行业信用风险指数的预测趋势。2019~2023 年这 5 年，信用风险指数在 2018~2019 年稳步下降，中国 A 股文化、体育和娱乐行业市场在 2019~2020 年信用风险指数持续上涨，指数于 2021 年之后呈现下降趋势，于 2022 年再度上升。预测 2020~2021 年信用风险上升的原因可能是，与其他必选消费品行业相比，2020 年新冠疫情使文化、体育和娱乐行业营收暂时性下降，因疫情引发的不可抗力因素造成的信用风险指数升高。2021~2023 年先下降后上升的原因可能是随着疫情得到控制，各项行业政策纷纷落地，化危为机，局势持续向好发展。因此，根据文化、体育和娱乐行业信用风险指数的预测结果，应该持续加强行业的监管，有针对性地发布相关局势下的行业政策，以免信用风险发生波动。

13.13.3　特色与创新

(1)通过两阶段的指标遴选方法构建评价指标体系，在具有明确经济学含义的海选指标集中，根据指标间偏相关系数和 F 值筛选出具有违约鉴别能力且指标间信息冗余最小的一组指标；并在第二阶段构建前向选择支持向量机指标遴选模型，以几何平均精度最大为标准，采用前向选择的方法筛选违约鉴别能力最大的指标组合保证了构建的评价指标体系具有最大的违约鉴别能力，改变了现有研究的单指标筛选不能保证指标体系违约鉴别能力最强的不足。

(2)通过对违约公司和非违约公司的错判误差率之和最小，反推最优的权重，保证了所建立的违约预测模型能够保证较低的非违约公司误拒率和违约公司误授率，降低违约公司错判带来的贷款损失和非违约公司错判带来好客户流失的损失。

(3)通过综合考虑精度、可解释性、复杂性的“不可能三角”，从构建的 14 种大数据违约预警模型中对比分析遴选出最优违约风险预警模型，保证得到的模型既具有较高的违约预测能力，又具有可解释性，同时模型复杂性低。

(4)通过对文化、体育和娱乐行业的不同地区、企业所有制属性公司的信用得分均值进行曼-惠特尼 U 非参数检验，识别文化、体育和娱乐行业的不同地区、企业所有制属性公司的信用资质，揭示不同行业、不同省区市、不同所有制形式的中国上市公司文化、体育和娱乐行业，哪类公司的信用资质好、哪类公司的信用资质差、哪类公司的信用资质居中，为股票投资、债券投资提供决策依据，供金融监管当局等政策分析人员参考。

(5)通过分别对资产总额、负债总额、资产总额加负债总额由大到小选取前 10%作为典型公司样本，并将典型公司样本的加权平均信用得分转化成年度信用指数和信用风险指数，反映了上市公司的违约风险趋势，并对未来第 $T+m(m=0, 1, 2, 3, 4, 5)$年的信用状况进行预警。

参 考 文 献

[1] 陈红玉. 体育产业与文化产业的比较研究[J]. 北京体育大学学报, 2012, (4)：11-13.

[2] 王琳. 产业集聚对文化产业发展的影响研究[D]. 长沙：湖南大学, 2015.

[3] Carvalho D, Ferreira M A, Matos P. Lending relationships and the effect of bank distress：evidence from the 2007-2009 financial vrisis[J]. Journal of Financial and Quantitative Analysis, 2015, 50(6)：1165-1197.

[4] Christopoulos A G, Dokas I G, Kalantonis P, et al. Investigation of financial distress with a dynamic logit based on the linkage between liquidity and profitability status of listed firms[J]. Journal of the Operational Research Society, 2019, 70(10)：1817-1829.

[5] Wu Y, Xu Y J, Li J Y. Feature construction for fraudulent credit card cash-out detection[J]. Decision Support Systems, 2019, 127：113155.

[6] Yeh C C, Lin F Y, Hsu C Y. A hybrid KMV model, random forests and rough set theory approach for credit rating[J]. Knowledge-Based Systems, 2012, 33：166-172.
[7] Chawla N V, Bowyer K W, Hall L O, et al. SMOTE：synthetic minority over-sampling technique[J]. Journal of Artificial Intelligence Research, 2002, 16(1)：321-357.
[8] 迟国泰, 张亚京, 石宝峰. 基于 Probit 回归的小企业债信评级模型及实证[J]. 管理科学学报, 2016, 19(6)：136-156.
[9] Wang T C, Chen Y H. Applying rough sets theory to corporate credit ratings[C]. Shanghai：IEEE International Conference：Service Operations and Logistics, and Informatics, 2006：132-136.
[10] Desai V S, Crook J N, Overstreet G A. A comparison of neural networks and linear scoring models in the credit union environment[J]. European Journal of Operational Research, 1996, 95(1)：24-37.
[11] Bravo C, Maldonado S, Weber R. Granting and managing loans for micro-entrepreneurs：new developments and practical experiences[J]. European Journal of Operational Research, 2013, 227(2)：358-366.
[12] Djeundje V B, Crook J. Identifying hidden patterns in credit risk survival data using generalised additive models[J]. European Journal of Operational Research, 2019, 277：366-376.
[13] Huang C, Dai C, Guo M. A hybrid approach using two-level DEA for financial failure prediction and integrated SE-DEA and GCA for indicators selection[J]. Applied Mathematics and Computation, 2015, 251：431-441.
[14] Xia Y, Liu C, Li Y et al. A boosted decision tree approach using Bayesian hyper-parameter optimization for credit scoring[J]. Expert Systems with Applications, 2017, 78：225-241.
[15] 陈丽. 基于决策树最优组合的企业违约预测模型[D]. 大连：大连理工大学, 2019.
[16] West D. Neural network credit scoring models[J]. Computers & Operations Research, 2000, 27(11-12)：1131-1152.
[17] Huang Z, Chen H, Hsu C J, et al. Credit rating analysis with support vector machines and neural networks：a market comparative study[J]. Decision Support Systems, 2004, 37(4)：543-558.
[18] Hand D J, Henley W E. Statistical classification methods in consumer credit scoring：a review[J]. Journal of the Royal Statistical：Series A(Statistics in Society), 1997, 160：523-541.
[19] Ömer F E, Mehmet E T. A novel version of k nearest neighbor：dependent nearest neighbor[J]. Applied Soft Computing, 2017, 55(6)：480-490.
[20] Abellán J, Mantas C J. Improving experimental studies about ensembles of classifiers for bankruptcy prediction and credit scoring[J]. Expert Systems with Applications, 2014, 41(8)：3825-3830.
[21] Fan Q, Wang Z, Li D D, et al. Entropy-based fuzzy support vector machine for imbalanced datasets[J]. Knowledge-Based Systems, 2017, 115：87-99.
[22] He H L, Zhang W Y, Zhang S. A novel ensemble method for credit scoring：adaption of different imbalance ratios[J]. Expert Systems with Applications, 2018, 98：105-117.
[23] Campbell J Y, Hilscher J, Szilagyi J. In search of distress risk[J]. The Journal of Finance, 2008, 63(6)：2899-2939.
[24] Finlay S. Multiple classifier architectures and their application to credit risk assessment[J]. European Journal of Operational Research, 2011, 210(2)：368-378.
[25] Iyer R, Khwaja A I, Luttmer E E P, et al. Screening peers softly：inferring the quality of small borrowers[J]. Management Science, 2016, 62：1554-1577.
[26] Berg T, Burg V, Gombovic A, et al. On the rise of fintechs：credit scoring using digital footprints[J]. The Review of Financial Studies, 2020, 33：2845-2897.
[27] Geng R B, Bose I, Chen X. Prediction of financial distress：an empirical study of listed Chinese companies using data mining[J]. European Journal of Operational Research, 2015, 241(1)：236-247.
[28] Junior L M, Nardini F M, Renso C, et al. A novel approach to define the local region of dynamic selection techniques in imbalanced credit scoring problems[J]. Expert Systems with Applications, 2020, 152：113351.
[29] Jones S. Corporate bankruptcy prediction：a high dimensional analysis[J]. Review of Accounting Studies, 2017, 22：1366-1422.
[30] Doshi-Velez F, Kim B. Towards a rigorous science of interpretable machine learning [EB/OL]. https://arxiv.org/abs/1702.08608 [2017-02-28].
[31] Zhu X, Li J, Wu D, et al. Balancing accuracy, complexity and interpretability in consumer credit decision making：A C-TOPSIS classification approach[J]. Knowledge Based Systems, 2013, 52：258-267.
[32] 迟国泰, 石宝峰. 基于信用等级与违约损失率匹配的信用评级系统与方法：中国, ZL 201210201461.6[P]. 2015-08-19.
[33] Ken B. Business Statistics：Contemporary Decision Making[M]. Hoboken：John Wiley and Sons, 2009.
[34] Liu L, Liu Q, Tian G, et al. Government connections and the persistence of profitability：evidence from Chinese listed firms[J].

Emerging Markets Review, 2018, 36：110-129.
[35] 罗赟. 2004 年, 文化体制改革向纵深推进[J]. 中国报业, 2005(1)：8-11.
[36] 张茜. 中国股票市场发展与货币政策完善[D]. 太原：山西大学, 2012.
[37] 林怡. 培育新兴文化产业 促进经济发展方式转变[J]. 经济与社会发展, 2011, 9(8)：4-6.
[38] 陈致远, 唐振鹏. 中国股灾回顾，证监会政策评价及启示——基于 2015 年中国股票市场案例分析[J]. 亚太经济, 2020, 220(3)：31-35.
[39] 胡晓明. 文化产业振兴规划背景下的新媒体发展思考[J]. 中国文化产业评论, 2010, 11(1)：194-206.
[40] 中国证券监督管理委员会. 上市公司股东、董监高减持股份的若干规定[R]. 北京：中国证券监督管理委员会, 2017.

第 14 章　其他行业的企业违约预测与信用指数构建

14.1　本章内容提要

本章是中国上市公司其他行业的企业违约预测与信用指数构建。中国上市公司其他行业一共包含 10 个行业，分别是：①交通运输、仓储和邮政业；②教育业；③金融业；④科学研究和技术服务业；⑤农、林、牧、渔业；⑥水利、环境和公共设施管理业；⑦卫生和社会工作；⑧住宿和餐饮业；⑨租赁和商务服务业；⑩综合。中国上市公司其他行业中的 10 类行业与中国经济息息相关，建立中国上市公司其他行业信用评级系统，能够帮助投资者和金融机构了解行业趋势，做好投资决策，促进中国经济的发展[①]。

中国上市公司其他行业的企业违约预测与信用指数构建包括以下五个内容。

一是通过对其他行业上市公司的 $T-m(m=0, 1, 2, 3, 4, 5)$年的财务数据、非财务数据、宏观数据，以及 T 年的违约与否状态进行实证分析，通过基于经济学含义和偏相关系数的第一次指标筛选和基于支持向量机向前搜索的第二次指标组合遴选，构建具有提前 m 年($m=0, 1, 2, 3, 4, 5$)违约预警能力的最优指标体系。

二是通过违约评价方程的违约状态预测值 $\hat{y}$ 与实际值 y 对比的错判误差最小，反推最优的指标权重向量。

三是通过线性判别模型、支持向量机模型、决策树模型等 14 种大数据模型分别建模，并根据精度、可解释性、复杂性的“不可能三角”三个标准进行模型对比分析，最终确定一个能同时兼顾精度高、可解释性强、复杂性低的最佳违约预警模型。

四是利用选取的最佳违约预警模型计算得到的其他行业上市公司的违约概率和信用得分，并分析了其他行业上市公司在不同地区、公司所有制方面的信用特征分布规律。

五是根据得到的上市公司采矿行业的信用得分，构建了上市公司其他行业的信用状况年度发展规律并预测了 2019~2023 年的信用状况趋势。

应该指出：用于计算信用指数的信用得分预测值 $S_{j(T+m)}$，共分为两种情况。

情况一：对于 2000~2018 年这 19 年已有指标数据的样本，用的是 $m=0$ 的违约判别模型 $p_{j(T+0)}=f(w_i, x_{ij(T)})$ 计算出的违约概率 $p_{j(T+0)}$和信用得分 $S_{j(T+0)}=(1-p_{j(T+0)})\times100$。

情况二：对于 2019~2023 年这 5 年没有指标数据的样本，用的是 $m=1, 2, 3, 4, 5$ 时刻的违约预测模型 $p_{j(T+m)}=f(w_i, x_{ij(T)})$计算出的违约概率 $p_{j(T+m)}$和信用得分 $S_{j(T+m)}=(1-p_{j(T+m)})\times100$。

本章的主要工作如下。

一是通过两阶段的指标遴选方法构建评价指标体系，在具有明确经济学含义的海选指标集中，根据指标间偏相关系数和 F 值筛选出具有违约鉴别能力且指标间信息冗余最小的一组指标；然后在第二阶段构建基于支持向量机的前向选择指标遴选模型，以几何平均精度最大为标准，采用前向选择的方法筛选出违约鉴别能力最大的指标组合，保证构建的评价指标体系具有最强的违约鉴别能力。

二是根据违约状态 y_j 与指标权重的函数关系 $y_j=f(w_i, x_{ij})$，以预测的违约状态 $\hat{y}_j$ 与实际违约状态 y_j 对比

---

① 中国证券监督管理委员会.《中国证监会公布上市公司行业分类结果》, http://www.csrc.gov.cn/csrc/c100028/c1002357/content.shtml [2013-01-11]。

后，以违约和非违约两类公司的预测错判误差最小为目标，构建数学规划模型，反推出评价模型的最优指标权重，保证构建的预警模型能够显著区分违约与非违约公司。

三是以精度为模型第 1 排序标准，可解释性为第 2 排序标准，复杂性为第 3 排序标准，在构建的逻辑回归模型、线性判别模型、广义加性模型等 14 个大数据模型中，遴选兼具高精度、强可解释性、低复杂性的最优模型。并使用 T 时刻的指标数据 $x_{ij(T)}$，预测公司 $T+m$ (m=0, 1, 2, 3, 4, 5)时刻的违约状态 $y_{j(T+m)}=f(x_{ij(T)})$、违约概率 $p_{j(T+m)}=g(x_{ij(T)})$和信用得分 $S_{j(T+m)}=(1-p_{j(T+m)})\times 100$。

四是通过对不同地区、企业所有制的公司的信用得分均值进行曼-惠特尼 U 非参数检验，揭示不同地区、不同所有制的中国上市公司，哪类公司的信用资质好，哪类公司的信用资质差，哪类公司的信用资质居中，为股票投资、债券投资提供决策依据，为商业银行发放贷款提供参照，为金融监管当局提供监管预警建议。

五是通过最优违约预警模型计算得到的未来第 $T+m$ 年违约概率，转换为[0, 100]区间的信用得分后，按资产总额、负债总额、资产总额加负债总额之和的三个标准的选股规则选择样本公司，并将样本公司的信用得分根据负债总额、资产总额、资产总额加负债总额之和的占比分别进行加权平均，构建信用指数和信用风险指数。信用指数和信用风险指数用于反映信用发展规律，并预测未来第 $T+m$ 年的违约风险趋势。

14.2 其他行业的企业违约预测与信用指数构建的原理

中国上市公司其他行业的企业违约预测与信用指数构建的原理主要包括：信用评级原理、违约预测原理、指数构建原理、14 种违约预警大数据模型构建原理、最优违约预警指标体系遴选原理、基于错判误差最小的指标赋权原理、信用等级划分原理。具体原理介绍详见上文第 3 章，不再赘述。

14.3 其他行业的数据处理

14.3.1 其他行业的数据介绍

上市公司其他行业的含义：包括沪市和深市在内的 386 家上市公司其他行业数据。

上市公司其他行业数据的描述：共包含 2000~2018 年这 19 年 86 家中国上市公司其他行业的财务、非财务及宏观指标等数据。通过 Wind 金融数据库、国泰安经济数据库、国家统计局和中国经济社会发展统计数据库搜集，结合经济学含义的进一步遴选，最终建立了包括资产负债率等 138 个财务指标，审计意见类型等 17 个非财务指标，行业景气指数等 49 个宏观指标, 1 个违约状态指标在内的共计 205 个指标的上市公司信用风险海选指标集。

违约状态定义[1-2]：将被标记为“ST”的上市公司其他行业，定义为出现财务困境的公司，即违约的差客户，标记为“1”。将没有“ST”标记的上市公司其他行业，定义为没有出现财务困境的公司，即非违约的好客户，标记为“0”。

上市公司其他行业 $T-m$ 数据的描述: 为实现违约风险动态预警的目的，共构造了 6 组 $T-m$(m=0, 1, 2, 3, 4, 5)时间窗口的上市公司其他行业的样本，每组上市公司其他行业的样本中是第 $T-m$ 年的指标数据和第 T 年的违约状态。同时，每组 $T-m$(m=0, 1, 2, 3, 4, 5) 上市公司其他行业分别包含 386 个样本，其中违约样本 52，非违约样本 334。

表 14.1 是 $T-m$(m=0, 1, 2, 3, 4, 5)上市公司其他行业的数据概览。其中第 a 列是序号，第 b 列是时间窗口，第 c 列是公司代码，第 d 列是指标的标准化数据(标准化处理详见上文“3.6.1 指标数据标准化方法”)。

表 14.1 上市公司其他行业 $T-m(m=0, 1, 2, 3, 4, 5)$时间窗口样本数据概览

(a)序号	(b)时间窗口	(c)公司代码	(d)指标的标准化数据 x_{ij}			
			(1)资产负债率	…	(204)国内专利申请授权数增长率	(205)第 T 年的违约状态
1	$T-0$	000069.SZ	0.800	…	0.028	0
2		600371.SH	0.727	…	0.024	0
3		002116.SZ	0.724	…	0.023	0
…		…	…	…	…	…
386		600190.SH	0.717	…	0.032	0
387	$T-1$	000069.SZ	0.805	…	0.025	0
388		600371.SH	0.776	…	0.023	0
389		002116.SZ	0.734	…	0.035	0
…		…	…	…	…	…
772		600190.SH	0.716	…	0.025	0
773	$T-2$	000069.SZ	0.821	…	0.031	0
774		600371.SH	0.757	…	0.032	0
775		002116.SZ	0.743	…	0.031	0
…		…	…	…	…	…
1158		600190.SH	0.767	…	0.023	0
1159	$T-3$	000069.SZ	0.802	…	0.030	0
1160		600371.SH	0.923	…	0.026	0
1161		002116.SZ	0.780	…	0.028	0
…		…	…	…	…	…
1544		600190.SH	0.772	…	0.031	0
1545	$T-4$	000069.SZ	0.809	…	0.027	0
1546		600371.SH	0.881	…	0.019	0
1547		002116.SZ	0.815	…	0.014	0
…		…	…	…	…	…
1930		600190.SH	0.765	…	0.021	0
1931	$T-5$	000069.SZ	0.882	…	0.026	0
1932		600371.SH	0.805	…	0.022	0
1933		002116.SZ	0.826	…	0.061	0
…		…	…	…	…	…
2316		600190.SH	0.774	…	0.024	0

表 14.2 是 $T-m(m=0, 1, 2, 3, 4, 5)$上市公司其他行业指标标准化数据的描述性统计表。其中，第 1 列是序号，第 2 列是时间窗口，第 3 列是统计量，第 4~208 列是指标对应的统计值。

表 14.2 上市公司其他行业 $T-m(m=0, 1, 2, 3, 4, 5)$时间窗口样本指标数据描述性统计表

(1)序号	(2)时间窗口	(3)统计量	(4)资产负债率	…	(8)权益乘数	…	(206)外商投资企业外方注册资本增长率	(207)国内专利申请授权数增长率	(208)违约状态
1	$T-0$	平均值	0.774	…	0.850	…	0.168	0.030	0.135

续表

(1)序号	(2)时间窗口	(3)统计量	(4)资产负债率	…	(8)权益乘数	…	(206)外商投资企业外方注册资本增长率	(207)国内专利申请授权数增长率	(208)违约状态
2	T–0	标准差	0.133	…	0.253	…	0.032	0.005	0.342
3		中位数	0.791	…	0.946	…	0.163	0.031	0.000
4	T–1	平均值	0.769	…	0.838	…	0.172	0.036	0.135
5		标准差	0.147	…	0.271	…	0.056	0.086	0.342
6		中位数	0.782	…	0.941	…	0.166	0.028	0.000
7	T–2	平均值	0.767	…	0.837	…	0.167	0.028	0.135
8		标准差	0.142	…	0.271	…	0.032	0.007	0.342
9		中位数	0.778	…	0.940	…	0.163	0.028	0.000
10	T–3	平均值	0.761	…	0.830	…	0.170	0.029	0.135
11		标准差	0.137	…	0.278	…	0.039	0.006	0.342
12		中位数	0.774	…	0.937	…	0.166	0.030	0.000
13	T–4	平均值	0.757	…	0.828	…	0.159	0.028	0.135
14		标准差	0.143	…	0.279	…	0.031	0.007	0.342
15		中位数	0.774	…	0.937	…	0.162	0.028	0.000
16	T–5	平均值	0.752	…	0.820	…	0.152	0.028	0.135
17		标准差	0.147	…	0.285	…	0.039	0.007	0.342
18		中位数	0.775	…	0.938	…	0.160	0.027	0.000

14.3.2　其他行业的训练测试数据划分

训练测试样本划分的目的：将上市公司数据划分为训练样本和测试样本。训练样本用于求解模型参数，构建训练模型。测试样本用于验证所构建的模型预测精度效果。

训练测试样本划分比例[3-4]：70%作为训练样本，30%作为测试样本。

训练测试样本划分方式：随机从 $T–m(m=0, 1, 2, 3, 4, 5)$样本中抽取 70%非违约公司与 70%违约公司共同组成训练样本。剩余的 30%组成测试样本。

非平衡数据处理：由表 14.1 第 d 列第 205 子列违约状态统计可知，上市公司其他行业训练样本的违约样本数：非违约样本数=36:233≈1:6，属于非平衡样本。非平衡样本会导致训练得到的模型对违约客户识别率低。为解决样本非平衡问题，本书通过 SMOTE 非平衡处理方法[5]，生成虚拟违约公司，扩充训练样本中的违约公司个数，使违约与非违约公司数量比例为 1:1。

上市公司“其他行业”的训练样本数量 N_{train}、测试样本数量 N_{test} 及 SMOTE 扩充的训练样本数量 N_{train}^{smote}，如表 14.3 所示。

表 14.3　上市公司其他行业的训练测试样本数量一览

序号	(1)样本分类	(2)非违约公司	(3)违约公司	(4)总计
1	训练样本 $N_{train}=N\times70\%+N_{train}^{smote}$	233+0=233	36+197=233	466
2	测试样本 $N_{test}=N\times30\%$	101	16	117
3	全部样本 N	334	249	583

14.4 其他行业的违约预警指标体系的建立

根据表 14.3 第 1 行定义的训练样本 N_{train} 对应表 14.1 第 d 列对应的上市公司其他行业在 $T\text{–}m(m\text{=}0, 1, 2, 3, 4, 5)$的 204 个指标数据，按照上文 3.4.2 节指标遴选原理进行两次指标筛选。

第一次指标遴选是利用上市公司其他行业的 $T\text{–}m(m\text{=}0, 1, 2, 3, 4, 5)$六个时间窗口样本，从全部 204 个指标中，遴选出冗余度小、经济学含义强的指标，第一次遴选出的指标数量分别是：[132, 119, 123, 122, 124, 127]。

第二次指标组合遴选是利用上市公司其他行业的 $T\text{–}m(m\text{=}0, 1, 2, 3, 4, 5)$六个时间窗口样本，从第一次指标遴选后剩余指标构成的多个指标组合中，根据几何平均精度最大遴选最优指标组合，最终遴选出最优指标组合中指标数量分别是：[12, 16, 14, 11, 15, 17]。

由下文 14.4.2 节可知，最终遴选出的指标能够满足 5C 原则[6-7]，其中，“资产负债率”“每股权益合计”反映能力；“管理费用/营业总收入”“营业外收入占营业总收入比重”反映资本；“预审计情况”反映品质，“广义货币供应量(M2)同比增长率”反映条件。

14.4.1 基于偏相关系数第一次筛选后的指标体系

依照上文 3.4.2 节的步骤 1 至步骤 3 进行基于偏相关性分析的第一次指标遴选。以上市公司其他行业 $T\text{–}0$ 年的指标数据为例进行说明。

步骤 1：同一准则层内指标偏相关系数的计算。将表 14.3 第 1 行定义的训练样本 N_{train} 中 269(=233+36)家公司对应表 13.1 前 269 行第 d 列的 204 个 $T\text{–}0$ 年指标数据 x_{ij}，代入式(3.57)~式(3.60)计算任意两个指标间的偏相关系数。

步骤 2：F 值的计算。将表 14.1 前 269 行第 d 列的 204 个 $T\text{–}0$ 年指标数据 x_{ij} 中每一列指标数据，分别代入式(3.61)计算每个指标对应的 F 值。

步骤 3：基于偏相关性分析筛选指标。在步骤 1 计算的偏相关系数大于 0.8 的指标对中，删除指标对中经济学含义不明显的一个指标。由此，$T\text{–}0$ 年的 204 个指标经过第一次指标筛选剩余 132 个指标，将剩余的 132 个指标列于表 14.4 第 c 列第 1~132 行。

表 14.4 第 d 列为训练集 N_{train} 中 269 个真实公司第一次指标遴选后剩余的 132 个指标数据，第 e 列为测试集 N_{test} 中 117 个真实公司第一次指标遴选后剩余的 132 个的指标数据。

表 14.4 上市公司其他行业 $T\text{–}0$ 年基于偏相关系数的第一次指标筛选结果

(a)序号	(b)准则层		(c)指标	(d)训练 N_{train} 中客户指标标准化数据 x_{ij}			(e)测试 N_{test} 中客户指标标准化数据 x_{ij}		
				(1) 客户 1	…	(269) 客户 269	(270) 客户 270	…	(386) 客户 386
(1)	公司内部财务因素	偿债能力	X_1 资产负债率	0.800	…	0.685	0.633	…	0.653
…			…	…	…	…	…	…	…
(27)			X_{38} 每股权益合计	0.371		0.246	0.407		0.197
(28)		盈利能力	X_{39} 净资产收益率	0.564	…	0.535	0.484	…	0.000
…			…	…	…	…	…	…	…
(59)			X_{87} 归属于母公司普通股东的权益综合收益率	0.544		0.529	0.489	…	1.000
(60)		营运能力	X_{91} 存货周转率	1.000	…	0.999	0.000	…	0.991
…			…	…	…	…	…	…	…
(80)			X_{114} 分配股利、利润或偿付利息支付的现金占筹资活动现金流出小计的比重	0.962		0.121	0.935		0.981

续表

(a)序号	(b)准则层		(c)指标	(d)训练 N_{train} 中客户指标标准化数据 x_{ij}			(e)测试 N_{test} 中客户指标标准化数据 x_{ij}		
				(1) 客户 1	…	(269) 客户 269	(270) 客户 270	…	(386) 客户 386
(81)	公司内部财务因素	成长能力	X_{115} 每股净资产(相对年初增长率)	0.523	…	0.496	0.489	…	0.604
…			…	…	…	…	…	…	…
(88)			X_{136} 固定资产增长率	0.020	…	0.020	0.020	…	0.007
(89)	公司内部非财务因素	股权结构与业绩审计情况	X_{139} 是否为金融机构	0.000	…	0.000	0.115	…	0.000
…			…	…	…	…	…	…	…
(95)		高管基本情况	X_{147} 监事会持股比例	0.000	…	0.000	0.000	…	0.000
…			…	…	…	…	…	…	…
(98)			X_{150} 总经理是否领取薪酬	0.682	…	0.682	1.000		0.682
(99)		公司基本信用情况	X_{151} 缺陷类型	0.731	…	0.731	1.000	…	0.731
(100)		商业信誉	X_{152} 涉案总件数	0.878	…	0.878	0.900	…	0.878
(101)			X_{153} 违规类型	1.000	…	1.000	1.000	…	1.000
(102)		社会责任	X_{154} 每股社会贡献值	0.000	…	0.000	0.000	…	0.000
(103)			X_{155} 社会捐赠强度	0.000	…	0.000	0.378	…	0.000
(104)	外部宏观环境	—	X_{156} 行业景气指数	0.648	…	0.628	0.075	…	0.632
…			…	…	…	…	…	…	…
(132)			X_{204} 国内专利申请授权数增长率	0.028	…	0.030	0.028	…	0.023
(133)	—		违约状态	0	…	1	0	…	1

上述是 T–0 年的第一次指标遴选过程及结果。同理，根据 T–0 年第一次指标筛选的流程，最终 T–1 年、T–2 年、T–3 年、T–4 年、T–5 年经第一次指标筛选，从 204 个指标中分别遴选出 119 个、123 个、122 个、124 个、127 个指标，将第一次指标遴选结果，分别列入表 14.5~表 14.9 的第 c 列中。

表 14.5　上市公司其他行业 T–1 年基于偏相关系数的第一次指标筛选结果

(a)序号	(b)准则层		(c)指标	(d)训练集 N_{train} 中客户指标标准化数据 x_{ij}			(e)测试集 N_{test} 中客户指标标准化数据 x_{ij}		
				(1) 客户 1	…	(269) 客户 269	(270) 客户 270	…	(386) 客户 386
(1)	公司内部财务因素	偿债能力	X_1 资产负债率	0.805	…	0.685	0.628	…	0.000
…			…	…	…	…	…	…	…
(26)			X_{38} 每股权益合计	0.327	…	0.240	0.383	…	0.287
(27)		盈利能力	X_{39} 净资产收益率	0.560	…	0.482	0.484	…	0.000
…			…	…	…	…	…	…	…
(52)			X_{87} 归属于母公司普通股东的权益综合收益率	0.546	…	0.490	0.491	…	1.000
(53)		营运能力	X_{88} 流动资产/总资产	0.181	…	0.715	0.000	…	0.461
…			…	…	…	…	…	…	…
(74)			X_{114} 分配股利、利润或偿付利息支付的现金占筹资活动现金流出小计的比重	0.984	…	0.000	0.850	…	0.936

续表

(a)序号	(b)准则层		(c)指标	(d)训练集 N_{train} 中客户指标标准化数据 x_{ij}			(e)测试集 N_{test} 中客户指标标准化数据 x_{ij}		
				(1) 客户 1	…	(269) 客户 269	(270) 客户 270	…	(386) 客户 386
(75)	公司内部财务因素	成长能力	X_{115} 每股净资产(相对年初增长率)	0.507	…	0.478	0.479	…	0.000
…			…	…	…	…	…	…	…
(81)			X_{136} 固定资产增长率	0.020	…	0.017	0.000	…	0.002
(82)	公司内部非财务因素	股权结构与业绩审计情况	X_{140} 预审计情况	0.970	…	1.000	0.970	…	1.000
…			…	…	…	…	…	…	…
(87)		高管基本情况	X_{146} 董事会持股比例	0.000	…	0.000	0.000	…	0.000
…			…	…	…	…	…	…	…
(89)			X_{148} 高管持股比例	0.000	…	0.000	0.000	…	0.000
(90)		公司基本信用情况	X_{151} 缺陷类型	0.731	…	0.731	0.731	…	1.000
(91)		商业信誉	X_{152} 涉案总件数	0.878	…	0.878	0.878	…	0.878
(92)			X_{153} 违规类型	1.000	…	1.000	0.842	…	1.000
(93)		社会责任	X_{154} 每股社会贡献值	0.000	…	0.000	0.000	…	0.000
(94)			X_{155} 社会捐赠强度	0.000	…	0.000	0.000	…	0.000
(95)	外部宏观环境	—	X_{156} 行业景气指数	0.754	…	0.701	0.075	…	0.625
…			…	…	…	…	…	…	…
(119)			X_{204} 国内专利申请授权数增长率	0.025	…	0.036	0.027	…	0.028
(120)	—		违约状态	0	…	1	0	…	1

表 14.6 上市公司其他行业 *T*–2 年基于偏相关系数的第一次指标筛选结果

(a)序号	(b)准则层		(c)指标	(d)训练集 N_{train} 中客户指标标准化数据 x_{ij}			(e)测试集 N_{test} 中客户指标标准化数据 x_{ij}		
				(1) 客户 1	…	(269) 客户 269	(270) 客户 270	…	(386) 客户 386
(1)	公司内部财务因素	偿债能力	X_{1} 资产负债率	0.821	…	0.697	0.629	…	0.486
…			…	…	…	…	…	…	…
(27)			X_{38} 每股权益合计	0.308	…	0.239	0.375	…	0.130
(28)		盈利能力	X_{39} 净资产收益率	0.542	…	0.457	0.504	…	0.000
…			…	…	…	…	…	…	…
(55)			X_{87} 归属于母公司普通股东的权益综合收益率	0.535	…	0.469	0.508	…	1.000
(56)		营运能力	X_{88} 流动资产/总资产	0.120	…	0.569	0.000	…	0.213
…			…	…	…	…	…	…	…
(79)			X_{114} 分配股利、利润或偿付利息支付的现金占筹资活动现金流出小计的比重	0.948	…	0.391	0.885	…	0.910
(80)		成长能力	X_{115} 每股净资产(相对年初增长率)	0.410	…	0.476	0.444	…	0.000
…			…	…	…	…	…	…	…
(85)			X_{138} 可持续增长率	0.540	…	0.491	0.515	…	0.046
(86)	公司内部非财务因素	股权结构与业绩审计情况	X_{139} 是否为金融机构	0.000	…	0.000	0.115	…	0.000
…			…	…	…	…	…	…	…
(91)			X_{144} 派息比税前	0.000	…	0.000	0.131	…	0.000

续表

(a)序号	(b)准则层		(c)指标	(d)训练集 N_{train} 中客户指标标准化数据 x_{ij}			(e)测试集 N_{test} 中客户指标标准化数据 x_{ij}		
				(1)客户 1	…	(269)客户 269	(270)客户 270	…	(386)客户 386
(92)	公司内部非财务因素	高管基本情况	X_{147} 监事会持股比例	0.000	…	0.035	0.000	…	0.000
…			…	…	…	…	…	…	…
(95)			X_{150} 总经理是否领取薪酬	0.682	…	0.682	0.682	…	0.682
(96)		公司基本信用情况	X_{151} 缺陷类型	0.731	…	0.731	1.000	…	0.731
(97)		商业信誉	X_{152} 涉案总件数	0.878	…	0.878	0.878	…	0.878
(98)			X_{153} 违规类型	1.000	…	1.000	1.000	…	1.000
(99)		社会责任	X_{154} 每股社会贡献值	0.000	…	0.000	0.000	…	0.000
(100)			X_{155} 社会捐赠强度	0.000	…	0.000	0.039	…	0.000
(101)	外部宏观环境	—	X_{156} 行业景气指数	0.592	…	0.657	0.075	…	0.660
…			…	…	…	…	…	…	…
(123)			X_{204} 国内专利申请授权数增长率	0.031	…	0.026	0.018	…	0.031
(124)	—		违约状态	0	…	1	0	…	1

表 14.7　上市公司其他行业 T–3 年基于偏相关系数的第一次指标筛选结果

(a)序号	(b)准则层		(c)指标	(d)训练集 N_{train} 中客户指标标准化数据 x_{ij}			(e)测试集 N_{test} 中客户指标标准化数据 x_{ij}		
				(1)客户 1	…	(269)客户 269	(270)客户 270	…	(386)客户 386
(1)	公司内部财务因素	偿债能力	X_1 资产负债率	0.802	…	0.721	0.610	…	0.549
…			…	…	…	…	…	…	…
(27)			X_{38} 每股权益合计	0.393	…	0.243	0.430	…	0.212
(28)		盈利能力	X_{39} 净资产收益率	0.581	…	0.645	0.629	…	0.000
…			…	…	…	…	…	…	…
(54)			X_{87} 归属于母公司普通股东的权益综合收益率	0.564	…	0.602	0.571	…	0.000
(55)		营运能力	X_{88} 流动资产/总资产	0.099	…	0.502	0.000	…	0.169
…			…	…	…	…	…	…	…
(78)			X_{114} 分配股利、利润或偿付利息支付的现金占筹资活动现金流出小计的比重	0.906	…	0.532	0.954	…	0.896
(79)		成长能力	X_{115} 每股净资产(相对年初增长率)	0.500	…	0.531	0.480	…	0.361
…			…	…	…	…	…	…	…
(85)			X_{136} 固定资产增长率	0.055	…	0.015	0.055	…	0.030
(86)	公司内部非财务因素	股权结构与业绩审计情况	X_{139} 是否为金融机构	1.000	…	0.000	0.115	…	0.000
…			…	…	…	…	…	…	…
(91)			X_{145} 派息比税后	0.000	…	0.000	0.210	…	0.000
(92)		高管基本情况	X_{146} 董事会持股比例	0.000	…	0.000	0.000	…	0.000
…			…	…	…	…	…	…	…
(95)			X_{150} 总经理是否领取薪酬	0.682	…	0.682	0.682	…	0.682
(96)		公司基本信用情况	X_{151} 缺陷类型	0.731	…	0.731	0.731	…	0.731

续表

(a)序号	(b)准则层		(c)指标	(d)训练集 N_{train} 中客户指标标准化数据 x_{ij}			(e)测试集 N_{test} 中客户指标标准化数据 x_{ij}		
				(1) 客户 1	…	(269) 客户 269	(270) 客户 270	…	(386) 客户 386
(97)	公司内部非财务因素	商业信誉	X_{152} 涉案总件数	0.878	…	0.878	0.900	…	0.878
(98)			X_{153} 违规类型	1.000	…	1.000	0.842	…	1.000
(99)		社会责任	X_{154} 每股社会贡献值	0.000	…	0.000	0.000	…	0.000
(100)			X_{155} 社会捐赠强度	0.000	…	0.000	0.017	…	0.000
(101)	外部宏观环境	—	X_{156} 行业景气指数	0.597	…	0.665	0.075	…	0.663
…			…	…	…	…	…	…	…
(122)			X_{204} 国内专利申请授权数增长率	0.030	…	0.029	0.040	…	0.026
(123)	—		违约状态	0	…	1	0	…	1

表 14.8 上市公司其他行业 T–4 年基于偏相关系数的第一次指标筛选结果

(a)序号	(b)准则层		(c)指标	(d)训练集 N_{train} 中客户指标标准化数据 x_{ij}			(e)测试集 N_{test} 中客户指标标准化数据 x_{ij}		
				(1) 客户 1	…	(269) 客户 269	(270) 客户 270	…	(386) 客户 386
(1)	公司内部财务因素	偿债能力	X_1 资产负债率	0.809	…	0.684	0.613	…	0.605
…			…	…	…	…	…	…	…
(28)			X_{38} 每股权益合计	0.355	…	0.228	0.422	…	0.305
(29)		盈利能力	X_{39} 净资产收益率	0.549	…	0.526	0.540	…	0.454
…			…	…	…	…	…	…	…
(58)			X_{87} 归属于母公司普通股东的权益综合收益率	0.544	…	0.523	0.533	…	0.466
(59)		营运能力	X_{91} 存货周转率	0.987	…	0.999	0.000	…	0.994
…			…	…	…	…	…	…	…
(80)			X_{114} 分配股利、利润或偿付利息支付的现金占筹资活动现金流出小计的比重	0.986	…	0.804	0.947	…	0.899
(81)		成长能力	X_{115} 每股净资产(相对年初增长率)	0.459	…	0.460	0.495	…	0.474
…			…	…	…	…	…	…	…
(86)			X_{122} 管理费用增长率	0.543	…	0.589	0.000	…	0.549
(87)	公司内部非财务因素	股权结构与业绩审计情况	X_{139} 是否为金融机构	1.000	…	0.000	1.000	…	0.000
…			…	…	…	…	…	…	…
(92)			X_{144} 派息比税前	0.329	…	0.000	0.000	…	0.000
(93)		高管基本情况	X_{146} 董事会持股比例	0.000	…	0.000	0.000	…	0.000
…			…	…	…	…	…	…	…
(96)			X_{150} 总经理是否领取薪酬	0.682	…	0.682	0.682	…	0.682
(97)		公司基本信用情况	X_{151} 缺陷类型	0.731	…	0.731	0.731	…	0.731
(98)		商业信誉	X_{152} 涉案总件数	0.878	…	0.878	0.743	…	0.878
(99)			X_{153} 违规类型	1.000	…	1.000	1.000	…	1.000
(100)		社会责任	X_{154} 每股社会贡献值	0.000	…	0.000	0.000	…	0.000
(101)			X_{155} 社会捐赠强度	0.000	…	0.000	0.039	…	0.000
(102)	外部宏观环境	—	X_{156} 行业景气指数	0.717	…	0.819	0.075	…	0.737
…			…	…	…	…	…	…	…
(124)			X_{204} 国内专利申请授权数增长率	0.027	…	0.032	0.025	…	0.037
(125)	—		违约状态	0	…	1	0	…	1

表 14.9　上市公司其他行业 T–5 年基于偏相关系数的第一次指标筛选结果

(a)序号	(b)准则层		(c)指标	(d)训练集 N_{train} 中客户指标标准化数据 x_{ij}			(e)测试集 N_{test} 中客户指标标准化数据 x_{ij}		
				(1) 客户 1	…	(269) 客户 269	(270) 客户 270	…	(386) 客户 386
(1)	公司内部财务因素	偿债能力	X_1 资产负债率	0.882	…	0.682	0.665	…	0.621
…			…	…	…	…	…	…	…
(29)			X_{38} 每股权益合计	0.367	…	0.239	0.388	…	0.304
(30)		盈利能力	X_{39} 净资产收益率	0.508	…	0.508	0.504	…	0.272
…			…	…	…	…	…	…	…
(60)			X_{87} 归属于母公司普通股东的权益综合收益率	0.503	…	0.508	0.507	…	0.281
(61)		营运能力	X_{88} 流动资产/总资产	0.081	…	0.427	0.000	…	0.256
…			…	…	…	…	…	…	…
(83)			X_{114} 分配股利、利润或偿付利息支付的现金占筹资活动现金流出小计的比重	0.853	…	0.817	0.904	…	0.913
(84)		成长能力	X_{115} 每股净资产(相对年初增长率)	0.527	…	0.498	0.483	…	0.436
…			…	…	…	…	…	…	…
(86)			X_{136} 固定资产增长率	0.017	…	0.030	0.000	…	0.026
(87)	公司内部非财务因素	股权结构与业绩审计情况	X_{139} 是否为金融机构	1.000	…	0.000	1.000	…	0.000
…			…	…	…	…	…	…	…
(92)			X_{145} 派息比税后	0.000	…	0.000	0.000	…	0.000
(93)		高管基本情况	X_{146} 董事会持股比例	0.000	…	0.000	0.000	…	0.000
…			…	…	…	…	…	…	…
(96)			X_{150} 总经理是否领取薪酬	0.682	…	0.682	1.000	…	0.682
(97)		公司基本信用情况	X_{151} 缺陷类型	0.731	…	0.731	0.731	…	0.731
(98)		商业信誉	X_{152} 涉案总件数	0.878	…	0.878	0.878	…	0.878
(99)			X_{153} 违规类型	1.000	…	1.000	1.000	…	1.000
(100)		社会责任	X_{154} 每股社会贡献值	0.000	…	0.000	0.000	…	0.000
(101)			X_{155} 社会捐赠强度	0.000	…	0.000	0.000	…	0.000
(102)	外部宏观环境	—	X_{156} 行业景气指数	0.717	…	0.756	0.075	…	0.658
…			…	…	…	…	…	…	…
(127)			X_{204} 国内专利申请授权数增长率	0.026	…	0.033	0.035	…	0.032
(128)	—		违约状态	0	…	1	0	…	1

14.4.2　基于支持向量机向前搜索第二次筛选后的指标体系

1. 基于 T–0 时间窗口的上市公司违约预测指标体系的构建

步骤 4：由 1 个指标构成的指标组合的确定。

由 1 个指标构成的第 1 个指标组合违约预测精度 G-mean$_1^1$ 的确定。根据上文表 14.4 第 d 列的上市公司其他行业训练样本的 T–0 时间窗口下第一次遴选后的 132 个指标数据，从第一次遴选出的 132 个指标中选取第 1 个指标(即表 14.4 第 d 列第 1 行)，即将表 14.4 第 d 列第 1 行的指标数据和表 14.4 第 d 列第 133 行的违约状态，代入式(3.22)和式(3.23)求解出线性支持向量机模型的指标权重和截距项参数。并将求解得到的参数代入式(3.24)和式(3.25)得到线性支持向量机违约预测模型。将表 14.4 第 d 列第 1 行的全部 269 个公司指标数据，代入式(3.25)线性支持向量机违约预测模型计算出违约状态预测值 $\hat{y}_j$ (j=1, 2, …, 269)，将预测违约状态 $\hat{y}_j$ 与真实违约状态 y_j 进行比较后，代入式(3.55)计算违约预测几何平均精度，记为 G-mean_1^1。

同理，从第一次遴选出的 132 个指标中选取第 2 个指标(即表 14.4 第 d 列第 2 行)，可以得到第 2 个违约预测几何平均精度，记为 G-mean_1^2。第一次遴选共剩余 132 个指标，则可以得到 132 个违约预测几何平均精度，记为 G-mean_1^k (k=1, 2, …, 132)。在这 132 个违约预测精度中选取最大值 $\text{G-mean}_1^{k^*}=\max(\text{G-mean}_1^1, \text{G-mean}_1^2, \cdots, \text{G-mean}_1^{132})$，最高几何平均精度 $\text{G-mean}_1^{k^*}$ 的上标 k^* 表示第 k^* 个指标组合，即由 1 个指标构成的精度最高的指标组合，将其纳入第二次指标遴选中的待遴选指标组合。将由 2 个指标构成的指标组合的最高几何平均精度 $\text{G-mean}_1^{k^*}$ 简化记为 G-mean_1。

步骤 5：由两个指标构成的指标组合的确定。

在步骤 4 选中第 k^* 个指标后，再从剩余的 131 个指标中，选取一个指标，这里既可以选择剩余的 131 个指标中的第 1 个指标，也可以选择第 131 个指标，与步骤 4 选中的第 k^* 个指标形成新的指标组合，因此可以形成 131 个新的由 2 个指标构成的指标组合。将这 131 个指标组合对应的样本数据分别代入式(3.24)和式(3.25)的支持向量机模型，并根据式(3.55)计算得到 131 个违约预测几何平均精度，记为 G-mean_2^k (k=1, 2, …, 131)。在这 131 个违约预测几何平均精度中选择最大值 $\text{G-mean}_2^{l^*}=\max(\text{G-mean}_2^1, \text{G-mean}_2^2, \cdots, \text{G-mean}_2^{131})$，最高几何平均精度 $\text{G-mean}_2^{l^*}$ 的上标 l^* 表示第 l^* 个指标组合，即由 2 个指标构成的精度最高的指标组合，将其纳入第二次指标遴选中的待遴选指标组合。将由 2 个指标构成的指标组合的最高几何平均精度 $\text{G-mean}_2^{l^*}$ 简化记为 G-mean_2。

步骤 6：遴选最优的违约预测指标组合。

仿照上述步骤 4 至步骤 5，不断从剩余的指标中依次选取一个指标纳入前一步筛选出的指标组合形成新的指标组合，使得在新的指标组合下，线性支持向量机模型根据式(3.55)所计算的违约预测几何平均精度最大，则可以得到由 s 个指标构成的指标组合的最高违约预测精度 G-mean_s(s=1, 2, …, 132)。令 $\text{G-mean}_{s^*=12}=\max(\text{G-mean}_1, \text{G-mean}_2, \cdots, \text{G-mean}_{132})$。则 $\text{G-mean}_{s^*=12}$ 即为最高几何平均精度的指标组合。最高几何平均精度 $\text{G-mean}_{s^*=12}$ 的下标 s^*=12 表示由 12 个指标构成的第 12 个指标组合即为最优指标组合。

应该指出，在指标组合遴选过程中，由于每个指标有“选中”与“不选中”两种状态，132 个指标就有 $(2^{132}-1)\approx 5.44\times 10^{39}$ 种指标组合可能性。遍历所有指标组合的预测精度，以几何平均精度最大为目标函数得到一个最优的指标组合，同时也得到显著的大数据降维效果，指标维度降低幅度为 90.91%(=1–12/132)。

表 14.10 是第二次指标组合筛选出的基于 T–0 时间窗口的制造行业上市公司最优违约预测指标。第 1 列是序号；第 2 列是准则层；第 3 列是指标；第 4 列是第 3 列指标对应的信用 5C 原则[6-7]。

表 14.10　上市公司其他行业 T–0 年基于支持向量机向前搜索的第二次指标筛选结果

(1)序号	(2)准则层		(3)指标	(4)信用 5C 原则
1	公司内部财务因素	偿债能力	X_1 资产负债率	能力
…			…	…
5			X_{38} 每股权益合计	能力
6		盈利能力	X_{51} 管理费用/营业总收入	资本
7			X_{84} 营业外收入占营业总收入比重	资本
8		营运能力	X_{110} 投资活动现金流出占现金流出总量比	能力
9		成长能力	X_{117} 归属母公司股东的权益(相对年初增长率)	资本
10	公司内部非财务因素	股权结构与业绩审计情况	X_{140} 预审计情况	品质
11	外部宏观环境	—	X_{162} 中国创新指数	条件
12			X_{176} 广义货币供应量(M2)同比增长率	条件

表 14.10 可以看出，遴选出的 T–0 时间窗口的指标体系能够反映信用 5C 原则[6-7]。包括：“资产负债率”“投资活动现金流出占现金流出总量比”等 6 个财务指标反映企业能力；“管理费用/营业总收入”“营

业外收入占营业总收入比重”等 3 个财务指标反映企业资本；“中国创新指数”“广义货币供应量(M2)同比增长率”这 2 个宏观指标反映企业的条件；“预审计情况”这 1 个非财务指标反映企业的品质。

2. 基于其他时间窗口的上市公司其他行业违约预测指标体系的构建

步骤 7：构建其他时间窗口下的违约预测指标体系。仿照步骤 4 至步骤 6，分别在表 14.5~表 14.9 的上市公司其他行业 T–1~T–5 年样本数据的第一次指标遴选基础上进行第二次指标组合筛选，第二次指标组合遴选后 T–1~T–5 年 5 个时间窗口分别选出了 16 个、14 个、11 个、15 个、17 个指标，列入表 14.11~表 14.15 的第 3 列。

表 14.11　上市公司其他行业 T–1 年基于支持向量机向前搜索的第二次指标筛选结果

(1)序号	(2)准则层		(3)指标	(4)信用 5C 原则
1	公司内部财务因素	偿债能力	X_1 资产负债率	能力
…			…	…
7			X_{35} 应交税费占负债总额的比例	能力
8		盈利能力	X_{39} 净资产收益率(平均)	资本
…			…	…
10			X_{71} 归属母公司股东的净利润/净利润	资本
11		营运能力	X_{110} 投资活动现金流出占现金流出总量比	能力
12		成长能力	X_{123} 应计项目	资本
13	公司内部非财务因素	股权结构与业绩审计情况	X_{140} 预审计情况	品质
14			X_{141} 业绩预告次数	品质
15	外部宏观环境	—	X_{156} 行业景气指数	条件
16			X_{176} 广义货币供应量(M2)同比增长率	条件

表 14.12　上市公司其他行业 T–2 年基于支持向量机向前搜索的第二次指标筛选结果

(1)序号	(2)准则层		(3)指标	(4)信用 5C 原则
1	公司内部财务因素	偿债能力	X_1 资产负债率	能力
…			…	…
10			X_{33} 在建工程比例	能力
11		盈利能力	X_{64} 营业外收支净额/利润总额	资本
12		营运能力	X_{114} 分配股利、利润或偿付利息支付的现金占筹资活动现金流出小计的比重	能力
13	外部宏观环境	—	X_{156} 行业景气指数	条件
14			X_{176} 广义货币供应量(M2)同比增长率	条件

表 14.13　上市公司其他行业 T–3 年基于支持向量机向前搜索的第二次指标筛选结果

(1)序号	(2)准则层		(3)指标	(4)信用 5C 原则
1	公司内部财务因素	偿债能力	X_1 资产负债率	能力
…			…	…
3			X_{36} 其他应付款占流动负债总额的比例	能力
4		盈利能力	X_{85} 营业外支出占营业总成本比重	资本
5		成长能力	X_{123} 应计项目	能力
6	公司内部非财务因素	股权结构与业绩审计情况	X_{139} 是否为金融机构	品质
7			X_{143} 审计意见类型	品质

续表

(1)序号	(2)准则层		(3)指标	(4)信用 5C 原则
8	外部宏观环境	—	X_{158} 短期贷款基准利率	条件
9			X_{176} 广义货币供应量(M2)同比增长率	条件
10			X_{180} 能源消费总量增长率	条件
11			X_{191} 国内旅游收入增长率	条件

表 14.14 上市公司其他行业 T–4 年基于支持向量机向前搜索的第二次指标筛选结果

(1)序号	(2)准则层		(3)指标	(4)信用 5C 原则
1	公司内部财务因素	偿债能力	X_1 资产负债率	能力
…			…	…
10			X_{27} 经营活动产生的现金流量净额/净债务	能力
11		盈利能力	X_{39} 净资产收益率(平均)	资本
…			…	…
13			X_{84} 营业外收入占营业总收入比重	资本
14	外部宏观环境	—	X_{156} 行业景气指数	条件
15			X_{176} 广义货币供应量(M2)同比增长率	条件

表 14.15 上市公司其他行业 T–5 年基于支持向量机向前搜索的第二次指标筛选结果

(1)序号	(2)准则层		(3)指标	(4)信用 5C 原则
1	公司内部财务因素	偿债能力	X_1 资产负债率	能力
…			…	…
11			X_{37} 资本公积占所有者权益的比例	能力
12		成长能力	X_{122} 管理费用增长率	资本
13	公司内部非财务因素	股权结构与业绩审计情况	X_{141} 业绩预告次数	品质
14			X_{143} 审计意见类型	品质
15		高管基本情况	X_{150} 总经理是否领取薪酬	品质
16	外部宏观环境	—	X_{176} 广义货币供应量(M2)同比增长率	条件
17			X_{190} 货物运输量增长率	条件

14.4.3 遴选出的最优指标体系统计汇总

由上文表 14.10~表 14.15 可知，对于所有 86 家上市公司其他行业样本，违约预测的最优指标组合为：由 204 个指标构成的$(2^{204}-1)\approx 2.57\times 10^{61}$个指标组合中，遴选出“资产负债率”“每股权益合计”“广义货币供应量(M2)同比增长率”等 12 个指标，构成了 T–0 年违约判别几何平均精度最大的指标组合；遴选出“资产负债率”“应交税费占负债总额的比例”“广义货币供应量(M2)同比增长率”等 16 个指标，构成了 T–1 年违约预测几何平均精度最大的指标组合；遴选出“资产负债率”“在建工程比例”“行业景气指数”等 14 个指标，构成了 T–2 年违约预测几何平均精度最大的指标组合；遴选出“资产负债率”“其他应付款占流动负债总额的比例”“国内旅游收入增长率”等 11 个指标，构成了 T–3 年违约预测几何平均精度最大的指标组合；遴选出“资产负债率”“经营活动产生的现金流量净额/净债务”“广义货币供应量(M2)同比增长率”等 15 个指标，构成了 T–4 年违约预测几何平均精度最大的指标组合；遴选出“资产负债率”“资本公积占所有者权益的比例”“货物运输量增长率”等 17 个指标，构成了 T–5 年违约预测几何平均精度最大的指标组合。

表 14.16 汇总了 T–m(m=0, 1, 2, 3, 4, 5)年最优指标组合中的指标，并统计了各个指标被选入最优指标组

合的次数。表 14.16 中：第 1 列是序号。第 2 列是指标。第 3 列是指标在 $T-m(m=0, 1, 2, 3, 4, 5)$年被选中的状态，“1”表示被选中；“0”表示未被选中。第 4 列是指标在 $T-m(m=0, 1, 2, 3, 4, 5)$年被选中的总次数，等于第 3 列的求和。

表 14.16　上市公司其他行业 $T-m$ 年最优指标组合汇总

(1)序号	(2)指标	(3)指标体系						(4)$T-m$ 年指标被选择的次数
		$T-0$	$T-1$	$T-2$	$T-3$	$T-4$	$T-5$	
1	X_1 资产负债率	1	1	1	1	1	1	6
…	…	…	…	…	…	…	…	…
3	X_4 长期资产适合率	1	1	1	0	1	1	5
4	X_7 流动负债权益比率	0	0	1	0	1	1	3
…	…	…	…	…	…	…	…	…
23	X_{36} 其他应付款占流动负债总额的比例	1	0	0	1	0	0	2
…	…	…	…	…	…	…	…	…
45	X_{176} 广义货币供应量(M2)同比增长率	1	1	1	1	1	1	6
46	X_{180} 能源消费总量增长率	0	0	0	1	0	0	1
…	…	…	…	…	…	…	…	…
48	X_{191} 国内旅游收入增长率	0	0	0	1	0	0	1
49	指标数量合计	19	11	14	10	14	17	85

根据表 14.16 第 2 列可知，对于所有 86 家上市公司其他行业样本，违约预测的重要宏观指标：“广义货币供应量(M2)同比增长率”“能源消费总量增长率”“国内旅游收入增长率”等 7 个宏观指标，对上市企业违约状态有显著影响。

根据表 14.16 第 3 列可知，“资产负债率”“长期资产适合率”“广义货币供应量(M2)同比增长率”这 3 个指标存在于 $T-0$、$T-1$、$T-2$ 年的最优指标组合中，说明这 2 个指标对企业未来 0~2 年的短期违约状态具有关键影响。“资产负债率”“广义货币供应量(M2)同比增长率”这 2 个指标存在于 $T-3$、$T-4$、$T-5$ 年的最优指标组合中，说明这个指标对企业未来 3~5 年的中期违约预测具有关键影响。

根据表 14.16 第 4 列可知，“资产负债率”“广义货币供应量(M2)同比增长率”这 2 个指标存在于 $T-m(m=0, 1, 2, 3, 4, 5)$年的最优指标组合中，说明这 2 个指标不论是对未来 0~2 年的短期违约预测，还是对未来 3~5 年的中期违约预测都有重要影响。“广义货币供应量(M2)同比增长率”的意义在于：当货币供应量充分大时，市场流动性充分，则公司几乎不可能发生违约，因此其是违约预测的关键指标。

综上，对于所有 86 家上市公司其他行业样本，违约预测的关键指标“资产负债率”“长期资产适合率”“广义货币供应量(M2)同比增长率”这 3 个指标对企业未来 0~2 年的短期违约状态有决定作用。“资产负债率”“广义货币供应量(M2)同比增长率”这 2 个指标对企业未来 3~5 年的中期违约状态有决定作用。“资产负债率”“广义货币供应量(M2)同比增长率”这 2 个指标，不论是对未来 0~2 年的短期违约预测，还是对未来 3~5 年的中期违约预测都有重要影响。

14.5　其他行业的违约预警模型的精度计算

上文 14.4 节中遴选出了最优指标组合。则根据最优指标组合对应的训练样本数据，可分别构建如上文 3.2 节所述的 14 种大数据违约评价模型方案。根据上文表 14.3 第 1 行定义的训练样本 N_{train} 和 SMOTE 扩充的训练样本 N_{train}^{smote} 分别对应表 14.10~表 14.15 最优指标组合的 $T-m(m=0, 1, 2, 3, 4, 5)$训练样本数据，求解模型参数后构建的 14 种违约评价模型，并在表 14.3 第 2 行定义的 $T\!-\!m(m=0, 1, 2, 3, 4, 5)$测试样本 N_{test} 上的精度计算结果。

其中，本书选取的模型违约预测精度评价标准有 5 个。分别是第二类错误、第一类错误、几何平均精度、总体预测精度和 AUC 值，精度定义如 3.3 节式(3.53)~式(3.56)所示。

以线性判别模型在 $T\!-\!1$ 时间窗口样本的训练和测试为例进行说明。

将表 14.11 第 3 列 16 个指标对应表 14.5 第 d 列 $T\!-\!1$ 时间窗口的经 SMOTE 扩充后的训练样本数据，代入式(3.64)的线性判别模型最优权重向量的目标函数，求解出线性判别模型中 16 个指标的权重向量，并代入式(3.62)和式(3.63)得到违约概率预测方程和违约状态预测方程如下。

线性判别模型在 $T\!-\!1$ 时间窗口样本的违约概率预测方程如下：

$$\begin{aligned}\hat{p}(T-1) = &-0.319\times X_1\text{资产负债率}+\cdots+12.021\times X_{39}\text{净资产收益率(平均)}-\cdots\\&-4.823\times X_{110}\text{投资活动现金流出占现金流出总量比}+\cdots+5.526\times X_{140}\text{预审计情况}+\cdots\\&+0.419\times X_{176}\text{广义货币供应量(M2)同比增长率}\end{aligned}\tag{14.1}$$

线性判别模型在 $T\!-\!1$ 时间窗口样本的违约状态预测方程如下：

$$\hat{y}_j(T+1)=\begin{cases}1, & \hat{p}_j(T)\geqslant 0.5\\0, & \hat{p}_j(T)<0.5\end{cases}\tag{14.2}$$

将表 14.11 第 3 列 16 个指标对应表 14.5 第 e 列 $T\!-\!1$ 时间窗口 117 个公司的测试样本数据，代入式(14.1)得到违约概率预测值 $\hat{p}_j$ (j=1, 2, ⋯, 117)，将违约概率预测值 $\hat{p}_j$ 代入式(14.2)得到违约状态预测值 $\hat{y}_j$ (j=1, 2, ⋯, 117)。将违约状态预测值 $\hat{y}_j$ 与实际值 y_j 进行对比，可得如表 14.17 所示的混淆矩阵中 TP、TN、FP、FN 四个值。将表 14.17 所示的混淆矩阵中 TP、TN、FP、FN 四个值，代入式(3.53)，计算得到第二类错误 Type-Ⅱ Error=FN/(TP+FN)=3/(13+3)≈0.188。

表 14.17 违约预测混淆矩阵结果

客户的真实违约状态	客户的预测违约状态	
	(1)预测违约	(2)预测非违约
(1)真实违约	违约样本判对的个数 TP=13	违约样本判错的个数 FN=3
(2)真实非违约	非违约样本判错的个数 FP=1	非违约样本判对的个数 TN=100

表 14.18 是上市小企业 $T\!-\!m(m=0, 1, 2, 3, 4, 5)$时间窗口的 14 种大数据违约评价模型方案的测试样本预测精度结果。以线性判别分析模型在 $T\!-\!1$ 时间窗口样本为例，将上文计算得到的第二类错误 0.188，列入表 14.18 第 15 行第 4 列。同理，将表 14.17 所示的混淆矩阵中 TP、TN、FP、FN 四个值，分别代入上文式(3.54)~式(3.56)，并绘制 ROC 曲线得到其他四个精度结果，将得到的精度结果分别列在表 14.18 第 15 行第 5~8 列。

表 14.18 上市公司其他行业 $T\!-\!m(m=0, 1, 2, 3, 4, 5)$时间窗口下模型预测精度结果

(1)序号	(2)时间窗口	(3)模型方案	(4)第二类错误	(5)第一类错误	(6)几何平均精度	(7)总体预测精度	(8)AUC 值
1	$T\!-\!0$	线性判别模型[8]	0.250	0.119	0.813	0.863	0.818
2		逻辑回归模型[9]	0.250	0.109	0.818	0.872	0.814
3		广义加性模型[10]	0.125	0.158	0.858	0.846	0.934
4		线性支持向量机模型[11]	0.250	0.119	0.813	0.863	0.817
5		决策树模型[12-13]	0.563	0.079	0.635	0.855	0.733
6		BP 神经网络模型[14]	0.250	0.149	0.799	0.838	0.793
7		K 近邻模型[15]	0.313	0.099	0.787	0.872	0.794
8		多数投票线性判别模型[16]	0.188	0.208	0.802	0.795	0.825

续表

(1)序号	(2)时间窗口	(3)模型方案	(4)第二类错误	(5)第一类错误	(6)几何平均精度	(7)总体预测精度	(8)AUC 值
9	T−0	多数投票逻辑回归模型[16]	0.250	0.099	0.822	0.880	0.810
10		多数投票广义加性模型[16]	0.188	0.158	0.827	0.838	0.924
11		多数投票线性支持向量机模型[17]	0.250	0.109	0.818	0.872	0.818
12		多数投票决策树模型[18]	0.500	0.059	0.686	0.880	0.830
13		多数投票 BP 神经网络模型[19]	0.188	0.554	0.602	0.496	0.800
14		多数投票 K 近邻模型[20]	0.313	0.089	0.791	0.880	0.804
15	T−1	线性判别模型[8]	0.188	0.010	0.897	0.966	0.965
16		逻辑回归模型[9]	0.250	0.020	0.857	0.949	0.915
17		广义加性模型[10]	0.250	0.079	0.831	0.897	0.883
18		线性支持向量机模型[11]	0.250	0.010	0.862	0.957	0.958
19		决策树模型[12-13]	0.563	0.020	0.655	0.906	0.669
20		BP 神经网络模型[14]	0.188	0.010	0.897	0.966	0.957
21		K 近邻模型[15]	0.438	0.020	0.743	0.923	0.771
22		多数投票线性判别模型[16]	0.188	0.010	0.897	0.966	0.974
23		多数投票逻辑回归模型[16]	0.188	0.030	0.888	0.949	0.939
24		多数投票广义加性模型[16]	0.250	0.059	0.840	0.915	0.851
25		多数投票线性支持向量机模型[17]	0.250	0.010	0.862	0.957	0.944
26		多数投票决策树模型[18]	0.563	0.040	0.648	0.889	0.786
27		多数投票 BP 神经网络模型[19]	0.063	0.030	0.954	0.966	0.992
28		多数投票 K 近邻模型[20]	0.313	0.020	0.821	0.940	0.860
29	T−2	线性判别模型[8]	0.188	0.040	0.883	0.940	0.847
30		逻辑回归模型[9]	0.438	0.109	0.708	0.846	0.821
31		广义加性模型[10]	0.188	0.059	0.874	0.923	0.896
32		线性支持向量机模型[11]	0.188	0.030	0.888	0.949	0.805
33		决策树模型[12-13]	0.688	0.050	0.545	0.863	0.570
34		BP 神经网络模型[14]	0.125	0.109	0.883	0.889	0.905
35		K 近邻模型[15]	0.625	0.040	0.600	0.880	0.668
36		多数投票线性判别模型[16]	0.188	0.040	0.883	0.940	0.854
37		多数投票逻辑回归模型[16]	0.438	0.109	0.708	0.846	0.798
38		多数投票广义加性模型[16]	0.188	0.050	0.879	0.932	0.892
39		多数投票线性支持向量机模型[17]	0.188	0.040	0.883	0.940	0.815
40		多数投票决策树模型[18]	0.688	0.040	0.548	0.872	0.384
41		多数投票 BP 神经网络模型[19]	0.188	0.030	0.888	0.949	0.887
42		多数投票 K 近邻模型[20]	0.500	0.030	0.697	0.906	0.723
43	T−3	线性判别模型[8]	0.438	0.099	0.712	0.855	0.850
44		逻辑回归模型[9]	0.688	0.069	0.539	0.846	0.607
45		广义加性模型[10]	0.375	0.188	0.712	0.786	0.728
46		线性支持向量机模型[11]	0.375	0.079	0.759	0.880	0.865

续表

(1)序号	(2)时间窗口	(3)模型方案	(4)第二类错误	(5)第一类错误	(6)几何平均精度	(7)总体预测精度	(8)AUC 值
47	T–3	决策树模型[12-13]	0.688	0.040	0.548	0.872	0.564
48		BP 神经网络模型[14]	0.063	0.287	0.818	0.744	0.900
49		K 近邻模型[15]	0.375	0.069	0.763	0.889	0.778
50		多数投票线性判别模型[16]	0.438	0.099	0.712	0.855	0.854
51		多数投票逻辑回归模型[16]	0.688	0.089	0.534	0.829	0.773
52		多数投票广义加性模型[16]	0.375	0.079	0.759	0.880	0.780
53		多数投票线性支持向量机模型[17]	0.375	0.079	0.759	0.880	0.861
54		多数投票决策树模型[18]	0.688	0.099	0.531	0.821	0.789
55		多数投票 BP 神经网络模型[19]	0.313	0.228	0.729	0.761	0.844
56		多数投票 K 近邻模型[20]	0.375	0.069	0.763	0.889	0.776
57	T–4	线性判别模型[8]	0.250	0.208	0.771	0.786	0.766
58		逻辑回归模型[9]	0.313	0.178	0.752	0.803	0.787
59		广义加性模型[10]	0.250	0.356	0.695	0.658	0.767
60		线性支持向量机模型[11]	0.313	0.089	0.791	0.880	0.805
61		决策树模型[12-13]	0.688	0.119	0.525	0.803	0.457
62		BP 神经网络模型[14]	0.188	0.079	0.865	0.906	0.903
63		K 近邻模型[15]	0.688	0.158	0.513	0.769	0.577
64		多数投票线性判别模型[16]	0.375	0.149	0.730	0.821	0.748
65		多数投票逻辑回归模型[16]	0.313	0.238	0.724	0.752	0.782
66		多数投票广义加性模型[16]	0.000	0.723	0.527	0.376	0.800
67		多数投票线性支持向量机模型[17]	0.313	0.119	0.778	0.855	0.789
68		多数投票决策树模型[18]	0.688	0.119	0.525	0.803	0.598
69		多数投票 BP 神经网络模型[19]	0.250	0.158	0.794	0.829	0.822
70		多数投票 K 近邻模型[20]	0.688	0.198	0.501	0.735	0.599
71	T–5	线性判别模型[8]	0.188	0.248	0.782	0.761	0.877
72		逻辑回归模型[9]	0.188	0.198	0.807	0.803	0.891
73		广义加性模型[10]	0.250	0.198	0.776	0.795	0.849
74		线性支持向量机模型[11]	0.188	0.178	0.817	0.821	0.896
75		决策树模型[12-13]	0.375	0.069	0.763	0.889	0.775
76		BP 神经网络模型[14]	0.188	0.248	0.782	0.761	0.916
77		K 近邻模型[15]	0.438	0.059	0.727	0.889	0.752
78		多数投票线性判别模型[16]	0.188	0.208	0.802	0.795	0.876
79		多数投票逻辑回归模型[16]	0.250	0.188	0.780	0.803	0.863
80		多数投票广义加性模型[16]	0.375	0.069	0.763	0.889	0.855
81		多数投票线性支持向量机模型[17]	0.188	0.168	0.822	0.829	0.899
82		多数投票决策树模型[18]	0.375	0.109	0.746	0.855	0.856
83		多数投票 BP 神经网络模型[19]	0.188	0.218	0.797	0.786	0.893
84		多数投票 K 近邻模型[20]	0.438	0.069	0.724	0.880	0.807

以上是以线性判别分析模型在 T–1 时间窗口样本为例，说明了违约评价模型的精度计算过程。同理，可分别根据上文 3.2 节中的 14 种大数据违约评价模型的表达式，计算在上市所有企业 $T-m(m=0, 1, 2, 3, 4, 5)$ 测试样本上的精度结果，并将精度结果列入表 14.18 中。

由表 14.18 第 8 列 AUC 值可以看出，AUC 值基本都能达到 70%以上[21-22]，表明这 14 种模型在 5 年的时间窗口均能实现较好的模型预测效果，即模型有 5 年的预测能力。表 14.18 第 4 列的违约客户错判率第二类错误基本都在 30%以下[23-24]，说明所构建的模型对公司违约具有较好的预测能力。

14.6　其他行业的最优违约预警模型的对比分析

上市公司其他行业违约预警模型最优方案选择共有以下三个选择标准。

第一标准：模型违约预测精度越高，模型方案排名越靠前。

第二标准：模型可解释性越强，模型方案排名越靠前。

第三标准：模型复杂性越低，模型方案排名越靠前。

表 14.19 是给出了 14 种模型方案基于上市公司其他行业数据的三个标准排序结果。

表 14.19　上市公司其他行业最优模型方案的选择

(1)序号	(2)模型名称	(3)标准一：分类精度排序平均值	(4)标准二：可解释性排序数值[25-26]	(5)标准三：复杂性排序数值[25, 27]	(6)三个标准的排序数值
1	线性判别模型[8]	5.77	1	1	2.59
2	逻辑回归模型[9]	7.27	2	2	3.76
3	广义加性模型[10]	8.20	4	3	5.07
4	线性支持向量机模型[11]	4.07	10	4	6.02
5	决策树模型[12-13]	9.83	3	5	5.94
6	BP 神经网络模型[14]	5.30	11	7	7.77
7	K 近邻模型[15]	8.60	9	6	7.87
8	多数投票线性判别模型[16]	5.80	5	8	6.27
9	多数投票逻辑回归模型[16]	8.10	6	9	7.70
10	多数投票广义加性模型[16]	6.80	8	10	8.27
11	多数投票线性支持向量机模型[17]	4.10	13	11	9.37
12	多数投票决策树模型[18]	9.53	7	12	9.51
13	多数投票 BP 神经网络模型[19]	5.70	14	14	11.23
14	多数投票 K 近邻模型[20]	8.17	12	13	11.06

表 14.19 第 2 列为 14 种模型方案的模型名称。

表 14.19 第 3 列为 14 种模型方案基于标准一预测精度的排序平均值。是基于表 14.18 中五个精度标准的精度排序平均值。排序平均数值越小，表示模型的预测精度越高，即在表 14.19 第 3 列中排序平均值为“4.07”的模型预测精度最高。

表 14.19 第 4 列为 14 种模型方案基于标准二可解释性的排序数值。是基于现有文献[25-26]对 14 种大数据模型可解释性的排序结果。排序的数值越小，表示模型的可解释性越强，即在表 14.19 第 4 列中排序为 1 的模型方案可解释性最强。

表 14.19 第 5 列为 14 种模型方案基于标准三复杂性的排序数值。是基于现有文献[25, 27]对 14 种大数据模型复杂性的排序结果。排序的数值越小，表示模型的复杂性越低，即在表 14.19 第 5 列中排序数值为 1

的模型方案复杂性最低。

表 14.19 第 6 列为 14 种模型方案三个标准的排序平均值。是第 3 列、第 4 列和第 5 列的算术平均值。排序平均值越小，表示模型方案越能够同时兼顾精度、可解释性、复杂性这三个因素，越应该被选用，即排序平均值最小的模型方案是最优模型方案。

根据最优方案的三个选择标准，结合表 14.19 第 6 列的排序平均值可以得出，线性判别模型的排序平均值最小。因此，上市公司其他行业的最优模型方案是线性判别模型。

14.7 其他行业的最优违约预警模型

由 14.6 节可知，上市公司其他行业的最优模型方案是线性判别模型。

设：$\hat{p}_j(T-m)$ 为第 j 个上市公司 $T-m$ 年预测的违约概率。则根据 14.5 节中求解的上市公司其他行业对应的 $T-m(m=0, 1, 2, 3, 4, 5)$线性判别模型评价方程如下。

上市公司其他行业的 $T-0$ 违约判别模型，如式(14.3)所示：

$$\begin{aligned}\hat{p}(T-0) =& 1.929\times X_1\text{资产负债率}+2.231\times X_4\text{长期资产适合率}+\cdots+8.095\times X_{38}\text{每股权益合计}\\&+1.582\times X_{51}\text{管理费用/营业总收入}+\cdots+4.531\times X_{162}\text{中国创新指数}\\&+8.465\times X_{176}\text{广义货币供应量(M2)同比增长率}\end{aligned}\tag{14.3}$$

上市公司其他行业的提前 1 年违约预警模型，如式(14.4)所示：

$$\begin{aligned}\hat{p}(T-1) =& -0.319\times X_1\text{资产负债率}+18.882\times X_4\text{长期资产适合率}+\cdots\\&+12.021\times X_{39}\text{净资产收益率(平均)}+13.713\times X_{66}\text{扣除非经常损益后的净利润/净利润}+\cdots\\&+0.419\times X_{176}\text{广义货币供应量(M2)同比增长率}\end{aligned}\tag{14.4}$$

上市公司其他行业的提前 2 年违约预警模型，如式(14.5)所示：

$$\begin{aligned}\hat{p}(T-2) =& 5.873\times X_1\text{资产负债率}+29.581\times X_4\text{长期资产适合率}+\cdots\\&+34.801\times X_{64}\text{营业外收支净额/利润总额}+\cdots\\&-4.991\times X_{176}\text{广义货币供应量(M2)同比增长率}\end{aligned}\tag{14.5}$$

上市公司其他行业的提前 3 年违约预警模型，如式(14.6)所示：

$$\begin{aligned}\hat{p}(T-3) =& 4.573\times X_1\text{资产负债率}-2.199\times X_6\text{非流动负债权益比率}+\cdots\\&+0.407\times X_{85}\text{营业外支出占营业总成本比重}+\cdots\\&+8.282\times X_{180}\text{能源消费总量增长率}-1.415\times X_{191}\text{国内旅游收入增长率}\end{aligned}\tag{14.6}$$

上市公司其他行业的提前 4 年违约预警模型，如式(14.7)所示：

$$\begin{aligned}\hat{p}(T-4) =& -1.914\times X_1\text{资产负债率}+3.233\times X_4\text{长期资产适合率}+\cdots\\&+8.482\times X_{39}\text{净资产收益率(平均)}+\cdots-1.715\times X_{84}\text{营业外收入占营业总收入比重}\\&-6.895\times X_{156}\text{行业景气指数}-2.327\times X_{176}\text{广义货币供应量(M2)同比增长率}\end{aligned}\tag{14.7}$$

上市公司其他行业的提前 5 年违约预警模型，如式(14.8)所示：

$$\begin{aligned}\hat{p}(T-5) =& 3.097\times X_1\text{资产负债率}-2.086\times X_4\text{长期资产适合率}+\cdots\\&-9.687\times X_{122}\text{管理费用增长率}+4.58\times X_{141}\text{业绩预告次数}+\cdots\\&-0.268\times X_{176}\text{广义货币供应量(M2)同比增长率}-3.841\times X_{190}\text{货物运输量增长率}\end{aligned}\tag{14.8}$$

以上构建的模型式(14.3)~式(14.8)是通过第 $T-m$ 年的指标数据与 T 年违约状态训练得到的提前 m 年违约预警的评价方程，以达到根据第 T 年的指标数据，预测公司第 $T+m$ 年违约状态的目的。应该指出，这里的第 $T-m$ 年的指标数据不是仅包含某一年(如 2008 年)的指标截面数据，而是包含了不同年份(如 2008 年、2014 年等)平移后的指标截面数据。

则第 j 个上市公司其他行业第 $T+m$ 年违约状态预测值 $\hat{y}_j(T+m)$的表达式如下：

$$\hat{y}_j(T+m)=\begin{cases}1, & \hat{p}_j(T)\geqslant 0.5\\0, & \hat{p}_j(T)<0.5\end{cases}\tag{14.9}$$

14.8 其他行业的违约概率和信用得分的确定

由上文 14.7 节可知，最优模型方案的线性判别模型，共构建了 $T+m(m=0, 1, 2, 3, 4, 5)$共 6 个违约判别或预测模型表达式，如上文式(14.3)~式(14.8)所示。

将表 14.10 第 3 列 $T-0$ 年最优指标体系对应的 2000~2018 年这 19 年上市公司其他行业数据，代入式(14.3)，得到上市公司其他行业第 $T+0$ 年的违约概率判别值，列入表 14.20 第 3 列。

表 14.20 上市公司其他行业 2000~2018 年这 19 年的最优模型方案线性判别的预测结果

(1)序号	(2)证券代码	(a)$T+0$		(b)$T+1$		(c)$T+2$		(d)$T+3$		(e)$T+4$		(f)$T+5$	
		(3)违约概率 p_j	(4)信用得分 S_j	(5)违约概率 p_j	(6)信用得分 S_j	(7)违约概率 p_j	(8)信用得分 S_j	(9)违约概率 p_j	(10)信用得分 S_j	(11)违约概率 p_j	(12)信用得分 S_j	(13)违约概率 p_j	(14)信用得分 S_j
1	2018-000001	0.0008	99.92	0.0000	100.00	0.0000	100.00	0.0004	99.96	0.0057	99.43	0.0087	99.13
2	2018-000005	0.2397	76.03	0.1112	88.88	0.0000	100.00	0.5507	44.93	0.2219	77.81	0.9749	2.51
3	2018-000009	0.0662	93.38	0.0050	99.50	0.0001	99.99	0.1906	80.94	0.3400	66.00	0.7067	29.33
…	…	…	…	…	…	…	…	…	…	…	…	…	…
5692	2000-600895	0.2969	70.31	0.0090	99.10	0.0001	99.99	0.3674	63.26	0.3792	62.08	0.3218	67.82
5693	2000-600896	0.7499	25.01	0.0027	99.73	0.0000	100.00	0.6595	34.05	0.0903	90.97	0.1434	85.66
5694	2000-600897	0.7559	24.41	0.9842	1.58	0.9021	9.79	0.4601	53.99	0.8889	11.11	0.4211	57.89

如表 14.20 第 1 行所示，证券序号“2008-000001”表示 2018 年代码为“000001”的上市公司。第 1 行第 3 列表示“000001”上市公司在 2018 年的违约概率判别值 p_j=0.0008，将违约概率判别值 p_j=0.0008 代入上文式(3.3)的信用得分表达式，得到“000001”上市公司 2018 年信用得分 $S_j=(1-p_j)\times100=(1-0.0008)\times100=99.92$，列入表 14.20 第 1 行第 4 列。

同理，对于表 14.11~表 14.15 的 $T-m(m=1, 2, 3, 4, 5)$年的最优指标体系的数据，代入式(14.4)~式(14.8)，可以分别计算 $T+m(m=1, 2, 3, 4, 5)$年的上市公司违约概率值 p_j 和信用得分值 S_j，将预测结果列入表 14.20 第 5~14 列。

表 14.21 是上市公司其他行业 2000~2023 年这 24 年的违约概率和信用得分预测结果。

表 14.21 上市公司其他行业的 2000~2023 年这 24 年的违约概率和信用得分预测结果

(1)序号	(2)证券代码	(3)年份	(4)行业	(5)省区市	(6)所有制	(7)违约概率 $p_{j(T+m)}$	(8)信用得分 $S_{j(T+m)}$
1	000001.SZ	2000	银行	广东省	公众企业	0.9984	0.16
2	000005.SZ	2000	水利、环境和公共设施管理业	广东省	中外合资	0.7594	24.06
3	000009.SZ	2000	综合	广东省	公众企业	0.9622	3.78
…	…	…	…	…	…	…	…
5695	000001.SZ	2019	金融业	广东省	公众企业	0.6050	39.50
5696	000005.SZ	2019	水利、环境和公共设施管理业	广东省	民营企业	0.8641	13.59
5697	000009.SZ	2019	综合	广东省	公众企业	0.6225	37.75
…	…	…	…	…	…	…	…
6076	000001.SZ	2020	金融业	广东省	公众企业	0.7505	24.95
6077	000005.SZ	2020	水利、环境和公共设施管理业	广东省	民营企业	0.5866	41.34
6078	000009.SZ	2020	综合	广东省	公众企业	0.3839	61.61
…	…	…	…	…	…	…	…

续表

(1)序号	(2)证券代码	(3)年份	(4)行业	(5)省区市	(6)所有制	(7)违约概率 $p_{j(T+m)}$	(8)信用得分 $S_{j(T+m)}$
6457	000001.SZ	2021	金融业	广东省	公众企业	0.6678	33.22
6458	000005.SZ	2021	水利、环境和公共设施管理业	广东省	民营企业	0.5753	42.47
6459	000009.SZ	2021	综合	广东省	公众企业	0.3650	63.50
…	…	…	…	…	…	…	…
6838	000001.SZ	2022	金融业	广东省	公众企业	0.0119	98.81
6839	000005.SZ	2022	水利、环境和公共设施管理业	广东省	民营企业	0.1311	86.89
6840	000009.SZ	2022	综合	广东省	公众企业	0.0054	99.46
…	…	…	…	…	…	…	…
7597	603903.SH	2023	环保工程	北京市	民营企业	1.0000	0.00
7598	603909.SH	2023	工程咨询服务	福建省	民营企业	1.0000	0.00
7599	603959.SH	2023	工程咨询服务	湖南省	民营企业	1.0000	0.00

在表 14.21 中，第 1~5694 行是 2000~2018 年这 19 年上市公司其他行业数据按上文式(14.3)计算的 T+0 判别的信用得分结果。第 5695~6075 行是根据 2018 年的上市公司其他行业数据，分别按上文式(5.4)~式(5.8)的 T+1~T+5 预测的信用得分结果。

将表 14.10 第 3 列 T–0 年最优指标体系对应的 2000~2018 年 5694 家上市公司其他行业数据，代入上文式(14.3)，得到上市公司其他行业第 T+0 年的违约概率判别值 $p_{j(T+0)}$，列入表 14.21 第 7 列第 1~5694 行。并将违约概率判别值 $p_{j(T+0)}$代入上文式(3.3)的信用得分表达式得到信用得分 $S_{j(T+0)}$，列入表 14.21 第 8 列第 1~5694 行。

将表 14.11 第 3 列 T–1 年最优指标体系对应的 2018 年 381 家上市公司其他行业数据，代入上文式(14.4)，得到上市公司其他行业第 T+1 年的违约概率预测值 $p_{j(T+1)}$，并将违约概率预测值 $p_{j(T+1)}$代入上文式(3.7)的信用得分表达式得到 2019 年信用得分预测值 $S_{j(T+1)}$，列入表 14.21 第 8 列第 5695~6075 行。同理，可根据式(14.5)~式(14.8)预测 2020~2023 年的信用得分 $S_{j(T+m)}$，并将结果列入表 14.21 第 8 列第 6076~7599 行。

14.9 其他行业的信用等级划分

以 T+0 年的信用等级划分为例进行说明。

将上文表 14.20 第 4 列的 T+0 年信用得分 S_j 按降序排列，结果对应列入表 14.22 第 3 列。表 14.22 第 4 列违约概率数据来自表 14.20 第 3 列。表 14.22 第 5 列负债总额数据来源于 Wind 数据库。表 14.22 第 6 列应收未收本息数据等于表 14.22 第 4 列和第 5 列的乘积。表 14.22 第 7 列应收本息数据等于表 14.22 第 5 列。

表 14.22　上市公司其他行业最优模型方案线性判别的 T+0 年信用等级划分数据

(1)序号	(2)证券代码	(3)信用得分 S_j	(4)违约概率 p_j	(5)负债总额 D_j/元	(6)应收未收本息 L_j/元	(7)应收本息 R_j/元
1	2009-601166	100.00	0.00	1 260 000 000 000.00	0.00	1 260 000 000 000.00
2	2009-300008	100.00	0.00	43 989 678.78	0.00	43 989 678.78
3	2009-601601	100.00	0.00	322 000 000 000.00	0.00	322 000 000 000.00
…	…	…	…	…	…	…
3831	2016-600125	47.41	0.53	2 472 427 705.00	1 310 386 684.00	2 472 427 705.00
…	…	…	…	…	…	…
5697	2012-600603	0.00	1.00	318 870 162.30	318 870 162.30	318 870 162.30

依据上文 3.4.2 节的信用等级划分模型，将表 14.22 第 6~7 列的应收未收本息 L_j、应收本息 R_j 数据代入上文式(3.68)~式(3.71)的信用等级划分模型，根据迟国泰教授科研创新团队的发明专利“信用等级越高，违约损失率越低”的违约金字塔原理[28]，得到的评级结果，如表 14.23 第 3~5 列所示。

表 14.23　上市公司其他行业最优模型方案线性判别的 *T*+0 年信用等级划分结果

(1)序号	(2)等级	(3)信用得分区间	(4)样本数	(5)违约损失率/%	(6)信用度
1	AAA	47.41≤*S*≤100	3831	17.70	特优
…	…	…	…	…	…
4	BBB	9.214≤*S*<10	28	90.43	较好
…	…	…	…	…	…
7	CCC	3.457≤*S*<5.492	73	95.58	差
…	…	…	…	…	…
9	C	0≤*S*<0.993	92	99.65	极差

根据表 14.23 第 4 列可知，*T*+0 年 AAA 级公司样本数为 3831 个，即 AAA 级公司为按照信用得分降序排列后的第 1~3831 个公司。由表 14.22 第 3 列知，第 3831 行证券代码“2016-600125”公司对应的信用得分为 47.41，故 AAA 级公司的信用得分区间为 47.41≤*S*≤100，列入表 14.23 第 3 列第 1 行。即 *T*+0 年信用得分落在区间 47.41≤*S*≤100 的公司均为 AAA 级公司。同理，可得 AA、A、…、C 等其余 8 个等级划分结果，对应列入表 14.23 第 2~9 行。

以上是上市公司其他行业最优模型方案线性判别的 *T*+0 年信用等级划分结果。同理，可分别得到 *T*+*m*(*m*=1, 2, 3, 4, 5)年的上市公司其他行业的信用等级划分结果，如表 14.24~表 14.28 所示。

表 14.24　上市公司其他行业最优模型方案线性判别的 *T*+1 年信用等级划分结果

(1)序号	(2)等级	(3)信用得分区间	(4)样本数	(5)违约损失率/%	(6)信用度
1	AAA	0.355≤*S*≤100	5373	11.71	特优
…	…	…	…	…	…
4	BBB	44.202≤*S*<44.897	3	55.41	较好
…	…	…	…	…	…
7	CCC	15.503≤*S*<21.545	25	81.51	差
…	…	…	…	…	…
9	C	0≤*S*<0.001	7	100.00	极差

表 14.25　上市公司其他行业最优模型方案线性判别的 *T*+2 年信用等级划分结果

(1)序号	(2)等级	(3)信用得分区间	(4)样本数	(5)违约损失率/%	(6)信用度
1	AAA	49.383≤*S*≤100	5102	0.21	特优
…	…	…	…	…	…
4	BBB	13.561≤*S*<24.743	6	81.75	较好
…	…	…	…	…	…
7	CCC	0.014≤*S*<2.396	257	99.86	差
…	…	…	…	…	…
9	C	0≤*S*<0.001	10	100.00	极差

表 14.26　上市公司其他行业最优模型方案线性判别的 T+3 年信用等级划分结果

(1)序号	(2)等级	(3)信用得分区间	(4)样本数	(5)违约损失率/%	(6)信用度
1	AAA	48.669≤S≤100	3220	9.52	特优
…	…	…	…	…	…
4	BBB	0.719≤S<3.925	863	98.22	较好
…	…	…	…	…	…
7	CCC	0.11≤S<0.134	37	99.88	差
…	…	…	…	…	…
9	C	0≤S<0.056	139	99.98	极差

表 14.27　上市公司其他行业最优模型方案线性判别的 T+4 年信用等级划分结果

(1)序号	(2)等级	(3)信用得分区间	(4)样本数	(5)违约损失率/%	(6)信用度
1	AAA	49.738≤S≤100	3880	19.52	特优
…	…	…	…	…	…
4	BBB	0.01≤S<0.04	26	99.98	较好
…	…	…	…	…	…
7	CCC	0.006≤S<0.008	3	99.99	差
…	…	…	…	…	…
9	C	0≤S<0.006	18	100.00	极差

表 14.28　上市公司其他行业最优模型方案线性判别的 T+5 年信用等级划分结果

(1)序号	(2)等级	(3)信用得分区间	(4)样本数	(5)违约损失率/%	(6)信用度
1	AAA	49.839≤S≤100	2363	8.78	特优
…	…	…	…	…	…
4	BBB	0.01≤S<0.016	7	99.99	较好
…	…	…	…	…	…
7	CCC	0.004≤S<0.004	5	100.00	差
…	…	…	…	…	…
9	C	0≤S<0.001	1	100.00	极差

14.10　其他行业的信用特征分析

14.10.1　地区的信用特征分析

为检验不同省区市的信用得分是否存在显著差异。本书根据表 14.21 第 5 列的 30 个中国省区市(除港、澳、台和不包括其他行业的青海省这 4 个地区外)和第 8 列的信用得分。统计出上市公司其他行业所在的 30 个省区市的信用得分平均值、最大值、最小值、标准差、中位数等，列在表 14.29 的第 3~8 列。

表 14.29　上市公司其他行业省区市信用特征描述表

(1)序号	(2)省区市	(3)信用得分平均值	(4)信用得分最大值	(5)信用得分最小值	(6)信用得分标准差	(7)信用得分中位数	(8)样本数量
1	吉林省	65.98	100.00	0.00	28.63	71.67	56
2	四川省	65.60	100.00	0.00	27.28	71.38	152
3	山东省	65.34	100.00	0.00	26.29	69.04	355
…	…	…	…	…	…	…	…
11	江苏省	63.08	100.00	0.00	30.39	67.41	689
12	广东省	62.55	100.00	0.00	28.12	69.19	1161
13	江西省	62.75	99.92	0.00	21.76	64.51	48
…	…	…	…	…	…	…	…
28	西藏自治区	46.48	91.15	0.00	25.62	44.29	24
29	贵州省	46.11	99.81	0.00	33.69	48.97	30
30	宁夏回族自治区	23.88	97.20	0.00	27.24	14.18	24

其中，表 14.29 第 8 列的样本数量是 2000~2023 年这 24 年的其他行业上市公司总数，这里的总数包括相同企业不同年份的重复计数。例如，同一个企业 2000~2023 年这 24 年，则数量记为 24，其他企业的统计同理。

同时，为检验两两省区市之间的信用得分是否存在显著差异，本书采用曼-惠特尼 U 检验[29]来进行显著性水平检验。以“吉林省”与“广东省”为例，根据表 14.29 第 1 列第 1、12 行的序号排序和第 8 列第 1、12 行的公司数量，计算得到曼-惠特尼 U 检验统计量为 30 193.00，列入表 14.30 第 1 行第 3 列。通过查曼-惠特尼 U 检验统计量的显著性水平表，将对应的 p 值 0.184 列入表 14.30 第 1 行第 4 列。同理，将其他任意两个省区市的曼-惠特尼 U 检验结果列在表 14.30 第 2~435 行。

表 14.30　上市公司其他行业的省区市之间信用得分的差异性检验

(1)序号	(2)省区市两两比较	(3)曼-惠特尼 U 检验统计量值	(4)p 值
1	广东省与吉林省	30 193.000	0.184
2	广东省与江西省	26 939.000	0.348
3	广东省与山东省	195 945.000*	0.080
…	…	…	…
434	广西壮族自治区与黑龙江省	6 749.000***	0.000
435	福建省与黑龙江省	17 546.000**	0.014

***、**、*分别表示在 99%、95%、90%的置信水平下存在显著差异

表 14.29 和表 14.30 的实证结果表明，中国上市公司的省区市特征为吉林省、四川省、山东省等 10 个省区市的信用资质最高，江苏省、北京市、江西省等 10 个省区市的信用资质居中，西藏自治区、贵州省、宁夏回族自治区等 10 个省区市的信用资质最低。除广东省与吉林省、广东省与江西省外，其余两两省区市之间的信用得分存在显著差异。

14.10.2　公司所有制的信用特征分析

公司所有制属性的信用特征分布是一个值得研究的话题，现有文献[30]认为相比于中国非国有公司，国有公司由于存在着政治层面的联系，拥有更高的平均收益率和更有竞争力的其他优势。本书根据大股东和实际控制人将上市公司的所有制属性分为 7 类，分别是中央国有企业、地方国有企业、民营企业、集体企业、公众企业、外资企业和由协会等实际控股的其他所有制企业，如表 14.31 第 2 列所示。

表 14.31 公司所有制属性信用特征描述表

(1)序号	(2)所有制属性	(3)信用得分平均值	(4)信用得分最大值	(5)信用得分最小值	(6)信用得分标准差	(7)信用得分中位数	(8)样本数量
1	民营企业	67.96	100.00	0.00	29.47	74.69	2664
2	地方国有企业	60.42	100.00	0.00	27.09	65.06	2724
3	中央国有企业	58.25	100.00	0.00	26.81	62.19	1136
4	其他所有制企业	55.10	98.68	0.00	22.43	59.21	96
5	外资企业	53.91	99.98	0.00	29.47	58.40	136
6	集体企业	52.49	99.98	0.00	26.38	51.54	45
7	公众企业	44.62	100.00	0.00	27.30	44.40	798

本书根据表 14.21 第 6 列的 7 个所有制属性和第 8 列的信用得分。统计出 7 个所有制属性的信用得分平均值、最大值、最小值、标准差、中位数等，列在表 14.31 的第 3~8 列。

其中，表 14.31 第 8 列的样本数量是 2000~2023 年这 24 年的其他行业上市公司总数，这里的总数包括相同企业不同年份的重复计数。例如，同一个企业 2000~2023 年这 24 年，则数量记为 24，其他所有制企业的统计同理。

同时，为检验两两所有制之间的信用得分是否存在显著差异，本书采用曼-惠特尼 U 检验[29]来进行显著性水平检验。以“民营企业”与“集体企业”为例，根据表 14.31 第 1 列第 1、6 行的序号排序和第 8 列第 1、6 行的样本数量，得到曼-惠特尼 U 检验统计量为 39 575.00，列入表 14.32 第 1 行第 3 列。通过查曼-惠特尼 U 检验统计量的显著性水平表，将对应的 p 值 0.000 列入表 14.32 第 1 行第 4 列。同理，将其他任意两个所有制属性的曼-惠特尼 U 检验结果列在表 14.32 第 2~21 行。

表 14.32 公司所有制之间信用得分的差异性检验

(1)序号	(2)公司所有制两两比较	(3)曼-惠特尼 U 检验统计量值	(4)p 值
1	民营企业与集体企业	39 575.000***	0.000
2	民营企业与其他所有制企业	85 877.000***	0.000
3	民营企业与中央国有企业	1 161 151.000***	0.000
…	…	…	…
20	公众企业与地方国有企业	701 236.500***	0.000
21	外资企业与地方国有企业	162 049.000***	0.007

***表示在 99%的置信水平下存在显著差异

表 14.31 和表 14.32 的实证结果表明，中国上市公司“其他行业”的公司所有制属性信用特征为民营企业和地方国有企业这 2 类所有制的信用资质最高，中央国有企业和其他所有制企业这 2 类所有制的信用资质次之，公众企业的信用资质最低。并且，任意两类所有制公司的信用资质均存在显著差异。

造成所有制属性信用特征分布差异的原因可能是：民营企业可能因为其市场化程度高、经营灵活、社会负担轻等优势，信用资质相对较好。中央国有企业可能存在政府实际控制的原因，经营管理方面以平稳发展为主，信用资质居中。而公众企业可能股权不够集中，公司经营管理不力，从而导致信用资质不佳。

14.11 其他行业的信用指数构建

表 14.33 是上市公司其他行业的负债总额、资产总额和信用得分数据，是根据表 14.21 第 1~3 列，补充第 4、5 列的负债总额和资产总额数据，表 14.33 的第 6 列来自表 14.21 的第 7 列。

表 14.33　上市公司其他行业的资产总额、负债总额、资产总额加负债总额和最优模型方案线性判别的信用得分结果

(1)序号	(2)证券代码	(3)证券简称	(4)年份	(5)资产总额 A_j/元	(6)负债总额 L_j/元	(7) 资产总额加负债总额(A_j+L_j)/元	(8)信用得分 $S_{j(T+m)}$
1	600640.SH	新国脉	2000	1 360 093 889.00	144 502 585.20	1 504 596 474.20	99.99
2	600763.SH	通策医疗	2000	205 074 271.20	5 071 611.62	210 145 882.82	99.91
3	600897.SH	厦门空港	2000	1 291 965 977.00	159 039 927.50	1 451 005 904.50	99.90
…	…	…	…	…	…	…	…
159	600837.SH	海通证券	2000	569 106 208.50	1 137 128 728.00	1 706 234 936.50	0.00
…	…	…	…	…	…	…	…
5 694	000526.SZ	学大教育	2018	365 1951 572.00	3 576 067 354.00	7 228 018 926.00	6.96
5 695	603032.SH	德新交运	2019	799 665 988.70	114 097 893.60	913 763 882.30	99.98
…	…	…	…	…	…	…	…
6 076	300635.SZ	中达安	2020	1 000 271 717.00	327 245 829.30	1 327 517 546.30	99.92
…	…	…	…	…	…		…
6 457	300668.SZ	杰恩设计	2021	479 097 995.90	70 798 825.49	549 896 821.39	99.98
…	…	…	…	…	…	…	…
6 838	601108.SH	财通证券	2022	58 694 804 213.00	39 018 624 147.00	97 713 428 360.00	100.00
…	…	…	…	…	…	…	…
7 599	603959.SH	百利科技	2023	2 696 414 580.00	1 589 413 835.00	4 285 828 415.00	0.00

表 14.33 第 5~7 列的上市公司其他行业的资产总额 A_j、负债总额 L_j、资产总额加负债总额(A_j+L_j)数据是在 Wind 数据库查询得到的。表 14.33 第 8 列信用得分 $S_{j(T+m)}$来自上文表 14.21 的第 8 列。其中，对于 2000~2018 年已有指标数据的公司，用的是 m=0 的信用得分 $S_{j(T+0)}$；对于 2019~2023 年没有指标数据的公司，用的是 m=1, 2, 3, 4, 5 时刻预测的信用得分 $S_{j(T+m)}$。

14.11.1　基于资产总额标准的信用指数计算

以 2000 年基于资产总额标准的信用指数计算为例进行说明。

1. 基于资产总额标准的典型公司样本选取

将表 14.33 第 1~159 行第 5 列资产总额 A_j 由高到低进行排序，并在表 14.33 第 1~159 行 2000 年的 159 家上市公司中选取年资产总额排名前 10%的公司，即 $N^A_{(2000)}$=159×10%≈15 家上市公司其他行业，作为 2000 年信用指数构建的典型公司。将这 15 个典型公司证券代码、证券简称、年份、资产总额 $A_{j(2000)}$分别列入表 14.34 第 2~5 列的第 1~15 行。

表 14.34　上市公司其他行业基于资产总额选取的典型公司样本

(1)序号	(2)证券代码	(3)证券简称	(4)年份	(5)资产总额 $A_{j(T+m)}$/元	(6)典型公司样本权重 $W^A_{j(T+m)}$	(7)信用得分 $S_{j(T+m)}$
1	000900.SZ	现代投资	2000	4 914 724 598.00	0.18	23.06
2	600269.SH	赣粤高速	2000	3 979 439 799.00	0.15	99.76
3	000429.SZ	粤高速 A	2000	3 791 087 549.00	0.14	99.56
…	…	…	…	…	…	…
16	000931.SZ	中关村	2001	9 690 331 525.00	0.30	1.08
…	…	…	…	…	…	…
31	000613.SZ	*ST 东海 A	2001	220 240 104.90	0.01	0.50

续表

(1)序号	(2)证券代码	(3)证券简称	(4)年份	(5)资产总额 $A_{j(T+m)}$/元	(6)典型公司样本权重 $W^A_{j(T+m)}$	(7)信用得分 $S_{j(T+m)}$
32	600763.SH	通策医疗	2001	48 963 227.05	0.00	49.42
…	…	…	…	…	…	…
715	000415.SZ	渤海租赁	2023	286 000 000 000.00	0.13	0.00
…	…	…	…	…	…	…
751	002306.SZ	中科云网	2023	91 276 494.25	0.00	0.00
752	000613.SZ	*ST 东海 A	2023	88 197 118.07	0.00	0.00

以上是 2000 年基于资产总额标准的指数构建典型公司的选取。同理，可以得到 2001~2023 年的典型公司样本，将典型公司样本的结果列入表 14.34 第 16~752 行。

2. 基于资产总额标准的典型公司权重计算

将上文计算的 2000 年典型公司个数 $N^A_{(2000)}$=15 和表 14.34 第 5 列的资产总额 $A_{j(2000)}$代入上文式(3.82)，得到 2000 年典型公司的权重。

以第 1 个典型公司“现代投资(000900.SZ)”的指数权重 $W^A_{1(2000)}$为例。

将表 14.34 第 5 列第 1 行的资产总额 $A_{1(2000)}$=4 914 724 598.00 代入上文式(3.82)的分子，得到权重如下：

$$W^A_{1(2000)}=A_{1(2000)}/(A_{1(2000)}+\cdots+A_{15(2000)})$$
$$=4\ 914\ 724\ 598.00/(4\ 914\ 724\ 598.00+\cdots+205\ 074\ 271.20)=0.18 \tag{14.10}$$

将式(14.10)的结果列入表 14.34 第 6 列第 1 行。同理，将表 14.34 第 5 列第 2~15 行的资产总额 $A_{j(2000)}$分别代入式(3.82)的分子，分别得到 2000 年其他 14 个典型公司的权重 $W^A_{j(2000)}(j=2, 3, \cdots, 15)$，列入表 14.34 第 6 列第 2~15 行。

以上是基于资产总额标准的 2000 年典型公司样本权重计算。同理，可以得到基于资产总额标准的 2001~2023 年的典型公司样本权重 $W^A_{j(T+m)}$，将结果列入表 14.34 的第 6 列第 16~752 行。

3. 基于资产总额标准的信用指数计算过程

根据上文表 14.21 第 2 列的证券代码和第 8 列的信用得分，将 14.34 第 7 列的信用得分 $S_{j(T+m)}$对应填充。

将表 14.34 第 1~15 行的 2000 年 15 家典型公司对应的第 6 列权重 $W^A_{j(T+m)}$、第 7 列信用得分 $S_{j(T+m)}$，以及上文选取的 2000 年典型公司个数 $N^A_{(2000)}$=15，代入上文式(3.85)，得到 2000 年典型公司样本基于资产总额标准的信用得分加权平均值 $\bar{S}^A_{(2000)}$ 如下：

$$\bar{S}^A_{(2000)}=\sum_{j=1}^{15}W^A_{j(2000)}S_{j(2000)}\approx 55.23 \tag{14.11}$$

将式(14.11)计算的 2000 年典型公司样本基于资产总额标准的信用得分加权平均值 $\bar{S}^A_{(2000)}$=55.23，代入上文式(3.86)，得到 2000 年典型公司样本基于资产总额标准的信用指数 $\mathrm{CI}^A_{(2000)}$ 如下：

$$\mathrm{CI}^A_{(2000)}=\frac{\bar{S}^A_{(2000)}}{\bar{S}^A_{(2000)}}\times 1000=\frac{55.23}{55.23}\times 1000=1000.00 \tag{14.12}$$

将式(14.12)计算的 2000 年典型公司样本基于资产总额标准的信用指数 $\mathrm{CI}^A_{(2000)}$=1000.00，列入表 14.35 第 3 列第 1 行。

表 14.35 上市公司其他行业的 2000~2023 年这 24 年的信用指数表

(1)序号	(2)年份	(3)资产总额前 10%的年度信用指数 $\mathrm{CI}^A_{(T+m)}$	(4)负债总额前 10%的年度信用指数 $\mathrm{CI}^L_{(T+m)}$	(5)基于资产总额加负债总额的年度信用指数 $\mathrm{CI}^{A+L}_{(T+m)}$
1	2000	1000.00	1000.00	1000.00

续表

(1)序号	(2)年份	(3)资产总额前 10%的年度信用指数 $CI^{A}_{(T+m)}$	(4)负债总额前 10%的年度信用指数 $CI^{L}_{(T+m)}$	(5)基于资产总额加负债总额的年度信用指数 $CI^{A+L}_{(T+m)}$
2	2001	670.65	595.42	583.53
3	2002	785.82	489.79	883.70
…	…	…	…	…
8	2007	825.63	961.74	976.82
9	2008	962.49	1374.24	1002.61
10	2009	458.95	731.55	535.56
…	…	…	…	…
15	2014	577.29	761.36	654.68
16	2015	662.60	1016.75	793.64
…	…	…	…	…
20	2019	1435.49	3196.14	1902.12
21	2020	919.31	1502.64	999.28
…	…	…	…	…
24	2023	110.48	180.86	132.50

同理，可计算 2001 年的信用得分加权平均值 $\overline{S}^{A}_{(2001)}$=37.04 和信用指数 $CI^{A}_{(2000)}$=(37.04/55.23)×1000=670.65，列入表 14.35 第 3 列第 2 行。

以上是上市公司其他行业基于资产总额标准的 2000 年和 2001 年的信用指数计算。依次类推，将基于资产总额标准的 2002~2023 年的信用指数计算结果分别列入表 14.35 第 3 列第 3~24 行。

14.11.2　基于负债总额标准的信用指数计算

以 2000 年的基于负债总额标准的信用指数计算为例进行说明。

1. 基于负债总额标准的典型公司样本选取

将表 14.33 第 1~159 行第 6 列负债总额 L_j 由高到低进行排序，并在表 14.33 第 1~159 行 2000 年的 159 家上市公司中选取年负债总额排名前 10%的公司，即 $N^{L}_{(2000)}$=159×10%≈15 家上市公司，作为 2000 年信用指数构建的典型公司。将这 15 个典型公司的证券代码、证券简称、年份、负债总额 $L_{j(2000)}$分别列入表 14.36 第 2~5 列的第 1~15 行。

表 14.36　上市公司其他行业基于负债总额标准选取的典型公司样本

(1)序号	(2)证券代码	(3)证券简称	(4)年份	(5)负债总额 $L_{j(T+m)}$/元	(6)典型公司样本权重 $W^{L}_{j(T+m)}$	(7) 信用得分 $S_{j(T+m)}$
1	000563.SZ	陕国投 A	2000	3 100 270 757.00	0.21	0.65
2	000900.SZ	现代投资	2000	2 555 020 987.00	0.17	23.06
3	000088.SZ	盐田港	2000	1 877 101 876.00	0.12	49.75
…	…	…	…	…	…	…
16	000931.SZ	中关村	2001	7 380 541 743.00	0.34	1.08
…	…	…	…	…	…	…
31	600896.SH	*ST 海区	2001	188 300 912.60	0.01	49.26

续表

(1)序号	(2)证券代码	(3)证券简称	(4)年份	(5)负债总额 $L_{j(T+m)}$/元	(6)典型公司样本权重 $W_{j(T+m)}^{L}$	(7) 信用得分 $S_{j(T+m)}$
32	600763.SH	通策医疗	2001	7 494 994.86	0.00	49.42
…	…	…	…	…	…	…
715	000415.SZ	渤海租赁	2023	231 000 000 000.00	0.16	0.00
…	…	…	…	…	…	…
751	002306.SZ	中科云网	2023	67 140 493.33	0.00	0.00
752	000613.SZ	*ST 东海 A	2023	10 408 421.78	0.00	0.00

以上是 2000 年基于负债总额标准的指数构建典型公司的选取。同理，可以得到 2001~2023 年的典型公司样本，将典型公司样本的结果列入表 14.36 第 2~5 列第 16~752 行。

2. 基于负债总额标准的典型公司权重计算

将上文计算的 2000 年典型公司个数 $N_{(2000)}^{L}$=15 和表 14.36 第 5 列的负债总额 $L_{j(2000)}$代入上文式(3.83)，得到 2000 年典型公司的权重。

以第 1 个典型公司“陕国投 A(000563.SZ)”的指数权重 $W_{1(2000)}^{L}$ 为例。

将表 14.36 第 5 列第 1 行的负债总额 $L_{1(2000)}$= 3 100 270 757.00 代入上文式(3.83)的分子，得到权重如下：

$$W_{1(2000)}^{L}=L_{1(2000)}/(L_{1(2000)}+\cdots+L_{15(2000)})$$

$$=3\ 100\ 270\ 757.00/(3\ 100\ 270\ 757.00+\cdots+5\ 071\ 611.62)=0.21 \tag{14.13}$$

将式(14.13)的结果列入表 14.36 第 6 列第 1 行。同理，将表 14.36 第 5 列第 2~15 行的负债总额 $L_{j(2000)}$ 分别代入式(3.83)的分子，分别得到 2000 年其他 14 个典型公司的权重 $W_{j(2000)}^{L}$ (j=2, 3, …, 15)，列入表 14.36 第 6 列第 2~15 行。

以上是基于负债总额标准的 2000 年的典型公司样本权重的计算。同理，可以得到基于负债总额标准的 2001~2023 年典型公司样本权重 $W_{j(T+m)}^{L}$，将结果列入表 14.36 第 6 列第 16~752 行。

3. 基于负债总额标准的信用指数计算过程

根据上文表 14.21 第 2 列的证券代码和第 8 列的信用得分，将 14.36 第 7 列的信用得分 $S_{j(T+m)}$对应填充。

将表 14.36 第 1~15 行的 2000 年 15 家典型公司对应第 6 列权重 $W_{j(T+m)}^{L}$、第 7 列信用得分 $S_{j(T+m)}$，以及上文选取的 2000 年典型公司个数 $N_{(2000)}^{L}$=15，代入上文式(3.87)，得到 2000 年典型公司样本基于负债总额标准的信用得分加权平均值 $\overline{S}_{(2000)}^{L}$ 如下：

$$\overline{S}_{(2000)}^{L}=\sum\nolimits_{j=1}^{15}W_{j(2000)}^{L}S_{j(2000)}=24.84 \tag{14.14}$$

将式(14.14)计算的 2000 年典型公司样本基于负债总额标准的信用得分加权平均值 $\overline{S}_{(2000)}^{L}$=24.84，代入上文式(3.88)，得到 2000 年典型公司样本基于资产总额标准的信用指数 $\mathrm{CI}_{(2000)}^{L}$ 如下：

$$\mathrm{CI}_{(2000)}^{L}=\frac{\overline{S}_{(2000)}^{L}}{\overline{S}_{(2000)}^{L}}\times 1000=\frac{24.84}{24.84}\times 1000=1000.00 \tag{14.15}$$

将式(14.15)计算的 2000 年典型公司样本基于负债总额标准的信用指数 $\mathrm{CI}_{(2000)}^{L}$=1000.00，列入上文表 14.35 第 4 列第 1 行。

同理，可计算 2001 年的信用得分加权平均值 $\overline{S}_{(2001)}^{L}$=14.7902 和信用指数 $\mathrm{CI}_{(2000)}^{L}$=(14.7902/24.84)×1000=595.42，列入上文表 14.35 第 4 列第 2 行。

以上是上市公司基于负债总额标准的 2000 年和 2001 年的信用指数计算。依次类推，将基于负债总额

标准的 2002~2023 年的信用指数计算结果分别列入上文表 14.35 第 4 列第 3~24 行。

14.11.3　基于资产总额加负债总额标准的信用指数计算

以 2000 年的基于资产总额加负债总额标准的信用指数计算为例进行说明。

1. 基于资产总额加负债总额标准的典型公司样本选取

将表 14.33 第 1~159 行第 7 列资产总额加负债总额(A_j+L_j)由高到低进行排序，并在表 14.33 第 1~159 行 2000 年的 159 家上市公司中选取资产总额加负债总额排名前 10%的公司，即 $N_{(2000)}^{A+L}=159\times10\%\approx15$ 家上市公司，作为 2000 年信用指数构建的典型公司。将这 15 个典型公司证券代码、证券简称、年份、资产总额加负债总额 $A_{j(2000)}+L_{j(2000)}$分别列入表 14.37 第 2~5 列的第 1~15 行。

表 14.37　上市公司其他行业基于资产总额加负债总额标准选取的典型公司样本

(1)序号	(2)证券代码	(3)证券简称	(4)年份	(5)资产总额加负债总额$(A_{j(T+m)}+L_{j(T+m)})$/元	(6)典型公司样本权重 $W_{j(T+m)}^{A+L}$	(7) 信用得分 $S_{j(T+m)}$
1	000900.SZ	现代投资	2000	7 469 745 585.00	0.18	23.06
2	000563.SZ	陕国投 A	2000	6 718 593 624.00	0.16	0.65
3	000088.SZ	盐田港	2000	5 281 347 017.00	0.13	49.75
…	…	…	…	…	…	…
16	000931.SZ	中关村	2001	17 070 873 268.00	0.32	1.08
…	…	…	…	…	…	…
31	000613.SZ	*ST 东海 A	2001	433 128 063.70	0.01	0.50
32	600763.SH	通策医疗	2001	56 458 221.91	0.00	49.42
…	…	…	…	…	…	…
715	000415.SZ	渤海租赁	2023	517 000 000 000.00	0.14	0.00
…	…	…	…	…	…	…
751	002306.SZ	中科云网	2023	158 416 987.58	0.00	0.00
752	000613.SZ	*ST 东海 A	2023	98 605 539.85	0.00	0.00

以上是 2000 年基于资产总额加负债总额标准的指数构建典型公司的选取。同理，可以得到 2001~2023 年的典型公司样本，将典型公司样本的结果列入表 14.37 第 2~5 列第 16~752 行。

2. 基于资产总额加负债总额标准的典型公司权重计算

将上文计算的2000年典型公司个数 $N_{(2000)}^{A+L}$ =15 和表 14.37 第 5 列的资产总额加负债总额$(A_{j(2000)}+L_{j(2000)})$代入上文式(3.84)，得到 2000 年典型公司的权重。

以第 1 个典型公司“现代投资(000900.SZ)”的指数权重 $W_{1(2000)}^{A+L}$ 为例。

将表 14.37 第 5 列第 1 行的资产总额加负债总额$(A_{1(2000)}+L_{1(2000)})$= 7 469 745 585.00 代入上文式(3.84)的分子，得到权重如下：

$$W_{1(2000)}^{A+L}=(A_{1(2000)}+L_{1(2000)})/(A_{1(2000)}+L_{1(2000)}+\cdots+A_{15(2000)}+L_{15(2000)})$$

$$=7\,469\,745\,585.00/(7\,469\,745\,585.00+\cdots+210\,145\,882.82)=0.18 \tag{14.16}$$

将式(14.16)的结果列入表 14.37 第 6 列第 1 行。同理，将表 14.37 第 5 列第 2~15 行的资产总额加负债总额$(A_{j(2000)}+L_{j(2000)})$分别代入式(3.84)的分子，分别得到 2000 年其他 14 个典型公司的权重 $W_{j(2000)}^{A+L}$ (j=2, 3, …, 15)，列入表 14.37 第 6 列第 2~15 行。

以上是基于资产总额加负债总额标准的 2000 年的典型公司样本权重的计算。同理，可以得到基于资产总额加负债总额标准的 2001~2023 年的典型公司样本权重 $W_{j(T+m)}^{A+L}$，将结果列入表 14.37 第 6 列第 16~752 行。

3. 基于资产总额加负债总额标准的信用指数计算过程

根据上文表 14.21 第 2 列的证券代码和第 8 列的信用得分，将表 14.37 第 7 列的信用得分 $S_{j(T+m)}$对应填充。

将表 14.37 第 1~15 行的 2000 年 15 家典型公司对应的第 6 列权重 $W_{j(T+m)}^{A+L}$、第 7 列信用得分 $S_{j(T+m)}$，以及上文选取的 2000 年典型公司个数 $N_{(2000)}^{A+L}=15$，代入上文式(3.89)，得到 2000 年典型公司样本基于资产总额加负债总额标准的信用得分加权平均值 $\overline{S}_{(2000)}^{A+L}$ 如下：

$$\overline{S}_{(2000)}^{A+L} = \sum_{j=1}^{15} W_{j(2000)}^{A+L} S_{j(2000)} = 41.31 \tag{14.17}$$

将式(14.17)计算的 2000 年典型公司样本基于负债总额标准的信用得分加权平均值 $\overline{S}_{(2000)}^{A+L}=41.31$，代入上文式(3.90)，得到 2000 年典型公司样本基于资产总额标准的信用指数 $\mathrm{CI}_{(2000)}^{A+L}$ 如下：

$$\mathrm{CI}_{(2000)}^{A+L} = \frac{\overline{S}_{(2000)}^{A+L}}{\overline{S}_{(2000)}^{A+L}} \times 1000 = \frac{41.31}{41.31} \times 1000 = 1000.00 \tag{14.18}$$

将式(14.18)计算的 2000 年典型公司样本基于资产总额加负债总额标准的信用指数 $\mathrm{CI}_{(2000)}^{A+L}=1000.00$，列入上文表 14.35 第 5 列第 1 行。

同理，可计算 2001 年的信用得分加权平均值 $\overline{S}_{(2000)}^{A+L}=24.11$ 和信用指数 $\mathrm{CI}_{(2000)}^{A+L}=(24.11/41.31)\times1000=583.53$，列入上文表 14.35 第 5 列第 2 行。

以上是上市公司基于资产总额加负债总额标准的 2000 年和 2001 年的信用指数计算。依次类推，将基于资产总额加负债总额标准的 2002~2023 年的信用指数计算结果分别列入上文表 14.35 第 5 列第 3~24 行。

14.11.4 其他行业 2000~2023 年 24 年的信用指数趋势图

以表 14.35 第 2 列的年份为横轴，分别以第 3、4、5 列的年度信用指数为纵轴，做出上市公司其他行业的年度信用指数走势图，如图 14.1 所示。

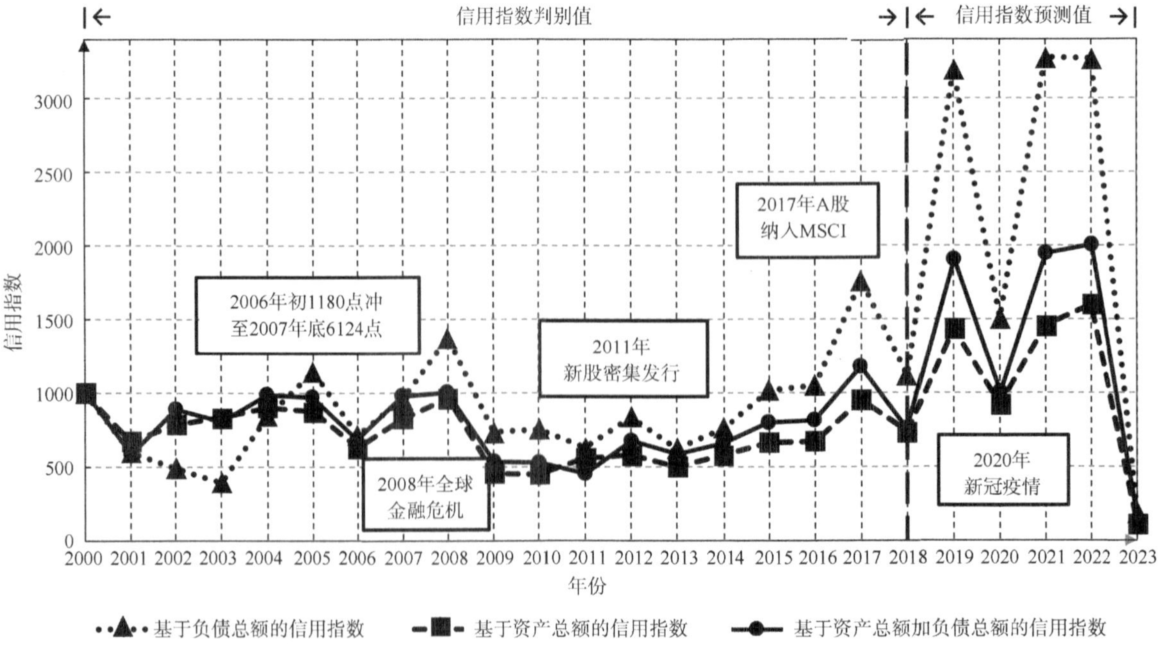

图 14.1 中国上市公司其他行业的年度信用指数走势图

中国上市公司其他行业 2000~2018 年这 19 年信用指数的发展规律，以及预测的 2019~2023 年这 5 年信用指数趋势如图 14.1 所示。

1. 2000~2018 年这 19 年中国上市公司其他行业信用指数的发展规律及原因分析

(1)中国上市公司其他行业 2000~2018 年这 19 年信用指数发展规律。从总体上看，2000~2008 年其他行业信用指数小幅度波动，在 2008 年出现大幅下降拐点，并于 2011 年初开始恢复稳步波动增长，于 2018 年出现大幅上升拐点。

(2)中国上市公司其他行业 2000~2018 年这 19 年信用指数发展的可能宏观原因。2006~2007 年信用指数呈现上升趋势，这可能与当时的“2006 年初上证指数由 1180 冲至 2007 年底的 6124 点[31]”的事件有关联。受“2008 年全球金融危机[32]”的影响，2008~2009 年信用指数出现拐点，急剧下跌。

(3)中国上市公司其他行业 2000~2018 年这 19 年信用指数发展的可能政策原因。2011 年初开始恢复稳步波动增长，可能与当时的“新股密集发行”事件有关①。2017~2018 年其他行业信用指数大幅下跌，出现第一次大幅下降拐点，由 2017 年的 1170 点跌到 2018 年的 755 点，这可能与当时 A 股市场加入 MSCI(morgan stanley capital international)新兴市场指数有关，更多的国际资本加入，中国 A 股市场迎来了新的机遇②。

2. 2019~2023 年这 5 年中国上市公司其他行业信用指数的趋势预测

(1)中国上市公司其他行业 2019~2023 年这 5 年的信用指数趋势。上市公司其他行业市场在 2018~2019 年大幅增长，2019~2020 年大幅下降。指数在 2020 年出现大幅上升拐点，于 2022 年再度下降。

(2)中国上市公司其他行业 2019~2023 年这 5 年信用指数趋势的可能原因。预测 2020~2022 年可能造成上升的原因是，2020 年新冠疫情期间，教育业等中国上市公司其他行业与民生息息相关，受疫情影响相对较小，保持发展趋势，因此信用指数反而上升。2022 年大幅下降的原因可能是后疫情时期，宏观环境持续改善，中国上市公司制造业等行业的经营发展逐渐恢复，而教育业等中国上市公司其他行业由于宏观政策的影响受到波动，信用指数反而降低。因此，根据其他行业信用指数的预测结果，应该注意 2020~2022 年由于宏观环境改变而造成的指数波动。

14.12　其他行业的信用风险指数构建

14.12.1　基于三个标准的信用风险指数计算

上市公司其他行业信用风险指数的典型公司样本选择及权重计算方式，与上文 14.11 节的信用指数同理。但在信用风险指数计算时的差别在于：将信用指数计算公式中分子和分母的 $S_{j(T+m)}$ 替换为 $(100-S_{j(T+m)})$，如式(3.91)~式(3.96)所示，计算得到的信用风险指数反映违约可能性。信用风险指数越大，违约风险越高。计算过程与上文 14.11 节类似，不再赘述。

将计算得到的 2000~2023 年三个标准下的信用风险指数，分别列入表 14.38 第 3~5 列。

表 14.38　上市公司其他行业 2000~2023 年的信用风险指数表

(1)序号	(2)年份	(3)资产总额前 10%的年度信用风险指数 $CRI^{A}_{(T+m)}$	(4)负债总额前 10%的年度信用风险指数 $CRI^{L}_{(T+m)}$	(5)基于资产总额加负债总额的年度信用风险指数 $CRI^{A+L}_{(T+m)}$
1	2000	1000.00	1000.00	1000.00
2	2001	1406.35	1133.73	1293.16
3	2002	1264.24	1168.65	1081.86
…	…	…	…	…
8	2007	1215.13	1012.65	1016.32

① 《中国股市重大事件及历次牛熊市》，https://www.sohu.com/a/129261910_360317[2017-03-18]。

② 《2017 股市行情回顾 2017 年股市大事件》，http://www.zt5.com/gp/gushiniuren/495920.html[2020-07-28]。

续表

(1)序号	(2)年份	(3)资产总额前 10%的年度信用风险指数 $CRI^{A}_{(T+m)}$	(4)负债总额前 10%的年度信用风险指数 $CRI^{L}_{(T+m)}$	(5)基于资产总额加负债总额的年度信用风险指数 $CRI^{A+L}_{(T+m)}$
9	2008	1 046.28	876.30	998.16
10	2009	1 667.53	1 088.74	1326.92
…	…	…	…	…
15	2014	1 521.52	1 078.88	1243.08
16	2015	1 416.28	994.46	1145.26
…	…	…	…	…
20	2019	462.71	274.07	364.98
21	2020	1 099.55	833.85	1000.51
…	…	…	…	…
24	2023	2 097.45	1 270.76	1610.65

14.12.2 其他行业 2000~2023 年 24 年的信用风险指数趋势图

以表 14.38 第 2 列的年份为横轴，分别以第 3、4、5 列的年度信用风险指数为纵轴，做出上市公司其他行业的年度信用风险指数走势图，如图 14.2 所示。

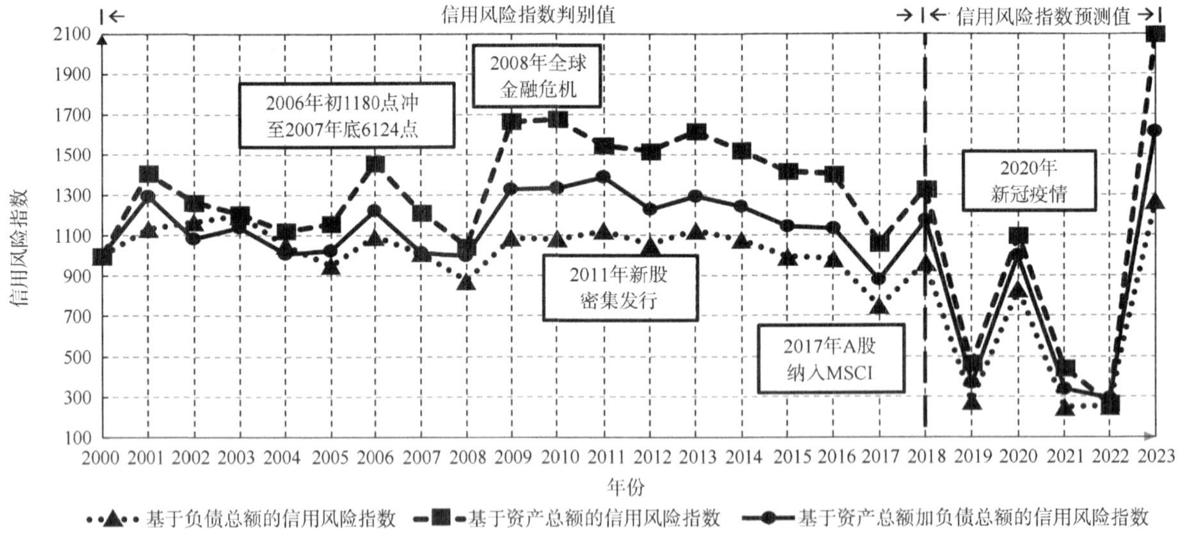

图 14.2 上市公司其他行业的年度信用风险指数走势图

中国上市公司其他行业 2000~2018 年这 19 年信用风险指数的发展规律，以及预测的 2019~2023 年这 5 年信用风险指数趋势如图 14.2 所示。

1. 2000~2018 年这 19 年中国上市公司其他行业信用风险指数发展规律及原因分析

(1)中国上市公司其他行业 2000~2018 年这 19 年信用风险指数发展规律。从总体上看，2000~2008 年其他行业信用风险指数小幅度波动，在 2008 年出现第一次大幅上升拐点，信用风险急剧升高。并于 2009 年初开始稳步上升，于 2011 年出现下降拐点，2011~2017 年，信用风险指数稳步降低，至 2017 年呈现上升趋势。

(2)中国上市公司其他行业 2000~2018 年这 19 年信用风险指数发展的宏观原因分析。2008 年信用风险急剧升高，出现第一次大幅上升拐点，是受“2008 年全球金融危机[32]”的外部宏观环境的强烈冲击。2009 年信用风险稳步上升可能与“四万亿元投资政策和十大产业振兴规划”的事件有关。2011 年初开始出现下降拐点，可能与当时的“新股密集发行”事件有关。

(3)中国上市公司其他行业 2000~2018 年这 19 年信用风险指数发展的政策原因分析。由于政策及监管环境的变化，2010~2011 年整体熊市，信用风险指数升高，这与当时的央行上调存款准备金率 0.5 个百分点有关联①。2017~2018 年其他行业信用风险指数大幅升高，出现第二次大幅上升拐点，由 2017 年的 880 点上升到 2018 年的 1170 点，这与当时 A 股市场加入 MSCI 新兴市场指数有关，更多的国际资本加入，中国 A 股市场迎来了新的机遇。

2. 2019~2023 年这 5 年中国上市公司其他行业信用风险指数的趋势预测

(1)由图 14.2 可知，中国上市公司其他行业 2019~2023 年这 5 年的信用风险指数趋势。2019~2023 年这 5 年，信用风险指数 2018~2019 年大幅下降，在 2019 年出现大幅上升拐点，信用风险呈上升趋势，指数于 2020 年之后呈现下降趋势，于 2022 年再度上升。

(2)中国上市公司其他行业 2019~2023 年这 5 年信用风险指数趋势的原因分析。由于信用风险指数与信用指数具有互补性，信用风险指数在 2020 年出现拐点的原因可能是国家逐步出台了较为完善的疫情防控政策，经济发展的经营环境逐渐稳定，各行业恢复发展。2022 年拐点出现的原因可能是因为新冠疫情有局部反弹的可能，且受到国际冲突、疫情等影响，导致行业发展受限，信用风险指数反而上升。

14.13　本章结论

14.13.1　主要工作

(1)本章遴选了上市公司其他行业最优违约预测指标组合。通过经济学含义结合偏相关系数的 F 检验进行指标的初步筛选，通过基于支持向量机的序列前向选择算法进一步筛选出最优的指标组合，获得了上市公司其他行业的 T+0~T+5 年的最优指标组合。

(2)本章确定了上市公司其他行业指标最优权重向量。根据违约状态 y_j 与指标权重的函数关系 $y_j=f(w_i, x_{ij})$，将预测的违约状态 $\hat{y}_j$ 与实际违约状态 y_j 对比后，以违约和非违约两类企业的预测误差最小为目标，构建数学规划模型，反推出模型的评价指标的最优权重，保证构建的预警方程能够区分违约与非违约企业。

(3)本章构建了上市公司其他行业最优的违约风险预警模型。通过构建线性判别分析，逻辑回归、支持向量机等 14 种大数据模型，并根据模型的精度、可解释性和复杂性的“不可能三角”三个标准的对比分析，遴选出最优的 T+0~T+5 年的最优分类模型。

(4)本章分析了上市公司其他行业的不同地区、所有制属性的信用特征分布。通过计算不同地区、所有制属性的公司信用得分均值，判断信用资质好坏。并通过曼-惠特尼 U 统计检验，验证信用资质差异。若曼-惠特尼 U 显著水平检验通过且该类公司信用得分高，则意味着信用资质好，反之就差。

(5)本章构建了基于资产总额、负债总额、资产总额加负债总额三个标准的信用指数和信用风险指数，并分析了信用指数和信用风险指数的趋势。通过最优违约预警模型计算得到的未来第 $T+m$ 年违约概率和信用得分，按资产总额、负债总额、资产总额加负债总额三个标准的选股规则选择典型公司样本，并将典型公司样本的加权平均信用得分转化成信用指数。信用指数和信用风险指数反映了年度违约风险的趋势，并对未来第 $T+m$ 年的信用状况进行预警。

14.13.2　主要结论

(1)中国上市公司其他行业违约预测的最优指标组合。由 204 个指标构成的 $2^{204}-1\approx2.57\times10^{61}$ 个指标组合中，遴选出“资产负债率”“每股权益合计”“广义货币供应量(M2)同比增长率”等 12 个指标，构成

① 中央人民银行. 中国人民银行决定上调金融机构人民币存款准备金率 0.5 个百分点[EB/OL]. http://www.pbc.gov.cn/goutongjiaoliu/113456/113469/2852481/index.html[2011-06-14]。

了 T–0 年违约判别几何平均精度最大的指标组合；遴选出“资产负债率”“应交税费占负债总额的比例”“广义货币供应量(M2)同比增长率”等 16 个指标，构成了 T–1 年违约预测几何平均精度最大的指标组合；遴选出“资产负债率”“在建工程比例”“行业景气指数”等 14 个指标，构成了 T–2 年违约预测几何平均精度最大的指标组合；遴选出“资产负债率”“其他应付款占流动负债总额的比例”“国内旅游收入增长率”等 11 个指标，构成了 T–3 年违约预测几何平均精度最大的指标组合；遴选出“资产负债率”“经营活动产生的现金流量净额/净债务”“广义货币供应量(M2)同比增长率”等 15 个指标，构成了 T–4 年违约预测几何平均精度最大的指标组合；遴选出“资产负债率”“资本公积占所有者权益的比例”“货物运输量增长率”等 17 个指标，构成了 T–5 年违约预测几何平均精度最大的指标组合。

(2)中国上市公司其他行业违约预测的重要宏观指标。“广义货币供应量(M2)同比增长率”“能源消费总量增长率”“国内旅游收入增长率”等 7 个宏观指标，对上市企业违约状态有显著影响。

(3)中国上市公司其他行业违约预测的关键指标。“资产负债率”“长期资产适合率”“广义货币供应量(M2)同比增长率”这 3 个指标对企业未来 0~2 年的短期违约状态具有关键影响。“资产负债率”“广义货币供应量(M2)同比增长率”这 2 个指标对企业未来 3~5 年的中期违约预测具有关键影响。“广义货币供应量(M2)同比增长率”这 1 个指标无论是对未来 0~2 年的短期违约预测，还是对未来 3~5 年的中期违约预测都有重要影响。

(4)中国上市公司其他行业的省区市信用特征。吉林省、四川省、山东省等 10 个省区市的信用资质最高，江苏省、广东省、江西省等 10 个省区市的信用资质居中，西藏自治区、贵州省、宁夏回族自治区等 10 个省区市的信用资质最低。并且，任意两个省区市间的信用资质经曼-惠特尼 U 检验均存在显著差异。其他行业的 30 个省区市之间的信用资质存在显著差异。

(5)中国上市公司其他行业的所有制信用特征。以“民和股份(002234.SZ)”“益生股份(002458.SZ)”“百洋股份(002696.SZ)”等为代表的 2664 家民营企业和“深高速(600548.SH)”“财通证券(601108.SH)”“上海机场(600009.SH)”等为代表的 2724 家地方国有企业的信用资质最高，以“中国银河(601881.SH)”“招商证券(600999.SH)”“五矿资本(600390.SH)”等为代表的 1136 家中央国有企业和“大众交通(600611.SH)”“凯撒旅业(000796.SZ)”“渤海租赁(000415.SZ)”等为代表的 96 家其他所有制企业的信用资质次之，以“平安银行(000001.SZ)”“中国宝安(000009.SZ)”“东北证券(000686.SZ)”等为代表的 798 家公众企业的信用资质最低。

(6)中国上市公司其他行业信用指数的预测趋势。2019~2020 年信用指数大幅下降，在 2020 年出现大幅上升拐点，并于 2022 年再度下降。预测 2020~2022 年可能造成上升的原因是, 2020 年新冠疫情期间，教育业等中国上市公司其他行业与民生息息相关，受疫情影响相对较小，保持发展趋势，因此信用指数反而上升。2022 年大幅下降的原因可能是后疫情时期，宏观环境持续改善，中国上市公司制造业等行业的经营发展逐渐恢复，而教育业等中国上市公司其他行业由于宏观政策的影响受到波动，信用指数反而降低。

(7)中国上市公司其他行业信用风险指数的预测趋势。2019~2023 年这 5 年，信用风险指数 2018~2019 年大幅下降，在 2019 年出现大幅上升拐点，信用风险呈上升趋势，指数于 2020 年之后呈现下降趋势，于 2022 年再度上升。由于信用风险指数与信用指数具有互补性，信用风险指数在 2020 年出现拐点的原因可能是国家逐步出台了较为完善的疫情防控政策，经济发展的经营环境逐渐稳定，各行业恢复发展。2022 年拐点出现的原因可能是因为新冠疫情有局部反弹的可能，且受到国际冲突、疫情等影响，行业发展受限，信用风险指数反而上升。

14.13.3 特色与创新

(1)通过两阶段的指标遴选方法构建评价指标体系，在具有明确经济学含义的海选指标集中，根据指标间偏相关系数和 F 值筛选出具有违约鉴别能力且指标间信息冗余最小的一组指标；并在第二阶段构建前向选择支持向量机指标遴选模型，以几何平均精度最大为标准，采用前向选择的方法筛选具有违约鉴别能力最大指标组合，保证了构建的评价指标体系具有最大的违约鉴别能力。

(2)通过对违约公司和非违约公司的错判误差率之和最小，反推最优的权重，保证了所建立的违约预测模型能够保证较低的非违约公司误拒率和违约公司误授率，降低违约公司错判带来的贷款损失和非违约公司错判带来好客户流失的损失。

(3)通过综合考虑精度、可解释度、复杂性的不可能三角，从构建的 14 种大数据违约预警模型中对比分析遴选出最优违约风险预警模型，保证得到的模型既具有较高的违约预测能力，又具有可解释性，同时模型复杂性低。

(4)通过对其他行业不同地区、所有制属性公司的信用得分均值进行曼-惠特尼 U 非参数检验，识别其他行业中不同地区、所有制属性公司的信用资质，揭示不同行业、不同地区、不同所有制形式的中国上市公司的信用资质，哪类公司信用资质好，哪类公司的信用资质差，哪类公司的信用资质居中，为股票投资、债券投资提供决策依据，供金融监管当局等政策分析人员参考。

(5)通过分别对资产总额、负债总额、资产总额加负债总额由大到小选取前 10%作为典型公司样本，并将典型公司样本的加权平均信用得分转化成年度信用指数和信用风险指数，反映了上市公司其他行业的违约风险趋势，并对未来第 $T+m(m=1, 2, 3, 4, 5)$年的信用状况进行预警。

参考文献

[1] Carvalho D, Ferreira M A,Matos P. Lending relationships and the effect of bank distress：evidence from the 2007-2009 financial crisis[J]. Journal of Financial and Quantitative Analysis, 2015, 50(6)：1165-1197.

[2] Christopoulos A G, Dokas I G, Kalantonis P, et al. Investigation of financial distress with a dynamic logit based on the linkage between liquidity and profitability status of listed firms[J]. Journal of the Operational Research Society, 2019, 70(10)：1817-1829.

[3] Wu Y, Xu Y J, Li J Y. Feature construction for fraudulent credit card cash-out detection[J]. Decision Support Systems, 2019, 127：113155.

[4] Yeh C C, Lin F Y, Hsu C Y. A hybrid KMV model, random forests and rough set theory approach for credit rating[J]. Knowledge-Based Systems, 2012, 33：166-172.

[5] Chawla N V, Bowyer K W, Hall L O, et al. Smote：synthetic minority over-sampling technique[J]. Journal of Artificial Intelligence Research, 2002, 16(1)：321-357.

[6] 迟国泰，张亚京，石宝峰. 基于 Probit 回归的小企业信用评级模型及实证[J]. 管理科学学报, 2016, 19(6)：136-156.

[7] Wang T C, Chen Y H. Applying rough sets theory to corporate credit ratings[C]. IEEE International Conference：Service Operations and Logistics, and Informatics, 2006：132-136.

[8] Desai V S, Crook J N, Overstreet G A. A comparison of neural networks and linear scoring models in the credit union environment[J]. European Journal of Operational Research, 1996, 95(1)：24-37.

[9] Bravo C, Maldonado S, Weber R. Granting and managing loans for micro-entrepreneurs：new developments and practical experiences[J]. European Journal of Operational Research, 2013, 227(2)：358-366.

[10] Djeundje V B, Crook J. Identifying hidden patterns in credit risk survival data using generalised additive models[J]. European Journal of Operational Research, 2019, 277：366-376.

[11] Huang C, Dai C, Guo M. A hybrid approach using two-level DEA for financial failure prediction and integrated SE-DEA and GCA for indicators selection[J]. Applied Mathematics and Computation, 2015, 251：431-441.

[12] Xia Y F, Liu C Z, Li Y Y, et al. A boosted decision tree approach using bayesian hyper-parameter optimization for credit scoring[J]. Expert Systems with Applications, 2017, 78：225-241.

[13] 陈丽. 基于决策树最优组合的企业违约预测模型[D]. 大连：大连理工大学, 2019.

[14] West D. Neural network credit scoring models[J]. Computers & Operations Research, 2000, 27-11-12, 1131-1152.

[15] Hand D J, Henley W E. Statistical classification methods in consumer credit scoring：a review[J]. Journal of the Royal Statistical Society, 1997, 160：523-541.

[16] Abellán J, Mantas C J. Improving experimental studies about ensembles of classifiers for bankruptcy prediction and credit scoring[J]. Expert Systems with Applications, 2014, 41(8)：3825-3830.

[17] Fan Q, Wang Z, Li D D, et al. Entropy-based fuzzy support vector machine for imbalanced datasets[J]. Knowledge-Based Systems, 2017, 115：87-99.

[18] He H L, Zhang W Y, Zhang S. A novel ensemble method for credit scoring：adaption of different imbalance ratios[J]. Expert Systems with Applications, 2018, 98：105-117.

[19] Campbell J Y, Hilscher J, Szilagyi J. In search of distress risk[J]. The Journal of Finance, 2008, 63(6)：2899-2939.

[20] Finlay S. Multiple classifier architectures and their application to credit risk assessment[J]. European Journal of Operational Research, 2011, 210(2)：368-378.

[21] Iyer R, Khwaja A L, Luttmer E F P, et al. Screening peers softly：inferring the quality of small borrowers[J]. Management Science, 2016, 62：1554-1577.

[22] Berg T, Burg V, Gombovic A, et al. On the rise of fintechs：credit scoring using digital footprints[J]. The Review of Financial Studies, 2020, 33：2845-2897.

[23] Geng R B, Bose I, Chen X. Prediction of financial distress：an empirical study of listed chinese companies using data mining[J]. European Journal of Operational Research, 2015, 241(1)：236-247.

[24] Junior L M, Nardini F M, Renso C, et al. A novel approach to define the local region of dynamic selection techniques in imbalanced credit scoring problems[J]. Expert Systems with Applications, 2020, 152：113351.

[25] Jones S. Corporate bankruptcy prediction：a high dimensional analysis[J]. Review of Accounting Studies, 2017, 22：1366-1422.

[26] Doshi-Velez F, Kim B. Towards a rigorous science of interpretable machine learning[EB/OL]. https://arxiv.org/abs/1702.08608 [2017-02-28].

[27] Zhu X Q, Li J P, Wu D S, et al. Balancing accuracy, complexity and interpretability in consumer credit decision making：a C-TOPSIS classification approach[J]. Knowledge Based Systems, 2013, 52：258-267.

[28] 迟国泰, 石宝峰. 基于信用等级与违约损失率匹配的信用评级系统与方法[P]：中国专利, 201210201461.6. 2012-11-14.

[29] Ken B. Business Statistics：Contemporary Decision Making[M]. Hoboken：John Wiley and Sons, 2009.

[30] Liu L, Liu Q G, Tian G, et al. Government connections and the persistence of profitability：evidence from chinese listed firms[J]. Emerging Markets Review, 2018, 36：110-129.

[31] 林汶奎. 2006 年的中国大牛市[J]. 现代阅读, 2014, (4)：26.

[32] 张茜. 中国股票市场发展与货币政策完善[D]. 太原：山西大学, 2012.

第三篇

中国上市小企业的公司违约预测与信用指数构建

第 15 章　上市小企业的公司违约预测与信用指数构建

15.1　本章内容提要

上市小企业的公司违约预测与信用指数的构建对小企业的信用风险预警具有重大意义。一是小企业数量多，中国小企业占企业总数的七成以上，全球小企业数量占企业的九成以上。二是对经济贡献较大，小微企业对 GDP 贡献超过六成，贡献超过八成的就业和五成的税收。小企业已经成为经济发展和缓解社会就业压力的重要力量，然而融资难等问题，导致小企业生命周期较短，易受宏观环境变动的冲击。造成小企业融资难的原因是小企业本身存在信息获取困难、财务数据不完善等问题，这些问题导致至今没有一套行之有效的、针对小企业特点的信用风险预警体系，银行因而囿于贷款风险管控问题，对小企业贷款惜贷甚至不贷。因此，建立上市小企业信用风险预警体系能够帮助金融机构了解小企业的信用情况，发现信用风险，做好贷款决策[1-2]。

本章是中国上市小企业的公司违约预测与信用指数构建。中国上市小企业的公司违约预测与信用构建包括以下五个内容。

一是通过对上市小企业的 $T-m(m=0, 1, 2, 3, 4, 5)$年的财务数据、非财务数据、宏观数据，以及 T 年的违约与否状态进行实证分析，通过基于经济学含义和偏相关系数的第一次指标筛选和基于支持向量机向前搜索的第二次指标组合遴选，构建具有提前 m $(m=0, 1, 2, 3, 4, 5)$年违约预警能力的最优指标体系。

二是通过违约评价方程的违约状态预测值 $\hat{y}$ 与实际值 y 对比的错判误差最小，反推最优的指标权重向量。

三是通过线性判别模型、支持向量机模型、决策树模型等 14 种大数据模型分别建模，并根据精度、可解释性、复杂性的“不可能三角”三个标准进行模型对比分析，最终确定一个能同时兼顾精度高、可解释性强、复杂性低的最佳违约预警模型。

四是利用选取的最佳违约预警模型，计算得到上市小企业的违约概率和信用得分，并分析了上市小企业在行业、省区市、企业所有制方面的信用特征分布规律。

五是根据得到的上市小企业信用得分，构建了中国上市小企业的年度信用指数和信用风险指数，并分析了上市小企业的信用状况年度发展规律及预测了 2019~2023 年的信用状况趋势。

应该指出：用于计算信用指数的信用得分预测值 $S_{j(T+m)}$，共分为两种情况。

情况一：对于 2000~2018 年这 19 年已有指标数据的样本，用的是 $m=0$ 的违约判别模型 $p_{j(T+0)}=f(w_i, x_{ij(T)})$ 计算出的违约概率 $p_{j(T+0)}$和信用得分 $S_{j(T+0)}=(1-p_{j(T+0)})\times 100$。

情况二：对于 2019~2023 年这 5 年没有指标数据的样本，用的是 $m=1, 2, 3, 4, 5$ 时刻的违约预测模型 $p_{j(T+m)}=f(w_i, x_{ij(T)})$计算出的违约概率 $p_{j(T+m)}$和信用得分 $S_{j(T+m)}=(1-p_{j(T+m)})\times 100$。

本章的主要工作如下。

一是从海选指标集中，根据指标间偏相关系数和 F 检验筛选出具有违约鉴别能力指标组合；并通过第二阶段的构建前向选择指标遴选模型，以几何平均精度最大为标准，采用前向选择的方法筛选具有违约鉴别能力最大指标组合保证构建的评价指标体系具有最强的违约鉴别能力。

二是根据违约状态 y_j 与指标权重的函数关系 $y_j=f(w_i, x_{ij})$，将预测的违约状态 $\hat{y}_j$ 与实际违约状态 y_j 对比后，以违约和非违约两类企业的预测误差最小为目标，构建数学规划模型，反推出模型的评价指标的最优权重，保证构建的预警方程能够区分违约与非违约企业。

三是在构建的逻辑回归模型、线性判别模型、广义加性模型、支持向量机模型、决策树模型、K 近邻模型、神经网络模型和多数投票法模型等 14 个大数据模型的基础上，以精度、可解释性和模型复杂性三个标准，遴选最优的信用风险预测模型并构建信用评价方程；并使用 T 时刻的指标数据 $x_{ij(T)}$ 预测上市小企业 $T+m$ (m=0, 1, 2, 3, 4, 5) 时刻的违约状态 $y_{j(T+m)}=f(x_{ij(T)})$、违约概率 $p_{j(T+m)}=g(x_{ij(T)})$ 和信用得分 $S_{j(T+m)}=(1-p_{j(T+m)})\times 100$。

四是通过对不同行业、地区、企业所有制属性公司的信用得分进行曼-惠特尼 U 独立样本非参数检验，识别上市小企业不同类型公司信用资质的好、中、差，为股票投资、债券投资、银行贷款及商业信用决策提供依据。

五是通过最优违约预警模型计算得到的未来第 $T+m$(m=0, 1, 2, 3, 4, 5)年违约概率，转换为[0, 100]区间的信用得分 $S_{j(T+m)}$后，按负资产总额、负债总额、资产总额加负债总额三个标准的选股规则选择指数构建样本公司，并将样本公司的信用得分按照资产总额、负债总额、资产总额加负债总额的占比进行加权平均，构建信用指数和信用风险指数。信用指数和信用风险指数用于反映信用发展规律，并预测未来第 $T+m$ 年的违约到预警作用。

15.2 上市小企业的公司违约预测与信用指数构建的原理

中国上市小企业的公司违约预测与信用指数构建的原理主要包括：信用评级原理、违约预测原理、指数构建原理、14 种违约预警大数据模型构建原理、最优违约预警指标体系遴选原理、基于错判误差最小的指标赋权原理、信用等级划分原理。具体原理介绍详见上文第 3 章，不再赘述。

15.3 上市小企业的样本数据处理

15.3.1 上市小企业的样本数据介绍

上市小企业样本的含义：包括沪市和深市在内的 643 家上市小企业数据。

上市小企业样本数据的描述：共包含 2000~2018 年 643 家中国上市小企业的财务指标、非财务指标及宏观指标数据。通过 Wind 金融数据库、国泰安经济数据库、国家统计局和中国经济社会发展统计数据库搜集，结合经济学含义的进一步遴选，最终建立了包括资产负债率等 138 个财务指标，审计意见类型等 17 个非财务指标，行业景气指数等 49 个宏观指标，1 个违约状态指标在内的共计 205 个指标的上市公司海选指标集。

违约状态定义[2]：将被标记为“ST”的上市企业，定义为出现财务困境的企业，即违约的差客户，标记为“1”。将没有“ST”标记的上市企业，定义为没有出现财务困境的企业，即非违约的好客户，标记为“0”。

为实现违约风险动态预警的目的，共构造了 6 组 $T-m$(m=0, 1, 2, 3, 4, 5)上市小企业样本。每组上市小企业样本由第 $T-m$ 年的指标数据和第 T 年的违约状态组成。每组 $T-m$(m=0, 1, 2, 3, 4, 5)上市小企业样本分别包含 643 个样本，其中违约样本 106，非违约样本 537。

表 15.1 是 $T-m$(m=0, 1, 2, 3, 4, 5)上市小企业样本数据概览。其中第 a 列是序号，第 b 列是时间窗口，第 c 列是证券代码，第 d 列是指标的原始数据，第 e 列是指标的标准化数据(标准化处理详见“标准化处理详见上文‘3.6.1 指标数据标准化方法’”)。

表 15.1　上市小企业 T–m(m=0, 1, 2, 3, 4, 5)时间窗口样本数据概览

(a)序号	(b)时间窗口	(c)证券代码	(d)指标的原始数据				(e)指标的标准化数据			
			(1)资产负债率	…	(204)国内专利申请授权数增长率	(205)第 T 年的违约状态	(1)资产负债率	…	(204)国内专利申请授权数增长率	(205)第 T 年的违约状态
1	T-0	000023.SZ	62.692	…	0.297	0	0.712	…	0.031	0
2		300683.SZ	20.682	…	0.383	0	0.908	…	0.033	0
3		600559.SH	48.788	…	0.053	0	0.777	…	0.025	0
…		…	…	…	…	…	…	…	…	…
643		000885.SZ	85.423	…	0.130	1	0.605	…	0.027	1
644	T-1	000023.SZ	67.601	…	0.179	0	0.689	…	0.028	0
645		300683.SZ	13.916	…	0.109	0	0.938	…	0.026	0
646		600559.SH	46.191	…	−0.046	0	0.789	…	0.022	0
…		…	…	…	…	…	…	…	…	…
1286		000885.SZ	66.714	…	0.121	1	0.693	…	0.026	1
1287	T-2	000023.SZ	74.379	…	0.173	0	0.657	…	0.028	0
1288		300683.SZ	32.320	…	0.078	0	0.854	…	0.025	0
1289		600559.SH	39.503	…	0.065	0	0.820	…	0.025	0
…		…	…	…	…	…	…	…	…	…
1929		000885.SZ	52.570	…	0.143	1	0.759	…	0.027	1
1930	T-3	000023.SZ	64.539	…	0.076	0	0.703	…	0.025	0
1931		300683.SZ	31.600	…	0.371	0	0.857	…	0.033	0
1932		600559.SH	44.693	…	0.201	0	0.796	…	0.028	0
…		…	…	…	…	…	…	…	…	…
2572		000885.SZ	77.160	…	0.003	1	0.644	…	0.023	1
2573	T-4	000023.SZ	66.590	…	0.284	0	0.693	…	0.031	0
2574		300683.SZ	33.040	…	−0.012	0	0.850	…	0.023	0
2575		600559.SH	61.611	…	−0.007	0	0.717	…	0.023	0
…		…	…	…	…	…	…	…	…	…
3215		000885.SZ	46.600	…	−0.067	1	0.787	…	0.022	1
3216	T-5	000023.SZ	67.774	…	0.247	0	0.688	…	0.030	0
3217		300683.SZ	42.27	…	0.175	0	0.807	…	0.028	0
3218		600559.SH	64.870	…	−0.066	0	0.701	…	0.022	0
…		…	…	…	…	…	…	…	…	…
3858		000885.SZ	32.249	…	−0.037	1	0.854	…	0.022	1

表 15.2 是 T–m(m=0, 1, 2, 3, 4, 5)上市小企业样本指标标准化数据的描述性统计表。其中，第 1 列是序号，第 2 列是时间窗口，第 3 列是统计量，第 4~208 列是指标对应的统计值。

表 15.2 上市小企业 $T-m(m=0, 1, 2, 3, 4, 5)$时间窗口样本指标数据描述性统计表

(1)序号	(2)时间窗口	(3)统计量	(4)资产负债率	…	(8)权益乘数	…	(206)外商投资企业外方注册资本增长率	(207)国内专利申请授权数增长率	(208)违约状态
1	T-0	平均值	0.814	…	0.908	…	0.167	0.030	0.165
2		标准差	0.143	…	0.184	…	0.027	0.020	0.371
3		中位数	0.841	…	0.966	…	0.163	0.028	0.000
4	T-1	平均值	0.806	…	0.897	…	0.171	0.029	0.165
5		标准差	0.157	…	0.211	…	0.055	0.039	0.371
6		中位数	0.833	…	0.963	…	0.164	0.027	0.000
7	T-2	平均值	0.800	…	0.897	…	0.169	0.029	0.165
8		标准差	0.158	…	0.209	…	0.040	0.007	0.371
9		中位数	0.824	…	0.959	…	0.164	0.028	0.000
10	T-3	平均值	0.787	…	0.898	…	0.161	0.029	0.165
11		标准差	0.148	…	0.195	…	0.046	0.006	0.371
12		中位数	0.803	…	0.951	…	0.163	0.030	0.000
13	T-4	平均值	0.775	…	0.889	…	0.161	0.028	0.165
14		标准差	0.147	…	0.201	…	0.025	0.006	0.371
15		中位数	0.793	…	0.947	…	0.162	0.027	0.000
16	T-5	平均值	0.769	…	0.885	…	0.155	0.028	0.165
17		标准差	0.139	…	0.197	…	0.039	0.005	0.371
18		中位数	0.781	…	0.941	…	0.161	0.027	0.000

15.3.2 上市小企业的训练测试数据划分

训练测试样本划分的目的：将上市小企业数据划分为训练样本和测试样本。训练样本用于求解模型参数，构建训练模型。测试样本用于验证所构建的模型预测精度效果。

训练测试样本划分比例[3-4]：70%作为训练样本，30%作为测试样本。

训练测试样本划分方式：随机从 $T-m(m=0, 1, 2, 3, 4, 5)$样本中抽取 70%非违约企业与 70%违约企业共同组成训练样本。剩余的 30%组成测试样本。

非平衡数据处理：由表 15.1 第 d 列第 205 子列违约状态统计可知，上市小企业训练样本的违约样本数，非违约样本数=74∶375≈1∶5，属于非平衡样本。非平衡样本会导致训练得到的模型对违约客户识别率低。为解决样本非平衡问题，本章通过 SMOTE 非平衡处理方法[5]，扩充训练样本中的违约企业个数，使违约与非违约企业数量比例为 1∶1。

上市小企业的“所有行业”的训练、测试及 SMOTE 扩充的样本数量，即全样本的训练测试样本数量如表 15.3 所示。

表 15.3 上市小企业的训练测试样本数量一览

(1)样本分类	(2)非违约企业	(3)违约企业	(4)总计
(2)全部样本 N	537	106	643
(3)训练样本 $N_{train}=N\times70\%$	375	74	449
(4)测试样本 $N_{test}=N\times30\%$	162	32	194
(5)SMOTE 扩充的训练样本 N_{train}^{smote}	0	301	301

15.4 上市小企业的违约预警指标体系的建立

根据表 15.3 第 3 行定义的训练样本 N_{train} 对应表 15.1 第 e 列对应的上市小企业在 $T-m(m=0, 1, 2, 3, 4, 5)$ 的 204 个指标数据，按照上文 3.4.2 节指标遴选原理进行两次指标筛选。

第一次指标遴选是利用上市小企业的 $T-m(m=0, 1, 2, 3, 4, 5)$ 六个时间窗口样本，从全部 204 个指标中，筛选出冗余度小、经济学含义强的指标，第一次指标筛选出的指标数量分别为：[139, 124, 127, 124, 134, 128]。

第二次指标组合遴选是利用上市小企业 $T-m(m=0, 1, 2, 3, 4, 5)$ 六个时间窗口样本，从第一次指标遴选后剩余指标构成的多个指标组合中，根据几何平均精度最大遴选最优指标组合，最终遴选出指标数量分别是：[13, 18, 14, 11, 18, 14]。由下文 15.4.2 节可知，最终遴选出的指标能够满足 5C 原则[6-7]，如资产负债率反映能力，销售净利润反映资本，审计意见类型反映品质，广义货币供应量(M2)同比增长率反映条件。

15.4.1 基于偏相关系数第一次筛选后的指标体系

依照上文 3.4.2 节的步骤 1 至步骤 3 进行基于偏相关性分析的第一次指标遴选。以上市企业 $T-0$ 年的指标数据为例进行说明。

步骤 1：同一准则层内指标偏相关系数的计算。将表 15.3 第 3 行定义的训练样本 N_{train} 中 449(=375+74) 家公司对应表 15.1 前 643 行第 e 列的 204 个 $T-0$ 年指标数据 x_{ij}，代入式(3.57)~式(3.60)计算任意两个指标间的偏相关系数。

步骤 2：F 值的计算。将表 15.1 前 643 行第 e 列的 204 个 $T-0$ 年指标数据 x_{ij} 中每一列指标数据，分别代入式(3.61)计算每个指标对应的 F 值。

步骤 3：基于偏相关性分析筛选指标。在步骤 1 计算的偏相关系数大于 0.8 的指标对中，删除指标对中经济学含义不明显或 F 值较小的一个指标。由此，$T-0$ 年的 204 个指标经过第一次指标筛选剩余 139 个指标，将剩余的 139 个指标列于表 14.5 第 c 列第 1~139 行。表 15.4 第 d 列为训练集 N_{train} 中 449 个公司第一次指标遴选后剩余的 139 个指标数据，第 e 列为测试集 N_{test} 中 194 个真实公司第一次指标遴选后剩余的 139 个指标数据。

表 15.4　上市小企业 $T-0$ 年第一次指标筛选结果

(a)序号	(b)准则层		(c)指标	(d)训练集 N_{train} 中客户指标标准化数据 x_{ij}			(e)测试集 N_{test} 中客户指标标准化数据 x_{ij}		
				(1) 客户 1	…	(449) 客户 449	(450) 客户 450	…	(643) 客户 643
(1)	企业内部财务因素	偿债能力	X_1 资产负债率	0.712	…	0.833	0.792	…	0.605
…			…	…	…	…	…	…	…
(28)			X_{38} 每股权益合计	0.337	…	0.372	0.611	…	0.204
(29)		盈利能力	X_{39} 净资产收益率(平均)	0.485	…	0.551	0.553	…	0.000
…			…	…	…	…	…	…	…
(62)			X_{87} 归属于母公司普通股东的权益综合收益率	0.492	…	0.541	0.543	…	0.000
(63)		营运能力	X_{88} 流动资产/总资产	0.553	…	0.619	0.574	…	0.401
…			…	…	…	…	…	…	…
(87)			X_{114} 分配股利、利润或偿付利息支付的现金占筹资活动现金流出小计的比重	0.918	…	0.948	0.900	…	0.000
(88)		成长能力	X_{115} 每股净资产(相对年初增长率)	0.481	…	0.502	0.499	…	0.394
…			…	…	…	…	…	…	…
(95)			X_{136} 固定资产增长率	0.017	…	0.002	0.027	…	0.016

续表

(a)序号	(b)准则层		(c)指标	(d)训练集 N_{train} 中客户指标标准化数据 x_{ij}			(e)测试集 N_{test} 中客户指标标准化数据 x_{ij}		
				(1) 客户 1	…	(449) 客户 449	(450) 客户 450	…	(643) 客户 643
(96)	企业内部非财务因素	股权结构与业绩审计情况	X_{139} 是否为金融机构	0.000	…	0.000	0.000	…	0.000
…			…	…	…	…	…	…	…
(101)			X_{144} 派息比税前	0.152	…	0.000	0.211	…	0.000
(102)		高管基本情况	X_{147} 监事会持股比例	0.000	…	0.000	0.023	…	0.000
…			…	…	…	…	…	…	…
(106)		企业基本信用情况	X_{151} 缺陷类型	0.731	…	0.731	0.731	…	0.731
(107)		商业信誉	X_{152} 涉案总件数	0.878	…	0.878	0.878	…	0.878
(108)			X_{153} 违规类型	1.000	…	1.000	1.000	…	1.000
(109)		社会责任	X_{154} 每股社会贡献值	0.000	…	0.000	0.000	…	0.000
(110)			X_{155} 社会捐赠强度	0.000	…	0.000	0.000	…	0.000
(111)	外部宏观环境	—	X_{156} 行业景气指数	0.826	…	0.821	0.651	…	0.732
…			…	…	…	…	…	…	…
(139)			X_{204} 国内专利申请授权数增长率	0.031	…	0.032	0.031	…	0.027
(140)	—		违约状态	0	…	1	0	…	1

上述是 T–0 年的第一次指标遴选过程及结果。同理，根据 T–0 年第一次指标筛选的流程，最终 T–1 年、T–2 年、T–3 年、T–4 年、T–5 年经第一次指标筛选，从 204 个指标中分别遴选出 124 个、127 个、124 个、134 个、128 个指标，将第一次指标遴选结果，分别列入表 15.5~表 15.9 的第 c 列中。

表 15.5 上市小企业 T–1 年第一次指标筛选结果

(a)序号	(b)准则层		(c)指标	(d)训练集 N_{train} 中客户指标标准化数据 x_{ij}			(e)测试集 N_{test} 中客户指标标准化数据 x_{ij}		
				(1) 客户 1	…	(449) 客户 449	(450) 客户 450	…	(643) 客户 643
(1)	企业内部财务因素	偿债能力	X_1 资产负债率	0.689	…	0.806	0.849	…	0.693
…			…	…	…	…	…	…	…
(27)			X_{38} 每股权益合计	0.337	…	0.333	0.533	…	0.230
(28)		盈利能力	X_{40} 净资产收益率(加权)	0.521	…	0.312	0.506	…	0.000
…			…	…	…	…	…	…	…
(52)			X_{87} 归属于母公司普通股东的权益综合收益率	0.507	…	0.400	0.510	…	0.069
(53)		营运能力	X_{88} 流动资产/总资产	0.540	…	0.667	0.653	…	0.495
…			…	…	…	…	…	…	…
(77)			X_{114} 分配股利、利润或偿付利息支付的现金占筹资活动现金流出小计的比重	0.966	…	0.942	0.929	…	0.000
(78)		成长能力	X_{116} 资产总计(相对年初增长率)	0.312	…	0.263	0.481	…	0.240
…			…	…	…	…	…	…	…
(83)			X_{138} 可持续增长率	0.534	…	0.455	0.000	…	0.349

续表

(a)序号	(b)准则层		(c)指标	(d)训练集 N_{train} 中客户指标标准化数据 x_{ij}			(e)测试集 N_{test} 中客户指标标准化数据 x_{ij}		
				(1)客户 1	…	(449)客户 449	(450)客户 450	…	(643)客户 643
(84)	企业内部非财务因素	股权结构与业绩审计情况	X_{139}是否为金融机构	0.000	…	0.000	1.000	…	0.000
…			…	…	…	…	…	…	…
(89)			X_{144}派息比税前	0.012	…	0.000	0.000	…	0.000
(90)		高管基本情况	X_{147}监事会持股比例	0.000	…	0.000	0.000	…	0.000
…			…	…	…	…	…	…	…
(94)		企业基本信用情况	X_{151}缺陷类型	0.731	…	0.731	0.731	…	0.731
(95)		商业信誉	X_{152}涉案总件数	0.878	…	0.878	0.878	…	0.878
(96)			X_{153}违规类型	1.000	…	1.000	1.000	…	1.000
(97)		社会责任	X_{154}每股社会贡献值	0.000	…	0.000	0.000	…	0.000
(98)			X_{155}社会捐赠强度	0.000	…	0.000	0.000	…	0.000
(99)	外部宏观环境	—	X_{156}行业景气指数	0.807	…	0.773	0.651	…	0.781
…			…	…	…	…	…	…	…
(124)			X_{204}国内专利申请授权数增长率	0.028	…	0.033	0.025	…	0.026
(125)	—		违约状态	0	…	1	0	…	1

表 15.6　上市小企业 T–2 年第一次指标筛选结果

(a)序号	(b)准则层		(c)指标	(d)训练集 N_{train} 中客户指标标准化数据 x_{ij}			(e)测试集 N_{test} 中客户指标标准化数据 x_{ij}		
				(1)客户 1	…	(449)客户 449	(450)客户 450	…	(643)客户 643
(1)	企业内部财务因素	偿债能力	X_1资产负债率	0.657	…	0.791	0.799	…	0.759
…			…	…	…	…	…	…	…
(28)			X_{38}每股权益合计	0.308	…	0.351	0.577	…	0.266
(29)		盈利能力	X_{41}净资产收益率(扣除/加权)	0.000	…	0.348	0.570	…	0.334
…			…	…	…	…	…	…	…
(54)			X_{87}归属于母公司普通股东的权益综合收益率	0.403	…	0.396	0.543	…	0.525
(55)		营运能力	X_{88}流动资产/总资产	0.621	…	0.642	0.630	…	0.530
…			…	…	…	…	…	…	…
(78)			X_{114}分配股利、利润或偿付利息支付的现金占筹资活动现金流出小计的比重	0.963	…	0.964	0.976	…	0.759
(79)		成长能力	X_{115}每股净资产(相对年初增长率)	0.464	…	0.457	0.502	…	0.571
…			…	…	…	…	…	…	…
(85)			X_{138}可持续增长率	0.466	…	0.454	0.000	…	0.544
(86)	企业内部非财务因素	股权结构与业绩审计情况	X_{139}是否为金融机构	0.000	…	0.000	1.000	…	0.000
…			…	…	…	…	…	…	…
(91)			X_{144}派息比税前	0.000	…	0.000	0.137	…	0.000
(92)		高管基本情况	X_{147}监事会持股比例	0.000	…	0.000	0.030	…	0.000
…			…	…	…	…	…	…	…
(96)		企业基本信用情况	X_{151}缺陷类型	0.731	…	0.731	0.731	…	0.731

续表

(a)序号	(b)准则层		(c)指标	(d)训练集 N_{train} 中客户指标标准化数据 x_{ij}			(e)测试集 N_{test} 中客户指标标准化数据 x_{ij}		
				(1) 客户 1	…	(449) 客户 449	(450) 客户 450	…	(643) 客户 643
(97)	企业内部非财务因素	商业信誉	X_{152} 涉案总件数	0.878	…	0.878	0.878	…	0.878
(98)			X_{153} 违规类型	1.000	…	1.000	1.000	…	0.538
(99)		社会责任	X_{154} 每股社会贡献值	0.000	…	0.000	0.000	…	0.000
(100)			X_{155} 社会捐赠强度	0.000	…	0.000	0.000	…	0.000
(101)	外部宏观环境	—	X_{156} 行业景气指数	0.732	…	0.729	0.651	…	0.803
…			…	…	…	…	…	…	…
(127)			X_{204} 国内专利申请授权数增长率	0.028	…	0.028	0.025	…	0.027
(128)	—		违约状态	0	…	1	0	…	1

表 15.7　上市小企业 T–3 年第一次指标筛选结果

(a)序号	(b)准则层		(c)指标	(d)训练集 N_{train} 中客户指标标准化数据 x_{ij}			(e)测试集 N_{test} 中客户指标标准化数据 x_{ij}		
				(1) 客户 1	…	(449) 客户 449	(450) 客户 450	…	(643) 客户 643
(1)	企业内部财务因素	偿债能力	X_1 资产负债率	0.703	…	0.796	0.837	…	0.644
…			…	…	…	…	…	…	…
(27)			X_{38} 每股权益合计	0.316	…	0.374	0.507	…	0.233
(28)		盈利能力	X_{41} 净资产收益率(扣除/加权)	0.000	…	0.000	0.568	…	0.072
…			…	…	…	…	…	…	…
(55)			X_{87} 归属于母公司普通股东的权益综合收益率	0.489	…	0.471	0.542	…	0.110
(56)		营运能力	X_{88} 流动资产/总资产	0.499	…	0.663	0.605	…	0.658
…			…	…	…	…	…	…	…
(79)			X_{114} 分配股利、利润或偿付利息支付的现金占筹资活动现金流出小计的比重	0.943	…	0.942	0.956	…	0.000
(80)		成长能力	X_{115} 每股净资产(相对年初增长率)	0.481	…	0.476	0.501	…	0.387
…			…	…	…	…	…	…	…
(86)			X_{128} 每股净资产增长率	0.492	…	0.489	0.000	…	0.414
(87)	企业内部非财务因素	股权结构与业绩审计情况	X_{139} 是否为金融机构	0.000	…	0.000	1.000	…	1.000
…			…	…	…	…	…	…	…
(92)			X_{144} 派息比税前	0.000	…	0.000	0.000	…	0.000
(93)		高管基本情况	X_{147} 监事会持股比例	0.003	…	0.000	0.000	…	0.000
…			…	…	…	…	…	…	…
(96)		企业基本信用情况	X_{151} 缺陷类型	0.731	…	0.731	0.731	…	0.731
(97)		商业信誉	X_{152} 涉案总件数	0.878	…	0.878	0.878	…	0.878
(98)			X_{153} 违规类型	1.000	…	1.000	1.000	…	0.842
(99)		社会责任	X_{154} 每股社会贡献值	0.000	…	0.000	0.000	…	0.000
(100)			X_{155} 社会捐赠强度	0.000	…	0.000	0.000	…	0.000

续表

(a)序号	(b)准则层		(c)指标	(d)训练集 N_{train} 中客户指标标准化数据 x_{ij}			(e)测试集 N_{test} 中客户指标标准化数据 x_{ij}		
				(1) 客户 1	…	(449) 客户 449	(450) 客户 450	…	(643) 客户 643
(101)	外部宏观环境	—	X_{156} 行业景气指数	0.781	…	0.767	0.627	…	0.790
…			…	…	…	…	…	…	…
(124)			X_{204} 国内专利申请授权数增长率	0.025	…	0.024	0.034	…	0.023
(125)	—		违约状态	0	…	1	0	…	1

表 15.8　上市小企业 T–4 年第一次指标筛选结果

(a)序号	(b)准则层		(c)指标	(d)训练集 N_{train} 中客户指标标准化数据 x_{ij}			(e)测试集 N_{test} 中客户指标标准化数据 x_{ij}		
				(1) 客户 1	…	(449) 客户 449	(450) 客户 450	…	(643) 客户 643
(1)	企业内部财务因素	偿债能力	X_1 资产负债率	0.693	…	0.816	0.823	…	0.787
…			…	…	…	…	…	…	…
(28)			X_{38} 每股权益合计	0.309	…	0.371	0.451	…	0.323
(29)		盈利能力	X_{39} 净资产收益率(平均)	0.463	…	0.461	0.524	…	0.180
…			…	…	…	…	…	…	…
(60)			X_{87} 归属于母公司普通股东的权益综合收益率	0.474	…	0.472	0.521	…	0.130
(61)		营运能力	X_{88} 流动资产/总资产	0.477	…	0.606	0.571	…	0.615
…			…	…	…	…	…	…	…
(84)			X_{114} 分配股利、利润或偿付利息支付的现金占筹资活动现金流出小计的比重	0.010	…	0.943	0.966	…	0.871
(85)		成长能力	X_{115} 每股净资产(相对年初增长率)	0.478	…	0.477	0.494	…	0.412
…			…	…	…	…	…	…	…
(91)			X_{136} 固定资产增长率	0.022	…	0.018	0.000	…	0.015
(92)	企业内部非财务因素	股权结构与业绩审计情况	X_{139} 是否为金融机构	0.000	…	0.000	1.000	…	1.000
…			…	…	…	…	…	…	…
(97)			X_{144} 派息比税前	0.000	…	0.000	0.000	…	0.000
(98)		高管基本情况	X_{147} 监事会持股比例	0.003	…	0.000	0.000	…	0.000
…			…	…	…	…	…	…	…
(102)		企业基本信用情况	X_{151} 缺陷类型	0.731	…	0.731	0.731	…	0.731
(103)		商业信誉	X_{152} 涉案总件数	0.878	…	0.878	0.878	…	0.878
(104)			X_{153} 违规类型	1.000	…	1.000	1.000	…	1.000
(105)		社会责任	X_{154} 每股社会贡献值	0.000	…	0.000	0.000	…	0.000
(106)			X_{155} 社会捐赠强度	0.000	…	0.000	0.000	…	0.000
(107)	外部宏观环境	—	X_{156} 行业景气指数	0.803	…	0.756	0.671	…	0.790
…			…	…	…	…	…	…	…
(134)			X_{204} 国内专利申请授权数增长率	0.031	…	0.033	0.025	…	0.022
(135)	—		违约状态	0	…	1	0	…	1

表 15.9 上市小企业 *T*–5 年第一次指标筛选结果

(a)序号	(b)准则层		(c)指标	(d)训练集 N_{train} 中客户指标标准化数据 x_{ij}			(e)测试集 N_{test} 中客户指标标准化数据 x_{ij}		
				(1) 客户 1	…	(449) 客户 449	(450) 客户 450	…	(643) 客户 643
(1)	企业内部财务因素	偿债能力	X_1 资产负债率	0.688	…	0.783	0.806	…	0.854
…			…	…	…	…	…	…	…
(27)			X_{38} 每股权益合计	0.305	…	0.366	0.415	…	0.448
(28)		盈利能力	X_{39} 净资产收益率(平均)	0.469	…	0.459	0.526	…	0.417
…			…	…	…	…	…	…	…
(60)			X_{87} 归属于母公司普通股东的权益综合收益率	0.478	…	0.471	0.523	…	0.434
(61)		营运能力	X_{88} 流动资产/总资产	0.408	…	0.584	0.577	…	0.652
…			…	…	…	…	…	…	…
(82)			X_{114} 分配股利、利润或偿付利息支付的现金占筹资活动现金流出小计的比重	0.898	…	0.811	0.945	…	0.930
(83)		成长能力	X_{115} 每股净资产(相对年初增长率)	0.500	…	0.464	0.493	…	0.466
…			…	…	…	…	…	…	…
(87)			X_{136} 固定资产增长率	0.025	…	0.020	0.000	…	0.019
(88)	企业内部非财务因素	股权结构与业绩审计情况	X_{139} 是否为金融机构	1.000	…	1.000	1.000	…	1.000
…			…	…	…	…	…	…	…
(93)			X_{144} 派息比税前	0.000	…	0.000	0.000	…	0.000
(94)		高管基本情况	X_{147} 监事会持股比例	0.000	…	0.000	0.000	…	0.000
…			…	…	…	…	…	…	…
(98)		企业基本信用情况	X_{151} 缺陷类型	0.731	…	0.731	0.731	…	0.731
(99)		商业信誉	X_{152} 涉案总件数	0.878	…	0.878	0.878	…	0.878
(100)			X_{153} 违规类型	0.671	…	1.000	1.000	…	1.000
(101)		社会责任	X_{154} 每股社会贡献值	0.000	…	0.000	0.000	…	0.000
(102)			X_{155} 社会捐赠强度	0.000	…	0.000	0.000	…	0.000
(103)	外部宏观环境	—	X_{156} 行业景气指数	0.790	…	0.743	0.713	…	0.790
…			…	…	…	…	…	…	…
(128)			X_{204} 国内专利申请授权数增长率	0.030	…	0.023	0.030	…	0.022
(129)	—		违约状态	0	…	1	0	…	1

15.4.2 基于支持向量机序列前向选择的第二次筛选后的指标体系

1. 基于 *T*–0 时间窗口的上市小企业违约预测指标体系的构建

步骤 4：由 1 个指标构成的指标组合的确定。

由 1 个指标构成的第 1 个指标组合违约预测精度 G-mean_1^1 的确定。根据上文表 15.4 第 d 列的上市小企业样本的 *T*–0 时间窗口下第一次遴选后的 139 个指标数据，从第一次遴选出的 139 个指标中选取第 1 个指标(即表 15.4 第 d 列第 1 行)，即将表 15.4 第 d 列第 1 行指标数据和表 15.4 第 d 列第 140 行的违约状态，代入式(3.22)和式(3.23)求解出线性支持向量机模型的指标权重和截距项参数。并将求解的参数代入式(3.24)和式(3.25)得到线性支持向量机违约预测模型。将表 15.4 第 d 列第 1 行的全部 449 个公司指标数据，代入式(3.25)线性支持向量机违约预测模型计算违约状态预测值 $\hat{y}_j$ (j=1, 2, …, 449)，将预测违约状态 $\hat{y}_i$ 与真实违约状态 y_i 进行比较后，代入式(3.55)计算几何平均精度，记为 G-mean_1^1。

同理，从第一次遴选出的 139 个指标中选取第 2 个指标(即表 15.4 第 d 列第 2 行)，可以得到第 2 个几何平均精度，记为 G-mean_1^2。第一次遴选共剩余 138 个指标，则可以得到 139 个几何平均精度，记为 G-mean_1^k (k=1, 2, …, 139)。在这 139 个违约预测精度中选取最大值 $\text{G-mean}_1^{k^*}=\max(\text{G-mean}_1^1, \text{G-mean}_1^2, \cdots, \text{G-mean}_1^{139})$，最高几何平均精度 $\text{G-mean}_1^{k^*}$ 的上标 k^* 表示第 k^* 个指标组合，即由 1 个指标构成的精度最高的指标组合，将其纳入第二次指标遴选中的待选指标组合。将由 1 个指标构成的指标组合的最高几何平均精度 $\text{G-mean}_1^{k^*}$ 简化记为 G-mean_1。

步骤 5：由两个指标构成的指标组合的确定。

在步骤 4 选中的第 k^* 个指标这一个指标后，剩余的 138 个指标中，选取一个指标，这里既可以选择剩余的 138 个指标中的第 1 个指标，也可以选择第 138 个指标，与步骤 4 选中的第 k^* 个指标形成新的指标组合，因此可以形成 138 个新的由 2 个指标构成的指标组合。将这 138 个指标组合对应的样本数据分别代入式(3.24)和式(3.25)的支持向量机模型，并根据式(3.55)计算得到 138 个几何平均精度，记为 G-mean_2^l (l=1, 2, …, 138)。在这 138 个几何平均精度中选择最大值 $\text{G-mean}_2^{l^*}$= =max(G-mean_1^2, G-mean_2^2, …, G-mean_2^{138})，最高几何平均精度 $\text{G-mean}_2^{l^*}$ 的上标 l^* 表示第 l^* 个指标组合，即由 2 个指标构成的精度最高的指标组合，即为纳入第二次指标遴选中的待遴选指标组合。将由 2 个指标构成的指标组合的最高几何平均精度 $\text{G-mean}^{l^*}{}_2$ 简化记为 G-mean_2。

步骤 6：遴选最优的违约预测指标组合。

仿照上述步骤 4 至步骤 5，不断从剩余的指标中依次选取一个指标纳入前一步筛选出的指标组合形成新的指标组合，使得在新的指标组合下，线性支持向量机模型根据式(3.55)所计算的违约预测几何平均精度最大，则可以得到由 s 个指标构成的指标组合的最高违约预测精度 G-mean_s(s=1, 2, …, 139)。令 $\text{G-mean}_{s^*=13}=\max(\text{G-mean}_1, \text{G-mean}_2, \cdots, \text{G-mean}_{139})$。则 $\text{G-mean}_{s^*=13}$ 即为最高几何平均精度的指标组合。最高几何平均精度 $\text{G-mean}_{s^*=13}$ 的下标 s^*=13 表示由 13 个指标构成的第 13 个指标组合即为最优指标组合。

应该指出，在指标组合遴选过程中，由于每个指标有“选中”与“不选中”两种状态, 139 个指标就有 $(2^{139}-1)\approx6.97\times10^{41}$ 种指标组合可能性。遍历所有指标组合的预测精度，以几何平均精度最大为目标函数得到一个最优的指标组合，同时也得到显著的大数据降维效果，指标维度降低幅度为 90.65%(=1–13/139)。

由此，T–0 年经过第二次指标组合遴选，从第一次指标筛选剩余 139 个指标中再次遴选出 13 个指标，将第二次指标组合遴选后剩余的 13 个指标列于表 15.10 第 3 列前 13 行。表 15.10 是第二次指标组合筛选出的基于 T–0 时间窗口的上市企业最优违约预测指标。第 1 列是序号；第 2 列是准则层；第 3 列是指标；第 4 列是第 3 列指标对应的信用 5C 原则[6-7]。

表 15.10　上市小企业 T–0 年第二次指标筛选结果

(1)序号	(2)准则层		(3)指标	(4)信用 5C 原则[6-7]
1	企业内部财务因素	偿债能力	X_1 资产负债率	能力
…			…	…
5			X_{38} 每股权益合计	能力
6		盈利能力	X_{58} 销售净利润	资本
…			…	…
9			X_{84} 营业外收入占营业总收入比重	资本
10		营运能力	X_{134} 总资产增长率	资本
11	企业内部非财务因素	股权结构与业绩审计情况	X_{143} 审计意见类型	品质
12		商业信誉	X_{152} 涉案总件数	品质
13	企业外宏观条件	—	X_{176} 广义货币供应量(M2)同比增长率	条件

表 15.10 可以看出，遴选出的 T–0 时间窗口的指标体系能够反映信用 5C 原则[6-7]。包括：“审计意见类型”和“涉案总件数”这 2 个企业非财务因素反映企业品质；“广义货币供应量(M2)同比增长率”这 1 个宏观指标反映企业的环境条件。

2. 基于其他时间窗口的上市小企业违约预测指标体系的构建

步骤 7：构建其他时间窗口下的违约预测指标体系。仿照步骤 4 至步骤 6，分别在表 15.5~表 15.9 的上市小企业 T–1~T–5 年的第一次指标遴选基础上进行第二次指标组合筛选，第二次指标组合遴选从 T–1~T–5 年样本数据中分别选出了 18 个、14 个、11 个、18 个和 14 个指标，列入表 15.11~表 15.15 的第 3 列。

表 15.11　上市小企业 T–1 年第二次指标筛选结果

(1)序号	(2)准则层		(3)指标	(4)信用 5C 原则[6-7]
1	企业内部财务因素	偿债能力	X_1 资产负债率	能力
…			…	…
7			X_{38} 每股权益合计	能力
8		盈利能力	X_{66} 扣除非经常损益后的净利润/净利润	资本
9			X_{67} 经营活动产生的现金流量净额/营业收入	资本
10			X_{84} 营业外收入占营业总收入比重	资本
11		营运能力	X_{90} 有形资产/总资产	能力
…			…	…
14			X_{107} 经营活动现金流出小计占现金流出总量的比率	能力
15	企业内部非财务因素	股权结构与业绩审计情况	X_{140} 预审计情况	品质
16		公司基本信用情况	X_{151} 缺陷类型	品质
17		商业信誉	X_{153} 违规类型	品质
18	企业外宏观条件	—	X_{176} 广义货币供应量(M2)同比增长率	条件

表 15.12　上市小企业 T–2 年第二次指标筛选结果

(1)序号	(2)准则层		(3)指标	(4)信用 5C 原则[6-7]
1	企业内部财务因素	偿债能力	X_1 资产负债率	能力
…			…	…
3			X_{21} 归属母公司股东的权益/带息债务	能力
4		盈利能力	X_{66} 扣除非经常损益后的净利润/净利润	资本
…			…	…
9			X_{84} 营业外收入占营业总收入比重	资本
10		营运能力	X_{99} 账面市值比	能力
…			…	…
12	企业内部非财务因素	股权结构与业绩审计情况	X_{143} 审计意见类型	品质
13		高管基本情况	X_{148} 高管持股比例	品质
14	企业外宏观条件	—	X_{176} 广义货币供应量(M2)同比增长率	条件

表 15.13　上市小企业 *T*–3 年第二次指标筛选结果

(1)序号	(2)准则层		(3)指标	(4)信用 5C 原则[6-7]
1	企业内部财务因素	偿债能力	X_1 资产负债率	能力
…			…	…
3			X_{37} 资本公积占所有者权益的比例	能力
4		盈利能力	X_{46} 成本费用利润率	资本
…			…	…
6		营运能力	X_{104} 支付给职工及为职工支付的现金占经营活动现金流出小计的比率	能力
7	企业内部非财务因素	股权结构与业绩审计情况	X_{143} 审计意见类型	品质
…		…	…	…
9		公司基本信用情况	X_{151} 缺陷类型	品质
10	企业外宏观条件	—	X_{176} 广义货币供应量(M2)同比增长率	条件
11			X_{188} 高速公路里程增长率	条件

表 15.14　上市小企业 *T*–4 年第二次指标筛选结果

(1)序号	(2)准则层		(3)指标	(4)信用 5C 原则[6-7]
1	企业内部财务因素	偿债能力	X_1 资产负债率	能力
…			…	…
5			X_{35} 应交税费占负债总额的比例	能力
6		盈利能力	X_6 总资产报酬率	资本
…			…	…
9			X_{83} 税金及附加占利润总额比重	资本
10		营运能力	X_{88} 流动资产/总资产	能力
11			X_{92} 应收账款周转率	能力
12			X_{96} 非流动资产周转率	能力
13		成长能力	X_{123} 应计项目	资本
14	企业内部非财务因素	股权结构与业绩审计情况	X_{144} 派息比税前	品质
15	企业外宏观条件	—	X_{157} 分行业企业家信心指数	条件
…			…	…
18			X_{190} 货物运输量增长率	条件

表 15.15　上市小企业 *T*–5 年第二次指标筛选结果

(1)序号	(2)准则层		(3)指标	(4)信用 5C 原则[6-7]
1	企业内部财务因素	偿债能力	X_1 资产负债率	能力
…			…	…
3			X_{22} 有形资产/带息债务	能力
4		盈利能力	X_{67} 经营活动产生的现金流量净额/营业收入	资本
…			…	…
7			X_{81} 营业收入占营业总收入比重	资本
8		成长能力	X_{118} 营业收入增长率	资本
9			X_{119} 营业总收入增长率	资本
…			…	…

续表

(1)序号	(2)准则层		(3)指标	(4)信用 5C 原则[6-7]
11	企业内部非财务因素	股权结构与业绩审计情况	X_{144}派息比税前	品质
12		高管基本情况	X_{150}总经理是否领取薪酬	品质
…	企业外宏观条件	—	…	…
14			X_{176}广义货币供应量(M2)同比增长率	条件

15.4.3 遴选出的最优指标体系统计汇总

由上文表 15.10~表 15.15 可知，对于所有 643 家上市小企业样本，违约预测的最优指标组合为：由 204 个指标构成的 $2^{204}-1\approx2.57\times10^{61}$ 个指标组合中，遴选出“资产负债率”“总资产增长率”“涉案总件数”等 13 个指标，构成了 T–0 年几何平均精度最大的指标组合；遴选出“资产负债率”“缺陷类型”“违规类型”等 18 个指标，构成了 T–1 年几何平均精度最大的指标组合；遴选出“资产负债率”“账面市值比”“高管持股比例”等 14 个指标，构成了 T–2 年几何平均精度最大的指标组合；遴选出“资产负债率”“审计意见类型”“缺陷类型”等 11 个指标，构成了 T–3 年几何平均精度最大的指标组合；遴选出“总资产报酬率”“派息比税前”“货物运输量增长率”等 18 个指标，构成了 T–4 年几何平均精度最大的指标组合；遴选出“有形资产/带息债务”“总经理是否领薪酬”“广义货币供应量(M2)同比增长率”等 14 个指标，构成了 T–5 年几何平均精度最大的指标组合。

表 15.16 汇总了 T–m(m=0, 1, 2, 3, 4, 5)年最优指标组合中的指标，并统计了各个指标被选入最优指标组合的次数。表 15.16 中：第 1 列是序号。第 2 列是指标。第 3 列是指标在 T–m(m=0, 1, 2, 3, 4, 5)年被选中状态，“1”表示被选中；“0”表示未被选中。第 4 列是指标在 T–m(m=0, 1, 2, 3, 4, 5)年被选中的总次数，等于第 3 列的求和。

表 15.16 上市小企业 T–m 年最优指标组合汇总

(1)序号	(2)指标	(3)指标体系						(4)T–m 年指标被选择的次数
		T–0	T–1	T–2	T–3	T–4	T–5	
1	X_1资产负债率	1	1	1	1	1	1	6
2	X_2剔除预收款项后的资产负债率	0	0	0	0	1	0	1
…	…	…	…	…	…	…	…	…
12	X_{22}有形资产/带息债务	0	0	0	0	1	1	2
…	…	…	…	…	…	…	…	…
17	X_{37}资本公积占所有者权益的比例	1	1	1	1	0	0	4
…	…	…	…	…	…	…	…	…
28	X_{78}经济附加值	0	0	0	0	1	1	2
…	…	…	…	…	…	…	…	…
31	X_{84}营业外收入占营业总收入比重	1	1	1	0	0	0	3
…	…	…	…	…	…	…	…	…
47	X_{144}派息比税前	0	0	0	0	1	1	2
…	…	…	…	…	…	…	…	…
54	X_{176}广义货币供应量(M2)同比增长率	1	1	1	1	1	1	6
…	…	…	…	…	…	…	…	…
57	X_{190}货物运输量增长率	0	0	0	0	1	0	1
58	指标数量合计	13	18	14	11	18	14	88

根据表 15.16 第 2 列可知，对于所有 643 家上市小企业样本，违约预测的重要宏观指标：“广义货币供应量(M2)同比增长率”“货物运输量增长率”“高速公路里程增长率”等 6 个宏观指标，对上市小企业违约状态有显著影响。

根据表 15.16 第 3 列可知，“营业外收入占营业总收入比重”指标存在于 T–0、T–1、T–2 年的最优指标组合中，说明对企业未来 0~2 年的短期违约状态具有关键影响。“经营活动产生的现金流量净额/经营活动净收益”指标存在于 T–3、T–4、T–5 年的最优指标组合中，说明这个指标对企业未来 3~5 年的中期违约预测具有关键影响。

根据表 15.16 第 4 列可知，“资产负债率”“广义货币供应量(M2)同比增长率”这 2 个指标存在于 $T-m(m=0, 1, 2, 3, 4, 5)$年的最优指标组合中，说明这 2 个指标不论是对未来 0~2 年的短期违约预测，还是对未来 3~5 年的中期违约预测都有重要影响。其中，“广义货币供应量(M2)同比增长率”的意义在于：当广义货币发行量充分大时，市场流动性充分，则公司几乎不可能发生违约，因此其是违约预测的关键指标。

综上对于所有 643 家上市小企业样本，违约预测的关键指标：“营业外收入占营业总收入比重”指标对企业未来 0~2 年的短期违约状态有决定作用。“资本公积占所有者权益的比例”“经营活动产生的现金流量净额/经营活动净收益”2 个指标对企业未来 3~5 年的中期违约状态有决定作用。“资产负债率”“广义货币供应量(M2)同比增长率”这 2 个指标，不论是对未来 0~2 年的短期违约预测，还是对未来 3~5 年的中期违约预测都有重要影响。

15.5 上市小企业的违约预警模型的精度计算

上文 15.4 节遴选出了最优指标组合。根据最优指标组合对应的训练样本数据，可分别构建如上文 3.2 节所述的 14 种大数据违约评价模型方案。根据表 15.3 第 1 行定义的训练样本 N_{train} 和 SMOTE 扩充的训练样本 $N_{\text{train}}^{\text{smote}}$ 分别对应表 15.10~表 15.15 最优指标组合的 $T-m(m=0, 1, 2, 3, 4, 5)$训练样本数据，求解模型参数后构建的 14 种违约评价模型，并在表 15.3 第 2 行定义的 $T-m(m=0, 1, 2, 3, 4, 5)$测试样本 N_{test} 的 $T-m(m=0, 1, 2, 3, 4, 5)$时间窗口分别计算 14 种大数据违约评价模型的精度结果。

其中，本书选取的模型违约预测精度评价标准有第二类错误、第一类错误、几何平均精度、总体预测精度和受试者工作特征曲线下面积(AUC)值，各参数的定义如表 3.3.2 节式(3.53)~式(3.56)所示[8-9]。

以线性判别模型在 T–1 时间窗口样本的训练和测试为例进行说明。

将表 15.11 第 3 列 18 个指标对应表 15.5 第 d 列 T–1 时间窗口的经 SMOTE 扩充后的训练样本数据，代入式(2.14)的线性判别模型最优权重向量的目标函数，求解出线性判别模型中 18 个指标的权重向量，并代入式(2.16)和式(2.17)得到违约概率预测方程和违约状态预测方程如下。

线性判别模型在 T–1 时间窗口样本的违约概率预测方程如下：

$$\hat{p}(T-1) = -5.606\times X_1\,\text{资产负债率} + 1.715\times X_{23}\,\text{有形资产/负债合计} - \cdots \\ -3.05\times X_{176}\,\text{广义货币供应量(M2)同比增长率} \tag{15.1}$$

线性判别模型在 T–1 时间窗口样本的违约状态预测方程如下：

$$\hat{y}_j(T+1) = \begin{cases} 1, & \hat{p}_j(T) \geqslant 0.5 \\ 0, & \hat{p}_j(T) < 0.5 \end{cases} \tag{15.2}$$

将表 15.11 第 3 列 18 个指标对应表 15.5 第 e 列 T–1 时间窗口 194 个公司的测试样本数据，代入式(15.1)得到违约概率预测值 $\hat{p}_j$ (j=1, 2,…, 194)，将违约概率预测值 $\hat{p}_j$ 代入式(15.2)得到违约状态预测值 $\hat{y}_j$ (j=1, 2,…, 194)。将违约状态预测值 $\hat{y}_j$ 与实际值 y_j 进行对比，可得如表 15.17 所示的混淆矩阵中 TP、TN、FP、FN 四个值。将表 15.17 所示的混淆矩阵中 TP、TN、FP、FN 四个值，代入式(3.53)，计算得到第二类错误 Type-Ⅱ Error=FN/(TP+FN)=4/(28+4)=0.125。

表 15.17 违约预测混淆矩阵

客户的真实违约状态	客户的预测违约状态	
	(1)预测违约	(2)预测非违约
(1)真实违约	违约样本判对的个数 TP=28	违约样本判错的个数 FN=4
(2)真实非违约	非违约样本判错的个数 FP=126	非违约样本判对的个数 TN=36

表 15.18 是上市小企业 $T-m(m=0, 1, 2, 3, 4, 5)$时间窗口的 14 种大数据违约评价模型方案的测试样本预测精度结果。以线性判别分析模型在 $T-1$ 时间窗口样本为例，将上文计算得到的第二类错误 0.125，列入表 15.18 第 15 行第 4 列。同理，将表 15.17 所示的混淆矩阵中 TP、TN、FP、FN 四个值，分别代入式(3.54)~式(3.56)，并绘制 ROC 曲线，得到的精度结果分别列在表 15.18 第 15 行第 5~8 列。

表 15.18 上市小企业 $T-m(m=0, 1, 2, 3, 4, 5)$时间窗口下模型预测精度

(1)序号	(2)时间窗口	(3)模型名称	(4)第二类错误	(5)第一类错误	(6)几何平均精度	(7) 总体预测精度	(8)AUC 值
1	$T-0$	线性判别模型[10]	0.375	0.265	0.678	0.716	0.759
2		逻辑回归模型[11]	0.281	0.296	0.711	0.706	0.788
3		广义加性模型[12]	0.469	0.105	0.690	0.835	0.823
4		线性支持向量机模型[13]	0.344	0.278	0.688	0.711	0.771
5		决策树模型[14-15]	0.281	0.296	0.711	0.706	0.708
6		BP 神经网络模型[16-17]	0.594	0.105	0.603	0.814	0.718
7		K 近邻模型[18-19]	0.438	0.228	0.659	0.737	0.667
8		多数投票线性判别模[20]	0.375	0.247	0.686	0.732	0.765
9		多数投票逻辑回归模型[20]	0.250	0.296	0.726	0.711	0.792
10		多数投票广义加性模型[20]	0.406	0.111	0.726	0.840	0.845
11		多数投票线性支持向量机模型[21]	0.344	0.278	0.688	0.711	0.771
12		多数投票决策树模型[22]	0.250	0.259	0.745	0.742	0.788
13		多数投票 BP 神经网络模型[23]	0.500	0.123	0.662	0.814	0.782
14		多数投票 K 近邻模型[24]	0.375	0.265	0.678	0.716	0.678
15	$T-1$	线性判别模型[10]	0.125	0.222	0.825	0.794	0.911
16		逻辑回归模型[11]	0.125	0.198	0.838	0.814	0.893
17		广义加性模型[12]	0.156	0.235	0.804	0.778	0.891
18		线性支持向量机模型[13]	0.063	0.235	0.847	0.794	0.910
19		决策树模型[14-15]	0.156	0.210	0.817	0.799	0.806
20		BP 神经网络模型[16-17]	0.125	0.173	0.851	0.835	0.882
21		K 近邻模型[18-19]	0.156	0.179	0.832	0.825	0.832
22		多数投票线性判别模型[20]	0.125	0.235	0.818	0.784	0.910
23		多数投票逻辑回归模型[20]	0.063	0.204	0.864	0.820	0.894
24		多数投票广义加性模型[20]	0.156	0.185	0.829	0.820	0.881
25		多数投票线性支持向量机模型[21]	0.094	0.216	0.843	0.804	0.913
26		多数投票决策树模型[22]	0.188	0.160	0.826	0.835	0.857
27		多数投票 BP 神经网络模型[23]	0.156	0.216	0.813	0.794	0.891

续表

(1)序号	(2)时间窗口	(3)模型名称	(4)第二类错误	(5)第一类错误	(6)几何平均精度	(7) 总体预测精度	(8)AUC 值
28	T–1	多数投票 K 近邻模型[24]	0.125	0.179	0.848	0.830	0.861
29	T–2	线性判别模型[10]	0.250	0.160	0.793	0.825	0.865
30		逻辑回归模型[11]	0.156	0.216	0.813	0.794	0.861
31		广义加性模型[12]	0.156	0.222	0.810	0.789	0.859
32		线性支持向量机模型[13]	0.156	0.167	0.839	0.835	0.906
33		决策树模型[14-15]	0.281	0.191	0.762	0.794	0.775
34		BP 神经网络模型[16-17]	0.250	0.142	0.802	0.840	0.790
35		K 近邻模型[18-19]	0.313	0.179	0.751	0.799	0.754
36		多数投票线性判别模型[20]	0.250	0.154	0.796	0.830	0.862
37		多数投票逻辑回归模型[20]	0.156	0.222	0.810	0.789	0.885
38		多数投票广义加性模型[20]	0.156	0.222	0.810	0.789	0.826
39		多数投票线性支持向量机模型[21]	0.156	0.167	0.839	0.835	0.906
40		多数投票决策树模型[22]	0.281	0.136	0.788	0.840	0.857
41		多数投票 BP 神经网络模型[23]	0.281	0.160	0.777	0.820	0.867
42		多数投票 K 近邻模型[24]	0.313	0.160	0.760	0.814	0.770
43	T–3	线性判别模型[10]	0.250	0.235	0.758	0.763	0.766
44		逻辑回归模型[11]	0.188	0.401	0.697	0.634	0.764
45		广义加性模型[12]	0.250	0.377	0.684	0.644	0.791
46		线性支持向量机模型[13]	0.219	0.259	0.761	0.747	0.792
47		决策树模型[14-15]	0.438	0.272	0.640	0.701	0.686
48		BP 神经网络模型[16-17]	0.219	0.259	0.761	0.747	0.756
49		K 近邻模型[18-19]	0.281	0.290	0.714	0.711	0.714
50		多数投票线性判别模型[20]	0.250	0.241	0.755	0.758	0.768
51		多数投票逻辑回归模型[20]	0.250	0.414	0.663	0.613	0.742
52		多数投票广义加性模型[20]	0.188	0.333	0.736	0.691	0.811
53		多数投票线性支持向量机模型[21]	0.219	0.278	0.751	0.732	0.783
54		多数投票决策树模型[22]	0.313	0.333	0.677	0.670	0.743
55		多数投票 BP 神经网络模型[23]	0.313	0.241	0.722	0.747	0.762
56		多数投票 K 近邻模型[24]	0.281	0.309	0.705	0.696	0.721
57	T–4	线性判别模型[10]	0.125	0.667	0.540	0.423	0.735
58		逻辑回归模型[11]	0.125	0.562	0.619	0.510	0.759
59		广义加性模型[12]	0.344	0.346	0.655	0.655	0.732
60		线性支持向量机模型[13]	0.094	0.623	0.584	0.464	0.737
61		决策树模型[14-15]	0.250	0.488	0.620	0.552	0.631
62		BP 神经网络模型[16-17]	0.000	0.809	0.437	0.325	0.683
63		K 近邻模型[18-19]	0.219	0.426	0.670	0.608	0.678
64		多数投票线性判别模型[20]	0.156	0.679	0.520	0.407	0.734
65		多数投票逻辑回归模型[20]	0.156	0.525	0.633	0.536	0.760

续表

(1)序号	(2)时间窗口	(3)模型名称	(4)第二类错误	(5)第一类错误	(6)几何平均精度	(7) 总体预测精度	(8)AUC 值
66	T–4	多数投票广义加性模型[20]	0.094	0.630	0.579	0.459	0.723
67		多数投票线性支持向量机模型[21]	0.125	0.685	0.525	0.407	0.744
68		多数投票决策树模型[22]	0.094	0.494	0.677	0.572	0.710
69		多数投票 BP 神经网络模型[23]	0.188	0.636	0.544	0.438	0.680
70		多数投票 K 近邻模型[24]	0.188	0.481	0.649	0.567	0.710
71	T–5	线性判别模型[10]	0.281	0.630	0.516	0.428	0.530
72		逻辑回归模型[11]	0.094	0.599	0.603	0.485	0.575
73		广义加性模型[12]	0.031	0.747	0.495	0.371	0.692
74		线性支持向量机模型[13]	0.375	0.673	0.452	0.376	0.505
75		决策树模型[14-15]	0.313	0.420	0.632	0.598	0.684
76		BP 神经网络模型[16-17]	0.406	0.691	0.428	0.356	0.464
77		K 近邻模型[18-19]	0.250	0.537	0.589	0.510	0.606
78		多数投票线性判别模型[20]	0.281	0.648	0.503	0.412	0.518
79		多数投票逻辑回归模型[20]	0.094	0.605	0.598	0.479	0.572
80		多数投票广义加性模型[20]	0.094	0.636	0.575	0.454	0.689
81		多数投票线性支持向量机模型[21]	0.375	0.673	0.452	0.376	0.508
82		多数投票决策树模型[22]	0.438	0.444	0.559	0.557	0.616
83		多数投票 BP 神经网络模型[23]	0.438	0.673	0.429	0.366	0.490
84		多数投票 K 近邻模型[24]	0.219	0.494	0.629	0.552	0.671

以上是以线性判别分析模型在 T–1 时间窗口样本为例，说明了违约评价模型的精度计算过程。同理，可分别根据上文 3.2 节中的 14 种大数据违约评价模型的表达式，计算在上市所有企业 $T-m$(m=0, 1, 2, 3, 4, 5) 测试样本上的精度结果，并将精度结果列入表 15.18 中。

由表 15.18 第 8 列 AUC 值可以看出，AUC 值基本都能达到 70%以上[25-26]，这表明这 14 种模型在 5 年的时间窗口均能实现较好的模型预测效果，即模型有 5 年的预测能力。表 15.18 第 4 列的违约客户错判率第二类错误基本都在 30%以下[27-28]，说明所构建的模型对公司违约具有较好的预测能力。

15.6　上市小企业的最优违约预警模型的对比分析

上市小企业违约预警模型最优方案选择共有如下三个选择标准。

第一标准：模型违约预测精度越高，模型方案排名越靠前。

第二标准：模型可解释性越强，模型方案排名越靠前。

第三标准：模型复杂性越低，模型方案排名越靠前。

表 15.19 是给出了 14 种模型方案基于上市小企业的三个标准排序结果。

表 15.19　上市小企业最优模型方案的选择

(1)序号	(2)模型名称	(3)标准一：分类精度排序平均值	(4)标准二：可解释性排序数值[29-30]	(5)标准三：复杂性排序数值[29, 31]	(6)三个标准的排序平均值
1	线性判别模型[10]	7.00	1	1	3.00

续表

(1)序号	(2)模型名称	(3)标准一：分类精度排序平均值	(4)标准二：可解释性排序数值[29-30]	(5)标准三：复杂性排序数值[29, 31]	(6)三个标准的排序平均值
2	逻辑回归模型[11]	6.40	2	2	3.47
3	广义加性模型[12]	7.50	4	3	4.80
4	线性支持向量机模型[13]	5.97	10	4	6.66
5	决策树模型[14-15]	8.77	3	5	5.59
6	BP 神经网络模型[16-17]	7.67	11	7	8.56
7	K 近邻模型[18-19]	8.20	9	6	7.73
8	多数投票线性判别模型[20]	7.50	5	8	6.83
9	多数投票逻辑回归模型[20]	6.30	6	9	7.10
10	多数投票广义加性模型[20]	6.10	8	10	8.03
11	多数投票线性支持向量机模型[21]	6.70	13	11	10.23
12	多数投票决策树模型[22]	6.37	7	12	8.46
13	多数投票 BP 神经网络模型[23]	8.93	14	14	12.31
14	多数投票 K 近邻模型[24]	7.23	12	13	10.74

表 15.19 第 2 列为 14 种模型方案的模型名称。

表 15.19 第 3 列为 14 种模型方案的基于标准一预测精度的排序平均值。是基于表 15.18 中五个精度标准的精度排序平均值。排序平均数值越小，表示模型的预测精度越高，即表 15.19 第 3 列中排序平均值为 5.97 的模型预测精度最高。

表 15.19 第 4 列为 14 种模型方案的基于标准二可解释性的排序数值。是基于现有文献[29-30]对 14 种大数据模型可解释性的排序结果。排序的数值越小，表示模型的可解释性越强，即表 15.19 第 4 列中排序数值为 1 的模型方案可解释性最强。

表 15.19 第 5 列为 14 种模型方案的基于标准三复杂性的排序数值。是基于现有文献[29, 31]对 14 种大数据模型复杂性的排序结果。排序的数值越小，表示模型的复杂性越低，即表 15.19 第 5 列中排序数值为 1 的模型方案复杂性最低。

表 15.19 第 6 列为 14 种模型方案的三个标准的排序平均值。是第 3 列、第 4 列和第 5 列的算术平均值。平均排序的数值越小，表示模型方案越能够同时兼顾精度、可解释性、复杂性这三个因素，越应该被选用，即排序最小的模型方案是最优模型方案。

根据最优方案的三个选择标准，结合表 15.19 第 6 列的平均排序数值可以得出，线性判别模型的平均排序数值最小。因此，上市小企业最优模型方案是线性判别模型。

15.7　上市小企业的最优违约预警模型

由 15.6 节可知，上市小企业的最优模型方案是线性判别模型。

设：$\hat{p}_j(T-m)$ 为第 j 个上市小企业 T–m 年预测的违约概率。则根据 15.5 节中求解的上市小企业对应的 T–m(m=0, 1, 2, 3, 4, 5)线性判别模型评价方程如下。

上市小企业的 T–0 违约判别模型，如式(15.3)所示：

$$\hat{p}(T-0)=-0.874\times X_1\text{资产负债率}-7.091\times X_{21}\text{归属母公司股东权益/带息债务}\cdots$$
$$+5.842\times X_{152}\text{涉案总件数} \tag{15.3}$$

上市小企业的提前 1 年违约预警模型，如式(15.4)所示：

$$\hat{p}(T-1) = -5.606 \times X_1 资产负债率 + \cdots + 5.483 \times X_{153} 违规类型 \tag{15.4}$$

上市小企业的提前 2 年违约预警模型，如式(15.5)所示：

$$\hat{p}(T-2) = 3.035 \times X_1 资产负债率 + \cdots + 8.092 \times X_{143} 审计意见类型 \tag{15.5}$$

上市小企业的提前 3 年违约预警模型，如式(15.6)所示：

$$\hat{p}(T-3) = 1.472 \times X_1 资产负债率 + \cdots + 3.192 \times X_{46} 成本费用利润率 + 2.587 \times X_{176} 广义货币供应量(M2)同比增长率 \tag{15.6}$$

上市小企业的提前 4 年违约预警模型，如式(15.7)所示：

$$\hat{p}(T-4) = -0.334 \times X_1 资产负债率 + 0.792 \times X_2 剔除预收款项后的资产负债率 + \cdots + 0.936 \times X_{190} 货物运输量增长率 \tag{15.7}$$

上市小企业的提前 5 年违约预警模型，如式(15.8)所示：

$$\hat{p}(T-5) = 1.47 \times X_1 资产负债率 + 3.742 \times X_4 长期资产适合率 + \cdots + 4.147 \times X_{176} 广义货币供应量(M2)同比增长率 \tag{15.8}$$

则第 j 个上市小企业第 $T-m$ 年违约状态预测值 $\hat{y}_j(T+m)$的表达式如下：

$$\hat{y}_j(T+m) = \begin{cases} 1, & \hat{p}_j(T) \geqslant 0.5 \\ 0, & \hat{p}_j(T) < 0.5 \end{cases} \tag{15.9}$$

15.8 上市小企业的违约概率和信用得分的确定

以上构建的模型式(15.3)~式(15.8)是通过第 $T-m$ 年的指标数据与 T 年违约状态训练得到的提前 m 年违约预警的评价方程，以达到根据第 T 年的指标数据，预测企业第 $T-m$ 年违约状态的目的。应该指出，这里的第 $T-m$ 年的指标数据不是仅包含某一年(如 2008 年)的指标截面数据，而是包含了不同年份(如 2008 年、2014 年等)平移后的指标截面数据。

将 2000~2018 年这 19 年的上市小企业根据表 14.11 第 3 列 $T-0$ 年最优指标体系对应的数据，代入式(15.3)，得到上市小企业第 $T+0$ 年的违约概率判别值，列入表 15.20 第 3 列。

表 15.20　上市小企业 2000~2018 年这 19 年违约概率和信用得分结果

(1)序号	(2)证券代码	(a)T+0		(b)T+1		(c)T+2		(d)T+3		(e)T+4		(f)T+5	
		(3)违约概率 p_j	(4)信用得分 S_j	(5)违约概率 p_j	(6)信用得分 S_j	(7)违约概率 p_j	(8)信用得分 S_j	(9)违约概率 p_j	(10)信用得分 S_j	(11)违约概率 p_j	(12)信用得分 S_j	(13)违约概率 p_j	(14)信用得分 S_j
1	2018-000004	0.60	39.81	0.99	0.27	1	0.00	0.99	1.14	0.99	0.06	0.23	77.18
2	2018-000007	0.63	37.39	0.99	1.14	1	0.00	0.99	0.18	0.99	0.05	0.59	41.24
3	2018-000010	0.94	5.89	0.99	1.01	1	0.00	0.99	1.11	0.99	1.00	0.49	0.51
…	…	…	…	…	…	…	…	…	…	…	…	…	…
11 009	2000-600892	0.85	14.61	0.02	97.92	0.00	99.99	0.87	12.44	0.97	3.12	0.63	36.07
11 010	2000-600897	0.07	92.34	0.00	99.99	0.00	99.99	0.00	99.99	0.02	98.17	0.18	91.80
11 011	2000-600898	0.99	0.1	0.99	0.02	1.00	0.00	0.99	0.17	0.98	1.73	0.701	29.87

如表 15.20 第 1 行所示，证券代码“2018-000004”表示 2018 年代码为“000004”的上市小企业。第 1 行第 3 列表示“国农科技”在 2018 年的违约概率判别值 p_j=0.6019≈0.60，将违约概率判别值 p_j=0.6019≈0.60 代入式(3.3)的信用得分表达式，得到“000004”上市小企业 2018 年信用得分 S_j=(1−p_j)×100=(1−0.6019)×100=39.81，列入表 15.20 第 1 行第 4 列。

同理，对于表 15.11~表 15.15 的 $T-m$(m=1, 2, 3, 4, 5)年的最优指标体系的数据，代入式(15.4)~式(15.8)，可分别计算 $T+m$(m=1, 2, 3, 4, 5)年的上市公司违约概率值 p_j 和信用得分值 S_j，将预测结果列入表 15.20 第

5~14 列。

由此得到如表 15.20 所示的 2000~2018 年 19 年上市小企业最优模型方案线性判别模型的 $T+m(m=0, 1, 2, 3, 4, 5)$违约概率与信用得分结果。

表 15.21 是上市小企业的 2000~2023 年这 24 年的违约概率和信用得分预测结果。在表 15.21 中，第 1~11 011 行是 2000~2018 年公司数据按上文式(15.3)计算的 $T+0$ 判别的信用得分结果。第 11 012~13 966 行是根据 2018 年的公司数据，分别按式(15.4)~式(15.8)计算的 $T+1$~$T+5$ 的信用得分预测结果。

表 15.21　上市小企业 2000~2023 年这 24 年的违约概率和信用得分预测结果

(1)序号	(2)证券代码	(3)年份	(4)证券简称	(5)行业	(6)省区市	(7)所有制	(8) 违约概率 $p_{j(T+m)}$	(9)信用得分 $S_{j(T+m)}$
1	000006.SZ	2000	深振业	房地产业	广东省	地方国企	0.0486	95.14
2	000007.SZ	2000	全新好	房地产业	广东省	民营企业	0.8134	18.66
3	000008.SZ	2000	神州高铁	制造业	北京市	公众企业	0.8212	17.88
…	…	…	…	…	…	…	…	…
11 009	603978.SH	2018	深圳新星	制造业	广东省	民营企业	0.0028	99.72
11 010	603985.SH	2018	恒润股份	制造业	江苏省	民营企业	0.0067	99.33
11 011	603986.SH	2018	兆易创新	制造业	北京市	民营企业	0.0109	98.91
11 012	000004.SZ	2019	国华网安	信息技术业	广东省	民营企业	0.7086	29.14
11 013	000056.SZ	2019	皇庭国际	租赁商务服务业	广东省	民营企业	0.3212	67.88
11 014	000088.SZ	2019	盐田港	交通运输、仓储和邮政业	广东省	地方国企	0.1962	80.38
…	…	…	…	…	…	…	…	…
11 604	000007.SZ	2020	全新好	房地产业	广东省	民营企业	0.8672	13.28
11 605	000416.SZ	2020	民生控股	金融业	山东省	民营企业	0.3326	66.74
11 606	000426.SZ	2020	兴业矿业	采矿业	内蒙古自治区	民营企业	0.6260	37.40
…	…	…	…	…	…	…	…	…
12 196	000010.SZ	2021	美丽生态	建筑业	广东省	民营企业	0.5003	49.97
12 197	000605.SZ	2021	渤海股份	电力、热力、燃气及水生产和供应业	北京市	其他所有制企业	0.3871	61.29
12 198	000606.SZ	2021	ST 顺利	制造业	青海省	公众企业	0.0089	99.11
…	…	…	…	…	…	…	…	…
12 788	000014.SZ	2022	沙河股份	房地产业	广东省	地方国企	0.4989	50.11
12 789	000426.SZ	2022	兴业矿业	采矿业	内蒙古自治区	民营企业	0.6159	38.41
12 790	000502.SZ	2022	绿景控股	房地产业	广东省	民营企业	0.5002	49.98
…	…	…	…	…	…	…	…	…
13 964	000038.SZ	2023	深大通	租赁和商务服务业	广东省	民营企业	0.0095	99.05
13 965	603985.SH	2023	恒润股份	制造业	江苏省	民营企业	0.0026	99.74
13 966	603986.SH	2023	兆易创新	制造业	北京市	民营企业	0.6738	32.62

将表 15.10 第 3 列 T–0 年最优指标体系对应的 2000~2018 年这 19 年 11 011 家上市小企业数据，代入式(15.3)，得到上市小企业第 T+0 年的违约概率判别值 $p_{j(T+0)}$，列入表 15.21 第 7 列第 1~11 011 行。并将违约概率判别值 $p_{j(T+0)}$代入式(3.3)的信用得分表达式得到信用得分 $S_{j(T+0)}$，列入表 15.21 第 9 列第 1~11 011 行。

将表 15.11 第 3 列 T–1 年最优指标体系对应的 2018 年 591 家上市小企业数据，代入上文式(15.4)，得到上市小企业第 T+1 年的违约概率判别值 $p_{j(T+1)}$，并将违约概率判别值 $p_{j(T+1)}$代入式(3.7)的信用得分表达式得到 2019 年信用得分 $S_{j(T+1)}$，列入表 15.21 第 9 列第 11 012~11 602 行。同理，可根据式(15.4)~式(15.8)计算 2020~2023 年的信用得分 $S_{j(T+m)}$，并将结果列入表 15.21 第 9 列第 11 603~13 966 行。

15.9 上市小企业的信用等级划分

以 T+0 年的信用等级划分为例进行说明。

将上文表 15.20 第 4 列的 T+0 年信用得分数据按降序排列，结果对应列入表 15.22 第 3 列。表 15.22 第 4 列违约概率 p_j 来自表 15.20 第 3 列。表 15.22 第 5 列负债总额 D_j 来源于 Wind 数据库。表 15.22 第 6 列应收未收本息 L_j 等于表 15.22 第 4 列和第 5 列的乘积。表 15.22 第 7 列应收本息 R_j 等于表 15.22 第 5 列。

表 15.22 上市小企业 T+0 年信用等级划分数据

(1)序号	(2)证券序号	(3)信用得分 S_j	(4)违约概率 p_j	(5)负债总额 D_j/元	(6)应收未收本息 L_j/元	(7)应收本息 R_j/元
1	2009-300326	100.00	0.00	13 475 712.46	0.00	13 475 712.46
2	2009-002310	100.00	0.00	353 056 632.20	0.00	353 056 632.20
3	2009-300031	100.00	0.00	77 422 136.63	0.00	77 422 136.63
…	…	…	…	…	…	…
8 455	2007-002457	49.876	0.50	276 977 736.40	138 488 868.20	276 977 736.40
…	…	…	…	…	…	…
11 011	2013-600301	0.00	1.00	97 744 858.84	97 744 858.84	97 744 858.84

信用等级由 AAA、AA、A、BBB、BB、B、CCC、CC、C 依次对应特优、优、良、较好、一般、较差、差、很差、极差。依据上文式(3.68)~式(3.71)的信用等级划分模型，将表 15.21 第 6~7 列的应收未收本息 L_j、应收本息 R_j 数据代入，根据迟国泰教授科研创新团队的发明专利“信用等级越高，违约损失率越低”的违约金字塔原理[32]，得到的评级结果如表 15.23 第 3~5 列所示。

表 15.23 上市小企业 T+0 年信用等级划分结果

(1)序号	(2)等级	(3)信用得分区间	(4)样本数	(5)违约损失率/%	(6)信用度
1	AAA	49.876≤S≤100	8455	8.83	特优
…	…	…	…	…	…
4	BBB	20.093≤S<20.808	25	79.53	较好
…	…	…	…	…	…
7	CCC	0.624≤S<1.317	217	99.06	差
…	…	…	…	…	…
9	C	0≤S<0.01	5	100.00	极差

根据表 15.23 第 4 列可知，T+0 年 AAA 级公司样本数为 8455 个，即 AAA 级公司为按照信用得分降序排列后的第 1~8455 个公司。由表 15.22 第 3 列知，第 8455 行证券代码“2016-000831”公司对应的信用得分为 76.82，故 AAA 级公司的信用得分区间为 49.876≤S≤100，列入表 15.23 第 3 列第 1 行，即 T+0 年信用得分落在区间 49.876≤S≤100 的公司均为 AAA 级公司。同理，可得 AA、A、…、C 等其余 8 个等级划分结果，对应列入表 15.23 第 2~9 行。

以上是上市小企业最优模型方案线性判别的 T+0 年信用等级划分结果。同理，可分别得到 T+m(m=1, 2, 3, 4, 5)年的上市小企业的信用等级划分结果，如表 15.24~表 15.28 所示。

表 15.24　上市小企业 T+1 年信用等级划分结果

(1)序号	(2)等级	(3) 信用得分区间	(4)样本数	(5)违约损失率/%	(6)信用度
1	AAA	49.838≤S≤100	8804	2.86	特优
…	…	…	…	…	…
4	BBB	28.351≤S<30.062	20	70.71	较好
…	…	…	…	…	…
7	CCC	3.459≤S<11.643	233	93.21	差
…	…	…	…	…	…
9	C	0≤S<0.713	1266	99.93	极差

表 15.25　上市小企业 T+2 年信用等级划分结果

(1)序号	(2)等级	(3)信用得分区间	(4)样本数	(5)违约损失率/%	(6)信用度
1	AAA	49.893≤S≤100	9097	0.64	特优
…	…	…	…	…	…
4	BBB	25.319≤S<33.261	23	70.60	较好
…	…	…	…	…	…
7	CCC	6.34≤S<10.511	20	92.06	差
…	…	…	…	…	…
9	C	0≤S<0.001	364	100.00	极差

表 15.26　上市小企业 T+3 年信用等级划分结果

(1)序号	(2)等级	(3)信用得分区间	(4)样本数	(5)违约损失率/%	(6)信用度
1	AAA	43.636≤S≤100	8545	5.36	特优
…	…	…	…	…	…
4	BBB	26.303≤S<30.501	28	71.57	较好
…	…	…	…	…	…
7	CCC	5.619≤S<12.327	261	91.47	差
…	…	…	…	…	…
9	C	0≤S<0.001	12	100.00	极差

表 15.27　上市小企业 T+4 年信用等级划分结果

(1)序号	(2)等级	(3)信用得分区间	(4)样本数	(5)违约损失率/%	(6)信用度
1	AAA	41.876≤S≤100	6 144	6.65	特优
…	…	…	…	…	…
4	BBB	6.166≤S<10.266	390	91.96	较好
…	…	…	…	…	…
7	CCC	0.186≤S<0.712	490	99.64	差
…	…	…	…	…	…
9	C	0≤S<0.04	579	99.98	极差

表 15.28　上市小企业 T+5 年信用等级划分结果

(1)序号	(2)等级	(3)信用得分区间	(4)样本数	(5)违约损失率/%	(6)信用度
1	AAA	48.605≤S≤100	5968	8.86	特优
…	…	…	…	…	…
4	BBB	17.728≤S<20.425	152	81.00	较好
…	…	…	…	…	…
7	CCC	0.002≤S<0.628	571	99.70	差
…	…	…	…	…	…
9	C	0≤S<0.001	72	100.00	极差

15.10　上市小企业的信用特征分析

15.10.1　所属行业的信用特征分析

根据表 4.5 第 3 列划分后的 3 个行业[33]，计算表 15.21 第 5 列对应的 3 个行业的信用得分平均值、最大值、最小值、标准差、中位数和样本数量，列在表 15.29 的第 3~8 列。其中，表 15.29 第 8 列的样本数量是 2000~2023 年这 24 年的上市小企业总数，这里的总数包括相同企业不同年份的重复计数。例如，同一个企业 2000~2023 年这 24 年，则数量记为 24，其他企业的统计同理。

表 15.29　上市小企业的行业信用特征描述

(1)序号	(2)行业名称	(3)信用得分平均值	(4)信用得分最大值	(5)信用得分最小值	(6)信用得分标准差	(7)信用得分中位数	(8)样本数量
1	制造行业	73.44	100.00	0.00	30.55	89.54	9224
2	房地产行业	62.77	100.00	0.00	33.11	68.52	2919
3	其他行业	58.48	100.00	0.00	28.05	61.73	1823

同时，为检验两两行业之间的信用得分是否存在显著差异，本书采用曼-惠特尼 U 检验[34]来进行显著性水平检验。以“制造行业”与“房地产行业”为例，根据表 15.29 第 1 列第 1、2 行的序号排序和第 8 列第 1、2 行的企业数量，计算得到曼-惠特尼 U 检验统计量值 5 513 734，列入表 15.30 第 1 行第 3 列。通过查曼-惠特尼 U 检验统计量的显著性水平表，将对应的 p 值 0.001 列入表 15.30 第 1 行第 4 列。同理，将其他任意两个行业的曼-惠特尼 U 检验结果列在表 15.30 第 2~3 行。

表 15.30　上市小企业行业之间信用得分的差异性检验

(1)序号	(2)行业两两比较	(3)曼-惠特尼 U 检验统计量值	(4)p 值
1	制造行业与房地产行业	5 513 734***	0.001
2	房地产行业与其他行业	2 350 670***	0.000
3	制造行业与其他行业	10 705 674***	0.000

***表示在 99%的置信水平下存在显著差异

表 15.29 和表 15.30 的实证结果表明，中国上市小企业的行业特征为“制造行业”的信用资质最高，“房地产行业”的信用资质居中，“其他行业”的信用资质最低。并且，任意两个行业间的信用资质经曼-惠特尼 U 检验均存在显著差异。

表 15.31 是上市小企业不同行业的 2000~2023 年这 24 年的信用得分表。

表 15.31　上市小企业不同行业的 2000~2023 年这 24 年的信用得分表

(1)序号	(2)行业名称	信用得分判别值 $S_{(T+0)}$			信用得分预测值 $S_{(T+m)}$ (m=1, 2, 3, 4, 5)					(27)信用得分的行业均值 $\bar{S}$	(28)信用资质水平
		(3) 2000 年	…	(21) 2018 年	(22) 2019 年	(23) 2020 年	(24) 2021 年	(25) 2022 年	(26) 2023 年		
1	制造业	68.80	…	70.25	67.63	64.16	42.36	60.03	21.61	73.44	好
2	房地产业	63.60	…	60.05	58.30	57.93	34.63	57.95	17.83	63.77	中
3	其他行业	64.71	…	41.50	36.58	44.34	23.76	53.28	17.31	58.48	差

在表 15.31 中，第 2 列是行业名称，对应上文表 4.5 第 3 列划分后的 3 个行业。第 3~21 列是 2000~2018 年 19 年的信用得分判别值 $S_{(T+0)}$，来自上文表 15.21 第 9 列 2000~2018 年的行业信用得分判别值。第 22~26 列是 2019~2023 年这 5 年的信用得分预测值 $S_{(T+m)}$ (m=1, 2, 3, 4, 5)，来自上文表 15.21 第 9 列 2019~2023 年的行业信用得分预测值。第 27 列是信用得分的行业均值，等于第 3~26 列的算术平均值；第 27 列的信用得分不同行业均值越大，则对应行业的信用资质越好。第 28 列是行业的信用资质水平，是根据第 27 列信用得分的不同行业均值 $\bar{S}$ 由大到小排序后的 1/3 和 2/3 两个分位点，区分出行业信用资质好、中、差的三种水平，以此来描述上市小企业的行业信用特征分布。

图 15.1 是上市小企业三个行业 2000~2023 年这 24 年以年份为横轴，以表 15.31 第 1~3 行第 3~26 列的信用得分为纵轴，做出的行业信用得分趋势图。

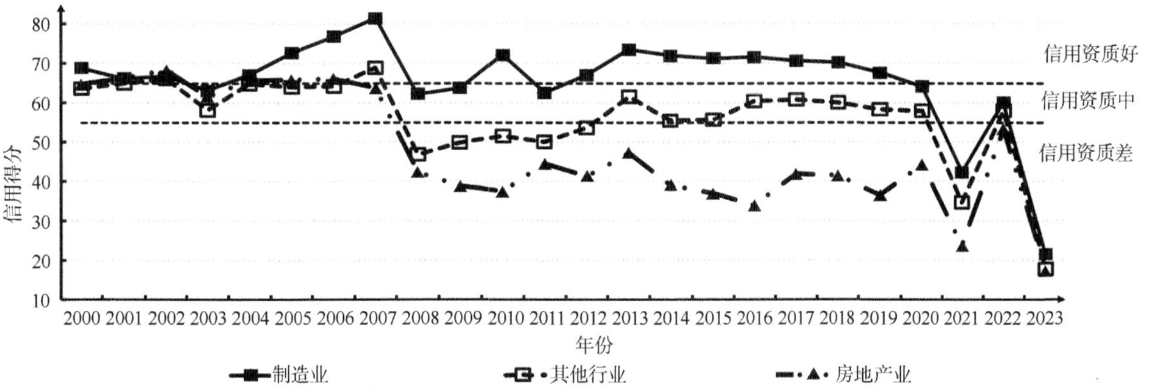

图 15.1　上市小企业三个行业 2000~2023 年这 24 年的信用得分趋势图

例如，图 15.1 中“■”标识的实线“制造业”，即是以表 15.31 第 3~26 列的列标识 2000~2023 年共 24 年的年份为横轴，以表 15.31 第 1 行第 3~26 列的信用得分为纵轴，做出的制造业信用得分趋势图。同理，表 15.31 第 2 列的其他两个行业也做出对应的信用得分折线图，同样画在图 15.1 中。

对图 15.1 的“制造业”、“房地产业”和“其他行业”的信用资质趋势进行分析可以得到如下结论。

(1)中国上市小企业的行业信用分布特征整体表现是，“制造业”的信用资质最高，“其他行业”的信用资质居中，“房地产业”的信用资质差。

(2)中国小企业的行业信用分布特征随年份变化的规律为：2000~2019 年行业信用得分波动整体较为平稳，但在 2020~2023 年信用状况波动较大。具体表现为：2020 年所有三个行业的平均信用得分均急剧下跌，至 2021 年信用得分到达低谷，于 2022 年有所反弹，但在 2023 年又呈现急剧下跌趋势。同时可以看出，相比于小企业“制造业”和“其他行业”这 2 个信用资质较好和居中的行业，小企业“房地产业”在 2008~2021 年的信用得分都是最低的，说明小企业房地产行业虽然整体信用状况较好，但信用得分的波幅较大，更易受宏观环境的冲击。

图 15.2 是上市小企业三个行业以行业为横轴的平均信用得分对比图。图 15.2 是以上文表 15.31 第 2 列的行业名称为横轴，以上文表 15.31 第 27 列第 1~3 行的平均信用得分的行业均值为纵轴，做出的三个行业的平均信用得分对比图。图 15.2 中通过行业平均信用得分越高，信用资质越好，将三个行业分为信用资质好、中、差三个级别。

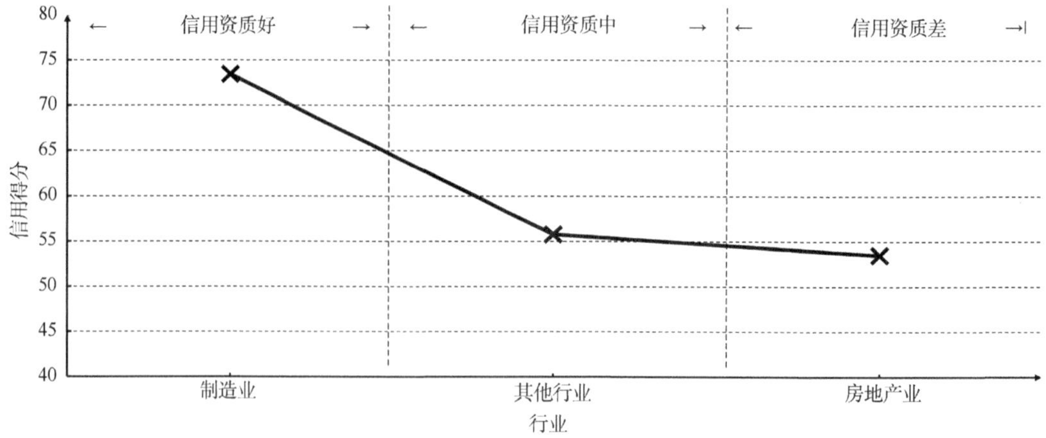

图 15.2　上市小企业三个行业的平均信用得分对比图

由图 15.2 可知，平均信用得分线(“×”标记的实线)倾斜向下，表示三个行业的信用得分随着横轴向右信用资质依次递减。这说明中国上市小企业的行业信用分布特征整体表现为：“制造业”的信用资质最高；“房地产业”的信用资质最低，“其他行业”的信用资质居中。

图 15.3 是上市小企业三个行业未来 T+3 年以行业为横轴的信用得分对比图。通过对比未来 T+3 年三个行业的信用得分，深入挖掘出平均信用资质好，但在未来 T+3 年信用资质反而不好的典型行业。

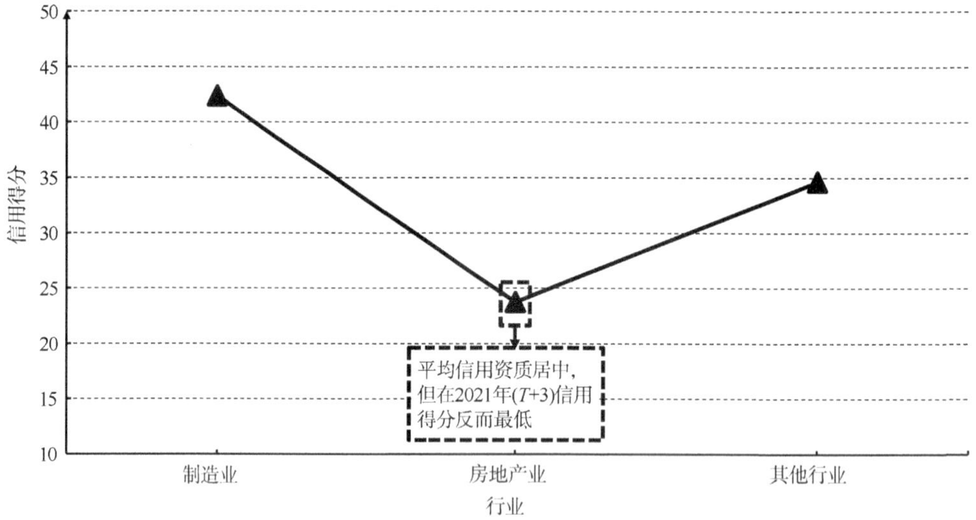

图 15.3　上市小企业三个行业 T+3 年的信用得分对比图

图 15.3 是以上文表 15.31 第 2 列的行业名称为横轴，以上文表 15.31 第 24 列第 1~3 行的信用得分为纵轴，做出的三个行业 2021 年(T+3)的信用得分对比图。图 15.3 中纵轴的信用得分越高，表示信用资质越好。

由图 15.3 可知，2021 年(T+3)三个行业的信用得分对比中，“房地产业”的信用得分最低，信用资质最差。综合上文图 15.2 平均信用得分图，得出结论：平均信用资质居中的“房地产业”，在 2021 年(T+3)的信用资质反而最低。这说明在 2021 年，“房地产业”会存在极高违约风险。

图 15.4 是以上文表 15.31 第 21~26 列的列标识 2018~2023 年共 6 年的年份为横轴，以上文表 15.31 第 2 行第 21~26 列的信用得分为纵轴，做出的“房地产业”未来 $T+m$ (m=0, 1, 2, 3, 4, 5)年的信用得分趋势图。

由图 15.4 可知，平均信用资质居中的“房地产业”在未来 T+3 年的信用资质反而最低；且未来 T+5 年的信用得分最低，这说明上市小企业“房地产业”未来 2023 年(T+5)的信用资质将更差，违约风险较高。

综上，中国上市小企业的行业信用分布特征为“制造业”的信用资质最高，“房地产业”的信用资质居中，“其他行业”的信用资质最低。2021 年，平均信用资质居中的房地产行业上市小企业的信用得分反而最低，违约风险最高。

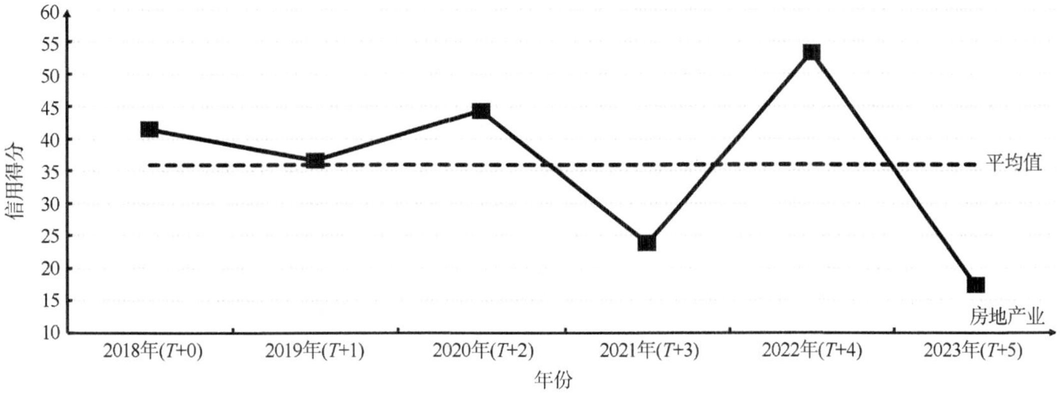

图 15.4　上市公司房地产行业 $T+m$ (m=0, 1, 2, 3, 4, 5)年的信用得分趋势图

15.10.2　地区的信用特征分析

为检验不同地区的信用得分是否存在显著差异。本书根据表 15.21 第 6 列的中国 31 个省区市(港、澳、台除外)和第 9 列的信用得分。统计出 31 个省区市的信用得分平均值、最大值、最小值、标准差、中位数和样本数量，列在表 15.32 的第 3~8 列。

表 15.32　上市小企业省区市信用特征描述表

(1)序号	(2)省区市	(3)信用得分平均值	(4)信用得分最大值	(5)信用得分最小值	(6)信用得分标准差	(7)信用得分中位数	(8)样本数量
1	江苏省	78.35	100.00	0	28.21	94.90	1527
2	浙江省	77.53	100.00	0	27.66	93.18	1304
3	江西省	75.11	100.00	0.08	28.25	90.42	147
…	…	…	…	…	…	…	…
12	云南省	66.67	99.99	0	32.30	75.55	235
13	山东省	65.26	100.00	0	33.03	67.54	274
14	河北省	64.47	99.83	0	31.14	70.32	149
…	…	…	…	…	…	…	…
29	青海省	44.79	99.10	0.01	34.25	42.96	68
30	海南省	36.92	98.59	0.09	28.91	37.56	105
31	宁夏回族自治区	36.92	98.59	0.09	32.93	30.52	105

其中，表 15.32 第 8 列的样本数量是 2000~2023 年这 24 年的上市小企业总数，这里的总数包括相同企业不同年份的重复计数。例如，同一个企业 2000~2023 年这 24 年，则数量记为 24，其他企业的统计同理。

同时，为检验两两省区市之间的信用得分是否存在显著差异，本书采用曼-惠特尼 U 检验[34]来进行显著性水平检验。以“浙江省”与“江苏省”为例，根据表 15.32 第 1 列第 1、2 行的序号排序和第 8 列第 1、2 行的企业数量，计算得到曼-惠特尼 U 检验统计量 975 559，列入表 15.33 第 1 行第 3 列。通过查曼-惠特尼 U 检验统计量的显著性水平表，将对应的 p 值 0.000 列入表 15.33 第 1 行第 4 列。同理，将其他任意两个省区市的曼-惠特尼 U 检验结果列在表 15.33 第 2~465 行。

表 15.33　上市小企业省区市之间信用得分的差异性检验

(1)序号	(2)省区市两两比较	(3)曼-惠特尼 U 检验统计量值	(4)p 值
1	江苏省与浙江省	975 559***	0.000
…	…	…	…

续表

(1)序号	(2)省区市两两比较	(3)曼-惠特尼 U 检验统计量值	(4)p 值
464	辽宁省与山西省	17 540***	0.006
465	宁夏回族自治区与北京	26 714***	0.000

***表示在 99%的置信水平下存在显著差异

表 15.32 和表 15.33 的实证结果表明，中国上市小企业的行业特征为广东省、浙江省、江西省等 11 个省区市的信用资质最高，云南省、山东省、河北省等 10 个省区市的信用资质居中，青海省、海南省、宁夏回族自治区等 10 个省区市的信用资质最低。并且，任意两个省区市间的信用资质经曼-惠特尼 U 检验均存在显著差异。

表 15.34 是上市小企业不同省区市 2000~2023 年这 24 年的信用得分表。在表 15.34 中，第 2 列是省区市名称，对应上文表 15.21 第 6 列的 31 个省区市。第 3~21 列是 2000~2018 年 19 年的信用得分判别值 $S_{(T+0)}$，来自上文表 15.21 第 9 列 2000~2018 年的省区市信用得分判别值。第 22~26 列是 2019~2023 年这 5 年的信用得分预测值 $S_{(T+m)}$ (m=1, 2, 3, 4, 5)，来自上文表 15.21 第 9 列 2019~2023 年的省区市信用得分预测值。第 27 列是信用得分的省区市均值，等于第 3~26 列的算术平均值；第 27 列的信用得分省区市均值越大，则对应省区市的信用资质越好。第 28 列是省区市的信用资质水平，是根据第 27 列的信用得分不同省区市均值 $\overline{S}$ 由大到小排序后的 1/3 和 2/3 两个分位点，区分出省区市信用资质好、中、差的三种水平，以此来描述上市公司的省区市信用特征分布。

表 15.34　上市小企业不同省区市的 2000~2023 年这 24 年的信用得分表

(1)序号	(2)省区市名称	信用得分判别值 $S_{(T+0)}$			信用得分预测值 $S_{(T+m)}$ (m=1, 2, 3, 4, 5)					(27)信用得分的省区市均值 $\overline{S}$	(28)信用资质水平
		(3) 2000 年	…	(21) 2018 年	(22) 2019 年	(23) 2020 年	(24) 2021 年	(25) 2022 年	(26) 2023 年		
1	江苏省	71.97	…	76.11	72.83	68.02	44.10	60.88	14.76	78.35	好
2	浙江省	71.87	…	76.41	73.92	68.85	48.37	63.06	8.31	77.53	
3	江西省	76.28	…	78.28	77.90	68.30	42.74	62.53	2.03	75.11	
…	…	…	…	…	…	…	…	…	…	…	…
12	云南省	65.12	…	46.88	49.23	57.24	31.17	59.58	2.40	68.39	中
13	山东省	57.06	…	66.96	65.84	63.52	46.87	64.98	10.94	68.17	
14	河北省	55.75	…	66.49	62.82	61.52	39.90	54.89	16.32	66.67	
…	…	…	…	…	…	…	…	…	…	…	…
29	青海省	77.84	…	32.35	35.95	57.23	34.39	62.74	49.09	44.79	差
30	海南省	44.22	…	22.57	16.96	30.78	15.89	50.22	3.65	40.28	
31	宁夏回族自治区	80.46	…	34.38	40.16	45.27	25.68	55.69	0.70	36.92	

图 15.5 是上市小企业 9 个典型省区市 2000~2023 年这 24 年以年份为横轴的信用得分趋势图。这里九个典型省区市是指表 15.34 第 2 列第 1~3 行信用资质较好的 3 个省区市、第 12~14 行信用资质居中的 3 个省区市、第 29~31 行信用资质较差的 3 个省区市。

图 15.5 是以上文表 15.34 第 3~26 列的列标识年份为横轴，以上文表 15.34 第 3~26 列的第 1~3 行、第 12~14 行、第 29~31 行共 9 个典型省区市的信用得分为纵轴，做出的省区市信用得分趋势图。

例如，图 15.5 中"•"标识的实线"江苏省"，即以表 15.34 第 3~26 列的列标识 2000~2023 年共 24 年的年份为横轴，以表 15.34 第 1 行第 3~26 列的信用得分为纵轴，做出的"江苏省"信用得分趋势图。同理，表 15.34 第 2 列的其他 8 个典型省区市也做出对应的信用得分折线图，同样画在图 15.5 中。

由图 15.5 上市小企业 9 个典型省区市 2000~2023 年这 24 年的信用得分趋势，可以得到以下的结论。

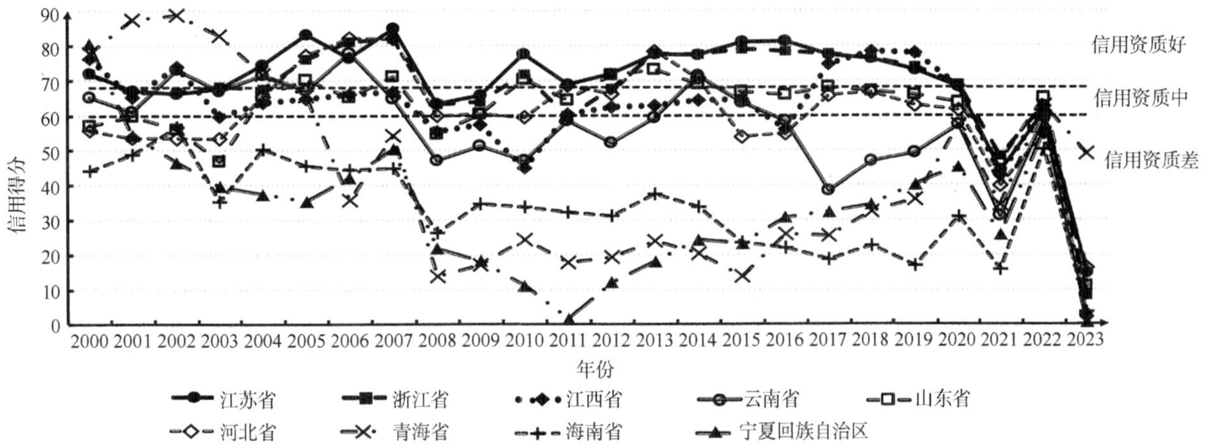

图 15.5　上市小企业 9 个典型省区市 2000~2023 年这 24 年的信用得分趋势图

(1)中国上市小企业的省区市信用分布特征表现。江苏省、浙江省、江西省等 11 个省区市的信用资质最高，云南省、山东省、河北省等 10 个省区市的信用资质居中，青海省、海南省、宁夏回族自治区等 10 个省区市的信用资质最低。

(2)中国上市小企业的省区市信用分布特征随年份变化的规律。2000~2019 年信用资质较好及居中的 21 个省区市信用得分波动整体较为平稳，信用资质较差的 10 个省区市整体呈现下跌趋势。所有 31 个省区市在 2020~2023 年信用状况波动较大。具体表现为：2020 年所有 9 个典型省区市的平均信用得分均急剧下跌，至 2021 年信用得分到达低谷，于 2022 年有所反弹，但在 2023 年信用得分又呈现急剧下跌趋势。同时可以看出，青海省、海南省、宁夏回族自治区等 10 个信用资质较差的省区市，其信用得分大多处于最低位置，说明这 10 个省区市的违约风险大都相对较高。

图 15.6 是以省区市为横轴的上市小企业省区市的平均信用得分对比图。图 15.6 是以上文表 15.34 第 2 列的省区市名称为横轴，以上文表 15.34 第 27 列第 1~3 行、第 12~14 行、第 29~31 行共 9 个典型省区市的平均信用得分为纵轴，做出的省区市的平均信用得分对比图。图 15.6 中通过省区市平均信用得分越高，信用资质越好，将省区市分为信用资质好、中、差三个级别。

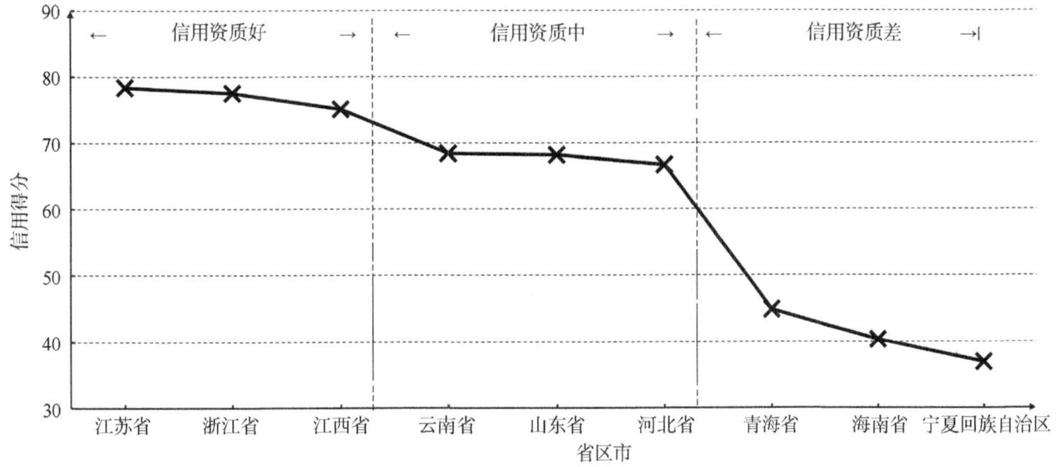

图 15.6　上市小企业省区市的平均信用得分对比图

由图 15.6 可知，平均信用得分线(“×”标记的实线)倾斜向下，表示省区市的信用得分随着横轴向右信用资质依次递减。说明中国上市小企业的省区市信用分布特征整体表现为：江苏省、浙江省、江西省等 11 个省区市的信用资质最高，云南省、山东省、河北省等 10 个省区市的信用资质居中，青海省、海南省、宁夏回族自治区等 10 个省区市的信用资质最低。

图 15.7 是上市小企业省区市未来 $T+3$ 年以省区市为横轴的信用得分对比图。通过对比未来 $T+3$ 年不同省区市的信用得分，深入挖掘出平均信用资质好，但在未来 $T+3$ 年信用资质反而不好的典型省区市。图 15.7

是以上文表 15.34 第 2 列的省区市名称为横轴，以上文表 15.34 第 24 列第 1~3 行、第 12~14 行、第 29~31 行的信用得分为纵轴，做出的省区市 2021 年(*T*+3)的信用得分对比图。图 15.7 中纵轴的信用得分越高，表示信用资质越好。

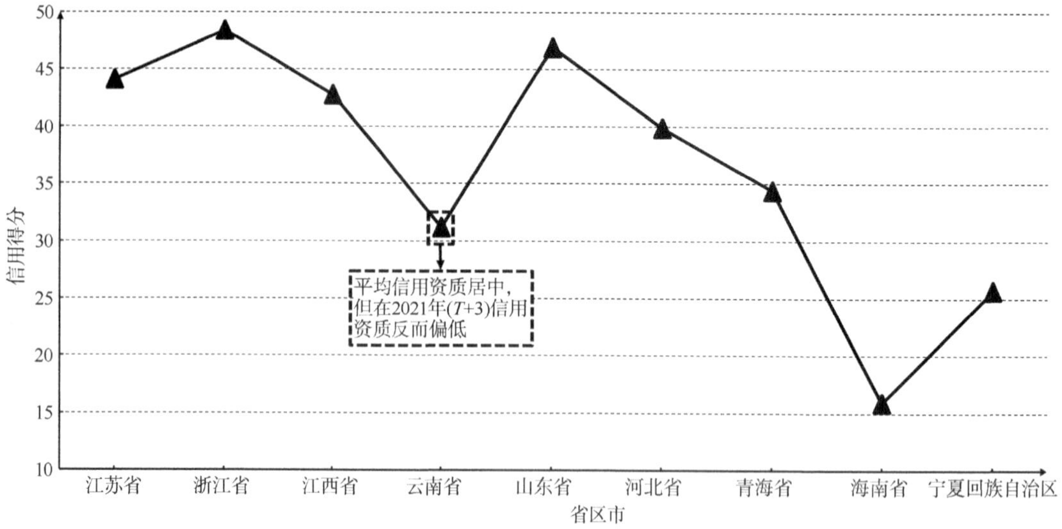

图 15.7　上市小企业省区市未来 *T*+3 年的信用得分对比图

由图 15.7 可知，2021 年(*T*+3)省区市的信用得分对比中，“云南省”“海南省”的信用得分较低，信用资质较差。综合上文图 15.6 平均信用得分图，得出结论：平均信用资质居中的“云南省”，在 2021 年(*T*+3)的信用资质反而较低。这说明在 2021 年，“云南省”可能会存在较高违约风险。

图 15.8 是以上文表 15.34 第 21~26 列的列标识 2018~2023 年共 6 年的年份为横轴，以上文表 15.34 第 12 行第 21~26 列的信用得分为纵轴，做出的“云南省”未来 *T*+*m* (*m*=0, 1, 2, 3, 4, 5)年的信用得分趋势图。

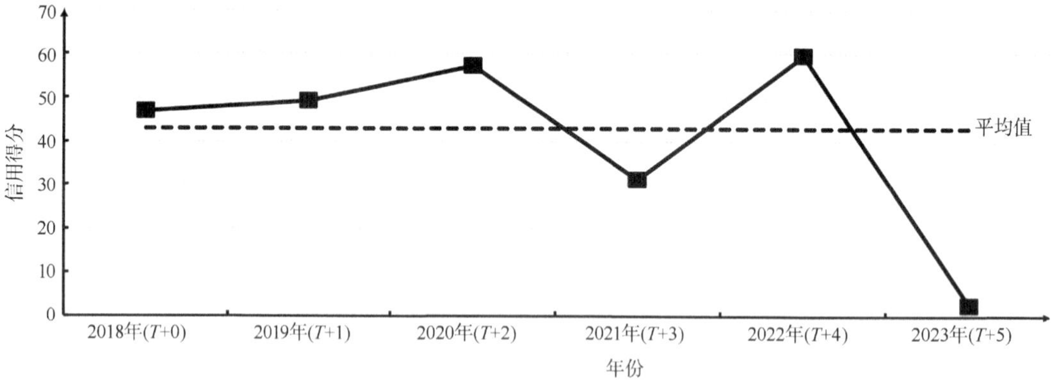

图 15.8　上市公司云南省未来 *T*+*m* (*m*=0, 1, 2, 3, 4, 5)年的信用得分趋势图

由图 15.8 可知，平均信用资质居中的“云南省”在未来 *T*+3 年的信用资质反而不高。且平均信用资质居中的“云南省”未来 *T*+5 年的信用得分更低，这说明上市小企业“云南省”2023 年(*T*+5)的信用资质将更差，违约风险较高。

综上，中国上市小企业的省区市特征为广东省、浙江省、江西省等 11 个省区市的信用资质最高，云南省、山东省、河北省等 10 个省区市的信用资质居中，青海省、海南省、宁夏回族自治区等 10 个省区市的信用资质最低。在 2021 年和 2023 年，平均信用资质居中的“云南省”信用资质反而较低，可能会存在较高的违约风险。

15.10.3　企业所有制的信用特征分析

企业所有制属性的信用特征分布是一个值得研究的话题，现有文献[35]认为相比于中国非国有企业，国有企业拥有更高的平均收益率和更有竞争力的其他优势。本书根据大股东和实际控制人将上市企业的所有制属性分为 7 类，分别是中央国有企业、地方国有企业、民营企业、集体企业、公众企业、外资企业和由协会等实际控股的其他所有制企业，如表 15.35 第 2 列所示。

表 15.35　企业所有制属性信用特征描述表

(1)序号	(2)所有制属性	(3)信用得分平均值	(4)信用得分最大值	(5)信用得分最小值	(6)信用得分标准差	(7)信用得分中位数	(8)样本数量
1	集体企业	73.82	99.96	0.99	26.43	86.97	66
2	民营企业	71.83	100.00	0.00	31.56	88.01	9020
3	中央国有企业	70.48	100.00	0.33	26.74	76.80	1162
4	外资企业	69.94	99.99	0.00	31.11	82.72	516
5	公众企业	64.95	100.00	0.00	32.27	73.04	612
6	地方国有企业	61.22	99.99	0.00	30.70	65.82	2374
7	其他所有制企业	53.14	99.80	0.01	31.89	53.85	216

本书根据表 15.21 第 7 列的 7 个所有制属性和第 9 列的信用得分。统计出 7 个所有制属性的信用得分平均值、最大值、最小值、标准差、中位数等，列在表 15.35 的第 3~8 列。

其中，表 15.35 第 8 列的样本数量是 2000~2023 年这 24 年的上市小企业总数，这里的总数包括相同企业不同年份的重复计数。例如，同一个企业 2000~2023 年这 24 年，则数量记为 24，其他企业的统计同理。

同时，为检验两两所有制之间的信用得分是否存在显著差异，本书采用曼-惠特尼 U 检验[34]来进行显著性水平检验。以“集体企业”与“民营企业”为例，根据表 15.35 第 1 列第 1、2 行的序号排序和第 8 列第 1、2 行的企业数量，计算得到曼-惠特尼 U 检验统计量值 279 434，列入表 15.36 第 1 行第 3 列。通过查曼-惠特尼 U 检验统计量的显著性水平表，将对应的 p 值 0.000 列入表 15.36 第 1 行第 4 列。同理，将其他任意两个所有制属性的曼-惠特尼 U 检验结果列在表 15.36 第 2~21 行。

表 15.36　企业所有制之间信用得分的差异性检验

(1)序号	(2)企业所有制两两比较	(3)曼-惠特尼 U 检验统计量值	(4)p 值
1	民营企业与集体企业	279 434***	0.000
…	…	…	…
20	外资企业与中央国有企业	283 630***	0.005
21	中央国有企业与集体企业	35 165***	0.008

***表示在 99%的置信水平下存在显著差异

表 15.35 和表 15.36 的实证结果表明，中国上市小企业的企业所有制属性信用特征为集体企业、民营企业和中央国有企业这 3 个所有制形式的信用资质最高，外资企业和公众企业这 2 个所有制形式的信用资质次之，地方国有企业和由协会等实际控股的其他所有制企业这 2 个所有制形式的信用资质最低。并且，任意两类所有制企业的信用资质均存在显著差异。

造成所有制属性信用特征分布差异的原因可能是民营企业可能因为其市场化程度高、经营灵活、社会负担轻等优势，信用资质相对较好。公众企业可能存在政策调控的原因，受到的管制和约束也比较多，信用资质居中。而由协会等实际控股的其他所有制企业可能由于追求快速发展，风险性投资较多，信用资质不佳。

表 15.37 是上市小企业不同所有制的 2000~2023 年这 24 年的信用得分表。第 2 列是所有制名称，对应上文表 15.21 第 6 列的 7 个所有制属性。第 3~21 列是 2000~2018 年 19 年的信用得分判别值 $S_{(T+0)}$，来自上文表 15.21 第 8 列 2000~2018 年的所有制信用得分判别值。第 22~26 列是 2019~2023 年这 5 年的信用得分预测值 $S_{(T+m)}$ (m=1, 2, 3, 4, 5)，来自上文表 15.21 第 8 列 2019~2023 年的所有制信用得分预测值。第 27 列是信用得分的所有制均值，等于第 3~26 列的算术平均值；第 27 列的所有制信用得分均值越大，则对应所有制的信用资质越好。第 28 列是所有制的信用资质水平，是根据第 27 列的信用得分所有制均值 $\overline{S}$ 由大到小

排序后的 1/3 和 2/3 两个分位点，区分出所有制信用资质好、中、差的三种水平，以此来描述上市公司的所有制信用特征分布。

表 15.37　上市小企业不同所有制的 2000~2023 年这 24 年的信用得分表

(1)序号	(2)所有制名称	信用得分判别值 $S_{(T+0)}$				信用得分预测值 $S_{(T+m)}$ (m=1, 2, 3, 4, 5)				(27)信用得分的所有制均值 $\bar{S}$	(28)所有制的信用资质水平
		(3) 2000 年	…	(21) 2018 年	(22) 2019 年	(23) 2020 年	(24) 2021 年	(25) 2022 年	(26) 2023 年		
1	集体企业	80.03	…	40.23	43.55	45.13	12.19	50.85	2.65	73.82	好
2	民营企业	65.30	…	71.36	68.26	64.58	42.41	59.09	20.91	71.83	
3	中央国有企业	74.85	…	54.74	55.10	55.78	35.10	63.84	13.04	70.48	
4	外资企业	63.61	…	68.55	65.90	64.61	42.54	63.66	19.35	69.94	中
5	公众企业	59.89	…	49.02	45.11	45.67	23.60	52.13	26.35	64.95	
6	地方国有企业	64.70	…	45.44	43.40	49.21	28.26	57.96	22.48	61.23	差
7	其他所有制企业	60.69	…	33.18	35.09	46.55	28.05	53.59	5.73	53.15	

图 15.9 是上市小企业 7 个所有制 2000~2023 年这 24 年的以年份为横轴的信用得分趋势图。图 15.9 是以上文表 15.37 第 3~26 列的列标识年份为横轴，以上文表 15.37 第 3~26 列的第 1~7 行的信用得分为纵轴，做出的所有制信用得分趋势图。

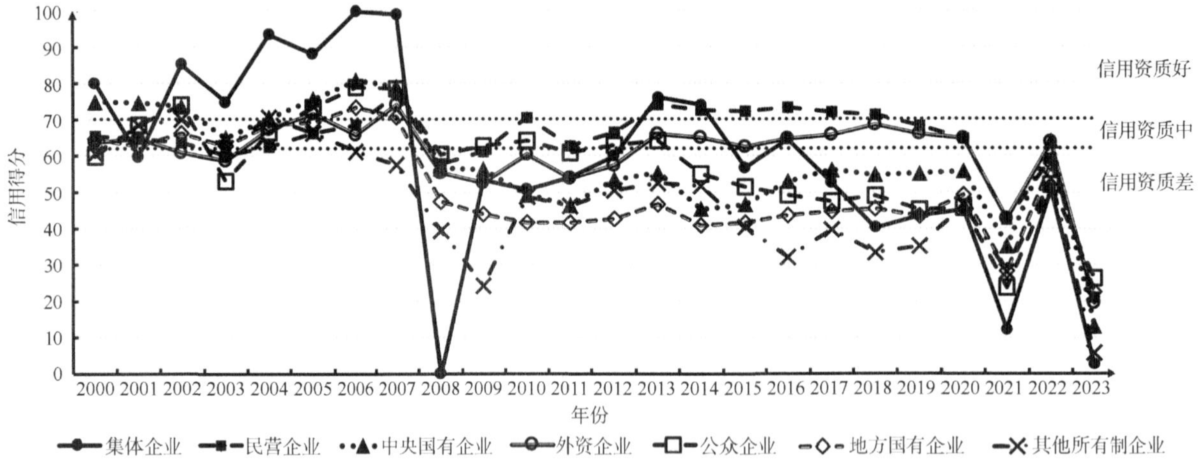

图 15.9　上市小企业 7 个所有制 2000~2023 年这 24 年的信用得分趋势图

例如，图 15.9 中“•”标识的实线“集体企业”，即是以表 15.37 第 3~26 列的列标识 2000~2023 年共 24 年的年份为横轴，以表 15.37 第 1 行第 3~26 列的信用得分为纵轴，做出的“集体企业”信用得分趋势图。同理，表 15.37 第 2 列的其他 6 个所有制也做出对应的信用得分折线图，同样画在图 15.9 中。

通过对图 15.9 的 7 个所有制的 24 年的信用得分趋势图进行分析，可以得到如下的两个结论。

(1)中国上市小企业所有制的属性信用特征整体表现。集体企业、民营企业和中央国有企业这 3 个所有制形式的信用资质最高，外资企业和公众企业这 2 个所有制形式的信用资质次之，地方国有企业和由协会等实际控股的其他所有制企业这 2 个所有制形式的信用资质最低。

(2)中国上市小企业的企业所有制属性信用分布特征随年份变化的规律。2000~2019 年除“集体企业外”的其他 6 个所有制的信用得分波动整体较为平稳，但在 2020~2023 年信用状况波动较大。具体表现为：2020 年所有 7 个所有制属性的平均信用得分均急剧下跌，至 2021 年信用得分到达低谷，于 2022 年有所反弹，但在 2023 年又呈现急剧下跌趋势。同时可以看出，集体所有制的上市小企业信用得分波动较大，更容易受宏观环境影响。相比于外资企业、公众企业、地方国有企业等 4 类信用资质居中和较差的企业，民营企业和中央国有企业这两类信用资质较好的上市小企业的信用得分的下跌幅度要更小，抗风险能力相对较好，信用资质好且稳定。

图 15.10 是上市小企业 7 个所有制属性以所有制为横轴的平均信用得分对比图。图 15.10 是以上文表 15.34 第 2 列的所有制名称为横轴，以上文表 15.34 第 27 列第 1~7 行的平均信用得分为纵轴，做出的 7 个所有制属性的平均信用得分对比图。图 15.10 中通过所有制属性平均信用得分越高，信用资质越好，将 7 个所有制属性分为信用资质好、中、差三个级别。

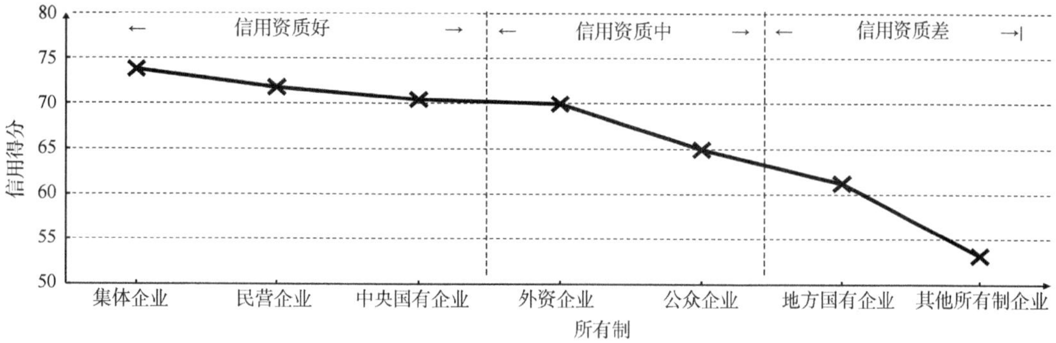

图 15.10　上市小企业 7 个所有制的平均信用得分对比图

由图 15.10 可知，平均信用得分线(“×”标记的实线)倾斜向下，表示 7 个所有制属性的信用得分随着横轴向右信用资质依次递减。说明中国上市小企业所有制的属性信用特征整体表现为：集体企业、民营企业和中央国有企业这 3 个所有制形式的信用资质最高，外资企业和公众企业这 2 个所有制形式的信用资质次之，地方国有企业和由协会等实际控股的其他所有制企业这 2 个所有制形式的信用资质最低。

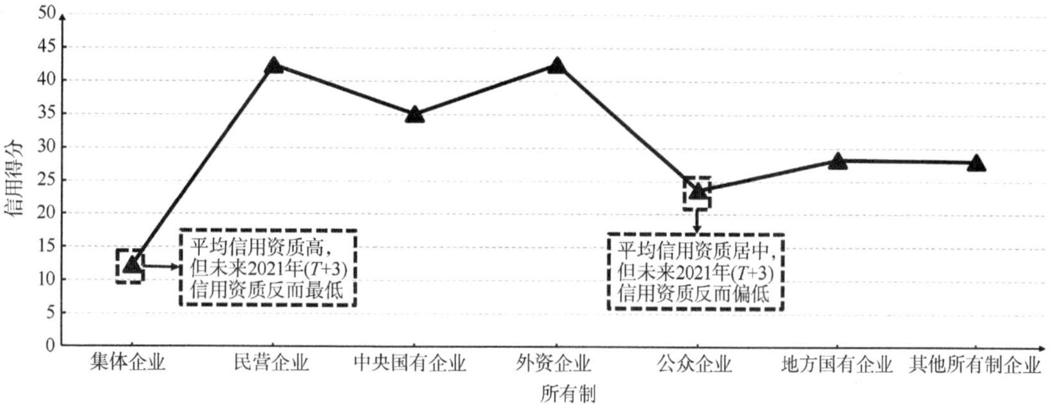

图 15.11　上市小企业 7 个所有制未来 T+3 年的信用得分对比图

图 15.11 是上市小企业 7 个所有制未来 T+3 年以所有制为横轴的信用得分对比图。通过对比未来 T+3 年 7 个所有制的信用得分，深入挖掘出平均信用资质好，但在未来 T+3 年信用资质反而不好的典型所有制。

图 15.11 是以上文表 15.34 第 2 列的所有制名称为横轴，以上文表 15.34 第 24 列第 1~7 行的信用得分为纵轴，做出的 7 个所有制 2021 年(T+3)的信用得分对比图。图 15.11 中纵轴的信用得分越高，表示信用资质越好。

由图 15.11 可知，2021 年(T+3) 7 个所有制的信用得分对比中，“集体企业”“公众企业”的信用得分低，信用资质差。综合上文图 15.10 平均信用得分图，得出结论：平均信用资质高的“集体企业”，在 2021 年(T+3)的信用资质反而最低。这说明在 2021 年，“集体企业”可能会存在极高违约风险。平均信用资质居中的“公众企业”，在 2021 年(T+3)的信用资质反而偏低。这说明在 2021 年，“公众企业”可能会存在极高违约风险。

图 15.12 是以上文表 15.34 第 21~26 列的列标识 2018~2023 年共 6 年的年份为横轴，以上文表 15.34 第 1 行第 21~26 列的信用得分为纵轴，做出的“集体企业”未来 $T+m$ (m=0, 1, 2, 3, 4, 5)年的信用得分趋势图。

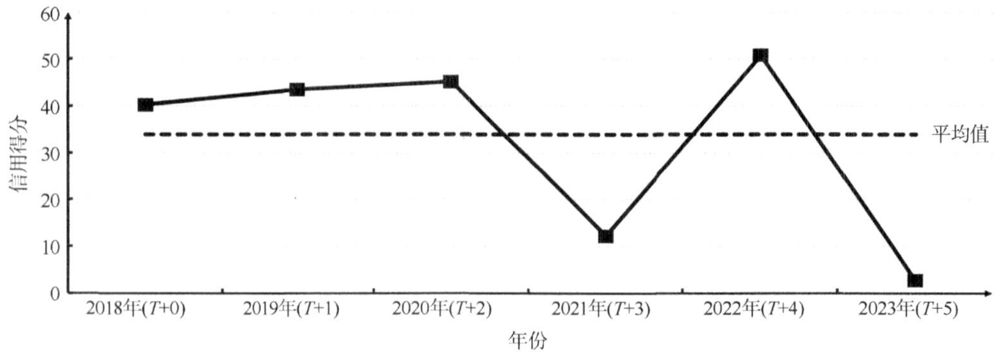

图 15.12　上市公司集体企业未来 $T+m$ (m=0, 1, 2, 3, 4, 5)年的信用得分趋势图

由图 15.12 可知，“集体企业”平均信用资质高，但未来 T+3 年的信用资质反而最低的原因为“集体企业”未来 T+0、T+1、T+2、T+4 这四年的信用得分高于平均值，但未来 T+3 年信用得分低于平均水平。由图 15.12 还可知，“集体企业”未来 T+5 年的信用得分最低，这说明上市小企业“集体企业”2023 年(T+5)的信用资质将更差，违约风险较高。

综上，中国上市小企业的企业所有制属性信用特征为：集体企业、民营企业和中央国有企业这 3 个所有制形式的信用资质最高，外资企业和公众企业这 2 个所有制形式的信用资质次之，地方国有企业和由协会等实际控股的其他所有制企业这 2 个所有制形式的信用资质最低。平均信用资质高的“集体企业”，在 2021 年和 2023 年的信用资质反而较差，违约风险高。

15.11　上市小企业的信用指数构建

表 15.38 第 5~7 列的上市小企业的资产总额 A_j、负债总额 L_j、资产总额加负债总额(A_j+L_j)数据，是在 Wind 数据库查询得到的。表 15.38 第 8 列信用得分 $S_{j(T+m)}$来自上文表 15.21 的第 9 列。其中，对于 2000~2018 年已有指标数据的公司，用的是 m=0 的信用得分 $S_{j(T+0)}$；对于 2019~2023 年没有指标数据的公司，用的是 m=1, 2, 3, 4, 5 时刻预测的信用得分 $S_{j(T+m)}$。

表 15.38　上市小企业的负债总额、资产总额和最优模型方案线性判别的信用得分结果

(1)序号	(2)证券代码	(3)年份	(4)证券简称	(5)资产总额 $A_{j(T+m)}$ /元	(6)负债总额 $L_{j(T+m)}$ /元	(7) 资产总额加负债总额 ($A_{j(T+m)}$ +$L_{j(T+m)}$) /元	(8)信用得分 $S_{j(T+m)}$
1	000006.SZ	2000	深振业	3 787 811 194	2 523 867 313	6 311 678 507	95.14
2	000007.SZ	2000	全新好	951 889 240	813 920 415	1 765 809 654	18.66
3	000008.SZ	2000	神州高铁	290 828 409	166 631 021	457 459 430	17.88
…	…	…	…	…	…	…	…
3 251	002040.SZ	2007	南京港	610 976 235	83 517 718	694 493 953	96.30
3 252	002049.SZ	2007	紫光国芯	478 859 906	91 806 925	570 666 831	95.82
3 253	002054.SZ	2007	德美化工	1 143 869 977	530 904 007	1 674 773 984	97.53
…	…	…	…	…	…	…	…
9 034	600215.SH	2015	长春经开	4 046 252 431	1 627 554 221	5 673 806 652	34.26
9 035	600225.SH	2015	ST 松江	14 798 945 636	12 711 518 716	27 510 464 352	19.75
9 036	600211.SH	2015	西藏药业	706 330 006	220 429 722	926 759 728	91.61
…	…	…	…	…	…	…	…
13 964	603669.SH	2023	灵康药业	2 067 926 746	689 967 646	2 757 894 392	29.14

续表

(1)序号	(2)证券代码	(3)年份	(4)证券简称	(5)资产总额 $A_{j(T+m)}$/元	(6)负债总额 $L_{j(T+m)}$/元	(7) 资产总额加负债总额 ($A_{j(T+m)}+L_{j(T+m)}$)/元	(8)信用得分 $S_{j(T+m)}$
13 965	603985.SH	2023	恒润股份	1 774 660 298	615 749 277	2 390 409 575	99.74
13 966	603986.SH	2023	兆易创新	2 860 830 541	963 653 043	3 824 483 584	32.62

15.11.1　基于资产总额标准的信用指数计算

以 2000 年基于资产总额标准的信用指数计算为例进行说明。

1. 基于资产总额标准的典型公司样本选取

表 15.38 第 1~447 行表示 2000 年共有 447 家上市小企业。将表 15.38 第 1~447 行第 5 列资产总额由高到低进行排序，并选取年资产总额排名前 10%的企业，即 $N^A_{(2000)}$=447×10%≈45 家上市小企业作为 2000 年信用指数构建的典型公司。将这 45 个典型公司的证券代码、证券简称、年份、资产总额分别列入表 15.39 的第 1~45 行的第 2~5 列。

表 15.39　上市小企业基于资产总额选取的典型公司样本

(1)序号	(2)证券代码	(3)证券简称	(4)年份	(5)资产总额 $A_{j(T+m)}$/元	(6) 典型公司样本权重 $W^A_{j(T+m)}$	(7)信用得分 $S_{j(T+m)}$
1	600642.SH	申能股份	2000	9 915 345 806	0.064	84.55
2	000027.SZ	深圳能源	2000	7 544 313 536	0.049	83.18
3	600663.SH	陆家嘴	2000	7 384 601 737	0.048	14.35
…	…	…	…	…	…	…
45	000659.SZ	*ST 中富	2000	2 107 555 535	0.014	81.98
46	600642.SH	申能股份	2001	9 907 849 921	0.063	95.10
47	000027.SZ	深圳能源	2001	7 764 864 405	0.049	96.82
48	600663.SH	陆家嘴	2001	7 528 302 376	0.048	93.02
…	…	…	…	…	…	…
89	000993.SZ	闽东电力	2001	2 175 895 052	0.014	96.15
…	…	…	…	…	…	…
1 101	600733.SH	北汽蓝谷	2019	43 298 453 635	0.047	7.18
1 102	000736.SZ	中交地产	2019	40 229 785 545	0.044	25.47
1 103	600707.SH	彩虹股份	2019	40 107 988 775	0.043	9.21
…	…	…	…	…	…	…
1 259	600052.SH	东望时代	2019	6 987 849 444	0.008	62.89
…	…	…	…	…	…	…
1 338	600733.SH	北汽蓝谷	2023	43 298 453 635	0.047	23.11
1 339	000736.SZ	中交地产	2023	40 229 785 545	0.044	92.47
1 340	600707.SH	彩虹股份	2023	40 107 988 775	0.043	0.00
…	…	…	…	…	…	…
1 390	600052.SH	东望时代	2023	6 987 849 444	0.008	37.60

2. 基于资产总额标准的典型公司权重计算

将上文计算的 2000 年典型公司个数 $N^A_{(2000)}$=45 和表 15.39 第 5 列的资产总额 $A_{j(2000)}$代入上文式(3.82)，得到 2000 年典型公司的样本权重。

以第 1 个典型公司“申能股份(600642.SH)”为例。

将表 15.39 第 5 列第 1 行资产总额 $A_{1(2000)}$代入式(3.82)，得到“申能股份”的指数权重。

$$W^A_{1(2000)}=A_{1(2000)}/(A_{1(2000)}+\cdots+A_{45(2000)})$$
$$=9\,915\,345\,806/(9\,915\,345\,806+\cdots+2\,107\,555\,535)=0.064 \tag{15.10}$$

列入表 15.39 第 6 列第 1 行。同理，将表 15.39 第 5 列第 2~45 行的负债总额 $A_{j(2000)}$分别代入式(3.82)，分别得到 2000 年其他 44 个典型公司的权重 $W^A_{j(2000)}$ (j=2, …, 45)，列入表 15.39 第 6 列第 2~45 行。同理，可以计算得到 2001~2023 年的典型公司样本权重 $W^A_{j(T+m)}$，将结果列入表 15.39 第 6 列第 46~1397 行。

3. 基于资产总额标准的信用指数计算过程

根据上文表 15.21 第 2 列的证券代码和第 9 列的信用得分，将表 15.39 第 7 列的信用得分 $S_{j(T+m)}$对应填充。

将表 15.39 第 1~45 行的 2000 年 45 家典型公司对应的第 6 列权重 $W^A_{j(T+m)}$、第 7 列信用得分 $S_{j(T+m)}$，以及上文选取的 2000 年典型公司个数 $N^A_{(2000)}$=117，代入上文式(3.85)，得到 2000 年典型公司样本基于资产总额标准的信用得分加权平均值$\bar{S}^A_{(2000)}$ 如下：

$$\bar{S}^A_{(2000)}=\sum_{j=1}^{45}W^A_{j(2000)}S_{j(2000)}=70.09 \tag{15.11}$$

基于资产总额标准的信用指数计算：将表 15.39 中 2000 年 45 家上市典型公司对应的第 6 列样本权重 $W^A_{j(T+m)}$、第 7 列信用得分 $S_{j(T+m)}$，以及成分股数量 $N^A_{(2000)}$=45 代入式(3.86)，即可计算得到 2000 年信用指数如下：

$$\mathrm{CI}^A_{(2000)}=\frac{\bar{S}^A_{(2000)}}{\bar{S}^A_{(2000)}}\times1000=\frac{70.09}{70.09}\times1000=1000.00 \tag{15.12}$$

结果列入表 15.40 第 3 列第 1 行。以上是 2000 年的信用指数的计算方式。同理，2001~2023 年的信用指数计算结果分别列入表 15.40 第 3 列第 2~24 行。

表 15.40　上市小企业 2000~2023 年这 24 年的信用指数

(1)序号	(2)年份	(3)资产总额前 10%的年度信用指数 $\mathrm{CI}^A_{(T+m)}$	(4)负债总额前 10%的年度信用指数 $\mathrm{CI}^L_{(T+m)}$	(5)基于资产总额加负债总额的年度信用指数 $\mathrm{CI}^{A+L}_{(T+m)}$
1	2000	1000.00	1000.00	1000.00
2	2001	1154.25	1163.61	1187.73
…	…	…	…	…
8	2007	1179.39	1187.47	1245.13
9	2008	1188.00	1240.21	1253.67
10	2009	1271.91	1372.35	1340.95
…	…	…	…	…
15	2014	1098.53	1142.97	1171.14
16	2015	1054.36	1103.58	1117.49
…	…	…	…	…
20	2019	1150.67	1287.18	1218.19
21	2020	1001.60	1130.30	1057.95
…	…	…	…	…
24	2023	567.01	583.71	530.78

15.11.2 基于负债总额标准的信用指数计算

以 2000 年的基于负债总额标准的信用指数计算为例进行说明。

1. 基于负债总额标准的典型公司样本选取

将表 15.38 第 6 列负债总额由高到低进行排序，并选取年负债总额排名前 10%的企业，即 N^L=447× 10%≈45 家上市公司作为 2000 年信用指数构建的典型公司。将这 45 个公司的证券代码、证券简称、年份、负债总额分别列入表 15.41 的第 1~45 行的第 2~5 列。

表 15.41 上市小企业基于负债总额选取的公司样本

(1)序号	(2)证券代码	(3)证券简称	(4)年份	(5)负债总额 $L_{j(T+m)}$/元	(6)典型公司样本权重 $W^L_{j(T+m)}$	(7) 信用得分 $S_{j(T+m)}$
1	600642.SH	申能股份	2000	5 081 909 785	0.063	84.55
2	000039.SZ	中集集团	2000	3 999 625 466	0.050	98.34
3	000027.SZ	深圳能源	2000	3 192 827 381	0.040	83.18
…	…	…	…	…	…	…
45	600639.SH	浦东金桥	2000	1 022 429 071	0.012	78.71
46	600642.SH	申能股份	2001	4 810 016 967	0.059	95.10
47	600675.SH	中华企业	2001	3 727 279 585	0.046	86.89
48	600266.SH	北京城建	2001	3 184 332 021	0.040	83.46
…	…	…	…	…	…	…
89	000659.SZ	*ST 中富	2001	1 036 153 716	0.013	96.11
…	…	…	…	…	…	…
1 101	000736.SZ	中交地产	2019	35 999 330 773	0.066	25.47
1 102	600733.SH	北汽蓝谷	2019	27 055 719 360	0.049	7.18
1 103	600707.SH	彩虹股份	2019	19 527 683 077	0.036	9.21
…	…	…	…	…	…	…
1 259	000819.SZ	岳阳兴长	2019	104 744 735	0.007	59.66
…	…	…	…	…	…	…
1 338	600707.SH	彩虹股份	2023	19 527 683 077	0.036	0.004
1 339	600077.SH	宋都股份	2023	19 408 168 473	0.035	21.56
1 340	002305.SZ	南国置业	2023	18 843 526 010	0.034	9.83
…	…	…	…	…	…	…
1 397	000605.SZ	渤海股份	2023	3 725 565 975	0.007	0.82

2. 基于负债总额标准的典型公司权重计算

将表 15.41 第 5 列第 1 行的负债总额 $L_{1(2000)}$代入式(3.83)，得到 2000 年第 1 个成分股“申能股份”的指数权重。

$$W^L_{1(2000)}=L_{1(2000)}/(L_{1(2000)}+\cdots+L_{45(2000)})$$
$$=5\ 081\ 909\ 785/(5\ 081\ 909\ 785+\cdots+1\ 022\ 429\ 071)=0.063 \quad (15.13)$$

将式(15.13)的结果列入表 15.41 第 6 列第 1 行。同理，将表 15.41 第 5 列第 2~45 行的负债总额 $L_{j(2000)}$分别代入式(3.83)，分别得到 2000 年其他 44 个成分股的权重 $W^L_{j(2000)}$(j=2, …, 45)，列入表 15.41 第 6 列第 2~45 行。

以上是 2000 年的典型公司的权重的计算方式。同理，可以计算得到 2001~2023 年的典型企业的指数权重 $W^{L}_{j(T+m)}$，将结果列入表 15.41 第 6 列第 46~1397 行。

3. 基于负债总额标准的信用指数计算过程

将表 15.41 中 2000 年 45 家上市小企业对应的第 6 列典型公司样本权重 $W^{L}_{j(T+m)}$、第 7 列信用得分 $S_{j(T+m)}$，以及成分股数量 $N^{L}_{(2000)}$=45 代入式(3.87)，得到 2000 年典型公司样本基于负债总额标准的信用得分加权平均值 $\bar{S}^{L}_{(2000)}$ 如下：

$$\bar{S}^{L}_{(2000)}=\sum_{j=1}^{45}W^{L}_{j(2000)}S_{j(2000)}=61.39 \tag{15.14}$$

可计算得到 2000 年信用指数如下：

$$\mathrm{CI}^{L}_{(2000)}=\frac{\bar{S}^{L}_{(2000)}}{\bar{S}^{L}_{(2000)}}\times 1000=\frac{61.39}{61.39}\times 1000=1000.00 \tag{15.15}$$

将上述结果列入表 15.40 第 3 列第 1 行。以上是 2000 年的信用指数的计算方式。同理，2001~2023 年的信用指数计算结果分别列入表 15.40 第 3 列第 2~24 行。

15.11.3 基于资产总额加负债总额标准的信用指数计算

以 2000 年的基于资产总额加负债总额标准的信用指数计算为例进行说明。

1. 基于资产总额加负债总额标准的典型公司样本选取

表 15.38 第 1~447 行第 7 列资产总额加负债总额由高到低进行排序，并选取年资产总额加负债总额排名前 10%的小企业，即 $N^{A+L}_{(2000)}$=447×10%≈45 家上市小企业作为 2000 年信用指数构建的典型公司。将这 45 个典型公司的证券代码、证券简称、年份、资产总额加负债总额分别列入表 15.42 第 1~45 行的第 2~5 列。同理，可以得到 2001~2023 年的典型公司样本，将典型公司样本的结果列入表 15.42 第 2~5 列第 45~1397 行。

表 15.42 上市小企业基于资产总额加负债总额之和选取的公司样本

(1)序号	(2)证券代码	(3)证券简称	(4)年份	(5)资产总额加负债总额 $(A_{j(T+m)}+L_{j(T+m)})$ /元	(6) 典型公司样本权重 $W^{A+L}_{j(T+m)}$	(7)信用得分 $S_{j(T+m)}$
1	600642.SH	申能股份	2000	7 498 627 796	0.065	84.55
2	000027.SZ	深圳能源	2000	5 368 570 459	0.046	83.18
3	000039.SZ	中集集团	2000	5 319 708 497	0.046	98.34
…	…	…	…	…	…	…
45	600177.SH	雅戈尔	2000	1 546 696 988	0.013	72.78
46	600642.SH	申能股份	2001	7 358 933 444	0.063	95.10
47	000027.SZ	深圳能源	2001	5 451 855 273	0.046	96.82
48	600663.SH	陆家嘴	2001	5 120 806 819	0.044	93.02
…	…	…	…	…	…	…
89	600383.SH	金地集团	2001	1 580 928 564	0.013	99.55
…	…	…	…	…	…	…
1 101	000736.SZ	中交地产	2019	38 114 558 159	0.052	25.47
1 102	600733.SH	北汽蓝谷	2019	35 177 086 498	0.048	7.18
1 103	600707.SH	彩虹股份	2019	29 817 835 926	0.041	9.21
…	…	…	2019	…	…	…
1 259	603393.SH	新天然气	2019	5 352 543 384	0.007	96.36
…	…	…	…	…	…	…

续表

(1)序号	(2)证券代码	(3)证券简称	(4)年份	(5)资产总额加负债总额 $(A_{j(T+m)}+L_{j(T+m)})$/元	(6) 典型公司样本权重 $W^{A+L}_{j(T+m)}$	(7)信用得分 $S_{j(T+m)}$
1 338	000736.SZ	中交地产	2023	38 114 558 159	0.047	92.47
1 339	600733.SH	北汽蓝谷	2023	35 177 086 498	0.044	23.11
1 340	600707.SH	彩虹股份	2023	29 817 835 926	0.041	0.00
…	…	…	…	…	…	…
1 397	已退市	已退市	2023	5 566 675 583	0.008	0.03

2. 基于资产总额加负债总额标准的典型公司权重计算

将上文计算的 2000 年典型公司个数 $N^{A+L}_{(2000)}$=45 和表 15.42 第 5 列的资产总额加负债总额$(A_{j(2000)}+L_{j(2000)})$代入上文式(3.84)，得到 2000 年典型公司样本权重。

以第 1 个典型公司“申能股份(600642.SH)”的指数权重 $W^{A+L}_{1(2000)}$为例。

将表 15.42 第 5 列第 1 行的资产总额加负债总额$(A_{1(2000)}+L_{1(2000)})$=7 498 627 796 代入上文式(3.84)的分子，得到权重如下：

$$W^{A+L}_{1(2000)}=(A_{1(2000)}+L_{1(2000)})/(A_{1(2000)}+\cdots+A_{45(2000)})=7\ 498\ 627\ 796/116\ 237\ 680\ 781=0.065 \tag{15.16}$$

列入表 15.42 第 6 列第 1 行。同理，将表 15.42 第 5 列第 2~45 行的负债总额$(A_{j(2000)}+L_{j(2000)})$分别代入式(3.84)，分别得到 2000 年其他 44 个典型公司样本权重 $W^{A+L}_{j(2000)}(j=2,\cdots,45)$，列入表 15.42 第 6 列第 2~45 行。

以上是 2000 年典型公司样本权重的计算方式。同理，可以计算得到 2001~2023 年的典型公司样本权重 $W^{A+L}_{j(T+m)}$，将结果列入表 15.42 第 6 列第 46~1397 行。

3. 基于资产总额加负债总额标准的信用指数计算过程

根据上文表 15.21 第 2 列的证券代码和第 9 列的信用得分，将 15.39 第 7 列的信用得分 $S_{j(T+m)}$对应填充。

将表 15.42 中 2000 年 45 家上市典型公司对应的第 6 列样本权重 $W^{L}_{j(2000)}$、第 7 列信用得分 $S_{j(2000)}$，以及成分股数量 $N^{A+L}_{(2000)}$=45 代入式(3.89)，即可计算得到 2000 年典型公司样本基于资产总额加负债总额标准的信用得分加权平均值 $\bar{S}^{A+L}_{(2000)}$ 如下：

$$\bar{S}^{A+L}_{(2000)}=\sum_{j=1}^{45}W^{A+L}_{j(2000)}S_{j(2000)}=64.72 \tag{15.17}$$

将式(15.17)计算的 2000 年典型公司样本基于负债总额标准的信用得分加权平均值 $\bar{S}^{A+L}_{(2000)}$=64.72，代入上文式(3.90)，得到 2000 年典型公司样本基于资产总额标准的信用指数 $\mathrm{CI}^{A+L}_{(2000)}$如下：

$$\mathrm{CI}^{A+L}_{(2000)}=\frac{\bar{S}^{A+L}_{(2000)}}{\bar{S}^{A+L}_{(2000)}}\times 1000=\frac{64.72}{64.72}\times 1000=1000.00 \tag{15.18}$$

将结果列入表 15.40 第 3 列第 1 行，同理，可计算 2000 年的信用得分加权平均值 $\bar{S}^{A+L}_{(2001)}$=76.87 和信用指数 $\mathrm{CI}^{A+L}_{(2001)}$=(76.87/64.72)×1000=1187.73，列入表 15.40 第 5 列第 2 行。

以上是上市小企业基于资产总额加负债总额标准的 2000 年和 2001 年的信用指数计算。依次类推，将基于资产总额加负债总额标准的 2000~2023 年 24 年的信用指数计算结果分别列入表 15.42 第 5 列第 3~24 行。

15.11.4　上市小企业 2000~2023 年 24 年的信用指数趋势图

以表 15.40 第 2 列的年份为横轴，分别以第 3、4、5 列的年度信用指数为纵轴，做出上市小企业的年度信用指数走势图，如图 15.13 所示。

中国上市小企业 2000~2018 年属于信用指数的判别值，2019~2023 年属于信用指数的预测值。2000~2023 年信用指数走势如图 15.13 所示。

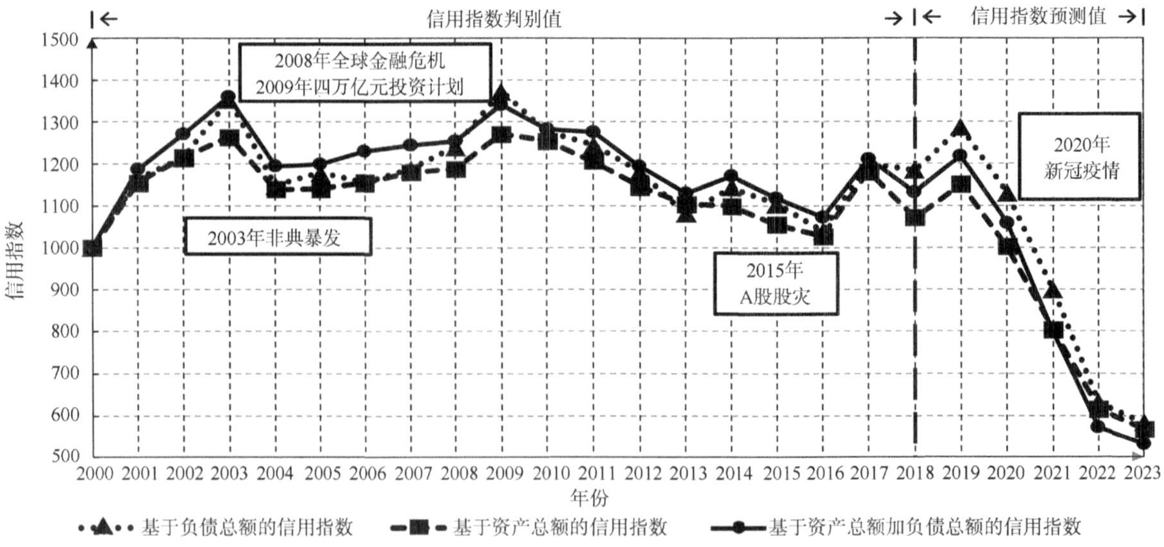

图 15.13 上市小企业年度信用指数走势

1. 2000~2018 年这 19 年中国上市小企业公司信用指数的发展规律及原因分析

2000~2018 年中国上市小企业的信用指数可以分为三段进行分析，2000~2009 年为波动上升阶段，2010~2018 年为小幅度下降阶段, 2019~2023 年为大幅度下降阶段。造成每个阶段不同趋势的原因较多，本书只选择比较有代表性的事件进行分析。

(1)从 2003 年开始，信用指数呈现下降趋势，这可能与“2003 年非典暴发”有关，非典暴发使得实体经济受到打击，从而 2003 年成为一个拐点。

(2)2004~2008 年信用指数呈现低谷波动，这可能与“2008 年全球金融危机”[36]事件有关。金融危机爆发前夕，市场已经出现低谷向上的波动，如 2006~2007 年的信用指数不断上升，这可能也与当时的“2006 年初上证指数由 1180 冲至 2007 年底的 6124 点”[37]的具体事件有关。

(3)2009 年信用指数达到之前年份最大值，这可能与金融危机后中国政府的“四万亿元投资计划”有关。四万亿元的投资计划正向刺激实体经济和股市，体现为信用指数的上扬。

(4)2010~2016 年信用指数呈现不断下降趋势，这可能与当时的“2015 年 A 股股灾”[38]事件有着密不可分的关系。

2. 2019~2023 年这 5 年中国上市小企业信用指数的趋势预测

由上述第 1 节(1)~(4)的 4 点中国上市小企业公司信用指数的发展规律及原因分析可知，本书所建立的模型及年度信用指数具有反映真实 A 股市场信用状况的能力，因此是可信的。进而由图 15.3 中 2019~2023 年预测值可以得出以下结论。

中国 A 股小企业在 2019~2020 年信用指数呈现较小幅度的下降趋势，但在 2021 年之后呈现大幅度下跌趋势，猜测可能造成下跌的原因是，受 2020 年新冠疫情的持续影响，造成宏观经济环境动荡，上市小企业的发展经营及融资受影响，导致 A 股市场的信用指数整体下滑。

15.12 上市小企业的信用风险指数构建

15.12.1 基于三个标准的信用风险指数计算

上市小企业信用风险指数的成分股选择及权重计算方式与上文 15.11 节中的上市小企业信用指数同理。但信用风险指数计算是将信用指数计算公式中分子和分母的 $S_{j(T+m)}$的替换为$(100-S_{j(T+m)})$，反映的是违约可能性。将计算得到的 2000~2023 年信用风险指数，分别列入表 15.43 第 3~5 列第 1~24 行。

表 15.43　上市小企业 2000~2023 年这 24 年的信用风险指数

(1)序号	(2)年份	(3)资产总额前 10%的年度信用风险指数 $CRI^{A}_{(T+m)}$	(4)负债总额前 10%的年度信用风险指数 $CRI^{L}_{(T+m)}$	(5)基于资产总额加负债总额的年度信用风险指数 $CRI^{A+L}_{(T+m)}$
1	2000	1000.00	1000.00	1000.00
2	2001	638.62	739.83	655.60
…	…	…	…	…
8	2007	579.71	701.88	550.24
9	2008	559.55	618.01	534.58
10	2009	362.95	407.89	374.45
…	…	…	…	…
15	2014	769.15	772.64	784.44
16	2015	872.64	835.29	866.13
…	…	…	…	…
20	2019	647.00	543.32	758.53
21	2020	996.25	792.79	599.68
…	…	…	…	…
24	2023	2014.44	1661.99	1860.90

15.12.2　上市小企业 2000~2023 年 24 年的信用风险指数趋势图

以表 15.43 第 2 列的年份为横轴，分别以第 3、4、5 列的年度信用风险指数为纵轴，做出上市小企业年度信用风险指数走势图，如图 15.14 所示。

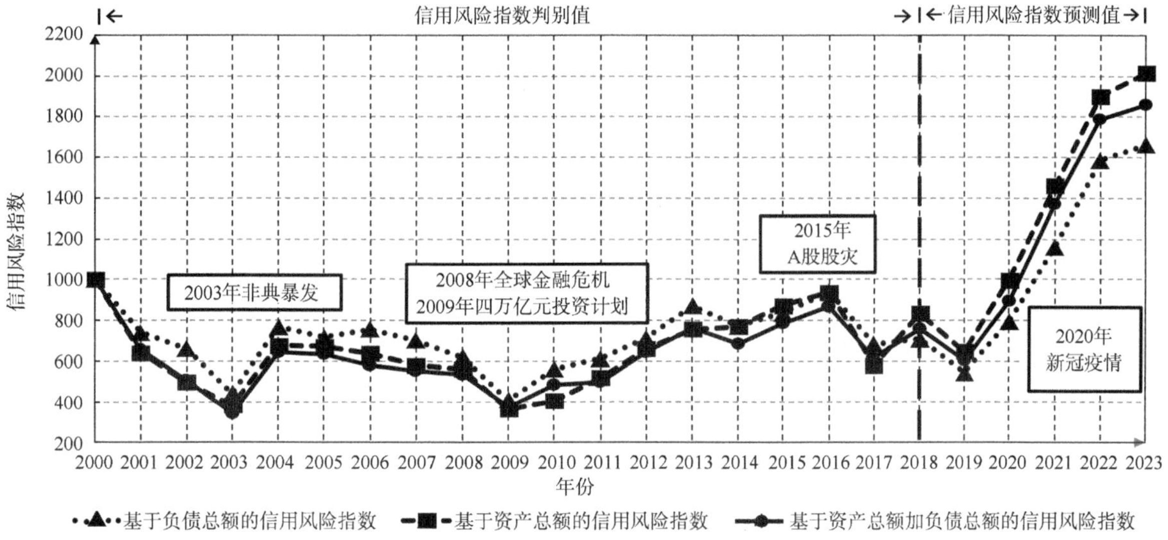

图 15.14　上市小企业年度信用风险指数走势

中国上市小企业 2000~2018 年 19 年属于信用风险指数的判别值，2019~2023 年 5 年属于信用风险指数的预测值如图 15.14 所示。

1. 2000~2018 年这 19 年中国上市小企业信用风险指数的发展规律及原因分析

(1)从 2003 年开始，信用风险指数呈现上升趋势，这可能与“2003 年非典暴发”有关。非典暴发使得实体经济受到打击，因此信用风险指数呈现上升趋势。

(2)2004~2008 年信用风险指数呈现低谷波动，这可能也与当时的“2008 年全球金融危机”[36]有关。

(3)2009 年信用风险指数达到最小值，这可能与金融危机后的四万亿元的投资计划有关。四万亿元投资计划极大地刺激了实体经济，也对股市产生重大正面影响。

(4)2010~2016 年信用风险指数呈现不断上升趋势，这可能与当时的“2015 年 A 股股灾”[38]事件有着密不可分的关系。

以上四点表明所建立的模型及年度信用风险指数具有反映真实 A 股市场信用状况的能力，因此是可信的。

2. 2019~2023 年这 5 年中国上市小企业信用风险指数的趋势预测

中国 A 股小企业在 2019~2020 年信用风险指数呈现较小幅度的上升趋势，但在 2021 年之后呈现大幅度上升趋势，猜测的可能造成上升的原因是，受 2020 年新冠疫情的持续影响，宏观经济环境动荡，上市小企业的发展经营及融资受影响，导致 A 股市场的信用风险指数整体上升。新冠疫情的影响较非典时间更长、程度更深，因此信用风险指数呈现较长时间的上升趋势。

15.13 本 章 结 论

15.13.1 主要工作

(1)本章遴选了上市小企业最优违约预测指标组合。通过结合偏相关系数的 F 检验进行指标的初步筛选，通过基于支持向量机的序列前向选择算法进一步筛选出最优的指标组合，获得了上市小企业 T+0~T+5 年的最优指标组合。

(2)本章确定了上市小企业最优指标权重向量。根据违约状态 y_j 与指标权重的函数关系 $y_j=f(w_i, x_{ij})$，将预测的违约状态 $\hat{y}_j$ 与实际违约状态 y_j 对比后，以违约和非违约两类企业的预测误差最小为目标，构建数学规划模型，反推出模型评价指标的最优权重，保证构建的预警方程能够区分违约与非违约企业。

(3)本章确定了上市小企业最优的违约风险预警模型。通过构建线性判别分析，逻辑回归、支持向量机等 14 种大数据模型，并根据模型的精度、可解释性和复杂性的“不可能三角”三个标准的对比分析，遴选出最优的 T+0~T+5 年的最优分类模型。

(4)本章分析了上市小企业不同行业、省区市、所有制属性的信用特征分布。通过计算不同行业、省区市、所有制属性的公司信用得分均值，判断信用资质好坏。并通过曼-惠特尼 U 统计检验，验证信用资质差异。若曼-惠特尼 U 显著水平检验通过且该类公司信用得分高，则意味着信用资质好，反之就差。

(5)本章构建了上市小企业基于资产总额、负债总额、资产总额加负债总额三个标准的信用指数和信用风险指数，并分析了信用指数和信用风险指数的趋势。通过最优违约预警模型计算得到的未来第 $T+m$ 年违约概率，转换为[0, 100]区间的信用得分后，按资产总额、负债总额、资产总额加负债总额三个标准选择典型公司样本，并将典型公司样本的平均信用得分转化成信用指数。信用指数用于反映年度信用趋势，并对未来第 $T+m$ 年的信用状况起到预警作用。

15.13.2 主要结论

(1)中国上市小企业违约预测的最优指标组合。由 204 个指标构成的$(2^{204}-1)\approx 2.57\times 10^{61}$个指标组合中，遴选出“资产负债率”“总资产增长率”“涉案总件数”等 13 个指标，构成了 T–0 年几何平均精度最大的指标组合；遴选出“资产负债率”“缺陷类型”“违规类型”等 18 个指标，构成了 T–1 年几何平均精度最大的指标组合；遴选出“资产负债率”“账面市值比”“高管持股比例”等 14 个指标，构成了 T–2 年几何平均精度最大的指标组合；遴选出“资产负债率”“审计意见类型”“缺陷类型”等 11 个指标，构成了 T–3 年几何平均精度最大的指标组合；遴选出“总资产报酬率”“派息比税前”“货物运输量增长率”等 18 个指标，构成了 T–4 年几何平均精度最大的指标组合；遴选出“有形资产/带息债务”“总经理是否领薪酬”“广义货币供应量(M2)同比增长率”等 14 个指标，构成了 T–5 年几何平均精度最大的指标组合。

(2)中国上市小企业违约预测的重要宏观指标。“广义货币供应量(M2)同比增长率”“货物运输量增长率”“高速公路里程增长率”等 6 个宏观指标，对上市企业违约状态有显著影响。

(3)中国上市小企业违约预测的关键指标。“营业外收入占营业总收入比重”指标存在于 T–0、T–1、T–2 年的最优指标组合中，说明对企业未来 0~2 年的短期违约状态具有关键影响。“资本公积占所有者权益的比例”“经营活动产生的现金流量净额/经营活动净收益”2 个指标对 3~5 年的长期违约状态具有关键影响，说明这两个指标对企业未来 3~5 年的中期违约预测具有关键影响。“资产负债率”“广义货币供应量(M2)同比增长率”这 2 个指标不论是对未来 0~2 年的短期违约预测，还是对未来 3~5 年的中期违约预测都有重要影响。

(4)中国上市小企业的行业信用特征。“制造业”的信用资质最高，“房地产业”的信用资质居中，“其他行业”的信用资质最低。并且，任意两个行业间的信用资质经曼-惠特尼 U 检验均存在显著差异。

(5)中国上市小企业的省区市信用特征。江苏省、浙江省、江西省等 11 个省区市的信用资质最高，云南省、山东省、河北省等 10 个省区市的信用资质居中，青海省、海南省、宁夏回族自治区等 10 个省区市的信用资质最低。并且，任意两个省区市间的信用资质经曼-惠特尼 U 检验均存在显著差异。31 省区市之间的信用资质存在显著差异。

(6)中国上市小企业的所有制信用特征。集体企业、民营企业和中央国有企业这 3 个所有制形式的信用资质最高，外资企业和公众企业这 2 个所有制形式的信用资质次之，地方国有企业和由协会等实际控股的其他所有制企业这 2 个所有制形式的信用资质最低。并且，任意两类所有制企业的信用资质均存在显著差异。

(7)中国上市小企业信用指数的预测趋势。2019~2020 年信用指数呈现较小幅度的下降趋势，但在 2021 年之后呈现大幅度下跌趋势，猜测可能造成下跌的原因是，受 2020 年新冠疫情的持续影响，宏观经济环境动荡，上市小企业的发展经营及融资受影响，导致 A 股市场的信用指数整体下滑。

(8)中国上市小企业信用风险指数的趋势预测。2019~2020 年信用风险指数呈现较小幅度的上升趋势，但在 2021 年之后呈现大幅度上升趋势，猜测可能造成上升的原因是，受 2020 年新冠疫情的持续影响，宏观经济环境动荡，上市小企业的发展经营及融资受影响，导致 A 股市场的信用风险指数整体上升。新冠疫情的影响较非典时间更长、程度更深，因此信用风险指数呈现较长时间的上升趋势。

15.13.3　特色与创新

(1)通过考虑指标冗余性和违约鉴别能力，以指标间偏相关系数和 F 值进行指标第一次筛选，以几何平均精度最大为目标，以支持向量机序列后向方法选择一组最优的指标组合，保证了构建的评价指标体系具有最大的违约鉴别能力，改变了现有研究的单指标筛选并不能保证指标体系违约鉴别能力最强的不足。

(2)通过以违约企业和非违约企业的错判误差率之和最小为目标函数，反推一组最优的指标权重，保证了所建立的违约预测模型能够保证较低的非违约企业误拒率和违约企业误授率，降低违约企业错判带来的贷款损失和非违约企业错判带来好客户流失的损失。

(3)通过综合考虑精度、可解释度、复杂性的不可能三角，从构建的 14 种大数据违约预警模型中对比分析遴选出最优违约风险预警模型，保证得到的模型既具有较高的违约预测能力，又具有可解释性，同时模型复杂性低。

(4)通过对不同行业、省区市、企业所有制属性公司的信用得分均值进行曼-惠特尼 U 非参数检验，揭示不同行业、省区市、企业所有制属性公司的信用资质好、差，以及是否存在显著差异。为股票投资、债券投资、银行贷款及商业信用决策提供依据，供金融监管当局等政策分析人员参考。

(5)通过分别对负债总额由高到低、资产总额由高到低、资产总额加负债总额平均的前 10%公司作为典型公司，并将其平均信用得分转化成年度信用指数，用于反映上市小企业的信用趋势，并对未来第 $T+m(m=1, 2, 3, 4, 5)$年的信用状况起到预警作用。

参考文献

[1] Carvalho D, Ferreira M A, Matos P. Lending relationships and the effect of bank distress：evidence from the 2007-2009 financial crisis[J]. Journal of Financial and Quantitative Analysis, 2015, 50(6)：1165-1197.

[2] Christopoulos A G, Dokas I G, Kalantonis P, et al. Investigation of financial distress with a dynamic logit based on the linkage between liquidity and profitability status of listed firms[J]. Journal of the Operational Research Society, 2019, 70(10)：1817-1829.

[3] Wu Y, Xu Y J, Li J Y. Feature construction for fraudulent credit card cash-out detection[J]. Decision Support Systems, 2019, 127：113155.

[4] Yeh C C, Lin F Y, Hsu C Y. A hybrid KMV model, random forests and rough set theory approach for credit rating[J]. Knowledge-Based Systems, 2012, 33：166-172.

[5] Chawla N V, Bowyer K W, Hall L O, et al. Smote：synthetic minority over-sampling technique[J]. Journal of Artificial Intelligence Research, 2002, 16(1)：321-357.

[6] 迟国泰, 张亚京, 石宝峰. 基于 Probit 回归的小企业信用评级模型及实证[J]. 管理科学学报, 2016, 19(6)：136-156.

[7] Wang T C, Chen Y H. Applying rough sets theory to corporate credit ratings[C]. IEEE International Conference：Service Operations and Logistics, and Informatics, 2006：132-136.

[8] He H L, Zhang W Y, Zhang S A novel ensemble method for credit scoring：adaption of different imbalance ratios[J]. Expert Systems with Applications, 2018, 98：105-117.

[9] Ferri C, Hernandez-Orallo J, Modroiu R. An experimental comparison of performance measures for classification[J]. Pattern Recognition Letters, 2009, 30(1)：27-38.

[10] Desai V S, Crook J N, Overstreet G A. A comparison of neural networks and linear scoring models in the credit union environment[J]. European Journal of Operational Research, 1996, 95(1)：24-37.

[11] Bravo C, Maldonado S, Weber R. Granting and managing loans for micro-entrepreneurs：new developments and practical experiences[J]. European Journal of Operational Research, 2013, 227(2)：358-366.

[12] Djeundje V B, Crook J. Identifying hidden patterns in credit risk survival data using generalised additive models[J]. European Journal of Operational Research, 2019, 277：366-376.

[13] Huang C, Dai C, Guo M. A hybrid approach using two-level DEA for financial failure prediction and integrated SE-DEA and GCA for indicators selection[J]. Applied Mathematics and Computation, 2015, 251：431-441.

[14] Xia Y F, Liu C Z, Li Y Y, et al. A boosted decision tree approach using bayesian hyper-parameter optimization for credit scoring[J]. Expert Systems with Applications, 2017, 78：225-241

[15] 陈丽. 基于决策树最优组合的企业违约预测模型[D]. 大连：大连理工大学, 2019.

[16] West D. Neural network credit scoring models[J]. Computers & Operations Research, 2000, 27(11-12)：1131-1152.

[17] Huang Z, Chen H, Hsu C J, et al. Credit rating analysis with support vector machines and neural networks：a market comparative study[J]. Decision Support Systems, 2004, 37(4)：543-558.

[18] Hand D J, Henley W E. Statistical classification methods in consumer credit scoring：a review[J]. Journal of the Royal Statistical Society, 1997, 160：523-541.

[19] Ömer F E, Mehmet E T. A novel version of k nearest neighbor：dependent nearest neighbor[J]. Applied Soft Computing, 2017, 55：480-490.

[20] Abellán J, Mantas C J. Improving experimental studies about ensembles of classifiers for bankruptcy prediction and credit scoring[J]. Expert Systems with Applications, 2014, 41(8)：3825-3830.

[21] Fan Q, Wang Z, Li D D, et al. Entropy-based fuzzy support vector machine for imbalanced datasets[J]. Knowledge-Based Systems, 2017, 115：87-99.

[22] He H L, Zhang W Y, Zhang S. A novel ensemble method for credit scoring：adaption of different imbalance ratios[J]. Expert Systems with Applications, 2018, 98：105-117.

[23] Campbell J Y, Hilscher J, Szilagyi J. In search of distress risk[J]. The Journal of Finance, 2008, 63(6)：2899-2939.

[24] Finlay S. Multiple classifier architectures and their application to credit risk assessment[J]. European Journal of Operational Research, 2011, 210(2)：368-378.

[25] Iyer R, Khwaja A I, Luttmer E, et al. Screening peers softly：inferring the quality of small borrowers[J]. Management Science, 2016, 62：1554-1577.

[26] Berg T, Burg V, Gombovic A, et al. On the rise of fintechs：credit scoring using digital footprints[J]. The Review of Financial

Studies, 2020, 33：2845-2897.

[27] Geng R B, Bose I, Chen X. Prediction of financial distress：an empirical study of listed chinese companies using data mining[J]. European Journal of Operational Research, 2015, 241(1)：236-247.

[28] Junior L M, Nardini F M, Renso C, et al. A novel approach to define the local region of dynamic selection techniques in imbalanced credit scoring problems[J]. Expert Systems with Applications, 2020, 152：113351.

[29] Jones S. Corporate bankruptcy prediction：a high dimensional analysis[J]. Review of Accounting Studies, 2017, 22：1366-1422.

[30] Doshi-Velez F, Kim B. Towards a rigorous science of interpretable machine learning[EB/OL]. https://arxiv.org/abs/1702.08608 [2017-02-28].

[31] Zhu X Q, Li J P, Wu D S, et al. Balancing accuracy, complexity and interpretability in consumer credit decision making：a C-TOPSIS classification approach[J]. Knowledge Based Systems, 2013, 52：258-267.

[32] 迟国泰, 石宝峰. 基于信用等级与违约损失率匹配的信用评级系统与方法[P]. 中国专利, 201210201461.6. 2012-11-14.

[33] 中国证券监督管理委员会. 上市公司行业分类指引(2012 年修订)[R]. 中国证券监督管理委员会, 2012.

[34] Zhu Y, Zhou L, Xie C, et al. Forecasting SMEs' credit risk in supply chain finance with an enhanced hybrid ensemble machine learning approach[J]. International Journal of Production Economics, 2019, 211：22-33.

[35] Liu L, Liu Q G, Tian G, et al. Government connections and the persistence of profitability：evidence from chinese listed firms[J]. Emerging Markets Review, 2018, 36：110-129.

[36] 张茜. 中国股票市场发展与货币政策完善[D]. 太原：山西大学, 2012

[37] 林汶奎. 2006 年的中国大牛市[J]. 现代阅读, 2014, (4)：26.

[38] 张建军. “危”与“机”：全球主要股灾背景下的救市措施与 A 股选择[J]. 中国市场, 2015, (51)：37-41.

第 16 章 上市小企业制造行业的公司违约预测与信用指数构建

16.1 本章内容提要

本章是上市小企业制造行业的公司违约预测与信用指数构建。促进上市小企业制造行业发展对拉动区域经济发展意义重大[1]。稳定的外部现金流供给是上市小企业制造行业生存和发展的前提，然而，上市小企业制造业管理上的不规范及信息不透明导致的金融机构惜贷行为，使得上市小企业制造无法获得稳定外部现金流，严重影响上市小企业制造行业的生存和发展。本章建立的上市小企业制造行业信用指数不仅能够帮助金融机构了解上市小企业制造行业的违约风险情况，为金融机构提供贷款决策参考，还对小企业制造行业稳定现金流的获取和促进区域经济发展具有重要意义。

本章的中国上市小企业制造行业的公司违约预测与信用指数构建包括以下五个内容。

一是通过对上市小企业制造行业的 $T-m(m=0, 1, 2, 3, 4, 5)$年的财务数据、非财务数据、宏观数据，以及 T 年的违约与否状态进行实证分析。通过基于经济学含义和偏相关系数的第一次指标筛选和基于支持向量机向前搜索的第二次指标组合遴选方法构建具有提前 m 年$(m=0, 1, 2, 3, 4, 5)$违约预警能力的指标体系。

二是通过违约评价方程的违约状态预测值 $\hat{y}$ 与实际值 y 之间的错判误差最小，反推最优的指标权重向量。

三是通过线性判别模型、支持向量机模型、决策树模型等 14 种大数据模型分别建模对比，并根据精度、可解释性、复杂性的“不可能三角”三个标准进行模型对比分析，最终确定一个能同时兼顾精度高、可解释性强、复杂性低的最佳违约预警模型。

四是利用选取的最佳违约预警模型计算得到的小企业制造行业的违约概率和信用得分，并分析了上市小企业制造行业的不同地区、企业所有制方面的信用特征分布规律。

五是根据得到的上市小企业制造行业信用得分，构建了中国上市小企业制造行业的年度信用指数和信用风险指数，并分析了上市小企业制造行业的信用状况年度发展规律及预测了 2019~2023 年的信用状况趋势。

应该指出：用于计算信用指数的信用得分预测值 $S_{j(T+m)}$，共分为以下两种情况。

情况一：对于 2000~2018 年这 19 年已有指标数据的样本，用的是 m=0 的违约判别模型 $p_{j(T+0)}=f(w_i, x_{ij(T)})$ 计算出的违约概率 $p_{j(T+0)}$和信用得分 $S_{j(T+0)}=(1-p_{j(T+0)})\times100$。

情况二：对于 2019~2023 年这 5 年没有指标数据的样本，用的是 m=1, 2, 3, 4, 5 时刻的违约预测模型 $p_{j(T+m)}=f(w_i, x_{ij(T)})$计算出的违约概率 $p_{j(T+m)}$和信用得分 $S_{j(T+m)}=(1-p_{j(T+m)})\times100$。

本章的主要工作如下。

一是通过明确经济学含义的海选指标集中，根据指标间偏相关系数和 F 值筛选出具有违约鉴别能力且指标间信息冗余最小的一组指标；并通过第二阶段的构建前向选择支持向量机指标遴选模型，以几何平均精度最大为标准，采用前向选择方法筛选违约鉴别能力最大的指标组合，保证构建的评价指标体系具有最强的违约鉴别能力。

二是根据违约状态 y_j 与指标权重的函数关系 $y_j=f(w_i, x_{ij})$，将预测的违约状态 $\hat{y}_j$ 与实际违约状态 y_j 对比后，以违约和非违约两类公司的预测错判误差最小为目标，构建数学规划模型，反推出评价模型的最优指标权重，保证构建的预警模型能够显著区分违约与非违约公司。

三是以精度为模型第 1 排序标准，可解释性为第 2 排序标准，复杂性为第 3 排序标准，在构建的逻辑回归模型、线性判别模型、广义加性模型等 14 个大数据模型中，遴选兼具高精度、强可解释性、低复杂性的最优模型。并使用 T 时刻的指标数据 $x_{ij(T)}$，预测公司 $T+m$ (m=0, 1, 2, 3, 4, 5)时刻的违约状态 $y_{j(T+m)}=f(x_{ij(T)})$、违约概率 $p_{j(T+m)}=g(x_{ij(T)})$和信用得分 $S_{j(T+m)}=(1-p_{j(T+m)})\times100$。

四是通过对不同地区、企业所有制公司的信用得分均值进行曼-惠特尼 U 非参数检验，揭示不同地区、不同所有制的中国上市小企业制造行业中，哪类公司的信用资质好，哪类公司的信用资质差，哪类公司的信用资质居中，为股票投资、债券投资提供决策依据，为商业银行发放贷款提供参照，为金融监管当局提供监管预警建议。

五是通过最优违约预警模型计算得到的未来第 $T+m$ 年违约概率，转换为[0, 100]区间的信用得分后，按资产总额、负债总额、资产总额加负债总额的三个标准的选股规则选择样本公司，并将样本公司的信用得分根据负债总额、资产总额、资产总额加负债总额的占比分别进行加权平均，构建信用指数和信用风险指数。信用指数和信用风险指数用于反映信用发展规律，并预测未来第 $T+m$ 年的违约风险趋势。

16.2　上市小企业制造行业的公司违约预测与信用指数构建的原理

中国上市小企业制造行业的公司违约预测与信用指数构建主要原理包括：信用评级原理、违约预测原理、指数构建原理、14 种违约预警大数据模型构建原理、最优违约预警指标体系遴选原理、基于错判误差最小的指标赋权原理、信用等级划分原理。具体原理介绍详见上文第 3 章，在此不再赘述。

16.3　上市小企业制造行业的数据处理

16.3.1　上市小企业制造行业的样本数据介绍

上市小企业制造行业样本的含义：中国沪市和深市的 407 家小企业制造业公司数据。

上市小企业制造行业样本数据的描述：共包含 2000~2018 年 407 家中国上市小企制造业公司的财务指标、非财务指标及宏观指标等数据。通过 Wind 金融数据库、国泰安经济数据库、国家统计局和中国经济社会发展统计数据库搜集，结合经济学含义的进一步遴选，最终建立了包括资产负债率等 138 个财务指标，审计意见类型等 17 个非财务指标，行业景气指数等 49 个宏观指标, 1 个违约状态指标在内的共计 205 个指标的上市小企业制造行业信用风险海选指标集。

违约状态定义[2-3]：将被标记为“ST”的上市企业，定义为出现财务困境的企业，即违约的差客户，标记为“1”。将没有“ST”标记的上市企业，定义为没有出现财务困境的企业，即非违约的好客户，标记为“0”。

上市公司制造行业小企业 $T-m$ 数据的描述：为实现违约风险动态预警的目的，共构造了 6 组 $T-m$(m=0, 1, 2, 3, 4, 5)上市小企业制造行业，每组上市小企业制造行业样本中是第 $T-m$ 年的指标数据和第 T 年的违约状态。同时，每组 $T-m$(m=0, 1, 2, 3, 4, 5)上市小企业制造行业样本分别包含 407 个样本，其中违约样本 42，非违约样本 365。

表 16.1 是 $T-m$(m=0, 1, 2, 3, 4, 5)上市小企业制造行业样本数据概览。其中 a 列是序号，b 列是时间窗口，c 列是企业代码，d 列是指标的标准化数据(标准化处理详见“3.6.1 指标数据标准化方法”)。

表 16.1 上市小企业制造行业 $T-m(m=0, 1, 2, 3, 4, 5)$时间窗口样本数据概览

(a)序号	(b)时间窗口	(c)企业代码	(d)指标的标准化数据 x_{ij}			
			(1)资产负债率	…	(204)国内专利申请授权数增长率	(205)第 T 年的违约状态
1	T–0	000023.SZ	0.712	…	0.031	0
2		300683.SZ	0.908	…	0.033	0
3		600559.SH	0.777	…	0.025	0
…		…	…	…	…	…
407		600589.SH	0.813	…	0.034	0
408	T–1	000023.SZ	0.689	…	0.028	0
409		300683.SZ	0.938	…	0.026	0
410		600559.SH	0.788	…	0.022	0
…		…	…	…	…	…
814		600589.SH	0.790	…	0.031	0
815	T–2	000023.SZ	0.657	…	0.028	0
816		300683.SZ	0.854	…	0.025	0
817		600559.SH	0.820	…	0.025	0
…		…	…	…	…	…
1221		600589.SH	0.813	…	0.025	0
1222	T–3	000023.SZ	0.703	…	0.025	0
1223		300683.SZ	0.857	…	0.033	0
1224		600559.SH	0.857	…	0.028	0
…		…	…	…	…	…
1628		600589.SH	0.771	…	0.032	0
1629	T–4	000023.SZ	0.693	…	0.031	0
1630		300683.SZ	0.850	…	0.023	0
1631		600559.SH	0.717	…	0.023	0
…		…	…	…	…	…
2035		600589.SH	0.793	…	0.025	0
2036	T–5	000023.SZ	0.688	…	0.030	0
2037		300683.SZ	0.807	…	0.028	0
2038		300683.SZ	0.701	…	0.022	0
…		…	…	…	…	…
2442		600589.SH	0.813	…	0.026	0

表 16.2 是 $T-m(m=0, 1, 2, 3, 4, 5)$上市小企业制造行业样本指标标准化数据的描述性统计表。其中，第 1 列是序号，第 2 列是时间窗口，第 3 列是统计量，第 4~208 列是指标对应的统计值。

表 16.2 上市小企业制造行业 $T-m(m=0, 1, 2, 3, 4, 5)$时间窗口指标数据描述性统计表

(1)序号	(2)时间窗口	(3)统计量	(4)资产负债率	…	(8)权益乘数	…	(206)外商投资企业外方注册资本增长率	(207)国内专利申请授权数增长率	(208)违约状态
1	T–0	平均值	0.845	…	0.939	…	0.166	0.031	0.103
2		标准差	0.121	…	0.139	…	0.016	0.022	0.305
3		中位数	0.866	…	0.973	…	0.163	0.029	0.000

续表

(1)序号	(2)时间窗口	(3)统计量	(4)资产负债率	…	(8)权益乘数	…	(206)外商投资企业外方注册资本增长率	(207)国内专利申请授权数增长率	(208)违约状态
4	$T-1$	平均值	0.844	…	0.942	…	0.171	0.030	0.103
5		标准差	0.128	…	0.130	…	0.057	0.049	0.305
6		中位数	0.862	…	0.972	…	0.164	0.026	0.000
7	$T-2$	平均值	0.833	…	0.940	…	0.167	0.029	0.103
8		标准差	0.130	…	0.130	…	0.030	0.006	0.305
9		中位数	0.852	…	0.969	…	0.164	0.028	0.000
10	$T-3$	平均值	0.810	…	0.930	…	0.160	0.030	0.103
11		标准差	0.124	…	0.132	…	0.043	0.006	0.305
12		中位数	0.820	…	0.958	…	0.162	0.030	0.000
13	$T-4$	平均值	0.794	…	0.917	…	0.161	0.028	0.103
14		标准差	0.122	…	0.147	…	0.022	0.006	0.305
15		中位数	0.805	…	0.952	…	0.161	0.026	0.000
16	$T-5$	平均值	0.782	…	0.904	…	0.159	0.028	0.103
17		标准差	0.123	…	0.161	…	0.032	0.005	0.305
18		中位数	0.790	…	0.946	…	0.161	0.028	0.000

16.3.2　上市小企业制造行业的训练测试数据划分

训练测试样本划分的目的：将上市小企业制造行业数据划分为训练样本和测试样本。训练样本用于求解模型参数，构建训练模型。测试样本用于验证所构建的模型预测精度效果。

训练测试样本划分比例[4-5]：70%作为训练样本，30%作为测试样本。

训练测试样本划分方式：随机从 $T-m(m=0, 1, 2, 3, 4, 5)$样本中抽取 70%非违约企业与 70%违约企业共同组成训练样本。剩余的 30%组成测试样本。

非平衡数据处理：由表 16.1 第 d 列第 205 子列违约状态统计可知，上市小企业制造行业训练样本的违约样本数：非违约样本数=29∶255≈1∶11，属于非平衡样本。非平衡样本会导致训练得到的模型对违约客户识别率低。为解决样本非平衡问题，本书通过 SMOTE 非平衡处理方法[6]，生成虚拟违约公司，扩充训练样本中的违约企业个数，使违约与非违约企业数量比例为 1∶1。

上市小企业制造行业的训练样本数量 N_{train}、测试样本数量 N_{test} 及合成少数过采样技术扩充的训练样本数量 N_{train}^{smote}，如表 16.3 所示。

表 16.3　上市小企业制造行业的训练测试样本数量一览

序号	(1)样本分类	(2)非违约公司	(3)违约公司	(4)总计
1	训练样本 $N_{train}=N\times70\%+N_{train}^{smote}$	255+0=255	29+226=255	510
2	测试样本 $N_{test}=N\times30\%$	110	13	123
3	全部样本 N	365	268	633

16.4　上市小企业制造行业的违约预警指标体系的建立

根据表 16.3 第 1 行定义的训练样本 N_{train} 对应表 16.1 第 d 列对应的上市小企业制造行业在 $T-m(m=0, 1, 2, 3, 4, 5)$的 204 个指标数据，按照上文 3.4.2 节进行两次指标筛选。

第一次指标遴选是利用上市小企业制造业的 $T\text{−}m(m\text{=}0, 1, 2, 3, 4, 5)$六个时间窗口样本，从全部 204 个指标中，筛选出冗余度小、经济学含义强的指标，第一次指标筛选出的指标数量分别：[138, 120, 115, 121, 123, 128]。

第二次指标组合遴选是利用上市小企业制造业 $T\text{−}m(m\text{=}0, 1, 2, 3, 4, 5)$六个时间窗口样本，从第一次指标遴选后剩余指标构成的多个指标组合中，根据几何平均精度最大遴选最优指标组合，最终遴选出指标数量分别是：[11, 18, 14, 10, 18, 14]。由下文 16.4.2 节可知，最终遴选出的指标能够满足 5C 原则[7-8]，如“资产负债率”、“每股权益合计”和“账面市值比”等指标反映营运能力；“预审计情况”“审计意见类型”等指标反映公司品质；“净资产收益率”等指标反映资本；“广义货币供应量(M2)同比增长率”等指标反映条件。

16.4.1　基于偏相关系数第一次筛选后的指标体系

依照上文 3.4.2 节的步骤 1 至步骤 3 进行基于偏相关性分析的第一次指标遴选。以上市小企业制造行业所有企业 $T\text{−}0$ 的指标数据为例进行说明。

步骤 1：同一准则层内指标偏相关系数的计算。将表 16.3 第 1 行定义的训练样本 N_{train} 中 407 家公司对应表 16.1 前 407 行第 d 列的 204 个 $T\text{−}0$ 年指标数据 x_{ij}，代入式(3.57)~式(3.60)计算任意两个指标间的偏相关系数。

步骤 2：F 值的计算。将表 16.1 前 407 行第 d 列的 204 个 $T\text{−}0$ 年指标数据 x_{ij} 中每一列指标数据，分别代入式(3.61)计算每个指标对应的 F 值。

步骤 3：基于偏相关性分析筛选指标。在步骤一计算的偏相关系数大于 0.8 的指标对中，删除指标对中经济学含义不明显的一个指标。由此，$T\text{−}0$ 年的 204 个指标经过第一次指标筛选剩余 138 个指标，将剩余的 138 个指标列于表 16.4 第 c 列第 1~138 行。

表 16.4　上市小企业制造行业 $T\text{−}0$ 年基于偏相关系数的第一次指标筛选结果

(a)序号	(b)准则层		(c)指标	(d)训练集 N_{train} 中客户指标标准化数据 x_{ij}			(e)测试集 N_{test} 中客户指标标准化数据 x_{ij}		
				(1) 客户 1	…	(284) 客户 284	(285) 客户 285	…	(407) 客户 407
(1)	企业内部财务因素	偿债能力	X_1 资产负债率	0.712	…	0.836	0.890	…	0.605
…			…	…	…	…	…	…	…
(27)			X_{38} 每股权益合计	0.337	…	0.209	0.621	…	0.204
(28)		盈利能力	X_{40} 净资产收益率(加权)	0.469	…	0.437	0.512	…	0.000
…			…	…	…	…	…	…	…
(58)			X_{87} 归属于母公司普通股东的权益综合收益率	0.492	…	0.474	0.516	…	0.000
(59)		营运能力	X_{88} 流动资产/总资产	0.553	…	0.285	0.648	…	0.401
…			…	…	…	…	…	…	…
(82)			X_{114} 分配股利、利润或偿付利息支付的现金占筹资活动现金流出小计的比重	0.918	…	0.906	0.833	…	0.000
(83)		成长能力	X_{115} 每股净资产(相对年初增长率)	0.481	…	0.477	0.486	…	0.394
…			…	…	…	…	…	…	…
(90)			X_{136} 固定资产增长率	0.017	…	0.020	0.023	…	0.016
(91)	企业内部非财务因素	股权结构与业绩审计情况	X_{139} 是否为金融机构	0.000	…	0.000	0.000	…	0.000
…			…	…	…	…	…	…	…
(96)			X_{144} 派息比税前	0.152	…	0.000	0.131	…	0.000
(97)		高管基本情况	X_{147} 监事会持股比例	0.000	…	0.000	0.065	…	0.000
…			…	…	…	…	…	…	…

续表

(a)序号	(b)准则层		(c)指标	(d)训练集 N_{train} 中客户指标标准化数据 x_{ij}			(e)测试集 N_{test} 中客户指标标准化数据 x_{ij}		
				(1) 客户 1	…	(284) 客户 284	(285) 客户 285	…	(407) 客户 407
(101)	企业内部非财务因素	企业基本信用情况	X_{151} 缺陷类型	0.731	…	1.000	1.000	…	0.731
(102)		商业信誉	X_{152} 涉案总件数	0.878	…	0.875	0.878	…	0.878
(103)			X_{153} 违规类型	1.000	…	0.538	1.000	…	1.000
(104)		社会责任	X_{154} 每股社会贡献值	0.000	…	0.000	0.000	…	0.000
(105)			X_{155} 社会捐赠强度	0.000	…	0.000	0.000	…	0.000
(106)	外部宏观环境	—	X_{156} 行业景气指数	0.826	…	0.651	0.651	…	0.732
…			…	…	…	…	…	…	…
(138)			X_{204} 国内专利申请授权数增长率	0.031	…	0.033	0.036	…	0.027
(139)	—		违约状态	0	…	1	0	…	1

表 16.4 第 d 列为训练集 N_{train} 中 284 个真实公司第一次指标遴选后剩余的 138 个指标数据，第 e 列为测试集 N_{test} 中 123 个真实公司第一次指标遴选后剩余的 138 个指标数据。

上述是 T−0 年的第一次指标遴选过程及结果。同理，根据 T−0 年第一次指标筛选的流程，最终 T−1 年、T−2 年、T−3 年、T−4 年、T−5 年经第一次指标筛选，从 204 个指标中分别遴选出 120 个、115 个、121 个、123 个和 128 个指标，将第一次指标遴选结果，分别列入表 16.5~表 16.9 的第 c 列中。

表 16.5　上市小企业制造行业 T−1 年基于偏相关系数的第一次指标筛选结果

(a)序号	(b)准则层		(c)指标	(d)训练集 N_{train} 中客户指标标准化数据 x_{ij}			(e)测试集 N_{test} 中客户指标标准化数据 x_{ij}		
				(1) 客户 1	…	(284) 客户 284	(285) 客户 285	…	(407) 客户 407
(1)	企业内部财务因素	偿债能力	X_1 资产负债率	0.689	…	0.723	0.913	…	0.693
…			…	…	…	…	…	…	…
(27)			X_{38} 每股权益合计	0.337	…	0.204	0.569	…	0.230
(28)		盈利能力	X_{41} 净资产收益率(扣除/加权)	0.516	…	0.000	0.000	…	0.000
…			…	…	…	…	…	…	…
(50)			X_{86} 资产利润率	0.443	…	0.233	0.495	…	0.000
(51)		营运能力	X_{88} 流动资产/总资产	0.540	…	0.013	0.697	…	0.495
…			…	…	…	…	…	…	…
(73)			X_{114} 分配股利、利润或偿付利息支付的现金占筹资活动现金流出小计的比重	0.966	…	0.000	0.899	…	0.000
(74)		成长能力	X_{116} 资产总计(相对年初增长率)	0.312	…	0.284	0.335	…	0.240
…			…	…	…	…	…	…	…
(78)			X_{136} 固定资产增长率	0.024	…	0.000	0.000	…	0.021
(79)	企业内部非财务因素	股权结构与业绩审计情况	X_{140} 预审计情况	0.970	…	0.000	0.970	…	0.970
…			…	…	…	…	…	…	…
(83)			X_{144} 派息比税前	0.012	…	0.000	0.000	…	0.000
(84)		高管基本情况	X_{147} 监事会持股比例	0.000	…	0.000	0.000	…	0.000
…			…	…	…	…	…	…	…

续表

(a)序号	(b)准则层		(c)指标	(d)训练集 N_{train} 中客户指标标准化数据 x_{ij}			(e)测试集 N_{test} 中客户指标标准化数据 x_{ij}		
				(1) 客户 1	…	(284) 客户 284	(285) 客户 285	…	(407) 客户 407
(88)	企业内部非财务因素	企业基本信用情况	X_{151} 缺陷类型	0.731	…	0.731	0.731	…	0.731
(89)		商业信誉	X_{152} 涉案总件数	0.878	…	0.878	0.878	…	0.878
(90)			X_{153} 违规类型	1.000	…	1.000	1.000	…	1.000
(91)		社会责任	X_{154} 每股社会贡献值	0.000	…	0.000	0.000	…	0.000
(92)			X_{155} 社会捐赠强度	0.000	…	0.000	0.000	…	0.000
(93)	外部宏观环境	—	X_{157} 分行业企业家信心指数	0.000	…	0.000	0.000	…	0.000
…			…	…	…	…	…	…	…
(120)			X_{204} 国内专利申请授权数增长率	0.028	…	0.026	0.024	…	0.026
(121)	—		违约状态	0	…	1	0	…	1

表 16.6　上市小企业制造行业 T–2 年基于偏相关系数的第一次指标筛选结果

(a)序号	(b)准则层		(c)指标	(d)训练集 N_{train} 中客户指标标准化数据 x_{ij}			(e)测试集 N_{test} 中客户指标标准化数据 x_{ij}		
				(1) 客户 1	…	(284) 客户 284	(285) 客户 285	…	(407) 客户 407
(1)	企业内部财务因素	偿债能力	X_1 资产负债率	0.657	…	0.745	0.913	…	0.759
…			…	…	…	…	…	…	…
(28)			X_{38} 每股权益合计	0.308	…	0.208	1.000	…	0.266
(29)		盈利能力	X_{41} 净资产收益率(扣除/加权)	0.000	…	0.257	0.522	…	0.334
…			…	…	…	…	…	…	…
(51)			X_{87} 归属于母公司普通股东的权益综合收益率	0.403	…	0.331	0.499	…	0.525
(52)		营运能力	X_{90} 有形资产/总资产	0.660	…	0.702	0.898	…	0.755
…			…	…	…	…	…	…	…
(72)			X_{114} 分配股利、利润或偿付利息支付的现金占筹资活动现金流出小计的比重	0.963	…	0.543	0.907	…	0.759
(73)		成长能力	X_{115} 每股净资产(相对年初增长率)	0.464	…	0.445	0.586	…	0.571
…			…	…	…	…	…	…	…
(78)			X_{138} 可持续增长率	0.466	…	0.424	0.515	…	0.544
(79)	企业内部非财务因素	股权结构与业绩审计情况	X_{139} 是否为金融机构	0.000	…	0.000	0.000	…	0.000
…			…	…	…	…	…	…	…
(84)			X_{144} 派息比税前	0.000	…	0.000	0.303	…	0.000
(85)		高管基本情况	X_{147} 监事会持股比例	0.000	…	0.000	0.067	…	0.000
…			…	…	…	…	…	…	…
(88)		企业基本信用情况	X_{151} 缺陷类型	0.731	…	0.731	1.000	…	0.731
(89)		商业信誉	X_{152} 涉案总件数	0.878	…	0.878	0.878	…	0.878
(90)			X_{153} 违规类型	1.000	…	1.000	1.000	…	0.538
(91)		社会责任	X_{154} 每股社会贡献值	0.000	…	0.000	0.000	…	0.000
(92)			X_{155} 社会捐赠强度	0.000	…	0.000	0.000	…	0.000

续表

(a)序号	(b)准则层		(c)指标	(d)训练集 N_{train} 中客户指标标准化数据 x_{ij}			(e)测试集 N_{test} 中客户指标标准化数据 x_{ij}		
				(1) 客户 1	…	(284) 客户 284	(285) 客户 285	…	(407) 客户 407
(93)	外部宏观环境	—	X_{157} 分行业企业家信心指数	0.000	…	0.000	0.000	…	0.000
…			…	…	…	…	…	…	…
(115)			X_{204} 国内专利申请授权数增长率	0.028	…	0.025	0.026	…	0.027
(116)	—		违约状态	0	…	1	0	…	1

表 16.7　上市小企业制造行业 *T*–3 年基于偏相关系数的第一次指标筛选结果

(a)序号	(b)准则层		(c)指标	(d)训练集 N_{train} 中客户指标标准化数据 x_{ij}			(e)测试集 N_{test} 中客户指标标准化数据 x_{ij}		
				(1) 客户 1	…	(284) 客户 284	(285) 客户 285	…	(407) 客户 407
(1)	企业内部财务因素	偿债能力	X_1 资产负债率	0.703	…	0.763	0.860	…	0.644
…			…	…	…	…	…	…	…
(27)			X_{38} 每股权益合计	0.316	…	0.214	0.662	…	0.233
(28)		盈利能力	X_{41} 净资产收益率(扣除/加权)	0.000	…	0.328	0.535	…	0.072
…			…	…	…	…	…	…	…
(57)			X_{87} 归属于母公司普通股东的权益综合收益率	0.489	…	0.373	0.522	…	0.110
(58)		营运能力	X_{90} 有形资产/总资产	0.698	…	0.722	0.849	…	0.664
…			…	…	…	…	…	…	…
(78)			X_{114} 分配股利、利润或偿付利息支付的现金占筹资活动现金流出小计的比重	0.943	…	0.860	0.922	…	0.000
(79)		成长能力	X_{115} 每股净资产(相对年初增长率)	0.481	…	0.452	0.520	…	0.387
…			…	…	…	…	…	…	…
(82)			X_{123} 应计项目	0.516	…	0.511	0.525	…	0.510
(83)	企业内部非财务因素	股权结构与业绩审计情况	X_{139} 是否为金融机构	0.000	…	0.000	0.000	…	1.000
…			…	…	…	…	…	…	…
(88)			X_{144} 派息比税前	0.000	…	0.000	0.263	…	0.000
(89)		高管基本情况	X_{147} 监事会持股比例	0.003	…	0.000	0.098	…	0.000
…			…	…	…	…	…	…	…
(92)		企业基本信用情况	X_{151} 缺陷类型	0.731	…	0.731	1.000	…	0.731
(93)		商业信誉	X_{152} 涉案总件数	0.878	…	0.848	0.878	…	0.878
(94)			X_{153} 违规类型	1.000	…	0.523	1.000	…	0.842
(95)		社会责任	X_{154} 每股社会贡献值	0.000	…	0.000	0.000	…	0.000
(96)			X_{155} 社会捐赠强度	0.000	…	0.000	0.000	…	0.000
(97)	外部宏观环境	—	X_{156} 行业景气指数	0.781	…	0.627	0.627	…	0.790
…			…	…	…	…	…	…	…
(121)			X_{204} 国内专利申请授权数增长率	0.025	…	0.033	0.039	…	0.023
(122)	—		违约状态	0	…	1	0	…	1

表 16.8 上市小企业制造行业 T–4 年基于偏相关系数的第一次指标筛选结果

(a)序号	(b)准则层		(c)指标	(d)训练集 N_{train} 中客户指标标准化数据 x_{ij}			(e)测试集 N_{test} 中客户指标标准化数据 x_{ij}		
				(1) 客户 1	…	(284) 客户 284	(285) 客户 285	…	(407) 客户 407
(1)	企业内部财务因素	偿债能力	X_1 资产负债率	0.693	…	0.820	0.831	…	0.787
…			…	…	…	…	…	…	…
(26)			X_{38} 每股权益合计	0.309	…	0.218	0.535	…	0.323
(27)		盈利能力	X_{39} 净资产收益率(平均)	0.463	…	0.462	0.577	…	0.180
…			…	…	…	…	…	…	…
(57)			X_{87} 归属于母公司普通股东的权益综合收益率	0.474	…	0.473	0.561	…	0.130
(58)		营运能力	X_{88} 流动资产/总资产	0.477	…	0.307	0.763	…	0.615
…			…	…	…	…	…	…	…
(80)			X_{114} 分配股利、利润或偿付利息支付的现金占筹资活动现金流出小计的比重	0.010	…	0.707	0.852	…	0.871
(81)		成长能力	X_{115} 每股净资产(相对年初增长率)	0.478	…	0.477	0.502	…	0.412
…			…	…	…	…	…	…	…
(84)			X_{120} 营业总成本增长率	0.668	…	0.700	0.000	…	0.683
(85)	企业内部非财务因素	股权结构与业绩审计情况	X_{140} 预审计情况	0.970	…	1.000	0.970	…	0.970
…			…	…	…	…	…	…	…
(89)			X_{145} 派息比税后	0.000	…	0.000	0.226	…	0.000
(90)		高管基本情况	X_{146} 董事会持股比例	0.000	…	0.000	0.941	…	0.000
…			…	…	…	…	…	…	…
(94)		商业信誉	X_{152} 涉案总件数	0.878	…	0.875	0.878	…	0.878
(95)			X_{153} 违规类型	1.000	…	1.000	1.000	…	1.000
(96)		社会责任	X_{154} 每股社会贡献值	0.000	…	0.000	0.000	…	0.000
(97)			X_{155} 社会捐赠强度	0.000	…	0.000	0.000	…	0.000
(98)	外部宏观环境	—	X_{156} 行业景气指数	0.803	…	0.671	0.671	…	0.790
…			…	…	…	…	…	…	…
(123)			X_{204} 国内专利申请授权数增长率	0.031	…	0.023	0.024	…	0.022
(124)	—		违约状态	0	…	1	0	…	1

表 16.9 上市小企业制造行业 T–5 年基于偏相关系数的第一次指标筛选结果

(a)序号	(b)准则层		(c)指标	(d)训练集 N_{train} 中客户指标标准化数据 x_{ij}			(e)测试集 N_{test} 中客户指标标准化数据 x_{ij}		
				(1) 客户 1	…	(284) 客户 284	(285) 客户 285	…	(407) 客户 407
(1)	企业内部财务因素	偿债能力	X_1 资产负债率	0.688	…	0.858	0.832	…	0.854
…			…	…	…	…	…	…	…
(27)			X_{38} 每股权益合计	0.305	…	0.218	0.473	…	0.448
(28)		盈利能力	X_{39} 净资产收益率(平均)	0.469	…	0.358	0.587	…	0.417
…			…	…	…	…	…	…	…
(63)			X_{87} 归属于母公司普通股东的权益综合收益率	0.478	…	0.379	0.568	…	0.434

续表

(a)序号	(b)准则层		(c)指标	(d)训练集 N_{train} 中客户指标标准化数据 x_{ij}			(e)测试集 N_{test} 中客户指标标准化数据 x_{ij}		
				(1) 客户 1	…	(284) 客户 284	(285) 客户 285	…	(407) 客户 407
(64)	企业内部财务因素	营运能力	X_{88} 流动资产/总资产	0.408	…	0.123	0.755	…	0.652
…			…	…	…	…	…	…	…
(84)			X_{114} 分配股利、利润或偿付利息支付的现金占筹资活动现金流出小计的比重	0.898	…	0.707	0.833	…	0.930
(85)		成长能力	X_{117} 归属母公司股东的权益(相对年初增长率)	0.487	…	0.450	0.493	…	0.461
(86)			X_{120} 营业总成本增长率	0.665	…	0.670	0.000	…	0.695
(87)	企业内部非财务因素	股权结构与业绩审计情况	X_{139} 是否为金融机构	1.000	…	0.000	1.000	…	1.000
…			…	…	…	…	…	…	…
(92)			X_{144} 派息比税前	0.000	…	0.000	0.000	…	0.000
(93)		高管基本情况	X_{146} 董事会持股比例	0.001	…	0.000	0.000	…	0.000
…			…	…	…	…	…	…	…
(96)		企业基本信用情况	X_{151} 缺陷类型	0.731	…	0.731	0.731	…	0.731
(97)		商业信誉	X_{152} 涉案总件数	0.878	…	0.878	0.878	…	0.878
(98)			X_{153} 违规类型	0.671	…	1.000	1.000	…	1.000
(99)		社会责任	X_{154} 每股社会贡献值	0.000	…	0.000	0.000	…	0.000
(100)			X_{155} 社会捐赠强度	0.000	…	0.000	0.000	…	0.000
(101)	外部宏观环境	—	X_{156} 行业景气指数	0.790	…	0.713	0.713	…	0.790
…			…	…	…	…	…	…	…
(128)			X_{204} 国内专利申请授权数增长率	0.030	…	0.028	0.029	…	0.022
(129)	—		违约状态	0	…	1	0	…	1

16.4.2 基于支持向量机向前搜索第二次筛选后的指标体系

1. 基于 T−0 时间窗口的上市小企业制造行业违约预测指标体系的构建

步骤 4：由 1 个指标构成的指标组合的确定。

由 1 个指标构成的第 1 个指标组合违约预测精度 G-mean$^1{}_1$ 的确定。根据上文表 16.4 第 d 列的上市小企业制造行业训练样本的 T−0 时间窗口下第一次遴选后的 138 个指标数据，从第一次遴选出的 138 个指标中选取第 1 个指标(即表 16.4 第 d 列第 1 行)，即将表 16.4 第 d 列第 1 行的指标数据和表 16.4 第 d 列第 139 行的违约状态，代入式(3.22)和式(3.23)求解出线性支持向量机模型的指标权重和截距项参数。并将求解得到的参数代入式(3.22)得到线性支持向量机违约预测模型。将表 16.4 第 d 列第 1 行的全部 284 个公司指标数据，代入式(3.25)线性支持向量机违约预测模型计算出违约状态预测值 $\hat{y}_j$(j=1, 2, ⋯, 284)，将预测违约状态 $\hat{y}_j$ 与真实违约状态 y_j 进行比较后，代入式(3.55)计算违约预测几何平均精度，记为 G-mean$^1{}_1$。

同理，从第一次遴选出的 138 个指标中选取第 2 个指标(即表 16.4 第 d 列第 2 行)，可以得到第 2 个违约预测精度几何平均精度，记为 G-mean$^2{}_1$。第一次遴选共剩余 138 个指标，则可以得到 138 个违约预测几何平均精度，记为 G-mean$^k{}_1$ (k=1, 2, ⋯, 138)。在这 138 个违约预测精度中选取几何平均精度最大值 G-mean$^{k^*}{}_1$=max(G-mean$^1{}_1$, G-mean$^2{}_1$, ⋯, G-mean$^{138}{}_1$)，最高几何平均精度 G-mean$^{k^*}{}_1$ 的上标 k^*表示第 k^*个指标组合，即由 1 个指标构成的精度最高的指标组合，纳入第二次指标遴选中的待选指标组合。将由 1 个指标构成的指标组合的最高几何平均精度 G-mean$^{k^*}{}_1$ 简化记为 G-mean$_1$。

步骤 5：由两个指标构成的指标组合的确定。

在步骤 4 选中第 k^* 个指标后，再从剩余的 137 个指标中，选取一个指标，这里既可以选择剩余的 137 个指标中的第 1 个指标，也可以选择第 137 个指标，与步骤 4 选中的第 k^* 个指标形成新的指标组合，因此可以形成 137 个新的由 2 个指标构成的指标组合。将这 137 个指标组合对应的样本数据分别代入式(3.24)和式(3.25)的支持向量机模型，并根据式(2.11)计算得到 137 个违约预测几何平均精度，记为 $\text{G-mean}^k{}_2$ (k=1, 2, …, 137)。在这 137 个违约预测几何平均精度中选择最大值 $\text{G-mean}^{l^*}{}_2=\max(\text{G-mean}^1{}_2, \text{G-mean}^2{}_2, \cdots, \text{G-mean}^{137}{}_2)$，最高几何平均精度 $\text{G-mean}^{l^*}{}_2$ 的上标 l^* 表示第 l^* 个指标组合，即由 2 个指标构成的精度最高的指标组合，将其纳入第二次指标遴选中的待选指标组合。将由 2 个指标构成的指标组合的最高几何平均精度 $\text{G-mean}^{l^*}{}_2$ 简化记为 G-mean_2。

步骤 6：遴选最优的违约预测指标组合。

仿照上述步骤 4 至步骤 5，不断从剩余的指标中依次选取一个指标纳入前一步筛选出的指标组合形成新的指标组合，使得在新的指标组合下，线性支持向量机模型根据式(3.55)所计算的违约预测几何平均精度最大，则可以得到由 s 个指标构成的指标组合的最高违约预测精度 G-mean_s(s=1, 2, …, 138)。令 $\text{G-mean}_{s^*=11}=\max(\text{G-mean}_1, \text{G-mean}_2, \cdots, \text{G-mean}_{138})$。则 $\text{G-mean}_{s^*=11}$ 即为最高几何平均精度的指标组合。最高几何平均精度 $\text{G-mean}_{s^*=11}$ 的下标 s^*=11 表示由 11 个指标构成的第 11 个指标组合即为最优指标组合。

应该指出，在指标组合遴选过程中，由于每个指标有“选中”与“不选中”两种状态，138 个指标就有 $(2^{138}-1)\approx3.48\times10^{41}$ 种指标组合可能性。遍历所有指标组合的预测精度，以几何平均精度最大为目标函数得到一个最优的指标组合，同时也得到显著的大数据降维效果，指标维度降低幅度为 92.03%(=1−11/138)。

由此，T−0 年经过第二次指标组合遴选，从第一次指标筛选剩余的 138 个指标中再次遴选出 11 个指标，将第二次指标组合遴选后剩余的 11 个指标列于表 16.10 第 3 列前 11 行。在表 16.10 中，每一行表示第二次指标组合筛选出的基于 T−0 时间窗口的上市小企业制造行业违约预测指标。第 1 列是序号；第 2 列是准则层；第 3 列是指标；第 4 列是第 3 列指标对应的信用 5C 原则[7-8]。

表 16.10 上市小企业制造行业 T−0 年基于支持向量机向前搜索的第二次指标筛选结果

(1)序号	(2)准则层		(3)指标	(4)信用 5C 原则
1	企业内部财务因素	偿债能力	X_1 资产负债率	能力
…			…	…
4			X_{38} 每股权益合计	能力
5		盈利能力	X_{50} 销售费用/营业总收入	资本
6		营运能力	X_{91} 存货周转率	能力
…			…	…
8			X_{102} 收到其他与经营活动有关的现金与经营活动现金流入总额的百分比	能力
9	企业内部非财务因素	股权结构与业绩审计情况	X_{143} 审计意见类型	品质
10		企业基本信用情况	X_{151} 缺陷类型	品质
11	外部宏观环境	—	X_{176} 广义货币供应量(M2)同比增长率	条件

2. 基于其他时间窗口的上市小企业制造行业违约预测指标体系的构建

步骤 7：构建其他时间窗口下的违约预测指标体系。仿照步骤 4 至步骤 6，分别在表 16.5~表 16.9 的上市企业 T−1~T−5 年的第一次指标遴选基础上进行第二次指标组合筛选，第二次指标组合遴选后，T−1~T−5 年 5 个时间窗口分别选出了 18 个、14 个、10 个、18 个、14 个指标，列入表 16.11~表 16.15 的第 3 列。

表 16.11　上市小企业制造行业 T−1 年基于支持向量机向前搜索的第二次指标筛选结果

(1)序号	(2)准则层		(3)指标	(4)信用 5C 原则
1	企业内部财务因素	偿债能力	X_1 资产负债率	能力
…			…	…
13			X_{38} 每股权益合计	能力
14		盈利能力	X_{66} 扣除非经常损益后的净利润/净利润	资本
15		营运能力	X_{100} 账面市值比	能力
16		成长能力	X_{122} 管理费用增长率	资本
17	企业内部非财务因素	股权结构与业绩审计情况	X_{140} 预审计情况	品质
18	外部宏观环境	—	X_{176} 广义货币供应量(M2)同比增长率	条件

表 16.12　上市小企业制造行业 T−2 年基于支持向量机向前搜索的第二次指标筛选结果

(1)序号	(2)准则层		(3)指标	(4)信用 5C 原则
1	企业内部财务因素	偿债能力	X_1 资产负债率	能力
…			…	…
11			X_{38} 每股权益合计	能力
12		盈利能力	X_{66} 扣除非经常损益后的净利润/净利润	资本
13			X_{84} 营业外收入占营业总收入比重	资本
14	外部宏观环境	—	X_{176} 广义货币供应量(M2)同比增长率	条件

表 16.13　上市小企业制造行业 T−3 年基于支持向量机向前搜索的第二次指标筛选结果

(1)序号	(2)准则层		(3)指标	(4)信用 5C 原则
1	企业内部财务因素	偿债能力	X_1 资产负债率	能力
…			…	…
7			X_{25} 息税折旧摊销前利润/负债合计	能力
8		盈利能力	X_{43} 销售毛利率	资本
9			X_{68} 经营活动产生的现金流量净额/经营活动净收益	资本
10	外部宏观环境	—	X_{176} 广义货币供应量(M2)同比增长率	条件

表 16.14　上市小企业制造行业 T−4 年基于支持向量机向前搜索的第二次指标筛选结果

(1)序号	(2)准则层		(3)指标	(4)信用 5C 原则
1	企业内部财务因素	偿债能力	X_1 资产负债率	能力
…			…	…
12			X_{38} 每股权益合计	能力
13		盈利能力	X_{53} 净资产收益率(TTM)	资本
…			…	…
15			X_{69} 资本支出/折旧和摊销	资本
16		营运能力	X_{109} 购建固定资产、无形资产和其他长期资产支付的现金占投资活动现金流出小计的比率	能力
17	外部宏观环境	—	X_{176} 广义货币供应量(M2)同比增长率	条件
18			X_{182} 实际利用外商直接投资增长率	条件

表 16.15 上市小企业制造行业 T−5 年基于支持向量机向前搜索的第二次指标筛选结果

(1)序号	(2)准则层		(3)指标	(4)信用 5C 原则
1	企业内部财务因素	偿债能力	X_1 资产负债率	能力
…			…	…
9			X_{29} 长期债务与营运资金比率	能力
10		盈利能力	X_{42} 总资产报酬率 ROA	资本
11			X_{64} 营业外收支净额/利润总额	资本
12			X_{84} 营业外收入占营业总收入比重	资本
13		营运能力	X_{114} 分配股利、利润或偿付利息支付的现金占筹资活动现金流出小计的比重	能力
14	外部宏观环境	—	X_{176} 广义货币供应量(M2)同比增长率	条件

16.4.3 遴选出的最优指标体系统计汇总

由上文表 16.10~表 16.15 可知，对于所有 407 家上市小企业制造行业公司样本，违约预测的最优指标组合为：由 204 个指标构成的$(2^{204}-1)\approx 2.57\times 10^{61}$个指标组合中，遴选出“资产负债率”“存货周转率”“每股权益合计”等 11 个指标，构成了 T−0 年违约判别几何平均精度最大的指标组合；遴选出“资产负债率”“每股权益合计”“管理费用增长率”等 18 个指标，构成了 T−1 年违约预测几何平均精度最大的指标组合；遴选出“资产负债率”“每股权益合计”“广义货币供应量(M2)同比增长率”等 14 个指标，构成了 T−2 年违约预测几何平均精度最大的指标组合；遴选出“资产负债率”“销售毛利率”“广义货币供应量(M2)同比增长率”等 10 个指标，构成了 T−3 年违约预测几何平均精度最大的指标组合；遴选出“资产负债率”“每股权益合计”“广义货币供应量(M2)同比增长率”等 18 个指标，构成了 T−4 年违约预测几何平均精度最大的指标组合；遴选出“资产负债率”“长期债务与营运资金比率”“广义货币供应量(M2)同比增长率”等 14 个指标，构成了 T−5 年违约预测几何平均精度最大的指标组合。

表 16.16 汇总了 $T-m(m=0, 1, 2, 3, 4, 5)$年最优指标组合中的指标，并统计了各个指标被选入最优指标组合的次数。表 16.16 中：第 1 列是序号。第 2 列是指标。第 3 列是指标在 $T-m(m=0, 1, 2, 3, 4, 5)$年被选中的状态，“1”表示被选中；“0”表示未被选中。第 4 列是指标在 $T-m(m=0, 1, 2, 3, 4, 5)$年被选中的总次数，等于第 3 列的求和。

表 16.16 上市小企业制造行业 $T-m$ 年最优指标组合汇总

(1)序号	(2)指标	(3)指标体系						(4)$T-m$ 年指标被选择的次数
		T−0	T−1	T−2	T−3	T−4	T−5	
1	X_1 资产负债率	1	1	1	1	1	1	6
2	X_2 剔除预收款项后的资产负债率	0	1	1	1	1	0	4
3	X_3 长期资本负债率	1	0	0	1	1	0	3
4	X_4 长期资产适合率	0	1	1	1	1	1	5
5	X_7 流动负债权益比率	0	1	1	1	1	1	5
…	…	…	…	…	…	…	…	…
7	X_9 带息债务/全部投入资本	0	1	1	0	0	0	2
…	…	…	…	…	…	…	…	…
12	X_{17} 现金到期债务比	0	1	0	0	1	1	3
13	X_{18} 现金流量利息保障倍数	0	1	1	0	0	0	2

续表

(1)序号	(2)指标	(3)指标体系						(4)$T-m$ 年指标被选择的次数
		$T-0$	$T-1$	$T-2$	$T-3$	$T-4$	$T-5$	
14	X_{22} 有形资产/带息债务	0	1	0	0	1	1	3
…	…	…	…	…	…	…	…	…
24	X_{38} 每股权益合计	1	1	1	0	1	0	4
…	…	…	…	…	…	…	…	…
30	X_{66} 扣除非经常损益后的净利润/净利润	0	1	1	0	0	0	2
…	…	…	…	…	…	…	…	…
44	X_{176} 广义货币供应量(M2)同比增长率	1	1	1	1	1	1	6
45	X_{182} 实际利用外商直接投资金额增长率	0	0	0	0	1	0	1
46	指标数量合计	11	18	14	10	18	14	85

根据表 16.16 第 2 列可知，对于所有 407 家上市小企业制造行业公司样本，违约预测的重要宏观指标："广义货币供应量(M2)同比增长率""外商投资总额增长率"这 2 个宏观指标，对上市小企业制造行业公司违约状态有显著影响。

根据表 16.16 第 3 列可知，"资产负债率""广义货币供应量(M2)同比增长率"这 2 个指标存在于 $T-0$，$T-1$，$T-2$，$T-3$，$T-4$，$T-5$ 年的最优指标组合中，说明这 2 个指标对上市小企业制造行业未来 1~5 年的短期和中期违约状态具有关键影响。"剔除预收款项后的资产负债率"这 1 个指标存在于 $T-1$，$T-2$，$T-3$，$T-4$ 年的最优指标组合中，说明这个指标对上市小企业制造行业未来 1~4 年的短中期违约状态具有关键影响。

根据表 16.16 第 4 列可知，"资产负债率""广义货币供应量(M2)同比增长率"这 2 个指标存在于 $T-m(m=0, 1, 2, 3, 4, 5)$年的最优指标组合中，说明这 2 个指标不论是对于企业未来 1~2 年，还是未来 3~5 年的违约状态，均有关键影响。其中，"资产负债率"的意义在于：当上市小企业制造业公司的债务远大于公司资产时，公司资产不能抵债，此时公司违约可能性极大，因此其是违约预测的关键指标。

综上，对于上市小企业制造行业样本来说，"带息债务/全部投入资本""现金流量利息保障倍数""每股权益合计""扣除非经常损益后的净利润/净利润"这 4 个指标对企业未来 1~2 年的短期违约状态具有关键影响；"有形资产/带息债务"这 2 个指标对小企业制造行业未来 3~5 年的中期违约状态具有关键影响；"资产负债率""长期资产适合率""流动负债权益比率""广义货币供应量(M2)同比增长率"这 4 个指标，不论对于上市小企业制造行业未来 1~2 年的短期，还是未来 3~5 年的中期违约状态，均有关键影响。

16.5　上市小企业制造行业的违约预警模型的精度计算

上文 16.4 节中遴选出了最优指标组合。则根据最优指标组合对应的训练样本数据，可分别构建如上文 3.2 节所述的 14 种大数据违约评价模型方案。

经上市小企业制造行业 $T-m(m=0, 1, 2, 3, 4, 5)$训练样本最优指标体系下训练得到模型参数，并在上市小企业制造行业 $T-m(m=0, 1, 2, 3, 4, 5)$测试样本上计算精度结果，即 14 种大数据违约评价模型方案是根据表 16.3 第 1 行定义的训练样本 N_{train} 和 SMOTE 扩充的训练样本 N_{train}^{smote} 分别对应表 16.10~表 16.15 最优指标组合的 $T-m(m=0, 1, 2, 3, 4, 5)$训练样本数据，求解模型参数后构建的 14 种违约评价模型，并在表 16.3 第 2 行定义的 $T-m(m=0, 1, 2, 3, 4, 5)$测试样本 N_{test} 上计算精度结果。

其中，本书选取的模型违约预测精度评价标准有 5 个，分别是第二类错误、第一类错误、几何平均精度、总体预测精度和 AUC 值，精度定义如 3.3 节式(3.53)~式(3.56)所示。

以线性判别模型在 T−1 时间窗口样本的训练和测试为例进行说明。

表 16.11 第 3 列 18 个指标对应表 16.5 第 d 列 T−1 时间窗口经 SMOTE 扩充后的训练样本数据，代入式(3.64)的线性判别模型最优权重向量的目标函数，求解出线性判别模型中 18 个指标的权重向量，并代入式(3.53)和式(3.56)得到违约概率预测方程和违约状态预测方程如下。

线性判别模型在 T−1 时间窗口样本的违约概率预测方程如下：

$$\hat{p}(T-1)=-5.606\times X_1\text{资产负债率}+\cdots+1.646\times X_{151}\text{缺陷类型}+5.483\times X_{153}\text{违规类型}-3.05\times X_{176}\text{广义货币供应量(M2)同比增长率} \quad (16.1)$$

线性判别模型在 T−1 时间窗口样本的违约状态预测方程如下：

$$\hat{y}_j(T+1)=\begin{cases}1, & \hat{p}_j(T)\geqslant 0.5\\ 0, & \hat{p}_j(T)<0.5\end{cases} \quad (16.2)$$

将表 16.11 第 3 列 18 个指标对应表 16.5 第 e 列 T−1 时间窗口 123 个公司的测试样本数据，代入式(16.1)得到违约概率预测值 $\hat{p}_j$ (j=1, 2, …, 123)，将违约概率预测值 $\hat{p}_j$ 代入式(16.2)得到违约状态预测值 $\hat{y}_j$ (j=1, 2, …, 123)。将违约状态预测值 $\hat{y}_j$ 与实际值 y_j 进行对比，可得如表 16.17 所示的混淆矩阵中 TP、TN、FP、FN 四个值。计算得到的第二类错误=FN/(TP+FN)=3/(3+10)=0.231。

表 16.17　违约预测混淆矩阵结果

客户的真实违约状态	客户的预测违约状态	
	(1)预测违约	(2)预测非违约
(1)真实违约	违约样本判对的个数 TP=10	违约样本判错的个数 FN=3
(2)真实非违约	非违约样本判错的个数 FP=14	非违约样本判对的个数 TN=96

表 16.18 是上市小企业制造行业 $T-m$(m=0, 1, 2, 3, 4, 5)时间窗口的 14 种大数据违约评价模型方案的测试样本预测精度结果。以线性判别分析模型在 T−1 时间窗口样本为例，将上文计算得到的第二类错误 0.231，列入表 16.18 第 15 行第 4 列。同理，将表 16.17 所示的混淆矩阵中 TP、TN、FP、FN 四个值，分别代入式(3.54)~式(3.56)并绘制 ROC 曲线，得到其他四个精度结果，将得到的精度结果分别列在表 16.18 第 15 行第 5~8 列。

表 16.18　上市小企业制造行业 $T-m$(m=0, 1, 2, 3, 4, 5)时间窗口下模型预测精度结果

(1)序号	(2)时间窗口	(3)模型方案	(4)第二类错误	(5)第一类错误	(6)几何平均精度	(7)总体预测精度	(8)AUC 值
1		线性判别模型[9]	0.308	0.200	0.744	0.789	0.841
2		逻辑回归模型[10]	0.385	0.200	0.702	0.780	0.792
3		广义加性模型[11]	0.385	0.155	0.721	0.821	0.815
4		线性支持向量机模型[12]	0.385	0.200	0.702	0.780	0.828
5		决策树模型[13-14]	0.462	0.245	0.637	0.732	0.659
6		BP 神经网络模型[15]	0.538	0.127	0.635	0.829	0.794
7		K 近邻模型[16]	0.462	0.164	0.671	0.805	0.687
8	T−0	多数投票线性判别模型[17]	0.385	0.173	0.714	0.805	0.843
9		多数投票逻辑回归模型[18]	0.462	0.200	0.656	0.772	0.755
10		多数投票广义加性模型[19]	0.385	0.200	0.702	0.780	0.834
11		多数投票线性支持向量机模型[20]	0.385	0.227	0.690	0.756	0.834
12		多数投票决策树模型[21]	0.462	0.245	0.637	0.732	0.703
13		多数投票 BP 神经网络模型[22]	0.538	0.100	0.645	0.854	0.829
14		多数投票 K 近邻模型[23]	0.385	0.164	0.717	0.813	0.714

续表

(1)序号	(2)时间窗口	(3)模型方案	(4)第二类错误	(5)第一类错误	(6)几何平均精度	(7)总体预测精度	(8)AUC 值
15	T−1	线性判别模型[9]	0.231	0.127	0.819	0.862	0.864
16		逻辑回归模型[10]	0.308	0.173	0.757	0.813	0.765
17		广义加性模型[11]	0.308	0.145	0.769	0.837	0.867
18		线性支持向量机模型[12]	0.231	0.109	0.828	0.878	0.907
19		决策树模型[13-14]	0.385	0.127	0.733	0.846	0.747
20		BP 神经网络模型[15]	0.231	0.173	0.798	0.821	0.883
21		K 近邻模型[16]	0.231	0.136	0.815	0.854	0.816
22		多数投票线性判别模型[17]	0.231	0.127	0.819	0.862	0.874
23		多数投票逻辑回归模型[18]	0.308	0.173	0.757	0.813	0.808
24		多数投票广义加性模型[19]	0.385	0.155	0.721	0.821	0.831
25		多数投票线性支持向量机模型[20]	0.231	0.118	0.824	0.870	0.908
26		多数投票决策树模型[21]	0.308	0.127	0.777	0.854	0.786
27		多数投票 BP 神经网络模型[22]	0.308	0.109	0.785	0.870	0.916
28		多数投票 K 近邻模型[23]	0.231	0.127	0.819	0.862	0.819
29	T−2	线性判别模型[9]	0.308	0.100	0.789	0.878	0.804
30		逻辑回归模型[10]	0.231	0.145	0.811	0.846	0.894
31		广义加性模型[11]	0.077	0.200	0.859	0.813	0.913
32		线性支持向量机模型[12]	0.154	0.109	0.868	0.886	0.920
33		决策树模型[13-14]	0.154	0.191	0.827	0.813	0.796
34		BP 神经网络模型[15]	0.154	0.145	0.850	0.854	0.887
35		K 近邻模型[16]	0.231	0.109	0.828	0.878	0.830
36		多数投票线性判别模型[17]	0.308	0.100	0.789	0.878	0.871
37		多数投票逻辑回归模型[18]	0.231	0.155	0.806	0.837	0.896
38		多数投票广义加性模型[19]	0.077	0.191	0.864	0.821	0.906
39		多数投票线性支持向量机模型[20]	0.154	0.109	0.868	0.886	0.923
40		多数投票决策树模型[21]	0.231	0.173	0.798	0.821	0.834
41		多数投票 BP 神经网络模型[22]	0.077	0.127	0.898	0.878	0.936
42		多数投票 K 近邻模型[23]	0.154	0.109	0.868	0.886	0.869
43	T−3	线性判别模型[9]	0.308	0.182	0.753	0.805	0.723
44		逻辑回归模型[10]	0.308	0.191	0.748	0.797	0.786
45		广义加性模型[11]	0.308	0.200	0.744	0.789	0.724
46		线性支持向量机模型[12]	0.308	0.182	0.753	0.805	0.744
47		决策树模型[13-14]	0.231	0.182	0.793	0.813	0.796
48		BP 神经网络模型[15]	0.308	0.191	0.748	0.797	0.771
49		K 近邻模型[16]	0.308	0.200	0.744	0.789	0.746
50		多数投票线性判别模型[17]	0.308	0.182	0.753	0.805	0.738
51		多数投票逻辑回归模型[18]	0.308	0.191	0.748	0.797	0.768
52		多数投票广义加性模型[19]	0.308	0.236	0.727	0.756	0.757

续表

(1)序号	(2)时间窗口	(3)模型方案	(4)第二类错误	(5)第一类错误	(6)几何平均精度	(7)总体预测精度	(8)AUC 值
53	T–3	多数投票线性支持向量机模型[20]	0.308	0.182	0.753	0.805	0.747
54		多数投票决策树模型[21]	0.231	0.200	0.784	0.797	0.740
55		多数投票 BP 神经网络模型[22]	0.231	0.164	0.802	0.829	0.841
56		多数投票 K 近邻模型[23]	0.231	0.200	0.784	0.797	0.814
57	T–4	线性判别模型[9]	0.462	0.173	0.667	0.797	0.764
58		逻辑回归模型[10]	0.308	0.245	0.723	0.748	0.820
59		广义加性模型[11]	0.231	0.400	0.679	0.618	0.704
60		线性支持向量机模型[12]	0.615	0.164	0.567	0.789	0.741
61		决策树模型[13-14]	0.615	0.227	0.545	0.732	0.584
62		BP 神经网络模型[15]	0.231	0.273	0.748	0.732	0.765
63		K 近邻模型[16]	0.692	0.245	0.482	0.707	0.531
64		多数投票线性判别模型[17]	0.462	0.155	0.675	0.813	0.761
65		多数投票逻辑回归模型[18]	0.308	0.236	0.727	0.756	0.810
66		多数投票广义加性模型[19]	0.231	0.464	0.642	0.561	0.722
67		多数投票线性支持向量机模型[20]	0.615	0.164	0.567	0.789	0.744
68		多数投票决策树模型[21]	0.308	0.264	0.714	0.732	0.717
69		多数投票 BP 神经网络模型[22]	0.308	0.282	0.705	0.715	0.797
70		多数投票 K 近邻模型[23]	0.615	0.236	0.542	0.724	0.614
71	T–5	线性判别模型[9]	0.538	0.300	0.568	0.675	0.712
72		逻辑回归模型[10]	0.615	0.218	0.548	0.740	0.713
73		广义加性模型[11]	0.385	0.336	0.639	0.659	0.722
74		线性支持向量机模型[12]	0.538	0.264	0.583	0.707	0.681
75		决策树模型[13-14]	0.846	0.182	0.355	0.748	0.574
76		BP 神经网络模型[15]	0.385	0.336	0.639	0.659	0.740
77		K 近邻模型[16]	0.385	0.264	0.673	0.724	0.676
78		多数投票线性判别模型[17]	0.538	0.309	0.565	0.667	0.700
79		多数投票逻辑回归模型[18]	0.615	0.227	0.545	0.732	0.715
80		多数投票广义加性模型[19]	0.462	0.273	0.626	0.707	0.691
81		多数投票线性支持向量机模型[20]	0.538	0.255	0.587	0.715	0.670
82		多数投票决策树模型[21]	0.462	0.273	0.626	0.707	0.635
83		多数投票 BP 神经网络模型[22]	0.231	0.382	0.690	0.634	0.715
84		多数投票 K 近邻模型[23]	0.385	0.291	0.661	0.699	0.673

以上是以线性判别分析模型在 $T-1$ 时间窗口样本为例，说明了违约评价模型的精度计算过程。同理，可分别根据上文 3.2 节中的 14 种大数据违约评价模型的表达式，计算在上市所有企业 $T-m(m=0, 1, 2, 3, 4, 5)$ 测试样本上的精度结果，并将精度结果列入表 16.18 中。

由表 16.18 第 8 列 AUC 值可以看出，AUC 值基本都能达到 70%以上[24-25]，表明这 14 种模型在 5 年的时间窗口均能实现较好的模型预测效果，即模型有 5 年的预测能力。表 16.18 第 4 列的违约客户错判率第二类错误基本都在 30%以下[26-27]，说明所构建的模型对公司违约具有较好的预测能力。

16.6 上市小企业制造行业的最优违约预警模型的对比分析

上市小企业制造行业违约预警模型最优方案选择共有以下三个选择标准。

第一标准：模型违约预测精度越高，模型方案排名越靠前。

第二标准：模型可解释性越强，模型方案排名越靠前。

第三标准：模型复杂性越低，模型方案排名越靠前。

表 16.19 给出了 14 种模型方案基于上市小企业制造行业数据的三个标准排序结果。

表 16.19　上市小企业制造行业最优模型方案的选择

(1)序号	(2)模型名称	(3)标准一：分类精度排序平均值	(4)标准二：可解释性排序数值[27-28]	(5)标准三：复杂性排序数值[27, 29]	(6)三个标准的排序平均值
1	线性判别模型[9]	6.03	1	1	2.68
2	逻辑回归模型[10]	7.27	2	2	3.76
3	广义加性模型[11]	7.57	4	3	4.86
4	线性支持向量机模型[12]	4.77	10	4	6.26
5	决策树模型[13-14]	8.90	3	5	5.63
6	BP 神经网络模型[15]	6.57	11	7	8.19
7	K 近邻模型[16]	8.07	9	6	7.69
8	多数投票线性判别模型[17]	5.77	5	8	6.26
9	多数投票逻辑回归模型[18]	7.83	6	9	7.61
10	多数投票广义加性模型[19]	8.33	8	10	8.78
11	多数投票线性支持向量机模型[20]	5.07	13	11	9.69
12	多数投票决策树模型[21]	8.60	7	12	9.20
13	多数投票 BP 神经网络模型[22]	4.60	14	14	10.87
14	多数投票 K 近邻模型[23]	5.77	12	13	10.26

表 16.19 第 2 列为 14 种模型方案的模型名称。

表 16.19 第 3 列为 14 种模型方案基于标准一预测精度的排序平均值。是基于表 16.18 中五个精度标准的精度排序平均值。排序的平均数值越小，表示模型的预测精度越高，即在表 16.19 第 3 列中排序平均值为 4.60 的模型预测精度最高。

表 16.19 第 4 列为 14 种模型方案基于标准二可解释性的排序数值。是基于现有文献[27-28]对 14 种大数据模型可解释性的排序结果。排序的数值越小，表示模型的可解释性越强，即排序数值为 1 的模型方案可解释性最强。

表 16.19 第 5 列为 14 种模型方案基于标准三复杂性的排序数值。是基于现有文献[27, 29]对 14 种大数据模型复杂性的排序结果。排序的数值越小，表示模型的复杂性越低，即排序数值为 1 的模型方案复杂性最低。

表 16.19 第 6 列为 14 种模型方案的三个标准的排序平均值。是第 3 列、第 4 列和第 5 列的算术平均值。平均排序的数值越小，表示模型方案越能够同时兼顾精度、可解释性、复杂性这三个因素，越应该被选用，即排序最小的模型方案是最优模型方案。

根据最优方案的三个选择标准，结合表 16.19 第 6 列的排序平均值可以得出，线性判别模型的排序平均值最小。因此，上市小企业制造行业的最优模型方案是线性判别模型。

16.7 上市小企业制造行业的最优违约预警模型

由上文 16.6 节可知，上市小企业制造行业的最优模型方案是线性判别模型。

设：$\hat{p}_j(T-m)$ 为第 j 个上市企业 $T{-}m$ 年预测的违约概率。则根据 16.5 节中求解的上市小企业制造行业对应的 $T{-}m(m{=}0, 1, 2, 3, 4, 5)$线性判别模型评价方程如下。

上市小企业制造行业的 $T{-}0$ 违约判别模型，如式(16.3)所示：

$$\hat{p}(T-0)=0.287\times X_1\text{资产负债率}+\cdots+5.88\times X_{143}\text{审计意见类型}$$
$$+3.195\times X_{151}\text{缺陷类型}+1.836\times X_{176}\text{广义货币供应量(M2)同比增长率} \quad (16.3)$$

上市小企业制造行业的提前 1 年违约预警模型，如式(16.4)所示：

$$\hat{p}(T-1)=1.179\times X_1\text{资产负债率}-1.794\times X_2\text{剔除预收款项后的资产负债率}+\cdots$$
$$-3.394\times X_{176}\text{广义货币供应量(M2)同比增长率} \quad (16.4)$$

上市小企业制造行业的提前 2 年违约预警模型，如式(16.5)所示：

$$\hat{p}(T-2)=-8.413\times X_1\text{资产负债率}+\cdots-4.704\times X_{84}\text{营业外收入占营业总收入比重}$$
$$+1.297\times X_{176}\text{广义货币供应量(M2)同比增长率} \quad (16.5)$$

上市小企业制造行业的提前 3 年违约预警模型，如式(16.6)所示：

$$\hat{p}(T-3)=0.312\times X_1\text{资产负债率}+0.31\times X_3\text{长期资本负债率}$$
$$-1.312\times X_{34}\text{无形资产占总资产比率}+\cdots+1.91\times X_{151}\text{缺陷类型} \quad (16.6)$$

上市小企业制造行业的提前 4 年违约预警模型，如式(16.7)所示：

$$\hat{p}(T-4)=-7.922\times X_1\text{资产负债率}+\cdots+0.003\times X_{176}\text{广义货币供应量(M2)同比增长率}$$
$$-2.112\times X_{182}\text{实际利用外商直接投资金额增长率} \quad (16.7)$$

上市小企业制造行业的提前 5 年违约预警模型，如式(16.8)所示：

$$\hat{p}(T-5)=-1.127\times X_1\text{资产负债率}+2.497\times X_4\text{长期资产适合率}$$
$$-0.762\times X_7\text{流动负债权益比率}+\cdots+2.14\times X_{176}\text{广义货币供应量(M2)同比增长率} \quad (16.8)$$

以上构建的模型式(16.3)~式(16.8)是通过第 $T{-}m$ 年的指标数据与 T 年违约状态训练得到的提前 m 年违约预警的评价方程，以达到根据第 T 年的指标数据，预测企业第 $T{+}m$ 年违约状态的目的。应该指出，这里的第 $T{-}m$ 年的指标数据不是仅包含某一年(如 2008 年)的指标截面数据，而是包含了不同年份(如 2008 年、2014 年等)平移后的指标截面数据。

则第 j 个上市公司第 $T{+}m$ 年违约状态预测值 $\hat{y}_j(T{+}m)$的表达式如下：

$$\hat{y}_j(T+m)=\begin{cases}1, & \hat{p}_j(T)\geqslant 0.5\\ 0, & \hat{p}_j(T)<0.5\end{cases} \quad (16.9)$$

16.8 上市小企业制造行业的违约概率和信用得分的确定

由上文 16.7 节可知，最优模型方案的线性判别模型，共构建了 $T{+}m(m{=}0, 1, 2, 3, 4, 5)$共 6 个违约判别或预测模型表达式，如上文式(16.3)~式(16.8)所示。

将 2000~2018 年这 19 年上市小企业制造行业根据表 16.10 第 3 列 $T{-}0$ 年最优指标体系对应的数据，代入式(16.3)，得到上市小企业制造行业第 $T{+}0$ 年的违约概率判别值，列入表 16.20 第 3 列。

表 16.20　上市小企业制造行业最优模型方案线性判别的 2000~2018 年这 19 年违约概率和信用得分结果

(1)序号	(2)证券代码	(a)T+0		(b)T+1		(c)T+2		(d)T+3		(e)T+4		(f)T+5	
		(3)违约概率 p_j	(4)信用得分 S_j	(5)违约概率 p_j	(6)信用得分 S_j	(7)违约概率 p_j	(8)信用得分 S_j	(9)违约概率 p_j	(10)信用得分 S_j	(11)违约概率 p_j	(12)信用得分 S_j	(13)违约概率 p_j	(14)信用得分 S_j
1	2018-000004	1.00	0.00	0.747	25.30	1.00	0.00	1.00	0.00	1.00	0.00	0.8167	18.33
2	2018-000017	0. 9911	0.89	1.00	0.00	1.00	0.00	0.9956	0.44	0.9028	9.72	0.9963	0.37
3	2018-000020	0. 8805	11.95	0.0014	99.86	0. 0004	99.96	0.9977	0.23	0.9952	0.48	0.3598	64.02
…	…	…	…	…	…	…	…	…	…	…	…	…	…
7071	2000-600882	0. 6323	36.77	0.00	100.0	0.00	100.0	0.9968	0.32	0.7457	25.43	0.2494	75.06
7072	2000-600889	0.9786	2.14	0.00	100.0	0.2247	77.53	0.0687	93.13	0.2152	78.48	0.7668	23.32
7073	2000-600898	0.9999	0.01	1.00	0.00	1.00	0.00	0.9959	0.41	0.9977	0.23	0.9748	2.52

如表 16.20 第 1 行所示，证券代码“2018-000004”表示 2018 年代码为“000004”的制造行业上市小企业。第 1 行第 3 列表示“000004”制造行业上市小企业在 2018 年的违约概率判别值 p_j=1.00，将违约概率判别值 p_j=1.00 代入式(3.3)的信用得分表达式，得到“000004”制造行业上市小企业 2018 年信用得分 S_j=(1−p_j)×100=(1−1.00)×100=0.00，列入表 16.20 第 1 行第 4 列。

同理，对于表 16.11~表 16.15 的 $T-m(m=1, 2, 3, 4, 5)$年的最优指标体系的数据，代入式(16.4)~式(16.8)，可分别计算 $T+m(m=1, 2, 3, 4, 5)$年的上市制造业小公司违约概率值 p_i 和信用得分值 S_i，将预测结果列入表 16.20 第 5~14 列。

由此得到表 16.20 所示的 2000~2018 年这 19 年上市小企业制造行业最优模型方案线性判别模型的 $T+m(m=0, 1, 2, 3, 4, 5)$年违约概率与信用得分结果。

表 16.21 是上市小企业制造行业 2000~2023 年这 24 年的违约概率和信用得分预测结果。在表 16.21 中，第 1~7073 行是 2000~2018 年这 19 年公司数据按上文式(16.3)计算的 T+0 判别的信用得分结果。第 7074~9224 行是根据 2018 年的公司数据，分别按上文式(16.4)~式(16.8)的 T+1~T+5 预测的信用得分结果。

表 16.21　上市小企业制造业 2000~2023 年这 24 年的违约概率和信用得分预测结果

(1)序号	(2)证券代码	(3)年份	(4)行业	(5)省区市	(6)所有制	(7)违约概率 $p_{j(T+m)}$	(8)信用得分 $S_{j(T+m)}$
1	000008.SZ	2000	制造业	北京市	公众企业	1.0000	0.00
2	000020.SZ	2000	制造业	深圳市	民营企业	0.9999	0.01
3	000039.SZ	2000	制造业	深圳市	公众企业	0.4202	57.98
…	…	…	…	…	…	…	…
7071	603978.SH	2018	制造业	广东省	民营企业	0.0050	99.50
7072	603985.SH	2018	制造业	江苏省	民营企业	0.0542	94.58
7073	603986.SH	2018	制造业	北京市	民营企业	0.0089	99.11
…	…	…	…	…	…	…	…
7505	000004.SZ	2020	制造业	广东省	民营企业	0.6244	37.56
7506	000017.SZ	2020	制造业	广东省	公众企业	0.7470	25.30
7507	000020.SZ	2020	制造业	广东省	民营企业	0.5871	41.29
…	…	…	…	…	…	…	
9222	603978.SH	2023	制造业	广东省	民营企业	0.6923	30.77
9223	603985.SH	2023	制造业	江苏省	民营企业	0.4615	53.85
9224	603986.SH	2023	制造业	北京市	民营企业	0.1260	87.40

将表 16.10 第 3 列 T−0 年最优指标体系对应的 2000~2018 年这 19 年 7073 家上市小企业制造业的数据，代入上文式(16.3)，得到上市小企业制造业第 T+0 年的违约概率判别值 $p_{j(T+0)}$，列入表 16.21 第 7 列第 1~7073 行。并将违约概率判别值 $p_{j(T+0)}$代入上文式(3.3)的信用得分表达式得到信用得分 $S_{j(T+0)}$，列入表 16.21 第 8 列第 1~7073 行。

将表 16.11 第 3 列 T−1 年最优指标体系对应的 2018 年 430 家上市小企业制造业数据，代入上文式(16.4)，得到上市小企业制造业第 T+1 年的违约概率预测值 $p_{j(T+1)}$，并将违约概率预测值 $p_{j(T+1)}$代入上文式(3.7)的信用得分表达式得到 2019 年信用得分预测值 $S_{j(T+1)}$。同理，可根据式(16.5)~式(16.8)预测 2020~2023 年这 4 年的信用得分 $S_{j(T+m)}$，并将结果列入表 16.21 第 8 列第 7504~9224 行。

16.9 上市小企业制造行业的信用等级划分

以 T+0 年的信用等级划分为例进行说明。

将上文表 16.20 第 4 列的 T+0 年信用得分 S_j 按降序排列，结果对应列入表 16.22 第 3 列。表 16.22 第 4 列违约概率 p_j 来自表 16.20 第 3 列。表 16.22 第 5 列负债总额 D_j 数据来源于 Wind 数据库。表 16.22 第 6 列应收未收本息数据等于表 16.22 第 4 列和第 5 列的乘积。表 16.22 第 7 列应收本息数据等于表 16.22 第 5 列。

表 16.22 上市小企业制造行业最优模型方案线性判别的 T+0 年信用等级划分数据

(1)序号	(2)证券代码	(3)信用得分 S_j	(4)违约概率 p_j	(5)负债总额 D_j/元	(6)应收未收本息 L_j/元	(7)应收本息 R_j/元
1	2013-603496	100.00	0.00	54 222 767.10	0	54 222 767.10
2	2013-002884	100.00	0.00	83 268 635.33	0	83 268 635.33
3	2013-300554	100.00	0.00	24 378 904.61	0	24 378 904.61
…	…	…	…	…	…	…
5 887	2001-600456	49.91	0.50	333 575 203.30	166 787 601.70	333 575 203.30
…	…	…	…	…	…	…
7 074	2018-600870	0.00	1.00	60 425 965.39	60 425 965.39	60 425 965.39

依据上文 3.4.2 节的信用等级划分模型，将表 16.22 第 6~7 列的应收未收本息 L_j、应收本息 R_j 数据代入上文式(3.68)~式(3.71)的信用等级划分模型，根据迟国泰教授科研创新团队的发明专利“信用等级越高，违约损失率越低”的违约金字塔原理[30]，得到的评级结果如表 16.23 第 3~5 列所示。

表 16.23 上市小企业制造行业最优模型方案线性判别的 T+0 年信用等级划分结果

(1)序号	(2)等级	(3)信用得分区间	(4)样本数	(5)违约损失率/%	(6)信用度
1	AAA	$49.91 \leqslant S \leqslant 100$	5887	5.98	特优
…	…	…	…	…	…
4	BBB	$42.512 \leqslant S < 49.445$	149	54.17	较好
…	…	…	…	…	…
7	CCC	$37.207 \leqslant S < 40.814$	83	60.93	差
…	…	…	…	…	…
9	C	$0 \leqslant S < 35.056$	1	100.00	极差

根据表 16.23 第 4 列可知，T+0 年 AAA 级公司样本数为 5887 个，即 AAA 级公司为按照信用得分降序排列后的第 1~5887 个公司。由表 16.22 第 3 列知，第 5887 行证券代码“2001-600456”公司对应的信用

得分为 49.91，故 AAA 级公司的信用得分区间为 49.91≤*S*≤100，列入表 16.23 第 3 列第 1 行，即 *T*+0 年信用得分落在区间 49.91≤*S*≤100 的公司均为 AAA 级公司。同理，可得 AA、A、…、C 等其余 8 个等级划分结果，对应列入表 16.23 第 2~9 行。由信用等级 AAA、AA、A、BBB、BB、B、CCC、CC、C 依次对应特优、优、良、较好、一般、较差、差、很差、极差的信用度，列入表 16.23 第 6 列。

以上是上市小企业制造行业最优模型方案线性判别的 *T*+0 年信用等级划分结果。同理，可分别得到 *T*+*m*(*m*=1, 2, 3, 4, 5)年的上市小企业制造行业的信用等级划分结果，如表 16.24~表 16.28 所示。

表 16.24　上市小企业制造行业最优模型方案线性判别的 *T*+1 年信用等级划分结果

(1)序号	(2)等级	(3)信用得分区间	(4)样本数	(5)违约损失率/%	(6)信用度
1	AAA	49.654≤*S*≤100	5024	0.54	特优
…	…	…	…	…	…
4	BBB	24.634≤*S*<25.485	4	74.99	较好
…	…	…	…	…	…
7	CCC	9.449≤*S*<15.188	33	87.63	差
…	…	…	…	…	…
9	C	0≤*S*<5.396	1816	99.82	极差

表 16.25　上市小企业制造行业最优模型方案线性判别的 *T*+2 年信用等级划分结果

(1)序号	(2)等级	(3)信用得分区间	(4)样本数	(5)违约损失率/%	(6)信用度
1	AAA	49.656≤*S*≤100	5749	0.44	特优
…	…	…	…	…	…
4	BBB	18.901≤*S*<29.743	18	76.52	较好
…	…	…	…	…	…
7	CCC	4.231≤*S*<8.161	19	94.18	差
…	…	…	…	…	…
9	C	0≤*S*<0.001	61	100.00	极差

表 16.26　上市小企业制造行业最优模型方案线性判别的 *T*+3 年信用等级划分结果

(1)序号	(2)等级	(3)信用得分区间	(4)样本数	(5)违约损失率/%	(6)信用度
1	AAA	49.821≤*S*≤100	4528	4.65	特优
…	…	…	…	…	…
4	BBB	0.951≤*S*<17.667	439	97.32	较好
…	…	…	…	…	…
7	CCC	0.03≤*S*<0.051	69	99.96	差
…	…	…	…	…	…
9	C	0≤*S*<0.015	39	99.99	极差

表 16.27　上市小企业制造行业最优模型方案线性判别的 *T*+4 年信用等级划分结果

(1)序号	(2)等级	(3)信用得分区间	(4)样本数	(5)违约损失率/%	(6)信用度
1	AAA	46.41≤*S*≤100	3811	2.84	特优
…	…	…	…	…	…
4	BBB	37.777≤*S*<39.984	29	61.20	较好
…	…	…	…	…	…

续表

(1)序号	(2)等级	(3)信用得分区间	(4)样本数	(5)违约损失率/%	(6)信用度
7	CCC	$16.528 \leq S < 30.623$	196	76.95	差
…	…	…	…	…	…
9	C	$0 \leq S < 8.248$	2634	99.30	极差

表 16.28 上市小企业制造行业最优模型方案线性判别的 T+5 年信用等级划分结果

(1)序号	(2)等级	(3)信用得分区间	(4)样本数	(5)违约损失率/%	(6)信用度
1	AAA	$49.928 \leq S \leq 100$	3745	15.47	特优
…	…	…	…	…	…
4	BBB	$49.882 \leq S < 49.89$	1	50.12	较好
…	…	…	…	…	…
7	CCC	$0.164 \leq S < 48.553$	3003	81.69	差
…	…	…	…	…	…
9	C	$0 \leq S < 0.001$	1	100.00	极差

16.10 上市小企业制造行业的信用特征分析

16.10.1 地区的信用特征分析

为检验不同地区的信用得分是否存在显著差异。本书根据表 16.21 第 5 列的中国 31 个省区市(港、澳、台除外)和第 8 列的信用得分。统计出上市小企业制造行业 31 个省区市的信用得分平均值、最大值、最小值、标准差、中位数等，列在表 16.29 的第 3~8 列。

其中，表 16.29 第 8 列的样本数量是 2000~2023 年这 24 年的制造行业上市小企业总数，这里的总数包括相同企业不同年份的重复计数。例如，同一个企业 2000~2023 年这 24 年，则数量记为 24，其他企业的统计同理。

表 16.29 省区市信用特征描述表

(1)序号	(2)省区市	(3)信用得分平均值	(4)信用得分最大值	(5)信用得分最小值	(6)信用得分标准差	(7)信用得分中位数	(8)样本数量
1	江苏省	85.40	100.00	0.03	22.56	96.06	1300
2	浙江省	84.99	100.00	0.00	23.78	96.37	967
3	北京市	83.25	100.00	0.00	23.66	95.02	626
…	…	…	…	…	…	…	…
15	湖南省	69.82	100.00	0.00	32.87	84.40	253
16	吉林省	69.45	100.00	0.00	33.82	87.85	146
17	黑龙江省	69.03	99.70	0.00	32.72	80.47	134
…	…	…	…	…	…	…	…
29	内蒙古自治区	50.47	99.99	0.00	36.55	49.98	83
30	青海省	45.30	98.64	0.00	30.22	35.66	81
31	宁夏回族自治区	32.74	99.98	0.00	25.92	33.12	57

同时，为检验两两省区市之间的信用得分是否存在显著差异，本书采用曼-惠特尼 U 检验[19]来进行显著性水平检验。以“贵州省”与“四川省”为例，根据表 16.29 第 1 列第 22、23 行的序号排序和第 8 列第 22、23 行的企业数量，计算得到曼-惠特尼 U 检验统计量 5763，列入表 16.30 第 1 行第 3 列。通过查曼-惠特尼 U 检验统计量的显著性水平表，将对应的 p 值 0.412 列入表 16.30 第 1 行第 4 列。同理，将其他任意两个省区市的曼-惠特尼 U 检验结果列在表 16.30 第 2~465 行。

表 16.30　上市小企业制造行业的省区市之间信用得分的差异性检验

(1)序号	(2)省区市两两比较	(3)曼-惠特尼 U 检验统计量值	(4)p 值
1	贵州省与四川省	5 763.00	0.412
…	…	…	…
464	福建省与山东省	76 098.00	0.287
465	海南省与湖北省	29 424.00***	0.000

***表示在 99%的置信水平下存在显著差异

表 16.29 和表 16.30 的实证结果表明，中国上市小企业制造行业的行业特征为江苏省、浙江省和北京市等 13 个省区市的信用资质最高，湖南省、吉林省和黑龙江省等 8 个省区市的信用资质居中，内蒙古自治区、青海省和宁夏回族自治区等 10 个省区市的信用资质最低。除贵州省与四川省、福建省与山东省外，其他任意两个省区市间的信用资质经曼-惠特尼 U 检验存在显著差异。

根据上市小企业制造行业的 31 个省区市的地理分布统计可知，信用得分高于 78 的信用资质较好的省区市基本分布在东部沿海地区。信用得分介于 65~78 的信用资质居中的省区市基本分布在中部地区和东北地区。信用得分低于 65 的信用资质较差的省区市基本分布在西北部地区。

分析造成省区市信用特征的原因可能是，东沿海地区的市场经济相对发达，市场经营环境较好，从而企业有更多的融资渠道，致使企业的资金运营能力相较中西部地区更强，因此信用资质也就更好。

16.10.2　企业所有制的信用特征分析

企业所有制属性的信用特征分布是一个值得研究的话题，现有文献[20]认为相比于中国非国有企业，国有企业拥有更高的平均收益率和更有竞争力的其他优势。本书根据大股东和实际控制人将上市企业的所有制属性分为 7 类，分别是中央国有企业、地方国有企业、民营企业、集体企业、公众企业、外资企业和由协会等实际控股的其他所有制企业，如表 16.31 第 2 列所示。

表 16.31　企业所有制属性信用特征描述表

(1)序号	(2)所有制属性	(3)信用得分平均值	(4)信用得分最大值	(5)信用得分最小值	(6)信用得分标准差	(7)信用得分中位数	(8)样本数量
1	外资企业	80.91	100.00	0.00	25.61	92.92	338
2	民营企业	79.56	99.65	0.00	28.65	94.73	6731
3	中央国有企业	79.56	100.00	0.00	28.66	94.74	746
4	集体企业	72.14	100.00	0.14	30.90	89.66	61
5	公众企业	71.69	100.00	0.00	33.24	89.96	406
6	其他所有制企业	63.64	99.96	0.00	33.88	72.72	95
7	地方国有企业	53.90	100.00	0.02	29.39	55.79	847

本书根据表 16.21 第 6 列的 7 个所有制属性和第 8 列的信用得分。统计出 7 个所有制属性的信用得分平均值、最大值、最小值、标准差、中位数等，列在表 16.31 的第 3~8 列。

其中，表 16.31 第 8 列的样本数量是 2000~2023 年这 24 年的制造行业上市小企业总数，这里的总数包括相同企业不同年份的重复计数。例如，同一个企业 2000~2023 年这 24 年，则数量记为 24，其他企业的统计同理。

同时，为检验两两所有制之间的信用得分是否存在显著差异，本书采用曼-惠特尼 U 检验[19]来进行显著性水平检验。以“外资企业”与“地方国有企业”为例，根据表 16.31 第 1 列第 1、7 行的序号排序和第 8 列第 1、7 行的样本数量，得到曼-惠特尼 U 检验统计量为 103 643.00，列入表 16.32 第 1 行第 3 列。通过查曼-惠特尼 U 检验统计量的显著性水平表，将对应的 p 值 0.000 列入表 16.32 第 1 行第 4 列。同理，将其他任意两个所有制属性的曼-惠特尼 U 检验结果列在表 16.32 第 2~21 行。

表 16.32　企业所有制之间信用得分的差异性检验

(1)序号	(2)企业所有制两两比较	(3)曼-惠特尼 U 检验统计量值	(4)p 值
1	外资企业与地方国有企业	103 643.00***	0.000
…	…	…	…
20	公众企业与民营企业	1 190 623.00***	0.000
21	中央国有企业与民营企业	2 194 241.00***	0.000

***表示在 99%的置信水平下存在显著差异

表 16.31 和表 16.32 的实证结果表明，中国上市小企业制造行业所有制的属性信用特征为外资企业、民营企业这 2 类所有制企业的信用资质最高，中央国有企业、集体企业和公众企业这 3 类所有制企业的信用资质次之，由协会控股的其他所有制企业和地方国有企业这 2 类所有制企业的信用资质最低。并且，任意两类所有制企业的信用资质均存在显著差异。

造成所有制属性信用特征分布差异的原因可能是：上市小企业制造行业中的外资企业可能因为其企业管理和风险控制相对规范，因此信用资质相对较好。中央国有企业可能存在政府实际控制的原因，经营管理方面以平稳发展为主，信用资质居中。地方国有企业可能承担更多的促进地方经济发展的任务，社会负担较重，同时存在管理和风险控制方面的不足，从而导致信用资质不佳。

16.11　上市小企业制造行业的信用指数构建

表 16.33 是上市小企业制造行业的资产总额 A_j、负债总额 L_j、资产总额加负债总额(A_j+L_j)数据是在 Wind 数据库查询得到的。表 16.33 第 8 列信用得分 $S_{j(T+m)}$来自上文表 16.21 的第 8 列。其中，对于 2000~2018 年这 19 年已有指标数据的公司，用的是 m=0 的信用得分 $S_{j(T+0)}$；对于 2019~2023 年这 5 年没有指标数据的公司，用的是 m=1, 2, 3, 4, 5 时刻预测的信用得分 $S_{j(T+m)}$。

表 16.33　上市小企业制造行业的负债总额、资产总额和最优模型方案线性判别的信用得分结果

(1)序号	(2)证券代码	(3)证券简称	(4)年份	(5)资产总额 A_j/元	(6)负债总额 L_j/元	(7) 资产总额加负债总额(A_j+L_j)/元	(8)信用得分 $S_{j(T+m)}$
1	600529.SH	山东药玻	2000	394 610 019.20	206 284 363.60	600 894 382.80	99.85
2	600539.SH	狮头股份	2000	511 255 387.60	297 208 273.70	808 463 661.30	99.71
3	600592.SH	溪龙股份	2000	300 103 548.80	128 973 311.10	429 076 859.90	99.62
…	…	…	…	…	…	…	…
6 645	300695.SZ	兆丰股份	2018	2 008 587 303.00	284 062 574.50	2 292 649 878.00	100.00
6 646	300308.SZ	中际旭创	2018	8 080 200 992.00	3 303 719 362.00	11 383 920 354.00	100.00
6 647	002801.SZ	微光股份	2018	1 098 826 679.00	189 326 894.10	1 288 153 573.00	99.99
…	…	…	…	…	…	…	…
9 222	600385.SH	山东金泰	2023	166 968 583.80	108 723 812.6	275 692 396.40	0.00
9 223	000670.SH	*ST 盈方	2023	252 959 808.50	55 676 030.17	308 635 838.70	0.00
9 224	已退市	已退市	2023	219 206 794.10	68 851 081.72	288 057 875.80	0.00

16.11.1　基于资产总额标准的信用指数计算

以 2000 年基于资产总额标准的信用指数计算为例进行说明。

1. 基于资产总额标准的典型公司样本选取

将表 16.33 第 1~220 行第 5 列资产总额 A_j 由高到低进行排序，并在表 16.33 第 1~220 行 2000 年的 220 家上市公司中选取年资产总额排名前 10%的公司，即 $N^A_{(2000)}$=220×10%=22 家上市小企业制造行业的公司，作为 2000 年信用指数构建的典型公司。将这 22 个典型公司的证券代码、证券简称、年份、资产总额 $A_{j(2000)}$ 分别列入表 16.34 第 2~5 列的第 1~22 行。

表 16.34　上市小企业制造行业基于资产总额标准选取的典型公司样本

(1)序号	(2)证券代码	(3)证券简称	(4)年份	(5)资产总额 A_j/元	(6)典型公司权重 $W^A_{j(T+m)}$	(7) 信用得分 $S_{j(T+m)}$
1	000039.SZ	中集集团	2000	6 639 781 527.00	0.15	57.98
2	600320.SH	振华重工	2000	3 866 426 653.00	0.08	47.05
3	000418.SZ	小天鹅 A	2000	3 407 149 352.00	0.07	69.79
…	…	…	…	…	…	…
23	000039.SZ	中集集团	2001	5 936 850 787.00	0.12	67.31
24	600320.SH	振华重工	2001	4 467 633 868.00	0.09	71.67
25	600210.SH	紫江企业	2001	3 737 533 614.00	0.07	66.01
…	…	…	…	…	…	…
914	603501.SH	韦尔股份	2023	4 599 872 274.00	0.01	45.54
915	002046.SZ	国机精工	2023	4 579 182 205.00	0.01	81.74
916	603012.SH	创力集团	2023	4 532 206 816.00	0.01	23.43

以上是 2000 年基于资产总额标准的指数构建典型公司的选取。同理，可以得到 2001~2023 年的典型公司样本。

2. 基于资产总额标准的典型公司权重计算

将上文计算的 2000 年典型公司个数 $N^A_{(2000)}$=22 和表 16.34 第 5 列的资产总额 $A_{j(2000)}$代入上文式(3.82)，得到 2000 年典型公司的权重。

以第 1 个典型公司“中集集团(000039.SZ)”的指数权重 $W^A_{1(2000)}$为例。

将表 16.34 第 5 列第 1 行的资产总额 $A_{1(2000)}$=6 639 781 527.00 代入上文式(3.82)的分子，得到权重如下：

$$W^A_{1(2000)}=A_{1(2000)}/(A_{1(2000)}+\cdots+A_{22(2000)})$$
$$=6\ 639\ 781\ 527.00/(6\ 639\ 781\ 527.00+\cdots+1\ 265\ 929\ 820.00)=0.15 \tag{16.10}$$

将式(16.10)的结果列入表 16.34 第 6 列第 1 行。同理，将表 16.33 第 5 列第 2~22 行的资产总额 $A_{j(2000)}$ 分别代入式(3.82)的分子，分别得到 2000 年其他 21 个典型公司的权重 $W^A_{j(2000)}$(j=2, 3, …, 22)，列入表 16.34 第 6 列第 2~22 行。

以上是基于资产总额标准的 2000 年的典型公司样本权重的计算。同理，可以得到基于资产总额标准的 2001~2023 年的典型公司样本权重 $W^A_{j(T+m)}$。

3. 基于资产总额标准的信用指数计算过程

根据上文表 16.21 第 2 列的证券代码和第 8 列的信用得分，将 16.34 第 7 列的信用得分 $S_{j(T+m)}$对应填充。

表 16.34 第 1~22 行的 2000 年 22 家典型公司对应的第 6 列权重 $W^A_{j(T+m)}$、第 7 列信用得分 $S_{j(T+m)}$，以及上文选取的 2000 年典型公司个数 $N^A_{(2000)}$=22，代入上文式(3.85)，得到 2000 年典型公司样本基于资产总额

标准的信用得分加权平均值 $\bar{S}^{A}_{(2000)}$ 如下：

$$\bar{S}^{A}_{(2000)} = \sum_{j=1}^{22} W^{A}_{j(2000)} S_{j(2000)} = 32.30 \tag{16.11}$$

将式(16.11)计算的 2000 年典型公司样本基于资产总额标准的信用得分加权平均值 $\bar{S}^{A}_{(2000)}$ =32.30，代入上文式(3.86)，得到 2000 年典型公司样本基于资产总额标准的信用指数 $\mathrm{CI}^{A}{}_{(2000)}$如下：

$$\mathrm{CI}^{A}{}_{(2000)} = \frac{\bar{S}^{A}_{(2000)}}{\bar{S}^{A}_{(2000)}} \times 1000 = \frac{32.30}{32.30} \times 1000 = 1000.00 \tag{16.12}$$

将式(16.12)计算的 2000 年典型公司样本基于资产总额标准的信用指数 $\mathrm{CI}^{A}{}_{(2000)}$=1000.00，列入表 16.35 第 3 列第 1 行。

同理，可计算 2001 年的信用得分加权平均 $\bar{S}^{A}_{(2001)}$ =35.45 和信用指数 $\mathrm{CI}^{A}{}_{(2001)}$=35.45/32.30×1000=1097.52，列入表 16.35 第 3 列第 2 行。

表 16.35　上市小企业制造行业 2000~2023 年的信用指数表

(1)序号	(2)年份	(3)资产总额前 10%的年度信用指数 $\mathrm{CI}^{A}{}_{(T+m)}$	(4)负债总额前 10%的年度信用指数 $\mathrm{CI}^{L}{}_{(T+m)}$	(5)基于资产总额加负债总额的年度信用指数 $\mathrm{CI}^{A+L}{}_{(T+m)}$
1	2000	1000.00	1000.00	1000.00
2	2001	1097.52	1278.19	1160.57
3	2002	2561.45	3117.16	2809.37
…	…	…	…	…
9	2007	2761.99	3329.66	3081.87
10	2008	2678.07	2996.90	2860.63
11	2009	2742.04	3200.70	2978.67
…	…	…	…	…
22	2021	1551.95	1725.65	1629.52
23	2022	2127.83	2556.84	2318.71
24	2023	1383.02	1719.63	1524.07

以上是上市公司基于资产总额标准的 2000 年和 2001 年的信用指数计算。依次类推，将基于资产总额标准的 2002~2023 年的信用指数计算结果分别列入表 16.35 第 3 列第 3~24 行。

16.11.2　基于负债总额标准的信用指数计算

以 2000 年的基于负债总额标准的信用指数计算为例进行说明。

1. 基于负债总额标准的典型公司样本选取

将表 16.33 第 1~220 行第 6 列负债总额 L_j 由高到低进行排序，并在表 16.33 第 1~220 行 2000 年的 220 家上市公司中选取年负债总额排名前 10%的公司，即 $N^{L}{}_{(2000)}$=220×10%=22 家上市小企业制造行业的公司，作为 2000 年信用指数构建的典型公司。将这 22 个典型公司的证券代码、证券简称、年份、负债总额 $L_{j(2000)}$ 分别列入表 16.36 第 2~5 列的第 1~22 行。

表 16.36　上市小企业制造行业样本基于负债总额选取的成分股

(1)序号	(2)证券代码	(3)证券简称	(4)年份	(5)负债总额 L_j/元	(6)成分股权重 $W^{L}_{j(T+m)}$	(7) 信用得分 $S_{j(T+m)}$
1	000039.SZ	中集集团	2000	3 999 625 466.00	0.16	58.00
2	600898.SH	国美通讯	2000	2 267 262 005.00	0.09	0.00

续表

(1)序号	(2)证券代码	(3)证券简称	(4)年份	(5)负债总额 L_j/元	(6)成分股权重 $W^L_{j(T+m)}$	(7) 信用得分 $S_{j(T+m)}$
3	600320.SH	振华重工	2000	2 160 485 210.00	0.09	47.05
…	…	…	…	…	…	…
23	000039.SZ	中集集团	2001	2 974 756 839.00	0.11	67.31
24	600320.SH	振华重工	2001	2 660 901 818.00	0.10	71.67
25	600210.SH	紫江企业	2001	1 941 127 234.00	0.07	66.01
…	…	…	…	…	…	…
914	300708.SZ	聚灿光电	2023	2 011 363 632.00	0.01	45.22
915	002751.SZ	易尚展示	2023	2 000 629 926.00	0.01	64.60
916	300198.SZ	纳川股份	2023	1 971 331 983.00	0.01	0.30

以上是 2000 年基于负债总额标准的指数构建典型公司的选取。同理，可以得到 2001~2023 年的典型公司样本。

2. 基于负债总额标准的典型公司权重计算

将上文计算的 2000 年典型公司个数 $N^L_{(2000)}$=22 和表 16.36 第 5 列的负债总额 $L_{j(2000)}$代入上文式(3.83)，得到 2000 年典型公司的权重。

以第 1 个典型公司“中集集团(000039.SZ)”的指数权重 $W^L_{1(2000)}$为例。

将表 16.36 第 5 列第 1 行的负债总额 $L_{1(2000)}$=3 999 625 466.00 代入上文式(3.83)的分子，得到权重如下：

$$W^L_{1(2000)}=L_{1(2000)}/(L_{1(2000)}+\cdots+L_{22(2000)}) =3\ 999\ 625\ 466.00/(3\ 999\ 625\ 466.00+\cdots+588\ 771\ 076.90)=0.16 \tag{16.13}$$

将式(16.13)的结果列入表 16.36 第 6 列第 1 行。同理，将表 16.36 第 5 列第 2~22 行的负债总额 $L_{j(2000)}$分别代入式(3.83)的分子，分别得到 2000 年其他 21 个典型公司的权重 $W^L_{j(2000)}$(j=2, 3, …, 22)，列入表 16.36 第 6 列第 2~22 行。

以上是基于负债总额标准的 2000 年的典型公司样本权重的计算。同理，可以得到基于负债总额标准的 2001~2023 年的典型公司样本权重 $W^L_{j(T+m)}$。

3. 基于负债总额标准的信用指数计算过程

根据上文表 16.21 第 2 列的证券代码和第 8 列的信用得分，将 16.36 第 7 列的信用得分 $S_{j(T+m)}$对应填充。

将表 16.36 第 1~22 行的 2000 年 22 家典型公司对应的第 6 列权重 $W^L_{j(T+m)}$、第 7 列的信用得分 $S_{j(T+m)}$，以及上文选取的 2000 年典型公司个数 $N^L_{(2000)}$=22，代入上文式(3.87)，得到 2000 年典型公司样本基于负债总额标准的信用得分加权平均值 $\overline{S}^L_{(2000)}$ 如下：

$$\overline{S}^L_{(2000)}=\sum_{j=1}^{22}W^L_{j(2000)}S_{j(2000)}=24.30 \tag{16.14}$$

将式(16.14)计算的 2000 年典型公司样本基于负债总额标准的信用得分加权平均值 $\overline{S}^L_{(2000)}$ =24.30，代入上文式(3.88)，得到 2000 年典型公司样本基于资产总额标准的信用指数 $CI^L_{(2000)}$如下：

$$CI^L_{(2000)}=\frac{\overline{S}^L_{(2000)}}{\overline{S}^L_{(2000)}}\times 1000=\frac{24.30}{24.30}\times 1000=1000.00 \tag{16.15}$$

将式(16.15)计算的 2000 年典型公司样本基于负债总额标准的信用指数 $CI^L_{(2000)}$=1000.00，列入上文表 16.35 第 4 列第 1 行。

同理，可计算 2001 年的信用得分加权平均值 $\overline{S}^L_{(2001)}$ =31.06 和信用指数 $CI^L_{(2001)}$=(31.06/24.30)×1000=1278.19，列入上文表 16.35 第 4 列第 2 行。

以上是上市公司基于负债总额标准的 2000 年和 2001 年的信用指数计算。依次类推，将基于负债总额标准的 2002~2023 年的信用指数计算结果分别列入上文表 16.35 第 4 列第 3~24 行。

16.11.3 基于资产总额加负债总额标准的信用指数计算

以 2000 年的基于资产总额加负债总额标准的信用指数计算为例进行说明。

1. 基于资产总额加负债总额标准的典型公司样本选取

将表 16.33 第 1~220 行第 7 列资产总额加负债总额(A_j+L_j)由高到低进行排序，并在表 16.33 第 1~220 行 2000 年的 220 家上市公司中选取资产总额加负债总额排名前 10%的公司，即 $N^{A+L}{}_{(2000)}$=220×10%=22 家上市小企业制造行业公司，作为 2000 年信用指数构建典型公司。将这 22 个典型公司的证券代码、企业名称、年份、资产总额加负债总额 $A_{j(2000)}$+$L_{j(2000)}$分别列入表 16.37 第 2~5 列的第 1~22 行。

表 16.37 上市小企业制造行业样本基于资产总额加负债总额选取的成分股

(1)序号	(2)证券代码	(3)企业名称	(4)年份	(5) 资产总额加负债总额(A_j+ L_j) /元	(6)成分股权重 $W^{A+L}{}_{j(T+m)}$	(7) 信用得分 $S_{j(T+m)}$
1	000039.SZ	中集集团	2000	10 639 416 993.00	0.15	57.98
2	600320.SH	振华重工	2000	6 026 911 863.00	0.09	47.05
3	000418.SZ	小天鹅 A	2000	4 724 572 447.00	0.07	69.79
…	…	…	…	…	…	…
23	000039.SZ	中集集团	2001	8 911 607 626.00	0.12	67.31
24	600320.SH	振华重工	2001	7 128 535 686.00	0.09	71.67
25	600210.SH	紫江企业	2001	5 678 660 848.00	0.07	66.01
…	…	…	…	…	…	…
914	300510.SZ	金冠股份	2023	6 485 933 286.00	0.01	19.78
915	300089.SZ	文化长城	2023	6 393 788 481.00	0.01	72.20
916	002046.SZ	国机精工	2023	6 354 376 046.00	0.01	81.74

以上是 2000 年基于资产总额加负债总额标准的指数构建典型公司的选取。同理，可以得到 2001~2023 年的典型公司样本。

2. 基于资产总额加负债总额标准的典型公司权重计算

将上文计算的 2000 年典型公司个数 $N^{A+L}{}_{(2000)}$=22 和表 16.37 第 5 列的资产总额加负债总额($A_{j(2000)}$+$L_{j(2000)}$)代入上文式(3.84)，得到 2000 年典型公司的权重。

以第 1 个典型公司“中集集团(000039.SZ)”的指数权重 $W^{A+L}{}_{1(2000)}$为例。

将表 16.37 第 5 列第 1 行的资产总额加负债总额($A_{1(2000)}$+$L_{1(2000)}$)=10 639 416 993.00 代入上文式(3.84)的分子，得到权重如下：

$$W^{A+L}{}_{1(2000)}=(A_{1(2000)}+L_{1(2000)})/(A_{1(2000)}+L_{1(2000)}+\cdots+A_{22(2000)}+L_{22(2000)})$$
$$=10\ 639\ 416\ 993.00/(10\ 639\ 416\ 993.00+\cdots+1\ 757\ 854\ 578.00)=0.15 \tag{16.16}$$

将式(16.16)的结果列入表 16.37 第 6 列第 1 行。同理，将表 16.37 第 5 列第 2~22 行的资产总额加负债总额($A_{j(2000)}$+$L_{j(2000)}$)分别代入式(3.84)的分子，分别得到 2000 年其他 21 个典型公司的权重 $W^{A+L}{}_{j(2000)}$(j=2, 3, …, 22)，列入表 16.37 第 6 列第 2~22 行。

以上是基于资产总额加负债总额标准的 2000 年的典型公司样本权重的计算。同理，可以得到基于资产总额加负债总额标准的 2001~2023 年的典型公司样本权重 $W^{A+L}{}_{j(T+m)}$，将结果列入表 16.37 第 6 列第 23~916 行。

3. 基于资产总额加负债总额标准的信用指数计算过程

根据上文表 16.21 第 2 列的证券代码和第 8 列的信用得分，将 16.37 第 7 列的信用得分 $S_{j(T+m)}$对应填充。

将表 16.37 第 1~22 行的 2000 年 22 家典型公司对应的第 6 列权重 $W^{A+L}{}_{j(T+m)}$、第 7 列信用得分 $S_{j(T+m)}$，以及上文选取的 2000 年典型公司个数 $N^{A+L}{}_{(2000)}$=22，代入上文式(3.89)，得到 2000 年典型公司样本基于资产总额加负债总额标准的信用得分加权平均值 $\overline{S}^{A+L}_{(2000)}$ 如下：

$$\overline{S}^{A+L}_{(2000)}=\sum_{j=1}^{22}W^{A+L}_{j(2000)}S_{j(2000)}=28.15 \tag{16.17}$$

将式(16.17)计算的 2000 年典型公司样本基于负债总额标准的信用得分加权平均值 $\overline{S}^{A+L}_{(2000)}$ =28.15，代入上文式(3.90)，得到 2000 年典型公司样本基于资产总额标准的信用指数 $\mathrm{CI}^{A+L}{}_{(2000)}$如下：

$$\mathrm{CI}^{A+L}{}_{(2000)}=\frac{\overline{S}^{A+L}_{(2000)}}{\overline{S}^{A+L}_{(2000)}}\times 1000=\frac{28.15}{28.15}\times 1000=1000.00 \tag{16.18}$$

将式(16.18)计算的 2000 年典型公司样本基于资产总额加负债总额标准的信用指数 $\mathrm{CI}^{A+L}{}_{(2000)}$=1000.00，列入上文表 16.35 第 5 列第 1 行。

同理，可计算 2001 年的信用得分加权平均值 $\overline{S}^{A+L}_{(2001)}$ =32.67 和信用指数 $\mathrm{CI}^{A+L}{}_{(2001)}$=(32.67/28.15)×1000=1160.57，列入上文表 16.35 第 5 列第 2 行。

以上是上市公司基于资产总额加负债总额标准的 2000 年和 2001 年的信用指数计算。依次类推，将基于资产总额加负债总额标准的 2002~2023 年的信用指数计算结果分别列入上文表 16.35 第 5 列第 3~24 行。

16.11.4 上市小企业制造行业 2000~2023 年 24 年的信用指数趋势图

以表 16.35 第 2 列的年份为横轴，分别以第 3、4、5 列的年度信用指数为纵轴，做出上市企业的年度信用指数走势图，如图 16.1 所示。

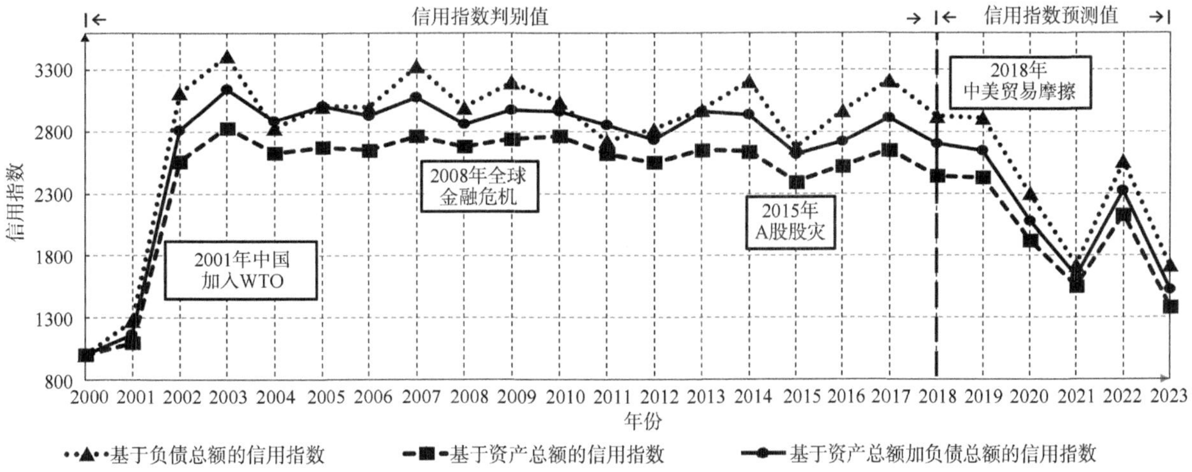

图 16.1　上市小企业制造行业的年度信用指数走势图

中国上市小企业制造行业 2000~2018 年 19 年的信用指数发展规律，以及预测的 2019~2023 年 5 年的信用指数趋势如图 16.1 所示。

1. 2000~2018 年这 19 年中国上市小企业制造行业信用指数的发展规律及原因分析

(1)中国上市小企业制造行业 2000~2018 年这 19 年信用指数发展规律。总体上看，上市小企业制造行业信用指数变化呈现倒“L”形态，2000~2003 年信用指数呈现上升趋势，2004~2017 年信用指数在 2300~3300 波动，2018 年以后上市小企业制造行业信用指数开始向下。

(2)中国上市小企业制造行业 2000~2018 年这 19 年信用指数发展的可能宏观原因分析。2000~2003 年，中国加入 WTO，国内制造行业繁荣，出口业务的增加给企业带来了充裕的现金流，企业信用指数一路走高。这说明这段时期出口业务的繁荣致使上市小企业制造行业信用资质普遍较好。其中，上市小企业制造行业信用资质在“2008 年全球金融危机”[31]和“2015 年 A 股股灾”[32]经历了短暂的下跌。2018 年中美贸易摩擦加剧[33]，上市小企业制造行业信用指数下降，这进一步说明上市小企业制造行业的信用资质可能与国际出口环境相关，出口业务的增长为上市小企业制造行业带来源源不断的订单，促使小企业制造行业繁荣。

(3)中国上市小企业制造业公司 2000~2018 年这 19 年信用指数发展的可能政策原因分析。2008 年金融危机后上市小企业信用行业信用指数没有出现大幅度下跌，可能与 2009 年中国政府为了应对经济危机出台四万亿元经济刺激计划[34]相关。中国政府四万亿元刺激计划为市场带来了充足的流动性，在很大程度上减缓了上市小企业制造业受到金融危机的冲击。

2. 2019~2023 年这 5 年中国上市小企业制造行业信用指数的趋势预测

(1)中国上市小企业制造行业 2019~2023 年这 5 年信用指数趋势为：上市小企业制造行业 2019~2023 这 5 年信用指数将整体呈现下跌趋势。具体来看，上市小企业制造行业信用指数在出现小幅下降趋势后，于 2019 年开始明显下跌。直到 2021 年止跌，2022 年回升后，2023 年继续下跌，整体上呈现下跌趋势。

(2)中国上市小企业制造行业 2019~2023 年这 5 年信用指数趋势的可能原因分析。可能原因在于，受制于中美贸易摩擦的长期影响，中国出口业务受阻，国内消费市场难以在短期内扩张，致使上市小企业制造行业发展经营及融资受挫，使得 2019~2023 年上市小企业制造行业信用资质整体下滑。

16.12 上市小企业制造行业的信用风险指数构建

16.12.1 基于三个标准的信用风险指数计算

上市小企业制造行业信用风险指数的成分股选择及权重计算方式与 16.11 节中的上市小企业制造行业信用指数同理。但信用风险指数计算是将信用指数计算公式中分子和分母的 $S_{j(T+m)}$ 替换为$(100-S_{j(T+m)})$，反映的是违约可能性。将计算得到的 2000~2023 年小企业制造行业信用风险指数，分别列入表 16.38 第 3~5 列第 1~24 行。

表 16.38 上市小企业制造行业样本的 2000~2023 年的信用风险指数表

(1)序号	(2)年份	(3)资产总额前 10%的年度信用风险指数 $CRI^{A}_{(T+m)}$	(4)负债总额前 10%的年度信用风险指数 $CRI^{L}_{(T+m)}$	(5)基于资产总额加负债总额的年度信用风险指数 $CRI^{A+L}_{(T+m)}$
1	2000	1000.00	1000.00	1000.00
2	2001	953.47	910.75	937.04
3	2002	254.94	319.94	291.13
…	…	…	…	…
22	2021	736.63	766.91	753.37
23	2022	461.85	499.92	483.36
24	2023	817.24	768.85	794.68

16.12.2 上市小企业制造行业 2000~2023 年 24 年的信用风险指数趋势图

以表 16.38 第 2 列的年份为横轴，分别以第 3、4、5 列的年度信用风险指数为纵轴，做出上市小企业制造行业样本的年度信用风险指数走势图，如图 16.2 所示。

上市小企业制造行业 2000~2018 年这 19 年信用风险指数的发展规律，以及预测的 2019~2023 年这 5 年小企业制造行业的信用风险指数趋势如图 16.2 所示。

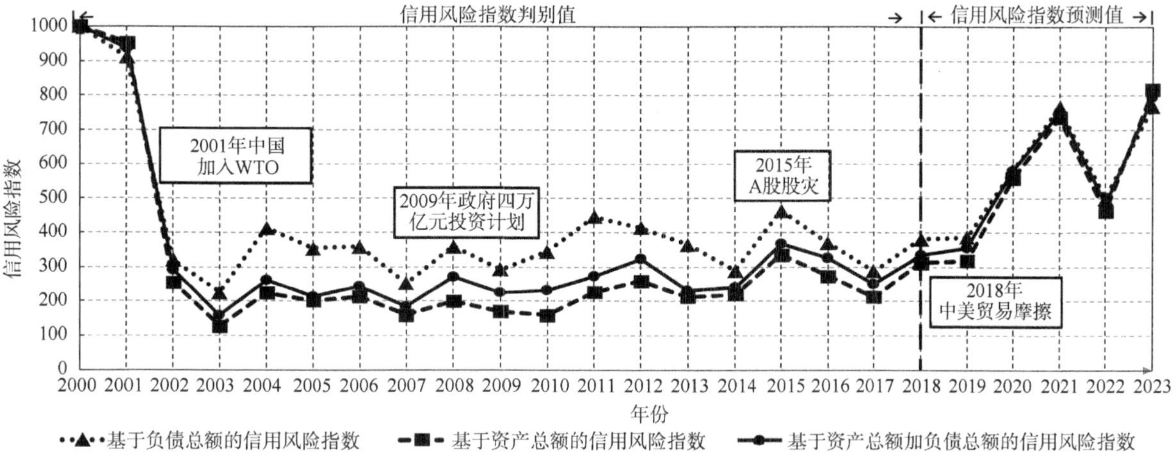

图 16.2　上市小企业制造行业的年度信用风险指数走势图

1. 2000~2018 年这 19 年中国上市小企业制造行业信用风险指数的发展规律

(1)中国上市小企业制造行业 2000~2018 年信用风险指数发展规律。总体上看，2000~2018 年这 19 年上市小企业制造业信用风险指数呈现“L”形走势，在 2003~2018 年这 16 年上市小企业制造业信用风险指数在 150~350 低位徘徊，这段时间上市小企业制造行业信用风险整体较低。2018 年后上市小企业制造行业信用风险指数开始呈现上升势态。

(2)中国上市小企业制造行业 2000~2018 年这 19 年信用风险指数宏观原因分析。由于中国在 2000 年开始加入 WTO，出口业务的繁荣给上市小企业制造行业带来了充裕的现金流，上市小企业制造行业信用风险指数处于低位。直到 2018 年随着中美贸易摩擦加剧，世界一体化进展放缓，国内出口业务缩减，上市小企业制造行业经营困难，致使上市小企业制造行业信用风险指数开始增加。

(3)中国上市小企业制造行业 2000~2018 年这 19 年信用风险指数发展的政策原因分析。值得注意的是，在 2008 年全球金融危机后小企业制造行业信用风险指数仍旧在低位徘徊，可能原因是金融危机后政府于 2009 年出台了四万亿元投资计划刺激经济发展，大量的流动性使得上市小企业制造业避免受到金融危机的冲击。

2. 2019~2023 年中国上市小企业制造行业信用风险指数的趋势预测

(1)中国上市小企业制造行业 2019~2023 年这 5 年信用风险指数趋势。2019~2023 年上市小企业制造行业信用风险指数整体呈现上升趋势。具体来看, 2019~2021 年这 3 年上市小企业制造行业信用风险指数急剧上升，违约风险极高。2021~2022 年这 1 年上市小企业制造行业信用风险指数小幅下降后，并在 2022~2023 年上市小企业制造行业信用风险指数再次上升。2021~2023 年上市小企业制造行业信用风险指数居高不下，说明上市小企业制造行业违约风险持续较大。

(2)中国上市小企业制造行业 2019~2023 年这 5 年信用风险指数趋势的原因分析。可能的原因是，受新冠疫情的影响，宏观经济环境动荡，上市小企业制造行业的发展经营及融资受长期持续影响。此外，中美贸易摩擦对上市小企业制造行业的影响可能也呈现长期的不良影响。

16.13　本 章 结 论

16.13.1　主要工作

(1)本章确定了上市小企业制造行业最优违约预测指标组合。通过经济学含义结合偏相关系数的 F 检验进行指标的初步筛选，通过基于支持向量机的序列前向选择算法进一步筛选出最优的指标组合，获得了上市小企业制造行业 T+0~T+5 年的最优指标组合。

(2)本章确定了上市小企业制造行业指标最优权重向量。根据违约状态 y_j 与指标权重的函数关系 $y_j=f(w_i, x_{ij})$，将预测的违约状态 $\hat{y}_j$ 与实际违约状态 y_j 对比后，以违约和非违约两类企业的预测误差最小为目标，构建数学规划模型，反推出模型评价指标的最优权重，保证构建的预警方程能够区分违约与非违约企业。

(3)本章确定了上市小企业制造行业最优的风险预警模型。通过构建线性判别分析，逻辑回归、支持向量机等 14 种大数据模型，并根据模型的精度、可解释性和复杂性的“不可能三角”三个标准的对比分析，遴选出最优的 $T+0$~$T+5$ 年的最优分类模型。

(4)本章分析了上市小企业制造行业不同省区市、所有制属性的信用特征分布。通过计算不同省区市和所有制属性的公司信用得分均值，判断信用资质好坏。并通过曼-惠特尼 U 统计检验，验证信用资质差异。若曼-惠特尼 U 显著水平检验通过且该类公司信用得分高，则意味着信用资质好，反之就差。

(5)本章构建了基于资产总额、负债总额、资产总额加负债总额三个标准的信用指数和信用风险指数。分析了信用指数和信用风险指数的趋势。通过最优违约预警模型计算得到的未来第 $T+m$ 年违约概率和信用得分，按资产总额、负债总额、资产总额加负债总额三个标准的选股规则选择典型公司样本，并将典型公司样本的加权平均信用得分转化成信用指数。信用指数和信用风险指数反映了年度违约风险的趋势，并对未来第 $T+m$ 年的信用状况进行预警。

16.13.2 主要结论

(1)中国上市小企业制造行业最优违约预测指标组合。由 204 个指标构成的$(2^{204}-1)\approx2.57\times10^{61}$个指标组合中，遴选出“资产负债率”“长期资本负债率”“每股权益合计”等 11 个指标，构成了 $T-0$ 年违约判别几何平均精度最大的指标组合；遴选出“资产负债率”“每股权益合计”“账面价值比”等 18 个指标，构成了 $T-1$ 年违约预测几何平均精度最大的指标组合；遴选出“资产负债率”“每股权益合计”“广义货币供应量(M2)同比增长率”等 14 个指标，构成了 $T-2$ 年违约预测几何平均精度最大的指标组合；遴选出“资产负债率”“销售毛利率”“广义货币供应量(M2)同比增长率”等 10 个指标，构成了 $T-3$ 年违约预测几何平均精度最大的指标组合；遴选出“资产负债率”“每股权益合计”“广义货币供应量(M2)同比增长率”等 18 个指标，构成了 $T-4$ 年违约预测几何平均精度最大的指标组合；遴选出“资产负债率”“长期债务与营运资金比率”“总资产报酬率”等 14 个指标，构成了 $T-5$ 年违约预测几何平均精度最大的指标组合。

(2)中国上市公司违约预测的重要宏观指标。“广义货币供应量(M2)同比增长率”“外商投资总额增长率”这 2 个关键宏观指标，对上市企业违约状态有显著影响。

(3)中国上市公司违约预测的关键指标。“带息债务/全部投入资本”“现金流量利息保障倍数”“每股权益合计”“扣除非经常损益后的净利润/净利润”这 4 个指标对企业未来 1~2 年的短期违约状态具有关键影响；“有形资产/带息债务”“现金到期债务化”这 2 个指标对小企业制造行业未来 4~5 年的长期违约状态具有关键影响；“资产负债率”“长期资产适合率”“流动负债权益比率”“广义货币供应量(M2)同比增长率”这 4 个指标，不论对上市小企业制造行业未来 1~3 年的短期，还是对未来 4~5 年的长期违约状态，均有关键影响。

(4)中国上市公司小企业制造业的省区市信用特征。江苏省、浙江省和北京市等 13 个省区市的信用资质最高，湖南省、吉林省和黑龙江省等 8 个省区市的信用资质居中，内蒙古自治区、青海省和宁夏回族自治区等 10 个省区市的信用资质最低。中国上市小企业制造业信用资质高的省区市主要分布于东部沿海地区，信用资质低的省区市主要分布在华北和西北地区。

(5)中国上市公司小企业制造业的所有制信用特征。外资企业、民营企业这 2 类所有制企业的信用资质最高，中央国有企业、集体企业和公众企业这 3 类所有制企业的信用资质次之，地方国有企业和由协会控股的其他所有制企业这 2 类所有制企业的信用资质最低。并且任意两类所有权企业的信用资质均存在显著差异。

(6)中国上市公司小企业制造业信用指数的预测趋势。可能受制于中美贸易摩擦的长期影响，中国出口业务受阻，国内消费市场难以在短期内扩张，致使上市小企业制造行业发展经营及融资受挫，使得 2019~2023 年上市小企业制造行业信用资质整体下滑。具体来看，在 2019 上市小企业制造行业信用指数有微弱的上升后，于 2020 年开始下跌，直到 2021 年止跌，2022 年小幅度回升后，2023 年继续下跌，上市小企业制造行业信用指数整体上呈现下跌趋势。

(7)中国上市公司小企业制造业信用风险指数的预测趋势。可能受新冠疫情和中美贸易摩擦的影响，宏观经济环境动荡，使得上市小企业制造行业的发展经营及融资受长期持续不良影响。具体来看，2019~2021 年上市小企业制造行业信用风险指数急剧上升，违约风险极高。2021~2022 年上市小企业制造行业信用风险指数小幅下降后，并在 2022~2023 年上市小企业制造行业信用风险指数再次上升。2021~2023 年的上市小企业制造行业信用风险指数居高不下，这说明小企业制造行业违约风险持续较大。

16.13.3　特色与创新

(1)通过两阶段的指标遴选方法构建评价指标体系，在具有明确经济学含义的海选指标集中，根据指标间偏相关系数和 F 值筛选出具有违约鉴别能力且指标间信息冗余最小的一组指标；并在第二阶段构建前向选择支持向量机指标遴选模型，以几何平均精度最大为标准，采用前向选择的方法筛选违约鉴别能力最大的指标组合，保证了构建的评价指标体系具有最大的违约鉴别能力。

(2)通过对违约企业和非违约企业的错判误差率之和最小，反推最优的权重，保证了所建立的违约预测模型能够保证较低的非违约企业误拒率和违约企业误授率，降低违约企业错判带来的贷款损失和非违约企业错判带来好客户流失的损失。

(3)通过综合考虑精度、可解释度、复杂性的不可能三角，从构建的十四种大数据违约预警模型中对比分析遴选出最优违约风险预警模型，保证得到的模型既具有较高的违约预测能力，又具有可解释性，同时模型复杂性低。

(4)通过对不同地区和企业所有制属性公司的信用得分均值进行曼-惠特尼 U 非参数检验，识别不同地区、企业所有制属性公司的信用资质，揭示不同地区、不同所有制形式的中国上市公司，哪类公司的信用资质好，哪类公司的信用资质差，哪类公司的信用资质居中，为股票投资、债券投资提供决策依据，供金融监管当局等政策分析人员参考。

(5)通过分别对资产总额、负债总额、资产总额加负债总额由大到小选取前 10%作为典型公司样本，并将典型公司样本的加权平均信用得分转化成年度信用指数和信用风险指数，反映了上市公司的违约风险趋势，并对未来第 $T+m(m=1, 2, 3, 4, 5)$年的信用状况进行预警。

参 考 文 献

[1] 杨仲舒,那艺. 交通基础设施、制造行业资本规模与区域经济增长[J]. 经济问题探索, 2020, (11)：144-156.

[2] Carvalho D, Ferreira M A, Matos P. Lending relationships and the effect of bank distress：evidence from the 2007-2009 financial crisis[J]. Journal of Financial and Quantitative Analysis, 2015, 50(6)：1165-1197.

[3] Christopoulos A G, Dokas I G, Kalantonis P, et al. Investigation of financial distress with a dynamic logit based on the linkage between liquidity and profitability status of listed firms[J]. Journal of the Operational Research Society, 2019, 70(10)：1817-1829.

[4] Wu Y, Xu Y J, Li J Y. Feature construction for fraudulent credit card cash-out detection[J]. Decision Support Systems, 2019, 127：113155.

[5] Yeh C C, Lin F Y, Hsu C Y. A hybrid KMV model, random forests and rough set theory approach for credit rating[J]. Knowledge-Based Systems, 2012, 33：166-172.

[6] Chawla N V, Bowyer K W, Hall L O, et al. Smote：synthetic minority over-sampling technique[J]. Journal of Artificial Intelligence Research, 2002, 16(1)：321-357.

[7] 迟国泰, 张亚京, 石宝峰. 基于 Probit 回归的小企业信用评级模型及实证[J]. 管理科学学报, 2016, 19(6)：136-156.

[8] Wang T C, Chen Y H. Applying rough sets theory to corporate credit ratings[C]. IEEE International Conference：Service Operations and Logistics, and Informatics, 2006：132-136.

[9] Desai V S, Crook J N, Overstreet G A. A comparison of neural networks and linear scoring models in the credit union environment[J]. European Journal of Operational Research, 1996, 95(1)：24-37.

[10] Bravo C, Maldonado S, Weber R. Granting and managing loans for micro-entrepreneurs：new developments and practical experiences[J]. European Journal of Operational Research, 2013, 227(2)：358-366.
[11] Djeundje V B, Crooc J. Identifying hidden patterns in credit risk survival data using generalised additive models[J]. European Journal of Operational Research, 2019, 277：366-376.
[12] Huang C, Dai C, Guo M. A hybrid approach using two-level DEA for financial failure prediction and integrated SE-DEA and GCA for indicators selection[J]. Applied Mathematics and Computation, 2015, 251：431-441.
[13] Xia Y F, Liu C Z, Li Y Y, et al. A boosted decision tree approach using bayesian hyper-parameter optimization for credit scoring[J]. Expert Systems with Applications, 2017, 78：225-241.
[14] 陈丽. 基于决策树最优组合的企业违约预测模型[D]. 大连：大连理工大学, 2019.
[15] West D. Neural network credit scoring models[J]. Computers & Operations Research, 2000, 27(11-12)：1131-1152.
[16] Hand D J, Henley W E. Statistical classification methods in consumer credit scoring：a review[J]. Journal of the Royal Statistical Society, 1997, 160：523-541.
[17] Abellán J, Mantas C J. Improving experimental studies about ensembles of classifiers for bankruptcy prediction and credit scoring[J]. Expert Systems with Applications, 2014, 41(8)：3825-3830.
[18] Fan Q, Wang Z, Li D D, et al. Entropy-based fuzzy support vector machine for imbalanced datasets[J]. Knowledge-Based Systems, 2017, 115：87-99.
[19] He H L, Zhang W Y, Zhang S. A novel ensemble method for credit scoring：adaption of different imbalance ratios[J]. Expert Systems with Applications, 2018, 98：105-117.
[20] Campbell J Y, Hilscher J, Szilagyi J. In search of distress risk[J]. The Journal of Finance, 2008, 63(6)：2899-2939.
[21] Finlay S. Multiple classifier architectures and their application to credit risk assessment[J]. European Journal of Operational Research, 2011, 210(2)：368-378.
[22] He H, Zhang W, Zhang S. A novel ensemble method for credit scoring：adaption of different imbalance ratios[J]. Expert Systems with Applications, 2018, 98：105-117.
[23] Ferri C, Hernandez O J, Modroiu R. An experimental comparison of performance measures for classification[J]. Pattern Recognition Letters, 2009, 30(1)：27-38.
[24] Iyer R, Khwaja A I, Luttmer E F P, et al. Screening peers softly：inferring the quality of small borrowers[J]. Management Science, 2016, 62：1554-1577.
[25] Berg T, Burg V, Gombovic A, et al. On the rise of fintechs：credit scoring using digital footprints[J]. The Review of Financial Studies, 2020, 33：2845-2897.
[26] Geng R B, Bose I, Chen X. Prediction of financial distress：an empirical study of listed chinese companies using data mining[J]. European Journal of Operational Research, 2015, 241(1)：236-247.
[27] Junior L M, Nardini F M., Renso C, et al. A novel approach to define the local region of dynamic selection techniques in imbalanced credit scoring problems[J]. Expert Systems with Applications, 2020, 152：113351.
[28] Jones S. Corporate bankruptcy prediction：a high dimensional analysis[J]. Review of Accounting Studies, 2017, 22：1366-1422.
[29] Doshi-Velez F, Kim B. Towards a rigorous science of interpretable machine learning[EB/OL]. https://arxiv.org/abs/1702.08608 [2017-02-28].
[30] 迟国泰, 石宝峰. 基于信用等级与违约损失率匹配的信用评级系统与方法[P]. 中国专利, 201210201461.6. 2012-11-14.
[31] 陈志武. 2008 年金融危机：历史会重演吗[N]. 经济观察报, 2020-12-07(35).
[32] 张建军. “危”与“机”：全球主要股灾背景下的救市措施与 A 股选择[J]. 中国市场, 2015, (51)：37-41.
[33] 李奥, 张涛, 冯冬发. 公众对中美贸易摩擦的关注差异研究——来自网络搜索大数据的证据[J]. 价格理论与实践, 2020, (8)：172-175.
[34] 郭熙保, 桂立, 陈志刚. 四万亿投资的增长与减贫效应估算[J]. 武汉大学学报(哲学社会科学版), 2015, 68(4)：42-49.

第17章　上市小企业房地产行业的公司违约预测与信用指数构建

17.1　本章内容提要

本章是中国上市小企业房地产行业的公司违约预测与信用指数构建。小企业房地产行业在我国整体经济中有着重要的地位，其繁荣在一定程度上促进了中国经济的发展。由于小企业房地产行业是强周期性产业，以及现金流不长远的原因，该行业往往比较脆弱，在周期变化中容易受到冲击，因此对于小企业房地产行业而言，获取外部的现金流支持非常重要。小企业房地产行业本身存在信息获取困难、披露不完善等问题，导致金融机构对小企业房地产行业贷款时比较慎重。建立小企业信用评级系统能够帮助金融机构了解小企业房地产行业的信用情况，减小信用风险，做好贷款决策[1]。

本章的中国上市小企业房地产行业的公司违约预测与信用指数构建包括以下五个内容。

一是通过对上市小企业房地产公司的 $T-m(m=0, 1, 2, 3, 4, 5)$年的财务数据、非财务数据、宏观数据，以及 T 年的违约与否状态进行实证分析，通过基于经济学含义和偏相关系数的第一次指标筛选和基于支持向量机向前搜索的第二次指标组合遴选，构建具有提前 m 年$(m=0, 1, 2, 3, 4, 5)$违约预警能力的指标体系。

二是通过违约评价方程的违约状态预测值 $\hat{y}$ 与实际值 y 对比的错判误差最小，反推最优的指标权重向量。

三是通过线性判别模型、支持向量机模型、决策树模型等 14 种大数据模型分别建模，并根据精度、可解释性、复杂性的“不可能三角”三个标准进行模型对比分析，最终确定一个能同时兼顾精度高、可解释性强、复杂性低的最佳违约预警模型。

四是利用选取的最佳违约预警模型计算得到上市小企业房地产公司的违约概率和信用得分，并分析了上市小企业房地产行业在不同地区、企业所有制方面的信用特征分布规律。

五是根据得到的上市小企业房地产公司的信用得分，构建了上市小企业房地产行业的年度信用指数和信用风险指数，并分析了上市小企业房地产行业的信用状况年度发展规律及预测了 2019~2023 年的信用状况趋势。

应该指出：用于计算信用指数的信用得分预测值 $S_{j(T+m)}$，共分为两种情况。

情况一：对于 2000~2018 年这 19 年已有指标数据的样本，用的是 m=0 的违约判别模型 $p_{j(T+0)}=f(w_i, x_{ij(T)})$ 计算出的违约概率 $p_{j(T+0)}$和信用得分 $S_{j(T+0)}=(1-p_{j(T+0)})\times100$。

情况二：对于 2019~2023 年这 5 年没有指标数据的样本，用的是 m=1, 2, 3, 4, 5 时刻的违约预测模型 $p_{j(T+m)}=f(w_i, x_{ij(T)})$计算出的违约概率 $p_{j(T+m)}$和信用得分 $S_{j(T+m)}=(1-p_{j(T+m)})\times100$。

本章的主要工作如下。

一是通过两阶段的指标遴选方法构建评价指标体系，在具有明确经济学含义的海选指标集中，根据指标间偏相关系数和 F 值筛选出具有违约鉴别能力且指标间信息冗余最小的一组指标；并在第二阶段构建前向选择支持向量机指标遴选模型，以几何平均精度最大为标准，采用前向选择的方法筛选违约鉴别能力最大的指标组合，保证构建的评价指标体系具有最大的违约鉴别能力。

二是根据违约状态 y_j 与指标权重的函数关系 $y_j=f(w_i, x_{ij})$，将预测的违约状态 $\hat{y}_j$ 与实际违约状态 y_j 对比后，以违约和非违约两类公司的预测错判误差最小为目标，构建数学规划模型，反推出评价模型的最优指标权重，保证构建的预警模型能够显著区分违约与非违约公司。

三是以精度为模型第 1 排序标准，可解释性为第 2 排序标准，复杂性为第 3 排序标准，在构建的逻辑回归模型、线性判别模型、广义加性模型等 14 个大数据模型中，遴选兼具高精度、强可解释性、低复杂性的最优模型。并使用 T 时刻的指标数据 $x_{ij(T)}$，预测公司 $T+m$ (m=0, 1, 2, 3, 4, 5)时刻的违约状态 $y_{j(T+m)}=f(x_{ij(T)})$、违约概率 $p_{j(T+m)}=g(x_{ij(T)})$和信用得分 $S_{j(T+m)}=(1-p_{j(T+m)})\times 100$。

四是通过对不同地区、企业所有制的公司的信用得分均值进行曼-惠特尼 U 非参数检验，揭示不同地区、不同所有制的中国上市小企业房地产公司中，哪类公司的信用资质好，哪类公司的信用资质差，哪类公司的信用资质居中，为股票投资、债券投资提供决策依据，为商业银行发放贷款提供参照，为金融监管当局提供监管预警建议。

五是通过最优违约预警模型计算得到的未来第 $T+m$ 年违约概率，转换为[0, 100]区间的信用得分后，按资产总额、负债总额、资产总额与负债总额之和的三个标准的选股规则选择样本公司，并将样本公司的信用得分根据资产总额、负债总额、资产总额加负债总额的占比分别进行加权平均，构建信用指数和信用风险指数。信用指数和信用风险指数用于反映信用发展规律，并预测未来第 $T+m$ 年的违约风险趋势。

17.2　上市小企业房地产行业的公司违约预测与信用指数构建的原理

中国上市小企业房地产行业的公司违约预测与信用指数构建的原理主要包括：信用评级原理、违约预测原理、指数构建原理、14 种违约预警大数据模型构建原理、最优违约预警指标体系遴选原理、基于错判误差最小的指标赋权原理、信用等级划分原理。具体原理介绍详见上文第 3 章，不再赘述。

17.3　上市小企业房地产行业的数据处理

17.3.1　上市小企业房地产行业的数据介绍

上市小企业房地产行业样本的含义：中国沪市和深市在内房地产行业的 103 家上市小企业数据。

上市小企业房地产行业样本数据的描述：共包含 2000~2018 年 103 家中国上市小企业房地产公司的财务、非财务及宏观数据。通过 Wind 金融数据库、国泰安经济数据库、国家统计局和中国经济社会发展统计数据库搜集，结合经济学含义的进一步遴选，最终建立了包括资产负债率等 138 个财务指标，审计意见类型等 17 个非财务指标，行业景气指数等 49 个宏观指标，1 个违约状态指标在内的共计 205 个指标的上市小企业房地产公司信用风险海选指标集。

违约状态定义[2-3]：将被标记为“ST”的上市小企业房地产公司，定义为出现财务困境的公司，即违约的差客户，标记为“1”。将没有“ST”标记的上市小企业房地产公司，定义为没有出现财务困境的公司，即非违约的好客户，标记为“0”。

上市小企业房地产行业 $T-m$ 数据的描述：为实现违约风险动态预警的目的，共构造了 6 组 $T-m$(m=0, 1, 2, 3, 4, 5)上市小企业房地产行业样本，每组上市小企业房地产行业样本中是第 $T-m$ 年的指标数据和第 T 年的违约状态。同时，每组 $T-m$(m=0, 1, 2, 3, 4, 5)上市小企业房地产公司样本分别包含 103 个样本，其中违约样本 38，非违约样本 65。

表 17.1 是 $T-m$(m=0, 1, 2, 3, 4, 5)上市小企业房地产行业样本数据概览。其中第 a 列是序号，第 b 列是时间窗口，第 c 列是企业代码，第 d 列是指标的原始数据(标准化处理详见“3.6.1 指标数据标准化方法”)。

表 17.1　上市小企业房地产行业 $T-m(m=0, 1, 2, 3, 4, 5)$时间窗口样本数据概览

(a)序号	(b)时间窗口	(c)企业代码	(d)指标的原始数据 x_{ij}				(e)指标的标准化数据 x_{ij}			
			(1)资产负债率	…	(204)国内专利申请授权数增长率	(205)第 T 年的违约状态	(1)资产负债率	…	(204)国内专利申请授权数增长率	(205)第 T 年的违约状态
1	T−0	000402.SZ	33.884	…	0.074	0	0.074	…	0.026	0
2		600555.SH	69.667	…	0.187	1	0.187	…	0.029	1
3		000863.SZ	70.355	…	0.257	1	0.633	…	0.023	1
…		…	…	…	…	…	…	…	…	…
103		000797.SZ	41.759	…	0.351	0	0.670	…	0.028	0
104	T−1	000402.SZ	48.306	…	0.340	0	0.702	…	0.026	0
105		600555.SH	155.594	…	0.377	1	0.803	…	0.034	1
106		000863.SZ	24.359	…	0.375	1	0.000	…	0.033	1
…		…	…	…	…	…	…	…	…	…
206		000797.SZ	38.693	…	−0.017	0	0.683	…	0.025	0
207	T−2	000402.SZ	50.437	…	0.113	0	0.680	…	0.031	0
208		600555.SH	149.240	…	0.105	1	0.832	…	0.025	1
209		000863.SZ	25.378	…	0.125	1	0.000	…	0.034	1
…		…	…	…	…	…	…	…	…	…
309		000797.SZ	37.112	…	−0.077	0	0.675	…	0.020	0
310	T−3	000402.SZ	54.008	…	0.110	0	0.683	…	0.024	0
311		600555.SH	126.864	…	0.471	1	0.830	…	0.027	1
312		000863.SZ	15.786	…	0.103	1	0.000	…	0.023	1
…		…	…	…	…	…	…	…	…	…
412		000797.SZ	37.492	…	0.251	0	0.707	…	0.032	0
413	T−4	000402.SZ	55.669	…	0.196	0	0.68	…	0.025	0
414		600555.SH	126.241	…	0.244	1	0.846	…	0.045	1
415		000863.SZ	17.358	…	0.214	1	0.000	…	0.035	1
…		…	…	…	…	…	…	…	…	…
515		000797.SZ	38.324	…	−0.165	0	0.721	…	0.029	0
516	T−5	000402.SZ	55.832	…	0.076	0	0.702	…	0.024	0
517		600555.SH	70.922	…	0.136	1	0.905	…	0.027	1
518		000863.SZ	20.358	…	0.176	1	0.000	…	0.031	1
…		…	…	…	…	…	…	…	…	…
618		000797.SZ	39.979	…	−0.112	0	0.733	…	0.026	0

表 17.2 是 $T-m(m=0, 1, 2, 3, 4, 5)$上市小企业房地产公司样本指标标准化数据的描述性统计表。其中第 1 列是序号，第 2 列是时间窗口，第 3 列是统计量，第 4~208 列是指标对应的统计值。

表 17.2 上市小企业房地产行业 $T-m(m=0, 1, 2, 3, 4, 5)$时间窗口样本指标数据描述性统计表

(1)序号	(2)时间窗口	(3)统计量	(4)资产负债率	…	(8)权益乘数	…	(206)外商投资企业外方注册资本增长率	(207)国内专利申请授权数增长率	(208)违约状态
1	$T-0$	平均值	0.727	…	0.821	…	0.171	0.031	0.369
2		标准差	0.151	…	0.245	…	0.057	0.022	0.485
3		中位数	0.729	…	0.908	…	0.165	0.028	0.000
4	$T-1$	平均值	0.697	…	0.763	…	0.165	0.027	0.369
5		标准差	0.186	…	0.326	…	0.020	0.007	0.485
6		中位数	0.729	…	0.907	…	0.163	0.027	0.000
7	$T-2$	平均值	0.707	…	0.768	…	0.172	0.031	0.369
8		标准差	0.182	…	0.328	…	0.058	0.010	0.485
9		中位数	0.735	…	0.910	…	0.162	0.030	0.000
10	$T-3$	平均值	0.734	…	0.807	…	0.153	0.029	0.369
11		标准差	0.165	…	0.303	…	0.055	0.006	0.485
12		中位数	0.754	…	0.925	…	0.162	0.030	0.000
13	$T-4$	平均值	0.739	…	0.831	…	0.159	0.029	0.369
14		标准差	0.168	…	0.267	…	0.028	0.006	0.485
15		中位数	0.769	…	0.934	…	0.160	0.027	0.000
16	$T-5$	平均值	0.751	…	0.863	…	0.141	0.026	0.369
17		标准差	0.147	…	0.214	…	0.053	0.005	0.485
18		中位数	0.763	…	0.931	…	0.152	0.026	0.000

17.3.2 上市小企业房地产行业的训练测试数据划分

训练测试样本划分的目的：将上市小企业房地产公司数据划分为训练样本和测试样本。训练样本用于求解模型参数，构建训练模型。测试样本用于验证所构建的模型预测精度效果。

训练测试样本划分比例[4-5]：70%作为训练样本，30%作为测试样本。

训练测试样本划分方式：随机从 $T-m(m=0, 1, 2, 3, 4, 5)$样本中抽取 70%非违约公司与 70%违约公司共同组成训练样本。剩余的 30%组成测试样本。

非平衡数据处理：由表 17.1 第 d 列第 205 子列违约状态统计可知，上市小企业房地产企业训练样本的违约样本数：非违约样本数=26 : 45≈1 : 1.7，属于非平衡样本。非平衡样本会导致训练得到的模型对违约客户识别率低。为解决样本非平衡问题，本书通过 SMOTE 非平衡处理方法[6]，扩充训练样本中的违约公司个数，使违约与非违约公司数量比例为 1 : 1。

上市小企业房地产公司的训练样本数量 N_{train}、测试样本数量 N_{test} 及合成少数过采样技术扩充的训练样本数量 $N_{\text{train}}^{\text{smote}}$，如表 17.3 所示。

表 17.3 上市小企业房地产行业的训练测试样本数量一览

序号	(1)样本分类	(2)非违约公司	(3)违约公司	(4)总计
1	训练样本 $N_{\text{train}}=N\times70\%+N_{\text{train}}^{\text{smote}}$	45+0=45	26+19=45	90
2	测试样本 $N_{\text{test}}=N\times30\%$	20	12	32
3	全部样本 N	65	57	122

17.4　上市小企业房地产行业的违约预警指标体系的建立

根据表 17.3 第 1 行定义的训练样本 N_{train} 对应表 17.1 第 d 列对应的上市小企业房地产公司在 $T\text{–}m(m=0, 1, 2, 3, 4, 5)$的 204 个指标数据，按照上文 3.4.2 节进行两次指标筛选。

第一次指标遴选是利用上市小企业房地产业的 $T\text{–}m(m=0, 1, 2, 3, 4, 5)$六个时间窗口样本，从全部 204 个指标中，筛选出冗余度小、经济学含义强的指标，第一次指标筛选出的指标数量分别：[127, 125, 129, 126, 137, 127]。

第二次指标组合遴选是利用上市小企业房地产业 $T\text{–}m(m=0, 1, 2, 3, 4, 5)$六个时间窗口样本，从第一次指标遴选后剩余指标构成的多个指标组合中，根据几何平均精度最大遴选最优指标组合，最终遴选出指标数量分别是：[11, 18, 14, 10, 18, 14]。

由下文 17.4.2 节可知，最终遴选出的指标能够满足 5C 原则[7-8]，如“资产负债率”“资本公积占所有者权益的比例”“账面市值比”等指标反映经营能力；“广义货币供应量(M2)同比增长率”“实际利用外商直接投资金额增长率”等指标反映经营条件等。

17.4.1　基于偏相关系数第一次筛选后的指标体系

依照上文 3.4.2 节的步骤 1 至步骤 3 进行基于偏相关性分析的第一次指标遴选。以上市小企业房地产公司 $T\text{–}0$ 年的指标数据为例进行说明。

步骤 1：同一准则层内指标偏相关系数的计算。将表 17.3 第 1 行定义的训练样本 N_{train} 中 71(=45+26)家公司对应表 17.1 前 83 行第 d 列的 204 个 $T\text{–}0$ 年指标数据 x_{ij}，代入式(3.57)~式(3.60)计算任意两个指标间的偏相关系数。

步骤 2：F 值的计算。将表 17.1 前 71 行第 d 列的 204 个 $T\text{–}0$ 年指标数据 x_{ij} 中每一列指标数据，分别代入式(3.61)计算每个指标对应的 F 值。

步骤 3：基于偏相关性分析筛选指标。在步骤 1 计算的偏相关系数大于 0.8 的指标对中，删除指标对中经济学含义不明显或 F 值较小的一个指标。由此，$T\text{–}0$ 年的 204 个指标经过第一次指标筛选剩余 127 个指标，将剩余的 127 个指标列于表 17.4 第 c 列第 1~127 行。表 17.4 第 d 列为训练集 N_{train} 中 71 个真实公司第一次指标遴选后剩余的 127 个指标数据，第 e 列为测试集 N_{test} 中 32 个真实公司第一次指标遴选后剩余的 127 个指标数据。

表 17.4　上市小企业房地产行业 $T\text{–}0$ 年基于偏相关系数的第一次指标筛选结果

(a)序号	(b)准则层		(c)指标	(d)训练集 N_{train} 中客户指标标准化数据 x_{ij}			(e)测试集 N_{test} 中客户指标标准化数据 x_{ij}		
				(1) 客户 1	…	(71) 客户 71	(72) 客户 72	…	(103) 客户 103
(1)	企业内部财务因素	偿债能力	X_1 资产负债率	0.684	…	0.796	0.927	…	0.795
…			…	…	…	…	…	…	…
(27)			X_{38} 每股权益合计	0.384	…	0.434	0.273	…	0.428
(28)		盈利能力	X_{39} 净资产收益率(平均)	0.743	…	0.510	0.456	…	0.452
…			…	…	…	…	…	…	…
(59)			X_{87} 归属于母公司普通股东的权益综合收益率	0.659	…	0.501	0.469	…	0.465
(60)		营运能力	X_{88} 流动资产/总资产	0.978	…	0.700	0.895	…	0.775
…			…	…	…	…	…	…	…
(84)			X_{114} 分配股利、利润或偿付利息支付的现金占筹资活动现金流出小计的比重	0.942	…	0.892	0.984	…	0.932

续表

(a)序号	(b)准则层		(c)指标	(d)训练集 N_{train} 中客户指标标准化数据 x_{ij}			(e)测试集 N_{test} 中客户指标标准化数据 x_{ij}		
				(1) 客户 1	…	(71) 客户 71	(72) 客户 72	…	(103) 客户 103
(85)	企业内部财务因素	成长能力	X_{115} 每股净资产(相对年初增长率)	0.566	…	0.518	0.476	…	0.427
…			…	…	…	…	…	…	…
(92)			X_{136} 固定资产增长率	0.113	…	0.000	0.019	…	0.030
(93)	企业内部非财务因素	股权结构与业绩审计情况	X_{139} 是否为金融机构	1.000	…	0.000	0.000	…	0.000
…			…	…	…	…	…	…	…
(98)			X_{144} 派息比税前	0.065	…	0.131	0.000	…	0.000
(99)		高管基本情况	X_{147} 监事会持股比例	0.000	…	0.000	0.000	…	0.000
…			…	…	…	…	…	…	…
(103)		企业基本信用情况	X_{151} 缺陷类型	0.731	…	0.731	0.731	…	0.731
(104)		商业信誉	X_{152} 涉案总件数	0.878	…	0.878	0.878	…	0.878
(105)			X_{153} 违规类型	1.000	…	1.000	1.000	…	1.000
(106)		社会责任	X_{154} 每股社会贡献值	0.000	…	0.000	0.000	…	0.000
(107)			X_{155} 社会捐赠强度	0.000	…	0.000	0.000	…	0.000
(108)	外部宏观环境	—	X_{156} 行业景气指数	0.731	…	0.773	0.484	…	0.756
…			…	…	…	…	…	…	…
(127)			X_{204} 国内专利申请授权数增长率	0.025	…	0.034	0.025	…	0.033
(128)	—		违约状态	0	…	0	0	…	1

上述是 T−0 年的第一次指标遴选过程及结果。同理，根据 T−0 年第一次指标筛选的流程，最终 T−1 年、T−2 年、T−3 年、T−4 年、T−5 年经第一次指标筛选，从 204 个指标中分别遴选出 125 个、129 个、126 个、137 个、127 个指标，将第一次指标遴选结果，分别列入表 17.5~表 17.9 的第 c 列中。

表 17.5　上市小企业房地产行业 T−1 年基于偏相关系数的第一次指标筛选结果

(a)序号	(b)准则层		(c)指标	(d)训练集 N_{train} 中客户指标标准化数据 x_{ij}			(e)测试集 N_{test} 中客户指标标准化数据 x_{ij}		
				(1) 客户 1	…	(71) 客户 71	(72) 客户 72	…	(103) 客户 103
(1)	企业内部财务因素	偿债能力	X_1 资产负债率	0.702	…	0.919	0.765	…	0.441
…			…	…	…	…	…	…	…
(25)			X_{38} 每股权益合计	0.494	…	0.345	0.602	…	0.149
(26)		盈利能力	X_{40} 净资产收益率(加权)	0.556	…	0.571	0.544	…	0.000
…			…	…	…	…	…	…	…
(50)			X_{87} 归属于母公司普通股东的权益综合收益率	0.532	…	0.527	0.539	…	0.440
(51)		营运能力	X_{88} 流动资产/总资产	0.961	…	0.805	0.985	…	0.589
…			…	…	…	…	…	…	…
(75)			X_{114} 分配股利、利润或偿付利息支付的现金占筹资活动现金流出小计的比重	0.698	…	0.410	0.902	…	0.952
(76)		成长能力	X_{116} 资产总计(相对年初增长率)	0.513	…	0.331	0.665	…	0.252
…			…	…	…	…	…	…	…
(82)			X_{136} 固定资产增长率	0.022	…	0.000	0.068	…	0.012

续表

(a)序号	(b)准则层		(c)指标	(d)训练集 N_{train} 中客户指标标准化数据 x_{ij}			(e)测试集 N_{test} 中客户指标标准化数据 x_{ij}		
				(1) 客户 1	…	(71) 客户 71	(72) 客户 72	…	(103) 客户 103
(83)	企业内部非财务因素	股权结构与业绩审计情况	X_{139}是否为金融机构	0.000	…	0.000	0.000	…	0.000
…			…	…	…	…	…	…	…
(88)			X_{145}派息比税后	0.337	…	0.000	0.561	…	0.000
(89)		高管基本情况	X_{147}监事会持股比例	0.000	…	0.000	0.000	…	0.000
…			…	…	…	…	…	…	…
(93)		企业基本信用情况	X_{151}缺陷类型	0.731	…	0.731	0.731	…	0.731
(94)		商业信誉	X_{152}涉案总件数	0.878	…	0.878	0.878	…	0.878
(95)			X_{153}违规类型	1.000	…	1.000	1.000	…	1.000
(96)		社会责任	X_{154}每股社会贡献值	0.000	…	0.000	0.000	…	0.000
(97)			X_{155}社会捐赠强度	0.000	…	0.000	0.000	…	0.000
(98)	外部宏观环境	—	X_{157}分行业企业家信心指数	0.751	…	0.711	0.751	…	0.655
…			…	…	…	…	…	…	…
(125)			X_{204}国内专利申请授权数增长率	0.026	…	0.029	0.027	…	0.039
(126)	—		违约状态	0	…	1	0	…	1

表 17.6　上市小企业房地产行业 T-2 年基于偏相关系数的第一次指标筛选结果

(a)序号	(b)准则层		(c)指标	(d)训练集 N_{train} 中客户指标标准化数据 x_{ij}			(e)测试集 N_{test} 中客户指标标准化数据 x_{ij}		
				(1) 客户 1	…	(71) 客户 71	(72) 客户 72	…	(103) 客户 103
(1)	企业内部财务因素	偿债能力	X_1资产负债率	0.680	…	0.645	0.704	…	0.448
…			…	…	…	…	…	…	…
(26)			X_{38}每股权益合计	0.448	…	0.233	0.470	…	0.143
(27)		盈利能力	X_{41}净资产收益率(扣除/加权)	0.573	…	0.000	0.529	…	0.000
…			…	…	…	…	…	…	…
(50)			X_{87}归属于母公司普通股东的权益综合收益率	0.547	…	0.000	0.518	…	0.706
(51)		营运能力	X_{88}流动资产/总资产	0.940	…	0.747	0.870	…	0.574
…			…	…	…	…	…	…	…
(74)			X_{114}分配股利、利润或偿付利息支付的现金占筹资活动现金流出小计的比重	0.907	…	0.871	0.913	…	0.946
(75)		成长能力	X_{116}资产总计(相对年初增长率)	0.404	…	0.211	0.610	…	0.167
…			…	…	…	…	…	…	…
(80)			X_{136}固定资产增长率	0.127	…	0.024	0.022	…	0.019
(81)	企业内部非财务因素	股权结构与业绩审计情况	X_{139}是否为金融机构	0.000	…	0.000	0.000	…	0.000
…			…	…	…	…	…	…	…
(86)			X_{145}派息比税后	0.337	…	0.000	0.393	…	0.000
(87)		高管基本情况	X_{147}监事会持股比例	0.000	…	0.000	0.000	…	0.000
…			…	…	…	…	…	…	…
(91)		企业基本信用情况	X_{151}缺陷类型	0.731	…	0.731	0.731	…	0.731

续表

(a)序号	(b)准则层		(c)指标	(d)训练集 N_{train} 中客户指标标准化数据 x_{ij}			(e)测试集 N_{test} 中客户指标标准化数据 x_{ij}		
				(1) 客户 1	…	(71) 客户 71	(72) 客户 72	…	(103) 客户 103
(92)	企业内部非财务因素	商业信誉	X_{152} 涉案总件数	0.878	…	0.878	0.878	…	0.878
(93)			X_{153} 违规类型	1.000	…	0.523	1.000	…	0.538
(94)		社会责任	X_{154} 每股社会贡献值	0.000	…	0.000	0.000	…	0.000
(95)			X_{155} 社会捐赠强度	0.000	…	0.000	0.000	…	0.000
(96)	外部宏观环境	—	X_{160} 全国居民基尼系数	0.121	…	0.000	0.121	…	0.011
…			…	…	…	…	…	…	…
(129)			X_{204} 国内专利申请授权数增长率	0.031	…	0.024	0.031	…	0.030
(130)	—		违约状态	0	…	1	0	…	1

表 17.7　上市小企业房地产行业 T−3 年基于偏相关系数的第一次指标筛选结果

(a)序号	(b)准则层		(c)指标	(d)训练集 N_{train} 中客户指标标准化数据 x_{ij}			(e)测试集 N_{test} 中客户指标标准化数据 x_{ij}		
				(1) 客户 1	…	(71) 客户 71	(72) 客户 72	…	(103) 客户 103
(1)	企业内部财务因素	偿债能力	X_1 资产负债率	0.683	…	0.786	0.812	…	0.580
…			…	…	…	…	…	…	…
(27)			X_{38} 每股权益合计	0.610	…	0.330	0.436	…	0.228
(28)		盈利能力	X_{41} 净资产收益率(扣除/加权)	0.580	…	0.233	0.510	…	0.000
…			…	…	…	…	…	…	…
(56)			X_{87} 归属于母公司普通股东的权益综合收益率	0.547	…	0.308	0.500	…	0.000
(57)		营运能力	X_{90} 有形资产/总资产	0.702	…	0.778	0.820	…	0.602
…			…	…	…	…	…	…	…
(80)			X_{114} 分配股利、利润或偿付利息支付的现金占筹资活动现金流出小计的比重	0.946	…	0.871	0.855	…	0.970
(81)		成长能力	X_{116} 资产总计(相对年初增长率)	0.829	…	0.271	0.493	…	0.440
…			…	…	…	…	…	…	…
(86)			X_{136} 固定资产增长率	0.038	…	0.020	0.000	…	0.032
(87)	企业内部非财务因素	股权结构与业绩审计情况	X_{139} 是否为金融机构	1.000	…	0.000	1.000	…	0.000
…			…	…	…	…	…	…	…
(92)			X_{144} 派息比税前	0.263	…	0.000	0.329	…	0.000
(93)		高管基本情况	X_{147} 监事会持股比例	0.000	…	0.000	0.000	…	0.000
…			…	…	…	…	…	…	…
(97)		企业基本信用情况	X_{151} 缺陷类型	0.731	…	0.731	0.731	…	0.731
(98)		商业信誉	X_{152} 涉案总件数	0.878	…	0.878	0.878	…	0.878
(99)			X_{153} 违规类型	1.000	…	1.000	1.000	…	1.000
(100)		社会责任	X_{155} 社会捐赠强度	0.000	…	0.000	0.000	…	0.000
(101)									

续表

(a)序号	(b)准则层		(c)指标	(d)训练集 N_{train} 中客户指标标准化数据 x_{ij}			(e)测试集 N_{test} 中客户指标标准化数据 x_{ij}		
				(1) 客户 1	…	(71) 客户 71	(72) 客户 72	…	(103) 客户 103
(102)	外部宏观环境	—	X_{160} 全国居民基尼系数	0.670	…	0.077	0.670	…	0.231
…			…	…	…	…	…	…	…
(126)			X_{204} 国内专利申请授权数增长率	0.024	…	0.029	0.029	…	0.025
(127)	—		违约状态	0	…	1	0	…	1

表 17.8　上市小企业房地产行业 T−4 年基于偏相关系数的第一次指标筛选结果

(a)序号	(b)准则层		(c)指标	(d)训练集 N_{train} 中客户指标标准化数据 x_{ij}			(e)测试集 N_{test} 中客户指标标准化数据 x_{ij}		
				(1) 客户 1	…	(71) 客户 71	(72) 客户 72	…	(103) 客户 103
(1)	企业内部财务因素	偿债能力	X_1 资产负债率	0.695	…	0.986	0.651	…	0.307
…			…	…	…	…	…	…	…
(29)			X_{38} 每股权益合计	0.438	…	0.346	0.521	…	0.156
(30)		盈利能力	X_{39} 净资产收益率(平均)	0.551	…	0.456	0.569	…	0.000
…			…	…	…	…	…	…	…
(59)			X_{87} 归属于母公司普通股东的权益综合收益率	0.543	…	0.468	0.558	…	0.353
(60)		营运能力	X_{88} 流动资产/总资产	0.822	…	0.781	0.982	…	0.441
…			…	…	…	…	…	…	…
(82)			X_{114} 分配股利、利润或偿付利息支付的现金占筹资活动现金流出小计的比重	0.949	…	0.871	0.906	…	0.925
(83)		成长能力	X_{116} 资产总计(相对年初增长率)	0.409	…	0.267	0.407	…	0.095
…			…	…	…	…	…	…	…
(88)			X_{136} 固定资产增长率	0.029	…	0.019	0.024	…	0.013
(89)	企业内部非财务因素	股权结构与业绩审计情况	X_{139} 是否为金融机构	0.000	…	0.000	0.000	…	0.000
…			…	…	…	…	…	…	…
(94)			X_{145} 派息比税后	0.252	…	0.000	0.631	…	0.000
(95)		高管基本情况	X_{147} 监事会持股比例	0.000	…	0.000	0.000	…	0.000
…			…	…	…	…	…	…	…
(99)		企业基本信用情况	X_{151} 缺陷类型	0.731	…	0.731	0.731	…	0.731
(100)		商业信誉	X_{152} 涉案总件数	0.878	…	0.878	0.878	…	0.878
(101)			X_{153} 违规类型	1.000	…	1.000	1.000	…	1.000
(102)		社会责任	X_{154} 每股社会贡献值	0.000	…	0.000	0.000	…	0.000
(103)			X_{155} 社会捐赠强度	0.000	…	0.000	0.000	…	0.000
(104)	外部宏观环境	—	X_{160} 全国居民基尼系数	0.011	…	0.011	0.011	…	0.077
…			…	…	…	…	…	…	…
(137)			X_{204} 国内专利申请授权数增长率	0.026	…	0.035	0.028	…	0.032
(138)	—		违约状态	0	…	1	0	…	1

表 17.9 上市小企业房地产行业 *T*–5 年基于偏相关系数的第一次指标筛选结果

(a)序号	(b)准则层		(c)指标	(d)训练集 N_{train} 中客户指标标准化数据 x_{ij}			(e)测试集 N_{test} 中客户指标标准化数据 x_{ij}		
				(1) 客户 1	…	(71) 客户 71	(72) 客户 72	…	(103) 客户 103
(1)	企业内部财务因素	偿债能力	X_1 资产负债率	0.702	…	0.777	0.702	…	0.777
…			…	…	…	…	…	…	…
(28)			X_{38} 每股权益合计	0.304	…	0.438	0.304	…	0.438
(29)		盈利能力	X_{40} 净资产收益率(加权)	0.000	…	0.433	0.000	…	0.433
…			…	…	…	…	…	…	…
(61)			X_{87} 归属于母公司普通股东的权益综合收益率	0.551	…	0.472	0.551	…	0.472
(62)		营运能力	X_{88} 流动资产/总资产	0.963	…	0.785	0.963	…	0.785
…			…	…	…	…	…	…	…
(85)			X_{114} 分配股利、利润或偿付利息支付的现金占筹资活动现金流出小计的比重	0.754	…	0.928	0.754	…	0.928
(86)		成长能力	X_{116} 资产总计(相对年初增长率)	0.689	…	0.339	0.689	…	0.339
…			…	…	…	…	…	…	…
(89)			X_{136} 固定资产增长率	0.000	…	0.013	0.000	…	0.013
(90)	企业内部非财务因素	股权结构与业绩审计情况	X_{139} 是否为金融机构	1.000	…	0.000	1.000	…	0.000
…			…	…	…	…	…	…	…
(95)			X_{144} 派息比税前	0.131	…	0.000	0.131	…	0.000
(96)		高管基本情况	X_{147} 监事会持股比例	0.000	…	0.000	0.000	…	0.000
…			…	…	…	…	…	…	…
(100)		企业基本信用情况	X_{151} 缺陷类型	0.731	…	0.731	0.731	…	0.731
(101)		商业信誉	X_{152} 涉案总件数	0.878	…	0.878	0.878	…	0.878
(102)			X_{153} 违规类型	1.000	…	1.000	1.000	…	1.000
(103)	外部宏观环境	—	X_{158} 短期贷款基准利率	0.446	…	0.608	0.446	…	0.608
…			…	…	…	…	…	…	…
(127)			X_{204} 国内专利申请授权数增长率	0.025	…	0.025	0.024	…	0.025
(128)	—		违约状态	0	…	1	0	…	1

17.4.2 基于支持向量机向前搜索第二次筛选后的指标体系

1. 基于 *T*–0 时间窗口的上市小企业房地产公司违约预测指标体系的构建

步骤 4：由 1 个指标构成的指标组合的确定。

由 1 个指标构成的第 1 个指标组合违约预测精度 G-mean$^1{}_1$ 的确定。根据上文表 17.4 第 d 列的上市小企业房地产公司训练样本的 *T*–0 时间窗口下第一次遴选后的 127 个指标数据，从第一次遴选出的 127 个指标中选取第 1 个指标(即表 17.4 第 d 列第 1 行)，即将表 17.4 第 d 列第 1 行的指标数据和表 17.4 第 d 列第 128 行的违约状态，代入式(3.22)和式(3.23)求解出线性支持向量机模型的指标权重和截距项参数。并将求解得到的参数代入式(3.24)和式(3.25)得到线性支持向量机违约预测模型。将表 17.4 第 d 列第 1 行的全部 71 个公司指标数据，代入式(3.25)线性支持向量机违约预测模型计算出违约状态预测值 $\hat{y}_j$(j=1, 2, ⋯, 71)，将预

测违约状态 $\hat{y}_j$ 与真实违约状态 y_j 进行比较后，代入式(3.55)计算违约预测几何平均精度，记为 $\text{G-mean}^1{}_1$。

同理，从第一次遴选出的 127 个指标中选取第 2 个指标(即表 17.4 第 d 列第 2 行)，可以得到第 2 个违约预测几何平均精度，记为 $\text{G-mean}^2{}_1$。第一次遴选共剩余 127 个指标，则可以得到 127 个违约预测几何平均精度，记为 $\text{G-mean}^k{}_1$ (k=1, 2, …, 127)。在这 127 个违约预测精度中选取几何平均精度最大值 $\text{G-mean}^{k^*}{}_1=\max(\text{G-mean}^1{}_1, \text{G-mean}^2{}_1, \cdots, \text{G-mean}^{127}{}_1)$，最高几何平均精度 $\text{G-mean}^{k^*}{}_1$ 的上标 k^*表示第 k^*个指标组合，即由 1 个指标构成的精度最高的指标组合，将其纳入第二次指标遴选中的待选指标组合。将由 1 个指标构成的指标组合的最高几何平均精度 $\text{G-mean}^{k^*}{}_1$ 简化记为 G-mean_1。

步骤 5：由两个指标构成的指标组合的确定。

在步骤 4 选中第 k^*个指标后，再从剩余的 126 个指标中，选取一个指标，这里既可以选择剩余的 126 个指标中的第 1 个指标，也可以选择第 126 个指标，与步骤 4 选中的第 k^*个指标形成新的指标组合，因此可以形成 126 个新的由 2 个指标构成的指标组合。将这 126 个指标组合对应的样本数据分别代入式(3.24)和式(3.25)的支持向量机模型，并根据式(3.55)计算得到 126 个违约预测几何平均精度，记为 $\text{G-mean}^k{}_2$ (k=1, 2, …, 126)。在这 126 个违约预测几何平均精度中选择最大值 $\text{G-mean}^{l^*}{}_2=\max(\text{G-mean}^1{}_2, \text{G-mean}^2{}_2, \cdots, \text{G-mean}^{126}{}_2)$，最高几何平均精度 $\text{G-mean}^{l^*}{}_2$ 的上标 l^*表示第 l^*个指标组合，即由 2 个指标构成的精度最高的指标组合，将其纳入第二次指标遴选中的待遴选指标组合。将由 2 个指标构成的指标组合的最高几何平均精度 $\text{G-mean}^{l^*}{}_2$ 简化记为 G-mean_2。

步骤 6：遴选最优的违约预测指标组合。

仿照上述步骤 4 至步骤 5，不断从剩余的指标中依次选取一个指标纳入前一步筛选出的指标组合形成新的指标组合，使得在新的指标组合下，线性支持向量机模型根据式(3.55)所计算的违约预测几何平均精度最大，则可以得到由 s 个指标构成的指标组合的最高违约预测精度 G-mean_s(s=1, 2, …, 127)。令 $\text{G-mean}_{s^*=11}=\max(\text{G-mean}_1, \text{G-mean}_2, \cdots, \text{G-mean}_{127})$。则 $\text{G-mean}_{s^*=11}$ 即为最高几何平均精度的指标组合。最高几何平均精度 $\text{G-mean}_{s^*=11}$ 的下标 s^*=11 表示由 11 个指标构成的第 11 个指标组合即为最优指标组合。

应该指出，在指标组合遴选过程中，由于每个指标有“选中”与“不选中”两种状态，127 个指标就有$(2^{127}-1)\approx1.70\times10^{38}$种指标组合可能性。遍历所有指标组合的预测精度，以几何平均精度最大为目标函数得到一个最优的指标组合，同时也得到显著的大数据降维效果，指标维度降低幅度为 91.34%(=1–11/127)。

由此，T–0 年经过第二次指标组合遴选，从第一次指标筛选剩余 127 个指标中再次遴选出 11 个指标，将第二次指标组合遴选后剩余的 11 个指标列于表 17.10 第 3 列前 11 行。在表 17.10 中，每一行表示第二次指标组合筛选出的基于 T–0 时间窗口的上市企业违约预测指标。第 1 列是序号；第 2 列是准则层；第 3 列是指标；第 4 列是第 3 列指标对应的信用 5C 原则[7-8]。

表 17.10　上市小企业房地产行业 T–0 年基于支持向量机向前搜索的第二次指标筛选结果

(1)序号	(2)准则层		(3)指标	(4)信用 5C 原则
1	企业内部财务因素	偿债能力	X_1 资产负债率	能力
…			…	…
8			X_{37} 资本公积占所有者权益的比例	能力
9		营运能力	X_{100} 账面市值比	能力
10	外部宏观环境	—	X_{176} 广义货币供应量(M2)同比增长率	条件
11			X_{182} 实际利用外商直接投资金额增长率	条件

表 17.10 可以看出，遴选出的 T–0 时间窗口的指标体系能够反映信用 5C 原则[7-8]。包括：“资产负债率”“资本公积占所有者权益的比例”“账面市值比”指标反映经营能力，“广义货币供应量(M2)同比增长率”“实际利用外商直接投资金额增长率”指标反映经营条件。

2. 基于其他时间窗口的上市企业违约预测指标体系的构建

步骤 7：构建其他时间窗口下的违约预测指标体系。仿照步骤 4 至步骤 6，分别在表 17.5~表 17.9 的上

市企业 T−1~T−5 年的第一次指标遴选基础上进行第二次指标组合筛选，第二次指标组合遴选后，T−1~T−5 年 5 个时间窗口分别选出了 18 个、14 个、10 个、18 个、14 个指标，列入表 17.11~表 17.15 的第 3 列。

表 17.11　上市小企业房地产行业 T−1 年基于支持向量机向前搜索的第二次指标筛选结果

(1)序号	(2)准则层		(3)指标	(4)信用 5C 原则
1	企业内部财务因素	偿债能力	X_1 资产负债率	能力
…			…	…
12			X_{30} 长期负债占比	能力
13		盈利能力	X_{41} 净资产收益率(扣除/加权)	资本
14		营运能力	X_{117} 归属母公司股东的权益(相对年初增长率)	资本
15			X_{106} 支付其他与经营活动有关的现金占经营活动现金流出小计的比率	资本
16	企业内部非财务因素	股权结构与业绩审计情况	X_{141} 业绩预告次数	品质
17	外部宏观环境	—	X_{176} 广义货币供应量(M2)同比增长率	条件
18			X_{192} 入境旅游人数增长率	条件

表 17.12　上市小企业房地产行业 T−2 年基于支持向量机向前搜索的第二次指标筛选结果

(1)序号	(2)准则层		(3)指标	(4)信用 5C 原则
1	企业内部财务因素	偿债能力	X_1 资产负债率	能力
…			…	…
10			X_{30} 长期负债占比	能力
11		盈利能力	X_{43} 销售毛利率	资本
…			…	…
13			X_{84} 营业外收入占营业总收入比重	资本
14	外部宏观环境	—	X_{176} 广义货币供应量(M2)同比增长率	条件

表 17.13　上市小企业房地产行业 T−3 年基于支持向量机向前搜索的第二次指标筛选结果

(1)序号	(2)准则层		(3)指标	(4)信用 5C 原则
1	企业内部财务因素	偿债能力	X_1 资产负债率	能力
…			…	…
8			X_{12} 资本固定化比率	能力
9		盈利能力	X_{66} 扣除非经常损益后的净利润/净利润	资本
10	外部宏观环境	—	X_{176} 广义货币供应量(M2)同比增长率	条件

表 17.14　上市小企业房地产行业 T−4 年基于支持向量机向前搜索的第二次指标筛选结果

(1)序号	(2)准则层		(3)指标	(4)信用 5C 原则
1	企业内部财务因素	偿债能力	X_1 资产负债率	能力
…			…	…
11			X_{33} 在建工程比例	能力
12		盈利能力	X_{46} 成本费用利润率	资本
13			X_{67} 经营活动产生的现金流量净额/营业收入	资本

续表

(1)序号	(2)准则层		(3)指标	(4)信用 5C 原则
14	企业内部非财务因素	股权结构与业绩审计情况	X_{139}是否为金融机构	品质
…		…	…	…
16		社会责任	X_{155}社会捐赠强度	品质
17	外部宏观环境	—	X_{176}广义货币供应量(M2)同比增长率	条件
18			X_{182}实际利用外商直接投资金额增长率	条件

表 17.15　上市小企业房地产行业 T–5 年基于支持向量机向前搜索的第二次指标筛选结果

(1)序号	(2)准则层		(3)指标	(4)信用 5C 原则
1	企业内部财务因素	偿债能力	X_1资产负债率	能力
…			…	…
8			X_{38}每股权益合计	能力
9		盈利能力	X_{83}税金及附加占利润总额比重	资本
10			X_{86}资产利润率	资本
11		营运能力	X_{95}固定资产周转率	能力
12			X_{110}投资活动现金流出占现金流出总量比	能力
13	外部宏观环境	—	X_{176}广义货币供应量(M2)同比增长率	条件
14			X_{182}实际利用外商直接投资金额增长率	条件

17.4.3　遴选出的最优指标体系统计汇总

由上文表 17.10~表 17.15 可知，对于所有 103 家上市小企业房地产公司样本，违约预测的最优指标组合为：由 204 个指标构成的$(2^{204}-1)\approx2.57\times10^{61}$个指标组合中，遴选出“资产负债率”“账面市值比”“广义货币供应量(M2)同比增长率”等 11 个指标，构成了 T–0 年违约判别几何平均精度最大的指标组合；遴选出“资产负债率”“长期负债占比”“广义货币供应量(M2)同比增长率”等 18 个指标，构成了 T–1 年违约预测几何平均精度最大的指标组合；遴选出“资产负债率”“销售毛利率”“广义货币供应量(M2)同比增长率”等 14 个指标，构成了 T–2 年违约预测几何平均精度最大的指标组合；遴选出“资产负债率”“资本固定化比率”“广义货币供应量(M2)同比增长率”等 10 个指标，构成了 T–3 年违约预测几何平均精度最大的指标组合；遴选出“资产负债率”“成本费用利润率”“广义货币供应量(M2)同比增长率”等 18 个指标，构成了 T–4 年违约预测几何平均精度最大的指标组合；遴选出“资产负债率”“资产利润率”“广义货币供应量(M2)同比增长率”等 14 个指标，构成了 T–5 年违约预测几何平均精度最大的指标组合。

表 17.16 汇总了 $T-m(m=0, 1, 2, 3, 4, 5)$年最优指标组合中的指标，并统计了各个指标被选入最优指标组合的次数。表 17.16 中：第 1 列是序号。第 2 列是指标。第 3 列是指标在 $T-m(m=0, 1, 2, 3, 4, 5)$年被选中状态，“1”表示被选中；“0”表示未被选中。第 4 列是指标在 $T-m(m=0, 1, 2, 3, 4, 5)$年被选中的总次数，等于第 3 列的求和。

表 17.16　上市小企业房地产行业 $T-m$ 年最优指标组合汇总

(1)序号	(2)指标	(3)指标体系						(4)$T-m$ 年指标被选择的次数
		T–0	T–1	T–2	T–3	T–4	T–5	
1	X_1资产负债率	1	1	1	1	1	1	6
2	X_2剔除预收款项后的资产负债率	0	0	0	1	0	0	1
…	…	…	…	…	…	…	…	…

续表

(1)序号	(2)指标	(3)指标体系						(4)$T-m$ 年指标被选择的次数
		$T-0$	$T-1$	$T-2$	$T-3$	$T-4$	$T-5$	
4	X_4 长期资产适合率	1	1	1	1	1	1	6
…	…	…	…	…	…	…	…	…
13	X_{16} 现金比率	0	0	0	1	1	1	3
…	…	…	…	…	…	…	…	…
23	X_{30} 长期负债占比	1	1	1	0	0	0	3
…	…	…	…	…	…	…	…	…
30	X_{192} 入境旅游人数增长率	0	0	0	0	0	1	0
…	…	…	…	…	…	…	…	…
44	X_{200} 外商企业数增长率	0	0	0	0	0	1	1
45	X_{201} 外商投资总额增长率	0	0	0	0	0	1	1
46	指标数量合计	11	18	14	10	18	14	85

根据表 17.16 第 2 列可知，对于 103 家上市小企业房地产公司，违约预测的重要宏观指标：“广义货币供应量(M2)同比增长率”、“外商企业数增长率”和“外商投资总额增长率”等 5 个宏观指标，对上市小企业房地产公司违约状态有显著影响。

根据表 17.16 第 3 列可知，“长期负债占比”“扣除非经常损益后的净利润/净利润”“营业外收入占营业总收入比重”等 4 个指标存在于 $T-0$、$T-1$、$T-2$ 年的最优指标组合中，说明这些指标对公司未来 0~2 年的短期违约状态具有关键影响。“现金比率”“管理费用/营业总收入”“经营活动产生的现金流量净额/经营活动净收益”等 21 个指标存在于 $T-3$、$T-4$、$T-5$ 年的最优指标组合中，说明这些指标对上市小企业房地产行业未来 3~5 年的中期违约状态具有关键影响。

根据表 17.16 第 4 列可知，“资产负债率”“长期资产适合率”这 2 个指标存在于 $T-m(m=0, 1, 2, 3, 4, 5)$年的最优指标组合中，说明这 2 个指标不论对于公司未来 0~2 年的短期违约预测，还是未来 3~5 年的中期违约状态，均有关键影响。其中，“资产负债率”的意义在于：当资产负债率充分大时，公司负债数额巨大，则公司很可能发生违约，因此其是违约预测的关键指标。

综上，对于 103 家上市小企业房地产公司样本来说，“长期负债占比”“扣除非经常损益后的净利润/净利润”“营业外收入占营业总收入比重”等 4 个指标对公司未来 0~2 年的短期违约状态有决定作用。“现金比率”“管理费用/营业总收入”“经营活动产生的现金流量净额/经营活动净收益”等 21 个指标对公司未来 3~5 年的中期违约状态有决定作用。“资产负债率”“长期资产适合率”这 2 个指标不论对于公司未来 0~2 年的短期违约预测，还是未来 3~5 年的中期违约状态都有决定作用。

17.5 上市小企业房地产行业的违约预警模型的精度计算

上文 17.4 节中遴选出了最优指标组合。则根据最优指标组合对应的训练样本数据，可分别构建如上文 3.2 节所述的 14 种大数据违约评价模型方案。

经上市小企业房地产公司 $T-m(m=0, 1, 2, 3, 4, 5)$训练样本最优指标体系下训练得到模型参数，并在上市小企业房地产公司 $T-m(m=0, 1, 2, 3, 4, 5)$测试样本上计算精度结果，即 14 种大数据违约评价模型方案是根据表 17.3 第 1 行定义的训练样本 N_{train} 和 SMOTE 扩充的训练样本 N_{train}^{smote} 分别对应表 17.10~表 17.15 最优指标组合的 $T-m(m=0, 1, 2, 3, 4, 5)$训练样本数据，求解模型参数后构建 14 种违约评价模型，并在表 17.3 第 2 行定义的 $T-m(m=0, 1, 2, 3, 4, 5)$测试样本 N_{test} 上计算精度结果。

其中，本书选取的模型违约预测精度评价标准有 5 个。分别是第二类错误、第一类错误、几何平均精度、总体预测精度和 AUC 值；精度计算中各个参数的定义如 3.3 节式(3.53)~式(3.56)所示。

以线性判别模型在 $T-1$ 时间窗口样本的训练和测试为例进行说明。

将表 17.11 第 3 列 18 个指标对应表 17.5 第 d 列 $T-1$ 时间窗口的经 SMOTE 扩充后的训练样本数据，代入式(3.64)的线性判别模型最优权重向量的目标函数，求解出线性判别模型中 18 个指标的权重向量，并代入式(3.53)和式(3.56)得到违约概率预测方程和违约状态预测方程如下。

线性判别模型在 $T-1$ 时间窗口样本的违约概率预测方程如下：

$$\hat{p}(T-1)=564.841\times X_1\text{资产负债率}-36.309\times X_3\text{长期资本负债率}+\cdots$$
$$+364.677\times X_{176}\text{广义货币供应量(M2)同比增长率}-172.969\times X_{192}\text{入境旅游人数增长率} \tag{17.1}$$

线性判别模型在 $T-1$ 时间窗口样本的违约状态预测方程如下：

$$\hat{y}_j(T+1)=\begin{cases}1, & \hat{p}_j(T)\geqslant 0.5\\ 0, & \hat{p}_j(T)<0.5\end{cases} \tag{17.2}$$

将表 17.11 第 3 列 18 个指标对应表 17.5 第 e 列 $T-1$ 时间窗口 32 个公司的测试样本数据，代入式(17.1)得到违约概率预测值 $\hat{p}_j$ (j=1, 2, …, 32)，将违约概率预测值 $\hat{p}_j$ 代入式(17.2)得到违约状态预测值 $\hat{y}_j$(j=1, 2, …, 32)。将违约状态预测值 $\hat{y}_j$ 与实际值 y_j 进行对比，可得如表 17.17 所示的混淆矩阵中 TP、TN、FP、FN 四个值。计算得到的第二类错误=FN/(TP+FN)=0/(12+0)=0.000。

表 17.17　违约预测混淆矩阵结果

客户的真实违约状态	客户的预测违约状态	
	(1)预测违约	(2)预测非违约
(1)真实违约	违约样本判对的个数 TP=12	违约样本判错的个数 FN=0
(2)真实非违约	非违约样本判错的个数 FP=6	非违约样本判对的个数 TN=14

表 17.18 是上市小企业 $T-m$(m=0, 1, 2, 3, 4, 5)时间窗口的 14 种大数据违约评价模型方案的测试样本预测精度结果。以线性判别分析模型在 $T-1$ 时间窗口样本为例，将上文计算得到的第二类错误=0.000，列入表 17.18 第 15 行第 4 列。同理，将表 17.17 所示的混淆矩阵中 TP、TN、FP、FN 四个值，分别代入式(3-54)~式(3-56)，并绘制 ROC 曲线，将得到的精度结果分别列在表 17.18 第 15 行第 5~8 列。

表 17.18　上市小企业房地产行业 $T-m$(m=0, 1, 2, 3, 4, 5)时间窗口下模型预测精度结果

(1)序号	(2)时间窗口	(3)模型名称	(4)第二类错误	(5)第一类错误	(6)几何平均精度	(7)总体预测精度	(8)AUC 值
1	$T-0$	线性判别模型[9]	0.333	0.350	0.658	0.656	0.696
2		逻辑回归模型[10]	0.167	0.450	0.677	0.656	0.738
3		广义加性模型[11]	0.583	0.150	0.595	0.688	0.713
4		线性支持向量机模型[12]	0.333	0.400	0.632	0.625	0.679
5		决策树模型[13-14]	0.250	0.400	0.671	0.656	0.683
6		BP 神经网络模型[15]	0.500	0.350	0.570	0.594	0.575
7		K 近邻模型[16]	0.417	0.400	0.592	0.594	0.592
8		多数投票线性判别模型[17]	0.333	0.350	0.658	0.656	0.679
9		多数投票逻辑回归模型[18]	0.250	0.450	0.642	0.625	0.704
10		多数投票广义加性模型[19]	0.333	0.350	0.658	0.656	0.683
11		多数投票线性支持向量机模型[20]	0.333	0.400	0.632	0.625	0.675
12		多数投票决策树模型[21]	0.417	0.450	0.566	0.563	0.583

续表

(1)序号	(2)时间窗口	(3)模型名称	(4)第二类错误	(5)第一类错误	(6)几何平均精度	(7)总体预测精度	(8)AUC 值
13	T−0	多数投票 BP 神经网络模型[22]	0.583	0.150	0.595	0.688	0.658
14		多数投票 K 近邻模型[23]	0.333	0.450	0.606	0.594	0.602
15	T−1	线性判别模型[9]	0.000	0.300	0.837	0.813	0.883
16		逻辑回归模型[10]	0.167	0.250	0.791	0.781	0.813
17		广义加性模型[11]	0.333	0.200	0.730	0.750	0.856
18		线性支持向量机模型[12]	0.083	0.300	0.801	0.781	0.825
19		决策树模型[13-14]	0.167	0.200	0.817	0.813	0.875
20		BP 神经网络模型[15]	0.167	0.300	0.764	0.750	0.871
21		K 近邻模型[16]	0.333	0.350	0.658	0.656	0.658
22		多数投票线性判别模型[17]	0.000	0.350	0.806	0.781	0.900
23		多数投票逻辑回归模型[18]	0.167	0.250	0.791	0.781	0.856
24		多数投票广义加性模型[19]	0.250	0.250	0.750	0.750	0.804
25		多数投票线性支持向量机模型[20]	0.167	0.300	0.764	0.750	0.846
26		多数投票决策树模型[21]	0.083	0.200	0.856	0.844	0.813
27		多数投票 BP 神经网络模型[22]	0.250	0.200	0.775	0.781	0.879
28		多数投票 K 近邻模型[23]	0.167	0.400	0.707	0.688	0.754
29	T−2	线性判别模型[9]	0.500	0.150	0.652	0.719	0.729
30		逻辑回归模型[10]	0.583	0.150	0.595	0.688	0.669
31		广义加性模型[11]	0.333	0.150	0.753	0.781	0.842
32		线性支持向量机模型[12]	0.417	0.150	0.704	0.750	0.779
33		决策树模型[13-14]	0.417	0.350	0.616	0.625	0.544
34		BP 神经网络模型[15]	0.417	0.200	0.683	0.719	0.742
35		K 近邻模型[16]	0.583	0.200	0.577	0.656	0.608
36		多数投票线性判别模型[17]	0.417	0.150	0.704	0.750	0.754
37		多数投票逻辑回归模型[18]	0.583	0.150	0.595	0.688	0.648
38		多数投票广义加性模型[19]	0.333	0.250	0.707	0.719	0.750
39		多数投票线性支持向量机模型[20]	0.583	0.150	0.595	0.688	0.804
40		多数投票决策树模型[21]	0.417	0.300	0.639	0.656	0.673
41		多数投票 BP 神经网络模型[22]	0.250	0.500	0.612	0.594	0.775
42		多数投票 K 近邻模型[23]	0.500	0.150	0.652	0.719	0.650
43	T−3	线性判别模型[9]	0.333	0.150	0.753	0.781	0.821
44		逻辑回归模型[10]	0.250	0.150	0.798	0.813	0.783
45		广义加性模型[11]	0.333	0.100	0.775	0.813	0.833
46		线性支持向量机模型[12]	0.333	0.150	0.753	0.781	0.858
47		决策树模型[13-14]	0.333	0.250	0.707	0.719	0.681
48		BP 神经网络模型[15]	0.250	0.300	0.725	0.719	0.779
49		K 近邻模型[16]	0.250	0.300	0.725	0.719	0.725
50		多数投票线性判别模型[17]	0.333	0.150	0.753	0.781	0.788

续表

(1)序号	(2)时间窗口	(3)模型名称	(4)第二类错误	(5)第一类错误	(6)几何平均精度	(7)总体预测精度	(8)AUC 值
51	T−3	多数投票逻辑回归模型[18]	0.250	0.250	0.750	0.750	0.763
52		多数投票广义加性模型[19]	0.333	0.300	0.683	0.688	0.700
53		多数投票线性支持向量机模型[20]	0.333	0.100	0.775	0.813	0.850
54		多数投票决策树模型[21]	0.167	0.450	0.677	0.656	0.783
55		多数投票 BP 神经网络模型[22]	0.250	0.150	0.798	0.813	0.854
56		多数投票 K 近邻模型[23]	0.250	0.300	0.725	0.719	0.700
57	T−4	线性判别模型[9]	0.333	0.550	0.548	0.531	0.625
58		逻辑回归模型[10]	0.250	0.350	0.698	0.688	0.771
59		广义加性模型[11]	0.167	0.600	0.577	0.563	0.767
60		线性支持向量机模型[12]	0.250	0.650	0.512	0.500	0.675
61		决策树模型[13-14]	0.250	0.300	0.725	0.719	0.767
62		BP 神经网络模型[15]	0.500	0.550	0.474	0.469	0.475
63		K 近邻模型[16]	0.583	0.500	0.456	0.469	0.458
64		多数投票线性判别模型[17]	0.417	0.400	0.592	0.594	0.638
65		多数投票逻辑回归模型[18]	0.583	0.300	0.540	0.594	0.650
66		多数投票广义加性模型[19]	0.250	0.400	0.671	0.656	0.771
67		多数投票线性支持向量机模型[20]	0.250	0.600	0.548	0.531	0.729
68		多数投票决策树模型[21]	0.333	0.300	0.683	0.688	0.746
69		多数投票 BP 神经网络模型[22]	0.417	0.550	0.512	0.500	0.625
70		多数投票 K 近邻模型[23]	0.583	0.450	0.479	0.500	0.506
71	T−5	线性判别模型[9]	0.417	0.600	0.483	0.469	0.638
72		逻辑回归模型[10]	0.333	0.450	0.606	0.594	0.669
73		广义加性模型[11]	0.250	0.750	0.433	0.438	0.467
74		线性支持向量机模型[12]	0.333	0.600	0.516	0.500	0.604
75		决策树模型[13-14]	0.333	0.500	0.577	0.563	0.565
76		BP 神经网络模型[15]	0.333	0.500	0.577	0.563	0.529
77		K 近邻模型[16]	0.500	0.600	0.447	0.438	0.450
78		多数投票线性判别模型[17]	0.250	0.550	0.581	0.563	0.663
79		多数投票逻辑回归模型[18]	0.250	0.500	0.612	0.594	0.608
80		多数投票广义加性模型[19]	0.333	0.400	0.632	0.625	0.579
81		多数投票线性支持向量机模型[20]	0.333	0.600	0.516	0.500	0.592
82		多数投票决策树模型[21]	0.500	0.400	0.548	0.563	0.579
83		多数投票 BP 神经网络模型[22]	0.250	0.700	0.474	0.469	0.558
84		多数投票 K 近邻模型[23]	0.417	0.450	0.566	0.563	0.567

以上是以线性判别分析模型在 T−1 时间窗口样本为例，说明了违约评价模型的精度计算过程。同理，可分别根据上文 3.2 节中的 14 种大数据违约评价模型的表达式，计算在上市所有企业 $T-m$(m=0, 1, 2, 3, 4, 5) 测试样本上的精度结果，并将精度结果列入表 17.18 中。

由表 17.18 第 8 列 AUC 值可以看出，AUC 值基本都能达到 70%以上[22-23]，表明这 14 种模型在 5 年的时间窗口均能实现较好的模型预测效果，即模型有 5 年的预测能力。表 17.18 第 4 列的违约客户错判率第二类错误基本都在 30%以下[24-25]，说明所构建的模型对公司违约具有较好的预测能力。

17.6 上市小企业房地产行业的最优违约预警模型的对比分析

上市企业违约预警模型最优方案选择共有以下三个选择标准。

第一标准：模型违约预测精度越高，模型方案排名越靠前。

第二标准：模型可解释性越强，模型方案排名越靠前。

第三标准：模型复杂性越低，模型方案排名越靠前。

表 17.19 是给出了 14 种模型方案基于上市企业所有行业数据的三个标准排序结果。

表 17.19 上市小企业房地产行业最优模型方案的选择

(1)序号	(2)模型名称	(3)标准一：分类精度排序平均值	(4)标准二：可解释性排序数值[26-27]	(5)标准三：复杂性排序数值[26, 28]	(6)三个标准的排序平均值
1	线性判别模型[9]	4.73	1	1	2.24
2	逻辑回归模型[10]	3.23	2	2	2.41
3	广义加性模型[11]	5.83	4	3	4.28
4	线性支持向量机模型[12]	5.90	10	4	6.63
5	决策树模型[13-14]	5.83	3	5	4.61
6	BP 神经网络模型[15]	8.23	11	7	8.74
7	K 近邻模型[16]	11.37	9	6	8.79
8	多数投票线性判别模型[17]	4.53	5	8	5.84
9	多数投票逻辑回归模型[18]	6.13	6	9	7.04
10	多数投票广义加性模型[19]	5.93	8	10	7.98
11	多数投票线性支持向量机模型[20]	6.53	13	11	10.18
12	多数投票决策树模型[21]	7.43	7	12	8.81
13	多数投票 BP 神经网络模型[22]	7.00	14	14	11.67
14	多数投票 K 近邻模型[23]	8.80	12	13	11.27

表 17.19 第 2 列为 14 种模型方案的模型名称。

表 17.19 第 3 列为 14 种模型方案基于标准一预测精度的排序平均值。是基于表 17.18 中五个精度标准的精度由高到低的排序平均值。排序的平均值越小，表示模型的预测精度越高，即排序平均值为 3.23 的模型预测精度最高。

表 17.19 第 4 列为 14 种模型方案基于标准二可解释性的排序数值。是基于现有文献[26-27]对 14 种大数据模型可解释性的排序结果。排序的数值越小，表示模型的可解释性越强，即排序数值为 1 的模型方案可解释性最强。

表 17.19 第 5 列为 14 种模型方案基于标准三复杂性的排序数值。是基于现有文献[26, 28]对 14 种大数据模型复杂性的排序结果。排序的数值越小，表示模型的复杂性越低，即排序数值为 1 的模型方案复杂性最低。

表 17.19 第 6 列为 14 种模型方案三个标准的排序平均值。是第 3 列、第 4 列和第 5 列的算术平均值。平均排序的数值越小，表示模型方案越能够同时兼顾精度、可解释性、复杂性这三个因素，越应该被选用，

即排序最小的模型方案是最优模型方案。

根据最优方案的三个选择标准，结合表 17.19 第 6 列的排序平均值可以得出，线性判别模型的排序平均值最小。因此，上市小企业房地产行业的最优模型方案是线性判别模型。

17.7 上市小企业房地产行业的最优违约预警模型

由上文 17.6 节可知，上市小企业房地产公司样本的最优模型方案是线性判别模型。

设：$\hat{p}_j(T-m)$ 为第 j 个上市小企业房地产公司 $T-m$ 年预测的违约概率。则根据 17.5 节中求解的上市小企业房地产公司样本对应的 $T-m(m=0, 1, 2, 3, 4, 5)$线性判别模型评价方程如下。

上市小企业房地产公司的 $T-0$ 违约判别模型，如式(17.3)所示：

$$\hat{p}(T-0)=-11.528\times X_1\text{资产负债率}+\cdots+1.609\times X_{176}\text{广义货币供应量(M2)同比增长率}$$
$$+3.067\times X_{182}\text{实际利用外商直接投资金额增长率} \tag{17.3}$$

上市小企业房地产公司的提前 1 年违约预警模型，如式(17.4)所示：

$$\hat{p}(T-1)=564.841\times X_1\text{资产负债率}-36.309\times X_3\text{长期资本负债率}+\cdots$$
$$+364.677X_{176}\text{广义货币供应量(M2)同比增长率}-172.969X_{192}\text{入境旅游人数增长率} \tag{17.4}$$

上市小企业房地产公司的提前 2 年违约预警模型，如式(17.5)所示：

$$\hat{p}(T-2)=-636.883\times X_1\text{资产负债率}-1819.354\times X_4\text{长期资产适合率}+\cdots$$
$$+2.691\times X_{176}\text{广义货币供应量(M2)同比增长率} \tag{17.5}$$

上市小企业房地产公司的提前 3 年违约预警模型，如式(17.6)所示：

$$\hat{p}(T-3)=-4.826\times X_1\text{资产负债率}+0.190\times X_2\text{剔除预收款项后的资产负债率}+\cdots$$
$$-0.438\times X_{176}\text{广义货币供应量(M2)同比增长率} \tag{17.6}$$

上市小企业房地产公司的提前 4 年违约预警模型，如式(17.7)所示：

$$\hat{p}(T-4)=-3.06\times X_1\text{资产负债率}+\cdots+8.711\times X_{143}\text{审计意见类型}-\cdots$$
$$-2.733\times X_{190}\text{货物运输量增长率} \tag{17.7}$$

上市小企业房地产公司的提前 5 年违约预警模型，如式(17.8)所示：

$$\hat{p}(T-5)=-24.837\times X_1\text{资产负债率}-71.064\times X_4\text{长期资产适合率}+\cdots$$
$$-3.153\times X_{182}\text{实际利用外商直接投资金额增长率} \tag{17.8}$$

以上构建的模型式(17.3)~式(17.8)是通过第 $T-m$ 年的指标数据与 T 年违约状态训练得到的提前 m 年违约预警的评价方程，以达到根据第 T 年的指标数据，预测公司第 $T+m$ 年违约状态的目的。应该指出，这里的第 $T-m$ 年的指标数据不是仅包含某一年(如 2008 年)的指标截面数据，而是包含了不同年份(如 2008 年、2014 年等)平移后的指标截面数据。

则第 j 个上市小企业房地产公司第 $T+m$ 年违约状态预测值 $\hat{y}_j(T+m)$的表达式如下：

$$\hat{y}_j(T+m)=\begin{cases}1, & \hat{p}_j(T)\geqslant 0.5\\ 0, & \hat{p}_j(T)<0.5\end{cases} \tag{17.9}$$

17.8 上市小企业房地产行业的违约概率和信用得分的确定

由上文 17.7 节可知，最优模型方案的线性判别模型，共构建了 $T+m(m=0,1, 2, 3, 4, 5)$共 6 个违约判别或预测模型表达式，如上文式(17.3)~式(17.8)所示。

将 2000~2018 年这 19 年上市小企业房地产公司根据表 17.10 第 3 列 $T-0$ 年最优指标体系对应的数据，代入式(17.3)，得到上市所有企业第 $T+0$ 年的违约概率判别值，列入表 17.20 第 3 列。

表 17.20 上市小企业房地产公司 2000~2018 年这 19 年的最优模型方案线性判别的预测结果

(1)序号	(2)证券序号	(a)T+0		(b)T+1		(c)T+2		(d)T+3		(e)T+4		(f)T+5	
		(3)违约概率 p_i	(4)信用得分 S_i	(5)违约概率 p_i	(6)信用得分 S_i	(7)违约概率 p_i	(8)信用得分 S_i	(9)违约概率 p_i	(10)信用得分 S_i	(11)违约概率 p_i	(12)信用得分 S_i	(13)违约概率 p_i	(14)信用得分 S_i
1	2018-000007	0.8950	10.50	0.00	100.00	0.00	100.00	0.9475	5.25	1.00	0.00	0.00	100.00
2	2018-000014	0.1138	88.62	0.00	100.00	1.00	0.00	0.2323	76.77	0.0125	98.75	0.4925	50.75
3	2018-000029	0.9519	4.81	0.00	100.00	0.00	100.00	0.0942	90.58	0.00	100.00	1.00	0.00
…	…	…	…	…	…	…	…	…	…	…	…	…	…
1531	2000-600823	0.0376	96.24	0.00	100.00	0.00	100.00	0.8920	10.80	0.6993	30.07	0.0007	99.93
1532	2000-600848	0.9839	1.61	1.00	0.00	1.00	0.00	0.9635	3.65	0.9964	0.36	0.8389	16.11
1533	2000-600890	0.8949	10.51	0.00	100.00	0.00	100.00	0.0686	93.14	0.0018	99.82	0.0396	96.04

如表 17.20 第 1 行所示，证券序号“2018-000007”表示 2018 年代码为“000007”的上市小企业房地产公司。第 1 行第 3 列表示“000007”上市小企业房地产公司在 2018 年的违约概率判别值 p_j=0.8950，将违约概率判别值 p_j=0.8950 代入式(3.3)的信用得分表达式，得到“000007”上市小企业房地产公司 2018 年信用得分 S_j=(1−p_j)×100=(1−0.8950)×100=10.50，列入表 17.20 第 1 行第 4 列。

同理，对于表 17.10~表 17.15 的 $T-m$(m=1, 2, 3, 4, 5)年的最优指标体系的数据，代入式(17.4)~式(17.8)，可分别计算 $T+m$(m=1, 2, 3, 4, 5)年的上市小企业房地产公司违约概率值 p_j 和信用得分值 S_j，将预测结果列入表 17.20 第 5~14 列。

由此得到表 17.20 所示的 2000~2018 年这 19 年上市小企业房地产公司最优模型方案线性判别模型的 $T+m$(m=0, 1, 2, 3, 4, 5)年违约概率与信用得分结果。

表 17.21 是上市小企业房地产行业 2000~2023 年这 24 年的违约概率和信用得分预测结果。表 17.21 中，第 1~1533 行是 2000~2018 年这 19 年公司数据按式(17.3)计算的 T+0 判别的信用得分结果。第 1534~1823 行是根据 2018 年的公司数据，分别按上文式(17.4)~式(17.8)的 T+1~T+5 预测的信用得分结果。

表 17.21 上市小企业房地产公司 2000~2023 年这 24 年的违约概率和信用得分预测结果

(1)序号	(2)证券代码	(3)年份	(4)行业	(5)省区市	(6)所有制	(7)违约概率 $p_{j(T+m)}$	(8)信用得分 $S_{j(T+m)}$
1	000006.SZ	2000	房地产行业	广东省	地方国有企业	0.3789	62.11
2	000007.SZ	2000	房地产行业	广东省	民营企业	0.9958	0.42
3	000011.SZ	2000	房地产行业	广东省	地方国有企业	0.9935	0.65
…	…	…	…	…	…	…	…
1476	000007.SZ	2018	房地产行业	广东省	民营企业	0.8949	10.51
1477	000014.SZ	2018	房地产行业	广东省	地方国有企业	0.1138	88.62
1478	000029.SZ	2018	房地产行业	广东省	地方国有企业	0.9518	4.82
…	…	…	…	…	…	…	…
1534	000007.SZ	2019	房地产行业	广东省	民营企业	0.0000	100.00
1535	000014.SZ	2019	房地产行业	广东省	地方国有企业	0.0275	97.25
1536	000029.SZ	2019	房地产行业	广东省	地方国有企业	0.0000	100.00
…	…	…	…	…	…	…	…
1592	000007.SZ	2020	房地产行业	广东省	民营企业	0.0000	100.00
1593	000014.SZ	2020	房地产行业	广东省	地方国有企业	0.3427	65.73
1594	000029.SZ	2020	房地产行业	广东省	地方国有企业	0.0394	96.06
…	…	…	…	…	…	…	…

续表

(1)序号	(2)证券代码	(3)年份	(4)行业	(5)省区市	(6)所有制	(7)违约概率 $p_{j(T+m)}$	(8)信用得分 $S_{j(T+m)}$
1650	000007.SZ	2021	房地产行业	广东省	民营企业	0.9475	5.25
1651	000014.SZ	2021	房地产行业	广东省	地方国有企业	0.1735	82.65
1652	000029.SZ	2021	房地产行业	广东省	地方国有企业	0.4246	57.54
…	…	…	…	…	…	…	…
1708	000007.SZ	2022	房地产行业	广东省	民营企业	1.0000	0.00
1709	000014.SZ	2022	房地产行业	广东省	地方国有企业	0.1639	83.61
1710	000029.SZ	2022	房地产行业	广东省	地方国有企业	0.1849	81.51
…	…	…	…	…	…	…	…
1821	600817.SH	2023	房地产行业	陕西省	民营企业	0.0000	100.00
1822	600848.SH	2023	房地产行业	上海市	地方国有企业	0.0221	97.79
1823	600890.SH	2023	房地产行业	北京市	民营企业	0.0000	100.00

将表 17.10 第 3 列 T–0 年最优指标体系对应的 2000~2018 年这 19 年 1533 家上市小企业房地产公司数据，代入上文式(17.3)，得到上市小企业房地产公司第 T+0 年的违约概率判别值 $p_{j(T+0)}$，列入表 17.21 第 7 列第 1~1533 行。并将违约概率判别值 $p_{j(T+0)}$代入上文式(3.3)的信用得分表达式得到信用得分 $S_{j(T+0)}$，列入表 17.21 第 8 列第 1~1533 行。

将表 17.11 第 3 列 T–1 年最优指标体系对应的 2018 年 58 家上市小企业房地产公司数据，代入上文式(17.4)，得到上市小企业房地产公司数据第 T+1 年的违约概率预测值 $p_{j(T+1)}$，并将违约概率预测值 $p_{j(T+1)}$代入上文式(17.7)的信用得分表达式得到 2019 年信用得分预测值 $S_{j(T+1)}$，列入表 17.21 第 8 列第 1534~1591 行。同理，可根据式(17.5)~式(17.8)预测 2020~2023 年 24 年的信用得分 $S_{j(T+m)}$，并将结果列入表 17.21 第 8 列第 1592~1823 行。

17.9　上市小企业房地产行业的信用等级划分

以 T+0 年的信用等级划分为例进行说明。

将上文表 17.20 第 4 列的 T+0 年信用得分 S_j 按降序排列，结果对应列入表 17.22 第 3 列。表 17.22 第 4 列违约概率 p_j 来自表 17.20 第 3 列。表 17.22 第 5 列负债总额数据来源于 Wind 数据库。表 17.22 第 6 列应收未收本息数据等于表 17.22 第 4 列和第 5 列的乘积。表 17.22 第 7 列应收本息数据等于表 17.22 第 5 列。

表 17.22　上市小企业房地产公司最优模型方案线性判别的 T+0 年信用等级划分数据

(1)序号	(2)证券序号	(3)信用得分 S_j	(4)违约概率 p_j	(5)负债总额 D_j/元	(6)应收未收本息 L_j/元	(7)应收本息 R_j/元
1	2018-000616	100.00	0.00	1 815 808 799.00	0.00	1 815 808 799.00
2	2018-600730	100.00	0.00	1 095 656 132.00	0.00	1 095 656 132.00
3	2005-600239	100.00	0.00	14 209 029.46	0.00	14 209 029.46
…	…	…	…	…	…	…
3 557	2001-600892	48.97	0.51	128 082 300.50	65 321 973.26	128 082 300.50
…	…	…	…	…	…	…
11 011	2010-300315	0.00	1.00	11 674 791.08	11 674 791.08	11 674 791.08

依据上文 3.4.2 节的信用等级划分模型，将表 17.22 第 6~7 列的应收未收本息 L_j、应收本息 R_j 数据代入上文式(3.68)~式(3.71)的信用等级划分模型，根据迟国泰教授科研创新团队的发明专利“信用等级越高，违约损失率越低”的违约金字塔原理[29]，得到的评级结果如表 17.23 第 3~5 列所示。

表 17.23　上市小企业房地产公司最优模型方案线性判别的 *T*+0 年信用等级划分结果

(1)序号	(2)等级	(3)信用得分区间	(4)样本数	(5)违约损失率/%	(6)信用度
1	AAA	$48.97 \leqslant S \leqslant 100$	3557	18.35	特优
…	…	…	…	…	…
4	BBB	$20.64 \leqslant S < 22.00$	101	78.70	较好
…	…	…	…	…	…
7	CCC	$0.66 \leqslant S < 2.78$	1319	98.40	差
…	…	…	…	…	…
9	C	$0 \leqslant S < 0.10$	457	99.97	极差

根据表 17.23 第 4 列可知，*T*+0 年 AAA 级公司样本数为 3557 个，即 AAA 级公司为按照信用得分降序排列后的第 1~3557 个公司。由表 17.22 第 3 列知，第 3557 行证券代码“2001-600892”公司对应的信用得分为 48.97，故 AAA 级公司的信用得分区间为 $48.97 \leqslant S \leqslant 100$，列入表 17.23 第 3 列第 1 行，即 *T*+0 年信用得分落在区间 $48.97 \leqslant S \leqslant 100$ 的公司均为 AAA 级公司。同理，可得 AA、A、…、C 等其余 8 个等级划分结果，对应列入表 17.23 第 2 列第 2~9 行。由信用等级 AAA、AA、A、BBB、BB、B、CCC、CC、C 依次对应特优、优、良、较好、一般、较差、差、很差、极差的信用度，列入表 5.23 第 6 列。

以上是上市小企业房地产公司样本最优模型方案线性判别的 *T*+0 年信用等级划分结果。同理，可分别得到 *T*+*m*(*m*=1, 2, 3, 4, 5)年的上市小企业房地产公司样本的信用等级划分结果，如表 17.24~表 17.28 所示。

表 17.24　上市小企业房地产公司最优模型方案线性判别的 *T*+1 年信用等级划分结果

(1)序号	(2)等级	(3)信用得分区间	(4)样本数	(5)违约损失率/%	(6)信用度
1	AAA	$33.88 \leqslant S \leqslant 100$	7801	0.20	特优
…	…	…	…	…	…
4	BBB	$13.85 \leqslant S < 13.88$	1	80.84	较好
…	…	…	…	…	…
7	CCC	$0 \leqslant S < 1.04$	3185	99.94	差
…	…	…	…	…	…
9	C	$0 \leqslant S < 0.001$	7	100.00	极差

表 17.25　上市小企业房地产公司最优模型方案线性判别的 *T*+2 年信用等级划分结果

(1)序号	(2)等级	(3)信用得分区间	(4)样本数	(5)违约损失率/%	(6)信用度
1	AAA	$45.83 \leqslant S \leqslant 100$	9180	0.04	特优
…	…	…	…	…	…
4	BBB	$28.38 \leqslant S < 36.36$	1	71.62	较好
…	…	…	…	…	…
7	CCC	$2.35 \leqslant S < 4.21$	3	97.41	差
…	…	…	…	…	…
9	C	$0 \leqslant S < 0.001$	12	100.00	极差

表 17.26　上市小企业房地产公司最优模型方案线性判别的 T+3 年信用等级划分结果

(1)序号	(2)等级	(3)信用得分区间	(4)样本数	(5)违约损失率/%	(6)信用度
1	AAA	49.98≤S≤100	9117	10.03	特优
…	…	…	…	…	…
4	BBB	11.86≤S<15.53	66	86.63	较好
…	…	…	…	…	…
7	CCC	5.59≤S<7.49	415	93.51	差
…	…	…	…	…	…
9	C	0≤S<2.781	431	98.78	极差

表 17.27　上市小企业房地产公司最优模型方案线性判别的 T+4 年信用等级划分结果

(1)序号	(2)等级	(3)信用得分区间	(4)样本数	(5)违约损失率/%	(6)信用度
1	AAA	49.96≤S≤100	6430	8.73	特优
…	…	…	…	…	…
4	BBB	1.99≤S<23.57	1390	89.91	较好
…	…	…	…	…	…
7	CCC	0.004≤S<0.01	156	99.99	差
…	…	…	…	…	…
9	C	0≤S<0.001	64	100.00	极差

表 17.28　上市小企业房地产公司最优模型方案线性判别的 T+5 年信用等级划分结果

(1)序号	(2)等级	(3)信用得分区间	(4)样本数	(5)违约损失率/%	(6)信用度
1	AAA	42.49≤S≤100	5588	13.62	特优
…	…	…	…	…	…
4	BBB	30.06≤S<30.88	48	69.52	较好
…	…	…	…	…	…
7	CCC	9.65≤S<17.67	752	86.72	差
…	…	…	…	…	…
9	C	0≤S<5.489	2713	98.73	极差

17.10　上市小企业房地产行业的信用特征分析

17.10.1　地区的信用特征分析

为检验不同地区的信用得分是否存在显著差异。本书根据表 17.21 第 5 列的中国 23 个省区市(包括房地产行业小企业的仅有 23 个省区市)和第 8 列的信用得分。统计出 23 个省区市的信用得分平均值、最大值、最小值、标准差、中位数等，列在表 17.29 的第 3~8 列。

其中，表 17.29 第 8 列的样本数量是 2000~2023 年这 24 年的房地产行业上市小企业总数，这里的总数包括相同企业不同年份的重复计数。例如，同一个企业 2000~2023 年这 24 年，则数量记为 24，其他企业的统计同理。

表 17.29 上市小企业房地产行业省区市信用特征描述表

(1)序号	(2)省区市	(3)信用得分平均值	(4)信用得分最大值	(5)信用得分最小值	(6)信用得分标准差	(7)信用得分中位数	(8)样本数量
1	辽宁省	79.16	100.00	13.64	23.67	87.37	16
2	广西壮族自治区	75.74	98.98	9.88	24.10	81.51	23
3	云南省	69.97	99.86	0.97	25.19	76.00	25
…	…	…	…	…	…	…	…
9	吉林省	62.15	100.00	0.33	30.87	68.49	42
10	贵州省	61.75	94.53	26.86	19.99	57.76	10
11	重庆市	61.35	99.92	3.03	27.10	68.33	67
…	…	…	…	…	…	…	…
17	安徽省	51.89	99.17	0.22	32.64	53.83	50
…	…	…	…	…	…	…	…
21	四川省	44.39	92.91	2.43	24.75	43.80	39
22	山东省	39.08	91.93	0.90	24.86	34.31	28
23	陕西省	33.79	100.00	0.00	30.13	24.52	17

同时，为检验两两省区市之间的信用得分是否存在显著差异，本书采用曼-惠特尼 U 检验[21]来进行显著性水平检验。以“云南省”与“安徽省”为例，根据表 17.29 第 1 列第 3、17 行的序号排序和第 8 列第 3、17 行的样本数量，计算得到曼-惠特尼 U 检验统计量为 428.00，列入表 17.30 第 1 行第 3 列。通过查曼-惠特尼 U 检验统计量的显著性水平表，将对应的 p 值 0.019 列入表 17.30 第 1 行第 4 列。同理，将其他任意两个省区市的曼-惠特尼 U 检验结果列在表 17.30 第 2~253 行。

表 17.30 上市小企业房地产公司的省区市之间信用得分的差异性检验

(1)序号	(2)省区市两两比较	(3)曼-惠特尼 U 检验统计量值	(4)p 值
1	安徽省与云南省	428.00**	0.019
2	安徽省与天津市	2597.00	0.143
3	安徽省与贵州省	211.00	0.222
…	…	…	…
252	甘肃省与广东省	3017.00**	0.038
253	甘肃省与重庆市	613.00**	0.043

**表示在 95%的置信水平下存在显著差异

表 17.29 和表 17.30 的实证结果表明，中国上市小企业房地产公司的行业特征为辽宁省、广西壮族自治区、云南省等 8 个省区市的信用资质最高，吉林省、贵州省、重庆等 8 个省区市的信用资质居中，四川省、山东省、陕西省等 7 个省区市的信用资质最低。除安徽省与天津市、安徽省与贵州省信用得分差异不显著外，其他任意两个省区市间的信用资质经曼-惠特尼 U 检验存在显著差异。

根据中国上市小企业房地产公司这 23 个省区市的地理分布统计可知，信用得分高于 63 的信用资质较好的省区市基本分布在东南沿海地区。信用得分介于 55~63 的信用资质居中的省区市基本分布在东南地区和西南地区。信用得分低于 55 的信用资质较差的省区市基本分布在中部地区。

分析造成省区市信用特征的原因可能是，相比于中西部内陆地区，东南部沿海地区的公司融资渠道和投资机会更多，从而公司的资金运营能力和盈利能力更强，信用资质也就更好。

17.10.2　企业所有制的信用特征分析

企业所有制属性的信用特征分布是一个值得研究的话题，现有文献[33]认为相比于中国非国有企业，国有企业拥有更高的平均收益率和更有竞争力的其他优势。本书根据大股东和实际控制人将上市企业的所有制属性分为 7 类，分别是中央国有企业、地方国有企业、民营企业、集体企业、公众企业、外资企业和由协会等实际控股的其他所有制企业，如表 17.31 第 2 列所示。

表 17.31　上市小企业房地产公司的企业所有制属性信用特征描述表

(1)序号	(2)所有制属性	(3)信用得分平均值	(4)信用得分最大值	(5)信用得分最小值	(6)信用得分标准差	(7)信用得分中位数	(8)样本数量
1	集体企业	88.56	98.93	57.25	15.95	97.25	5
2	公众企业	76.55	99.67	0	24.75	85.71	73
3	外资企业	67.92	100.00	0.0002	27.49	74.49	97
4	中央国有企业	63.48	100.00	1.12	26.15	68.45	148
5	地方国有企业	63.46	100.00	0	28.02	69.05	712
6	民营企业	54.39	100.00	0.00	30.52	56.85	734
7	其他所有制企业	49.31	100.00	0.5649	32.72	48.14	54

本书根据表 17.21 第 6 列的 7 个所有制属性和第 8 列的信用得分。统计出 7 个所有制属性的信用得分平均值、最大值、最小值、标准差、中位数等，列在表 17.31 的第 3~8 列。

其中，表 17.31 第 8 列的样本数量是 2000~2023 年这 24 年的房地产行业上市小企业总数，这里的总数包括相同企业不同年份的重复计数。例如，同一个企业 2000~2023 年这 24 年，数量记为 24，其他企业的统计同理。

同时，为检验两两省区市之间的信用得分是否存在显著差异，本书采用曼-惠特尼 U 检验[32]来进行显著性水平检验。以“公众企业”与“外资企业”为例，根据表 17.31 第 1 列第 2、3 行的序号排序和第 8 列第 2、3 行的样本数量，计算得到曼-惠特尼 U 检验统计量为 2819.00，列入表 17.32 第 1 行第 3 列。通过查曼-惠特尼 U 检验统计量的显著性水平表，将对应的 p 值 0.012 列入表 17.32 第 1 行第 4 列。同理，将其他任意两个所有制属性的曼-惠特尼 U 检验结果列在表 17.32 第 2~21 行。

表 17.32　上市小企业房地产公司的企业所有制之间信用得分的差异性检验

(1)序号	(2)企业所有制两两比较	(3)曼-惠特尼 U 检验统计量值	(4)p 值
1	公众企业与外资企业	2 819.00**	0.012
2	公众企业与中央国有企业	3 620.00**	0.000
3	公众企业与集体企业	112.00*	0.077
…	…	…	…
20	其他所有制企业与地方国有企业	14 555.00***	0.001
21	民营企业与地方国有企业	216 387.50***	0.000

***、**、*分别表示在 99%、95%、90%的置信水平下存在显著差异

表 17.31 和表 17.32 的实证结果表明，中国上市小企业房地产行业的企业所有制属性信用特征为集体企业、公众企业、外资企业这 3 类的信用资质最高，中央国有企业、地方国有企业这 2 类的信用资质居中，民营企业和由协会等实际控股的其他所有制企业这 2 类的信用资质最低。并且，任意两类所有制企业的信用资质均存在显著差异。

造成所有制属性信用特征分布差异的原因可能是：外资控股的上市小企业房地产公司可能因为其市场化程度高、经营灵活、社会负担轻等优势，信用资质相对较好。国有企业可能存在政府实际控制的原因，经营管理方面以平稳发展为主，信用资质居中。而由协会等实际控股的其他所有制企业可能由于追求快速

发展，风险性投资较多，从而导致信用资质不佳。

17.11 上市小企业房地产行业的信用指数构建

表 17.33 第 5~7 列的上市小企业房地产公司的资产总额 A_j、负债总额 L_j、资产总额加负债总额(A_j+L_j)数据，是在 Wind 数据库查询得到的。表 17.33 第 8 列信用得分 $S_{j(T+m)}$来自上文表 17.21 的第 8 列。其中，对于 2000~2018 年这 19 年已有指标数据的公司，用的是 m=0 的信用得分 $S_{j(T+0)}$；对于 2019~2023 年这 5 年没有指标数据的公司，用的是 m=1, 2,3, 4, 5 时刻预测的信用得分 $S_{j(T+m)}$。

表 17.33 上市小企业房地产公司的资产总额、负债总额、资产总额加负债总额和信用得分结果

(1)序号	(2)证券代码	(3)证券简称	(4)年份	(5)资产总额 A_j/元	(6)负债总额 L_j/元	(7)资产总额加负债总额(A_j+L_j)/元	(8)信用得分 $S_{j(T+m)}$
1	000006.SZ	深振业 A	2000	3 787 811 194.00	2 523 867 313.00	6 311 678 507.00	62.11
2	000007.SZ	全新好	2000	951 889 239.60	813 920 414.80	1 765 809 654.40	0.42
3	000011.SZ	深物业 A	2000	2 667 288 668.00	2 367 335 716.00	5 034 624 384.00	0.65
…	…	…	…	…	…	…	…
107	600890.SH	中房股份	2000	278 909 465.00	25 462 689.80	304 372 154.80	10.51
…	…	…	…	…	…	…	…
1 534	000007.SZ	全新好	2019	951 889 239.60	813 920 414.80	1 765 809 654.40	100.00
1 535	000014.SZ	沙河股份	2019	1 917 248 983.00	966 994 316.70	2 884 243 299.70	97.25
1 536	000029.SZ	深深房 A	2019	4 665 891 514.00	1 465 156 404.00	6 131 047 918.00	100.00
…	…	…	…	…	…	…	…
1 592	000007.SZ	全新好	2020	951 889 239.60	813 920 414.80	1 765 809 654.40	100.00
1 593	000014.SZ	沙河股份	2020	1 917 248 983.00	966 994 316.70	2 884 243 299.70	65.73
1 594	000029.SZ	深深房 A	2020	4 665 891 514.00	1 465 156 404.00	6 131 047 918.00	96.06
…	…	…	…	…	…	…	…
1 650	000007.SZ	全新好	2021	951 889 239.60	813 920 414.80	1 765 809 654.40	5.25
1 651	000014.SZ	沙河股份	2021	1 917 248 983.00	966 994 316.70	2 884 243 299.70	82.65
1 652	000029.SZ	深深房 A	2021	4 665 891 514.00	1 465 156 404.00	6 131 047 918.00	57.54
…	…	…	…	…	…	…	…
1 708	000007.SZ	全新好	2022	951 889 239.60	813 920 414.80	1 765 809 654.40	0.00
1 709	000014.SZ	沙河股份	2022	1 917 248 983.00	966 994 316.70	2 884 243 299.70	83.61
1 710	000029.SZ	深深房 A	2022	4 665 891 514.00	1 465 156 404.00	6 131 047 918.00	81.51
…	…	…	…	…	…	…	…
1 821	600817.SH	*ST 宏盛	2023	189 418 095.90	54 889 946.12	244 308 042.02	100.00
1 822	600848.SH	上海临港	2023	15 514 520 443.00	7 467 588 277.00	22 982 108 720.00	97.79
1 823	600890.SH	中房股份	2023	1 198 111 177.00	329 043 143.70	1 527 154 320.70	100.00

17.11.1 基于资产总额标准的信用指数计算

以 2000 年基于资产总额标准的信用指数计算为例进行说明。

1. 基于资产总额标准的典型公司样本选取

将表 17.33 第 1~107 行第 5 列资产总额 A_j 由高到低进行排序，并在表 17.33 第 1~107 行 2000 年的 107 家上市小企业房地产公司中选取年资产总额排名前 10%的公司，即 $N^A_{(2000)}$=107×10%≈10 家上市小企业房地产公司，作为 2000 年信用指数构建的典型公司。将这 10 个典型公司的证券代码、证券简称、年份、资产总额 $A_{j(2000)}$分别列入表 17.34 第 2~5 列的第 1~10 行。

表 17.34　上市小企业房地产公司基于资产总额标准选取的典型公司样本

(1)序号	(2)证券代码	(3)证券简称	(4)年份	(5)资产总额 $A_{j(T+m)}$/元	(6)典型公司样本权重 $W^A_{j(T+m)}$	(7)信用得分 $S_{j(T+m)}$
1	600663.SH	陆家嘴	2000	7 384 601 737.00	0.17	43.18
2	600649.SH	城投控股	2000	7 051 404 420.00	0.16	86.84
3	000886.SZ	海南高速	2000	5 302 525 667.00	0.12	99.79
4	000029.SZ	深深房 A	2000	4 113 913 510.00	0.09	16.49
5	000006.SZ	深振业 A	2000	3 787 811 194.00	0.08	62.11
6	600007.SH	中国国贸	2000	3 664 291 000.00	0.08	32.30
7	600675.SH	中华企业	2000	3 578 349 788.00	0.08	67.91
8	000042.SZ	中洲控股	2000	3 448 564 854.00	0.08	53.65
9	600094.SH	大名城	2000	3 267 549 246.00	0.07	80.37
10	000797.SZ	中国武夷	2000	3 148 654 858.00	0.07	64.76
…	…	…	…	…	…	…
162	600649.SH	城投控股	2022	36 722 191 580.00	0.21	49.54
163	600064.SH	南京高科	2022	25 967 498 260.00	0.15	59.64
164	600622.SH	光大嘉宝	2022	25 099 460 695.00	0.15	48.55
165	600733.SH	北汽蓝谷	2023	43 298 453 635.00	0.25	2.43
166	000736.SZ	中交地产	2023	40 229 785 545.00	0.23	99.92
167	600649.SH	城投控股	2023	36 722 191 580.00	0.21	99.08
168	600064.SH	南京高科	2023	25 967 498 260.00	0.15	19.55
169	600622.SH	光大嘉宝	2023	25 099 460 695.00	0.15	84.52

以上是 2000 年基于资产总额标准的指数构建典型公司的选取。同理，可以得到 2001~2023 年这 23 年的典型公司样本，将典型公司样本的结果列入表 17.34 第 11~169 行。

2. 基于资产总额标准的典型公司权重计算

将上文计算的 2000 年典型公司个数 $N^A_{(2000)}$=10 和表 17.34 第 5 列的资产总额 $A_{j(2000)}$代入上文式(3.82)，得到 2000 年典型公司的权重。

以第 1 个典型公司"陆家嘴(600663.SH)"的指数权重 $W^A_{1(2000)}$为例。

将表 17.34 第 5 列第 1 行的资产总额 $A_{1(2000)}$= 7 384 601 737.00 代入上文式(3.82)的分子，得到权重如下：

$$W^A_{1(2000)}=A_{1(2000)}/(A_{1(2000)}+\cdots+A_{10(2000)})$$
$$=7\ 384\ 601\ 737.00/(7\ 384\ 601\ 737.00+\cdots+3\ 148\ 654\ 858.00)=0.17 \tag{17.10}$$

将式(17.10)的结果列入表 17.34 第 6 列第 1 行。同理，将表 17.34 第 5 列第 2~10 行的资产总额 $A_{j(2000)}$分别代入式(3.82)的分子，分别得到 2000 年其他 9 个典型公司的权重 $W^A_{j(2000)}(j=2, 3, \cdots, 10)$，列入表 17.34 第 6 列第 2~10 行。

以上是基于资产总额标准的 2000 年的典型公司样本权重的计算。同理，可以得到基于资产总额标准的

2001~2023 年这 23 年的典型公司样本权重 $W^{A}_{j(T+m)}$，将结果列入表 17.34 的第 6 列第 11~169 行。

3. 基于资产总额标准的信用指数计算过程

根据上文表 17.21 第 2 列的证券代码和第 8 列的信用得分，将表 17.34 第 7 列的信用得分 $S_{j(T+m)}$对应填充。

将表 17.34 第 1~10 行的 2000 年 10 家典型公司对应的第 6 列权重 $W^{A}_{j(T+m)}$、第 7 列信用得分 $S_{j(T+m)}$，以及上文选取的 2000 年典型公司个数 $N^{A}_{(2000)}$=10，代入上文式(3.85)，得到 2000 年典型公司样本基于资产总额标准的信用得分加权平均值 $\bar{S}^{A}_{(2000)}$ 如下：

$$\bar{S}^{A}_{(2000)}=\sum_{j=1}^{10}W^{A}_{j(2000)}S_{j(2000)}=62.04 \tag{17.11}$$

将式(17.11)计算的 2000 年典型公司样本基于资产总额标准的信用得分加权平均值 $\bar{S}^{A}_{(2000)}$ =62.04，代入上文式(3.86)，得到 2000 年典型公司样本基于资产总额标准的信用指数 $\mathrm{CI}^{A}_{(2000)}$如下：

$$\mathrm{CI}^{A}_{(2000)}=\frac{\bar{S}^{A}_{(2000)}}{\bar{S}^{A}_{(2000)}}\times 1000=\frac{62.04}{62.04}\times 1000=1000.00 \tag{17.12}$$

将式(17.12)计算的 2000 年典型公司样本基于资产总额标准的信用指数 $\mathrm{CI}^{A}_{(2000)}$=1000.00，列入表 17.35 第 3 列第 1 行。

表 17.35　上市小企业房地产公司 2000~2023 年这 24 年的信用指数表

(1)序号	(2)年份	(3)资产总额前 10%的年度信用指数 $\mathrm{CI}^{A}_{(T+m)}$	(4)负债总额前 10%的年度信用指数 $\mathrm{CI}^{L}_{(T+m)}$	(5)基于资产总额加负债总额的年度信用指数 $\mathrm{CI}^{A+L}_{(T+m)}$
1	2000	1000.00	1000.00	1000.00
2	2001	1343.17	1479.83	1498.21
3	2002	941.21	1092.07	974.94
…	…	…	…	…
8	2007	458.17	456.38	586.85
9	2008	1056.25	1221.18	1151.80
10	2009	1255.30	1119.81	1114.67
…	…	…	…	…
15	2014	1545.73	1678.32	1664.02
16	2015	1324.71	1490.39	1455.09
…	…	…	…	…
20	2019	1611.78	1867.86	1792.05
21	2020	1266.29	1867.86	1457.52
…	…	…	…	…
24	2023	977.74	1184.98	1157.97

同理，可计算 2001 年的信用得分加权平均值 $\bar{S}^{A}_{(2001)}$ =83.33 和信用指数 $\mathrm{CI}^{A}_{(2001)}$=(83.33/62.04)×1000=1343.17，列入表 17.35 第 3 列第 2 行。

以上是上市公司基于资产总额标准的 2000 年和 2001 年的信用指数计算。依次类推，将基于资产总额标准的 2002~2023 年这 22 年的信用指数计算结果分别列入表 17.35 第 3 列第 3~24 行。

17.11.2　基于负债总额标准的信用指数计算

以 2000 年的基于负债总额标准的信用指数计算为例进行说明。

1. 基于负债总额标准的典型公司样本选取

将表 17.33 第 1~107 行第 6 列负债总额 L_j 由高到低进行排序，并在表 17.33 第 1~107 行 2000 年的 107 家上市小企业房地产公司中选取年负债总额排名前 10%的公司，即 $N^L_{(2000)}$=107×10%≈10 家上市小企业房地产公司，作为 2000 年信用指数构建的典型公司。将这 10 个典型公司的证券代码、证券简称、年份、负债总额 $L_{j(2000)}$分别列入表 17.36 第 2~5 列的第 1~10 行。

表 17.36　上市小企业房地产公司基于负债总额标准选取的典型公司样本

(1)序号	(2)证券代码	(3)证券简称	(4)年份	(5)负债总额 $L_{j(T+m)}$/元	(6)典型公司样本权重 $W^L_{j(T+m)}$	(7)信用得分 $S_{j(T+m)}$
1	000886.SZ	海南高速	2000	2 703 865 579.00	0.12	99.79
2	600663.SH	陆家嘴	2000	2 644 617 036.00	0.17	43.18
3	000029.SZ	深深房 A	2000	2 564 659 572.00	0.10	16.49
4	600649.SH	城投控股	2000	2 552 472 780.00	0.16	86.84
5	000006.SZ	深振业 A	2000	2 523 867 313.00	0.08	62.11
6	000042.SZ	中洲控股	2000	2 062 513 502.00	0.08	53.65
7	600675.SH	中华企业	2000	2 054 552 774.00	0.08	67.91
8	000797.SZ	中国武夷	2000	1 825 230 055.00	0.070	64.76
9	600007.SH	中国国贸	2000	1 615 892 000.00	0.08	32.30
10	600094.SH	大名城	2000	1 540 901 682.00	0.07	80.37
…	…	…	…	…	…	…
162	600622.SH	光大嘉宝	2022	16 952 073 879.00	0.15	48.55
163	600649.SH	城投控股	2022	16 720 188 725.00	0.21	49.54
164	600064.SH	南京高科	2022	15 886 244 002.00	0.15	59.64
165	000736.SZ	中交地产	2023	35 999 330 773.00	0.23	99.92
166	600733.SH	北汽蓝谷	2023	27 055 719 360.00	0.25	2.43
167	600622.SH	光大嘉宝	2023	16 952 073 879.00	0.15	84.52
168	600649.SH	城投控股	2023	16 720 188 725.00	0.21	99.08
169	600064.SH	南京高科	2023	15 886 244 002.00	0.15	19.55

以上是 2000 年基于负债总额标准的指数构建典型公司的选取。同理，可以得到 2001~2023 年这 23 年的典型公司样本，将典型公司样本的结果列入表 17.36 第 2~5 列第 11~169 行。

2. 基于负债总额标准的典型公司权重计算

将上文计算的 2000 年典型公司个数 $N^L_{(2000)}$=10 和表 17.36 第 5 列的负债总额 $L_{j(2000)}$代入上文式(3.83)，得到 2000 年典型公司的权重。

以第 1 个典型公司“海南高速(000886.SZ)”的指数权重 $W^L_{1(2000)}$为例。

将表 17.36 第 5 列第 1 行的负债总额 $L_{1(2000)}$=2 703 865 579.00 代入上文式(3.83)的分子，得到权重如下：

$$W^L_{1(2000)}=L_{1(2000)}/(L_{1(2000)}+\cdots+L_{10(2000)})$$
$$=2\ 703\ 865\ 579.00/(2\ 703\ 865\ 579.00+\cdots+1\ 540\ 901\ 682.00)=0.12 \tag{17.13}$$

将式(17.13)的结果列入表 17.36 第 6 列第 1 行。同理，将表 17.36 第 5 列第 2~10 行的负债总额 $L_{j(2000)}$分别代入式(3.83)的分子，得到 2000 年其他 9 个典型公司的权重 $W^L_{j(2000)}$(j=2, 3, …, 10)，列入表 17.36 第 6 列第 2~10 行。

以上是基于负债总额标准的 2000 年的典型公司样本权重的计算。同理，可以得到基于负债总额标准的 2001~2023 年这 23 年典型公司样本权重 $W^L_{j(T+m)}$，将结果列入表 17.36 第 6 列第 11~169 行。

3. 基于负债总额标准的信用指数计算过程

根据上文表 17.21 第 2 列的证券代码和第 8 列的信用得分，将表 17.36 第 7 列的信用得分 $S_{j(T+m)}$对应填充。

将表 17.36 第 1~10 行的 2000 年 10 家典型公司对应的第 6 列权重 $W^{L}_{j(T+m)}$、第 7 列信用得分 $S_{j(T+m)}$，以及上文选取的 2000 年典型公司个数 $N^{L}_{(2000)}$=10，代入上文式(3.87)，得到 2000 年典型公司样本基于负债总额标准的信用得分加权平均值 $\bar{S}^{L}_{(2000)}$ 如下：

$$\bar{S}^{L}_{(2000)}=\sum\nolimits_{j=1}^{10}W^{L}_{j(2000)}S_{j(2000)}=53.54 \tag{17.14}$$

将式(17.14)计算的 2000 年典型公司样本基于负债总额标准的信用得分加权平均值 $\bar{S}^{L}_{(2000)}$=53.54，代入上文式(3.88)，得到 2000 年典型公司样本基于资产总额标准的信用指数 $\mathrm{CI}^{L}_{(2000)}$如下：

$$\mathrm{CI}^{L}_{(2000)}=\frac{\bar{S}^{L}_{(2000)}}{\bar{S}^{L}_{(2000)}}\times 1000=\frac{53.54}{53.54}\times 1000=1000.00 \tag{17.15}$$

将式(17.15)计算的 2000 年典型公司样本基于负债总额标准的信用指数 $\mathrm{CI}^{L}_{(2000)}$=1000.00，列入上文表 17.35 第 4 列第 1 行。

同理，可计算 2001 年的信用得分加权平均值 $\bar{S}^{L}_{(2001)}$=79.23 和信用指数 $\mathrm{CI}^{L}_{(2001)}$=(79.23/53.54)×1000=1479.83，列入上文表 17.35 第 4 列第 2 行。

以上是上市公司基于负债总额标准的 2000 年和 2001 年的信用指数计算。依次类推，将基于负债总额标准的 2002~2023 年这 22 年的信用指数计算结果分别列入上文表 17.35 第 4 列第 3~24 行。

17.11.3 基于资产总额加负债总额标准的信用指数计算

以 2000 年的基于资产总额加负债总额标准的信用指数计算为例进行说明。

1. 基于资产总额加负债总额标准的典型公司样本选取

将表 17.33 第 1~107 行第 7 列资产总额加负债总额(A_j+L_j)由高到低进行排序，并在表 17.33 第 1~107 行 2000 年的 107 家上市小企业房地产公司中选取资产总额加负债总额排名前 10%的公司，即 $N^{A+L}_{(2000)}$=107×10%≈10 家上市小企业房地产公司，作为 2000 年信用指数构建的典型公司。将这 10 个典型公司的证券代码、证券简称、年份、资产总额加负债总额 $A_{j(2000)}+L_{j(2000)}$分别列入表 17.37 第 2~5 列的第 1~10 行。

表 17.37 上市小企业房地产公司基于资产总额加负债总额标准选取的典型公司样本

(1)序号	(2)证券代码	(3)证券简称	(4)年份	(5)资产总额加负债总额 ($A_{j(T+m)}+L_{j(T+m)}$)/元	(6)典型公司样本权重 $W^{A+L}_{j(T+m)}$	(7)信用得分 $S_{j(T+m)}$
1	600663.SH	陆家嘴	2000	10 029 218 773.00	0.15	43.18
2	600649.SH	城投控股	2000	9 603 877 200.00	0.14	86.84
3	000886.SZ	海南高速	2000	8 006 391 246.00	0.12	99.79
4	000029.SZ	深深房 A	2000	6 678 573 082.00	0.10	16.49
5	000006.SZ	深振业 A	2000	6 311 678 507.00	0.09	62.11
6	600675.SH	中华企业	2000	5 632 902 562.00	0.08	67.91
7	000042.SZ	中洲控股	2000	5 511 078 356.00	0.08	53.65
8	600007.SH	中国国贸	2000	5 280 183 000.00	0.08	32.30
9	000797.SZ	中国武夷	2000	4 973 884 913.00	0.07	64.76
10	600094.SH	大名城	2000	4 808 450 928.00	0.07	80.37
…	…	…	…	…	…	…
162	600649.SH	城投控股	2022	53 442 380 305.00	0.21	49.54
163	600622.SH	光大嘉宝	2022	42 051 534 574.00	0.15	48.55
164	600064.SH	南京高科	2022	41 853 742 262.00	0.15	59.64

续表

(1)序号	(2)证券代码	(3)证券简称	(4)年份	(5)资产总额加负债总额 $(A_{j(T+m)}+L_{j(T+m)})$/元	(6)典型公司样本权重 $W^{A+L}{}_{j(T+m)}$	(7)信用得分 $S_{j(T+m)}$
165	000736.SZ	中交地产	2023	76 229 116 318.00	0.23	99.92
166	600733.SH	北汽蓝谷	2023	70 354 172 995.00	0.25	2.43
167	600649.SH	城投控股	2023	53 442 380 305.00	0.21	99.08
168	600622.SH	光大嘉宝	2023	42 051 534 574.00	0.15	84.52
169	600064.SH	南京高科	2023	41 853 742 262.00	0.15	19.55

以上是 2000 年基于资产总额加负债总额标准的指数构建典型公司的选取。同理，可以得到 2001~2023 年这 23 年的典型公司样本，将典型公司样本的结果列入表 17.37 第 2~5 列第 11~169 行。

2. 基于资产总额加负债总额标准的典型公司权重计算

将上文计算的 2000 年典型公司个数 $N^{A+L}{}_{(2000)}$=10 和表 17.37 第 5 列的资产总额加负债总额$(A_{j(2000)}+L_{j(2000)})$代入上文式(3.84)，得到 2000 年典型公司的权重。

以第 1 个典型公司“陆家嘴(600663.SH)”的指数权重 $W^{A+L}{}_{1(2000)}$为例。

将表 17.37 第 5 列第 1 行的资产总额加负债总额$(A_{1(2000)}+L_{1(2000)})$= 10 029 218 773.00 代入上文式(3.84)的分子，得到权重如下：

$$W^{A+L}{}_{1(2000)}=(A_{1(2000)}+L_{1(2000)})/(A_{1(2000)}+L_{1(2000)}+\cdots+A_{10(2000)}+L_{10(2000)})$$
$$=10\,029\,218\,773.00/(10\,029\,218\,773.00+\cdots+4\,808\,450\,928.00)=0.15 \tag{17.16}$$

将式(17.16)的结果列入表 17.37 第 6 列第 1 行。同理，将表 17.37 第 5 列第 2~10 行的资产总额加负债总额$(A_{j(2000)}+L_{j(2000)})$分别代入式(3.84)的分子，分别得到 2000 年其他 9 个典型公司的权重 $W^{A+L}{}_{j(2000)}(j=2, 3, \cdots, 10)$，列入表 17.37 第 6 列第 2~10 行。

以上是基于资产总额加负债总额标准的 2000 年的典型公司样本权重的计算。同理，可以得到基于资产总额加负债总额标准的 2001~2023 年这 23 年的典型公司样本权重 $W^{A+L}{}_{j(T+m)}$，将结果列入表 17.37 第 6 列第 11~169 行。

3. 基于资产总额加负债总额标准的信用指数计算过程

根据上文表 5.21 第 2 列的证券代码和第 8 列的信用得分，将表 17.37 第 7 列的信用得分 $S_{j(T+m)}$对应填充。

将表 17.37 第 1~10 行的 2000 年 10 家典型公司对应的第 6 列权重 $W^{A+L}{}_{j(T+m)}$、第 7 列信用得分 $S_{j(T+m)}$，以及上文选取的 2000 年典型公司个数 $N^{A+L}{}_{(2000)}$=10，代入上文式(3.87)，得到 2000 年典型公司样本基于资产总额加负债总额标准的信用得分加权平均值 $\overline{S}^{A+L}_{(2000)}$ 如下：

$$\overline{S}^{A+L}_{(2000)}=\sum_{j=1}^{10}W^{A+L}_{j(2000)}S_{j(2000)}=55.80 \tag{17.17}$$

将式(17.17)计算的 2000 年典型公司样本基于负债总额标准的信用得分加权平均值 $\overline{S}^{A+L}_{(2000)}$ =55.80，代入上文式(3.88)，得到 2000 年典型公司样本基于资产总额标准的信用指数 $CI^{A+L}{}_{(2000)}$如下：

$$CI^{A+L}{}_{(2000)}=\frac{\overline{S}^{A+L}_{(2000)}}{\overline{S}^{A+L}_{(2000)}}\times 1000=\frac{55.80}{55.80}\times 1000=1000.00 \tag{17.18}$$

将式(17.18)计算的 2000 年典型公司样本基于资产总额加负债总额标准的信用指数 $CI^{A+L}{}_{(2000)}$=1000.00，列入上文表 17.35 第 5 列第 1 行。

同理，可计算 2001 年的信用得分加权平均值 $\overline{S}^{A+L}_{(2001)}$ =83.60 和信用指数 $CI^{A+L}{}_{(2001)}$=(83.60/55.80)×1000=1498.21，列入上文表 17.35 第 5 列第 2 行。

以上是上市公司基于资产总额加负债总额标准的 2000 年和 2001 年的信用指数计算。依次类推，将基于资产总额加负债总额标准的 2002~2023 年这 22 年的信用指数计算结果分别列入上文表 17.35 第 5 列第 3~24 行。

17.11.4　上市小企业房地产行业 2000~2023 年这 24 年的信用指数趋势图

以表 17.35 第 2 列的年份为横轴，分别以第 3~5 列的年度信用指数为纵轴，做出上市小企业房地产行业的年度信用指数走势图，如图 17.1 所示。

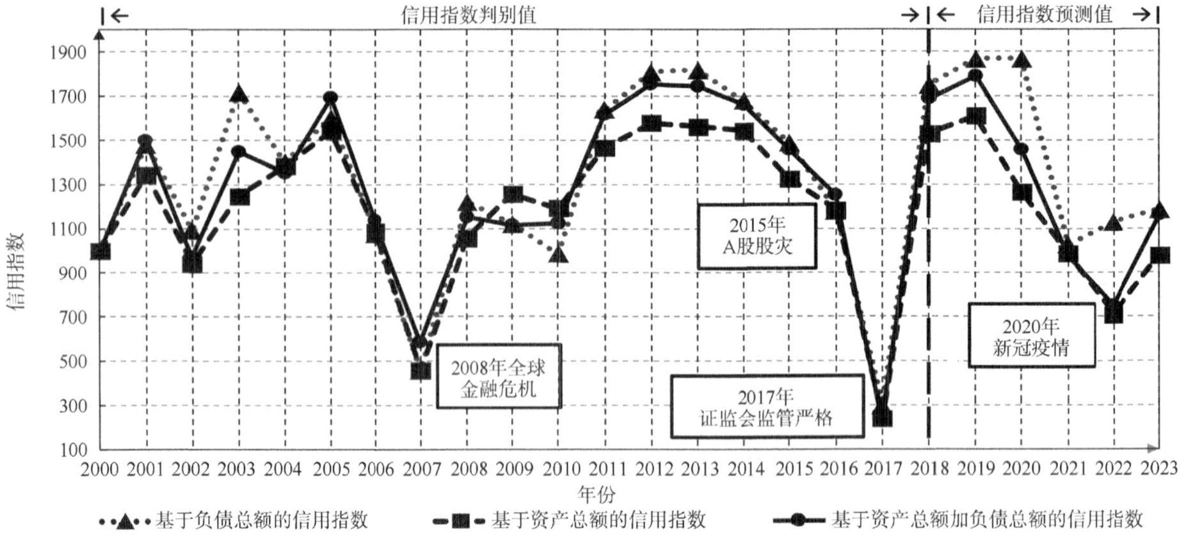

图 17.1　上市小企业房地产公司的年度信用指数走势图

中国上市小企业房地产行业 2000~2018 年这 19 年属于信用指数的判别值，2019~2023 年这 5 年属于信用指数的预测值。

1. 2000~2018 年这 19 年中国上市小企业房地产公司信用指数的发展规律及原因分析

(1)中国上市小企业房地产公司 2000~2018 年这 19 年信用指数发展规律。2000~2005 年上市小企业房地产信用指数震荡上升，2005~2007 年下跌，2008~2010 年下跌，2012~2017 年下跌，2017~2018 年上涨。

(2)中国上市小企业房地产公司 2000~2018 年这 19 年信用指数发展的可能宏观原因分析。2008~2010 年信用指数下跌比较厉害，这可能与“2008 年全球金融危机”[34]有关。2015 年之后的大幅下跌是受“2015 年 A 股股灾”[35]的影响，其导致 2015~2017 年信用指数持续急剧下跌。

(3)中国上市小企业房地产公司 2000~2018 年这 19 年信用指数发展的可能政策原因分析。2017 年信用指数创下新低的原因可能在于，2017 年证监会监管严格，铁腕治理市场乱象[36]，导致众多投资者投资谨慎，倾向于处于观望状态而非投资金融市场。

2. 2019~2023 年这 5 年中国上市小企业房地产公司信用指数的趋势预测

(1)中国上市小企业房地产公司 2019~2023 年这 5 年信用指数趋势。中国 A 股整体市场在 2018~2019 年信用指数呈现上升趋势，但在 2019 年之后呈现下跌趋势，在 2020 年下跌趋势变得更加明显。

(2)中国上市小企业房地产公司 2019~2023 年这 5 年信用指数趋势的原因分析。在 2020 年下跌趋势变得更加明显的原因可能是，受 2020 年新冠疫情的持续影响，宏观经济环境动荡，上市小企业房地产公司的发展经营及融资受影响，导致 A 股市场的信用指数整体下滑。

17.12　上市小企业房地产行业的信用风险指数构建

17.12.1　基于三个标准的信用风险指数计算

上市小企业信用风险指数的典型公司样本选择及权重计算方式，与上文 17.11 节的信用指数同理。但在信用风险指数计算时的差别在于：将信用指数计算公式中分子和分母的 $S_{j(T+m)}$替换为$(100-S_{j(T+m)})$，反映违约可能性。信用风险指数越大，违约风险越高。计算过程与上文 17.11 节类似，在此不再赘述。

将计算得到的 2000~2023 年这 24 年三个标准下的信用风险指数，分别列入表 17.38 第 3~5 列。

表 17.38　上市小企业房地产公司 2000~2023 年的信用风险指数表

(1)序号	(2)年份	(3)资产总额前 10%的年度信用风险指数 $CRI^{A}_{(T+m)}$	(4)负债总额前 10%的年度信用风险指数 $CRI^{L}_{(T+m)}$	(5)基于资产总额加负债总额的年度信用风险指数 $CRI^{A+L}_{(T+m)}$
1	2000	1000.00	1000.00	1000.00
2	2001	439.09	446.99	370.96
3	2002	1096.10	893.91	1031.64
…	…	…	…	…
8	2007	1885.67	1626.39	1521.62
9	2008	908.06	745.14	808.34
10	2009	582.70	861.95	855.22
…	…	…	…	…
15	2014	107.96	218.39	161.64
16	2015	352.46	449.34	385.88
…	…	…	…	…
20	2019	58.08	47.45	49.88
21	2020	564.73	44.01	422.36
…	…	…	…	…
24	2023	1036.39	786.86	800.55

17.12.2　上市小企业房地产行业 2000~2023 年这 24 年的信用风险指数趋势图

以表 17.38 第 2 列的年份为横轴，分别以第 3~5 列的年度信用风险指数为纵轴，做出上市小企业房地产行业的年度信用风险指数走势图，如图 17.2 所示。

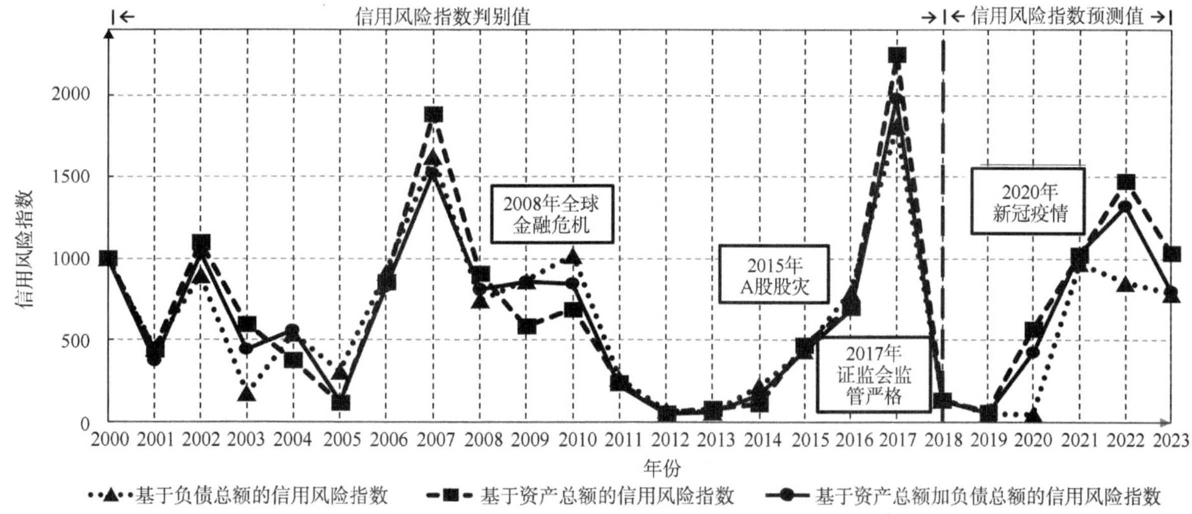

图 17.2　上市小企业房地产公司的年度信用风险指数走势图

中国上市小企业房地产行业 2000~2018 年这 19 年信用风险指数的发展规律，以及预测的 2019~2023

年这 5 年信用风险指数趋势如图 17.2 所示。

1. 2000~2018 年这 19 年中国上市小企业房地产业信用风险指数的发展规律及原因分析

(1)中国上市小企业房地产行业 2000~2018 年这 19 年信用风险指数的发展规律。2000~2005 年上市小企业房地产信用风险指数震荡下行，2005~2007 年上升，2008~2010 年小幅波动，2012~2017 年上升，2017~2018 年下跌。

(2)中国上市小企业房地产行业 2000~2018 年这 19 年信用风险指数发展的可能宏观原因分析。2008~2010 年信用风险指数上升，这可能与“2008 年全球金融危机”[34]有关。2015 年之后的大幅上升是受“2015 年 A 股股灾”[35]影响，其导致 2015~2017 年信用风险指数持续急剧上升。

(3)中国上市小企业房地产行业 2000~2018 年这 19 年信用风险指数发展的可能政策原因分析。2017 年信用风险指数创下新高的原因可能在于，2017 年证监会监管严格，铁腕治理市场乱象[36]，导致众多投资者投资谨慎，倾向于处于观望状态而非投资金融市场，2017 年成为信用风险指数的一个拐点。

2. 2019~2023 年这 5 年中国上市小企业房地产行业信用风险指数的趋势预测

(1)中国上市小企业房地产行业 2019~2023 年这 5 年信用风险指数趋势。中国 A 股整体市场在 2018~2019 年信用风险指数呈现下跌趋势，但在 2019 年之后呈现上升趋势，在 2020 年上升趋势变得更加明显。

(2)中国上市小企业房地产行业 2019~2023 年这 5 年信用风险指数趋势的可能原因分析。在 2020 年上升趋势变得更加明显的原因可能是，受 2020 年新冠疫情的持续影响，宏观经济环境动荡，上市小企业房地产公司的发展经营及融资受影响，导致 A 股市场的信用风险指数整体较高。

17.13 本章结论

17.13.1 主要工作

(1)本章确定了上市小企业房地产公司信用风险指标组合的计算思路。通过经济学含义结合偏相关系数的 F 检验进行指标的初步筛选，通过基于支持向量机的序列前向选择算法进一步筛选出最优的指标组合，获得了上市小企业房地产公司 $T+0$~$T+5$ 年的最优指标组合。

(2)本章确定了上市小企业房地产公司信用风险指标权重向量的计算思路。根据违约状态 y_j 与指标权重的函数关系 $y_j=f(w_i, x_{ij})$，将预测的违约状态 $\hat{y}_j$ 与实际违约状态 y_j 对比后，以违约和非违约两类企业的预测误差最小为目标，构建数学规划模型，反推出模型评价指标的最优权重，保证构建的预警方程能够区分违约与非违约公司。

(3)本章确定了上市小企业房地产公司最优的风险预警模型的构建思路。通过构建线性判别分析，逻辑回归、支持向量机等 14 种大数据模型，并根据模型的精度、可解释性和复杂性的“不可能三角”三个标准的对比分析，遴选出 $T+0$~$T+5$ 年的最优分类模型。

(4)本章分析了上市小企业房地产公司的不同地区、所有制属性的信用特征分布。通过计算不同地区、所有制属性的公司信用得分均值，判断信用资质好坏。并通过曼-惠特尼 U 统计检验，验证信用资质差异。若曼-惠特尼 U 显著水平检验通过且该类公司信用得分高，则意味着信用资质好，反之就差。

(5)本章构建了基于资产总额、负债总额、资产总额加负债总额三个标准的信用指数和信用风险指数，并分析了信用指数和信用风险指数的趋势。通过最优违约预警模型计算得到的未来第 $T+m$ 年违约概率，转换为[0,100]区间的信用得分后，按三个标准的选股规则选择典型公司样本，并将典型公司样本的平均信用得分转化成信用指数。信用指数用于反映年度信用趋势，并对未来第 $T+m$ 年的信用状况起到预警作用。

17.13.2 主要结论

(1)中国上市小企业房地产行业违约预测的最优指标组合：由 204 个指标构成的$(2^{204}-1)\approx 2.57\times 10^{61}$个指

标组合中，遴选出“资产负债率”“账面市值比”“广义货币供应量(M2)同比增长率”等 11 个指标，构成了 T−0 年违约判别几何平均精度最大的指标组合；遴选出“资产负债率”“长期负债占比”“广义货币供应量(M2)同比增长率”等 18 个指标，构成了 T−1 年违约预测几何平均精度最大的指标组合；遴选出“资产负债率”“销售毛利率”“广义货币供应量(M2)同比增长率”等 14 个指标，构成了 T−2 年违约预测几何平均精度最大的指标组合；遴选出“资产负债率”“资本固定化比率”“广义货币供应量(M2)同比增长率”等 10 个指标，构成了 T−3 年违约预测几何平均精度最大的指标组合；遴选出“资产负债率”“成本费用利润率”“广义货币供应量(M2)同比增长率”等 18 个指标，构成了 T−4 年违约预测几何平均精度最大的指标组合；遴选出“资产负债率”“资产利润率”“广义货币供应量(M2)同比增长率”等 14 个指标，构成了 T−5 年违约预测几何平均精度最大的指标组合。

(2)中国上市小企业房地产行业违约预测的重要宏观指标：“广义货币供应量(M2)同比增长率”、“外商企业数增长率”和“外商投资总额增长率”等 5 个宏观指标，对上市小企业房地产公司违约状态预测有显著影响。

(3)中国上市小企业房地产行业违约预测的关键指标为：“长期负债占比”“扣除非经常损益后的净利润/净利润”“营业外收入占营业总收入比重”等 4 个指标对公司未来 0~2 年的短期违约状态有决定作用。“现金比率”“管理费用/营业总收入”“经营活动产生的现金流量净额/经营活动净收益”等 21 个指标对公司未来 3~5 年的中期违约状态有决定作用。“资产负债率”“长期资产适合率”这 2 个指标不论对公司未来 0~2 年的短期违约预测，还是对未来 3~5 年的中期违约状态都有决定作用。

(4)中国上市小企业房地产行业的省区市信用特征为：辽宁省、广西壮族自治区、云南省等 8 个省区市的信用资质最高，吉林省、贵州省、重庆市等 8 个省区市的信用资质居中，四川省、山东省、陕西省等 7 个省区市的信用资质最低。

(5)中国上市小企业房地产行业的所有制信用特征为：集体企业、公众企业、外资企业这 3 类的信用资质最高。中央国有企业、地方国有企业这 2 类的信用资质居中。民营企业和由协会等实际控股的其他所有制企业这 2 类的信用资质最低。

(6)中国上市小企业房地产行业信用指数的预测趋势为：2018~2019 年信用指数呈现上升趋势，但在 2019 年之后呈现下跌趋势，在 2020 年下跌趋势变得更加明显，猜测造成下跌更加迅速的原因可能是受 2020 年新冠疫情的持续影响，造成宏观经济环境动荡，上市小企业房地产行业的发展经营及融资受影响，导致 A 股市场的信用指数整体下滑。

(7)中国上市小企业信用风险指数的预测趋势为：在 2018~2019 年信用风险指数呈现下降趋势，但在 2019 年之后呈现上升趋势，在 2020 年上升趋势变得更加明显，猜测造成上升更加迅速的原因可能是受 2020 年新冠疫情的持续影响，宏观经济环境动荡，上市小企业房地产行业的发展经营及融资受影响，导致 A 股市场的信用风险指数整体上升。

17.13.3　特色与创新

(1)通过两阶段的指标遴选方法构建评价指标体系，在具有明确经济学含义的海选指标集中，根据指标间偏相关系数和 F 值筛选出具有违约鉴别能力且指标间信息冗余最小的一组指标；并在第二阶段构建前向选择支持向量机指标遴选模型，以几何平均精度最大为标准，采用前向选择的方法筛选违约鉴别能力最大的指标组合，保证了构建的评价指标体系具有最大的违约鉴别能力。

(2)通过对违约公司和非违约公司的错判误差率之和最小，反推最优的权重，保证了所建立的违约预测模型能够保证较低的非违约公司误拒率和违约公司误授率，降低违约公司错判带来的贷款损失和非违约公司错判带来好客户流失的损失。

(3)通过综合考虑精度、可解释度、复杂性的不可能三角，从构建的 14 种大数据违约预警模型中对比分析遴选出最优违约风险预警模型，保证得到的模型既具有较高的违约预测能力，又具有可解释性，同时模型复杂性低。

(4)通过对不同地区、企业所有制属性公司的信用得分均值进行曼-惠特尼 U 非参数检验，识别不同地区、企业所有制属性公司的信用资质，揭示不同地区、不同所有制形式的中国上市小企业，哪类公司的信用资质好，哪类公司的信用资质差，哪类公司的信用资质居中，为股票投资、债券投资提供决策依据，供金融监管当局等政策分析人员参考。

(5)通过分别对资产总额、负债总额、资产总额加负债总额由大到小选取前10%作为典型公司样本，并将典型公司样本的加权平均信用得分转化成年度信用指数和信用风险指数，反映了上市小企业的违约风险趋势，并对未来第 $T+m(m=1, 2, 3, 4, 5)$年的信用状况进行预警。

参 考 文 献

[1] 杜玲. 浅析中小房地产企业成本核算问题[J]. 中国集体经济, 2020, (2)：71-72.

[2] Carvalho D, Ferreira M A, Matos P. Lending relationships and the effect of bank distress：evidence from the 2007-2009 financial crisis[J]. Journal of Financial and Quantitative Analysis, 2015, 50(6)：1165-1197.

[3] Christopoulos A G, Dokas I G, Kalantonis P, et al. Investigation of financial distress with a dynamic logit based on the linkage between liquidity and profitability status of listed firms[J]. Journal of the Operational Research Society, 2019, 70(10)：1817-1829.

[4] Wu Y, Xu Y J, Li J Y. Feature construction for fraudulent credit card cash-out detection[J]. Decision Support Systems, 2019, 127：113155.

[5] Yeh C C, Lin F Y, Hsu C Y. A hybrid KMV model, random forests and rough set theory approach for credit rating[J]. Knowledge-Based Systems, 2012, 33：166-172.

[6] Chawla N V, Bowyer K W, Hall L O, et al. Smote：synthetic minority over-sampling technique[J]. Journal of Artificial Intelligence Research, 2002, 16(1)：321-357.

[7] 迟国泰, 张亚京, 石宝峰. 基于Probit回归的小企业信用评级模型及实证[J]. 管理科学学报, 2016, 19(6)：136-156.

[8] Wang T C, Chen Y H. Applying rough sets theory to corporate credit ratings[C]. IEEE International Conference：Service Operations and Logistics, and Informatics, 2006：132-136.

[9] Desai V S, Crook J N, Overstreet G A. A comparison of neural networks and linear scoring models in the credit union environment[J]. European Journal of Operational Research, 1996, 95(1)：24-37.

[10] Bravo C, Maldonado S, Weber R. Granting and managing loans for micro-entrepreneurs：new developments and practical experiences[J]. European Journal of Operational Research, 2013, 227(2)：358-366.

[11] Djeundje V B, Crook J. Identifying hidden patterns in credit risk survival data using generalised additive models[J]. European Journal of Operational Research, 2019, 277：366-376.

[12] Huang C, Dai C, Guo M. A hybrid approach using two-level DEA for financial failure prediction and integrated SE-DEA and GCA for indicators selection[J]. Applied Mathematics and Computation, 2015, 251：431-441.

[13] Xia Y F, Liu C Z, Li Y Y, et al. A boosted decision tree approach using bayesian hyper-parameter optimization for credit scoring[J]. Expert Systems with Applications, 2017, 78：225-241.

[14] 陈丽. 基于决策树最优组合的企业违约预测模型[D]. 大连：大连理工大学, 2019.

[15] West D. Neural network credit scoring models[J]. Computers & Operations Research, 2000, 27(11/12)：1131-1152.

[16] Hand D J, Henley W E. Statistical classification methods in consumer credit scoring：a review[J]. Journal of the Royal Statistical Society, 1997, 160：523-541.

[17] Abellán J, Mantas C J. Improving experimental studies about ensembles of classifiers for bankruptcy prediction and credit scoring[J]. Expert Systems with Applications, 2014, 41(8)：3825-3830.

[18] Fan Q, Wang Z, Li D D, et al. Entropy-based fuzzy support vector machine for imbalanced datasets[J]. Knowledge-Based Systems, 2017, 115：87-99.

[19] He H L, Zhang W Y, Zhang S. A novel ensemble method for credit scoring：adaption of different imbalance ratios[J]. Expert Systems with Applications, 2018, 98：105-117.

[20] Campbell J Y, Hilscher J, Szilagyi J. In search of distress risk[J]. The Journal of Finance, 2008, 63(6)：2899-2939.

[21] Finlay S. Multiple classifier architectures and their application to credit risk assessment[J]. European Journal of Operational Research, 2011, 210(2)：368-378.

[22] Iyer R, Khwaja A I, Luttmer E F P, et al. Screening peers softly：inferring the quality of small borrowers[J]. Management Science, 2016, 62：1554-1577.

[23] Berg T, Burg V, Gombovic A, et al. On the rise of fintechs：credit scoring using digital footprints[J]. The Review of Financial Studies, 2020, 33：2845-2897.

[24] Geng R B, Bose I, Chen X. Prediction of financial distress：an empirical study of listed chinese companies using data mining[J]. European Journal of Operational Research, 2015, 241(1)：236-247.

[25] Junior L M, Nardini F M, Renso C, et al. A novel approach to define the local region of dynamic selection techniques in imbalanced credit scoring problems[J]. Expert Systems with Applications, 2020, 152：113351.

[26] Jones S. Corporate bankruptcy prediction：a high dimensional analysis[J]. Review of Accounting Studies, 2017, 22：1366-1422.

[27] Doshi-Velez F, Kim B. Towards a rigorous science of interpretable machine learning[EB/OL]. https://arxiv.org/abs/1702.08608 [2017-02-28].

[28] Zhu X Q, Li J P, Wu D S, et al. Balancing accuracy, complexity and interpretability in consumer credit decision making：a C-TOPSIS classification approach[J]. Knowledge Based Systems, 2013, 52：258-267.

[29] 迟国泰, 石宝峰. 基于信用等级与违约损失率匹配的信用评级系统与方法[P]. 中国专利, 201210201461.6. 2012-11-11.

[30] 梅渟. 行业分类标准比较分析及对我国证券行业发展借鉴[J]. 中国物流与采购, 2019, (10)：75-76.

[31] Zhu Y, Zhou L, Xie C, et al. Forecasting SMEs' credit risk in supply chain finance with an enhanced hybrid ensemble machine learning approach[J]. International Journal of Production Economics, 2019, 211：22-33.

[32] Ken B. Business Statistics：Contemporary Decision Making[M]. 6th edition. Hoboken：John Wiley and Sons, 2009.

[33] Liu L, Liu Q G, Tian G, et al. Government connections and the persistence of profitability：evidence from chinese listed firms. Emerging Markets Review, 2018, 36：110-129.

[34] 张茜. 中国股票市场发展与货币政策完善[D]. 太原：山西大学, 2012.

[35] 张建军. "危"与"机"：全球主要股灾背景下的救市措施与 A 股选择[J]. 中国市场, 2015, (51)：37-41.

[36] 李思霖. 证监会定调 2017 年资本市场监管工作：协调推进资本市场改革稳定发展[J]. 中国金融家, 2017, (2)：23-24.

第 18 章　上市小企业其他行业的公司违约预测与信用指数构建

18.1　本章内容提要

本章是上市小企业其他行业的公司违约预测与信用指数构建。上市小企业其他行业一共包含 12 个行业，分别是："电力、热力、燃气及水生产和供应业""信息传输、软件和信息技术服务业""采矿业""租赁和商务服务业""交通运输、仓储和邮政业""建筑业""批发和零售业""综合""金融业""水利、环境和公共设施管理业""文化、体育和娱乐业""教育业"。其中，建筑业是国民经济的重要物质生产部门，它与整个国家经济的发展、人民生活的改善有着密切的关系[1]。教育是国家发展的基石，教育业事关民族兴旺、人民福祉和国家未来，教育事业涉及千家万户[2]。建立上市小企业其他行业信用评级系统，能够帮助金融机构了解小企业的信用情况，做好贷款决策。

中国上市小企业其他行业的公司违约预测与信用指数的构建包括以下五个内容。

一是通过对小企业其他行业 $T-m$(m=0, 1, 2, 3, 4, 5)年的财务数据、非财务数据、宏观数据，以及 T 年的违约与否状态进行实证分析，通过基于经济学含义和偏相关系数的第一次指标筛选和基于支持向量机向前搜索的第二次指标组合遴选，构建具有提前 m 年(m=0, 1, 2, 3, 4, 5)违约预警能力的指标体系。

二是通过违约评价方程的违约状态预测值 $\hat{y}$ 与实际值 y 对比的错判误差最小，反推最优的指标权重向量。

三是通过线性判别模型、支持向量机模型、决策树模型等 14 种大数据模型分别建模，并根据精度、可解释性和复杂性的"不可能三角"三个标准进行模型对比分析，最终确定一个能同时兼顾精度高、可解释性强、复杂性低的最佳违约预警模型。

四是利用选取的最佳违约预警模型计算得到上市小企业其他行业的违约概率和信用得分，并分析了上市小企业其他行业在省区市、企业所有制方面的信用特征分布规律。

五是根据得到的上市小企业其他行业的信用得分，构建了中国上市小企业其他行业的年度信用指数和信用风险指数，并分析了上市小企业其他行业的信用状况年度发展规律及预测了 2019~2023 年的信用状况趋势。

应该指出：用于计算信用指数的信用得分预测值 $S_{j(T+m)}$，共分为两种情况。

情况一：对于 2000~2018 年这 19 年已有指标数据的样本，用的是 m=0 的违约判别模型 $p_{j(T+0)}=f(w_i, x_{ij(T)})$ 计算出的违约概率 $p_{j(T+0)}$和信用得分 $S_{j(T+0)}=(1-p_{j(T+0)})\times 100$。

情况二：对于 2019~2023 年这 5 年没有指标数据的样本，用的是 m=1, 2, 3, 4, 5 时刻的违约预测模型 $p_{j(T+m)}=f(w_i, x_{ij(T)})$计算出的违约概率 $p_{j(T+m)}$和信用得分 $S_{j(T+m)}=(1-p_{j(T+m)})\times 100$。

本章的主要工作如下。

一是通过两阶段的指标遴选方法构建评价指标体系，在具有明确经济学含义的海选指标集中，根据指标间偏相关系数和 F 值筛选出具有违约鉴别能力且指标间信息冗余最小的一组指标；并在第二阶段构建前向选择支持向量机指标遴选模型，以精度几何平均精度最大为标准，采用前向选择的方法筛选违约鉴别能力最大的指标组合，保证了构建的评价指标体系具有最大的违约鉴别能力。

二是根据违约状态 y_j 与指标权重的函数关系 $y_j=f(w_i, x_{ij})$，将预测的违约状态 $\hat{y}_j$ 与实际违约状态 y_j 对比后，以违约和非违约两类公司的预测错判误差最小为目标，构建数学规划模型，反推出评价模型的最优指标权重，保证构建的预警模型能够显著区分违约与非违约公司。

三是以精度为模型第 1 排序标准，可解释性为第 2 排序标准，复杂性为第 3 排序标准，在构建的逻辑回归模型、线性判别模型、广义加性模型等 14 个大数据模型中，遴选兼具高精度、强可解释性、低复杂性的最优模型。并使用 T 时刻的指标数据 $x_{ij(T)}$，预测公司 $T+m$ (m=0, 1, 2, 3, 4, 5)时刻的违约状态 $y_{j(T+m)}=f(x_{ij(T)})$、违约概率 $p_{j(T+m)}=g(x_{ij(T)})$和信用得分 $S_{j(T+m)}=(1-p_{j(T+m)})\times100$。

四是通过对不同地区、企业所有制属性公司的信用得分进行非参数检验，识别不同类别公司的信用资质，揭示不同地区、不同所有制形式的中国上市小企业其他行业公司，哪类公司的信用资质好，哪类公司的信用资质差，哪类公司的信用资质居中，为股票投资、债券投资提供决策依据，为商业银行发放贷款提供参照，为金融监管当局提供监管预警建议。

五是通过最优违约预警模型计算得到的未来第 $T+m$ 年违约概率，转换为[0, 100]区间的信用得分后，按资产总额、负债总额、资产总额加负债总额之和的三个标准的选股规则选择样本公司，并将样本公司的信用得分根据资产总额、负债总额、资产总额加负债总额之和的占比分别进行加权平均，构建信用指数和信用风险指数。信用指数和信用风险指数用于反映信用发展规律，并预测未来第 $T+m$ 年的违约风险趋势。

18.2　上市小企业其他行业的公司违约预测与信用指数构建的原理

中国上市小企业其他行业的公司违约预测与信用指数构建的原理主要包括：信用评级原理、违约预测原理、指数构建原理、14 种违约预警大数据模型构建原理、最优违约预警指标体系遴选原理、基于错判误差最小的指标赋权原理、信用等级划分原理。具体原理介绍详见上文第 3 章，在此不再赘述。

18.3　上市小企业其他行业的数据处理

18.3.1　上市小企业其他行业的数据介绍

上市小企业其他行业样本的含义：包括沪市和深市在内的 133 家上市小企业其他行业数据。

上市小企业其他行业样本数据的描述：共包含 2000~2018 年这 19 年 133 家中国上市小企业其他行业的财务指标、非财务指标及宏观指标数据。通过 Wind 金融数据库、国泰安经济数据库、国家统计局和中国经济社会发展统计数据库搜集，结合经济学含义的进一步遴选，最终建立了包括资产负债率等 138 个财务指标，审计意见类型等 17 个非财务指标，行业景气指数等 49 个宏观指标, 1 个违约状态指标在内的共计 205 个指标的上市小企业其他行业公司选指标集。

违约状态定义[3-4]：将被标记为“ST”的上市企业，定义为出现财务困境的企业，即违约的差客户，标记为“1”。将没有“ST”标记的上市企业，定义为没有出现财务困境的企业，即非违约的好客户，标记为“0”。

上市小企业其他行业 $T-m$ 数据的描述：为实现违约风险动态预警的目的，共构造了 6 组 $T-m(m$=0, 1, 2, 3, 4, 5)上市小企业其他行业样本，每组上市小企业其他行业样本中是第 $T-m$ 年的指标数据和第 T 年的违约状态。同时，每组 $T-m(m$=0, 1, 2, 3, 4, 5)上市小企业其他行业样本分别包含 133 个样本，其中违约样本 26，非违约样本 107。

表 18.1 是 $T-m(m$=0, 1, 2, 3, 4, 5)上市小企业其他行业样本数据概览。其中第 a 列是序号，第 b 列是时

间窗口，第 c 列是企业代码，第 d 列是指标的标准化数据(标准化处理详见“3.6.1 指标数据标准化方法”)。

表 18.1 上市小企业其他行业 $T-m(m=0, 1, 2, 3, 4, 5)$时间窗口样本数据概览

(a)序号	(b)时间窗口	(c)企业代码	(d)指标的标准化数据 x_{ij}			
			(1)资产负债率	…	(204)国内专利申请授权数增长率	(205)第 T 年的违约状态
1	$T-0$	002323.SZ	0.946	…	0.019	0
2		600982.SH	0.849	…	0.039	0
3		000507.SZ	0.943	…	0.028	0
…		…	…	…	…	…
133		600834.SH	0.889	…	0.028	0
134	$T-1$	002323.SZ	0.938	…	0.020	0
135		600982.SH	0.839	…	0.030	0
136		000507.SZ	0.953	…	0.025	0
…		…	…	…	…	…
266		600834.SH	0.856	…	0.015	0
267	$T-2$	002323.SZ	0.955	…	0.033	0
268		600982.SH	0.859	…	0.025	0
269		000507.SZ	0.943	…	0.031	0
…		…	…	…	…	…
399		600834.SH	0.830	…	0.061	0
400	$T-3$	002323.SZ	0.969	…	0.035	0
401		600982.SH	0.755	…	0.033	0
402		000507.SZ	0.943	…	0.030	0
…		…	…	…	…	…
532		600834.SH	0.841	…	0.030	0
533	$T-4$	002323.SZ	0.979	…	0.038	0
534		600982.SH	0.770	…	0.030	0
535		000507.SZ	0.882	…	0.027	0
…		…	…	…	…	…
665		600834.SH	0.812	…	0.032	0
666	$T-5$	002323.SZ	0.983	…	0.048	0
667		600982.SH	0.856	…	0.026	0
668		000507.SZ	0.922	…	0.026	0
…		…	…	…	…	…
798		600834.SH	0.913	…	0.026	0

表 18.2 是 $T-m(m=0, 1, 2, 3, 4, 5)$上市小企业其他行业样本指标标准化数据的描述性统计表。其中第 1 列是序号，第 2 列是时间窗口，第 3 列是统计量，第 4~208 列是指标对应的统计值。

表 18.2 上市小企业其他行业 $T-m$(m=0, 1, 2, 3, 4, 5)时间窗口样本指标数据描述性统计表

(1)序号	(2)时间窗口	(3)统计量	(4)资产负债率	…	(8)权益乘数	…	(206)外商投资企业外方注册资本增长率	(207)国内专利申请授权数增长率	(208)违约状态
1	$T-0$	平均值	0.787	…	0.883	…	0.164	0.029	0.195
2		标准差	0.163	…	0.222	…	0.017	0.006	0.398
3		中位数	0.820	…	0.958	…	0.162	0.028	0.000
4	$T-1$	平均值	0.777	…	0.865	…	0.173	0.028	0.195
5		标准差	0.167	…	0.247	…	0.064	0.007	0.398
6		中位数	0.800	…	0.950	…	0.163	0.027	0.000
7	$T-2$	平均值	0.769	…	0.866	…	0.171	0.030	0.195
8		标准差	0.180	…	0.240	…	0.050	0.007	0.398
9		中位数	0.784	…	0.942	…	0.164	0.029	0.000
10	$T-3$	平均值	0.761	…	0.873	…	0.167	0.029	0.195
11		标准差	0.183	…	0.223	…	0.048	0.005	0.398
12		中位数	0.773	…	0.937	…	0.164	0.030	0.000
13	$T-4$	平均值	0.747	…	0.848	…	0.160	0.028	0.195
14		标准差	0.187	…	0.261	…	0.032	0.006	0.398
15		中位数	0.777	…	0.939	…	0.164	0.028	0.000
16	$T-5$	平均值	0.745	…	0.842	…	0.153	0.028	0.195
17		标准差	0.172	…	0.264	…	0.044	0.005	0.398
18		中位数	0.773	…	0.937	…	0.161	0.027	0.000

18.3.2 上市小企业其他行业的训练测试数据划分

训练测试样本划分的目的：将上市小企业其他行业数据划分为训练样本和测试样本。训练样本用于求解模型参数，构建训练模型。测试样本用于验证所构建的模型预测精度效果。

训练测试样本划分比例[5-6]：70%作为训练样本，30%作为测试样本。

训练测试样本划分方式：随机从 $T-m$(m=0, 1, 2, 3, 4, 5)样本中抽取 70%非违约企业与 70%违约企业共同组成训练样本，剩余的 30%组成测试样本。

非平衡数据处理：由表 18.1 第 d 列第 205 子列违约状态统计可知，上市小企业其他行业训练样本的违约样本数∶非违约样本数=18∶74≈1∶4，属于非平衡样本。非平衡样本会导致训练得到的模型对违约客户识别率低。为解决样本非平衡问题，本书通过 SMOTE 非平衡处理方法[7]，生成虚拟违约公司，扩充训练样本中的违约企业个数，使违约与非违约企业数量比例为 1∶1。

上市小企业其他行业的训练样本数量 N_{train}、测试样本数量 N_{test} 及 SMOTE 扩充的训练样本数量 N_{train}^{smote}，如表 18.3 所示。

表 18.3 上市小企业其他行业的训练测试样本数量一览

序号	(1)样本分类	(2)非违约公司	(3)违约公司	(4)总计
1	训练样本 $N_{train}=N\times70\%+N_{train}^{smote}$	74+0=74	18+56=74	148
2	测试样本 $N_{test}=N\times30\%$	33	8	41
3	全部样本 N	107	82	189

18.4 上市小企业其他行业的违约预警指标体系的建立

根据表 18.3 第 1 行定义的训练样本 N_{train} 对应表 18.1 第 d 列的上市小企业其他行业在 $T-m(m=0, 1, 2, 3, 4, 5)$的 204 个指标数据，按照上文 3.4.2 节的指标遴选方法进行两次指标筛选。

第一次指标遴选是利用上市小企业其他行业的 $T-m(m=0, 1, 2, 3, 4, 5)$六个时间窗口样本，从全部 204 个指标中，遴选出冗余度小、经济学含义强的指标，第一次遴选出的指标数量分别是：[135, 129, 128, 124, 128, 128]。

第二次指标组合遴选是利用上市小企业其他行业的 $T-m(m=0, 1, 2, 3, 4, 5)$六个时间窗口样本，从第一次指标遴选后剩余指标构成的多个指标组合中，根据几何平均精度最大遴选最优指标组合，最终遴选出最优指标组合中指标数量分别是：[11, 18, 14, 10, 18, 14]。

由下文 18.4.2 节可知，最终遴选出的最优指标组合能够满足 5C 原则[8-9]。其中：“资产负债率”、“流动比率”和“现金比率”等指标反映偿债能力；“主营业务比率”、“所得税/利润总额”和“经营杠杆”等指标反映资本；“审计意见类型”等指标反映品质；“广义货币供应量(M2)同比增长率”等指标反映条件。

18.4.1 基于偏相关系数第一次筛选后的指标体系

依照上文 3.4.2 节的步骤 1 至步骤 3 进行基于偏相关性分析的第一次指标遴选。以上市小企业其他行业 $T-0$ 年的指标数据为例进行说明。

步骤 1：同一准则层内指标偏相关系数的计算。将表 18.3 第 1 行定义的训练样本 N_{train} 中 92(=74+18)家公司对应表 18.1 前 92 行第 d 列的 204 个 $T-0$ 年指标数据 x_{ij}，代入式(3.57)~式(3.60)计算任意两个指标间的偏相关系数。

步骤 2：F 值的计算。将表 18.1 前 92 行第 d 列的 204 个 $T-0$ 年指标数据 x_{ij} 中每一列指标数据，分别代入式(3.61)计算每个指标对应的 F 值。

步骤 3：基于偏相关性分析筛选指标。在步骤 1 计算的偏相关系数大于 0.8 的指标对中，删除指标对中经济学含义不明显的一个指标。由此，$T-0$ 年的 204 个指标经过第一次指标筛选剩余 135 个指标，将剩余的 135 个指标列于表 18.4 第 c 列第 1~135 行。表 18.4 第 d 列为训练集 N_{train} 中 92 个真实公司第一次指标遴选后剩余的 135 个指标数据，第 e 列为测试集 N_{test} 中 41 个真实公司第一次指标遴选后剩余的 135 个指标数据。

表 18.4 上市小企业其他行业 $T-0$ 年基于偏相关系数的第一次指标筛选结果

(a)序号	(b)准则层		(c)指标	(d)训练集 N_{train} 中客户指标标准化数据 x_{ij}			(e)测试集 N_{test} 中客户指标标准化数据 x_{ij}		
				(1) 客户 1	…	(92) 客户 92	(93) 客户 93	…	(133) 客户 133
(1)	企业内部财务因素	偿债能力	X_1 资产负债率	0.946	…	0.000	0.700	…	0.000
…			…	…	…	…	…	…	…
(29)			X_{38} 每股权益合计	0.737	…	0.089	0.252	…	0.125
(30)		盈利能力	X_{39} 净资产收益率(平均)	0.456	…	0.000	0.456	…	0.000
…			…	…	…	…	…	…	…
(59)			X_{87} 归属于母公司普通股东的权益综合收益率	0.468	…	0.433	0.468	…	1.000
(60)		营运能力	X_{90} 有形资产/总资产	0.930	…	0.000	0.699	…	0.000
…			…	…	…	…	…	…	…
(81)			X_{114} 分配股利、利润或偿付利息支付的现金占筹资活动现金流出小计的比重	0.674	…	0.432	0.800	…	0.037

续表

(a)序号	(b)准则层		(c)指标	(d)训练集 N_{train} 中客户指标标准化数据 x_{ij}			(e)测试集 N_{test} 中客户指标标准化数据 x_{ij}		
				(1) 客户 1	…	(92) 客户 92	(93) 客户 93	…	(133) 客户 133
(82)	企业内部财务因素	成长能力	X_{115} 每股净资产	0.473	…	0.481	0.471	…	0.189
…			…	…	…	…	…	…	…
(90)			X_{138} 可持续增长率	0.498	…	0.475	0.498	…	0.000
(91)	企业内部非财务因素	股权结构与业绩审计情况	X_{139} 是否为金融机构	0.000	…	0.000	0.000	…	0.000
…			…	…	…	…	…	…	…
(96)			X_{145} 派息比税后	0.000	…	0.000	0.000	…	0.000
(97)		高管基本情况	X_{147} 监事会持股比例	0.000	…	0.000	0.000	…	0.000
…			…	…	…	…	…	…	…
(100)			X_{150} 总经理是否领取薪酬	0.682	…	0.682	0.682	…	0.682
(101)		企业基本信用情况	X_{151} 缺陷类型	0.731	…	0.731	0.731	…	0.731
(102)		商业信誉	X_{152} 涉案总件数	0.878	…	0.878	0.878	…	0.878
(103)			X_{153} 违规类型	1.000	…	1.000	1.000	…	1.000
(104)		社会责任	X_{154} 每股社会贡献值	0.000	…	0.000	0.000	…	0.000
(105)			X_{155} 社会捐赠强度	0.000	…	0.000	0.000	…	0.000
(106)	外部宏观环境	—	X_{156} 行业景气指数	0.701	…	0.706	0.578	…	0.972
…			…	…	…	…	…	…	…
(135)			X_{204} 国内专利申请授权数增长率	0.019	…	0.033	0.032	…	0.036
(136)	—		违约状态	0	…	1	0	…	1

上述是 T–0 年的第一次指标遴选过程及结果。同理，根据 T–0 年第一次指标筛选的流程，最终 T–1 年、T–2 年、T–3 年、T–4 年、T–5 年经第一次指标筛选，从 204 个指标中分别遴选出 129 个、128 个、124 个、128 个、128 个指标，将第一次指标遴选结果，分别列入表 18.5~表 18.9 的第 c 列中。

表 18.5　上市小企业其他行业 T–1 年基于偏相关系数的第一次指标筛选结果

(a)序号	(b)准则层		(c)指标	(d)训练集 N_{train} 中客户指标标准化数据 x_{ij}			(e)测试集 N_{test} 中客户指标标准化数据 x_{ij}		
				(1) 客户 1	…	(92) 客户 92	(93) 客户 93	…	(133) 客户 133
(1)	企业内部财务因素	偿债能力	X_1 资产负债率	0.938	…	0.000	0.708	…	0.705
…			…	…	…	…	…	…	…
(27)			X_{38} 每股权益合计	0.740	…	0.205	0.253	…	0.259
(28)		盈利能力	X_{40} 净资产收益率(加权)	0.441	…	0.000	0.432	…	0.000
…			…	…	…	…	…	…	…
(55)			X_{87} 归属于母公司普通股东的权益综合收益率	0.477	…	0.494	0.471	…	0.179
(56)		营运能力	X_{88} 流动资产/总资产	0.659	…	0.919	0.181	…	0.307
…			…	…	…	…	…	…	…
(79)			X_{114} 分配股利、利润或偿付利息支付的现金占筹资活动现金流出小计的比重	0.470	…	0.728	0.937	…	0.964

续表

(a)序号	(b)准则层		(c)指标	(d)训练集 N_{train} 中客户指标标准化数据 x_{ij}			(e)测试集 N_{test} 中客户指标标准化数据 x_{ij}		
				(1) 客户 1	…	(92) 客户 92	(93) 客户 93	…	(133) 客户 133
(80)	企业内部财务因素	成长能力	X_{116} 资产总计(相对年初增长率)	0.329	…	0.294	0.280	…	0.260
…			…	…	…	…	…	…	…
(86)			X_{136} 固定资产增长率	0.031	…	0.016	0.017	…	0.017
(87)	企业内部非财务因素	股权结构与业绩审计情况	X_{139} 是否为金融机构	0.000	…	0.000	0.000	…	0.000
…			…	…	…	…	…	…	…
(92)			X_{144} 派息比税前	0.197	…	0.000	0.000	…	0.000
(93)		高管基本情况	X_{147} 监事会持股比例	0.000	…	0.000	0.000	…	0.000
…			…	…	…	…	…	…	…
(96)			X_{150} 总经理是否领取薪酬	0.682	…	0.682	0.682	…	0.682
(97)		企业基本信用情况	X_{151} 缺陷类型	0.731	…	0.731	0.731	…	0.731
(98)		商业信誉	X_{152} 涉案总件数	0.878	…	0.878	0.878	…	0.878
(99)			X_{153} 违规类型	1.000	…	1.000	1.000	…	1.000
(100)		社会责任	X_{154} 每股社会贡献值	0.000	…	0.000	0.000	…	0.000
(101)			X_{155} 社会捐赠强度	0.000	…	0.000	0.000	…	0.000
(102)	外部宏观环境	—	X_{156} 行业景气指数	0.694	…	0.730	0.886	…	0.983
…			…	…	…	…	…	…	…
(129)			X_{204} 国内专利申请授权数增长率	0.020	…	0.029	0.033	…	0.026
(130)	—		违约状态	0	…	1	0	…	1

表 18.6 上市小企业其他行业 T–2 年基于偏相关系数的第一次指标筛选结果

(a)序号	(b)准则层		(c)指标	(d)训练集 N_{train} 中客户指标标准化数据 x_{ij}			(e)测试集 N_{test} 中客户指标标准化数据 x_{ij}		
				(1) 客户 1	…	(92) 客户 92	(93) 客户 93	…	(133) 客户 133
(1)	企业内部财务因素	偿债能力	X_{1} 资产负债率	0.954	…	0.000	0.683	…	0.751
…			…	…	…	…	…	…	…
(30)			X_{38} 每股权益合计	0.908	…	0.205	0.250	…	0.300
(31)		盈利能力	X_{40} 净资产收益率	0.452	…	0.000	0.418	…	0.316
…			…	…	…	…	…	…	…
(55)			X_{87} 归属于母公司普通股东的权益综合收益率	0.483	…	0.470	0.484	…	0.405
(56)		营运能力	X_{88} 流动资产/总资产	0.731	…	0.915	0.255	…	0.339
…			…	…	…	…	…	…	…
(80)			X_{114} 分配股利、利润或偿付利息支付的现金占筹资活动现金流出小计的比重	0.000	…	0.728	0.922	…	0.960
(81)		成长能力	X_{116} 资产总计	0.325	…	0.000	0.314	…	0.348
…			…	…	…	…	…	…	…
(87)			X_{138} 可持续增长率	0.497	…	0.500	0.495	…	0.463

续表

(a)序号	(b)准则层		(c)指标	(d)训练集 N_{train} 中客户指标标准化数据 x_{ij}			(e)测试集 N_{test} 中客户指标标准化数据 x_{ij}		
				(1) 客户 1	…	(92) 客户 92	(93) 客户 93	…	(133) 客户 133
(88)	企业内部非财务因素	股权结构与业绩审计情况	X_{139} 是否为金融机构	0.000	…	0.000	0.000	…	0.000
…			…	…	…	…	…	…	…
(93)			X_{144} 派息比税前	0.528	…	0.000	0.000	…	0.000
(94)		高管基本情况	X_{147} 监事会持股比例	0.000	…	0.000	0.002	…	0.000
(95)			X_{149} 管理层持股比例	0.402	…	0.019	0.000	…	0.000
(96)			X_{150} 总经理是否领取薪酬	0.682	…	0.682	0.682	…	0.682
(97)		企业基本信用情况	X_{151} 缺陷类型	0.731	…	0.731	0.731	…	0.731
(98)		商业信誉	X_{152} 涉案总件数	0.878	…	0.878	0.878	…	0.878
(99)			X_{153} 违规类型	1.000	…	0.695	1.000	…	1.000
(100)		社会责任	X_{154} 每股社会贡献值	0.000	…	0.000	0.000	…	0.000
(101)			X_{155} 社会捐赠强度	0.000	…	0.000	0.000	…	0.000
(102)	外部宏观环境	—	X_{156} 行业景气指数	0.706	…	0.805	0.882	…	0.985
…			…	…	…	…	…	…	…
(128)			X_{204} 国内专利申请授权数增长率	0.032	…	0.039	0.037	…	0.025
(129)	—		违约状态	0	…	1	0	…	1

表 18.7　上市小企业其他行业 *T*–3 年基于偏相关系数的第一次指标筛选结果

(a)序号	(b)准则层		(c)指标	(d)训练集 N_{train} 中客户指标标准化数据 x_{ij}			(e)测试集 N_{test} 中客户指标标准化数据 x_{ij}		
				(1) 客户 1	…	(92) 客户 92	(93) 客户 93	…	(133) 客户 133
(1)	企业内部财务因素	偿债能力	X_{1} 资产负债率	0.969	…	0.000	0.745	…	0.746
…			…	…	…	…	…	…	…
(28)			X_{38} 每股权益合计	0.915	…	0.205	0.293	…	0.296
(29)		盈利能力	X_{41} 净资产收益率(扣除/加权)	0.480	…	0.000	0.431	…	0.487
…			…	…	…	…	…	…	…
(53)			X_{87} 归属于母公司普通股东的权益综合收益率	0.489	…	0.456	0.465	…	0.465
(54)		营运能力	X_{88} 流动资产/总资产	0.769	…	0.314	0.190	…	0.342
…			…	…	…	…	…	…	…
(76)			X_{114} 分配股利、利润或偿付利息支付的现金占筹资活动现金流出小计的比重	0.000	…	0.728	0.947	…	0.677
(77)		成长能力	X_{115} 每股净资产(相对年初增长率)	0.478	…	0.474	0.474	…	0.477
…			…	…	…	…	…	…	…
(82)			X_{120} 营业总成本增长率	0.663	…	0.719	0.672	…	0.687
(83)	企业内部非财务因素	股权结构与业绩审计情况	X_{139} 是否为金融机构	0.000	…	0.000	0.000	…	0.000
…			…	…	…	…	…	…	…
(88)			X_{144} 派息比税前	0.792	…	0.000	0.000	…	0.000
(89)		高管基本情况	X_{147} 监事会持股比例	0.000	…	0.000	0.001	…	0.000
(90)			X_{148} 高管持股比例	0.561	…	0.000	0.000	…	0.000
(91)			X_{150} 总经理是否领取薪酬	0.682	…	0.682	0.682	…	1.000

续表

(a)序号	(b)准则层		(c)指标	(d)训练集 N_{train} 中客户指标标准化数据 x_{ij}			(e)测试集 N_{test} 中客户指标标准化数据 x_{ij}		
				(1) 客户 1	…	(92) 客户 92	(93) 客户 93	…	(133) 客户 133
(92)	企业内部非财务因素	企业基本信用情况	X_{151} 缺陷类型	0.731	…	0.731	0.731	…	0.731
(93)		商业信誉	X_{152} 涉案总件数	0.878	…	0.878	0.878	…	0.878
(94)			X_{153} 违规类型	0.963	…	1.000	1.000	…	1.000
(95)		社会责任	X_{154} 每股社会贡献值	0.000	…	0.000	0.000	…	0.000
(96)			X_{155} 社会捐赠强度	0.000	…	0.000	0.000	…	0.000
(97)	外部宏观环境	—	X_{156} 行业景气指数	0.786	…	0.751	0.839	…	0.944
…			…	…	…	…	…	…	…
(124)			X_{204} 国内专利申请授权数增长率	0.035	…	0.034	0.024	…	0.029
(125)	—		违约状态	0	…	1	0	…	1

表 18.8 上市小企业其他行业 *T*–4 年基于偏相关系数的第一次指标筛选结果

(a)序号	(b)准则层		(c)指标	(d)训练集 N_{train} 中客户指标标准化数据 x_{ij}			(e)测试集 N_{test} 中客户指标标准化数据 x_{ij}		
				(1) 客户 1	…	(92) 客户 92	(93) 客户 93	…	(133) 客户 133
(1)	企业内部财务因素	偿债能力	X_1 资产负债率	0.979	…	0.000	0.761	…	0.749
…			…	…	…	…	…	…	…
(31)			X_{38} 每股权益合计	0.892	…	0.091	0.292	…	0.274
(32)		盈利能力	X_{39} 净资产收益率(平均)	0.482	…	0.000	0.449	…	0.479
…			…	…	…	…	…	…	…
(56)			X_{87} 归属于母公司普通股东的权益综合收益率	0.490	…	0.409	0.462	…	0.488
(57)		营运能力	X_{88} 流动资产/总资产	0.896	…	0.838	0.194	…	0.312
…			…	…	…	…	…	…	…
(80)			X_{114} 分配股利、利润或偿付利息支付的现金占筹资活动现金流出小计的比重	0.000	…	0.728	0.952	…	0.878
(81)		成长能力	X_{115} 每股净资产(相对年初增长率)	0.474	…	0.487	0.473	…	0.473
…			…	…	…	…	…	…	…
(85)			X_{136} 固定资产增长率	0.058	…	0.017	0.020	…	0.019
(86)	企业内部非财务因素	股权结构与业绩审计情况	X_{139} 是否为金融机构	0.000	…	0.000	0.000	…	1.000
…			…	…	…	…	…	…	…
(91)			X_{145} 派息比税后	0.379	…	0.000	0.000	…	0.000
(92)		高管基本情况	X_{147} 监事会持股比例	0.000	…	0.000	0.001	…	0.000
(93)			X_{148} 高管持股比例	0.561	…	0.000	0.000	…	0.000
(94)			X_{150} 总经理是否领取薪酬	0.682	…	0.682	0.682	…	1.000
(95)		企业基本信用情况	X_{151} 缺陷类型	0.731	…	0.731	0.731	…	0.731
(96)		商业信誉	X_{152} 涉案总件数	0.878	…	0.878	0.878	…	0.878
(97)			X_{153} 违规类型	1.000	…	1.000	1.000	…	0.963
(98)		社会责任	X_{154} 每股社会贡献值	0.000	…	0.000	0.000	…	0.000
(99)			X_{155} 社会捐赠强度	0.000	…	0.000	0.000	…	0.000

续表

(a)序号	(b)准则层		(c)指标	(d)训练集 N_{train} 中客户指标标准化数据 x_{ij} (1) 客户 1	…	(92) 客户 92	(e)测试集 N_{test} 中客户指标标准化数据 x_{ij} (93) 客户 93	…	(133) 客户 133
(100)	外部宏观环境	—	X_{156} 行业景气指数	0.880	…	0.579	0.818	…	0.924
…			…	…	…	…	…	…	…
(128)			X_{204} 国内专利申请授权数增长率	0.038	…	0.024	0.026	…	0.025
(129)	—		违约状态	0	…	1	0	…	1

表 18.9　上市小企业其他行业 *T*–5 年基于偏相关系数的第一次指标筛选结果

(a)序号	(b)准则层		(c)指标	(d)训练集 N_{train} 中客户指标标准化数据 x_{ij} (1) 客户 1	…	(92) 客户 92	(e)测试集 N_{test} 中客户指标标准化数据 x_{ij} (93) 客户 93	…	(133) 客户 133
(1)	企业内部财务因素	偿债能力	X_{1} 资产负债率	0.983	…	0.000	0.765	…	0.762
…			…	…	…	…	…	…	…
(31)			X_{38} 每股权益合计	0.889	…	0.080	0.292	…	0.281
(32)		盈利能力	X_{39} 净资产收益率(平均)	0.518	…	0.000	0.456	…	0.497
…			…	…	…	…	…	…	…
(57)			X_{87} 归属于母公司普通股东的权益综合收益率	0.497	…	0.341	0.469	…	0.501
(58)		营运能力	X_{90} 有形资产/总资产	0.978	…	0.000	0.744	…	0.673
…			…	…	…	…	…	…	…
(80)			X_{114} 分配股利、利润或偿付利息支付的现金占筹资活动现金流出小计的比重	0.518	…	0.728	0.950	…	0.487
(81)		成长能力	X_{115} 每股净资产(相对年初增长率)	0.829	…	0.500	0.475	…	0.486
…			…	…	…	…	…	…	…
(87)			X_{136} 固定资产增长率	0.000	…	0.018	0.045	…	0.019
(88)	企业内部非财务因素	股权结构与业绩审计情况	X_{139} 是否为金融机构	0.000	…	0.000	0.000	…	1.000
…			…	…	…	…	…	…	…
(93)			X_{144} 派息比税前	0.792	…	0.000	0.000	…	0.000
(94)		高管基本情况	X_{147} 监事会持股比例	0.000	…	0.000	0.001	…	0.000
(95)			X_{150} 总经理是否领取薪酬	0.682	…	0.682	0.682	…	0.682
(96)		企业基本信用情况	X_{151} 缺陷类型	0.731	…	0.731	0.731	…	0.731
(97)		商业信誉	X_{152} 涉案总件数	0.878	…	0.878	0.878	…	0.878
(98)			X_{153} 违规类型	1.000	…	1.000	1.000	…	1.000
(99)		社会责任	X_{154} 每股社会贡献值	0.000	…	0.000	0.000	…	0.000
(100)			X_{155} 社会捐赠强度	0.000	…	0.000	0.000	…	0.000
(101)	外部宏观环境	—	X_{156} 行业景气指数	0.823	…	0.845	0.856	…	0.887
…			…	…	…	…	…	…	…
(128)			X_{204} 国内专利申请授权数增长率	0.048	…	0.029	0.028	…	0.022
(129)	—		违约状态	0	…	1	0	…	1

18.4.2 基于支持向量机向前搜索第二次筛选后的指标体系

1. 基于 T–0 时间窗口的上市小企业其他行业违约预测指标体系的构建

步骤 4：由 1 个指标构成的指标组合的确定。

由 1 个指标构成的第 1 个指标组合违约预测精度 $\text{G-mean}^1{}_1$ 的确定。根据上文表 18.4 第 d 列的上市小企业其他行业训练样本的 T–0 时间窗口下第一次遴选后的 135 个指标数据，从第一次遴选出的 135 个指标中选取第 1 个指标(即表 18.4 第 d 列第 1 行)，即将表 18.4 第 d 列第 1 行的指标数据和表 18.4 第 d 列第 136 行的违约状态，代入式(3.22)和式(3.23)求解出线性支持向量机模型的指标权重和截距项参数。并将求解得到的参数代入式(3.24)和式(3.25)得到线性支持向量机违约预测模型。将表 18.4 第 d 列第 1 行的全部 92 个公司指标数据，代入式(3.25)线性支持向量机违约预测模型计算出违约状态预测值 $\hat{y}_j(j=1, 2, \cdots, 92)$，将预测违约状态 $\hat{y}_j$ 与真实违约状态 y_j 进行比较后，代入式(3.55)计算违约预测几何平均精度，记为 $\text{G-mean}^1{}_1$。

同理，从第一次遴选出的 135 个指标中选取第 2 个指标(即表 18.4 第 d 列第 2 行)，可以得到第 2 个违约预测几何平均精度，记为 $\text{G-mean}^2{}_1$。第一次遴选共剩余 135 个指标，则可以得到 135 个违约预测几何平均精度，记为 $\text{G-mean}^k{}_1$ $(k=1, 2, \cdots, 135)$。在这 135 个违约预测几何平均精度中选取最大值 $\text{G-mean}^{k^*}{}_1=\max(\text{G-mean}^1{}_1, \text{G-mean}^2{}_1, \cdots, \text{G-mean}^{135}{}_1)$，最高几何平均精度 $\text{G-mean}^{k^*}{}_1$ 的上标 k^* 表示第 k^* 个指标组合，即由 1 个指标构成的精度最高的指标组合，将其纳入第二次指标遴选中的待选指标组合。将由 1 个指标构成的指标组合的最高几何平均精度 $\text{G-mean}^{k^*}{}_1$ 简化记为 G-mean_1。

步骤 5：由两个指标构成的指标组合的确定。

在步骤 4 选中第 k^* 个指标后，再从剩余的 134 个指标中选取一个指标，这里既可以选择剩余的 134 个指标中的第 1 个指标，也可以选择第 134 个指标，与步骤 4 选中的第 k^* 个指标形成新的指标组合，因此可以形成 134 个新的由 2 个指标构成的指标组合。将这 134 个指标组合对应的样本数据分别代入式(3.24)和式(3.25)的支持向量机模型，并根据式(3.55)计算得到 134 个违约预测几何平均精度，记为 $\text{G-mean}^k{}_2$ $(k=1, 2, \cdots, 134)$。在这 134 个违约预测几何平均精度中选择最大值 $\text{G-mean}^{l^*}{}_2=\max(\text{G-mean}^1{}_2, \text{G-mean}^2{}_2, \cdots, \text{G-mean}^{134}{}_2)$，最高几何平均精度 $\text{G-mean}^{l^*}{}_2$ 的上标 l^* 表示第 l^* 个指标组合，即由 2 个指标构成的精度最高的指标组合，将其纳入第二次指标遴选中的待遴选指标组合。将由 2 个指标构成的指标组合的最高几何平均精度 $\text{G-mean}^{l^*}{}_2$ 简化记为 G-mean_2。

步骤 6：遴选最优的违约预测指标组合。

仿照上述步骤 4 至步骤 5，不断从剩余的指标中依次选取一个指标纳入前一步筛选出的指标组合形成新的指标组合，使得在新的指标组合下，线性支持向量机模型根据式(3.55)所计算的违约预测几何平均精度最大，则可以得到由 s 个指标构成的指标组合的最高违约预测精度 $\text{G-mean}_s(s=1, 2, \cdots, 135)$。令 $\text{G-mean}_{s^*=11}=\max(\text{G-mean}_1, \text{G-mean}_2, \cdots, \text{G-mean}_{135})$。则 $\text{G-mean}_{s^*=11}$ 即为最高几何平均精度的指标组合。最高几何平均精度 $\text{G-mean}_{s^*=11}$ 的下标 $s^*=11$ 表示由 11 个指标构成的第 11 个指标组合即为最优指标组合。

应该指出，在指标组合遴选过程中，由于每个指标有“选中”与“不选中”两种状态，135 个指标就有 $(2^{135}-1)\approx 4.36\times 10^{40}$ 种指标组合可能性。遍历所有指标组合的预测精度，以几何平均精度最大为目标函数得到一个最优的指标组合，同时也得到显著的大数据降维效果，指标维度降低幅度为 91.85%(=1–11/135)。

由此，T–0 年经过第二次指标组合遴选，从第一次指标筛选剩余 135 个指标中再次遴选出 11 个指标，将第二次指标组合遴选后剩余的 11 个指标列于表 18.10 第 3 列前 11 行。在表 18.10 中，每一行表示第二次指标组合筛选出的基于 T–0 时间窗口的上市企业违约预测指标。第 1 列是序号；第 2 列是准则层；第 3 列是指标；第 4 列是第 3 列指标对应的信用 5C 原则[8-9]。

表 18.10 上市小企业其他行业 T–0 年基于支持向量机向前搜索的第二次指标筛选结果

(1)序号	(2)准则层		(3)指标	(4)信用 5C 原则
1	企业内部财务因素	偿债能力	X_1 资产负债率	能力
2			X_3 长期资本负债率	能力
3			X_4 长期资产适合率	能力

续表

(1)序号	(2)准则层		(3)指标	(4)信用 5C 原则
4	企业内部财务因素	偿债能力	X_{13} 流动比率	能力
5			X_{15} 保守速动比率	能力
6			X_{22} 有形资产/带息债务	能力
7			X_{24} 有形资产/净债务	能力
8			X_{37} 资本公积占所有者权益的比例	能力
9			X_{84} 营业外收入占营业总收入比重	资本
10	企业内部非财务因素	股权结构与业绩审计情况	X_{140} 预审计情况	品质
11	外部宏观环境	—	X_{176} 广义货币供应量(M2)同比增长率	条件

表 18.10 可以看出，遴选出的 T–0 时间窗口的指标体系能够反映信用 5C 原则[8-9]。包括："资产负债率""营业外收入占营业总收入比重"等 9 个财务指标反映企业偿债能力；"预审计情况"反映企业品质；"广义货币供应量(M2)同比增长率"宏观指标反映企业的环境条件。

2. 基于其他时间窗口的上市企业违约预测指标体系的构建

步骤 7：构建其他时间窗口下的违约预测指标体系。仿照步骤 4 至步骤 6，分别在表 18.5~表 18.9 的上市企业 T–1~T–5 年的第一次指标遴选基础上进行第二次指标组合筛选，第二次指标组合遴选后，T–1~T–5 年五个时间窗口分别选出了 18 个、14 个、10 个、18 个、14 个指标，列入表 18.11~表 18.15 的第 3 列。

表 18.11　上市小企业其他行业 T–1 年基于支持向量机向前搜索的第二次指标筛选结果

(1)序号	(2)准则层		(3)指标	(4)信用 5C 原则
1	企业内部财务因素	偿债能力	X_1 资产负债率	能力
2			X_4 长期资产适合率	能力
3			X_5 权益乘数	能力
…			…	…
13			X_{33} 在建工程比例	能力
14		盈利能力	X_{47} 主营业务比率	资本
15			X_{50} 销售费用/营业总收入	资本
16			X_{68} 经营活动产生的现金流量净额/经营活动净收益	资本
17		营运能力	X_{100} 账面市值比	能力
18	外部宏观环境	—	X_{176} 广义货币供应量(M2)同比增长率	条件

表 18.12　上市小企业其他行业 T–2 年基于支持向量机向前搜索的第二次指标筛选结果

(1)序号	(2)准则层		(3)指标	(4)信用 5C 原则
1	企业内部财务因素	偿债能力	X_1 资产负债率	能力
2			X_2 剔除预收款项后的资产负债率	能力
3			X_3 长期资本负债率	能力
…			…	…
12			X_{30} 长期负债占比	能力
13		盈利能力	X_{65} 所得税/利润总额	资本
14	外部宏观环境	—	X_{176} 广义货币供应量(M2)同比增长率	条件

表 18.13 上市小企业其他行业 T–3 年基于支持向量机向前搜索的第二次指标筛选结果

(1)序号	(2)准则层		(3)指标	(4)信用 5C 原则
1	企业内部财务因素	偿债能力	X_1 资产负债率	能力
2			X_4 长期资产适合率	能力
3			X_6 非流动负债权益比率	能力
4			X_7 流动负债权益比率	能力
5		盈利能力	X_{65} 所得税/利润总额	资本
6			X_{68} 经营活动产生的现金流量净额/经营活动净收益	资本
7		营运能力	X_{93} 流动资产周转率	能力
8			X_{99} 账面市值比	能力
9	企业内部非财务因素	股权结构与业绩审计情况	X_{143} 审计意见类型	品质
10	外部宏观环境	—	X_{176} 广义货币供应量(M2)同比增长率	条件

表 18.14 上市小企业其他行业 T–4 年基于支持向量机向前搜索的第二次指标筛选结果

(1)序号	(2)准则层		(3)指标	(4)信用 5C 原则
1	企业内部财务因素	偿债能力	X_1 资产负债率	能力
2			X_4 长期资产适合率	能力
3			X_7 流动负债权益比率	能力
…			…	…
14			X_{37} 资本公积占所有者权益的比例	能力
15		盈利能力	X_{69} 资本支出/折旧和摊销	资本
16			X_{87} 归属于母公司普通股东的权益综合收益率	资本
17	企业内部非财务因素	股权结构与业绩审计情况	X_{143} 审计意见类型	品质
18	外部宏观环境	—	X_{176} 广义货币供应量(M2)同比增长率	条件

表 18.15 上市小企业其他行业 T–5 年基于支持向量机向前搜索的第二次指标筛选结果

(1)序号	(2)准则层		(3)指标	(4)信用 5C 原则
1	企业内部财务因素	偿债能力	X_1 资产负债率	能力
2			X_2 剔除预收款项后的资产负债率	能力
3			X_3 长期资本负债率	能力
…			…	…
8			X_{16} 现金比率	能力
9		盈利能力	X_{41} 净资产收益率(扣除/加权)	资本
10			X_{65} 所得税/利润总额	资本
11			X_{76} 经营杠杆	资本
12	企业内部非财务因素	股权结构与业绩审计情况	X_{143} 审计意见类型	品质
13	外部宏观环境	—	X_{159} 中长期贷款基准利率	条件
14			X_{176} 广义货币供应量(M2)同比增长率	条件

18.4.3 遴选出的最优指标体系统计汇总

由上文表 18.10~表 18.15 可知，对于所有 133 家上市小企业其他行业公司样本，违约预测的最优指标组合为：由 204 个指标构成的 $2^{204}-1\approx2.57\times10^{61}$ 个指标组合中，遴选出“资产负债率”“长期资本负债率”“长期资产适合率”等 11 个指标，构成了 *T*–0 年违约判别几何平均精度最大的指标组合；遴选出“资产负债率”“在建工程比例”“主营业务比率”等 18 个指标，构成了 *T*–1 年违约预测几何平均精度最大的指标组合；遴选出“资产负债率”“长期负债占比”“所得税/利润总额”等 14 个指标，构成了 *T*–2 年违约预测几何平均精度最大的指标组合；遴选出“资产负债率”“长期资产适合率”“非流动负债权益比率”等 10 个指标，构成了 *T*–3 年违约预测几何平均精度最大的指标组合；遴选出“资产负债率”“资本公积占所有者权益的比例”“资本支出/折旧和摊销”等 18 个指标，构成了 *T*–4 年违约预测几何平均精度最大的指标组合；遴选出“资产负债率”“现金比率”“经营杠杆”等 14 个指标，构成了 *T*–5 年违约预测几何平均精度最大的指标组合。

表 18.16 汇总了 *T*–*m*(*m*=0, 1, 2, 3, 4, 5)年最优指标组合中的指标，并统计了各个指标被选入最优指标组合的次数。在表 18.16 中，第 1 列是序号。第 2 列是指标。第 3 列是指标在 *T*–*m*(*m*=0, 1, 2, 3, 4, 5)年被选中状态，“1”表示被选中；“0”表示未被选中。第 4 列是指标在 *T*–*m*(*m*=0, 1, 2, 3, 4, 5)年被选中的总次数，等于第 3 列的求和。

表 18.16　上市小企业其他行业 *T*–*m* 年最优指标组合汇总

(1)序号	(2)指标	(3)指标体系						(4)*T*–*m* 年指标被选择的次数
		T–0	*T*–1	*T*–2	*T*–3	*T*–4	*T*–5	
1	X_1 资产负债率	1	1	1	1	1	1	6
2	X_3 长期资本负债率	0	0	0	1	0	0	1
3	X_4 长期资产适合率	1	0	1	1	0	0	3
…	…	…	…	…	…	…	…	…
5	X_{15} 保守速动比率	0	0	0	1	0	0	1
…	…	…	…	…	…	…	…	…
10	X_{37} 资本公积占所有者权益的比例	0	1	0	1	0	0	2
11	X_{38} 每股权益合计	1	0	0	0	0	0	1
12	X_{39} 净资产收益率	0	0	0	0	1	0	1
13	X_{51} 管理费用/营业总收入	0	0	0	1	0	1	2
…	…	…	…	…	…	…	…	…
21	X_{70} 权益乘数	1	1	0	0	0	0	2
…	…	…	…	…	…	…	…	…
23	X_{73} 基本每股收益	0	1	1	0	1	0	3
…	…	…	…	…	…	…	…	…
26	X_{84} 营业外收入占营业总收入比重	0	1	1	0	0	0	2
…	…	…	…	…	…	…	…	…
48	X_{176} 广义货币供应量(M2)同比增长率	1	1	1	1	1	1	6
…	…	…	…	…	…	…	…	…
54	X_{201} 外商投资总额增长率	0	0	0	0	0	1	1
55	X_{204} 国内专利申请授权数增长率	0	1	0	0	0	1	2
56	指标数量合计	19	11	14	10	14	17	85

根据表 18.16 第 2 列可知，对于所有 133 家上市小企业其他行业公司样本，违约预测的重要宏观指标："广义货币供应量(M2)同比增长率"这 1 个宏观指标，对上市小企业其他行业企业违约状态有显著影响。

根据表 18.16 第 3 列可知，"每股权益合计""权益乘数""营业外收入占营业总收入比重"等 18 个指标存在于 T–0、T–1、T–2 年的最优指标组合中，说明对企业未来 0~2 年的短期违约状态具有关键影响。"保守速动比率""净资产收益率""管理费用/营业总收入"等 19 个指标存在于 T–3、T–4、T–5 年的最优指标组合中，说明这个指标对企业未来 3~5 年的中期违约预测具有关键影响。

根据表 18.16 第 4 列可知，"资产负债率""广义货币供应量(M2)同比增长率"这 2 个指标存在于 T–m(m=0, 1, 2, 3, 4, 5)年的最优指标组合中，说明这 2 个指标不论是对未来 0~2 年的短期违约预测，还是对未来 3~5 年的中期违约预测都有重要影响。其中，"广义货币供应量(M2)同比增长率"的意义在于：当广义货币供应量充分大时，市场流动性充分，则公司几乎不可能发生违约，因此其是违约预测的关键指标。

由此可以得出结论，对于 133 家上市小企业其他行业公司样本，违约预测的关键指标："每股权益合计""权益乘数""营业外收入占营业总收入比重"等 18 个指标对企业未来 0~2 年的短期违约状态有决定作用。"保守速动比率""净资产收益率""管理费用/营业总收入"等 19 个指标对企业未来 3~5 年的中期违约状态有决定作用。"资产负债率""广义货币供应量(M2)同比增长率"这 2 个指标，不论是对未来 0~2 年的短期违约预测，还是对未来 3~5 年的中期违约预测都有重要影响。

18.5 上市小企业其他行业的违约预警模型的精度计算

上文 18.4 节中遴选出了最优指标组合。则根据最优指标组合对应的训练样本数据，可分别构建如上文 3.2 节所述的 14 种大数据违约评价模型方案。

根据表 18.3 第 1 行定义的训练样本 N_{train} 和 SMOTE 扩充的训练样本 $N_{\text{train}}^{\text{smote}}$ 分别对应表 18.10~表 18.15 最优指标组合的 T–m(m=0, 1, 2, 3, 4, 5)训练样本数据，求解模型参数后构建 14 种违约评价模型，并在表 18.3 第 2 行定义的 T–m(m=0, 1, 2, 3, 4, 5)测试样本 N_{test} 上计算精度结果。

其中，本书选取的模型违约预测精度评价标准有 5 个，分别是第二类错误、第一类错误、几何平均精度、总体预测精度和 AUC 值，各评价标准的定义如 3.4 节式(3.62)和式(3.63)所示。

以线性判别模型在 T–1 时间窗口样本的训练和测试为例进行说明。

将表 18.11 第 3 列 18 个指标对应表 18.5 第 d 列 T–1 时间窗口经 SMOTE 扩充后的训练样本数据，代入式(3.64)的线性判别模型最优权重向量的目标函数，求解出线性判别模型中 18 个指标的权重向量，并代入式(3.62)和式(3.63)得到违约概率预测方程和违约状态预测方程如下。

线性判别模型在 T–1 时间窗口样本的违约概率预测方程如下：

$$\hat{p}(T-1)=3.152\times X_1\text{资产负债率}+5.925\times X_4\text{长期资产适合率}-\cdots$$
$$-2.412\times X_{100}\text{账面市值比}+3.806\times X_{176}\text{广义货币供应量(M2)同比增长率} \tag{18.1}$$

线性判别模型在 T–1 时间窗口样本的违约状态预测方程如下：

$$\hat{y}_j(T+1)=\begin{cases}1, & \hat{p}_j(T)\geqslant 0.5\\ 0, & \hat{p}_j(T)<0.5\end{cases} \tag{18.2}$$

将表 18.11 第 3 列 18 个指标对应表 18.5 第 e 列 T–1 时间窗口 41 个公司的测试样本数据，代入式(18.1)得到违约概率预测值 $\hat{p}_j$(j=1, 2, …, 41)，将违约概率预测值 $\hat{p}_j$ 代入式(18.2)得到违约状态预测值 $\hat{y}_j$(j=1, 2, …, 41)。将违约状态预测值 $\hat{y}_j$ 与实际值 y_j 进行对比，可得如表 18.17 所示的混淆矩阵中 TP、TN、FP、FN 四个值。将表 18.17 所示的混淆矩阵中 TP、TN、FP、FN 四个值，代入式(3.53)，计算得到第二类错误=FN/(TP+FN)=1/(7+1)=0.125。

表 18.17　违约预测混淆矩阵

客户的真实违约状态	客户的预测违约状态	
	(1)预测违约	(2)预测非违约
(1)真实违约	违约样本判对的个数 TP=7	违约样本判错的个数 FN=1
(2)真实非违约	非违约样本判错的个数 FP=24	非违约样本判对的个数 TN=17

表 18.18 是上市小企业其他行业样本 $T-m(m=0, 1, 2, 3, 4, 5)$时间窗口的 14 种大数据违约评价模型方案的测试样本预测精度结果。以线性判别分析模型在 $T-1$ 时间窗口样本为例，将上文计算得到的第二类错误=0.125，列入表 18.18 第 15 行第 4 列。同理，将表 18.17 所示的混淆矩阵中 TP、TN、FP、FN 四个值，分别代入式(3.54)~式(3.56)，并绘制 ROC 曲线，得到其他四个精度结果，将得到的精度结果分别列在表 18.18 第 15 行第 5 列~第 8 列。

表 18.18　上市小企业其他行业 $T-m(m=0, 1, 2, 3, 4, 5)$时间窗口下模型预测精度结果

(1)序号	(2)时间窗口	(3)模型方案	(4)第二类错误	(5)第一类错误	(6)几何平均精度	(7)总体预测精度	(8) AUC 值
1	$T-0$	线性判别模型[10]	0.375	0.121	0.741	0.829	0.852
2		逻辑回归模型[11]	0.500	0.212	0.628	0.732	0.773
3		广义加性模型[12]	0.125	0.485	0.671	0.585	0.712
4		线性支持向量机模型[13]	0.375	0.061	0.766	0.878	0.883
5		决策树模型[14-15]	0.500	0.242	0.615	0.707	0.612
6		BP 神经网络模型[16]	0.500	0.182	0.640	0.756	0.750
7		K 近邻模型[17]	0.375	0.212	0.702	0.756	0.706
8		多数投票线性判别模型[18]	0.250	0.242	0.754	0.756	0.807
9		多数投票逻辑回归模型[19]	0.500	0.212	0.628	0.732	0.519
10		多数投票广义加性模型[18]	1.000	0.121	0.000	0.707	0.527
11		多数投票线性支持向量机模型[19]	0.375	0.061	0.766	0.878	0.841
12		多数投票决策树模型[20]	0.375	0.303	0.660	0.683	0.746
13		多数投票 BP 神经网络模型[21]	0.250	0.091	0.826	0.878	0.841
14		多数投票 K 近邻模型[22]	0.375	0.303	0.660	0.683	0.678
15	$T-1$	线性判别模型[10]	0.125	0.303	0.781	0.732	0.886
16		逻辑回归模型[11]	0.125	0.182	0.846	0.829	0.843
17		广义加性模型[12]	0.125	0.333	0.764	0.707	0.856
18		线性支持向量机模型[13]	0.000	0.333	0.817	0.732	0.905
19		决策树模型[14-15]	0.000	0.212	0.888	0.829	0.892
20		BP 神经网络模型[16]	0.250	0.333	0.707	0.683	0.814
21		K 近邻模型[17]	0.125	0.273	0.798	0.756	0.801
22		多数投票线性判别模型[18]	0.250	0.364	0.691	0.659	0.848
23		多数投票逻辑回归模型[19]	0.000	0.242	0.870	0.805	0.909
24		多数投票广义加性模型[18]	0.125	0.424	0.710	0.634	0.830
25		多数投票线性支持向量机模型[19]	0.125	0.303	0.781	0.732	0.898
26		多数投票决策树模型[20]	0.000	0.212	0.888	0.829	0.913

续表

(1)序号	(2)时间窗口	(3)模型方案	(4)第二类错误	(5)第一类错误	(6)几何平均精度	(7)总体预测精度	(8) AUC 值
27	T–1	多数投票 BP 神经网络模型[21]	0.375	0.182	0.715	0.780	0.864
28		多数投票 K 近邻模型[22]	0.125	0.242	0.814	0.780	0.797
29	T–2	线性判别模型[10]	0.250	0.182	0.783	0.805	0.852
30		逻辑回归模型[11]	0.125	0.212	0.830	0.805	0.845
31		广义加性模型[12]	0.250	0.121	0.812	0.854	0.867
32		线性支持向量机模型[13]	0.125	0.182	0.846	0.829	0.913
33		决策树模型[14-15]	0.250	0.182	0.783	0.805	0.780
34		BP 神经网络模型[16]	0.125	0.212	0.830	0.805	0.890
35		K 近邻模型[17]	0.125	0.152	0.862	0.854	0.862
36		多数投票线性判别模型[18]	0.250	0.152	0.798	0.829	0.864
37		多数投票逻辑回归模型[19]	0.125	0.212	0.830	0.805	0.898
38		多数投票广义加性模型[18]	0.250	0.182	0.783	0.805	0.871
39		多数投票线性支持向量机模型[19]	0.125	0.182	0.846	0.829	0.913
40		多数投票决策树模型[20]	0.250	0.182	0.783	0.805	0.830
41		多数投票 BP 神经网络模型[21]	0.125	0.182	0.846	0.829	0.917
42		多数投票 K 近邻模型[22]	0.125	0.182	0.846	0.829	0.873
43	T–3	线性判别模型[10]	0.625	0.121	0.574	0.780	0.742
44		逻辑回归模型[11]	0.625	0.152	0.564	0.756	0.765
45		广义加性模型[12]	0.750	0.091	0.477	0.780	0.761
46		线性支持向量机模型[13]	0.625	0.091	0.584	0.805	0.746
47		决策树模型[14-15]	0.500	0.212	0.628	0.732	0.644
48		BP 神经网络模型[16]	0.625	0.182	0.554	0.732	0.591
49		K 近邻模型[17]	0.750	0.030	0.492	0.829	0.610
50		多数投票线性判别模型[18]	0.625	0.121	0.574	0.780	0.742
51		多数投票逻辑回归模型[19]	0.500	0.182	0.640	0.756	0.814
52		多数投票广义加性模型[18]	0.625	0.061	0.594	0.829	0.784
53		多数投票线性支持向量机模型[19]	0.625	0.091	0.584	0.805	0.735
54		多数投票决策树模型[20]	0.625	0.242	0.533	0.683	0.652
55		多数投票 BP 神经网络模型[21]	0.500	0.273	0.603	0.683	0.739
56		多数投票 K 近邻模型[22]	0.625	0.030	0.603	0.854	0.670
57	T–4	线性判别模型[10]	0.250	0.333	0.707	0.683	0.667
58		逻辑回归模型[11]	0.375	0.485	0.567	0.537	0.570
59		广义加性模型[12]	1.000	0.030	0.000	0.780	0.523
60		线性支持向量机模型[13]	0.375	0.394	0.615	0.610	0.697
61		决策树模型[14-15]	0.250	0.394	0.674	0.634	0.689
62		BP 神经网络模型[16]	0.125	0.636	0.564	0.463	0.777
63		K 近邻模型[17]	0.375	0.394	0.615	0.610	0.616
64		多数投票线性判别模型[18]	0.250	0.364	0.691	0.659	0.708

续表

(1)序号	(2)时间窗口	(3)模型方案	(4)第二类错误	(5)第一类错误	(6)几何平均精度	(7)总体预测精度	(8) AUC 值
65	T–4	多数投票逻辑回归模型[19]	0.375	0.303	0.660	0.683	0.699
66		多数投票广义加性模型[18]	0.250	0.394	0.674	0.634	0.723
67		多数投票线性支持向量机模型[19]	0.250	0.455	0.640	0.585	0.708
68		多数投票决策树模型[20]	0.500	0.485	0.508	0.512	0.534
69		多数投票 BP 神经网络模型[21]	0.500	0.273	0.603	0.683	0.758
70		多数投票 K 近邻模型[22]	0.250	0.455	0.640	0.585	0.665
71	T–5	线性判别模型[10]	0.375	0.394	0.615	0.610	0.708
72		逻辑回归模型[11]	0.250	0.424	0.657	0.610	0.705
73		广义加性模型[12]	0.250	0.394	0.674	0.634	0.735
74		线性支持向量机模型[13]	0.375	0.303	0.660	0.683	0.716
75		决策树模型[14-15]	0.375	0.424	0.600	0.585	0.591
76		BP 神经网络模型[16]	0.500	0.364	0.564	0.610	0.663
77		K 近邻模型[17]	0.500	0.424	0.537	0.561	0.538
78		多数投票线性判别模型[18]	0.375	0.394	0.615	0.610	0.686
79		多数投票逻辑回归模型[19]	0.375	0.273	0.674	0.707	0.650
80		多数投票广义加性模型[18]	0.250	0.424	0.657	0.610	0.735
81		多数投票线性支持向量机模型[19]	0.375	0.364	0.631	0.634	0.723
82		多数投票决策树模型[20]	0.250	0.455	0.640	0.585	0.657
83		多数投票 BP 神经网络模型[21]	0.375	0.455	0.584	0.561	0.674
84		多数投票 K 近邻模型[22]	0.500	0.394	0.550	0.585	0.591

以上是以线性判别模型在 *T*–1 时间窗口样本为例，说明了违约评价模型的精度计算过程。同理，可分别根据上文 3.2 节中的 14 种大数据违约评价模型的表达式，计算上市小企业其他行业 $T\text{–}m(m=0, 1, 2, 3, 4, 5)$ 测试样本的精度结果，并将精度结果列入表 18.18 中。

由表 18.18 第 8 列 AUC 值可以看出，AUC 值大多数能达到 70%以上[23-24]，表明这 14 种模型在 5 年的时间窗口均能实现较好的模型预测效果，即模型有 5 年的预测能力。表 18.18 第 4 列的违约客户错判率第二类错误大多数能在 30%以下[25-26]，说明所构建的模型对公司违约具有较好的预测能力。

18.6　上市小企业其他行业的最优违约预警模型的对比分析

上市小企业违约预警模型最优方案选择共有以下三个选择标准。

第一标准：模型违约预测精度越高，模型方案排名越靠前。

第二标准：模型可解释性越强，模型方案排名越靠前。

第三标准：模型复杂性越低，模型方案排名越靠前。

表 18.19 给出了 14 种模型方案基于上市小企业所有行业数据的三个标准排序结果。

表 18.19 上市小企业其他行业最优模型方案的选择

(1)序号	(2)模型名称	(3)标准一：分类精度排序平均值	(4)标准二：可解释性排序数值[27-28]	(5)标准三：复杂性排序数值[27, 29]	(6)三个标准排序平均值
1	线性判别模型[10]	5.80	1	1	2.60
2	逻辑回归模型[11]	7.23	2	2	3.74
3	广义加性模型[12]	7.10	4	3	4.70
4	线性支持向量机模型[13]	4.13	10	4	6.04
5	决策树模型[14-15]	7.37	3	5	5.12
6	BP 神经网络模型[16]	8.73	11	7	8.91
7	K 近邻模型[17]	7.70	9	6	7.57
8	多数投票线性判别模型[18]	6.63	5	8	6.54
9	多数投票逻辑回归模型[19]	5.37	6	9	6.79
10	多数投票广义加性模型[18]	6.87	8	10	8.29
11	多数投票线性支持向量机模型[19]	4.53	13	11	9.51
12	多数投票决策树模型[20]	8.40	7	12	9.13
13	多数投票 BP 神经网络模型[21]	5.87	14	14	11.29
14	多数投票 K 近邻模型[22]	6.90	12	13	10.63

表 18.19 第 2 列为 14 种模型方案的模型名称。

表 18.19 第 3 列为 14 种模型方案基于标准一预测精度的排序平均值，是基于表 18.18 中五个精度标准的精度排序平均值。排序平均值越小，表示模型的预测精度越高，即排序平均值为 4.13 的模型预测精度最高。

表 18.19 第 4 列为 14 种模型方案基于标准二可解释性的排序数值，是基于现有文献[27-28]对 14 种大数据模型可解释性的排序结果。排序的数值越小，表示模型的可解释性越强，即排序数值为 1 的模型方案可解释性最强。

表 18.19 第 5 列为 14 种模型方案基于标准三复杂性的排序数值，是基于现有文献[27, 29]对 14 种大数据模型复杂性的排序结果。排序的数值越小，表示模型的复杂性越低，即排序数值为 1 的模型方案复杂性最低。

表 18.19 第 6 列为 14 种模型方案三个标准的排序平均值，是第 3 列、第 4 列和第 5 列的算术平均值。平均排序的数值越小，表示模型方案越能够同时兼顾精度、可解释性、复杂性这三个因素，越应该被选用，即排序最小的模型方案是最优模型方案。

根据最优方案的三个选择标准，结合表 18.19 第 6 列的排序平均值可以得出，线性判别模型的排序平均值最小。因此，上市小企业其他行业样本的最优模型方案是线性判别模型。

18.7 上市小企业其他行业的最优违约预警模型

由 18.6 小节可知，上市小企业的最优模型方案是线性判别模型。

设：$\hat{p}_j(T-m)$ 为第 j 个上市小企业 T–m 年预测的违约概率。则根据 18.5 节中求解的上市小企业其他行业样本对应的 T–m(m=0, 1, 2, 3, 4, 5)线性判别模型评价方程如下。

上市小企业其他行业的 T–0 违约判别模型，如式(18.3)所示：

$$\hat{p}(T-0) = 2.514\times X_1\text{资产负债率} + 0.901\times X_3\text{长期资本负债率} + \cdots + 5.726\times X_{140}\text{预审计情况} + 3.065\times X_{176}\text{广义货币供应量(M2)同比增长率} \quad (18.3)$$

上市小企业其他行业的提前 1 年违约预警模型，如式(18.4)所示：

$$\hat{p}(T-1)=3.152\times X_1\text{资产负债率}+5.925\times X_4\text{长期资产适合率}+\cdots+45.685\times X_{47}\text{主营业务比率}$$
$$-5.337\times X_{50}\text{销售费用/营业总收入}+\cdots+3.806\times X_{176}\text{广义货币供应量(M2)同比增长率} \quad (18.4)$$

上市小企业其他行业的提前 2 年违约预警模型，如式(18.5)所示：

$$\hat{p}(T-2)=13.024\times X_1\text{资产负债率}-0.382\times X_2\text{剔除预收款项后的资产负债率}+\cdots$$
$$-2.303\times X_{30}\text{长期负债占比}+\cdots-1.665\times X_{176}\text{广义货币供应量(M2)同比增长率} \quad (18.5)$$

上市小企业其他行业的提前 3 年违约预警模型，如式(18.6)所示：

$$\hat{p}(T-3)=0.899\times X_1\text{资产负债率}+\cdots+10.937\times X_{65}\text{所得税/利润总额}+\cdots$$
$$+8.745\times X_{143}\text{审计意见类型}-2.723\times X_{176}\text{广义货币供应量(M2)同比增长率} \quad (18.6)$$

上市小企业其他行业的提前 4 年违约预警模型，如式(18.7)所示：

$$\hat{p}(T-4)=10.878\times X_1\text{资产负债率}-4.427\times X_4\text{长期资产适合率}+\cdots$$
$$+13.244\times X_{143}\text{审计意见类型}-0.744\times X_{176}\text{广义货币供应量(M2)同比增长率} \quad (18.7)$$

上市小企业其他行业的提前 5 年违约预警模型，如式(18.8)所示：

$$\hat{p}(T-5)=-2.512\times X_1\text{资产负债率}+\cdots+4.035\times X_{41}\text{净资产收益率(扣除/加权)}+\cdots$$
$$+8.557\times X_{159}\text{中长期贷款基准利率}-4.614\times X_{176}\text{广义货币供应量(M2)同比增长率} \quad (18.8)$$

以上构建的模型式(18.3)~式(18.8)是通过第 $T-m$ 年的指标数据与 T 年违约状态训练得到的提前 m 年违约预警的评价方程，以达到根据第 T 年的指标数据，预测企业第 $T+m$ 年违约状态的目的。应该指出，这里的第 $T-m$ 年的指标数据不是仅包含某一年(如 2008 年)的指标截面数据，而是包含了不同年份(如 2008 年、2014 年等)平移后的指标截面数据。

则第 j 个上市小企业其他行业公司第 $T+m$ 年违约状态预测值 $\hat{y}_j(T+m)$的表达式如下：

$$\hat{y}_j(T+m)=\begin{cases}1, & \hat{p}_j(T)\geqslant 0.5\\ 0, & \hat{p}_j(T)<0.5\end{cases} \quad (18.9)$$

18.8　上市小企业其他行业的违约概率和信用得分的确定

由上文 18.7 节可知，最优模型方案的线性判别模型，共构建了 $T+m(m=0, 1, 2, 3, 4, 5)$ 6 个违约判别或预测模型表达式，如上文式(18.3)~式(18.8)所示。

将表 18.10 第 3 列 $T-0$ 年最优指标体系对应的 2000~2018 年这 19 年的上市小企业其他行业公司数据，代入上文式(18.3)，得到上市公司第 $T+0$ 年的违约概率判别值，列入表 18.20 第 3 列。

表 18.20 上市小企业其他行业 2000~2018 年这 19 年的最优模型方案线性判别模型的预测结果

(1)序号	(2)证券序号	(a)$T+0$		(b)$T+1$		(c)$T+2$		(d)$T+3$		(e)$T+4$		(f)$T+5$	
		(3)违约概率 p_i	(4)信用得分 S_i	(5)违约概率 p_i	(6)信用得分 S_i	(7)违约概率 p_i	(8)信用得分 S_i	(9)违约概率 p_i	(10)信用得分 S_i	(11)违约概率 p_i	(12)信用得分 S_i	(13)违约概率 p_i	(14)信用得分 S_i
1	2018-000010	0.9960	0.40	0.9995	0.05	0.9999	0.01	1.0000	0.00	1.0000	0.00	0.9352	6.48
2	2018-000037	0.2900	71.00	0.9998	0.02	0.0220	97.80	0.7576	24.24	0.2301	76.99	0.0016	99.84
3	2018-000038	0.1440	85.60	0.9441	5.59	0.9977	0.23	0.9991	0.09	0.9999	0.01	0.2450	75.50
…	…	…	…	…	…	…	…	…	…	…	…	…	…
2402	2000-600886	0.1630	83.70	0.0000	100.00	0.9925	0.75	0.0071	99.29	0.0963	90.37	0.6205	37.95
2403	2000-600892	0.6765	32.35	0.9126	8.74	0.9998	0.02	0.9927	0.73	0.9280	7.20	0.7186	28.14
2404	2000-600897	0.9445	5.55	0.0000	100.00	0.0000	100.00	0.0002	99.98	0.0024	99.76	0.4858	51.42

如表 18.20 第 1 行所示，第 1 行第 3 列表示“000010.SZ”的上市公司在 2018 年的违约概率判别值

p_i=0.9960，将违约概率判别值 p_i=0.9960 代入式(3.3)的信用得分表达式，得到“000010”上市公司 2018 年信用得分 $S_i=(1-p_i)\times100=(1-0.9960)\times100=0.40$，列入表 18.20 第 1 行第 4 列。

同理，对于表 18.11~表 18.15 的 $T-m(m=1, 2, 3, 4, 5)$年的最优指标体系的数据，代入式(18.4)~式(18.8)，可分别计算 $T+m(m=1, 2, 3, 4, 5)$年的上市公司违约概率值 p_i 和信用得分值 S_i，将预测结果列入表 18.20 第 5 列~第 14 列。

由此得到表 18.20 所示的 2000~2018 年这 19 年上市公司最优模型方案线性判别模型的 $T+m(m=0,1, 2, 3, 4, 5)$年违约概率与信用得分结果。

表 18.21 是上市小企业其他行业 2000~2023 年这 24 年的违约概率和信用得分预测结果。表 18.21 中，第 1~2404 行是 2000~2018 年这 19 年公司数据按上文式(18.3)计算的 $T+0$ 判别的信用得分结果。第 2405~2919 行是根据 2018 年的公司数据，分别按上文式(18.4)~式(18.8)的 $T+1$~$T+5$ 预测的信用得分结果。

表 18.21 上市小企业其他行业 2000~2023 这 24 年的违约概率和信用得分预测结果

(1)序号	(2)证券代码	(3)年份	(4)行业	(5)省区市	(6)所有制	(7)违约概率 $p_{j(T+m)}$	(8)信用得分 $S_{j(T+m)}$
1	000025.SZ	2000	批发和零售业	广东省	地方国有企业	0.9620	3.80
2	000027.SZ	2000	电力、热力、燃气及水生产和供应业	广东省	地方国有企业	0.1719	82.81
3	000028.SZ	2000	批发和零售业	广东省	中央国有企业	0.2699	73.01
…	…	…	…	…	…	…	…
2302	000010.SZ	2018	建筑业	广东省	民营企业	0.3777	62.23
2303	000037.SZ	2018	电力、热力、燃气及水生产和供应业	广东省	公众企业	0.6827	31.73
2304	000038.SZ	2018	租赁和商务服务业	广东省	民营企业	0.1916	80.84
…	…	…	…	…	…	…	…
2405	000010.SZ	2019	建筑业	广东省	民营企业	0.6507	34.93
2406	000037.SZ	2019	电力、热力、燃气及水生产和供应业	广东省	公众企业	0.8668	13.32
2407	000038.SZ	2019	租赁和商务服务业	广东省	民营企业	0.3888	61.12
…	…	…	…	…	…	…	…
2508	000010.SZ	2020	建筑业	广东省	民营企业	0.5000	50.00
2509	000037.SZ	2020	电力、热力、燃气及水生产和供应业	广东省	公众企业	0.3982	60.18
2510	000038.SZ	2020	租赁和商务服务业	广东省	民营企业	0.3612	63.88
…	…	…	…	…	…	…	…
2611	000010.SZ	2021	建筑业	广东省	民营企业	0.5002	49.98
2612	000037.SZ	2021	电力、热力、燃气及水生产和供应业	广东省	公众企业	0.2527	74.73
2613	000038.SZ	2021	租赁和商务服务业	广东省	民营企业	0.3331	66.69
…	…	…	…	…	…	…	…
2714	000010.SZ	2022	建筑业	广东省	民营企业	0.5000	50.00
2715	000037.SZ	2022	电力、热力、燃气及水生产和供应业	广东省	公众企业	0.1163	88.37
2716	000038.SZ	2022	租赁和商务服务业	广东省	民营企业	0.5000	50.00
…	…	…	…	…	…	…	…
2917	603887.SH	2023	建筑业	上海市	民营企业	0.0001	99.99
2918	603955.SH	2023	建筑业	江苏省	民营企业	0.0000	100.00
2919	603955.SH	2023	建筑业	江苏省	民营企业	0.0000	100.00

将表 18.10 第 3 列 $T-0$ 年最优指标体系对应的 2000~2018 年 2404 家上市小企业其他行业数据，代入上

文式(18.3)，得到上市公司第 T+0 年的违约概率判别值 $p_{j(T+0)}$，列入表 18.21 第 7 列第 1~2404 行。并将违约概率判别值 $p_{j(T+0)}$代入上文式(3.3)的信用得分表达式得到信用得分 $S_{j(T+0)}$，列入表 18.21 第 8 列第 1~2404 行。

将表 18.11 第 3 列 T–1 年最优指标体系对应的 2018 年 103 家上市小企业其他行业数据，代入上文式(18.4)，得到上市公司第 T+1 年的违约概率预测值 $p_{j(T+1)}$，并将违约概率预测值 $p_{j(T+1)}$代入上文式(3.7)的信用得分表达式得到 2019 年信用得分预测值 $S_{j(T+1)}$，列入表 18.21 第 8 列第 2405~2507 行。同理，可根据式(18.5)~式(18.8)预测 2020~2023 年这 4 年的信用得分 $S_{j(T+m)}$，并将结果列入表 18.21 第 8 列第 2508~2919 行。

18.9　上市小企业其他行业的信用等级划分

以 T+0 年的信用等级划分为例进行说明。

将表 18.20 第 4 列的 T+0 年信用得分 S_j 按降序排列，结果对应列入表 18.22 第 3 列。表 18.22 第 4 列违约概率 p_j 来自表 18.20 第 3 列。表 18.22 第 5 列负债总额 D_j 的数据来源于 Wind 数据库。表 18.22 第 6 列应收未收本息 L_j 等于表 18.22 第 4 列和第 5 列的乘积。表 18.22 第 7 列应收本息 R_j 等于表 18.22 第 5 列。

表 18.22　上市小企业其他行业样本最优模型方案线性判别的 T+0 年信用等级划分数据

(1)序号	(2)证券代码	(3)信用得分 S_j	(4)违约概率 p_j	(5)负债总额 D_j/元	(6)应收未收本息 L_j/元	(7)应收本息 R_j/元
1	2014-600826	100.00	0.00	1 311 588 136.00	0.00	1 311 588 136.00
2	2017-000416	100.00	0.00	26 991 116.93	0.00	26 991 116.93
3	2015-300399	100.00	0.00	17 975 058.13	0.00	17 975 058.13
…	…	…	…	…	…	…
2 136	2004-600634	50.249	0.50	352 996 500.80	176 498 250.40	352 996 500.80
…	…	…	…	…	…	…
2 404	2011-600715	0.001	1.00	194 575 938.70	194 575 938.70	194 575 938.70

依据上文 3.4.2 节的信用等级划分模型，将表 18.22 第 6、7 列的应收未收本息 L_j、应收本息 R_j 数据代入式(3.68)~式(3.71)的信用等级划分模型，根据迟国泰教授科研创新团队的发明专利“信用等级越高，违约损失率越低”的违约金字塔原理[30]，得到的评级结果如表 18.23 第 3~5 列所示。

表 18.23　上市小企业其他行业样本最优模型方案线性判别的 T+0 年信用等级划分结果

(1)序号	(2)等级	(3)信用得分区间	(4)样本数	(5)违约损失率/%	(6)信用度
1	AAA	$50.249 \leqslant S \leqslant 100$	2136	12.57	特优
2	AA	$49.952 \leqslant S < 50.249$	1	50.15	优
3	A	$49.840 \leqslant S < 49.952$	2	77.26	良
4	BBB	$17.023 \leqslant S < 49.840$	123	99.97	较好
…	…	…	…	…	…
7	CCC	$0.006 \leqslant S < 0.015$	3	99.99	差
8	CC	$0.001 \leqslant S < 0.006$	2	100.00	很差
9	C	$0 \leqslant S < 0.001$	1	100.00	极差

根据表 18.23 第 4 列可知，T+0 年 AAA 级公司样本数为 2136 个，即 AAA 级公司为按照信用得分降序排列后的第 1~2136 个公司。由表 18.22 第 3 列知，第 2136 行证券代码“600634.SH”公司对应的信用得分为 50.249，故 AAA 级公司的信用得分区间为 $50.249 \leqslant S \leqslant 100$，列入表 18.23 第 3 列第 1 行，即 T+0 年信用得分落在区间 $50.249 \leqslant S \leqslant 100$ 的公司均为 AAA 级公司。同理，可得 AA、A、…、C 等其余 8 个等级划分结果，对应列入表 18.23 第 3 列第 2~9 行。

以上是上市小企业其他行业最优模型方案线性判别的 *T*+0 年信用等级划分结果。同理，可分别得到 *T*+*m*(*m*=1, 2, 3, 4, 5)年的上市小企业其他行业的信用等级划分结果，如表 18.24~表 18.28 所示。

表 18.24 上市小企业其他行业样本最优模型方案线性判别的 *T*+1 年信用等级划分结果

(1)序号	(2)等级	(3)信用得分区间	(4)样本数	(5)违约损失率/%	(6)信用度
1	AAA	$41.352 \leqslant S \leqslant 100$	1824	1.93	特优
2	AA	$38.841 \leqslant S < 41.352$	4	60.21	优
3	A	$35.992 \leqslant S < 38.841$	7	62.80	良
4	BBB	$32.596 \leqslant S < 35.992$	2	65.72	较好
…	…	…	…	…	…
7	CCC	$11.901 \leqslant S < 25.085$	48	81.98	差
8	CC	$7.605 \leqslant S < 11.901$	30	90.30	很差
9	C	$0 \leqslant S < 7.605$	456	98.84	极差

表 18.25 上市小企业其他行业样本最优模型方案线性判别的 *T*+2 年信用等级划分结果

(1)序号	(2)等级	(3)信用得分区间	(4)样本数	(5)违约损失率/%	(6)信用度
1	AAA	$49.964 \leqslant S \leqslant 100$	1924	0.56	特优
2	AA	$48.737 \leqslant S < 49.964$	1	51.07	优
3	A	$46.067 \leqslant S < 48.737$	3	52.75	良
4	BBB	$44.575 \leqslant S < 46.067$	1	55.43	较好
…	…	…	…	…	…
7	CCC	$0.111 \leqslant S < 26.915$	121	98.05	差
8	CC	$2.33\times10^{-9} \leqslant S < 0.111$	343	99.98	很差
9	C	$0 \leqslant S < 2.33\times10^{-9}$	6	100.00	极差

表 18.26 上市小企业其他行业样本最优模型方案线性判别的 *T*+3 年信用等级划分结果

(1)序号	(2)等级	(3)信用得分区间	(4)样本数	(5)违约损失率/%	(6)信用度
1	AAA	$49.856 \leqslant S \leqslant 100$	1854	1.71	特优
2	AA	$49.808 \leqslant S < 49.856$	0	50.19	优
3	A	$32.514 \leqslant S < 49.808$	46	59.32	良
4	BBB	$31.193 \leqslant S < 32.514$	3	68.10	较好
…	…	…	…	…	…
7	CCC	$3.701 \leqslant S < 12.407$	45	92.80	差
8	CC	$0.815 \leqslant S < 3.701$	87	98.39	很差
9	C	$0 \leqslant S < 0.815$	316	99.84	极差

表 18.27 上市小企业其他行业样本最优模型方案线性判别的 *T*+4 年信用等级划分结果

(1)序号	(2)等级	(3)信用得分区间	(4)样本数	(5)违约损失率/%	(6)信用度
1	AAA	$49.987 \leqslant S \leqslant 100$	1816	7.47	特优
2	AA	$49.886 \leqslant S < 49.987$	2	50.08	优
3	A	$49.859 \leqslant S < 49.886$	2	50.13	良

续表

(1)序号	(2)等级	(3)信用得分区间	(4)样本数	(5)违约损失率/%	(6)信用度
4	BBB	$49.824 \leqslant S < 49.859$	1	50.18	较好
…	…	…	…	…	…
7	CCC	$49.689 \leqslant S < 49.729$	1	92.80	差
8	CC	$4.42 \times 10^{-8} \leqslant S < 49.689$	582	86.01	很差
9	C	$0 \leqslant S < 4.42 \times 10^{-8}$	3	100.00	极差

表 18.28　上市小企业其他行业样本最优模型方案线性判别的 *T*+5 年信用等级划分结果

(1)序号	(2)等级	(3)信用得分区间	(4)样本数	(5)违约损失率/%	(6)信用度
1	AAA	$49.967 \leqslant S \leqslant 100$	1847	3.79	特优
2	AA	$49.958 \leqslant S < 49.967$	0	50.04	优
3	A	$49.852 \leqslant S < 49.958$	0	50.15	良
4	BBB	$49.666 \leqslant S < 49.852$	1	50.33	较好
…	…	…	…	…	…
7	CCC	$38.841 \leqslant S < 43.664$	13	58.94	差
8	CC	$2.55 \times 10^{-6} \leqslant S < 38.841$	516	93.91	很差
9	C	$0 \leqslant S < 2.55 \times 10^{-6}$	16	100.00	极差

18.10　上市小企业其他行业的信用特征分析

18.10.1　地区的信用特征分析

为检验不同地区的信用得分是否存在显著差异。本书根据表 18.21 第 5 列的中国 31 个省区市(港、澳、台除外)和第 8 列的信用得分。统计出 31 个省区市的信用得分平均值、最大值、最小值、标准差、中位数等，列在表 18.29 的第 3~8 列。

表 18.29　上市小企业其他行业省区市信用特征描述表

(1)序号	(2)省区市	(3)信用得分平均值	(4)信用得分最大值	(5)信用得分最小值	(6)信用得分标准差	(7)信用得分中位数	(8)样本数量
1	安徽省	90.18	99.97	48.13	12.49	93.06	38
2	北京市	89.04	100.00	0.00	19.96	98.36	362
3	西藏自治区	87.47	100.00	25.81	20.14	96.00	26
…	…	…	…	…	…	…	…
10	上海市	80.01	100.00	0.01	22.92	90.31	376
11	江西省	79.82	99.99	26.69	20.93	90.37	25
12	青海省	79.53	99.46	38.80	17.40	84.32	17
…	…	…	…	…	…	…	…
27	海南省	56.79	99.72	7.91	25.65	52.90	57
28	河北省	54.31	99.98	0.62	21.90	54.86	31
29	宁夏回族自治区	51.03	99.99	1.02	34.10	39.00	48
30	河南省	49.43	99.99	0.56	30.86	49.43	35
31	山西省	45.69	98.81	0.08	37.15	33.32	27

其中，表 18.29 第 8 列的样本数量是 2000~2023 年这 24 年的其他行业上市小企业总数，这里的总数包括相同企业不同年份的重复计数。例如，同一个企业 2000~2023 年这 24 年，则数量记为 24，其他企业的统计同理。

同时，为检验两两省区市之间的信用得分是否存在显著差异，本书采用曼-惠特尼 U 检验[31]来进行显著性水平检验。以“安徽省”与“上海市”为例，根据表 18.29 第 1 列第 1、10 行的序号排序和第 8 列第 1、10 行的企业数量，计算得到曼-惠特尼 U 检验统计量为 5722.00，列入表 18.30 第 53 行第 3 列。通过查曼-惠特尼 U 检验统计量的显著性水平表，将对应的 p 值 0.022 列入表 18.30 第 53 行第 4 列。同理，将其他任意两个所有制属性的曼-惠特尼 U 检验结果列在表 18.30 第 2~465 行。

表 18.30　上市小企业其他行业样本的省区市之间信用得分的差异性检验

(1)序号	(2)省区市两两比较	(3)曼-惠特尼 U 检验统计量值	(4)p 值
1	广东省与上海市	76 634.00**	0.028
2	北京市与广东省	76 634.00**	0.028
3	北京市与上海市	60 892.00***	0.000
…	…	…	…
53	安徽省与上海市	5 722.00**	0.022
…	…	…	…
463	安徽省与云南省	25.00**	0.015
464	云南省与青海省	23.00	0.174
465	云南省与西藏自治区	17.00**	0.018

***、**分别表示在 99%、95%的置信水平下显著

表 18.29 和表 18.30 的实证结果表明，中国上市小企业其他行业特征为安徽省、北京市和西藏自治区等 9 个省区市的信用资质最高，上海市、江西省和青海省等 17 个省区市的信用资质居中，海南省、河北省和山西省等 5 个省区市的信用资质最低。除云南省与青海省之间信用得分差异不显著外，其他任意两个省区市之间的信用资质经曼-惠特尼 U 检验均存在显著差异。

根据中国上市小企业其他行业这 31 个省区市的地理分布统计可知，信用得分高于 79 分的信用资质较好的省区市主要是分布在西部和中部的新疆维吾尔自治区、西藏自治区、四川省和重庆市，以及东部的安徽省、江苏省和上海市等省区市及南部的广东省等。信用得分介于 69~79 分的信用资质居中的省区市主要是分布在北部的内蒙古自治区，中部的陕西和湖北等省区市。信用得分低于 69 分的信用资质较差的省区市主要是分布在中部的河南省、山西省、宁夏回族自治区，以及南部的海南省等省区市。

分析造成省区市信用特征的原因可能是，东部的安徽、江苏、浙江、上海地区较发达，企业重视信用资质这种无形财产。西北地区地理位置相对偏僻，融资渠道较少，因此也注重信用资质以弥补地理位置缺陷。

18.10.2　公司所有制的信用特征分析

公司所有制属性的信用特征分布是一个值得研究的话题，现有文献[32]认为相比于中国非国有企业，国有企业拥有更高的平均收益率和更有竞争力的其他优势。本书根据大股东和实际控制人将上市小企业的所有制属性分为 6 类，分别是中央国有企业、地方国有企业、民营企业、公众企业、外资企业和由协会等实际控股的其他所有制企业。上市小企业的所有制属性如表 18.31 第 2 列所示。

表 18.31　上市小企业其他行业企业所有制属性信用特征描述表

(1)序号	(2)所有制属性	(3)信用得分平均值	(4)信用得分最大值	(5)信用得分最小值	(6)信用得分标准差	(7)信用得分中位数	(8)样本数量
1	民营企业	80.95	100.00	0.00	25.56	94.80	1555
2	中央国有企业	79.39	100.00	0.74	24.11	91.44	268

续表

(1)序号	(2)所有制属性	(3)信用得分平均值	(4)信用得分最大值	(5)信用得分最小值	(6)信用得分标准差	(7)信用得分中位数	(8)样本数量
3	地方国有企业	74.80	100.00	0.00	27.78	86.97	815
4	外资企业	71.35	100.00	10.79	25.51	73.73	81
5	其他所有制企业	69.45	99.93	0.18	26.30	75.50	67
6	公众企业	69.07	100.00	0.01	30.33	78.57	133

本书根据表 18.21 第 6 列的 6 个所有制属性和第 8 列的信用得分，统计出 6 个所有制属性的信用得分平均值、最大值、最小值、标准差、中位数等，列在表 18.31 的第 3~8 列。

其中，表 18.31 第 8 列的样本数量是 2000~2023 年这 24 年的其他行业上市小企业总数，这里的总数包括相同企业不同年份的重复计数。例如，同一个企业 2000~2023 年这 24 年，则数量记为 24，其他企业的统计同理。

同时，为检验两两省区市之间的信用得分是否存在显著差异，本书采用曼-惠特尼 U 检验[31]来进行显著性水平检验。以“民营企业”与“地方国有企业”为例，根据表 18.31 第 1 列第 1、3 行的序号排序和第 8 列第 1、3 行的样本数量，得到曼-惠特尼 U 检验统计量为 504 756.00，列入表 18.32 第 1 行第 3 列。通过查曼-惠特尼 U 检验统计量的显著性水平表，将对应的 p 值 0.000 列入表 18.32 第 1 行第 4 列。同理，将其他任意两个所有制属性的曼-惠特尼 U 检验结果列在表 18.32 第 2~15 行。

表 18.32　企业所有制之间信用得分的差异性检验

(1)序号	(2)企业所有制两两比较	(3)曼-惠特尼 U 检验统计量值	(4)p 值
1	地方国有企业与民营企业	504 756.00***	0.000
2	中央国有企业与民营企业	183 044.00***	0.001
3	中央国有企业与地方国有企业	99 155.00**	0.012
…	…	…	…
13	公众企业与外资企业	5 345.00	0.463
14	公众企业与其他所有制企业	4 223.00	0.274
15	外资企业与其他所有制企业	2 577.00	0.300

***、**分别表示在 99%、95%的置信水平下存在显著差异

表 18.31 和表 18.32 的实证结果表明，中国上市小企业其他行业企业所有制属性信用特征为民营企业和中央国有企业信用资质最高，地方国有企业和外资企业的信用资质次之，其他所有制企业和公众企业的信用资质最低。并且，地方国有企业与民营企业、中央国有企业与民营企业的信用资质存在显著差异。

造成所有制属性信用特征分布差异的原因可能是：民营企业可能因为其市场化程度高、经营灵活、社会负担轻等优势，信用资质相对较好。国有企业可能存在政府实际控制的原因，经营管理方面以平稳发展为主，信用资质居中。公众企业可能由于追求快速发展，风险性投资较多，从而导致信用资质不佳。

18.11　上市小企业其他行业的信用指数构建

表 18.33 第 5~7 列的上市公司的资产总额 A_j、负债总额 L_j、资产总额加负债总额(A_j+L_j)数据，是在 Wind 数据库查询得到的。表 18.33 第 8 列信用得分 $S_{j(T+m)}$来自上文表 18.21 的第 8 列。其中，对于 2000~2018 年已有指标数据的公司，用的是 m=0 的信用得分 $S_{j(T+0)}$；对于 2019~2023 年没有指标数据的公司，用的是 m=1, 2, 3, 4, 5 时刻预测的信用得分 $S_{j(T+m)}$。

表 18.33 上市小企业其他行业样本的负债总额、资产总额和最优模型方案线性判别的信用得分结果

(1)序号	(2)证券代码	(3)证券简称	(4)年份	(5)资产总额 A_j/元	(6)负债总额 L_j/元	(7)资产总额加负债总额(A_j+L_j)/元	(8)信用得分 $S_{j(T+m)}$
1	000025.SZ	特力 A	2000	766 478 943.80	667 874 791.70	1 434 353 735.50	3.80
2	000027.SZ	深圳能源	2000	7 544 313 536.00	3 192 827 381.00	10 737 140 917.00	82.81
3	000028.SZ	国药一致	2000	490 886 574.50	85 826 814.66	576 713 389.16	73.01
…	…	…	…	…	…	…	…
119	600897.SH	厦门空港	2000	1 291 965 977.00	159 039 927.50	1 451 005 904.50	5.55
…	…	…	…	…	…	…	…
1 222	300297.SZ	蓝盾股份	2009	221 781 409.00	44 976 063.10	266 757 472.10	99.80
1 223	300300.SZ	海峡创新	2009	149 817 439.60	53 542 755.88	203 360 195.48	99.84
1 224	300302.SZ	同有科技	2009	112 684 267.90	51 980 757.15	164 665 025.05	99.65
…	…	…	…	…	…	…	…
1 298	000027.SZ	深圳能源	2010	29 069 959 284.00	12 654 786 606.00	41 724 745 890.00	97.84
1 299	000035.SZ	中国天楹	2010	595 209 862.20	1 797 234 441.00	2 392 444 303.20	18.96
1 300	000037.SZ	深南电 A	2010	5 278 954 350.00	3 346 495 999.00	8 625 450 349.00	48.41
…	…	…	…	…	…	…	…
1 460	000695.SZ	滨海能源	2011	1 267 171 235.00	928 341 549.70	2 195 512 784.70	36.08
1 461	000720.SZ	新能泰山	2011	5 734 228 226.00	4 879 446 997.00	10 613 675 223.00	84.38
1 462	000722.SZ	湖南发展	2011	1 966 025 756.00	25 237 391.79	1 991 263 147.79	1.04
…	…	…	…	…	…	…	…
1 500	300167.SZ	迪威讯	2011	820 280 995.50	95 386 128.41	915 667 123.91	99.94
…	…	…	…	…	…	…	…
2 917	603881.SH	数据港	2023	2 658 575 122.00	1 651 246 149.00	4 309 821 271.00	99.99
2 918	603887.SH	城地香江	2023	1 683 848 548.00	823 433 354.20	2 507 281 902.20	99.99
2 919	603955.SH	大千生态	2023	2 921 818 300.00	1 643 467 083.00	4 565 285 383.00	100.00

18.11.1 基于资产总额标准的信用指数计算

以 2000 年信用指数为例进行说明。

1. 基于资产总额标准的典型公司样本选取

将表 18.33 第 1~119 行第 5 列资产总额 A_j 由高到低进行排序，并在表 18.33 第 1~119 行 2000 年的 119 家上市公司中选取资产总额排名前 10%的公司，即 $N^A{}_{(2000)}=119\times10\%\approx11$ 家上市公司，作为 2000 年信用指数构建的典型公司。将这 11 个典型公司的证券代码、证券简称、年份、资产总额 $A_{j(2000)}$分别列入表 18.34 第 2~5 列的第 1~11 行。

表 18.34 上市小企业其他行业样本基于资产总额选取的公司样本

(1)序号	(2)证券代码	(3)证券简称	(4)年份	(5)资产总额 $A_{j(T+m)}$/元	(6)成分股权重 $W^A{}_{j(T+m)}$	(7) 信用得分 $S_{j(T+m)}$
1	600642.SH	申能股份	2000	9 915 345 806.00	0.258	79.81
2	000027.SZ	深圳能源	2000	7 544 313 536.00	0.196	82.81
3	000900.SZ	现代投资	2000	4 914 724 598.00	0.128	64.79
…	…	…	…	…	…	…

续表

(1)序号	(2)证券代码	(3)证券简称	(4)年份	(5)资产总额 $A_{j(T+m)}$/元	(6)成分股权重 $W^A_{j(T+m)}$	(7) 信用得分 $S_{j(T+m)}$
11	600763.SH	通策医疗	2000	205 074 271.20	0.005	93.45
12	600642.SH	申能股份	2001	9 907 849 921.00	0.291	93.88
13	000027.SZ	深圳能源	2001	7 764 864 405.00	0.228	95.94
14	600635.SH	大众公用	2001	3 107 690 588.00	0.091	91.63
…	…	…	…	…	…	…
22	600763.SH	通策医疗	2001	48 963 227.05	0.001	37.83
…	…	…	…	…	…	…
271	600674.SH	川投能源	2023	32 043 917 052.00	0.316	99.99
272	000301.SZ	东方盛虹	2023	21 869 243 473.00	0.216	99.98
273	600711.SH	盛屯矿业	2023	13 479 058 478.00	0.133	99.99
…	…	…	…	…	…	…
278	002316.SZ	亚联发展	2023	3 164 587 743.00	0.031	99.97
279	002113.SZ	天润数娱	2023	2 784 606 173.00	0.027	48.70
280	000504.SZ	南华生物	2023	342 705 746.30	0.003	14.30

以上是 2000 年基于资产总额标准的指数构建典型公司的选取。同理，可以得到 2001~2023 年的典型公司样本，将典型公司样本的结果列入表 18.34 的第 12~280 行。

2. 基于资产总额标准的典型公司权重计算

将上文计算的 2000 年典型公司个数 $N^A_{(2000)}$=11 和表 18.34 第 5 列的资产总额 $A_{j(2000)}$代入上文式(3.82)，得到 2000 年典型公司的权重。

以第 1 个典型公司“申能股份(600642.SH)”的指数权重 $W^A_{1(2000)}$为例。

将表 18.34 第 5 列第 1 行的资产总额 $A_{1(2000)}$=9 915 345 806.00 代入上文式(3.82)的分子，得到权重如下：

$$W^A_{1(2000)}=A_{1(2000)}/(A_{1(2000)}+\cdots+A_{11(2000)})$$
$$=9\ 915\ 345\ 806.00/(9\ 915\ 345\ 806.00+\cdots+205\ 074\ 271.20)=0.258 \tag{18.10}$$

将式(18.10)的结果列入表 18.34 第 6 列第 1 行。同理，将表 18.34 第 5 列第 2~11 行的资产总额 $A_{j(2000)}$分别代入式(3.82)的分子，分别得到 2000 年其他 10 个典型公司的权重 $W^A_{j(2000)}$(j=2, 3, …, 11)，列入表 18.34 第 6 列第 2~11 行。

以上是基于资产总额标准的 2000 年的典型公司样本权重的计算。同理，可以得到基于资产总额标准的 2001~2023 年的典型公司样本权重 $W^A_{j(T+m)}$，将结果列入表 18.34 的第 6 列第 12~280 行。

3. 基于资产总额标准的信用指数计算过程

根据上文表 18.21 第 2 列的证券代码和第 8 列的信用得分，将表 18.34 第 7 列的信用得分 $S_{j(T+m)}$对应填充。

将表 18.34 第 1~11 行的 2000 年 11 家典型公司对应的第 6 列权重 $W^A_{j(T+m)}$、第 7 列信用得分 $S_{j(T+m)}$，以及上文选取的 2000 年典型公司个数 $N^A_{(2000)}$=11，代入上文式(3.85)，得到 2000 年典型公司样本基于资产总额标准的信用得分加权平均值 $\overline{S}^A_{(2000)}$ 如下：

$$\overline{S}^A_{(2000)}=\sum_{j=1}^{11}W^A_{j(2000)}S_{j(2000)}=78.50 \tag{18.11}$$

将式(18.11)计算的 2000 年典型公司样本基于资产总额标准的信用得分加权平均值 $\overline{S}^A_{(2000)}$=78.50，代入上文式(3.86)，得到 2000 年典型公司样本基于资产总额标准的信用指数 $\mathrm{CI}^A_{(2000)}$如下：

$$CI^{A}_{(2000)}=\frac{\overline{S}^{A}_{(2000)}}{\overline{S}^{A}_{(2000)}}\times 1000=\frac{78.50}{78.50}\times 1000=1000.00 \tag{18.12}$$

将式(18.12)计算的 2000 年典型公司样本基于资产总额标准的信用指数 $CI^{A}_{(2000)}$=1000.00，列入表 18.35 第 3 列第 1 行。

表 18.35 上市小企业其他行业 2000~2023 年这 24 年的信用指数表

(1)序号	(2)年份	(3)资产总额前 10%的年度信用指数 $CI^{A}_{(T+m)}$	(4)负债总额前 10%的年度信用指数 $CI^{L}_{(T+m)}$	(5)基于资产总额加负债总额的年度信用指数 $CI^{A+L}_{(T+m)}$
1	2000	1000.00	1000.00	1000.00
2	2001	1101.91	1143.02	1116.90
3	2002	1185.30	1271.00	1243.14
…	…	…	…	…
9	2007	1109.11	1210.10	1161.63
10	2008	1053.78	1175.17	1107.39
…	…	…	…	…
20	2019	879.47	1245.81	882.83
21	2020	1234.91	1282.22	1209.23
22	2021	1196.79	1281.97	1179.00
23	2022	1185.53	1098.95	1179.15
24	2023	1236.29	1365.14	1298.20

同理，可计算 2001 年的信用得分加权平均值 $\overline{S}^{A}_{(2001)}$=86.50 和信用指数 $CI^{A}_{(2001)}$=(86.50/78.50)×1000=1101.91，列入表 18.35 第 3 列第 2 行。

以上是上市公司基于资产总额标准的 2000 年和 2001 年的信用指数计算。依次类推，将基于资产总额标准的 2002~2023 年的信用指数计算结果分别列入表 18.35 第 3 列第 3~24 行。

18.11.2 基于负债总额标准的信用指数计算

以 2000 年信用指数为例进行说明。

1. 基于负债总额标准的典型公司样本选取

将表 18.33 第 1~119 行第 5 列资产总额 A_j 由高到低进行排序，并在表 18.33 第 1~119 行 2000 年的 119 家上市公司中选取负债总额排名前 10%的公司，即 $N^{A}_{(2000)}$=119×10%≈11 家上市公司，作为 2000 年信用指数构建的典型公司。将这 11 个典型公司的证券代码、证券简称、年份、负债总额 $L_{j(2000)}$分别列入表 18.36 第 2~5 列的第 1~11 行。

表 18.36 上市小企业其他行业样本基于负债总额选取的公司样本

(1)序号	(2)证券代码	(3)证券简称	(4)年份	(5)负债总额 $L_{j(T+m)}$/元	(6)成分股权重 $W^{L}_{j(T+m)}$	(7) 信用得分 $S_{j(T+m)}$
1	600642.SH	申能股份	2000	5 081 909 785.00	0.280	79.81
2	000027.SZ	深圳能源	2000	3 192 827 381.00	0.176	82.81
3	000900.SZ	现代投资	2000	2 555 020 987.00	0.141	64.79
…	…	…	…	…	…	…
11	600763.SH	通策医疗	2000	5 071 611.62	0.000	93.45
12	600642.SH	申能股份	2001	4 810 016 967.00	0.273	93.88
13	000027.SZ	深圳能源	2001	3 138 846 141.00	0.178	95.94

续表

(1)序号	(2)证券代码	(3)证券简称	(4)年份	(5)负债总额 $L_{j(T+m)}$/元	(6)成分股权重 $W^L_{j(T+m)}$	(7) 信用得分 $S_{j(T+m)}$
14	000557.SZ	西部创业	2001	2 219 078 848.00	0.126	39.70
…	…	…	…	…	…	…
22	600763.SH	通策医疗	2001	7 494 994.86	0.000	37.83
…	…	…	…	…	…	…
271	601016.SH	节能风电	2023	13 786 919 412.00	0.302	99.98
272	002039.SZ	黔源电力	2023	11 942 603 589.00	0.261	99.94
273	600711.SH	盛屯矿业	2023	5 893 750 345.00	0.129	99.99
…	…	…	…	…	…	…
278	002464.SZ	众应互联	2023	1 698 384 244.00	0.037	60.65
279	603881.SH	数据港	2023	1 651 246 149.00	0.036	99.99
280	000504.SZ	南华生物	2023	234 954 728.00	0.005	14.30

以上是 2000 年基于资产总额标准的指数构建典型公司的选取。同理，可以得到 2001~2023 年的典型公司样本，将典型公司样本的结果列入表 18.36 第 12~280 行。

2. 基于负债总额标准的典型公司权重计算

将上文计算的 2000 年典型公司个数 $N^L_{(2000)}$=11 和表 18.36 第 5 列的负债总额 $L_{j(2000)}$代入上文式(3.83)，得到 2000 年典型公司的权重。

以第 1 个典型公司“申能股份(600642.SH)”的指数权重 $W^L_{1(2000)}$为例。

将表 18.36 第 5 列第 1 行的负债总额 $L_{1(2000)}$=5 081 909 785.00 代入上文式(3.83)的分子，得到权重如下：

$$\begin{aligned} W^L_{1(2000)} &= L_{1(2000)}/(L_{1(2000)}+\cdots+L_{11(2000)}) \\ &= 5\ 081\ 909\ 785.00/(5\ 081\ 909\ 785.00+\cdots+5\ 071\ 611.62)=0.280 \end{aligned} \tag{18.13}$$

将式(18.13)的结果列入表 18.36 第 6 列第 1 行。同理，将表 18.36 第 5 列第 2~11 行的负债总额 $L_{j(2000)}$分别代入式(3.83)的分子，分别得到 2000 年其他 116 个典型公司的权重 $W^L_{j(2000)}(j=2, 3, \cdots, 11)$，列入表 18.36 第 6 列第 2~11 行。

以上是基于负债总额标准的 2000 年的典型公司样本权重的计算。同理可以得到基于负债总额标准的 2001~2023 年的典型公司样本权重 $W^L_{j(T+m)}$，将结果列入表 18.36 第 6 列第 12~280 行。

3. 基于负债总额标准的信用指数计算过程

根据上文表 18.21 第 2 列的证券代码和第 8 列的信用得分，将表 18.36 第 7 列的信用得分 $S_{j(T+m)}$对应填充。

将表 18.36 第 1~11 行的 2000 年 11 家典型公司对应的第 6 列权重 $W^L_{j(T+m)}$、第 7 列信用得分 $S_{j(T+m)}$，以及上文选取的 2000 年典型公司个数 $N^L_{(2000)}$=11，代入上文式(3.87)，得到 2000 年典型公司样本基于负债总额标准的信用得分加权平均值 $\bar{S}^L_{(2000)}$ 如下：

$$\bar{S}^L_{(2000)} = \sum\nolimits_{j=1}^{11} W^L_{j(2000)} S_{j(2000)} = 71.11 \tag{18.14}$$

将式(18.14)计算的 2000 年典型公司样本基于负债总额标准的信用得分加权平均值 $\bar{S}^L_{(2000)}$=71.11，代入上文式(3.88)，得到 2000 年典型公司样本基于资产总额标准的信用指数 $\text{CI}^L_{(2000)}$如下：

$$\text{CI}^L_{(2000)} = \frac{\bar{S}^L_{(2000)}}{\bar{S}^L_{(2000)}} \times 1000 = \frac{71.11}{71.11} \times 1000 = 1000.00 \tag{18.15}$$

将式(18.15)计算的 2000 年典型公司样本基于负债总额标准的信用指数 $\text{CI}^L_{(2000)}$=1000.00，列入上文表 18.35 第 4 列第 1 行。

同理，可计算 2001 年的信用得分加权平均值 $\overline{S}^{L}_{(2001)}$=81.28 和信用指数 $CI^{L}_{(2001)}$=(81.28/71.11)×1000=1143.02，列入上文表 18.35 第 4 列第 2 行。

以上是上市公司基于负债总额标准的 2000 年和 2001 年的信用指数计算。依次类推，将基于负债总额标准的 2002~2023 年的信用指数计算结果分别列入上文表 5.38 第 4 列第 3~24 行。

18.11.3 基于资产总额加负债总额标准的信用指数计算

以 2000 年的基于资产总额加负债总额标准的信用指数计算为例进行说明。

1. 基于资产总额加负债总额标准的典型公司样本选取

将表 18.33 第 1~119 行第 7 列资产总额加负债总额(A_j+L_j)由高到低进行排序，并在表 18.33 第 1~119 行 2000 年的 119 家上市公司中选取资产总额加负债总额排名前 10%的公司，即 $N^{A+L}_{(2000)}$=119 ×10%≈11 家上市公司，作为 2000 年信用指数构建的典型公司。将这 11 个典型公司的证券代码、证券简称、年份、资产总额加负债总额 $A_{j(2000)}$+$L_{j(2000)}$分别列入表 18.37 第 2~5 列的第 1~11 行。

表 18.37 上市小企业其他行业样本资产总额加负债总额选取的公司样本

(1)序号	(2)证券代码	(3)证券简称	(4)年份	(5) 资产总额加负债总额($A_{j(T+m)}$+$L_{j(T+m)}$) /元	(6)成分股权重 $W^{A+L}_{j(T+m)}$	(7) 信用得分 $S_{j(T+m)}$
1	600642.SH	申能股份	2000	14 997 255 591.00	0.271	79.81
2	000027.SZ	深圳能源	2000	10 737 140 917.00	0.194	82.81
3	000900.SZ	现代投资	2000	7 469 745 585.00	0.135	64.79
…	…	…	…	…	…	…
11	600763.SH	通策医疗	2000	210 145 882.82	0.004	93.45
12	600642.SH	申能股份	2001	14 717 866 888.00	0.294	93.88
13	000027.SZ	深圳能源	2001	10 903 710 546.00	0.218	95.94
14	600635.SH	大众公用	2001	4 619 182 842.00	0.092	91.63
…	…	…	…	…	…	…
22	600763.SH	通策医疗	2001	56 458 221.91	0.001	37.83
…	…	…	…	…	…	…
271	600674.SH	川投能源	2023	38 810 192 473.00	0.278	99.99
272	601016.SH	节能风电	2023	35 271 228 827.00	0.253	99.98
273	600711.SH	盛屯矿业	2023	19 372 808 823.00	0.139	99.99
…	…	…	…	…	…	…
278	002464.SZ	众应互联	2023	4 870 191 046.00	0.035	60.65
279	603881.SH	数据港	2023	4 309 821 271.00	0.031	99.99
280	000504.SZ	南华生物	2023	577 660 474.60	0.004	14.30

以上是 2000 年基于资产总额加负债总额标准的指数构建典型公司的选取。同理，可以得到 2001~2023 年的典型公司样本，将典型公司样本的结果列入表 18.37 第 2~5 列第 12~280 行。

2. 基于资产总额加负债总额标准的典型公司权重计算

将上文计算的2000年典型公司个数 $N^{A+L}_{(2000)}$=11 和表 18.37 第 5 列的资产总额加负债总额($A_{j(2000)}$+ $L_{j(2000)}$)代入上文式(3.84)，得到 2000 年典型公司的权重。

以第 1 个典型公司“申能股份(600642.SH)”的指数权重 $W^{A+L}_{1(2000)}$为例。

将表 18.37 第 5 列第 1 行的资产总额加负债总额($A_{1(2000)}$+$L_{1(2000)}$)=14 997 255 591.00 元代入上文式(3.84)的分子，得到权重如下：

$W^{A+L}{}_{1(2000)}=(A_{1(2000)}+L_{1(2000)})/(A_{1(2000)}+L_{1(2000)}+\cdots+A_{117(2000)}+L_{117(2000)})$

$=14\,997\,255\,591.00/(14\,997\,255\,591.00+\cdots+210\,145\,882.82)=0.271$　　(18.16)

将式(18.16)的结果列入表 18.37 第 6 列第 1 行。同理，将表 18.37 第 5 列第 2~11 行的资产总额加负债总额($A_{j(2000)}+L_{j(2000)}$)分别代入式(3.84)的分子，分别得到 2000 年其他 10 个典型公司的权重 $W^{A+L}{}_{j(2000)}(j=2, 3, \cdots, 11)$，列入表 18.37 第 6 列第 2~11 行。

以上是基于资产总额加负债总额标准的 2000 年的典型公司样本权重的计算。同理，可以得到基于资产总额加负债总额标准的 2001~2023 年的典型公司样本权重 $W^{A+L}{}_{j(T+m)}$，将结果列入表 18.37 第 6 列第 12~280 行。

3. 基于资产总额加负债总额标准的信用指数计算过程

根据上文表 18.21 第 2 列的证券代码和第 8 列的信用得分，将表 18.37 第 7 列的信用得分 $S_{j(T+m)}$对应填充。

将表 18.37 第 1~11 行的 2000 年 11 家典型公司对应的第 6 列权重 $W^{A+L}{}_{j(T+m)}$、第 7 列信用得分 $S_{j(T+m)}$，以及上文选取的 2000 年典型公司个数 $N^{A+L}{}_{(2000)}=11$，代入上文式(3.89)，得到 2000 年典型公司样本基于资产总额加负债总额标准的信用得分加权平均值 $\bar{S}^{A+L}_{(2000)}$ 如下：

$$\bar{S}^{A+L}_{(2000)}=\sum\nolimits_{j=1}^{4}W^{A+L}_{j(2000)}S_{j(2000)}=74.85 \tag{18.17}$$

将式(18.17)计算的 2000 年典型公司样本基于负债总额标准的信用得分加权平均值 $\bar{S}^{A+L}_{(2000)}=74.85$，代入上文式(3.90)，得到 2000 年典型公司样本基于资产总额标准的信用指数 $\mathrm{CI}^{A+L}{}_{(2000)}$如下：

$$\mathrm{CI}^{A+L}{}_{(2000)}=\frac{\bar{S}^{A+L}_{(2000)}}{\bar{S}^{A+L}_{(2000)}}\times 1000=\frac{74.85}{74.85}\times 1000=1000.00 \tag{18.18}$$

将式(18.18)计算的 2000 年典型公司样本基于资产总额加负债总额标准的信用指数 $\mathrm{CI}^{A+L}{}_{(2000)}=1000$，列入上文表 18.35 第 5 列第 1 行。

同理，可计算 2001 年的信用得分加权平均值 $\bar{S}^{A+L}_{(2001)}=83.60$ 和信用指数 $\mathrm{CI}^{A+L}{}_{(2001)}=(83.60/74.85)\times 1000=1116.90$，列入上文表 18.35 第 5 列第 2 行。

以上是上市公司基于资产总额加负债总额标准的 2000 年和 2001 年的信用指数计算。依次类推，将基于资产总额加负债总额标准的 2002~2023 年的信用指数计算结果分别列入上文表 18.35 第 5 列第 3~24 行。

18.11.4　上市小企业其他行业 2000~2023 年 24 年的信用指数趋势图

以表 18.35 第 2 列的年份为横轴，分别以第 3~5 列的年度信用指数为纵轴，做出上市小企业其他行业样本的年度信用指数走势图，如图 18.1 所示。

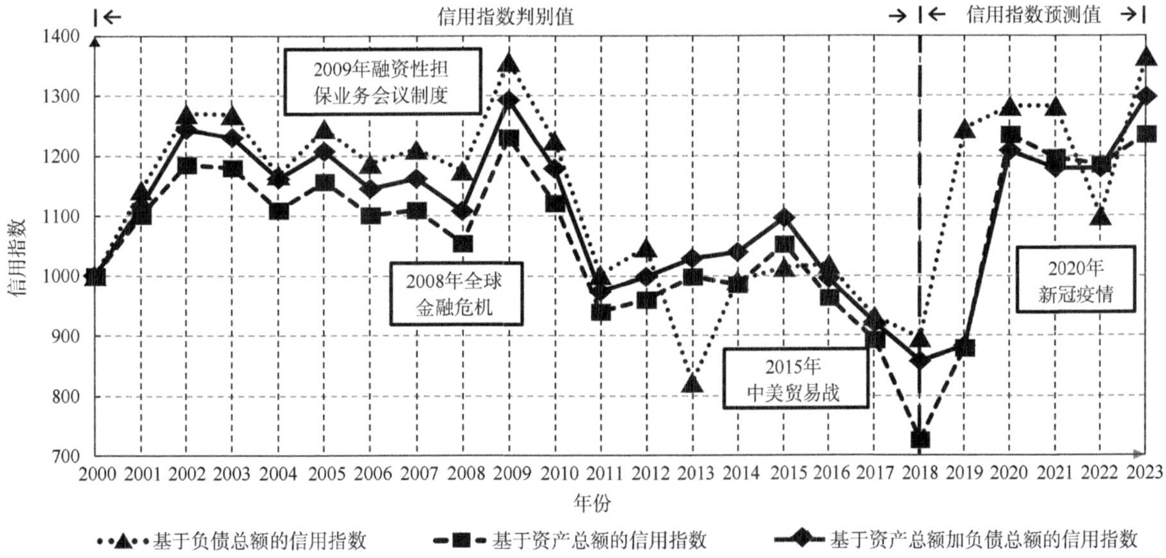

图 18.1　上市小企业其他行业样本的年度信用指数走势图

中国上市小企业其他行业 2000~2018 年这 19 年信用指数的发展规律，以及预测的 2019~2023 年这 5 年信用指数趋势如图 18.1 所示。

1. 2000~2018 年这 19 年中国上市小企业其他行业信用指数的发展规律及原因分析

(1)中国上市小企业其他行业 2000~2018 年这 19 年信用指数发展规律。总体上看, 2000 ~2009 年上市小企业其他行业信用指数呈现波段上升趋势，在 2009 年达到最高峰值, 2009 ~2018 年上市小企业其他行业信用指数呈下降趋势，在 2018 年底达到最低谷。

(2)中国上市小企业其他行业 2000~2018 年这 19 年信用指数发展的可能宏观原因分析。上市小企业其他行业信用指数在 2009 年达到最高峰值可能与“2008 年全球金融危机”[33]有关，政府和各界意识到企业良好的信用状况可以缓解经济危机这种突发性事件带给企业的冲击。上市小企业其他行业信用指数在 2018 年达到最低谷，这可能与“2015 年中美贸易战”[34]有关。

(3)中国上市小企业其他行业 2000~2018 年这 19 年信用指数发展的可能政策原因分析。2009 年上市小企业其他行业信用指数达到最高点，可能与 2009 年建立融资性担保业务会议制度有关，较高的信用指数更容易获得融资担保[35]。

2. 2019~2023 年这 5 年中国上市小企业其他行业信用指数的趋势预测

(1)中国上市小企业其他行业 2019~2023 年这 5 年信用指数趋势。2019~2023 年上市小企业其他行业信用指数呈现缓慢上升趋势，并在 2020 年产生信用指数较大值拐点。

(2)中国上市小企业其他行业 2019~2023 年这 5 年信用指数趋势的可能原因分析。预测 2019~2023 年信用指数缓慢上升原因可能是，随着科学技术的进步，以大数据为基础的信用体系越来越受到银行和企业的重视，企业建立良好的信用可以从银行更加便捷地获得贷款, 2020 年出现信用指数较大值拐点是受 2020 年的新冠疫情的影响，企业进一步认识到信用重要性。因此，根据上市小企业其他行业信用指数的预测结果，政府应制定相关辅助政策进一步引导上市小企业其他行业信用指数，预防信用指数再次降低。

18.12 上市小企业其他行业的信用风险指数构建

18.12.1 基于三个标准的信用风险指数计算

上市小企业其他行业信用风险指数的典型公司样本选择及权重计算方式，与上文 18.11 节的信用指数同理。但在信用风险指数计算时的差别在于：将信用指数计算公式中分子和分母的 $S_{j(T+m)}$ 替换为 $(100-S_{j(T+m)})$，如式(3.91)~式(3.96)所示，计算得到的信用风险指数反映违约可能性。信用风险指数越大，违约风险越高。计算过程与上文 18.11 节类似，在此不再赘述。

将计算得到的 2000~2023 年三个标准下的信用风险指数，分别列入表 18.38 第 3~5 列。

表 18.38 上市小企业其他行业样本的 2000~2023 年的信用风险指数表

(1)序号	(2)年份	(3)资产总额前 10%的年度信用风险指数 $CRI^{A}_{(T+m)}$	(4)负债总额前 10%的年度信用风险指数 $CRI^{L}_{(T+m)}$	(5)基于资产总额加负债总额的年度信用风险指数 $CRI^{A+L}_{(T+m)}$
1	2000	1000.00	1000.00	1000.00
2	2001	628.20	648.11	652.56
3	2002	323.31	332.98	276.18
…	…	…	…	…
8	2007	601.55	482.87	518.84
9	2008	803.58	568.84	680.30

续表

(1)序号	(2)年份	(3)资产总额前 10%的年度信用风险指数 $CRI^{A}_{(T+m)}$	(4)负债总额前 10%的年度信用风险指数 $CRI^{L}_{(T+m)}$	(5)基于资产总额加负债总额的年度信用风险指数 $CRI^{A+L}_{(T+m)}$
10	2009	159.50	121.03	131.29
…	…	…	…	…
15	2014	1055.33	1019.75	881.93
16	2015	808.37	967.39	713.84
…	…	…	…	…
20	2019	1440.18	394.98	1348.81
21	2020	142.13	305.36	377.15
22	2021	281.35	305.99	467.14
23	2022	322.48	756.46	466.70
24	2023	137.09	101.28	112.29

18.12.2　上市小企业其他行业 2000~2023 年 24 年信用风险指数趋势图

以表 18.38 第 2 列的年份为横轴，分别以第 3~5 列的年度信用风险指数为纵轴，做出上市小企业其他行业的年度信用风险指数走势图，如图 18.2 所示。

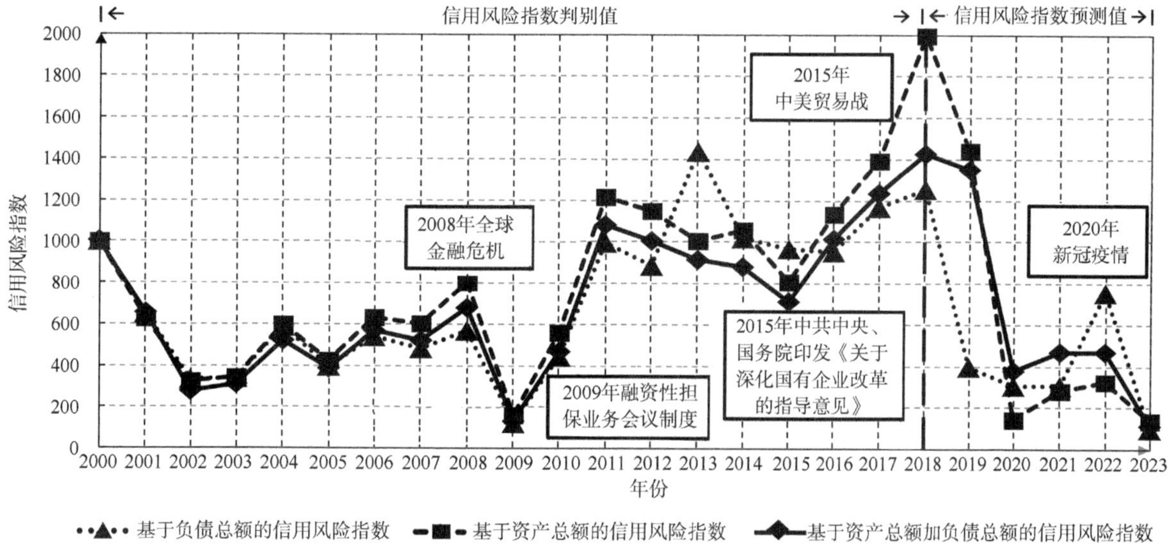

图 18.2　上市公司小企业其他行业样本的年度信用风险指数走势图

中国上市小企业其他行业 2000~2018 年这 19 年信用风险指数的发展规律，以及预测的 2019~2023 年这 5 年信用风险指数趋势如图 18.2 所示。

1. 2000~2018 年这 19 年中国上市小企业其他行业信用风险指数的发展规律及原因分析

(1)中国上市小企业其他行业 2000~2018 年这 19 年信用风险指数发展规律。总体上看，2000~2009 年上市小企业其他行业信用风险指数波动降低，在 2009 年出现最低点，在此之后持续上升于 2018 年达到最大值，信用风险急剧升高，并于 2018 年初又出现下降趋势。

(2)中国上市小企业其他行业 2000~2018 年这 19 年信用风险指数发展的可能宏观原因分析。上市小企业其他行业信用风险指数在 2008 年达到最高峰值可能与“2008 年全球金融危机”[33]有关，政府和各界意识到企业良好的信用状况可以缓解经济危机这种突发性事件带给企业的冲击。上市小企业其他行业信用风险指数在 2018 年达到最高峰，同样与“2015 年中美贸易战”[34]有关。信用风险指数在 2009~2018 年的上升过程中，在 2015 年有拐点，这与 2015 年中共中央、国务院印发文件《关于深化国有企业改革的指导意见》有关[36]。

(3)中国上市小企业其他行业 2000~2018 年这 19 年信用风险指数发展的可能政策原因分析。2009 年上市小企业其他行业信用风险指数达到最低点，可能与 2009 年建立融资性担保业务会议制度有关，较高的信用风险指数更容易获得融资担保[35]。2015~2018 年大盘指数逐年降低，并由于金融危机的刺激，大盘指数在 2018 年达到 2015 年以来新低，上市小企业其他行业信用风险指数在 2015~2018 年为上升趋势。

2. 2019~2023 年这 5 年中国上市小企业其他行业信用风险指数的趋势预测

(1)中国上市小企业其他行业 2019~2023 年这 5 年信用风险指数趋势为：2019~2023 年这 5 年，信用风险指数波动下降，并在 2020 年产生信用风险指数较小值拐点。

(2)中国上市小企业其他行业 2019~2023 年这 5 年信用指数趋势的可能原因分析：预测 2019~2023 年这 5 年信用风险下降的原因可能是社会和企业充分认识到诚信建设对维系产业政策的稳定、提高供给质量和效率的重要性，其中, 2020 年产生信用风险指数较小值拐点的原因应该是受 2020 年新冠疫情影响，企业更加重视信用建设从而获得企业融资。

18.13 本 章 结 论

18.13.1 主要工作

(1)本章遴选了上市小企业其他行业公司最优违约预测指标组合。通过经济学含义结合偏相关系数的 F 检验进行指标的初步筛选，通过基于支持向量机的序列前向选择算法进一步筛选出最优的指标组合，获得了上市小企业其他行业样本 $T+0$~$T+5$ 年的最优指标组合。

(2)本章确定了上市小企业其他行业公司指标最优权重向量。根据违约状态 y_j 与指标权重的函数关系 $y_j=f(w_i, x_{ij})$，将预测的违约状态 $\hat{y}_j$ 与实际违约状态 y_j 对比后，以违约和非违约两类企业的预测误差最小为目标，构建数学规划模型，反推出模型评价指标的最优权重，保证构建的预警方程能够区分违约与非违约企业。

(3)本章构建了上市小企业其他行业公司最优的违约风险预警模型。通过构建线性判别分析，逻辑回归、支持向量机等 14 种大数据模型，并根据模型的精度、可解释性和复杂性的“不可能三角”三个标准的对比分析，遴选出 $T+0$~$T+5$ 年的最优分类模型。

(4)本章分析了上市企业其他行业公司的不同地区、所有制属性的信用特征分布。通过计算不同地区、所有制属性的公司信用得分均值，判断信用资质好坏。并通过曼-惠特尼 U 统计检验，验证信用资质差异。若曼-惠特尼 U 显著水平检验通过且该类公司信用得分高，则意味着信用资质好，反之就差。

(5)本章构建了基于资产总额、负债总额、资产总额加负债总额三个标准的信用指数和信用风险指数，并分析了信用指数和信用风险指数的趋势。通过最优违约预警模型计算得到的未来第 $T+m$ 年违约概率和信用得分，按资产总额、负债总额、资产总额加负债总额三个标准的选股规则选择典型公司样本，并将典型公司样本的加权平均信用得分转化成信用指数。信用指数和信用风险指数反映了年度违约风险的趋势，并对未来第 $T+m$ 年的信用状况进行预警。

18.13.2 主要结论

(1)中国上市小企业其他行业公司违约预测的最优指标组合。由 204 个指标构成的$(2^{204}-1)\approx 2.57\times 10^{61}$个指标组合中，遴选出“资产负债率”“长期资本负债率”“长期资产适合率”等 11 个指标，构成了 $T-0$ 年违约判别几何平均精度最大的指标组合；遴选出“资产负债率”“在建工程比例”“主营业务比率”等 18 个指标，构成了 $T-1$ 年违约预测几何平均精度最大的指标组合；遴选出“资产负债率”“长期负债占比”“所得税/利润总额”等 14 个指标，构成了 $T-2$ 年违约预测几何平均精度最大的指标组合；遴选出“资产负债率”“长期资产适合率”“非流动负债权益比率”等 10 个指标，构成了 *T*–3 年违约预测几何平均精度最大的指标组合；遴选出“资产负债率”“资本公积占所有者权益的比例”“资本支出/折旧和摊销”等 18 个指标，构成了 *T*–4 年违约预测几何平均精度最大的指标组合；遴选出“资产负债率”“现金比率”“经营杠杆”等 14 个指标，构成了 *T*–5 年违约预测几何平均精度最大的指标组合。

(2)中国上市小企业其他行业公司违约预测的重要宏观指标。“广义货币供应量(M2)同比增长率”这 1 个宏观指标，对上市小企业其他行业企业违约状态有显著影响。

(3)中国上市小企业其他行业公司违约预测的关键指标。“每股权益合计”“权益乘数”“营业外收入占营业总收入比重”等 18 个指标对企业未来 0~2 年的短期违约状态有决定作用。“保守速动比率”“净资产收益率”“管理费用/营业总收入”等 19 个指标对企业未来 3~5 年的中期违约状态有决定作用。“资产负债率”“广义货币供应量(M2)同比增长率”这 2 个指标，不论是对未来 0~2 年的短期违约预测，还是对未来 3~5 年的中期违约预测都有重要影响。

(4)中国上市小企业其他行业公司的省区市信用特征。安徽省、北京市和西藏自治区等 9 个省区市的信用资质最高，上海市、江西省和青海省等 17 个省区市的信用资质居中，山西省、河南省和宁夏回族自治区等 5 个省区市的信用资质最低。

(5)中国上市小企业其他行业公司的所有制信用特征。民营企业和中央国有企业信用资质最高，地方国有企业和外资企业的信用资质次之，其他所有制企业和公众企业的信用资质最低。并且，地方国有企业与民营企业、中央国有企业与民营企业等类型的所有制企业的信用资质存在显著差异。

(6)中国上市小企业其他行业公司信用指数的预测趋势。2019~2023 年上市小企业其他行业信用指数呈现缓慢上升趋势。预测 2019~2023 年信用指数缓慢上升原因是，随着科学技术的进步，以大数据为基础的信用体系越来越受到银行和企业的重视，企业建立良好的信用可以从银行更加便捷地获得贷款。因此，根据上市小企业其他行业信用指数的预测结果，政府应制定相关辅助政策进一步引导上市小企业其他行业信用指数，预防信用指数再次降低。

(7)中国上市小企业其他行业公司信用风险指数的预测趋势为：2019~2023 年这 5 年，上市小企业其他行业信用风险指数稳步下降。预测 2019~2023 年这 5 年信用风险下降的原因是社会和企业充分认识到诚信建设能够维系稳定的产业政策提高供给质量和效率的重要性。

18.13.3　特色与创新

(1)通过两阶段的指标遴选方法构建评价指标体系，在具有明确经济学含义的海选指标集中，根据指标间偏相关系数和 *F* 值筛选出具有违约鉴别能力且指标间信息冗余最小的一组指标；并在第二阶段构建前向选择支持向量机指标遴选模型，以几何平均精度最大为标准，采用前向选择的方法筛选违约鉴别能力最大的指标组合，保证了构建的评价指标体系具有最大的违约鉴别能力。

(2)通过对违约企业和非违约企业的错判误差率之和最小，反推最优的权重，保证了所建立的违约预测模型能够保证较低的非违约企业误拒率和违约企业误授率，降低违约企业错判带来的贷款损失和非违约企业错判带来好客户流失的损失。

(3)通过综合考虑精度、可解释度的不可能三角，从构建的 14 种大数据违约预警模型中对比分析遴选出最优违约风险预警模型，保证得到的模型既具有较高的违约预测能力，又具有可解释性，同时模型复杂性低。

(4)通过对不同地区、企业所有制属性公司的信用得分均值进行曼-惠特尼 U 非参数检验，识别不同行业、地区、企业所有制属性公司的信用资质，揭示不同行业、不同地区、不同所有制形式的中国上市公司，哪类公司的信用资质好，哪类公司的信用资质差，哪类公司的信用资质居中，为股票投资、债券投资提供决策依据，供金融监管当局等政策分析人员参考。

(5)通过分别对负债总额由高到低、资产总额由高到低、资产总额加负债总额的前 10%公司作为成分股，并将成分股的平均信用得分转化成年度信用指数，用于反映上市公司小企业的信用趋势，并对未来第 $T+m(m=1, 2, 3, 4, 5)$年的信用状况起到预警作用。

参 考 文 献

[1] 李佳庆, 王雪青, 夏妮妮, 等. “十三五”建筑业发展思考[J]. 城市, 2016, (9)：69-74.

[2] 王江波. 高等教育立德树人对国家核心竞争力的作用研究[D]. 西安：电子科技大学, 2020.

[3] Carvalho D, Ferreira M A, Matos P. Lending relationships and the effect of bank distress：evidence from the 2007-2009 financial crisis[J]. Journal of Financial and Quantitative Analysis, 2015, 50(6)：1165-1197.

[4] Christopoulos A G, Dokas I G, Kalantonis P, et al. Investigation of financial distress with a dynamic logit based on the linkage between liquidity and profitability status of listed firms[J]. Journal of the Operational Research Society, 2019, 70(10)：1817-1829.

[5] Wu Y, Xu Y J, Li J Y. Feature construction for fraudulent credit card cash-out detection[J]. Decision Support Systems, 2019, 127：113155.

[6] Yeh C C, Lin F Y, Hsu C Y. A hybrid KMV model, random forests and rough set theory approach for credit rating[J]. Knowledge-Based Systems, 2012, 33：166-172.

[7] Chawla N V, Bowyer K W, Hall L O, et al. Smote：synthetic minority over-sampling technique[J]. Journal of Artificial Intelligence Research, 2002, 16(1)：321-357.

[8] 迟国泰, 张亚京, 石宝峰. 基于 Probit 回归的小企业信用评级模型及实证[J]. 管理科学学报, 2016, 19(6)：136-156.

[9] Wang T C, Chen Y H. Applying rough sets theory to corporate credit ratings[C]. IEEE International Conference：Service Operations and Logistics, and Informatics, 2006, 132-136.

[10] Desai V S, Crook J N, Overstreet G A. A comparison of neural networks and linear scoring models in the credit union environment[J]. European Journal of Operational Research, 1996, 95(1)：24-37.

[11] Bravo C, Maldonado S, Weber R. Granting and managing loans for micro-entrepreneurs：new developments and practical experiences[J]. European Journal of Operational Research, 2013, 227(2)：358-366.

[12] Djeundje V B, Crook J. Identifying hidden patterns in credit risk survival data using generalised additive models[J]. European Journal of Operational Research.2019, 277：366-376.

[13] Huang C, Dai C, Guo M. A hybrid approach using two-level DEA for financial failure prediction and integrated SE-DEA and GCA for indicators selection[J]. Applied Mathematics and Computation, 2015, 251：431-441.

[14] Xia Y F, Liu C Z, Li Y Y, et al. A boosted decision tree approach using bayesian hyper-parameter optimization for credit scoring[J]. Expert Systems with Applications, 2017, 78：225-241.

[15] 陈丽. 基于决策树最优组合的企业违约预测模型[D]. 大连：大连理工大学, 2019.

[16] West D. Neural network credit scoring models[J]. Computers & Operations Research, 2000, 27(11/12)：1131-1152.

[17] Hand D J, Henley W E. Statistical classification methods in consumer credit scoring：a review[J]. Journal of the Royal Statistical Society, 1997, 160：523-541.

[18] Abellán J, Mantas C J. Improving experimental studies about ensembles of classifiers for bankruptcy prediction and credit scoring[J]. Expert Systems with Applications, 2014, 41(8)：3825-3830.

[19] Fan Q, Wang Z, Li D D, et al. Entropy-based fuzzy support vector machine for imbalanced datasets[J]. Knowledge-Based Systems, 2017, 115：87-99.

[20] He H L, Zhang W Y, Zhang S. A novel ensemble method for credit scoring：adaption of different imbalance ratios[J]. Expert Systems with Applications, 2018, 98：105-117.

[21] Campbell J Y, Hilscher J, Szilagyi J. In search of distress risk[J]. The Journal of Finance, 2008, 63(6)：2899-2939.

[22] Finlay S. Multiple classifier architectures and their application to credit risk assessment[J]. European Journal of Operational Research, 2011, 210(2)：368-378.

[23] Iyer R, Khwaja A I, Luttmer E F P, et al Screening peers softly：inferring the quality of small borrowers[J]. Management Science, 2016, 62：1554-1577.

[24] Berg T, Burg V, Gombovic A, et al. On the rise of fintechs：credit scoring using digital footprints[J]. The Review of Financial Studies, 2020, 33：2845-2897.

[25] Geng R B, Bose I, Chen X. Prediction of financial distress：an empirical study of listed chinese companies using data mining[J]. European Journal of Operational Research, 2015, 241(1)：236-247.

[26] Junior L M, Nardini F M, Renso C, et al. A novel approach to define the local region of dynamic selection techniques in imbalanced credit scoring problems[J]. Expert Systems with Applications, 2020, 152：113351.

[27] Jones S. Corporate bankruptcy prediction：a high dimensional analysis[J]. Review of Accounting Studies, 2017, 22：1366-1422.

[28] Doshi-Velez F, Kim B. Towards a rigorous science of interpretable machine learning[EB/OL]. https://arxiv.org/abs/1702.08608 [2017-02-28].
[29] Zhu X Q, Li J P, Wu D S, et al. Balancing accuracy, complexity and interpretability in consumer credit decision making：a C-TOPSIS classification approach[J]. Knowledge Based Systems, 2013, 52：258-267.
[30] 迟国泰, 石宝峰. 基于信用等级与违约损失率匹配的信用评级系统与方法[P]. 中国专利, 201210201461.6. 2012-11-14.
[31] Ken B. Business Statistics：Contemporary Decision Making[M]. Hoboken：John Wiley and Sons, 2009.
[32] Liu L, Liu Q G, Tian G, et al. Government connections and the persistence of profitability：evidence from chinese listed firms[J]. Emerging Markets Review, 2018, 36：110-129.
[33] 张建军. "危"与"机"：全球主要股灾背景下的救市措施与 A 股选择[J]. 中国市场, 2015, (51)：37-41.
[34] 张卫东. 中美贸易战对沪深股市相关板块影响研究[D]. 西安：西安理工大学, 2020.
[35] 张一飞. 国务院：建立融资性担保业务监管部际联席会议[J]. 中国经济导报, 2009, (B01).
[36] 邵宁. 实现国有企业和市场经济的融合——学习《关于深化国有企业改革的指导意见》[J]. 经济导刊, 2015, (12)：20-29.

第四篇

中国上市公司的信用特征分析及重点违约预警企业

第 19 章　不同行业的信用特征分析与信用指数趋势图

19.1　本章内容提要

本章是中国上市公司不同行业的信用特征分析，以及 2000~2023 年这 24 年信用指数和信用风险指数的趋势图。描述了上市公司的“制造行业”“信息传输、软件和信息技术服务行业”“批发和零售行业”等 9 个行业的信用指数和信用风险指数趋势，并预测了中国上市公司不同行业 2019~2023 年这 5 年的信用状况，为下文第 23 章的研究结论及政策建议提供依据。

应该指出以下内容。

(1)本章第 19.2 节的上市公司的行业信用特征分析，同时也出现在上文第 5 章第 5.10.1 节。

(2)本章第 19.3~19.11 节的上市公司“制造行业”“信息传输、软件和信息技术服务行业”“批发和零售行业”等 9 个行业的信用指数和信用风险指数趋势图，同时也出现在上文第 6~14 章的第 11 节和第 12 节。

上文第 5 章的分析侧重于违约预测、基本分析和计算，这里第 19 章则侧重于不同行业信用特征的描述和信用指数的应用分析。

19.2　上市公司的行业信用特征分析

19.2.1　上市公司不同行业的信用得分差异性检验

根据上文第 5 章表 5.29 第 3 列划分的 9 个行业，计算上文表 5.21 第 8 列对应这 9 个行业的信用得分平均值、最大值、最小值、标准差、中位数等，将计算结果列在表 19.1 第 3~7 列。其中，表 19.1 第 8 列的样本数量是 2000~2023 年这 24 年的上市公司总数，这里的总数包括相同企业不同年份的重复计数。例如，同一个企业 2000~2023 年这 24 年，则数量记为 24，其他企业的统计同理。

表 19.1　上市公司的行业信用特征描述表

(1)序号	(2)行业名称	(3)信用得分平均值	(4)信用得分最大值	(5)信用得分最小值	(6)信用得分标准差	(7)信用得分中位数	(8)样本数量
1	信息传输、软件和信息技术服务业	65.82	100.00	0.03	28.73	70.46	4 185
2	制造业	63.05	100.00	0.00	28.79	65.46	39 317
3	建筑业	59.73	99.75	0.00	27.56	59.52	1 844
4	文化、体育和娱乐业	59.40	100.00	0.12	29.26	63.29	1 020
5	其他行业	58.86	100.00	0.00	27.36	61.00	7 599
6	批发和零售业	57.32	100	0.00	27.13	59.20	2 427

续表

(1)序号	(2)行业名称	(3)信用得分平均值	(4)信用得分最大值	(5)信用得分最小值	(6)信用得分标准差	(7)信用得分中位数	(8)样本数量
7	采矿业	56.61	100.00	0.00	27.70	59.20	1 592
8	电力、热力、燃气及水生产和供应业	55.80	100	0.01	27.16	57.75	2 294
9	房地产业	52.10	100.00	0.01	25.08	53.42	2 908

表 19.1 第 3 列平均信用得分表明，中国上市公司的行业信用分布特征为："信息传输、软件和信息技术服务业""制造业""建筑业"这 3 个行业的信用资质最高；"文化、体育和娱乐业""其他行业""批发和零售业"这 3 个行业的信用资质居中；"采矿业""电力、热力、燃气及水生产和供应业""房地产业"这 3 个行业的信用资质最低。

同时，为检验两两行业之间的信用得分是否存在显著差异，本书采用曼-惠特尼 U 检验[1]来进行显著性水平检验。以"文化、体育和娱乐业"与"采矿业"为例，根据表 19.1 第 1 列第 4、7 行的序号排序和第 8 列第 4、7 行的企业数量，计算得到曼-惠特尼 U 检验统计量为 754 842.00，列入表 19.2 第 1 行第 3 列。通过查曼-惠特尼 U 检验统计量的显著性水平表，将对应的 p 值 0.001 列入表 19.2 第 1 行第 4 列。同理，将其他任意两个行业的曼-惠特尼 U 检验结果列在表 19.2 第 2~36 行。表 19.2 第 4 列中第 1 行、第 35 行和第 36 行的 p 值均小于等于 0.001，第 6 行和第 7 行的 p 值均小于 0.1，这说明上市公司不同行业之间信用特征差异显著。

表 19.2 上市公司的行业之间信用得分的差异性检验

(1)序号	(2)行业两两比较	(3)曼-惠特尼 U 检验统计量值	(4)p 值
1	"文化、体育和娱乐业"与"采矿业"	754 842.00***	0.001
…	…	…	…
3	"建筑业"与"文化、体育和娱乐业"	931 384	0.335
4	"电力、热力、燃气及水生产和供应业"与"采矿业"	1 787 697	0.133
5	"采矿业"与"批发和零售业"	2 704 150	0.254
6	"其他行业"与"文化、体育和娱乐业"	3 776 906	0.093
7	"电力、热力、燃气及水生产和供应业"与"批发和零售业"	3 809 167	0.015
…	…	…	…
35	"电力、热力、燃气及水生产和供应业"与"信息传输、软件和信息技术服务业"	3 695 331.00***	0.000
36	"其他行业"与"信息传输、软件和信息技术服务业"	13 270 897.00***	0.000

***表示在 99%的置信水平下存在显著差异

从表 19.2 中可以看出以下两点。

(1)信用特征具有显著差异的行业。"文化、体育和娱乐业"与"采矿业"，"电力、热力、燃气及水生产和供应业"与"信息传输、软件和信息技术服务业"，"其他行业"与"信息传输、软件和信息技术服务业"等 30 个两两行业之间信用特征差异显著(曼-惠特尼 U 检验的 p 值小于等于 0.001，说明这两个行业之间信用特征差异显著)。

(2)信用特征差异不显著的行业。"建筑业"与"文化、体育和娱乐业"，"电力、热力、燃气及水生产和供应业"与"采矿业"，"采矿业"与"批发和零售业"等 4 个两两行业间信用特征差异不显著(U 检验 p 值大于 0.1，说明这两个行业之间信用特征差异不显著)。

表 19.3 是上市公司不同行业的 2000~2023 年这 24 年的信用得分表。在表 19.3 中，第 2 列是行业名称，对应上文表 19.1 第 2 列的 9 个行业。第 3~21 列是 2000~2018 年这 19 年的信用得分判别值 $S_{(T+0)}$，来自上文第 5 章表 5.21 第 8 列 2000~2018 年的行业信用得分判别值。第 22~26 列是 2019~2023 年这 5 年的信用得分预测值 $S_{(T+m)}$ (m=1, 2, 3, 4, 5)，来自上文第 5 章表 5.21 第 8 列 2019~2023 年的行业信用得分预测值。第 27 列是信用得分的行业均值，等于第 3~26 列的算术平均值；第 27 列的信用得分不同行业均值越大，则对

应行业的信用资质越好。第 28 列是行业的信用资质水平，是根据第 27 列的信用得分不同行业均值 $\bar{S}$ 由大到小排序后的 1/3 和 2/3 两个分位点，区分出行业信用资质好、中、差的三种水平，以此来描述上市公司的行业信用特征分布。

表 19.3　上市公司不同行业的 2000~2023 年这 24 年的信用得分表

(1)序号	(2)行业名称	信用得分判别值 $S_{(T+0)}$			信用得分预测值 $S_{(T+m)}$(m=1, 2, 3, 4, 5)					(27)信用得分的行业均值 $\bar{S}$	(28)信用资质水平
		(3) 2000 年	…	(21) 2018 年	(22) 2019 年	(23) 2020 年	(24) 2021 年	(25) 2022 年	(26) 2023 年		
1	信息传输、软件和信息技术服务业	63.06	…	70.44	66.25	59.15	34.66	59.67	19.31	65.82	好
2	制造业	71.58	…	66.39	62.95	59.58	38.34	59.88	17.08	63.05	
3	建筑业	64.32	…	65.94	63.29	60.17	31.19	57.02	12.81	59.73	
4	文化、体育和娱乐业	64.83	…	72.21	67.39	59.89	40.41	59.80	15.13	59.40	中
5	其他行业	65.67	…	60.90	57.21	59.40	37.37	60.54	23.75	58.86	
6	批发和零售业	72.77	…	56.24	55.11	53.81	30.74	59.52	16.05	57.32	
7	采矿业	57.97	…	51.48	51.16	51.15	34.87	60.89	17.21	56.61	差
8	电力、热力、燃气及水生产和供应业	72.40	…	53.77	52.20	52.76	33.07	62.78	14.29	55.80	
9	房地产业	65.41	…	50.05	46.06	50.55	28.25	58.21	20.60	52.10	

19.2.2　以年份为横轴的不同行业信用特征分布图

图 19.1 是上市公司九个行业 2000~2023 年这 24 年以年份为横轴的信用特征分布图。图 19.1 是以上文表 19.3 第 3~26 列的列标识年份为横轴，以上文表 19.3 第 1~9 行第 3~26 列的信用得分为纵轴，做出的行业信用得分趋势图。

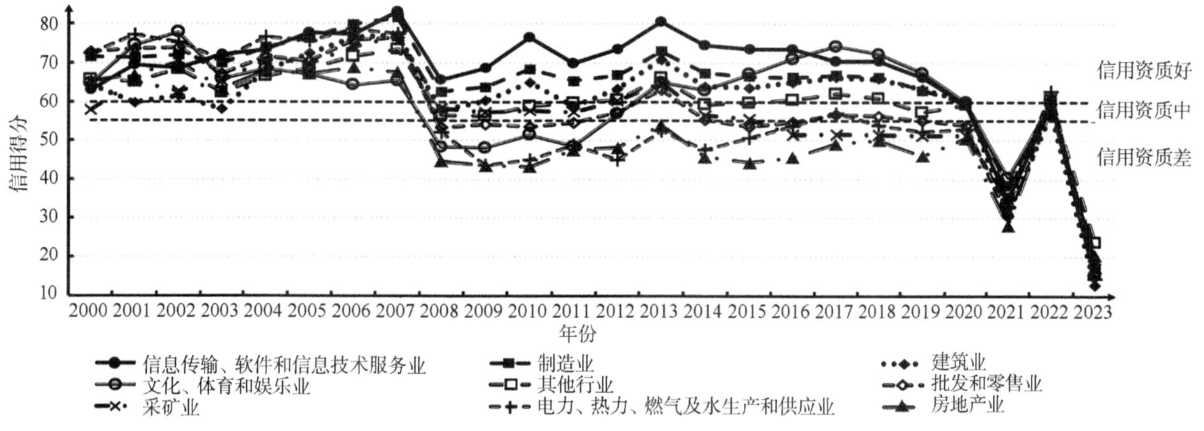

图 19.1　上市公司 9 个行业 2000~2023 年这 24 年的信用得分趋势图

例如，图 19.1 中是以表 19.3 第 3~26 列的列标识 2000~2023 年这 24 年的年份为横轴，以表 19.3 第 1 行第 3~26 列的信用得分为纵轴，做出的“信息传输、软件和信息技术服务业”信用得分趋势图。同理，表 19.3 第 2 列的其他八个行业也做出对应的信用得分折线图，同样画在图 19.1 中。

通过对图 19.1 所示的上市公司九个行业的信用得分趋势进行分析，可以得到以下两个方面的结论。

(1)中国上市公司的行业信用特征分布规律。“信息传输、软件和信息技术服务业”“制造业”“建筑业”这 3 个行业的信用资质最高，“文化、体育和娱乐业”“其他行业”“批发和零售业”这 3 个行业的信用资质居中，“采矿业”“电力、热力、燃气及水生产和供应业”“房地产业”这 3 个行业的信用资质最低。

(2)中国上市公司的行业信用特征随年份变化的规律。2000~2019 年行业信用得分波动整体较为平稳，但在 2020~2023 年信用状况波动较大。具体表现为：2020 年所有九个行业的平均信用得分均急剧下跌，至 2021 年信用得分到达低谷，于 2022 年有所反弹，但在 2023 年又呈现急剧下跌趋势。同时可以看出，虽然上市公司九个行业的信用得分趋势总体一致，但相比于“文化、体育和娱乐业”“批发和零售业”“采矿业”等其他 6 个信用资质居中和较差的行业，“信息传输、软件和信息技术服务业”“制造业”“建筑业”这 3 个信用资质较好行业的信用得分的下跌幅度要更小，抗风险能力相对较好。

19.2.3　以行业为横轴的 *T*+*m* 年信用特征分布图

图 19.2 是上市公司九个行业以行业为横轴的平均信用得分对比图。图 19.2 是以上文表 19.3 第 2 列的行业名称为横轴，以上文表 19.3 第 27 列第 1~9 行的平均信用得分为纵轴，做出的九个行业未来的平均信用得分对比图。图 19.2 中通过行业平均信用得分越高，信用资质越好，将九个行业分为信用资质好、中、差三个级别。

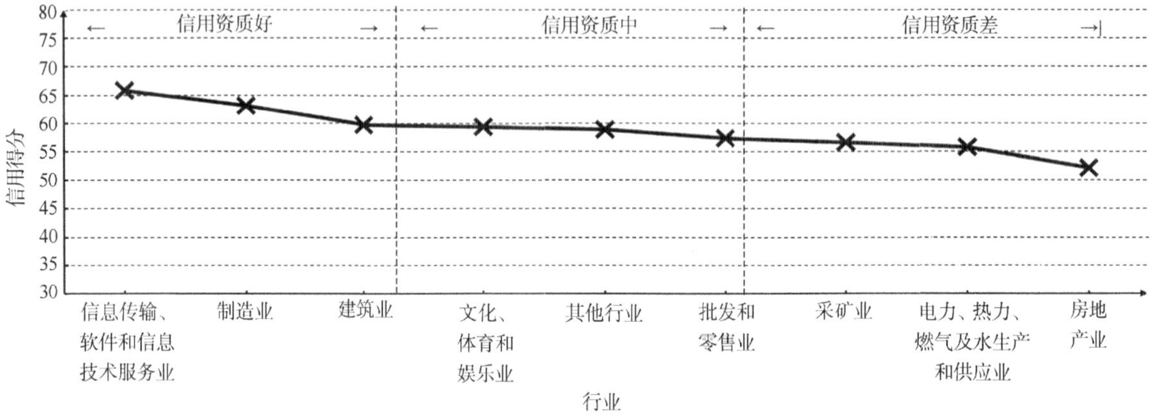

图 19.2　上市公司 9 个行业的平均信用得分对比图

图 19.2 中平均信用得分线倾斜向下，表示九个行业的信用得分随着横轴向右信用资质依次递减。说明中国上市公司的行业信用分布特征整体表现为：“信息传输、软件和信息技术服务业”“制造业”“建筑业”这 3 个行业的信用资质最高，“文化、体育和娱乐业”“其他行业”“批发和零售业”这 3 个行业的信用资质居中，“采矿业”“电力、热力、燃气及水生产和供应业”“房地产业”这 3 个行业的信用资质最低。

图 19.3 是上市公司九个行业未来 *T*+3 年以行业为横轴的信用得分对比图。通过对比未来 *T*+3 年九个行业的信用得分，深入挖掘出平均信用资质好，但在未来 *T*+3 年信用资质反而不好的典型行业。图 19.3 是以上文表 19.3 第 2 列的行业名称为横轴，以上文表 19.3 第 24 列第 1~9 行的信用得分为纵轴，做出的九个行业 2021 年(*T*+3)的信用得分对比图。图 19.3 中纵轴的信用得分越高，表示信用资质越好。

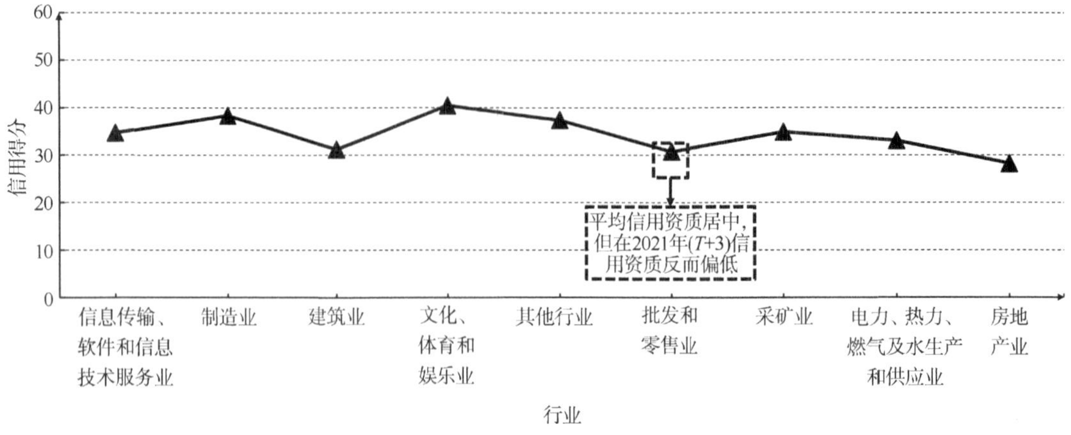

图 19.3　上市公司 9 个行业未来 *T*+3 年的信用得分对比图

由图 19.3 可知，在 2021 年(T+3)九个行业的信用得分对比中，“建筑业”“批发和零售业”“房地产业”的信用得分低，信用资质较差。综合上文图 19.2 平均信用得分图，得出结论有二：①平均信用资质高的“建筑业”，在 2021 年(T+3)的信用资质反而偏低，这说明 2021 年，建筑业可能会存在极高违约风险。②平均信用资质居中的“批发和零售业”，在 2021 年(T+3)的信用资质反而偏低，这说明 2021 年，“批发和零售业”可能会存在极高违约风险。

接下来以“建筑业”为例，说明平均信用资质高的“建筑业”在未来 T+m 年(m=0, 1, 2, 3, 4, 5)的信用特征并分析可能原因。其他“批发和零售业”同理，不再赘述。

图 19.4 是以上文表 19.3 第 21~26 列的列标识 2018~2023 年这 6 年的年份为横轴，以上文表 19.3 第 3 行第 21~26 列的信用得分为纵轴，做出的“建筑业”未来 T+m (m=0, 1, 2, 3, 4, 5)年的信用得分趋势图。

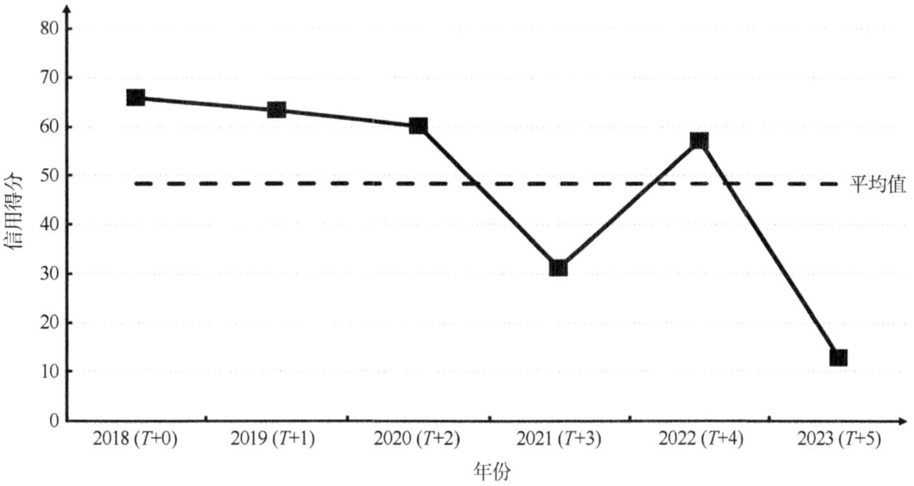

图 19.4　上市公司建筑业未来 T+m (m=0, 1, 2, 3, 4, 5)年的信用得分趋势图

由图 19.4 可知，平均信用资质高的“建筑业”在未来 T+0、T+1、T+2、T+4 这四年的信用得分高于平均值，但未来 T+3 年和 T+5 年信用得分低于平均水平，信用资质将变差；且未来 T+5 年的信用得分最低，说明“建筑业”未来 2023 年(T+5)的信用资质将更差，违约风险较高。2021 年(T+3)信用资质变差的可能原因是受 2020 年新冠疫情影响，建筑行业复工复产受到的影响相较其他类型行业更明显，所以建筑业不景气。2023 年(T+5)的信用资质将更差的可能原因是在科技创新型新经济模式冲击下，传统建筑业可能受到明显冲击且可能出现较大的泡沫，所以建筑业信用资质更差。

19.2.4　上市公司的行业信用特征分析小结

综上，中国上市公司的行业信用分布特征为“信息传输、软件和信息技术服务业”“制造业”“建筑业”这 3 个行业的信用资质最高，“文化、体育和娱乐业”“其他行业”“批发和零售业”这 3 个行业的信用资质居中，“采矿业”“电力、热力、燃气及水生产和供应业”“房地产业”这 3 个行业的信用资质最低。“建筑业”的平均信用资质高，但在 2021 年和 2023 年的信用资质反而不高。

19.3　制 造 行 业

19.3.1　制造行业 2000~2023 年 24 年的信用指数趋势图

制造行业的信用指数的计算如上文第 6 章第 6.11 节所示，不再赘述。将制造行业上市公司的信用指数计算结果列入表 19.4 第 3~5 列。

表 19.4 上市公司制造行业的 2000~2023 年这 24 年的信用指数表

(1)序号	(2)年份	(3)资产总额前 10%的年度信用指数 $CI^{A}_{(T+m)}$	(4)负债总额前 10%的年度信用指数 $CI^{L}_{(T+m)}$	(5)基于资产总额加负债总额的年度信用指数 $CI^{A+L}_{(T+m)}$
1	2000	1000.00	1000.00	1000.00
2	2001	1081.64	1074.09	1057.88
3	2002	1143.19	1179.29	1135.81
…	…	…	…	…
8	2007	1195.32	1294.99	1219.13
9	2008	1118.19	1202.03	1134.11
10	2009	1189.76	1291.39	1211.77
…	…	…	…	…
15	2014	793.69	802.31	788.68
16	2015	893.70	914.51	892.27
…	…	…	…	…
20	2019	845.43	886.64	844.62
21	2020	918.71	961.23	917.81
…	…	…	…	…
24	2023	324.84	318.43	318.67

表 19.4 中，信用指数趋势一共分成两段：第一段为 2000~2018 年这 19 年，为已知数据的违约判别。第二段为 2019~2023 年这 5 年，为根据已知数据进行的违约预测。

图 19.5 是制造行业上市公司信用指数走势图，是以表 19.4 第 2 列的年份为横轴，以表 19.4 第 3~5 列的信用指数为纵轴，做出的信用指数走势图。

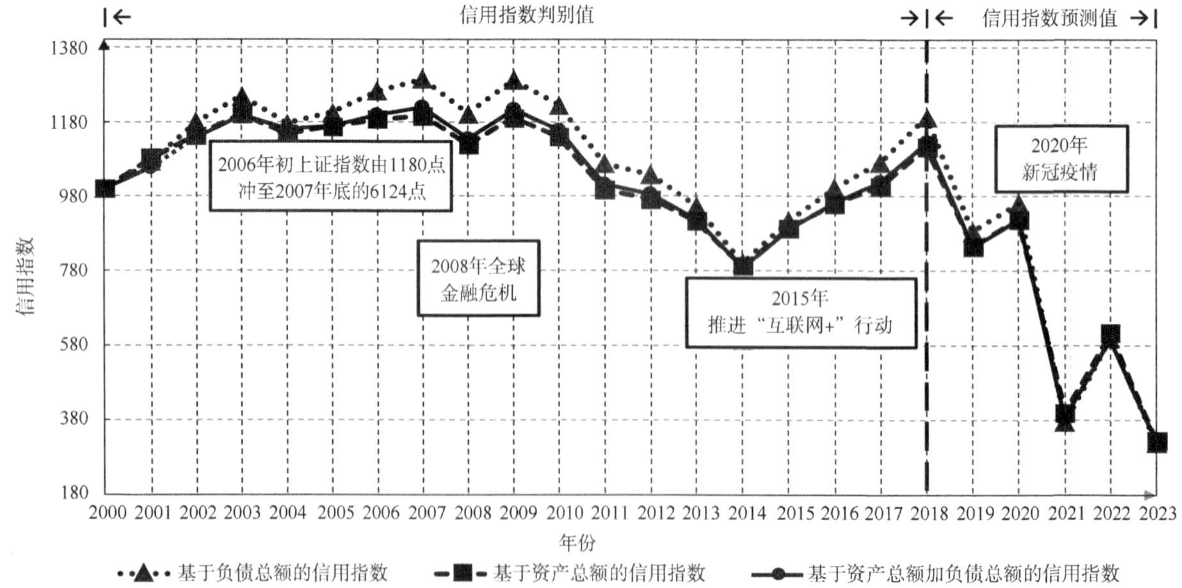

图 19.5 上市公司制造行业的年度信用指数走势图

中国上市公司制造行业 2000~2018 年这 19 年信用指数的发展规律，以及预测的 2019~2023 年这 5 年信用指数趋势如图 19.5 所示。

1. 2000~2018 年这 19 年中国上市公司制造行业信用指数的发展规律及原因分析

(1)中国上市公司制造行业 2000~2018 年这 19 年信用指数发展规律。总体上看，2000~2007 年信用指数呈现上升趋势，2007~2008 年出现小幅下降后，2008~2009 年出现小幅增长，2009~2014 年信用指数呈现急剧下降趋势，2014 年出现增长拐点，2014~2018 年出现上升趋势。

(2)中国上市公司制造行业 2000~2018 年这 19 年信用指数发展的可能宏观原因分析。2000~2003 年信用指数呈现上升趋势，2003~2004 年出现小幅下降后，2004~2007 年信用指数呈现小幅平稳上升趋势，这与当时的“2006 年初上证指数由 1180 冲至 2007 年底的 6124 点”[2]的具体事件有关。2007~2008 年信用指数呈现下跌趋势是受“2008 年全球金融危机”[3]的影响，导致 2009~2014 年信用指数整体呈现急剧下跌趋势。

(3)中国上市公司制造行业 2000~2018 年这 19 年信用指数发展的可能政策原因分析：2014~2018 年信用指数稳步增长，中国制造业经历了飞速发展，总体规模出现了大幅提升，综合实力不断增强，这与 2015 年 7 月，国务院发布《关于积极推进“互联网+”行动的指导意见》有关[4]，相关政策文件的出台促进了互联网与制造业的融合，使制造行业的数字化、网络化水平得到提升，有力推动和发展制造行业的转型升级。

2. 2019~2023 年这 5 年中国上市公司制造行业信用指数的趋势预测

(1)中国上市公司制造行业 2019~2023 年这 5 年信用指数趋势。中国 A 股制造行业市场 2018~2019 年信用指数处于下滑阶段，2019 年出现拐点，2019~2020 年信用指数呈缓慢回升趋势，2020 年出现拐点，在 2020~2021 年信用指数呈现急剧下跌趋势，2021 年出现拐点，2021~2022 年信用指数呈现小幅增长趋势，但在 2022~2023 年再次呈现下滑趋势。

(2)中国上市公司制造行业 2019~2023 年这 5 年信用指数趋势的原因分析。受 2020 年新冠疫情的影响，宏观经济环境动荡，制造行业的发展经营及融资受影响，导致 A 股制造行业市场的信用指数在 2020~2021 年出现剧烈下滑；随着疫情形势逐渐得到控制，国家采取一系列措施恢复经济，促使 A 股制造行业市场的信用指数在 2021~2022 年出现小幅回升趋势；随着数字化时代的到来，由于众多制造行业公司的数字化水平较低，无法适应数字化技术的飞速发展，因而在数字化革命中再次受到挤压，导致 A 股制造业市场的信用指数在 2022~2023 年再次出现下跌趋势。

19.3.2　制造行业 2000~2023 年 24 年的信用风险指数趋势图

制造行业的信用风险指数的计算如上文第 6 章第 6.12 节所示，不再赘述。将制造行业上市公司的信用风险指数计算结果列入表 19.5 第 3~5 列。

表 19.5　上市公司制造行业的 2000~2023 年这 24 年的信用风险指数表

(1)序号	(2)年份	(3)资产总额前 10%的年度信用风险指数 $CRI^{A}_{(T+m)}$	(4)负债总额前 10%的年度信用风险指数 $CRI^{L}_{(T+m)}$	(5)基于资产总额加负债总额的年度信用风险指数 $CRI^{A+L}_{(T+m)}$
1	2000	1000.00	1000.00	1000.00
2	2001	655.48	795.85	782.75
3	2002	395.70	506.02	490.24
…	…	…	…	…
8	2007	175.68	187.25	177.52
9	2008	501.20	443.36	496.63
10	2009	199.17	197.17	205.14
…	…	…	…	…
15	2014	1870.71	1544.69	1793.18
16	2015	1448.61	1235.54	1404.33
…	…	…	…	…
20	2019	1652.35	1312.34	1583.22
21	2020	1343.08	1106.82	1308.51
…	…	…	…	…
24	2023	3849.38	2877.88	3557.28

表 19.5 中，信用风险指数趋势一共分成如下两段。

第一段为 2000~2018 年这 19 年，为已知数据的违约判别。

第二段为 2019~2023 年这 5 年，为根据已知数据进行的违约预测。

以表 19.5 第 2 列的年份为横轴，分别以第 3~5 列的年度信用风险指数为纵轴，做出上市公司制造行业的年度信用风险指数走势图，如图 19.6 所示。

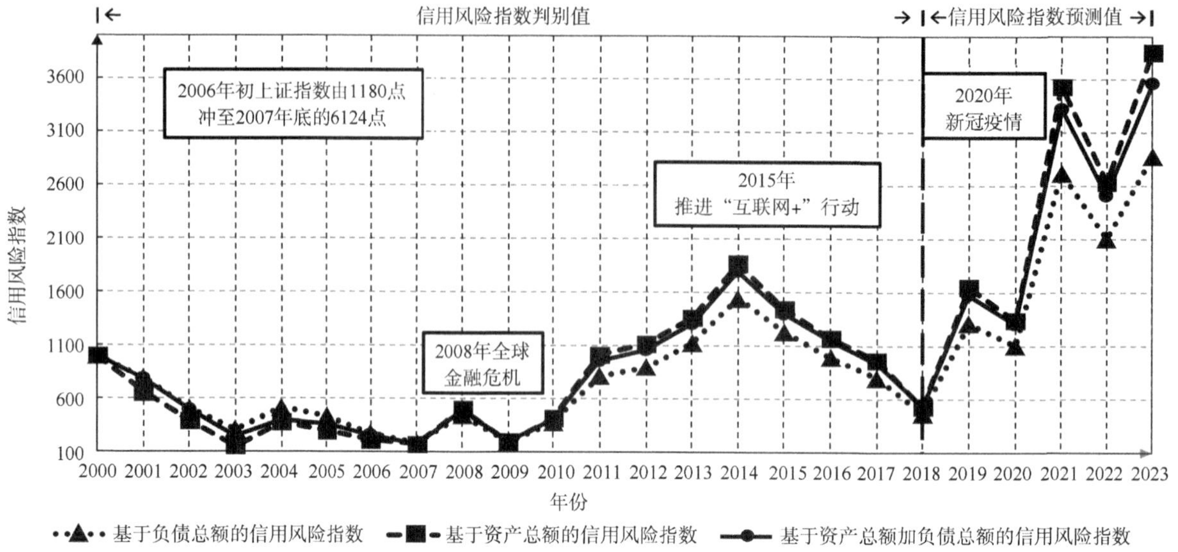

图 19.6 上市公司制造行业的年度信用风险指数走势图

中国上市公司制造行业 2000~2018 年这 19 年信用风险指数的发展规律，以及预测的 2019~2023 年这 5 年信用风险指数趋势如图 19.6 所示。

1. 2000~2018 年这 19 年中国上市公司制造行业信用风险指数的发展规律及原因分析

(1)中国上市公司制造行业 2000~2018 年这 19 年信用风险指数发展规律。总体上看，2000~2003 年信用风险指数呈现下跌趋势，2003~2004 年出现小幅增长，2004~2007 年信用风险指数出现下降趋势，2007~2008 年信用风险指数呈现上升趋势，2008 年出现下降拐点，2008~2009 年信用风险指数出现下跌，2009 年出现增长拐点，2009~2014 年信用风险指数呈现上升趋势，2014 年出现下降拐点，2014~2018 年呈现急剧下跌趋势。

(2)中国上市公司制造行业 2000~2018 年这 19 年信用风险指数宏观原因分析。2000~2003 年信用风险指数呈现下跌趋势，这与 2001 年中国加入 WTO 有关，为我国制造业发展提供了国际市场和国际环境，提高了我国制造业的国际竞争力，促使制造业得到飞速发展[5]。2007~2008 年信用风险指数呈现上升趋势，这也与当时的"2008 年全球金融危机"[3]有关。

(3)中国上市公司制造行业 2000~2018 年这 19 年信用风险指数发展的政策原因分析。2014~2018 年信用风险指数呈现下跌趋势，这与 2015 年 7 月国务院发布《关于积极推进"互联网+"行动的指导意见》有关[4]，相关政策文件的出台促进了互联网与制造业的融合，使制造行业的数字化、网络化水平得到提升，有力推动和发展制造行业的转型升级，导致上市公司制造行业的信用风险降低。

2. 2019~2023 年这 5 年中国上市公司制造行业信用风险指数的趋势预测

(1)中国上市公司制造行业 2019~2023 年这 5 年信用风险指数趋势。中国 A 股制造行业市场 2018~ 2019 年的信用风险指数处于上升阶段，2019 年出现拐点，2019~2020 年信用风险指数呈小幅下跌趋势，2020 年出现拐点，在 2020~2021 年信用风险指数呈现急剧上升趋势，2021 年出现拐点，2021~2022 年信用风险指数呈现下滑趋势，但在 2022~2023 年再次呈现上升趋势。

(2)中国上市公司制造行业 2019~2023 年这 5 年信用风险指数趋势的原因分析。受 2020 年新冠疫情的影响，宏观经济环境动荡，制造行业的发展经营及融资受影响，导致 A 股制造行业市场的信用风险指数在

2020~2021 年出现急剧上升；随着疫情形势逐渐得到控制，国家采取一系列措施恢复经济，促使 A 股制造行业市场的信用风险指数在 2021~2022 年出现小幅下滑趋势；随着数字化时代的到来，由于众多制造行业公司的数字化水平较低，无法适应数字化技术的飞速发展，因而在数字化革命中再次受到挤压，A 股制造业市场的信用风险指数在 2022~2023 年再次出现上升趋势。

19.4　信息传输、软件和信息技术服务行业

19.4.1　信息传输、软件和信息技术服务行业 2000~2023 年 24 年的信用指数趋势图

信息传输、软件和信息技术服务行业的信用指数的计算如上文第 7 章第 7.11 节所示。不再赘述。将信息传输、软件和信息技术服务行业上市公司的信用指数计算结果列入表 19.6 第 3~5 列。

表 19.6　上市公司信息传输、软件和信息技术服务行业 2000~2023 年这 24 年的信用指数表

(1)序号	(2)年份	(3)资产总额前 10%的年度信用指数 $CI^{A}_{(T+m)}$	(4)负债总额前 10%的年度信用指数 $CI^{L}_{(T+m)}$	(5)基于资产总额加负债总额的年度信用指数 $CI^{A+L}_{(T+m)}$
1	2000	1000.00	1000.00	1000.00
2	2001	919.94	924.05	913.08
3	2002	427.70	432.64	429.24
…	…	…	…	…
8	2007	1092.57	998.52	1055.86
9	2008	759.65	727.34	747.26
10	2009	166.41	120.46	153.94
…	…	…	…	…
15	2014	302.67	242.30	270.49
16	2015	332.74	209.67	286.10
…	…	…	…	…
20	2019	1172.92	1056.87	1146.56
21	2020	1192.17	1068.97	1168.45
…	…	…	…	…
24	2023	128.29	117.19	136.70

表 19.6 中，信用指数趋势一共分成以下两段。

第一段为 2000~2018 年这 19 年，为已知数据的违约判别。

第二段为 2019~2023 年这 5 年，为根据已知数据进行的违约预测。

图 19.7 是信息传输、软件和信息技术服务行业上市公司信用指数走势图，是以表 19.6 第 2 列的年份为横轴，以表 19.6 第 3~5 列的信用指数为纵轴，做出的信用指数走势图。

中国上市公司信息传输、软件和信息技术服务行业 2000~2018 年这 19 年信用指数的发展规律，以及预测的 2019~2023 年这 5 年信用指数趋势如图 19.7 所示。

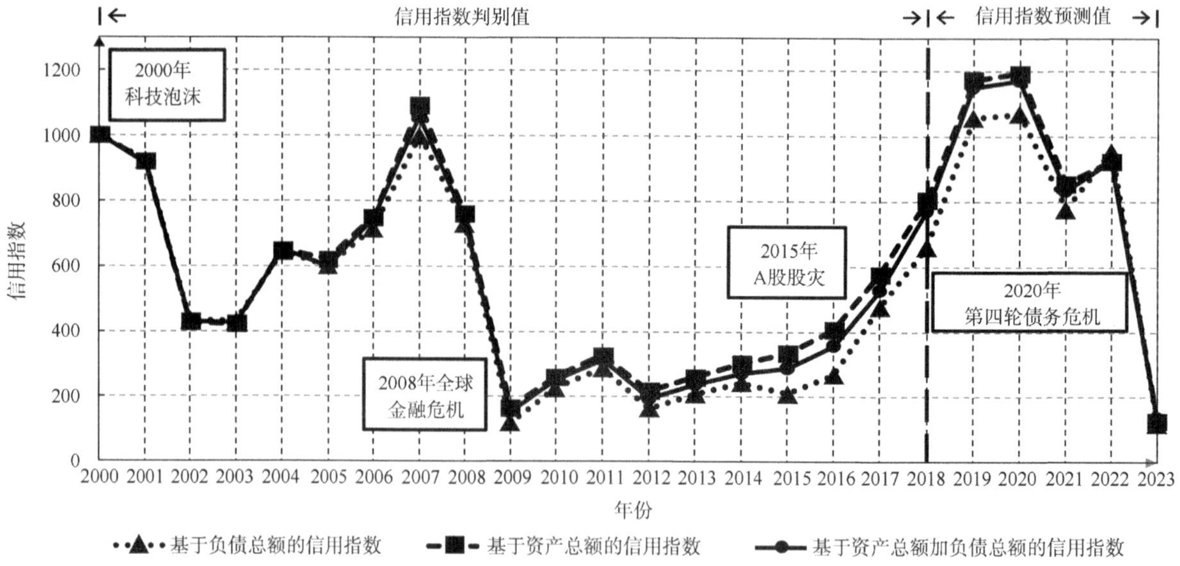

图 19.7 上市公司信息传输、软件和信息技术服务行业的年度信用指数走势图

1. 2000~2018 年这 19 年中国上市公司信息传输、软件和信息技术服务行业信用指数的发展规律及原因分析

(1)中国上市公司信息传输、软件和信息技术服务行业 2000~2018 年这 19 年信用指数发展规律。总体上看，2000~2003 年信息传输、软件和信息技术服务行业信用指数呈现大幅度下降趋势，从 2000 年的 1000 点跌倒 2003 年的 423.99 点，下降幅度达到 57.6%。于 2004 年初开始升高，在 2007 年出现第一次大幅下降拐点，从 2007 年的 1055.86 点下降到 2009 年的 153.94 点，下降幅度为 85.42%左右，并且跌破历史最低点。2009~2011 年出现小幅度上升，到 2011~2012 年信用指数出现下降，2012~2018 年恢复稳步波动增长趋势。

(2)中国上市公司信息传输、软件和信息技术服务行业 2000~2018 年这 19 年信用指数发展的宏观原因分析。2000~2003 年信用指数呈现大幅度下降趋势，这与当时的“2000 年科技泡沫”[6]有关。受当时经济高速发展、股权分置改革、人民币升值等利好情况的影响，2003~2007 年信用指数呈现上升趋势，趋势从 2004 年的 600 点上升到 2007 的 1000 点左右，上升幅度约达 66.67%。受“2008 年全球金融危机”[3]的影响，2007 年末至 2009 年信用指数出现第一次拐点，急剧下跌。

(3)中国上市公司信息传输、软件和信息技术服务行业 2000~2018 年这 19 年信用指数发展的政策原因分析。2014~2015 年信用指数出现缓慢上升的原因在于，中国人民银行等六部门发布的《关于大力推进体制机制创新 扎实做好科技金融服务的意见》[7]推行的金融创新促进了杠杆融资和互联网借贷业务的发展。

2. 2019~2023 年这 5 年中国上市公司信息传输、软件和信息技术服务行业信用指数的趋势预测

(1)中国上市公司信息传输、软件和信息技术服务行业 2019~2023 年这 5 年信用指数趋势。2019~2020 年信用指数呈现缓慢上升趋势，但在 2020~2021 年之后呈现信用指数下跌趋势，在 2021~2022 年出现回升趋势，在 2022 年出现拐点，在 2022~2023 年信用指数呈现急剧的大幅度下降，且下降的幅度远超往年下降幅度，信用指数在 2023 年到达最低值。

(2)中国上市公司信息传输、软件和信息技术服务行业 2019~2023 年这 5 年信用指数趋势的原因分析。2020~2021 年呈现信用指数下跌趋势，但随着疫情形势逐渐得到控制，国家采取一系列措施恢复经济，促使 A 股信息传输、软件和信息技术服务业市场的信用指数在 2021 出现回升，但在 2022 年出现拐点，2022~2023 年信用指数呈现急剧的大幅度下降，且下降的幅度远超往年下降幅度，信用指数在 2023 年到达最低值。猜测可能造成下跌的原因是全球正在经历第四次债务危机，目前世界银行已经就新一轮全球债务危机发出警告，此次危机会使新兴行业和新兴市场无力偿还到期债务，这将会导致上市公司信息传输、软

件和信息技术服务行业信用指数整体下滑。

19.4.2　信息传输、软件和信息技术服务行业 2000~2023 年 24 年的信用风险指数趋势图

信息传输、软件和信息技术服务行业的信用风险指数的计算如上文第 7 章第 7.12 节所示，不再赘述。将信息传输、软件和信息技术服务行业上市公司的信用风险指数计算结果列入表 19.7 第 3~5 列。

表 19.7　中国上市公司信息传输、软件和信息技术服务行业 2000~2023 年这 24 年的信用风险指数表

(1)序号	(2)年份	(3)资产总额前 10%的年度信用风险指数 $CRI^{A}_{(T+m)}$	(4)负债总额前 10%的年度信用风险指数 $CRI^{L}_{(T+m)}$	(5)基于资产总额加负债总额的年度信用风险指数 $CRI^{A+L}_{(T+m)}$
1	2000	1000.00	1000.00	1000.00
2	2001	1267.37	1235.37	1282.89
3	2002	2910.17	2756.74	2857.74
…	…	…	…	…
8	2007	691.03	1004.59	818.17
9	2008	1802.22	1844.24	1822.62
…	…	…	…	…
20	2019	422.83	823.91	522.96
21	2020	358.59	786.45	451.72
…	…	…	…	…
24	2023	3909.48	3733.49	3809.92

表 19.7 中，信用风险指数趋势一共分成以下两段。

第一段为 2000~2018 年这 19 年，为已知数据的违约判别。

第二段为 2019~2023 年这 5 年，为根据已知数据进行的违约预测。

以表 19.7 第 2 列的年份为横轴，分别以第 3~5 列的年度信用风险指数为纵轴，做出上市公司制造行业的年度信用风险指数走势图，如图 19.8 所示。

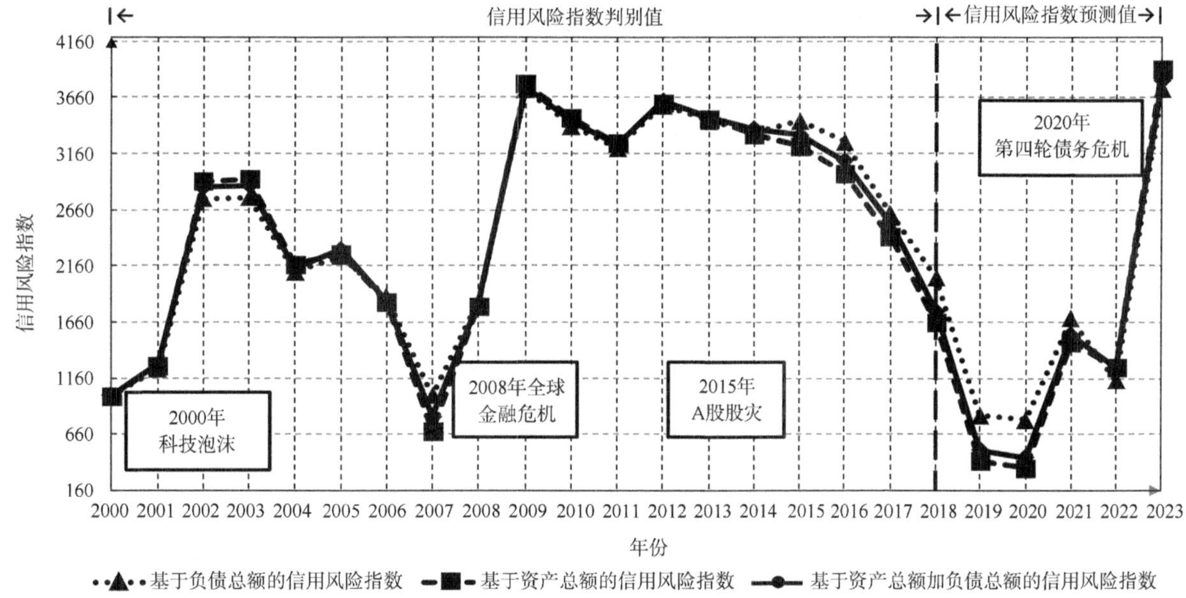

图 19.8　上市公司信息传输、软件和信息技术服务行业样本的年度信用风险指数走势图

中国上市公司信息传输、软件和信息技术服务行业 2000~2018 年这 19 年信用风险指数的发展规律，以及预测的 2019~2023 年这 5 年信用风险指数趋势如图 19.8 所示。

1. 2000~2018 年这 19 年中国上市公司信息传输、软件和信息技术服务行业信用风险指数的发展规律及原因分析

(1)中国上市公司信息传输、软件和信息技术服务行业 2000~2018 年这 19 年信用风险指数发展规律。2000~2003 年信息传输、软件和信息技术服务行业信用风险指数呈现大幅度上升趋势，从 2000 年的 1000 点上升到 2003 年的 2874.82 点，上升幅度达到 187.5%左右，在 2007 年出现第一次信用风险指数大幅度上升拐点，从 2007 年的 818.17 点上升到 2009 年的 3753.8 点，并冲破信用风险指数历史最高点，2009 年开始出现下降趋势。

(2)中国上市公司信息传输、软件和信息技术服务行业 2000~2018 年这 19 年信用风险指数发展的宏观原因分析。2008 年信用风险指数升高，违约风险急剧升高可能是受“2008 年全球金融危机”[3]的宏观环境恶化影响，导致中国 A 股市场违约风险极大。

(3)中国上市公司信息传输、软件和信息技术服务行业 2000~2018 年这 19 年信用风险指数发展的政策原因分析。2014 年出现信用风险指数由小到大的较大违约风险拐点的政策原因可能是，2004 年 1 月 31 日，《国务院关于推进资本市场改革开放和稳定发展的若干意见》 (简称“国九条”)明确了资本市场的作用和任务带来 A 股融资市场风险不确定性增大，进而导致上市公司违约风险升高。

2. 2019~2023 年这 5 年中国上市公司信息传输、软件和信息技术服务行业信用风险指数的趋势预测

(1)中国上市公司信息传输、软件和信息技术服务行业 2019~2023 年这 5 年信用风险指数趋势。2019~2020 年信用风险指数呈现下降趋势，2020~2021 年信用风险指数急剧上升，违约风险极高。2021~2022 年小幅下降后，并在 2022~2023 年信用风险指数再次上升。2021~2023 年的信用风险指数居高不下，这说明违约风险持续较大。

(2)中国上市公司信息传输、软件和信息技术服务行业 2019~2023 年这 5 年信用风险指数趋势的原因分析。2019~2020 年信用风险指数呈现下降趋势，而在 2020~2021 年呈现信用风险指数上升趋势，但随着疫情形势逐渐得到控制，国家采取一系列措施恢复经济，促使 A 股信息传输、软件和信息技术服务业市场的信用指数在 2022 年出现拐点， 2022~2023 年信用风险指数呈现大幅度上升，信用风险指数在 2023 年到达最高值。猜测可能造成信用风险指数上升的原因是全球正在经历第四次债务危机，目前世界银行已经就新一轮全球债务危机发出警告，此次危机会使新兴行业和新兴市场无力偿还到期债务，这将会导致上市公司信息传输、软件和信息技术服务行业信用风险指数整体上升。该结论与上市公司信息传输、软件和信息技术服务行业样本信用指数的结论具有一致性。

19.5 批发和零售行业

19.5.1 批发和零售行业 2000~2023 年 24 年的信用指数趋势图

批发和零售行业的信用指数的计算如上文第 8 章第 8.11 节所示，不再赘述。将批发和零售行业上市公司的信用指数计算结果列入表 19.8 第 3~5 列。

表 19.8 上市公司批发和零售行业 2000~2023 年这 24 年的信用指数表

(1)序号	(2)年份	(3)资产总额前 10%的年度信用指数 $CI^{A}_{(T+m)}$	(4)负债总额前 10%的年度信用指数 $CI^{L}_{(T+m)}$	(5)基于资产总额加负债总额的年度信用指数 $CI^{A+L}_{(T+m)}$
1	2000	1000.00	1000.00	1000.00

续表

(1)序号	(2)年份	(3)资产总额前 10%的年度信用指数 $CI^{A}_{(T+m)}$	(4)负债总额前 10%的年度信用指数 $CI^{L}_{(T+m)}$	(5)基于资产总额加负债总额的年度信用指数 $CI^{A+L}_{(T+m)}$
2	2001	898.09	964.29	973.79
3	2002	570.33	417.83	524.34
…	…	…	…	…
8	2007	441.13	279.77	483.03
9	2008	536.34	371.59	484.66
10	2009	131.79	83.86	144.04
…	…	…	…	…
15	2014	628.03	502.24	600.27
16	2015	456.21	427.21	492.02
17	2016	787.77	692.14	785.73
…	…	…	…	…
20	2019	2483.98	3328.00	2930.22
21	2020	1792.82	2023.70	2056.31
22	2021	2102.00	2670.36	2472.96
…	…	…	…	…
24	2023	404.98	559.44	446.47

表 19.8 中，信用指数趋势一共分成以下两段。

第一段为 2000~2018 年这 19 年，为已知数据的违约判别。

第二段为 2019~2023 年这 5 年，为根据已知数据进行的违约预测。

图 19.9 是批发和零售行业上市公司信用指数走势图，是以表 19.8 第 2 列的年份为横轴，以表 19.8 第 3~5 列的信用指数为纵轴，做出的信用指数走势图。

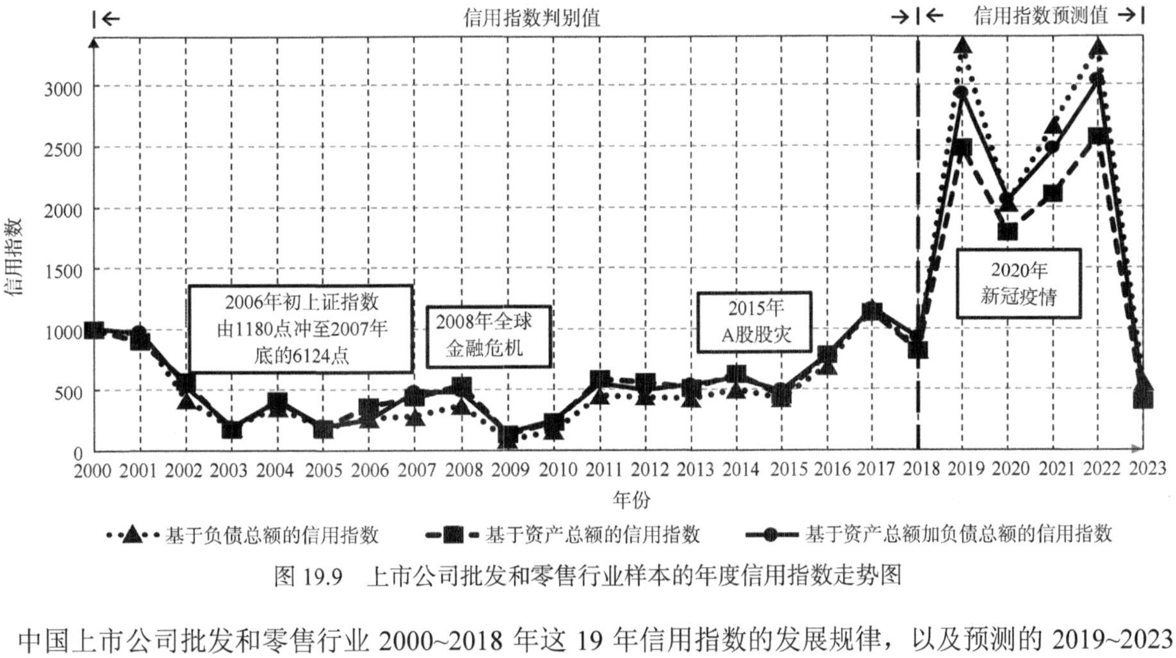

图 19.9　上市公司批发和零售行业样本的年度信用指数走势图

中国上市公司批发和零售行业 2000~2018 年这 19 年信用指数的发展规律，以及预测的 2019~2023 年这 5 年信用指数趋势如图 19.9 所示。

1. 2000~2018 年这 19 年中国上市公司批发和零售行业信用指数的发展规律及原因分析

(1)中国上市公司批发和零售行业 2000~2018 年这 19 年信用指数发展规律。2000~2003 年信用指数下跌，2005~2008 年小幅上涨，2008~2009 年下跌，2009~2014 年上升，2014~2015 年小幅下跌，2015~2017 年上升，2017~2018 年下跌。

(2)中国上市公司批发和零售行业 2000~2018 年这 19 年信用指数发展的宏观原因分析。2005~2008 年信用指数呈现上升趋势，这也与当时的“2006 年初上证指数由 1180 冲至 2007 年底的 6124 点”[2]有关。2008~2009 年信用指数下跌，这与“2008 年全球金融危机”[3]有关。2015~ 2017 年信用指数呈现上升趋势，这与消费需求的多元化发展，超级市场、专卖店、便利店等多种零售业迅速发展，新型零售业不断兴起，零售业态种类逐渐丰富有着密不可分的关系。

(3)中国上市公司批发和零售行业 2000~2018 年这 19 年信用指数发展的政策原因分析。2012~2014 年信用指数稳步增长，中国上市公司批发和零售行业经历了飞速发展。这与 2012 年 9 月，国务院办公厅发布《国内贸易发展“十二五”规划》，提出积极发挥中央财政资金的促进作用，重点支持农产品流通、生活服务业、连锁经营企业发展有关，相关政策文件的出台促进了批发和零售行业的高速发展。

2. 2019~2023 年这 5 年中国上市公司批发和零售行业信用指数的趋势预测

(1)中国上市公司批发和零售行业 2018~2023 年这 6 年信用指数趋势。中国 A 股整体市场在 2018~2023 这 6 年信用指数呈“M”形态势，即 2018~2019 呈上升态势，2019 年出现拐点，2019~2020 年信用指数小幅下跌，2020 年出现拐点，2020~2022 年急剧上升，2022 年出现拐点，在 2022~2023 呈现更为明显的下跌趋势。

(2)中国上市公司批发和零售行业 2019~2023 年这 5 年信用指数趋势的原因分析。在 2020~2022 年呈现上升趋势的原因可能是，受 2020 年新冠疫情的持续影响，我国的境外货物输入减少，国内的批发和零售业占据了更多的市场份额，导致 A 股批发和零售行业市场的信用指数在 2020~ 2022 年出现上升趋势。

19.5.2 批发和零售行业 2000~2023 年 24 年的信用风险指数趋势图

批发和零售行业的信用风险指数的计算如上文第 8 章第 8.12 节所示，不再赘述。将制造行业上市公司的信用风险指数计算结果列入表 19.9 第 3~5 列。

表 19.9 上市公司批发和零售行业 2000~2023 年这 24 年的信用风险指数表

(1)序号	(2)年份	(3)资产总额前 10%的年度信用风险指数 $CRI^{A}_{(T+m)}$	(4)负债总额前 10%的年度信用风险指数 $CRI^{L}_{(T+m)}$	(5)基于资产总额加负债总额的年度信用风险指数 $CRI^{A+L}_{(T+m)}$
1	2000	1000.00	1000.00	1000.00
2	2001	1053.81	1012.18	1010.76
3	2002	1227.13	1198.78	1195.87
…	…	…	…	…
8	2007	1295.43	1245.92	1212.88
9	2008	1245.09	1214.57	1212.21
10	2009	1458.95	1312.81	1352.47
…	…	…	…	…
17	2016	1112.19	1105.12	1088.23
…	…	…	…	…
24	2023	1314.54	1150.43	1227.93

表 19.9 中，信用风险指数趋势一共分成以下两段。

第一段为 2000~2018 年这 19 年，为已知数据的违约判别。

第二段为 2019~2023 年这 5 年，为根据已知数据进行的违约预测。

以表 19.9 第 2 列的年份为横轴，分别以第 3~5 列的年度信用风险指数为纵轴，做出上市公司批发和零售行业的年度信用风险指数走势图，如图 19.10 所示。

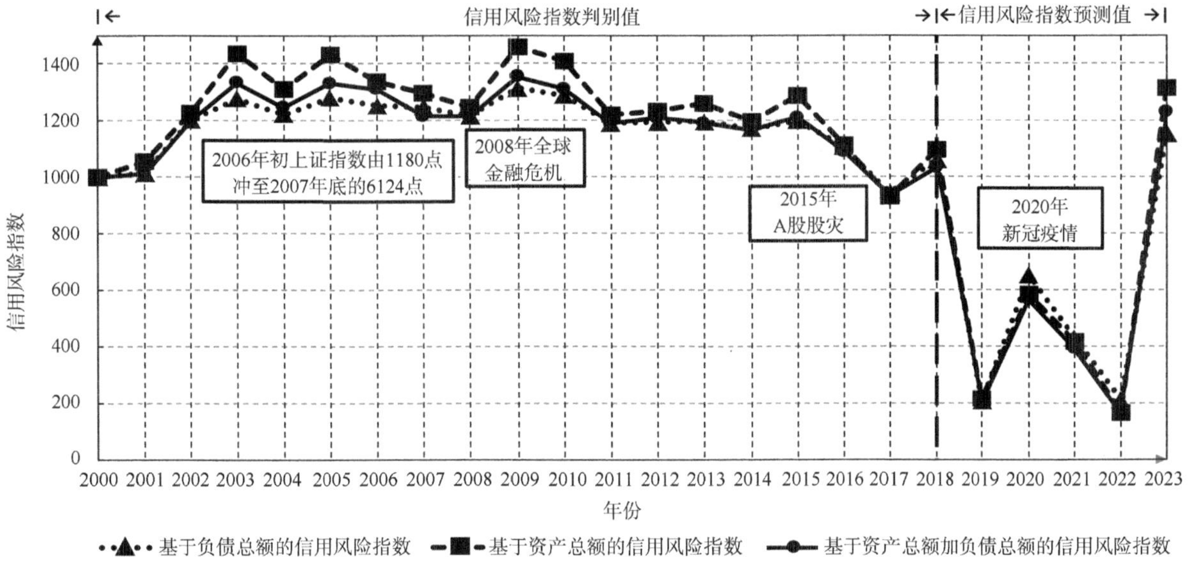

图 19.10　中国上市公司批发和零售行业的年度信用风险指数趋势图

中国上市公司批发和零售行业 2000~2018 年这 19 年信用风险指数的发展规律，以及预测的 2019~2023 年这 5 年信用风险指数趋势如图 19.10 所示。

1. 2000~2018 年这 19 年中国上市公司批发和零售行业信用风险指数的发展规律及原因分析

(1)中国上市公司批发和零售行业 2000~2018 年这 19 年信用风险指数发展规律。2000~2003 年中国上市公司批发和零售行业信用风险指数上升，2003~2004 年下降，2004 年出现拐点，2004~2005 年呈上升态势，2005 年出现拐点，2005~2007 年下跌，2008~2009 年上升，2009~2017 年信用风险指数震荡下行。

(2)中国上市公司批发和零售行业 2000~2018 年这 19 年信用风险指数发展的宏观原因分析。2008~2009 年信用风险指数上升，这与“2008 年全球金融危机”[3]有关。2015 年之后的大幅上升是受“2015 年 A 股股灾”[7]的影响，导致众多投资者转投实体行业，此时中国上市公司批发和零售行业资金量充足，整个行业发展态势良好。

(3)中国上市公司批发和零售行业 2000~2018 年这 19 年信用风险指数发展的政策原因分析。2017 年信用风险指数创下新低的原因在于，2017 年证监会监管严格，铁腕治理市场乱象[8]，导致众多投资者投资谨慎，倾向于投资实体行业而非投资金融市场。

2. 2019~2023 年这 5 年中国上市公司批发与零售行业信用风险指数的趋势预测

(1)中国上市公司批发和零售行业 2019~2023 年这 5 年信用风险指数趋势。中国 A 股批发和零售行业市场在 2018~2023 年信用风险指数呈现“W”形走势，即在 2018~2019 年信用风险指数下降，2019 年出现拐点，在 2019~2020 年呈现上升趋势，2020 年出现拐点，2020~2022 年下降，2022 年出现拐点，在 2022~2023 年呈上升趋势。

(2)中国上市公司批发和零售行业 2019~2023 年这 5 年信用风险指数趋势的原因分析。在 2020 年呈现下跌趋势的原因分析：受 2020 年新冠疫情的持续影响，宏观经济环境动荡，造成海外进口商品总量下降，致使国内上市批发和零售业公司的发展经营状态良好，导致 A 股批发和零售行业市场的信用风险指数整体下降。

19.6 房地产行业

19.6.1 房地产行业 2000~2023 年 24 年的信用指数趋势图

房地产行业的信用指数的计算如上文第 9 章第 9.11 节所示，不再赘述。将房地产行业上市公司的信用指数计算结果列入表 19.10 第 3~5 列。

表 19.10 上市公司房地产行业 2000~2023 年这 24 年的信用指数表

(1)序号	(2)年份	(3)资产总额前 10%的年度信用指数 $CI^{A}_{(T+m)}$	(4)负债总额前 10%的年度信用指数 $CI^{L}_{(T+m)}$	(5)基于资产总额加负债总额的年度信用指数 $CI^{A+L}_{(T+m)}$
1	2000	1000.00	1000.00	1000.00
2	2001	989.23	806.73	1043.41
3	2002	916.75	693.09	969.76
…	…	…	…	…
8	2007	835.67	603.50	851.11
9	2008	537.36	614.52	589.64
10	2009	368.73	381.12	368.65
…	…	…	…	…
15	2014	225.05	227.81	211.87
16	2015	165.61	196.98	179.15
…	…	…	…	…
20	2019	1911.56	2518.04	2160.39
21	2020	416.30	366.87	434.07
…	…	…	…	…
24	2023	126.41	177.13	138.58

表 19.10 中，信用指数趋势一共分成以下两段。

第一段为 2000~2018 年这 19 年，为已知数据的违约判别。

第二段为 2019~2023 年这 5 年，为根据已知数据进行的违约预测。

图 19.11 是房地产行业上市公司信用指数走势图，是以表 19.10 第 2 列的年份为横轴，以表 19.10 第 3~5 列的信用指数为纵轴，做出的信用指数走势图。

中国上市公司房地产行业 2000~2018 年这 19 年信用指数的发展规律，以及预测的 2019~2023 年这 5 年的信用指数趋势如图 19.11 所示。

1. 2000~2018 年这 19 年中国上市公司房地产行业信用指数的发展规律及原因分析

(1)中国上市公司房地产行业 2000~2018 年这 19 年信用指数发展规律。2000~2013 年这 14 年房地产行业信用指数持续走低，在 2006 年初至 2007 年末有小幅上升，2013 年末开始微升，在 2017 年出现下降拐点。

(2)中国上市公司房地产行业 2000~2018 年这 19 年信用指数发展的宏观原因分析。由于宏观因素，从指数变化来看 2008~2013 这 6 年房地产行业信用指数呈现急剧下跌趋势，这与“2008 年全球金融危机”[3]有关。2019 年信用指数再次出现小幅下跌的原因可能是由于 2015 年杠杆融资泡沫带来的 2015 年 A 股市场股灾[9]，造成的宏观环境恶化。

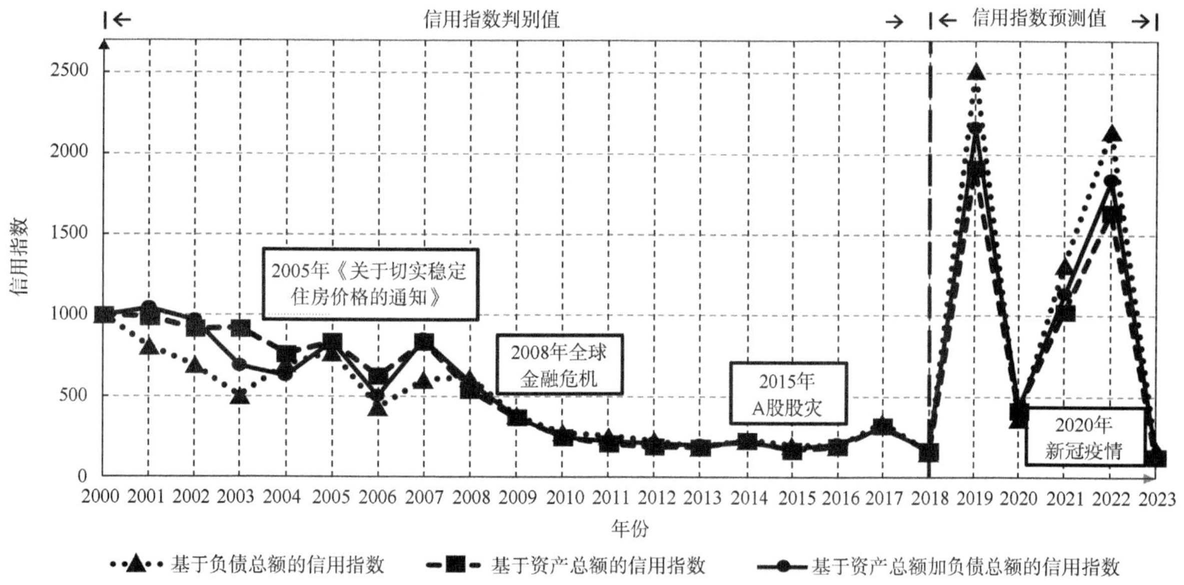

图 19.11　上市公司房地产行业的年度信用指数走势图

(3)中国上市公司房地产行业 2000~2018 年这 19 年信用指数发展的政策原因分析。由于监管环境的变化，2005~2006 年房地产行业信用指数呈现下降趋势，这与 2005 年国务院办公厅推出《关于切实稳定住房价格的通知》，提出采取有效措施，抑制住房价格过快上涨[10]有关，2013~2014 年房地产行业信用指数呈现上升趋势，这与 2013 年中央制定的一系列房地产行业政策和规划如“国五条及细则出台，楼市调控效应减弱”“中央城镇化会议召开，房地产借力城镇化”[10]有着密不可分的关系。

2. 2019~2023 年这 5 年中国上市公司房地产行业信用指数的趋势预测

(1)中国上市公司房地产行业 2019~2023 年这 5 年信用指数趋势。中国 A 股整体市场房地产行业在 2018~2019 年信用指数呈现快速上涨趋势，但在 2022 年后，中国 A 股房地产行业的信用指数会有一个大的下跌。

(2)中国上市公司房地产行业 2019~2023 年这 5 年信用指数趋势的原因分析。短期内中国房地产行业呈现利好趋势，2020 年财政政策和金融政策整体较为宽松，有利于缓解房市下行压力，导致 A 股市场房地产行业短期的信用指数上涨，但 2020 年新冠疫情的“黑天鹅”扰动对经济的影响是巨大的，2022 年后 A 股市场房地产行业不容乐观。

19.6.2　房地产行业 2000~2023 年 24 年的信用风险指数趋势图

房地产行业的信用风险指数的计算如上文第 9 章第 9.12 节所示，不再赘述。将房地产行业上市公司的信用风险指数计算结果列入表 19.11 第 3~5 列。

表 19.11　上市公司房地产行业 2000~2023 年这 24 年的信用风险指数表

(1)序号	(2)年份	(3)资产总额前 10%的年度信用风险指数 $CRI^{A}_{(T+m)}$	(4)负债总额前 10%的年度信用风险指数 $CRI^{L}_{(T+m)}$	(5)基于资产总额加负债总额的年度信用风险指数 $CRI^{A+L}_{(T+m)}$
1	2000	1000.00	1000.00	1000.00
2	2001	1011.72	1126.28	962.90
3	2002	1090.62	1200.54	1025.84
…	…	…	…	…
8	2007	1178.87	1259.08	1127.26
9	2008	1503.57	1251.88	1350.74

续表

(1)序号	(2)年份	(3)资产总额前 10%的年度信用风险指数 $CRI^{A}_{(T+m)}$	(4)负债总额前 10%的年度信用风险指数 $CRI^{L}_{(T+m)}$	(5)基于资产总额加负债总额的年度信用风险指数 $CRI^{A+L}_{(T+m)}$
10	2009	1687.12	1404.38	1539.63
…	…	…	…	…
15	2014	1843.51	1504.55	1673.63
16	2015	1908.21	1524.69	1701.60
…	…	…	…	…
20	2019	1520.43	1296.62	1415.54
21	2020	1635.34	1413.69	1483.71
…	…	…	…	…
24	2023	1950.88	1653.40	1736.27

表 19.11 中，信用风险指数趋势一共分成以下两段。

第一段为 2000~2018 年这 19 年，为已知数据的违约判别。

第二段为 2019~2023 年这 5 年，为根据已知数据进行的违约预测。

根据表 19.11 第 2 列的年份为横轴，分别以第 3~5 列的年度信用风险指数为纵轴，做出上市公司制造行业的年度信用风险指数走势图，如图 19.12 所示。

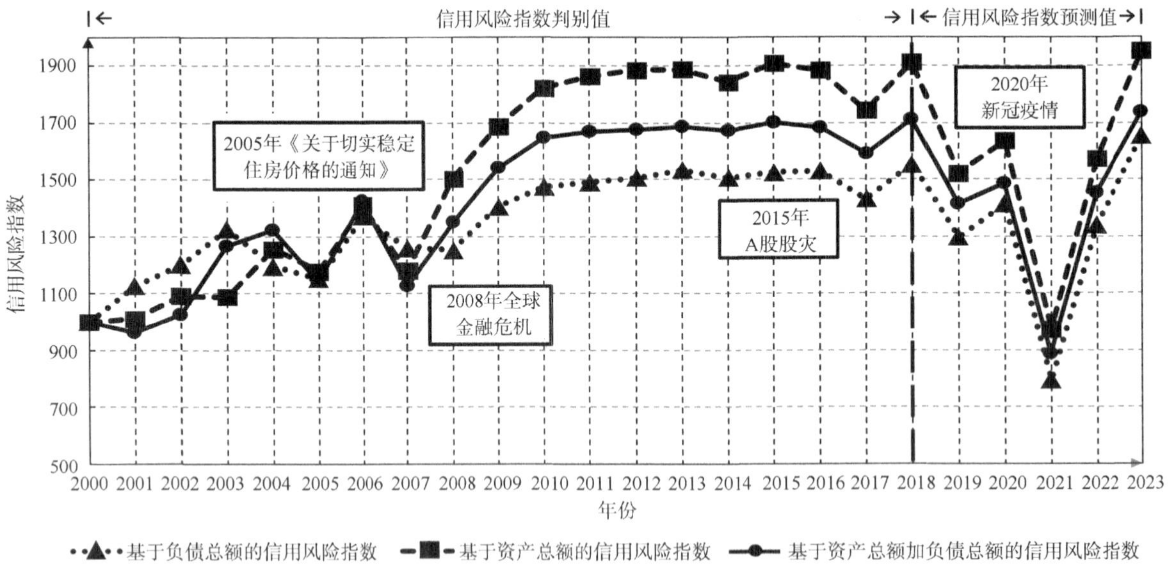

图 19.12　上市公司房地产行业的年度信用风险指数走势图

中国上市公司房地产行业 2000~2018 年这 19 年信用风险指数的发展规律，以及预测的 2019~2023 年这 5 年信用风险指数趋势如图 19.12 所示。

1. 2000~2018 年这 19 年中国上市公司房地产行业信用风险指数的发展规律及原因分析

(1)中国上市公司房地产行业 2000~2018 年这 19 年信用风险指数发展规律。2000~2004 年这 5 年房地产行业信用风险指数持续走高，在 2004~2005 年、2006~2007 年有小幅下降，2007 年以后房地产行业信用风险指数持续走高。

(2)中国上市公司房地产行业 2000~2018 年这 19 年信用风险指数发展的宏观原因分析。由于宏观因素，从指数变化来看，2008 年以后房地产行业信用风险指数呈现上升趋势，与“2008 年全球金融危机”[3]“2015 年 A 股股灾”[7]有关。

(3)中国上市公司房地产行业 2000~2018 年这 19 年信用风险指数发展的政策原因分析。由于监管环境的变化，2005 年和 2007 年房地产行业信用风险指数呈现下降趋势，这与当时的《关于切实稳定住房价格的通知》，提出采取有效措施，抑制住房价格过快上涨[10]有着密不可分的关系。

2. 2019~2023 年这 5 年中国上市公司房地产行业信用风险指数的趋势预测

(1)中国上市公司房地产行业 2019~2023 年这 5 年信用风险指数趋势。中国 A 股整体市场房地产行业在 2018 年后信用风险指数呈现下降趋势，但在 2021 年后，中国 A 股房地产行业的信用风险指数会有一个大的上涨。

(2)中国上市公司房地产行业 2019~2023 年这 5 年信用风险指数趋势的原因分析。短期内中国房地产行业呈现利好趋势，2020 年财政政策和金融政策整体体现出了宽松信号，有利于缓解房市下行压力，导致 A 股市场房地产行业短期的信用风险指数上涨；但 2020 年新冠疫情的“黑天鹅”扰动对经济的影响是巨大的，2022 年后 A 股市场房地产行业不容乐观。

19.7　电力、热力、燃气及水生产和供应行业

19.7.1　电力、热力、燃气及水生产和供应行业 2000~2023 年 24 年的信用指数趋势图

电力、热力、燃气及水生产和供应行业的信用指数的计算如上文第 10 章第 10.11 节所示，不再赘述。将电力、热力、燃气及水生产和供应行业上市公司的信用指数计算结果列入表 19.12 第 3~5 列。

表 19.12　上市公司电力、热力、燃气及水生产和供应行业 2000~2023 年这 24 年的信用指数表

(1)序号	(2)年份	(3)资产总额前 10%的年度信用指数 $CI^{A}_{(T+m)}$	(4)负债总额前 10%的年度信用指数 $CI^{L}_{(T+m)}$	(5)基于资产总额加负债总额的年度信用指数 $CI^{A+L}_{(T+m)}$
1	2000	1000.00	1000.00	1000.00
2	2001	749.20	731.60	746.23
3	2002	1027.05	1020.79	1035.96
…	…	…	…	…
8	2007	315.43	183.63	192.56
9	2008	78.69	65.92	72.51
10	2009	275.05	227.57	242.28
…	…	…	…	…
15	2014	149.55	128.03	142.90
16	2015	185.41	163.71	178.28
…	…	…	…	…
20	2019	1062.02	1102.66	1147.61
21	2020	485.06	423.09	456.26
…	…	…	…	…
24	2023	231.89	182.12	210.38

表 19.12 中，信用指数趋势一共分成以下两段。

第一段为 2000~2018 年这 19 年，为已知数据的违约判别。

第二段为 2019~2023 年这 5 年，为根据已知数据进行的违约预测。

图 19.13 是电力、热力、燃气及水生产和供应行业上市公司信用指数走势图，是以表 19.12 第 2 列的年份为横轴，以表 19.12 第 3~5 列的信用指数为纵轴，做出的信用指数走势图。

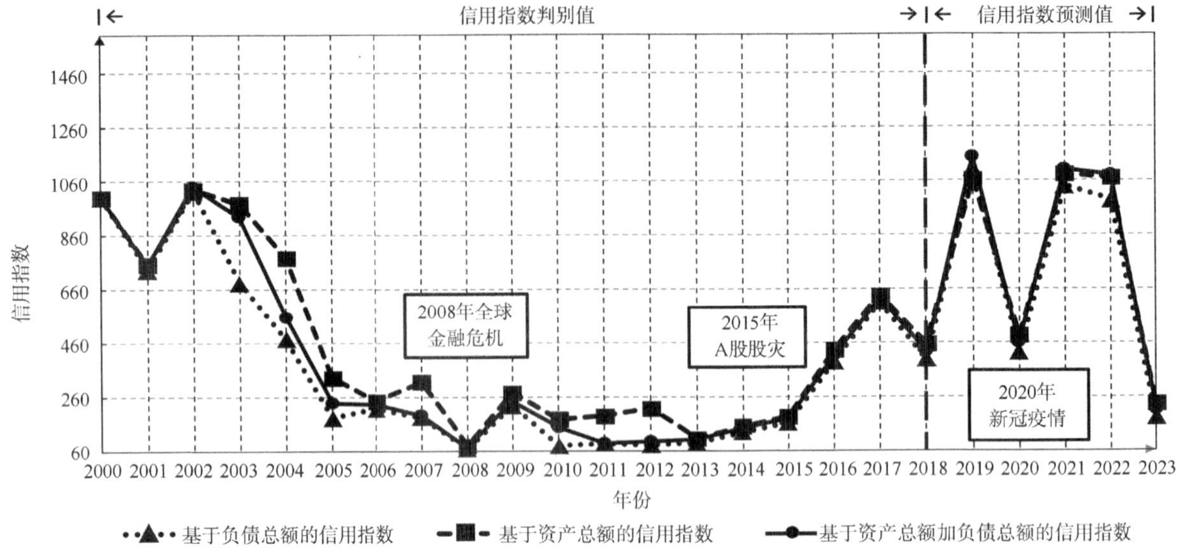

图 19.13　上市公司电力、热力、燃气及水生产和供应行业的年度信用指数走势图

中国上市公司电力、热力、燃气及水生产和供应行业 2000~2018 年信用指数的发展规律，以及预测的 2019~2023 年信用指数趋势如图 19.13 所示。

1. 2000~2018 年这 19 年中国上市公司电力、热力、燃气及水生产和供应行业信用指数的发展规律及原因分析

(1)中国上市公司电力、热力、燃气及水生产和供应行业 2000~2018 年这 19 年信用指数发展规律。2002 年以后信用指数持续走低，在 2009 年略有上扬后又下降，在 2011 年到达最低点后，信用风险逐渐提升，至 2017 年达到一个小高峰，2018 年信用指数降低。

(2)中国上市公司电力、热力、燃气及水生产和供应行业 2000~2018 年这 19 年信用指数发展的宏观原因分析。2001 年，加入 WTO 后，国内企业面临外来企业的竞争，导致信用风险降低。其间又经历了 2008 年全球金融危机[3]和 2015 年 A 股股灾[7]，这进一步影响了企业的信用指数。

(3)中国上市公司电力、热力、燃气及水生产和供应行业 2000~2018 年这 19 年信用指数发展的政策原因分析。2001 年加入 WTO 后，国内企业受到激烈的行业竞争，在金融危机后，国家发布了 4 万亿元计划，刺激了我国经济的发展，信用指数也随之逐渐提升。

2. 2019~2023 年这 5 年中国上市公司电力、热力、燃气及水生产和供应行业信用指数的趋势预测

(1)中国上市公司电力、热力、燃气及水生产和供应行业 2019~2023 年这 5 年信用指数趋势。中国 A 股上市公司电力、热力、燃气及水生产和供应行业市场在 2019 年信用指数呈现上升趋势，但在 2020 年呈现下跌趋势，2020 年之后信用指数回弹，2023 年落回低点。

(2)中国上市公司电力、热力、燃气及水生产和供应行业 2019~2023 年这 5 年信用指数趋势的原因分析。2019 年，国内经济向好，电力、热力、燃气及水生产和供应行业信用指数回弹。在 2020 年，受新冠疫情影响，信用指数降到低点。随着国家的扶持政策出台后，行业信用指数上升。从长远来看，在 2022 年之后，由于经济全球化，中国上市公司面临更加严峻的竞争风险，信用指数下降。

19.7.2　电力、热力、燃气及水生产和供应行业 2000~2023 年 24 年的信用风险指数趋势图

电力、热力、燃气及水生产和供应行业的信用风险指数的计算如上文第 10 章第 10.12 节所示，不再赘

述。将电力、热力、燃气及水生产和供应行业上市公司的信用风险指数计算结果列入表 19.13 第 3~5 列。

表 19.13　上市公司电力、热力、燃气及水生产和供应行业 2000~2023 年这 24 年的信用风险指数表

(1)序号	(2)年份	(3)资产总额前 10%的年度信用风险指数 $CRI^{A}_{(T+m)}$	(4)负债总额前 10%的年度信用风险指数 $CRI^{L}_{(T+m)}$	(5)基于资产总额加负债总额的年度信用风险指数 $CRI^{A+L}_{(T+m)}$
1	2000	1000.00	1000.00	1000.00
2	2001	1391.57	1369.54	1385.37
3	2002	957.77	971.39	945.40
…	…	…	…	…
8	2007	2068.80	2124.00	2226.18
9	2008	2438.41	2286.06	2408.48
10	2009	2131.84	2063.51	2150.67
…	…	…	…	…
15	2014	2327.77	2200.56	2301.58
16	2015	2271.80	2151.43	2247.86
…	…	…	…	…
20	2019	1037.99	980.67	1019.54
21	2020	1803.96	1794.30	1825.72
…	…	…	…	…
24	2023	2199.23	2126.08	2199.11

表 19.13 中，信用风险指数趋势一共分成以下两段。

第一段为 2000~2018 年这 19 年，为已知数据的违约判别。

第二段为 2019~2023 年这 5 年，为根据已知数据进行的违约预测。

以表 19.13 第 2 列的年份为横轴，分别以第 3~5 列的年度信用风险指数为纵轴，做出上市公司电力、热力、燃气及水生产和供应行业的年度信用风险指数走势图，如图 19.14 所示。

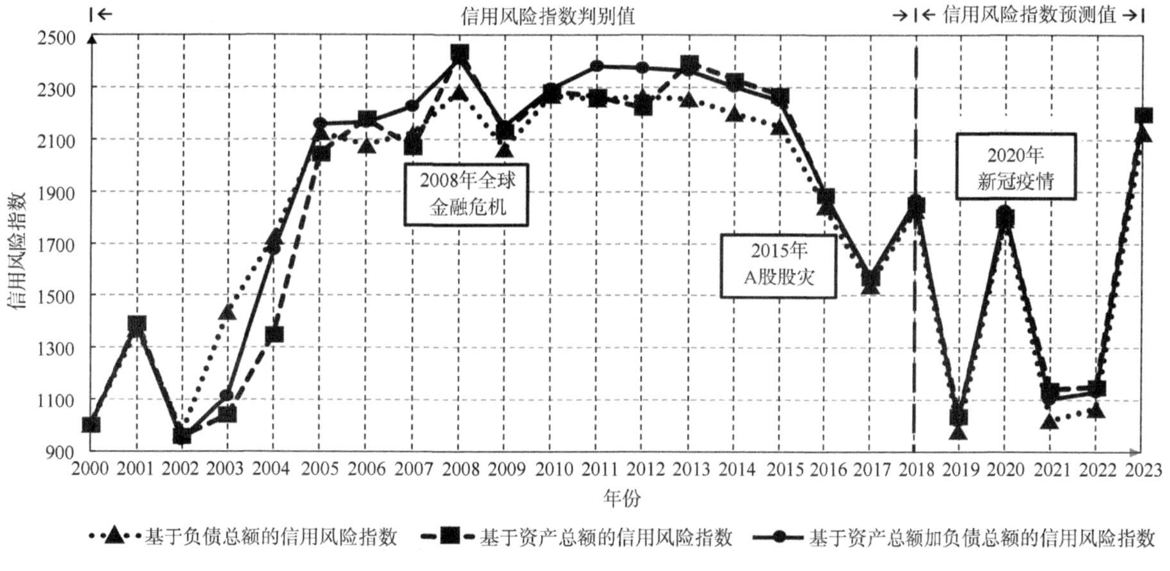

图 19.14　上市公司电力、热力、燃气及水生产和供应行业的年度信用风险指数走势图

中国上市公司电力、热力、燃气及水生产和供应行业 2000~2018 年信用风险指数的发展规律，以及预测的 2019~2023 年信用风险指数趋势如图 19.14 所示。

1. 2000~2018 年这 19 年中国上市公司电力、热力、燃气及水生产和供应行业信用风险指数的发展规律及原因分析

(1)中国上市公司电力、热力、燃气及水生产和供应行业 2000~2018 年这 19 年信用风险指数发展规律。2002 年以后信用风险指数持续升高，在 2008 年达到峰值后又下降，在 2009 年达到波谷后信用风险逐渐提升，至 2013 年达到峰值，2013 年后信用风险逐渐降低，2017 年后信用风险指数略有升高。

(2)中国上市公司电力、热力、燃气及水生产和供应行业 2000~2018 年这 19 年信用风险指数发展的宏观原因分析。2001 年中国加入 WTO 后，国内企业面临外来企业的竞争，导致信用风险上升。其间又经历了 2008 年全球金融危机[3]和 2015 年 A 股股灾[7]，这进一步提升了企业的信用风险指数。

(3)中国上市公司电力、热力、燃气及水生产和供应行业 2000~2018 年这 19 年信用风险指数发展的政策原因分析。2001 年加入 WTO 后，国内企业受到激烈的行业竞争，导致信用风险指数提升。2013 年，国家城镇化政策成效显著，带动了行业发展，行业信用风险指数也随之逐渐降低。

2. 2019~2023 年这 5 年中国上市公司电力、热力、燃气及水生产和供应行业信用风险指数的趋势预测

(1)中国上市公司电力、热力、燃气及水生产和供应行业 2019~2023 年这 5 年信用风险指数趋势。2020 年信用风险指数处于波峰，随后信用风险开始下降，在 2022 年后又有所提升。

(2)中国上市公司电力、热力、燃气及水生产和供应行业 2019~2023 年这 5 年信用风险指数趋势的原因分析。2019 年，国内经济向好，电力、热力、燃气及水生产和供应行业信用风险降低。2020 年，受新冠疫情影响，企业信用风险水平上升。随着国家的扶持政策出台后，行业信用风险指数会回落。从长远来看，在 2022 年之后，由于经济全球化，中国上市公司面临更加严峻的竞争风险，信用风险指数升高。

19.8 建筑行业

19.8.1 建筑行业 2000~2023 年 24 年的信用指数趋势图

建筑行业的信用指数的计算如上文第 11 章第 11.11 节所示，不再赘述。将建筑行业上市公司的信用指数计算结果列入表 19.14 第 3~5 列。

表 19.14 上市公司建筑行业 2000~2023 年这 24 年的信用指数表

(1)序号	(2)年份	(3)资产总额前 10%的年度信用指数 $CI^{A}_{(T+m)}$	(4)负债总额前 10%的年度信用指数 $CI^{L}_{(T+m)}$	(5)基于资产总额加负债总额的年度信用指数 $CI^{A+L}_{(T+m)}$
1	2000	1000.00	1000.00	1000.00
2	2001	366.79	199.03	226.74
3	2002	138.27	661.54	126.71
…	…	…	…	…
24	2023	26.07	75.68	36.89

表 19.14 中，信用指数趋势一共分成以下两段。

第一段为 2000~2018 年这 19 年，为已知数据的违约判别。

第二段为 2019~2023 年这 5 年，为根据已知数据进行的违约预测。

图 19.15 是建筑行业上市公司信用指数走势图，是以表 19.14 第 2 列的年份为横轴，以表 19.14 第 3~5 列的信用指数为纵轴，做出的信用指数走势图。

中国上市公司建筑行业 2000~2018 年这 19 年信用指数的发展规律，以及预测的 2019~2023 年这 5 年

的信用指数趋势如图 19.15 所示。

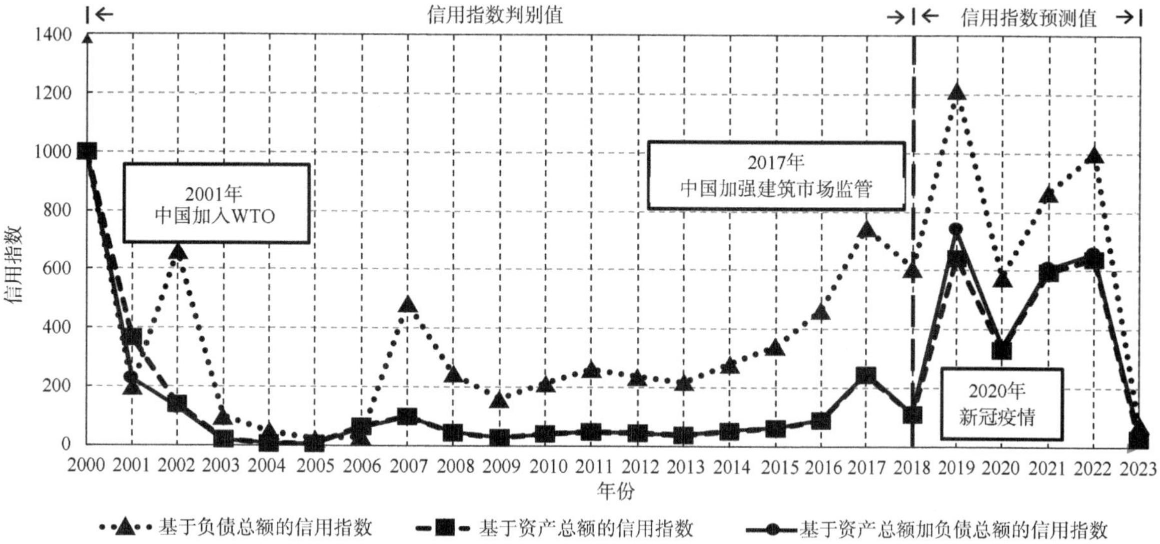

图 19.15　上市公司建筑行业的年度信用指数走势图

1. 2000~2018 年这 19 年中国上市公司建筑行业信用指数的发展规律及原因分析

(1)中国上市公司建筑行业 2000~2018 年这 19 年信用指数的发展规律。总体上看，2001~2017 年这 17 年中国上市公司建筑行业信用指数平稳波动，但在 2000~2001 年这两年有骤降，并于 2017 年出现增长拐点，在 2017~2018 年这两年出现下降。

(2)中国上市公司建筑行业 2000~2018 年这 19 年信用指数发展的宏观原因分析。中国建筑行业一直处于一个高度需求的状态，长期的高周转之下，市场缺乏有力的监管，因此在没有新政出台时，整体信用情况较差，且很难波动。

(3)中国上市公司建筑行业 2000~2018 年这 19 年信用指数发展的政策原因分析。2000~2001 年这两年信用指数呈现急剧下跌趋势，这与 2001 年开始我国加入 WTO 组织有关。无论是市场层面还是企业层面都发生了变化，行业与市场的监管力度加强，导致我国大多数建筑行业企业无法适应当下的监管力度，以致未来的几年内，建筑行业的信用指数都处于一个较低的水平[11]。2018 年以后信用指数出现了第一次较为明显的上扬，这与当时我国出台的《国务院办公厅关于促进建筑行业持续健康发展的意见》[12]有关，通过对国内建筑行业的第二次重点管理，已经积蓄多年的建筑企业实现成功转型，以适应最新的监管机制。

2. 2019~2023 年这 5 年中国上市公司建筑行业信用指数的趋势预测

(1)中国上市公司建筑行业 2019~2023 年这 5 年信用指数趋势。2019~2020 年这两年信用指数呈现下降趋势，于 2020 年出现由差转好的拐点，但在 2022~2023 年这两年信用指数持续下跌。

(2)中国上市公司建筑行业 2019~2023 年这 5 年信用指数趋势的原因分析。2019~2020 年这两年信用指数出现下降是因为 2017 年开始的国内建筑行业高速发展的第一次回弹。2020~2022 年这 3 年信用指数呈上升趋势，是因为 2020 年新冠疫情暴发，国内各行业经济出现停滞状态，需要建筑行业作为国内的命脉行业拉动经济发展。2022~2023 年这两年信用指数再一次出现下降的原因可能是国内多年以土木建筑为主的经济出现了较大的泡沫，国家开始将新经济放在科技创新方向，导致国内建筑企业收入受到冲击，从而使建筑行业整体的信用指数再度下降。

19.8.2　建筑行业 2000~2023 年 24 年的信用风险指数趋势图

建筑行业的信用风险指数的计算如上文第 11 章第 11.12 节所示，不再赘述。将建筑行业上市公司的信用风险指数计算结果列入表 19.15 第 3~5 列。

表 19.15　上市公司建筑行业的 2000~2023 年这 24 年的信用风险指数表

(1)序号	(2)年份	(3)资产总额前 10%的年度信用风险指数 $CRI^{A}_{(T+m)}$	(4)负债总额前 10%的年度信用风险指数 $CRI^{L}_{(T+m)}$	(5)基于资产总额加负债总额的年度信用风险指数 $CRI^{T}_{(T+m)}$
1	2000	1000.00	1000.00	1000.00
2	2001	1804.34	1087.52	1900.95
3	2002	2094.62	1036.98	2017.51
…	…	…	…	…
24	2023	2270.26	1109.27	2165.14

表 19.15 中，信用风险指数趋势一共分成以下两段。

第一段为 2000~2018 年这 19 年，为已知数据的违约判别。

第二段为 2019~2023 年这 5 年，为根据已知数据进行的违约预测。

根据表 19.15 第 2 列的年份为横轴，分别以第 3~5 列的年度信用风险指数为纵轴，做出上市公司建筑行业的年度信用风险指数走势图，如图 19.16 所示。

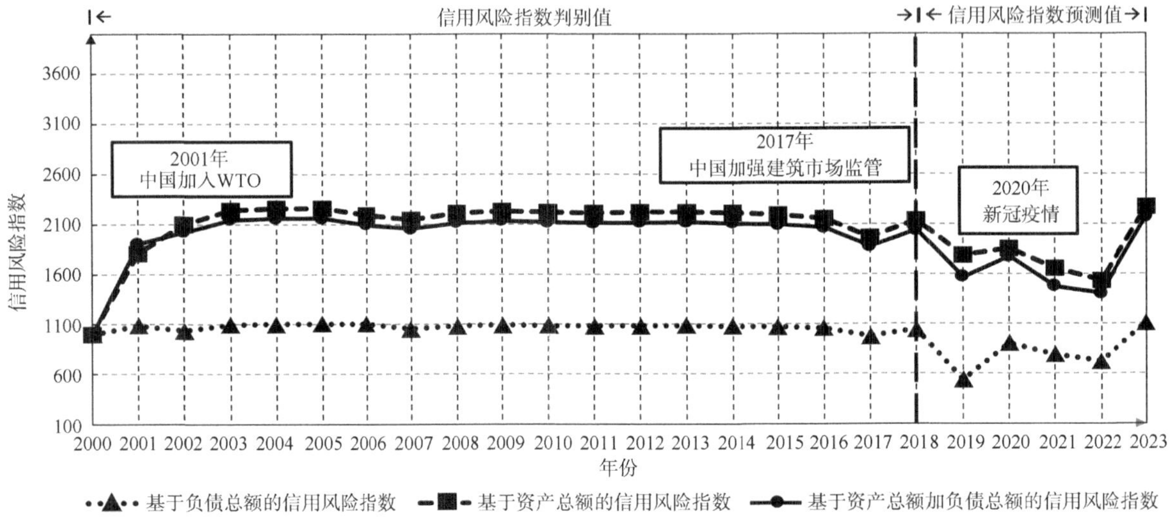

图 19.16　上市公司建筑行业样本的年度信用风险指数走势图

中国上市公司建筑行业 2000~2018 年这 19 年信用风险指数的发展规律，以及预测的 2019~2023 年这 5 年信用风险指数趋势如图 19.16 所示。

1. 2000~2018 年这 19 年中国上市公司建筑行业信用风险指数的发展规律及原因分析

(1)中国上市公司建筑行业 2000~2018 年这 19 年风险信用指数的发展规律。总体上看，2001~2018 年这 19 年中国上市公司建筑行业信用风险指数平稳波动，但在 2000~2001 年这两年有所上升。

(2)中国上市公司建筑行业 2000~2018 年这 19 年信用风险指数发展的宏观原因分析。中国建筑行业一直处于一个高度需求的状态，长期的高周转之下，市场缺乏有力的监管，因此在没有新政出台时，整体信用情况较差，且很难波动。

(3)中国上市公司建筑行业 2000~2018 年这 19 年信用风险指数发展的政策原因分析。2000~2001 年这两年信用风险指数呈现上升趋势，这与 2001 年我国加入 WTO 组织有关。无论是市场层面还是企业层面都发生了变化，行业与市场的监管力度加强，导致我国大多数建筑行业企业无法适应当下的监管力度，出现违约的风险会有所提高，以致未来的几年内，建筑行业的信用风险指数都处于较高的水平[11]。2017~2018 年这两年信用指数出现了第一次较为明显的上扬，这也与当时我国出台的《国务院办公厅关于促进建筑行业持续健康发展的意见》[12]有关，通过对国内建筑行业的第二次重点管理，已经积蓄多年的建筑企业实现成功转型，以适应最新的监管机制。

2. 2019~2023 年这 5 年中国上市公司建筑行业信用风险指数的趋势预测

(1)中国上市公司建筑行业 2019~2023 年这 5 年信用风险指数趋势。在 2018~2022 年这 5 年信用风险指数呈现下降趋势，于 2022 年出现由下降变为上升的拐点，并在 2022~2023 年这两年信用风险指数持续上升。

(2)中国上市公司建筑行业 2019~2023 年这 5 年信用指数趋势的原因分析。2018~2022 年这 5 年信用风险指数出现了明显的下降，这也与当时我国出台的《国务院办公厅关于促进建筑行业持续健康发展的意见》[12]有关，通过对国内建筑行业的第二次重点管理，已经积蓄多年的建筑企业实现成功转型，适应最新的监管机制，从而提高了建筑企业的运营能力，降低了违约风险。2022~2023 年这两年信用风险指数再一次出现上升。原因可能是国内多年以土木建筑为主的经济出现了较大的泡沫，国家开始将新经济放在科技创新方向[13]，导致国内建筑企业收入受到冲击，盈利能力降低直接导致违约风险升高，从而使建筑行业整体的信用风险指数再度上升。

19.9 采矿行业

19.9.1 采矿行业 2000~2023 年 24 年的信用指数趋势图

采矿行业信用指数的计算如上文第 12 章第 12.11 节所示，不再赘述。将采矿行业上市公司的信用指数计算结果列入表 19.16 第 3~5 列。

表 19.16　上市公司采矿行业的 2000~2023 年这 24 年的信用指数表

(1)序号	(2)年份	(3)资产总额前 10%的年度信用指数 $CI^{A}_{(T+m)}$	(4)负债总额前 10%的年度信用指数 $CI^{L}_{(T+m)}$	(5)基于资产总额加负债总额的年度信用指数 $CI^{A+L}_{(T+m)}$
1	2000	1000.00	1000.00	1000.00
2	2001	909.79	879.77	901.80
3	2002	940.88	898.91	929.00
…	…	…	…	…
8	2007	1025.12	985.90	1013.28
9	2008	1045.38	1028.09	1043.12
10	2009	602.24	736.41	672.00
…	…	…	…	…
15	2014	1006.21	984.73	965.80
16	2015	890.48	1110.10	1015.56
…	…	…	…	…
20	2019	1179.36	1301.61	1229.16
21	2020	1147.59	1293.67	1216.13
…	…	…	…	…
24	2023	508.97	493.16	580.58

表 19.16 中，信用指数趋势一共分成以下两段。

第一段为 2000~2018 年这 19 年，为已知数据的违约判别。

第二段为 2019~2023 年这 5 年，为根据已知数据进行的违约预测。

图 19.17 是制造行业上市公司信用指数走势图，是以表 19.16 第 2 列的年份为横轴，以表 19.16 第 3~5 列的信用指数为纵轴，做出的信用指数走势图。

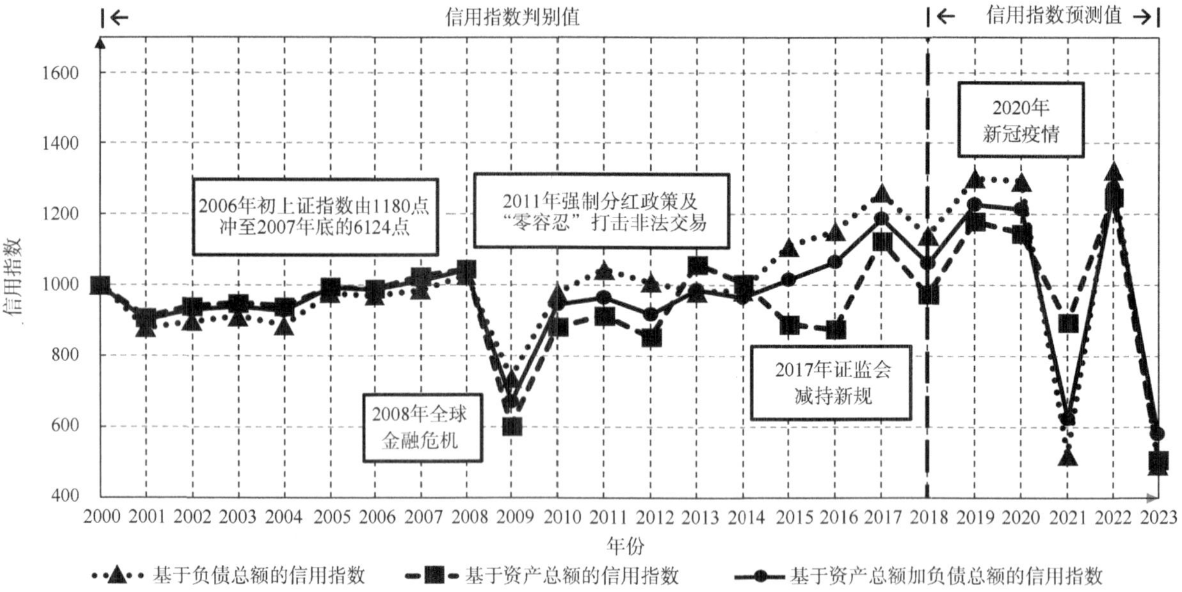

图 19.17　上市公司采矿行业的年度信用指数走势图

中国上市公司采矿行业 2000~2018 年这 19 年信用指数的发展规律，以及预测的 2019~2023 年这 5 年信用指数发展趋势如图 19.17 所示。

1. 2000~2018 年这 19 年中国上市公司采矿行业信用指数的发展规律及原因分析

(1)中国上市公司采矿行业 2000~2018 年这 19 年信用指数发展规律。总体上看，2000~2004 年采矿行业信用指数较为稳定，在 2008 年出现第一次大幅下降拐点，并于 2010 年初开始恢复稳步波动增长，于 2011 年再次达到下降拐点，2014~2015 年呈现稳步上升趋势，并于 2017 年出现第二次大幅下降拐点。

(2)中国上市公司采矿行业 2000~2018 年这 19 年信用指数发展的宏观原因分析。2006~2007 年信用指数呈现上升趋势，这与当时的“2006 年初上证指数由 1180 冲至 2007 年底的 6124 点”[2]有关。受“2008 年全球金融危机[3]”的影响，2008 年信用指数出现第一次拐点，急剧下跌。

(3)中国上市公司采矿行业 2000~2018 年这 19 年信用指数发展的政策原因分析。2011 年采矿行业信用指数小幅下跌，可能与 2011 年的强制分红政策及“零容忍”打击非法交易[14]有联系。2017~2018 年采矿行业信用指数大幅下跌，出现第二次大幅下降拐点，由 2017 年的 1200 点跌到 2018 年的 1080 点，这与当时证监会发布减持新规，从股东身份、减持通道、股票来源等多个方面遏制大股东哄抬股价有关[15]。

2. 2019~2023 年这 5 年中国上市公司采矿行业信用指数的发展趋势预测

(1)中国上市公司采矿行业 2019~2023 年这 5 年的信用指数发展趋势。中国 A 股采矿行业市场在 2018~2019 年保持增长，2019~2020 年保持平稳。2020 年出现大幅下降拐点，呈下降趋势，指数于 2021 年之后呈现上升趋势，于 2022 年再度下降。

(2)中国上市公司采矿行业 2019~2023 年这 5 年信用指数发展趋势的原因分析。预测 2020~2021 年可能造成下跌的原因是，受 2020 年新冠疫情的影响，宏观经济环境动荡，上市公司的发展经营及融资受影响，导致 A 股市场的信用指数整体下滑。2021~2023 年先上升后下降的原因可能是后疫情时期，宏观环境持续改善，但由于监管和新政策规定，指数会有所下降。因此，根据采矿行业信用指数的预测结果，应该注意 2021~2022 年宏观环境改变而造成的指数波动。

19.9.2　采矿行业 2000~2023 年 24 年的信用风险指数趋势图

采矿行业的信用风险指数的计算如上文第 12 章第 12.12 节所示，不再赘述。将采矿行业上市公司的信用风险指数计算结果列入表 19.17 第 3~5 列。

表 19.17　上市公司采矿行业 2000~2023 年这 24 年的信用风险指数表

(1)序号	(2)年份	(3)资产总额前 10%的年度信用风险指数 $CRI^{A}_{(T+m)}$	(4)负债总额前 10%的年度信用风险指数 $CRI^{L}_{(T+m)}$	(5)基于资产总额加负债总额的年度信用风险指数 $CRI^{A+L}_{(T+m)}$
1	2000	1000.00	1000.00	1000.00
2	2001	1326.01	1345.65	1328.76
3	2002	1213.66	1290.62	1237.67
…	…	…	…	…
8	2007	909.23	1 040.53	955.56
9	2008	836.00	919.25	855.64
10	2009	2437.47	1757.78	2098.04
…	…	…	…	…
15	2014	977.54	1043.91	1114.49
16	2015	1395.80	683.47	947.90
…	…	…	…	…
20	2019	351.81	132.90	232.85
21	2020	466.60	155.74	276.45
…	…	…	…	…
24	2023	2766.35	2712.38	2608.51

表 19.17 中，信用风险指数趋势一共分成以下两段。

第一段为 2000~2018 年这 19 年，为已知数据的违约判别。

第二段为 2019~2023 年这 5 年，为根据已知数据进行的违约预测。

以表 19.17 第 2 列的年份为横轴，分别以第 3~5 列的年度信用风险指数为纵轴，做出上市公司采矿行业的年度信用风险指数走势图，如图 19.18 所示。

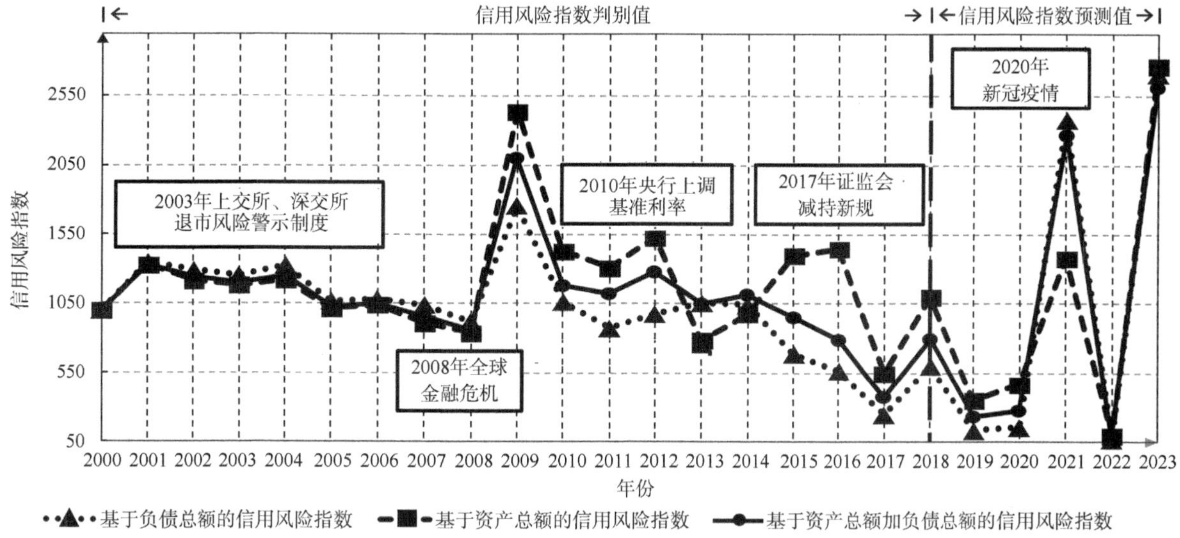

图 19.18　上市公司采矿行业的年度信用风险指数走势图

中国上市公司采矿行业 2000~2018 年这 19 年信用风险指数的发展规律，以及预测的 2019~2023 年这 5 年信用风险指数发展趋势如图 19.18 所示。

1. 2000~2018 年这 19 年中国上市公司采矿行业信用风险指数发展规律及原因分析

(1)中国上市公司采矿行业 2000~2018 年这 19 年信用风险指数发展规律。总体上看，2000~2003 年采矿行业信用风险呈下降趋势，在 2003 年出现一次上升拐点，在此之后持续降低。信用风险指数于 2008 年出现大幅上升拐点，信用风险急剧升高。并于 2009 年初开始稳步下降，于 2011 年再次达到上升拐点，2012~2017 年，信用风险指数稳步降低，至 2017 年呈现上升趋势。

(2)中国上市公司采矿行业 2000~2018 年这 19 年信用风险指数发展的宏观原因分析。由于政策及宏观环境的变化，2003 年的信用风险出现上升趋势，这与“2003 年上交所、深交所实施退市风险警示制度”[16]有关。存在股票终止上市风险的公司，交易所对其股票交易实行“警示存在终止上市风险的特别处理”，在公司股票简称前冠以“*ST”标记特定时间[16]。2008 年信用风险急剧升高，出现第一次大幅上升拐点，是受“2008 年全球金融危机”[3]这个外部宏观环境的强烈冲击。

(3)中国上市公司采矿行业 2000~2018 年这 19 年信用风险指数发展的政策原因分析[17]。2017~2018 年采矿行业信用风险指数大幅升高，出现第二次大幅上升拐点，由 2017 年的 350 点上升到 2018 年的 750 点，这与当时证监会发布减持新规，从股东身份、减持通道、股票来源等多个方面遏制大股东哄抬股价有关[15]。

2. 2019~2023 年这 5 年中国上市公司采矿行业信用风险指数的发展趋势预测

(1)中国上市公司采矿行业 2019~2023 年这 5 年的信用风险指数发展趋势。2019~2023 年这 5 年，信用风险指数在 2018~2019 年稳步下降，中国 A 股采矿行业市场在 2020 年出现拐点，信用风险陡然上升，指数于 2021 年之后呈现下降趋势，于 2022 年再度上升。

(2)中国上市公司采矿行业 2019~2023 年这 5 年信用风险指数发展趋势的原因分析。预测 2020~2021 年信用风险可能造成上升的原因是，受 2020 年新冠疫情的影响，宏观经济环境受到冲击，上市公司采矿行业作为第二产业的重要组成部分，其发展经营及融资将受到负面影响，这势必会使得信用风险指数整体升高。2021~2023 年信用风险指数先下降后上升的原因可能是：后疫情时期，宏观环境持续改善，以及我国采矿行业自身的庞大体量等因素，风险指数会有所下降。此外，由于信用风险的上升会带来采矿行业监管和新政策规定的出台，因此信用风险也会相应地降低。根据采矿行业信用风险指数的预测结果，应该注意 2021~2022 年后疫情时期由于宏观环境不稳定而造成的信用风险波动。综上，从信用风险指数的趋势可以看到，信用风险指数走势与信用指数的结论具有一定的互补性。从宏观环境与具体事件来看，2000~2023 年信用风险指数所出现的上升拐点与信用指数出现的下降拐点具有一致性，这充分证明了信用指数与信用风险指数测算真实且合理。

19.10 文化、体育和娱乐行业

19.10.1 文化、体育和娱乐行业 2000~2023 年 24 年的信用指数趋势图

文化、体育和娱乐行业的信用指数的计算如上文第 13 章第 13.11 节所示，不再赘述。将文化、体育和娱乐行业上市公司的信用指数计算结果列入表 19.18 第 3~5 列。

表 19.18 上市公司文化、体育和娱乐行业 2000~2023 年的信用指数表

(1)序号	(2)年份	(3)资产总额前 10%的年度信用指数 $CI^{A}_{(T+m)}$	(4)负债总额前 10%的年度信用指数 $CI^{L}_{(T+m)}$	(5)基于资产总额加负债总额之和的年度信用指数 $CI^{A+L}_{(T+m)}$
1	2000	1000.00	1000.00	1000.00
2	2001	703.87	461.89	679.09
3	2002	724.93	239.33	695.99
…	…	…	…	…

续表

(1)序号	(2)年份	(3)资产总额前 10%的年度信用指数 $CI^{A}_{(T+m)}$	(4)负债总额前 10%的年度信用指数 $CI^{L}_{(T+m)}$	(5)基于资产总额加负债总额之和的年度信用指数 $CI^{A+L}_{(T+m)}$
8	2007	1414.94	627.16	882.53
9	2008	1125.66	1426.72	1109.37
10	2009	1319.41	1335.83	1330.40
…	…	…	…	…
15	2014	1628.22	1501.84	1670.52
16	2015	1632.31	1563.30	1677.79
…	…	…	…	…
20	2019	1635.70	1809.76	1676.12
21	2020	1444.86	1682.88	1469.48
…	…	…	…	…
24	2023	589.21	991.54	600.25

表 19.18 中，信用指数趋势一共分成以下两段。

第一段为 2000~2018 年这 19 年，为已知数据的违约判别。

第二段为 2019~2023 年这 5 年，为根据已知数据进行的违约预测。

图 19.19 是文化、体育和娱乐行业上市公司信用指数走势图，是以表 19.18 第 2 列的年份为横轴，以表 19.18 第 3~5 列的信用指数为纵轴，做出的信用指数走势图。

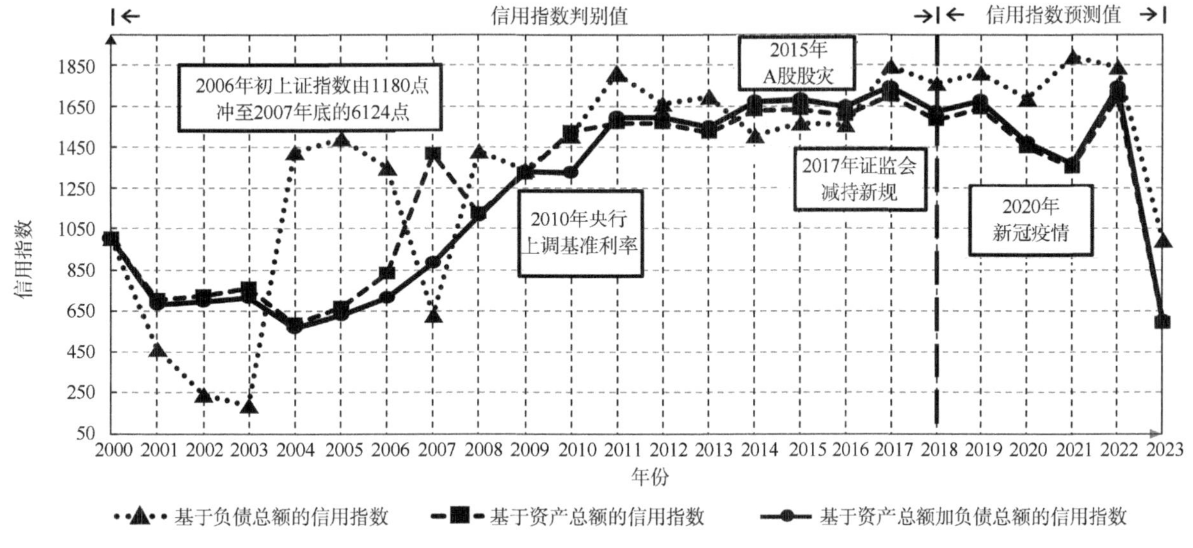

图 19.19　上市公司文化、体育和娱乐行业样本的年度信用指数走势图

中国上市公司文化、体育和娱乐行业 2000~2018 年这 19 年信用指数的发展规律，以及预测的 2019~2023 年这 5 年的信用指数趋势如图 19.19 所示。

1. 2000~2018 年这 19 年中国上市公司文化、体育和娱乐行业信用指数的发展规律及原因分析

(1)中国上市公司文化、体育和娱乐行业 2000~2018 年这 19 年的信用指数发展规律。总体上，2000~ 2005 年基于资产总额加负债总额的信用指数持续走低，于 2006 年初开始升高，在 2012 年出现再一次下降拐点，并于 2014 年初出现小幅度增长趋势，2015~2018 年呈现降低趋势。

(2)中国上市公司文化、体育和娱乐行业 2000~2018 年这 19 年信用指数发展的宏观原因分析。由于宏观因素，从指数变化来看，2006 年信用指数呈现上升趋势，这与“2006 年初上证指数由 1180 冲至 2007 年底的 6124 点”有关[2]。2009~2010 年小幅下降，2010 年出现上升拐点，这可能与央行上调存款准备金政策有关[17]。2012 年资产总额加负债总额的信用指数小幅下跌。2014 年初受宏观事件影响出现小幅度增长，然后在 2015~2018 年略有起伏。

(3)中国上市公司文化、体育和娱乐行业 2000~2018 年这 19 年信用指数发展的政策原因分析。由于监管环境的变化，2015 年基于资产总额加负债总额的信用指数大幅下跌，出现拐点，由 2015 年的 1340 点跌到 2018 年的 1200 点，这与当时证监会发布减持新规，从股东身份、减持通道、股票来源等多个方面遏制大股东哄抬股价有关[15]。

2. 2019~2023 年这 5 年中国上市公司文化、体育和娱乐行业信用指数的趋势预测

(1)中国上市公司文化、体育和娱乐行业 2019~2023 年这 5 年的信用指数趋势。2018~2019 年平稳上升，2019~2021 年持续下降，在 2021 年出现拐点，于 2022 年再度下降。

(2)中国上市公司文化、体育和娱乐行业 2019~2023 年这 5 年信用指数趋势的原因分析。预测 2020~2021 年可能造成下跌的原因是，受 2020 年新冠疫情的影响，宏观经济环境动荡，上市公司的发展经营及融资受影响，导致 A 股市场的信用指数整体下滑。2021~2023 年先上升后下降的原因可能是后疫情时期，宏观环境持续改善，但由于监管和新政策规定的原因，指数会有所下降。因此，根据资产总额加负债总额的信用指数的预测结果，应该注意 2021~2022 年宏观环境改变而造成的指数波动。

19.10.2　文化、体育和娱乐行业 2000~2023 年 24 年的信用风险指数趋势图

文化、体育和娱乐行业的信用风险指数的计算如上文第 13 章第 13.12 节所示，不再赘述。将文化、体育和娱乐行业上市公司的信用风险指数计算结果列入表 19.19 第 3~5 列。

表 19.19　上市公司文化、体育和娱乐行业 2000~2023 年的信用风险指数表

(1)序号	(2)年份	(3)资产总额前 10%的年度信用风险指数 $CRI^{A}_{(T+m)}$	(4)负债总额前 10%的年度信用风险指数 $CRI^{L}_{(T+m)}$	(5)基于资产总额加负债总额的年度信用风险指数 $CRI^{A-L}_{(T+m)}$
1	2000	1000.00	1000.00	1000.00
2	2001	1395.84	1133.81	1402.21
3	2002	1367.69	1189.15	1381.02
…	…	…	…	…
8	2007	445.35	1092.71	1147.22
9	2008	832.03	769.02	862.92
10	2009	573.04	666.76	585.91
…	…	…	…	…
15	2014	160.26	126.01	159.62
16	2015	154.79	110.73	150.51
…	…	…	…	…
20	2019	150.26	299.17	152.60
21	2020	405.35	455.59	411.59
…	…	…	…	…
24	2023	1549.11	1002.10	1501.02

表 19.19 中，信用风险指数趋势一共分成以下两段。

第一段为 2000~2018 年这 19 年，为已知数据的违约判别。

第二段为 2019~2023 年这 5 年，为根据已知数据进行的违约预测。

根据表 19.19 第 2 列的年份为横轴，分别以第 3~5 列的年度信用风险指数为纵轴，做出上市公司文化、体育和娱乐行业的年度信用风险指数走势图，如图 19.20 所示。

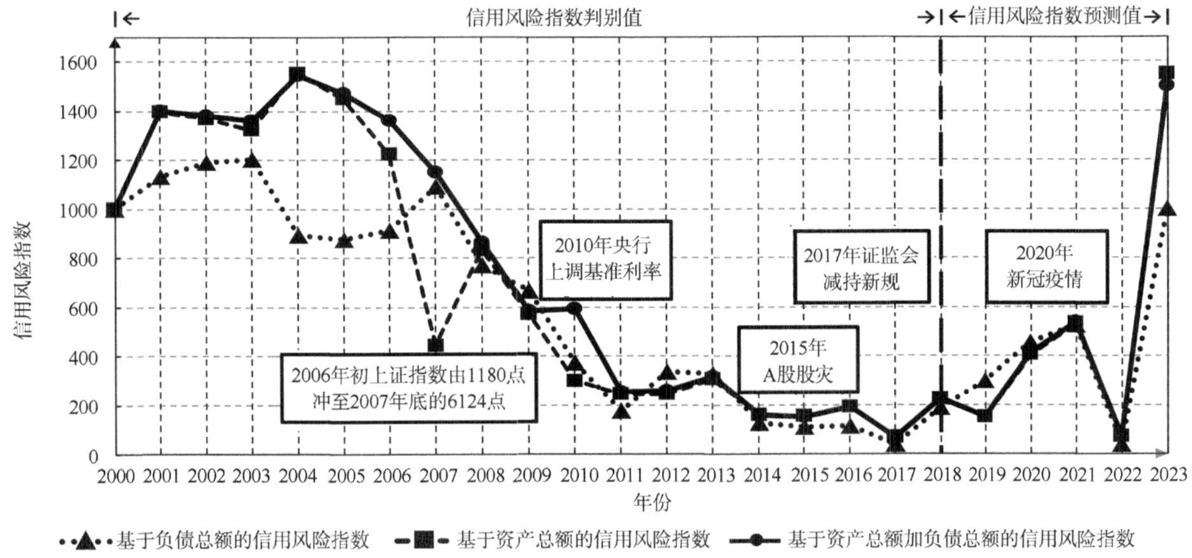

图 19.20　上市公司文化、体育和娱乐行业的年度信用风险指数走势图

中国上市公司文化、体育和娱乐行业 2000~2018 年这 19 年信用风险指数的发展规律，以及预测的 2019~2023 年这 5 年的信用风险指数趋势如图 19.20 所示。

1. 2000~2018 年这 19 年中国上市公司文化、体育和娱乐行业信用风险指数发展规律及原因分析

(1)中国上市公司文化、体育和娱乐行业 2000~2018 年这 19 年的信用风险指数发展规律。总体上看，2000~2003 年文化、体育和娱乐行业信用风险指数先上升，2001 年后略有下降，在 2004 年出现一次下降拐点，2009~2010 年保持平稳，2010 年再次出现下降拐点。于 2016 年再次达到上升拐点后信用风险指数再次降低，至 2017 年呈现上升趋势。

(2)中国上市公司文化、体育和娱乐行业 2000~2018 年这 19 年信用风险指数发展的宏观原因分析。由于宏观因素，从指数变化来看，2006 年信用指数呈现下降趋势，这可能与“2006 年初上证指数由 1180 冲至 2007 年底的 6124 点”有关[2]。2012 年资产总额加负债总额的信用指数小幅下跌[7]。2015 年受 A 股股灾影响，信用风险指数小幅增长，2016~2018 年初又出现起伏。

(3)中国上市公司文化、体育和娱乐行业 2000~2018 年这 19 年信用风险指数发展的政策原因分析。由于政策及监管环境的变化，2010~2011 年信用风险指数大幅下降，这与当时的央行上调基准利率有关[17]。2017~2018 年文化、体育和娱乐行业信用风险指数升高，由 2017 年的 69 点上升到 2018 年的 223 点，这与当时证监会发布的减持新规有关[15]。

2. 2019~2023 年这 5 年中国上市公司文化、体育和娱乐行业信用风险指数的趋势预测

(1)中国上市公司文化、体育和娱乐行业 2019~2023 年这 5 年的信用风险指数发展趋势。2019~2023 年里，信用风险指数在 2018~2019 年稳步下降，在 2019~2020 年持续上涨，在 2021~2022 年呈现下降趋势，并于 2022 年再度上升。

(2)中国上市公司文化、体育和娱乐行业 2019~2023 年这 5 年信用风险指数发展趋势的原因分析。预测可能造成 2020~2021 年信用风险上升的原因是：文化、体育和娱乐行业属于第三产业，相比其他行业更容易受到 2020 年新冠疫情的影响和冲击，从而营业收入等经营性指标暂时性下降，进而因为疫情引发的不可

抗力因素造成信用风险指数升高。2021~2023 年先下降后上升的原因可能是随着疫情得到控制，各项行业政策纷纷落地，会化危为机，做到局势持续向好发展。因此，根据文化、体育和娱乐行业信用风险指数的预测结果，应该持续加强行业的监管，有针对地发布相关局势下的行业政策，以免信用风险发生波动。综上，从信用风险指数的趋势可以看到，信用风险指数走势与信用指数的结论具有一定的互补性。从宏观环境与具体事件来看，2000~2023 年信用风险指数所出现的上升拐点与信用指数出现的下降拐点具有一致性，这充分证明了信用指数与信用风险指数测算的真实性和合理性。

19.11 其 他 行 业

19.11.1 其他行业 2000~2023 年 24 年的信用指数趋势图

其他行业的信用指数的计算如上文第 14 章第 14.11 节所示，不再赘述。将其他行业上市公司的信用指数计算结果列入表 19.20 第 3~5 列。

表 19.20 上市公司其他行业的 2000~2023 年的信用指数表

(1)序号	(2)年份	(3)资产总额前 10%的年度信用指数 $CI^{A}_{(T+m)}$	(4)负债总额前 10%的年度信用指数 $CI^{L}_{(T+m)}$	(5)基于资产总额加负债总额的年度信用指数 $CI^{A+L}_{(T+m)}$
1	2000	1000.00	1000.00	1000.00
2	2001	670.64	595.42	583.53
3	2002	785.82	489.79	883.70
…	…	…	…	…
8	2007	825.63	961.74	976.82
9	2008	962.49	1374.24	1002.61
10	2009	458.95	731.55	535.56
…	…	…	…	…
15	2014	577.29	761.36	654.68
16	2015	662.60	1016.75	793.64
…	…	…	…	…
20	2019	1435.49	3196.14	1902.12
21	2020	919.31	1502.64	999.28
…	…	…	…	…
24	2023	110.48	180.86	132.50

表 19.20 中，信用指数趋势一共分成以下两段。

第一段为 2000~2018 年这 19 年，为已知数据的违约判别。

第二段为 2019~2023 年这 5 年，为根据已知数据进行的违约预测。

图 19.21 是其他行业上市公司信用指数走势图，是以表 19.20 第 2 列的年份为横轴，以表 19.20 第 3~5 列的信用指数为纵轴，做出的信用指数走势图。

中国上市公司其他行业 2000~2018 年这 19 年信用指数的发展规律，以及预测的 2019~2023 年这 5 年的信用指数趋势如图 19.21 所示。

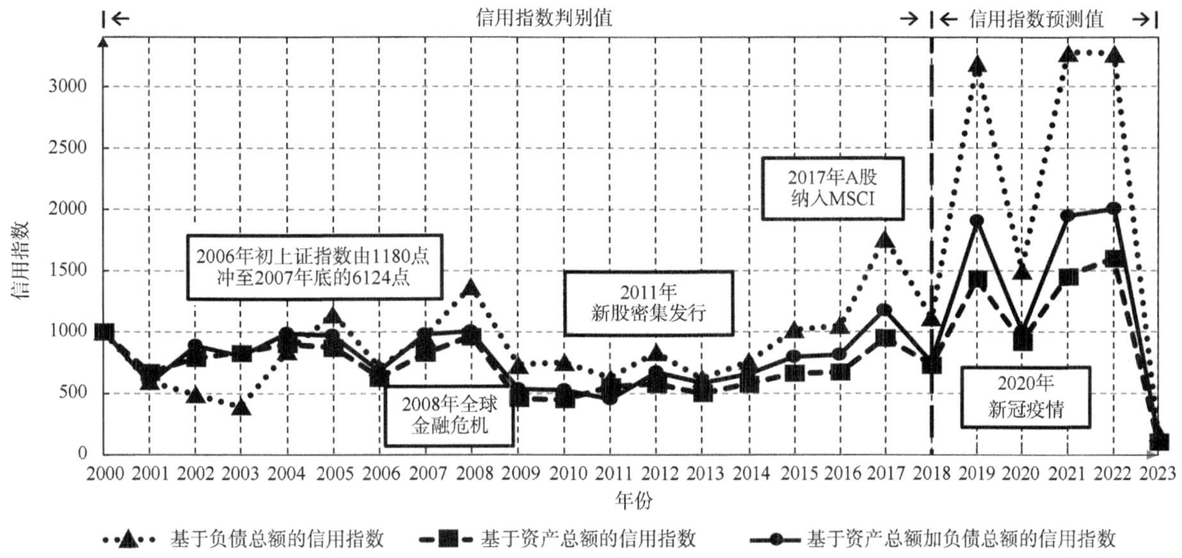

图 19.21　中国上市公司其他行业的年度信用指数走势图

1. 2000~2018 年这 19 年中国上市公司其他行业信用指数的发展规律及原因分析

(1)中国上市公司其他行业 2000~2018 年这 19 年信用指数发展规律。总体上看，2000~2008 年其他行业信用指数小幅度波动，在 2008 年出现大幅下降拐点，并于 2011 年初开始恢复稳步波动增长，于 2017 年再次出现下降拐点。

(2)中国上市公司其他行业 2000~2018 年这 19 年信用指数发展的宏观原因分析。2006~2007 年信用指数呈现上升趋势，这与当时"2006 年初上证指数由 1180 冲至 2007 年底的 6124 点"[2]有关。受"2008 年全球金融危机[3]"的影响，2008~2009 年信用指数出现拐点，急剧下跌。

(3)中国上市公司其他行业 2000~2018 年这 19 年信用指数发展的政策原因分析。2011 年初开始恢复稳步波动增长，可能与当时的"新股密集发行"有关[18]。2017~2018 年其他行业信用指数大幅下跌，出现大幅下降拐点，由 2017 年的 1170 点跌到 2018 年的 755 点，这与当时 A 股市场加入 MSCI 新兴市场指数有关，更多的国际资本加入，中国 A 股市场迎来了新的机遇[19]。

2. 2019~2023 年这 5 年中国上市公司其他行业信用指数的趋势预测

(1)中国上市公司其他行业 2019~2023 年这 5 年的信用指数趋势。上市公司其他行业市场在 2018~2019 年大幅增长，2019~2020 年大幅下降。指数在 2020 年出现大幅上升拐点，于 2022 年再度下降。

(2)中国上市公司其他行业 2019~2023 年这 5 年信用指数趋势的原因分析。预测 2020~2022 年可能造成上升的原因是，2020 年新冠疫情期间，教育业等中国上市公司其他行业与民生息息相关，受疫情影响相对较小，保持发展趋势，因此信用指数反而上升。2022 年大幅下降的原因可能是后疫情时期，宏观环境持续改善，中国上市公司制造业等行业的经营发展逐渐恢复，而教育业等中国上市公司其他行业由于宏观政策的影响受到波动，信用指数反而降低。因此，根据其他行业信用指数的预测结果，应该注意 2020~2022 年宏观环境改变而造成的指数波动。

19.11.2　其他行业 2000-2023 年 24 年的信用风险指数趋势图

其他行业的信用风险指数的计算如上文第 14 章第 14.12 节所示，不再赘述。将其他行业上市公司的信用风险指数计算结果列入表 19.21 第 3~5 列。

表 19.21　上市公司其他行业 2000~2023 年的信用风险指数表

(1)序号	(2)年份	(3)资产总额前 10%的年度信用风险指数 $CRI^{A}_{(T+m)}$	(4)负债总额前 10%的年度信用风险指数 $CRI^{L}_{(T+m)}$	(5)基于资产总额加负债总额的年度信用风险指数 $CRI^{A+L}_{(T+m)}$
1	2000	1000.00	1000.00	1000.00

续表

(1)序号	(2)年份	(3)资产总额前 10%的年度信用风险指数 $CRI^{A}_{(T+m)}$	(4)负债总额前 10%的年度信用风险指数 $CRI^{L}_{(T+m)}$	(5)基于资产总额加负债总额的年度信用风险指数 $CRI^{A+L}_{(T+m)}$
2	2001	1406.35	1133.73	1293.16
3	2002	1264.24	1168.65	1081.86
…	…	…	…	…
8	2007	1215.13	1012.65	1016.32
9	2008	1046.28	876.30	998.16
10	2009	1667.53	1088.74	1326.92
…	…	…	…	…
15	2014	1521.52	1078.88	1243.08
16	2015	1416.28	994.46	1145.26
…	…	…	…	…
20	2019	462.71	274.07	364.98
21	2020	1099.55	833.85	1000.51
…	…	…	…	…
24	2023	2097.45	1270.76	1610.65

表 19.21 中，信用风险指数趋势一共分成以下两段。

第一段为 2000~2018 年这 19 年，为已知数据的违约判别。

第二段为 2019~2023 年这 5 年，为根据已知数据进行的违约预测。

以表 19.21 第 2 列的年份为横轴，分别以第 3~5 列的年度信用风险指数为纵轴，做出上市公司其他行业的年度信用风险指数走势图，如图 19.22 所示。

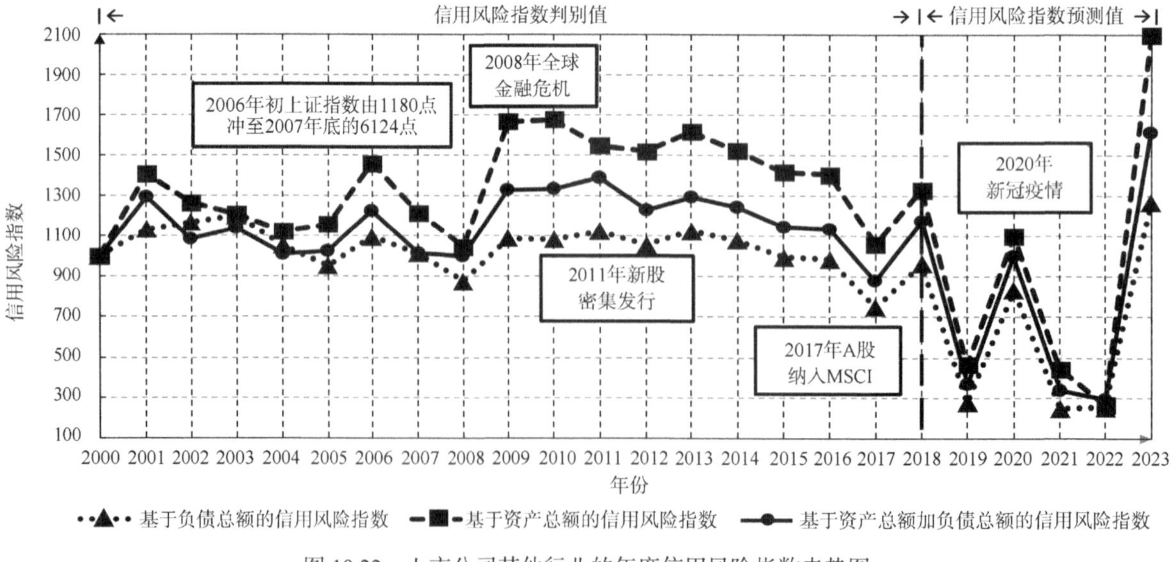

图 19.22　上市公司其他行业的年度信用风险指数走势图

中国上市公司其他行业 2000~2018 年这 19 年信用风险指数的发展规律，以及预测的 2019~2023 年这 5 年信用风险指数趋势如图 19.22 所示。

1. 2000~2018 年这 19 年中国上市公司其他行业信用风险指数发展规律及原因分析

(1)中国上市公司其他行业 2000~2018 年这 19 年信用风险指数发展规律。总体上看，2000~2008 年其他行业信用风险指数小幅度波动，在 2008 年出现大幅上升拐点，信用风险急剧升高。并于 2009 年初开始稳步上升，于 2011 年出现下降拐点，2011~2017 年，信用风险指数稳步降低，至 2017 年呈现上升趋势。

(2)中国上市公司其他行业 2000~2018 年这 19 年信用风险指数发展的宏观原因分析。2008 年信用风险急剧升高，出现大幅上升拐点，是受“2008 年全球金融危机”[3]的外部宏观环境的强烈冲击。2009 年信用风险稳步上升可能与“4 万亿元投资政策和十大产业振兴规划”有关[18]。2011 年初开始出现下降拐点，可能与当时的“新股密集发行”有关[18]。

(3)中国上市公司其他行业 2000~2018 年这 19 年信用风险指数发展的政策原因分析。由于政策及监管环境的变化，2010~2011 年整体熊市，信用风险指数升高，这与当时的央行上调存款准备金率 0.5 个百分点有关联[17]。2017~2018 年其他行业信用风险指数大幅升高，出现大幅上升拐点，由 2017 年的 880 点上升到 2018 年的 1170 点，这与当时 A 股市场加入 MSCI 新兴市场指数有关，更多的国际资本加入，中国 A 股市场迎来了新的机遇[19]。

2. 2019~2023 年这 5 年中国上市公司其他行业信用风险指数的趋势预测

(1)中国上市公司其他行业 2019~2023 年这 5 年的信用风险指数趋势。2019~2023 年这 5 年，信用风险指数在 2018~2019 年大幅下降，在 2019 年出现大幅上升拐点，信用风险呈上升趋势，指数于 2020 年之后呈现下降趋势，于 2022 年再度上升。

(2)中国上市公司其他行业 2019~2023 年这 5 年信用风险指数趋势的原因分析。预测 2020~2021 年信用风险可能造成下降的原因是，2020 年新冠疫情期间，教育业等中国上市公司其他行业与民生息息相关，受疫情影响相对较小，保持发展趋势，因此信用风险指数反而下降。2022 年上升的原因可能是后疫情时期，宏观环境持续改善，中国上市公司制造业等行业的经营发展逐渐恢复导致信用风险指数降低，而教育业等中国上市公司其他行业由于宏观政策的影响受到波动，信用风险指数反而上升。因此，根据其他行业信用风险指数的预测结果，应该注意 2020~2022 年后疫情时期宏观环境不稳定而造成的信用风险波动。

参 考 文 献

[1] Ken B. Business Statistics：Contemporary Decision Making[M]. Hoboken：John Wiley and Sons, 2009.
[2] 林汶奎. 2006 年的中国大牛市[J]. 现代阅读, 2014, (4)：26.
[3] 张茜. 中国股票市场发展与货币政策完善[D]. 太原：山西大学, 2012.
[4] 石喜爱, 季良玉, 程中华. “互联网+”对中国制造业转型升级影响的实证研究——中国 2003—2014 年省级面板数据检验[J]. 科技进步与对策, 2017, 34(22)：64-71.
[5] 王彬宇. 加入世界贸易组织后对中国制造业中小企业影响研究[J]. 经济师, 2017, (2)：30-32.
[6] 东兴证券. 创业板难现纳斯达克式科技股泡沫[N]. 上海证券报, 2014-03-12(A04).
[7] 中国人民银行, 科技部, 银监会, 等. 关于大力推进体制机制创新 扎实做好科技金融服务的意见[EB/OL]. https://www.gov.cn/zhuanti/2015-12/14/content_5023752.htm [2014-01-07].
[8] 李思霖. 证监会定调 2017 年资本市场监管工作：协调推进资本市场改革稳定发展[J]. 中国金融家, 2015, (2)：23-24.
[9] 陈致远, 唐振鹏. 中国股灾回顾,证监会政策评价及启示——基于 2015 年中国股票市场案例分析[J]. 亚太经济, 2020, (3)：31-35.
[10] 刘光宇, 陈永慧, 张杰. 房地产 40 年大事记[J]. 安家, 2018, 182(4)：29-38.
[11] 张桦. 2001—2005 年我国建筑设计行业改革与发展综述[J]. 建筑设计管理, 2005, (6)：11-16.
[12] 中国建筑行业发展环境分析[J]. 中国勘察设计, 2019, (2)：50-59.
[13] 程实. 十年科技创新强国之路[J]. 现代商业银行, 2022, (19)：48-51.
[14] 王柄根. 2011 中国股市大事记[J]. 股市动态分析, 2011, (52)：13-15.
[15] 中国证券监督管理委员会. 上市公司股东、董监高减持股份的若干规定[R]. 中国证券监督管理委员会, 2017.
[16] 中华人民共和国中央人民政府. 2003 年中国证券市场大事记[R]. 中华人民共和国中央人民政府, 2003.
[17] 中国人民银行. 中国人民银行决定上调金融机构人民币存款准备金率 0.5 个百分点[R]. 中国人民银行, 2011.
[18] 佚名. 历年“节后股市”回放(1996 年—2008 年)[J]. 证券导刊, 2009, (4)：22.
[19] 宋奕青. 2017 年股市有“稳”有“防”[J]. 中国经济信息, 2017, (1)：36-37.

第 20 章　不同地区的信用特征分析与信用指数趋势图

20.1　本章内容提要

本章是中国上市公司主要省区市的信用特征分析，以及 2000~2023 年这 24 年信用指数和信用风险指数的趋势图。描述了北京、上海、天津、重庆及辽宁共 5 个省市的上市公司的信用指数和信用风险指数趋势，并预测了不同省区市的上市公司 2019~2023 年这 5 年的信用发展状况，为下文第 23 章的研究结论及政策建议提供依据。

应该指出：本章第 20.2 节的上市公司的地区信用特征分析，同时也在上文第 5 章第 5.10.2 节。

上文第 5 章的分析侧重于违约预测、基本分析和计算，这里第 20 章则侧重于不同省区市的信用特征的描述和信用指数的应用分析。

20.2　上市公司的地区信用特征分析

20.2.1　上市公司不同地区的信用得分差异性检验

为检验不同地区的信用得分是否存在显著差异。根据上文第 5 章表 5.21 第 5 列的 31 个中国省区市(港澳台除外)和第 8 列的信用得分。统计出 31 个省区市的信用得分平均值、最大值、最小值、标准差、中位数和样本数量，列在表 20.1 的第 3~8 列。

表 20.1　上市公司的省区市信用特征描述表

(1)序号	(2)省区市	(3)信用得分平均值	(4)信用得分最大值	(5)信用得分最小值	(6)信用得分标准差	(7)信用得分中位数	(8)样本数量
1	广东省	66.11	100.00	0.03	25.67	66.67	9822
2	浙江省	65.02	100.00	0.03	27.99	67.12	6965
3	江苏省	64.81	100.00	0.00	28.56	67.10	6492
…	…	…	…	…	…	…	…
11	河北省	60.11	100.00	0.01	28.44	62.18	1108
12	河南省	59.89	100.00	0.13	29.12	62.28	1511
13	上海市	59.60	100.00	0.00	28.44	62.01	5283
14	甘肃省	59.07	100.00	0.04	26.93	58.34	643
…	…	…	…	…	…	…	…
29	青海省	50.12	99.24	0.11	29.32	50.97	267

续表

(1)序号	(2)省区市	(3)信用得分平均值	(4)信用得分最大值	(5)信用得分最小值	(6)信用得分标准差	(7)信用得分中位数	(8)样本数量
30	宁夏回族自治区	45.52	99.53	0.07	31.17	47.16	293
31	海南省	44.50	100.00	0.02	30.35	45.22	637

其中，表 20.1 第 8 列的样本数量是 2000~2023 年这 24 年的上市公司总数，这里的总数包括相同企业不同年份的重复计数。例如，若一个企业在 2000~2023 年这 24 年中均未退市，则数量记为 24，其他企业的统计同理。

同时，为检验两两省区市之间信用得分是否存在显著差异，本书采用曼-惠特尼 U 检验[1]来进行显著性水平检验。以“广东省”与“河南省”为例，根据表 20.1 第 1 列第 1、12 行的序号排序和第 8 列第 1、12 行的企业数量，计算得到曼-惠特尼 U 检验统计量为 6 593 431.00，列入表 20.2 第 1 行第 3 列。将通过曼-惠特尼 U 检验统计量的显著性水平表，将对应的 p 值 0.000 列入表 20.2 第 1 行第 4 列。同理，将其他任意两个省区市的曼-惠特尼 U 检验结果列在表 20.2 第 2~465 行。

表 20.2　上市公司的省区市之间信用得分的差异性检验

(1)序号	(2)省区市两两比较	(3)曼-惠特尼 U 检验统计量值	(4)p 值
1	广东省 与 河南省	6 593 431.00***	0.000
…	…	…	…
464	吉林省 与 湖北省	839 754.00***	0.006
465	海南省 与 湖北省	471 872.00***	0.000

***、**、*分别表示在 99%、95%、90%的置信水平存在显著差异

表 20.1 和表 20.2 的实证结果表明，中国上市公司的省区市特征为：广东省、浙江省、江苏省等 10 个省区市的信用资质最高，河北省、河南省、上海市等 10 个省区市的信用资质居中，青海省、宁夏回族自治区、海南省等 11 个省区市的信用资质最低。并且，任意两个省区市间的信用资质经曼-惠特尼 U 检验均存在显著差异。

根据上市公司 31 个省区市的信用特征地理分布统计可知，信用得分高于 60 分的信用资质较好的省区市基本分布在东南沿海地区。信用得分介于 56 分和 60 分之间的信用资质居中的省区市基本分布在中部地区。信用得分低于 56 分的信用资质较差的省区市基本分布在西部地区和东北地区。

分析造成省区市信用特征的原因可能是，相比于中西部内陆地区，东南部沿海地区的企业融资渠道和投资机会更多，从而企业的资金运营能力和盈利能力更强，信用资质也就更好。

表 20.3 是上市公司不同省区市的 2000~2023 年这 24 年的信用得分表。表 20.3 中：第 2 列是省区市名称，对应上文第 5 章表 5.21 第 5 列的 31 个省区市。第 3~21 列是 2000~2018 年这 19 年的信用得分判别值 $S_{(T+0)}$，来自上文第 5 章表 5.21 第 8 列 2000~2018 年的省区市信用得分判别值。第 22~26 列是 2019~2023 年 5 年的信用得分预测值 $S_{(T+m)}$ (m=1, 2, 3, 4, 5)，来自上文第 5 章表 5.21 第 8 列 2019~2023 年的省区市信用得分预测值。第 27 列是信用得分的省区市均值，等于第 3~26 列的算术平均值；第 27 列的信用得分省区市均值越大，则对应省区市的信用资质越好。第 28 列是省区市的信用资质水平，是根据第 27 列的信用得分的省区市均值 $\bar{S}$ 由大到小排序后的 1/3 和 2/3 两个分位点，区分出省区市信用资质好、中、差的三种水平，以此来描述上市公司的省区市信用特征分布。

表 20.3　上市公司不同省区市的 2000~2023 年这 24 年的信用得分表

(1)序号	(2)省区市	信用得分判别值 $S_{(T+0)}$			信用得分预测值 $S_{(T+m)}$(m=1, 2, 3, 4, 5)					(27)信用得分的省区市均值 $\bar{S}$	(28)信用资质水平
		(3) 2000 年	…	(21) 2018 年	(22) 2019 年	(23) 2020 年	(24) 2021 年	(25) 2022 年	(26) 2023 年		
1	广东省	66.08	…	69.67	65.36	61.52	39.11	59.95	51.85	66.11	好

续表

(1)序号	(2)省区市	信用得分判别值 $S_{(T+0)}$			信用得分预测值 $S_{(T+m)}(m=1, 2, 3, 4, 5)$					(27)信用得分的省区市均值 $\bar{S}$	(28)信用资质水平
		(3) 2000 年	…	(21) 2018 年	(22) 2019 年	(23) 2020 年	(24) 2021 年	(25) 2022 年	(26) 2023 年		
2	浙江省	70.29	…	71.39	68.06	62.44	41.72	61.25	7.88	65.02	好
3	江苏省	72.64	…	70.81	66.80	62.33	39.94	59.95	8.56	64.81	
…	…	…	…	…	…	…	…	…	…	…	…
11	河北省	73.07	…	61.35	58.85	57.65	39.47	62.08	14.34	60.11	中
12	河南省	68.55	…	57.93	54.43	54.81	33.37	58.90	8.75	59.89	
13	上海市	64.94	…	64.44	61.00	60.13	38.03	61.04	12.98	59.60	
…	…	…	…	…	…	…	…	…	…	…	…
29	青海省	74.08	…	46.64	43.60	51.31	24.00	54.31	16.01	50.12	差
30	宁夏回族自治区	78.70	…	32.61	36.37	46.23	28.89	57.01	5.36	45.52	
31	海南省	47.21	…	38.04	36.38	44.38	25.81	54.68	16.31	44.50	

20.2.2 以年份为横轴的不同地区信用特征分布图

图 20.1 是上市公司 9 个典型省区市 2000~2023 年这 24 年的以年份为横轴的信用得分趋势图。这里 9 个典型省区市是指，表 20.3 第 2 列第 1~3 行信用资质较好的 3 个省份、第 11~13 行信用资质居中的 3 个省市、第 29~31 行信用资质较差的 3 个省区。图 20.1 是以上文表 20.3 第 3~26 列的列标识年份为横轴，以上文表 20.3 第 3~26 列的第 1~3 行、第 11~13 行、第 29~31 行共 9 个典型省区市的信用得分为纵轴，做出的省区市信用得分趋势图。

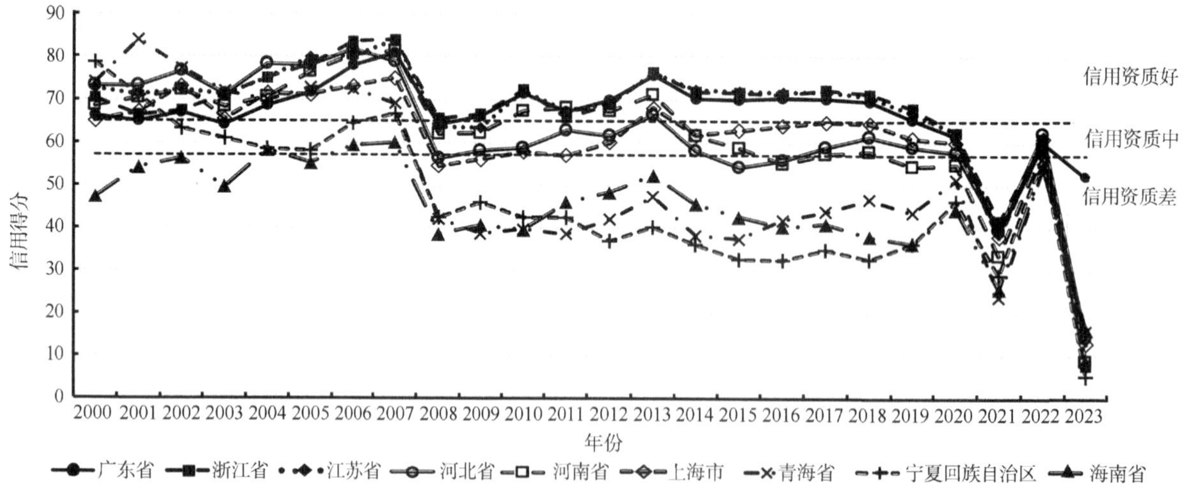

图 20.1 上市公司 9 个典型省区市 2000~2023 年这 24 年的信用得分趋势图

例如，图 20.1 中是以表 20.3 第 3~26 列的列标识 2000~2023 年共 24 年的年份为横轴，以表 20.3 第 1 行第 3~26 列的信用得分为纵轴，做出的"广东省"信用得分趋势图。同理，表 20.3 第 2 列的其他 8 个典型省区市也做出对应的信用得分折线图，同样画在图 20.1 中。

根据图 20.1 可得出结论如下。

(1)中国上市公司的省区市信用特征分布规律。广东省、浙江省、江苏省等 10 个省区市的信用资质最高，河北省、河南省、上海市等 10 个省区市的信用资质居中，青海省、宁夏回族自治区、海南省等 11 个省区市的信用资质最低。这也与上文表 20.1 的结论一致。

(2)中国上市公司的省区市信用分布特征随年份变化的规律。2000~2019 年省区市信用得分波动整体较为平稳，但在未来 2020~2023 年信用状况波动较大。具体表现为：2020 年所有 9 个典型省区市的平均信用得分均急剧下跌，至 2021 年信用得分到达低谷，于 2022 年有所反弹，但在 2023 年，9 个省区市的信用得分又呈现急剧下跌趋势。同时可以看出，虽然上市公司 9 个典型省区市的信用得分趋势总体一致，但相比于“青海省”“宁夏回族自治区”“海南省”等其他 6 个信用资质居中和较差的省区市，“广东省”“浙江省”“江苏省”这 3 个信用资质较好省份的信用得分的下跌幅度要更小，抗风险能力相对较好。

20.2.3　以地区为横轴的 *T*+*m* 年信用特征分布图

图 20.2 是上市公司 9 个典型省区市的平均信用得分对比图。这里 9 个典型省区市是指，表 20.3 第 2 列第 1~3 行信用资质较好的 3 个省份、第 11~13 行信用资质居中的 3 个省市、第 29~31 行信用资质较差的 3 个省区。图 20.2 是以上文表 20.3 第 2 列的省区市名称为横轴，以上文表 20.3 第 3~26 列的第 1~3 行、第 11~ 13 行、第 29~31 行共 9 个典型省区市的 2018~2023 年这 6 年的平均信用得分为纵轴，做出的省区市平均信用得分对比图。图 20.2 中通过省区市的平均信用得分越高，信用资质越好，将 9 个典型省区市分为信用资质好、中、差三个级别。

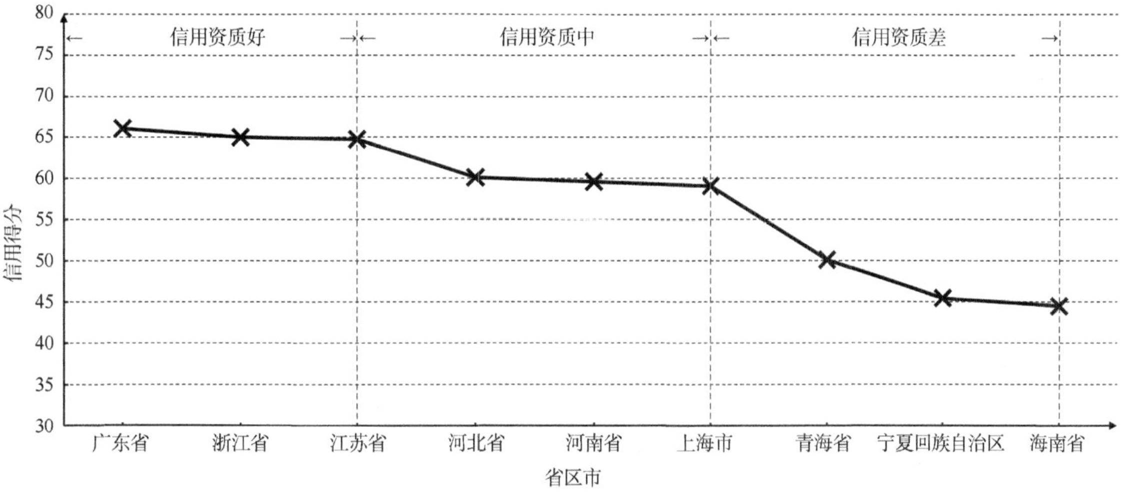

图 20.2　上市公司 9 个典型省区市的平均信用得分对比图

由图 20.2 可知，平均信用得分线倾斜向下，表示 9 个典型省区市的信用得分随着横轴向右信用资质依次递减。说明中国上市公司的省区市信用分布特征整体表现为：广东省、浙江省、江苏省等 10 个省区市的信用资质最高，河北省、河南省、上海市等 10 个省区市的信用资质居中，青海省、宁夏回族自治区、海南省等 11 个省区市的信用资质最低。

图 20.3 是上市公司省区市未来 *T*+5 年以省区市为横轴的信用得分对比图。通过对比未来 *T*+5 年 9 个省区市的信用得分，深入挖掘出平均信用资质好，但在未来 *T*+5 年信用资质反而不好的典型省区市。图 20.3 是以上文表 20.3 第 2 列的省区市名称为横轴，以上文表 20.3 第 26 列第 1~3 行、第 11~13 行、第 29~31 行的信用得分为纵轴，做出的省区市 2023 年(*T*+5)的信用得分对比图。图 20.3 中纵轴的信用得分越高，表示信用资质越好。

由图 20.3 可知，2023 年(*T*+5)省区市的信用得分对比中，浙江省、江苏省、宁夏回族自治区的信用得分低，信用资质较差。广东省的信用得分最高，信用资质最好。综合上文图 20.2 平均信用得分图，得出结论：平均信用资质高的浙江省和江苏省这两个省份，在 2023 年(*T*+5)的信用资质反而偏低。说明 2023 年，浙江省和江苏省这两个省份可能会存在极高的违约风险。

以浙江省为例，说明平均信用资质高，在 *T*+5 年反而不高的可能原因。江苏省和甘肃省同理，将不赘述。

图 20.4 是以上文表 20.3 第 21~26 列的列标识 2018~2023 年这 6 年的年份为横轴，以上文表 20.3 第 2 行第 21~26 列的信用得分为纵轴，做出的浙江省未来 *T*+*m*(*m*=0, 1, 2, 3, 4, 5)年的信用得分趋势图。

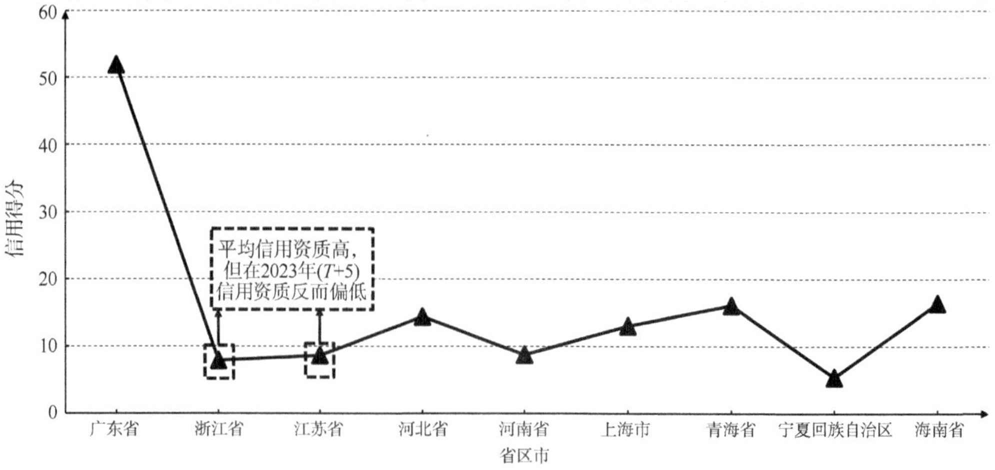

图 20.3　上市公司 9 个省区市未来 T+5 年的信用得分对比图

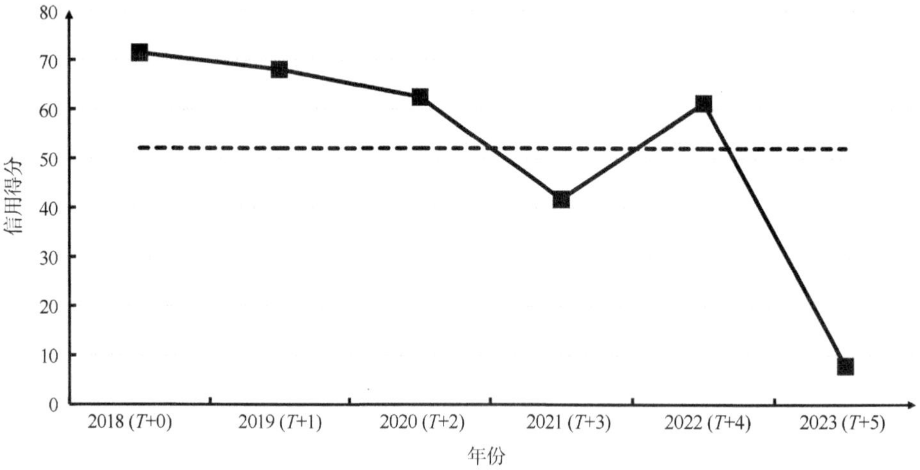

图 20.4　浙江省上市公司未来 $T+m$(m=0, 1, 2, 3, 4, 5)年的信用得分趋势图

由图 20.4 可知，浙江省的平均信用资质高，但未来 T+5 年的信用资质反而低的原因为浙江省未来 T+0, T+1, T+2, T+4 这 4 年的信用得分高于平均值，但未来 T+5 年信用得分远低于平均水平。由图 20.4 还可知，浙江省未来 T+3 年的信用得分较低，说明浙江省未来 2021 年(T+3)的信用资质相对较差，违约风险相对较高。

20.2.4　上市公司的地区信用特征分析小结

综上，中国上市公司的省区市信用特征为广东省、浙江省、江苏省等 10 个省区市的信用资质最高，河北省、河南省、上海市等 10 个省区市的信用资质居中，青海省、宁夏回族自治区、海南省等 11 个省区市的信用资质最低。平均信用资质高的浙江省和江苏省这两个省份，在 2023 年的信用资质反而偏低，可能会存在极高的违约风险。

20.3　北　京　市

20.3.1　北京上市公司 2000~2023 年 24 年信用指数趋势图

计算北京上市公司的信用指数时，典型公司样本选择、典型公司样本权重计算、信用指数的计算方式与上文第 5~18 章的行业信用指数的计算同理。只不过是将“行业”替换为“地区”。计算过程不再赘述。

将北京上市公司的信用指数计算结果列入表 20.4 第 4~6 列。

表 20.4 北京上市公司 2000~2023 年这 24 年信用指数表

(1)序号	(2)地区	(3)年份	(4)资产总额前 10%的年度信用指数 $CI^{A}_{(T+m)}$	(5)负债总额前 10%的年度信用指数 $CI^{L}_{(T+m)}$	(6)基于资产总额加负债总额的年度信用指数 $CI^{A+L}_{(T+m)}$
1	北京	2000	1000.00	1000.00	1000.00
2	北京	2001	472.54	446.46	470.11
3	北京	2002	727.96	717.18	732.37
…	…	…	…	…	…
19	北京	2018	490.33	471.33	483.60
20	北京	2019	519.08	470.89	506.21
21	北京	2020	1024.90	1011.13	1034.19
22	北京	2021	249.55	216.13	240.35
23	北京	2022	216.87	215.20	221.76
24	北京	2023	229.76	224.09	228.60

图 20.5 是北京上市公司的年度信用指数走势图，是以表 20.4 第 3 列的年份为横轴，以表 20.4 第 4~6 列的信用指数为纵轴，做出的信用指数走势图。表 20.4 和图 20.5 中，信用指数趋势一共分成两段。第一段为 2000~2018 年这 19 年，为已知数据的违约判别。第二段为 2019~2023 年这 5 年，为根据已知数据进行的违约预测。

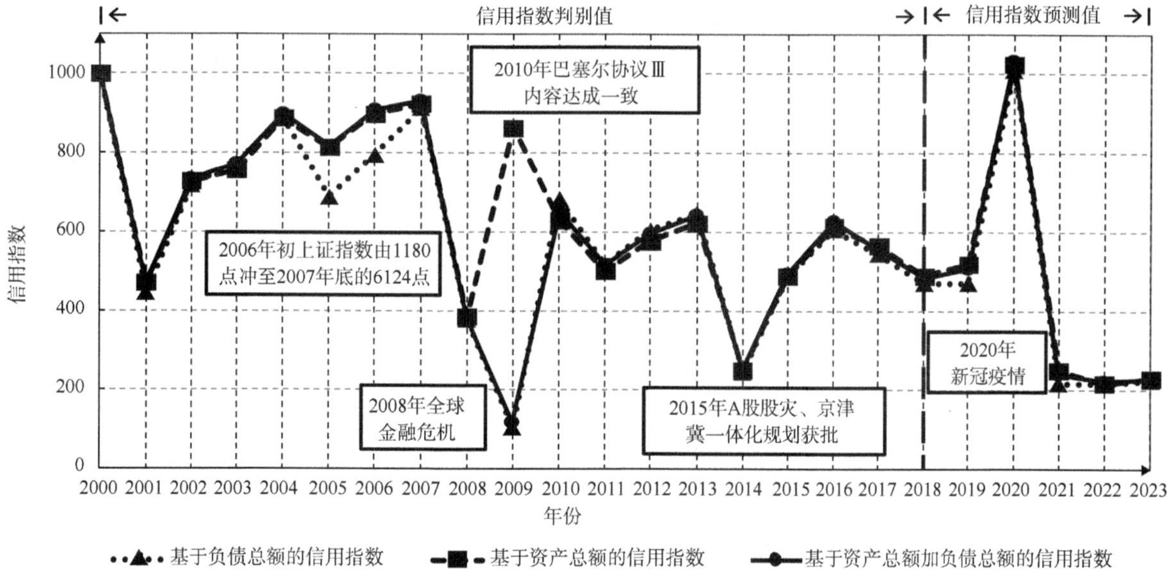

图 20.5 北京上市公司的年度信用指数走势图

1. 2000~2018 年这 19 年北京上市公司信用指数的发展规律及原因分析

(1)北京上市公司 2000~2018 年这 19 年信用指数发展规律。北京上市公司信用指数 2001 年出现第一次大幅上升拐点，2001~2007 年逐渐升高，2007~2009 年接连下跌，并在 2009 年出现第二次大幅上升拐点，而后 2009~2010 年大幅增长，于 2014 年出现第三次大幅上升拐点，2015~2018 年恢复并波动。

(2)北京上市公司 2000~2018 年这 19 年信用指数宏观原因分析。从指数变化来看，2006~2007 年信用指数呈现上升趋势，这与“2006 年初上证指数由 1180 点冲至 2007 年底的 6124 点”[2]有关联。2009~2010 年大幅增长，这是北京在受“2008 年全球金融危机”[3]的影响后经济开始逐步恢复，另外巴塞尔银行监管委员会于 2010 年宣布各方就巴塞尔协议Ⅲ内容达成一致，对公司各方面都进行了约束，刺激了北京地区的信用指数增长。2015~2018 年恢复并波动，也与“2015 年 A 股股灾”[4]有联系，2015 年股灾过后经济进行自我修复。

(3)北京上市公司 2000~2018 年这 19 年信用指数发展的政策原因分析。不仅有宏观因素的影响，当地政策也对北京上市公司的信用产生影响，推测“2015 年 A 股股灾”事件并未造成信用指数下跌的原因是京津冀一体化规划于 2015 年获批[5]，该政策促进了北京地区交通发展，可能对当地的信用指数产生影响。

2. 2019~2023 年这 5 年北京上市公司信用指数的趋势预测

(1)北京上市公司信用指数 2019~2023 年这 5 年信用指数趋势。信用指数在 2019 年出现上升拐点，2019~2020 年急剧上升，2020~2021 年又急剧下跌，2021~2023 年北京上市公司的信用状况小幅波动。

(2)北京上市公司信用指数 2019~2023 年这 5 年信用指数趋势的原因分析。预测 2019~2020 年可能造成上升的原因是，受 2019 年底中美第一阶段经贸协议文本达成一致的利好消息，中美局势的缓和利于北京与美国有业务来往的上市公司经营得以进一步开展。加上中国迅速控制了新冠疫情的蔓延，减小了疫情带来的冲击，导致北京地区 A 股市场的信用指数整体上升。因此，根据北京上市公司信用指数的预测结果，应该注意 2019~2020 年由宏观环境改变造成的指数波动。

20.3.2　北京上市公司 2000~2023 年 24 年信用风险指数趋势图

计算北京上市公司的信用风险指数时，典型公司样本选择、典型公司样本权重计算、信用风险指数的计算方式与上文第 5~18 章的行业信用风险指数的计算同理。只不过是将“行业”替换为“地区”。计算过程不再赘述。将北京上市公司的信用风险指数计算结果列入表 20.5 第 4~6 列。

表 20.5　北京上市公司 2000~2023 年这 24 年信用风险指数表

(1)序号	(2)地区	(3)年份	(4)资产总额前 10%的年度信用风险指数 $CRI^{A}_{(T+m)}$	(5)负债总额前 10%的年度信用风险指数 $CRI^{L}_{(T+m)}$	(6)基于资产总额加负债总额的年度信用风险指数 $CRI^{A+L}_{(T+m)}$
1	北京	2000	1 000.00	1 000.00	1 000.00
2	北京	2001	15 262.42	10 629.49	10 166.51
3	北京	2002	8 355.91	5 920.05	5 629.75
…	…	…	…	…	…
19	北京	2018	14 781.38	10 196.84	9 933.16
20	北京	2019	14 003.81	10 204.48	9 541.89
21	北京	2020	326.69	806.35	408.61
22	北京	2021	21 291.92	14 636.38	14 140.96
23	北京	2022	22 175.57	14 652.45	14 462.60
24	北京	2023	21 827.06	14 497.87	14 344.29

图 20.6 是北京上市公司的年度信用风险指数走势图，是以表 20.5 第 3 列的年份为横轴，以表 20.5 第 4~6 列的信用风险指数为纵轴，做出的信用风险指数走势图。表 20.5 和图 20.6 中，信用风险指数趋势一共分成两段。第一段为 2000~2018 年这 19 年，为已知数据的违约判别。第二段为 2019~2023 年这 5 年，为根据已知数据进行的违约预测。

1. 2000~2018 年这 19 年北京上市公司信用风险指数的发展规律及原因分析

(1)北京上市公司 2000~2018 年这 19 年信用风险指数发展规律。北京上市公司信用风险指数 2000 年出现第一次大幅上升拐点，而后 2001~2007 年逐渐降低，并在 2007 年出现第二次大幅上升拐点，2008~2009 年接连上升，在 2010 年后平稳波动，于 2013 年出现第三次大幅上升拐点，2015~2018 年风险水平稳定波动。

(2)北京上市公司 2000~2018 年这 19 年信用风险指数宏观原因分析。从北京上市公司信用指数变化来看，2008~2009 年信用风险呈现上升趋势，这是“2008 年全球金融危机”[3]的爆发导致的。而 2013 年作为第三次大幅上升拐点，使得 2014 年北京地区信用风险水平大幅上升[4]。

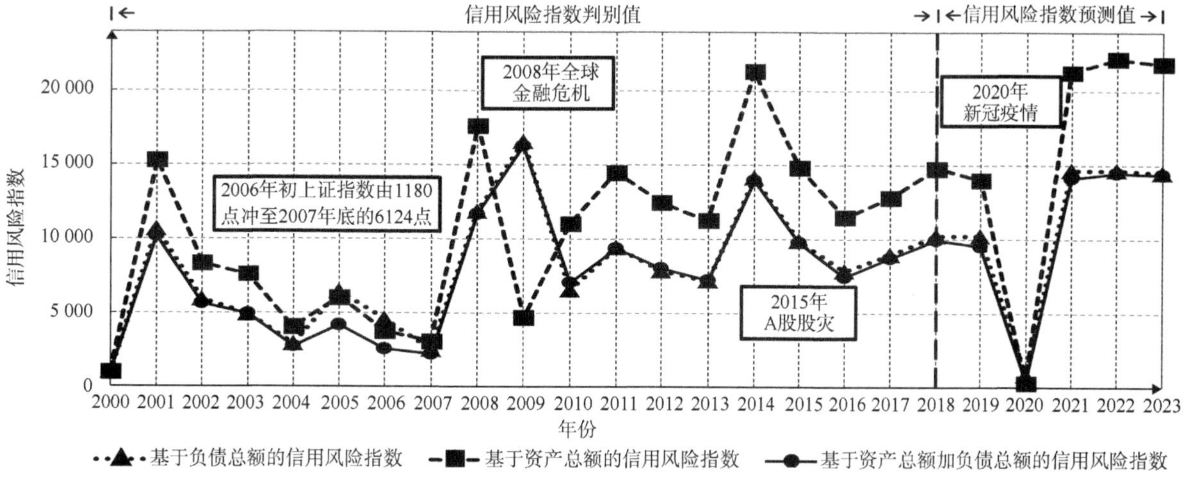

图 20.6　北京上市公司的年度信用风险指数走势图

(3)北京上市公司 2000~2018 年这 19 年信用风险指数发展的政策原因分析。2014 年北京地区信用风险水平大幅上升，可能与 2014 年北京出台新户口政策[6]相关，新户口政策紧缩可能导致公司人才落户受限，对北京地区的公司的经营运转产生一定影响。

2. 2019~2023 年这 5 年北京上市公司信用风险指数的趋势预测

(1)北京上市公司 2019~2023 年这 5 年信用风险指数趋势。在 2019 年出现下降拐点，2019~2020 年急剧下降，2020~2021 年又急剧上升，2021~2023 年北京上市公司的信用状况小幅波动。

(2)北京上市公司 2019~2023 年这 5 年信用风险指数趋势的原因分析。预测 2020~2021 年可能造成上升的原因是国际新冠疫情的冲击，虽然国内有效控制了疫情的蔓延，但国际疫情形势日益严峻，不容小觑。北京地区作为我国首都，境外输入病例情况接连不断，进而导致 2021 年北京地区信用风险指数上升。因此，根据北京上市公司信用风险指数的预测结果，应该注意 2020~2021 年由国际环境改变造成的风险指数波动。

20.4　上　海　市

20.4.1　上海上市公司 2000~2023 年 24 年信用指数趋势图

计算上海上市公司的信用指数时，典型公司样本选择、典型公司样本权重计算、信用指数的计算方式与上文第 5~18 章的行业信用指数的计算同理。只不过是将“行业”替换为“地区”。计算过程不再赘述。将上海上市公司的信用指数计算结果列入表 20.6 第 4~6 列。

表 20.6　上海上市公司 2000~2023 年这 24 年的信用指数表

(1)序号	(2)地区	(3)年份	(4)资产总额前 10%的年度信用指数 $CI^{A}_{(T+m)}$	(5)负债总额前 10%的年度信用指数 $CI^{L}_{(T+m)}$	(6)基于资产总额加负债总额的年度信用指数 $CI^{A+L}_{(T+m)}$
1	上海	2000	1000.00	1000.00	1000.00
2	上海	2001	827.97	869.77	810.83
3	上海	2002	971.33	1095.43	998.59
…	…	…	…	…	…
19	上海	2018	783.07	895.35	800.27
20	上海	2019	1132.08	1353.01	1175.76
21	上海	2020	1150.45	1369.70	1192.86

续表

(1)序号	(2)地区	(3)年份	(4)资产总额前 10%的年度信用指数 $CI^{A}_{(T+m)}$	(5)负债总额前 10%的年度信用指数 $CI^{L}_{(T+m)}$	(6)基于资产总额加负债总额的年度信用指数 $CI^{A+L}_{(T+m)}$
22	上海	2021	488.06	559.15	498.85
23	上海	2022	291.14	336.44	298.86
24	上海	2023	730.54	857.71	753.78

图 20.7 是上海上市公司的年度信用指数走势图，是以表 20.6 第 3 列的年份为横轴，以表 20.6 第 4~6 列的信用指数为纵轴，做出的信用指数走势图。表 20.6 和图 20.7 中，信用指数趋势一共分成两段。第一段为 2000~2018 年这 19 年，为已知数据的违约判别。第二段为 2019~2023 年这 5 年，为根据已知数据进行的违约预测。

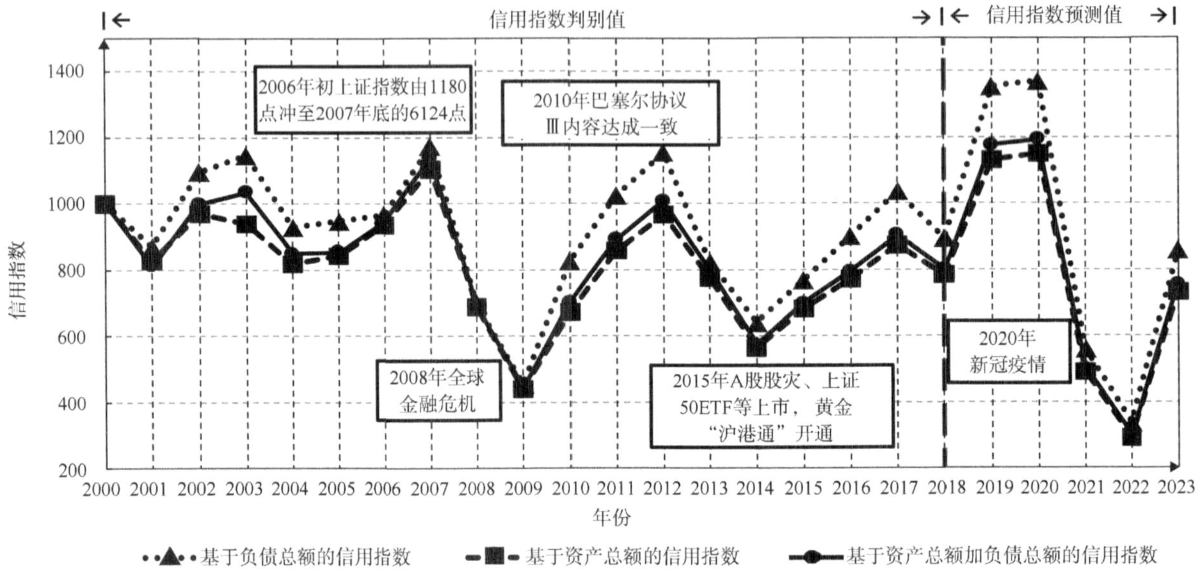

图 20.7　上海上市公司的年度信用指数走势图

1. 2000~2018 年这 19 年上海上市公司信用指数的发展规律及原因分析

(1)上海上市公司 2000~2018 年这 19 年信用指数发展规律。上海上市公司信用指数 2004~2007 年持续上升，2007~2009 年接连下跌，2009 年又出现上升拐点，而后 2009~2012 年持续增长，2012~2014 年连续下跌，在 2014 年再次出现上升拐点，2014~2018 年震荡上涨。

(2)上海上市公司 2000~2018 年这 19 年信用指数宏观原因分析。从上海上市公司信用指数变化来看，在 2006 年出现上升拐点，这与当时上证指数“2006 年初上证指数由 1180 点冲至 2007 年底的 6124 点”[2]有关联。2009 年又出现上升拐点，并且 2009~2012 年持续增长，可能的原因是上海暂时适应了“2008 年全球金融危机”的冲击，经济开始逐步恢复，另外巴塞尔银行监管委员会于 2010 年宣布各方就巴塞尔协议Ⅲ内容达成一致，对公司各方面都进行了约束，使得上海地区的信用指数持续增长。

(3)上海上市公司 2000~2018 年这 19 年信用指数发展的政策原因分析。不仅有宏观因素的影响，当地政策也对上海上市公司的信用产生影响，推测“2015 年 A 股股灾”并未造成信用指数下跌的原因是 2015 上证 50ETF（exchange traded fund，交易所交易基金）期权等产品上市，黄金“沪港通”开通，使得上海金融市场交易、定价和综合服务能力大幅提升，对上海整体金融市场起到了维护作用[7]。

2. 2019~2023 年这 5 年上海上市公司信用指数的趋势预测

(1)上海上市公司 2019~2023 年这 5 年信用指数趋势。上海上市公司信用指数在 2018 年出现上升拐点，2020~2022 年急剧下跌，2022~2023 年又急剧上升。

(2)上海上市公司 2019~2023 年这 5 年信用指数趋势的原因分析。预测上海上市公司信用指数 2022~2023

年可能造成上升的原因是，中国迅速控制了新冠疫情的蔓延，疫情带来的冲击效果减弱，经济开始恢复，再加上美国前总统特朗普下台减缓了美国对中国部分公司施加的压力，导致上海地区 A 股市场的信用指数整体上升。因此，根据上海上市公司信用指数的预测结果，应该注意 2022~2023 年由宏观环境改变与地区政策出台造成的指数波动。

20.4.2　上海上市公司 2000~2023 年 24 年信用风险指数趋势图

计算上海上市公司的信用风险指数时，典型公司样本选择、典型公司样本权重计算、信用风险指数的计算方式与上文第 5~18 章的行业信用风险指数的计算同理。只不过是将“行业”替换为“地区”。计算过程不再赘述。将上海上市公司的信用风险指数计算结果列入表 20.7 第 4~6 列。

表 20.7　中国上市公司上海 2000~2023 年这 24 年信用风险指数表

(1)序号	(2)地区	(3)年份	(4)资产总额前 10%的年度信用风险指数 $CRI^{A}_{(T+m)}$	(5)负债总额前 10%的年度信用风险指数 $CRI^{L}_{(T+m)}$	(6)基于资产总额加负债总额的年度信用风险指数 $CRI^{A+L}_{(T+m)}$
1	上海	2000	1000.00	1000.00	1000.00
2	上海	2001	1944.09	1318.92	1836.83
3	上海	2002	1157.36	766.30	1006.34
…	…	…	…	…	…
19	上海	2018	2190.49	1256.29	1883.54
20	上海	2019	275.15	135.49	222.50
21	上海	2020	174.32	94.60	146.88
22	上海	2021	3890.18	2082.08	3216.89
23	上海	2022	4890.18	2625.06	4101.58
24	上海	2023	2478.78	1348.46	2089.18

图 20.8 是上海上市公司的年度信用风险指数走势图，是以表 20.7 第 3 列的年份为横轴，以表 20.7 第 4~6 列的信用风险指数为纵轴，做出的信用风险指数走势图。表 20.7 和图 20.8 中，信用风险指数趋势一共分成两段。第一段为 2000~2018 年这 19 年，为已知数据的违约判别。第二段为 2019~2023 年这 5 年，为根据已知数据进行的违约预测。

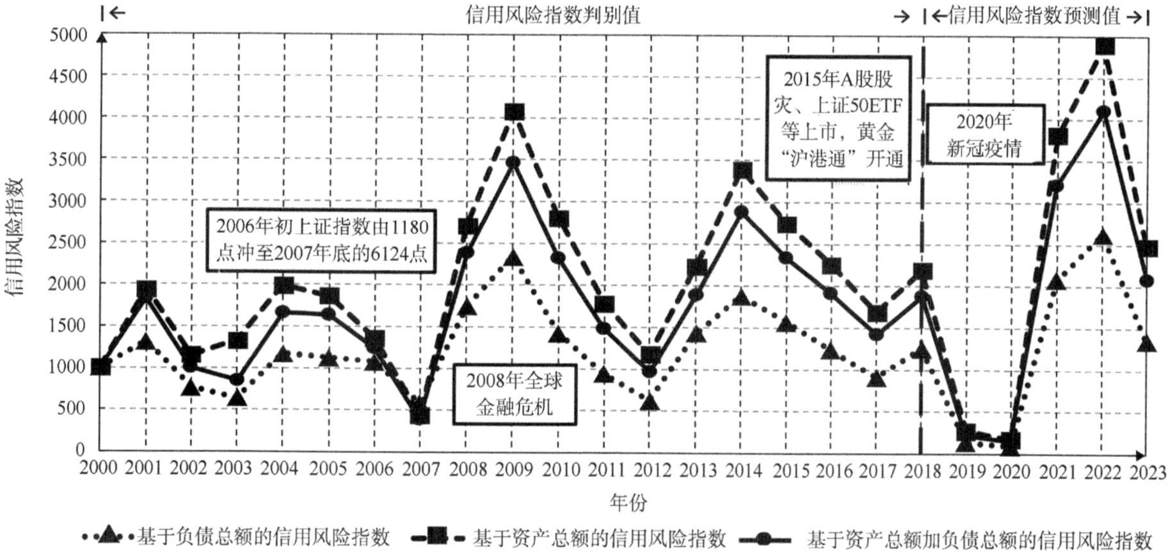

图 20.8　上海上市公司的年度信用风险指数走势图

1. 2000~2018 年这 19 年上海上市公司信用风险指数的发展规律及原因分析

(1)上海上市公司 2000~2018 年这 19 年信用风险指数发展规律。上海上市公司信用风险指数 2000~2007 年震荡下跌，于 2007 年第一次出现大幅上升拐点，2007~2009 年逐渐上升，2009~2012 年持续下跌，2012 年出现第二次大幅上升拐点，2012~2014 年持续上升，而后 2014~2018 年震荡下跌。

(2)上海上市公司 2000~2018 年这 19 年信用风险指数宏观原因分析。从上海上市公司信用风险指数变化来看，2007~2009 年信用风险呈现上升趋势，这与“2008 年全球金融危机”[3]的爆发有关，且危机进一步影响了上海地区上市公司 2009 年的信用风险水平。而 2012~2014 年信用风险水平持续上升，使得 2014 年上海地区信用风险水平到达峰值[4]。

(3)上海上市公司 2000~2018 年这 19 年信用风险指数发展的政策原因分析。推测 2015 年上海上市公司信用风险指数下跌的原因是 2015 年上证 50ETF 期权等产品上市，加之黄金“沪港通”开通，使得上海金融市场交易、定价和综合服务能力大幅提升，对上海整体金融市场起到了维护作用[7]，降低了上海地区的信用风险水平。

2. 2019~2023 年这 5 年上海上市公司信用风险指数的趋势预测

(1)上海上市公司 2019~2023 年这 5 年信用风险指数趋势。上海上市公司信用风险指数 2018~2019 年大幅下跌，在 2020 年出现上升拐点，2020~2022 年持续上升，2022~2023 年大幅下跌。

(2)上海上市公司 2019~2023 年这 5 年信用风险指数趋势的原因分析。预测上海上市公司信用风险指数 2020~2022 年持续上升的原因是，受 2020 年新冠疫情的影响，宏观经济环境动荡，上市公司的发展经营及融资受影响，导致上海地区 A 股市场的信用风险指数整体上升。因此，根据上海上市公司信用风险指数的预测结果，应该注意 2021~2022 年由宏观环境改变造成的指数波动。

20.5 天　津　市

20.5.1 天津上市公司 2000~2023 年 24 年信用指数趋势图

计算天津上市公司的信用指数时，典型公司样本选择、典型公司样本权重计算、信用指数的计算方式与上文第 5~18 章的行业信用指数的计算同理。只不过是将“行业”替换为“地区”。计算过程不再赘述。将天津上市公司的信用指数计算结果列入表 20.8 第 4~6 列。

表 20.8　中国上市公司天津 2000~2023 年这 24 年信用指数表

(1)序号	(2)地区	(3)年份	(4)资产总额前 10%的年度信用指数 $CI^{A}_{(T+m)}$	(5)负债总额前 10%的年度信用指数 $CI^{L}_{(T+m)}$	(6)基于资产总额加负债总额的年度信用指数 $CI^{A+L}_{(T+m)}$
1	天津	2000	1000.00	1000.00	1000.00
2	天津	2001	832.79	832.66	832.82
3	天津	2002	497.03	390.58	453.57
…	…	…	…	…	…
19	天津	2018	788.54	792.01	789.92
20	天津	2019	1286.58	1323.37	1300.29
21	天津	2020	1274.07	1310.84	1287.77
22	天津	2021	1025.32	1076.83	1044.42
23	天津	2022	682.12	703.97	690.25
24	天津	2023	42.24	14.42	32.00

图 20.9 是天津上市公司的年度信用指数走势图，是以表 20.8 第 3 列的年份为横轴，以表 20.8 第 4~6 列

的信用指数为纵轴，做出的信用指数走势图。表 20.8 和图 20.9 中，信用指数趋势一共分成两段。第一段为 2000~2018 年这 19 年，为已知数据的违约判别。第二段为 2019~2023 年这 5 年，为根据已知数据进行的违约预测。

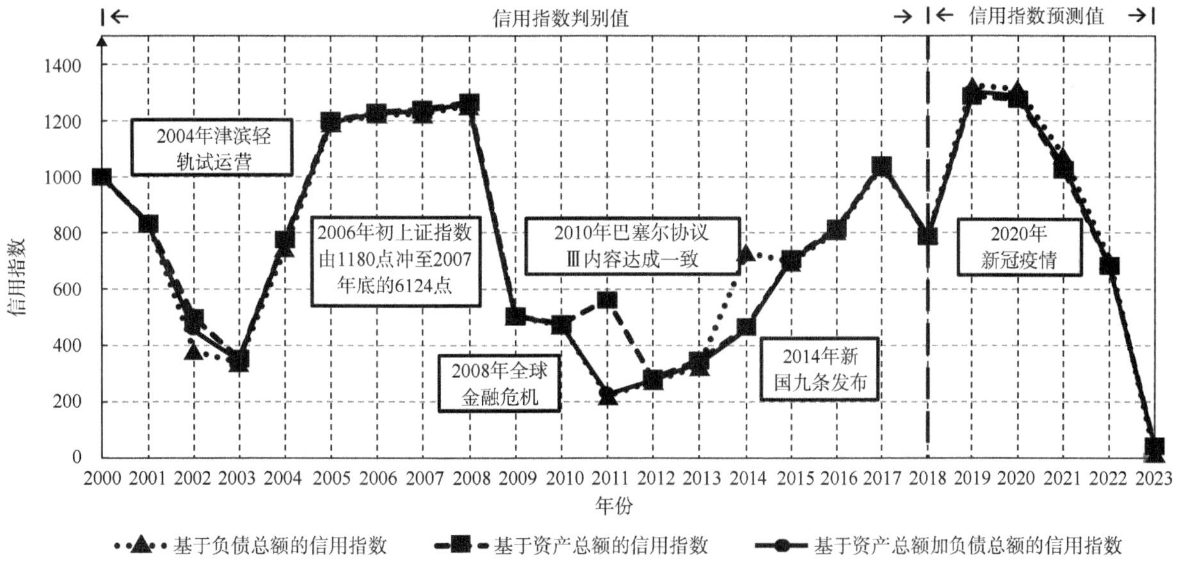

图 20.9　天津上市公司的年度信用指数走势图

1. 2000~2018 年这 19 年天津上市公司信用指数的发展规律及原因分析

(1)天津上市公司 2000~2018 年这 19 年信用指数发展规律。天津上市公司信用指数 2000~2003 年持续下降，于 2003 年出现第一次大幅上升拐点，2003~2005 年逐渐升高，2005~2008 年小幅度上升，2008~2011 年急剧震荡下跌，2011 年出现第二次大幅上升拐点，而后 2011~2017 年持续增长。

(2)天津上市公司 2000~2018 年这 19 年信用指数宏观原因分析。从天津上市公司信用指数变化来看，2006~2007 年信用指数水平较高，这与当时“2006 年初上证指数由 1180 点冲至 2007 年底的 6124 点”[2]有关联。2011 年出现第二次大幅上升拐点，而后 2011~2017 年持续增长，分析原因可能一是天津在“2008 年全球金融危机”的冲击下，开始逐步恢复经济，二是巴塞尔银行监管委员会宣布各方就巴塞尔协议Ⅲ内容达成一致，对天津上市公司的相关行为进行了约束。

(3)天津上市公司 2000~2018 年这 19 年信用指数发展的政策原因分析。天津上市公司信用指数 2003~2005 年信用指数逐渐升高，可能与“2004 年津滨轻轨试运营”[8]相关，交通运输的发展推动了当地经济的增长。2014~2017 年信用指数增长可能与国务院印发的《关于进一步促进资本市场健康发展的若干意见》(简称新国九条)相关，2014 年 5 月 9 日，国务院印发新国九条，表示进一步促进资本市场健康发展。

2. 2019~2023 年这 5 年天津上市公司信用指数的趋势预测

(1)天津上市公司 2019~2023 年这 5 年信用指数趋势。天津上市公司信用指数 2018~2019 年大幅度上升，2019~2023 年大幅度持续下降。

(2)天津上市公司 2019~2023 年这 5 年信用指数趋势的原因分析。预测天津上市公司信用指数 2019~2023 年这 5 年可能造成下跌的原因是，受 2020 年新冠疫情的影响，宏观经济环境动荡，上市公司的发展经营及融资受影响，导致天津地区 A 股市场的信用指数整体下跌。因此，根据天津上市公司信用指数预测的结果，应该注意 2021~2022 年由宏观环境改变造成的指数波动。

20.5.2　天津上市公司 2000~2023 年 24 年信用风险指数趋势图

计算天津上市公司的信用风险指数时，典型公司样本选择、典型公司样本权重计算、信用风险指数的计算方式与上文第 5~18 章的行业信用风险指数的计算同理。只不过是将“行业”替换为“地区”。计算过程不再赘述。将天津上市公司的信用风险指数计算结果列入表 20.9 第 4~6 列。

表 20.9 中国上市公司天津 2000~2023 年这 24 年信用风险指数表

(1)序号	(2)地区	(3)年份	(4)资产总额前 10%的年度信用风险指数 $CRI^{A}_{(T+m)}$	(5)负债总额前 10%的年度信用风险指数 $CRI^{L}_{(T+m)}$	(6)基于资产总额加负债总额的年度信用风险指数 $CRI^{A+L}_{(T+m)}$
1	天津	2000	1000.00	1000.00	1000.00
2	天津	2001	1440.46	1445.22	1441.80
3	天津	2002	2324.91	2648.03	2444.06
…	…	…	…	…	…
19	天津	2018	1557.02	1553.37	1555.19
20	天津	2019	245.09	139.65	206.42
21	天津	2020	278.04	172.99	239.50
22	天津	2021	933.31	795.57	882.60
23	天津	2022	1837.37	1787.62	1818.57
24	天津	2023	3522.92	3622.24	3558.15

图 20.10 是天津上市公司的年度信用风险指数走势图，是以表 20.9 第 3 列的年份为横轴，以表 20.9 第 4~6 列的信用风险指数为纵轴，做出的信用风险指数走势图。表 20.9 和图 20.10 中，信用风险指数趋势一共分成两段。第一段为 2000~2018 年这 19 年，为已知数据的违约判别。第二段为 2019~2023 年这 5 年，为根据已知数据进行的违约预测。

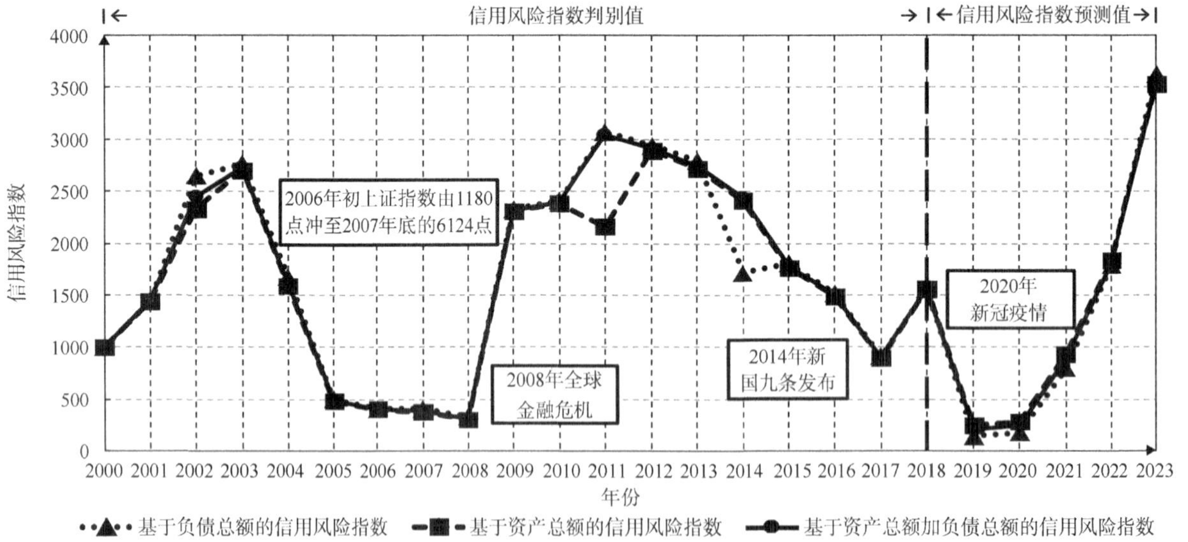

图 20.10 天津上市公司的年度信用风险指数走势图

1. 2000~2018 年这 19 年天津上市公司信用风险指数的发展规律及原因分析

(1)天津上市公司 2000~2018 年这 19 年信用风险指数发展规律。天津上市公司信用风险指数在 2000~2003 年持续上升，2003~2008 年逐渐下跌，于 2008 年出现大幅上升拐点，2008~2011 年急剧上升，而后 2011~2017 年持续下降。

(2)天津上市公司 2000~2018 年这 19 年信用风险指数宏观原因分析。天津上市公司信用风险指数 2008~2011 年信用风险持续上升，分析原因，可能是“2008 年全球金融危机”[3]导致全球宏观经济环境较差，天津上市公司的发展经营受影响，导致信用风险指数整体下滑。

(3)天津上市公司 2000~2018 年这 19 年信用风险指数发展的政策原因分析。天津上市公司信用风险指数 2003~2005 年信用风险指数逐渐降低，可能与 2004 年津滨轻轨开始试运营[8]相关，交通运输的发展推动了当地经济的增长。2014~2017 年信用风险指数持续下降，可能与新国九条相关，2014 年 5 月 9 日，国务院印发新国九条，表示进一步促进资本市场健康发展。

2. 2019~2023 年这 5 年天津上市公司信用风险指数的趋势预测

(1)天津上市公司 2019~2023 年这 5 年信用风险指数趋势。天津上市公司信用风险指数 2018~2019 年大幅度下跌，2019~2023 年大幅度持续上升。

(2)天津上市公司 2019~2023 年这 5 年信用风险指数趋势的原因分析。预测天津上市公司信用风险指数 2019~2023 年这 5 年可能造成上升的原因是，受 2020 年新冠疫情的影响，宏观经济环境动荡，上市公司的发展经营及融资受影响，导致天津地区 A 股市场的信用风险指数整体上升。因此，根据天津上市公司信用风险指数预测的结果，应该注意 2021~2022 年由宏观环境改变造成的指数波动。

20.6　重　庆　市

20.6.1　重庆上市公司 2000~2023 年 24 年信用指数趋势图

计算重庆上市公司的信用指数时，典型公司样本选择、典型公司样本权重计算、信用指数的计算方式与上文第 5~18 章的行业信用指数的计算同理。只不过是将“行业”替换为“地区”。计算过程不再赘述。将重庆上市公司的信用指数计算结果列入表 20.10 第 4~6 列。

表 20.10　中国上市公司重庆 2000~2023 年这 24 年信用指数表

(1)序号	(2)地区	(3)年份	(4)资产总额前 10%的年度信用指数 $CI^{A}_{(T+m)}$	(5)负债总额前 10%的年度信用指数 $CI^{L}_{(T+m)}$	(6)基于资产总额加负债总额的年度信用指数 $CI^{A+L}_{(T+m)}$
1	重庆	2000	1000.00	1000.00	1000.00
2	重庆	2001	694.73	566.02	653.45
3	重庆	2002	652.72	606.01	638.15
…	…	…	…	…	…
19	重庆	2018	908.01	935.68	921.80
20	重庆	2019	1115.24	1105.09	1112.33
21	重庆	2020	909.29	878.63	896.84
22	重庆	2021	697.58	691.84	696.84
23	重庆	2022	824.09	850.78	837.32
24	重庆	2023	12.04	4.00	8.44

图 20.11 是重庆上市公司的年度信用指数走势图，是以表 20.10 第 3 列的年份为横轴，以表 20.10 第 4~6 列的信用指数为纵轴，做出的信用指数走势图。表 20.10 和图 20.11 中，信用指数趋势一共分成两段。第一段为 2000~2018 年这 19 年，为已知数据的违约判别。第二段为 2019~2023 年这 5 年，为根据已知数据进行的违约预测。

1. 2000~2018 年这 19 年重庆上市公司信用指数的发展规律及原因分析

(1)重庆上市公司 2000~2018 这 19 年信用指数发展规律。重庆上市公司信用指数 2001~2004 年震荡下降，2004~2005 年大幅度下降，并于 2005 年出现第一次大幅上升拐点，2006~2008 年下降，并在 2008 年出现第二次大幅上升拐点，而后 2009~2011 年持续上升，2011~2017 年震荡波动，在 2017 年出现第三次大幅上升拐点。

(2)重庆上市公司 2000~2018 这 19 年信用指数宏观原因分析。从重庆上市公司信用指数变化来看，2005 年出现第一次上升拐点，这与当时“2006 年初上证指数由 1180 点冲至 2007 年底的 6124 点”[2]有关联。在 2008 年出现第二次上升拐点，可能的原因一是重庆地区在“2008 年全球金融危机”的冲击后开始逐步恢复

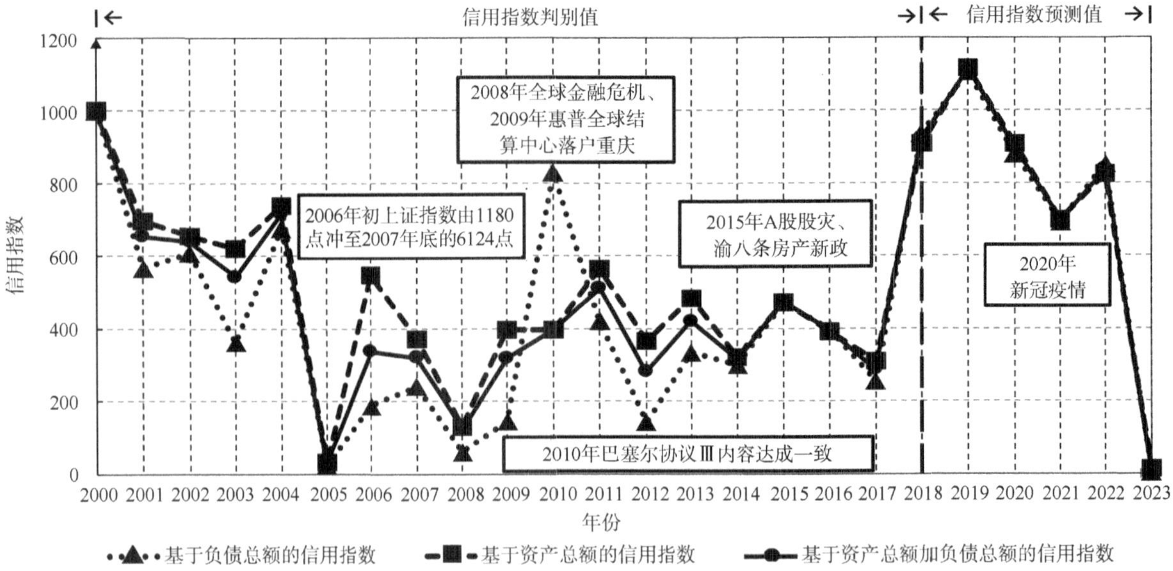

图 20.11 重庆上市公司的年度信用指数走势图

经济，二是巴塞尔银行监管委员会于 2010 年宣布各方就巴塞尔协议Ⅲ内容达成一致，对公司各方面都进行了约束，使得重庆地区的信用指数持续增长。

(3)重庆上市公司 2000~2018 年这 19 年信用指数发展的政策原因分析。重庆上市公司信用指数在 2009~2011 年持续上升，可能是因为“2009 年惠普全球结算中心落户重庆”[9]。推测“2015 年 A 股股灾”事件当年未造成信用指数下跌的原因，是 2015 年重庆市人民政府办公厅发布《关于进一步促进房地产市场平稳发展的通知》(以下简称渝八条房产新政)[10]，促进当地房地产市场平稳发展，间接对公司信用市场产生了好的影响。

2. 2019~2023 年这 5 年重庆上市公司信用指数的趋势预测

(1)重庆上市公司 2019~2023 年这 5 年信用指数趋势。重庆上市公司信用指数 2019~2021 年持续下跌，2021~2022 年小幅度上升，2020~2023 年急剧下跌。

(2)重庆上市公司 2019~2023 年这 5 年信用指数趋势的原因分析。预测重庆上市公司信用指数 2021~2022 年可能造成上升的原因是，新冠疫情带来的冲击效果减弱，经济开始恢复，再加上美国前总统特朗普下台减缓了美国对中国部分公司施加的压力，因此，根据重庆上市公司信用指数预测的结果，应该注意 2021~2022 年由宏观环境改变造成的指数波动。

20.6.2 重庆上市公司 2000~2023 年 24 年信用风险指数趋势图

计算重庆上市公司的信用风险指数时，典型公司样本选择、典型公司样本权重计算、信用风险指数的计算方式与上文第 5~18 章的行业信用风险指数的计算同理。只不过是将“行业”替换为“地区”。计算过程不再赘述。将重庆上市公司的信用风险指数计算结果列入表 20.11 第 4~6 列。

表 20.11 中国上市公司重庆 2000~2023 年这 24 年信用风险指数表

(1)序号	(2)地区	(3)年份	(4)资产总额前 10%的年度信用风险指数 $CRI^{A}_{(T+m)}$	(5)负债总额前 10%的年度信用风险指数 $CRI^{L}_{(T+m)}$	(6)基于资产总额加负债总额的年度信用风险指数 $CRI^{A+L}_{(T+m)}$
1	重庆	2000	1 000.00	1 000.00	1 000.00
2	重庆	2001	3 618.71	5 094.16	4 054.07
3	重庆	2002	3 979.12	4 716.86	4 188.89
…	…	…	…	…	…
19	重庆	2018	1 789.12	1 606.81	1 689.18
20	重庆	2019	11.42	8.61	10.09

续表

(1)序号	(2)地区	(3)年份	(4)资产总额前 10%的年度信用风险指数 $CRI^{A}_{(T+m)}$	(5)负债总额前 10%的年度信用风险指数 $CRI^{L}_{(T+m)}$	(6)基于资产总额加负债总额的年度信用风险指数 $CRI^{A+L}_{(T+m)}$
21	重庆	2020	1 778.18	2 145.03	1 909.08
22	重庆	2021	3 594.23	3 907.19	3 678.78
23	重庆	2022	2 509.02	2 407.69	2 433.70
24	重庆	2023	9 475.12	10 396.26	9 738.40

图 20.12 是重庆上市公司的年度信用风险指数走势图，是以表 20.11 第 3 列的年份为横轴，以表 20.11 第 4~6 列的信用风险指数为纵轴，做出的信用风险指数走势图。表 20.11 和图 20.12 中，信用风险指数趋势一共分成两段。第一段为 2000~2018 年这 19 年，为已知数据的违约判别。第二段为 2019~2023 年这 5 年，为根据已知数据进行的违约预测。

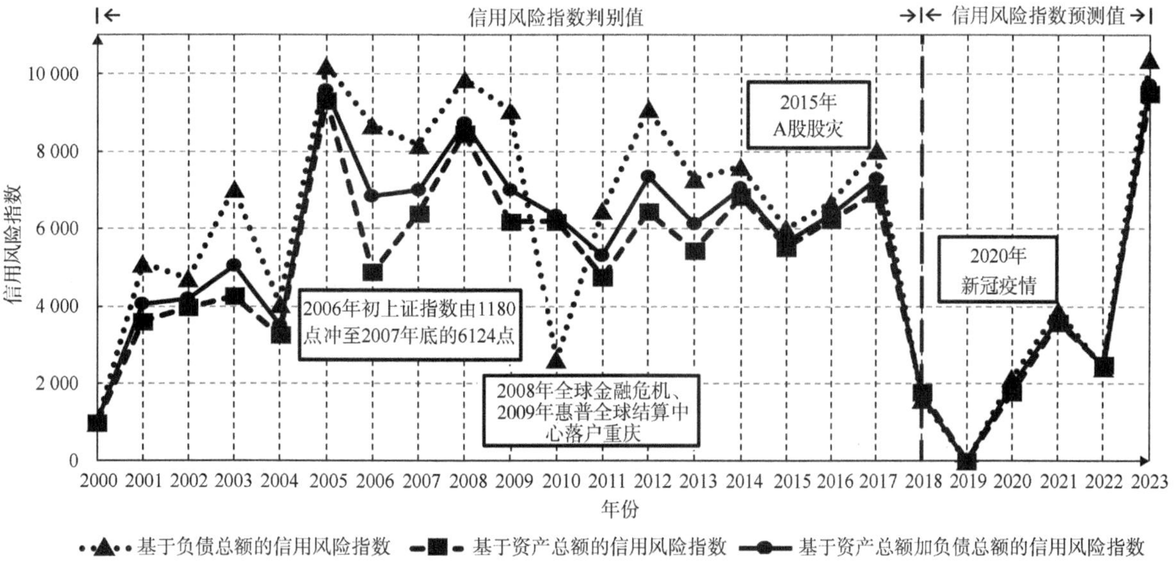

图 20.12　重庆上市公司的年度信用风险指数走势图

1. 2000~2018 年这 19 年重庆上市公司信用风险指数的发展规律及原因分析

(1)重庆上市公司 2000~2018 年这 19 年信用风险指数发展规律。重庆上市公司信用风险指数 2001~2004 年震荡上升，于 2004 年出现第一次上升拐点，2004~2005 年大幅度上升，2005~2007 年震荡下降，在 2007 年再次出现上升拐点，而后 2008~2015 年震荡下跌，于 2015 年出现上升拐点，而后 2015~2017 年持续上升，2017~2018 年急剧下跌。

(2)重庆上市公司 2000~2018 年这 19 年信用风险指数宏观原因分析。重庆上市公司信用风险指数 2007 年出现上升拐点，导致 2008 年重庆上市公司信用风险水平上升，分析原因可能是受“2008 年全球金融危机”[3]的影响。重庆上市公司信用风险于 2015~2017 年持续上升，可能与“2015 年 A 股股灾”[4]有关，股灾在重庆产生的影响滞后。

(3)重庆上市公司 2000~2018 年这 19 年信用风险指数发展的政策原因分析。重庆上市公司信用风险指数在 2009~2011 年持续下降，可能是因为“2009 年惠普全球结算中心落户重庆”[9]。推测 2015 年信用风险指数下跌的原因，可能是 2015 年重庆市人民政府办公厅发布渝八条房产新政[10]，促进当地房地产市场平稳发展，间接对公司信用市场产生了有利影响。

2. 2019~2023 年这 5 年重庆上市公司信用风险指数的趋势预测

(1)重庆上市公司 2019~2023 年这 5 年信用风险指数趋势。重庆上市公司信用风险指数 2018~2019 年下降，2019~2021 年持续上升，2021~2022 年小幅下跌，在 2022 年又急剧上升。

(2)重庆上市公司 2019~2023 年这 5 年信用风险指数趋势的原因分析。预测重庆上市公司信用风险指数 2019~2021 年可能造成上升的原因是，受 2020 年新冠疫情的影响，宏观经济环境动荡，上市公司的发展经营及融资受影响，导致重庆地区 A 股市场的信用风险指数整体上升。因此，根据重庆上市公司信用风险指数预测的结果，应该注意 2021~2022 年由宏观环境改变造成的指数波动。

20.7 辽宁省

20.7.1 辽宁省上市公司 2000~2023 年 24 年信用指数趋势图

计算辽宁省上市公司的信用指数时，典型公司样本选择、典型公司样本权重计算、信用指数的计算方式与上文第 5~18 章的行业信用指数的计算同理。只不过是将“行业”替换为“地区”。计算过程不再赘述。将辽宁省上市公司的信用指数计算结果列入表 20.12 第 4~6 列。

表 20.12 中国上市公司辽宁省 2000~2023 年这 24 年信用指数表

(1)序号	(2)地区	(3)年份	(4)资产总额前 10%的年度信用指数 $CI^{A}_{(T+m)}$	(5)负债总额前 10%的年度信用指数 $CI^{L}_{(T+m)}$	(6)基于资产总额加负债总额的年度信用指数 $CI^{A+L}_{(T+m)}$
1	辽宁省	2000	1000.00	1000.00	1000.00
2	辽宁省	2001	986.66	765.61	834.79
3	辽宁省	2002	1137.84	905.81	1117.49
…	…	…	…	…	…
19	辽宁省	2018	961.35	929.50	948.98
20	辽宁省	2019	1490.58	1479.70	1486.63
21	辽宁省	2020	1535.05	1496.98	1524.00
22	辽宁省	2021	585.92	565.18	578.18
23	辽宁省	2022	427.13	424.78	426.73
24	辽宁省	2023	13.11	8.05	11.15

图 20.13 是辽宁省上市公司的年度信用指数走势图，是以表 20.12 第 3 列的年份为横轴，以表 20.12 第 4~6 列的信用指数为纵轴，做出的信用指数走势图。表 20.12 和图 20.13 中，信用指数趋势一共分成两段。第一段为 2000~2018 年这 19 年，为已知数据的违约判别。第二段为 2019~2023 年这 5 年，为根据已知数据进行的违约预测。

1. 2000~2018 年这 19 年辽宁省上市公司信用指数的发展规律及原因分析

(1)辽宁省上市公司 2000~2018 年这 19 年信用指数发展规律。辽宁省上市公司信用指数 2001~2006 年震荡，于 2006 年出现第一次大幅上升拐点，2007~2009 年持续下跌，在 2009 年出现第二次大幅上升拐点，而后 2010~2015 年持续下跌，于 2015 年出现第三次大幅上升拐点，2015~2018 年先上升后小幅下跌。

(2)辽宁省上市公司 2000~2018 年这 19 年信用指数宏观原因分析。从辽宁省上市公司信用指数变化来看，2006 年出现第一次大幅上升拐点，2006~2007 年信用指数呈现上升趋势，这与当时“2006 年初上证指数由 1180 点冲至 2007 年底的 6124 点”[2]有关联。2009 年出现第二次大幅上升拐点，2009~2010 年大幅增长，认为一是辽宁省暂时适应了金融危机的冲击，经济开始逐步恢复，二是巴塞尔银行监管委员会于 2010 年宣布各方就巴塞尔协议Ⅲ内容达成一致，对公司各方面都进行了约束，使得重辽宁省地区的信用指数持续增长。2015 年出现第三次上升拐点，推测与“2015 年 A 股股灾”[4]有联系，辽宁省在“2015 年 A 股股灾”过后经济进行自我修复。

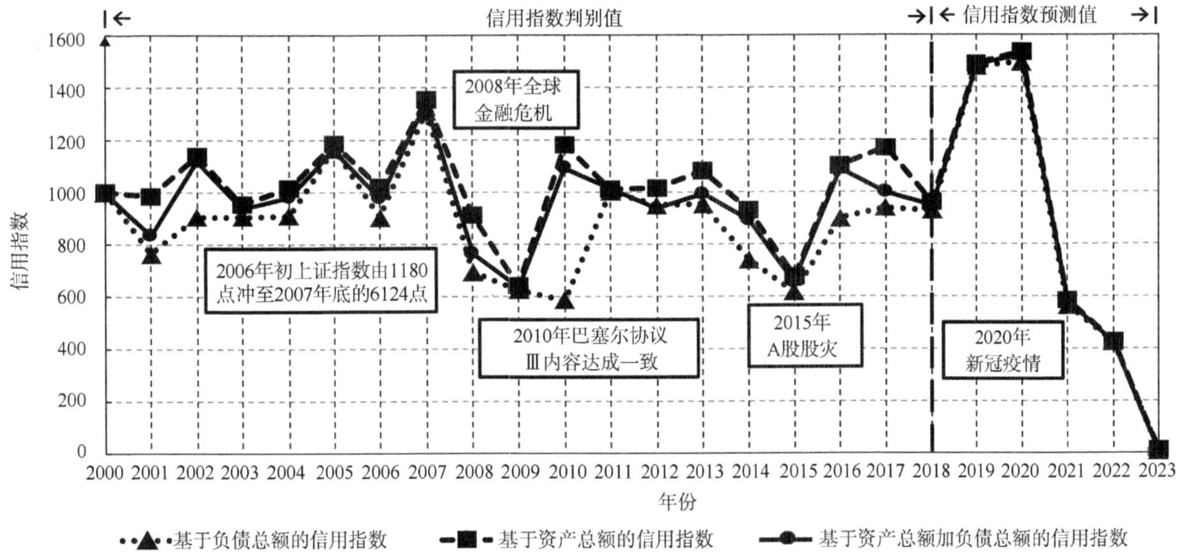

图 20.13　辽宁省上市公司的年度信用指数走势图

(3)辽宁省上市公司 2000~2018 年这 19 年信用指数发展的政策原因分析。2014 年 5 月 9 日，国务院印发新国九条，表示进一步促进资本市场健康发展，辽宁省 2015~2016 年信用指数上升，可能与该政策的出台相关。

2. 2019~2023 年这 5 年辽宁省上市公司信用指数的趋势预测

(1)辽宁省上市公司 2019~2023 年这 5 年信用指数趋势。辽宁省上市公司信用指数，2018~2019 年大幅上升，2019~2020 年小幅上升，2020~2023 年持续下跌。

(2)辽宁省上市公司 2019~2023 年这 5 年信用指数趋势的原因分析。预测辽宁省上市公司信用指数 2020~2023 年可能造成下跌的原因是，受 2020 年底新冠疫情反弹的影响，宏观经济环境动荡，导致辽宁省地区 A 股市场的信用指数整体下跌。根据辽宁省上市公司信用指数预测的结果，应该注意 2018~2019 年由宏观环境改变造成的指数波动。

20.7.2　辽宁省上市公司 2000~2023 年 24 年信用风险指数趋势图

计算辽宁省上市公司的信用风险指数时，典型公司样本选择、典型公司样本权重计算、信用风险指数的计算方式与上文第 5~18 章的行业信用风险指数的计算同理。只不过是将“行业”替换为“地区”。计算过程不再赘述。将辽宁省上市公司的信用风险指数计算结果列入表 20.13 第 4~6 列。

表 20.13　中国上市公司辽宁省 2000~2023 年这 24 年信用风险指数表

(1)序号	(2)地区	(3)年份	(4)资产总额前 10%的年度信用风险指数 $CRI^{A}_{(T+m)}$	(5)负债总额前 10%的年度信用风险指数 $CRI^{L}_{(T+m)}$	(6)基于资产总额加负债总额的年度信用风险指数 $CRI^{A+L}_{(T+m)}$
1	辽宁省	2000	1000.00	1000.00	1000.00
2	辽宁省	2001	1024.56	1464.50	1310.56
3	辽宁省	2002	746.21	1186.66	779.15
…	…	…	…	…	…
19	辽宁省	2018	1071.16	1139.71	1095.91
20	辽宁省	2019	96.78	49.37	85.26
21	辽宁省	2020	14.90	15.12	15.02
22	辽宁省	2021	1762.38	1861.73	1792.92
23	辽宁省	2022	2054.72	2139.93	2077.60
24	辽宁省	2023	2817.00	2965.78	2858.79

图 20.14 是辽宁省上市公司的年度信用风险指数走势图，是以表 20.13 第 3 列的年份为横轴，以表 20.13 第 4~6 列的信用风险指数为纵轴，做出的信用风险指数走势图。表 20.13 和图 20.14 中，信用风险指数趋势一共分成两段。第一段为 2000~2018 年这 19 年，为已知数据的违约判别。第二段为 2019~2023 年这 5 年，为根据已知数据进行的违约预测。

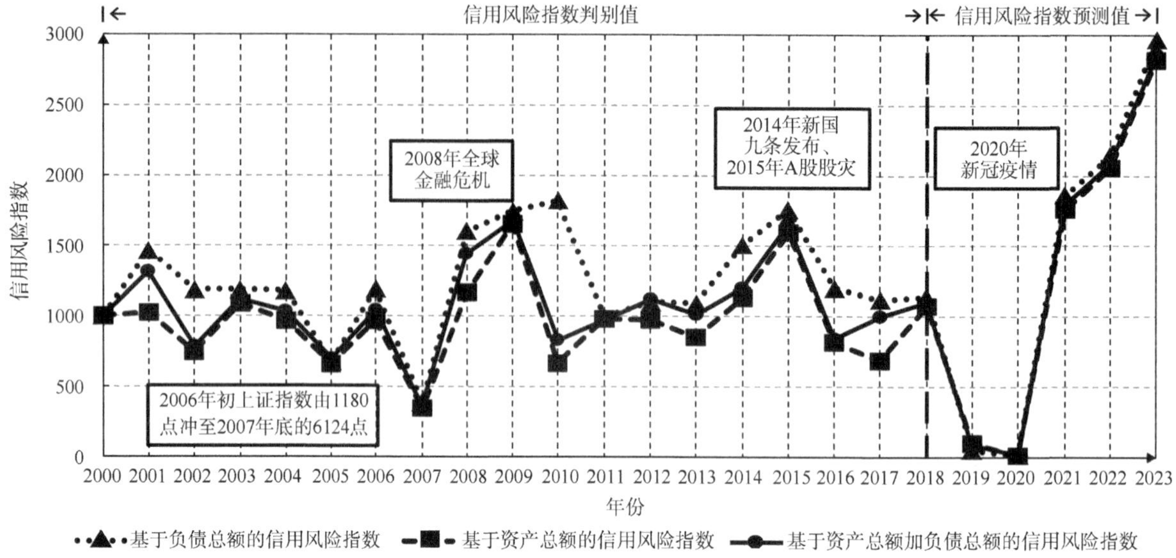

图 20.14　辽宁省上市公司的年度信用风险指数走势图

1. 2000~2018 年这 19 年辽宁省上市公司信用风险指数的发展规律及原因分析

(1)辽宁省上市公司 2000~2018 年这 19 年信用风险指数发展规律。辽宁省上市公司信用风险指数 2001~2007 年震荡，于 2007 年出现第一次大幅上升拐点，2007~2009 年持续上升，在 2009~2010 年下跌，2010~2015 年波动上升，2015~2016 年大幅度下跌，2016 年出现上升拐点，而后 2017~2018 年小幅上升。

(2)辽宁省上市公司 2000~2018 年这 19 年信用风险指数宏观原因分析。辽宁省上市公司信用风险指数 2007 年出现上升拐点，2007~2009 年信用风险水平持续上升，很大可能受“2008 年全球金融危机”[3]的影响。2014~2015 年辽宁省上市公司公司信用风险指呈上涨趋势，可能与“2015 年 A 股股灾”[4]相关。

(3)辽宁省上市公司 2000~2018 年这 19 年信用风险指数发展的政策原因分析。2014 年 5 月 9 日，国务院印发新国九条，表示进一步促进资本市场健康发展，辽宁省上市公司 2015~2016 年信用风险指数下降，可能与该政策的出台相关。

2. 2019~2023 年这 5 年辽宁省上市公司信用风险指数的趋势预测

(1)辽宁省上市公司 2019~2023 年这 5 年信用风险指数趋势。辽宁省上市公司信用风险指数 2018~2019 年大幅下跌，2019~2020 年小幅下降，2020~2023 年持续上升。

(2)辽宁省上市公司 2019~2023 年这 5 年信用风险指数趋势的原因分析。预测辽宁省上市公司信用风险指数 2020~2023 年可能造成上升的原因是，受 2020 年底新冠疫情反弹的影响，宏观经济环境动荡，导致辽宁省地区 A 股市场的信用风险指数整体上升。根据辽宁省上市公司信用风险指数预测的结果，应该注意 2020~2023 年由宏观环境改变造成的指数波动。

参 考 文 献

[1] Black K. Business Statistics：for Contemporary Decision Making[M]. 6th edition. NewYork：Wiley-Blackwell, 2009.

[2] 林汶奎. 2006 年的中国大牛市[J]. 现代阅读, 2014, (4)：26.

[3] 张茜. 中国股票市场发展与货币政策完善[D]. 太原：山西大学, 2012.

[4] 张建军. “危”与“机”：全球主要股灾背景下的救市措施与 A 股选择[J]. 中国市场, 2015, (51)：37-41.

[5] 赵文君. 京津冀协同发展交通一体化规划获批[EB/OL]. http://www.gov.cn/xinwen/2015-11/26/content_5017332.htm [2022-03-05].
[6] 杜燕,曾鼐. 北京 2014 年进京指标限定 1 万人 仍和去年持平[EB/OL]. https://www.chinanews.com.cn/gn/2014/01-16/5747017.shtml [2022-03-05].
[7] 姚玉洁. 2015 上海国际金融中心建设十大事件发布[EB/OL]. https://www.3news.cn/2015/1229/64968.html[2022-03-05].
[8] 杨作刚. 天津津滨轻轨线试运营[J]. 城市轨道交通研究, 2004, (2)：20.
[9] 于姝楠. 重庆纳税企业 50 强 27 亿惠普成为纳税榜最大黑马[EB/OL]. http://www.chinadaily.com.cn/dfpd/cq/2011-04/15/content_12335331_2.htm[2022-08-31].
[10] 肖子琦. 重庆市进一步促进房地产市场平稳发展政策解读[EB/OL]. https://www.163.com/news/article/B6VCAFU300014AEE.html[2022-03-05].

第 21 章　不同所有制的信用特征分析与信用指数趋势图

21.1　本章内容提要

本章是中国上市公司不同所有制的信用特征分析，以及 2000~2023 年这 24 年的信用指数和信用风险指数的趋势图。描述了上市公司中央国有企业、地方国有企业、集体企业、民营企业、公众企业、外资企业和其他所有制企业共 7 个所有制类型的信用指数和信用风险指数趋势，并预测了不同所有制的上市公司 2019~2023 年这 5 年的信用发展状况，为下文第 23 章的研究结论及政策建议提供依据。

应该指出：本章第 21.2 节的上市公司的所有制信用特征分析，同时也在上文第 5 章第 5.10.3 节。

上文第 5 章的分析侧重于违约预测、基本分析和计算，这里第 21 章则侧重于不同所有制的信用特征的描述和信用指数的应用分析。

21.2　上市公司的所有制信用特征分析

21.2.1　上市公司不同所有制的信用得分差异性检验

根据上文第 5 章表 5.21 第 6 列的 7 个所有制属性和第 8 列的信用得分，统计出 7 个所有制属性的信用得分平均值、最大值、最小值、标准差、中位数等，列在表 21.1 的第 3~7 列。其中，表 21.1 第 8 列的样本数量是 2000~2023 年这 24 年的上市公司总数，这里的总数包括相同企业不同年份的重复计数。例如，若一个企业在 2000~2023 年这 24 年中均未退市，则数量记为 24，其他企业的统计同理。

表 21.1　上市公司的公司所有制属性信用特征描述表

(1)序号	(2)所有制属性	(3)信用得分平均值/分	(4)信用得分最大值/分	(5)信用得分最小值/分	(6)信用得分标准差/分	(7)信用得分中位数/分	(8)样本数量/家
1	民营企业	64.48	100.00	0.00	29.01	67.24	35 447
2	集体企业	62.23	99.65	0.00	27.63	65.25	487
3	外资企业	61.88	100.00	0.00	29.01	64.62	2 021
4	公众企业	59.27	100.00	0.00	27.40	61.61	3 139
5	中央国有企业	58.25	100.00	0.00	26.37	60.07	7 704
6	地方国有企业	56.18	100.00	0.00	27.16	58.82	14 608
7	其他所有制企业	53.90	100.00	0.02	29.39	55.79	790

同时，为检验两两公司所有制属性之间信用得分是否存在显著差异，本书采用曼-惠特尼 U 检验[1]来进

行显著性水平检验。以“民营企业”与“中央国有企业”为例，根据表 21.1 第 1 列第 1、5 行的序号排序和第 8 列第 1、5 行的企业数量，计算得到曼-惠特尼 U 检验统计量为 115 530 816.00，列入表 21.2 第 1 行第 3 列。通过查曼-惠特尼 U 检验统计量的显著性水平表，将对应的 p 值 0.000 列入表 21.2 第 1 行第 4 列。同理，将其他任意两个所有制属性的曼-惠特尼 U 检验结果列在表 21.2 第 2~21 行。

表 21.2　上市公司的企业所有制之间信用得分的差异性检验

(1)序号	(2)企业所有制两两比较	(3)曼-惠特尼 U 检验统计量值	(4)p 值
1	民营企业 与 中央国有企业	115 530 816.00***	0.000
…	…	…	…
20	集体企业 与 公众企业	708 993.00***	0.005
21	中央国有企业 与 公众企业	11 736 744.00***	0.008

***、**、*分别表示在 99%、95%、90%的置信水平下存在显著差异

表 21.1 和表 21.2 的实证结果表明，中国上市公司的企业所有制属性信用特征为民营企业、集体企业、外资企业这 3 类所有制的信用资质最高，公众企业和中央国有企业这 2 类所有制的信用资质次之，地方国有企业和其他所有制企业这 2 类所有制的信用资质最低。并且，任意两类所有制企业的信用资质均存在显著差异。

造成所有制属性信用特征分布差异的原因可能是：民营企业可能因为其市场化程度高、经营灵活、社会负担轻等优势，信用资质相对较好；国有企业可能存在政府实际控制的原因，经营管理方面以平稳发展为主，信用资质居中；而其他所有制企业可能由于追求快速发展，风险性投资较多，从而信用资质不佳。

表 21.3 是上市公司不同所有制的 2000~2023 年这 24 年的信用得分表。表 21.3 中：第 2 列是所有制名称，对应上文第 5 章表 5.21 第 6 列的 7 个所有制属性。第 3~21 列是 2000~2018 年 19 年的信用得分判别值 $S_{(T+0)}$，来自上文第 5 章表 5.21 第 8 列 2000~2018 年这 19 年的所有制信用得分判别值。第 22~26 列是 2019~2023 年这 5 年的信用得分预测值 $S_{(T+m)}$ (m=1, 2, 3, 4, 5)，来自上文第 5 章表 5.21 第 8 列 2019~2023 年这 5 年的所有制信用得分预测值。第 27 列是信用得分的所有制均值，等于第 3~26 列的算术平均值；第 27 列信用得分的所有制均值越大，则对应所有制的信用资质越好。第 28 列是所有制的信用资质水平，是根据第 27 列的信用得分的所有制均值 $\bar{S}$ 由大到小排序后的 1/3 和 2/3 两个分位点，区分出所有制信用资质好、中、差的三种水平，以此来描述上市公司的所有制信用特征分布。

表 21.3　上市公司不同所有制的 2000~2023 年这 24 年的信用得分表

(1)序号	(2)所有制属性	信用得分判别值 $S_{(T+0)}$			信用得分预测值 $S_{(T+m)}$ (m=1, 2, 3, 4, 5)					(27)信用得分的所有制均值 $\bar{S}$	(28)信用资质水平
		(3) 2000 年	…	(21) 2018 年	(22) 2019 年	(23) 2020 年	(24) 2021 年	(25) 2022 年	(26) 2023 年		
1	民营企业	66.82	…	70.37	66.17	61.20	39.05	59.63	17.20	64.48	好
2	集体企业	85.74	…	63.56	61.82	61.79	36.51	60.57	6.92	62.23	
3	外资企业	64.89	…	68.21	66.40	62.47	40.63	62.67	23.76	61.88	
4	公众企业	64.14	…	58.72	54.99	55.88	32.85	58.93	28.32	59.27	中
5	中央国有企业	71.91	…	54.73	53.01	54.67	33.30	60.88	18.15	58.25	
6	地方国有企业	70.82	…	51.93	50.36	52.54	32.28	60.07	16.42	56.18	差
7	其他所有制	65.99	…	49.85	47.17	50.49	31.25	56.74	19.76	53.90	

21.2.2　以年份为横轴的不同所有制信用特征分布图

图 21.1 是上市公司 7 个所有制 2000~2023 年这 24 年的以年份为横轴的信用得分趋势图。图 21.1 是以上文表 21.3 第 3~26 列的列标识年份为横轴，以上文表 21.3 第 3~26 列的第 1 至 7 行的信用得分为纵轴，做出的所有制信用得分趋势图。

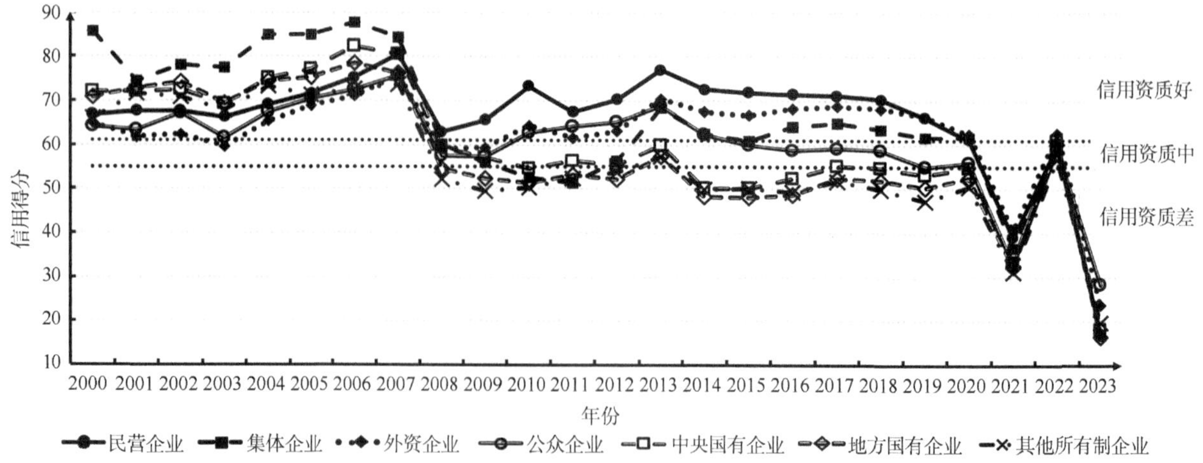

图 21.1 上市公司 7 个所有制 2000~2023 年这 24 年的信用得分趋势图

例如，图 21.1 中“民营企业”是以表 21.3 第 3~26 列的列标识 2000~2023 年共 24 年的年份为横轴，以表 21.3 第 1 行第 3~26 列的信用得分为纵轴，做出的民营企业信用得分趋势图。同理，表 21.3 第 2 列的其他 6 个所有制也做出对应的信用得分折线图，同样画在图 21.1 中。

根据图 21.1 得出结论如下。

(1)中国上市公司的企业所有制属性信用特征分布规律。中国上市公司的企业所有制属性信用特征为民营企业、集体企业、外资企业这 3 类所有制的信用资质最高，公众企业和中央国有企业这 2 类所有制的信用资质次之，地方国有企业和其他所有制企业这 2 类所有制的信用资质最低。

(2)中国上市公司的企业所有制属性信用特征随年份变化的规律。2000~2019 年 7 个所有制的信用得分波动整体较为平稳，但在 2020~2023 年信用状况波动较大。具体表现为：2020 年所有 7 个所有制属性的平均信用得分均急剧下跌，2021 年信用得分到达低谷，于 2022 年有所反弹，但在 2023 年又呈现急剧下跌趋势。同时可以看出，虽然上市公司 7 个所有制属性的信用得分趋势总体一致，但相比于公众企业、中央国有企业、地方国有企业、其他所有制 4 个信用资质居中和较差的所有制属性，民营企业、集体企业、外资企业这 3 个信用资质较好所有制属性的信用得分的下跌幅度要更小，抗风险能力相对较好。

21.2.3 以所有制为横轴的 $T+m$ 年信用特征分布图

图 21.2 是上市公司 7 个所有制以所有制属性为横轴的平均信用得分对比图。图 21.2 是以上文表 21.3 第 2 列的所有制属性为横轴，以上文表 21.3 第 27 列第 1~7 行的平均信用得分为纵轴，做出的 7 个所有制属性平均信用得分对比图。图 21.2 中根据所有制的平均信用得分越高，信用资质越好，将 7 个所有制属

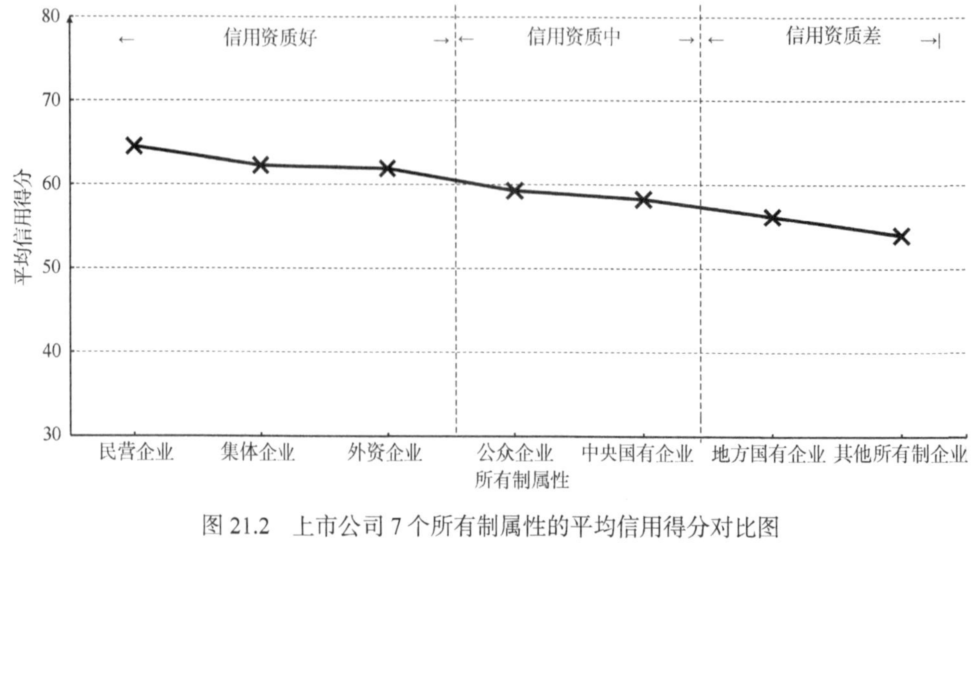

图 21.2 上市公司 7 个所有制属性的平均信用得分对比图

性分为信用资质好、中、差三个级别。

图 21.2 中平均信用得分线倾斜向下，表示 7 个所有制属性的信用得分随着横轴向右信用资质依次递减。说明中国上市公司的企业所有制属性信用分布特征整体表现为：中国上市公司的企业所有制属性信用特征为民营企业、集体企业、外资企业这 3 类所有制的信用资质最高，公众企业和中央国有企业这 2 类所有制的信用资质次之，地方国有企业和其他所有制企业这 2 类所有制的信用资质最低。

图 21.3 是上市公司 7 个所有制属性未来 T+5 年以行业为横轴的信用得分对比图。通过对比未来 T+5 年 7 个所有制属性的信用得分，深入挖掘出平均信用资质好，但在未来 T+5 年信用资质反而不好的典型所有制。图 21.3 是以上文表 21.3 第 2 列的所有制属性为横轴，以上文表 21.3 第 26 列第 1~7 行的信用得分为纵轴，做出的 7 个所有制属性 2023 年(T+5)的信用得分对比图。图 21.3 中纵轴的信用得分越高，表示信用资质越好。

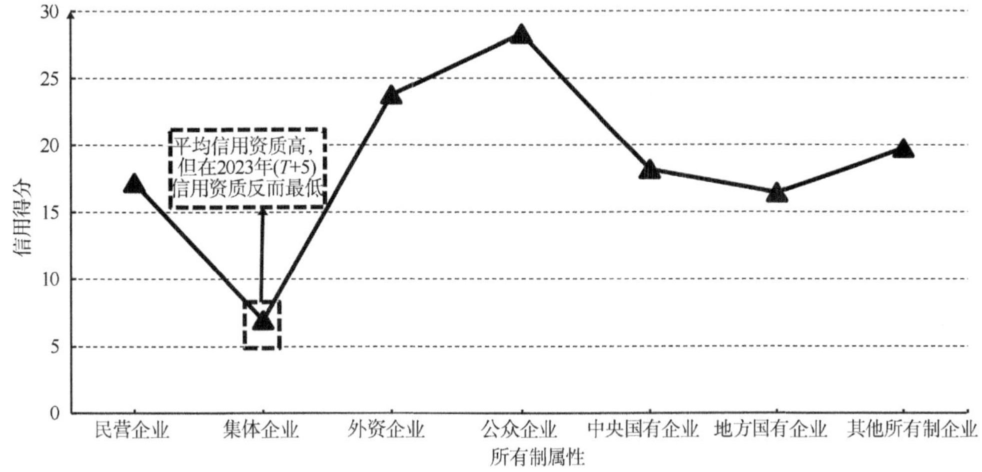

图 21.3　上市公司 7 个所有制属性未来 T+5 年的信用得分对比图

由图 21.3 可知，2023 年(T+5) 7 个所有制属性的信用得分对比中，集体企业的信用得分最低，信用资质最差。综合上文图 21.2 平均信用得分对比图，得出结论：平均信用资质高的集体企业，在 2023 年(T+5)的信用资质反而最低。说明 2023 年，集体企业可能会存在极高的违约风险。

图 21.4 是以上文表 21.3 第 21~26 列的列标识 2018~2023 年共 6 年的年份为横轴，以上文表 21.3 第 2 行第 21~26 列的信用得分为纵轴，做出的集体企业未来 $T+m$ (m=0, 1, 2, 3, 4, 5)年的信用得分趋势图。分析集体企业平均信用资质高，在未来 T+5 年反而不高的可能原因。

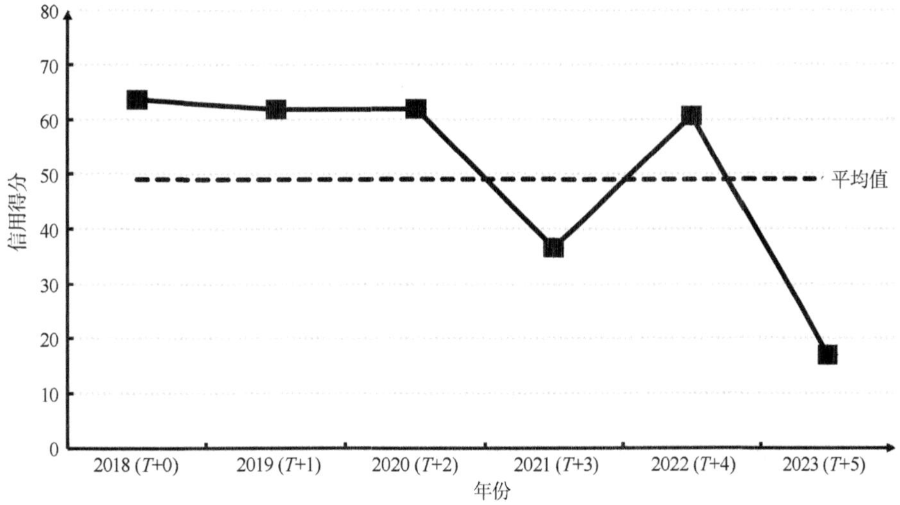

图 21.4　上市公司集体企业未来 $T+m$ (m=0, 1, 2, 3, 4, 5)年的信用得分趋势图

由图 21.4 可知，集体企业平均信用资质高，但未来 T+5 年的信用资质反而低的原因为：集体企业未来

T+0, T+1, T+2, T+4 这 4 年的信用得分高于平均值，但未来 T+5 年信用得分远低于平均水平。由图 21.4 还可知，集体企业未来 T+3 年的信用得分相对较低，说明集体企业 2021 年(T+3)的信用资质相对较差，违约风险相对较高。

21.2.4　上市公司的所有制信用特征分析小结

综上，中国上市公司的企业所有制属性信用特征为民营企业、集体企业、外资企业这 3 类所有制的信用资质最高，公众企业和中央国有企业这 2 类所有制的信用资质次之，地方国有企业和其他所有制企业这 2 类所有制的信用资质最低。平均信用资质高的集体企业，在 2023 年的信用资质反而最低。

21.3　中央国有企业

21.3.1　中央国有企业 2000~2023 年 24 年的信用指数趋势图

计算中央国有企业的信用指数时，典型公司样本选择、典型公司样本权重计算、信用指数的计算方式与上文第 5~18 章的行业信用指数的计算同理。只不过是将“行业”替换为“所有制属性”。计算过程不再赘述。将中央国有企业的信用指数计算结果列入表 21.4 第 4~6 列。

表 21.4　中国上市公司中央国有企业 2000~2023 年这 24 年的信用指数表

(1)序号	(2)所有制属性	(3)年份	(4)资产总额前 10%的年度信用指数 $CI^{A}_{(T+m)}$	(5)负债总额前 10%的年度信用指数 $CI^{L}_{(T+m)}$	(6)基于资产总额加负债总额的年度信用指数 $CI^{A+L}_{(T+m)}$
1	中央国有企业	2000	1000.00	1000.00	1000.00
2	中央国有企业	2001	849.77	788.19	835.85
3	中央国有企业	2002	560.03	514.76	545.02
…	…	…	…	…	…
22	中央国有企业	2021	246.68	225.06	224.55
23	中央国有企业	2022	340.51	365.80	338.09
24	中央国有企业	2023	398.57	365.62	371.84

图 21.5 是中国上市公司中央国有企业的年度信用指数走势图，是以表 21.4 第 3 列的年份为横轴，以表

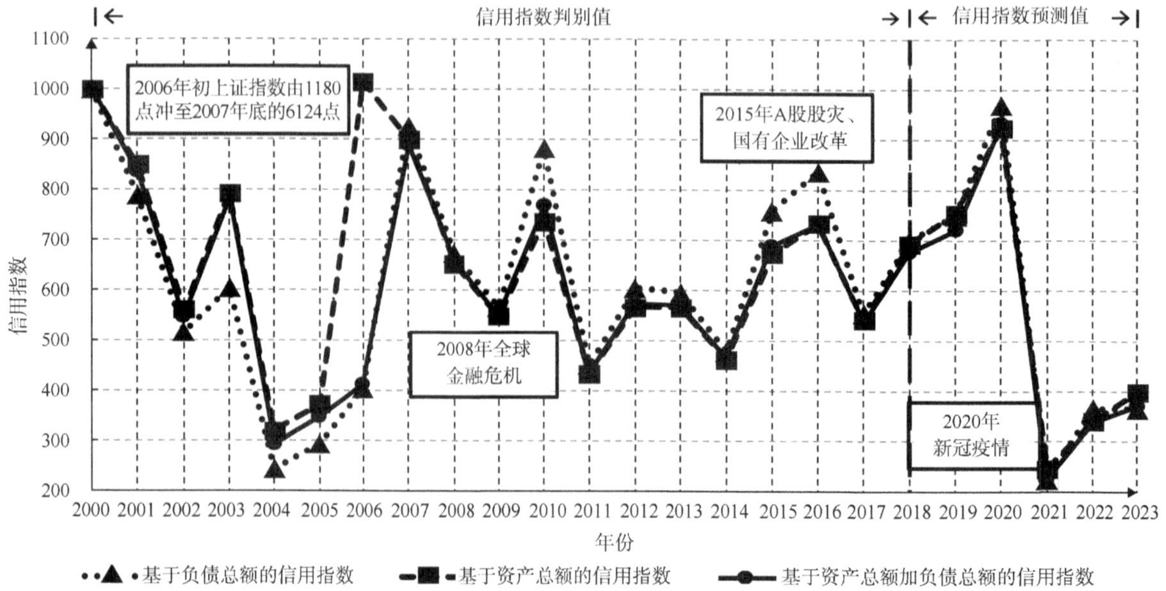

图 21.5　中国上市公司中央国有企业的年度信用指数走势图

21.4 第 4~6 列的信用指数为纵轴，做出的信用指数走势图。表 21.4 和图 21.5 中，信用指数趋势一共分成两段。第一段为 2000~2018 年这 19 年，为已知数据的违约判别。第二段为 2019~2023 年这 5 年，为根据已知数据进行的违约预测。

1. 2000~2018 年这 19 年的中国上市公司中央国有企业信用指数的发展规律及原因分析

(1)中国上市公司中央国有企业 2000~2018 年这 19 年的信用指数发展规律。中国上市公司中央国有企业信用指数 2000~2002 年信用指数持续走低，2002 年为第一个上升拐点，2002~2003 年上涨，2003 年出现第一个下降拐点，2004~2007 年持续上涨，2007~2009 年下降，2009~2018 年处于震荡起伏阶段。

(2)中国上市公司中央国有企业 2000~2018 年这 19 年的信用指数发展的宏观原因分析。中国上市公司中央国有企业信用指数 2006~2007 年信用指数呈现上升趋势，这与当时“2006 年初上证指数由 1180 点冲至 2007 年底的 6124 点”[2]有关联。受“2008 年全球金融危机”[3]的影响，2007~2009 年信用指数连续下跌。2016~2017 年信用指数小幅下跌，可能与当时的“2015 年 A 股股灾、国有企业改革”[4]有联系。

(3)中国上市公司中央国有企业 2000~2018 年这 19 年的信用指数发展的政策原因分析。2003~2013 年，国有企业改革进入了以股份制为主要形式的现代产权制度改革阶段，2013 年以来，进入了以实现国有企业功能为导向的混合所有制改革阶段。2015 年 9 月 13 日，《中共中央、国务院关于深化国有企业改革的指导意见》发布，2014~2016 年上市公司中央国有企业信用指数上涨，可能与 2015 年国有企业全面深化改革有联系。

2. 2019~2023 年这 5 年的中国上市公司中央国有企业信用指数的趋势预测

(1)中国上市公司中央国有企业 2019~2023 年这 5 年的信用指数趋势为：中国上市公司中央国有企业信用指数 2018~2020 年信用指数呈上升趋势，在 2020 年出现拐点，又于 2021 年达到历史最低点，2021~ 2023 年呈上升趋势。

(2)中国上市公司中央国有企业 2019~2023 年这 5 年的信用指数趋势的原因分析。可能造成中国上市公司中央国有企业 2020 年信用指数下跌的原因是，受 2020 年新冠疫情的影响，宏观经济环境动荡，上市公司的发展经营及融资受影响，导致 A 股市场的信用指数整体下滑。2021~2023 年上升的原因可能是后疫情时期，宏观环境持续改善。

21.3.2　中央国有企业 2000~2023 年 24 年的信用风险指数趋势图

计算中央国有企业的信用风险指数时，典型公司样本选择、典型公司样本权重计算、信用风险指数的计算方式与上文第 5~18 章的行业信用风险指数的计算同理。只不过是将“行业”替换为“所有制属性”。计算过程不再赘述。将中央国有企业的信用风险指数计算结果列入表 21.5 第 4~6 列。

表 21.5　中国上市公司中央国有企业 2000~2023 年这 24 年的信用风险指数表

(1)序号	(2)所有制属性	(3)年份	(4)资产总额前 10%的年度信用风险指数 $CRI^{A}_{(T+m)}$	(5)负债总额前 10%的年度信用风险指数 $CRI^{L}_{(T+m)}$	(6)基于资产总额加负债总额的年度信用风险指数 $CRI^{A+L}_{(T+m)}$
1	中央国有企业	2000	1000.00	1000.00	1000.00
2	中央国有企业	2001	2601.78	2167.99	2457.93
3	中央国有企业	2002	5690.95	3675.74	5040.91
…	…	…	…	…	…
22	中央国有企业	2021	9031.93	5273.24	7887.09
23	中央国有企业	2022	8031.54	4497.17	6878.75
24	中央国有企业	2023	7412.48	4498.15	6578.96

图 21.6 是中国上市公司中央国有企业的年度信用风险指数走势图，是以表 21.5 第 3 列的年份为横轴，以表 21.5 第 4~6 列的信用风险指数为纵轴，做出的信用风险指数走势图。表 21.5 和图 21.6 中，信用风险指数趋势一共分成两段：第一段为 2000~2018 年这 19 年，为已知数据的违约判别。第二段为 2019~2023

年这 5 年，为根据已知数据进行的违约预测。

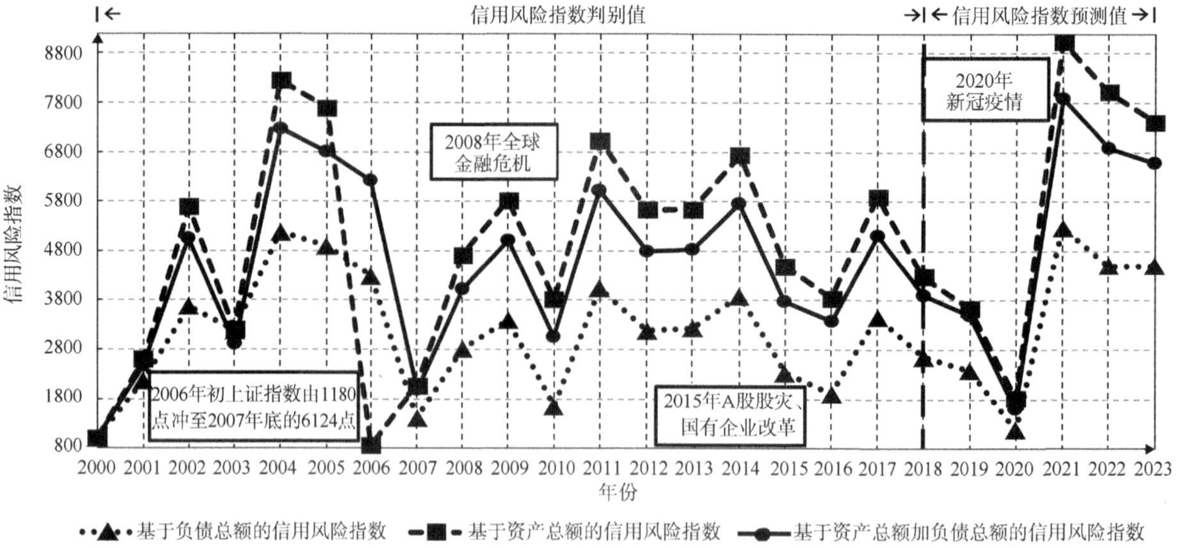

图 21.6　中国上市公司中央国有企业的年度信用风险指数走势图

1. 2000~2018 年这 19 年的中国上市公司中央国有企业信用风险指数的发展规律及原因分析

(1)中国上市公司中央国有企业 2000~2018 年这 19 年的信用风险指数发展规律。中国上市公司中央国有企业 2000~2002 年信用风险指数持续上升，2002 年出现第一个下降拐点，2003 年出现第一个上升拐点，2004~2007 年逐渐下降，2007 年出现第二个上升拐点，此后一直处于震荡起伏阶段。

(2)中国上市公司中央国有企业 2000~2018 年这 19 年的信用指数发展的宏观原因分析。中国上市公司中央国有企业 2006~2007 年信用风险指数呈现急剧下降趋势，这与当时“2006 年初上证指数由 1180 点冲至 2007 年底的 6124 点”[2]有关联。受“2008 年全球金融危机”[3]的影响，2007~2009 年信用风险指数连续上升。2014 年国有上市公司信用风险指数在较高点，一定程度上预示了“2015 年 A 股股灾”[4]事件。

(3)中国上市公司中央国有企业 2000~2018 年这 19 年的信用风险指数发展的政策原因分析。2003~2013 年，国有企业改革进入了以股份制为主要形式的现代产权制度改革阶段，2013 年以来，进入了以实现国有企业功能为导向的混合所有制改革阶段。2015 年 9 月 13 日，《中共中央、国务院关于深化国有企业改革的指导意见》发布，2014~2016 年上市公司中央国有企业信用风险指数下降，可能与 2015 年国有企业全面深化改革有联系。

2. 2019~2023 年这 5 年的中国上市公司中央国有企业信用风险指数的趋势预测

(1)中国上市公司中央国有企业 2019~2023 年这 5 年的信用风险指数趋势。2018~2020 年信用风险指数呈下降趋势，在 2020 年出现拐点，于 2021 年达到历史最高点，但在 2021 年之后又呈现下降趋势。

(2)中国上市公司中央国有企业 2019~2023 年这 5 年的信用风险指数趋势的原因分析。预测 2020~2021 年信用风险上升的原因是，受 2020 年新冠疫情的影响，宏观经济环境动荡，上市公司的发展经营及融资受影响，导致 A 股市场的信用风险指数整体上涨。2021~2023 年下降的原因可能是后疫情时期，宏观环境持续改善。

21.4　地方国有企业

21.4.1　地方国有企业 2000~2023 年 24 年的信用指数趋势图

计算地方国有企业的信用指数时，典型公司样本选择、典型公司样本权重计算、信用指数的计算方式与上文第 5~18 章的行业信用指数的计算同理。只不过是将“行业”替换为“所有制属性”。计算过程不再赘述。将地方国有企业的信用指数计算结果列入表 21.6 第 4~6 列。

表 21.6　中国上市公司地方国有企业 2000~2023 年这 24 年的信用指数表

(1)序号	(2)所有制属性	(3)年份	(4)资产总额前 10%的年度信用指数 $CI^{A}_{(T+m)}$	(5)负债总额前 10%的年度信用指数 $CI^{L}_{(T+m)}$	(6)基于资产总额加负债总额的年度信用指数 $CI^{A+L}_{(T+m)}$
1	地方国有企业	2000	1000.00	1000.00	1000.00
2	地方国有企业	2001	1064.86	999.01	1033.46
3	地方国有企业	2002	1021.87	957.39	997.02
…	…	…	…	…	…
22	地方国有企业	2021	487.82	455.37	473.77
23	地方国有企业	2022	473.24	496.76	478.93
24	地方国有企业	2023	566.25	567.16	572.45

图 21.7 是中国上市公司地方国有企业的年度信用指数走势图，是以表 21.6 第 3 列的年份为横轴，以表 21.6 第 4~6 列的信用指数为纵轴，做出的信用指数走势图。表 21.6 和图 21.7 中，信用指数趋势一共分成两段。第一段为 2000~2018 年这 19 年，为已知数据的违约判别。第二段为 2019~2023 年这 5 年，为根据已知数据进行的违约预测。

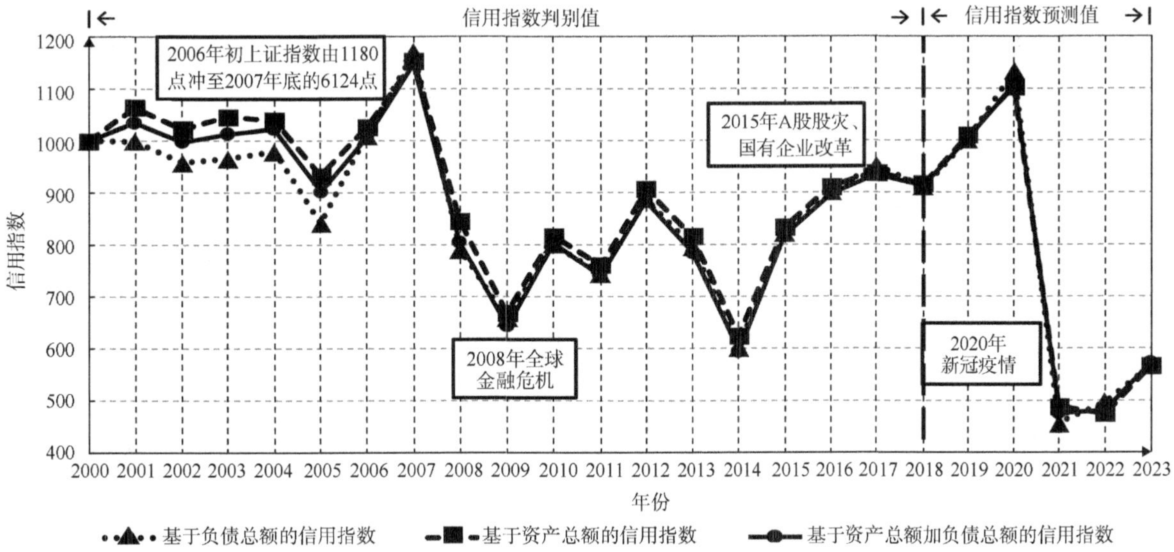

图 21.7　中国上市公司地方国有企业的年度信用指数走势图

1. 2000~2018 年这 19 年的中国上市公司地方国有企业信用指数的发展规律及原因分析

(1)中国上市公司地方国有企业 2000~2018 年这 19 年的信用指数发展规律。中国上市公司地方国有企业 2000~2004 年信用指数大致持平，2004~2005 年出现小幅下降，2005~2007 年有大幅上涨，2007~2009 年急剧下降，2009~2012 年震动回升，2012~2014 年再次下降，2014~2017 年稳步上涨，2017~2018 年小幅回落。

(2)中国上市公司地方国有企业 2000~2018 年这 19 年的信用指数发展的宏观原因分析。中国上市公司地方国有企业 2005~2007 年信用指数呈现上升趋势，这与当时“2006 年初上证指数由 1180 点冲至 2007 年底的 6124 点”[2]有关联。受“2008 年全球金融危机”[3]的影响，2007~2009 年信用指数连续下跌。

(3)中国上市公司地方国有企业 2000~2018 年这 19 年的信用指数发展的政策原因分析。2003~2013 年，国有企业改革进入了以股份制为主要形式的现代产权制度改革阶段，2013 年以来，进入了以实现国有企业功能为导向的混合所有制改革阶段。2014~2017 年地方国有企业信用指数上涨，可能与 2015 年的国有企业全面深化改革有联系。

2. 2019~2023 年这 5 年的中国上市公司地方国有企业信用指数的趋势预测

(1)中国上市公司地方国有企业 2019~2023 年这 5 年的信用指数趋势。中国上市公司地方国有企业 2018~2020 年信用指数呈上升趋势，在 2020 年出现拐点，于 2021 年达到历史最低点，但在 2021 年之后又呈现上升趋势。

(2)中国上市公司地方国有企业 2019~2023 年这 5 年的信用指数趋势的原因分析。预测中国上市公司地方国有企业信用指数 2020~2021 年可能造成下跌的原因是，受 2020 年新冠疫情的影响，宏观经济环境动荡，上市公司的发展经营及融资受影响，导致 A 股市场的信用指数整体下滑。2021~2023 年上升的原因可能是后疫情时期，宏观环境持续改善。

21.4.2 地方国有企业 2000~2023 年 24 年的信用风险指数趋势图

计算地方国有企业的信用风险指数时，典型公司样本选择、典型公司样本权重计算、信用风险指数的计算方式与上文第 5~18 章的行业信用风险指数的计算同理。只不过是将“行业”替换为“所有制属性”。计算过程不再赘述。将地方国有企业的信用风险指数计算结果列入表 21.7 第 4~6 列。

表 21.7 中国上市公司地方国有企业 2000~2023 年这 24 年的信用风险指数表

(1)序号	(2)所有制属性	(3)年份	(4)资产总额前 10%的年度信用风险指数 $CRI^{A}_{(T+m)}$	(5)负债总额前 10%的年度信用风险指数 $CRI^{L}_{(T+m)}$	(6)基于资产总额加负债总额的年度信用风险指数 $CRI^{A+L}_{(T+m)}$
1	地方国有企业	2000	1000.00	1000.00	1000.00
2	地方国有企业	2001	725.17	1003.50	861.33
3	地方国有企业	2002	907.17	1150.17	1012.34
…	…	…	…	…	…
22	地方国有企业	2021	3170.32	2919.31	3180.63
23	地方国有企业	2022	3232.09	2773.44	3159.26
24	地方国有企业	2023	2837.97	2525.36	2771.70

图 21.8 是中国上市公司地方国有企业的年度信用风险指数走势图，是以表 21.7 第 3 列的年份为横轴，以表 21.7 第 4~6 列的信用风险指数为纵轴，做出的信用风险指数走势图。表 21.7 和图 21.8 中，信用风险指数趋势一共分成两段。第一段为 2000~2018 年这 19 年，为已知数据的违约判别。第二段为 2019~2023 年这 5 年，为根据已知数据进行的违约预测。

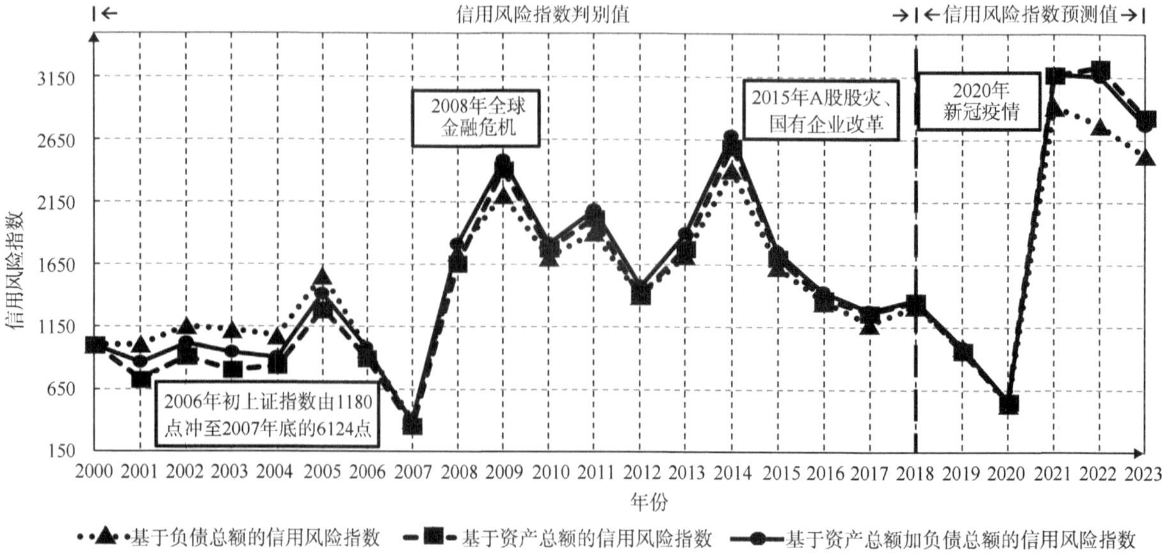

图 21.8 中国上市公司地方国有企业的年度信用风险指数走势图

1. 2000~2018 年这 19 年的中国上市公司地方国有企业信用风险指数的发展规律及原因分析

(1)中国上市公司地方国有企业 2000~2018 年这 19 年的信用风险指数发展规律。中国上市公司地方国有企业 2000~2004 年信用风险指数大致持平，2004~2005 年出现小幅上升，2005~2007 年有大幅下降，2007~2009 年急剧上升，2009~2012 年震动回落，2012~2014 年再次上涨，2014~2017 年稳步下降。

(2)中国上市公司地方国有企业 2000~2018 年这 19 年的信用风险指数发展的宏观原因分析。中国上市公司地方国有企业 2005~2007 年信用风险指数呈现急剧下降趋势，这与当时“2006 年初上证指数由 1180 点冲至 2007 年底的 6124 点”[2]有关联。受“2008 年全球金融危机”[3]的影响，2007~2009 年信用风险指数连续上升。

(3)中国上市公司地方国有企业 2000~2018 年这 19 年的信用风险指数发展的政策原因分析。2003~2013 年，国有企业改革进入了以股份制为主要形式的现代产权制度改革阶段，2015 年以来，进入了以实现国有企业功能为导向的混合所有制改革阶段。2015 年 9 月 13 日，《中共中央、国务院关于深化国有企业改革的指导意见》发布，2014~2017 年地方国有企业信用风险指数下降，可能与 2015 年国有企业全面深化改革有联系。

2. 2019~2023 年这 5 年的中国上市公司地方国有企业信用风险指数的趋势预测

(1)中国上市公司地方国有企业 2019~2023 年这 5 年的信用风险指数趋势。中国上市公司地方国有企业 2018~2020 年信用风险指数呈下降趋势，在 2020 年出现拐点，于 2021 年达到历史最高点，但在 2021 年之后又呈现下降趋势。

(2)中国上市公司地方国有企业 2019~2023 年这 5 年的信用风险指数趋势的原因分析。中国上市公司地方国有企业 2020~2021 年信用风险上升的原因是，受 2020 年新冠疫情的影响，宏观经济环境动荡，上市公司的发展经营及融资受影响，导致 A 股市场的信用风险指数整体上涨。2021~2023 年下降的原因可能是后疫情时期，宏观环境持续改善。

21.5 集体企业

21.5.1 集体企业 2000~2023 年 24 年的信用指数趋势图

计算集体企业的信用指数时，典型公司样本选择、典型公司样本权重计算、信用指数的计算方式与上文第 5~18 章的行业信用指数的计算同理。只不过是将“行业”替换为“所有制属性”。计算过程不再赘述。将集体企业的信用指数计算结果列入表 21.8 第 4~6 列。

表 21.8　中国上市公司集体企业 2000~2023 年这 24 年的信用指数表

(1)序号	(2)所有制属性	(3)年份	(4)资产总额前 10%的年度信用指数 $CI^{A}_{(T+m)}$	(5)负债总额前 10%的年度信用指数 $CI^{L}_{(T+m)}$	(6)基于资产总额加负债总额的年度信用指数 $CI^{A+L}_{(T+m)}$
1	集体企业	2000	1000.00	1000.00	1000.00
2	集体企业	2001	972.62	972.62	972.62
3	集体企业	2002	937.62	937.96	937.96
…	…	…	…	…	…
22	集体企业	2021	1071.34	1095.53	1079.66
23	集体企业	2022	452.37	472.25	459.20
24	集体企业	2023	27.38	17.50	23.99

图 21.9 是中国上市公司集体企业的年度信用指数走势图，是以表 21.8 第 3 列的年份为横轴，以表 21.8

第 4~6 列的信用指数为纵轴，做出的信用指数走势图。表 21.8 和图 21.9 中，信用指数趋势一共分成两段。第一段为 2000~2018 年这 19 年，为已知数据的违约判别。第二段为 2019~2023 年这 5 年，为根据已知数据进行的违约预测。

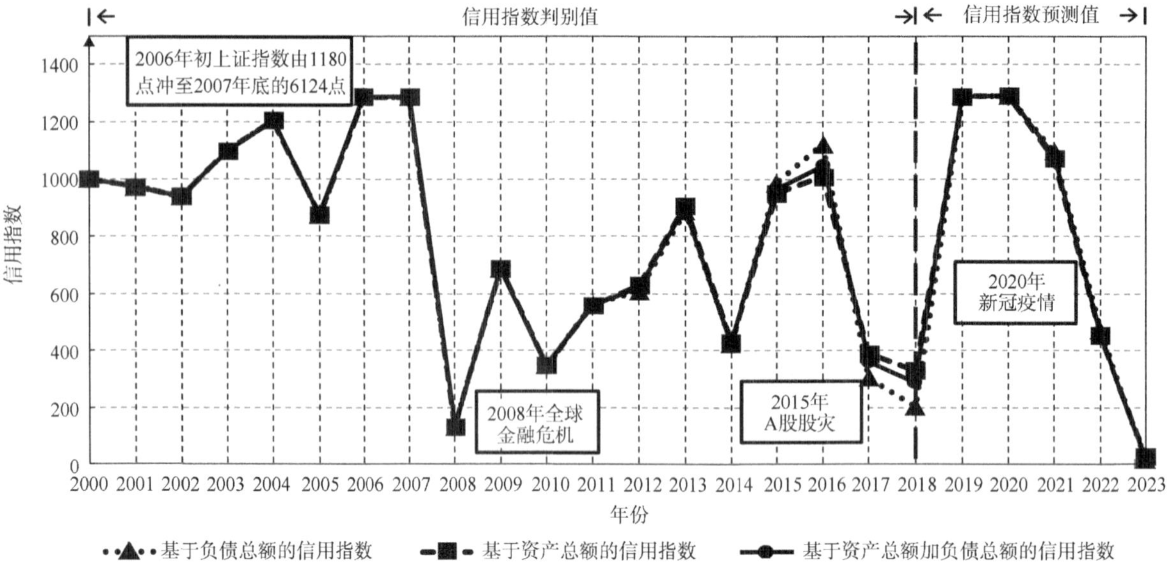

图 21.9 中国上市公司集体企业的年度信用指数走势图

1. 2000~2018 年这 19 年的中国上市公司集体企业信用指数的发展规律及原因分析

(1)中国上市公司集体企业 2000~2018 年这 19 年的信用指数发展规律。中国上市公司集体企业 2000~2002 年信用指数小幅度下降，2002 年出现第一个上升拐点，2002~2004 年有较大幅度上涨，2004 年出现第一个下降拐点，2004~2005 年较大幅度下降，2005~2007 年再次上涨，2007~2008 年骤降，2008~2009 年上涨，2009~2010 年下降，2010~2013 年上涨，2013~2014 年下降，2014~2016 年连续上涨，2016~2018 年连续下跌。

(2)中国上市公司集体企业 2000~2018 年这 19 年的信用指数发展的宏观原因分析。中国上市公司集体企业 2005~2007 年信用指数呈现上升趋势，这与当时“2006 年初上证指数由 1180 点冲至 2007 年底的 6124 点”[2]有关联。受“2008 年全球金融危机”[3]的影响，2007~2008 年信用指数大幅度骤降。2016~2017 年信用指数的下跌，可能当时的“2015 年 A 股股灾”[4]有联系。

(3)中国上市公司集体企业 2000~2018 年这 19 年的信用指数发展的政策原因分析。2011 年国务院办公厅发布了《关于在全国范围内开展厂办大集体改革工作的指导意见》，要求从 2011 年开始用 3~5 年的时间，通过制度创新、体制创新和机制创新，使厂办大集体与主办国有企业彻底分离，成为产权清晰、面向市场、自负盈亏的独立法人实体和市场主体。2010~2013 年信用指数连续 3 年上涨，可能与此有关。

2. 2019~2023 年这 5 年的中国上市公司集体企业信用指数的趋势预测

(1)中国上市公司集体企业 2019~2023 年这 5 年的信用指数趋势。中国上市公司集体企业 2018~2020 年信用指数呈上升趋势，在 2020 年出现拐点，2020~2023 年呈下降趋势。

(2)中国上市公司集体企业 2019~2023 年这 5 年的信用指数趋势的原因分析。2020~2023 年可能造成下跌的原因是，受 2020 年新冠疫情的影响，宏观经济环境动荡，上市公司的发展经营及融资受影响，导致 A 股市场的信用指数整体下滑。

21.5.2 集体企业 2000~2023 年 24 年的信用风险指数趋势图

计算集体企业的信用风险指数时，典型公司样本选择、典型公司样本权重计算、信用风险指数的计算方式与上文第 5~18 章的行业信用风险指数的计算同理。只不过是将“行业”替换为“所有制属性”。计算过程不再赘述。将集体企业的信用风险指数计算结果列入表 21.9 第 4~6 列。

表 21.9 中国上市公司集体企业 2000~2023 年这 24 年的信用风险指数表

(1)序号	(2)所有制属性	(3)年份	(4)资产总额前 10%的年度信用风险指数 $CRI^{A}_{(T+m)}$	(5)负债总额前 10%的年度信用风险指数 $CRI^{L}_{(T+m)}$	(6)基于资产总额加负债总额的年度信用风险指数 $CRI^{A+L}_{(T+m)}$
1	集体企业	2000	1000.00	1000.00	1000.00
2	集体企业	2001	1094.21	1094.21	1094.21
3	集体企业	2002	1213.46	1213.46	1213.46
…	…	…	…	…	…
22	集体企业	2021	754.52	671.28	725.90
23	集体企业	2022	2884.40	2815.98	2860.88
24	集体企业	2023	4346.77	4380.77	4358.46

图 21.10 是中国上市公司集体企业的年度信用风险指数走势图，是以表 21.9 第 3 列的年份为横轴，以表 21.9 第 4~6 列的信用风险指数为纵轴，做出的信用风险指数走势图。表 21.9 和图 21.10 中，信用风险指数趋势一共分成两段。第一段为 2000~2018 年这 19 年，为已知数据的违约判别。第二段为 2019~2023 年这 5 年，为根据已知数据进行的违约预测。

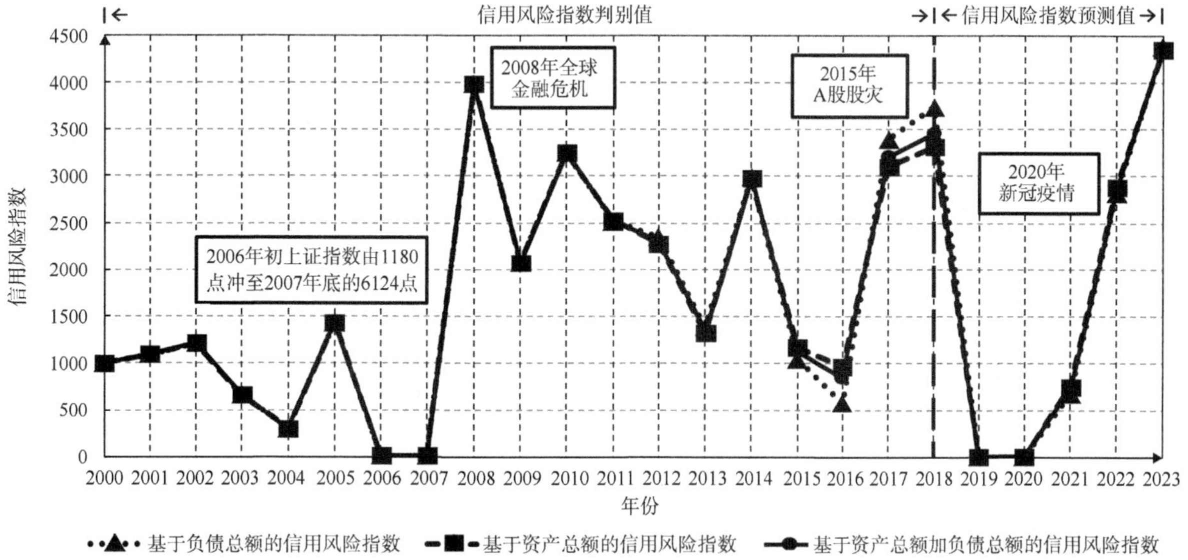

图 21.10 中国上市公司集体企业的年度信用风险指数走势图

1. 2000~2018 年这 19 年的中国上市公司集体企业信用风险指数的发展规律及原因分析

(1)中国上市公司集体企业 2000~2018 年这 19 年的信用风险指数发展规律。中国上市公司集体企业 2000~2002 年信用风险指数小幅度上升，2002 年出现第一个下降拐点，2002~2004 年有较大幅度下降，2004 年出现第一个上升拐点，2004~2005 年较大幅度上涨，2005~2007 年再次下降，2007~2008 年风险指数骤升，2008~2009 年下降，2009~2010 年上升，2010~2013 年连续下降，2013~2014 年上升，2014~2016 年连续下降，2016~2018 年连续上升。

(2)中国上市公司集体企业 2000~2018 年这 19 年的信用风险指数发展的宏观原因分析。中国上市公司集体企业 2005~2007 年信用风险指数呈现下降趋势，这与当时“2006 年初上证指数由 1180 点冲至 2007 年底的 6124 点”[2]有关联。受“2008 年全球金融危机”[3]的影响，2007~2008 年信用风险指数大幅度提升。2016~2017 年信用风险指数的上涨，可能当时的“2015 年 A 股股灾”[4]有联系。

(3)中国上市公司集体企业 2000~2018 年这 19 年的信用风险指数发展的政策原因分析。2011 年国务院办公厅发布了《关于在全国范围内开展厂办大集体改革工作的指导意见》，要求从 2011 年开始用 3~5 年的时间，通过制度创新、体制创新和机制创新，使厂办大集体与主办国有企业彻底分离，成为产权清晰、面向市场、自负盈亏的独立法人实体和市场主体。2010~2013 年信用风险指数连续 3 年下跌，可能与此有关。

2. 2019~2023 年这 5 年的中国上市公司集体企业信用风险指数的趋势预测

(1)中国上市公司集体企业 2019~2023 年这 5 年的信用风险指数趋势。2018~2020 年信用风险指数呈下降趋势，在 2020 年出现拐点，2020~2023 年呈上升趋势。

(2)中国上市公司集体企业 2019~2023 年这 5 年的信用风险指数趋势的原因分析。中国上市公司集体企业信用风险指数 2020~2023 年可能造成上升的原因是，受 2020 年新冠疫情的影响，宏观经济环境动荡，上市公司的发展经营及融资受影响，导致 A 股市场的信用风险指数整体上涨。

21.6 民营企业

21.6.1 民营企业 2000~2023 年 24 年的信用指数趋势图

计算民营企业的信用指数时，典型公司样本选择、典型公司样本权重计算、信用指数的计算方式与上文第 5~18 章的行业信用指数的计算同理。只不过是将“行业”替换为“所有制属性”。计算过程不再赘述。将民营企业的信用指数计算结果列入表 21.10 第 4~6 列。

表 21.10 中国上市公司民营企业 2000~2023 年这 24 年的信用指数表

(1)序号	(2)所有制属性	(3)年份	(4)资产总额前 10%的年度信用指数 $CI^{A}_{(T+m)}$	(5)负债总额前 10%的年度信用指数 $CI^{L}_{(T+m)}$	(6)基于资产总额加负债总额的年度信用指数 $CI^{A+L}_{(T+m)}$
1	民营企业	2000	1000.00	1000.00	1000.00
2	民营企业	2001	988.56	975.74	937.66
3	民营企业	2002	902.31	911.92	847.24
…	…	…	…	…	…
22	民营企业	2021	488.42	517.87	471.95
23	民营企业	2022	332.63	371.50	328.96
24	民营企业	2023	235.84	319.51	252.32

图 21.11 是中国上市公司民营企业的年度信用指数走势图，是以表 21.10 第 3 列的年份为横轴，以表 21.10 第 4~6 列的信用指数为纵轴，做出的信用指数走势图。表 21.10 和图 21.11 中，信用指数趋势一共分成两段。第一段为 2000~2018 年这 19 年，为已知数据的违约判别。第二段为 2019~2023 年这 5 年，为根据已知数据进行的违约预测。

1. 2000~2018 年这 19 年的中国上市公司民营企业信用指数的发展规律及原因分析

(1)中国上市公司民营企业 2000~2018 年这 19 年的信用指数发展规律。中国上市公司民营企业 2000~2002 年信用指数小幅度下降，2002 年出现第一个上升拐点，2002~2007 年持续上涨，2007 年出现第一个下降拐点，2007~2009 年较大幅度下降，2009 年出现第二个上升拐点，2009~2013 年总体上波动上涨，2013~2014 年小幅下降，2014~2016 年上涨，2016~2018 年略有下降。

(2)中国上市公司民营企业 2000~2018 年这 19 年的信用指数发展的宏观原因分析。中国上市公司民营企业 2002~2007 年信用指数连续上涨，这与 2001 年 12 月 11 日我国正式加入 WTO 有关联。2007~2009 年信用指数大幅度下降，可能与“2008 年全球金融危机”[3]有关联。

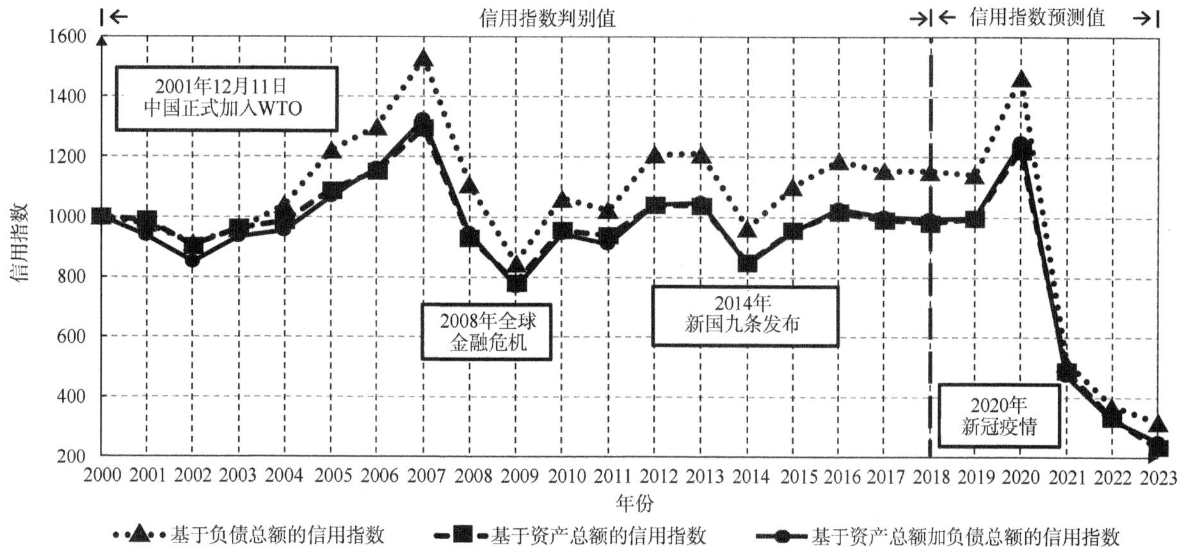

图 21.11　中国上市公司民营企业的年度信用指数走势图

(3)中国上市公司民营企业 2000~2018 年这 19 年的信用指数发展的政策原因分析。2014 年 5 月 9 日，国务院印发新国九条，表示进一步促进资本市场健康发展，健全多层次资本市场体系，对于加快完善现代市场体系、拓宽企业和居民投融资渠道、优化资源配置、促进经济转型升级具有重要意义。2014~2016 年信用指数的上涨，可能与此相关。

2. 2019~2023 年这 5 年的中国上市公司民营企业信用指数的趋势预测

(1)中国上市公司民营企业 2019~2023 年这 5 年的信用指数趋势。中国上市公司民营企业 2018~2020 年信用指数呈上升趋势，在 2020 年出现拐点，2020~2023 年呈下降趋势。

(2)中国上市公司民营企业 2019~2023 年这 5 年的信用指数趋势的原因分析。预测中国上市公司民营企业信用指数 2020~2023 年可能造成下跌的原因是，受 2020 年新冠疫情的影响，宏观经济环境动荡，上市公司的发展经营及融资受影响，导致 A 股市场的信用指数整体下滑。

21.6.2　民营企业 2000~2023 年 24 年的信用风险指数趋势图

计算民营企业的信用风险指数时，典型公司样本选择、典型公司样本权重计算、信用风险指数的计算方式与上文第 5~18 章的行业信用风险指数的计算同理。只不过是将“行业”替换为“所有制属性”。计算过程不再赘述。将民营企业的信用风险指数计算结果列入表 21.11 第 4~6 列。

表 21.11　中国上市公司民营企业 2000~2023 年 24 年的信用风险指数表

(1)序号	(2)所有制属性	(3)年份	(4)资产总额前 10%的年度信用风险指数 $CRI^{A}_{(T+m)}$	(5)负债总额前 10%的年度信用风险指数 $CRI^{L}_{(T+m)}$	(6)基于资产总额加负债总额的年度信用风险指数 $CRI^{A+L}_{(T+m)}$
1	民营企业	2000	1000.00	1000.00	1000.00
2	民营企业	2001	1028.84	1033.69	1141.94
3	民营企业	2002	1246.39	1122.33	1347.78
…	…	…	…	…	…
22	民营企业	2021	2290.25	1669.60	2202.20
23	民营企业	2022	2683.18	1872.88	2527.72
24	民营企业	2023	2927.28	1945.09	2702.22

图 21.12 是中国上市公司民营企业的年度信用风险指数走势图，是以表 21.11 第 3 列的年份为横轴，以

表 21.11 第 4~6 列的信用风险指数为纵轴，做出的信用风险指数走势图。表 21.11 和图 21.12 中，信用风险指数趋势一共分成两段。第一段为 2000~2018 年这 19 年，为已知数据的违约判别。第二段为 2019~2023 年这 5 年，为根据已知数据进行的违约预测。

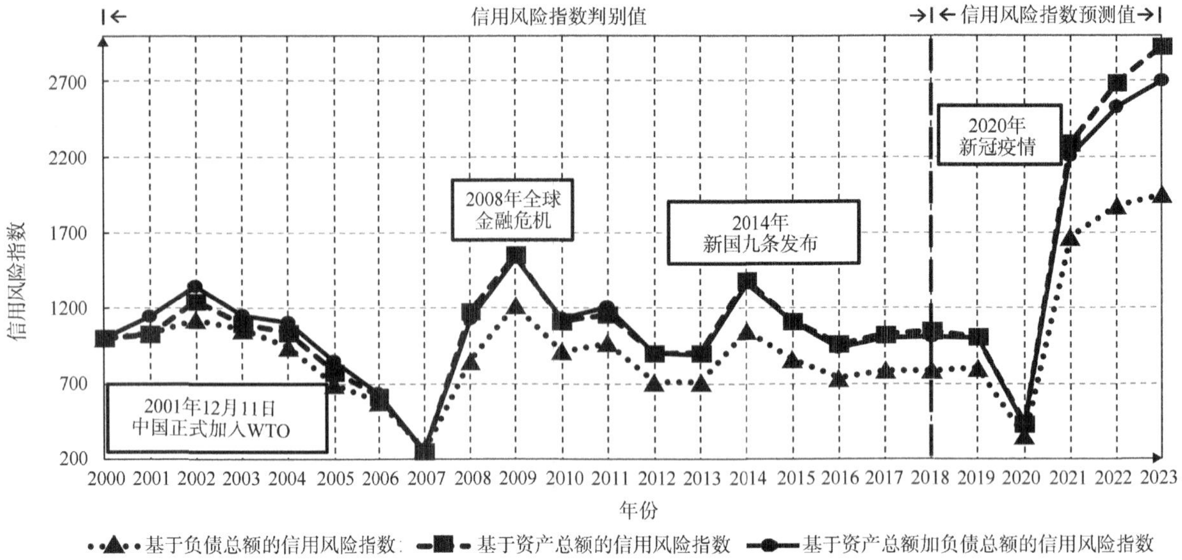

图 21.12　中国上市公司民营企业的年度信用风险指数走势图

1. 2000~2018 年这 19 年的中国上市公司民营企业信用风险指数的发展规律及原因分析

(1)中国上市公司民营企业 2000~2018 年这 19 年的信用风险指数发展规律。中国上市公司民营企业 2000~2002 年信用风险指数小幅度上升，2002 年出现第一个下降拐点，2002~2007 年连续下降，2007 年出现第一个上升拐点，2007~2009 年快速上涨，2009~2013 年波动回落，2013~2014 年再次上涨，2014 年出现下降拐点，2014~2016 年连续下降，2016~2018 年略有上涨。

(2)中国上市公司民营企业 2000~2018 年这 19 年的信用风险指数发展的宏观原因分析。中国上市公司民营企业 2002~2007 年信用风险指数连续下降，这与 2001 年 12 月 11 日我国正式加入 WTO 有关联。2007~2009 年信用风险指数大幅度上涨，可能与“2008 年全球金融危机”[3]有关联。

(3)中国上市公司民营企业 2000~2018 年这 19 年的信用风险指数发展的政策原因分析。2014 年 5 月 9 日，国务院印发新国九条，表示进一步促进资本市场健康发展，健全多层次资本市场体系，对于加快完善现代市场体系、拓宽企业和居民投融资渠道、优化资源配置、促进经济转型升级具有重要意义。2014~2016 年信用风险指数的下降，可能与此相关。

2. 2019~2023 年这 5 年的中国上市公司民营企业信用风险指数的趋势预测

(1)中国上市公司民营企业 2019~2023 年这 5 年的信用风险指数趋势。中国上市公司民营企业信用风险指数 2018~2020 年呈下降趋势，在 2020 年出现拐点，2020~2023 年呈上升趋势。

(2)中国上市公司民营企业 2019~2023 年这 5 年的信用风险指数趋势的原因分析。预测中国上市公司民营企业信用风险指数 2020~2023 年可能造成上升的原因是，受 2020 年新冠疫情的影响，宏观经济环境动荡，上市公司的发展经营及融资受影响，导致 A 股市场的信用风险指数整体上涨。

21.7　公 众 企 业

21.7.1　公众企业 2000~2023 年 24 年的信用指数趋势图

计算公众企业的信用指数时，典型公司样本选择、典型公司样本权重计算、信用指数的计算方式与上文第 5~18 章的行业信用指数的计算同理。只不过是将“行业”替换为“所有制属性”。计算过程不再赘述。将公众企业的信用指数计算结果列入表 21.12 第 4~6 列。

表 21.12　中国上市公司公众企业 2000~2023 年这 24 年的信用指数表

(1)序号	(2)所有制属性	(3)年份	(4)资产总额前 10%的年度信用指数 $CI^{A}_{(T+m)}$	(5)负债总额前 10%的年度信用指数 $CI^{L}_{(T+m)}$	(6)基于资产总额加负债总额的年度信用指数 $CI^{A+L}_{(T+m)}$
1	公众企业	2000	1000.00	1000.00	1000.00
2	公众企业	2001	1105.06	1140.07	1118.28
3	公众企业	2002	4293.65	5458.25	4781.49
…	…	…	…	…	…
22	公众企业	2021	1915.09	2449.18	2138.96
23	公众企业	2022	3088.90	3995.95	3468.85
24	公众企业	2023	1759.48	2297.94	1984.91

图 21.13 是中国上市公司公众企业的年度信用指数走势图，是以表 21.12 第 3 列的年份为横轴，以表 21.12 第 4~6 列的信用指数为纵轴，做出的信用指数走势图。表 21.12 和图 21.13 中，信用指数趋势一共分成两段。第一段为 2000~2018 年这 19 年，为已知数据的违约判别。第二段为 2019~2023 年这 5 年，为根据已知数据进行的违约预测。

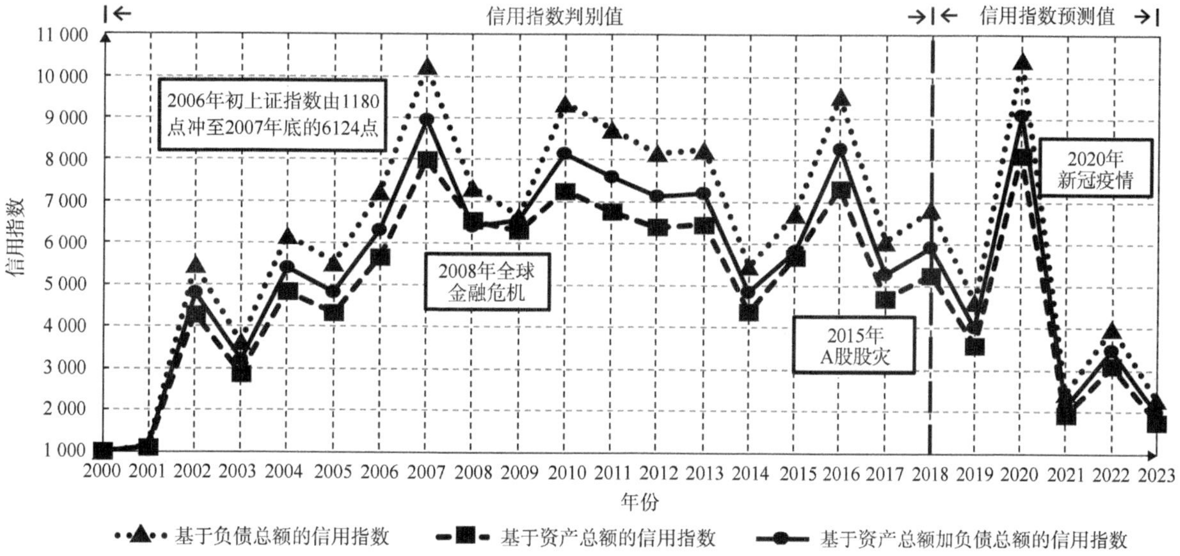

图 21.13　中国上市公司公众企业的年度信用指数走势图

1. 2000~2018 年这 19 年的中国上市公司公众企业信用指数的发展规律及原因分析

(1)中国上市公司公众企业 2000~2018 年这 19 年的信用指数发展规律。中国上市公司公众企业 2000~2002 年信用指数上涨，2002 年出现第一个下降拐点，2002~2003 年下降，2003 年出现第一个上升拐点，2003~2007 年波动上升，2007 年为下降拐点，2007~2009 年下降，2009~2010 年上升，2010~2014 年总体下降，2014 年为上升拐点，2014~2016 年信用指数上升，2016~2017 年下降，2017~2018 年小幅回升。

(2)中国上市公司公众企业 2000~2018 年这 19 年的信用指数发展的宏观原因分析。中国上市公司公众企业 2005~2007 年信用指数连续大幅度上涨，这与当时“2006 年初上证指数由 1180 点冲至 2007 年底的 6124 点”[1]有关联。2007~2008 年信用指数大幅度下降，可能与“2008 年全球金融危机”[3]有关联。2016~2017 年信用指数大幅下跌，可能与当时的“2015 年 A 股股灾”[4]有联系。

(3)中国上市公司公众企业 2000~2018 年这 19 年的信用指数发展的政策原因分析。2014 年 5 月 9 日，国务院印发新国九条，表示进一步促进资本市场健康发展，健全多层次资本市场体系，对于加快完善现代市场体系、拓宽企业和居民投融资渠道、优化资源配置、促进经济转型升级具有重要意义。2014~2016 年信用指数的上涨，可能与此相关。

2. 2019~2023 年这 5 年的中国上市公司公众企业信用指数的趋势预测

(1)中国上市公司公众企业 2019~2023 年这 5 年的信用指数趋势。中国上市公司公众企业信用指数 2018~2019 年呈下降趋势，在 2019 年出现拐点，2019~2020 年呈上升趋势，2020~2021 年呈下降趋势，2021~2022 年小幅回升，2022~2023 年再次回落。

(2)中国上市公司公众企业 2019~2023 年这 5 年的信用指数趋势的原因分析。预测中国上市公司公众企业信用指数 2020~2021 年可能造成下跌的原因是，受 2020 年新冠疫情的影响，宏观经济环境动荡，上市公司的发展经营及融资受影响，导致 A 股市场的信用指数整体下滑。

21.7.2 公众企业 2000~2023 年 24 年的信用风险指数趋势图

计算公众企业的信用风险指数时，典型公司样本选择、典型公司样本权重计算、信用风险指数的计算方式与上文第 5~18 章的行业信用风险指数的计算同理。只不过是将“行业”替换为“所有制属性”。计算过程不再赘述。将公众企业的信用风险指数计算结果列入表 21.13 第 4~6 列。

表 21.13 中国上市公司公众企业 2000~2023 年这 24 年的信用风险指数表

(1)序号	(2)所有制属性	(3)年份	(4)资产总额前 10%的年度信用风险指数 $CRI^{A}_{(T+m)}$	(5)负债总额前 10%的年度信用风险指数 $CRI^{L}_{(T+m)}$	(6)基于资产总额加负债总额的年度信用风险指数 $CRI^{A+L}_{(T+m)}$
1	公众企业	2000	1000.00	1000.00	1000.00
2	公众企业	2001	986.09	985.93	986.18
3	公众企业	2002	563.80	552.30	558.22
…	…	…	…	…	…
22	公众企业	2021	878.81	854.47	866.94
23	公众企业	2022	723.35	699.15	711.57
24	公众企业	2023	899.42	869.66	884.94

图 21.14 是中国上市公司公众企业的年度信用风险指数走势图，是以表 21.13 第 3 列的年份为横轴，以表 21.13 第 4~6 列的信用风险指数为纵轴，做出的信用风险指数走势图。表 21.13 和图 21.14 中，信用风险指数趋势一共分成两段。第一段为 2000~2018 年这 19 年，为已知数据的违约判别。第二段为 2019~2023 年这 5 年，为根据已知数据进行的违约预测。

1. 2000~2018 年这 19 年的中国上市公司公众企业信用风险指数的发展规律及原因分析

(1)中国上市公司公众企业 2000~2018 年这 19 年的信用风险指数发展规律。中国上市公司公众企业 2000~2002 年信用风险指数下降，2002 年出现第一个上升拐点，2002~2003 年上升，2003 年出现第一个下降拐点，2003~2007 年波动下降，2007 年为上升拐点，2007~2008 年上升，2008~2010 年下降，2010~2014 年总体上升，2014 年为下降拐点，2014~2016 年信用风险指数下降，2016~2017 年上升，2017~2018 年小幅回落。

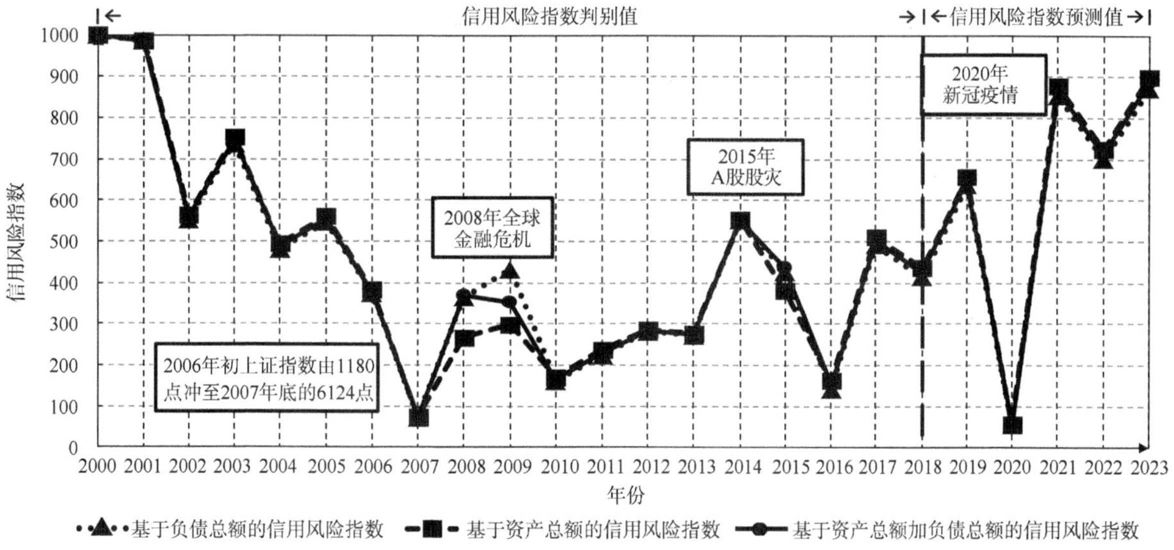

图 21.14　中国上市公司公众企业的年度信用风险指数走势图

(2)中国上市公司公众企业 2000~2018 年这 19 年的信用风险指数发展的宏观原因分析。中国上市公司公众企业 2005~2007 年信用风险指数连续大幅度下降，这与当时“2006 年初上证指数由 1180 点冲至 2007 年底的 6124 点”[2]有关联。2007~2008 年信用风险指数大幅度上升，可能与“2008 年全球金融危机”[3]有关联。2016~2017 年信用风险指数大幅上升，可能是“2015 年 A 股股灾”[4]引发的滞后效应。

(3)中国上市公司公众企业 2000~2018 年这 19 年的信用风险指数发展的政策原因分析。2014 年 5 月 9 日，国务院印发新国九条，表示进一步促进资本市场健康发展，健全多层次资本市场体系，对于加快完善现代市场体系、拓宽企业和居民投融资渠道、优化资源配置、促进经济转型升级具有重要意义。2014~2016 年信用风险指数的下降，可能与此相关。

2. 2019~2023 年这 5 年的中国上市公司公众企业信用风险指数的趋势预测

(1)中国上市公司公众企业 2019~2023 年这 5 年的信用风险指数趋势。中国上市公司公众企业信用风险指数 2018~2019 年呈上升趋势，在 2019 年出现拐点，2019~2020 年呈下降趋势，2020~2021 年呈上升趋势，2021~2022 年小幅回落，2022~2023 年再次回升。

(2)中国上市公司公众企业 2019~2023 年这 5 年的信用风险指数趋势的原因分析。预测中国上市公司公众企业信用风险指数 2020~2021 年可能造成上涨的原因是，受 2020 年新冠疫情的影响，宏观经济环境动荡，上市公司的发展经营及融资受影响，导致 A 股市场的信用风险指数整体上涨。

21.8　外 资 企 业

21.8.1　外资企业 2000~2023 年 24 年的信用指数趋势图

计算外资企业的信用指数时，典型公司样本选择、典型公司样本权重计算、信用指数的计算方式与上文第 5~18 章的行业信用指数的计算同理。只不过是将“行业”替换为“所有制属性”。计算过程不再赘述。将外资企业的信用指数计算结果列入表 21.14 第 4~6 列。

表 21.14　中国上市公司外资企业 2000~2023 年这 24 年的信用指数表

(1)序号	(2)所有制属性	(3)年份	(4)资产总额前 10%的年度信用指数 $CI^{A}_{(T+m)}$	(5)负债总额前 10%的年度信用指数 $CI^{L}_{(T+m)}$	(6)基于资产总额加负债总额的年度信用指数 $CI^{A+L}_{(T+m)}$
1	外资企业	2000	1000.00	1000.00	1000.00
2	外资企业	2001	2732.72	656.68	929.32

续表

(1)序号	(2)所有制属性	(3)年份	(4)资产总额前 10%的年度信用指数 $CI^{A}_{(T+m)}$	(5)负债总额前 10%的年度信用指数 $CI^{L}_{(T+m)}$	(6)基于资产总额加负债总额的年度信用指数 $CI^{A+L}_{(T+m)}$
3	外资企业	2002	3028.56	6000.47	4052.78
…	…	…	…	…	…
22	外资企业	2021	2846.72	5437.28	4025.26
23	外资企业	2022	1823.18	3308.07	2559.47
24	外资企业	2023	366.05	66.53	475.24

图 21.15 是中国上市公司外资企业的年度信用指数走势图，是以表 21.14 第 3 列的年份为横轴，以表 21.14 第 4~6 列的信用指数为纵轴，做出的信用指数走势图。表 21.14 和图 21.15 中，信用指数趋势一共分成两段。第一段为 2000~2018 年这 19 年，为已知数据的违约判别。第二段为 2019~2023 年这 5 年，为根据已知数据进行的违约预测。

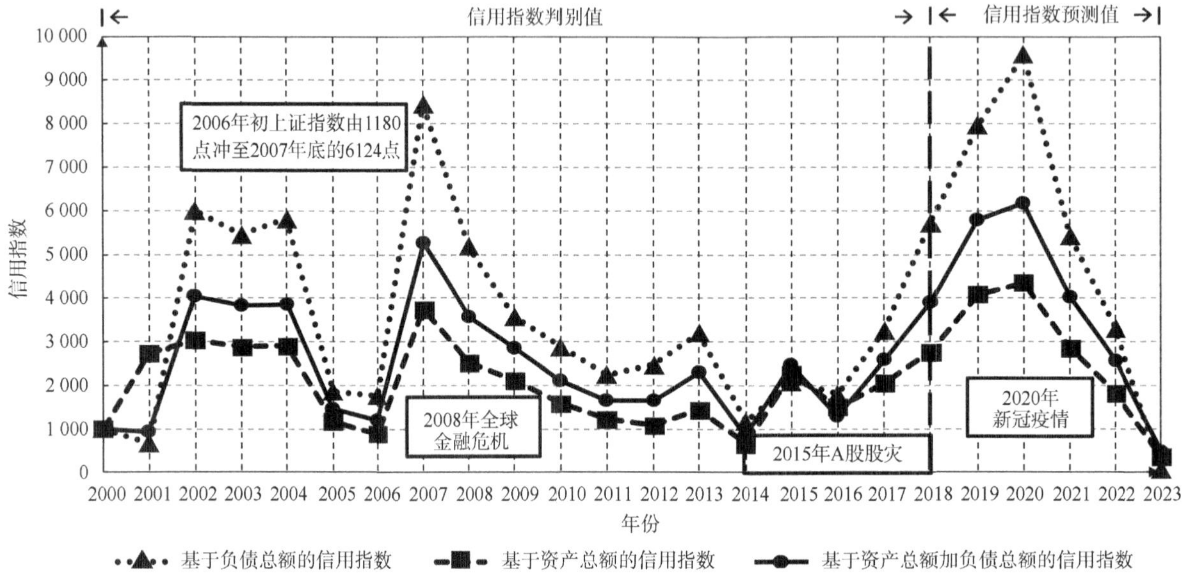

图 21.15 中国上市公司外资企业的年度信用指数走势图

1. 2000~2018 年这 19 年的中国上市公司外资企业信用指数的发展规律及原因分析

(1)中国上市公司外资企业 2000~2018 年这 19 年的信用指数发展规律。中国上市公司外资企业 2000~2001 年信用指数大致持平，2001~2002 年大幅上涨，2002 年为第一个下降拐点，2002~2006 年震荡下跌，2006 年为上升拐点，2006~2007 年大幅上涨，2007~2011 年连续下跌，2011~2013 年有小幅回升，2013~2014 年再次下降，2014~2015 年回升，2015~2016 年下降，2016~2018 年连续上涨。

(2)中国上市公司外资企业 2000~2018 年这 19 年的信用指数发展的宏观原因分析。2001 年加入 WTO 加速了中国开放型经济发展，2001~2002 年信用指数大幅上涨与此有关。2006~2007 年信用指数大幅度上涨，与当时“2006 年初上证指数由 1180 点冲至 2007 年底的 6124 点”[2]有关联。2007~2011 年信用指数连续下降，可能与“2008 年全球金融危机”[3]有关联。2015~2016 年信用指数下跌，可能与当时的“2015 年 A 股股灾”[4]有联系。

(3)中国上市公司外资企业 2000~2018 年这 19 年的信用指数发展的政策原因分析。2017 年 1 月国务院印发《关于扩大对外开放积极利用外资若干措施的通知》，支持外资企业在主板、中小企业板、创业板上市，在债券市场融资。2017~2018 年外资企业信用指数上升与此有关。

2. 2019~2023 年这 5 年的中国上市公司外资企业信用指数的趋势预测

(1)中国上市公司外资企业 2019~2023 年这 5 年的信用指数趋势。中国上市公司外资企业信用指数 2018~2020 年呈上升趋势，在 2020 年出现拐点，2020~2023 年呈下降趋势。

(2)中国上市公司外资企业 2019~2023 年这 5 年的信用指数趋势的原因分析。预测 2020~2023 年可能造成下跌的原因是，受 2020 年新冠疫情的影响，宏观经济环境动荡，上市公司的发展经营及融资受影响，导致 A 股市场的信用指数整体下滑。

21.8.2　外资企业 2000~2023 年 24 年的信用风险指数趋势图

计算外资企业的信用风险指数时，典型公司样本选择、典型公司样本权重计算、信用风险指数的计算方式与上文第 5~18 章的行业信用风险指数的计算同理。只不过是将“行业”替换为“所有制属性”。计算过程不再赘述。将外资企业的信用风险指数计算结果列入表 21.15 第 4~6 列。

表 21.15　中国上市公司外资企业 2000~2023 年这 24 年的信用风险指数表

(1)序号	(2)所有制属性	(3)年份	(4)资产总额前 10%的年度信用风险指数 $CRI^{A}_{(T+m)}$	(5)负债总额前 10%的年度信用风险指数 $CRI^{L}_{(T+m)}$	(6)基于资产总额加负债总额的年度信用风险指数 $CRI^{A+L}_{(T+m)}$
1	外资企业	2000	1000.00	1000.00	1000.00
2	外资企业	2001	487.68	1037.23	1013.54
3	外资企业	2002	400.21	457.79	415.04
…	…	…	…	…	…
22	外资企业	2021	453.97	518.85	420.31
23	外资企业	2022	756.61	749.73	701.18
24	外资企业	2023	1187.44	1101.22	1100.55

图 21.16 是中国上市公司外资企业的年度信用风险指数走势图，是以表 21.15 第 3 列的年份为横轴，以表 21.15 第 4~6 列的信用风险指数为纵轴，做出的信用风险指数走势图。表 21.15 和图 21.16 中，信用风险指数趋势一共分成两段。第一段为 2000~2018 年这 19 年，为已知数据的违约判别。第二段为 2019~2023 年这 5 年，为根据已知数据进行的违约预测。

图 21.16　中国上市公司外资企业的年度信用风险指数走势图

1. 2000~2018 年这 19 年的中国上市公司外资企业信用风险指数的发展规律及原因分析

(1)中国上市公司外资企业 2000~2018 年这 19 年的信用风险指数发展规律。中国上市公司外资企业 2000~2001 年信用风险指数大致持平，2001~2002 年大幅下降，2002 年为第一个上升拐点，2002~2006 年震荡上升，2006 年为下降拐点，2006~2007 年大幅下跌，2007~2012 年连续上涨，2012~2013 年有小幅回落，2013~2014 年再次上升，2014~2015 年下降，2015~2016 年上升，2016~2018 年连续下跌。

(2)中国上市公司外资企业 2000~2018 年这 19 年的信用风险指数发展的宏观原因分析。2001 年加入 WTO 加速了中国开放型经济发展，2001~2002 年信用风险指数大幅下跌与此有关。2006~2007 年信用风险指数大幅度下跌，与当时“2006 年初上证指数由 1180 点冲至 2007 年底的 6124 点”[2]有关联。2007~2012 年信用风险指数连续上涨，可能与“2008 年全球金融危机”[3]有关联。2015~2016 年信用风险指数上涨，可能与当时的“2015 年 A 股股灾”[4]有联系。

(3)中国上市公司外资企业 2000~2018 年这 19 年的信用风险指数发展的政策原因分析。2017 年 1 月国务院印发《关于扩大对外开放积极利用外资若干措施的通知》，支持外资企业在主板、中小企业板、创业板上市，在债券市场融资。2017~2018 年外资企业信用风险指数下降与此有关。

2. 2019~2023 年这 5 年的中国上市公司外资企业信用风险指数的趋势预测

(1)中国上市公司外资企业 2019~2023 年这 5 年的信用风险指数趋势。中国上市公司外资企业信用风险指数 2018~2020 年呈下降趋势，在 2020 年出现拐点，2020~2023 年呈连续上涨趋势。

(2)中国上市公司外资企业 2019~2023 年这 5 年的信用风险指数趋势的原因分析。预测中国上市公司外资企业信用风险指数 2020~2023 年可能造成上涨的原因是，受 2020 年新冠疫情的影响，宏观经济环境动荡，上市公司的发展经营及融资受影响，导致 A 股市场的信用风险指数整体上涨。

21.8.3　外资企业信用指数预测小结

结合上文图 21.15 及图 21.16 的分析，可总结出外资企业信用指数与信用风险指数的预测趋势如下。

(1)中国上市公司外资企业信用指数的预测趋势。2018~2020 年信用指数呈上升趋势，在 2020 年出现拐点，2020~2023 年呈下降趋势。预测 2020~2023 年可能造成下跌的原因是，受 2020 年新冠疫情的影响，宏观经济环境动荡，上市公司的发展经营及融资受影响，导致 A 股市场的信用指数整体下滑。

(2)中国上市公司外资企业信用风险指数的预测趋势。2018~2020 年信用风险指数呈下降趋势，在 2020 年出现拐点，2020~2023 年呈连续上涨趋势。预测 2020~2023 年可能造成上涨的原因是，受 2020 年新冠疫情的影响，宏观经济环境动荡，上市公司的发展经营及融资受影响，导致 A 股市场的信用风险指数整体上涨。

21.9　其他所有制企业

21.9.1　其他所有制企业 2000~2023 年 24 年信用指数趋势图

计算其他所有制企业的信用指数时，典型公司样本选择、典型公司样本权重计算、信用指数的计算方式与上文第 5~18 章的行业信用指数的计算同理。只不过是将“行业”替换为“所有制属性”。计算过程不再赘述。将其他所有制企业的信用指数计算结果列入表 21.16 第 4~6 列。

表 21.16　中国上市公司其他所有制企业 2000~2023 年这 24 年的信用指数表

(1)序号	(2)所有制属性	(3)年份	(4)资产总额前 10%的年度信用指数 $CI^{A}_{(T+m)}$	(5)负债总额前 10%的年度信用指数 $CI^{L}_{(T+m)}$	(6)基于资产总额加负债总额的年度信用指数 $CI^{A+L}_{(T+m)}$
1	其他所有制企业	2000	1000.00	1000.00	1000.00
2	其他所有制企业	2001	1349.41	677.64	665.45

续表

(1)序号	(2)所有制属性	(3)年份	(4)资产总额前 10%的年度信用指数 $CI^{A}_{(T+m)}$	(5)负债总额前 10%的年度信用指数 $CI^{L}_{(T+m)}$	(6)基于资产总额加负债总额的年度信用指数 $CI^{A+L}_{(T+m)}$
3	其他所有制企业	2002	1033.52	341.70	1035.35
…	…	…	…	…	…
22	其他所有制企业	2021	569.08	442.79	525.38
23	其他所有制企业	2022	958.19	769.51	892.59
24	其他所有制企业	2023	897.38	743.81	843.64

图 21.17 是中国上市公司其他所有制企业的年度信用指数走势图，是以表 21.16 第 3 列的年份为横轴，以表 21.16 第 4~6 列的信用指数为纵轴，做出的信用指数走势图。表 21.16 和图 21.17 中，信用指数趋势一共分成两段。第一段为 2000~2018 年这 19 年，为已知数据的违约判别。第二段为 2019~2023 年这 5 年，为根据已知数据进行的违约预测。

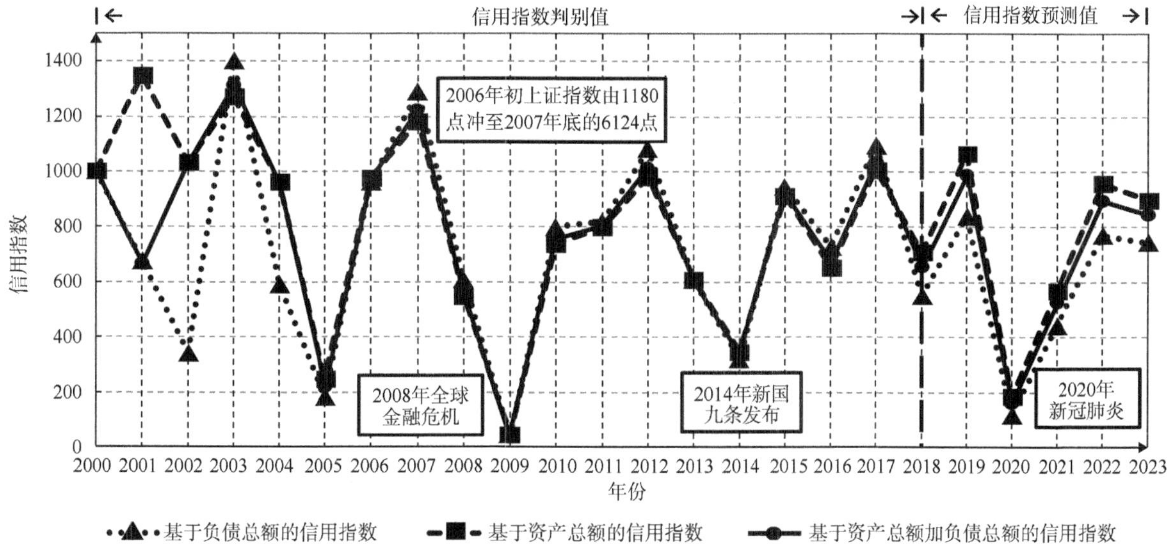

图 21.17　中国上市公司其他所有制企业的年度信用指数走势图

1. 2000~2018 年这 19 年中国上市公司其他所有制企业信用指数的发展规律及原因分析

(1)中国上市公司其他所有制企业 2000~2018 年这 19 年信用指数发展规律。中国上市公司其他所有制企业 2001 年出现第一次上升拐点，2001~2003 年持续上升，2003~2005 年大幅度下降，并于 2005 年出现第二次上升拐点，2005~2007 年持续上升，2007~2009 年持续下降并在 2009 年出现第三次上升拐点，而后 2009~2012 年持续上升，2012~2014 年持续下降，并在 2014 年出现第四次上升拐点，而后 2014~2018 年震荡波动。

(2)中国上市公司其他所有制企业 2000~2018 年这 19 年信用指数发展的宏观原因分析。中国上市公司其他所有制企业信用指数 2005 年出现第二次上升拐点，2005~2007 年持续上升，从中国上市公司其他所有制企业信用指数变化来看，这与当时“2006 年初上证指数由 1180 点冲至 2007 年底的 6124 点”[2]有关联。在 2009 年出现第三次上升拐点，2009~2012 年信用指数持续上升，可能的原因一是其他所有制企业在“2008 年全球金融危机”[3]冲击后开始逐步恢复经济，二是巴塞尔银行监管委员会于 2010 年宣布各方就巴塞尔协议Ⅲ内容达成一致，对企业各方面都进行了约束，使得其他所有制企业的信用指数持续增长。

(3)中国上市公司外资企业 2000~2018 年 19 年的信用指数发展的政策原因分析。2014 年 5 月 9 日，国务院印发新国九条，表示进一步促进资本市场健康发展，健全多层次资本市场体系，对于加快完善现代市场体系、拓宽企业和居民投融资渠道、优化资源配置、促进经济转型升级具有重要意义。2014~2015 年信用指数的上涨，可能与此相关。

2. 2019~2023 年这 5 年中国上市公司其他所有制企业信用指数的趋势预测

(1)中国上市公司其他所有制企业 2019~2023 年这 5 年信用指数趋势。中国上市公司其他所有制企业信用指数 2018~2019 年小幅度上升，2019~2020 年大幅度下跌，2020~2022 年持续上升，2022~2023 年略有下降。

(2)中国上市公司其他所有制企业 2019~2023 年这 5 年信用指数趋势的原因分析。预测中国上市公司其他所有制企业信用指数 2020~2022 年可能造成上升的原因是，新冠疫情带来的冲击效果减弱，经济开始恢复，再加上美国前总统特朗普下台减缓了美国对中国部分企业施加的压力，因此，根据其他所有制企业信用指数预测的结果，应该注意 2020~2022 年由宏观环境改变造成的指数波动。

21.9.2　其他所有制企业 2000~2023 年 24 年信用风险指数趋势图

计算其他所有制企业的信用风险指数时，典型公司样本选择、典型公司样本权重计算、信用风险指数的计算方式与上文第 5~18 章的行业信用风险指数的计算同理。只不过是将“行业”替换为“所有制属性”。计算过程不再赘述。将其他所有制企业的信用风险指数计算结果列入表 21.17 第 4~6 列。

表 21.17　中国上市公司其他所有制企业 2000~2023 年这 24 年的信用风险指数表

(1)序号	(2)所有制属性	(3)年份	(4)资产总额前 10%的年度信用风险指数 $CRI^{A}_{(T+m)}$	(5)负债总额前 10%的年度信用风险指数 $CRI^{L}_{(T+m)}$	(6)基于资产总额加负债总额的年度信用风险指数 $CRI^{A+L}_{(T+m)}$
1	其他所有制企业	2000	1000.00	1000.00	1000.00
2	其他所有制企业	2001	235.31	1527.44	1663.77
3	其他所有制企业	2002	926.63	2077.10	929.86
…	…	…	…	…	…
22	其他所有制企业	2021	1943.10	1911.69	1941.68
23	其他所有制企业	2022	1091.50	1377.12	1213.11
24	其他所有制企业	2023	1224.59	1419.17	1310.22

图 21.18 是中国上市公司其他所有制企业的年度信用风险指数走势图，是以表 21.17 第 3 列的年份为横轴，以表 21.17 第 4~6 列的信用风险指数为纵轴，做出的信用风险指数走势图。表 21.17 和图 21.18 中，信用风险指数趋势一共分成两段。第一段为 2000~2018 年这 19 年，为已知数据的违约判别。第二段为 2019~2023 年这 5 年，为根据已知数据进行的违约预测。

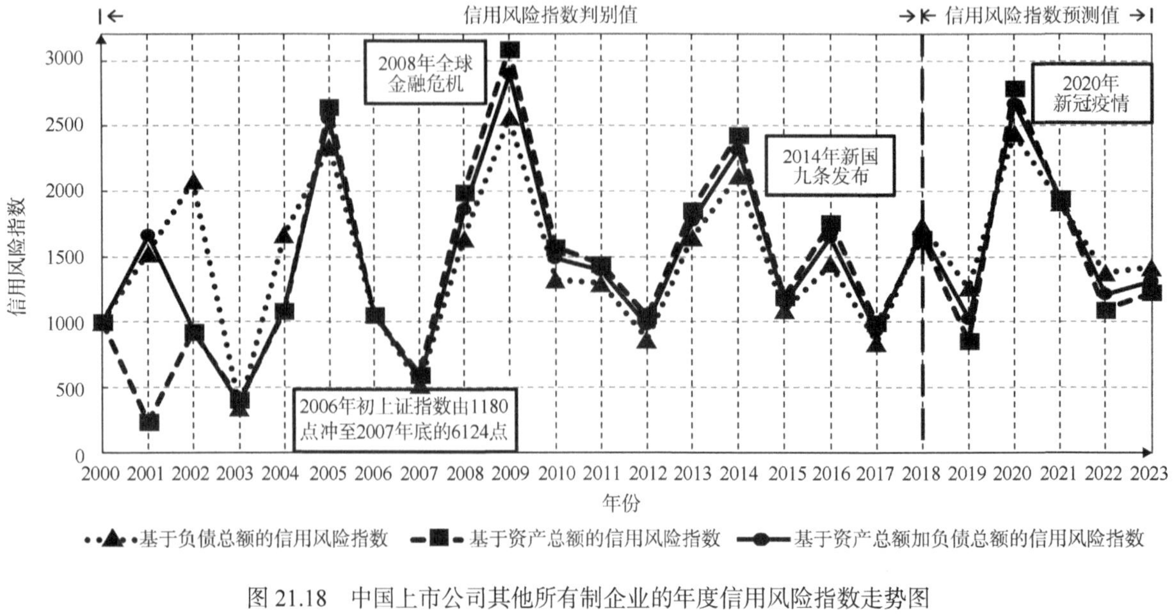

图 21.18　中国上市公司其他所有制企业的年度信用风险指数走势图

1. 2000~2018 年这 19 年中国上市公司其他所有制企业信用风险指数的发展规律及原因分析

(1)中国上市公司其他所有制企业 2000~2018 年这 19 年信用风险指数发展规律。中国上市公司其他所有制企业信用风险指数 2001~2003 年持续下跌，于 2003 年出现第一次上升拐点，2003~2005 年大幅度上升，2005~2007 年持续下降，在 2007 年出现第二次上升拐点，2007~2009 年持续上升而后 2009~2012 年震荡下跌，于 2012 年出现第三次上升拐点，2012~2014 年持续上升，2014~2015 年大幅度下跌，2015~2018 年小幅度波动。

(2)中国上市公司其他所有制企业 2000~2018 年这 19 年信用风险指数发展的宏观原因分析。中国上市公司其他所有制企业信用风险指数 2007 年出现第二次上升拐点，导致 2008 年其他所有制上市公司信用风险水平上升，分析原因可能是受“2008 年全球金融危机”[3]的影响，企业的融资与经营面临巨大挑战。

(3)中国上市公司外资企业 2000~2018 年 19 年的信用指数发展的政策原因分析。2014 年 5 月 9 日，国务院印发新国九条，表示进一步促进资本市场健康发展，健全多层次资本市场体系，对于加快完善现代市场体系、拓宽企业和居民投融资渠道、优化资源配置、促进经济转型升级具有重要意义。2014~2015 年信用风险指数的下跌，可能与此相关。

2. 2019~2023 年这 5 年中国上市公司其他所有制企业信用风险指数的趋势预测

(1)中国上市公司其他所有制企业 2019~2023 年这 5 年信用风险指数趋势。中国上市公司其他所有制企业信用风险指数 2018~2019 年下降，2019~2020 年上升，2020~2022 年持续下跌，在 2023 年小幅度上升。

(2)中国上市公司其他所有制企业 2019~2023 年这 5 年信用风险指数趋势的原因分析。预测中国上市公司其他所有制企业信用风险指数 2019~2020 年可能造成上升的原因是，受 2020 年新冠疫情的影响，宏观经济环境动荡，上市公司的发展经营及融资受影响，导致其他所有制企业 A 股市场的信用风险指数整体上升。因此，根据其他所有制上市公司信用风险指数预测的结果，应该注意 2019~2020 年由宏观环境改变造成的指数波动。

参 考 文 献

[1] Black K. Business Statistics：Contemporary Decision Making[M]. Hoboken：John Wiley and Sons, 2009.
[2] 林汶奎. 2006 年的中国大牛市[J]. 现代阅读, 2014, (4)：26.
[3] 张茜. 中国股票市场发展与货币政策完善[D]. 太原：山西大学, 2012.
[4] 张建军. “危”与“机”：全球主要股灾背景下的救市措施与 A 股选择[J]. 中国市场, 2015, (51)：37-41.

第 22 章　中国上市公司信用评级及重点预警企业

22.1　本章内容提要

本章是基于上文第 5~18 章的信用得分和等级划分结果，汇总整理的上市公司的信用得分和信用评级数据表，以及 2021~2023 年这 3 年的重点预警公司名单。本章不仅给出了上市公司的信用得分和信用评级结果，也给出了细分行业、地区、所有制之后的信用得分、信用评级结果及重点预警公司名单，供读者参考。

22.2　中国上市公司 2000~2023 年 24 年的信用评级及重点预警公司

根据上文第 5~18 章的每个上市公司的信用得分计算结果和信用等级划分结果，汇总整理为表 22.1 的中国上市公司 2000~2023 年这 24 年的信用得分和信用评级。

表 22.1　中国上市公司 2000~2023 年这 24 年的信用得分和信用评级

(1)序号	(2)年份	(3)证券代码	(4)证券简称	(5)行业	(6)省区市	(7)所有制属性	(8)信用得分	(9)信用等级	(10)信用度
1	2000	000998.SZ	隆平高科	其他行业	湖南省	中央国有企业	99.98	AAA	特优
2		600269.SH	赣粤高速	其他行业	江西省	地方国有企业	99.97	AAA	特优
3		600066.SH	宇通客车	制造行业	河南省	民营企业	99.96	AAA	特优
…		…	…	…	…	…	…	…	…
1 176		600647.SH	同达创业	批发和零售行业	上海市	中央国有企业	0.09	CCC	差
1 177	2001	000848.SZ	承德露露	制造行业	河北省	民营企业	99.57	AAA	特优
1 178		000726.SZ	鲁泰 A	制造行业	山东省	民营企业	99.43	AAA	特优
1 179		600008.SH	首创股份	电力、热力、燃气及水生产和供应行业	北京市	地方国有企业	99.42	AAA	特优
…		…	…	…	…	…	…	…	…
2 451		600898.SH	国美通讯	制造行业	山东省	外资企业	0.02	C	极差
2 452	2002	600008.SH	首创股份	电力、热力、燃气及水生产和供应行业	北京市	地方国有企业	99.66	AAA	特优
2 453		600690.SH	青岛海尔	制造行业	山东省	集体企业	99.53	AAA	特优
2 454		600223.SH	鲁商置业	房地产行业	山东省	地方国有企业	99.51	AAA	特优
…		…	…	…	…	…	…	…	…
3 760		000557.SZ	西部创业	其他行业	宁夏回族自治区	地方国有企业	0.14	B	较差
…	…	…	…	…	…	…	…	…	…

续表

(1)序号	(2)年份	(3)证券代码	(4)证券简称	(5)行业	(6)省区市	(7)所有制属性	(8)信用得分	(9)信用等级	(10)信用度
53 982	2021	300685.SZ	艾德生物	制造行业	福建省	外资企业	97.31	AAA	特优
53 983		600830.SH	香溢融通	其他行业	浙江省	中央国有企业	96.76	AAA	特优
53 984		300696.SZ	爱乐达	制造行业	四川省	民营企业	96.50	AAA	特优
…		…	…	…	…	…	…	…	…
54 779		000060.SZ	中金岭南	制造行业	广东省	地方国有企业	48.69	AA	优
54 780		600094.SH	大名城	房地产行业	上海市	外资企业	48.68	AA	优
54 781		603990.SH	麦迪科技	信息传输、软件和信息技术服务行业	江苏省	民营企业	48.62	AA	优
…		…	…	…	…	…	…	…	…
54 823		000788.SZ	北大医药	制造行业	重庆市	其他所有制企业	47.90	A	良
54 824		300170.SZ	汉得信息	信息传输、软件和信息技术服务行业	上海市	民营企业	47.90	A	良
54 825		300240.SZ	飞力达	其他行业	江苏省	民营企业	47.90	A	良
…		…	…	…	…	…	…	…	…
56 782		603555.SH	贵人鸟	制造行业	福建省	民营企业	18.49	BBB	较好
56 783		002405.SZ	四维图新	信息传输、软件和信息技术服务行业	北京市	公众企业	18.49	BBB	较好
56 784		300084.SZ	海默科技	采矿行业	甘肃省	民营企业	18.47	BBB	较好
…		…	…	…	…	…	…	…	…
57 364		002306.SZ	*ST 云网	其他行业	北京市	民营企业	1.20	BB	一般
57 365		600608.SH	*ST 沪科	制造行业	上海市	地方国有企业	1.17	BB	一般
57 366		000927.SZ	一汽夏利	制造行业	天津市	中央国有企业	1.15	BB	一般
…		…	…	…	…	…	…	…	…
57 371		600578.SH	京能电力	电力、热力、燃气及水生产和供应行业	北京市	地方国有企业	0.99	B	较差
57 372		000755.SZ	*ST 三维	制造行业	山西省	地方国有企业	0.99	B	较差
57 373		600268.SH	国电南自	制造行业	江苏省	中央国有企业	0.98	B	较差
…		…	…	…	…	…	…	…	…
57 378		002575.SZ	群兴玩具	制造行业	广东省	民营企业	0.77	CCC	差
57 379		000504.SZ	南华生物	文化、体育和娱乐行业	湖南省	地方国有企业	0.75	CCC	差
57 380		600423.SH	*ST 柳化	制造行业	广西壮族自治区	地方国有企业	0.75	CCC	差
57 381		300161.SZ	华中数控	制造行业	湖北省	其他所有制企业	0.66	CC	很差
57 382		000803.SZ	*ST 金宇	制造行业	四川省	民营企业	0.61	CC	很差
57 383		000410.SZ	*ST 沈机	制造行业	辽宁省	地方国有企业	0.35	C	极差
57 384		600556.SH	ST 慧球	信息传输、软件和信息技术服务行业	广西壮族自治区	民营企业	0.31	C	极差
57 385		000953.SZ	*ST 河化	制造行业	广西壮族自治区	外资企业	0.13	C	极差
57 386		000737.SZ	南风化工	制造行业	山西省	地方国有企业	0.11	C	极差
57 387	2022	600830.SH	香溢融通	其他行业	浙江省	中央国有企业	100.00	AAA	特优
57 388		300059.SZ	东方财富	信息传输、软件和信息技术服务行业	上海市	民营企业	100.00	AAA	特优

续表

(1)序号	(2)年份	(3)证券代码	(4)证券简称	(5)行业	(6)省区市	(7)所有制属性	(8)信用得分	(9)信用等级	(10)信用度
57 389	2022	002634.SZ	棒杰股份	制造行业	浙江省	民营企业	100.00	AAA	特优
…		…	…	…	…	…	…	…	…
60 690		600883.SH	博闻科技	制造行业	云南省	民营企业	45.17	AA	优
60 691		000686.SZ	东北证券	其他行业	吉林省	公众企业	45.14	AA	优
60 692		300193.SZ	佳士科技	制造行业	广东省	公众企业	45.11	AA	优
…		…	…	…	…	…	…	…	…
60 699		600695.SH	绿庭投资	其他行业	上海市	外资企业	43.49	A	良
60 700		000697.SZ	炼石有色	制造行业	陕西省	民营企业	43.25	A	良
60 701		300023.SZ	宝德股份	其他行业	陕西省	民营企业	43.08	A	良
…		…	…	…	…	…	…	…	…
60 713		600360.SH	华微电子	制造行业	吉林省	民营企业	29.29	BBB	较好
60 714		603077.SH	和邦生物	制造行业	四川省	民营企业	28.93	BBB	较好
60 715		000932.SZ	*ST 华菱	制造行业	湖南省	地方国有企业	28.42	BBB	较好
…		…	…	…	…	…	…	…	…
60 722		603456.SH	九洲药业	制造行业	浙江省	民营企业	24.42	BB	一般
60 723		600555.SH	海航创新	房地产行业	海南省	其他所有制企业	24.13	BB	一般
60 724		300033.SZ	同花顺	信息传输、软件和信息技术服务行业	浙江省	民营企业	23.71	BB	一般
…		…	…	…	…	…	…	…	…
60 738		600219.SH	南山铝业	制造行业	山东省	其他所有制企业	15.98	B	较差
60 739		002262.SZ	恩华药业	制造行业	江苏省	民营企业	15.94	B	较差
60 740		603225.SH	新凤鸣	制造行业	浙江省	民营企业	15.93	B	较差
…		…	…	…	…	…	…	…	…
60 751		000420.SZ	吉林化纤	制造行业	吉林省	地方国有企业	11.49	CCC	差
60 752		002382.SZ	蓝帆医疗	制造行业	山东省	民营企业	11.04	CCC	差
60 753		000818.SZ	方大化工	制造行业	辽宁省	民营企业	11.01	CCC	差
…		…	…	…	…	…	…	…	…
60 765		000661.SZ	长春高新	制造行业	吉林省	地方国有企业	5.62	CC	很差
60 766		002740.SZ	爱迪尔	制造行业	广东省	民营企业	3.94	CC	很差
60 767		002837.SZ	英维克	制造行业	广东省	民营企业	3.44	C	极差
60 768		600793.SH	宜宾纸业	制造行业	四川省	地方国有企业	3.16	C	极差
60 769		600753.SH	东方银星	批发和零售行业	河南省	公众企业	1.61	C	极差
…		…	…	…	…	…	…	…	…
60 791		000953.SZ	*ST 河化	制造行业	广西壮族自治区	外资企业	0.05	C	极差
60 792	2023	600519.SH	贵州茅台	制造行业	贵州省	地方国有企业	100.00	AAA	特优
60 793		000046.SZ	泛海控股	房地产行业	北京市	民营企业	100.00	AAA	特优
60 794		601179.SH	中国西电	制造行业	陕西省	中央国有企业	100.00	AAA	特优
…		…	…	…	…	…	…	…	…

续表

(1)序号	(2)年份	(3)证券代码	(4)证券简称	(5)行业	(6)省区市	(7)所有制属性	(8)信用得分	(9)信用等级	(10)信用度
61 299	2023	002320.SZ	海峡股份	其他行业	海南省	地方国有企业	49.98	AA	优
61 300		000921.SZ	海信科龙	制造行业	广东省	地方国有企业	49.87	AA	优
61 301		300328.SZ	宜安科技	制造行业	广东省	外资企业	49.86	AA	优
61 302		002433.SZ	太安堂	制造行业	广东省	民营企业	49.80	A	良
61 303		300503.SZ	昊志机电	制造行业	广东省	民营企业	49.77	A	良
61 304		603725.SH	天安新材	制造行业	广东省	民营企业	49.71	A	良
…		…	…	…	…	…	…	…	…
62 015		300101.SZ	振芯科技	制造行业	四川省	民营企业	4.09	BBB	较好
62 016		300369.SZ	绿盟科技	信息传输、软件和信息技术服务行业	北京市	公众企业	4.09	BBB	较好
62 017		000980.SZ	众泰汽车	制造行业	安徽省	民营企业	4.08	BBB	较好
…		…	…	…	…	…	…	…	…
62 040		603288.SH	海天味业	制造行业	广东省	民营企业	3.70	BB	一般
62 041		300659.SZ	中孚信息	信息传输、软件和信息技术服务行业	山东省	民营企业	3.69	BB	一般
62 042		600594.SH	益佰制药	制造行业	贵州省	民营企业	3.69	BB	一般
…		…	…	…	…	…	…	…	…
63 940		600328.SH	兰太实业	制造行业	内蒙古自治区	中央国有企业	0.30	B	较差
63 941		002820.SZ	桂发祥	制造行业	天津市	地方国有企业	0.30	B	较差
63 942		600172.SH	黄河旋风	制造行业	河南省	民营企业	0.30	B	较差
…		…	…	…	…	…	…	…	…
64 043		000525.SZ	红太阳	制造行业	江苏省	民营企业	0.20	CCC	差
64 044		600010.SH	包钢股份	制造行业	内蒙古自治区	地方国有企业	0.20	CCC	差
64 045		601918.SH	新集能源	采矿行业	安徽省	中央国有企业	0.19	CCC	差
…		…	…	…	…	…	…	…	…
64 158		600074.SH	保千里	制造行业	江苏省	民营企业	0.03	CC	很差
64 159		603260.SH	合盛硅业	制造行业	浙江省	民营企业	0.03	CC	很差
64 160		000820.SZ	神雾节能	制造行业	辽宁省	民营企业	0.03	CC	很差
…		…	…	…	…	…	…	…	…
64 170		600688.SH	上海石化	制造行业	上海市	中央国有企业	0.02	C	极差
64 171		600610.SH	中毅达	建筑行业	上海市	公众企业	0.02	C	极差
64 172		600985.SH	雷鸣科化	制造行业	安徽省	地方国有企业	0.02	C	极差
…		…	…	…	…	…	…	…	…
64 196		601601.SH	中国太保	其他行业	上海市	公众企业	0.00	C	极差

表 22.1 中，第 1 列是序号。第 2 列是年份，其中 2019~2023 年这 5 年是预测年份。第 3 列是证券代码。第 4 列是证券简称。第 5 列是所属行业。第 6 列是所属省区市。第 7 列是企业所有制属性。第 8 列是信用得分，其中 2019~2023 年这 5 年是信用得分预测值。第 9 列是信用等级，其中 2019~2023 年这 5 年是信用等级预测值。第 10 列是信用等级对应的信用度，由 AAA、AA、A、BBB、BB、B、CCC、CC、C 依次对

应特优、优、良、较好、一般、较差、差、很差、极差。

应该指出：表 22.1 中的信用得分一共分成两段。第一段为 2000~2018 年这 19 年，是根据已知数据的违约判别。第二段为 2019~2023 年这 5 年，是根据已知数据对上市公司的违约预测。

22.2.1 2021 年信用资质好中差的中国上市公司

1. 2021 年信用资质为特优(AAA)的公司

艾德生物(300685.SZ)、香溢融通(600830.SH)、爱乐达(300696.SZ)等 797 个公司。

2. 2021 年信用资质为优(AA)的公司

中金岭南(000060.SZ)、大名城(600094.SH)、麦迪科技(603990.SH)等 44 个公司。

3. 2021 年信用资质为良(A)的公司

北大医药(000788.SZ)、汉得信息(300170.SZ)、飞力达(300240.SZ)等 1959 个公司。

4. 2021 年信用资质为较好(BBB)的公司

贵人鸟(603555.SH)、四维图新(002405.SZ)、海默科技(300084.SZ)等 582 个公司。

5. 2021 年信用资质为一般(BB)的公司

*ST 云网(002306.SZ)、*ST 沪科(600608.SH)、一汽夏利(000927.SZ)等 7 个公司。

6. 2021 年信用资质为较差(B)的公司

京能电力(600578.SH)、*ST 三维(000755.SZ)、国电南自(600268.SH)等 7 个公司。

7. 2021 年信用资质为差(CCC)的公司

群兴玩具 (002575.SZ)、南华生物(000504.SZ)、*ST 柳化(600423.SH)这 3 个公司。

8. 2021 年信用资质为很差(CC)的公司

华中数控(300161.SZ)、*ST 金宇(000803.SZ)这 2 个公司。

9. 2021 年信用资质为极差(C)的公司

*ST 沈机(000410.SZ)、ST 慧球(600556.SH)、*ST 河化(000953.SZ)、南风化工(000737.SZ)这 4 个公司。

22.2.2 2022 年信用资质好中差的中国上市公司

1. 2022 年信用资质为特优(AAA)的公司

香溢融通(600830.SH)、东方财富(300059.SZ)、棒杰股份(002634.SZ)等 3303 个公司。

2. 2022 年信用资质为优(AA)的公司

博闻科技(600883.SH)、东北证券(000686.SZ)、佳士科技(300193.SZ)等 9 个公司。

3. 2022 年信用资质为良(A)的公司

绿庭投资(600695.SH)、炼石有色(000697.SZ)、宝德股份(300023.SZ)等 14 个公司。

4. 2022 年信用资质为较好(BBB)的公司

华微电子(600360.SH)、和邦生物(603077.SH)、*ST 华菱(000932.SZ)等 9 个公司。

5. 2022 年信用资质为一般(BB)的公司

九洲药业(603456.SH)、海航创新(600555.SH)、同花顺(300033.SZ)等 16 个公司。

6. 2022 年信用资质为较差(B)的公司

南山铝业(600219.SH)、恩华药业(002262.SZ)、新凤鸣(603225.SH)等 13 个公司。

7. 2022 年信用资质为差(CCC)的公司

吉林化纤(000420.SZ)、蓝帆医疗(002382.SZ)、方大化工(000818.SZ)等 14 个公司。

8. 2022 年信用资质为很差(CC)的公司

长春高新(000661.SZ)、爱迪尔(002740.SZ)这 2 个公司。

9. 2022 年信用资质为极差(C)的公司

英维克(002837.SZ)、宜宾纸业(600793.SH)、东方银星(600753.SH)等 25 个公司。

22.2.3　2023 年信用资质好中差的中国上市公司

1. 2023 年信用资质为特优(AAA)的公司

贵州茅台(600519.SH)、泛海控股(000046.SZ)、中国西电(601179.SH)等 507 个公司。

2. 2023 年信用资质为优(AA)的公司

海峡股份(002320.SZ)、海信科龙(000921.SZ)、宜安科技(300328.SZ)这 3 个公司。

3. 2023 年信用资质为良(A)的公司

太安堂(002433.SZ)、昊志机电(300503.SZ)、天安新材(603725.SH)等 713 个公司。

4. 2023 年信用资质为较好(BBB)的公司

振芯科技(300101.SZ)、绿盟科技(300369.SZ)、众泰汽车(000980.SZ)等 25 个公司。

5. 2023 年信用资质为一般(BB)的公司

海天味业(603288.SH)、中孚信息(300659.SZ)、益佰制药(600594.SH)等 1900 个公司。

6. 2023 年信用资质为较差(B)的公司

兰太实业(600328.SH)、桂发祥(002820.SZ)、黄河旋风(600172.SH)等 103 个公司。

7. 2023 年信用资质为差(CCC)的公司

红太阳(000525.SZ)、包钢股份(600010.SH)、新集能源(601918.SH)等 115 个公司。

8. 2023 年信用资质为很差(CC)的公司

保千里(600074.SH)、合盛硅业(603260.SH)、神雾节能(000820.SZ)等 12 个公司。

9. 2023 年信用资质为极差(C)的公司

上海石化(600688.SH)、中毅达(600610.SH)、雷鸣科化(600985.SH)等 27 个公司。

22.3 中国上市公司不同行业的 2000~2023 年 24 年的信用评级及重点预警公司

22.3.1 制造行业 2000~2023 年 24 年信用评级及重点预警公司

将表 22.1 第 5 列中属于制造行业的企业遴选出来，得到制造行业 2000~2023 年 24 年信用得分和信用评级，具体如表 22.2 所示。

表 22.2 中国上市公司制造行业 2000~2023 年这 24 年的信用得分和信用评级

(1)序号	(2)年份	(3)证券代码	(4)证券简称	(5)行业	(6)省区市	(7)所有制属性	(8)信用得分	(9)信用等级	(10)信用度
1	2000	600066.SH	宇通客车	制造行业	河南省	民营企业	99.96	AAA	特优
2		000766.SZ	通化金马	制造行业	吉林省	民营企业	99.91	AAA	特优
3		000726.SZ	鲁泰 A	制造行业	山东省	民营企业	99.91	AAA	特优
…		…	…	…	…	…	…	…	…
605		600818.SH	中路股份	制造行业	上海市	民营企业	0.49	A	良
606	2001	000848.SZ	承德露露	制造行业	河北省	民营企业	99.57	AAA	特优
607		000726.SZ	鲁泰 A	制造行业	山东省	民营企业	99.43	AAA	特优
608		000541.SZ	佛山照明	制造行业	广东省	地方国有企业	99.41	AAA	特优
…		…	…	…	…	…	…	…	…
1 273		600898.SH	国美通讯	制造行业	山东省	外资企业	0.02	C	极差
1 274	2002	600690.SH	青岛海尔	制造行业	山东省	集体企业	99.53	AAA	特优
1 275		000541.SZ	佛山照明	制造行业	广东省	地方国有企业	99.50	AAA	特优
1 276		600518.SH	康美药业	制造行业	广东省	民营企业	99.49	AAA	特优
…		…	…	…	…	…	…	…	…
1 960		000017.SZ	深中华 A	制造行业	广东省	公众企业	0.17	B	较差
…	…	…	…	…	…	…	…	…	…
32 829	2021	300685.SZ	艾德生物	制造行业	福建省	外资企业	97.31	AAA	特优
32 830		300696.SZ	爱乐达	制造行业	四川省	民营企业	96.50	AAA	特优
32 831		603488.SH	展鹏科技	制造行业	江苏省	民营企业	96.41	AAA	特优
…		…	…	…	…	…	…	…	…
33 397		000060.SZ	中金岭南	制造行业	广东省	地方国有企业	48.69	AA	优
33 398		000630.SZ	铜陵有色	制造行业	安徽省	地方国有企业	48.60	AA	优
33 399		600114.SH	东睦股份	制造行业	浙江省	公众企业	48.60	AA	优
…		…	…	…	…	…	…	…	…
33 423		000788.SZ	北大医药	制造行业	重庆市	其他所有制企业	47.90	A	良
33 424		300390.SZ	天华超净	制造行业	江苏省	民营企业	47.87	A	良
33 425		300581.SZ	晨曦航空	制造行业	陕西省	民营企业	47.80	A	良
…		…	…	…	…	…	…	…	…
34 631		603555.SH	贵人鸟	制造行业	福建省	民营企业	18.49	BBB	较好
34 632		002118.SZ	紫鑫药业	制造行业	吉林省	民营企业	18.42	BBB	较好

续表

(1)序号	(2)年份	(3)证券代码	(4)证券简称	(5)行业	(6)省区市	(7)所有制属性	(8)信用得分	(9)信用等级	(10)信用度
34 633	2021	300460.SZ	惠伦晶体	制造行业	广东省	民营企业	18.40	BBB	较好
…		…	…	…	…	…	…	…	…
34 977		600608.SH	*ST 沪科	制造行业	上海市	地方国有企业	1.17	BB	一般
34 978		000927.SZ	一汽夏利	制造行业	天津市	中央国有企业	1.15	BB	一般
34 979		300322.SZ	硕贝德	制造行业	广东省	民营企业	1.14	BB	一般
34 980		600584.SH	长电科技	制造行业	江苏省	公众企业	1.06	BB	一般
34 981		000755.SZ	*ST 三维	制造行业	山西省	地方国有企业	0.99	B	较差
34 982		600268.SH	国电南自	制造行业	江苏省	中央国有企业	0.98	B	较差
34 983		600470.SH	六国化工	制造行业	安徽省	地方国有企业	0.94	B	较差
34 984		600186.SH	莲花健康	制造行业	河南省	民营企业	0.93	B	较差
34 985		002575.SZ	群兴玩具	制造行业	广东省	民营企业	0.77	CCC	差
34 986		600423.SH	*ST 柳化	制造行业	广西壮族自治区	地方国有企业	0.75	CCC	差
34 987		300161.SZ	华中数控	制造行业	湖北省	其他所有制企业	0.66	CC	很差
34 988		000803.SZ	*ST 金宇	制造行业	四川省	民营企业	0.61	CC	很差
34 989		000410.SZ	*ST 沈机	制造行业	辽宁省	地方国有企业	0.35	C	极差
34 990		000953.SZ	*ST 河化	制造行业	广西壮族自治区	外资企业	0.13	C	极差
34 991		000737.SZ	南风化工	制造行业	山西省	地方国有企业	0.11	C	极差
34 992	2022	002634.SZ	棒杰股份	制造行业	浙江省	民营企业	100.00	AAA	特优
34 993		000666.SZ	经纬纺机	制造行业	北京市	中央国有企业	99.99	AAA	特优
34 994		601633.SH	长城汽车	制造行业	河北省	民营企业	99.99	AAA	特优
…		…	…	…	…	…	…	…	…
37 086		600883.SH	博闻科技	制造行业	云南省	民营企业	45.17	AA	优
37 087		300193.SZ	佳士科技	制造行业	广东省	公众企业	45.11	AA	优
37 088		600725.SH	ST 云维	制造行业	云南省	地方国有企业	44.62	AA	优
37 089		000697.SZ	炼石有色	制造行业	陕西省	民营企业	43.25	A	良
37 090		600870.SH	厦华电子	制造行业	福建省	民营企业	42.88	A	良
37 091		300474.SZ	景嘉微	制造行业	湖南省	民营企业	42.62	A	良
…		…	…	…	…	…	…	…	…
37 097		600360.SH	华微电子	制造行业	吉林省	民营企业	29.29	BBB	较好
37 098		603077.SH	和邦生物	制造行业	四川省	民营企业	28.93	BBB	较好
37 099		000932.SZ	*ST 华菱	制造行业	湖南省	地方国有企业	28.42	BBB	较好
…		…	…	…	…	…	…	…	…
37 105		603456.SH	九洲药业	制造行业	浙江省	民营企业	24.42	BB	一般
37 106		300590.SZ	移为通信	制造行业	上海市	民营企业	22.91	BB	一般
37 107		603626.SH	科森科技	制造行业	江苏省	民营企业	20.90	BB	一般
…		…	…	…	…	…	…	…	…
37 114		600219.SH	南山铝业	制造行业	山西省	其他所有制企业	15.98	B	较差
37 115		002262.SZ	恩华药业	制造行业	江苏省	民营企业	15.94	B	较差

续表

(1)序号	(2)年份	(3)证券代码	(4)证券简称	(5)行业	(6)省区市	(7)所有制属性	(8)信用得分	(9)信用等级	(10)信用度
37 116		603225.SH	新凤鸣	制造行业	浙江省	民营企业	15.93	B	较差
…		…	…	…	…	…	…	…	…
37 126		000420.SZ	吉林化纤	制造行业	吉林省	地方国有企业	11.49	CCC	差
37 127		002382.SZ	蓝帆医疗	制造行业	山东省	民营企业	11.04	CCC	差
37 128		000818.SZ	方大化工	制造行业	辽宁省	民营企业	11.01	CCC	差
…		…	…	…	…	…	…	…	…
37 138	2022	000661.SZ	长春高新	制造行业	吉林省	地方国有企业	5.62	CC	很差
37 139		002740.SZ	爱迪尔	制造行业	广东省	民营企业	3.94	CC	很差
37 140		002837.SZ	英维克	制造行业	广东省	民营企业	3.44	C	极差
37 141		600793.SH	宜宾纸业	制造行业	四川省	地方国有企业	3.16	C	极差
37 142		600527.SH	江南高纤	制造行业	江苏省	民营企业	1.51	C	极差
…		…	…	…	…	…	…	…	…
37 154		000953.SZ	*ST 河化	制造行业	广西壮族自治区	外资企业	0.05	C	极差
37 155		600519.SH	贵州茅台	制造行业	贵州省	地方国有企业	100.00	AAA	特优
37 156		601179.SH	中国西电	制造行业	陕西省	中央国有企业	100.00	AAA	特优
37 157		300534.SZ	陇神戎发	制造行业	甘肃省	地方国有企业	100.00	AAA	特优
…		…	…	…	…	…	…	…	…
37 459		000921.SZ	海信科龙	制造行业	广东省	地方国有企业	49.87	AA	优
37 460		300328.SZ	宜安科技	制造行业	广东省	外资企业	49.86	AA	优
37 461		002433.SZ	太安堂	制造行业	广东省	民营企业	49.80	A	良
37 462		300503.SZ	昊志机电	制造行业	广东省	民营企业	49.77	A	良
37 463		603725.SH	天安新材	制造行业	广东省	民营企业	49.71	A	良
…		…	…	…	…	…	…	…	…
37 941		300101.SZ	振芯科技	制造行业	四川省	民营企业	4.09	BBB	较好
37 942		000980.SZ	众泰汽车	制造行业	安徽省	民营企业	4.08	BBB	较好
37 943	2023	002501.SZ	利源精制	制造行业	吉林省	民营企业	4.08	BBB	较好
…		…	…	…	…	…	…	…	…
37 956		603288.SH	海天味业	制造行业	广东省	民营企业	3.70	BB	一般
37 957		600594.SH	益佰制药	制造行业	贵州省	民营企业	3.69	BB	一般
37 958		300670.SZ	大烨智能	制造行业	江苏省	民营企业	3.68	BB	一般
…		…	…	…	…	…	…	…	…
39 168		600328.SH	兰太实业	制造行业	内蒙古自治区	中央国有企业	0.30	B	较差
39 169		002820.SZ	桂发祥	制造行业	天津市	地方国有企业	0.30	B	较差
39 170		600172.SH	黄河旋风	制造行业	河南省	民营企业	0.30	B	较差
…		…	…	…	…	…	…	…	…
39 227		000525.SZ	红太阳	制造行业	江苏省	民营企业	0.20	CCC	差
39 228		600010.SH	包钢股份	制造行业	内蒙古自治区	地方国有企业	0.20	CCC	差

续表

(1)序号	(2)年份	(3)证券代码	(4)证券简称	(5)行业	(6)省区市	(7)所有制属性	(8)信用得分	(9)信用等级	(10)信用度
39 229	2023	603225.SH	新凤鸣	制造行业	浙江省	民营企业	0.19	CCC	差
…		…	…	…	…	…	…	…	…
39 294		600074.SH	保千里	制造行业	江苏省	民营企业	0.03	CC	很差
39 295		603260.SH	合盛硅业	制造行业	浙江省	民营企业	0.03	CC	很差
39 296		000820.SZ	神雾节能	制造行业	辽宁省	民营企业	0.03	CC	很差
…		…	…	…	…	…	…	…	…
39 301		600688.SH	上海石化	制造行业	上海市	中央国有企业	0.02	C	极差
39 302		600985.SH	雷鸣科化	制造行业	安徽省	地方国有企业	0.02	C	极差
39 303		000830.SZ	鲁西化工	制造行业	山东省	地方国有企业	0.01	C	极差
…		…	…	…	…	…	…	…	…
39 317		600741.SH	华域汽车	制造行业	上海市	地方国有企业	0.00	C	极差

应该指出：表 22.2 中的信用得分一共分成两段。第一段为 2000~2018 年这 19 年，是根据已知数据的违约判别。第二段为 2019~2023 年这 5 年，是根据已知数据对上市公司的违约预测。

1. 2021 年制造行业中信用资质好中差的上市公司

1)2021 年信用资质为特优(AAA)的公司

艾德生物(300685.SZ)、爱乐达(300696.SZ)、展鹏科技(603488.SH)等 568 个公司。

2)2021 年信用资质为优(AA)的公司

中金岭南(000060.SZ)、铜陵有色(000630.SZ)、东睦股份(600114.SH)等 26 个公司。

3)2021 年信用资质为良(A)的公司

北大医药(000788.SZ)、天华超净(300390.SZ)、晨曦航空(300581.SZ)等 1208 个公司。

4)2021 年信用资质为较好(BBB)的公司

贵人鸟(603555.SH)、紫鑫药业(002118.SZ)、惠伦晶体(300460.SZ)等 346 个公司。

5)2021 年信用资质为一般(BB)的公司

*ST 沪科(600608.SH)、一汽夏利(000927.SZ)、硕贝德(300322.SZ)、长电科技(600584.SH)这 4 个公司。

6)2021 年信用资质为较差(B)的公司

*ST 三维(000755.SZ)、国电南自(600268.SH)、六国化工(600470.SH)、莲花健康(600186.SH)这 4 个公司。

7)2021 年信用资质为差(CCC)的公司

群兴玩具(002575.SZ)、*ST 柳化(600423.SH)这 2 个公司。

8)2021 年信用资质为很差(CC)的公司

华中数控(300161.SZ)、*ST 金宇(000803.SZ)这 2 个公司。

9)2021 年信用资质为极差(C)的公司

*ST 沈机(000410.SZ)、*ST 河化(000953.SZ)、南风化工(000737.SZ)这 3 个公司。

2. 2022 年制造行业中信用资质好中差的上市公司

1)2022 年信用资质为特优(AAA)的公司

棒杰股份(002634.SZ)、经纬纺机(000666.SZ)、长城汽车(601633.SH)等 2094 个公司。

2)2022 年信用资质为优(AA)的公司

博闻科技(600883.SH)、佳士科技(300193.SZ)、ST 云维(600725.SH)这 3 个公司。

3)2022 年信用资质为良(A)的公司

炼石有色(000697.SZ)、厦华电子(600870.SH)、景嘉微(300474.SZ)等 8 个公司。

4)2022 年信用资质为较好(BBB)的公司

华微电子(600360.SH)、和邦生物(603077.SH)、*ST 华菱(000932.SZ)等 8 个公司。

5)2022 年信用资质为一般(BB)的公司

九洲药业(603456.SH)、移为通信(300590.SZ)、科森科技(603626.SH)等 9 个公司。

6)2022 年信用资质为较差(B)的公司

南山铝业(600219.SH)、恩华药业(002262.SZ)、新凤鸣(603225.SH)等 12 个公司。

7)2022 年信用资质为差(CCC)的公司

吉林化纤(000420.SZ)、蓝帆医疗(002382.SZ)、方大化工(000818.SZ)等 12 个公司。

8)2022 年信用资质为很差(CC)的公司

长春高新(000661.SZ)、爱迪尔(002740.SZ)这 2 个公司。

9)2022 年信用资质为极差(C)的公司

英维克(002837.SZ)、宜宾纸业(600793.SH)、江南高纤(600527.SH)等 15 个公司。

3. 2023 年制造行业中信用资质好中差的上市公司

1)2023 年信用资质为特优(AAA)的公司

贵州茅台(600519.SH)、中国西电(601179.SH)、陇神戎发(300534.SZ)等 304 个公司。

2)2023 年信用资质为优(AA)的公司

海信科龙(000921.SZ)、宜安科技(300328.SZ)这 2 个公司。

3)2023 年信用资质为良(A)的公司

太安堂(002433.SZ)、昊志机电(300503.SZ)、天安新材(603725.SH)等 480 个公司。

4)2023 年信用资质为较好(BBB)的公司

振芯科技(300101.SZ)、众泰汽车(000980.SZ)、利源精制(002501.SZ)等 15 个公司。

5)2023 年信用资质为一般(BB)的公司

海天味业(603288.SH)、益佰制药(600594.SH)、大烨智能(300670.SZ)等 1212 个公司。

6)2023 年信用资质为较差(B)的公司

兰太实业(600328.SH)、桂发祥(002820.SZ)、黄河旋风(600172.SH)等 59 个公司。

7)2023 年信用资质为差(CCC)的公司

红太阳(000525.SZ)、包钢股份(600010.SH)、新凤鸣(603225.SH)等 67 个公司。

8)2023 年信用资质为很差(CC)的公司

保千里(600074.SH)、合盛硅业(603260.SH)、神雾节能(000820.SZ)等 7 个公司。

9)2023 年信用资质为极差(C)的公司

上海石化(600688.SH)、雷鸣科化(600985.SH)、鲁西化工(000830.SZ)等 17 个公司。

22.3.2 信息传输、软件和信息技术服务行业 2000~2023 年 24 年信用评级及重点预警公司

将表 22.1 第 5 列中属于信息传输、软件和信息技术服务行业的企业遴选出来，得到信息传输、软件和信息技术服务行业 2000~2023 年 24 年信用得分和信用评级，具体如表 22.3 所示。

表 22.3 中国上市公司信息传输、软件和信息技术服务行业 2000~2023 年这 24 年的信用得分和信用评级

(1)序号	(2)年份	(3)证券代码	(4)证券简称	(5)行业	(6)省区市	(7)所有制属性	(8)信用得分	(9)信用等级	(10)信用度
1	2000	000917.SZ	电广传媒	信息传输、软件和信息技术服务行业	湖南省	地方国有企业	99.90	AAA	特优
2		600289.SH	亿阳信通	信息传输、软件和信息技术服务行业	黑龙江省	民营企业	99.85	AAA	特优

续表

(1)序号	(2)年份	(3)证券代码	(4)证券简称	(5)行业	(6)省区市	(7)所有制属性	(8)信用得分	(9)信用等级	(10)信用度
3	2000	600718.SH	东软集团	信息传输、软件和信息技术服务行业	辽宁省	公众企业	99.82	AAA	特优
…		…	…	…	…	…	…	…	…
39		600831.SH	广电网络	信息传输、软件和信息技术服务行业	陕西省	地方国有企业	5.86	A	良
40	2001	000917.SZ	电广传媒	信息传输、软件和信息技术服务行业	湖南省	地方国有企业	99.41	AAA	特优
41		600588.SH	用友网络	信息传输、软件和信息技术服务行业	北京市	民营企业	99.35	AAA	特优
42		600037.SH	歌华有线	信息传输、软件和信息技术服务行业	北京市	地方国有企业	98.30	AAA	特优
…		…	…	…	…	…	…	…	…
79		600831.SH	广电网络	信息传输、软件和信息技术服务行业	陕西省	地方国有企业	1.90	A	良
80	2002	000997.SZ	新大陆	信息传输、软件和信息技术服务行业	福建省	民营企业	99.41	AAA	特优
81		600289.SH	亿阳信通	信息传输、软件和信息技术服务行业	黑龙江省	民营企业	99.32	AAA	特优
82		600037.SH	歌华有线	信息传输、软件和信息技术服务行业	北京市	地方国有企业	98.55	AAA	特优
…		…	…	…	…	…	…	…	…
…	…	…	…	…	…	…	…	…	…
3454	2021	300609.SZ	汇纳科技	信息传输、软件和信息技术服务行业	上海市	民营企业	92.85	AAA	特优
3455		300059.SZ	东方财富	信息传输、软件和信息技术服务行业	上海市	民营企业	91.40	AAA	特优
3456		603860.SH	中公高科	信息传输、软件和信息技术服务行业	北京市	中央国有企业	87.46	AAA	特优
…		…	…	…	…	…	…	…	…
3508		603990.SH	麦迪科技	信息传输、软件和信息技术服务行业	江苏省	民营企业	48.62	AA	优
3509		300231.SZ	银信科技	信息传输、软件和信息技术服务行业	北京市	民营企业	48.35	AA	优
3510		600959.SH	江苏有线	信息传输、软件和信息技术服务行业	江苏省	公众企业	48.15	AA	优
3511		300170.SZ	汉得信息	信息传输、软件和信息技术服务行业	上海市	民营企业	47.90	A	良
3512		300043.SZ	星辉娱乐	信息传输、软件和信息技术服务行业	广东省	民营企业	47.78	A	良
3513		300645.SZ	正元智慧	信息传输、软件和信息技术服务行业	浙江省	民营企业	47.51	A	良
…		…	…	…	…	…	…	…	…
3644		002405.SZ	四维图新	信息传输、软件和信息技术服务行业	北京市	公众企业	18.49	BBB	较好
3645		002230.SZ	科大讯飞	信息传输、软件和信息技术服务行业	安徽省	中央国有企业	18.30	BBB	较好
3646		002544.SZ	杰赛科技	信息传输、软件和信息技术服务行业	广东省	中央国有企业	18.15	BBB	较好
…		…	…	…	…	…	…	…	…
3697		600556.SH	ST 慧球	信息传输、软件和信息技术服务行业	广西壮族自治区	民营企业	0.31	C	极差

续表

(1)序号	(2)年份	(3)证券代码	(4)证券简称	(5)行业	(6)省区市	(7)所有制属性	(8)信用得分	(9)信用等级	(10)信用度
3698	2022	300059.SZ	东方财富	信息传输、软件和信息技术服务行业	上海市	民营企业	100.00	AAA	特优
3699		000997.SZ	新大陆	信息传输、软件和信息技术服务行业	福建省	民营企业	99.99	AAA	特优
3700		002410.SZ	广联达	信息传输、软件和信息技术服务行业	北京市	民营企业	99.99	AAA	特优
…		…	…	…	…	…	…	…	…
3936		000835.SZ	长城动漫	信息传输、软件和信息技术服务行业	四川省	民营企业	45.01	AA	优
3937		300235.SZ	方直科技	信息传输、软件和信息技术服务行业	广东省	民营企业	44.91	AA	优
3938		300033.SZ	同花顺	信息传输、软件和信息技术服务行业	浙江省	民营企业	23.71	BB	一般
3939		300451.SZ	创业软件	信息传输、软件和信息技术服务行业	浙江省	民营企业	10.24	CCC	差
3940		600556.SH	ST 慧球	信息传输、软件和信息技术服务行业	广西壮族自治区	民营企业	0.30	C	极差
3941	2023	002315.SZ	焦点科技	信息传输、软件和信息技术服务行业	江苏省	民营企业	100.00	AAA	特优
3942		300295.SZ	三六五网	信息传输、软件和信息技术服务行业	江苏省	民营企业	100.00	AAA	特优
3943		002095.SZ	生意宝	信息传输、软件和信息技术服务行业	浙江省	民营企业	100.00	AAA	特优
…		…	…	…	…	…	…	…	…
3980		300556.SZ	丝路视觉	信息传输、软件和信息技术服务行业	广东省	民营企业	48.83	A	良
3981		300264.SZ	佳创视讯	信息传输、软件和信息技术服务行业	广东省	民营企业	48.15	A	良
3982		300386.SZ	飞天诚信	信息传输、软件和信息技术服务行业	北京市	民营企业	46.55	A	良
…		…	…	…	…	…	…	…	…
4037		300369.SZ	绿盟科技	信息传输、软件和信息技术服务行业	北京市	公众企业	4.09	BBB	较好
4038		300033.SZ	同花顺	信息传输、软件和信息技术服务行业	浙江省	民营企业	4.072	BBB	较好
4039		300419.SZ	浩丰科技	信息传输、软件和信息技术服务行业	北京市	民营企业	3.93	BBB	较好
4040		300659.SZ	中孚信息	信息传输、软件和信息技术服务行业	山东省	民营企业	3.70	BB	一般
4041		300597.SZ	吉大通信	信息传输、软件和信息技术服务行业	吉林省	其他所有制企业	3.53	BB	一般
4042		002530.SZ	金财互联	信息传输、软件和信息技术服务行业	江苏省	民营企业	3.17	BB	一般
…		…	…	…	…	…	…	…	…
4176		002174.SZ	游族网络	信息传输、软件和信息技术服务行业	福建省	民营企业	0.25	B	较差
4177		600804.SH	鹏博士	信息传输、软件和信息技术服务行业	四川省	民营企业	0.25	B	较差
4178		002464.SZ	众应互联	信息传输、软件和信息技术服务行业	江苏省	民营企业	0.24	B	较差
4179		600588.SH	用友网络	信息传输、软件和信息技术服务行业	北京市	民营企业	0.21	B	较差

续表

(1)序号	(2)年份	(3)证券代码	(4)证券简称	(5)行业	(6)省区市	(7)所有制属性	(8)信用得分	(9)信用等级	(10)信用度
4180	2023	600570.SH	恒生电子	信息传输、软件和信息技术服务行业	浙江省	民营企业	0.16	CCC	差
4181		300418.SZ	昆仑万维	信息传输、软件和信息技术服务行业	北京市	民营企业	0.11	CCC	差
4182		000503.SZ	海虹控股	信息传输、软件和信息技术服务行业	海南省	民营企业	0.11	CCC	差
4183		000839. SZ	中信国安	信息传输、软件和信息技术服务行业	北京市	公众企业	0. 11	CCC	差
4184		600406.SH	国电南瑞	信息传输、软件和信息技术服务行业	江苏省	中央国有企业	0.03	CCC	差

应该指出：表 22.3 中的信用得分一共分成两段。第一段为 2000~2018 年这 19 年，是根据已知数据的违约判别。第二段为 2019~2023 年这 5 年，是根据已知数据对上市公司的违约预测。

1. 2021 年信息传输、软件和信息技术服务行业中信用资质好中差的上市公司

1)2021 年信用资质为特优(AAA)的公司

汇纳科技(300609.SZ)、东方财富(300059.SZ)、中公高科(603860.SH)等 54 个公司。

2)2021 年信用资质为优(AA)的公司

麦迪科技(603990.SH)、银信科技(300231.SZ)、江苏有线(600959.SH)这 3 个公司。

3)2021 年信用资质为良(A)的公司

汉得信息(300170.SZ)、星辉娱乐(300043.SZ)、正元智慧(300645.SZ)等 133 个公司。

4)2021 年信用资质为较好(BBB)的公司

四维图新(002405.SZ)、科大讯飞(002230.SZ)、杰赛科技(002544.SZ)等 53 个公司。

5)2021 年信用资质为极差(C)的公司

ST 慧球(600556.SH)这 1 个公司。

2. 2022 年信息传输、软件和信息技术服务行业中信用资质好中差的上市公司

1)2022 年信用资质为特优(AAA)的公司

东方财富(300059.SZ)、新大陆(000997.SZ)、广联达(002410.SZ)等 238 个公司。

2)2022 年信用资质为优(AA)的公司

长城动漫 (000835.SZ)、方直科技(300235.SZ)这 2 个公司。

3)2022 年信用资质为一般(BB)的公司

同花顺(300033.SZ)这 1 个公司。

4)2022 年信用资质为差(CCC)的公司

创业软件(300451.SZ)这 1 个公司。

5)2022 年信用资质为极差(C)的公司

ST 慧球(600556.SH)这 1 个公司。

3. 2023 年信息传输、软件和信息技术服务行业中信用资质好中差的上市公司

1)2023 年信用资质为特优(AAA)的公司

焦点科技(002315.SZ)、三六五网(300295.SZ)、生意宝(002095.SZ)等 39 个公司。

2)2023 年信用资质为良(A)的公司

丝路视觉(300556.SZ)、佳创视讯(300264.SZ)、飞天诚信(300386.SZ)等 57 个公司。

3)2023 年信用资质为较好(BBB)的公司

绿盟科技(300369.SZ)、同花顺(300033.SZ)、浩丰科技(300419.SZ)这 3 个公司。

4)2023 年信用资质为一般(BB)的公司

中孚信息(300659.SZ)、吉大通信(300597.SZ)、金财互联(002530.SZ)等 136 个公司。

5)2023 年信用资质为较差(B)的公司

游族网络(002174.SZ)、鹏博士(600804.SH)、众应互联(002464.SZ)、用友网络(600588.SH)这 4 个公司。

6)2023 年信用资质为差(CCC)的公司

恒生电子(600570.SH)、昆仑万维(300418.SZ)、海虹控股(000503.SZ)等 5 个公司。

22.3.3 批发和零售行业 2000~2023 年 24 年信用评级及重点预警公司

将表 22.1 第 5 列中属于批发和零售行业的企业遴选出来，得到批发和零售行业 2000~2023 年 24 年信用得分和信用评级，具体如表 22.4 所示。

表 22.4 中国上市公司批发和零售行业 2000~2023 年这 24 年的信用得分和信用评级

(1)序号	(2)年份	(3)证券代码	(4)证券简称	(5)行业	(6)省区市	(7)所有制属性	(8)信用得分	(9)信用等级	(10)信用度
1	2000	600287.SH	江苏舜天	批发和零售行业	江苏省	地方国有企业	99.77	AAA	特优
2		600337.SH	美克家居	批发和零售行业	新疆维吾尔自治区	民营企业	99.60	AAA	特优
3		000151.SZ	中成股份	批发和零售行业	北京市	中央国有企业	99.24	AAA	特优
…		…	…	…	…	…	…	…	…
104		600647.SH	同达创业	批发和零售行业	上海市	中央国有企业	0.09	CCC	差
105	2001	600058.SH	五矿发展	批发和零售行业	北京市	中央国有企业	98.22	AAA	特优
106		600287.SH	江苏舜天	批发和零售行业	江苏省	地方国有企业	98.18	AAA	特优
107		000151.SZ	中成股份	批发和零售行业	北京市	中央国有企业	98.16	AAA	特优
…		…	…	…	…	…	…	…	…
214		600858.SH	银座股份	批发和零售行业	山东省	地方国有企业	1.48	A	良
215	2002	600386.SH	北巴传媒	批发和零售行业	北京市	地方国有企业	99.24	AAA	特优
216		600153.SH	建发股份	批发和零售行业	福建省	地方国有企业	99.15	AAA	特优
217		600180.SH	瑞茂通	批发和零售行业	山东省	民营企业	98.58	AAA	特优
…		…	…	…	…	…	…	…	…
…	…	…	…	…	…	…	…	…	…
2955	2021	600824.SH	益民集团	批发和零售行业	上海市	地方国有企业	89.04	AAA	特优
2956		300622.SZ	博士眼镜	批发和零售行业	广东省	外资企业	88.69	AAA	特优
2957		300081.SZ	恒信东方	批发和零售行业	河北省	民营企业	79.36	AAA	特优
…		…	…	…	…	…	…	…	…
2970		000032.SZ	深桑达 A	批发和零售行业	广东省	中央国有企业	48.19	AA	优
2971		002561.SZ	徐家汇	批发和零售行业	上海市	地方国有企业	47.96	AA	优
2972		601116.SH	三江购物	批发和零售行业	浙江省	民营企业	47.50	A	良
2973		600755.SH	厦门国贸	批发和零售行业	福建省	地方国有企业	47.08	A	良
2974		600833.SH	第一医药	批发和零售行业	上海市	地方国有企业	46.61	A	良
…		…	…	…	…	…	…	…	…
3081		002356.SZ	赫美集团	批发和零售行业	广东省	公众企业	18.46	BBB	较好
3082		601258.SH	庞大集团	批发和零售行业	河北省	民营企业	18.41	BBB	较好

续表

(1)序号	(2)年份	(3)证券代码	(4)证券简称	(5)行业	(6)省区市	(7)所有制属性	(8)信用得分	(9)信用等级	(10)信用度
3083	2021	600682.SH	南京新百	批发和零售行业	江苏省	民营企业	18.35	BBB	较好
…		…	…	…	…	…	…	…	…
3114		000679.SZ	大连友谊	批发和零售行业	辽宁省	民营企业	1.02	BB	一般
3115		600247.SH	ST 成城	批发和零售行业	吉林省	民营企业	0.95	B	较差
3116	2022	300081.SZ	恒信东方	批发和零售行业	河北省	民营企业	99.99	AAA	特优
3117		000419.SZ	通程控股	批发和零售行业	湖南省	地方国有企业	99.98	AAA	特优
3118		600824.SH	益民集团	批发和零售行业	上海市	地方国有企业	99.98	AAA	特优
…		…	…	…	…	…	…	…	…
3272		600306.SH	商业城	批发和零售行业	辽宁省	外资企业	42.98	A	良
3273		600785.SH	新华百货	批发和零售行业	宁夏回族自治区	民营企业	17.32	BB	一般
3274		600829.SH	人民同泰	批发和零售行业	黑龙江省	地方国有企业	14.07	B	较差
3275		600753.SH	东方银星	批发和零售行业	河南省	公众企业	1.61	C	极差
3276		600058.SH	五矿发展	批发和零售行业	北京市	中央国有企业	0.49	C	极差
3277	2023	000564.SZ	供销大集	批发和零售行业	陕西省	其他所有制企业	100.00	AAA	特优
3278		300081.SZ	恒信东方	批发和零售行业	河北省	民营企业	100.00	AAA	特优
3279		601086.SH	国芳集团	批发和零售行业	甘肃省	民营企业	100.00	AAA	特优
…		…	…	…	…	…	…	…	…
3299		002867.SZ	周大生	批发和零售行业	广东省	民营企业	41.78	A	良
3300		002187.SZ	广百股份	批发和零售行业	广东省	地方国有企业	38.10	A	良
3301		300131.SZ	英唐智控	批发和零售行业	广东省	民营企业	37.19	A	良
…		…	…	…	…	…	…	…	…
3323		600826.SH	兰生股份	批发和零售行业	上海市	地方国有企业	4.08	BBB	较好
3324		002780.SZ	三夫户外	批发和零售行业	北京市	民营企业	3.71	BBB	较好
3325		600857.SH	宁波中百	批发和零售行业	浙江省	民营企业	3.34	BB	一般
3326		603003.SH	龙宇燃油	批发和零售行业	上海市	民营企业	3.12	BB	一般
3327		600090.SH	同济堂	批发和零售行业	新疆维吾尔自治区	民营企业	2.82	BB	一般
…		…	…	…	…	…	…	…	…
3424		300413.SZ	快乐购	批发和零售行业	湖南省	地方国有企业	0.29	B	较差
3425		600859.SH	王府井	批发和零售行业	北京市	地方国有企业	0.28	B	较差
3426		600785.SH	新华百货	批发和零售行业	宁夏回族自治区	民营企业	0.28	B	较差
…		…	…	…	…	…	…	…	…
3430		600546.SH	山煤国际	批发和零售行业	山西省	地方国有企业	0.19	CCC	差
3431		002607.SZ	亚夏汽车	批发和零售行业	安徽省	民营企业	0.17	CCC	差
3432		600828.SH	茂业商业	批发和零售行业	四川省	外资企业	0.14	CCC	差
…		…	…	…	…	…	…	…	…
3436		600153.SH	建发股份	批发和零售行业	福建省	地方国有企业	0.01	C	极差
3437		002024.SZ	苏宁云商	批发和零售行业	江苏省	民营企业	0.00	C	极差

应该指出：表 22.4 中的信用得分一共分成两段。第一段为 2000~2018 年这 19 年，是根据已知数据的违约判别。第二段为 2019~2023 年这 5 年，是根据已知数据对上市公司的违约预测。

1. 2021 年批发和零售行业中信用资质好中差的上市公司

1)2021 年信用资质为特优(AAA)的公司

益民集团(600824.SH)、博士眼镜(300622.SZ)、恒信东方(300081.SZ)等 15 个公司。

2)2021 年信用资质为优(AA)的公司

深桑达 A(000032.SZ)、徐家汇(002561.SZ)这 2 个公司。

3)2021 年信用资质为良(A)的公司

三江购物(601116.SH)、厦门国贸(600755.SH)、第一医药(600833.SH)等 109 个公司。

4)2021 年信用资质为较好(BBB)的公司

赫美集团(002356.SZ)、庞大集团(601258.SH)、南京新百(600682.SH)等 33 个公司。

5)2021 年信用资质为一般(BB)的公司

大连友谊(000679.SZ)这 1 个公司。

6)2021 年信用资质为较差(B)的公司

ST 成城(600247.SH)这 1 个公司。

2. 2022 年批发和零售行业中信用资质好中差的上市公司

1)2022 年信用资质为特优(AAA)的公司

恒信东方(300081.SZ)、通程控股(000419.SZ)、益民集团(600824.SH)等 156 个公司。

2)2022 年信用资质为良(A)的公司

商业城(600306.SH)这 1 个公司。

3)2022 年信用资质为一般(BB)的公司

新华百货(600785.SH)这 1 个公司。

4)2022 年信用资质为较差(B)的公司

人民同泰(600829.SH)这 1 个公司。

5)2022 年信用资质为极差(C)的公司

东方银星(600753.SH)、五矿发展(600058.SH)这 2 个公司。

3. 2023 年批发和零售行业中信用资质好中差的上市公司

1)2023 年信用资质为特优(AAA)的公司

供销大集(000564.SZ)、恒信东方(300081.SZ)、国芳集团(601086.SH)等 22 个公司。

2)2023 年信用资质为良(A)的公司

周大生(002867.SZ)、广百股份(002187.SZ)、英唐智控(300131.SZ)等 24 个公司。

3)2023 年信用资质为较好(BBB)的公司

兰生股份(600826.SH)、三夫户外(002780.SZ)这 2 个公司。

4)2023 年信用资质为一般(BB)的公司

宁波中百(600857.SH)、龙宇燃油(603003.SH)、同济堂(600090.SH)等 99 个公司。

5)2023 年信用资质为较差(B)的公司

快乐购(300413.SZ)、王府井(600859.SH)、新华百货(600785.SH)等 6 个公司。

6)2023 年信用资质为差(CCC)的公司

山煤国际(600546.SH)、亚夏汽车(002607.SZ)、茂业商业(600828.SH)等 6 个公司。

7)2023 年信用资质为极差(C)的公司

建发股份(600153.SH)、苏宁云商(002024.SZ)这 2 个公司。

22.3.4　房地产行业 2000~2023 年 24 年信用评级及重点预警公司

将表 22.1 第 5 列中属于房地产行业的企业遴选出来，得到房地产行业 2000~2023 年 24 年信用得分和信用评级，具体如表 22.5 所示。

表 22.5　中国上市公司房地产行业 2000~2023 年这 24 年的信用得分和信用评级

(1)序号	(2)年份	(3)证券代码	(4)证券简称	(5)行业	(6)省区市	(7)所有制属性	(8)信用得分	(9)信用等级	(10)信用度
1	2000	000981.SZ	银亿股份	房地产行业	甘肃省	外资企业	99.77	AAA	特优
2		600266.SH	北京城建	房地产行业	北京市	地方国有企业	99.45	AAA	特优
3		600657.SH	信达地产	房地产行业	北京市	中央国有企业	99.02	AAA	特优
…		…	…	…	…	…	…	…	…
110		600622.SH	光大嘉宝	房地产行业	上海市	中央国有企业	2.03	A	良
111	2001	600376.SH	首开股份	房地产行业	北京市	地方国有企业	98.44	AAA	特优
112		600555.SH	海航创新	房地产行业	海南省	其他所有制企业	98.34	AAA	特优
113		600383.SH	金地集团	房地产行业	广东省	公众企业	98.13	AAA	特优
…		…	…	…	…	…	…	…	…
221		000838.SZ	财信发展	房地产行业	北京市	民营企业	0.83	A	良
222	2002	600223.SH	鲁商置业	房地产行业	山东省	地方国有企业	99.51	AAA	特优
223		600383.SH	金地集团	房地产行业	广东省	公众企业	99.25	AAA	特优
224		600555.SH	海航创新	房地产行业	海南省	其他所有制企业	98.87	AAA	特优
…		…	…	…	…	…	…	…	…
…	…	…	…	…	…	…	…	…	…
2540	2021	600064.SH	南京高科	房地产行业	江苏省	地方国有企业	68.93	AAA	特优
2541		600606.SH	绿地控股	房地产行业	上海市	公众企业	67.08	AAA	特优
2542		600638.SH	新黄浦	房地产行业	上海市	地方国有企业	66.87	AAA	特优
…		…	…	…	…	…	…	…	…
2550		600094.SH	大名城	房地产行业	上海市	外资企业	48.68	AA	优
2551		000886.SZ	海南高速	房地产行业	海南省	地方国有企业	48.18	AA	优
2552		600641.SH	万业企业	房地产行业	上海市	公众企业	48.06	AA	优
2553		000006.SZ	深振业 A	房地产行业	广东省	地方国有企业	47.95	AA	优
2554		600565.SH	迪马股份	房地产行业	重庆市	外资企业	47.78	A	良
2555		600177.SH	雅戈尔	房地产行业	浙江省	民营企业	47.68	A	良
2556		000505.SZ	珠江控股	房地产行业	海南省	地方国有企业	46.86	A	良
…		…	…	…	…	…	…	…	…
2639		000056.SZ	皇庭国际	房地产行业	广东省	民营企业	18.10	BBB	较好
2640		600604.SH	市北高新	房地产行业	上海市	地方国有企业	17.55	BBB	较好
2641		600791.SH	京能置业	房地产行业	北京市	地方国有企业	17.32	BBB	较好
…		…	…	…	…	…	…	…	…
2662		000502.SZ	绿景控股	房地产行业	广东省	民营企业	1.24	BBB	较好
2663	2022	600638.SH	新黄浦	房地产行业	上海市	地方国有企业	99.87	AAA	特优
2664		000540.SZ	中天金融	房地产行业	贵州省	民营企业	99.83	AAA	特优

续表

(1)序号	(2)年份	(3)证券代码	(4)证券简称	(5)行业	(6)省区市	(7)所有制属性	(8)信用得分	(9)信用等级	(10)信用度
2665	2022	000046.SZ	泛海控股	房地产行业	北京市	民营企业	99.82	AAA	特优
…		…	…	…	…	…	…	…	…
2779		000502.SZ	绿景控股	房地产行业	广东省	民营企业	35.05	A	良
2780		600077.SH	宋都股份	房地产行业	浙江省	民营企业	34.90	A	良
2781		600555.SH	海航创新	房地产行业	海南省	其他所有制企业	24.13	BB	一般
2782		600675.SH	中华企业	房地产行业	上海市	地方国有企业	20.86	BB	一般
2783		000838.SZ	财信发展	房地产行业	北京市	民营企业	1.30	C	极差
2784		600733.SH	S*ST 前锋	房地产行业	四川省	地方国有企业	0.94	C	极差
2785		600696.SH	*ST 匹凸	房地产行业	上海市	民营企业	0.83	C	极差
2786	2023	000046.SZ	泛海控股	房地产行业	北京市	民营企业	100.00	AAA	特优
2787		000540.SZ	中天金融	房地产行业	贵州省	民营企业	100.00	AAA	特优
2788		600638.SH	新黄浦	房地产行业	上海市	地方国有企业	100.00	AAA	特优
…		…	…	…	…	…	…	…	…
2807		600393.SH	粤泰股份	房地产行业	广东省	外资企业	47.51	A	良
2808		000014.SZ	沙河股份	房地产行业	广东省	地方国有企业	45.70	A	良
2809		000056.SZ	皇庭国际	房地产行业	广东省	民营企业	40.90	A	良
…		…	…	…	…	…	…	…	…
2835		600239.SH	云南城投	房地产行业	云南省	地方国有企业	3.97	BBB	较好
2836		000656.SZ	金科股份	房地产行业	重庆市	民营企业	3.80	BBB	较好
2837		600848.SH	上海临港	房地产行业	上海市	地方国有企业	3.31	BB	一般
2838		000965.SZ	天保基建	房地产行业	天津市	地方国有企业	3.16	BB	一般
2839		600649.SH	城投控股	房地产行业	上海市	地方国有企业	3.14	BB	一般
…		…	…	…	…	…	…	…	…
2892		600639.SH	浦东金桥	房地产行业	上海市	地方国有企业	0.30	B	较差
2893		600007.SH	中国国贸	房地产行业	北京市	外资企业	0.29	B	较差
2894		000736.SZ	中交地产	房地产行业	重庆市	中央国有企业	0.23	B	较差
2895		600823.SH	世茂股份	房地产行业	上海市	外资企业	0.17	CCC	差
2896		002244.SZ	滨江集团	房地产行业	浙江省	民营企业	0.14	CCC	差
2897		600177.SH	雅戈尔	房地产行业	浙江省	民营企业	0.10	CCC	差
…		…	…	…	…	…	…	…	…
2905		600048.SH	保利地产	房地产行业	广东省	中央国有企业	0.03	CC	很差
2906		600340.SH	华夏幸福	房地产行业	河北省	民营企业	0.02	CC	很差
2907		600555.SH	海航创新	房地产行业	海南省	其他所有制企业	0.02	CC	很差
2908		002146.SZ	荣盛发展	房地产行业	河北省	民营企业	0.01	C	极差

应该指出：表 22.5 中的信用得分一共分成两段。第一段为 2000~2018 年这 19 年，是根据已知数据的违约判别。第二段为 2019~2023 年这 5 年，是根据已知数据对上市公司的违约预测。

1. 2021 年房地产行业中信用资质好中差的上市公司

1)2021 年信用资质为特优(AAA)的公司

南京高科(600064.SH)、绿地控股(600606.SH)、新黄浦(600638.SH)等 10 个公司。

2)2021 年信用资质为优(AA)的公司

大名城(600094.SH)、海南高速(000886.SZ)、万业企业(600641.SH)、深振业 A(000006.SZ)这 4 个公司。

3)2021 年信用资质为良(A)的公司

迪马股份(600565.SH)、雅戈尔(600177.SH)、珠江控股(000505.SZ)等 85 个公司。

4)2021 年信用资质为较好(BBB)的公司

皇庭国际(000056.SZ)、市北高新(600604.SH)、京能置业(600791.SH)等 24 个公司。

2. 2022 年房地产行业中信用资质好中差的上市公司

1)2022 年信用资质为特优(AAA)的公司

新黄浦(600638.SH)、中天金融(000540.SZ)、泛海控股(000046.SZ)等 116 个公司。

2)2022 年信用资质为良(A)的公司

绿景控股(000502.SZ)、宋都股份(600077.SH)这 2 个公司。

3)2022 年信用资质为一般(BB)的公司

海航创新(600555.SH)、中华企业(600675.SH)这 2 个公司。

4)2022 年信用资质为极差(C)的公司

财信发展(000838.SZ)、S*ST 前锋(600733.SH)、*ST 匹凸(600696.SH)这 3 个公司。

3. 2023 年房地产行业中信用资质好中差的上市公司

1)2023 年信用资质为特优(AAA)的公司

泛海控股(000046.SZ)、中天金融(000540.SZ)、新黄浦(600638.SH)等 21 个公司。

2)2023 年信用资质为良(A)的公司

粤泰股份(600393.SH)、沙河股份(000014.SZ)、皇庭国际(000056.SZ)等 28 个公司。

3)2023 年信用资质为较好(BBB)的公司

云南城投(600239.SH)、金科股份(000656.SZ)这 2 个公司。

4)2023 年信用资质为一般(BB)的公司

上海临港(600848.SH)、天保基建(000965.SZ)、城投控股(600649.SH)等 55 个公司。

5)2023 年信用资质为较差(B)的公司

浦东金桥(600639.SH)、中国国贸(600007.SH)、中交地产(000736.SZ)这 3 个公司。

6)2023 年信用资质为差(CCC)的公司

世茂股份(600823.SH)、滨江集团(002244.SZ)、雅戈尔(600177.SH)等 10 个公司。

7)2023 年信用资质为很差(CC)的公司

保利地产(600048.SH)、华夏幸福(600340.SH)、海航创新(600555.SH)这 3 个公司。

8)2023 年信用资质为极差(C)的公司

荣盛发展(002146.SZ)这 1 个公司。

22.3.5　电力、热力、燃气及水生产和供应行业 2000~2023 年 24 年信用评级及重点预警公司

将表 22.1 第 5 列中属于电力、热力、燃气及水生产和供应行业的企业遴选出来，得到电力、热力、燃气及水生产和供应行业 2000~2023 年 24 年信用得分和信用评级，具体如表 22.6 所示。

表 22.6 中国上市公司电力、热力、燃气及水生产和供应行业 2000~2023 年这 24 年的信用得分和信用评级

(1)序号	(2)年份	(3)证券代码	(4)证券简称	(5)行业	(6)省区市	(7)所有制属性	(8)信用得分	(9)信用等级	(10)信用度
1	2000	600207.SH	安彩高科	电力、热力、燃气及水生产和供应行业	河南省	地方国有企业	99.74	AAA	特优
2		600008.SH	首创股份	电力、热力、燃气及水生产和供应行业	北京市	地方国有企业	99.48	AAA	特优
3		600168.SH	武汉控股	电力、热力、燃气及水生产和供应行业	湖北省	地方国有企业	99.38	AAA	特优
…		…	…	…	…	…	…	…	…
71		600874.SH	创业环保	电力、热力、燃气及水生产和供应行业	天津市	地方国有企业	1.21	A	良
72	2001	600008.SH	首创股份	电力、热力、燃气及水生产和供应行业	北京市	地方国有企业	99.42	AAA	特优
73		600098.SH	广州发展	电力、热力、燃气及水生产和供应行业	广东省	地方国有企业	99.02	AAA	特优
74		600310.SH	桂东电力	电力、热力、燃气及水生产和供应行业	广西壮族自治区	地方国有企业	99.01	AAA	特优
…		…	…	…	…	…	…	…	…
150		600167.SH	联美控股	电力、热力、燃气及水生产和供应行业	辽宁省	民营企业	4.28	A	良
151	2002	600008.SH	首创股份	电力、热力、燃气及水生产和供应行业	北京市	地方国有企业	99.66	AAA	特优
152		600098.SH	广州发展	电力、热力、燃气及水生产和供应行业	广东省	地方国有企业	99.32	AAA	特优
153		600207.SH	安彩高科	电力、热力、燃气及水生产和供应行业	河南省	地方国有企业	99.09	AAA	特优
…		…	…	…	…	…	…	…	…
233		601158.SH	重庆水务	电力、热力、燃气及水生产和供应行业	重庆市	地方国有企业	6.10	A	良
…	…	…	…	…	…	…	…	…	…
1983	2021	600098.SH	广州发展	电力、热力、燃气及水生产和供应行业	广东省	地方国有企业	84.55	AAA	特优
1984		002608.SZ	江苏国信	电力、热力、燃气及水生产和供应行业	江苏省	地方国有企业	81.74	AAA	特优
1985		600903.SH	贵州燃气	电力、热力、燃气及水生产和供应行业	贵州省	民营企业	77.01	AAA	特优
…		…	…	…	…	…	…	…	…
1998		600780.SH	通宝能源	电力、热力、燃气及水生产和供应行业	山西省	地方国有企业	48.39	AA	优
1999		600116.SH	三峡水利	电力、热力、燃气及水生产和供应行业	重庆市	中央国有企业	48.13	AA	优
2000		600023.SH	浙能电力	电力、热力、燃气及水生产和供应行业	浙江省	地方国有企业	48.09	AA	优
2001		600969.SH	郴电国际	电力、热力、燃气及水生产和供应行业	湖南省	地方国有企业	47.81	A	良
2002		601368.SH	绿城水务	电力、热力、燃气及水生产和供应行业	广西壮族自治区	地方国有企业	47.64	A	良
2003		600021.SH	上海电力	电力、热力、燃气及水生产和供应行业	上海市	中央国有企业	47.55	A	良
…		…	…	…	…	…	…	…	…
2061		000539.SZ	粤电力 A	电力、热力、燃气及水生产和供应行业	广东省	地方国有企业	17.59	BBB	较好
2062		300332.SZ	天壕环境	电力、热力、燃气及水生产和供应行业	北京市	民营企业	17.57	BBB	较好
2063		000720.SZ	新能泰山	电力、热力、燃气及水生产和供应行业	山东省	中央国有企业	17.21	BBB	较好
…		…	…	…	…	…	…	…	…
2085		600578.SH	京能电力	电力、热力、燃气及水生产和供应行业	北京市	地方国有企业	0.99	B	较差
2086		600027.SH	华电国际	电力、热力、燃气及水生产和供应行业	山东省	中央国有企业	0.97	B	较差
2087	2022	002608.SZ	江苏国信	电力、热力、燃气及水生产和供应行业	江苏省	地方国有企业	99.99	AAA	特优
2088		600635.SH	大众公用	电力、热力、燃气及水生产和供应行业	上海市	其他所有制企业	99.81	AAA	特优
2089		600864.SH	哈投股份	电力、热力、燃气及水生产和供应行业	黑龙江省	地方国有企业	99.78	AAA	特优
…		…	…	…	…	…	…	…	…

续表

(1)序号	(2)年份	(3)证券代码	(4)证券简称	(5)行业	(6)省区市	(7)所有制属性	(8)信用得分	(9)信用等级	(10)信用度
2190	2022	600168.SH	武汉控股	电力、热力、燃气及水生产和供应行业	湖北省	地方国有企业	20.43	BB	一般
2191	2023	600864.SH	哈投股份	电力、热力、燃气及水生产和供应行业	黑龙江省	地方国有企业	100	AAA	特优
2192		600635.SH	大众公用	电力、热力、燃气及水生产和供应行业	上海市	其他所有制企业	100	AAA	特优
2193		000791.SZ	甘肃电投	电力、热力、燃气及水生产和供应行业	甘肃省	地方国有企业	100	AAA	特优
…		…	…	…	…	…	…	…	…
2204		600795.SH	国电电力	电力、热力、燃气及水生产和供应行业	辽宁省	中央国有企业	42.91	A	良
2205		000690.SZ	宝新能源	电力、热力、燃气及水生产和供应行业	广东省	民营企业	36.31	A	良
2206		000601.SZ	韶能股份	电力、热力、燃气及水生产和供应行业	广东省	公众企业	32.80	A	良
…		…	…	…	…	…	…	…	…
2218		001896.SZ	豫能控股	电力、热力、燃气及水生产和供应行业	河南省	地方国有企业	2.99	BB	一般
2219		000883.SZ	湖北能源	电力、热力、燃气及水生产和供应行业	湖北省	中央国有企业	2.46	BB	一般
2220		000767.SZ	漳泽电力	电力、热力、燃气及水生产和供应行业	山西省	地方国有企业	2.37	BB	一般
…		…	…	…	…	…	…	…	…
2287		000862.SZ	银星能源	电力、热力、燃气及水生产和供应行业	宁夏回族自治区	中央国有企业	0.26	B	较差
2288		600452.SH	涪陵电力	电力、热力、燃气及水生产和供应行业	重庆市	中央国有企业	0.24	B	较差
2289		000598.SZ	兴蓉环境	电力、热力、燃气及水生产和供应行业	四川省	地方国有企业	0.20	B	较差
2290		601985.SH	中国核电	电力、热力、燃气及水生产和供应业	北京市	中央国有企业	0.10	CCC	差
2291		600236.SH	桂冠电力	电力、热力、燃气及水生产和供应业	广西壮族自治区	中央国有企业	0.10	CCC	差
2292		600021.SH	上海电力	电力、热力、燃气及水生产和供应业	上海市	中央国有企业	0.08	CCC	差
2293		600674.SH	川投能源	电力、热力、燃气及水生产和供应业	四川省	地方国有企业	0.04	CCC	差
2294		600886.SH	国投电力	电力、热力、燃气及水生产和供应行业	北京市	中央国有企业	0.01	C	极差

应该指出：表 22.6 中的信用得分一共分成两段。第一段为 2000~2018 年这 19 年，是根据已知数据的违约判别。第二段为 2019~2023 年这 5 年，是根据已知数据对上市公司的违约预测。

1. 2021 年电力、热力、燃气及水生产和供应行业中信用资质好中差的上市公司

1)2021 年信用资质为特优(AAA)的公司

广州发展(600098.SH)、江苏国信(002608.SZ)、贵州燃气(600903.SH)等 15 个公司。

2)2021 年信用资质为优(AA)的公司

通宝能源(600780.SH)、三峡水利(600116.SH)、浙能电力(600023.SH)这 3 个公司。

3)2021 年信用资质为良(A)的公司

郴电国际(600969.SH)、绿城水务(601368.SH)、上海电力(600021.SH)等 60 个公司。

4)2021 年信用资质为较好(BBB)的公司

粤电力 A(000539.SZ)、天壕环境(300332.SZ)、新能泰山(000720.SZ)等 24 个公司。

5)2021 年信用资质为较差(B)的公司

京能电力(600578.SH)、华电国际(600027.SH)这 2 个公司。

2. 2022 年电力、热力、燃气及水生产和供应行业中信用资质好中差的上市公司

1)2022 年信用资质为特优(AAA)的公司

江苏国信(002608.SZ)、大众公用(600635.SH)、哈投股份(600864.SH)等 103 个公司。

2)2022 年信用资质为一般(BB)的公司

武汉控股(600168.SH)这 1 个公司。

3. 2023 年电力、热力、燃气及水生产和供应行业中信用资质好中差的上市公司

1)2023 年信用资质为特优(AAA)的公司

哈投股份(600864.SH)、大众公用(600635.SH)、甘肃电投(000791.SZ)等 13 个公司。

2)2023 年信用资质为良(A)的公司

国电电力(600795.SH)、宝新能源(000690.SZ)、韶能股份(000601.SZ)等 14 个公司。

3)2023 年信用资质为一般(BB)的公司

豫能控股(001896.SZ)、湖北能源(000883.SZ)、漳泽电力(000767.SZ)等 69 个公司。

4)2023 年信用资质为较差(B)的公司

银星能源(000862.SZ)、涪陵电力(600452.SH)、兴蓉环境(000598.SZ)这 3 个公司。

5)2023 年信用资质为差(CCC)的公司

中国核电(601985.SH)、桂冠电力(600236.SH)、上海电力(600021.SH)、川投能源(600674.SH)这 4 个公司。

6)2023 年信用资质为极差(C)的公司

国投电力(600886.SH)这 1 个公司。

22.3.6　建筑行业 2000~2023 年 24 年信用评级及重点预警公司

将表 22.1 第 5 列中属于建筑行业的企业遴选出来，得到建筑行业 2000~2023 年 24 年信用得分和信用评级，具体如表 22.7 所示。

表 22.7　中国上市公司建筑行业 2000~2023 年这 24 年的信用得分和信用评级

(1)序号	(2)年份	(3)证券代码	(4)证券简称	(5)行业	(6)省区市	(7)所有制属性	(8)信用得分	(9)信用等级	(10)信用度
1	2000	600248.SH	延长化建	建筑行业	陕西省	地方国有企业	98.08	AAA	特优
2		000928.SZ	中钢国际	建筑行业	吉林省	中央国有企业	93.67	AAA	特优
3		600170.SH	上海建工	建筑行业	上海市	地方国有企业	92.77	AAA	特优
…		…	…	…	…	…	…	…	…
26		600610.SH	中毅达	建筑行业	上海市	公众企业	6.33	A	良
27	2001	600248.SH	延长化建	建筑行业	陕西省	地方国有企业	96.02	AAA	特优
28		600326.SH	西藏天路	建筑行业	西藏自治区	地方国有企业	95.92	AAA	特优
29		600170.SH	上海建工	建筑行业	上海市	地方国有企业	95.82	AAA	特优
…		…	…	…	…	…	…	…	…
58		600610.SH	中毅达	建筑行业	上海市	公众企业	0.68	A	良
59	2002	600512.SH	腾达建设	建筑行业	浙江省	民营企业	98.19	AAA	特优
60		600170.SH	上海建工	建筑行业	上海市	地方国有企业	97.03	AAA	特优
61		600248.SH	延长化建	建筑行业	陕西省	地方国有企业	96.46	AAA	特优
…		…	…	…	…	…	…	…	…

续表

(1)序号	(2)年份	(3)证券代码	(4)证券简称	(5)行业	(6)省区市	(7)所有制属性	(8)信用得分	(9)信用等级	(10)信用度
92	2002	600853.SH	龙建股份	建筑行业	黑龙江省	地方国有企业	7.28	A	良
…	…	…	…	…	…	…	…	…	…
1548	2021	002887.SZ	绿茵生态	建筑行业	天津市	民营企业	80.64	AAA	特优
1549		300621.SZ	维业股份	建筑行业	广东省	民营企业	65.85	AAA	特优
1550		601390.SH	中国中铁	建筑行业	北京市	中央国有企业	62.76	AAA	特优
…		…	…	…	…	…	…	…	…
1560		601789.SH	宁波建工	建筑行业	浙江省	公众企业	45.34	A	良
1561		002051.SZ	中工国际	建筑行业	北京市	中央国有企业	44.04	A	良
1562		002060.SZ	粤水电	建筑行业	广东省	地方国有企业	42.90	A	良
…		…	…	…	…	…	…	…	…
1637		002307.SZ	北新路桥	建筑行业	新疆维吾尔自治区	地方国有企业	18.45	BBB	较好
1638		002663.SZ	普邦股份	建筑行业	广东省	民营企业	18.27	BBB	较好
1639		600846.SH	同济科技	建筑行业	上海市	中央国有企业	18.18	BBB	较好
…		…	…	…	…	…	…	…	…
1647	2022	300197.SZ	铁汉生态	建筑行业	广东省	民营企业	91.33	AAA	特优
1648		601611.SH	中国核建	建筑行业	北京市	中央国有企业	81.06	AAA	特优
1649		601789.SH	宁波建工	建筑行业	浙江省	公众企业	76.03	AAA	特优
…		…	…	…	…	…	…	…	…
1745		300536.SZ	农尚环境	建筑行业	湖北省	民营企业	19.22	BB	一般
1746	2023	601668.SH	中国建筑	建筑行业	北京市	中央国有企业	99.44	AAA	特优
1747		600248.SH	延长化建	建筑行业	陕西省	地方国有企业	88.48	AAA	特优
1748		002663.SZ	普邦股份	建筑行业	广东省	民营企业	63.74	AAA	特优
…		…	…	…	…	…	…	…	…
1752		002047.SZ	宝鹰股份	建筑行业	广东省	民营企业	48.25	A	良
1753		002325.SZ	洪涛股份	建筑行业	广东省	民营企业	47.73	A	良
1754		000010.SZ	美丽生态	建筑行业	广东省	民营企业	45.48	A	良
…		…	…	…	…	…	…	…	…
1775		600939.SH	重庆建工	建筑行业	重庆市	地方国有企业	2.50	BB	一般
1776		600209.SH	罗顿发展	建筑行业	海南省	民营企业	2.25	BB	一般
1777		600512.SH	腾达建设	建筑行业	浙江省	民营企业	1.79	BB	一般
…		…	…	…	…	…	…	…	…
1835		002586.SZ	围海股份	建筑行业	浙江省	民营企业	0.28	B	较差
1836		600820.SH	隧道股份	建筑行业	上海市	地方国有企业	0.28	B	较差
1837		002081.SZ	金螳螂	建筑行业	江苏省	民营企业	0.15	CCC	差
1838		601800.SH	中国交建	建筑行业	北京市	中央国有企业	0.12	CCC	差
1839		002310.SZ	东方园林	建筑行业	北京市	民营企业	0.11	CCC	差
…		…	…	…	…	…	…	…	…
1843		600610.SH	中毅达	建筑行业	上海市	公众企业	0.02	C	极差
1844		601186.SH	中国铁建	建筑行业	北京市	中央国有企业	0.00	C	极差

应该指出：表 22.7 中的信用得分一共分成两段。第一段为 2000~2018 年这 19 年，是根据已知数据的违约判别。第二段为 2019~2023 年这 5 年，是根据已知数据对上市公司的违约预测。

1. 2021 年建筑行业中信用资质好中差的上市公司

1)2021 年信用资质为特优(AAA)的公司

绿茵生态(002887.SZ)、维业股份(300621.SZ)、中国中铁(601390.SH)等 12 个公司。

2)2021 年信用资质为良(A)的公司

宁波建工(601789.SH)、中工国际(002051.SZ)、粤水电(002060.SZ)等 77 个公司。

3)2021 年信用资质为较好(BBB)的公司

北新路桥(002307.SZ)、普邦股份(002663.SZ)、同济科技(600846.SH)等 10 个公司。

2. 2022 年建筑行业中信用资质好中差的上市公司

1)2022 年信用资质为特优(AAA)的公司

铁汉生态(300197.SZ)、中国核建(601611.SH)、宁波建工(601789.SH)等 98 个公司。

2)2022 年信用资质一般(BB)的公司

农尚环境(300536.SZ)这 1 个公司。

3. 2023 年建筑行业中信用资质好中差的上市公司

1)2023 年信用资质为特优(AAA)的公司

中国建筑(601668.SH)、延长化建(600248.SH)、普邦股份(002663.SZ)等 6 个公司。

2)2023 年信用资质为良(A)的公司

宝鹰股份(002047.SZ)、洪涛股份(002325.SZ)、美丽生态(000010.SZ)等 23 个公司。

3)2023 年信用资质为一般(BB)的公司

重庆建工(600939.SH)、罗顿发展(600209.SH)、腾达建设(600512.SH)等 60 个公司。

4)2023 年信用资质为较差(B)的公司

围海股份(002586.SZ)、隧道股份(600820.SH)这 2 个公司。

5)2023 年信用资质为差(CCC)的公司

金螳螂(002081.SZ)、中国交建(601800.SH)、东方园林(002310.SZ)等 6 个公司。

6)2023 年信用资质为极差(C)的公司

中毅达(600610.SH)、中国铁建(601186.SH)这 2 个公司。

22.3.7 采矿行业 2000~2023 年 24 年信用评级及重点预警公司

将表 22.1 第 5 列中属于采矿行业的企业遴选出来，得到采矿行业 2000~2023 年 24 年信用得分和信用评级，具体如表 22.8 所示。

表 22.8 中国上市公司采矿行业 2000~2023 年这 24 年的信用得分和信用评级

(1)序号	(2)年份	(3)证券代码	(4)证券简称	(5)行业	(6)省区市	(7)所有制属性	(8)信用得分	(9)信用等级	(10)信用度
1	2000	000975.SZ	银泰资源	采矿行业	内蒙古自治区	民营企业	98.96	AAA	特优
2		600339.SH	中油工程	采矿行业	新疆维吾尔自治区	中央国有企业	98.82	AAA	特优
3		000693.SZ	*ST 华泽	采矿行业	四川省	民营企业	97.67	AAA	特优
…		…	…	…	…	…	…	…	…
41		600759.SH	洲际油气	采矿行业	海南省	外资企业	0.32	A	良
42	2001	600508.SH	上海能源	采矿行业	上海市	中央国有企业	98.48	AAA	特优
43		000937.SZ	冀中能源	采矿行业	河北省	地方国有企业	96.71	AAA	特优

续表

(1)序号	(2)年份	(3)证券代码	(4)证券简称	(5)行业	(6)省区市	(7)所有制属性	(8)信用得分	(9)信用等级	(10)信用度
44	2001	600339.SH	中油工程	采矿行业	新疆维吾尔自治区	中央国有企业	96.53	AAA	特优
…		…	…	…	…	…	…	…	…
85		600759.SH	洲际油气	采矿行业	海南省	外资企业	0.05	C	极差
86	2002	000937.SZ	冀中能源	采矿行业	河北省	地方国有企业	99.04	AAA	特优
87		000629.SZ	*ST 钒钛	采矿行业	四川省	中央国有企业	97.66	AAA	特优
88		600532.SH	宏达矿业	采矿行业	上海市	民营企业	97.12	AAA	特优
…		…	…	…	…	…	…	…	…
131		600759.SH	洲际油气	采矿行业	海南省	外资企业	0.35	A	良
…	…	…	…	…	…	…	…	…	…
1371	2021	601857.SH	中国石油	采矿行业	北京市	中央国有企业	80.25	AAA	特优
1372		600028.SH	中国石化	采矿行业	北京市	中央国有企业	77.55	AAA	特优
1373		600188.SH	兖州煤业	采矿行业	山东省	地方国有企业	67.13	AAA	特优
…		…	…	…	…	…	…	…	…
1383		601898.SH	中煤能源	采矿行业	北京市	中央国有企业	48.27	AA	优
1384		601958.SH	金钼股份	采矿行业	陕西省	其他所有制企业	48.01	AA	优
1385		000603.SZ	盛达矿业	采矿行业	北京市	民营企业	47.09	A	良
1386		600489.SH	中金黄金	采矿行业	北京市	中央国有企业	46.03	A	良
1387		600403.SH	*ST 大有	采矿行业	河南省	地方国有企业	44.56	A	良
…		…	…	…	…	…	…	…	…
1427		300084.SZ	海默科技	采矿行业	甘肃省	民营企业	18.47	BBB	较好
1428		000762.SZ	西藏矿业	采矿行业	西藏自治区	地方国有企业	18.41	BBB	较好
1429		601168.SH	西部矿业	采矿行业	青海省	地方国有企业	18.22	BBB	较好
…		…	…	…	…	…	…	…	…
1445	2022	000655.SZ	金岭矿业	采矿行业	山东省	地方国有企业	90.42	AAA	特优
1446		000688.SZ	建新矿业	采矿行业	重庆市	民营企业	87.46	AAA	特优
1447		600339.SH	中油工程	采矿行业	新疆维吾尔自治区	中央国有企业	86.46	AAA	特优
…		…	…	…	…	…	…	…	…
1519	2023	600311.SH	荣华实业	采矿行业	甘肃省	民营企业	100.00	AAA	特优
1520		000552.SZ	靖远煤电	采矿行业	甘肃省	地方国有企业	100.00	AAA	特优
1521		300084.SZ	海默科技	采矿行业	甘肃省	民营企业	100.00	AAA	特优
…		…	…	…	…	…	…	…	…
1530		603727.SH	博迈科	采矿行业	天津市	民营企业	31.44	A	良
1531		601898.SH	中煤能源	采矿行业	北京市	中央国有企业	30.55	A	良
1532		002683.SZ	宏大爆破	采矿行业	广东省	地方国有企业	30.44	A	良
…		…	…	…	…	…	…	…	…
1540		601969.SH	海南矿业	采矿行业	海南省	民营企业	3.69	BB	一般
1541		000975.SZ	银泰资源	采矿行业	内蒙古自治区	民营企业	3.31	BB	一般

续表

(1)序号	(2)年份	(3)证券代码	(4)证券简称	(5)行业	(6)省区市	(7)所有制属性	(8)信用得分	(9)信用等级	(10)信用度
1542	2023	603979.SH	金诚信	采矿行业	北京市	民营企业	3.07	BB	一般
…		…	…	…	…	…	…	…	…
1581		601899.SH	紫金矿业	采矿行业	福建省	地方国有企业	0.28	B	较差
1582		000603.SZ	盛达矿业	采矿行业	北京市	民营企业	0.27	B	较差
1583		002128.SZ	露天煤业	采矿行业	内蒙古自治区	中央国有企业	0.26	B	较差
1584		000983.SZ	西山煤电	采矿行业	山西省	地方国有企业	0.25	B	较差
1585		601918.SH	新集能源	采矿行业	安徽省	中央国有企业	0.19	CCC	差
1586		000506.SZ	中润资源	采矿行业	山东省	民营企业	0.19	CCC	差
1587		600871.SH	石化油服	采矿行业	北京市	中央国有企业	0.17	CCC	差
…		…	…	…	…	…	…	…	…
1592		600188.SH	兖州煤业	采矿行业	山东省	地方国有企业	0.00	C	极差

应该指出：表 22.8 中的信用得分一共分成两段。第一段为 2000~2018 年这 19 年，是根据已知数据的违约判别。第二段为 2019~2023 年这 5 年，是根据已知数据对上市公司的违约预测。

1. 2021 年采矿行业中信用资质好中差的上市公司

1)2021 年信用资质为特优(AAA)的公司

中国石油(601857.SH)、中国石化(600028.SH)、兖州煤业(600188.SH)等 12 个公司。

2)2021 年信用资质为优(AA)的公司

中煤能源(601898.SH)、金钼股份(601958.SH)这 2 个公司。

3)2021 年信用资质为良(A)的公司

盛达矿业(000603.SZ)、中金黄金(600489.SH)、*ST 大有(600403.SH)等 42 个公司。

4)2021 年信用资质为较好(BBB)的公司

海默科技(300084.SZ)、西藏矿业(000762.SZ)、西部矿业(601168.SH)等 18 个公司。

2. 2022 年采矿行业中信用资质好中差的上市公司

2022 年信用资质为特优(AAA)的公司包括：金岭矿业(000655.SZ)、建新矿业(000688.SZ)、中油工程(600339.SH)等全部 74 个公司。

3. 2023 年采矿行业中信用资质好中差的上市公司

1)2023 年信用资质为特优(AAA)的公司

荣华实业(600311.SH)、靖远煤电(000552.SZ)、海默科技(300084.SZ)等 11 个公司。

2)2023 年信用资质为良(A)的公司

博迈科(603727.SH)、中煤能源(601898.SH)、宏大爆破(002683.SZ)等 10 个公司。

3)2023 年信用资质为一般(BB)的公司

海南矿业(601969.SH)、银泰资源(000975.SZ)、金诚信(603979.SH)等 41 个公司。

4)2023 年信用资质为较差(B)的公司

紫金矿业(601899.SH)、盛达矿业(000603.SZ)、露天煤业(002128.SZ)、西山煤电(000983.SZ)这 4 个公司。

5)2023 年信用资质为差(CCC)的公司

新集能源(601918.SH)、中润资源(000506.SZ)、石化油服(600871.SH)等 7 个公司。

6)2023 年信用资质为极差(C)的公司

兖州煤业(600188.SH)这 1 个公司。

22.3.8　文化、体育和娱乐行业 2000~2023 年 24 年信用评级及重点预警公司

将表 22.1 第 5 列中属于文化、体育和娱乐行业的企业遴选出来，得到文化、体育和娱乐行业 2000~2023 年 24 年信用得分和信用评级，具体如表 22.9 所示。

表 22.9　中国上市公司文化、体育和娱乐行业 2000~2023 年这 24 年的信用得分和信用评级

(1)序号	(2)年份	(3)证券代码	(4)证券简称	(5)行业	(6)省区市	(7)所有制属性	(8)信用得分	(9)信用等级	(10)信用度
1	2000	600229.SH	城市传媒	文化、体育和娱乐行业	山东省	地方国有企业	96.53	AAA	特优
2		600088.SH	中视传媒	文化、体育和娱乐行业	上海市	中央国有企业	95.76	AAA	特优
3		600757.SH	长江传媒	文化、体育和娱乐行业	湖北省	地方国有企业	92.82	AAA	特优
…		…	…	…	…	…	…	…	…
21		600715.SH	文投控股	文化、体育和娱乐行业	辽宁省	地方国有企业	18.12	A	良
22	2001	600229.SH	城市传媒	文化、体育和娱乐行业	山东省	地方国有企业	96.25	AAA	特优
23		000156.SZ	华数传媒	文化、体育和娱乐行业	浙江省	地方国有企业	96.17	AAA	特优
24		600088.SH	中视传媒	文化、体育和娱乐行业	上海市	中央国有企业	95.09	AAA	特优
…		…	…	…	…	…	…	…	…
42		600633.SH	浙数文化	文化、体育和娱乐行业	浙江省	地方国有企业	1.61	A	良
43	2002	600229.SH	城市传媒	文化、体育和娱乐行业	山东省	地方国有企业	96.05	AAA	特优
44		000793.SZ	华闻传媒	文化、体育和娱乐行业	海南省	公众企业	95.63	AAA	特优
45		000607.SZ	华媒控股	文化、体育和娱乐行业	浙江省	地方国有企业	94.77	AAA	特优
…		…	…	…	…	…	…	…	…
63		600715.SH	文投控股	文化、体育和娱乐行业	辽宁省	地方国有企业	31.94	A	良
…	…	…	…	…	…	…	…	…	…
853	2021	300640.SZ	德艺文创	文化、体育和娱乐行业	福建省	民营企业	85.51	AAA	特优
854		002858.SZ	力盛赛车	文化、体育和娱乐行业	上海市	民营企业	84.84	AAA	特优
855		300592.SZ	华凯创意	文化、体育和娱乐行业	湖南省	民营企业	82.78	AAA	特优
…		…	…	…	…	…	…	…	…
867		000156.SZ	华数传媒	文化、体育和娱乐行业	浙江省	地方国有企业	47.66	A	良
868		600088.SH	中视传媒	文化、体育和娱乐行业	上海市	中央国有企业	47.28	A	良
869		000665.SZ	湖北广电	文化、体育和娱乐行业	湖北省	地方国有企业	47.20	A	良
…		…	…	…	…	…	…	…	…
903		002071.SZ	长城影视	文化、体育和娱乐行业	江苏省	民营企业	18.37	BBB	较好
904		300027.SZ	华谊兄弟	文化、体育和娱乐行业	浙江省	民营企业	18.24	BBB	较好
905		002445.SZ	中南文化	文化、体育和娱乐行业	江苏省	民营企业	17.20	BBB	较好
…		…	…	…	…	…	…	…	…
908		000504.SZ	南华生物	文化、体育和娱乐行业	湖南省	地方国有企业	0.75	CCC	差
909	2022	600880.SH	博瑞传播	文化、体育和娱乐行业	四川省	地方国有企业	100.00	AAA	特优
910		603096.SH	新经典	文化、体育和娱乐行业	天津市	民营企业	87.61	AAA	特优

续表

(1)序号	(2)年份	(3)证券代码	(4)证券简称	(5)行业	(6)省区市	(7)所有制属性	(8)信用得分	(9)信用等级	(10)信用度
911	2022	300592.SZ	华凯创意	文化、体育和娱乐行业	湖南省	民营企业	84.39	AAA	特优
…		…	…	…	…	…	…	…	…
965	2023	600880.SH	博瑞传播	文化、体育和娱乐行业	四川省	地方国有企业	100.00	AAA	特优
966		601858.SH	中国科传	文化、体育和娱乐行业	北京市	中央国有企业	99.81	AAA	特优
967		300291.SZ	华录百纳	文化、体育和娱乐行业	北京市	中央国有企业	99.20	AAA	特优
…		…	…	…	…	…	…	…	…
972		002905.SZ	金逸影视	文化、体育和娱乐行业	广东省	民营企业	45.73	A	良
973		300336.SZ	新文化	文化、体育和娱乐行业	上海市	民营企业	28.74	A	良
974		600576.SH	祥源文化	文化、体育和娱乐行业	浙江省	民营企业	27.11	A	良
…		…	…	…	…	…	…	…	…
984		601801.SH	皖新传媒	文化、体育和娱乐行业	安徽省	地方国有企业	3.59	BB	一般
985		600551.SH	时代出版	文化、体育和娱乐行业	安徽省	地方国有企业	3.42	BB	一般
986		300027.SZ	华谊兄弟	文化、体育和娱乐行业	浙江省	民营企业	2.93	BB	一般
…		…	…	…	…	…	…	…	…
1019		002071.SZ	长城影视	文化、体育和娱乐行业	江苏省	民营企业	0.27	B	较差
1020		002739.SZ	万达电影	文化、体育和娱乐行业	北京市	民营企业	0.26	B	较差

应该指出：表 22.9 中的信用得分一共分成两段。第一段为 2000~2018 年这 19 年，是根据已知数据的违约判别。第二段为 2019~2023 年这 5 年，是根据已知数据对上市公司的违约预测。

1. 2021 年文化、体育和娱乐行业信用资质好中差的上市公司

1)2021 年信用资质为特优(AAA)的公司

德艺文创(300640.SZ)、力盛赛车(002858.SZ)、华凯创意(300592.SZ)等 14 个公司。

2)2021 年信用资质为良(A)的公司

华数传媒(000156.SZ)、中视传媒(600088.SH)、湖北广电(000665.SZ)等 36 个公司。

3)2021 年信用资质为较好(BBB)的公司

长城影视(002071.SZ)、华谊兄弟(300027.SZ)、中南文化(002445.SZ)等 5 个公司。

4)2021 年信用资质为差(CCC)的公司

南华生物(000504.SZ)这 1 个公司。

2. 2022 年文化、体育和娱乐行业中信用资质好中差的上市公司

2022 年信用资质为特优(AAA)的公司包括：博瑞传播(600880.SH)、新经典(603096.SH)、华凯创意(300592.SZ)等全部 56 个公司。

3. 2023 年文化、体育和娱乐行业中信用资质好中差的上市公司

1)2023 年信用资质为特优(AAA)的公司

博瑞传播(600880.SH)、中国科传(601858.SH)、华录百纳(300291.SZ)等 7 个公司。

2)2023 年信用资质为良(A)的公司

金逸影视(002905.SZ)、新文化(300336.SZ)、祥源文化(600576.SH)等 12 个公司。

3)2023 年信用资质为一般(BB)的公司

皖新传媒(601801.SH)、时代出版(600551.SH)、华谊兄弟(300027.SZ)等 35 个公司。

4)2023 年信用资质为较差(B)的公司

长城影视(002071.SZ)、万达电影 (002739.SZ)这 2 个公司。

22.3.9　其他行业 2000~2023 年 24 年信用评级及重点预警公司

将表 22.1 第 5 列中属于其他行业的企业遴选出来，得到其他行业 2000~2023 年 24 年信用得分和信用评级，具体如表 22.10 所示。

表 22.10　中国上市公司其他行业 2000~2023 年这 24 年的信用得分和信用评级

(1)序号	(2)年份	(3)证券代码	(4)证券简称	(5)行业	(6)省区市	(7)所有制属性	(8)信用得分	(9)信用等级	(10)信用度
1	2000	000998.SZ	隆平高科	其他行业	湖南省	中央国有企业	99.98	AAA	特优
2		600269.SH	赣粤高速	其他行业	江西省	地方国有企业	99.97	AAA	特优
3		600390.SH	五矿资本	其他行业	湖南省	中央国有企业	99.70	AAA	特优
…		…	…	…	…	…	…	…	…
159		600837.SH	海通证券	其他行业	上海市	公众企业	0.89	A	良
160	2001	600269.SH	赣粤高速	其他行业	江西省	地方国有企业	99.22	AAA	特优
161		000428.SZ	华天酒店	其他行业	湖南省	地方国有企业	99.04	AAA	特优
162		000089.SZ	深圳机场	其他行业	广东省	地方国有企业	98.99	AAA	特优
…		…	…	…	…	…	…	…	…
329		000557.SZ	西部创业	其他行业	宁夏回族自治区	地方国有企业	0.57	A	良
330	2002	600292.SH	远达环保	其他行业	重庆市	中央国有企业	99.45	AAA	特优
331		600269.SH	赣粤高速	其他行业	江西省	地方国有企业	99.28	AAA	特优
332		600390.SH	五矿资本	其他行业	湖南省	中央国有企业	99.22	AAA	特优
…		…	…	…	…	…	…	…	…
505		000557.SZ	西部创业	其他行业	宁夏回族自治区	地方国有企业	0.14	B	较差
…	…	…	…	…	…	…	…	…	…
6457	2021	600830.SH	香溢融通	其他行业	浙江省	中央国有企业	96.76	AAA	特优
6458		300612.SZ	宣亚国际	其他行业	北京市	民营企业	93.11	AAA	特优
6459		300649.SZ	杭州园林	其他行业	浙江省	民营企业	91.29	AAA	特优
…		…	…	…	…	…	…	…	…
6554		603099.SH	长白山	其他行业	吉林省	地方国有企业	48.55	AA	优
6555		002746.SZ	仙坛股份	其他行业	山东省	民营企业	48.39	AA	优
6556		002027.SZ	分众传媒	其他行业	广东省	外资企业	48.16	AA	优
6557		601872.SH	招商轮船	其他行业	上海市	中央国有企业	48.07	AA	优
6558		300240.SZ	飞力达	其他行业	江苏省	民营企业	47.90	A	良
6559		601880.SH	大连港	其他行业	辽宁省	地方国有企业	47.84	A	良
6600		600415.SH	小商品城	其他行业	浙江省	地方国有企业	47.39	A	良
…		…	…	…	…	…	…	…	…
6767		600692.SH	亚通股份	其他行业	上海市	地方国有企业	18.11	BBB	较好
6768		002696.SZ	百洋股份	其他行业	广西壮族自治区	民营企业	18.07	BBB	较好
6769		300187.SZ	永清环保	其他行业	湖南省	民营企业	17.89	BBB	较好
…		…	…	…	…	…	…	…	…

续表

(1)序号	(2)年份	(3)证券代码	(4)证券简称	(5)行业	(6)省区市	(7)所有制属性	(8)信用得分	(9)信用等级	(10)信用度
6836	2021	002306.SZ	*ST 云网	其他行业	北京市	民营企业	1.19	BB	一般
6837		600784.SH	鲁银投资	其他行业	山东省	地方国有企业	1.08	BB	一般
6838	2022	600830.SH	香溢融通	其他行业	浙江省	中央国有企业	99.99	AAA	特优
6839		600093.SH	易见股份	其他行业	四川省	民营企业	99.99	AAA	特优
6840		600611.SH	大众交通	其他行业	上海市	其他所有制企业	99.99	AAA	特优
…		…	…	…	…	…	…	…	…
7206		000686.SZ	东北证券	其他行业	吉林省	公众企业	45.14	AA	优
7207		002673.SZ	西部证券	其他行业	陕西省	地方国有企业	44.15	AA	优
7208		601099.SH	太平洋	其他行业	云南省	公众企业	44.12	AA	优
7209		600695.SH	绿庭投资	其他行业	上海市	外资企业	43.49	A	良
7210		300023.SZ	宝德股份	其他行业	陕西省	民营企业	43.08	A	良
7211		600455.SH	博通股份	其他行业	陕西省	地方国有企业	41.68	A	良
7212		000888.SZ	峨眉山 A	其他行业	四川省	地方国有企业	25.04	BBB	较好
7213		603127.SH	昭衍新药	其他行业	北京市	民营企业	18.07	BB	一般
7214		300495.SZ	美尚生态	其他行业	江苏省	民营企业	10.15	CCC	差
7215		600816.SH	安信信托	其他行业	上海市	民营企业	1.44	C	极差
7216		000613.SZ	*ST 东海 A	其他行业	海南省	民营企业	1.41	C	极差
7217		600190.SH	锦州港	其他行业	辽宁省	公众企业	0.65	C	极差
7218		002714.SZ	牧原股份	其他行业	河南省	民营企业	0.49	C	极差
7219	2023	002670.SZ	国盛金控	其他行业	广东省	民营企业	99.99	AAA	特优
7220		601866.SH	中远海发	其他行业	上海市	中央国有企业	100.00	AAA	特优
7221		600705.SH	中航资本	其他行业	黑龙江省	中央国有企业	100.00	AAA	特优
…		…	…	…	…	…	…	…	…
7303		002320.SZ	海峡股份	其他行业	海南省	地方国有企业	49.88	AA	优
7304		601901.SH	方正证券	其他行业	湖南省	中央国有企业	49.54	A	良
7305		000524.SZ	岭南控股	其他行业	广东省	地方国有企业	47.89	A	良
7306		002400.SZ	省广股份	其他行业	广东省	地方国有企业	47.00	A	良
…		…	…	…	…	…	…	…	…
7369		600369.SH	西南证券	其他行业	重庆市	地方国有企业	3.99	BBB	较好
7370		603066.SH	音飞储存	其他行业	江苏省	民营企业	3.98	BBB	较好
7371		000548.SZ	湖南投资	其他行业	湖南省	地方国有企业	3.86	BBB	较好
7372		002127.SZ	南极电商	其他行业	江苏省	民营企业	3.69	BB	一般
7373		603648.SH	畅联股份	其他行业	上海市	地方国有企业	3.45	BB	一般
7374		000686.SZ	东北证券	其他行业	吉林省	公众企业	3.44	BB	一般
…		…	…	…	…	…	…	…	…
7565		000998.SZ	隆平高科	其他行业	湖南省	中央国有企业	0.29	B	较差
7566		002357.SZ	富临运业	其他行业	四川省	民营企业	0.29	B	较差

续表

(1)序号	(2)年份	(3)证券代码	(4)证券简称	(5)行业	(6)省区市	(7)所有制属性	(8)信用得分	(9)信用等级	(10)信用度
7567	2023	002458.SZ	益生股份	其他行业	山东省	民营企业	0.29	B	较差
…		…	…	…	…	…	…	…	…
7585		600179.SH	安通控股	其他行业	黑龙江省	民营企业	0.18	CCC	差
7586		002299.SZ	圣农发展	其他行业	福建省	民营企业	0.15	CCC	差
7587		002839.SZ	张家港行	其他行业	江苏省	公众企业	0.13	CCC	差
…		…	…	…	…	…	…	…	…
7595		002352.SZ	顺丰控股	其他行业	安徽省	民营企业	0.03	CC	很差
7596		600377.SH	宁沪高速	其他行业	江苏省	地方国有企业	0.02	CC	很差
7597		600018.SH	上港集团	其他行业	上海市	地方国有企业	0.00	C	极差
7598		601336.SH	新华保险	其他行业	北京市	公众企业	0.00	C	极差
7599		601601.SH	中国太保	其他行业	上海市	公众企业	0.00	C	极差

应该指出：表 22.10 中的信用得分一共分成两段。第一段为 2000~2018 年这 19 年，是根据已知数据的违约判别。第二段为 2019~2023 年这 5 年，是根据已知数据对上市公司的违约预测。

1. 2021 年其他行业中信用资质好中差的上市公司

1)2021 年信用资质为特优(AAA)的公司

香溢融通(600830.SH)、宣亚国际(300612.SZ)、杭州园林(300649.SZ)等 97 个公司。

2)2021 年信用资质为优(AA)的公司

长白山(603099.SH)、仙坛股份(002746.SZ)、分众传媒(002027.SZ)、招商轮船(601872.SH)这 4 个公司。

3)2021 年信用资质为良(A)的公司

飞力达(300240.SZ)、大连港(601880.SH)、小商品城(600415.SH)等 209 个公司。

4)2021 年信用资质为较好(BBB)的公司

亚通股份(600692.SH)、百洋股份(002696.SZ)、永清环保(300187.SZ)等 69 个公司。

5)2021 年信用资质为一般(BB)的公司

*ST 云网(002306.SZ)、鲁银投资(600784.SH)这 2 个公司。

2. 2022 年其他行业中信用资质好中差的上市公司

1)2022 年信用资质为特优(AAA)的公司

香溢融通(600830.SH)、易见股份(600093.SH)、大众交通(600611.SH)等 368 个公司。

2)2022 年信用资质为优(AA)的公司

东北证券(000686.SZ)、西部证券(002673.SZ)、太平洋(601099.SH)这 3 个公司。

3)2022 年信用资质为良(A)的公司

绿庭投资(600695.SH)、宝德股份(300023.SZ)、博通股份(600455.SH)这 3 个公司。

4)2022 年信用资质为较好(BBB)的公司

峨眉山 A(000888.SZ)这 1 个公司。

5)2022 年信用资质为一般(BB)的公司

昭衍新药(603127.SH)这 1 个公司。

6)2022 年信用资质为差(CCC)的公司

美尚生态 (300495.SZ)这 1 个公司。

7)2022 年信用资质为极差(C)的公司

安信信托(600816.SH)、*ST 东海 A(000613.SZ)、锦州港(600190.SH)、牧原股份(002714.SZ)这 4 个公司。

3. 2023 年其他行业中信用资质好中差的上市公司

1)2023 年信用资质为特优(AAA)的公司

国盛金控(002670.SZ)、中远海发(601866.SH)、中航资本(600705.SH)等 84 个公司。

2)2023 年信用资质为优(AA)的公司

海峡股份(002320.SZ)这 1 个公司。

3)2023 年信用资质为良(A)的公司

方正证券(601901.SH)、岭南控股(000524.SZ)、省广股份(002400.SZ)等 65 个公司。

4)2023 年信用资质为较好(BBB)的公司

西南证券(600369.SH)、音飞储存(603066.SH)、湖南投资(000548.SZ)这 3 个公司。

5)2023 年信用资质为一般(BB)的公司

南极电商(002127.SZ)、畅联股份(603648.SH)、东北证券(000686.SZ)等 193 个公司。

6)2023 年信用资质为较差(B)的公司

隆平高科(000998.SZ)、富临运业(002357.SZ)、益生股份(002458.SZ)等 20 个公司。

7)2023 年信用资质为差(CCC)的公司

安通控股(600179.SH)、圣农发展(002299.SZ)、张家港行(002839.SZ)等 10 个公司。

8)2023 年信用资质为很差(CC)的公司

顺丰控股(002352.SZ)、宁沪高速(600377.SH)这 2 个公司。

9)2023 年信用资质为极差(C)的公司

上港集团(600018.SH)、新华保险(601336.SH)、中国太保(601601.SH)这 3 个公司。

22.3.10　按行业划分的上市公司 2021~2023 年重点预警公司小结

本节汇总整理了中国上市公司不同行业中等级为 AAA、AA、A 信用资质较好的公司，等级为 BBB、BB、B 信用资质居中的公司，以及等级为 CCC、CC、C 信用资质较差的重点预警公司。

1. 信用等级为 AAA、AA、A 信用资质较好的公司定义

信用等级为 AAA、AA、A 依次对应着公司信用度特优、优、良。这类公司资质优秀，企业形象得到提升，能够获得政府的认可。融资担保、银行放贷，以及与供应链上下游企业之间赊销、拓展供应链上下游供采时更为安全。在筹资成本方面，信用等级高低必将直接关系到公司融资成本的大小，该类企业发行债券或申请贷款的利率也相应更低。

2. 2021 年不同行业的信用等级为 AAA、AA、A 信用资质较好的公司

1)2021 年制造行业信用资质较好的公司

艾德生物(300685.SZ)、爱乐达(300696.SZ)、展鹏科技(603488.SH)等 568 个公司的信用资质为特优，中金岭南(000060.SZ)、铜陵有色(000630.SZ)、东睦股份(600114.SH)等 26 个公司的信用资质为优，北大医药(000788.SZ)、天华超净(300390.SZ)、晨曦航空(300581.SZ)等 1208 个公司的信用资质为良。

2)2021 年信息传输、软件和信息技术服务行业信用资质较好的公司

汇纳科技(300609.SZ)、东方财富(300059.SZ)、中公高科(603860.SH)等 54 个公司的信用资质为特优，麦迪科技(603990.SH)、银信科技(300231.SZ)、江苏有线(600959.SH)这 3 个公司的信用资质为优，汉得信息(300170.SZ)、星辉娱乐(300043.SZ)、正元智慧(300645.SZ)等 133 个公司的信用资质为良。

3)2021 年批发和零售行业信用资质较好的公司

益民集团(600824.SH)、博士眼镜(300622.SZ)、恒信东方(300081.SZ)等 15 个公司的信用资质为特优，深桑达 A(000032.SZ)、徐家汇(002561.SZ)这 2 个公司的信用资质为优，三江购物(601116.SH)、厦门国贸

(600755.SH)、第一医药(600833.SH)等 109 个公司的信用资质为良。

4)2021 年房地产行业信用资质较好的公司

南京高科(600064.SH)、绿地控股(600606.SH)、新黄浦(600638.SH)等 10 个公司的信用资质为特优，大名城(600094.SH)、海南高速(000886.SZ)、万业企业(600641.SH)、深振业 A(000006.SZ)这 4 个公司的信用资质为优，迪马股份(600565.SH)、雅戈尔(600177.SH)、珠江控股(000505.SZ)等 85 个公司的信用资质为良。

5)2021 年电力、热力、燃气及水生产和供应行业信用资质较好的公司

广州发展(600098.SH)、江苏国信(002608.SZ)、贵州燃气(600903.SH)等 15 个公司的信用资质为特优，通宝能源(600780.SH)、三峡水利(600116.SH)、浙能电力(600023.SH)这 3 个公司的信用资质为优，郴电国际(600969.SH)、绿城水务(601368.SH)、上海电力(600021.SH)等 60 个公司信用资质为良。

6)2021 年建筑行业信用资质较好的公司

绿茵生态(002887.SZ)、维业股份(300621.SZ)、中国中铁(601390.SH)等 12 个公司的信用资质为特优，宁波建工(601789.SH)、中工国际(002051.SZ)、粤水电(002060.SZ)等 77 个公司信用资质为良。

7)2021 年采矿行业信用资质较好的公司

中国石油(601857.SH)、中国石化(600028.SH)、兖州煤业(600188.SH)等 12 个公司的信用资质为特优，中煤能源(601898.SH)、金钼股份(601958.SH)这 2 个公司的信用资质为优，盛达矿业(000603.SZ)、中金黄金(600489.SH)、*ST 大有(600403.SH)等 42 个公司信用资质为良。

8)2021 年文化、体育和娱乐行业信用资质较好的公司

德艺文创(300640.SZ)、力盛赛车(002858.SZ)、华凯创意(300592.SZ)等 14 个公司的信用资质为特优，华数传媒(000156.SZ)、中视传媒(600088.SH)、湖北广电(000665.SZ)等 36 个公司信用资质为良。

9)2021 年其他行业信用资质较好的公司

香溢融通(600830.SH)、宣亚国际(300612.SZ)、杭州园林(300649.SZ)等 97 个公司的信用资质为特优，长白山(603099.SH)、仙坛股份(002746.SZ)、分众传媒(002027.SZ)、招商轮船(601872.SH)这 4 个公司的信用资质为优，飞力达(300240.SZ)、大连港(601880.SH)、小商品城(600415.SH)等 209 个公司信用资质为良。

3. 2022 年不同行业的信用等级为 AAA、AA、A 信用资质较好的公司

1)2022 年制造行业信用资质较好的公司

棒杰股份(002634.SZ)、经纬纺机(000666.SZ)、长城汽车(601633.SH)等 2094 个公司的信用资质为特优，博闻科技(600883.SH)、佳士科技(300193.SZ)、ST 云维(600725.SH)这 3 个公司的信用资质为优，炼石有色(000697.SZ)、厦华电子(600870.SH)、景嘉微(300474.SZ)等 8 个公司的信用资质为良。

2)2022 年信息传输、软件和信息技术服务行业信用资质较好的公司

东方财富(300059.SZ)、新大陆(000997.SZ)、广联达(002410.SZ)等 238 个公司的信用资质为特优，长城动漫(000835.SZ)、方直科技(300235.SZ)这 2 个公司的信用资质为优。

3)2022 年批发和零售行业信用资质较好的公司

恒信东方(300081.SZ)、通程控股(000419.SZ)、益民集团(600824.SH)等 156 个公司的信用资质为特优，商业城(600306.SH)这 1 个公司的信用资质为良。

4)2022 年房地产行业信用资质较好的公司

新黄浦(600638.SH)、中天金融(000540.SZ)、泛海控股(000046.SZ)等 116 个公司的信用资质为特优，绿景控股(000502.SZ)、宋都股份(600077.SH)这 2 个公司的信用资质为良。

5)2022 年电力、热力、燃气及水生产和供应行业信用资质较好的公司

江苏国信(002608.SZ)、大众公用(600635.SH)、哈投股份(600864.SH)等 103 个公司的信用资质为特优。

6)2022 年建筑行业信用资质较好的公司

铁汉生态(300197.SZ)、中国核建(601611.SH)、宁波建工(601789.SH)等 98 个公司的信用资质为特优。

7)2022 年采矿行业信用资质较好的公司

金岭矿业(000655.SZ)、建新矿业(000688.SZ)、中油工程(600339.SH)等 74 个公司的信用资质为特优。

8)2022 年文化、体育和娱乐行业信用资质较好的公司

博瑞传播(600880.SH)、新经典(603096.SH)、华凯创意(300592.SZ)等 56 个公司的信用资质为特优。

9)2022 年其他行业信用资质较好的公司

香溢融通(600830.SH)、易见股份(600093.SH)、大众交通(600611.SH)等 368 个公司的信用资质为特优，东北证券(000686.SZ)、西部证券(002673.SZ)、太平洋(601099.SH)这 3 个公司的信用资质为优，绿庭投资(600695.SH)、宝德股份(300023.SZ)、博通股份(600455.SH)这 3 个公司信用资质为良。

4. 2023 年不同行业的信用等级为 AAA、AA、A 信用资质较好的公司

1)2023 年制造行业信用资质较好的公司

贵州茅台(600519.SH)、中国西电(601179.SH)、陇神戎发(300534.SZ)等 304 个公司的信用资质为特优，海信科龙(000921.SZ)、宜安科技(300328.SZ)这 2 个公司的信用资质为优，太安堂(002433.SZ)、昊志机电(300503.SZ)、天安新材(603725.SH)等 480 个公司的信用资质为良。

2)2023 年信息传输、软件和信息技术服务行业信用资质较好的公司

焦点科技(002315.SZ)、三六五网(300295.SZ)、生意宝(002095.SZ)等 39 个公司的信用资质为特优，丝路视觉(300556.SZ)、佳创视讯(300264.SZ)、飞天诚信(300386.SZ)等 57 个公司的信用资质为良。

3)2023 年批发和零售行业信用资质较好的公司

供销大集(000564.SZ)、恒信东方(300081.SZ)、国芳集团(601086.SH)等 22 个公司的信用资质为特优，周大生(002867.SZ)、广百股份(002187.SZ)、英唐智控(300131.SZ)等 24 个公司的信用资质为良。

4)2023 年房地产行业信用资质较好的公司

泛海控股(000046.SZ)、中天金融(000540.SZ)、新黄浦(600638.SH)等 21 个公司的信用资质为特优，粤泰股份(600393.SH)、沙河股份(000014.SZ)、皇庭国际(000056.SZ)等 28 个公司的信用资质为良。

5)2023 年电力、热力、燃气及水生产和供应行业信用资质较好的公司

哈投股份(600864.SH)、大众公用(600635.SH)、甘肃电投(000791.SZ)等 13 个公司的信用资质为特优，国电电力(600795.SH)、宝新能源(000690.SZ)、韶能股份(000601.SZ)等 14 个公司信用资质为良。

6)2023 年建筑行业信用资质较好的公司

中国建筑(601668.SH)、延长化建(600248.SH)、普邦股份(002663.SZ)等 6 个公司的信用资质为特优，宝鹰股份(002047.SZ)、洪涛股份(002325.SZ)、美丽生态(000010.SZ)等 23 个公司信用资质为良。

7)2023 年采矿行业信用资质较好的公司

荣华实业(600311.SH)、靖远煤电(000552.SZ)、海默科技(300084.SZ)等 11 个公司的信用资质为特优，博迈科(603727.SH)、中煤能源(601898.SH)、宏大爆破(002683.SZ)等 10 个公司信用资质为良。

8)2023 年文化、体育和娱乐行业信用资质较好的公司

博瑞传播(600880.SH)、中国科传(601858.SH)、华录百纳(300291.SZ)等 7 个公司的信用资质为特优，金逸影视(002905.SZ)、新文化(300336.SZ)、祥源文化(600576.SH)等 12 个公司信用资质为良。

9)2023 年其他行业信用资质较好的公司

国盛金控(002670.SZ)、中远海发(601866.SH)、中航资本(600705.SH)等 84 个公司的信用资质为特优，海峡股份(002320.SZ)这 1 个公司的信用资质为优，方正证券(601901.SH)、岭南控股(000524.SZ)、省广股份(002400.SZ)等 65 个公司信用资质为良。

5. 信用等级为 BBB、BB、B 信用资质居中的公司定义

信用等级为 BBB、BB、B 依次对应着公司信用度较好、一般、较差。该类企业信用资质处于中等水平，该类企业的信用记录正常或存在少量不良记录，其经营状况、盈利水平及未来发展易受不确定因素的影响，偿债能力有波动。该类企业应该加强自身风险管理水平，提升企业信用等级。政府应对诚信的企业给予扶持，对具有不良信用记录的严加监管。

6. 2021 年不同行业的信用等级为 BBB、BB、B 信用资质居中的公司

1)2021 年制造行业信用资质居中的公司

贵人鸟(603555.SH)、紫鑫药业(002118.SZ)、惠伦晶体(300460.SZ)等 346 个公司信用资质为较好。*ST 沪科(600608.SH)、一汽夏利(000927.SZ)、硕贝德(300322.SZ)、长电科技(600584.SH)这 4 个公司信用资质为一般。*ST 三维(000755.SZ)、国电南自(600268.SH)、六国化工(600470.SH)、莲花健康(600186.SH)这 4 个公司信用资质为较差。

2)2021 年信息传输、软件和信息技术服务行业信用资质居中的公司

四维图新(002405.SZ)、科大讯飞(002230.SZ)、杰赛科技(002544.SZ)等 53 个公司信用资质为较好。

3)2021 年批发和零售行业信用资质居中的公司

赫美集团(002356.SZ)、庞大集团(601258.SH)、南京新百(600682.SH)等 33 个公司信用资质为较好。大连友谊(000679.SZ)这 1 个公司信用资质为一般。ST 成城(600247.SH)这 1 个公司信用资质为较差。

4)2021 年房地产行业信用资质居中的公司

皇庭国际(000056.SZ)、市北高新(600604.SH)、京能置业(600791.SH)等 24 个公司信用资质为较好。

5)2021 年电力、热力、燃气及水生产和供应行业信用资质居中的公司

粤电力 A(000539.SZ)、天壕环境(300332.SZ)、新能泰山(000720.SZ)等 24 个公司信用资质为较好。京能电力(600578.SH)、华电国际(600027.SH)这 2 个公司信用资质为较差。

6)2021 年建筑行业信用资质居中的公司

北新路桥(002307.SZ)、普邦股份(002663.SZ)、同济科技(600846.SH)等 10 个公司信用资质为较好。

7)2021 年采矿行业信用资质居中的公司

海默科技(300084.SZ)、西藏矿业(000762.SZ)、西部矿业(601168.SH)等 18 个公司信用资质为较好。

8)2021 年文化、体育和娱乐行业信用资质居中的公司

长城影视(002071.SZ)、华谊兄弟(300027.SZ)、中南文化(002445.SZ)等 5 个公司信用资质为较好。

9)2021 年其他行业信用资质居中的公司

亚通股份(600692.SH)、百洋股份(002696.SZ)、永清环保(300187.SZ)等 69 个公司信用资质为较好。*ST 云网(002306.SZ)、鲁银投资(600784.SH)这 2 个公司信用资质为一般。

7. 2022 年不同行业的信用等级为 BBB、BB、B 信用资质居中的公司

1)2022 年制造行业信用资质居中的公司

华微电子(600360.SH)、和邦生物(603077.SH)、*ST 华菱(000932.SZ)等 8 个公司信用资质为较好。九洲药业(603456.SH)、移为通信(300590.SZ)、科森科技(603626.SH)等 9 个公司信用资质为一般。南山铝业(600219.SH)、恩华药业(002262.SZ)、新凤鸣(603225.SH)等 12 个公司信用资质为较差。

2)2022 年信息传输、软件和信息技术服务行业信用资质居中的公司

同花顺(300033.SZ)这 1 个公司信用资质为一般。

3)2022 年批发和零售行业信用资质居中的公司

新华百货(600785.SH)这 1 个公司信用资质为一般。人民同泰(600829.SH)这 1 个公司信用资质为较差。

4)2022 年房地产行业信用资质居中的公司

海航创新(600555.SH)、中华企业(600675.SH)这 2 个公司信用资质为一般。

5)2022 年电力、热力、燃气及水生产和供应行业信用资质居中的公司

武汉控股(600168.SH)这 1 个公司信用资质为一般。

6)2022 年建筑行业信用资质居中的公司

农尚环境(300536.SZ)这 1 个公司信用资质为一般。

7)2022 年其他行业信用资质居中的公司

峨眉山 A(000888.SZ)这 1 个公司信用资质为较好，昭衍新药(603127.SH)这 1 个公司信用资质为一般。

8. 2023 年不同行业的信用等级为 BBB、BB、B 信用资质居中的公司

1)2023 年制造行业信用资质居中的公司

振芯科技(300101.SZ)、众泰汽车(000980.SZ)、利源精制(002501.SZ)等 15 个公司信用资质为较好。海天味业(603288.SH)、益佰制药(600594.SH)、大烨智能(300670.SZ)等 1212 个公司信用资质为一般。兰太实业(600328.SH)、桂发祥(002820.SZ)、黄河旋风(600172.SH)等 59 个公司信用资质为较差。

2)2023 年信息传输、软件和信息技术服务行业信用资质居中的公司

绿盟科技(300369.SZ)、同花顺(300033.SZ)、浩丰科技(300419.SZ)这 3 个公司信用资质为较好。中孚信息(300659.SZ)、吉大通信(300597.SZ)、金财互联(002530.SZ)等 136 个公司信用资质为一般。游族网络(002174.SZ)、鹏博士(600804.SH)、众应互联(002464.SZ)、用友网络(600588.SH)这 4 个公司信用资质为较差。

3)2023 年批发和零售行业信用资质居中的公司

宁波中百(600857.SH)、龙宇燃油(603003.SH)、同济堂(600090.SH)等 99 个公司信用资质为一般。快乐购(300413.SZ)、王府井(600859.SH)、新华百货(600785.SH)等 6 个公司信用资质为较差。

4)2023 年房地产行业信用资质居中的公司

云南城投(600239.SH)、金科股份(000656.SZ)这 2 个公司信用资质为较好。上海临港(600848.SH)、天保基建(000965.SZ)、城投控股(600649.SH)等 55 个公司信用资质为一般。浦东金桥(600639.SH)、中国国贸(600007.SH)、中交地产(000736.SZ)这 3 个公司信用资质为较差。

5)2023 年电力、热力、燃气及水生产和供应行业信用资质居中的公司

豫能控股(001896.SZ)、湖北能源(000883.SZ)、漳泽电力(000767.SZ)等 69 个公司信用资质为一般。银星能源(000862.SZ)、涪陵电力(600452.SH)、兴蓉环境(000598.SZ)这 3 个公司信用资质为较差。

6)2023 年建筑行业信用资质居中的公司

重庆建工(600939.SH)、罗顿发展(600209.SH)、腾达建设(600512.SH)等 60 个公司信用资质为一般。围海股份(002586.SZ)、隧道股份(600820.SH)这 2 个公司信用资质为较差。

7)2023 年采矿行业信用资质居中的公司

海南矿业(601969.SH)、银泰资源(000975.SZ)、金诚信(603979.SH)等 41 个公司信用资质为一般。紫金矿业(601899.SH)、盛达矿业(000603.SZ)、露天煤业(002128.SZ)、西山煤电(000983.SZ)这 4 个公司信用资质为较差。

8)2023 年文化、体育和娱乐行业信用资质较居中的公司

皖新传媒(601801.SH)、时代出版(600551.SH)、华谊兄弟(300027.SZ)等 35 个公司信用资质为一般，长城影视(002071.SZ)、万达电影(002739.SZ)这 2 个公司信用资质为较差。

9)2023 年其他行业信用资质居中的公司

西南证券(600369.SH)、音飞储存(603066.SH)、湖南投资(000548.SZ)这 3 个公司信用资质为较好。南极电商(002127.SZ)、畅联股份(603648.SH)、东北证券（000686.SZ)等 193 个公司信用资质为一般，隆平高科(000998.SZ)、富临运业(002357.SZ)、益生股份(002458.SZ)等 20 个公司信用资质为较差。

9. 信用等级为 CCC、CC、C 信用资质较差的重点预警公司定义

信用等级为 CCC、CC、C 依次对应着公司信用度为差、很差、极差。这类信用资质不好的企业，财务风险较高，自身的风险管理较差，公司生存和持续发展前景不被看好，属于重点预警企业。股票、债券投资者应慎重投资该类企业，采取及时调仓等措施。

10. 2021 年不同行业的信用等级为 CCC、CC、C 信用资质较差的重点预警公司

1)2021 年制造行业信用资质较差的公司

群兴玩具(002575.SZ)、*ST 柳化(600423.SH)这 2 个公司的信用资质为差。华中数控(300161.SZ)、*ST 金宇(000803.SZ)这 2 个公司的信用资质为很差。*ST 沈机(000410.SZ)、*ST 河化(000953.SZ)、南风化工(000737.SZ)这 3 个企业的信用资质为极差。

2)2021年信息传输、软件和信息技术服务行业信用资质较差的公司

ST慧球(600556.SH)这1个公司的信用资质极差。

3)2021年文化、体育和娱乐行业信用资质较差的公司

南华生物(000504.SZ)这1个公司信用资质为差。

11. 2022年不同行业的信用等级为CCC、CC、C信用资质较差的重点预警公司

1)2022年制造行业信用资质较差的公司

吉林化纤(000420.SZ)、蓝帆医疗(002382.SZ)、方大化工(000818.SZ)等12个公司的信用资质为差。长春高新(000661.SZ)、爱迪尔(002740.SZ)这2个公司的信用资质很差。英维克(002837.SZ)、宜宾纸业(600793.SH)、江南高纤(600527.SH)等15个公司的信用资质为极差。

2)2022年信息传输、软件和信息技术服务行业信用资质较差的公司

创业软件(300451.SZ)这1个公司的信用资质为差，ST慧球(600556.SH)这1个公司的信用资质为极差。

3)2022年批发和零售行业信用资质较差的公司

东方银星(600753.SH)、五矿发展(600058.SH)这2个公司的信用资质为极差。

4)2022年房地产行业信用资质较差的公司

财信发展(000838.SZ)、S*ST前锋(600733.SH)、*ST匹凸(600696.SH)这3个公司的信用资质为极差。

5)2022年其他行业信用资质较差的公司

美尚生态(300495.SZ)这1个公司信用资质为差。安信信托(600816.SH)、*ST东海A(000613.SZ)、锦州港(600190.SH)、牧原股份(002714.SZ)这4个公司信用资质为极差。

12. 2023年不同行业的信用等级为CCC、CC、C信用资质较差的重点预警公司

1)2023年制造行业信用资质较差的公司

红太阳(000525.SZ)、包钢股份(600010.SH)、新凤鸣(603225.SH)等67个公司的信用资质为差。保千里(600074.SH)、合盛硅业(603260.SH)、神雾节能(000820.SZ)等7个公司的信用资质为很差。上海石化(600688.SH)、雷鸣科化(600985.SH)、鲁西化工(000830.SZ)等17个公司的信用资质为极差。

2)2023年信息传输、软件和信息技术服务行业信用资质较差的公司

恒生电子(600570.SH)、昆仑万维(300418.SZ)、海虹控股(000503.SZ)等5个公司的信用资质为差。

3)2023年批发和零售行业信用资质较差的公司

山煤国际(600546.SH)、亚夏汽车(002607.SZ)、茂业商业(600828.SH)等6个公司的信用资质为差。建发股份(600153.SH)、苏宁云商(002024.SZ)这2个公司的信用资质为极差。

4)2023年房地产行业信用资质较差的公司

世茂股份(600823.SH)、滨江集团(002244.SZ)、雅戈尔(600177.SH)等10个公司的信用资质为差。保利地产(600048.SH)、华夏幸福(600340.SH)、海航创新(600555.SH)这3个公司的信用资质为很差。荣盛发展(002146.SZ)这1个公司的信用资质为极差。

5)2023年电力、热力、燃气及水生产和供应行业信用资质较差的公司

中国核电(601985.SH)、桂冠电力(600236.SH)、上海电力(600021.SH)、川投能源(600674.SH)这4个公司信用资质为差。国投电力(600886.SH)这1个公司信用资质为极差。

6)2023年建筑行业信用资质较差的公司

金螳螂(002081.SZ)、中国交建(601800.SH)、东方园林(002310.SZ)等6个公司信用资质为差。中毅达(600610.SH)、中国铁建(601186.SH)这2个公司信用资质为极差。

7)2023年采矿行业信用资质较差的公司

新集能源(601918.SH)、中润资源(000506.SZ)、石化油服(600871.SH)等7个公司信用资质为差，兖州煤业(600188.SH)这1个公司信用资质为极差。

8)2023年其他行业信用资质较差的公司

安通控股(600179.SH)、圣农发展(002299.SZ)、张家港行(002839.SZ)等10个公司信用资质为差。顺丰

控股(002352.SZ)、宁沪高速(600377.SH)这 2 个公司信用资质为很差。上港集团(600018.SH)、新华保险(601336.SH)、中国太保(601601.SH)这 3 个公司信用资质为极差。

22.4 中国上市公司不同地区的2000~2023年信用评级及重点预警公司

22.4.1 北京市 2000~2023 年 24 年信用评级和重点预警公司

将表 22.1 第 6 列中属于北京市的公司遴选出来，得到北京市上市公司 2000~2023 年的信用得分和信用评级，具体如表 22.11 所示。

表 22.11 中国上市公司北京市的 2000~2023 年这 24 年的信用得分和信用评级

(1)序号	(2)年份	(3)证券代码	(4)证券简称	(5)行业	(6)地区	(7)所有制属性	(8)信用得分	(9)信用等级	(10)信用度
1	2000	000969.SZ	安泰科技	制造行业	北京市	中央国有企业	99.83	AAA	特优
2		600008.SH	首创股份	电力、热力、燃气及水生产和供应业	北京市	地方国有企业	99.48	AAA	特优
3		600266.SH	北京城建	房地产行业	北京市	地方国有企业	99.45	AAA	特优
…		…	…	…	…	…	…	…	…
84		600578.SH	京能电力	电力、热力、燃气及水生产和供应行业	北京市	地方国有企业	11.34	A	良
85	2001	600008.SH	首创股份	电力、热力、燃气及水生产和供应行业	北京市	地方国有企业	99.42	AAA	特优
86		600588.SH	用友网络	信息传输、软件和信息技术服务行业	北京市	民营企业	99.35	AAA	特优
87		000729.SZ	燕京啤酒	制造行业	北京市	地方国有企业	98.96	AAA	特优
…		…	…	…	…	…	…	…	…
174		000838.SZ	财信发展	房地产行业	北京市	民营企业	0.83	A	良
175	2002	600008.SH	首创股份	电力、热力、燃气及水生产和供应行业	北京市	地方国有企业	99.66	AAA	特优
176		600085.SH	同仁堂	制造行业	北京市	地方国有企业	99.29	AAA	特优
177		600386.SH	北巴传媒	批发和零售业	北京市	地方国有企业	99.24	AAA	特优
…		…	…	…	…	…	…	…	…
271		000838.SZ	财信发展	房地产行业	北京市	民营企业	3.50	A	良
…	…	…	…	…	…	…	…	…	…
4707	2021	300612.SZ	宣亚国际	其他行业	北京市	民营企业	93.11	AAA	特优
4708		300445.SZ	康斯特	制造行业	北京市	民营企业	92.52	AAA	特优
4709		000666.SZ	经纬纺机	制造行业	北京市	中央国有企业	90.17	AAA	特优
…		…	…	…	…	…	…	…	…
4763		000970.SZ	中科三环	制造行业	北京市	中央国有企业	48.43	AA	优
4764		300231.SZ	银信科技	信息传输、软件和信息技术服务行业	北京市	民营企业	48.35	AA	优
4765		601898.SH	中煤能源	采矿行业	北京市	中央国有企业	48.27	AA	优

续表

(1)序号	(2)年份	(3)证券代码	(4)证券简称	(5)行业	(6)地区	(7)所有制属性	(8)信用得分	(9)信用等级	(10)信用度
4766	2021	600055.SH	万东医疗	制造行业	北京市	民营企业	47.47	A	良
4767		000603.SZ	盛达矿业	采矿行业	北京市	民营企业	47.09	A	良
4768		300058.SZ	蓝色光标	其他行业	北京市	民营企业	47.03	A	良
…		…	…	…	…	…	…	…	…
4952		002405.SZ	四维图新	信息传输、软件和信息技术服务行业	北京市	公众企业	18.49	BBB	较好
4953		002612.SZ	朗姿股份	制造行业	北京市	民营企业	18.18	BBB	较好
4954		000969.SZ	安泰科技	制造行业	北京市	中央国有企业	18.06	BBB	较好
…		…	…	…	…	…	…	…	…
5007		002306.SZ	*ST 云网	其他行业	北京市	民营企业	1.20	BB	一般
5008		600578.SH	京能电力	电力、热力、燃气及水生产和供应行业	北京市	地方国有企业	0.99	B	较差
5009	2022	000666.SZ	经纬纺机	制造行业	北京市	中央国有企业	99.99	AAA	特优
5010		002410.SZ	广联达	信息传输、软件和信息技术服务行业	北京市	民营企业	99.99	AAA	特优
5011		000046.SZ	泛海控股	房地产行业	北京市	民营企业	99.82	AAA	特优
…		…	…	…	…	…	…	…	…
5305		300204.SZ	舒泰神	制造行业	北京市	民营企业	41.55	A	良
5306		603127.SH	昭衍新药	其他行业	北京市	民营企业	18.07	BB	一般
5307		300016.SZ	北陆药业	制造行业	北京市	民营企业	13.47	B	较差
5308		000838.SZ	财信发展	房地产行业	北京市	民营企业	1.30	C	极差
5309		600058.SH	五矿发展	批发和零售行业	北京市	中央国有企业	0.49	C	极差
5310	2023	000046.SZ	泛海控股	房地产行业	北京市	民营企业	100.00	AAA	特优
5311		000666.SZ	经纬纺机	制造行业	北京市	中央国有企业	100.00	AAA	特优
5312		002410.SZ	广联达	信息传输、软件和信息技术服务行业	北京市	民营企业	100.00	AAA	特优
…		…	…	…	…	…	…	…	…
5347		600100.SH	同方股份	制造行业	北京市	中央国有企业	47.32	A	良
5348		300386.SZ	飞天诚信	信息传输、软件和信息技术服务行业	北京市	民营企业	46.55	A	良
5349		300455.SZ	康拓红外	制造行业	北京市	中央国有企业	45.74	A	良
…		…	…	…	…	…	…	…	…
5392		300369.SZ	绿盟科技	信息传输、软件和信息技术服务行业	北京市	公众企业	4.09	BBB	较好
5393		300419.SZ	浩丰科技	信息传输、软件和信息技术服务行业	北京市	民营企业	3.93	BBB	较好
5394		002780.SZ	三夫户外	批发和零售业	北京市	民营企业	3.71	BBB	较好
5395		600764.SH	中电广通	制造行业	北京市	中央国有企业	3.46	BB	一般
5396		002878.SZ	元隆雅图	其他行业	北京市	民营企业	3.12	BB	一般
5397		603979.SH	金诚信	采矿行业	北京市	民营企业	3.07	BB	一般
…		…	…	…	…	…	…	…	…
5578		002371.SZ	北方华创	制造行业	北京市	地方国有企业	0.29	B	较差

续表

(1)序号	(2)年份	(3)证券代码	(4)证券简称	(5)行业	(6)地区	(7)所有制属性	(8)信用得分	(9)信用等级	(10)信用度
5579	2023	600007.SH	中国国贸	房地产行业	北京市	外资企业	0.29	B	较差
5580		000938.SZ	紫光股份	制造行业	北京市	中央国有企业	0.28	B	较差
…		…	…	…	…	…	…	…	…
5592		600871.SH	石化油服	采矿行业	北京市	中央国有企业	0.17	CCC	差
5593		000959.SZ	首钢股份	制造行业	北京市	地方国有企业	0.17	CCC	差
5594		300223.SZ	北京君正	制造行业	北京市	民营企业	0.16	CCC	差
…		…	…	…	…	…	…	…	…
5607		601766.SH	中国中车	制造行业	北京市	中央国有企业	0.02	CC	很差
5608		600886.SH	国投电力	电力、热力、燃气及水生产和供应行业	北京市	中央国有企业	0.01	C	极差
5609		600031.SH	三一重工	制造行业	北京市	民营企业	0.01	C	极差
5610		601186.SH	中国铁建	建筑行业	北京市	中央国有企业	0.00	C	极差

应该指出：表 22.11 中的信用得分一共分成两段。第一段为 2000~2018 年这 19 年，是根据已知数据的违约判别。第二段为 2019~2023 年这 5 年，是根据已知数据对上市公司的违约预测。

1. 2021 年北京市信用资质好中差的上市公司

1)2021 年信用资质为特优(AAA)的公司

宣亚国际(300612.SZ)、康斯特(300445.SZ)、经纬纺机(000666.SZ)等 56 个公司。

2)2021 年信用资质为优(AA)的公司

中科三环(000970.SZ)、银信科技(300231.SZ)、中煤能源(601898.SH)这 3 个公司。

3)2021 年信用资质为良(A)的公司

万东医疗(600055.SH)、盛达矿业(000603.SZ)、蓝色光标(300058.SZ)等 186 个公司。

4)2021 年信用资质为较好(BBB)的公司

四维图新(002405.SZ)、朗姿股份(002612.SZ)、安泰科技(000969.SZ)等 55 个公司。

5)2021 年信用资质为一般(BB)的公司

*ST 云网(002306.SZ)这 1 个公司。

6)2021 年信用资质为较差(B)的公司

京能电力(600578.SH)这 1 个公司。

2. 2022 年北京市信用资质好中差的上市公司

1)2022 年信用资质为特优(AAA)的公司

经纬纺机(000666.SZ)、广联达(002410.SZ)、泛海控股(000046.SZ)等 296 个公司。

2)2022 年信用资质为良(A)的公司

舒泰神(300204.SZ)这 1 个公司。

3)2022 年信用资质为一般(BB)的公司

昭衍新药(603127.SH)这 1 个公司。

4)2022 年信用资质为较差(B)的公司

北陆药业(300016.SZ)这 1 个公司。

5)2022 年信用资质为极差(C)的公司

财信发展(000838.SZ)、五矿发展(600058.SH)这 2 个公司。

3. 2023 年北京市信用资质好中差的上市公司

1)2023 年信用资质为特优(AAA)的公司
泛海控股(000046.SZ)、经纬纺机(000666.SZ)、广联达(002410.SZ)等 37 个公司。
2)2023 年信用资质为良(A)的公司
同方股份(600100.SH)、飞天诚信(300386.SZ)、康拓红外(300455.SZ)等 45 个公司。
3)2023 年信用资质为较好(BBB)的公司
绿盟科技(300369.SZ)、浩丰科技(300419.SZ)和三夫户外(002780.SZ)这 3 个公司。
4)2023 年信用资质为一般(BB)的公司
中电广通(600764.SH)、元隆雅图(002878.SZ)、金诚信(603979.SH)等 183 个公司。
5)2023 年信用资质为较差(B)的公司
北方华创(002371.SZ)、中国国贸(600007.SH)、紫光股份(000938.SZ)等 14 个公司。
6)2023 年信用资质为差(CCC)的公司
石化油服(600871.SH)、首钢股份(000959.SZ)、北京君正(300223.SZ)等 15 个公司。
7)2023 年信用资质为很差(CC)的公司
中国中车(601766.SH)这 1 个公司。
8)2023 年信用资质为极差(C)的公司
国投电力(600886.SH)、三一重工(600031.SH)和中国铁建(601186.SH)这 3 个公司。

22.4.2　上海市 2000~2023 年 24 年信用评级和重点预警公司

将表 22.1 第 6 列中属于上海市的公司遴选出来，得到上海市上市公司 2000~2023 年的信用得分和信用评级，具体如表 22.12 所示。

表 22.12　中国上市公司上海市的 2000~2023 年这 24 年的信用得分和信用评级

(1)序号	(2)年份	(3)证券代码	(4)证券简称	(5)行业	(6)地区	(7)所有制属性	(8)信用得分	(9)信用等级	(10)信用度
1	2000	600835.SH	上海机电	制造行业	上海市	地方国有企业	99.79	AAA	特优
2		600500.SH	中化国际	制造行业	上海市	中央国有企业	99.22	AAA	特优
3		600642.SH	申能股份	电力、热力、燃气及水生产和供应业	上海市	地方国有企业	99.18	AAA	特优
…		…	…	…	…	…	…	…	…
125		600647.SH	同达创业	批发和零售行业	上海市	中央国有企业	0.09	CCC	差
126	2001	600508.SH	上海能源	采矿行业	上海市	中央国有企业	98.48	AAA	特优
127		600835.SH	上海机电	制造行业	上海市	地方国有企业	98.25	AAA	特优
128		600500.SH	中化国际	制造行业	上海市	中央国有企业	98.21	AAA	特优
…		…	…	…	…	…	…	…	…
255		600610.SH	中毅达	建筑行业	上海市	公众企业	0.68	A	良
256	2002	600104.SH	上汽集团	制造行业	上海市	地方国有企业	99.43	AAA	特优
257		600676.SH	交运股份	其他行业	上海市	地方国有企业	98.96	AAA	特优
258		600642.SH	申能股份	电力、热力、燃气及水生产和供应业	上海市	地方国有企业	98.95	AAA	特优
…		…	…	…	…	…	…	…	…
386		600629.SH	华建集团	其他行业	上海市	地方国有企业	0.17	B	较差
…	…	…	…	…	…	…	…	…	…
4471	2021	300039.SZ	上海凯宝	制造行业	上海市	民营企业	93.86	AAA	特优

续表

(1)序号	(2)年份	(3)证券代码	(4)证券简称	(5)行业	(6)地区	(7)所有制属性	(8)信用得分	(9)信用等级	(10)信用度
4472	2021	603037.SH	凯众股份	制造行业	上海市	民营企业	93.16	AAA	特优
4473		300609.SZ	汇纳科技	信息传输、软件和信息技术服务行业	上海市	民营企业	92.85	AAA	特优
…		…	…	…	…	…	…	…	…
4543		600094.SH	大名城	房地产行业	上海市	外资企业	48.68	AA	优
4544		300327.SZ	中颖电子	制造行业	上海市	外资企业	48.19	AA	优
4545		601872.SH	招商轮船	其他行业	上海市	中央国有企业	48.07	AA	优
…		…	…	…	…	…	…	…	…
4548		300170.SZ	汉得信息	信息传输、软件和信息技术服务行业	上海市	民营企业	47.90	A	良
4549		600021.SH	上海电力	电力、热力、燃气及水生产和供应业	上海市	中央国有企业	47.55	A	良
4550		600602.SH	云赛智联	信息传输、软件和信息技术服务行业	上海市	地方国有企业	47.33	A	良
…		…	…	…	…	…	…	…	…
4694		600846.SH	同济科技	建筑行业	上海市	中央国有企业	18.18	BBB	较好
4695		600150.SH	中国船舶	制造行业	上海市	中央国有企业	18.17	BBB	较好
4696		600692.SH	亚通股份	其他行业	上海市	地方国有企业	18.11	BBB	较好
…		…	…	…	…	…	…	…	…
4741		600608.SH	*ST 沪科	制造行业	上海市	地方国有企业	1.17	BB	一般
4742	2022	300059.SZ	东方财富	信息传输、软件和信息技术服务行业	上海市	民营企业	100.00	AAA	特优
4743		600611.SH	大众交通	其他行业	上海市	其他所有制企业	99.99	AAA	特优
4744		600643.SH	爱建集团	其他行业	上海市	公众企业	99.99	AAA	特优
…		…	…	…	…	…	…	…	…
5006		600695.SH	绿庭投资	其他行业	上海市	外资企业	43.49	A	良
5007		300590.SZ	移为通信	制造行业	上海市	民营企业	22.91	BB	一般
5008		600675.SH	中华企业	房地产行业	上海市	地方国有企业	20.86	BB	一般
5009		600816.SH	安信信托	其他行业	上海市	民营企业	1.44	C	极差
5010		300483.SZ	沃施股份	制造行业	上海市	民营企业	1.01	C	极差
5011		600696.SH	*ST 匹凸	房地产行业	上海市	民营企业	0.83	C	极差
5012		600844.SH	*ST 丹科	制造行业	上海市	地方国有企业	0.06	C	极差
5013	2023	601866.SH	中远海发	其他行业	上海市	中央国有企业	100.00	AAA	特优
5014		600061.SH	国投安信	其他行业	上海市	中央国有企业	100.00	AAA	特优
5015		600621.SH	华鑫股份	其他行业	上海市	地方国有企业	100.00	AAA	特优
…		…	…	…	…	…	…	…	…
5041		601616.SH	广电电气	制造行业	上海市	外资企业	42.77	A	良
5042		300508.SZ	维宏股份	信息传输、软件和信息技术服务行业	上海市	民营企业	42.10	A	良
5043		600634.SH	富控互动	信息传输、软件和信息技术服务行业	上海市	民营企业	39.56	A	良
…		…	…	…	…	…	…	…	…

续表

(1)序号	(2)年份	(3)证券代码	(4)证券简称	(5)行业	(6)地区	(7)所有制属性	(8)信用得分	(9)信用等级	(10)信用度
5086	2023	600826.SH	兰生股份	批发和零售行业	上海市	地方国有企业	4.08	BBB	较好
5087		603648.SH	畅联股份	其他行业	上海市	地方国有企业	3.45	BB	一般
5088		300236.SZ	上海新阳	制造行业	上海市	民营企业	3.38	BB	一般
5089		600848.SH	上海临港	房地产行业	上海市	地方国有企业	3.31	BB	一般
…		…	…	…	…	…	…	…	…
5264		600639.SH	浦东金桥	房地产行业	上海市	地方国有企业	0.30	B	较差
5265		601021.SH	春秋航空	其他行业	上海市	民营企业	0.28	B	较差
5266		600820.SH	隧道股份	建筑行业	上海市	地方国有企业	0.28	B	较差
…		…	…	…	…	…	…	…	…
5270		600823.SH	世茂股份	房地产行业	上海市	外资企业	0.17	CCC	差
5271		600620.SH	天宸股份	其他行业	上海市	外资企业	0.09	CCC	差
5272		600615.SH	丰华股份	制造行业	上海市	民营企业	0.09	CCC	差
…		…	…	…	…	…	…	…	…
5278		603083.SH	N 剑桥	制造行业	上海市	外资企业	0.02	CC	很差
5279		600688.SH	上海石化	制造行业	上海市	中央国有企业	0.02	C	极差
5280		600610.SH	中毅达	建筑行业	上海市	公众企业	0.02	C	极差
…		…	…	…	…	…	…	…	…
5283		600741.SH	华域汽车	制造行业	上海市	地方国有企业	0.00	C	极差

应该指出：表 22.12 中的信用得分一共分成两段。第一段为 2000~2018 年这 19 年，是根据已知数据的违约判别。第二段为 2019~2023 年这 5 年，是根据已知数据对上市公司的违约预测。

1. 2021 年上海市信用资质好中差的上市公司

1)2021 年信用资质为特优(AAA)的公司

上海凯宝(300039.SZ)、凯众股份(603037.SH)、汇纳科技(300609.SZ)等 72 个公司。

2)2021 年信用资质为优(AA)的公司

大名城(600094.SH)、中颖电子(300327.SZ)、招商轮船(601872.SH)等 5 个公司。

3)2021 年信用资质为良(A)的公司

汉得信息(300170.SZ)、上海电力(600021.SH)、云赛智联(600602.SH)等 146 个公司。

4)2021 年信用资质为较好(BBB)的公司

同济科技(600846.SH)、中国船舶(600150.SH)、亚通股份(600692.SH)等 47 个公司。

5)2021 年信用资质为一般(BB)的公司

*ST 沪科(600608.SH)这 1 个公司。

2. 2022 年上海市信用资质好中差的上市公司

1)2022 年信用资质为特优(AAA)的公司

东方财富(300059.SZ)、大众交通(600611.SH)、爱建集团(600643.SH)等 264 个公司。

2)2022 年信用资质为良(A)的公司

绿庭投资(600695.SH)这 1 个公司。

3)2022 年信用资质为一般(BB)的公司

移为通信(300590.SZ)、中华企业(600675.SH)这 2 个公司。

4)2022 年信用资质为极差(C)的公司

安信信托(600816.SH)、沃施股份(300483.SZ)、*ST 匹凸(600696.SH)、*ST 丹科(600844.SH)这 4 个公司。

3. 2023 年上海市信用资质好中差的上市公司

1)2023 年信用资质为特优(AAA)的公司

中远海发(601866.SH)、国投安信(600061.SH)、华鑫股份(600621.SH)等 28 个公司。

2)2023 年信用资质为良(A)的公司

广电电气(601616.SH)、维宏股份(300508.SZ)、富控互动(600634.SH)等 45 个公司。

3)2023 年信用资质为较好(BBB)的公司

兰生股份(600826.SH)这 1 个公司。

4)2023 年信用资质为一般(BB)的公司

畅联股份(603648.SH)、上海新阳(300236.SZ)、上海临港(600848.SH)等 177 个公司。

5)2023 年信用资质为较差(B)的公司

浦东金桥(600639.SH)、春秋航空(601021.SH)、隧道股份(600820.SH)等 6 个公司。

6)2023 年信用资质为差(CCC)的公司

世茂股份(600823.SH)、天宸股份(600620.SH)、丰华股份(600615.SH)等 8 个公司。

7)2023 年信用资质为很差(CC)的公司

N 剑桥(603083.SH)这 1 个公司。

8)2023 年信用资质为极差(C)的公司

上海石化(600688.SH)、中毅达(600610.SH)、华域汽车(600741.SH)等 5 个公司。

22.4.3 天津市 2000~2023 年 24 年信用评级和重点预警公司

将表 22.1 第 6 列中属于天津市的公司遴选出来，得到天津市上市公司 2000~2023 年的信用得分和信用评级，具体如表 22.13 所示。

表 22.13 中国上市公司天津市的 2000~2023 年这 24 年的信用得分和信用评级

(1)序号	(2)年份	(3)证券代码	(4)证券简称	(5)行业	(6)地区	(7)所有制属性	(8)信用得分	(9)信用等级	(10)信用度
1	2000	600335.SH	国机汽车	批发和零售行业	天津市	中央国有企业	98.70	AAA	特优
2		600158.SH	中体产业	房地产行业	天津市	中央国有企业	98.08	AAA	特优
3		000836.SZ	鑫茂科技	制造行业	天津市	民营企业	91.59	AAA	特优
…		…	…	…	…	…	…	…	…
24		600874.SH	创业环保	电力、热力、燃气及水生产和供应行业	天津市	地方国有企业	1.21	A	良
25	2001	000836.SZ	鑫茂科技	制造行业	天津市	民营企业	99.02	AAA	特优
26		600488.SH	天药股份	制造行业	天津市	地方国有企业	98.51	AAA	特优
27		600329.SH	中新药业	制造行业	天津市	地方国有企业	97.02	AAA	特优
…		…	…	…	…	…	…	…	…
48		600874.SH	创业环保	电力、热力、燃气及水生产和供应行业	天津市	地方国有企业	14.42	A	良
49	2002	000836.SZ	鑫茂科技	制造行业	天津市	民营企业	99.00	AAA	特优
50		600717.SH	天津港	其他行业	天津市	地方国有企业	95.36	AAA	特优
51		600158.SH	中体产业	房地产行业	天津市	中央国有企业	94.74	AAA	特优
…		…	…	…	…	…	…	…	…

续表

(1)序号	(2)年份	(3)证券代码	(4)证券简称	(5)行业	(6)地区	(7)所有制属性	(8)信用得分	(9)信用等级	(10)信用度
73	2002	600821.SH	津劝业	批发和零售业	天津市	地方国有企业	7.23	A	良
…	…	…	…	…	…	…	…	…	…
825	2021	002887.SZ	绿茵生态	建筑行业	天津市	民营企业	80.64	AAA	特优
826		603096.SH	新经典	文化、体育和娱乐业	天津市	民营企业	79.21	AAA	特优
827		603969.SH	银龙股份	制造行业	天津市	民营企业	74.83	AAA	特优
…		…	…	…	…	…	…	…	…
838		600329.SH	中新药业	制造行业	天津市	地方国有企业	45.99	A	良
839		603126.SH	中材节能	其他行业	天津市	中央国有企业	43.68	A	良
840		600717.SH	天津港	其他行业	天津市	地方国有企业	41.95	A	良
…		…	…	…	…	…	…	…	…
862		600645.SH	中源协和	其他行业	天津市	民营企业	13.08	BBB	较好
863		600225.SH	*ST 松江	房地产行业	天津市	地方国有企业	6.15	BBB	较好
864		000652.SZ	泰达股份	批发和零售业	天津市	地方国有企业	4.28	BBB	较好
…		…	…	…	…	…	…	…	…
873		000927.SZ	一汽夏利	制造行业	天津市	中央国有企业	1.15	BB	一般
874	2022	002337.SZ	赛象科技	制造行业	天津市	民营企业	94.51	AAA	特优
875		603096.SH	新经典	文化、体育和娱乐业	天津市	民营企业	87.61	AAA	特优
876		002129.SZ	中环股份	制造行业	天津市	地方国有企业	81.12	AAA	特优
…		…	…	…	…	…	…	…	…
922		600821.SH	津劝业	批发和零售行业	天津市	地方国有企业	45.29	AAA	特优
923	2023	002337.SZ	赛象科技	制造行业	天津市	民营企业	99.99	AAA	特优
924		603096.SH	新经典	文化、体育和娱乐行业	天津市	民营企业	80.39	AAA	特优
925		603727.SH	博迈科	采矿行业	天津市	民营企业	31.44	A	良
926		603106.SH	恒银金融	制造行业	天津市	民营企业	14.60	A	良
927		601808.SH	中海油服	采矿行业	天津市	中央国有企业	14.23	A	良
…		…	…	…	…	…	…	…	…
932		000965.SZ	天保基建	房地产行业	天津市	地方国有企业	3.16	BB	一般
933		002432.SZ	九安医疗	制造行业	天津市	民营企业	2.56	BB	一般
934		002393.SZ	力生制药	制造行业	天津市	地方国有企业	2.46	BB	一般
…		…	…	…	…	…	…	…	…
966		002820.SZ	桂发祥	制造行业	天津市	地方国有企业	0.30	B	较差
967		600821.SH	津劝业	批发和零售行业	天津市	地方国有企业	0.22	B	较差
968		000927.SZ	一汽夏利	制造行业	天津市	中央国有企业	0.18	CCC	差
969		600535.SH	天士力	制造行业	天津市	民营企业	0.17	CCC	差
970		600800.SH	天津磁卡	制造行业	天津市	地方国有企业	0.10	CCC	差
971		000537.SZ	广宇发展	房地产行业	天津市	中央国有企业	0.08	CCC	差

应该指出：表 22.13 中的信用得分一共分成两段。第一段为 2000~2018 年这 19 年，是根据已知数据的

违约判别。第二段为 2019~2023 年这 5 年，是根据已知数据对上市公司的违约预测。

1. 2021 年天津市信用资质好中差的上市公司

1)2021 年信用资质为特优(AAA)的公司

绿茵生态(002887.SZ)、新经典(603096.SH)、银龙股份(603969.SH)等 13 个公司。

2)2021 年信用资质为良(A)的公司

中新药业(600329.SH)、中材节能(603126.SH)、天津港(600717.SH)等 24 个公司。

3)2021 年信用资质为较好(BBB)的公司

中源协和(600645.SH)、*ST 松江(600225.SH)、泰达股份(000652.SZ)等 11 个公司。

4)2021 年信用资质为一般(BB)的公司

一汽夏利(000927.SZ)这 1 个公司。

2. 2022 年天津市信用资质好中差的上市公司

2022 年信用资质为特优(AAA)的公司为赛象科技(002337.SZ)、新经典(603096.SH)、中环股份(002129.SZ)等全部 49 个公司。

3. 2023 年天津市信用资质好中差的上市公司

1)2023 年信用资质为特优(AAA)的公司

赛象科技(002337.SZ)、新经典(603096.SH)这 2 个公司。

2)2023 年信用资质为良(A)的公司

博迈科(603727.SH)、恒银金融(603106.SH)、中海油服(601808.SH)等 7 个公司。

3)2023 年信用资质为一般(BB)的公司

天保基建(000965.SZ)、九安医疗(002432.SZ)、力生制药(002393.SZ)等 34 个公司。

4)2023 年信用资质为较差(B)的公司

桂发祥(002820.SZ)、津劝业(600821.SH)这 2 个公司。

5)2023 年信用资质为差(CCC)的公司

一汽夏利(000927.SZ)、天士力(600535.SH)、天津磁卡(600800.SH)和广宇发展(000537.SZ)这 4 个公司。

22.4.4 重庆市 2000~2023 年 24 年信用评级和重点预警公司

将表 22.1 第 6 列中属于重庆市的公司遴选出来，得到重庆市上市公司 2000~2023 年的信用得分和信用评级，具体如表 22.14 所示。

表 22.14 中国上市公司重庆市的 2000~2023 年这 24 年的信用得分和信用评级

(1)序号	(2)年份	(3)证券代码	(4)证券简称	(5)行业	(6)地区	(7)所有制属性	(8)信用得分	(9)信用等级	(10)信用度
1	2000	600292.SH	远达环保	其他行业	重庆市	中央国有企业	99.37	AAA	特优
2		600369.SH	西南证券	其他行业	重庆市	地方国有企业	97.33	AAA	特优
3		600279.SH	重庆港九	其他行业	重庆市	地方国有企业	96.17	AAA	特优
…		…	…	…	…	…	…	…	…
23		000514.SZ	渝开发	房地产行业	重庆市	地方国有企业	12.30	A	良
24	2001	600129.SH	太极集团	制造行业	重庆市	地方国有企业	97.32	AAA	特优
25		600129.SH	太极集团	制造行业	重庆市	地方国有企业	97.32	AAA	特优
26		600132.SH	重庆啤酒	制造行业	重庆市	外资企业	97.15	AAA	特优
…		…	…	…	…	…	…	…	…
47		001696.SZ	宗申动力	制造行业	重庆市	民营企业	4.88	A	良

续表

(1)序号	(2)年份	(3)证券代码	(4)证券简称	(5)行业	(6)地区	(7)所有制属性	(8)信用得分	(9)信用等级	(10)信用度
48	2002	600292.SH	远达环保	其他行业	重庆市	中央国有企业	99.45	AAA	特优
49		600132.SH	重庆啤酒	制造行业	重庆市	外资企业	96.23	AAA	特优
50		600279.SH	重庆港九	其他行业	重庆市	地方国有企业	95.71	AAA	特优
…		…	…	…	…	…	…	…	…
73		000514.SZ	渝开发	房地产行业	重庆市	地方国有企业	1.04	A	良
…	…	…	…	…	…	…	…	…	…
819	2021	603976.SH	正川股份	制造行业	重庆市	民营企业	93.33	AAA	特优
820		001696.SZ	宗申动力	制造行业	重庆市	民营企业	84.87	AAA	特优
821		300122.SZ	智飞生物	制造行业	重庆市	民营企业	81.11	AAA	特优
…		…	…	…	…	…	…	…	…
832		600116.SH	三峡水利	电力、热力、燃气及水生产和供应行业	重庆市	中央国有企业	48.12	AA	优
833		300006.SZ	莱美药业	制造行业	重庆市	民营企业	48.04	AA	优
834		000788.SZ	北大医药	制造行业	重庆市	其他所有制企业	47.90	A	良
835		600565.SH	迪马股份	房地产行业	重庆市	外资企业	47.78	A	良
836		300363.SZ	博腾股份	制造行业	重庆市	民营企业	45.97	A	良
…		…	…	…	…	…	…	…	…
861		601005.SH	*ST 重钢	制造行业	重庆市	地方国有企业	17.01	BBB	较好
862		600666.SH	奥瑞德	制造行业	重庆市	民营企业	16.35	BBB	较好
863		600847.SH	*ST 万里	制造行业	重庆市	民营企业	10.93	BBB	较好
…		…	…	…	…	…	…	…	…
868	2022	001696.SZ	宗申动力	制造行业	重庆市	民营企业	99.99	AAA	特优
869		000736.SZ	中交地产	房地产行业	重庆市	中央国有企业	89.69	AAA	特优
870		000688.SZ	建新矿业	采矿行业	重庆市	民营企业	87.46	AAA	特优
…		…	…	…	…	…	…	…	…
916		600369.SH	西南证券	其他行业	重庆市	地方国有企业	45.34	AAA	特优
917	2023	001696.SZ	宗申动力	制造行业	重庆市	民营企业	99.99	AAA	特优
918		603758.SH	秦安股份	制造行业	重庆市	外资企业	73.91	AAA	特优
919		600847.SH	*ST 万里	制造行业	重庆市	民营企业	39.53	A	良
920		603976.SH	正川股份	制造行业	重庆市	民营企业	20.05	A	良
921		000688.SZ	建新矿业	采矿行业	重庆市	民营企业	15.11	A	良
…		…	…	…	…	…	…	…	…
929		600369.SH	西南证券	其他行业	重庆市	地方国有企业	3.98	BBB	较好
930		000656.SZ	金科股份	房地产行业	重庆市	民营企业	3.79	BBB	较好
931		600666.SH	奥瑞德	制造行业	重庆市	民营企业	3.12	BB	一般
932		600939.SH	重庆建工	建筑行业	重庆市	地方国有企业	2.50	BB	一般
933		002765.SZ	蓝黛传动	制造行业	重庆市	民营企业	2.00	BB	一般
…		…	…	…	…	…	…	…	…

续表

(1)序号	(2)年份	(3)证券代码	(4)证券简称	(5)行业	(6)地区	(7)所有制属性	(8)信用得分	(9)信用等级	(10)信用度
961	2023	600452.SH	涪陵电力	电力、热力、燃气及水生产和供应行业	重庆市	中央国有企业	0.24	B	较差
962		000736.SZ	中交地产	房地产行业	重庆市	中央国有企业	0.23	B	较差
963		002742.SZ	三圣股份	制造行业	重庆市	民营企业	0.18	CCC	差
964		300122.SZ	智飞生物	制造行业	重庆市	民营企业	0.17	CCC	差
965		601127.SH	小康股份	制造行业	重庆市	民营企业	0.17	CCC	差

应该指出：表 22.14 中的信用得分一共分成两段。第一段为 2000~2018 年这 19 年，是根据已知数据的违约判别。第二段为 2019~2023 年这 5 年，是根据已知数据对上市公司的违约预测。

1. 2021 年重庆市信用资质好中差的上市公司

1)2021 年信用资质为特优(AAA)的公司

正川股份(603976.SH)、宗申动力(001696.SZ)、智飞生物(300122.SZ)等 13 个公司。

2)2021 年信用资质为优(AA)的公司

三峡水利(600116.SH)、莱美药业(300006.SZ)这 2 个公司。

3)2021 年信用资质为良(A)的公司

北大医药(000788.SZ)、迪马股份(600565.SH)、博腾股份(300363.SZ)等 27 个公司。

4)2021 年信用资质为较好(BBB)的公司

*ST 重钢(601005.SH)、奥瑞德(600666.SH)、*ST 万里(600847.SH)等 7 个公司。

2. 2022 年重庆市信用资质好中差的上市公司

2022 年信用资质为特优(AAA)的公司为宗申动力(001696.SZ)、中交地产(000736.SZ)、建新矿业(000688.SZ)等全部 49 个公司。

3. 2023 年重庆市信用资质好中差的上市公司

1)2023 年信用资质为特优(AAA)的公司

宗申动力(001696.SZ)、秦安股份(603758.SH)这 2 个公司。

2)2023 年信用资质为良(A)的公司

*ST 万里(600847.SH)、正川股份(603976.SH)、建新矿业(000688.SZ)等 10 个公司。

3)2023 年信用资质为较好(BBB)的公司

西南证券(600369.SH)、金科股份(000656.SZ)这 2 个公司。

4)2023 年信用资质为一般(BB)的公司

奥瑞德(600666.SH)、重庆建工(600939.SH)、蓝黛传动(002765.SZ)等 30 个公司。

5)2023 年信用资质为较差(B)的公司

涪陵电力(600452.SH)、中交地产(000736.SZ)这 2 个公司。

6)2023 年信用资质为差(CCC)的公司

三圣股份(002742.SZ)、智飞生物(300122.SZ)、小康股份(601127.SH)这 3 个公司。

22.4.5 辽宁省 2000~2023 年 24 年信用评级和重点预警公司

将表 22.1 第 6 列中属于辽宁省的公司遴选出来，得到辽宁省上市公司 2000~2023 年的信用得分和信用评级，具体如表 22.15 所示。

表 22.15　中国上市公司辽宁省的 2000~2023 年这 24 年的信用得分和信用评级

(1)序号	(2)年份	(3)证券代码	(4)证券简称	(5)行业	(6)地区	(7)所有制属性	(8)信用得分	(9)信用等级	(10)信用度
1	2000	600718.SH	东软集团	信息传输、软件和信息技术服务行业	辽宁省	公众企业	99.82	AAA	特优
2		600303.SH	曙光股份	制造行业	辽宁省	民营企业	99.62	AAA	特优
3		600233.SH	圆通速递	其他行业	辽宁省	民营企业	99.32	AAA	特优
…		…	…	…	…	…	…	…	…
39		600715.SH	文投控股	文化、体育和娱乐行业	辽宁省	地方国有企业	18.12	A	良
40	2001	600231.SH	凌钢股份	制造行业	辽宁省	地方国有企业	97.88	AAA	特优
41		600718.SH	东软集团	信息传输、软件和信息技术服务行业	辽宁省	公众企业	97.87	AAA	特优
42		600297.SH	广汇汽车	批发和零售业	辽宁省	民营企业	97.42	AAA	特优
…		…	…	…	…	…	…	…	…
80		600167.SH	联美控股	电力、热力、燃气及水生产和供应行业	辽宁省	民营企业	4.28	A	良
81	2002	600231.SH	凌钢股份	制造行业	辽宁省	地方国有企业	98.06	AAA	特优
82		600303.SH	曙光股份	制造行业	辽宁省	民营企业	97.89	AAA	特优
83		600241.SH	时代万恒	批发和零售业	辽宁省	地方国有企业	97.84	AAA	特优
…		…	…	…	…	…	…	…	…
121		000638.SZ	万方发展	批发和零售业	辽宁省	民营企业	0.75	A	良
…	…	…	…	…	…	…	…	…	…
1296	2021	603360.SH	百傲化学	制造行业	辽宁省	民营企业	89.86	AAA	特优
1297		603396.SH	金辰股份	制造行业	辽宁省	民营企业	66.52	AAA	特优
1298		002667.SZ	鞍重股份	制造行业	辽宁省	民营企业	64.54	AAA	特优
…		…	…	…	…	…	…	…	…
1302		601880.SH	大连港	其他行业	辽宁省	地方国有企业	47.84	A	良
1303		000761.SZ	本钢板材	制造行业	辽宁省	地方国有企业	45.87	A	良
1304		300082.SZ	奥克股份	制造行业	辽宁省	民营企业	41.82	A	良
…		…	…	…	…	…	…	…	…
1351		002123.SZ	梦网集团	信息传输、软件和信息技术服务行业	辽宁省	民营企业	17.88	BBB	较好
1352		600715.SH	文投控股	文化、体育和娱乐业	辽宁省	地方国有企业	17.08	BBB	较好
1353		002354.SZ	天神娱乐	信息传输、软件和信息技术服务行业	辽宁省	民营企业	16.96	BBB	较好
…		…	…	…	…	…	…	…	…
1367		000679.SZ	大连友谊	批发和零售行业	辽宁省	民营企业	1.02	BB	一般
1368		000410.SZ	*ST 沈机	制造行业	辽宁省	地方国有企业	0.35	C	极差
1369	2022	603866.SH	桃李面包	制造行业	辽宁省	民营企业	85.75	AAA	特优
1370		603360.SH	百傲化学	制造行业	辽宁省	民营企业	84.85	AAA	特优
1371		002667.SZ	鞍重股份	制造行业	辽宁省	民营企业	79.07	AAA	特优
…		…	…	…	…	…	…	…	…
1438		600306.SH	商业城	批发和零售行业	辽宁省	外资企业	42.98	A	良
1439		000818.SZ	方大化工	制造行业	辽宁省	民营企业	11.01	CCC	差

续表

(1)序号	(2)年份	(3)证券代码	(4)证券简称	(5)行业	(6)地区	(7)所有制属性	(8)信用得分	(9)信用等级	(10)信用度
1440	2022	600190.SH	锦州港	其他行业	辽宁省	公众企业	0.65	C	极差
1441		000410.SZ	*ST 沈机	制造行业	辽宁省	地方国有企业	0.34	C	极差
1442	2023	300202.SZ	聚龙股份	制造行业	辽宁省	民营企业	96.53	AAA	特优
1443		002354.SZ	天神娱乐	信息传输、软件和信息技术服务行业	辽宁省	民营企业	95.64	AAA	特优
1444		600795.SH	国电电力	电力、热力、燃气及水生产和供应行业	辽宁省	中央国有企业	42.91	A	良
1445		000616.SZ	海航投资	房地产行业	辽宁省	其他所有制企业	36.48	A	良
1446		603360.SH	百傲化学	制造行业	辽宁省	民营企业	28.09	A	良
…		…	…	…	…	…	…	…	…
1453		000809.SZ	*ST 新城	其他行业	辽宁省	地方国有企业	3.28	BB	一般
1454		603315.SH	福鞍股份	制造行业	辽宁省	民营企业	2.97	BB	一般
1455		601880.SH	大连港	其他行业	辽宁省	地方国有企业	2.80	BB	一般
…		…	…	…	…	…	…	…	…
1507		600233.SH	圆通速递	其他行业	辽宁省	民营企业	0.29	B	较差
1508		600593.SH	大连圣亚	其他行业	辽宁省	地方国有企业	0.27	B	较差
1509		600399.SH	抚顺特钢	制造行业	辽宁省	地方国有企业	0.26	B	较差
1510		600231.SH	凌钢股份	制造行业	辽宁省	地方国有企业	0.21	B	较差
1511		002621.SZ	三垒股份	制造行业	辽宁省	民营企业	0.17	CCC	差
1512		600346.SH	恒力股份	制造行业	辽宁省	民营企业	0.04	CCC	差
1513		000820.SZ	神雾节能	制造行业	辽宁省	民营企业	0.03	CC	很差
1514		000898.SZ	鞍钢股份	制造行业	辽宁省	中央国有企业	0.00	C	极差

应该指出：表 22.15 中的信用得分一共分成两段。第一段为 2000~2018 年这 19 年，是根据已知数据的违约判别。第二段为 2019~2023 年这 5 年，是根据已知数据对上市公司的违约预测。

1. 2021 年辽宁省信用资质好中差的上市公司

1)2021 年信用资质为特优(AAA)的公司

百傲化学(603360.SH)、金辰股份(603396.SH)、鞍重股份(002667.SZ)等 6 个上市公司。

2)2021 年信用资质为良(A)的公司

大连港(601880.SH)、本钢板材(000761.SZ)、奥克股份(300082.SZ)等 49 个公司。

3)2021 年信用资质为较好(BBB)的公司

梦网集团(002123.SZ)、文投控股(600715.SH)、天神娱乐(002354.SZ)等 16 个公司。

4)2021 年信用资质为一般(BB)的公司

大连友谊(000679.SZ)这 1 个公司。

5)2021 年信用资质为极差(C)的公司

*ST 沈机(000410.SZ)这 1 个公司。

2. 2022 年辽宁省信用资质好中差的上市公司

1)2022 年信用资质为特优(AAA)的公司

桃李面包(603866.SH)、百傲化学(603360.SH)、鞍重股份(002667.SZ)等 69 个公司。

2)2022 年信用资质为良(A)的公司

商业城(600306.SH)这 1 个公司。

3)2022 年信用资质为差(CCC)的公司

方大化工(000818.SZ)这 1 个公司。

4)2022 年信用资质为极差(C)的公司

锦州港(600190.SH)、*ST 沈机(000410.SZ)这 2 个公司。

3. 2023 年辽宁省信用资质好中差的上市公司

1)2023 年信用资质为特优(AAA)的公司

聚龙股份(300202.SZ)、天神娱乐(002354.SZ)这 2 个公司。

2)2023 年信用资质为良(A)的公司

国电电力(600795.SH)、海航投资(000616.SZ)、百傲化学(603360.SH)等 9 个公司。

3)2023 年信用资质为一般(BB)的公司

*ST 新城(000809.SZ)、福鞍股份(603315.SH)、大连港(601880.SH)等 54 个公司。

4)2023 年信用资质为较差(B)的公司

圆通速递(600233.SH)、大连圣亚(600593.SH)、抚顺特钢(600399.SH)、凌钢股份(600231.SH)这 4 个公司。

5)2023 年信用资质为差(CCC)的公司

三垒股份(002621.SZ)、恒力股份(600346.SH)这 2 个公司。

6)2023 年信用资质为很差(CC)的公司

神雾节能(000820.SZ)这 1 个公司。

7)2023 年信用资质为极差(C)的公司

鞍钢股份(000898.SZ)这 1 个公司。

22.4.6　江苏省 2000~2023 年 24 年信用评级和重点预警公司

将表 22.1 第 6 列中属于江苏省的公司遴选出来，得到江苏省上市公司 2000~2023 年的信用得分和信用评级，具体如表 22.16 所示。

表 22.16　中国上市公司江苏省的 2000~2023 年这 24 年的信用得分和信用评级

(1)序号	(2)年份	(3)证券代码	(4)证券简称	(5)行业	(6)地区	(7)所有制属性	(8)信用得分	(9)信用等级	(10)信用度
1	2000	600398.SH	海澜之家	制造行业	江苏省	民营企业	99.81	AAA	特优
2		600287.SH	江苏舜天	批发和零售业	江苏省	地方国有企业	99.77	AAA	特优
3		600300.SH	维维股份	制造行业	江苏省	民营企业	99.37	AAA	特优
…		…	…	…	…	…	…	…	…
74		600557.SH	康缘药业	制造行业	江苏省	民营企业	15.74	A	良
75	2001	600300.SH	维维股份	制造行业	江苏省	民营企业	99.24	AAA	特优
76		600854.SH	春兰股份	制造行业	江苏省	集体企业	99.23	AAA	特优
77		600287.SH	江苏舜天	批发和零售业	江苏省	地方国有企业	98.18	AAA	特优
…		…	…	…	…	…	…	…	…
157		000585.SZ	东北电气	制造行业	江苏省	其他所有制企业	12.45	A	良
158	2002	600854.SH	春兰股份	制造行业	江苏省	集体企业	99.10	AAA	特优
159		600300.SH	维维股份	制造行业	江苏省	民营企业	99.06	AAA	特优

续表

(1)序号	(2)年份	(3)证券代码	(4)证券简称	(5)行业	(6)地区	(7)所有制属性	(8)信用得分	(9)信用等级	(10)信用度
160	2002	000700.SZ	模塑科技	制造行业	江苏省	民营企业	99.04	AAA	特优
…		…	…	…	…	…	…	…	…
243		000585.SZ	东北电气	制造行业	江苏省	其他所有制企业	6.63	A	良
…	…	…	…	…	…	…	…	…	…
5374	2021	603488.SH	展鹏科技	制造行业	江苏省	民营企业	96.41	AAA	特优
5375		300623.SZ	捷捷微电	制造行业	江苏省	民营企业	95.25	AAA	特优
5376		300554.SZ	三超新材	制造行业	江苏省	民营企业	90.97	AAA	特优
…		…	…	…	…	…	…	…	…
5484		603990.SH	麦迪科技	信息传输、软件和信息技术服务行业	江苏省	民营企业	48.62	AA	优
5485		002483.SZ	润邦股份	制造行业	江苏省	民营企业	48.31	AA	优
5486		601599.SH	鹿港文化	制造行业	江苏省	民营企业	48.16	AA	优
5487		600959.SH	江苏有线	信息传输、软件和信息技术服务行业	江苏省	公众企业	48.15	AA	优
5488		300240.SZ	飞力达	其他行业	江苏省	民营企业	47.90	A	良
5489		300390.SZ	天华超净	制造行业	江苏省	民营企业	47.87	A	良
5490		300342.SZ	天银机电	制造行业	江苏省	民营企业	47.79	A	良
…		…	…	…	…	…	…	…	…
5694		002071.SZ	长城影视	文化、体育和娱乐行业	江苏省	民营企业	18.37	BBB	较好
5695		600682.SH	南京新百	批发和零售业	江苏省	民营企业	18.35	BBB	较好
5696		002471.SZ	中超控股	制造行业	江苏省	民营企业	18.25	BBB	较好
…		…	…	…	…	…	…	…	…
5745		600584.SH	长电科技	制造行业	江苏省	公众企业	1.06	BB	一般
5746		600268.SH	国电南自	制造行业	江苏省	中央国有企业	0.98	B	较差
5747	2022	002608.SZ	江苏国信	电力、热力、燃气及水生产和供应行业	江苏省	地方国有企业	99.99	AAA	特优
5748		300295.SZ	三六五网	信息传输、软件和信息技术服务行业	江苏省	民营企业	99.93	AAA	特优
5749		002315.SZ	焦点科技	信息传输、软件和信息技术服务行业	江苏省	民营企业	99.85	AAA	特优
…		…	…	…	…	…	…	…	…
6110		603078.SH	江化微	制造行业	江苏省	民营企业	26.61	BBB	较好
6111		603626.SH	科森科技	制造行业	江苏省	民营企业	20.90	BB	一般
6112		002262.SZ	恩华药业	制造行业	江苏省	民营企业	15.94	B	较差
6113		600282.SH	南钢股份	制造行业	江苏省	民营企业	14.22	B	较差
6114		603707.SH	健友股份	制造行业	江苏省	民营企业	13.69	B	较差
6115		300495.SZ	美尚生态	其他行业	江苏省	民营企业	10.15	CCC	差
6116		002349.SZ	精华制药	制造行业	江苏省	地方国有企业	8.86	CCC	差
6117		300618.SZ	寒锐钴业	制造行业	江苏省	民营企业	8.67	CCC	差
6118		300320.SZ	海达股份	制造行业	江苏省	民营企业	8.03	CCC	差
6119		600527.SH	江南高纤	制造行业	江苏省	民营企业	1.51	C	极差

续表

(1)序号	(2)年份	(3)证券代码	(4)证券简称	(5)行业	(6)地区	(7)所有制属性	(8)信用得分	(9)信用等级	(10)信用度
6120	2023	002315.SZ	焦点科技	信息传输、软件和信息技术服务行业	江苏省	民营企业	100.00	AAA	特优
6121		300295.SZ	三六五网	信息传输、软件和信息技术服务行业	江苏省	民营企业	100.00	AAA	特优
6122		002531.SZ	天顺风能	制造行业	江苏省	民营企业	100.00	AAA	特优
…		…	…	…	…	…	…	…	…
6144		603041.SH	美思德	制造行业	江苏省	民营企业	49.53	A	良
6145		603416.SH	信捷电气	制造行业	江苏省	民营企业	48.53	A	良
6146		002546.SZ	新联电子	制造行业	江苏省	民营企业	44.10	A	良
…		…	…	…	…	…	…	…	…
6198		000919.SZ	金陵药业	制造行业	江苏省	地方国有企业	4.04	BBB	较好
6199		002409.SZ	雅克科技	制造行业	江苏省	民营企业	3.99	BBB	较好
6200		603066.SH	音飞储存	其他行业	江苏省	民营企业	3.98	BBB	较好
6201		000738.SZ	航发控制	制造行业	江苏省	中央国有企业	3.93	BBB	较好
6202		002127.SZ	南极电商	其他行业	江苏省	民营企业	3.69	BB	一般
6203		300670.SZ	大烨智能	制造行业	江苏省	民营企业	3.68	BB	一般
6204		603988.SH	中电电机	制造行业	江苏省	民营企业	3.54	BB	一般
…		…	…	…	…	…	…	…	…
6468		002071.SZ	长城影视	文化、体育和娱乐行业	江苏省	民营企业	0.27	B	较差
6469		002044.SZ	美年健康	其他行业	江苏省	民营企业	0.27	B	较差
6470		000035.SZ	中国天楹	其他行业	江苏省	民营企业	0.24	B	较差
…		…	…	…	…	…	…	…	…
6477		000525.SZ	红太阳	制造行业	江苏省	民营企业	0.20	CCC	差
6478		002081.SZ	金螳螂	建筑行业	江苏省	民营企业	0.15	CCC	差
6479		002075.SZ	沙钢股份	制造行业	江苏省	民营企业	0.14	CCC	差
…		…	…	…	…	…	…	…	…
6487		600074.SH	保千里	制造行业	江苏省	民营企业	0.03	CC	很差
6488		603916.SH	N 苏博特	制造行业	江苏省	民营企业	0.03	CC	很差
6489		600377.SH	宁沪高速	其他行业	江苏省	地方国有企业	0.02	CC	很差
6490		600282.SH	南钢股份	制造行业	江苏省	民营企业	0.01	C	极差
6491		002304.SZ	洋河股份	制造行业	江苏省	地方国有企业	0.00	C	极差
6492		002024.SZ	苏宁云商	批发和零售行业	江苏省	民营企业	0.00	C	极差

应该指出：表 22.16 中的信用得分一共分成两段。第一段为 2000~2018 年这 19 年，是根据已知数据的违约判别。第二段为 2019~2023 年这 5 年，是根据已知数据对上市公司的违约预测。

1. 2021 年江苏省信用资质好中差的上市公司

1)2021 年信用资质为特优(AAA)的公司

展鹏科技(603488.SH)、捷捷微电(300623.SZ)、三超新材(300554.SZ)等 110 个公司。

2)2021 年信用资质为优(AA)的公司

麦迪科技(603990.SH)、润邦股份(002483.SZ)、鹿港文化(601599.SH)、江苏有线(600959.SH)这 4 个公司。

3)2021 年信用资质为良(A)的公司
飞力达(300240.SZ)、天华超净(300390.SZ)、天银机电(300342.SZ)等 206 个公司。
4)2021 年信用资质为较好(BBB)的公司
长城影视(002071.SZ)、南京新百(600682.SH)、中超控股(002471.SZ)等 51 个公司。
5)2021 年信用资质为一般(BB)的公司
长电科技(600584.SH)这 1 个公司。
6)2021 年信用资质为较差(B)的公司
国电南自(600268.SH)这 1 个公司。

2. 2022 年江苏省信用资质好中差的上市公司

1)2022 年信用资质为特优(AAA)的公司
江苏国信(002608.SZ)、三六五网(300295.SZ)、焦点科技(002315.SZ)等 363 个公司。
2)2022 年信用资质为较好(BBB)的公司
江化微(603078.SH)这 1 个公司。
3)2022 年信用资质为一般(BB)的公司
科森科技(603626.SH)这 1 个公司。
4)2022 年信用资质为较差(B)的公司
恩华药业(002262.SZ)、南钢股份(600282.SH)、健友股份(603707.SH)这 3 个公司。
5)2022 年信用资质为差(CCC)的公司
美尚生态(300495.SZ)、精华制药(002349.SZ)、寒锐钴业(300618.SZ)、海达股份(300320.SZ)这 4 个公司。
6)2022 年信用资质为极差(C)的公司
江南高纤(600527.SH)这 1 个公司。

3. 2023 年江苏省信用资质好中差的上市公司

1)2023 年信用资质为特优(AAA)的公司
焦点科技(002315.SZ)、三六五网(300295.SZ)、天顺风能(002531.SZ)等 24 个公司。
2)2023 年信用资质为良(A)的公司
美思德(603041.SH)、信捷电气(603416.SH)、新联电子(002546.SZ)等 54 个公司。
3)2023 年信用资质为较好(BBB)的公司
金陵药业(000919.SZ)、雅克科技(002409.SZ)、音飞储存(603066.SH)、航发控制(000738.SZ)这 4 个公司。
4)2023 年信用资质为一般(BB)的公司
南极电商(002127.SZ)、大烨智能(300670.SZ)、中电电机(603988.SH)等 266 个公司。
5)2023 年信用资质为较差(B)的公司
长城影视(002071.SZ)、美年健康(002044.SZ)、中国天楹(000035.SZ)等 9 个公司。
6)2023 年信用资质为差(CCC)的公司
红太阳(000525.SZ)、金螳螂(002081.SZ)、沙钢股份(002075.SZ)等 10 个公司。
7)2023 年信用资质为很差(CC)的公司
保千里(600074.SH)、N 苏博特(603916.SH)、宁沪高速(600377.SH)这 3 个公司。
8)2023 年信用资质为极差(C)的公司
南钢股份(600282.SH)、洋河股份(002304.SZ)、苏宁云商(002024.SZ)这 3 个公司。

22.4.7 安徽省 2000~2023 年 24 年信用评级和重点预警公司

将表 22.1 第 6 列中属于安徽省的公司遴选出来，得到安徽省上市公司 2000~2023 年的信用得分和信用评级，具体如表 22.17 所示。

表 22.17　中国上市公司安徽省的 2000~2023 年这 24 年的信用得分和信用评级

(1)序号	(2)年份	(3)证券代码	(4)证券简称	(5)行业	(6)地区	(7)所有制属性	(8)信用得分	(9)信用等级	(10)信用度
1	2000	000153.SZ	丰原药业	制造行业	安徽省	民营企业	99.51	AAA	特优
2		600255.SH	梦舟股份	制造行业	安徽省	民营企业	99.46	AAA	特优
3		000417.SZ	合肥百货	批发和零售业	安徽省	地方国有企业	98.71	AAA	特优
…		…	…	…	…	…	…	…	…
35		600375.SH	华菱星马	制造行业	安徽省	地方国有企业	14.98	A	良
36	2001	000859.SZ	国风塑业	制造行业	安徽省	地方国有企业	98.40	AAA	特优
37		000850.SZ	华茂股份	制造行业	安徽省	地方国有企业	98.33	AAA	特优
38		000417.SZ	合肥百货	批发和零售业	安徽省	地方国有企业	98.11	AAA	特优
…		…	…	…	…	…	…	…	…
80		600983.SH	惠而浦	制造行业	安徽省	外资企业	5.70	A	良
81	2002	600761.SH	安徽合力	制造行业	安徽省	地方国有企业	98.39	AAA	特优
82		000596.SZ	古井贡酒	制造行业	安徽省	地方国有企业	98.26	AAA	特优
83		600237.SH	铜峰电子	制造行业	安徽省	民营企业	98.22	AAA	特优
…		…	…	…	…	…	…	…	…
126		600983.SH	惠而浦	制造行业	安徽省	外资企业	7.75	A	良
…	…	…	…	…	…	…	…	…	…
1671	2021	603656.SH	泰禾光电	制造行业	安徽省	民营企业	91.82	AAA	特优
1672		300595.SZ	欧普康视	制造行业	安徽省	民营企业	89.70	AAA	特优
1673		603527.SH	众源新材	制造行业	安徽省	民营企业	81.04	AAA	特优
…		…	…	…	…	…	…	…	…
1691		000630.SZ	铜陵有色	制造行业	安徽省	地方国有企业	48.60	AA	优
1692		600761.SH	安徽合力	制造行业	安徽省	地方国有企业	48.57	AA	优
1693		002057.SZ	中钢天源	制造行业	安徽省	中央国有企业	48.36	AA	优
1694		002014.SZ	永新股份	制造行业	安徽省	集体企业	47.68	A	良
1695		002226.SZ	江南化工	制造行业	安徽省	民营企业	46.11	A	良
1696		600575.SH	皖江物流	其他行业	安徽省	地方国有企业	45.86	A	良
…		…	…	…	…	…	…	…	…
1749		002230.SZ	科大讯飞	信息传输、软件和信息技术服务行业	安徽省	中央国有企业	18.30	BBB	较好
1750		600552.SH	凯盛科技	制造行业	安徽省	中央国有企业	18.09	BBB	较好
1751		000980.SZ	众泰汽车	制造行业	安徽省	民营企业	17.96	BBB	较好
…		…	…	…	…	…	…	…	…
1770		600470.SH	六国化工	制造行业	安徽省	地方国有企业	0.94	B	较差
1771	2022	600054.SH	黄山旅游	其他行业	安徽省	地方国有企业	88.32	AAA	特优
1772		002817.SZ	黄山胶囊	制造行业	安徽省	民营企业	86.97	AAA	特优
1773		002541.SZ	鸿路钢构	制造行业	安徽省	民营企业	86.70	AAA	特优
…		…	…	…	…	…	…	…	…
1870		000868.SZ	安凯客车	制造行业	安徽省	地方国有企业	50.00	AAA	特优

续表

(1)序号	(2)年份	(3)证券代码	(4)证券简称	(5)行业	(6)地区	(7)所有制属性	(8)信用得分	(9)信用等级	(10)信用度
1871	2023	600585.SH	海螺水泥	制造行业	安徽省	地方国有企业	99.86	AAA	特优
1872		603656.SH	泰禾光电	制造行业	安徽省	民营企业	71.42	AAA	特优
1873		002817.SZ	黄山胶囊	制造行业	安徽省	民营企业	68.56	AAA	特优
1874		300595.SZ	欧普康视	制造行业	安徽省	民营企业	44.30	A	良
1875		002690.SZ	美亚光电	制造行业	安徽省	民营企业	38.68	A	良
1876		600054.SH	黄山旅游	其他行业	安徽省	地方国有企业	28.69	A	良
…		…	…	…	…	…	…	…	…
1883		000980.SZ	众泰汽车	制造行业	安徽省	民营企业	4.08	BBB	较好
1884		600199.SH	金种子酒	制造行业	安徽省	地方国有企业	3.66	BB	一般
1885		601801.SH	皖新传媒	文化、体育和娱乐业	安徽省	地方国有企业	3.59	BB	一般
1886		300090.SZ	盛运环保	制造行业	安徽省	民营企业	3.45	BB	一般
…		…	…	…	…	…	…	…	…
1964		000596.SZ	古井贡酒	制造行业	安徽省	地方国有企业	0.23	B	较差
1965		601918.SH	新集能源	采矿行业	安徽省	中央国有企业	0.19	CCC	差
1966		002607.SZ	亚夏汽车	批发和零售业	安徽省	民营企业	0.17	CCC	差
1967		600567.SH	山鹰纸业	制造行业	安徽省	民营企业	0.04	CCC	差
1968		002352.SZ	顺丰控股	其他行业	安徽省	民营企业	0.03	CC	很差
1969		600985.SH	雷鸣科化	制造行业	安徽省	地方国有企业	0.02	C	极差
1970		600808.SH	马钢股份	制造行业	安徽省	地方国有企业	0.00	C	极差

应该指出：表 22.17 中的信用得分一共分成两段。第一段为 2000~2018 年这 19 年，是根据已知数据的违约判别。第二段为 2019~2023 年这 5 年，是根据已知数据对上市公司的违约预测。

1. 2021 年安徽省信用资质好中差的上市公司

1)2021 年信用资质为特优(AAA)的公司

泰禾光电(603656.SH)、欧普康视(300595.SZ)、众源新材(603527.SH)等 20 个上市公司。

2)2021 年信用资质为优(AA)的公司

铜陵有色(000630.SZ)、安徽合力(600761.SH)、中钢天源(002057.SZ)这 3 个公司。

3)2021 年信用资质为良(A)的公司

永新股份(002014.SZ)、江南化工(002226.SZ)、皖江物流(600575.SH)等 55 个公司。

4)2021 年信用资质为较好(BBB)的公司

科大讯飞(002230.SZ)、凯盛科技(600552.SH)、众泰汽车(000980.SZ)等 21 个公司。

5)2021 年信用资质为较差(B)的公司

六国化工(600470.SH)这 1 个公司。

2. 2022 年安徽省信用资质好中差的上市公司

2022 年信用资质为特优(AAA)的公司包括：黄山旅游(600054.SH)、黄山胶囊(002817.SZ)、鸿路钢构(002541.SZ)等全部 100 家公司。

3. 2023 年安徽省信用资质好中差的上市公司

1)2023 年信用资质为特优(AAA)的公司
海螺水泥(600585.SH)、泰禾光电(603656.SH)、黄山胶囊(002817.SZ)这 3 个公司。
2)2023 年信用资质为良(A)的公司
欧普康视(300595.SZ)、美亚光电(002690.SZ)、黄山旅游(600054.SH)等 9 个公司。
3)2023 年信用资质为较好(BBB)的公司
众泰汽车(000980.SZ)这 1 个公司。
4)2023 年信用资质为一般(BB)的公司
金种子酒(600199.SH)、皖新传媒(601801.SH)、盛运环保(300090.SZ)等 80 个公司。
5)2023 年信用资质为较差(B)的公司
古井贡酒(000596.SZ)这 1 个公司。
6)2023 年信用资质为差(CCC)的公司
新集能源(601918.SH)、亚夏汽车(002607.SZ)、山鹰纸业(600567.SH)这 3 个公司。
7)2023 年信用资质为很差(CC)的公司
顺丰控股(002352.SZ)这 1 个公司。
8)2023 年信用资质为极差(C)的公司
雷鸣科化(600985.SH)、马钢股份(600808.SH)这 2 个公司。

22.4.8　福建省 2000~2023 年 24 年信用评级和重点预警公司

将表 22.1 第 6 列中属于福建省的公司遴选出来，得到福建省上市公司 2000~2023 年的信用得分和信用评级，具体如表 22.18 所示。

表 22.18　中国上市公司福建省的 2000~2023 年这 24 年的信用得分和信用评级

(1)序号	(2)年份	(3)证券代码	(4)证券简称	(5)行业	(6)地区	(7)所有制属性	(8)信用得分	(9)信用等级	(10)信用度
1	2000	000997.SZ	新大陆	信息传输、软件和信息技术服务行业	福建省	民营企业	99.78	AAA	特优
2		600153.SH	建发股份	批发和零售业	福建省	地方国有企业	98.93	AAA	特优
3		000993.SZ	闽东电力	电力、热力、燃气及水生产和供应业	福建省	地方国有企业	97.94	AAA	特优
…		…	…	…	…	…	…	…	…
39		600711.SH	盛屯矿业	采矿行业	福建省	民营企业	18.19	A	良
40	2001	600897.SH	厦门空港	其他行业	福建省	地方国有企业	98.29	AAA	特优
41		000753.SZ	漳州发展	批发和零售业	福建省	地方国有企业	98.11	AAA	特优
42		000997.SZ	新大陆	信息传输、软件和信息技术服务行业	福建省	民营企业	97.27	AAA	特优
…		…	…	…	…	…	…	…	…
80		000592.SZ	平潭发展	其他行业	福建省	民营企业	1.04	A	良
81	2002	000997.SZ	新大陆	信息传输、软件和信息技术服务行业	福建省	民营企业	99.41	AAA	特优
82		600153.SH	建发股份	批发和零售业	福建省	地方国有企业	99.15	AAA	特优
83		600897.SH	厦门空港	其他行业	福建省	地方国有企业	98.57	AAA	特优
…		…	…	…	…	…	…	…	…
121		000536.SZ	华映科技	制造行业	福建省	外资企业	0.54	A	良
…	…	…	…	…	…	…	…	…	…

续表

(1)序号	(2)年份	(3)证券代码	(4)证券简称	(5)行业	(6)地区	(7)所有制属性	(8)信用得分	(9)信用等级	(10)信用度
1966	2021	300685.SZ	艾德生物	制造行业	福建省	外资企业	97.31	AAA	特优
1967		002901.SZ	大博医疗	制造行业	福建省	民营企业	95.50	AAA	特优
1968		002868.SZ	绿康生化	制造行业	福建省	民营企业	90.21	AAA	特优
…		…	…	…	…	…	…	…	…
2005		300132.SZ	青松股份	制造行业	福建省	民营企业	48.00	AA	优
2006		600897.SH	厦门空港	其他行业	福建省	地方国有企业	47.33	A	良
2007		002093.SZ	国脉科技	信息传输、软件和信息技术服务行业	福建省	民营企业	47.17	A	良
2008		600755.SH	厦门国贸	批发和零售业	福建省	地方国有企业	47.08	A	良
…		…	…	…	…	…	…	…	…
2077		603555.SH	贵人鸟	制造行业	福建省	民营企业	18.49	BBB	较好
2078		002098.SZ	浔兴股份	制造行业	福建省	民营企业	18.39	BBB	较好
2079		002474.SZ	榕基软件	信息传输、软件和信息技术服务行业	福建省	民营企业	18.06	BBB	较好
…		…	…	…	…	…	…	…	…
2096	2022	000997.SZ	新大陆	信息传输、软件和信息技术服务行业	福建省	民营企业	99.99	AAA	特优
2097		300685.SZ	艾德生物	制造行业	福建省	外资企业	97.08	AAA	特优
2098		002868.SZ	绿康生化	制造行业	福建省	民营企业	96.80	AAA	特优
…		…	…	…	…	…	…	…	…
2224		000526.SZ	*ST 紫学	其他行业	福建省	中央国有企业	45.76	AAA	特优
2225		600870.SH	厦华电子	制造行业	福建省	民营企业	42.88	A	良
2226	2023	000997.SZ	新大陆	信息传输、软件和信息技术服务行业	福建省	民营企业	100.00	AAA	特优
2227		601166.SH	兴业银行	其他行业	福建省	公众企业	96.28	AAA	特优
2228		600573.SH	惠泉啤酒	制造行业	福建省	地方国有企业	96.26	AAA	特优
…		…	…	…	…	…	…	…	…
2240		002901.SZ	大博医疗	制造行业	福建省	民营企业	43.09	A	良
2241		002222.SZ	福晶科技	制造行业	福建省	中央国有企业	28.63	A	良
2242		603383.SH	顶点软件	信息传输、软件和信息技术服务行业	福建省	民营企业	21.30	A	良
…		…	…	…	…	…	…	…	…
2258		002509.SZ	天广中茂	制造行业	福建省	公众企业	3.99	BBB	较好
2259		603678.SH	火炬电子	制造行业	福建省	民营企业	3.87	BBB	较好
2260		300648.SZ	星云股份	制造行业	福建省	民营企业	3.45	BB	一般
2261		600815.SH	*ST 厦工	制造行业	福建省	地方国有企业	3.26	BB	一般
2262		000663.SZ	永安林业	制造行业	福建省	地方国有企业	3.25	BB	一般
…		…	…	…	…	…	…	…	…
2346		601899.SH	紫金矿业	采矿行业	福建省	地方国有企业	0.28	B	较差
2347		000526.SZ	*ST 紫学	其他行业	福建省	中央国有企业	0.28	B	较差

续表

(1)序号	(2)年份	(3)证券代码	(4)证券简称	(5)行业	(6)地区	(7)所有制属性	(8)信用得分	(9)信用等级	(10)信用度
2348	2023	002174.SZ	游族网络	信息传输、软件和信息技术服务行业	福建省	民营企业	0.25	B	较差
2349		600802.SH	福建水泥	制造行业	福建省	地方国有企业	0.21	B	较差
2350		300628.SZ	亿联网络	制造行业	福建省	民营企业	0.17	CCC	差
2351		600870.SH	厦华电子	制造行业	福建省	民营企业	0.17	CCC	差
2352		002299.SZ	圣农发展	其他行业	福建省	民营企业	0.15	CCC	差
2353		000671.SZ	阳光城	房地产行业	福建省	民营企业	0.05	CCC	差
2354		600153.SH	建发股份	批发和零售行业	福建省	地方国有企业	0.01	C	极差
2355		002110.SZ	三钢闽光	制造行业	福建省	地方国有企业	0.00	C	极差

应该指出：表 22.18 中的信用得分一共分成两段。第一段为 2000~2018 年这 19 年，是根据已知数据的违约判别。第二段为 2019~2023 年这 5 年，是根据已知数据对上市公司的违约预测。

1. 2021 年福建省信用资质好中差的上市公司

1)2021 年信用资质为特优(AAA)的公司

艾德生物(300685.SZ)、大博医疗(002901.SZ)、绿康生化(002868.SZ)等 39 个公司。

2)2021 年信用资质为优(AA)的公司

青松股份(300132.SZ)这 1 个公司。

3)2021 年信用资质为良(A)的公司

厦门空港(600897.SH)、国脉科技(002093.SZ)、厦门国贸(600755.SH)等 71 个公司。

4)2021 年信用资质为较好(BBB)的公司

贵人鸟(603555.SH)、浔兴股份(002098.SZ)、榕基软件(002474.SZ)等 19 个公司。

2. 2022 年福建省信用资质好中差的上市公司

1)2022 年信用资质为特优(AAA)的公司

新大陆(000997.SZ)、艾德生物(300685.SZ)、绿康生化(002868.SZ)等 129 个公司。

2)2022 年信用资质为良(A)的公司

厦华电子(600870.SH)这 1 个公司。

3. 2023 年福建省信用资质好中差的上市公司

1)2023 年信用资质为特优(AAA)的公司

新大陆(000997.SZ)、兴业银行(601166.SH)、惠泉啤酒(600573.SH)等 14 个公司。

2)2023 年信用资质为良(A)的公司

大博医疗(002901.SZ)、福晶科技(002222.SZ)、顶点软件(603383.SH)等 18 个公司。

3)2023 年信用资质为较好(BBB)的公司

天广中茂(002509.SZ)、火炬电子(603678.SH)这 2 个公司。

4)2023 年信用资质为一般(BB)的公司

星云股份(300648.SZ)、*ST 厦工(600815.SH)、永安林业(000663.SZ)等 86 个公司。

5)2023 年信用资质为较差(B)的公司

紫金矿业(601899.SH)、*ST 紫学(000526.SZ)、游族网络(002174.SZ)、福建水泥(600802.SH)这 4 个公司。

6)2023 年信用资质为差(CCC)的公司

亿联网络(300628.SZ)、厦华电子(600870.SH)、圣农发展(002299.SZ)、阳光城(000671.SZ)这 4 个公司。

7)2023 年信用资质为极差(C)的公司

建发股份(600153.SH)、三钢闽光(002110.SZ)这 2 个公司。

22.4.9 广东省 2000~2023 年 24 年信用评级和重点预警公司

将表 22.1 第 6 列中属于广东省的公司遴选出来，得到广东省上市公司 2000~2023 年信用得分和信用评级，具体如表 22.19 所示。

表 22.19 中国上市公司广东省的 2000~2023 年这 24 年的信用得分和信用评级

(1)序号	(2)年份	(3)证券代码	(4)证券简称	(5)行业	(6)地区	(7)所有制属性	(8)信用得分	(9)信用等级	(10)信用度
1	2000	000541.SZ	佛山照明	制造行业	广东省	地方国有企业	99.74	AAA	特优
2		000099.SZ	中信海直	其他行业	广东省	中央国有企业	99.49	AAA	特优
3		600323.SH	瀚蓝环境	电力、热力、燃气及水生产和供应业	广东省	地方国有企业	99.28	AAA	特优
…		…	…	…	…	…	…	…	…
127		600083.SH	博信股份	制造行业	广东省	外资企业	0.81	A	良
128	2001	000541.SZ	佛山照明	制造行业	广东省	地方国有企业	99.41	AAA	特优
129		000717.SZ	韶钢松山	制造行业	广东省	中央国有企业	99.26	AAA	特优
130		600098.SH	广州发展	电力、热力、燃气及水生产和供应业	广东省	地方国有企业	99.02	AAA	特优
…		…	…	…	…	…	…	…	…
262		000017.SZ	深中华 A	制造行业	广东省	公众企业	0.05	C	极差
263	2002	000541.SZ	佛山照明	制造行业	广东省	地方国有企业	99.50	AAA	特优
264		600518.SH	康美药业	制造行业	广东省	民营企业	99.49	AAA	特优
265		600098.SH	广州发展	电力、热力、燃气及水生产和供应业	广东省	地方国有企业	99.32	AAA	特优
…		…	…	…	…	…	…	…	…
403		000017.SZ	深中华 A	制造行业	广东省	公众企业	0.17	B	较差
…	…	…	…	…	…	…	…	…	…
8161	2021	002862.SZ	实丰文化	制造行业	广东省	民营企业	96.09	AAA	特优
8162		603630.SH	拉芳家化	制造行业	广东省	民营企业	93.73	AAA	特优
8163		300679.SZ	电连技术	制造行业	广东省	民营企业	93.59	AAA	特优
…		…	…	…	…	…	…	…	…
8312		000060.SZ	中金岭南	制造行业	广东省	地方国有企业	48.69	AA	优
8313		002732.SZ	燕塘乳业	制造行业	广东省	中央国有企业	48.50	AA	优
8314		300053.SZ	欧比特	制造行业	广东省	外资企业	48.45	AA	优
…		…	…	…	…	…	…	…	…
8318		300043.SZ	星辉娱乐	信息传输、软件和信息技术服务行业	广东省	民营企业	47.78	A	良
8319		300576.SZ	容大感光	制造行业	广东省	民营企业	47.73	A	良
8320		603398.SH	邦宝益智	制造行业	广东省	民营企业	47.68	A	良
…		…	…	…	…	…	…	…	…
8637		002356.SZ	赫美集团	批发和零售行业	广东省	公众企业	18.46	BBB	较好
8638		300460.SZ	惠伦晶体	制造行业	广东省	民营企业	18.40	BBB	较好

续表

(1)序号	(2)年份	(3)证券代码	(4)证券简称	(5)行业	(6)地区	(7)所有制属性	(8)信用得分	(9)信用等级	(10)信用度
8639	2021	002676.SZ	顺威股份	制造行业	广东省	公众企业	18.35	BBB	较好
…		…	…	…	…	…	…	…	…
8713		300322.SZ	硕贝德	制造行业	广东省	民营企业	1.14	BB	一般
8714		002575.SZ	群兴玩具	制造行业	广东省	民营企业	0.77	CCC	差
8715	2022	601238.SH	广汽集团	制造行业	广东省	地方国有企业	99.81	AAA	特优
8716		600098.SH	广州发展	电力、热力、燃气及水生产和供应业	广东省	地方国有企业	98.41	AAA	特优
8717		002884.SZ	凌霄泵业	制造行业	广东省	民营企业	98.38	AAA	特优
…		…	…	…	…	…	…	…	…
9258		300193.SZ	佳士科技	制造行业	广东省	公众企业	45.11	AA	优
9259		300235.SZ	方直科技	信息传输、软件和信息技术服务行业	广东省	民营企业	44.91	AA	优
9260		000502.SZ	绿景控股	房地产行业	广东省	民营企业	35.05	A	良
9261		002138.SZ	顺络电子	制造行业	广东省	公众企业	25.10	BBB	较好
9262		300146.SZ	汤臣倍健	制造行业	广东省	民营企业	16.90	BB	一般
9263		300476.SZ	胜宏科技	制造行业	广东省	民营企业	13.00	B	较差
9264		002387.SZ	黑牛食品	制造行业	广东省	民营企业	12.49	B	较差
9265		002240.SZ	威华股份	制造行业	广东省	民营企业	8.03	CCC	差
9266		002741.SZ	光华科技	制造行业	广东省	民营企业	7.35	CCC	差
9267		002740.SZ	爱迪尔	制造行业	广东省	民营企业	3.94	CC	很差
9268		002837.SZ	英维克	制造行业	广东省	民营企业	3.44	C	极差
9269	2023	002670.SZ	国盛金控	其他行业	广东省	民营企业	100.00	AAA	特优
9270		000038.SZ	深大通	其他行业	广东省	民营企业	100.00	AAA	特优
9271		000651.SZ	格力电器	制造行业	广东省	地方国有企业	100.00	AAA	特优
…		…	…	…	…	…	…	…	…
9514		000921.SZ	海信科龙	制造行业	广东省	地方国有企业	49.87	AA	优
9515		300328.SZ	宜安科技	制造行业	广东省	外资企业	49.86	AA	优
9516		002433.SZ	太安堂	制造行业	广东省	民营企业	49.80	A	良
9517		300503.SZ	昊志机电	制造行业	广东省	民营企业	49.77	A	良
9518		603725.SH	天安新材	制造行业	广东省	民营企业	49.71	A	良
…		…	…	…	…	…	…	…	…
9815		603288.SH	海天味业	制造行业	广东省	民营企业	3.70	BB	一般
9816		002575.SZ	群兴玩具	制造行业	广东省	民营企业	2.75	BB	一般
9817		600548.SH	深高速	其他行业	广东省	地方国有企业	2.59	BB	一般
…		…	…	…	…	…	…	…	…
9821		000069.SZ	华侨城 A	其他行业	广东省	中央国有企业	0.20	B	较差
9822		600048.SH	保利地产	房地产行业	广东省	中央国有企业	0.03	CC	很差

应该指出：表 22.19 中的信用得分一共分成两段。第一段为 2000~2018 年这 19 年，是根据已知数据的

违约判别。第二段为 2019~2023 年这 5 年，是根据已知数据对上市公司的违约预测。

1. 2021 年广东省信用资质好中差的上市公司

1)2021 年信用资质为特优(AAA)的公司

实丰文化(002862.SZ)、拉芳家化(603630.SH)、电连技术(300679.SZ)等 151 个公司。

2)2021 年信用资质为优(AA)的公司

中金岭南(000060.SZ)、燕塘乳业(002732.SZ)、欧比特(300053.SZ)等 6 个公司。

3)2021 年信用资质为良(A)的公司

星辉娱乐(300043.SZ)、容大感光(300576.SZ)、邦宝益智(603398.SH)等 319 个公司。

4)2021 年信用资质为较好(BBB)的公司

赫美集团(002356.SZ)、惠伦晶体(300460.SZ)、顺威股份(002676.SZ)等 76 个公司。

5)2021 年信用资质为一般(BB)的公司

硕贝德(300322.SZ)这 1 个公司。

6)2021 年信用资质为差(CCC)的公司

群兴玩具(002575.SZ)这 1 个公司。

2. 2022 年广东省信用资质好中差的上市公司

1)2022 年信用资质为特优(AAA)的公司

广汽集团(601238.SH)、广州发展(600098.SH)、凌霄泵业(002884.SZ)等 543 个公司。

2)2022 年信用资质为优(AA)的公司

佳士科技(300193.SZ)、方直科技(300235.SZ)这 2 个公司。

3)2022 年信用资质为良(A)的公司

绿景控股(000502.SZ)这 1 个公司。

4)2022 年信用资质为较好(BBB)的公司

顺络电子(002138.SZ)这 1 个公司。

5)2022 年信用资质为一般(BB)的公司

汤臣倍健(300146.SZ)这 1 个公司。

6)2022 年信用资质为较差(B)的公司

胜宏科技(300476.SZ)、黑牛食品(002387.SZ)这 2 个公司。

7)2022 年信用资质为差(CCC)的公司

威华股份(002240.SZ)、光华科技(002741.SZ)这 2 个公司。

8)2022 年信用资质为很差(CC)的公司

爱迪尔(002740.SZ)这 1 个公司。

9)2022 年信用资质为极差(C)的公司

英维克(002837.SZ)这 1 个公司。

3. 2023 年广东省信用资质好中差的上市公司

1)2023 年信用资质为特优(AAA)的公司

国盛金控(002670.SZ)、深大通(000038.SZ)、格力电器(000651.SZ)等 245 个公司。

2)2023 年信用资质为优(AA)的公司

海信科龙(000921.SZ)、宜安科技(300328.SZ)这 2 个公司。

3)2023 年信用资质为良(A)的公司

太安堂(002433.SZ)、昊志机电(300503.SZ)、天安新材(603725.SH)等 299 个公司。

4)2023 年信用资质为一般(BB)的公司

海天味业(603288.SH)、群兴玩具(002575.SZ)、深高速(600548.SH)等 6 个公司。

5)2023 年信用资质为较差(B)的公司

华侨城 A(000069.SZ)这 1 个公司。

6)2023 年信用资质为很差(CC)的公司

保利地产(600048.SH)这 1 个公司。

22.4.10　广西壮族自治区 2000~2023 年 24 年信用评级和重点预警公司

将表 22.1 第 6 列中属于广西壮族自治区的公司遴选出来，得到广西壮族自治区上市公司 2000~2023 年信用得分和信用评级，具体如表 22.20 所示。

表 22.20　中国上市公司广西壮族自治区的 2000~2023 年这 24 年的信用得分和信用评级

(1)序号	(2)年份	(3)证券代码	(4)证券简称	(5)行业	(6)地区	(7)所有制属性	(8)信用得分	(9)信用等级	(10)信用度
1	2000	000978.SZ	桂林旅游	其他行业	广西壮族自治区	地方国有企业	99.16	AAA	特优
2		600236.SH	桂冠电力	电力、热力、燃气及水生产和供应业	广西壮族自治区	中央国有企业	98.61	AAA	特优
3		600252.SH	中恒集团	制造行业	广西壮族自治区	地方国有企业	98.51	AAA	特优
…		…	…	…	…	…	…	…	…
21		000662.SZ	天夏智慧	信息传输、软件和信息技术服务行业	广西壮族自治区	民营企业	15.56	A	良
22	2001	600310.SH	桂东电力	电力、热力、燃气及水生产和供应行业	广西壮族自治区	地方国有企业	99.01	AAA	特优
23		600556.SH	ST 慧球	信息传输、软件和信息技术服务行业	广西壮族自治区	民营企业	97.88	AAA	特优
24		000978.SZ	桂林旅游	其他行业	广西壮族自治区	地方国有企业	95.39	AAA	特优
…		…	…	…	…	…	…	…	…
43		000662.SZ	天夏智慧	信息传输、软件和信息技术服务行业	广西壮族自治区	民营企业	9.87	A	良
44	2002	600236.SH	桂冠电力	电力、热力、燃气及水生产和供应行业	广西壮族自治区	中央国有企业	98.67	AAA	特优
45		600301.SH	ST 南化	制造行业	广西壮族自治区	地方国有企业	98.01	AAA	特优
46		000528.SZ	柳工	制造行业	广西壮族自治区	地方国有企业	97.42	AAA	特优
…		…	…	…	…	…	…	…	…
65		600249.SH	两面针	制造行业	广西壮族自治区	地方国有企业	28.37	A	良
…	…	…	…	…	…	…	…	…	…
652	2021	601996.SH	丰林集团	制造行业	广西壮族自治区	外资企业	56.65	AAA	特优
653		600252.SH	中恒集团	制造行业	广西壮族自治区	地方国有企业	56.11	AAA	特优
654		002275.SZ	桂林三金	制造行业	广西壮族自治区	民营企业	55.35	AAA	特优
…		…	…	…	…	…	…	…	…
658		601368.SH	绿城水务	电力、热力、燃气及水生产和供应行业	广西壮族自治区	地方国有企业	47.64	A	良
659		600368.SH	五洲交通	其他行业	广西壮族自治区	地方国有企业	43.59	A	良
660		000582.SZ	北部湾港	其他行业	广西壮族自治区	地方国有企业	41.56	A	良
…		…	…	…	…	…	…	…	…
674		002696.SZ	百洋股份	其他行业	广西壮族自治区	民营企业	18.07	BBB	较好
675		002175.SZ	东方网络	信息传输、软件和信息技术服务行业	广西壮族自治区	民营企业	17.31	BBB	较好

续表

(1)序号	(2)年份	(3)证券代码	(4)证券简称	(5)行业	(6)地区	(7)所有制属性	(8)信用得分	(9)信用等级	(10)信用度
676	2021	002329.SZ	皇氏集团	制造行业	广西壮族自治区	民营企业	16.57	BBB	较好
…		…	…	…	…	…	…	…	…
685		600423.SH	*ST 柳化	制造行业	广西壮族自治区	地方国有企业	0.75	CCC	差
686		600556.SH	ST 慧球	信息传输、软件和信息技术服务行业	广西壮族自治区	民营企业	0.31	C	极差
687		000953.SZ	*ST 河化	制造行业	广西壮族自治区	外资企业	0.13	C	极差
688	2022	000978.SZ	桂林旅游	其他行业	广西壮族自治区	地方国有企业	81.73	AAA	特优
689		603166.SH	福达股份	制造行业	广西壮族自治区	民营企业	77.99	AAA	特优
690		601368.SH	绿城水务	电力、热力、燃气及水生产和供应业	广西壮族自治区	地方国有企业	77.21	AAA	特优
…		…	…	…	…	…	…	…	…
720		600301.SH	ST 南化	制造行业	广西壮族自治区	地方国有企业	1.39	C	极差
721		600423.SH	*ST 柳化	制造行业	广西壮族自治区	地方国有企业	0.54	C	极差
722		600556.SH	ST 慧球	信息传输、软件和信息技术服务行业	广西壮族自治区	民营企业	0.30	C	极差
723		000953.SZ	*ST 河化	制造行业	广西壮族自治区	外资企业	0.05	C	极差
724	2023	600301.SH	ST 南化	制造行业	广西壮族自治区	地方国有企业	37.15	A	良
725		600423.SH	*ST 柳化	制造行业	广西壮族自治区	地方国有企业	30.85	A	良
726		600538.SH	国发股份	制造行业	广西壮族自治区	民营企业	9.94	A	良
727		002275.SZ	桂林三金	制造行业	广西壮族自治区	民营企业	4.79	A	良
728		601996.SH	丰林集团	制造行业	广西壮族自治区	外资企业	3.15	BB	一般
729		000911.SZ	南宁糖业	制造行业	广西壮族自治区	地方国有企业	2.90	BB	一般
730		002329.SZ	皇氏集团	制造行业	广西壮族自治区	民营企业	2.59	BB	一般
731		600252.SH	中恒集团	制造行业	广西壮族自治区	地方国有企业	1.79	BB	一般
…		…	…	…	…	…	…	…	…
757		000703.SH	恒逸石化	制造行业	广西壮族自治区	地方国有企业	0.10	CCC	差
758		600236.SH	桂冠电力	电力、热力、燃气及水生产和供应业	广西壮族自治区	中央国有企业	0.10	CCC	差
759		601003.SH	柳钢股份	制造行业	广西壮族自治区	地方国有企业	0.01	C	极差

应该指出：表 22.20 中的信用得分一共分成两段。第一段为 2000~2018 年这 19 年，是根据已知数据的违约判别。第二段为 2019~2023 年这 5 年，是根据已知数据对上市公司的违约预测。

1. 2021 年广西壮族自治区信用资质好中差的上市公司

1)2021 年信用资质为特优(AAA)的公司

丰林集团(601996.SH)、中恒集团(600252.SH)、桂林三金(002275.SZ)等 6 个公司。

2)2021 年信用资质为良(A)的公司

绿城水务(601368.SH)、五洲交通(600368.SH)、北部湾港(000582.SZ)等 16 个公司。

3)2021 年信用资质为较好(BBB)的公司

百洋股份(002696.SZ)、东方网络 (002175.SZ)、皇氏集团(002329.SZ)等 11 个公司。

4)2021 年信用资质为差(CCC)的公司

*ST 柳化(600423.SH)这 1 个公司。

5)2021 年信用资质为极差(C)的公司

ST 慧球(600556.SH)、*ST 河化(000953.SZ)这 2 个公司。

2. 2022 年广西壮族自治区信用资质好中差的上市公司

1)2022 年信用资质为特优(AAA)的公司

桂林旅游(000978.SZ)、福达股份(603166.SH)、绿城水务(601368.SH)等 32 个公司。

2)2022 年信用资质为极差(C)的公司

ST 南化(600301.SH)、*ST 柳化(600423.SH)、ST 慧球(600556.SH)、*ST 河化(000953.SZ)这 4 个公司。

3. 2023 年广西壮族自治区信用资质好中差的上市公司

1)2023 年信用资质为良(A)的公司

ST 南化(600301.SH)、*ST 柳化(600423.SH)、国发股份(600538.SH)、桂林三金(002275.SZ)这 4 个公司。

2)2023 年信用资质为一般(BB)的公司

丰林集团(601996.SH)、南宁糖业(000911.SZ)、皇氏集团(002329.SZ)、中恒集团(600252.SH)等 29 公司。

3)2023 年信用资质为差(CCC)的公司

恒逸石化(000703.SZ)、桂冠电力(600236.SH)这 2 个公司。

4)2023 年信用资质为极差(C)的公司

柳钢股份(601003.SH)这 1 个公司。

22.4.11　贵州省 2000~2023 年 24 年信用评级和重点预警公司

将表 22.1 第 6 列中属于贵州省的公司遴选出来，得到贵州省上市公司 2000~2023 年信用得分和信用评级，具体如表 22.21 所示。

表 22.21　中国上市公司贵州省的 2000~2023 年这 24 年的信用得分和信用评级

(1)序号	(2)年份	(3)证券代码	(4)证券简称	(5)行业	(6)地区	(7)所有制属性	(8)信用得分	(9)信用等级	(10)信用度
1	2000	600227.SH	赤天化	制造行业	贵州省	外资企业	99.13	AAA	特优
2		000920.SZ	南方汇通	制造行业	贵州省	中央国有企业	97.77	AAA	特优
3		000733.SZ	振华科技	制造行业	贵州省	中央国有企业	96.65	AAA	特优
…		…	…	…	…	…	…	…	…
12		600395.SH	盘江股份	采矿行业	贵州省	地方国有企业	28.60	A	良
13	2001	600519.SH	贵州茅台	制造行业	贵州省	地方国有企业	98.96	AAA	特优
14		000920.SZ	南方汇通	制造行业	贵州省	中央国有企业	98.88	AAA	特优
15		600367.SH	红星发展	制造行业	贵州省	地方国有企业	98.47	AAA	特优
…		…	…	…	…	…	…	…	…
27		000851.SZ	高鸿股份	批发和零售行业	贵州省	中央国有企业	25.90	A	良
28	2002	000920.SZ	南方汇通	制造行业	贵州省	中央国有企业	99.32	AAA	特优
29		600227.SH	赤天化	制造行业	贵州省	外资企业	99.23	AAA	特优
30		600367.SH	红星发展	制造行业	贵州省	地方国有企业	98.92	AAA	特优
…		…	…	…	…	…	…	…	…
44		000851.SZ	高鸿股份	批发和零售行业	贵州省	中央国有企业	14.63	A	良
…	…	…	…	…	…	…	…	…	…

续表

(1)序号	(2)年份	(3)证券代码	(4)证券简称	(5)行业	(6)地区	(7)所有制属性	(8)信用得分	(9)信用等级	(10)信用度
460	2021	600519.SH	贵州茅台	制造行业	贵州省	地方国有企业	88.41	AAA	特优
461		600903.SH	贵州燃气	电力、热力、燃气及水生产和供应业	贵州省	民营企业	77.01	AAA	特优
462		603058.SH	永吉股份	制造行业	贵州省	民营企业	74.03	AAA	特优
…		…	…	…	…	…	…	…	…
467		300288.SZ	朗玛信息	信息传输、软件和信息技术服务行业	贵州省	民营企业	46.38	A	良
468		600523.SH	贵航股份	制造行业	贵州省	中央国有企业	44.05	A	良
469		002039.SZ	黔源电力	电力、热力、燃气及水生产和供应业	贵州省	中央国有企业	42.43	A	良
…		…	…	…	…	…	…	…	…
482		000851.SZ	高鸿股份	批发和零售行业	贵州省	中央国有企业	18.10	BBB	较好
483		002390.SZ	信邦制药	制造行业	贵州省	民营企业	18.09	BBB	较好
484		600594.SH	益佰制药	制造行业	贵州省	民营企业	17.44	BBB	较好
…		…	…	…	…	…	…	…	…
488	2022	600519.SH	贵州茅台	制造行业	贵州省	地方国有企业	99.99	AAA	特优
489		000540.SZ	中天金融	房地产行业	贵州省	民营企业	99.83	AAA	特优
490		600903.SH	贵州燃气	电力、热力、燃气及水生产和供应业	贵州省	民营企业	78.27	AAA	特优
…		…	…	…	…	…	…	…	…
514	2023	600519.SH	贵州茅台	制造行业	贵州省	地方国有企业	100.00	AAA	特优
515		000540.SZ	中天金融	房地产行业	贵州省	民营企业	100.00	AAA	特优
516		603058.SH	永吉股份	制造行业	贵州省	民营企业	79.39	AAA	特优
517		002390.SZ	信邦制药	制造行业	贵州省	民营企业	8.69	A	良
518		600523.SH	贵航股份	制造行业	贵州省	中央国有企业	4.79	A	良
519		600594.SH	益佰制药	制造行业	贵州省	民营企业	3.69	BB	一般
520		002025.SZ	航天电器	制造行业	贵州省	中央国有企业	2.63	BB	一般
521		600367.SH	红星发展	制造行业	贵州省	地方国有企业	2.52	BB	一般
…		…	…	…	…	…	…	…	…
540		600112.SH	*ST 天成	制造行业	贵州省	民营企业	0.13	CCC	差

应该指出：表 22.21 中的信用得分一共分成两段。第一段为 2000~2018 年这 19 年，是根据已知数据的违约判别。第二段为 2019~2023 年这 5 年，是根据已知数据对上市公司的违约预测。

1. 2021 年贵州省信用资质好中差的上市公司

1)2021 年信用资质为特优(AAA)的公司

贵州茅台(600519.SH)、贵州燃气(600903.SH)、永吉股份(603058.SH)等 7 个公司。

2)2021 年信用资质为良(A)的公司

朗玛信息(300288.SZ)、贵航股份(600523.SH)、黔源电力(002039.SZ)等 15 个公司。

3)2021 年信用资质为较好(BBB)的公司

高鸿股份(000851.SZ)、信邦制药(002390.SZ)、益佰制药(600594.SH)等 6 个公司。

2. 2022 年贵州省信用资质好中差的上市公司

2022 年信用资质为特优(AAA)的公司为贵州茅台(600519.SH)、中天金融(000540.SZ)、贵州燃气(600903.SH)等 26 个公司。

3. 2023 年贵州省信用资质好中差的上市公司

1)2023 年信用资质为特优(AAA)的公司
贵州茅台(600519.SH)、中天金融(000540.SZ)、永吉股份(603058.SH)这 3 个公司。
2)2023 年信用资质为良(A)的公司
信邦制药(002390.SZ)、贵航股份(600523.SH)这 2 个公司。
3)2023 年信用资质为一般(BB)的公司
益佰制药(600594.SH)、航天电器(002025.SZ)、红星发展(600367.SH)等 21 个公司。
4)2023 年信用资质为差(CCC)的公司
*ST 天成(600112.SH)这 1 个公司。

22.4.12　甘肃省 2000~2023 年 24 年信用评级和重点预警公司

将表 22.1 第 6 列中属于甘肃省的公司遴选出来，得到甘肃省上市公司 2000~2023 年信用得分和信用评级，具体如表 22.22 所示。

表 22.22　中国上市公司甘肃省的 2000~2023 年这 24 年的信用得分和信用评级

(1)序号	(2)年份	(3)证券代码	(4)证券简称	(5)行业	(6)省区市	(7)所有制属性	(8)信用得分	(9)信用等级	(10)信用度
1	2000	000981.SZ	银亿股份	房地产行业	甘肃省	外资企业	99.77	AAA	特优
2		000995.SZ	皇台酒业	制造行业	甘肃省	民营企业	95.27	AAA	特优
3		600307.SH	酒钢宏兴	制造行业	甘肃省	地方国有企业	95.21	AAA	特优
…		…	…	…	…	…	…	…	…
16		600354.SH	敦煌种业	其他行业	甘肃省	地方国有企业	17.39	A	良
17	2001	600311.SH	荣华实业	采矿行业	甘肃省	民营企业	97.31	AAA	特优
18		600307.SH	酒钢宏兴	制造行业	甘肃省	地方国有企业	96.56	AAA	特优
19		000981.SZ	银亿股份	房地产行业	甘肃省	外资企业	95.17	AAA	特优
…		…	…	…	…	…	…	…	…
34		600354.SH	敦煌种业	其他行业	甘肃省	地方国有企业	20.13	A	良
35	2002	600307.SH	酒钢宏兴	制造行业	甘肃省	地方国有企业	98.00	AAA	特优
36		600516.SH	方大炭素	制造行业	甘肃省	民营企业	96.31	AAA	特优
37		000981.SZ	银亿股份	房地产行业	甘肃省	外资企业	93.14	AAA	特优
…		…	…	…	…	…	…	…	…
51		600354.SH	敦煌种业	其他行业	甘肃省	地方国有企业	18.55	A	良
…	…	…	…	…	…	…	…	…	…
551	2021	601086.SH	国芳集团	批发和零售行业	甘肃省	民营企业	73.17	AAA	特优
552		002910.SZ	庄园牧场	制造行业	甘肃省	民营企业	71.94	AAA	特优
553		300534.SZ	陇神戎发	制造行业	甘肃省	地方国有企业	67.06	AAA	特优
…		…	…	…	…	…	…	…	…
558		000929.SZ	兰州黄河	制造行业	甘肃省	民营企业	48.59	AA	优

续表

(1)序号	(2)年份	(3)证券代码	(4)证券简称	(5)行业	(6)省区市	(7)所有制属性	(8)信用得分	(9)信用等级	(10)信用度
559	2021	002185.SZ	华天科技	制造行业	甘肃省	民营企业	45.84	A	良
560		600307.SH	酒钢宏兴	制造行业	甘肃省	地方国有企业	45.56	A	良
561		002644.SZ	佛慈制药	制造行业	甘肃省	地方国有企业	44.05	A	良
…		…	…	…	…	…	…	…	…
575		300084.SZ	海默科技	采矿行业	甘肃省	民营企业	18.47	BBB	较好
576		600192.SH	长城电工	制造行业	甘肃省	地方国有企业	16.67	BBB	较好
577		002219.SZ	恒康医疗	制造行业	甘肃省	民营企业	16.63	BBB	较好
…		…	…	…	…	…	…	…	…
582	2022	300534.SZ	陇神戎发	制造行业	甘肃省	地方国有企业	95.95	AAA	特优
583		600543.SH	莫高股份	制造行业	甘肃省	地方国有企业	86.63	AAA	特优
584		300021.SZ	大禹节水	制造行业	甘肃省	民营企业	86.09	AAA	特优
…		…	…	…	…	…	…	…	…
611		002644.SZ	佛慈制药	制造行业	甘肃省	地方国有企业	27.73	BBB	较好
612		600516.SH	方大炭素	制造行业	甘肃省	民营企业	19.88	BB	一般
613	2023	300534.SZ	陇神戎发	制造行业	甘肃省	地方国有企业	100.00	AAA	特优
614		600687.SH	刚泰控股	制造行业	甘肃省	民营企业	100.00	AAA	特优
615		600543.SH	莫高股份	制造行业	甘肃省	地方国有企业	100.00	AAA	特优
…		…	…	…	…	…	…	…	…
643		000995.SZ	皇台酒业	制造行业	甘肃省	民营企业	100.00	AAA	特优

应该指出：表 22.22 中的信用得分一共分成两段。第一段为 2000~2018 年这 19 年，是根据已知数据的违约判别。第二段为 2019~2023 年这 5 年，是根据已知数据对上市公司的违约预测。

1. 2021 年甘肃省信用资质好中差的上市公司

1)2021 年信用资质为特优(AAA)的公司

国芳集团(601086.SH)、庄园牧场(002910.SZ)、陇神戎发(300534.SZ)等 7 个公司。

2)2021 年信用资质为优(AA)的公司

兰州黄河(000929.SZ)这 1 个公司。

3)2021 年信用资质为良(A)的公司

华天科技(002185.SZ)、酒钢宏兴(600307.SH)、佛慈制药(002644.SZ)等 16 个公司。

4)2021 年信用资质为较好(BBB)的公司

海默科技(300084.SZ)、长城电工(600192.SH)、恒康医疗(002219.SZ)等 7 个公司。

2. 2022 年甘肃省信用资质好中差的上市公司

1)2022 年信用资质为特优(AAA)的公司

陇神戎发(300534.SZ)、莫高股份(600543.SH)、大禹节水(300021.SZ)等 29 个公司。

2)2022 年信用资质为较好(BBB)的公司

佛慈制药(002644.SZ)这 1 个公司。

3)2022 年信用资质为一般(BB)的公司

方大炭素(600516.SH)这 1 个公司。

3. 2023 年甘肃省信用资质好中差的上市公司

2023 年信用资质为特优(AAA)的公司为陇神戎发(300534.SZ)、刚泰控股(600687.SH)、莫高股份(600543.SH)等全部 31 个公司。

22.4.13　河北省 2000~2023 年 24 年信用评级和重点预警公司

将表 22.1 第 6 列中属于河北省的公司遴选出来，得到河北省上市公司 2000~2023 年信用得分和信用评级，具体如表 22.23 所示。

表 22.23　中国上市公司河北省的 2000~2023 年这 24 年的信用得分和信用评级

(1)序号	(2)年份	(3)证券代码	(4)证券简称	(5)行业	(6)地区	(7)所有制属性	(8)信用得分	(9)信用等级	(10)信用度
1	2000	000687.SZ	华讯方舟	制造行业	河北省	民营企业	99.73	AAA	特优
2		000709.SZ	河钢股份	制造行业	河北省	地方国有企业	99.13	AAA	特优
3		600135.SH	乐凯胶片	制造行业	河北省	中央国有企业	98.77	AAA	特优
…		…	…	…	…	…	…	…	…
25		600340.SH	华夏幸福	房地产行业	河北省	民营企业	24.67	A	良
26	2001	000848.SZ	承德露露	制造行业	河北省	民营企业	99.57	AAA	特优
27		600135.SH	乐凯胶片	制造行业	河北省	中央国有企业	99.28	AAA	特优
28		000778.SZ	新兴铸管	制造行业	河北省	中央国有企业	99.07	AAA	特优
…		…	…	…	…	…	…	…	…
53		000413.SZ	东旭光电	制造行业	河北省	民营企业	21.10	A	良
54	2002	600135.SH	乐凯胶片	制造行业	河北省	中央国有企业	99.37	AAA	特优
55		000778.SZ	新兴铸管	制造行业	河北省	中央国有企业	99.12	AAA	特优
56		000937.SZ	冀中能源	采矿行业	河北省	地方国有企业	99.04	AAA	特优
…		…	…	…	…	…	…	…	…
81		600340.SH	华夏幸福	房地产行业	河北省	民营企业	22.24	A	良
…	…	…	…	…	…	…	…	…	…
944	2021	603938.SH	三孚股份	制造行业	河北省	民营企业	96.14	AAA	特优
945		300081.SZ	恒信东方	批发和零售业	河北省	民营企业	79.36	AAA	特优
946		601326.SH	秦港股份	其他行业	河北省	地方国有企业	74.73	AAA	特优
…		…	…	…	…	…	…	…	…
957		600230.SH	沧州大化	制造行业	河北省	中央国有企业	47.75	A	良
958		000848.SZ	承德露露	制造行业	河北省	民营企业	46.86	A	良
959		601000.SH	唐山港	其他行业	河北省	地方国有企业	45.71	A	良
…		…	…	…	…	…	…	…	…
990		601258.SH	庞大集团	批发和零售行业	河北省	民营企业	18.41	BBB	较好
991		000687.SZ	华讯方舟	制造行业	河北省	民营企业	18.06	BBB	较好
992		002459.SZ	天业通联	制造行业	河北省	民营企业	17.33	BBB	较好
…		…	…	…	…	…	…	…	…
999	2022	601633.SH	长城汽车	制造行业	河北省	民营企业	99.99	AAA	特优
1000		300081.SZ	恒信东方	批发和零售业	河北省	民营企业	99.99	AAA	特优

续表

(1)序号	(2)年份	(3)证券代码	(4)证券简称	(5)行业	(6)地区	(7)所有制属性	(8)信用得分	(9)信用等级	(10)信用度
1001	2022	600155.SH	宝硕股份	其他行业	河北省	民营企业	99.80	AAA	特优
…		…	…	…	…	…	…	…	…
1052		600722.SH	金牛化工	制造行业	河北省	地方国有企业	38.60	A	良
1053		002459.SZ	天业通联	制造行业	河北省	民营企业	9.24	CCC	差
1054	2023	600155.SH	宝硕股份	其他行业	河北省	民营企业	100.00	AAA	特优
1055		300081.SZ	恒信东方	批发和零售业	河北省	民营企业	100.00	AAA	特优
1056		601633.SH	长城汽车	制造行业	河北省	民营企业	99.98	AAA	特优
…		…	…	…	…	…	…	…	…
1061		300107.SZ	建新股份	制造行业	河北省	民营企业	47.12	A	良
1062		002603.SZ	以岭药业	制造行业	河北省	民营企业	28.35	A	良
1063		300371.SZ	汇中股份	制造行业	河北省	民营企业	20.58	A	良
…		…	…	…	…	…	…	…	…
1068		000923.SZ	河北宣工	制造行业	河北省	地方国有企业	3.57	BB	一般
1069		300137.SZ	先河环保	制造行业	河北省	民营企业	3.05	BB	一般
1070		603385.SH	惠达卫浴	制造行业	河北省	民营企业	2.86	BB	一般
…		…	…	…	…	…	…	…	…
1102		600409.SH	三友化工	制造行业	河北省	中央国有企业	0.25	B	较差
1103		300446.SZ	乐凯新材	制造行业	河北省	中央国有企业	0.23	B	较差
1104		600803.SH	新奥股份	制造行业	河北省	民营企业	0.21	B	较差
1105		600812.SH	华北制药	制造行业	河北省	地方国有企业	0.20	B	较差
1106		000401.SZ	冀东水泥	制造行业	河北省	地方国有企业	0.13	CCC	差
1107		600340.SH	华夏幸福	房地产行业	河北省	民营企业	0.02	CC	很差
1108		002146.SZ	荣盛发展	房地产行业	河北省	民营企业	0.01	C	极差

应该指出：表 22.23 中的信用得分一共分成两段。第一段为 2000~2018 年这 19 年，是根据已知数据的违约判别。第二段为 2019~2023 年这 5 年，是根据已知数据对上市公司的违约预测。

1. 2021 年河北省信用资质好中差的上市公司

1)2021 年信用资质为特优(AAA)的公司

三孚股份(603938.SH)、恒信东方(300081.SZ)、秦港股份(601326.SH)等 13 个公司。

2)2021 年信用资质为良(A)的公司

沧州大化(600230.SH)、承德露露(000848.SZ)、唐山港(601000.SH)等 33 个公司。

3)2021 年信用资质为较好(BBB)的公司

庞大集团(601258.SH)、华讯方舟(000687.SZ)、天业通联(002459.SZ)等 9 个公司。

2. 2022 年河北省信用资质好中差的上市公司

1)2022 年信用资质为特优(AAA)的公司

长城汽车(601633.SH)、恒信东方(300081.SZ)、宝硕股份(600155.SH)等 53 个公司。

2)2022 年信用资质为良(A)的公司

金牛化工(600722.SH)这 1 个公司。

3)2022 年信用资质为差(CCC)的公司

天业通联(002459.SZ)这 1 个公司。

3. 2023 年河北省信用资质好中差的上市公司

1)2023 年信用资质为特优(AAA)的公司

宝硕股份(600155.SH)、恒信东方(300081.SZ)、长城汽车(601633.SH)等 7 个公司。

2)2023 年信用资质为良(A)的公司

建新股份(300107.SZ)、以岭药业(002603.SZ)、汇中股份(300371.SZ)等 7 个公司。

3)2023 年信用资质为一般(BB)的公司

河北宣工(000923.SZ)、先河环保(300137.SZ)、惠达卫浴(603385.SH)等 34 个公司。

4)2023 年信用资质为较差(B)的公司

三友化工(600409.SH)、乐凯新材(300446.SZ)、新奥股份(600803.SH)、华北制药(600812.SH)这 4 个公司。

5)2023 年信用资质为差(CCC)的公司

冀东水泥(000401.SZ)这 1 个公司。

6)2023 年信用资质为很差(CC)的公司

华夏幸福(600340.SH)这 1 个公司。

7)2023 年信用资质为极差(C)的公司

荣盛发展(002146.SZ)这 1 个公司。

22.4.14　河南省 2000~2023 年 24 年信用评级和重点预警公司

将表 22.1 第 6 列中属于河南省的公司遴选出来，得到河南省上市公司 2000~2023 年信用得分和信用评级，具体如表 22.24 所示。

表 22.24　中国上市公司河南省的 2000~2023 年这 24 年的信用得分和信用评级

(1)序号	(2)年份	(3)证券代码	(4)证券简称	(5)行业	(6)地区	(7)所有制属性	(8)信用得分	(9)信用等级	(10)信用度
1	2000	600066.SH	宇通客车	制造行业	河南省	民营企业	99.96	AAA	特优
2		600207.SH	安彩高科	电力、热力、燃气及水生产和供应业	河南省	地方国有企业	99.74	AAA	特优
3		000895.SZ	双汇发展	制造行业	河南省	外资企业	99.31	AAA	特优
…		…	…	…	…	…	…	…	…
28		600439.SH	瑞贝卡	制造行业	河南省	民营企业	12.72	A	良
29	2001	600066.SH	宇通客车	制造行业	河南省	民营企业	99.18	AAA	特优
30		600207.SH	安彩高科	电力、热力、燃气及水生产和供应业	河南省	地方国有企业	98.53	AAA	特优
31		000933.SZ	神火股份	制造行业	河南省	地方国有企业	98.31	AAA	特优
…		…	…	…	…	…	…	…	…
59		600753.SH	东方银星	批发和零售行业	河南省	公众企业	4.58	A	良
60	2002	000895.SZ	双汇发展	制造行业	河南省	外资企业	99.46	AAA	特优
61		000933.SZ	神火股份	制造行业	河南省	地方国有企业	99.25	AAA	特优
62		600207.SH	安彩高科	电力、热力、燃气及水生产和供应业	河南省	地方国有企业	99.09	AAA	特优
…		…	…	…	…	…	…	…	…
91		000885.SZ	同力水泥	制造行业	河南省	地方国有企业	4.98	A	良
…	…	…	…	…	…	…	…	…	…

续表

(1)序号	(2)年份	(3)证券代码	(4)证券简称	(5)行业	(6)地区	(7)所有制属性	(8)信用得分	(9)信用等级	(10)信用度
1284	2021	002601.SZ	龙蟒佰利	制造行业	河南省	公众企业	80.15	AAA	特优
1285		002857.SZ	三晖电气	制造行业	河南省	民营企业	77.67	AAA	特优
1286		603508.SH	思维列控	制造行业	河南省	民营企业	69.03	AAA	特优
…		…	…	…	…	…	…	…	…
1299		002770.SZ	科迪乳业	制造行业	河南省	民营企业	47.95	AA	优
1300		600020.SH	中原高速	其他行业	河南省	地方国有企业	46.45	A	良
1301		603658.SH	安图生物	制造行业	河南省	民营企业	46.21	A	良
1302		601717.SH	郑煤机	制造行业	河南省	地方国有企业	45.70	A	良
…		…	…	…	…	…	…	…	…
1343		002321.SZ	华英农业	其他行业	河南省	地方国有企业	17.28	BBB	较好
1344		300007.SZ	汉威科技	制造行业	河南省	民营企业	16.72	BBB	较好
1345		002046.SZ	轴研科技	制造行业	河南省	中央国有企业	10.65	BBB	较好
…		…	…	…	…	…	…	…	…
1359		600186.SH	莲花健康	制造行业	河南省	民营企业	0.93	B	较差
1360	2022	002601.SZ	龙蟒佰利	制造行业	河南省	公众企业	99.78	AAA	特优
1361		601038.SH	一拖股份	制造行业	河南省	中央国有企业	99.44	AAA	特优
1362		000895.SZ	双汇发展	制造行业	河南省	外资企业	91.58	AAA	特优
…		…	…	…	…	…	…	…	…
1433		002189.SZ	利达光电	制造行业	河南省	中央国有企业	27.84	BBB	较好
1434		600753.SH	东方银星	批发和零售行业	河南省	公众企业	1.61	C	极差
1435		002714.SZ	牧原股份	其他行业	河南省	民营企业	0.49	C	极差
1436	2023	601038.SH	一拖股份	制造行业	河南省	中央国有企业	100	AAA	特优
1437		002601.SZ	龙蟒佰利	制造行业	河南省	公众企业	99.65	AAA	特优
1438		002560.SZ	通达股份	制造行业	河南省	民营企业	99.28	AAA	特优
…		…	…	…	…	…	…	…	…
1441		600595.SH	中孚实业	制造行业	河南省	外资企业	27.40	A	良
1442		300480.SZ	光力科技	制造行业	河南省	民营企业	25.20	A	良
1443		002406.SZ	远东传动	制造行业	河南省	民营企业	17.80	A	良
…		…	…	…	…	…	…	…	…
1453		002857.SZ	三晖电气	制造行业	河南省	民营企业	3.97	BBB	较好
1454		002296.SZ	辉煌科技	制造行业	河南省	公众企业	3.89	BBB	较好
1455		001896.SZ	豫能控股	电力、热力、燃气及水生产和供应行业	河南省	地方国有企业	2.99	BB	一般
1456		300179.SZ	四方达	制造行业	河南省	民营企业	2.85	BB	一般
1457		600186.SH	莲花健康	制造行业	河南省	民营企业	2.10	BB	一般
…		…	…	…	…	…	…	…	…
1504		600172.SH	黄河旋风	制造行业	河南省	民营企业	0.30	B	较差
1505		600781.SH	辅仁药业	制造行业	河南省	民营企业	0.29	B	较差
1506		300701.SZ	森霸股份	制造行业	河南省	民营企业	0.24	B	较差
…		…	…	…	…	…	…	…	…

续表

(1)序号	(2)年份	(3)证券代码	(4)证券简称	(5)行业	(6)地区	(7)所有制属性	(8)信用得分	(9)信用等级	(10)信用度
1510	2023	000885.SZ	同力水泥	制造行业	河南省	地方国有企业	0.18	CCC	差
1511		600403.SH	*ST 大有	采矿行业	河南省	地方国有企业	0.13	CCC	差

应该指出：表 22.24 中的信用得分一共分成两段。第一段为 2000~2018 年这 19 年，是根据已知数据的违约判别。第二段为 2019~2023 年这 5 年，是根据已知数据对上市公司的违约预测。

1. 2021 年河南省信用资质好中差的上市公司

1)2021 年信用资质为特优(AAA)的公司

龙蟒佰利(002601.SZ)、三晖电气(002857.SZ)、思维列控(603508.SH)等 15 个公司。

2)2021 年信用资质为优(AA)的公司

科迪乳业(002770.SZ)这 1 个公司。

3)2021 年信用资质为良(A)的公司

中原高速(600020.SH)、安图生物(603658.SH)、郑煤机(601717.SH)等 43 个公司。

4)2021 年信用资质为较好(BBB)的公司

华英农业(002321.SZ)、汉威科技(300007.SZ)、轴研科技(002046.SZ)等 16 个公司。

5)2021 年信用资质为较差(B)的公司

莲花健康(600186.SH)这 1 个公司。

2. 2022 年河南省信用资质好中差的上市公司

1)2022 年信用资质为特优(AAA)的公司

龙蟒佰利(002601.SZ)、一拖股份(601038.SH)、双汇发展(000895.SZ)等 73 个公司。

2)2022 年信用资质为较好(BBB)的公司

利达光电(002189.SZ)这 1 个公司。

3)2022 年信用资质为极差(C)的公司

东方银星(600753.SH)、牧原股份(002714.SZ)这 2 个公司。

3. 2023 年河南省信用资质好中差的上市公司

1)2023 年信用资质为特优(AAA)的公司

一拖股份(601038.SH)、龙蟒佰利(002601.SZ)、通达股份(002560.SZ)等 5 个公司。

2)2023 年信用资质为良(A)的公司

中孚实业(600595.SH)、光力科技(300480.SZ)、远东传动(002406.SZ)等 12 个公司。

3)2023 年信用资质为较好(BBB)的公司

三晖电气(002857.SZ)、辉煌科技(002296.SZ)这 2 个公司。

4)2023 年信用资质为一般(BB)的公司

豫能控股(001896.SZ)、四方达(300179.SZ)、莲花健康(600186.SH)等 49 个公司。

5)2023 年信用资质为较差(B)的公司

黄河旋风(600172.SH)、辅仁药业(600781.SH)、森霸股份(300701.SZ)等 6 个公司。

6)2023 年信用资质为差(CCC)的公司

同力水泥(000885.SZ)、*ST 大有(600403.SH)这 2 个公司。

22.4.15　海南省 2000~2023 年 24 年信用评级和重点预警公司

将表 22.1 第 6 列中属于海南省的公司遴选出来，得到海南省上市公司 2000~2023 年信用得分和信用评级，具体如表 22.25 所示。

表 22.25 中国上市公司海南省的 2000~2023 年这 24 年的信用得分和信用评级

(1)序号	(2)年份	(3)证券代码	(4)证券简称	(5)行业	(6)地区	(7)所有制性属性	(8)信用得分	(9)信用等级	(10)信用度
1	2000	600259.SH	广晟有色	采矿行业	海南省	地方国有企业	90.99	AAA	特优
2		600238.SH	海南椰岛	制造行业	海南省	民营企业	89.57	AAA	特优
3		600555.SH	海航创新	房地产行业	海南省	其他所有制企业	79.91	AAA	特优
…		…	…	…	…	…	…	…	…
20		600759.SH	洲际油气	采矿行业	海南省	外资企业	0.32	A	良
21	2001	600555.SH	海航创新	房地产行业	海南省	其他所有制企业	98.34	AAA	特优
22		600896.SH	览海投资	其他行业	海南省	民营企业	95.24	AAA	特优
23		000793.SZ	华闻传媒	文化、体育和娱乐业	海南省	公众企业	93.91	AAA	特优
…		…	…	…	…	…	…	…	…
40		600759.SH	洲际油气	采矿行业	海南省	外资企业	0.05	C	极差
41	2002	600555.SH	海航创新	房地产行业	海南省	其他所有制企业	98.87	AAA	特优
42		600896.SH	览海投资	其他行业	海南省	民营企业	95.97	AAA	特优
43		000793.SZ	华闻传媒	文化、体育和娱乐业	海南省	公众企业	95.63	AAA	特优
…		…	…	…	…	…	…	…	…
60		000567.SZ	海德股份	房地产行业	海南省	民营企业	0.14	B	较差
…	…	…	…	…	…	…	…	…	…
548	2021	300630.SZ	普利制药	制造行业	海南省	民营企业	85.14	AAA	特优
549		000572.SZ	海马汽车	制造行业	海南省	民营企业	66.88	AAA	特优
550		002320.SZ	海峡股份	其他行业	海南省	地方国有企业	56.45	AAA	特优
…		…	…	…	…	…	…	…	…
554		000886.SZ	海南高速	房地产行业	海南省	地方国有企业	48.18	AA	优
555		000505.SZ	珠江控股	房地产行业	海南省	地方国有企业	46.86	A	良
556		002596.SZ	海南瑞泽	制造行业	海南省	民营企业	35.45	A	良
557		000735.SZ	罗牛山	其他行业	海南省	民营企业	33.82	A	良
…		…	…	…	…	…	…	…	…
566		600555.SH	海航创新	房地产行业	海南省	其他所有制企业	11.09	BBB	较好
567		000503.SZ	海虹控股	信息传输、软件和信息技术服务行业	海南省	民营企业	7.16	BBB	较好
568		601118.SH	海南橡胶	其他行业	海南省	地方国有企业	5.71	BBB	较好
…		…	…	…	…	…	…	…	…
578	2022	000735.SZ	罗牛山	其他行业	海南省	民营企业	99.83	AAA	特优
579		000572.SZ	海马汽车	制造行业	海南省	民营企业	99.38	AAA	特优
580		603069.SH	海汽集团	其他行业	海南省	地方国有企业	78.96	AAA	特优
…		…	…	…	…	…	…	…	…
606		600555.SH	海航创新	房地产行业	海南省	其他所有制企业	24.13	BB	一般
607		000613.SZ	*ST 东海 A	其他行业	海南省	民营企业	1.41	C	极差
608	2023	000572.SZ	海马汽车	制造行业	海南省	民营企业	100.00	AAA	特优

续表

(1)序号	(2)年份	(3)证券代码	(4)证券简称	(5)行业	(6)地区	(7)所有制性属性	(8)信用得分	(9)信用等级	(10)信用度
609	2023	000735.SZ	罗牛山	其他行业	海南省	民营企业	100.00	AAA	特优
610		600221.SH	海航控股	其他行业	海南省	地方国有企业	96.53	AAA	特优
611		000793.SZ	华闻传媒	文化、体育和娱乐业	海南省	公众企业	67.27	AAA	特优
612		002320.SZ	海峡股份	其他行业	海南省	地方国有企业	49.88	AA	优
613		300189.SZ	神农基因	其他行业	海南省	民营企业	28.18	A	良
614		000886.SZ	海南高速	房地产行业	海南省	地方国有企业	12.06	A	良
615		000567.SZ	海德股份	房地产行业	海南省	民营企业	4.43	A	良
616		002693.SZ	双成药业	制造行业	海南省	民营企业	4.28	A	良
617		601969.SH	海南矿业	采矿行业	海南省	民营企业	3.69	BB	一般
618		600259.SH	广晟有色	采矿行业	海南省	地方国有企业	3.05	BB	一般
619		601118.SH	海南橡胶	其他行业	海南省	地方国有企业	2.72	BB	一般
…		…	…	…	…	…	…	…	…
635		000503.SZ	海虹控股	信息传输、软件和信息技术服务行业	海南省	民营企业	0.11	CCC	差
636		600896.SH	览海投资	其他行业	海南省	民营企业	0.07	CCC	差
637		600555.SH	海航创新	房地产行业	海南省	其他所有制企业	0.02	CC	很差

应该指出：表22.25中的信用得分一共分成两段。第一段为2000~2018年这19年，是根据已知数据的违约判别。第二段为2019~2023年这5年，是根据已知数据对上市公司的违约预测。

1. 2021年海南省信用资质好中差的上市公司

1)2021年信用资质为特优(AAA)的公司

普利制药(300630.SZ)、海马汽车(000572.SZ)、海峡股份(002320.SZ)等6个公司。

2)2021年信用资质为优(AA)的公司

海南高速(000886.SZ)这1个公司。

3)2021年信用资质为良(A)的公司

珠江控股(000505.SZ)、海南瑞泽(002596.SZ)、罗牛山(000735.SZ)等11个公司。

4)2021年信用资质为较好(BBB)的公司

海航创新(600555.SH)、海虹控股(000503.SZ)、海南橡胶(601118.SH)等12个公司。

2. 2022年海南省信用资质好中差的上市公司

1)2022年信用资质为特优(AAA)的公司

罗牛山(000735.SZ)、海马汽车(000572.SZ)、海汽集团(603069.SH)等28个公司。

2)2022年信用资质为一般(BB)的公司

海航创新(600555.SH)这1个公司。

3)2022年信用资质为极差(C)的公司

*ST东海A(000613.SZ)这1个公司。

3. 2023年海南省信用资质好中差的上市公司

1)2023年信用资质为特优(AAA)的公司

海马汽车(000572.SZ)、罗牛山(000735.SZ)、海航控股(600221.SH)、华闻传媒(000793.SZ)这4个公司。

2)2023 年信用资质为优(AA)的公司

海峡股份(002320.SZ)这 1 个公司。

3)2023 年信用资质为良(A)的公司

神农基因(300189.SZ)、海南高速(000886.SZ)、海德股份(000567.SZ)、双成药业(002693.SZ)这 4 个公司。

4)2023 年信用资质为一般(BB)的公司

海南矿业(601969.SH)、广晟有色(600259.SH)、海南橡胶(601118.SH)等 18 个公司。

5)2023 年信用资质为差(CCC)的公司

海虹控股(000503.SZ)、览海投资(600896.SH)这 2 个公司。

6)2023 年信用资质为很差(CC)的公司

海航创新(600555.SH)这 1 个公司。

22.4.16 黑龙江省 2000~2023 年 24 年信用评级和重点预警公司

将表 22.1 中第 6 列中属于黑龙江省的公司遴选出来，得到黑龙江省上市公司 2000~2023 年信用得分和信用评级，具体如表 22.26 所示。

表 22.26 中国上市公司黑龙江省的 2000~2023 年这 24 年的信用得分和信用评级

(1)序号	(2)年份	(3)证券代码	(4)证券简称	(5)行业	(6)地区	(7)所有制属性	(8)信用得分	(9)信用等级	(10)信用度
1	2000	600289.SH	亿阳信通	信息传输、软件和信息技术服务行业	黑龙江省	民营企业	99.85	AAA	特优
2		000985.SZ	大庆华科	制造行业	黑龙江省	中央国有企业	99.16	AAA	特优
3		600811.SH	东方集团	批发和零售业	黑龙江省	民营企业	98.12	AAA	特优
…		…	…	…	…	…	…	…	…
25		600598.SH	北大荒	其他行业	黑龙江省	中央国有企业	14.23	A	良
26	2001	600356.SH	恒丰纸业	制造行业	黑龙江省	地方国有企业	97.49	AAA	特优
27		000985.SZ	大庆华科	制造行业	黑龙江省	中央国有企业	96.80	AAA	特优
28		600811.SH	东方集团	批发和零售业	黑龙江省	民营企业	96.69	AAA	特优
…		…	…	…	…	…	…	…	…
50		600853.SH	龙建股份	建筑行业	黑龙江省	地方国有企业	3.45	A	良
51	2002	600289.SH	亿阳信通	信息传输、软件和信息技术服务行业	黑龙江省	民营企业	99.32	AAA	特优
52		600664.SH	哈药股份	制造行业	黑龙江省	地方国有企业	97.00	AAA	特优
53		000985.SZ	大庆华科	制造行业	黑龙江省	中央国有企业	96.96	AAA	特优
…		…	…	…	…	…	…	…	…
75		600095.SH	哈高科	制造行业	黑龙江省	民营企业	3.75	A	良
…	…	…	…	…	…	…	…	…	…
658	2021	002900.SZ	哈三联	制造行业	黑龙江省	民营企业	86.65	AAA	特优
659		600864.SH	哈投股份	电力、热力、燃气及水生产和供应业	黑龙江省	地方国有企业	66.92	AAA	特优
660		600705.SH	中航资本	其他行业	黑龙江省	中央国有企业	66.87	AAA	特优
…		…	…	…	…	…	…	…	…
663		603023.SH	威帝股份	制造行业	黑龙江省	民营企业	47.05	A	良
664		603567.SH	珍宝岛	制造行业	黑龙江省	民营企业	46.14	A	良

续表

(1)序号	(2)年份	(3)证券代码	(4)证券简称	(5)行业	(6)地区	(7)所有制属性	(8)信用得分	(9)信用等级	(10)信用度
665	2021	002737.SZ	葵花药业	制造行业	黑龙江省	民营企业	43.63	A	良
…		…	…	…	…	…	…	…	…
688		000711.SZ	京蓝科技	其他行业	黑龙江省	民营企业	17.83	BBB	较好
689		002437.SZ	誉衡药业	制造行业	黑龙江省	民营企业	16.78	BBB	较好
690		600202.SH	哈空调	制造行业	黑龙江省	地方国有企业	13.52	BBB	较好
…		…	…	…	…	…	…	…	…
694	2022	600705.SH	中航资本	其他行业	黑龙江省	中央国有企业	99.82	AAA	特优
695		600864.SH	哈投股份	电力、热力、燃气及水生产和供应业	黑龙江省	地方国有企业	99.78	AAA	特优
696		600095.SH	哈高科	制造行业	黑龙江省	民营企业	77.01	AAA	特优
…		…	…	…	…	…	…	…	…
728		600829.SH	人民同泰	批发和零售行业	黑龙江省	地方国有企业	14.07	B	较差
729		600664.SH	哈药股份	制造行业	黑龙江省	地方国有企业	11.90	B	较差
730	2023	600705.SH	中航资本	其他行业	黑龙江省	中央国有企业	100.00	AAA	特优
731		600864.SH	哈投股份	电力、热力、燃气及水生产和供应业	黑龙江省	地方国有企业	100.00	AAA	特优
732		600891.SH	秋林集团	制造行业	黑龙江省	民营企业	18.75	A	良
733		600811.SH	东方集团	批发和零售业	黑龙江省	民营企业	14.42	A	良
734		600289.SH	亿阳信通	信息传输、软件和信息技术服务行业	黑龙江省	民营企业	12.60	A	良
…		…	…	…	…	…	…	…	…
737		600182.SH	S 佳通	制造行业	黑龙江省	外资企业	3.66	BB	一般
738		002900.SZ	哈三联	制造行业	黑龙江省	民营企业	3.05	BB	一般
739		600701.SH	工大高新	信息传输、软件和信息技术服务行业	黑龙江省	其他所有制企业	2.63	BB	一般
…		…	…	…	…	…	…	…	…
763		002437.SZ	誉衡药业	制造行业	黑龙江省	民营企业	0.26	B	较差
764		603023.SH	威帝股份	制造行业	黑龙江省	民营企业	0.19	CCC	差
765		600179.SH	安通控股	其他行业	黑龙江省	民营企业	0.18	CCC	差

应该指出：表 22.26 中的信用得分一共分成两段。第一段为 2000~2018 年这 19 年，是根据已知数据的违约判别。第二段为 2019~2023 年这 5 年，是根据已知数据对上市公司的违约预测。

1. 2021 年黑龙江省信用资质好中差的上市公司

1) 2021 年信用资质为特优(AAA)的公司

哈三联(002900.SZ)、哈投股份(600864.SH)、中航资本(600705.SH)等 5 个公司。

2)2021 年信用资质为良(A)的公司

威帝股份(603023.SH)、珍宝岛(603567.SH)、葵花药业(002737.SZ)等 25 个公司。

3)2021 年信用资质为较好(BBB)的公司

京蓝科技(000711.SZ)、誉衡药业(002437.SZ)、哈空调(600202.SH)等 6 个公司。

2. 2022 年黑龙江省信用资质好中差的上市公司

1)2022 年信用资质为特优(AAA)的公司

中航资本(600705.SH)、哈投股份(600864.SH)、哈高科(600095.SH)等 34 个公司。

2)2022 年信用资质为较差(B)的公司

人民同泰(600829.SH)、哈药股份(600664.SH)这 2 个公司。

3. 2023 年黑龙江省信用资质好中差的上市公司

1)2023 年信用资质为特优(AAA)的公司

中航资本(600705.SH)、哈投股份(600864.SH)这 2 个公司。

2)2023 年信用资质为良(A)的公司

秋林集团(600891.SH)、东方集团(600811.SH)、亿阳信通(600289.SH)等 5 个公司。

3)2023 年信用资质为一般(BB)的公司

S 佳通(600182.SH)、哈三联(002900.SZ)、工大高新(600701.SH)等 26 个公司。

4)2023 年信用资质为较差(B)的公司

誉衡药业(002437.SZ)这 1 个公司。

5)2023 年信用资质为差(CCC)的公司

威帝股份(603023.SH)、安通控股(600179.SH)这 2 个公司。

22.4.17 吉林省 2000~2023 年 24 年信用评级和重点预警公司

将表 22.1 中第 6 列中属于吉林省的企业遴选出来，得到吉林省上市公司 2000~2023 年信用得分和信用评级，具体如表 22.27 所示。

表 22.27 中国上市公司吉林省的 2000~2023 年这 24 年的信用得分和信用评级

(1)序号	(2)年份	(3)证券代码	(4)证券简称	(5)行业	(6)地区	(7)所有制属性	(8)信用得分	(9)信用等级	(10)信用度
1	2000	000766.SZ	通化金马	制造行业	吉林省	民营企业	99.91	AAA	特优
2		000623.SZ	吉林敖东	制造行业	吉林省	民营企业	96.53	AAA	特优
3		600697.SH	欧亚集团	批发和零售业	吉林省	地方国有企业	96.45	AAA	特优
…		…	…	…	…	…	…	…	…
28		000030.SZ	富奥股份	制造行业	吉林省	地方国有企业	3.51	A	良
29	2001	600742.SH	一汽富维	制造行业	吉林省	中央国有企业	98.91	AAA	特优
30		600189.SH	吉林森工	制造行业	吉林省	地方国有企业	97.17	AAA	特优
31		600360.SH	华微电子	制造行业	吉林省	民营企业	97.00	AAA	特优
…		…	…	…	…	…	…	…	…
56		000546.SZ	金圆股份	制造行业	吉林省	民营企业	5.79	A	良
57	2002	600867.SH	通化东宝	制造行业	吉林省	民营企业	98.98	AAA	特优
58		000623.SZ	吉林敖东	制造行业	吉林省	民营企业	98.80	AAA	特优
59		600189.SH	吉林森工	制造行业	吉林省	地方国有企业	98.47	AAA	特优
…		…	…	…	…	…	…	…	…
84		000546.SZ	金圆股份	制造行业	吉林省	民营企业	0.30	BBB	较好
…	…	…	…	…	…	…	…	…	…
773	2021	002338.SZ	奥普光电	制造行业	吉林省	其他所有制企业	77.37	AAA	特优
774		300597.SZ	吉大通信	信息传输、软件和信息技术服务行业	吉林省	其他所有制企业	73.10	AAA	特优

续表

(1)序号	(2)年份	(3)证券代码	(4)证券简称	(5)行业	(6)地区	(7)所有制属性	(8)信用得分	(9)信用等级	(10)信用度
775	2021	600867.SH	通化东宝	制造行业	吉林省	民营企业	53.63	AAA	特优
776		603099.SH	长白山	其他行业	吉林省	地方国有企业	48.55	AA	优
777		000030.SZ	富奥股份	制造行业	吉林省	地方国有企业	46.97	A	良
778		601929.SH	吉视传媒	信息传输、软件和信息技术服务行业	吉林省	地方国有企业	46.60	A	良
779		300510.SZ	金冠电气	制造行业	吉林省	民营企业	45.13	A	良
…		…	…	…	…	…	…	…	…
803		002118.SZ	紫鑫药业	制造行业	吉林省	民营企业	18.42	BBB	较好
804		000800.SZ	一汽轿车	制造行业	吉林省	中央国有企业	18.07	BBB	较好
805		000420.SZ	吉林化纤	制造行业	吉林省	地方国有企业	17.50	BBB	较好
…		…	…	…	…	…	…	…	…
813		600247.SH	ST 成城	批发和零售业	吉林省	民营企业	0.95	B	较差
814	2022	000623.SZ	吉林敖东	制造行业	吉林省	民营企业	83.54	AAA	特优
815		002338.SZ	奥普光电	制造行业	吉林省	其他所有制企业	82.49	AAA	特优
816		600867.SH	通化东宝	制造行业	吉林省	民营企业	78.93	AAA	特优
…		…	…	…	…	…	…	…	…
851		000686.SZ	东北证券	其他行业	吉林省	公众企业	45.14	AA	优
852		600360.SH	华微电子	制造行业	吉林省	民营企业	29.29	BBB	较好
853		000420.SZ	吉林化纤	制造行业	吉林省	地方国有企业	11.49	CCC	差
854		000661.SZ	长春高新	制造行业	吉林省	地方国有企业	5.62	CC	很差
855	2023	600215.SH	长春经开	房地产行业	吉林省	地方国有企业	37.52	A	良
856		000800.SZ	一汽轿车	制造行业	吉林省	中央国有企业	26.37	A	良
857		000623.SZ	吉林敖东	制造行业	吉林省	民营企业	15.13	A	良
858		000669.SZ	金鸿控股	电力、热力、燃气及水生产和供应业	吉林省	民营企业	4.64	A	良
859		002501.SZ	利源精制	制造行业	吉林省	民营企业	4.08	BBB	较好
860		002566.SZ	益盛药业	制造行业	吉林省	民营企业	3.67	BB	一般
861		300597.SZ	吉大通信	信息传输、软件和信息技术服务行业	吉林省	其他所有制企业	3.53	BB	一般
862		000686.SZ	东北证券	其他行业	吉林省	公众企业	3.44	BB	一般
…		…	…	…	…	…	…	…	…
892		002338.SZ	奥普光电	制造行业	吉林省	其他所有制企业	0.25	B	较差
893		000661.SZ	长春高新	制造行业	吉林省	地方国有企业	0.24	B	较差
894		600697.SH	欧亚集团	批发和零售业	吉林省	地方国有企业	0.21	B	较差
895		600247.SH	ST 成城	批发和零售业	吉林省	民营企业	0.05	CCC	差

应该指出：表 22.27 中的信用得分一共分成两段。第一段为 2000~2018 年这 19 年，是根据已知数据的违约判别。第二段为 2019~2023 年这 5 年，是根据已知数据对上市公司的违约预测。

1. 2021 年吉林省信用资质好中差的上市公司中

1) 2021 年信用资质为特优(AAA)的公司

奥普光电(002338.SZ)、吉大通信(300597.SZ)和通化东宝(600867.SH)这 3 个公司。

2) 2021 年信用资质为优(AA)的公司

长白山(603099.SH)这 1 个公司。

3)2021 年信用资质为良(A)的公司

富奥股份(000030.SZ)、吉视传媒(601929.SH)和金冠电气(300510.SZ)等 26 个公司。

4)2021 年信用资质为较好(BBB)的公司

紫鑫药业(002118.SZ)、一汽轿车(000800.SZ)和吉林化纤(000420.SZ)等 10 个公司。

5)2021 年信用资质为较差(B)的公司

ST 成城(600247.SH)这 1 个公司。

2. 2022 年吉林省信用资质好中差的上市公司

1) 2022 年信用资质为特优(AAA)的公司

吉林敖东(000623.SZ)、奥普光电(002338.SZ)和通化东宝(600867.SH)等 37 个公司。

2) 2022 年信用资质为优(AA)的公司

东北证券(000686.SZ)这 1 个公司。

3)2022 年信用资质为较好(BBB)的公司

华微电子(600360.SH)这 1 个公司。

4)2022 年信用资质为差(CCC)的公司

吉林化纤(000420.SZ)这 1 个公司。

5)2022 年信用资质为很差(CC)的公司

长春高新(000661.SZ)这 1 个公司。

3. 2023 年吉林省信用资质好中差的上市公司

1) 2023 年信用资质为良(A)的公司

长春经开(600215.SH)、一汽轿车(000800.SZ)、吉林敖东(000623.SZ)和金鸿控股(000669.SZ)这 4 个公司。

2) 2023 年信用资质为较好(BBB)的公司

利源精制(002501.SZ)这 1 个公司。

3) 2023 年信用资质为一般(BB)的公司

益盛药业(002566.SZ)、吉大通信(300597.SZ)和东北证券(000686.SZ)等 32 个公司。

4) 2023 年信用资质为较差(B)的公司

奥普光电(002338.SZ)、长春高新(000661.SZ)和欧亚集团(600697.SH)这 3 个公司。

5) 2023 年信用资质为差(CCC)的公司

ST 成城(600247.SH)这 1 个公司。

22.4.18 湖北省 2000~2023 年 24 年信用评级和重点预警公司

将表 22.1 第 6 列中属于湖北省的企业遴选出来，得到湖北省上市公司 2000~2023 年信用得分和信用评级，具体如表 22.28 所示。

表 22.28 中国上市公司湖北省的 2000~2023 年这 24 年的信用得分和信用评级

(1)序号	(2)年份	(3)证券代码	(4)证券简称	(5)行业	(6)地区	(7)所有制属性	(8)信用得分	(9)信用等级	(10)信用度
1	2000	600345.SH	长江通信	制造行业	湖北省	中央国有企业	99.60	AAA	特优
2		000988.SZ	华工科技	制造行业	湖北省	中央国有企业	99.43	AAA	特优

续表

(1)序号	(2)年份	(3)证券代码	(4)证券简称	(5)行业	(6)地区	(7)所有制属性	(8)信用得分	(9)信用等级	(10)信用度
3	2000	600168.SH	武汉控股	电力、热力、燃气及水生产和供应业	湖北省	地方国有企业	99.38	AAA	特优
…		…	…	…	…	…	…	…	…
53		600703.SH	三安光电	制造行业	湖北省	民营企业	3.09	A	良
54	2001	600260.SH	凯乐科技	制造行业	湖北省	集体企业	98.84	AAA	特优
55		000988.SZ	华工科技	制造行业	湖北省	中央国有企业	98.80	AAA	特优
56		600345.SH	长江通信	制造行业	湖北省	中央国有企业	98.63	AAA	特优
…		…	…	…	…	…	…	…	…
111		600745.SH	闻泰科技	制造行业	湖北省	民营企业	4.53	A	良
112	2002	600355.SH	精伦电子	制造行业	湖北省	民营企业	99.03	AAA	特优
113		000988.SZ	华工科技	制造行业	湖北省	中央国有企业	98.87	AAA	特优
114		600006.SH	东风汽车	制造行业	湖北省	中央国有企业	98.18	AAA	特优
…		…	…	…	…	…	…	…	…
170		000678.SZ	襄阳轴承	制造行业	湖北省	地方国有企业	6.02	A	良
…	…	…	…	…	…	…	…	…	…
1706	2021	002377.SZ	国创高新	制造行业	湖北省	民营企业	85.65	AAA	特优
1707		300683.SZ	海特生物	制造行业	湖北省	民营企业	80.81	AAA	特优
1708		002861.SZ	瀛通通讯	制造行业	湖北省	民营企业	79.52	AAA	特优
…		…	…	…	…	…	…	…	…
1716		300323.SZ	华灿光电	制造行业	湖北省	公众企业	48.03	AA	优
1717		600566.SH	济川药业	制造行业	湖北省	民营企业	47.29	A	良
1718		000665.SZ	湖北广电	文化、体育和娱乐业	湖北省	地方国有企业	47.20	A	良
1719		600703.SH	三安光电	制造行业	湖北省	民营企业	46.23	A	良
…		…	…	…	…	…	…	…	…
1782		600345.SH	长江通信	制造行业	湖北省	中央国有企业	17.31	BBB	较好
1783		000678.SZ	襄阳轴承	制造行业	湖北省	地方国有企业	14.69	BBB	较好
1784		600769.SH	祥龙电业	建筑行业	湖北省	地方国有企业	13.72	BBB	较好
…		…	…	…	…	…	…	…	…
1801		300161.SZ	华中数控	制造行业	湖北省	其他所有制企业	0.66	CC	很差
1802	2022	300054.SZ	鼎龙股份	制造行业	湖北省	民营企业	95.46	AAA	特优
1803		300494.SZ	盛天网络	信息传输、软件和信息技术服务行业	湖北省	民营企业	94.24	AAA	特优
1804		603067.SH	振华股份	制造行业	湖北省	民营企业	93.72	AAA	特优
…		…	…	…	…	…	…	…	…
1894		600168.SH	武汉控股	电力、热力、燃气及水生产和供应业	湖北省	地方国有企业	20.43	BB	一般
1895		300536.SZ	农尚环境	建筑行业	湖北省	民营企业	19.22	BB	一般
1896		600275.SH	*ST 昌鱼	制造行业	湖北省	民营企业	18.98	BB	一般
1897		300161.SZ	华中数控	制造行业	湖北省	其他所有制企业	0.81	C	极差

续表

(1)序号	(2)年份	(3)证券代码	(4)证券简称	(5)行业	(6)地区	(7)所有制属性	(8)信用得分	(9)信用等级	(10)信用度
1898	2023	300494.SZ	盛天网络	信息传输、软件和信息技术服务行业	湖北省	民营企业	99.56	AAA	特优
1899		300054.SZ	鼎龙股份	制造行业	湖北省	民营企业	95.60	AAA	特优
1900		603067.SH	振华股份	制造行业	湖北省	民营企业	68.92	AAA	特优
1901		002377.SZ	国创高新	制造行业	湖北省	民营企业	65.40	AAA	特优
1902		600568.SH	中珠医疗	制造行业	湖北省	民营企业	43.05	A	良
1903		300018.SZ	中元股份	制造行业	湖北省	民营企业	34.28	A	良
1904		300516.SZ	久之洋	制造行业	湖北省	中央国有企业	30.60	A	良
…		…	…	…	…	…	…	…	…
1916		000883.SZ	湖北能源	电力、热力、燃气及水生产和供应业	湖北省	中央国有企业	2.46	BB	一般
1917		600757.SH	长江传媒	文化、体育和娱乐业	湖北省	地方国有企业	2.37	BB	一般
1918		000988.SZ	华工科技	制造行业	湖北省	中央国有企业	2.36	BB	一般
…		…	…	…	…	…	…	…	…
1984		600260.SH	凯乐科技	制造行业	湖北省	集体企业	0.29	B	较差
1985		000952.SZ	广济药业	制造行业	湖北省	地方国有企业	0.26	B	较差
1986		600298.SH	安琪酵母	制造行业	湖北省	地方国有企业	0.26	B	较差
1987		600703.SH	三安光电	制造行业	湖北省	民营企业	0.21	B	较差
1988		000422.SZ	湖北宜化	制造行业	湖北省	地方国有企业	0.15	CCC	差
1989		600068.SH	葛洲坝	建筑行业	湖北省	中央国有企业	0.10	CCC	差
1990		000627.SZ	天茂集团	其他行业	湖北省	民营企业	0.09	CCC	差
1991		000760.SZ	斯太尔	制造行业	湖北省	民营企业	0.05	CCC	差
1992		600421.SH	仰帆控股	制造行业	湖北省	民营企业	0.01	C	极差
1993		600801.SH	华新水泥	制造行业	湖北省	外资企业	0.00	C	极差

应该指出：表 22.28 中的信用得分一共分成两段。第一段为 2000~2018 年这 19 年，是根据已知数据的违约判别。第二段为 2019~2023 年这 5 年，是根据已知数据对上市公司的违约预测。

1. 2021 年湖北省信用资质好中差的上市公司

1) 2021 年信用资质为特优(AAA)的公司

国创高新(002377.SZ)、海特生物(300683.SZ)和瀛通通讯(002861.SZ)等 10 个公司。

2) 2021 年信用资质为优(AA)的公司

华灿光电(300323.SZ)这 1 个公司。

3) 2021 年信用资质为良(A)的公司

济川药业(600566.SH)、湖北广电(000665.SZ)和三安光电(600703.SH)等 65 个公司。

4) 2021 年信用资质为较好(BBB)的公司

长江通信(600345.SH)、襄阳轴承(000678.SZ)和祥龙电业(600769.SH)等 19 个公司。

5) 2021 年信用资质为很差(CC)的公司

华中数控(300161.SZ)这 1 个公司。

2. 2022 年湖北省信用资质好中差的上市公司

1)2022 年信用资质为特优(AAA)的公司

鼎龙股份(300054.SZ)、盛天网络(300494.SZ)和振华股份(603067.SH)等 92 个公司。

2)2022 年信用资质为一般(BB)的公司

武汉控股(600168.SH)、农尚环境(300536.SZ)和*ST 昌鱼(600275.SH)这 3 个公司。

3)2022 年信用资质为极差(C)的公司

华中数控(300161.SZ)这 1 个公司。

3. 2023 年湖北省信用资质好中差的上市公司

1)2023 年信用资质为特优(AAA)的公司

盛天网络(300494.SZ)、鼎龙股份(300054.SZ)、振华股份(603067.SH)和国创高新(002377.SZ)这 4 个公司。

2)2023 年信用资质为良(A)的公司

中珠医疗(600568.SH)、中元股份(300018.SZ)和久之洋(300516.SZ)等 14 个公司。

3)2023 年信用资质为一般(BB)的公司

湖北能源(000883.SZ)、长江传媒(600757.SH)和华工科技(000988.SZ)等 68 个公司。

4)2023 年信用资质为较差(B)的公司

凯乐科技(600260.SH)、广济药业(000952.SZ)、安琪酵母(600298.SH)和三安光电(600703.SH)这 4 个公司。

5)2023 年信用资质为差(CCC)的公司

湖北宜化(000422.SZ)、葛洲坝(600068.SH)、天茂集团(000627.SZ)和斯太尔(000760.SZ)这 4 个公司。

6)2023 年信用资质为极差(C)的公司

仰帆控股(600421.SH)和华新水泥(600801.SH)这 2 个公司。

22.4.19　湖南省 2000~2023 年 24 年信用评级和重点预警公司

将表 22.1 第 6 列中属于湖南省的企业遴选出来，得到湖南省上市公司 2000~2023 年信用得分和信用评级，具体如表 22.29 所示。

表 22.29　中国上市公司湖南省的 2000~2023 年这 24 年的信用得分和信用评级

(1)序号	(2)年份	(3)证券代码	(4)证券简称	(5)行业	(6)地区	(7)所有制属性	(8)信用得分	(9)信用等级	(10)信用度
1	2000	000998.SZ	隆平高科	其他行业	湖南省	中央国有企业	99.98	AAA	特优
2		000917.SZ	电广传媒	信息传输、软件和信息技术服务行业	湖南省	地方国有企业	99.90	AAA	特优
3		000989.SZ	九芝堂	制造行业	湖南省	民营企业	99.83	AAA	特优
…		…	…	…	…	…	…	…	…
32		000430.SZ	张家界	其他行业	湖南省	地方国有企业	5.91	A	良
33	2001	000917.SZ	电广传媒	信息传输、软件和信息技术服务行业	湖南省	地方国有企业	99.41	AAA	特优
34		000428.SZ	华天酒店	其他行业	湖南省	地方国有企业	99.04	AAA	特优
35		000799.SZ	酒鬼酒	制造行业	湖南省	中央国有企业	98.70	AAA	特优
…		…	…	…	…	…	…	…	…
69		000430.SZ	张家界	其他行业	湖南省	地方国有企业	4.80	A	良
70	2002	600390.SH	五矿资本	其他行业	湖南省	中央国有企业	99.22	AAA	特优
71		000998.SZ	隆平高科	其他行业	湖南省	中央国有企业	98.85	AAA	特优
72		000989.SZ	九芝堂	制造行业	湖南省	民营企业	98.78	AAA	特优
…		…	…	…	…	…	…	…	…

续表

(1)序号	(2)年份	(3)证券代码	(4)证券简称	(5)行业	(6)地区	(7)所有制属性	(8)信用得分	(9)信用等级	(10)信用度
106	2002	600698.SH	湖南天雁	制造行业	湖南省	中央国有企业	1.01	A	良
…	…	…	…	…	…	…	…	…	…
1537	2021	002843.SZ	泰嘉股份	制造行业	湖南省	民营企业	91.70	AAA	特优
1538		002879.SZ	长缆科技	制造行业	湖南省	民营企业	88.32	AAA	特优
1539		300705.SZ	九典制药	制造行业	湖南省	民营企业	85.21	AAA	特优
…		…	…	…	…	…	…	…	…
1558		300700.SZ	岱勒新材	制造行业	湖南省	民营企业	48.24	AA	优
1559		600969.SH	郴电国际	电力、热力、燃气及水生产和供应业	湖南省	地方国有企业	47.81	A	良
1560		000799.SZ	酒鬼酒	制造行业	湖南省	中央国有企业	47.56	A	良
1561		000430.SZ	张家界	其他行业	湖南省	地方国有企业	46.96	A	良
…		…	…	…	…	…	…	…	…
1616		002096.SZ	南岭民爆	制造行业	湖南省	地方国有企业	18.09	BBB	较好
1617		300187.SZ	永清环保	其他行业	湖南省	民营企业	17.89	BBB	较好
1618		300474.SZ	景嘉微	制造行业	湖南省	民营企业	14.24	BBB	较好
…		…	…	…	…	…	…	…	…
1634		000504.SZ	南华生物	文化、体育和娱乐业	湖南省	地方国有企业	0.75	CCC	差
1635	2022	600390.SH	五矿资本	其他行业	湖南省	中央国有企业	99.99	AAA	特优
1636		000419.SZ	通程控股	批发和零售业	湖南省	地方国有企业	99.98	AAA	特优
1637		000722.SZ	湖南发展	电力、热力、燃气及水生产和供应业	湖南省	地方国有企业	96.12	AAA	特优
…		…	…	…	…	…	…	…	…
1728		300474.SZ	景嘉微	制造行业	湖南省	民营企业	42.62	A	良
1729		000932.SZ	*ST 华菱	制造行业	湖南省	地方国有企业	28.42	BBB	较好
1730		002661.SZ	克明面业	制造行业	湖南省	民营企业	14.88	B	较差
1731		300700.SZ	岱勒新材	制造行业	湖南省	民营企业	8.46	CCC	差
1732		600961.SH	株冶集团	制造行业	湖南省	中央国有企业	0.25	C	极差
1733	2023	600390.SH	五矿资本	其他行业	湖南省	中央国有企业	100.00	AAA	特优
1734		000419.SZ	通程控股	批发和零售业	湖南省	地方国有企业	100.00	AAA	特优
1735		300474.SZ	景嘉微	制造行业	湖南省	民营企业	94.55	AAA	特优
1736		300267.SZ	尔康制药	制造行业	湖南省	民营企业	94.21	AAA	特优
1737		601901.SH	方正证券	其他行业	湖南省	中央国有企业	49.54	A	良
1738		002903.SZ	宇环数控	制造行业	湖南省	民营企业	35.72	A	良
1739		000819.SZ	岳阳兴长	制造行业	湖南省	中央国有企业	29.41	A	良
…		…	…	…	…	…	…	…	…
1753		000548.SZ	湖南投资	其他行业	湖南省	地方国有企业	3.86	BBB	较好
1754		600416.SH	湘电股份	制造行业	湖南省	地方国有企业	3.76	BBB	较好
1755		603989.SH	艾华集团	制造行业	湖南省	民营企业	3.25	BB	一般
1756		600975.SH	新五丰	其他行业	湖南省	地方国有企业	2.96	BB	一般

续表

(1)序号	(2)年份	(3)证券代码	(4)证券简称	(5)行业	(6)地区	(7)所有制属性	(8)信用得分	(9)信用等级	(10)信用度
1757	2023	600257.SH	大湖股份	其他行业	湖南省	民营企业	2.96	BB	一般
…		…	…	…	…	…	…	…	…
1826		000998.SZ	隆平高科	其他行业	湖南省	中央国有企业	0.29	B	较差
1827		300413.SZ	快乐购	批发和零售业	湖南省	地方国有企业	0.29	B	较差
1828		300187.SZ	永清环保	其他行业	湖南省	民营企业	0.26	B	较差
1829		601636.SH	旗滨集团	制造行业	湖南省	民营企业	0.18	CCC	差
1830		000932.SZ	*ST 华菱	制造行业	湖南省	地方国有企业	0.00	C	极差

应该指出：表 22.29 中的信用得分一共分成两段。第一段为 2000~2018 年这 19 年，是根据已知数据的违约判别。第二段为 2019~2023 年这 5 年，是根据已知数据对上市公司的违约预测。

1. 2021 年湖南省信用资质好中差的上市公司

1)2021 年信用资质为特优(AAA)的公司

泰嘉股份(002843.SZ)、长缆科技(002879.SZ)和九典制药(300705.SZ)等 21 个公司。

2)2021 年信用资质为优(AA)的公司

岱勒新材(300700.SZ)这 1 个公司。

3)2021 年信用资质为良(A)的公司

郴电国际(600969.SH)、酒鬼酒(000799.SZ)和张家界(000430.SZ)等 57 个公司。

4)2021 年信用资质为较好(BBB)的公司

南岭民爆(002096.SZ)、永清环保(300187.SZ)和景嘉微(300474.SZ)等 18 个公司。

5)2021 年信用资质为差(CCC)的公司

南华生物(000504.SZ)这 1 个公司。

2. 2022 年湖南省信用资质好中差的上市公司

1)2022 年信用资质为特优(AAA)的公司

五矿资本(600390.SH)、通程控股(000419.SZ)和湖南发展(000722.SZ)等 93 个公司。

2)2022 年信用资质为良(A)的公司

景嘉微(300474.SZ)这 1 个公司。

3)2022 年信用资质为较好(BBB)的公司

*ST 华菱(000932.SZ)这 1 个公司。

4)2022 年信用资质为较差(B)的公司

克明面业(002661.SZ)这 1 个公司。

5)2022 年信用资质为差(CCC)的公司

岱勒新材(300700.SZ)这 1 个公司。

6)2022 年信用资质为极差(C)的公司

株冶集团(600961.SH)这 1 个公司。

3. 2023 年湖南省信用资质好中差的上市公司

1) 2023 年信用资质为特优(AAA)的公司

五矿资本(600390.SH)、通程控股(000419.SZ)、景嘉微(300474.SZ)和尔康制药(300267.SZ)这 4 个公司。

2)2023 年信用资质为良(A)的公司

方正证券(601901.SH)、宇环数控(002903.SZ)和岳阳兴长(000819.SZ)等 16 个公司。

3)2023 年信用资质为较好(BBB)的公司

湖南投资(000548.SZ)和湘电股份(600416.SH)这 2 个公司。

4)2023 年信用资质为一般(BB)的公司

艾华集团(603989.SH)、新五丰(600975.SH)和大湖股份(600257.SH)等 71 个公司。

5)2023 年信用资质为较差(B)的公司

隆平高科(000998.SZ)、快乐购(300413.SZ)和永清环保(300187.SZ)这 3 个公司。

6)2023 年信用资质为差(CCC)的公司

旗滨集团(601636.SH)这 1 个公司。

7)2023 年信用资质为极差(C)的公司

*ST 华菱(000932.SZ)这 1 个公司。

22.4.20 江西省 2000~2023 年 24 年信用评级和重点预警公司

将表 22.1 第 6 列中属于江西省的企业遴选出来，得到江西省上市公司 2000~2023 年信用得分和信用评级，具体如表 22.30 所示。

表 22.30 中国上市公司江西省的 2000~2023 年这 24 年的信用得分和信用评级

(1)序号	(2)年份	(3)证券代码	(4)证券简称	(5)行业	(6)地区	(7)所有制属性	(8)信用得分	(9)信用等级	(10)信用度
1	2000	600269.SH	赣粤高速	其他行业	江西省	地方国有企业	99.97	AAA	特优
2		600316.SH	洪都航空	制造行业	江西省	中央国有企业	99.72	AAA	特优
3		000990.SZ	诚志股份	制造行业	江西省	中央国有企业	99.21	AAA	特优
…		…	…	…	…	…	…	…	…
21		600561.SH	江西长运	其他行业	江西省	地方国有企业	25.09	A	良
22	2001	600269.SH	赣粤高速	其他行业	江西省	地方国有企业	99.22	AAA	特优
23		600750.SH	江中药业	制造行业	江西省	地方国有企业	96.58	AAA	特优
24		600363.SH	联创光电	制造行业	江西省	民营企业	95.78	AAA	特优
…		…	…	…	…	…	…	…	…
44		600561.SH	江西长运	其他行业	江西省	地方国有企业	17.94	A	良
45	2002	600316.SH	洪都航空	制造行业	江西省	中央国有企业	99.39	AAA	特优
46		600269.SH	赣粤高速	其他行业	江西省	地方国有企业	99.28	AAA	特优
47		600750.SH	江中药业	制造行业	江西省	地方国有企业	98.00	AAA	特优
…		…	…	…	…	…	…	…	…
67		002036.SZ	联创电子	制造行业	江西省	民营企业	37.75	A	良
…	…	…	…	…	…	…	…	…	…
690	2021	300722.SZ	N 新余	制造行业	江西省	地方国有企业	72.59	AAA	特优
691		300066.SZ	三川智慧	制造行业	江西省	民营企业	64.84	AAA	特优
692		300636.SZ	同和药业	制造行业	江西省	民营企业	64.53	AAA	特优
…		…	…	…	…	…	…	…	…
699		002378.SZ	章源钨业	制造行业	江西省	民营企业	48.51	AA	优
700		002748.SZ	世龙实业	制造行业	江西省	公众企业	48.50	AA	优
701		000899.SZ	赣能股份	电力、热力、燃气及水生产和供应业	江西省	地方国有企业	47.07	A	良
702		000650.SZ	仁和药业	制造行业	江西省	民营企业	47.04	A	良

续表

(1)序号	(2)年份	(3)证券代码	(4)证券简称	(5)行业	(6)地区	(7)所有制属性	(8)信用得分	(9)信用等级	(10)信用度
703	2021	603977.SH	国泰集团	制造行业	江西省	地方国有企业	45.77	A	良
…		…	…	…	…	…	…	…	…
721		002176.SZ	江特电机	制造行业	江西省	民营企业	17.63	BBB	较好
722		300095.SZ	华伍股份	制造行业	江西省	民营企业	17.61	BBB	较好
723		600228.SH	*ST 昌久	制造行业	江西省	地方国有企业	17.12	BBB	较好
…		…	…	…	…	…	…	…	…
729	2022	002157.SZ	正邦科技	制造行业	江西省	民营企业	84.89	AAA	特优
730		002378.SZ	章源钨业	制造行业	江西省	民营企业	84.08	AAA	特优
731		600363.SH	联创光电	制造行业	江西省	民营企业	83.57	AAA	特优
…		…	…	…	…	…	…	…	…
767		600507.SH	方大特钢	制造行业	江西省	民营企业	25.61	BBB	较好
768	2023	600507.SH	方大特钢	制造行业	江西省	民营企业	92.43	AAA	特优
769		300066.SZ	三川智慧	制造行业	江西省	民营企业	36.99	A	良
770		600750.SH	江中药业	制造行业	江西省	地方国有企业	17.66	A	良
771		000550.SZ	江铃汽车	制造行业	江西省	中央国有企业	10.86	A	良
…		…	…	…	…	…	…	…	…
775		600362.SH	江西铜业	制造行业	江西省	地方国有企业	3.22	BB	一般
776		300294.SZ	博雅生物	制造行业	江西省	公众企业	2.89	BB	一般
777		300636.SZ	同和药业	制造行业	江西省	民营企业	2.07	BB	一般
…		…	…	…	…	…	…	…	…
805		000789.SZ	万年青	制造行业	江西省	地方国有企业	0.15	CCC	差
806		600782.SH	新钢股份	制造行业	江西省	地方国有企业	0.00	C	极差

应该指出：表 22.30 中的信用得分一共分成两段。第一段为 2000~2018 年这 19 年，是根据已知数据的违约判别。第二段为 2019~2023 年这 5 年，是根据已知数据对上市公司的违约预测。

1. 2021 年江西省信用资质好中差的上市公司

1)2021 年信用资质为特优(AAA)的公司

N 新余(300722.SZ)、三川智慧(300066.SZ)和同和药业(300636.SZ)等 9 个公司。

2)2021 年信用资质为优(AA)的公司

章源钨业(002378.SZ)、世龙实业(002748.SZ)这 2 个公司。

3)2021 年信用资质为良(A)的公司

赣能股份(000899.SZ)、仁和药业(000650.SZ)和国泰集团(603977.SH)等 20 个公司。

4)2021 年信用资质为较好(BBB)的公司

江特电机(002176.SZ)、华伍股份(300095.SZ)和*ST 昌久(600228.SH)等 8 个公司。

2. 2022 年江西省信用资质好中差的上市公司

1)2022 年信用资质为特优(AAA)的公司

正邦科技(002157.SZ)、章源钨业(002378.SZ)和联创光电(600363.SH)等 38 个公司。

2)2022 年信用资质为较好(BBB)的公司

方大特钢(600507.SH)这 1 个公司。

3. 2023 年江西省信用资质好中差的上市公司

1)2023 年信用资质为特优(AAA)的公司

方大特钢(600507.SH)这 1 个公司。

2)2023 年信用资质为良(A)的公司

三川智慧(300066.SZ)、江中药业(600750.SH)和江铃汽车(000550.SZ)等 6 个公司。

3)2023 年信用资质为一般(BB)的公司

江西铜业(600362.SH)、博雅生物(300294.SZ)和同和药业(300636.SZ)等 30 个公司。

4)2023 年信用资质为差(CCC)的公司

万年青(000789.SZ)这 1 个公司。

5)2023 年信用资质为极差(C)的公司

新钢股份(600782.SH)这 1 个公司。

22.4.21 浙江省 2000~2023 年 24 年信用评级和重点预警公司

将表 22.1 第 6 列中属于浙江省的企业遴选出来，得到浙江省上市公司 2000~2023 年信用得分和信用评级，具体如表 22.31 所示。

表 22.31 中国上市公司浙江省的 2000~2023 年这 24 年的信用得分和信用评级

(1)序号	(2)年份	(3)证券代码	(4)证券简称	(5)行业	(6)地区	(7)所有制属性	(8)信用得分	(9)信用等级	(10)信用度
1	2000	600261.SH	阳光照明	制造行业	浙江省	民营企业	99.40	AAA	特优
2		600776.SH	东方通信	制造行业	浙江省	中央国有企业	98.99	AAA	特优
3		600366.SH	宁波韵升	制造行业	浙江省	民营企业	98.87	AAA	特优
…		…	…	…	…	…	…	…	…
73		600572.SH	康恩贝	制造行业	浙江省	民营企业	8.15	A	良
74	2001	600261.SH	阳光照明	制造行业	浙江省	民营企业	98.90	AAA	特优
75		600130.SH	波导股份	制造行业	浙江省	公众企业	98.85	AAA	特优
76		600776.SH	东方通信	制造行业	浙江省	中央国有企业	98.73	AAA	特优
…		…	…	…	…	…	…	…	…
163		600633.SH	浙数文化	文化、体育和娱乐业	浙江省	地方国有企业	1.61	A	良
164	2002	600261.SH	阳光照明	制造行业	浙江省	民营企业	99.40	AAA	特优
165		600330.SH	天通股份	制造行业	浙江省	民营企业	99.14	AAA	特优
166		600059.SH	古越龙山	制造行业	浙江省	地方国有企业	98.83	AAA	特优
…		…	…	…	…	…	…	…	…
257		600763.SH	通策医疗	其他行业	浙江省	外资企业	1.03	A	良
…	…	…	…	…	…	…	…	…	…
5754	2021	600830.SH	香溢融通	其他行业	浙江省	中央国有企业	96.76	AAA	特优
5755		603500.SH	祥和实业	制造行业	浙江省	民营企业	96.24	AAA	特优
5756		300649.SZ	杭州园林	其他行业	浙江省	民营企业	91.29	AAA	特优
…		…	…	…	…	…	…	…	…
5871		600114.SH	东睦股份	制造行业	浙江省	公众企业	48.60	AA	优

续表

(1)序号	(2)年份	(3)证券代码	(4)证券简称	(5)行业	(6)地区	(7)所有制属性	(8)信用得分	(9)信用等级	(10)信用度
5872	2021	002677.SZ	浙江美大	制造行业	浙江省	民营企业	48.26	AA	优
5873		600699.SH	均胜电子	制造行业	浙江省	民营企业	48.24	AA	优
…		…	…	…	…	…	…	…	…
5878		002440.SZ	闰土股份	制造行业	浙江省	民营企业	47.76	A	良
5879		600177.SH	雅戈尔	房地产行业	浙江省	民营企业	47.68	A	良
5880		000156.SZ	华数传媒	文化、体育和娱乐业	浙江省	地方国有企业	47.66	A	良
…		…	…	…	…	…	…	…	…
6113		600051.SH	宁波联合	批发和零售业	浙江省	民营企业	18.27	BBB	较好
6114		300027.SZ	华谊兄弟	文化、体育和娱乐业	浙江省	民营企业	18.24	BBB	较好
6115		603222.SH	济民制药	制造行业	浙江省	民营企业	18.17	BBB	较好
…		…	…	…	…	…	…	…	…
6158	2022	600830.SH	香溢融通	其他行业	浙江省	中央国有企业	100.00	AAA	特优
6159		002634.SZ	棒杰股份	制造行业	浙江省	民营企业	100.00	AAA	特优
6160		002095.SZ	生意宝	信息传输、软件和信息技术服务行业	浙江省	民营企业	99.98	AAA	特优
…		…	…	…	…	…	…	…	…
6553		600077.SH	宋都股份	房地产行业	浙江省	民营企业	34.90	A	良
6554		603456.SH	九洲药业	制造行业	浙江省	民营企业	24.42	BB	一般
6555		300033.SZ	同花顺	信息传输、软件和信息技术服务行业	浙江省	民营企业	23.71	BB	一般
6556		002859.SZ	洁美科技	制造行业	浙江省	民营企业	16.90	BB	一般
6557		603225.SH	新凤鸣	制造行业	浙江省	民营企业	15.93	B	较差
6558		002793.SZ	东音股份	制造行业	浙江省	民营企业	14.71	B	较差
6559		300451.SZ	创业软件	信息传输、软件和信息技术服务行业	浙江省	民营企业	10.24	CCC	差
6560		600226.SH	瀚叶股份	制造行业	浙江省	民营企业	1.26	C	极差
6561		603618.SH	杭电股份	制造行业	浙江省	民营企业	0.58	C	极差
6562	2023	002095.SZ	生意宝	信息传输、软件和信息技术服务行业	浙江省	民营企业	100.00	AAA	特优
6563		600830.SH	香溢融通	其他行业	浙江省	中央国有企业	100.00	AAA	特优
6564		002634.SZ	棒杰股份	制造行业	浙江省	民营企业	100.00	AAA	特优
…		…	…	…	…	…	…	…	…
6584		603320.SH	迪贝电气	制造行业	浙江省	民营企业	43.19	A	良
6585		300349.SZ	金卡智能	制造行业	浙江省	民营企业	42.95	A	良
6586		300411.SZ	金盾股份	制造行业	浙江省	民营企业	42.75	A	良
…		…	…	…	…	…	…	…	…
6659		300033.SZ	同花顺	信息传输、软件和信息技术服务行业	浙江省	民营企业	4.07	BBB	较好
6660		603889.SH	新澳股份	制造行业	浙江省	民营企业	3.75	BBB	较好
6661		002122.SZ	天马股份	制造行业	浙江省	民营企业	3.65	BB	一般
6662		300710.SZ	万隆光电	制造行业	浙江省	民营企业	3.46	BB	一般

续表

(1)序号	(2)年份	(3)证券代码	(4)证券简称	(5)行业	(6)地区	(7)所有制属性	(8)信用得分	(9)信用等级	(10)信用度
6663	2023	002793.SZ	东音股份	制造行业	浙江省	民营企业	3.35	BB	一般
…		…	…	…	…	…	…	…	…
6939		600572.SH	康恩贝	制造行业	浙江省	民营企业	0.29	B	较差
6940		002326.SZ	永太科技	制造行业	浙江省	民营企业	0.29	B	较差
6941		002586.SZ	围海股份	建筑行业	浙江省	民营企业	0.28	B	较差
…		…	…	…	…	…	…	…	…
6948		603225.SH	新凤鸣	制造行业	浙江省	民营企业	0.19	CCC	差
6949		002493.SZ	荣盛石化	制造行业	浙江省	民营企业	0.18	CCC	差
6950		603799.SH	华友钴业	制造行业	浙江省	民营企业	0.18	CCC	差
…		…	…	…	…	…	…	…	…
6965		603260.SH	合盛硅业	制造行业	浙江省	民营企业	0.03	CC	很差

应该指出：表 22.31 中的信用得分一共分成两段。第一段为 2000~2018 年这 19 年，是根据已知数据的违约判别。第二段为 2019~2023 年这 5 年，是根据已知数据对上市公司的违约预测。

1. 2021 年浙江省信用资质好中差的上市公司

1)2021 年信用资质为特优(AAA)的公司

香溢融通(600830.SH)、祥和实业(603500.SH)和杭州园林(300649.SZ)等 117 个公司。

2)2021 年信用资质为优(AA)的公司

东睦股份(600114.SH)、浙江美大(002677.SZ)和均胜电子(600699.SH)等 7 个公司。

3)2021 年信用资质为良(A)的公司

闰土股份(002440.SZ)、雅戈尔(600177.SH)和华数传媒(000156.SZ)等 235 个公司。

4)2021 年信用资质为较好(BBB)的公司

宁波联合(600051.SH)、华谊兄弟(300027.SZ)和济民制药(603222.SH)等 45 个公司。

2. 2022 年浙江省信用资质好中差的上市公司

1)2022 年信用资质为特优(AAA)的公司

香溢融通(600830.SH)、棒杰股份(002634.SZ)和生意宝(002095.SZ)等 395 个公司。

2)2022 年信用资质为良(A)的公司

宋都股份(600077.SH)这 1 个公司。

3)2022 年信用资质为一般(BB)的公司

九洲药业(603456.SH)、同花顺(300033.SZ)和洁美科技(002859.SZ)这 3 个公司。

4)2022 年信用资质为较差(B)的公司

新凤鸣(603225.SH)和东音股份(002793.SZ)这 2 个公司。

5)2022 年信用资质为差(CCC)的公司

创业软件(300451.SZ)这 1 个公司。

6)2022 年信用资质为极差(C)的公司

瀚叶股份(600226.SH)和杭电股份(603618.SH)这 2 个公司。

3. 2023 年浙江省信用资质好中差的上市公司

1)2023 年信用资质为特优(AAA)的公司

生意宝(002095.SZ)、香溢融通(600830.SH)和棒杰股份(002634.SZ)等 22 个公司。

2)2023 年信用资质为良(A)的公司

迪贝电气(603320.SH)、金卡智能(300349.SZ)和金盾股份(300411.SZ)等 75 个公司。

3)2023 年信用资质为较好(BBB)的公司

同花顺(300033.SZ)和新澳股份(603889.SH)这 2 个公司。

4)2023 年信用资质为一般(BB)的公司

天马股份(002122.SZ)、万隆光电(300710.SZ)和东音股份(002793.SZ)等 278 个公司。

5)2023 年信用资质为较差(B)的公司

康恩贝(600572.SH)、永太科技(002326.SZ)和围海股份 (002586.SZ)等 9 个公司。

6)2023 年信用资质为差(CCC)的公司

新凤鸣(603225.SH)、荣盛石化(002493.SZ)和华友钴业(603799.SH)等 17 个公司。

7)2023 年信用资质为很差(CC)的公司

合盛硅业(603260.SH)这 1 个公司。

22.4.22　内蒙古自治区 2000~2023 年 24 年信用评级和重点预警公司

将表 22.1 第 6 列中属于内蒙古自治区的企业遴选出来，得到内蒙古自治区上市公司 2000~2023 年信用得分和信用评级，具体如表 22.32 所示。

表 22.32　中国上市公司内蒙古自治区的 2000~2023 年这 24 年的信用得分和信用评级

(1)序号	(2)年份	(3)证券代码	(4)证券简称	(5)行业	(6)地区	(7)所有制属性	(8)信用得分	(9)信用等级	(10)信用度
1	2000	600887.SH	伊利股份	制造行业	内蒙古自治区	公众企业	99.23	AAA	特优
2		000975.SZ	银泰资源	采矿行业	内蒙古自治区	民营企业	98.96	AAA	特优
3		600262.SH	北方股份	制造行业	内蒙古自治区	中央国有企业	97.63	AAA	特优
…		…	…	…	…	…	…	…	…
17		000611.SZ	天首发展	制造行业	内蒙古自治区	民营企业	40.38	A	良
18	2001	600887.SH	伊利股份	制造行业	内蒙古自治区	公众企业	99.04	AAA	特优
19		600295.SH	鄂尔多斯	制造行业	内蒙古自治区	民营企业	98.81	AAA	特优
20		600201.SH	生物股份	制造行业	内蒙古自治区	公众企业	96.60	AAA	特优
…		…	…	…	…	…	…	…	…
34		000611.SZ	天首发展	制造行业	内蒙古自治区	民营企业	11.68	A	良
35	2002	600295.SH	鄂尔多斯	制造行业	内蒙古自治区	民营企业	99.40	AAA	特优
36		600887.SH	伊利股份	制造行业	内蒙古自治区	公众企业	99.27	AAA	特优
37		600201.SH	生物股份	制造行业	内蒙古自治区	公众企业	99.03	AAA	特优
…		…	…	…	…	…	…	…	…
52		000683.SZ	远兴能源	制造行业	内蒙古自治区	民营企业	40.42	A	良
…	…	…	…	…	…	…	…	…	…
479	2021	600887.SH	伊利股份	制造行业	内蒙古自治区	公众企业	52.36	AAA	特优
480		600201.SH	生物股份	制造行业	内蒙古自治区	公众企业	51.12	AAA	特优
481		300239.SZ	东宝生物	制造行业	内蒙古自治区	民营企业	46.51	A	良
482		600295.SH	鄂尔多斯	制造行业	内蒙古自治区	民营企业	46.18	A	良
483		000975.SZ	银泰资源	采矿行业	内蒙古自治区	民营企业	43.90	A	良
…		…	…	…	…	…	…	…	…
497		600988.SH	赤峰黄金	采矿行业	内蒙古自治区	民营企业	17.90	BBB	较好

续表

(1)序号	(2)年份	(3)证券代码	(4)证券简称	(5)行业	(6)地区	(7)所有制属性	(8)信用得分	(9)信用等级	(10)信用度
498	2021	000683.SZ	远兴能源	制造行业	内蒙古自治区	民营企业	16.40	BBB	较好
499		000426.SZ	兴业矿业	采矿行业	内蒙古自治区	民营企业	16.19	BBB	较好
…		…	…	…	…	…	…	…	…
504	2022	600887.SH	伊利股份	制造行业	内蒙古自治区	公众企业	99.05	AAA	特优
505		600295.SH	鄂尔多斯	制造行业	内蒙古自治区	民营企业	80.37	AAA	特优
506		601216.SH	君正集团	制造行业	内蒙古自治区	民营企业	74.20	AAA	特优
…		…	…	…	…	…	…	…	…
528		000683.SZ	远兴能源	制造行业	内蒙古自治区	民营企业	9.99	CCC	差
529	2023	600887.SH	伊利股份	制造行业	内蒙古自治区	公众企业	12.91	A	良
530		600201.SH	生物股份	制造行业	内蒙古自治区	公众企业	11.54	A	良
531		000780.SZ	*ST 平能	采矿行业	内蒙古自治区	中央国有企业	8.96	A	良
…		…	…	…	…	…	…	…	…
534		000975.SZ	银泰资源	采矿行业	内蒙古自治区	民营企业	3.31	BB	一般
535		600291.SH	西水股份	其他行业	内蒙古自治区	民营企业	2.60	BB	一般
536		600988.SH	赤峰黄金	采矿行业	内蒙古自治区	民营企业	2.06	BB	一般
…		…	…	…	…	…	…	…	…
547		600328.SH	兰太实业	制造行业	内蒙古自治区	中央国有企业	0.30	B	较差
548		600295.SH	鄂尔多斯	制造行业	内蒙古自治区	民营企业	0.26	B	较差
549		002128.SZ	露天煤业	采矿行业	内蒙古自治区	中央国有企业	0.26	B	较差
550		600010.SH	包钢股份	制造行业	内蒙古自治区	地方国有企业	0.20	CCC	差
551		600091.SH	ST 明科	制造行业	内蒙古自治区	民营企业	0.17	CCC	差
552		000683.SZ	远兴能源	制造行业	内蒙古自治区	民营企业	0.15	CCC	差
553		000611.SZ	天首发展	制造行业	内蒙古自治区	民营企业	0.07	CCC	差

应该指出：表 22.32 中的信用得分一共分成两段。第一段为 2000~2018 年这 19 年，是根据已知数据的违约判别。第二段为 2019~2023 年这 5 年，是根据已知数据对上市公司的违约预测。

1. 2021 年内蒙古自治区信用资质好中差的上市公司

1)2021 年信用资质为特优(AAA)的公司

伊利股份(600887.SH)和生物股份(600201.SH)这 2 个公司。

2)2021 年信用资质为良(A)的公司

东宝生物(300239.SZ)、鄂尔多斯(600295.SH)和银泰资源(000975.SZ)等 16 个公司。

3)2021 年信用资质为较好(BBB)的公司

赤峰黄金(600988.SH)、远兴能源(000683.SZ)和兴业矿业(000426.SZ)等 7 个公司。

2. 2022 年内蒙古自治区信用资质好中差的上市公司

1)2022 年信用资质为特优(AAA)的公司

伊利股份(600887.SH)、鄂尔多斯(600295.SH)和君正集团(601216.SH)等 24 个公司。

2)2022 年信用资质为差(CCC)的公司

远兴能源(000683.SZ)这 1 个公司。

3. 2023 年内蒙古自治区信用资质好中差的上市公司

1)2023 年信用资质为良(A)的公司

伊利股份(600887.SH)、生物股份(600201.SH)和*ST 平能(000780.SZ)等 5 个公司。

2)2023 年信用资质为一般(BB)的公司

银泰资源(000975.SZ)、西水股份(600291.SH)和赤峰黄金(600988.SH)等 13 个公司。

3)2023 年信用资质为较差(B)的公司

兰太实业(600328.SH)、鄂尔多斯(600295.SH)和露天煤业(002128.SZ)这 3 个公司。

4)2023 年信用资质为差(CCC)的公司

包钢股份(600010.SH)、ST 明科(600091.SH)、远兴能源(000683.SZ)和天首发展(000611.SZ)这 4 个公司。

22.4.23　宁夏回族自治区 2000~2023 年 24 年信用评级和重点预警公司

将表 22.1 第 6 列中属于宁夏回族自治区的企业遴选出来，得到宁夏回族自治区上市公司 2000~2023 年信用得分和信用评级，具体如表 22.33 所示。

表 22.33　中国上市公司宁夏回族自治区的 2000~2023 年这 24 年的信用得分和信用评级

(1)序号	(2)年份	(3)证券代码	(4)证券简称	(5)行业	(6)地区	(7)所有制属性	(8)信用得分	(9)信用等级	(10)信用度
1	2000	000982.SZ	*ST 中绒	制造行业	宁夏回族自治区	民营企业	98.41	AAA	特优
2		000962.SZ	东方钽业	制造行业	宁夏回族自治区	中央国有企业	96.43	AAA	特优
3		600165.SH	新日恒力	制造行业	宁夏回族自治区	民营企业	94.43	AAA	特优
…		…	…	…	…	…	…	…	…
11		600449.SH	宁夏建材	制造行业	宁夏回族自治区	中央国有企业	28.77	A	良
12	2001	000982.SZ	*ST 中绒	制造行业	宁夏回族自治区	民营企业	97.55	AAA	特优
13		600785.SH	新华百货	批发和零售业	宁夏回族自治区	民营企业	96.95	AAA	特优
14		000815.SZ	美利云	制造行业	宁夏回族自治区	中央国有企业	95.34	AAA	特优
…		…	…	…	…	…	…	…	…
22		000557.SZ	西部创业	其他行业	宁夏回族自治区	地方国有企业	0.57	A	良
23	2002	600785.SH	新华百货	批发和零售业	宁夏回族自治区	民营企业	98.00	AAA	特优
24		000815.SZ	美利云	制造行业	宁夏回族自治区	中央国有企业	95.21	AAA	特优
25		000982.SZ	*ST 中绒	制造行业	宁夏回族自治区	民营企业	94.48	AAA	特优
…		…	…	…	…	…	…	…	…
33		000557.SZ	西部创业	其他行业	宁夏回族自治区	地方国有企业	0.14	B	较差
…	…	…	…	…	…	…	…	…	…
255	2021	601619.SH	嘉泽新能	电力、热力、燃气及水生产和供应行业	宁夏回族自治区	民营企业	75.85	AAA	特优
256		002457.SZ	青龙管业	制造行业	宁夏回族自治区	民营企业	69.27	AAA	特优
257		000557.SZ	西部创业	其他行业	宁夏回族自治区	地方国有企业	46.39	A	良
258		600449.SH	宁夏建材	制造行业	宁夏回族自治区	中央国有企业	39.14	A	良
259		000815.SZ	美利云	制造行业	宁夏回族自治区	中央国有企业	36.16	A	良
…		…	…	…	…	…	…	…	…
264		000595.SZ	*ST 宝实	制造行业	宁夏回族自治区	民营企业	2.74	BBB	较好
265		000862.SZ	银星能源	电力、热力、燃气及水生产和供应业	宁夏回族自治区	中央国有企业	2.52	BBB	较好

续表

(1)序号	(2)年份	(3)证券代码	(4)证券简称	(5)行业	(6)地区	(7)所有制属性	(8)信用得分	(9)信用等级	(10)信用度
266	2021	000982.SZ	*ST 中绒	制造业	宁夏回族自治区	民营企业	2.51	BBB	较好
267		600165.SH	新日恒力	制造业	宁夏回族自治区	民营企业	1.78	BBB	较好
268	2022	000815.SZ	美利云	制造行业	宁夏回族自治区	中央国有企业	87.74	AAA	特优
269		000962.SZ	东方钽业	制造行业	宁夏回族自治区	中央国有企业	73.54	AAA	特优
270		601619.SH	嘉泽新能	电力、热力、燃气及水生产和供应业	宁夏回族自治区	民营企业	72.09	AAA	特优
…		…	…	…	…	…	…	…	…
280		600785.SH	新华百货	批发和零售业	宁夏回族自治区	民营企业	17.32	BB	一般
281	2023	002457.SZ	青龙管业	制造行业	宁夏回族自治区	民营企业	60.58	AAA	特优
282		000982.SZ	*ST 中绒	制造行业	宁夏回族自治区	民营企业	2.47	BB	一般
283		600146.SH	商赢环球	制造行业	宁夏回族自治区	民营企业	1.93	BB	一般
284		000635.SZ	英力特	制造行业	宁夏回族自治区	中央国有企业	1.19	BB	一般
…		…	…	…	…	…	…	…	…
290		600165.SH	新日恒力	制造行业	宁夏回族自治区	民营企业	0.30	B	较差
291		600785.SH	新华百货	批发和零售业	宁夏回族自治区	民营企业	0.28	B	较差
292		000862.SZ	银星能源	电力、热力、燃气及水生产和供应业	宁夏回族自治区	中央国有企业	0.26	B	较差
293		000595.SZ	*ST 宝实	制造行业	宁夏回族自治区	民营企业	0.24	B	较差

应该指出：表 22.33 中的信用得分一共分成两段。第一段为 2000~2018 年这 19 年，是根据已知数据的违约判别。第二段为 2019~2023 年这 5 年，是根据已知数据对上市公司的违约预测。

1. 2021 年宁夏回族自治区信用资质好中差的上市公司

1)2021 年信用资质为特优(AAA)的公司

嘉泽新能(601619.SH)和青龙管业(002457.SZ)这 2 个公司。

2)2021 年信用资质为良(A)的公司

西部创业(000557.SZ)、宁夏建材(600449.SH)和美利云(000815.SZ)等 7 个公司。

3)2021 年信用资质为较好(BBB)的公司

*ST 宝实(000595.SZ)、银星能源(000862.SZ)、*ST 中绒(000982.SZ)和新日恒力(600165.SH)这 4 个公司。

2. 2022 年宁夏回族自治区信用资质好中差的上市公司

1)2022 年信用资质为特优(AAA)的公司

美利云(000815.SZ)、东方钽业(000962.SZ)和嘉泽新能(601619.SH)等 12 个公司。

2)2022 年信用资质为一般(BB)的公司

新华百货(600785.SH)这 1 个公司。

3. 2023 年宁夏回族自治区信用资质好中差的上市公司

1)2023 年信用资质为特优(AAA)的公司

青龙管业(002457.SZ)这 1 个公司。

2)2023 年信用资质为一般(BB)的公司

*ST 中绒(000982.SZ)、商赢环球(600146.SH)和英力特(000635.SZ)等 8 个公司。

3)2023 年信用资质为较差(B)的公司

新日恒力(600165.SH)、新华百货(600785.SH)、银星能源(000862.SZ)和*ST 宝实(000595.SZ)这 4 个公司。

22.4.24　青海省 2000~2023 年 24 年信用评级和重点预警公司

将表 22.1 第 6 列中属于青海省的企业遴选出来，得到青海省上市公司 2000~2023 年信用得分和信用评级，具体如表 22.34 所示。

表 22.34　中国上市公司青海省的 2000~2023 年这 24 年的信用得分和信用评级

(1)序号	(2)年份	(3)证券代码	(4)证券简称	(5)行业	(6)地区	(7)所有制属性	(8)信用得分	(9)信用等级	(10)信用度
1	2000	000792.SZ	盐湖股份	制造行业	青海省	地方国有企业	96.86	AAA	特优
2		600243.SH	青海华鼎	制造行业	青海省	民营企业	88.32	AAA	特优
3		000606.SZ	神州易桥	制造行业	青海省	公众企业	83.46	AAA	特优
…		…	…	…	…	…	…	…	…
9		600771.SH	广誉远	制造行业	青海省	民营企业	50.57	AAA	特优
10	2001	600381.SH	青海春天	制造行业	青海省	民营企业	93.78	AAA	特优
11		000792.SZ	盐湖股份	制造行业	青海省	地方国有企业	89.09	AAA	特优
12		000408.SZ	藏格控股	制造行业	青海省	民营企业	88.38	AAA	特优
…		…	…	…	…	…	…	…	…
18		600869.SH	智慧能源	制造行业	青海省	民营企业	66.50	AAA	特优
19	2002	600117.SH	西宁特钢	制造行业	青海省	地方国有企业	99.24	AAA	特优
20		000792.SZ	盐湖股份	制造行业	青海省	地方国有企业	95.54	AAA	特优
21		600243.SH	青海华鼎	制造行业	青海省	民营企业	90.89	AAA	特优
…		…	…	…	…	…	…	…	…
28		601168.SH	西部矿业	采矿行业	青海省	地方国有企业	30.32	A	良
…	…	…	…	…	…	…	…	…	…
232	2021	600714.SH	金瑞矿业	采矿行业	青海省	地方国有企业	54.82	AAA	特优
233		002646.SZ	青青稞酒	制造行业	青海省	民营企业	47.68	A	良
234		000408.SZ	藏格控股	制造行业	青海省	民营企业	45.95	A	良
235		600771.SH	广誉远	制造行业	青海省	民营企业	42.05	A	良
236		603843.SH	正平股份	建筑行业	青海省	民营企业	30.29	A	良
237		601168.SH	西部矿业	采矿行业	青海省	地方国有企业	18.22	BBB	较好
238		600869.SH	智慧能源	制造行业	青海省	民营企业	17.31	BBB	较好
239		000606.SZ	神州易桥	制造行业	青海省	公众企业	13.97	BBB	较好
…		…	…	…	…	…	…	…	…
244	2022	600714.SH	金瑞矿业	采矿行业	青海省	地方国有企业	71.76	AAA	特优
245		002646.SZ	青青稞酒	制造行业	青海省	民营企业	66.96	AAA	特优
246		600771.SH	广誉远	制造行业	青海省	民营企业	60.45	AAA	特优
…		…	…	…	…	…	…	…	…
256	2023	600714.SH	金瑞矿业	采矿行业	青海省	地方国有企业	97.30	AAA	特优
257		000792.SZ	盐湖股份	制造行业	青海省	地方国有企业	56.24	AAA	特优

续表

(1)序号	(2)年份	(3)证券代码	(4)证券简称	(5)行业	(6)地区	(7)所有制属性	(8)信用得分	(9)信用等级	(10)信用度
258	2023	601168.SH	西部矿业	采矿行业	青海省	地方国有企业	18.85	A	良
259		600117.SH	西宁特钢	制造行业	青海省	地方国有企业	6.52	A	良
260		002646.SZ	青青稞酒	制造行业	青海省	民营企业	2.99	BB	一般
261		600243.SH	青海华鼎	制造行业	青海省	民营企业	2.73	BB	一般
262		600771.SH	广誉远	制造行业	青海省	民营企业	2.65	BB	一般
…		…	…	…	…	…	…	…	…
267		600381.SH	青海春天	制造行业	青海省	民营企业	0.50	BB	一般

应该指出：表 22.34 中的信用得分一共分成两段。第一段为 2000~2018 年这 19 年，是根据已知数据的违约判别。第二段为 2019~2023 年这 5 年，是根据已知数据对上市公司的违约预测。

1. 2021 年青海省信用资质好中差的上市公司

1)2021 年信用资质为特优(AAA)的公司

金瑞矿业(600714.SH)这 1 个公司。

2)2021 年信用资质为良(A)的公司

青青稞酒(002646.SZ)、藏格控股(000408.SZ)、广誉远(600771.SH)和正平股份(603843.SH)这 4 个公司。

3)2021 年信用资质为较好(BBB)的公司

西部矿业(601168.SH)、智慧能源(600869.SH)和神州易桥(000606.SZ)等 7 个公司。

2. 2022 年青海省信用资质好中差的上市公司

2022 年信用资质为特优(AAA)的公司为金瑞矿业(600714.SH)、青青稞酒(002646.SZ)和广誉远(600771.SH)等 12 个公司。

3. 2023 年青海省信用资质好中差的上市公司

1)2023 年信用资质为特优(AAA)的公司

金瑞矿业(600714.SH)和盐湖股份(000792.SZ)这 2 个公司。

2)2023 年信用资质为良(A)的公司

西部矿业(601168.SH)和西宁特钢(600117.SH)这 2 个公司

3)2023 年信用资质为一般(BB)的公司

青青稞酒(002646.SZ)、青海华鼎(600243.SH)和广誉远(600771.SH)等 8 个公司。

22.4.25　山东省 2000~2023 年 24 年信用评级和重点预警企业

将表 22.1 第 6 列中属于山东省的企业遴选出来，得到山东省上市公司 2000~2023 年信用得分和信用评级，具体如表 22.35 所示。

表 22.35　中国上市公司山东省的 2000~2023 年这 24 年的信用得分和信用评级

(1)序号	(2)年份	(3)证券代码	(4)证券简称	(5)行业	(6)地区	(7)所有制属性	(8)信用得分	(9)信用等级	(10)信用度
1	2000	000726.SZ	鲁泰 A	制造行业	山东省	民营企业	99.91	AAA	特优
2		000488.SZ	晨鸣纸业	制造行业	山东省	地方国有企业	99.88	AAA	特优
3		600308.SH	华泰股份	制造行业	山东省	民营企业	99.82	AAA	特优
…		…	…	…	…	…	…	…	…

续表

(1)序号	(2)年份	(3)证券代码	(4)证券简称	(5)行业	(6)地区	(7)所有制属性	(8)信用得分	(9)信用等级	(10)信用度
61	2001	600898.SH	国美通讯	制造行业	山东省	外资企业	0.88	A	良
62		000726.SZ	鲁泰 A	制造行业	山东省	民营企业	99.43	AAA	特优
63		600690.SH	青岛海尔	制造行业	山东省	集体企业	99.30	AAA	特优
64		000869.SZ	张裕 A	制造行业	山东省	集体企业	98.99	AAA	特优
…		…	…	…	…	…	…	…	…
128		600898.SH	国美通讯	制造行业	山东省	外资企业	0.02	C	极差
129	2002	600690.SH	青岛海尔	制造行业	山东省	集体企业	99.53	AAA	特优
130		600223.SH	鲁商置业	房地产行业	山东省	地方国有企业	99.51	AAA	特优
131		000726.SZ	鲁泰 A	制造行业	山东省	民营企业	99.12	AAA	特优
…		…	…	…	…	…	…	…	…
197		600858.SH	银座股份	批发和零售业	山东省	地方国有企业	1.62	A	良
…	…	…	…	…	…	…	…	…	…
3040	2021	300653.SZ	正海生物	制造行业	山东省	民营企业	93.90	AAA	特优
3041		300699.SZ	光威复材	制造行业	山东省	民营企业	85.23	AAA	特优
3042		603086.SH	先达股份	制造行业	山东省	民营企业	84.78	AAA	特优
…		…	…	…	…	…	…	…	…
3087		002746.SZ	仙坛股份	其他行业	山东省	民营企业	48.39	AA	优
3088		002498.SZ	汉缆股份	制造行业	山东省	民营企业	47.21	A	良
3089		300121.SZ	阳谷华泰	制造行业	山东省	民营企业	46.74	A	良
3090		603167.SH	渤海轮渡	其他行业	山东省	地方国有企业	46.61	A	良
…		…	…	…	…	…	…	…	…
3204		000720.SZ	新能泰山	电力、热力、燃气及水生产和供应业	山东省	中央国有企业	17.21	BBB	较好
3205		002355.SZ	兴民智通	制造行业	山东省	民营企业	16.75	BBB	较好
…		…	…	…	…	…	…	…	…
3228		600784.SH	鲁银投资	其他行业	山东省	地方国有企业	1.08	BB	一般
3229		600027.SH	华电国际	电力、热力、燃气及水生产和供应业	山东省	中央国有企业	0.97	B	较差
3230	2022	000416.SZ	民生控股	其他行业	山东省	民营企业	99.79	AAA	特优
3231		002379.SZ	宏创控股	制造行业	山东省	民营企业	93.39	AAA	特优
3232		600807.SH	天业股份	房地产行业	山东省	民营企业	92.14	AAA	特优
…		…	…	…	…	…	…	…	…
3418		600219.SH	南山铝业	制造行业	山东省	其他所有制企业	15.98	B	较差
3419		002382.SZ	蓝帆医疗	制造行业	山东省	民营企业	11.04	CCC	差
3420	2023	000416.SZ	民生控股	其他行业	山东省	民营企业	100.00	AAA	特优
3421		600807.SH	天业股份	房地产行业	山东省	民营企业	100.00	AAA	特优
3422		600309.SH	万华化学	制造行业	山东省	地方国有企业	99.16	AAA	特优
3423		300099.SZ	精准信息	制造行业	山东省	民营企业	57.07	AAA	特优
3424		300105.SZ	龙源技术	制造行业	山东省	中央国有企业	36.22	A	良

续表

(1)序号	(2)年份	(3)证券代码	(4)证券简称	(5)行业	(6)地区	(7)所有制属性	(8)信用得分	(9)信用等级	(10)信用度
3425	2023	300183.SZ	东软载波	信息传输、软件和信息技术服务行业	山东省	民营企业	32.32	A	良
3426		603798.SH	康普顿	制造行业	山东省	民营企业	28.01	A	良
…		…	…	…	…	…	…	…	…
3450		002379.SZ	宏创控股	制造行业	山东省	民营企业	4.07	BBB	较好
3451		002588.SZ	史丹利	制造行业	山东省	民营企业	3.73	BBB	较好
3452		300659.SZ	中孚信息	信息传输、软件和信息技术服务行业	山东省	民营企业	3.69	BB	一般
3453		603086.SH	先达股份	制造行业	山东省	民营企业	3.51	BB	一般
3454		300224.SZ	正海磁材	制造行业	山东省	民营企业	3.39	BB	一般
…		…	…	…	…	…	…	…	…
3589		002458.SZ	益生股份	其他行业	山东省	民营企业	0.29	B	较差
3590		600319.SH	亚星化学	制造行业	山东省	民营企业	0.28	B	较差
3591		002248.SZ	*ST 东数	制造行业	山东省	公众企业	0.27	B	较差
…		…	…	…	…	…	…	…	…
3599		000506.SZ	中润资源	采矿行业	山东省	民营企业	0.19	CCC	差
3600		600022.SH	山东钢铁	制造行业	山东省	地方国有企业	0.16	CCC	差
3601		300653.SZ	正海生物	制造行业	山东省	民营企业	0.14	CCC	差
…		…	…	…	…	…	…	…	…
3607		000830.SZ	鲁西化工	制造行业	山东省	地方国有企业	0.01	C	极差
3608		600188.SH	兖州煤业	采矿行业	山东省	地方国有企业	0.00	C	极差
3609		000338.SZ	潍柴动力	制造行业	山东省	地方国有企业	0.00	C	极差
3610		600690.SH	青岛海尔	制造行业	山东省	集体企业	0.00	C	极差

应该指出：表 22.35 中的信用得分一共分成两段。第一段为 2000~2018 年这 19 年，是根据已知数据的违约判别。第二段为 2019~2023 年这 5 年，是根据已知数据对上市公司的违约预测。

1. 2021 年山东省信用资质好中差的上市公司

1)2021 年信用资质为特优(AAA)的公司

正海生物(300653.SZ)、光威复材(300699.SZ)、先达股份(603086.SH)等 47 个公司。

2)2021 年信用资质为优(AA)的公司

仙坛股份(002746.SZ)这 1 个公司。

3)2021 年信用资质为良(A)的公司

汉缆股份(002498.SZ)、阳谷华泰(300121.SZ)、渤海轮渡(603167.SH)等 116 个公司。

4)2021 年信用资质为较好(BBB)的公司

新能泰山(000720.SZ)、兴民智通(002355.SZ)等 24 个公司。

5)2021 年信用资质为一般(BB)的公司

鲁银投资(600784.SH)这 1 个公司。

6)2021 年信用资质为较差(B)的公司

华电国际(600027.SH)这 1 个公司。

2. 2022 年山东省信用资质好中差的上市公司

1)2022 年信用资质为特优(AAA)的公司
民生控股(000416.SZ)、宏创控股(002379.SZ)、天业股份(600807.SH)等 188 个公司。
2)2022 年信用资质为较差(B)的公司
南山铝业(600219.SH)这 1 个公司。
3)2022 年信用资质为差(CCC)的公司
蓝帆医疗(002382.SZ)这 1 个公司。

3. 2023 年山东省信用资质好中差的上市公司

1)2023 年信用资质为特优(AAA)的公司
民生控股(000416.SZ)、天业股份(600807.SH)、万华化学(600309.SH)、精准信息(300099.SZ)等 4 个公司。
2)2023 年信用资质为良(A)的公司
龙源技术(300105.SZ)、东软载波(300183.SZ)、康普顿(603798.SH)等 26 个公司。
3)2023 年信用资质为较好(BBB)的公司
宏创控股(002379.SZ)、史丹利(002588.SZ)这 2 个公司。
4)2023 年信用资质为一般(BB)的公司
中孚信息(300659.SZ)、先达股份(603086.SH)、正海磁材(300224.SZ)等 137 个公司。
5)2023 年信用资质为较差(B)的公司
益生股份(002458.SZ)、亚星化学(600319.SH)、*ST 东数(002248.SZ)等 10 个公司。
6)2023 年信用资质为差(CCC)的公司
中润资源(000506.SZ)、山东钢铁(600022.SH)、正海生物(300653.SZ)等 8 个公司。
7)2023 年信用资质为极差(C)的公司
鲁西化工(000830.SZ)、兖州煤业(600188.SH)、潍柴动力(000338.SZ)、青岛海尔(600690.SH)这 4 个公司。

22.4.26　山西省 2000~2023 年 24 年信用评级和重点预警企业

将表 22.1 第 6 列中属于山西省的企业遴选出来，得到山西省上市公司 2000~2023 年信用得分和信用评级，具体如表 22.36 所示。

表 22.36　中国上市公司山西省的 2000~2023 年这 24 年的信用得分与信用评级

(1)序号	(2)年份	(3)证券代码	(4)证券简称	(5)行业	(6)地区	(7)所有制属性	(8)信用得分	(9)信用等级	(10)信用度
1	2000	000737.SZ	南风化工	制造行业	山西省	地方国有企业	96.73	AAA	特优
2		000968.SZ	蓝焰控股	采矿行业	山西省	地方国有企业	96.12	AAA	特优
3		000755.SZ	*ST 三维	制造行业	山西省	地方国有企业	94.43	AAA	特优
…		…	…	…	…	…	…	…	…
27		600351.SH	亚宝药业	制造行业	山西省	民营企业	11.22	A	良
28	2001	000755.SZ	*ST 三维	制造行业	山西省	地方国有企业	95.70	AAA	特优
29		000767.SZ	漳泽电力	电力、热力、燃气及水生产和供应业	山西省	地方国有企业	94.44	AAA	特优
30		000983.SZ	西山煤电	采矿行业	山西省	地方国有企业	93.54	AAA	特优
…		…	…	…	…	…	…	…	…
54		600691.SH	阳煤化工	制造行业	山西省	地方国有企业	8.17	A	良
55	2002	000767.SZ	漳泽电力	电力、热力、燃气及水生产和供应行业	山西省	地方国有企业	98.11	AAA	特优

续表

(1)序号	(2)年份	(3)证券代码	(4)证券简称	(5)行业	(6)地区	(7)所有制属性	(8)信用得分	(9)信用等级	(10)信用度
56	2002	600780.SH	通宝能源	电力、热力、燃气及水生产和供应业	山西省	地方国有企业	97.16	AAA	特优
57		000755.SZ	*ST 三维	制造行业	山西省	地方国有企业	96.86	AAA	特优
…		…	…	…	…	…	…	…	…
82		600691.SH	阳煤化工	制造行业	山西省	地方国有企业	1.61	A	良
…	…	…	…	…	…	…	…	…	…
731	2021	600539.SH	狮头股份	制造行业	山西省	民营企业	61.68	AAA	特优
732		601699.SH	潞安环能	采矿行业	山西省	地方国有企业	51.89	AAA	特优
733		600740.SH	山西焦化	制造行业	山西省	地方国有企业	49.31	AAA	特优
734		002753.SZ	永东股份	制造行业	山西省	民营企业	48.42	AA	优
735		600780.SH	通宝能源	电力、热力、燃气及水生产和供应业	山西省	地方国有企业	48.39	AA	优
736		601006.SH	大秦铁路	其他行业	山西省	中央国有企业	46.94	A	良
737		002360.SZ	同德化工	制造行业	山西省	民营企业	45.71	A	良
738		000795.SZ	英洛华	制造行业	山西省	集体企业	42.46	A	良
…		…	…	…	…	…	…	…	…
757		300254.SZ	仟源医药	制造行业	山西省	民营企业	16.87	BBB	较好
758		600157.SH	永泰能源	采矿行业	山西省	民营企业	16.03	BBB	较好
759		000673.SZ	当代东方	文化、体育和娱乐业	山西省	民营企业	14.52	BBB	较好
…		…	…	…	…	…	…	…	…
767		000755.SZ	*ST 三维	制造行业	山西省	地方国有企业	0.99	B	较差
768		000737.SZ	南风化工	制造行业	山西省	地方国有企业	0.11	C	极差
769	2022	600740.SH	山西焦化	制造行业	山西省	地方国有企业	87.69	AAA	特优
770		000831.SZ	五矿稀土	制造行业	山西省	中央国有企业	80.62	AAA	特优
771		601699.SH	潞安环能	采矿行业	山西省	地方国有企业	78.35	AAA	特优
…		…	…	…	…	…	…	…	…
805		600234.SH	ST 山水	制造行业	山西省	民营企业	35.62	A	良
806		000737.SZ	南风化工	制造行业	山西省	地方国有企业	0.32	C	极差
807	2023	601006.SH	大秦铁路	其他行业	山西省	中央国有企业	99.55	AAA	特优
808		000831.SZ	五矿稀土	制造行业	山西省	中央国有企业	95.60	AAA	特优
809		600539.SH	狮头股份	制造行业	山西省	民营企业	74.92	AAA	特优
810		600495.SH	晋西车轴	制造行业	山西省	中央国有企业	15.46	A	良
811		002753.SZ	永东股份	制造行业	山西省	民营企业	8.76	A	良
812		000795.SZ	英洛华	制造行业	山西省	集体企业	6.68	A	良
813		000673.SZ	当代东方	文化、体育和娱乐业	山西省	民营企业	4.69	A	良
814		300158.SZ	振东制药	制造行业	山西省	民营企业	3.33	BB	一般
815		002360.SZ	同德化工	制造行业	山西省	民营企业	2.98	BB	一般

续表

(1)序号	(2)年份	(3)证券代码	(4)证券简称	(5)行业	(6)地区	(7)所有制属性	(8)信用得分	(9)信用等级	(10)信用度
816	2023	002500.SZ	山西证券	其他行业	山西省	地方国有企业	2.60	BB	一般
…		…	…	…	…	…	…	…	…
836		000983.SZ	西山煤电	采矿行业	山西省	地方国有企业	0.25	B	较差
837		000755.SZ	*ST 三维	制造行业	山西省	地方国有企业	0.24	B	较差
838		600546.SH	山煤国际	批发和零售业	山西省	地方国有企业	0.18	CCC	差
839		600408.SH	安泰集团	制造行业	山西省	民营企业	0.17	CCC	差
840		600348.SH	阳泉煤业	采矿行业	山西省	地方国有企业	0.15	CCC	差
…		…	…	…	…	…	…	…	…
844		000825.SZ	太钢不锈	制造行业	山西省	地方国有企业	0.02	CC	很差

应该指出：表 22.36 中的信用得分一共分成两段。第一段为 2000~2018 年这 19 年，是根据已知数据的违约判别。第二段为 2019~2023 年这 5 年，是根据已知数据对上市公司的违约预测。

1. 2021 年山西省信用资质好中差的上市公司

1)2021 年信用资质为特优(AAA)的公司

狮头股份(600539.SH)、潞安环能(601699.SH)、山西焦化(600740.SH)这 3 个公司。

2)2021 年信用资质为优(AA)的公司

永东股份(002753.SZ)、通宝能源(600780.SH)这 2 个公司。

3)2021 年信用资质为良(A)的公司

大秦铁路(601006.SH)、同德化工(002360.SZ)、英洛华(000795.SZ)等 21 个公司。

4)2021 年信用资质为较好(BBB)的公司

仟源医药(300254.SZ)、永泰能源(600157.SH)、当代东方(000673.SZ)等 10 个公司。

5)2021 年信用资质为较差(B)的公司

*ST 三维(000755.SZ)这 1 个公司。

6)2021 年信用资质为极差(C)的公司

南风化工(000737.SZ) 这 1 个公司。

2. 2022 年山西省信用资质好中差的上市公司

1)2022 年信用资质为特优(AAA)的公司

山西焦化(600740.SH)、五矿稀土(000831.SZ)、潞安环能(601699.SH)等 36 个公司。

2)2022 年信用资质为良(A)的公司

ST 山水(600234.SH)这 1 个公司。

3)2022 年信用资质为极差(C)的公司

南风化工(000737.SZ)这 1 个公司。

3. 2023 年山西省信用资质好中差的上市公司

1)2023 年信用资质为特优(AAA)的公司

大秦铁路(601006.SH)、五矿稀土(000831.SZ)、狮头股份(600539.SH)这 3 个公司。

2)2023 年信用资质为良(A)的公司

晋西车轴(600495.SH)、永东股份(002753.SZ)、英洛华(000795.SZ)、当代东方(000673.SZ)这 4 个公司。

3)2023 年信用资质为一般(BB)的公司

振东制药(300158.SZ)、同德化工(002360.SZ)、山西证券(002500.SZ)等 22 个公司。

4)2023 年信用资质为较差(B)的公司

西山煤电(000983.SZ)、*ST 三维(000755.SZ)这 2 个公司。

5)2023 年信用资质为差(CCC)的公司

山煤国际(600546.SH)、安泰集团(600408.SH)、阳泉煤业(600348.SH)等 6 个公司。

6)2023 年信用资质为很差(CC)的公司

太钢不锈(000825.SZ)这 1 个公司。

22.4.27 陕西省 2000~2023 年 24 年信用评级和重点预警企业

将表 22.1 第 6 列中属于陕西省的企业遴选出来，得到陕西省上市公司 2000~2023 年信用得分和信用评级，具体如表 22.37 所示。

表 22.37 中国上市公司陕西省的 2000~2023 年这 24 年的信用得分与信用评级

(1)序号	(2)年份	(3)证券代码	(4)证券简称	(5)行业	(6)地区	(7)所有制属性	(8)信用得分	(9)信用等级	(10)信用度
1	2000	600302.SH	标准股份	制造行业	陕西省	地方国有企业	99.23	AAA	特优
2		000768.SZ	中航飞机	制造行业	陕西省	中央国有企业	98.38	AAA	特优
3		600248.SH	延长化建	建筑行业	陕西省	地方国有企业	98.08	AAA	特优
…		…	…	…	…	…	…	…	…
22		600831.SH	广电网络	信息传输、软件和信息技术服务行业	陕西省	地方国有企业	5.86	A	良
23	2001	000768.SZ	中航飞机	制造行业	陕西省	中央国有企业	98.24	AAA	特优
24		600707.SH	彩虹股份	制造行业	陕西省	地方国有企业	98.04	AAA	特优
25		600248.SH	延长化建	建筑行业	陕西省	地方国有企业	96.02	AAA	特优
…		…	…	…	…	…	…	…	…
47		600831.SH	广电网络	信息传输、软件和信息技术服务行业	陕西省	地方国有企业	1.90	A	良
48	2002	600707.SH	彩虹股份	制造行业	陕西省	地方国有企业	98.82	AAA	特优
49		000768.SZ	中航飞机	制造行业	陕西省	中央国有企业	98.41	AAA	特优
50		000516.SZ	国际医学	批发和零售业	陕西省	民营企业	97.22	AAA	特优
…		…	…	…	…	…	…	…	…
72		000561.SZ	烽火电子	制造行业	陕西省	地方国有企业	11.84	A	良
…	…	…	…	…	…	…	…	…	…
808	2021	601179.SH	中国西电	制造行业	陕西省	中央国有企业	71.42	AAA	特优
809		603139.SH	康惠制药	制造行业	陕西省	民营企业	70.59	AAA	特优
810		600893.SH	航发动力	制造行业	陕西省	中央国有企业	63.38	AAA	特优
811		002799.SZ	环球印务	制造行业	陕西省	地方国有企业	49.74	AAA	特优
812		601958.SH	金钼股份	采矿行业	陕西省	其他所有制企业	48.01	AA	优
813		300581.SZ	晨曦航空	制造行业	陕西省	民营企业	47.80	A	良
814		600080.SH	金花股份	制造行业	陕西省	民营企业	47.64	A	良
815		002109.SZ	兴化股份	制造行业	陕西省	地方国有企业	46.05	A	良
…		…	…	…	…	…	…	…	…

续表

(1)序号	(2)年份	(3)证券代码	(4)证券简称	(5)行业	(6)地区	(7)所有制属性	(8)信用得分	(9)信用等级	(10)信用度
846	2021	600343.SH	航天动力	制造行业	陕西省	中央国有企业	16.01	BBB	较好
847		600707.SH	彩虹股份	制造行业	陕西省	地方国有企业	4.42	BBB	较好
848		600302.SH	标准股份	制造行业	陕西省	地方国有企业	3.28	BBB	较好
…		…	…	…	…	…	…	…	…
853		000837.SZ	秦川机床	制造行业	陕西省	地方国有企业	1.93	BBB	较好
854	2022	601179.SH	中国西电	制造行业	陕西省	中央国有企业	99.95	AAA	特优
855		000564.SZ	供销大集	批发和零售行业	陕西省	其他所有制企业	89.14	AAA	特优
856		600080.SH	金花股份	制造行业	陕西省	民营企业	84.13	AAA	特优
…		…	…	…	…	…	…	…	…
896		002673.SZ	西部证券	其他行业	陕西省	地方国有企业	44.15	AA	优
897		000697.SZ	炼石有色	制造行业	陕西省	民营企业	43.25	A	良
898		300023.SZ	宝德股份	其他行业	陕西省	民营企业	43.08	A	良
899		600455.SH	博通股份	其他行业	陕西省	地方国有企业	41.68	A	良
900	2023	601179.SH	中国西电	制造行业	陕西省	中央国有企业	100.00	AAA	特优
901		000564.SZ	供销大集	批发和零售行业	陕西省	其他所有制企业	100.00	AAA	特优
902		601225.SH	陕西煤业	采矿行业	陕西省	地方国有企业	100.00	AAA	特优
…		…	…	…	…	…	…	…	…
945		000516.SZ	国际医学	批发和零售行业	陕西省	民营企业	56.86	AAA	特优

应该指出：表 22.37 中的信用得分一共分成两段。第一段为 2000~2018 年这 19 年，是根据已知数据的违约判别。第二段为 2019~2023 年这 5 年，是根据已知数据对上市公司的违约预测。

1. 2021 年陕西省信用资质好中差的上市公司

1)2021 年信用资质为特优(AAA)的公司

中国西电(601179.SH)、康惠制药(603139.SH)、航发动力(600893.SH)、环球印务(002799.SZ)这 4 个公司。

2)2021 年信用资质为优(AA)的公司

金钼股份(601958.SH)这 1 个公司。

3)2021 年信用资质为良(A)的公司

晨曦航空(300581.SZ)、金花股份(600080.SH)、兴化股份(002109.SZ)等 33 个公司。

4)2021 年信用资质为较好(BBB)的公司

航天动力(600343.SH)、彩虹股份(600707.SH)、标准股份(600302.SH)等 8 个公司。

2. 2022 年陕西省信用资质好中差的上市公司

1)2022 年信用资质为特优(AAA)的公司

中国西电(601179.SH)、供销大集(000564.SZ)、金花股份(600080.SH)等 42 个公司。

2)2022 年信用资质为优(AA)的公司

西部证券(002673.SZ) 这 1 个公司。

3)2022 年信用资质为良(A)的公司

炼石有色(000697.SZ)、宝德股份(300023.SZ)、博通股份(600455.SH)这 3 个公司。

3. 2023 年陕西省信用资质好中差的上市公司

中国西电(601179.SH)、供销大集(000564.SZ)、陕西煤业(601225.SH)等 46 个公司的信用资质均为特优。

22.4.28 四川省 2000~2023 年 24 年信用评级和重点预警企业

将表 22.1 第 6 列中属于四川省的企业遴选出来，得到四川省上市公司 2000~2023 年信用得分和信用评级，具体如表 22.38 所示。

表 22.38 中国上市公司四川省的 2000~2023 年这 24 年的信用得分与信用评级

(1)序号	(2)年份	(3)证券代码	(4)证券简称	(5)行业	(6)地区	(7)所有制属性	(8)信用得分	(9)信用等级	(10)信用度
1	2000	600378.SH	天科股份	制造行业	四川省	中央国有企业	97.69	AAA	特优
2		000693.SZ	*ST 华泽	采矿行业	四川省	民营企业	97.67	AAA	特优
3		600839.SH	四川长虹	制造行业	四川省	地方国有企业	96.91	AAA	特优
…		…	…	…	…	…	…	…	…
52		600039.SH	四川路桥	建筑行业	四川省	地方国有企业	14.45	A	良
53	2001	600321.SH	正源股份	制造行业	四川省	民营企业	98.58	AAA	特优
54		600528.SH	中铁工业	制造行业	四川省	中央国有企业	98.54	AAA	特优
55		600331.SH	宏达股份	制造行业	四川省	民营企业	98.18	AAA	特优
…		…	…	…	…	…	…	…	…
106		600109.SH	国金证券	其他行业	四川省	民营企业	2.00	A	良
107	2002	600101.SH	明星电力	电力、热力、燃气及水生产和供应行业	四川省	中央国有企业	98.97	AAA	特优
108		600528.SH	中铁工业	制造行业	四川省	中央国有企业	98.65	AAA	特优
109		000731.SZ	四川美丰	制造行业	四川省	中央国有企业	98.55	AAA	特优
…		…	…	…	…	…	…	…	…
161		000586.SZ	汇源通信	制造行业	四川省	公众企业	10.45	A	良
…	…	…	…	…	…	…	…	…	…
1872	2021	300696.SZ	爱乐达	制造行业	四川省	民营企业	96.50	AAA	特优
1873		600093.SH	易见股份	其他行业	四川省	民营企业	84.87	AAA	特优
1874		300470.SZ	日机密封	制造行业	四川省	集体企业	76.17	AAA	特优
…		…	…	…	…	…	…	…	…
1893		300434.SZ	金石东方	制造行业	四川省	民营企业	46.71	A	良
1894		300019.SZ	硅宝科技	制造行业	四川省	公众企业	46.23	A	良
1895		000876.SZ	新希望	制造行业	四川省	民营企业	46.02	A	良
…		…	…	…	…	…	…	…	…
1957		000155.SZ	*ST 川化	制造行业	四川省	地方国有企业	18.33	BBB	较好
1958		300362.SZ	天翔环境	制造行业	四川省	民营企业	18.28	BBB	较好
1959		300022.SZ	吉峰农机	批发和零售业	四川省	民营企业	18.05	BBB	较好
…		…	…	…	…	…	…	…	…
1982		000803.SZ	*ST 金宇	制造行业	四川省	民营企业	0.61	CC	很差
1983	2022	600093.SH	易见股份	其他行业	四川省	民营企业	99.99	AAA	特优
1984		600880.SH	博瑞传播	文化、体育和娱乐行业	四川省	地方国有企业	99.97	AAA	特优

续表

(1)序号	(2)年份	(3)证券代码	(4)证券简称	(5)行业	(6)地区	(7)所有制属性	(8)信用得分	(9)信用等级	(10)信用度
1985	2022	600875.SH	东方电气	制造行业	四川省	中央国有企业	98.71	AAA	特优
…		…	…	…	…	…	…	…	…
2083		000835.SZ	长城动漫	信息传输、软件和信息技术服务行业	四川省	民营企业	45.01	AA	优
2084		300028.SZ	金亚科技	制造行业	四川省	民营企业	42.14	A	良
2085		300414.SZ	中光防雷	制造行业	四川省	民营企业	34.32	A	良
2086		603077.SH	和邦生物	制造行业	四川省	民营企业	28.93	BBB	较好
2087		000888.SZ	峨眉山 A	其他行业	四川省	地方国有企业	25.04	BBB	较好
2088		600678.SH	四川金顶	制造行业	四川省	民营企业	20.72	BB	一般
2089		002258.SZ	利尔化学	制造行业	四川省	其他所有制企业	11.61	B	较差
2090		600353.SH	旭光股份	制造行业	四川省	民营企业	9.72	CCC	差
2091		600793.SH	宜宾纸业	制造行业	四川省	地方国有企业	3.16	C	极差
2092		600733.SH	S*ST 前锋	房地产行业	四川省	地方国有企业	0.94	C	极差
2093		000803.SZ	*ST 金宇	制造行业	四川省	民营企业	0.84	C	极差
2094	2023	600880.SH	博瑞传播	文化、体育和娱乐业	四川省	地方国有企业	100.00	AAA	特优
2095		600875.SH	东方电气	制造行业	四川省	中央国有企业	100.00	AAA	特优
2096		600093.SH	易见股份	其他行业	四川省	民营企业	100.00	AAA	特优
…		…	…	…	…	…	…	…	…
2099		002749.SZ	国光股份	制造行业	四川省	民营企业	39.36	A	良
2100		300414.SZ	中光防雷	制造行业	四川省	民营企业	32.68	A	良
2101		300535.SZ	达威股份	制造行业	四川省	民营企业	29.83	A	良
…		…	…	…	…	…	…	…	…
2115		300101.SZ	振芯科技	制造行业	四川省	民营企业	4.09	BBB	较好
2116		000790.SZ	泰合健康	制造行业	四川省	民营企业	3.74	BBB	较好
2117		603027.SH	千禾味业	制造行业	四川省	民营企业	3.24	BB	一般
2118		600353.SH	旭光股份	制造行业	四川省	民营企业	3.13	BB	一般
2119		600466.SH	蓝光发展	房地产行业	四川省	民营企业	2.77	BB	一般
…		…	…	…	…	…	…	…	…
2188		002357.SZ	富临运业	其他行业	四川省	民营企业	0.29	B	较差
2189		300127.SZ	银河磁体	制造行业	四川省	公众企业	0.26	B	较差
2190		600804.SH	鹏博士	信息传输、软件和信息技术服务行业	四川省	民营企业	0.25	B	较差
…		…	…	…	…	…	…	…	…
2195		000876.SZ	新希望	制造行业	四川省	民营企业	0.15	CCC	差
2196		600678.SH	四川金顶	制造行业	四川省	民营企业	0.15	CCC	差
2197		600828.SH	茂业商业	批发和零售业	四川省	外资企业	0.14	CCC	差
…		…	…	…	…	…	…	…	…
2204		600674.SH	川投能源	电力、热力、燃气及水生产和供应行业	四川省	地方国有企业	0.04	CCC	差

应该指出：表 22.38 中的信用得分一共分成两段。第一段为 2000~2018 年这 19 年，是根据已知数据的违约判别。第二段为 2019~2023 年这 5 年，是根据已知数据对上市公司的违约预测。

1. 2021 年四川省信用资质好中差的上市公司

1)2021 年信用资质为特优(AAA)的公司
爱乐达(300696.SZ)、易见股份(600093.SH)、日机密封(300470.SZ)等 21 个公司。
2)2021 年信用资质为良(A)的公司
金石东方(300434.SZ)、硅宝科技(300019.SZ)、新希望(000876.SZ)等 64 个公司。
3)2021 年信用资质为较好(BBB)的公司
*ST 川化(000155.SZ)、天翔环境(300362.SZ)、吉峰农机(300022.SZ)等 25 个公司。
4)2021 年信用资质为很差(CC)的公司
*ST 金宇(000803.SZ)这 1 个公司。

2. 2022 年四川省信用资质好中差的上市公司

1)2022 年信用资质为特优(AAA)的公司
易见股份(600093.SH)、博瑞传播(600880.SH)、东方电气(600875.SH)等 100 个公司。
2)2022 年信用资质为优(AA)的公司
长城动漫(000835.SZ)这 1 个公司。
3)2022 年信用资质为良(A)的公司
金亚科技(300028.SZ)、中光防雷(300414.SZ)这 2 个公司。
4)2022 年信用资质为较好(BBB)的公司
和邦生物(603077.SH)、峨眉山 A(000888.SZ)这 2 个公司。
5)2022 年信用资质为一般(BB)的公司
四川金顶(600678.SH)这 1 个公司。
6)2022 年信用资质为较差(B)的公司
利尔化学(002258.SZ)这 1 个公司。
7)2022 年信用资质为差(CCC)的公司
旭光股份(600353.SH)这 1 个公司。
8)2022 年信用资质为极差(C)的公司
宜宾纸业(600793.SH)、S*ST 前锋(600733.SH)、*ST 金宇(000803.SZ)这 3 个公司。

3. 2023 年四川省信用资质好中差的上市公司

1)2023 年信用资质为特优(AAA)的公司
博瑞传播(600880.SH)、东方电气(600875.SH)、易见股份(600093.SH)等 5 个公司。
2)2023 年信用资质为良(A)的公司
国光股份(002749.SZ)、中光防雷(300414.SZ)、达威股份(300535.SZ)等 16 个公司。
3)2023 年信用资质为较好(BBB)的公司
振芯科技(300101.SZ)、泰合健康(000790.SZ)这 2 个公司。
4)2023 年信用资质为一般(BB)的公司
千禾味业(603027.SH)、旭光股份(600353.SH)、蓝光发展(600466.SH)等 71 个公司。
5)2023 年信用资质为较差(B)的公司
富临运业(002357.SZ)、银河磁体(300127.SZ)、鹏博士(600804.SH)等 7 个公司。
6)2023 年信用资质为差(CCC)的公司
新希望(000876.SZ)、四川金顶(600678.SH)、茂业商业(600828.SH)等 10 个公司。

22.4.29　西藏自治区 2020~2023 年 24 年信用评级和重点预警企业

将表 22.1 第 6 列中属于西藏自治区的企业遴选出来，得到西藏自治区上市公司 2000~2023 年信用得分和信用评级表，具体如表 22.39 所示。

表 22.39　中国上市公司西藏自治区的 2000~2023 年这 24 年的信用得分与信用评级

(1)序号	(2)年份	(3)证券代码	(4)证券简称	(5)行业	(6)地区	(7)所有制属性	(8)信用得分	(9)信用等级	(10)信用度
1	2000	600338.SH	西藏珠峰	采矿行业	西藏自治区	民营企业	96.58	AAA	特优
2		600211.SH	西藏药业	制造行业	西藏自治区	外资企业	89.14	AAA	特优
3		600773.SH	西藏城投	房地产行业	西藏自治区	地方国有企业	86.59	AAA	特优
…		…	…	…	…	…	…	…	…
8		600749.SH	西藏旅游	其他行业	西藏自治区	民营企业	24.45	A	良
9	2001	600326.SH	西藏天路	建筑行业	西藏自治区	地方国有企业	95.92	AAA	特优
10		600211.SH	西藏药业	制造行业	西藏自治区	外资企业	89.21	AAA	特优
11		000762.SZ	西藏矿业	采矿行业	西藏自治区	地方国有企业	88.92	AAA	特优
…		…	…	…	…	…	…	…	…
16		600749.SH	西藏旅游	其他行业	西藏自治区	民营企业	53.57	AAA	特优
17	2002	600326.SH	西藏天路	建筑行业	西藏自治区	地方国有企业	93.21	AAA	特优
18		000752.SZ	西藏发展	制造行业	西藏自治区	集体企业	92.06	AAA	特优
19		600211.SH	西藏药业	制造行业	西藏自治区	外资企业	90.99	AAA	特优
…		…	…	…	…	…	…	…	…
24		600749.SH	西藏旅游	其他行业	西藏自治区	民营企业	41.45	A	良
…	…	…	…	…	…	…	…	…	…
243	2021	603676.SH	卫信康	制造行业	西藏自治区	民营企业	91.38	AAA	特优
244		002827.SZ	高争民爆	制造行业	西藏自治区	地方国有企业	59.38	AAA	特优
245		002287.SZ	奇正藏药	制造行业	西藏自治区	民营企业	58.87	AAA	特优
…		…	…	…	…	…	…	…	…
248		600211.SH	西藏药业	制造行业	西藏自治区	外资企业	47.73	A	良
249		600338.SH	西藏珠峰	采矿行业	西藏自治区	民营企业	41.13	A	良
250		600873.SH	梅花生物	制造行业	西藏自治区	民营企业	40.61	A	良
…		…	…	…	…	…	…	…	…
256		000762.SZ	西藏矿业	采矿行业	西藏自治区	地方国有企业	18.41	BBB	较好
257		600749.SH	西藏旅游	其他行业	西藏自治区	民营企业	2.66	BBB	较好
258	2022	002287.SZ	奇正藏药	制造行业	西藏自治区	民营企业	90.38	AAA	特优
259		002653.SZ	海思科	制造行业	西藏自治区	民营企业	80.00	AAA	特优
260		600211.SH	西藏药业	制造行业	西藏自治区	外资企业	75.28	AAA	特优
…		…	…	…	…	…	…	…	…
272		600749.SH	西藏旅游	其他行业	西藏自治区	民营企业	47.43	AAA	特优
273	2023	002287.SZ	奇正藏药	制造行业	西藏自治区	民营企业	47.38	A	良
274		000762.SZ	西藏矿业	采矿行业	西藏自治区	地方国有企业	25.60	A	良
275		600773.SH	西藏城投	房地产行业	西藏自治区	地方国有企业	6.72	A	良
…		…	…	…	…	…	…	…	…

续表

(1)序号	(2)年份	(3)证券代码	(4)证券简称	(5)行业	(6)地区	(7)所有制属性	(8)信用得分	(9)信用等级	(10)信用度
279	2023	603676.SH	卫信康	制造行业	西藏自治区	民营企业	2.85	BB	一般
280		603669.SH	灵康药业	制造行业	西藏自治区	民营企业	2.63	BB	一般
281		600749.SH	西藏旅游	其他行业	西藏自治区	民营企业	0.88	BB	一般
…		…	…	…	…	…	…	…	…
287		002653.SZ	海思科	制造行业	西藏自治区	民营企业	0.28	B	较差

应该指出：表 22.39 中的信用得分一共分成两段。第一段为 2000~2018 年这 19 年，是根据已知数据的违约判别。第二段为 2019~2023 年这 5 年，是根据已知数据对上市公司的违约预测。

1. 2021 年西藏自治区信用资质好中差的上市公司

1)2021 年信用资质为特优(AAA)的公司

卫信康(603676.SH)、高争民爆(002827.SZ)、奇正藏药(002287.SZ)等 5 个公司。

2)2021 年信用资质为良(A)的公司

西藏药业(600211.SH)、西藏珠峰(600338.SH)、梅花生物(600873.SH)等 8 个公司。

3)2021 年信用资质为较好(BBB)的公司

西藏矿业(000762.SZ)、西藏旅游(600749.SH)这 2 个公司。

2. 2022 年西藏自治区信用资质好中差的上市公司

2022 年信用资质为特优(AAA)的公司为奇正藏药(002287.SZ)、海思科(002653.SZ)、西藏药业(600211.SH)等 15 个公司。

3. 2023 年西藏自治区信用资质好中差的上市公司

1)2023 年信用资质为良(A)的公司

奇正藏药(002287.SZ)、西藏矿业(000762.SZ)、西藏城投(600773.SH)等 6 个公司。

2)2023 年信用资质为一般(BB)的公司

卫信康(603676.SH)、灵康药业(603669.SH)、西藏旅游(600749.SH)等 8 个公司。

3)2023 年信用资质为较差(B)的公司

海思科(002653.SZ)这 1 个公司。

22.4.30　新疆维吾尔自治区 2000~2023 年 24 年信用评级和重点预警企业

将表 22.1 第 6 列中属于新疆维吾尔自治区的企业遴选出来，得到新疆维吾尔自治区上市公司 2000~2023 年信用得分和信用评级，具体如表 22.40 所示。

表 22.40　中国上市公司新疆维吾尔自治区的 2000~2023 年这 24 年的信用得分与信用评级

(1)序号	(2)年份	(3)证券代码	(4)证券简称	(5)行业	(6)地区	(7)所有制属性	(8)信用得分	(9)信用等级	(10)信用度
1	2000	600337.SH	美克家居	批发和零售行业	新疆维吾尔自治区	民营企业	99.60	AAA	特优
2		600339.SH	中油工程	采矿行业	新疆维吾尔自治区	中央国有企业	98.82	AAA	特优
3		000159.SZ	国际实业	批发和零售行业	新疆维吾尔自治区	民营企业	95.77	AAA	特优
…		…	…	…	…	…	…	…	…
28		600540.SH	*ST 新赛	其他行业	新疆维吾尔自治区	地方国有企业	2.28	A	良
29	2001	600339.SH	中油工程	采矿行业	新疆维吾尔自治区	中央国有企业	96.53	AAA	特优

续表

(1)序号	(2)年份	(3)证券代码	(4)证券简称	(5)行业	(6)地区	(7)所有制属性	(8)信用得分	(9)信用等级	(10)信用度
30	2001	600337.SH	美克家居	批发和零售行业	新疆维吾尔自治区	民营企业	96.03	AAA	特优
31		600197.SH	伊力特	制造行业	新疆维吾尔自治区	地方国有企业	95.74	AAA	特优
…		…	…	…	…	…	…	…	…
57		600540.SH	*ST 新赛	其他行业	新疆维吾尔自治区	地方国有企业	4.52	A	良
58	2002	600197.SH	伊力特	制造行业	新疆维吾尔自治区	地方国有企业	99.00	AAA	特优
59		600581.SH	八一钢铁	制造行业	新疆维吾尔自治区	中央国有企业	98.61	AAA	特优
60		600337.SH	美克家居	批发和零售行业	新疆维吾尔自治区	民营企业	98.49	AAA	特优
…		…	…	…	…	…	…	…	…
86		600540.SH	*ST 新赛	其他行业	新疆维吾尔自治区	地方国有企业	4.79	A	良
…	…	…	…	…	…	…	…	…	…
906	2021	603032.SH	德新交运	其他行业	新疆维吾尔自治区	民营企业	74.43	AAA	特优
907		000617.SZ	中油资本	其他行业	新疆维吾尔自治区	中央国有企业	68.76	AAA	特优
908		603393.SH	新天然气	电力、热力、燃气及水生产和供应业	新疆维吾尔自治区	民营企业	60.88	AAA	特优
…		…	…	…	…	…	…	…	…
915		002092.SZ	中泰化学	制造行业	新疆维吾尔自治区	地方国有企业	43.57	A	良
916		600737.SH	中粮糖业	制造行业	新疆维吾尔自治区	中央国有企业	43.39	A	良
917		600419.SH	天润乳业	制造行业	新疆维吾尔自治区	地方国有企业	39.84	A	良
…		…	…	…	…	…	…	…	…
942		002307.SZ	北新路桥	建筑行业	新疆维吾尔自治区	地方国有企业	18.45	BBB	较好
943		600721.SH	百花村	其他行业	新疆维吾尔自治区	地方国有企业	17.67	BBB	较好
944		600778.SH	友好集团	批发和零售业	新疆维吾尔自治区	民营企业	8.42	BBB	较好
…		…	…	…	…	…	…	…	…
957		600425.SH	*ST 青松	制造行业	新疆维吾尔自治区	地方国有企业	1.76	BBB	较好
958	2022	000617.SZ	中油资本	其他行业	新疆维吾尔自治区	中央国有企业	99.96	AAA	特优
959		603101.SH	汇嘉时代	批发和零售行业	新疆维吾尔自治区	民营企业	97.53	AAA	特优
960		600339.SH	中油工程	采矿行业	新疆维吾尔自治区	中央国有企业	86.46	AAA	特优
…		…	…	…	…	…	…	…	…
1009		300313.SZ	天山生物	其他行业	新疆维吾尔自治区	民营企业	47.06	AAA	特优
1010	2023	000617.SZ	中油资本	其他行业	新疆维吾尔自治区	中央国有企业	100.00	AAA	特优
1011		603101.SH	汇嘉时代	批发和零售行业	新疆维吾尔自治区	民营企业	99.77	AAA	特优
1012		000813.SZ	德展健康	制造行业	新疆维吾尔自治区	民营企业	90.57	AAA	特优
…		…	…	…	…	…	…	…	…
1016		002700.SZ	新疆浩源	电力、热力、燃气及水生产和供应业	新疆维吾尔自治区	民营企业	31.39	A	良
1017		000159.SZ	国际实业	批发和零售业	新疆维吾尔自治区	民营企业	12.52	A	良
1018		603393.SH	新天然气	电力、热力、燃气及水生产和供应业	新疆维吾尔自治区	民营企业	5.95	A	良
…		…	…	…	…	…	…	…	…

续表

(1)序号	(2)年份	(3)证券代码	(4)证券简称	(5)行业	(6)地区	(7)所有制属性	(8)信用得分	(9)信用等级	(10)信用度
1021	2023	600090.SH	同济堂	批发和零售业	新疆维吾尔自治区	地方国有企业	2.82	BB	一般
1022		600197.SH	伊力特	制造行业	新疆维吾尔自治区	地方国有企业	2.61	BB	一般
1023		600506.SH	香梨股份	其他行业	新疆维吾尔自治区	中央国有企业	2.35	BB	一般
…		…	…	…	…	…	…	…	…
1056		600581.SH	八一钢铁	制造行业	新疆维吾尔自治区	中央国有企业	0.28	B	较差
1057		000877.SZ	天山股份	制造行业	新疆维吾尔自治区	中央国有企业	0.21	B	较差
1058		002092.SZ	中泰化学	制造行业	新疆维吾尔自治区	地方国有企业	0.14	CCC	差
1059		002202.SZ	金风科技	制造行业	新疆维吾尔自治区	公众企业	0.07	CCC	差
1060		600251.SH	冠农股份	制造行业	新疆维吾尔自治区	地方国有企业	0.03	CCC	差
1061		600256.SH	广汇能源	采矿行业	新疆维吾尔自治区	民营企业	0.03	CCC	差

应该指出：表 22.40 中的信用得分一共分成两段。第一段为 2000~2018 年这 19 年，是根据已知数据的违约判别。第二段为 2019~2023 年这 5 年，是根据已知数据对上市公司的违约预测。

1. 2021 年新疆维吾尔自治区信用资质好中差的上市公司

1)2021 年信用资质为特优(AAA)的公司

德新交运(603032.SH)、中油资本(000617.SZ)、新天然气(603393.SH)等 9 个公司。

2)2021 年信用资质为良(A)的公司

中泰化学(002092.SZ)、中粮糖业(600737.SH)、天润乳业(600419.SH)等 27 个公司。

3)2021 年信用资质为较好(BBB)的公司

北新路桥(002307.SZ)、百花村(600721.SH)、友好集团(600778.SH)等 16 个公司。

2. 2022 年新疆维吾尔自治区信用资质好中差的上市公司

2022 年信用资质为特优(AAA)的公司为中油资本(000617.SZ)、汇嘉时代(603101.SH)、中油工程(600339.SH)等全部 52 个公司。

3. 2023 年新疆维吾尔自治区信用资质好中差的上市公司

1)2023 年信用资质为特优(AAA)的公司

中油资本(000617.SZ)、汇嘉时代(603101.SH)、德展健康(000813.SZ)等 6 个公司。

2)2023 年信用资质为良(A)的公司

新疆浩源(002700.SZ)、国际实业(000159.SZ)、新天然气(603393.SH)等 5 个公司。

3)2023 年信用资质为一般(BB)的公司

同济堂(600090.SH)、伊力特(600197.SH)、香梨股份(600506.SH)等 35 个公司。

4)2023 年信用资质为较差(B)的公司

八一钢铁(600581.SH)、天山股份(000877.SZ)这 2 个公司。

5)2023 年信用资质为差(CCC)的公司

中泰化学(002092.SZ)、金风科技(002202.SZ)、冠农股份(600251.SH)、广汇能源(600256.SH)这 4 个公司。

22.4.31 云南省 2000~2023 年 24 年信用评级和重点预警企业

将表 22.1 第 6 列中属于云南省的企业遴选出来，得到云南省上市公司 2000~2023 年信用得分和信用评级，具体如表 22.41 所示。

表 22.41　中国上市公司云南省的 2000~2023 年这 24 年的信用得分与信用评级

(1)序号	(2)年份	(3)证券代码	(4)证券简称	(5)行业	(6)地区	(7)所有制属性	(8)信用得分	(9)信用等级	(10)信用度
1	2000	600422.SH	昆药集团	制造行业	云南省	民营企业	99.40	AAA	特优
2		000903.SZ	云内动力	制造行业	云南省	地方国有企业	98.93	AAA	特优
3		000948.SZ	南天信息	信息传输、软件和信息技术服务行业	云南省	地方国有企业	96.87	AAA	特优
…		…	…	…	…	…	…	…	…
17		600459.SH	贵研铂业	制造行业	云南省	地方国有企业	12.67	A	良
18	2001	600422.SH	昆药集团	制造行业	云南省	民营企业	99.34	AAA	特优
19		000903.SZ	云内动力	制造行业	云南省	地方国有企业	98.77	AAA	特优
20		600725.SH	ST 云维	制造行业	云南省	地方国有企业	97.84	AAA	特优
…		…	…	…	…	…	…	…	…
37		000560.SZ	昆百大 A	批发和零售业	云南省	民营企业	11.71	A	良
38	2002	600422.SH	昆药集团	制造行业	云南省	民营企业	99.28	AAA	特优
39		600096.SH	云天化	制造行业	云南省	地方国有企业	99.10	AAA	特优
40		000903.SZ	云内动力	制造行业	云南省	地方国有企业	99.02	AAA	特优
…		…	…	…	…	…	…	…	…
57		000560.SZ	昆百大 A	批发和零售业	云南省	民营企业	1.41	A	良
…	…	…	…	…	…	…	…	…	…
599	2021	002033.SZ	丽江旅游	其他行业	云南省	地方国有企业	63.52	AAA	特优
600		002750.SZ	龙津药业	制造行业	云南省	民营企业	62.42	AAA	特优
601		603963.SH	大理药业	制造行业	云南省	民营企业	56.31	AAA	特优
602		000560.SZ	我爱我家	批发和零售业	云南省	民营企业	50.43	AAA	特优
603		000903.SZ	云内动力	制造行业	云南省	地方国有企业	48.35	AA	优
604		000878.SZ	云南铜业	制造行业	云南省	中央国有企业	45.92	A	良
605		300505.SZ	川金诺	制造行业	云南省	民营企业	43.02	A	良
606		600995.SH	文山电力	电力、热力、燃气及水生产和供应业	云南省	中央国有企业	42.21	A	良
…		…	…	…	…	…	…	…	…
622		002114.SZ	罗平锌电	制造行业	云南省	地方国有企业	17.86	BBB	较好
623		002059.SZ	云南旅游	其他行业	云南省	中央国有企业	17.30	BBB	较好
624		601099.SH	太平洋	其他行业	云南省	公众企业	9.74	BBB	较好
…		…	…	…	…	…	…	…	…
630		600265.SH	ST 景谷	其他行业	云南省	民营企业	1.39	BBB	较好
631	2022	002750.SZ	龙津药业	制造行业	云南省	民营企业	92.54	AAA	特优
632		000903.SZ	云内动力	制造行业	云南省	地方国有企业	78.86	AAA	特优
633		000878.SZ	云南铜业	制造行业	云南省	中央国有企业	77.54	AAA	特优
…		…	…	…	…	…	…	…	…
660		600883.SH	博闻科技	制造行业	云南省	民营企业	45.17	AA	优
661		600725.SH	ST 云维	制造行业	云南省	地方国有企业	44.62	AA	优

续表

(1)序号	(2)年份	(3)证券代码	(4)证券简称	(5)行业	(6)地区	(7)所有制属性	(8)信用得分	(9)信用等级	(10)信用度
662	2022	601099.SH	太平洋	其他行业	云南省	公众企业	44.12	AA	优
663	2023	002033.SZ	丽江旅游	其他行业	云南省	地方国有企业	46.85	A	良
664		000807.SZ	云铝股份	制造行业	云南省	地方国有企业	8.80	A	良
665		002750.SZ	龙津药业	制造行业	云南省	民营企业	8.44	A	良
666		603963.SH	大理药业	制造行业	云南省	民营企业	4.57	A	良
667		600239.SH	云南城投	房地产行业	云南省	地方国有企业	3.97	BBB	较好
668		601099.SH	太平洋	其他行业	云南省	公众企业	1.69	BB	一般
669		600265.SH	ST 景谷	其他行业	云南省	民营企业	1.64	BB	一般
670		600459.SH	贵研铂业	制造行业	云南省	地方国有企业	1.55	BB	一般
…		…	…	…	…	…	…	…	…
694		000538.SZ	云南白药	制造行业	云南省	公众企业	0.21	B	较差

应该指出：表 22.41 中的信用得分一共分成两段。第一段为 2000~2018 年这 19 年，是根据已知数据的违约判别。第二段为 2019~2023 年这 5 年，是根据已知数据对上市公司的违约预测。

1. 2021 年云南省信用资质好中差的上市公司

1)2021 年信用资质为特优(AAA)的公司

丽江旅游(002033.SZ)、龙津药业(002750.SZ)、大理药业(603963.SH)、我爱我家(000560.SZ)这 4 个公司。

2)2021 年信用资质为优(AA)的公司

云内动力(000903.SZ)这 1 个公司。

3)2021 年信用资质为良(A)的公司

云南铜业(000878.SZ)、川金诺(300505.SZ)、文山电力(600995.SH)等 18 个公司。

4)2021 年信用资质为较好(BBB)的公司

罗平锌电(002114.SZ)、云南旅游(002059.SZ)、太平洋(601099.SH)等 9 个公司。

2. 2022 年云南省信用资质好中差的上市公司

1)2022 年信用资质为特优(AAA)的公司

龙津药业(002750.SZ)、云内动力(000903.SZ)、云南铜业(000878.SZ)等 29 个公司。

2)2022 年信用资质为优(AA)的公司

博闻科技(600883.SH)、ST 云维(600725.SH)、太平洋(601099.SH)这 3 个公司。

3. 2023 年云南省信用资质好中差的上市公司

1)2023 年信用资质为良(A)的公司

丽江旅游(002033.SZ)、云铝股份(000807.SZ)、龙津药业(002750.SZ)、大理药业(603963.SH)这 4 个公司。

2)2023 年信用资质为较好(BBB)的公司

云南城投(600239.SH)这 1 个公司。

3)2023 年信用资质为一般(BB)的公司

太平洋(601099.SH)、ST 景谷(600265.SH)、贵研铂业(600459.SH)等 26 个公司。

4)2023 年信用资质为较差(B)的公司

云南白药(000538.SZ)这 1 个公司。

22.4.32　按地区划分的上市公司 2021~2023 年重点预警公司小结

本节汇总整理了中国上市公司不同省区市中等级为 AAA、AA、A 信用资质较好的公司，等级为 BBB、BB、B 信用资质居中的公司，以及等级为 CCC、CC、C 信用资质较差的重点预警公司。

1. 信用等级为 AAA、AA、A 信用资质较好的公司定义

信用等级为 AAA、AA、A 依次对应着公司信用度特优、优、良。这类公司资质优秀，企业形象得到提升，能够获得政府的认可。融资担保、银行放贷，以及与供应链上下游企业间赊销、拓展供应链上下游供采时更为安全。在筹资成本方面，信用等级高低必将直接关系到公司融资成本的大小，该类企业发行债券或申请贷款的利率也相应更低。

2. 2021 年不同省区市的信用等级为 AAA、AA、A 信用资质较好的公司

1)2021 年北京市信用资质较好的公司

宣亚国际(300612.SZ)、康斯特(300445.SZ)、经纬纺机(000666.SZ)等 56 个公司的信用资质为特优，中科三环(000970.SZ)、银信科技(300231.SZ)、中煤能源(601898.SH)这 3 个公司的信用资质为优，万东医疗(600055.SH)、盛达矿业(000603.SZ)、蓝色光标(300058.SZ)等 186 个公司的信用资质为良。

2)2021 年上海市信用资质较好的公司

上海凯宝(300039.SZ)、凯众股份(603037.SH)、汇纳科技(300609.SZ)等 72 个公司的信用资质特优，大名城(600094.SH)、中颖电子(300327.SZ)、招商轮船(601872.SH)等 5 个公司的信用资质优，汉得信息(300170.SZ)、上海电力(600021.SH)、云赛智联(600602.SH)等 146 个公司的信用资质良。

3)2021 年天津市信用资质较好的公司

绿茵生态(002887.SZ)、新经典(603096.SH)、银龙股份(603969.SH)等 13 个上市公司的信用资质特优，中新药业(600329.SH)、中材节能(603126.SH)、天津港(600717.SH)等 24 个上市公司的信用资质良。

4)2021 年重庆市信用资质较好的公司

正川股份(603976.SH)、宗申动力(001696.SZ)、智飞生物(300122.SZ)等 13 个上市公司的信用资质特优，三峡水利(600116.SH)、莱美药业(300006.SZ)这 2 个上市公司的信用资质优，北大医药(000788.SZ)、迪马股份(600565.SH)、博腾股份(300363.SZ)等 27 个上市公司的信用资质良。

5)2021 年辽宁省信用资质较好的公司

百傲化学(603360.SH)、金辰股份(603396.SH)、鞍重股份(002667.SZ)等 6 个上市公司的信用资质特优，大连港(601880.SH)、本钢板材(000761.SZ)、奥克股份(300082.SZ)等 49 个上市公司的信用资质良。

6)2021 年江苏省信用资质较好的公司

展鹏科技(603488.SH)、捷捷微电(300623.SZ)、三超新材(300554.SZ)等 110 个上市公司的信用资质特优，麦迪科技(603990.SH)、润邦股份(002483.SZ)、鹿港文化(601599.SH)、江苏有线(600959.SH)这 4 个上市公司的信用资质优，飞力达(300240.SZ)、天华超净(300390.SZ)、天银机电(300342.SZ)等 206 个上市公司的信用资质良。

7)2021 年安徽省信用资质较好的公司

泰禾光电(603656.SH)、欧普康视(300595.SZ)、众源新材(603527.SH)等 20 个上市公司的信用资质特优，铜陵有色(000630.SZ)、安徽合力(600761.SH)、中钢天源(002057.SZ)这 3 个上市公司的信用资质优，永新股份(002014.SZ)、江南化工(002226.SZ)、皖江物流(600575.SH)等 55 个上市公司的信用资质良。

8)2021 年福建省信用资质较好的公司

艾德生物(300685.SZ)、大博医疗(002901.SZ)、绿康生化(002868.SZ)等 39 个上市公司的信用资质特优，青松股份(300132.SZ)这 1 个上市公司的信用资质优，厦门空港(600897.SH)、国脉科技(002093.SZ)、厦门国贸(600755.SH)等 71 个上市公司的信用资质良。

9)2021 年广东省信用资质较好的公司

实丰文化(002862.SZ)、拉芳家化(603630.SH)、电连技术(300679.SZ)等 151 个公司的信用资质为特优，

中金岭南(000060.SZ)、燕塘乳业(002732.SZ)、欧比特(300053.SZ)等 6 个公司的信用资质为优，星辉娱乐(300043.SZ)、容大感光(300576.SZ)、邦宝益智(603398.SH)等 319 个公司信用资质为良。

10)2021 年广西壮族自治区信用资质较好的公司

丰林集团(601996.SH)、中恒集团(600252.SH)、桂林三金(002275.SZ)等 6 个公司的信用资质为特优，绿城水务(601368.SH)、五洲交通(600368.SH)、北部湾港(000582.SZ)等 16 个公司的信用资质为良。

11)2021 年贵州省信用资质较好的公司

贵州茅台(600519.SH)、贵州燃气(600903.SH)、永吉股份(603058.SH)等 7 个公司的信用资质为特优，朗玛信息(300288.SZ)、贵航股份(600523.SH)、黔源电力(002039.SZ)等 15 个公司的信用资质为良。

12)2021 年甘肃省信用资质较好的公司

国芳集团(601086.SH)、庄园牧场(002910.SZ)、陇神戎发(300534.SZ)等 7 个公司的信用资质为特优，兰州黄河(000929.SZ)这 1 个公司的信用资质为优，华天科技(002185.SZ)、酒钢宏兴(600307.SH)、佛慈制药(002644.SZ)等 16 个公司信用资质为良。

13)2021 年河北省信用资质较好的公司

三孚股份(603938.SH)、恒信东方(300081.SZ)、秦港股份(601326.SH)等 13 个公司的信用资质为特优，沧州大化(600230.SH)、承德露露(000848.SZ)、唐山港(601000.SH)等 33 个公司的信用资质为良。

14)2021 年河南省信用资质较好的公司

龙蟒佰利(002601.SZ)、三晖电气(002857.SZ)、思维列控(603508.SH)等 15 个公司的信用资质为特优，科迪乳业(002770.SZ)这 1 个公司的信用资质为优，中原高速(600020.SH)、安图生物(603658.SH)、郑煤机(601717.SH)等 43 个公司信用资质为良。

15)2021 年海南省信用资质较好的公司

普利制药(300630.SZ)、海马汽车(000572.SZ)、海峡股份(002320.SZ)等 6 个公司的信用资质为特优，海南高速(000886.SZ)这 1 个公司的信用资质为优，珠江控股(000505.SZ)、海南瑞泽(002596.SZ)、罗牛山(000735.SZ)等 11 个公司信用资质为良。

16)2021 年黑龙江省信用资质较好的公司

哈三联(002900.SZ)、哈投股份(600864.SH)、中航资本(600705.SH)等 5 个公司的信用资质为特优，威帝股份(603023.SH)、珍宝岛(603567.SH)、葵花药业(002737.SZ)等 25 个公司的信用资质为良。

17)2021 年吉林省信用资质较好的公司

奥普光电(002338.SZ)、吉大通信(300597.SZ)和通化东宝(600867.SH)这 3 个公司信用资质为特优，长白山(603099.SH) 这 1 个公司信用资质为优，富奥股份(000030.SZ)、吉视传媒(601929.SH)和金冠电气(300510.SZ)等 26 个公司信用资质为良。

18)2021 年湖北省信用资质较好的公司

国创高新(002377.SZ)、海特生物(300683.SZ)和瀛通通讯(002861.SZ)等 10 个公司信用资质为特优，华灿光电(300323.SZ) 这 1 个公司信用资质为优，济川药业(600566.SH)、湖北广电(000665.SZ)和三安光电(600703.SH)等 65 个公司信用资质为良。

19)2021 年湖南省信用资质较好的公司

泰嘉股份(002843.SZ)、长缆科技(002879.SZ)和九典制药(300705.SZ)等 21 个公司信用资质为特优，岱勒新材(300700.SZ) 这 1 个公司信用资质为优，郴电国际(600969.SH)、酒鬼酒(000799.SZ)和张家界(000430.SZ)等 57 个公司信用资质为良。

20)2021 年江西省信用资质较好的公司

N 新余 (300722.SZ)、三川智慧(300066.SZ)和同和药业(300636.SZ)等 9 个公司信用资质为特优，章源钨业(002378.SZ)、世龙实业(002748.SZ)这 2 个公司信用资质为优，赣能股份(000899.SZ)、仁和药业(000650.SZ)和国泰集团(603977.SH)等 20 个公司信用资质为良。

21)2021 年浙江省信用资质较好的公司

香溢融通(600830.SH)、祥和实业(603500.SH)和杭州园林(300649.SZ)等 117 个公司信用资质为特优，东睦股份(600114.SH)、浙江美大(002677.SZ)和均胜电子(600699.SH)等 7 个公司信用资质为优，闰土股份

(002440.SZ)、雅戈尔(600177.SH)和华数传媒(000156.SZ)等 235 个公司信用资质为良。

22)2021 年内蒙古自治区信用资质较好的公司

伊利股份(600887.SH)和生物股份(600201.SH)这 2 个公司信用资质为特优，东宝生物(300239.SZ)、鄂尔多斯(600295.SH)和银泰资源(000975.SZ)等 16 个公司信用资质为良。

23)2021 年宁夏回族自治区信用资质较好的公司

嘉泽新能(601619.SH)、青龙管业(002457.SZ)这 2 个公司信用资质为特优，西部创业(000557.SZ)、宁夏建材(600449.SH)和美利云(000815.SZ)等 7 个公司信用资质为良。

24)2021 年青海省信用资质较好的公司

金瑞矿业(600714.SH)这 1 个公司信用资质为特优，青青稞酒(002646.SZ)、藏格控股(000408.SZ)、广誉远(600771.SH)和正平股份(603843.SH)这 4 个公司信用资质为良。

25)2021 年山东省信用资质较好的公司

正海生物(300653.SZ)、光威复材(300699.SZ)、先达股份(603086.SH)等 47 个公司的信用资质为特优，仙坛股份(002746.SZ)这 1 个公司的信用资质为优，汉缆股份(002498.SZ)、阳谷华泰(300121.SZ)、渤海轮渡(603167.SH)等 116 个公司的信用资质为良。

26)2021 年山西省信用资质较好的公司

狮头股份(600539.SH)、潞安环能(601699.SH)、山西焦化(600740.SH)这 3 个公司的信用资质为特优，永东股份(002753.SZ)、通宝能源(600780.SH)这 2 个公司的信用资质为优，大秦铁路(601006.SH)、同德化工(002360.SZ)、英洛华(000795.SZ)等 21 个公司的信用资质为良。

27)2021 年陕西省信用资质较好的公司

中国西电(601179.SH)、康惠制药(603139.SH)、航发动力(600893.SH)、环球印务(002799.SZ)这 4 个公司的信用资质为特优，金钼股份(601958.SH)这 1 个公司的信用资质为优，晨曦航空(300581.SZ)、金花股份(600080.SH)、兴化股份(002109.SZ)等 33 个公司的信用资质为良。

28)2021 年四川省信用资质较好的公司

爱乐达(300696.SZ)、易见股份(600093.SH)、日机密封(300470.SZ)等 21 个公司的信用资质为特优，金石东方(300434.SZ)、硅宝科技(300019.SZ)、新希望(000876.SZ)等 64 个公司的信用资质为良。

29)2021 年西藏自治区信用资质较好的公司

卫信康(603676.SH)、高争民爆(002827.SZ)、奇正藏药(002287.SZ)等 5 个公司的信用资质为特优，西藏药业(600211.SH)、西藏珠峰(600338.SH)、梅花生物(600873.SH)等 8 个公司的信用资质为良。

30)2021 年新疆维吾尔自治区信用资质较好的公司

德新交运(603032.SH)、中油资本(000617.SZ)、新天然气(603393.SH)等 9 个公司的信用资质为特优，中泰化学(002092.SZ)、中粮糖业(600737.SH)、天润乳业(600419.SH)等 27 个公司的信用资质为良。

31)2021 年云南省信用资质较好的公司

丽江旅游(002033.SZ)、龙津药业(002750.SZ)、大理药业(603963.SH)、我爱我家(000560.SZ)这 4 个公司的信用资质为特优，云内动力(000903.SZ)这 1 个公司的信用资质为优，云南铜业(000878.SZ)、川金诺(300505.SZ)、文山电力(600995.SH)等 18 个公司的信用资质为良。

3. 2022 年不同省区市的信用等级为 AAA、AA、A 信用资质较好的公司

1)2022 年北京市信用资质较好的公司

经纬纺机(000666.SZ)、广联达(002410.SZ)、泛海控股(000046.SZ)等 296 个公司的信用资质特优，舒泰神(300204.SZ)这 1 个公司的信用资质良。

2)2022 年上海市信用资质较好的公司

东方财富(300059.SZ)、大众交通(600611.SH)、爱建集团(600643.SH)等 264 个公司的信用资质特优，绿庭投资(600695.SH)这 1 个公司的信用资质良。

3)2022 年天津市信用资质较好的公司

赛象科技(002337.SZ)、新经典(603096.SH)、中环股份(002129.SZ)等全部 49 个上市公司的信用资质均

表现特优。

4)2022 年重庆市信用资质较好的公司

宗申动力(001696.SZ)、中交地产(000736.SZ)、建新矿业(000688.SZ)等全部 49 个公司的信用资质均表现特优。

5)2022 年辽宁省信用资质较好的公司

桃李面包(603866.SH)、百傲化学(603360.SH)、鞍重股份(002667.SZ)等 69 个上市公司的信用资质特优，商业城(600306.SH)这 1 个上市公司的信用资质良。

6)2022 年江苏省信用资质较好的公司

江苏国信(002608.SZ)、三六五网(300295.SZ)、焦点科技(002315.SZ)等 363 个上市公司的信用资质特优。

7)2022 年安徽省信用资质较好的公司

黄山旅游(600054.SH)、黄山胶囊(002817.SZ)、鸿路钢构(002541.SZ)等全部 100 个上市公司信用资质均为特优。

8)2022 年福建省信用资质较好的公司

新大陆(000997.SZ)、艾德生物(300685.SZ)、绿康生化(002868.SZ)等 129 个上市公司的信用资质特优，厦华电子(600870.SH)这 1 个上市公司的信用资质良。

9)2022 年广东省信用资质较好的公司

广汽集团(601238.SH)、广州发展(600098.SH)、凌霄泵业(002884.SZ)等 543 个公司的信用资质为特优。佳士科技(300193.SZ)、方直科技(300235.SZ)这 2 个公司的信用资质为优，绿景控股(000502.SZ)这 1 个公司信用资质为良。

10)2022 年广西壮族自治区信用资质较好的公司

桂林旅游(000978.SZ)、福达股份(603166.SH)、绿城水务(601368.SH)等 32 个公司的信用资质为特优。

11)2022 年贵州省信用资质较好的公司

贵州茅台(600519.SH)、中天金融(000540.SZ)、贵州燃气(600903.SH)等 26 个公司的信用资质为特优。

12)2022 年甘肃省信用资质较好的公司

陇神戎发(300534.SZ)、莫高股份(600543.SH)、大禹节水(300021.SZ)等 29 个公司的信用资质为特优。

13)2022 年河北省信用资质较好的公司

长城汽车(601633.SH)、恒信东方(300081.SZ)、宝硕股份(600155.SH)等 53 个公司的信用资质为特优。金牛化工(600722.SH)这 1 个公司的信用资质为良。

14)2022 年河南省信用资质较好的公司

龙蟒佰利(002601.SZ)、一拖股份(601038.SH)、双汇发展(000895.SZ)等 73 个公司的信用资质为特优。

15)2022 年海南省信用资质较好的公司

罗牛山(000735.SZ)、海马汽车(000572.SZ)、海汽集团(603069.SH)等 28 个公司的信用资质为特优。

16)2022 年黑龙江省信用资质较好的公司

中航资本(600705.SH)、哈投股份(600864.SH)、哈高科(600095.SH)等 34 个公司的信用资质为特优。

17)2022 年吉林省信用资质较好的公司

吉林敖东(000623.SZ)、奥普光电(002338.SZ)和通化东宝(600867.SH) 等 37 个公司信用资质为特优，东北证券(000686.SZ)这 1 个公司信用资质为优。

18)2022 年湖北省信用资质较好的公司

鼎龙股份(300054.SZ)、盛天网络(300494.SZ)和振华股份(603067.SH)等 92 个公司信用资质为特优。

19)2022 年湖南省信用资质较好的公司

五矿资本(600390.SH)、通程控股(000419.SZ)和湖南发展(000722.SZ)等 93 个公司信用资质为特优，景嘉微(300474.SZ) 这 1 个公司的信用资质为良。

20)2022 年江西省信用资质较好的公司

正邦科技(002157.SZ)、章源钨业(002378.SZ)和联创光电(600363.SH)等 38 个公司信用资质为特优。

21)2022 年浙江省信用资质较好的公司

香溢融通(600830.SH)、棒杰股份(002634.SZ)和生意宝(002095.SZ)等 395 个公司信用资质为特优，宋都股份(600077.SH)这 1 个公司信用资质为良。

22)2022 年内蒙古自治区信用资质较好的公司

伊利股份(600887.SH)、鄂尔多斯(600295.SH)和君正集团(601216.SH)等 24 个公司信用资质为特优。

23)2022 年宁夏回族自治区信用资质较好的公司

美利云(000815.SZ)、东方钽业(000962.SZ)和嘉泽新能(601619.SH)等 12 个公司信用资质为特优。

24)2022 年青海省信用资质较好的公司

金瑞矿业(600714.SH)、青青稞酒(002646.SZ)和广誉远(600771.SH)等 12 个公司信用资质为特优。

25)2022 年山东省信用资质较好的公司

民生控股(000416.SZ)、宏创控股(002379.SZ)、天业股份(600807.SH)等 188 个上市公司的信用资质为特优。

26)2022 年山西省信用资质较好的公司

山西焦化(600740.SH)、五矿稀土(000831.SZ)、潞安环能(601699.SH)等 36 个公司的信用资质为特优，ST 山水(600234.SH)这 1 个公司的信用资质为良。

27)2022 年陕西省信用资质较好的公司

中国西电(601179.SH)、供销大集(000564.SZ)、金花股份(600080.SH)等 42 个公司的信用资质为特优，西部证券(002673.SZ) 这 1 个公司的信用资质为优，炼石有色(000697.SZ)、宝德股份(300023.SZ)、博通股份(600455.SH)这 3 个公司的信用资质为良。

28)2022 年四川省信用资质较好的公司

易见股份(600093.SH)、博瑞传播(600880.SH)、东方电气(600875.SH)等 100 个公司的信用资质为特优，长城动漫(000835.SZ)这 1 个公司的信用资质为优，金亚科技(300028.SZ)、中光防雷(300414.SZ)这 2 个公司的信用资质为良。

29)2022 年西藏自治区信用资质较好的公司

奇正藏药(002287.SZ)、海思科(002653.SZ)、西藏药业(600211.SH)等 15 个公司的信用资质为特优。

30)2022 年新疆维吾尔自治区信用资质较好的公司

中油资本(000617.SZ)、汇嘉时代(603101.SH)、中油工程(600339.SH)等全部 52 个公司的信用资质为特优。

31)2022 年云南省信用资质较好的公司

龙津药业(002750.SZ)、云内动力(000903.SZ)、云南铜业(000878.SZ)等 29 个公司的信用资质为特优，博闻科技(600883.SH)、ST 云维(600725.SH)、太平洋(601099.SH)这 3 个公司的信用资质为优。

4. 2023 年不同省区市的信用等级为 AAA、AA、A 信用资质较好的公司

1)2023 年北京市信用资质较好的公司

泛海控股(000046.SZ)、经纬纺机(000666.SZ)、广联达(002410.SZ)等 37 个公司的信用资质特优，同方股份(600100.SH)、飞天诚信(300386.SZ)、康拓红外(300455.SZ)等 45 个公司的信用资质良。

2)2023 年上海市信用资质较好的公司

中远海发(601866.SH)、国投安信(600061.SH)、华鑫股份(600621.SH)等 28 个公司的信用资质特优，广电电气(601616.SH)、维宏股份(300508.SZ)、富控互动(600634.SH)等 45 个公司的信用资质良。

3)2023 年天津市信用资质较好的公司

赛象科技(002337.SZ)、新经典(603096.SH)这 2 个公司的信用资质特优，博迈科(603727.SH)、恒银金融(603106.SH)、中海油服(601808.SH)等 7 个上市公司的信用资质良。

4)2023 年重庆市信用资质较好的公司

宗申动力(001696.SZ)、秦安股份(603758.SH)这 2 个上市公司的信用资质特优，*ST 万里(600847.SH)、正川股份(603976.SH)、建新矿业(000688.SZ)等 10 个上市公司的信用资质良。

5)2023 年辽宁省信用资质较好的公司

聚龙股份(300202.SZ)、天神娱乐(002354.SZ)这 2 个上市公司的信用资质特优，国电电力(600795.SH)、海航投资(000616.SZ)、百傲化学(603360.SH)等 9 个上市公司的信用资质良。

6)2023 年江苏省信用资质较好的公司

焦点科技(002315.SZ)、三六五网(300295.SZ)、天顺风能(002531.SZ)等 24 个上市公司的信用资质特优，美思德(603041.SH)、信捷电气(603416.SH)、新联电子(002546.SZ)等 54 个上市公司的信用资质良。

7)2023 年安徽省信用资质较好的公司

海螺水泥(600585.SH)、泰禾光电(603656.SH)、黄山胶囊(002817.SZ)这 3 个上市公司的信用资质特优，欧普康视(300595.SZ)、美亚光电(002690.SZ)、黄山旅游(600054.SH)等 9 个上市公司的信用资质良。

8)2023 年福建省信用资质较好的公司

新大陆(000997.SZ)、兴业银行(601166.SH)、惠泉啤酒(600573.SH)等 14 个上市公司的信用资质特优，大博医疗(002901.SZ)、福晶科技(002222.SZ)、顶点软件(603383.SH)等 18 个上市公司的信用资质良。

9)2023 年广东省信用资质较好的公司

国盛金控(002670.SZ)、深大通(000038.SZ)、格力电器(000651.SZ)等 245 个公司的信用资质为特优，海信科龙(000921.SZ)、宜安科技(300328.SZ)这 2 个公司的信用资质为优，太安堂(002433.SZ)、昊志机电(300503.SZ)、天安新材(603725.SH)等 299 个公司信用资质为良。

10)2023 年广西壮族自治区信用资质较好的公司

ST 南化(600301.SH)、*ST 柳化(600423.SH)、国发股份(600538.SH)、桂林三金(002275.SZ)这 4 个公司的信用资质为良。

11)2023 年贵州省信用资质较好的公司

贵州茅台(600519.SH)、中天金融(000540.SZ)、永吉股份(603058.SH)这 3 个公司的信用资质为特优，信邦制药(002390.SZ)、贵航股份(600523.SH)这 2 个公司的信用资质为良。

12)2023 年甘肃省信用资质较好的公司

陇神戎发(300534.SZ)、刚泰控股(600687.SH)、莫高股份(600543.SH)等 31 个公司的信用资质为特优。

13)2023 年河北省信用资质较好的公司

宝硕股份(600155.SH)、恒信东方(300081.SZ)、长城汽车(601633.SH)等 7 个公司的信用资质为特优，建新股份(300107.SZ)、以岭药业(002603.SZ)、汇中股份(300371.SZ)等 7 个公司的信用资质为良。

14)2023 年河南省信用资质较好的公司

一拖股份(601038.SH)、龙蟒佰利(002601.SZ)、通达股份(002560.SZ)等 5 个公司的信用资质为特优，中孚实业(600595.SH)、光力科技(300480.SZ)、远东传动(002406.SZ)等 12 个公司的信用资质为良。

15)2023 年海南省信用资质较好的公司

海马汽车(000572.SZ)、罗牛山(000735.SZ)、海航控股(600221.SH)、华闻传媒(000793.SZ)这 4 个公司的信用资质为特优，海峡股份(002320.SZ)这 1 个公司的信用资质为优，神农基因(300189.SZ)、海南高速(000886.SZ)、海德股份(000567.SZ)、双成药业(002693.SZ)这 4 个公司信用资质为良。

16)2023 年黑龙江省信用资质较好的公司

中航资本(600705.SH)、哈投股份(600864.SH)这 2 个公司的信用资质为特优，秋林集团(600891.SH)、东方集团(600811.SH)、亿阳信通 (600289.SH)等 5 个公司的信用资质为良。

17)2023 年吉林省信用资质较好的公司

长春经开(600215.SH)、一汽轿车(000800.SZ)、吉林敖东(000623.SZ)和金鸿控股(000669.SZ)这 4 个公司信用资质为良。

18)2023 年湖北省信用资质较好的公司

盛天网络(300494.SZ)、鼎龙股份(300054.SZ)、振华股份(603067.SH)和国创高新(002377.SZ)这 4 个公司信用资质为特优，中珠医疗(600568.SH)、中元股份(300018.SZ)和久之洋(300516.SZ)等 14 个公司信用资质为良。

19)2023 年湖南省信用资质较好的公司

五矿资本(600390.SH)、通程控股(000419.SZ)、景嘉微(300474.SZ)和尔康制药(300267.SZ)这 4 个公司信用资质为特优，方正证券(601901.SH)、宇环数控(002903.SZ)和岳阳兴长(000819.SZ)等 16 个公司信用资质为良。

20)2023 年江西省信用资质较好的公司

方大特钢(600507.SH)这 1 个公司信用资质为特优，三川智慧(300066.SZ)、江中药业(600750.SH)和江铃汽车(000550.SZ)等 6 个公司信用资质为良。

21)2023 年浙江省信用资质较好的公司

生意宝(002095.SZ)、香溢融通(600830.SH)和棒杰股份(002634.SZ)等 22 个公司信用资质为特优，迪贝电气(603320.SH)、金卡智能(300349.SZ)和金盾股份(300411.SZ)等 75 个公司信用资质为良。

22)2023 年内蒙古自治区信用资质较好的公司

伊利股份(600887.SH)、生物股份(600201.SH)和*ST 平能(000780.SZ)等 5 个公司信用资质为良。

23)2023 年宁夏回族自治区信用资质较好的公司

青龙管业(002457.SZ) 这 1 个公司信用资质为特优。

24)2023 年青海省信用资质较好的公司

金瑞矿业(600714.SH)和盐湖股份(000792.SZ)这 2 个公司信用资质为特优，西部矿业(601168.SH)和西宁特钢(600117.SH)这 2 个公司信用资质为良。

25)2023 年山东省信用资质较好的公司

民生控股(000416.SZ)、天业股份(600807.SH)、万华化学(600309.SH)、精准信息(300099.SZ)这 4 个上市公司的信用资质为特优，龙源技术(300105.SZ)、东软载波(300183.SZ)、康普顿(603798.SH)等 26 个上市公司的信用资质为良。

26)2023 年山西省信用资质较好的公司

大秦铁路(601006.SH)、五矿稀土(000831.SZ)、狮头股份(600539.SH)这 3 个公司的信用资质为特优，晋西车轴(600495.SH)、永东股份(002753.SZ)、英洛华(000795.SZ)、当代东方(000673.SZ)这 4 个公司的信用资质为良。

27)2023 年陕西省信用资质较好的公司

中国西电(601179.SH)、供销大集(000564.SZ)、陕西煤业(601225.SH)等 46 个公司的信用资质为特优。

28)2023 年四川省信用资质较好的公司

博瑞传播(600880.SH)、东方电气(600875.SH)、易见股份(600093.SH)等 5 个公司的信用资质为特优，国光股份(002749.SZ)、中光防雷(300414.SZ)、达威股份(300535.SZ)等 16 个公司的信用资质为良。

29)2023 年西藏自治区信用资质较好的公司

奇正藏药(002287.SZ)、西藏矿业(000762.SZ)、西藏城投(600773.SH)等 6 个公司的信用资质为良。

30)2023 年新疆维吾尔自治区信用资质较好的公司

中油资本(000617.SZ)、汇嘉时代(603101.SH)、德展健康(000813.SZ)等 6 个公司的信用资质为特优，新疆浩源(002700.SZ)、国际实业(000159.SZ)、新天然气(603393.SH)等 5 个公司的信用资质为良。

31)2023 年云南省信用资质较好的公司

丽江旅游(002033.SZ)、云铝股份(000807.SZ)、龙津药业(002750.SZ)、大理药业(603963.SH)这 4 个公司的信用资质为良。

5. 信用等级为 BBB、BB、B 信用资质居中的公司定义

信用等级为 BBB、BB、B 依次对应着公司信用度较好、一般、较差。该类企业信用资质处于中等水平，该类企业的信用记录正常或存在少量不良记录，其经营状况、盈利水平及未来发展易受不确定因素的影响，偿债能力有波动。该类企业应该加强自身风险管理水平，提升企业信用等级。政府应对诚信的企业给予扶持，对具有不良信用记录的严加监管。

6. 2021 年不同省区市的信用等级为 BBB、BB、B 信用资质居中的公司

1)2021 年北京市信用资质居中的公司

四维图新(002405.SZ)、朗姿股份(002612.SZ)、安泰科技(000969.SZ)等 55 个公司的信用资质较好，*ST 云网(002306.SZ)这 1 个公司的信用资质一般，京能电力(600578.SH)这 1 个公司的信用资质较差。

2)2021 年上海市信用资质居中的公司

同济科技(600846.SH)、中国船舶(600150.SH)、亚通股份(600692.SH)等 47 个公司的信用资质较好，*ST 沪科(600608.SH)这 1 个公司的信用资质一般。

3)2021 年天津市信用资质居中的公司

中源协和(600645.SH)、*ST 松江(600225.SH)、泰达股份(000652.SZ)等 11 个上市公司的信用资质较好，一汽夏利(000927.SZ)这 1 个公司的信用资质一般。

4)2021 年重庆市信用资质居中的公司

*ST 重钢(601005.SH)、奥瑞德(600666.SH)、*ST 万里(600847.SH)等 7 个公司的信用资质较好。

5)2021 年辽宁省信用资质居中的公司

梦网集团(002123.SZ)、文投控股(600715.SH)、天神娱乐(002354.SZ)等 16 个上市公司的信用资质较好，大连友谊(000679.SZ)这 1 个上市公司的信用资质一般。

6)2021 年江苏省信用资质居中的公司

长城影视(002071.SZ)、南京新百(600682.SH)、中超控股(002471.SZ)等 51 个上市公司的信用资质较好，长电科技(600584.SH)这 1 个公司的信用资质一般，国电南自 (600268.SH)这 1 个公司信用资质较差。

7)2021 年安徽省信用资质居中的公司

科大讯飞(002230.SZ)、凯盛科技(600552.SH)、众泰汽车(000980.SZ)等 21 个上市公司的信用资质较好，六国化工(600470.SH)这 1 个上市公司的信用资质较差。

8)2021 年福建省信用资质居中的公司

贵人鸟(603555.SH)、浔兴股份(002098.SZ)、榕基软件(002474.SZ)等 19 个上市公司的信用资质较好。

9)2021 年广东省信用资质居中的公司

赫美集团(002356.SZ)、惠伦晶体(300460.SZ)、顺威股份(002676.SZ)等 76 个公司信用资质为较好，硕贝德(300322.SZ)这 1 个公司信用资质为一般。

10)2021 年广西壮族自治区信用资质居中的公司

百洋股份(002696.SZ)、东方网络(002175.SZ)、皇氏集团(002329.SZ)等 11 个公司信用资质为较好。

11)2021 年贵州省信用资质居中的公司

高鸿股份(000851.SZ)、信邦制药(002390.SZ)、益佰制药(600594.SH)等 6 个公司信用资质为较好。

12)2021 年甘肃省信用资质居中的公司

海默科技(300084.SZ)、长城电工(600192.SH)、恒康医疗(002219.SZ)等 7 个公司信用资质为较好。

13)2021 年河北省信用资质居中的公司

庞大集团(601258.SH)、华讯方舟(000687.SZ)、天业通联(002459.SZ)等 9 个公司信用资质为较好。

14)2021 年河南省信用资质居中的公司

华英农业(002321.SZ)、汉威科技(300007.SZ)、轴研科技(002046.SZ)等 16 个公司信用资质为较好，莲花健康(600186.SH)这 1 个公司信用资质为较差。

15)2021 年海南省信用资质居中的公司

海航创新(600555.SH)、海虹控股(000503.SZ)、海南橡胶(601118.SH)等 12 个公司信用资质为较好。

16)2021 年黑龙江省信用资质居中的公司

京蓝科技(000711.SZ)、誉衡药业(002437.SZ)、哈空调(600202.SH)等 6 个公司信用资质为较好。

17)2021 年吉林省信用资质居中的公司

紫鑫药业(002118.SZ)、一汽轿车(000800.SZ)和吉林化纤(000420.SZ)等 10 个公司信用资质为较好，ST 成城(600247.SH)这 1 个公司信用资质为较差。

18)2021 年湖北省信用资质居中的公司

长江通信(600345.SH)、襄阳轴承(000678.SZ)和祥龙电业(600769.SH)等 19 个公司信用资质为较好。

19)2021 年湖南省信用资质居中的公司

南岭民爆(002096.SZ)、永清环保(300187.SZ)和景嘉微(300474.SZ)等 18 个公司信用资质为较好。

20)2021 年江西省信用资质居中的公司

江特电机(002176.SZ)、华伍股份(300095.SZ)和*ST 昌久(600228.SH)等 8 个公司信用资质为较好。

21)2021 年浙江省信用资质居中的公司

宁波联合(600051.SH)、华谊兄弟(300027.SZ)和济民制药(603222.SH)等 45 个公司信用资质为较好。

22)2021 年内蒙古自治区信用资质居中的公司

赤峰黄金(600988.SH)、远兴能源(000683.SZ)和兴业矿业(000426.SZ)等 7 个公司信用资质为较好。

23)2021 年宁夏回族自治区信用资质居中的公司

*ST 宝实(000595.SZ)、银星能源(000862.SZ)、*ST 中绒(000982.SZ)和新日恒力(600165.SH)这 4 个公司信用资质为较好。

24)2021 年青海省信用资质居中的公司

西部矿业(601168.SH)、智慧能源(600869.SH)和神州易桥(000606.SZ)等 7 个公司信用资质为较好。

25)2021 年山东省信用资质居中的公司

新能泰山(000720.SZ)、兴民智通(002355.SZ)等 24 个公司的信用资质为较好，鲁银投资(600784.SH)这 1 个公司的信用资质为一般，华电国际(600027.SH)这 1 个公司的信用资质为较差。

26)2021 年山西省信用资质居中的公司

仟源医药(300254.SZ)、永泰能源(600157.SH)、当代东方(000673.SZ)等 10 个公司的信用资质为较好，*ST 三维(000755.SZ)这 1 个公司的信用资质为较差。

27)2021 年陕西省信用资质居中的公司

航天动力(600343.SH)、彩虹股份(600707.SH)、标准股份(600302.SH)等 8 个公司的信用资质为较好。

28)2021 年四川省信用资质居中的公司

*ST 川化(000155.SZ)、天翔环境(300362.SZ)、吉峰农机(300022.SZ)等 25 个公司的信用资质为较好。

29)2021 年西藏自治区信用资质居中的公司

西藏矿业(000762.SZ)、西藏旅游(600749.SH)这 2 个公司的信用资质为较好。

30)2021 年新疆维吾尔自治区信用资质居中的公司

北新路桥(002307.SZ)、百花村(600721.SH)、友好集团(600778.SH)等 16 个公司的信用资质为较好。

31)2021 年云南省信用资质居中的公司

罗平锌电(002114.SZ)、云南旅游(002059.SZ)、太平洋(601099.SH)等 9 个公司的信用资质为较好。

7. 2022 年不同省区市的信用等级为 BBB、BB、B 信用资质居中的公司

1)2022 年北京市信用资质居中的公司

昭衍新药(603127.SH)这 1 个公司的信用资质一般，北陆药业(300016.SZ)这 1 个公司的信用资质较差。

2)2022 年上海市信用资质居中的公司

移为通信(300590.SZ)、中华企业(600675.SH)这 2 个公司的信用资质一般。

3)2022 年江苏省信用资质居中的公司

江化微(603078.SH)这 1 个公司的信用资质较好，科森科技(603626.SH)这 1 个公司的信用资质一般，恩华药业(002262.SZ)、南钢股份(600282.SH)、健友股份(603707.SH)这 3 个上市公司的信用资质较差。

4)2022 年广东省信用资质居中的公司

顺络电子(002138.SZ)这 1 个公司信用资质为较好，汤臣倍健(300146.SZ)这 1 个公司信用资质为一般，胜宏科技(300476.SZ)、黑牛食品(002387.SZ)这 2 个公司信用资质为较差。

5)2022 年甘肃省信用资质居中的公司

佛慈制药(002644.SZ)这 1 个公司的信用资质为较好，方大炭素(600516.SH)这 1 个公司信用资质为一般。

6)2022 年河南省信用资质居中的公司

利达光电(002189.SZ)这 1 个公司的信用资质为较好。

7)2022 年海南省信用资质居中的公司

海航创新(600555.SH)这 1 个公司的信用资质为一般。

8)2022 年黑龙江省信用资质居中的公司

人民同泰(600829.SH)、哈药股份(600664.SH)这 2 个公司的信用资质为较差。

9)2022 年吉林省信用资质居中的公司

华微电子(600360.SH)这 1 个公司信用资质为较好。

10)2022 年湖北省信用资质居中的公司

武汉控股(600168.SH)、农尚环境(300536.SZ)和*ST 昌鱼(600275.SH)这 3 个公司信用资质为一般。

11)2022 年湖南省信用资质居中的公司

*ST 华菱(000932.SZ) 这 1 个公司信用资质为较好，克明面业(002661.SZ) 这 1 个公司信用资质为较差。

12)2022 年江西省信用资质居中的公司

方大特钢(600507.SH)这 1 个公司信用资质为较好。

13)2022 年浙江省信用资质居中的公司

九洲药业(603456.SH)、同花顺(300033.SZ)和洁美科技(002859.SZ)这 3 个公司信用资质为一般，新凤鸣(603225.SH)、东音股份(002793.SZ)这 2 个公司信用资质为较差。

14)2022 年宁夏回族自治区信用资质居中的公司

新华百货(600785.SH) 这 1 个公司信用资质为一般。

15)2022 年山东省信用资质居中的公司

南山铝业(600219.SH)这 1 个上市公司的信用资质为较差。

16)2022 年四川省信用资质居中的公司

和邦生物(603077.SH)和峨眉山 A(000888.SZ) 这 2 个公司的信用资质为较好，四川金顶(600678.SH)这 1 个公司的信用资质为一般，利尔化学(002258.SZ)这 1 个公司的信用资质为较差。

8. 2023 年不同省区市的信用等级为 BBB、BB、B 信用资质居中的公司

1)2023 年北京市信用资质居中的公司

绿盟科技(300369.SZ)、浩丰科技(300419.SZ)和三夫户外(002780.SZ)这 3 个公司的信用资质较好，中电广通(600764.SH)、元隆雅图(002878.SZ)、金诚信(603979.SH)等 183 个公司的信用资质一般，北方华创(002371.SZ)、中国国贸(600007.SH)、紫光股份(000938.SZ)等 14 个公司的信用资质较差。

2)2023 年上海市信用资质居中的公司

兰生股份(600826.SH)这 1 个公司的信用资质较好，畅联股份(603648.SH)、上海新阳(300236.SZ)、上海临港(600848.SH)等 177 个公司的信用资质一般，浦东金桥(600639.SH)、春秋航空(601021.SH)、隧道股份(600820.SH)等 6 个公司的信用资质较差。

3)2023 年天津市信用资质居中的公司

天保基建(000965.SZ)、九安医疗(002432.SZ)、力生制药(002393.SZ)等 34 个上市公司的信用资质一般，桂发祥(002820.SZ)、津劝业(600821.SH)这 2 个公司的信用资质较差。

4)2023 年重庆市信用资质居中的公司

西南证券(600369.SH)、金科股份(000656.SZ)这 2 个上市公司的信用资质较好，奥瑞德(600666.SH)、重庆建工(600939.SH)、蓝黛传动(002765.SZ)等 30 个上市公司的信用资质一般，涪陵电力(600452.SH)、中交地产(000736.SZ)这 2 个上市公司的信用资质较差。

5)2023 年辽宁省信用资质居中的公司

*ST 新城(000809.SZ)、福鞍股份(603315.SH)、大连港(601880.SH)等 54 个上市公司的信用资质一般，圆通速递(600233.SH)、大连圣亚(600593.SH)、抚顺特钢(600399.SH)、凌钢股份(600231.SH)这 4 个上市公司的信用资质较差。

6)2023 年江苏省信用资质居中的公司

金陵药业(000919.SZ)、雅克科技(002409.SZ)、音飞储存(603066.SH)、航发控制(000738.SZ)这 4 个上市公司的信用资质较好，南极电商(002127.SZ)、大烨智能(300670.SZ)、中电电机(603988.SH)等 266 个上市公司的信用资质一般，长城影视(002071.SZ)、美年健康(002044.SZ)、中国天楹(000035.SZ)等 9 个上市公司的信用资质较差。

7)2023 年安徽省信用资质居中的公司

众泰汽车(000980.SZ)这 1 个公司的信用资质较好，金种子酒(600199.SH)、皖新传媒(601801.SH)、盛运环保(300090.SZ)等 80 个上市公司的信用资质一般，古井贡酒(000596.SZ)这 1 个公司的信用资质较差。

8)2023 年福建省信用资质居中的公司

天广中茂(002509.SZ)、火炬电子(603678.SH)这 2 个上市公司的信用资质较好，星云股份(300648.SZ)、*ST 厦工(600815.SH)、永安林业(000663.SZ)等 86 个上市公司的信用资质一般，紫金矿业(601899.SH)、*ST 紫学(000526.SZ)、游族网络(002174.SZ)、福建水泥(600802.SH)这 4 个上市公司的信用资质较差。

9)2023 年广东省信用资质居中的公司

海天味业(603288.SH)、群兴玩具(002575.SZ)、深高速(600548.SH)等 6 个公司信用资质为一般，华侨城 A(000069.SZ)这 1 个公司信用资质为较差。

10)2023 年广西壮族自治区信用资质居中的公司

丰林集团(601996.SH)、南宁糖业(000911.SZ)、皇氏集团(002329.SZ)、中恒集团(600252.SH)等 29 个公司的信用资质为一般。

11)2023 年贵州省信用资质居中的公司

益佰制药(600594.SH)、航天电器(002025.SZ)、红星发展(600367.SH)等 21 个公司信用资质为一般。

12)2023 年河北省信用资质居中的公司

河北宣工(000923.SZ)、先河环保(300137.SZ)、惠达卫浴(603385.SH)等 34 个公司信用资质为一般，三友化工(600409.SH)、乐凯新材(300446.SZ)、新奥股份(600803.SH)、华北制药(600812.SH)这 4 个公司信用资质为较差。

13)2023 年河南省信用资质居中的公司

三晖电气(002857.SZ)、辉煌科技(002296.SZ)这 2 个公司信用资质为较好，豫能控股(001896.SZ)、四方达(300179.SZ)、莲花健康(600186.SH)等 49 个公司信用资质为一般。

14)2023 年海南省信用资质居中的公司

海南矿业(601969.SH)、广晟有色(600259.SH)、海南橡胶(601118.SH)等 18 个公司信用资质为一般。

15)2023 年黑龙江省信用资质居中的公司

S 佳通(600182.SH)、哈三联(002900.SZ)、工大高新(600701.SH)等 26 个公司信用资质为一般，誉衡药业(002437.SZ)这 1 个公司信用资质为较差。

16)2023 年吉林省信用资质居中的公司

利源精制(002501.SZ)这 1 个公司信用资质为较好，益盛药业(002566.SZ)、吉大通信(300597.SZ)和东北证券(000686.SZ) 等 32 个公司信用资质为一般，奥普光电(002338.SZ)、长春高新(000661.SZ)和欧亚集团(600697.SH)这 3 个公司信用资质为较差。

17)2023 年湖北省信用资质居中的公司

湖北能源(000883.SZ)、长江传媒(600757.SH)和华工科技(000988.SZ)等 68 个公司信用资质为一般，凯乐科技(600260.SH)、广济药业(000952.SZ)、安琪酵母(600298.SH)和三安光电(600703.SH)这 4 个公司信用资质为较差。

18)2023 年湖南省信用资质居中的公司

湖南投资(000548.SZ)、湘电股份(600416.SH)这 2 个公司信用资质为较好，艾华集团(603989.SH)、新五丰(600975.SH)和大湖股份(600257.SH)等 71 个公司信用资质为一般，隆平高科(000998.SZ)、快乐购(300413.SZ)和永清环保(300187.SZ)这 3 个公司信用资质为较差。

19)2023 年江西省信用资质居中的公司

江西铜业(600362.SH)、博雅生物(300294.SZ)和同和药业(300636.SZ)等 30 个公司信用资质为一般。

20)2023 年浙江省信用资质居中的公司

同花顺(300033.SZ)、新澳股份(603889.SH)这 2 个公司信用资质为较好，天马股份(002122.SZ)、万隆光电(300710.SZ)和东音股份(002793.SZ) 等 278 个公司信用资质为一般，康恩贝(600572.SH)、永太科技(002326.SZ)和围海股份(002586.SZ)等 9 个公司信用资质为较差。

21)2023 年内蒙古自治区信用资质居中的公司

银泰资源(000975.SZ)、西水股份(600291.SH)和赤峰黄金(600988.SH)等 13 个公司信用资质为一般，兰太实业(600328.SH)、鄂尔多斯(600295.SH)和露天煤业(002128.SZ)这 3 个公司信用资质为较差。

22)2023 年宁夏回族自治区信用资质居中的公司

*ST 中绒(000982.SZ)、商赢环球(600146.SH)和英力特(000635.SZ)等 8 个公司信用资质为一般，新日恒力(600165.SH)、新华百货(600785.SH)、银星能源(000862.SZ)和*ST 宝实(000595.SZ)这 4 个公司信用资质为较差。

23)2023 年青海省信用资质居中的公司

青青稞酒(002646.SZ)、青海华鼎(600243.SH)和广誉远(600771.SH)等 8 个公司信用资质为一般。

24)2023 年山东省信用资质居中的公司

宏创控股(002379.SZ)、史丹利(002588.SZ)这 2 个上市公司的信用资质为较好，中孚信息(300659.SZ)、先达股份(603086.SH)、正海磁材(300224.SZ)等 137 个上市公司的信用资质为一般，益生股份(002458.SZ)、亚星化学(600319.SH)、*ST 东数(002248.SZ)等 10 个上市公司的信用资质为较差。

25)2023 年山西省信用资质居中的公司

振东制药(300158.SZ)、同德化工(002360.SZ)、山西证券(002500.SZ)等 22 个公司的信用资质为一般，西山煤电(000983.SZ)、*ST 三维(000755.SZ)这 2 个公司的信用资质为较差。

26)2023 年四川省信用资质居中的公司

振芯科技(300101.SZ)、泰合健康(000790.SZ)这 2 个公司的信用资质为较好，千禾味业(603027.SH)、旭光股份(600353.SH)、蓝光发展(600466.SH)等 71 个公司的信用资质为一般，富临运业(002357.SZ)、银河磁体(300127.SZ)、鹏博士(600804.SH)等 7 个公司的信用资质为较差。

27)2023 年西藏自治区信用资质居中的公司

卫信康(603676.SH)、灵康药业(603669.SH)、西藏旅游(600749.SH)等 8 个公司的信用资质为一般，海思科(002653.SZ)这 1 个公司的信用资质为较差。

28)2023 年新疆维吾尔自治区信用资质居中的公司

同济堂(600090.SH)、伊力特(600197.SH)、香梨股份(600506.SH)等 35 个公司的信用资质为一般，八一钢铁(600581.SH)、天山股份(000877.SZ)这 2 个公司的信用资质为较差。

29)2023 年云南省信用资质居中的公司

云南城投(600239.SH)这 1 个公司的信用资质为较好，太平洋(601099.SH)、ST 景谷(600265.SH)、贵研铂业(600459.SH)等 26 个公司的信用资质为一般，云南白药(000538.SZ) 这 1 个公司的信用资质为较差。

9. 信用等级为 CCC、CC、C 信用资质较差的重点预警公司定义

信用等级为 CCC、CC、C 依次对应着公司信用度为差、很差、极差。这类信用资质不好的企业，财务风险较高，自身的风险管理较差，公司生存和持续发展前景不被看好，属于重点预警企业。股票、债券投资者应慎重投资该类企业，采取及时调仓等措施。

10. 2021 年不同省区市的信用等级为 CCC、CC、C 信用资质较差的重点预警公司

1)2021 年辽宁省信用资质较差的公司

*ST 沈机(000410.SZ)这 1 个公司的信用资质极差。

2)2021 年广东省信用资质较差的公司

群兴玩具(002575.SZ)这 1 个公司信用资质为差。

3)2021 年广西壮族自治区信用资质较差的公司

*ST 柳化(600423.SH)这 1 个公司信用资质为差，ST 慧球(600556.SH)、*ST 河化(000953.SZ)这 2 个公司信用资质为极差。

4)2021 年湖北省信用资质较差的公司

华中数控(300161.SZ) 这 1 个公司信用资质为很差。

5)2021 年湖南省信用资质较差的公司

南华生物(000504.SZ) 这 1 个公司信用资质为差。

6)2021 年山西省信用资质较差的公司

南风化工(000737.SZ) 这 1 个公司的信用资质为极差。

7)2021 年四川省信用资质较差的公司

*ST 金宇(000803.SZ)这 1 个公司的信用资质为很差。

11. 2022 年不同省区市的信用等级为 CCC、CC、C 信用资质较差的重点预警公司

1)2022 年北京市信用资质较差的公司

财信发展(000838.SZ)、五矿发展(600058.SH)这 2 个公司的信用资质极差。

2)2022 年上海市信用资质较差的公司

安信信托(600816.SH)、沃施股份(300483.SZ)、*ST 匹凸(600696.SH)、*ST 丹科(600844.SH)这 4 个公司的信用资质极差。

3)2022 年辽宁省信用资质较差的公司

方大化工(000818.SZ)这 1 个上市公司的信用资质差，锦州港(600190.SH)、*ST 沈机(000410.SZ)这 2 个上市公司的信用资质极差。

4)2022 年江苏省信用资质较差的公司

美尚生态(300495.SZ)、精华制药(002349.SZ)、寒锐钴业(300618.SZ)、海达股份(300320.SZ)这 4 个上市公司的信用资质差，江南高纤(600527.SH)这 1 个上市公司的信用资质极差。

5)2022 年广东省信用资质较差的公司

威华股份(002240.SZ) 光华科技(002741.SZ)这 2 个公司信用资质为差，爱迪尔(002740.SZ)这 1 个公司信用资质为很差，英维克(002837.SZ)这 1 个公司信用资质为极差。

6)2022 年广西壮族自治区信用资质较差的公司

ST 南化(600301.SH)、*ST 柳化(600423.SH)、ST 慧球(600556.SH)、*ST 河化(000953.SZ)这 4 个公司的信用资质为极差。

7)2022 年河北省信用资质较差的公司

天业通联(002459.SZ)这 1 个公司信用资质为差。

8)2022 年河南省信用资质较差的公司

东方银星(600753.SH)、牧原股份(002714.SZ)这 2 个公司信用资质为极差。

9)2022 年海南省信用资质较差的公司

*ST 东海 A(000613.SZ)这 1 个公司信用资质为极差。

10)2022 年吉林省信用资质较差的公司

吉林化纤(000420.SZ)这 1 个公司信用资质为差，长春高新(000661.SZ)这 1 个公司信用资质为很差。

11)2022 年湖北省信用资质较差的公司

华中数控(300161.SZ) 这 1 个公司信用资质为极差。

12)2022 年湖南省信用资质较差的公司

岱勒新材(300700.SZ) 这 1 个公司信用资质为差，株冶集团(600961.SH) 这 1 个公司信用资质为极差。

13)2022 年浙江省信用资质较差的公司

创业软件(300451.SZ)这 1 个公司信用资质为差，瀚叶股份(600226.SH)和杭电股份(603618.SH)这 2 个公司信用资质为极差。

14)2022 年内蒙古自治区信用资质较差的公司

远兴能源(000683.SZ)这 1 个公司信用资质为差。

15)2022 年山东省信用资质较差的公司

蓝帆医疗(002382.SZ)这 1 个上市公司的信用资质为差。

16)2022 年山西省信用资质较差的公司

南风化工(000737.SZ) 这 1 个公司的信用资质为极差。

17)2022 年四川省信用资质较差的公司

旭光股份(600353.SH)这 1 个公司的信用资质为差，宜宾纸业(600793.SH)、S*ST 前锋(600733.SH)、*ST 金宇(000803.SZ)这 3 个公司的信用资质为极差。

12. 2023 年不同省区市的信用等级为 CCC、CC、C 信用资质较差的重点预警公司

1)2023 年北京市信用资质较差的公司

石化油服(600871.SH)、首钢股份(000959.SZ)、北京君正(300223.SZ)等 15 个公司的信用资质差，中国中车(601766.SH)这 1 个公司的信用资质很差，国投电力(600886.SH)、三一重工(600031.SH)和中国铁建(601186.SH)这 3 个公司的信用资质极差。

2)2023 年上海市信用资质较差的公司

世茂股份(600823.SH)、天宸股份(600620.SH)、丰华股份(600615.SH)等 8 个公司的信用资质差，N 剑桥(603083.SH)这 1 个公司的信用资质很差，上海石化(600688.SH)、中毅达(600610.SH)、华域汽车(600741.SH)等 5 个上市公司的信用资质极差。

3)2023 年天津市信用资质较差的公司

一汽夏利(000927.SZ)、天士力(600535.SH)、天津磁卡(600800.SH)和广宇发展(000537.SZ)这 4 个上市公司的信用资质差。

4)2023 年重庆市信用资质较差的公司

三圣股份(002742.SZ)、智飞生物(300122.SZ)、小康股份(601127.SH)这 3 个上市公司的信用资质表现差。

5)2023 年辽宁省信用资质较差的公司

三垒股份(002621.SZ)、恒力股份(600346.SH)这 2 个上市公司的信用资质差，神雾节能(000820.SZ)这 1 个上市公司的信用资质很差，鞍钢股份(000898.SZ)这 1 个上市公司的信用资质极差。

6)2023 年江苏省信用资质较差的公司

红太阳(000525.SZ)、金螳螂(002081.SZ)、沙钢股份(002075.SZ)等 10 个上市公司的信用资质差，保千里(600074.SH)、N 苏博特(603916.SH)、宁沪高速(600377.SH)这 3 个公司的信用资质很差，南钢股份(600282.SH)、洋河股份(002304.SZ)、苏宁云商(002024.SZ)这 3 个上市公司的信用资质极差。

7)2023 年安徽省信用资质较差的公司

新集能源(601918.SH)、亚夏汽车(002607.SZ)、山鹰纸业(600567.SH)这 3 个上市公司的信用资质差，顺丰控股(002352.SZ)这 1 个公司的信用资质很差，雷鸣科化(600985.SH)、马钢股份(600808.SH)这 2 个上市公司的信用资质极差。

8)2023 年福建省信用资质较差的公司

亿联网络(300628.SZ)、厦华电子(600870.SH)、圣农发展(002299.SZ)、阳光城(000671.SZ)这 4 个上市公司的信用资质差，建发股份(600153.SH)、三钢闽光(002110.SZ)这 2 个上市公司的信用资质极差。

9)2023 年广东省信用资质较差的公司

保利地产(600048.SH)这 1 个公司信用资质为很差。

10)2023 年广西壮族自治区信用资质较差的公司

恒逸石化(000703.SZ)、桂冠电力(600236.SH)这 2 个公司信用资质为差，柳钢股份(601003.SH)这 1 个公

司信用资质为极差。

11)2023 年贵州省信用资质较差的公司

*ST 天成(600112.SH)这 1 个公司信用资质为差。

12)2023 年河北省信用资质较差的公司

冀东水泥(000401.SZ)这 1 个公司信用资质为差，华夏幸福(600340.SH)这 1 个公司信用资质为很差，荣盛发展(002146.SZ)这 1 个公司信用资质为极差。

13)2023 年河南省信用资质较差的公司

黄河旋风(600172.SH)、辅仁药业(600781.SH)、森霸股份(300701.SZ)等 6 个公司信用资质为较差。同力水泥(000885.SZ)、*ST 大有(600403.SH)这 2 个公司信用资质为差。

14)2023 年海南省信用资质较差的公司

海虹控股(000503.SZ)、览海投资(600896.SH)这 2 个公司信用资质为差。海航创新(600555.SH)这 1 个公司信用资质为很差。

15)2023 年黑龙江省信用资质较差的公司

威帝股份(603023.SH)、安通控股(600179.SH)这 2 个公司信用资质为差。

16)2023 年吉林省信用资质较差的公司

ST 成城(600247.SH)这 1 个公司信用资质为差。

17)2023 年湖北省信用资质较差的公司

湖北宜化(000422.SZ)、葛洲坝(600068.SH)、天茂集团(000627.SZ)和斯太尔(000760.SZ)这 4 个公司信用资质为差，仰帆控股(600421.SH)、华新水泥(600801.SH)这 2 个公司信用资质为极差。

18)2023 年湖南省信用资质较差的公司

旗滨集团(601636.SH)这 1 个公司信用资质为差，*ST 华菱(000932.SZ)这 1 个公司信用资质为极差。

19)2023 年江西省信用资质较差的公司

万年青(000789.SZ) 这 1 个公司信用资质为差，新钢股份(600782.SH) 这 1 个公司信用资质为极差。

20)2023 年浙江省信用资质较差的公司

新凤鸣(603225.SH)、荣盛石化(002493.SZ)和华友钴业(603799.SH)等 17 个公司信用资质为差，合盛硅业(603260.SH) 这 1 个公司信用资质为很差。

21)2023 年内蒙古自治区信用资质较差的公司

包钢股份(600010.SH)、ST 明科(600091.SH)、远兴能源(000683.SZ)和天首发展(000611.SZ)这 4 个公司信用资质为差。

22)2023 年山东省信用资质较差的公司

中润资源(000506.SZ)、山东钢铁(600022.SH)、正海生物(300653.SZ)等 8 个上市公司的信用资质为差，鲁西化工(000830.SZ)、兖州煤业(600188.SH)、潍柴动力(000338.SZ)、青岛海尔(600690.SH)这 4 个上市公司的信用资质为极差。

23)2023 年山西省信用资质较差的公司

山煤国际(600546.SH)、安泰集团(600408.SH)、阳泉煤业(600348.SH)等 6 个公司的信用资质为差，太钢不锈(000825.SZ)这 1 个公司的信用资质为很差。

24)2023 年四川省信用资质较差的公司

新希望(000876.SZ)、四川金顶(600678.SH)、茂业商业(600828.SH)等 10 个公司的信用资质为差。

25)2023 年新疆维吾尔自治区信用资质较差的公司

中泰化学(002092.SZ)、金风科技(002202.SZ)、冠农股份(600251.SH)、广汇能源(600256.SH)这 4 个公司的信用资质为差。

22.5 中国上市公司不同所有制的 2000~2023 年信用评级及重点预警公司

22.5.1 中央国有企业 2000~2023 年 24 年信用评级及重点预警公司

将表 22.1 第 7 列中属于中央国有企业的上市公司遴选出来，得到中央国有企业 2000~2023 年信用得分和信用评级，具体如表 22.42 所示。

表 22.42 中国上市公司中央国有企业 2000~2023 年这 24 年的信用得分和信用评级

(1)序号	(2)年份	(3)证券代码	(4)证券简称	(5)行业	(6)省区市	(7)所有制属性	(8)信用得分	(9)信用等级	(10)信用度
1	2000	000998.SZ	隆平高科	其他行业	湖南省	中央国有企业	99.98	AAA	特优
2		000969.SZ	安泰科技	制造行业	北京市	中央国有企业	99.83	AAA	特优
3		600316.SH	洪都航空	制造行业	江西省	中央国有企业	99.72	AAA	特优
…		…	…	…	…	…	…	…	…
218		600647.SH	同达创业	批发和零售业	上海市	中央国有企业	0.09	CCC	差
219	2001	600135.SH	乐凯胶片	制造行业	河北省	中央国有企业	99.28	AAA	特优
220		000717.SZ	韶钢松山	制造行业	广东省	中央国有企业	99.26	AAA	特优
221		000778.SZ	新兴铸管	制造行业	河北省	中央国有企业	99.07	AAA	特优
…		…	…	…	…	…	…	…	…
455		000411.SZ	英特集团	批发和零售业	浙江省	中央国有企业	2.47	A	良
…	…	…	…	…	…	…	…	…	…
6664	2021	600830.SH	香溢融通	其他行业	浙江省	中央国有企业	96.76	AAA	特优
6665		000666.SZ	经纬纺机	制造行业	北京市	中央国有企业	90.17	AAA	特优
6666		603860.SH	中公高科	信息传输、软件和信息技术服务行业	北京市	中央国有企业	87.46	AAA	特优
…		…	…	…	…	…	…	…	…
6712		002732.SZ	燕塘乳业	制造行业	广东省	中央国有企业	48.50	AA	优
6713		000970.SZ	中科三环	制造行业	北京市	中央国有企业	48.43	AA	优
6714		002057.SZ	中钢天源	制造行业	安徽省	中央国有企业	48.36	AA	优
…		…	…	…	…	…	…	…	…
6719		600230.SH	沧州大化	制造行业	河北省	中央国有企业	47.75	A	良
6720		000799.SZ	酒鬼酒	制造行业	湖南省	中央国有企业	47.56	A	良
6721		600021.SH	上海电力	电力、热力、燃气及水生产和供应业	上海市	中央国有企业	47.55	A	良
…		…	…	…	…	…	…	…	…
6945		002230.SZ	科大讯飞	信息传输、软件和信息技术服务行业	安徽省	中央国有企业	18.30	BBB	较好
6946		600846.SH	同济科技	建筑行业	上海市	中央国有企业	18.18	BBB	较好
6947		600150.SH	中国船舶	制造行业	上海市	中央国有企业	18.17	BBB	较好
…		…	…	…	…	…	…	…	…
7008		000927.SZ	一汽夏利	制造行业	天津市	中央国有企业	1.15	BB	一般

续表

(1)序号	(2)年份	(3)证券代码	(4)证券简称	(5)行业	(6)省区市	(7)所有制属性	(8)信用得分	(9)信用等级	(10)信用度
7009	2021	600268.SH	国电南自	制造行业	江苏省	中央国有企业	0.98	B	较差
7010		600027.SH	华电国际	电力、热力、燃气及水生产和供应业	山东省	中央国有企业	0.97	B	较差
7011	2022	600830.SH	香溢融通	其他行业	浙江省	中央国有企业	100.00	AAA	特优
7012		000666.SZ	经纬纺机	制造行业	北京市	中央国有企业	99.99	AAA	特优
7013		600390.SH	五矿资本	其他行业	湖南省	中央国有企业	99.99	AAA	特优
…		…	…	…	…	…	…	…	…
7355		002189.SZ	利达光电	制造行业	河南省	中央国有企业	27.84	BBB	较好
7356		600058.SH	五矿发展	批发和零售业	北京市	中央国有企业	0.49	C	极差
7357		600961.SH	株冶集团	制造行业	湖南省	中央国有企业	0.25	C	极差
7358	2023	601179.SH	中国西电	制造行业	陕西省	中央国有企业	100.00	AAA	特优
7359		601866.SH	中远海发	其他行业	上海市	中央国有企业	100.00	AAA	特优
7360		600705.SH	中航资本	其他行业	黑龙江省	中央国有企业	100.00	AAA	特优
…		…	…	…	…	…	…	…	…
7411		601901.SH	方正证券	其他行业	湖南省	中央国有企业	49.54	A	良
7412		600100.SH	同方股份	制造行业	北京市	中央国有企业	47.32	A	良
7413		300455.SZ	康拓红外	制造行业	北京市	中央国有企业	45.74	A	良
…		…	…	…	…	…	…	…	…
7474		000738.SZ	航发控制	制造行业	江苏省	中央国有企业	3.93	BBB	较好
7475		600764.SH	中电广通	制造行业	北京市	中央国有企业	3.46	BB	一般
7476		600320.SH	振华重工	制造行业	上海市	中央国有企业	3.26	BB	一般
7477		600482.SH	中国动力	制造行业	河北省	中央国有企业	2.85	BB	一般
…		…	…	…	…	…	…	…	…
7664		600328.SH	兰太实业	制造行业	内蒙古自治区	中央国有企业	0.30	B	较差
7665		000998.SZ	隆平高科	其他行业	湖南省	中央国有企业	0.29	B	较差
7666		000938.SZ	紫光股份	制造行业	北京市	中央国有企业	0.28	B	较差
…		…	…	…	…	…	…	…	…
7681		601918.SH	新集能源	采矿行业	安徽省	中央国有企业	0.19	CCC	差
7682		000927.SZ	一汽夏利	制造行业	天津市	中央国有企业	0.18	CCC	差
7683		600871.SH	石化油服	采矿行业	北京市	中央国有企业	0.17	CCC	差
…		…	…	…	…	…	…	…	…
7699		600048.SH	保利地产	房地产行业	广东省	中央国有企业	0.03	CC	很差
7700		601766.SH	中国中车	制造行业	北京市	中央国有企业	0.02	CC	很差
7701		600688.SH	上海石化	制造行业	上海市	中央国有企业	0.02	C	极差
7702		600886.SH	国投电力	电力、热力、燃气及水生产和供应业	北京市	中央国有企业	0.01	C	极差
7703		000898.SZ	鞍钢股份	制造行业	辽宁省	中央国有企业	0.00	C	极差
7704		601186.SH	中国铁建	建筑行业	北京市	中央国有企业	0.00	C	极差

应该指出：表 22.42 中的信用得分一共分成两段。第一段为 2000~2018 年这 19 年，是根据已知数据的违约判别。第二段为 2019~2023 年这 5 年，是根据已知数据对上市公司的违约预测。

1. 2021 年中央国有企业的信用资质好中差的上市公司

1)2021 年信用资质为特优(AAA)的公司
香溢融通(600830.SH)、经纬纺机(000666.SZ)、中公高科(603860.SH)等 48 个公司。
2)2021 年信用资质为优(AA)的公司
燕塘乳业(002732.SZ)、中科三环(000970.SZ)、中钢天源(002057.SZ)等 7 个公司。
3)2021 年信用资质为良(A)的公司
沧州大化(600230.SH)、酒鬼酒(000799.SZ)、上海电力(600021.SH)等 226 个公司。
4)2021 年信用资质为较好(BBB)的公司
科大讯飞(002230.SZ)、同济科技(600846.SH)、中国船舶(600150.SH)等 63 个公司。
5)2021 年信用资质为一般(BB)的公司
一汽夏利(000927.SZ)这 1 个公司。
6)2021 年信用资质为较差(B)的公司
国电南自(600268.SH)、华电国际(600027.SH)这 2 个公司。

2. 2022 年中央国有企业的信用资质好中差的上市公司

1)2022 年信用资质为特优(AAA)的公司
香溢融通(600830.SH)、经纬纺机(000666.SZ)、五矿资本(600390.SH)等 344 个公司。
2)2022 年信用资质为较好(BBB)的公司
利达光电(002189.SZ)这 1 个公司。
3)2022 年信用资质为极差(C)的公司
五矿发展(600058.SH)、株冶集团(600961.SH)这 2 个公司。

3. 2023 年中央国有企业的信用资质好中差的上市公司

1)2023 年信用资质为特优(AAA)的公司
中国西电(601179.SH)、中远海发(601866.SH)、中航资本(600705.SH)等 53 个公司。
2)2023 年信用资质为良(A)的公司
方正证券(601901.SH)、同方股份(600100.SH)、康拓红外(300455.SZ)等 63 个公司。
3)2023 年信用资质为较好(BBB)的公司
航发控制(000738.SZ)这 1 个公司。
4)2023 年信用资质为一般(BB)的公司
中电广通(600764.SH)、振华重工(600320.SH)、中国动力(600482.SH)等 189 个公司。
5)2023 年信用资质为较差(B)的公司
兰太实业(600328.SH)、隆平高科(000998.SZ)、紫光股份(000938.SZ)等 17 个公司。
6)2023 年信用资质为差(CCC)的公司
新集能源(601918.SH)、一汽夏利(000927.SZ)、石化油服(600871.SH)等 18 个公司。
7)2023 年信用资质为很差(CC)的公司
保利地产(600048.SH)、中国中车(601766.SH)这 2 个公司。
8)2023 年信用资质为极差(C)的公司
上海石化(600688.SH)、国投电力(600886.SH)、鞍钢股份(000898.SZ)、中国铁建(601186.SH)这 4 个公司。

22.5.2 地方国有企业 2000~2023 年 24 年信用评级及重点预警公司

将表 22.1 第 7 列中属于地方国有企业的上市公司遴选出来，得到地方国有企业 2000~2023 年信用得分和信用评级，具体如表 22.43 所示。

表 22.43　中国上市公司地方国有企业 2000~2023 年这 24 年的信用得分和信用评级

(1)序号	(2)年份	(3)证券代码	(4)证券简称	(5)行业	(6)省区市	(7)所有制属性	(8)信用得分	(9)信用等级	(10)信用度
1	2000	600269.SH	赣粤高速	其他行业	江西省	地方国有企业	99.97	AAA	特优
2		000917.SZ	电广传媒	信息传输、软件和信息技术服务行业	湖南省	地方国有企业	99.90	AAA	特优
3		000488.SZ	晨鸣纸业	制造行业	山东省	地方国有企业	99.88	AAA	特优
…		…	…	…	…	…	…	…	…
465		600833.SH	第一医药	批发和零售业	上海市	地方国有企业	0.36	A	良
466	2001	600008.SH	首创股份	电力、热力、燃气及水生产和供应业	北京市	地方国有企业	99.42	AAA	特优
467		000541.SZ	佛山照明	制造行业	广东省	地方国有企业	99.41	AAA	特优
468		000917.SZ	电广传媒	信息传输、软件和信息技术服务行业	湖南省	地方国有企业	99.41	AAA	特优
…		…	…	…	…	…	…	…	…
959		000557.SZ	西部创业	其他行业	宁夏回族自治区	地方国有企业	0.57	A	良
…	…	…	…	…	…	…	…	…	…
12 653	2021	600824.SH	益民集团	批发和零售业	上海市	地方国有企业	89.04	AAA	特优
12 654		603025.SH	大豪科技	制造行业	北京市	地方国有企业	88.56	AAA	特优
12 655		600519.SH	贵州茅台	制造行业	贵州省	地方国有企业	88.41	AAA	特优
…		…	…	…	…	…	…	…	…
12 747		000060.SZ	中金岭南	制造行业	广东省	地方国有企业	48.69	AA	优
12 748		000630.SZ	铜陵有色	制造行业	安徽省	地方国有企业	48.60	AA	优
12 749		600761.SH	安徽合力	制造行业	安徽省	地方国有企业	48.57	AA	优
…		…	…	…	…	…	…	…	…
12 757		601880.SH	大连港	其他行业	辽宁省	地方国有企业	47.84	A	良
12 758		600969.SH	郴电国际	电力、热力、燃气及水生产和供应业	湖南省	地方国有企业	47.81	A	良
12 759		000156.SZ	华数传媒	文化、体育和娱乐业	浙江省	地方国有企业	47.66	A	良
…		…	…	…	…	…	…	…	…
13 158		002307.SZ	北新路桥	建筑行业	新疆维吾尔自治区	地方国有企业	18.45	BBB	较好
13 159		000762.SZ	西藏矿业	采矿行业	西藏自治区	地方国有企业	18.41	BBB	较好
13 160		000155.SZ	*ST 川化	制造行业	四川省	地方国有企业	18.33	BBB	较好
…		…	…	…	…	…	…	…	…
13 296		600608.SH	*ST 沪科	制造行业	上海市	地方国有企业	1.17	BB	一般
13 297		600784.SH	鲁银投资	其他行业	山东省	地方国有企业	1.08	BB	一般
13 298		600578.SH	京能电力	电力、热力、燃气及水生产和供应业	北京市	地方国有企业	0.99	B	较差
13 299		000755.SZ	*ST 三维	制造行业	山西省	地方国有企业	0.99	B	较差
13 300		600470.SH	六国化工	制造行业	安徽省	地方国有企业	0.94	B	较差
13 301		000504.SZ	南华生物	文化、体育和娱乐业	湖南省	地方国有企业	0.75	CCC	差
13 302		600423.SH	*ST 柳化	制造行业	广西壮族自治区	地方国有企业	0.75	CCC	差

续表

(1)序号	(2)年份	(3)证券代码	(4)证券简称	(5)行业	(6)省区市	(7)所有制属性	(8)信用得分	(9)信用等级	(10)信用度
13 303	2021	000410.SZ	*ST 沈机	制造行业	辽宁省	地方国有企业	0.35	C	极差
13 304		000737.SZ	南风化工	制造行业	山西省	地方国有企业	0.11	C	极差
13 305	2022	002608.SZ	江苏国信	电力、热力、燃气及水生产和供应业	江苏省	地方国有企业	99.99	AAA	特优
13 306		600519.SH	贵州茅台	制造行业	贵州省	地方国有企业	99.99	AAA	特优
13 307		000419.SZ	通程控股	批发和零售业	湖南省	地方国有企业	99.98	AAA	特优
…		…	…	…	…	…	…	…	…
13 936		600725.SH	ST 云维	制造行业	云南省	地方国有企业	44.62	AA	优
13 937		002673.SZ	西部证券	其他行业	陕西省	地方国有企业	44.15	AA	优
13 938		600455.SH	博通股份	其他行业	陕西省	地方国有企业	41.68	A	良
13 939		600722.SH	金牛化工	制造行业	河北省	地方国有企业	38.60	A	良
13 940		000932.SZ	*ST 华菱	制造行业	湖南省	地方国有企业	28.42	BBB	较好
13 941		002644.SZ	佛慈制药	制造行业	甘肃省	地方国有企业	27.73	BBB	较好
13 942		000888.SZ	峨眉山 A	其他行业	四川省	地方国有企业	25.04	BBB	较好
13 943		600675.SH	中华企业	房地产行业	上海市	地方国有企业	20.86	BB	一般
13 944		600168.SH	武汉控股	电力、热力、燃气及水生产和供应业	湖北省	地方国有企业	20.43	BB	一般
13 945		600829.SH	人民同泰	批发和零售业	黑龙江省	地方国有企业	14.07	B	较差
13 946		600664.SH	哈药股份	制造行业	黑龙江省	地方国有企业	11.90	B	较差
13 947		000420.SZ	吉林化纤	制造行业	吉林省	地方国有企业	11.49	CCC	差
13 948		002349.SZ	精华制药	制造行业	江苏省	地方国有企业	8.86	CCC	差
13 949		000661.SZ	长春高新	制造行业	吉林省	地方国有企业	5.62	CC	很差
13 950		600793.SH	宜宾纸业	制造行业	四川省	地方国有企业	3.16	C	极差
13 951		600301.SH	ST 南化	制造行业	广西壮族自治区	地方国有企业	1.39	C	极差
13 952		600733.SH	S*ST 前锋	房地产行业	四川省	地方国有企业	0.94	C	极差
…		…	…	…	…	…	…	…	…
13 956		600844.SH	*ST 丹科	制造行业	上海市	地方国有企业	0.06	C	极差
13 957	2023	600519.SH	贵州茅台	制造行业	贵州省	地方国有企业	100.00	AAA	特优
13 958		600880.SH	博瑞传播	文化、体育和娱乐业	四川省	地方国有企业	100.00	AAA	特优
13 959		300534.SZ	陇神戎发	制造行业	甘肃省	地方国有企业	100.00	AAA	特优
…		…	…	…	…	…	…	…	…
14 052		002320.SZ	海峡股份	其他行业	海南省	地方国有企业	49.88	AA	优
14 053		000921.SZ	海信科龙	制造行业	广东省	地方国有企业	49.87	AA	优
14 054		000823.SZ	超声电子	制造行业	广东省	地方国有企业	48.67	A	良
14 055		000524.SZ	岭南控股	其他行业	广东省	地方国有企业	47.89	A	良
14 056		002400.SZ	省广股份	其他行业	广东省	地方国有企业	47.00	A	良
…		…	…	…	…	…	…	…	…
14 133		600826.SH	兰生股份	批发和零售业	上海市	地方国有企业	4.08	BBB	较好
14 134		000919.SZ	金陵药业	制造行业	江苏省	地方国有企业	4.04	BBB	较好

续表

(1)序号	(2)年份	(3)证券代码	(4)证券简称	(5)行业	(6)省区市	(7)所有制属性	(8)信用得分	(9)信用等级	(10)信用度
14 135	2023	600369.SH	西南证券	其他行业	重庆市	地方国有企业	3.99	BBB	较好
…		…	…	…	…	…	…	…	…
14 139		600199.SH	金种子酒	制造行业	安徽省	地方国有企业	3.66	BB	一般
14 140		601801.SH	皖新传媒	文化、体育和娱乐业	安徽省	地方国有企业	3.59	BB	一般
14 141		000923.SZ	河北宣工	制造行业	河北省	地方国有企业	3.57	BB	一般
…		…	…	…	…	…	…	…	…
14 545		002820.SZ	桂发祥	制造行业	天津市	地方国有企业	0.30	B	较差
14 546		600639.SH	浦东金桥	房地产行业	上海市	地方国有企业	0.30	B	较差
14 547		002371.SZ	北方华创	制造行业	北京市	地方国有企业	0.29	B	较差
…		…	…	…	…	…	…	…	…
14 572		600010.SH	包钢股份	制造行业	内蒙古自治区	地方国有企业	0.20	CCC	差
14 573		600546.SH	山煤国际	批发和零售业	山西省	地方国有企业	0.18	CCC	差
14 574		000885.SZ	同力水泥	制造行业	河南省	地方国有企业	0.18	CCC	差
…		…	…	…	…	…	…	…	…
14 594		000825.SZ	太钢不锈	制造行业	山西省	地方国有企业	0.02	CC	很差
14 595		600377.SH	宁沪高速	其他行业	江苏省	地方国有企业	0.02	CC	很差
14 596		600985.SH	雷鸣科化	制造行业	安徽省	地方国有企业	0.02	C	极差
14 597		000830.SZ	鲁西化工	制造行业	山东省	地方国有企业	0.01	C	极差
14 598		601003.SH	柳钢股份	制造行业	广西壮族自治区	地方国有企业	0.01	C	极差
…		…	…	…	…	…	…	…	…
14 608		600741.SH	华域汽车	制造行业	上海市	地方国有企业	0.00	C	极差

应该指出：表 22.43 中的信用得分一共分成两段。第一段为 2000~2018 年这 19 年，是根据已知数据的违约判别。第二段为 2019~2023 年这 5 年，是根据已知数据对上市公司的违约预测。

1. 2021 年地方国有企业的信用资质好中差的上市公司

1)2021 年信用资质为特优(AAA)的公司

益民集团(600824.SH)、大豪科技(603025.SH)、贵州茅台(600519.SH)等 94 个公司。

2)2021 年信用资质为优(AA)的公司

中金岭南(000060.SZ)、铜陵有色(000630.SZ)、安徽合力(600761.SH)等 10 个公司。

3)2021 年信用资质为良(A)的公司

大连港(601880.SH)、郴电国际(600969.SH)、华数传媒(000156.SZ)等 401 个公司。

4)2021 年信用资质为良好(BBB)的公司

北新路桥(002307.SZ)、西藏矿业(000762.SZ)、*ST 川化(000155.SZ)等 138 个公司。

5)2021 年信用资质为一般 (BB)的公司

*ST 沪科(600608.SH)、鲁银投资(600784.SH)这 2 个公司。

6)2021 年信用资质为差(B)的公司

京能电力(600578.SH)、*ST 三维(000755.SZ)、六国化工(600470.SH)这 3 个公司。

7)2021 年信用资质为差(CCC)的公司

南华生物(000504.SZ)、*ST 柳化(600423.SH)这 2 个公司。

8)2021 年信用资质为极差(C)的公司

*ST 沈机(000410.SZ)、南风化工(000737.SZ)这 2 个公司。

2. 2022 年地方国有企业的信用资质好中差的上市公司

1)2022 年信用资质为特优(AAA)的公司

江苏国信(002608.SZ)、贵州茅台(600519.SH)、通程控股(000419.SZ)等 631 个公司。

2)2022 年信用资质为优(AA)的公司

ST 云维(600725.SH)、西部证券(002673.SZ)这 2 个公司。

3)2022 年信用资质为良(A)的公司

博通股份(600455.SH)、金牛化工(600722.SH)这 2 个公司。

4)2022 年信用资质为较好(BBB)的公司

*ST 华菱(000932.SZ)、佛慈制药(002644.SZ)、峨眉山 A(000888.SZ)这 3 个公司。

5)2022 年信用资质为一般(BB)的公司

中华企业(600675.SH)、武汉控股(600168.SH)这 2 个公司。

6)2022 年信用资质为较差(B)的公司

人民同泰(600829.SH)、哈药股份(600664.SH)这 2 个公司。

7)2022 年信用资质为差(CCC)的公司

吉林化纤(000420.SZ)、精华制药(002349.SZ)这 2 个公司。

8)2022 年信用资质为很差(CC)的公司

长春高新(000661.SZ)这 1 个公司。

9)2022 年信用资质为极差(C)的公司

宜宾纸业(600793.SH)、ST 南化(600301.SH)、S*ST 前锋(600733.SH)等 7 个公司。

3. 2023 年地方国有企业的信用资质好中差的上市公司

1)2023 年信用资质为特优(AAA)的公司

贵州茅台(600519.SH)、博瑞传播(600880.SH)、陇神戎发(300534.SZ)等 95 个公司。

2)2023 年信用资质为优(AA)的公司

海峡股份(002320.SZ)、海信科龙(000921.SZ)这 2 个公司。

3)2023 年信用资质为良(A)的公司

超声电子(000823.SZ)、岭南控股(000524.SZ)、省广股份(002400.SZ)等 79 个公司。

4)2023 年信用资质为较好(BBB)的公司

兰生股份(600826.SH)、金陵药业(000919.SZ)、西南证券(600369.SH)等 6 个公司。

5)2023 年信用资质为一般(BB)的公司

金种子酒(600199.SH)、皖新传媒(601801.SH)、河北宣工(000923.SZ)等 406 个公司。

6)2023 年信用资质为较差(B)的公司

桂发祥(002820.SZ)、浦东金桥(600639.SH)、北方华创(002371.SZ)等 27 个公司。

7)2023 年信用资质为差(CCC)的公司

包钢股份(600010.SH)、山煤国际(600546.SH)、同力水泥(000885.SZ)等 22 个公司。

8)2023 年信用资质为很差(CC)的公司

太钢不锈(000825.SZ)、宁沪高速(600377.SH)这 2 个公司。

9)2023 年信用资质为极差(C)的公司

雷鸣科化(600985.SH)、鲁西化工(000830.SZ)、柳钢股份(601003.SH)等 13 个公司。

22.5.3 集体企业 2000~2023 年 24 年信用评级及重点预警公司

将表 22.1 第 7 列中属于集体企业的上市公司遴选出来，得到集体企业 2000~2023 年信用得分和信用评级，具体如表 22.44 所示。

表 22.44　中国上市公司集体企业 2000~2023 年这 24 年的信用得分和信用评级

(1)序号	(2)年份	(3)证券代码	(4)证券简称	(5)行业	(6)省区市	(7)所有制属性	(8)信用得分	(9)信用等级	(10)信用度
1	2000	600260.SH	凯乐科技	制造行业	湖北省	集体企业	98.91	AAA	特优
2		600854.SH	春兰股份	制造行业	江苏省	集体企业	98.78	AAA	特优
3		600690.SH	青岛海尔	制造行业	山东省	集体企业	98.68	AAA	特优
…		…	…	…	…	…	…	…	…
12		600563.SH	法拉电子	制造行业	福建省	集体企业	58.28	AAA	特优
13	2001	600690.SH	青岛海尔	制造行业	山东省	集体企业	99.30	AAA	特优
14		600854.SH	春兰股份	制造行业	江苏省	集体企业	99.23	AAA	特优
15		000869.SZ	张裕 A	制造行业	山东省	集体企业	98.99	AAA	特优
…		…	…	…	…	…	…	…	…
27		000739.SZ	普洛药业	制造行业	浙江省	集体企业	14.83	A	良
…	…	…	…	…	…	…	…	…	…
416	2021	300470.SZ	日机密封	制造行业	四川省	集体企业	76.17	AAA	特优
417		600318.SH	新力金融	其他行业	安徽省	集体企业	74.91	AAA	特优
418		603303.SH	得邦照明	制造行业	浙江省	集体企业	72.34	AAA	特优
…		…	…	…	…	…	…	…	…
421		002014.SZ	永新股份	制造行业	安徽省	集体企业	47.68	A	良
422		600987.SH	航民股份	制造行业	浙江省	集体企业	46.29	A	良
423		600217.SH	中再资环	制造行业	陕西省	集体企业	43.32	A	良
…		…	…	…	…	…	…	…	…
435		600854.SH	春兰股份	制造行业	江苏省	集体企业	6.39	BBB	较好
436		603029.SH	天鹅股份	制造行业	山东省	集体企业	4.46	BBB	较好
437		601968.SH	宝钢包装	制造行业	上海市	集体企业	3.09	BBB	较好
438		000936.SZ	华西股份	制造行业	江苏省	集体企业	2.92	BBB	较好
439		603616.SH	韩建河山	制造行业	北京市	集体企业	2.58	BBB	较好
440	2022	600563.SH	法拉电子	制造行业	福建省	集体企业	81.79	AAA	特优
441		600217.SH	中再资环	制造行业	陕西省	集体企业	70.38	AAA	特优
442		600690.SH	青岛海尔	制造行业	山东省	集体企业	69.86	AAA	特优
…		…	…	…	…	…	…	…	…
463		601968.SH	宝钢包装	制造行业	上海市	集体企业	48.88	AAA	特优
464	2023	600217.SH	中再资环	制造行业	陕西省	集体企业	92.47	AAA	特优
465		603721.SH	中广天择	文化、体育和娱乐业	湖南省	集体企业	26.33	A	良
466		600563.SH	法拉电子	制造行业	福建省	集体企业	10.19	A	良
467		300470.SZ	日机密封	制造行业	四川省	集体企业	7.70	A	良
…		…	…	…	…	…	…	…	…
470		002014.SZ	永新股份	制造行业	安徽省	集体企业	2.93	BB	一般
471		603303.SH	得邦照明	制造行业	浙江省	集体企业	2.49	BB	一般

续表

(1)序号	(2)年份	(3)证券代码	(4)证券简称	(5)行业	(6)省区市	(7)所有制属性	(8)信用得分	(9)信用等级	(10)信用度
472	2023	603029.SH	天鹅股份	制造行业	山东省	集体企业	1.56	BB	一般
…		…	…	…	…	…	…	…	…
486		600260.SH	凯乐科技	制造行业	湖北省	集体企业	0.29	B	较差
487		600690.SH	青岛海尔	制造行业	山东省	集体企业	0.00	C	极差

应该指出：表 22.44 中的信用得分一共分成两段。第一段为 2000~2018 年这 19 年，是根据已知数据的违约判别。第二段为 2019~2023 年这 5 年，是根据已知数据对上市公司的违约预测。

1. 2021 年集体企业的信用资质好中差的上市公司

1)2021 年信用资质为特优(AAA)的公司

日机密封(300470.SZ)、新力金融(600318.SH)、得邦照明(603303.SH)等 5 个公司。

2)2021 年信用资质为良(A)的公司

永新股份(002014.SZ)、航民股份(600987.SH)、中再资环(600217.SH)等 14 个公司。

3)2021 年信用资质为较好(BBB)的公司

春兰股份(600854.SH)、天鹅股份(603029.SH)、宝钢包装(601968.SH)、华西股份(000936.SZ)等 5 个公司。

2. 2022 年集体企业的信用资质好中差的上市公司

2022 年信用资质为特优(AAA)的公司为法拉电子(600563.SH)、中再资环(600217.SH)、青岛海尔(600690.SH)等 24 个公司。

3. 2023 年集体企业的信用资质好中差的上市公司

1)2023 年信用资质为特优(AAA)的公司

中再资环(600217.SH)这 1 个公司。

2)2023 年信用资质为良(A)的公司

中广天择(603721.SH)、法拉电子(600563.SH)、日机密封(300470.SZ)等 5 个公司。

3)2023 年信用资质为一般(BB)的公司

永新股份(002014.SZ)、得邦照明(603303.SH)、天鹅股份(603029.SH)等 16 个公司。

4)2023 年信用资质为较差(B)的公司

凯乐科技(600260.SH)这 1 个公司。

5)2023 年信用资质为极差(C)的公司

青岛海尔(600690.SH)这 1 个公司。

22.5.4 民营企业 2000~2023 年 24 年信用评级及重点预警公司

将表 22.1 第 7 列中属于民营企业的上市公司遴选出来，得到民营企业 2000~2023 年信用得分和信用评级，具体如表 22.45 所示。

表 22.45 中国上市公司民营企业 2000~2023 年这 24 年信用得分和信用评级

(1)序号	(2)年份	(3)证券代码	(4)证券简称	(5)行业	(6)省区市	(7)所有制属性	(8)信用得分	(9)信用等级	(10)信用度
1	2000	600066.SH	宇通客车	制造行业	河南省	民营企业	99.96	AAA	特优
2		000766.SZ	通化金马	制造行业	吉林省	民营企业	99.91	AAA	特优
3		000726.SZ	鲁泰 A	制造行业	山东省	民营企业	99.91	AAA	特优
…		…	…	…	…	…	…	…	…

续表

(1)序号	(2)年份	(3)证券代码	(4)证券简称	(5)行业	(6)省区市	(7)所有制属性	(8)信用得分	(9)信用等级	(10)信用度
362	2000	600818.SH	中路股份	制造行业	上海市	民营企业	0.49	A	良
363	2001	000848.SZ	承德露露	制造行业	河北省	民营企业	99.57	AAA	特优
364		000726.SZ	鲁泰 A	制造行业	山东省	民营企业	99.43	AAA	特优
365		600588.SH	用友网络	信息传输、软件和信息技术服务行业	北京市	民营企业	99.35	AAA	特优
…		…	…	…	…	…	…	…	…
762		000613.SZ	*ST 东海 A	其他行业	海南省	民营企业	0.68	A	良
…	…	…	…	…	…	…	…	…	…
29 220	2021	300696.SZ	爱乐达	制造行业	四川省	民营企业	96.50	AAA	特优
29 221		603488.SH	展鹏科技	制造行业	江苏省	民营企业	96.41	AAA	特优
29 222		603500.SH	祥和实业	制造行业	浙江省	民营企业	96.24	AAA	特优
…		…	…	…	…	…	…	…	…
29 806		603990.SH	麦迪科技	信息传输、软件和信息技术服务行业	江苏省	民营企业	48.62	AA	优
29 807		000929.SZ	兰州黄河	制造行业	甘肃省	民营企业	48.59	AA	优
29 808		002378.SZ	章源钨业	制造行业	江西省	民营企业	48.51	AA	优
…		…	…	…	…	…	…	…	…
29 823		300170.SZ	汉得信息	信息传输、软件和信息技术服务行业	上海市	民营企业	47.90	A	良
29 824		300240.SZ	飞力达	其他行业	江苏省	民营企业	47.90	A	良
29 825		300390.SZ	天华超净	制造行业	江苏省	民营企业	47.87	A	良
…		…	…	…	…	…	…	…	…
30 975		603555.SH	贵人鸟	制造行业	福建省	民营企业	18.49	BBB	较好
30 976		300084.SZ	海默科技	采矿行业	甘肃省	民营企业	18.47	BBB	较好
30 977		002118.SZ	紫鑫药业	制造行业	吉林省	民营企业	18.42	BBB	较好
…		…	…	…	…	…	…	…	…
31 288		002306.SZ	*ST 云网	其他行业	北京市	民营企业	1.20	BB	一般
31 289		300322.SZ	硕贝德	制造行业	广东省	民营企业	1.14	BB	一般
31 290		000679.SZ	大连友谊	批发和零售业	辽宁省	民营企业	1.02	BB	一般
31 291		600247.SH	ST 成城	批发和零售业	吉林省	民营企业	0.95	B	较差
31 292		600186.SH	莲花健康	制造行业	河南省	民营企业	0.93	B	较差
31 293		002575.SZ	群兴玩具	制造行业	广东省	民营企业	0.77	CCC	差
31 294		000803.SZ	*ST 金宇	制造行业	四川省	民营企业	0.61	CC	很差
31 295		600556.SH	ST 慧球	信息传输、软件和信息技术服务行业	广西壮族自治区	民营企业	0.31	C	极差
31 296	2022	300059.SZ	东方财富	信息传输、软件和信息技术服务行业	上海市	民营企业	100.00	AAA	特优
31 297		002634.SZ	棒杰股份	制造行业	浙江省	民营企业	100.00	AAA	特优
31 298		600093.SH	易见股份	其他行业	四川省	民营企业	99.99	AAA	特优
…		…	…	…	…	…	…	…	…
33 308		600883.SH	博闻科技	制造行业	云南省	民营企业	45.17	AA	优

续表

(1)序号	(2)年份	(3)证券代码	(4)证券简称	(5)行业	(6)省区市	(7)所有制属性	(8)信用得分	(9)信用等级	(10)信用度
33 309	2022	000835.SZ	长城动漫	信息传输、软件和信息技术服务行业	四川省	民营企业	45.01	AA	优
33 310		300235.SZ	方直科技	信息传输、软件和信息技术服务行业	广东省	民营企业	44.91	AA	优
33 311		000697.SZ	炼石有色	制造行业	陕西省	民营企业	43.25	A	良
33 312		300023.SZ	宝德股份	其他行业	陕西省	民营企业	43.08	A	良
33 313		600870.SH	厦华电子	制造行业	福建省	民营企业	42.88	A	良
…		…	…	…	…	…	…	…	…
33 321		600360.SH	华微电子	制造行业	吉林省	民营企业	29.29	BBB	较好
33 322		603077.SH	和邦生物	制造行业	四川省	民营企业	28.93	BBB	较好
33 323		603078.SH	江化微	制造行业	江苏省	民营企业	26.61	BBB	较好
33 324		600507.SH	方大特钢	制造行业	江西省	民营企业	25.61	BBB	较好
33 325		603456.SH	九洲药业	制造行业	浙江省	民营企业	24.42	BB	一般
33 326		300033.SZ	同花顺	信息传输、软件和信息技术服务行业	浙江省	民营企业	23.71	BB	一般
33 327		300590.SZ	移为通信	制造行业	上海市	民营企业	22.91	BB	一般
…		…	…	…	…	…	…	…	…
33 337		002262.SZ	恩华药业	制造行业	江苏省	民营企业	15.94	B	较差
33 338		603225.SH	新凤鸣	制造行业	浙江省	民营企业	15.93	B	较差
33 339		002661.SZ	克明面业	制造行业	湖南省	民营企业	14.88	B	较差
…		…	…	…	…	…	…	…	…
33 346		002382.SZ	蓝帆医疗	制造行业	山东省	民营企业	11.04	CCC	差
33 347		000818.SZ	方大化工	制造行业	辽宁省	民营企业	11.01	CCC	差
33 348		300451.SZ	创业软件	信息传输、软件和信息技术服务行业	浙江省	民营企业	10.24	CCC	差
…		…	…	…	…	…	…	…	…
33 358		002740.SZ	爱迪尔	制造行业	广东省	民营企业	3.94	CC	很差
33 359		002837.SZ	英维克	制造行业	广东省	民营企业	3.44	C	极差
33 360		600527.SH	江南高纤	制造行业	江苏省	民营企业	1.51	C	极差
33 361		600816.SH	安信信托	其他行业	上海市	民营企业	1.44	C	极差
…		…	…	…	…	…	…	…	…
33 370		600556.SH	ST 慧球	信息传输、软件和信息技术服务行业	广西壮族自治区	民营企业	0.30	C	极差
33 371	2023	000046.SZ	泛海控股	房地产行业	北京市	民营企业	100.00	AAA	特优
33 372		002670.SZ	国盛金控	其他行业	广东省	民营企业	100.00	AAA	特优
33 373		300104.SZ	乐视网	信息传输、软件和信息技术服务行业	北京市	民营企业	100.00	AAA	特优
…		…	…	…	…	…	…	…	…
33 656		002433.SZ	太安堂	制造行业	广东省	民营企业	49.80	A	良
33 657		300503.SZ	昊志机电	制造行业	广东省	民营企业	49.77	A	良

续表

(1)序号	(2)年份	(3)证券代码	(4)证券简称	(5)行业	(6)省区市	(7)所有制属性	(8)信用得分	(9)信用等级	(10)信用度
33 658	2023	603725.SH	天安新材	制造行业	广东省	民营企业	49.71	A	良
…		…	…	…	…	…	…	…	…
34 163		300101.SZ	振芯科技	制造行业	四川省	民营企业	4.09	BBB	较好
34 164		000980.SZ	众泰汽车	制造行业	安徽省	民营企业	4.08	BBB	较好
34 165		002501.SZ	利源精制	制造行业	吉林省	民营企业	4.08	BBB	较好
…		…	…	…	…	…	…	…	…
35 370		000525.SZ	红太阳	制造行业	江苏省	民营企业	0.20	CCC	差
35 371		603225.SH	新凤鸣	制造行业	浙江省	民营企业	0.19	CCC	差
35 372		603023.SH	威帝股份	制造行业	黑龙江省	民营企业	0.19	CCC	差
…		…	…	…	…	…	…	…	…
35 436		600074.SH	保千里	制造行业	江苏省	民营企业	0.03	CC	很差
35 437		603260.SH	合盛硅业	制造行业	浙江省	民营企业	0.03	CC	很差
35 438		000820.SZ	神雾节能	制造行业	辽宁省	民营企业	0.03	CC	很差
…		…	…	…	…	…	…	…	…
35 442		600421.SH	仰帆控股	制造行业	湖北省	民营企业	0.01	C	极差
35 443		002146.SZ	荣盛发展	房地产行业	河北省	民营企业	0.01	C	极差
35 444		600282.SH	南钢股份	制造行业	江苏省	民营企业	0.01	C	极差
35 445		600031.SH	三一重工	制造行业	北京	民营企业	0.01	C	极差
35 446		002024.SZ	苏宁云商	批发和零售业	江苏省	民营企业	0.00	C	极差

应该指出：表 22.45 中的信用得分一共分成两段。第一段为 2000~2018 年这 19 年，是根据已知数据的违约判别。第二段为 2019~2023 年这 5 年，是根据已知数据对上市公司的违约预测。

1. 2021 年民营企业的信用资质好中差的上市公司

1)2021 年信用资质为特优(AAA)的公司

爱乐达(300696.SZ)、展鹏科技(603488.SH)、祥和实业(603500.SH)等 586 个公司。

2)2021 年信用资质为优(AA)的公司

麦迪科技(603990.SH)、兰州黄河(000929.SZ)、章源钨业(002378.SZ)等 17 个公司。

3)2021 年信用资质为良(A)的公司

汉得信息(300170.SZ)、飞力达(300240.SZ)、天华超净(300390.SZ)等 1152 个公司。

4)2021 年信用资质为较好(BBB)的公司

贵人鸟(603555.SH)、海默科技(300084.SZ)、紫鑫药业(002118.SZ)等 313 个公司。

5)2021 年信用资质为一般(BB)的公司

*ST 云网(002306.SZ)、硕贝德(300322.SZ)、大连友谊(000679.SZ)这 3 个公司。

6)2021 年信用资质为较差(B)的公司

ST 成城(600247.SH)、莲花健康(600186.SH)这 2 个公司。

7)2021 年信用资质为差(CCC)的公司

群兴玩具(002575.SZ)这 1 个公司。

8)2021 年信用资质为很差(CC)的公司

*ST 金宇(000803.SZ)这 1 个公司。

9)2021 年信用资质为极差(C)的公司

ST 慧球(600556.SH)这 1 个公司。

2. 2022 年民营企业的信用资质好中差的上市公司

1)2022 年信用资质为特优(AAA)的公司

东方财富(300059.SZ)、棒杰股份(002634.SZ)、易见股份(600093.SH)等 2012 个公司。

2)2022 年信用资质为优(AA)的公司

博闻科技(600883.SH)、长城动漫(000835.SZ)、方直科技(300235.SZ)这 3 个公司。

3)2022 年信用资质为良(A)的公司

炼石有色(000697.SZ)、宝德股份(300023.SZ)、厦华电子(600870.SH)等 10 个公司。

4)2022 年信用资质为较好(BBB)的公司

华微电子(600360.SH)、和邦生物(603077.SH)、江化微(603078.SH)、方大特钢(600507.SH)这 4 个公司。

5)2022 年信用资质为一般(BB)的公司

九洲药业(603456.SH)、同花顺(300033.SZ)、移为通信(300590.SZ)等 12 个公司。

6)2022 年信用资质为较差(B)的公司

恩华药业(002262.SZ)、新凤鸣(603225.SH)、克明面业(002661.SZ)等 9 个公司。

7)2022 年信用资质为差(CCC)的公司

蓝帆医疗(002382.SZ)、方大化工(000818.SZ)、创业软件(300451.SZ)等 12 个公司。

8)2022 年信用资质为很差(CC)的公司

爱迪尔(002740.SZ)这 1 个公司。

9)2022 年信用资质为极差(C)的公司

英维克(002837.SZ)、江南高纤(600527.SH)、安信信托(600816.SH)等 12 个公司。

3. 2023 年民营企业的信用资质好中差的上市公司

1)2023 年信用资质为特优(AAA)的公司

泛海控股(000046.SZ)、国盛金控(002670.SZ)、乐视网(300104.SZ)等 285 个公司。

2)2023 年信用资质为良(A)的公司

太安堂(002433.SZ)、昊志机电(300503.SZ)、天安新材(603725.SH)等 507 个公司。

3)2023 年信用资质为较好(BBB)的公司

振芯科技(300101.SZ)、众泰汽车(000980.SZ)、利源精制(002501.SZ)等 1207 个公司。

4)2023 年信用资质为差(CCC)的公司

红太阳(000525.SZ)、新凤鸣(603225.SH)、威帝股份(603023.SH)等 66 个公司。

5)2023 年信用资质为很差(CC)的公司

保千里(600074.SH)、合盛硅业(603260.SH)、神雾节能(000820.SZ)等 6 个公司。

6)2023 年信用资质为极差(C)的公司

仰帆控股(600421.SH)、荣盛发展(002146.SZ)、南钢股份(600282.SH)、三一重工(600031.SH)等 5 个公司。

22.5.5 公众企业 2000~2023 年 24 年信用评级及重点预警公司

将表 22.1 第 7 列中属于公众企业的上市公司遴选出来，得到公众企业 2000~2023 年信用得分和信用评级，具体如表 22.46 所示。

表 22.46 中国上市公司公众企业 2000~2023 年这 24 年的信用得分和信用评级

(1)序号	(2)年份	(3)证券代码	(4)证券简称	(5)行业	(6)省区市	(7)所有制属性	(8)信用得分	(9)信用等级	(10)信用度
1	2000	600718.SH	东软集团	信息传输、软件和信息技术服务行业	辽宁省	公众企业	99.82	AAA	特优

续表

(1)序号	(2)年份	(3)证券代码	(4)证券简称	(5)行业	(6)省区市	(7)所有制属性	(8)信用得分	(9)信用等级	(10)信用度
2	2000	000157.SZ	中联重科	制造行业	湖南省	公众企业	99.56	AAA	特优
3		600887.SH	伊利股份	制造行业	内蒙古自治区	公众企业	99.23	AAA	特优
…		…	…	…	…	…	…	…	…
65		600837.SH	海通证券	其他行业	上海市	公众企业	0.89	A	良
66	2001	600887.SH	伊利股份	制造行业	内蒙古自治区	公众企业	99.04	AAA	特优
67		600130.SH	波导股份	制造行业	浙江省	公众企业	98.85	AAA	特优
68		000039.SZ	中集集团	制造行业	广东省	公众企业	98.79	AAA	特优
…		…	…	…	…	…	…	…	…
135		000017.SZ	深中华 A	制造行业	广东省	公众企业	0.05	C	极差
…	…	…	…	…	…	…	…	…	…
2678	2021	603637.SH	镇海股份	其他行业	浙江省	公众企业	89.76	AAA	特优
2679		601009.SH	南京银行	其他行业	江苏省	公众企业	85.00	AAA	特优
2680		002601.SZ	龙蟒佰利	制造行业	河南省	公众企业	80.15	AAA	特优
…		…	…	…	…	…	…	…	…
2703		600114.SH	东睦股份	制造行业	浙江省	公众企业	48.60	AA	优
2704		002748.SZ	世龙实业	制造行业	江西省	公众企业	48.50	AA	优
2705		600959.SH	江苏有线	信息传输、软件和信息技术服务行业	江苏省	公众企业	48.15	AA	优
…		…	…	…	…	…	…	…	…
2708		300019.SZ	硅宝科技	制造行业	四川省	公众企业	46.23	A	良
2709		600315.SH	上海家化	制造行业	上海市	公众企业	45.93	A	良
2710		002117.SZ	东港股份	制造行业	山东省	公众企业	45.92	A	良
…		…	…	…	…	…	…	…	…
2796		002405.SZ	四维图新	信息传输、软件和信息技术服务行业	北京市	公众企业	18.49	BBB	较好
2797		002356.SZ	赫美集团	批发和零售业	广东省	公众企业	18.46	BBB	较好
2798		002676.SZ	顺威股份	制造行业	广东省	公众企业	18.35	BBB	较好
…		…	…	…	…	…	…	…	…
2831		600584.SH	长电科技	制造行业	江苏省	公众企业	1.06	BB	一般
2832	2022	600643.SH	爱建集团	其他行业	上海市	公众企业	99.99	AAA	特优
2833		002601.SZ	龙蟒佰利	制造行业	河南省	公众企业	99.78	AAA	特优
2834		600887.SH	伊利股份	制造行业	内蒙古自治区	公众企业	99.05	AAA	特优
…		…	…	…	…	…	…	…	…
2979		000686.SZ	东北证券	其他行业	吉林省	公众企业	45.14	AA	优
2980		300193.SZ	佳士科技	制造行业	广东省	公众企业	45.11	AA	优
2981		601099.SH	太平洋	其他行业	云南省	公众企业	44.12	AA	优
2982		002138.SZ	顺络电子	制造行业	广东省	公众企业	25.10	BBB	较好
2983		600753.SH	东方银星	批发和零售业	河南省	公众企业	1.61	C	极差

续表

(1)序号	(2)年份	(3)证券代码	(4)证券简称	(5)行业	(6)省区市	(7)所有制属性	(8)信用得分	(9)信用等级	(10)信用度
2984	2022	600190.SH	锦州港	其他行业	辽宁省	公众企业	0.65	C	极差
2985	2023	601212.SH	白银有色	制造行业	甘肃省	公众企业	100.00	AAA	特优
2986		600643.SH	爱建集团	其他行业	上海市	公众企业	100.00	AAA	特优
2987		600030.SH	中信证券	其他行业	广东省	公众企业	99.99	AAA	特优
…		…	…	…	…	…	…	…	…
3025		300047.SZ	天源迪科	信息传输、软件和信息技术服务行业	广东省	公众企业	46.39	A	良
3026		600183.SH	生益科技	制造行业	广东省	公众企业	44.54	A	良
3027		000555.SZ	神州信息	信息传输、软件和信息技术服务行业	广东省	公众企业	44.14	A	良
…		…	…	…	…	…	…	…	…
3059		300369.SZ	绿盟科技	信息传输、软件和信息技术服务行业	北京市	公众企业	4.09	BBB	较好
3060		002509.SZ	天广中茂	制造行业	福建省	公众企业	3.99	BBB	较好
3061		002296.SZ	辉煌科技	制造行业	河南省	公众企业	3.89	BBB	较好
3062		000686.SZ	东北证券	其他行业	吉林省	公众企业	3.44	BB	一般
3063		300294.SZ	博雅生物	制造行业	江西省	公众企业	2.89	BB	一般
3064		600114.SH	东睦股份	制造行业	浙江省	公众企业	2.64	BB	一般
…		…	…	…	…	…	…	…	…
3126		002248.SZ	*ST 东数	制造行业	山东省	公众企业	0.27	B	较差
3127		601128.SH	常熟银行	其他行业	江苏省	公众企业	0.27	B	较差
3128		300127.SZ	银河磁体	制造行业	四川省	公众企业	0.26	B	较差
…		…	…	…	…	…	…	…	…
3133		002839.SZ	张家港行	其他行业	江苏省	公众企业	0.13	CCC	差
3134		002202.SZ	金风科技	制造行业	新疆维吾尔自治区	公众企业	0.07	CCC	差
3135		000839.SZ	中信国安	信息传输、软件和信息技术服务行业	北京市	公众企业	0.05	CCC	差
3136		600610.SH	中毅达	建筑行业	上海市	公众企业	0.02	C	极差
3137		601336.SH	新华保险	其他行业	北京市	公众企业	0.00	C	极差
3138		601601.SH	中国太保	其他行业	上海市	公众企业	0.00	C	极差

应该指出：表 22.46 中的信用得分一共分成两段。第一段为 2000~2018 年这 19 年，是根据已知数据的违约判别。第二段为 2019~2023 年这 5 年，是根据已知数据对上市公司的违约预测。

1. 2021 年公众企业的信用资质好中差的上市公司

1)2021 年信用资质为特优(AAA)的公司

镇海股份(603637.SH)、南京银行(601009.SH)、龙蟒佰利(002601.SZ)等 25 个公司。

2)2021 年信用资质为优(AA)的公司

东睦股份(600114.SH)、世龙实业(002748.SZ)、江苏有线(600959.SH)等 5 个公司。

3)2021 年信用资质为良(A)的公司

硅宝科技(300019.SZ)、上海家化(600315.SH)、东港股份(002117.SZ)等 88 个公司。

4)2021 年信用资质为较好(BBB)的公司

四维图新(002405.SZ)、赫美集团(002356.SZ)、顺威股份(002676.SZ)这 35 个公司。

5)2021 年信用资质为一般(BB)的公司

长电科技(600584.SH)这 1 个公司。

2. 2022 年公众企业的信用资质好中差的上市公司

1)2022 年信用资质为特优(AAA)的公司

爱建集团(600643.SH)、龙蟒佰利(002601.SZ)、伊利股份(600887.SH)等 147 个公司。

2)2022 年信用资质为优(AA)的公司

东北证券(000686.SZ)、佳士科技(300193.SZ)、太平洋(601099.SH)这 3 个公司。

3)2022 年信用资质为较好(BBB)的公司

顺络电子(002138.SZ)这 1 个公司。

4)2022 年信用资质为极差(C)的公司

东方银星(600753.SH)、锦州港(600190.SH)这 2 个公司。

3. 2023 年公众企业的信用资质好中差的上市公司

1)2023 年信用资质为特优(AAA)的公司

白银有色(601212.SH)、爱建集团(600643.SH)、中信证券(600030.SH)等 40 个公司。

2)2023 年信用资质为良(A)的公司

天源迪科(300047.SZ)、生益科技(600183.SH)、神州信息(000555.SZ)等 34 个公司。

3)2023 年信用资质为较好(BBB)的公司

绿盟科技(300369.SZ)、天广中茂(002509.SZ)、辉煌科技(002296.SZ)这 3 个公司。

4)2023 年信用资质为一般(BB)的公司

东北证券(000686.SZ)、博雅生物(300294.SZ)、东睦股份(600114.SH)等 64 个公司。

5)2023 年信用资质为较差(B)的公司

*ST 东数(002248.SZ)、常熟银行(601128.SH)、银河磁体(300127.SZ)等 7 个公司。

6)2023 年信用资质为差(CCC)的公司

张家港行(002839.SZ)、金风科技(002202.SZ)、中信国安(000839.SZ)这 3 个公司。

7)2023 年信用资质为极差(C)的公司

中毅达(600610.SH)、新华保险(601336.SH)、中国太保(601601.SH)这 3 个公司。

22.5.6　外资企业 2000~2023 年 24 年信用评级及重点预警公司

将表 22.1 第 7 列中属于外资企业的上市公司遴选出来，得到外资企业 2000~2023 年信用得分和信用评级，具体如表 22.47 所示。

表 22.47　中国上市公司外资企业 2000~2023 年这 24 年信用得分和信用评级

(1)序号	(2)年份	(3)证券代码	(4)证券简称	(5)行业	(6)省区市	(7)所有制属性	(8)信用得分	(9)信用等级	(10)信用度
1	2000	000981.SZ	银亿股份	房地产行业	甘肃省	外资企业	99.77	AAA	特优
2		000895.SZ	双汇发展	制造行业	河南省	外资企业	99.31	AAA	特优
3		600227.SH	赤天化	制造行业	贵州省	外资企业	99.13	AAA	特优
…		…	…	…	…	…	…	…	…
33		600759.SH	洲际油气	采矿行业	海南省	外资企业	0.32	A	良
34	2001	600132.SH	重庆啤酒	制造行业	重庆市	外资企业	97.15	AAA	特优
35		600227.SH	赤天化	制造行业	贵州省	外资企业	96.27	AAA	特优

续表

(1)序号	(2)年份	(3)证券代码	(4)证券简称	(5)行业	(6)省区市	(7)所有制属性	(8)信用得分	(9)信用等级	(10)信用度
36	2001	000042.SZ	中洲控股	房地产行业	广东省	外资企业	95.81	AAA	特优
…		…	…	…	…	…	…	…	…
69		600898.SH	国美通讯	制造行业	山东省	外资企业	0.02	C	极差
…	…	…	…	…	…	…	…	…	…
1680	2021	300685.SZ	艾德生物	制造行业	福建省	外资企业	97.31	AAA	特优
1681		300639.SZ	凯普生物	制造行业	广东省	外资企业	92.11	AAA	特优
1682		002888.SZ	惠威科技	制造行业	广东省	外资企业	89.44	AAA	特优
…		…	…	…	…	…	…	…	…
1712		600094.SH	大名城	房地产行业	上海市	外资企业	48.68	AA	优
1713		300053.SZ	欧比特	制造行业	广东省	外资企业	48.45	AA	优
1714		300327.SZ	中颖电子	制造行业	上海市	外资企业	48.19	AA	优
1715		002027.SZ	分众传媒	租赁和商务服务业	广东省	外资企业	48.16	AA	优
1716		600565.SH	迪马股份	房地产行业	重庆市	外资企业	47.78	A	良
1717		600211.SH	西藏药业	制造行业	西藏自治区	外资企业	47.73	A	良
1718		002549.SZ	凯美特气	其他行业	湖南省	外资企业	46.94	A	良
…		…	…	…	…	…	…	…	…
1776		600734.SH	实达集团	制造行业	福建省	外资企业	17.81	BBB	较好
1777		002333.SZ	罗普斯金	制造行业	江苏省	外资企业	17.40	BBB	较好
1778		600365.SH	通葡股份	制造行业	吉林省	外资企业	17.20	BBB	较好
…		…	…	…	…	…	…	…	…
1793		000953.SZ	*ST 河化	制造行业	广西壮族自治区	外资企业	0.13	C	极差
1794	2022	300685.SZ	艾德生物	制造行业	福建省	外资企业	97.08	AAA	特优
1795		300053.SZ	欧比特	制造行业	广东省	外资企业	95.55	AAA	特优
1796		603696.SH	安记食品	制造行业	福建省	外资企业	93.81	AAA	特优
…		…	…	…	…	…	…	…	…
1905		600695.SH	绿庭投资	其他行业	上海市	外资企业	43.49	A	良
1906		600306.SH	商业城	批发和零售业	辽宁省	外资企业	42.98	A	良
1907		000953.SZ	*ST 河化	制造行业	广西壮族自治区	外资企业	0.05	C	极差
1908	2023	000981.SZ	银亿股份	房地产行业	甘肃省	外资企业	100.00	AAA	特优
1909		002888.SZ	惠威科技	制造行业	广东省	外资企业	99.73	AAA	特优
1910		002577.SZ	雷柏科技	制造行业	广东省	外资企业	98.30	AAA	特优
…		…	…	…	…	…	…	…	…
1934		300328.SZ	宜安科技	制造行业	广东省	外资企业	49.86	AA	优
1935		600393.SH	粤泰股份	房地产行业	广东省	外资企业	47.51	A	良
1936		600083.SH	博信股份	制造行业	广东省	外资企业	46.20	A	良
1937		603309.SH	维力医疗	制造行业	广东省	外资企业	45.46	A	良
…		…	…	…	…	…	…	…	…

续表

(1)序号	(2)年份	(3)证券代码	(4)证券简称	(5)行业	(6)省区市	(7)所有制属性	(8)信用得分	(9)信用等级	(10)信用度
1957	2023	600182.SH	S 佳通	制造行业	黑龙江省	外资企业	3.66	BB	一般
1958		603015.SH	弘讯科技	制造行业	浙江省	外资企业	3.29	BB	一般
1959		603922.SH	金鸿顺	制造行业	江苏省	外资企业	3.23	BB	一般
…		…	…	…	…	…	…	…	…
2014		600007.SH	中国国贸	房地产行业	北京市	外资企业	0.29	B	较差
2015		002032.SZ	苏泊尔	制造行业	浙江省	外资企业	0.23	B	较差
2016		600823.SH	世茂股份	房地产行业	上海市	外资企业	0.17	CCC	差
2017		600828.SH	茂业商业	批发和零售业	四川省	外资企业	0.14	CCC	差
2018		603858.SH	步长制药	制造行业	山东省	外资企业	0.13	CCC	差
2019		600620.SH	天宸股份	其他行业	上海市	外资企业	0.09	CCC	差
2020		603083.SH	N 剑桥	制造行业	上海市	外资企业	0.02	CC	很差
2021		600801.SH	华新水泥	制造行业	湖北省	外资企业	0.00	C	极差

应该指出：表 22.47 中的信用得分一共分成两段。第一段为 2000~2018 年这 19 年，是根据已知数据的违约判别。第二段为 2019~2023 年这 5 年，是根据已知数据对上市公司的违约预测。

1. 2021 年外资企业的信用资质好中差的上市公司

1)2021 年信用资质为特优(AAA)的公司

艾德生物(300685.SZ)、凯普生物(300639.SZ)、惠威科技(002888.SZ)等 32 个公司。

2)2021 年信用资质为优(AA)的公司

大名城(600094.SH)、欧比特(300053.SZ)、中颖电子(300327.SZ)、分众传媒(002027.SZ)这 4 个公司。

3)2021 年信用资质为良(A)的公司

迪马股份(600565.SH)、西藏药业(600211.SH)、凯美特气(002549.SZ)等 60 个公司。

4)2021 年信用资质为较好(BBB)的公司

实达集团(600734.SH)、罗普斯金(002333.SZ)、通葡股份(600365.SH)等 17 个公司。

5)2021 年信用资质为极差(C)的公司

*ST 河化(000953.SZ)这 1 个公司。

2. 2022 年外资企业的信用资质好中差的上市公司

1)2022 年信用资质为特优(AAA)的公司

艾德生物(300685.SZ)、欧比特(300053.SZ)、安记食品(603696.SH)等 111 个公司。

2)2022 年信用资质为良(A)的公司

绿庭投资(600695.SH)、商业城(600306.SH)这 2 个公司。

3)2022 年信用资质为极差(C)的公司

*ST 河化(000953.SZ)这 1 个公司。

3. 2023 年外资企业的信用资质好中差的上市公司

1)2023 年信用资质为特优(AAA)的公司

银亿股份(000981.SZ)、惠威科技(002888.SZ)、雷柏科技(002577.SZ)等 26 个公司。

2)2023 年信用资质为优(AA)的公司

宜安科技(300328.SZ)这 1 个公司。

3)2023 年信用资质为良(A)的公司

粤泰股份(600393.SH)、博信股份(600083.SH)、维力医疗(603309.SH)等 22 个公司。

4)2023 年信用资质为一般(BB)的公司

S 佳通(600182.SH)、弘讯科技(603015.SH)、金鸿顺(603922.SH)等 57 个公司。

5)2023 年信用资质为较差(B)的公司

中国国贸(600007.SH)、苏泊尔(002032.SZ)这 2 个公司。

6)2023 年信用资质为差(CCC)的公司

世茂股份(600823.SH)、茂业商业(600828.SH)、步长制药(603858.SH)、天宸股份(600620.SH) 这 4 个公司。

7)2023 年信用资质为很差(CC)的公司

N 剑桥(603083.SH)这 1 个公司。

8)2023 年信用资质为极差(C)的公司

华新水泥(600801.SH)这 1 个公司。

22.5.7 其他所有制企业 2000~2023 年 24 年信用评级及重点预警公司

将表 22.1 第 7 列中属于其他所有制企业的上市公司遴选出来，得到其他所有制企业 2000~2023 年的信用得分和信用评级，具体如表 22.48 所示。

表 22.48 中国上市公司其他所有制企业 2000~2023 年这 24 年信用得分和信用评级

(1)序号	(2)年份	(3)证券代码	(4)证券简称	(5)行业	(6)省区市	(7)所有制属性	(8)信用得分	(9)信用等级	(10)信用度
1	2000	000925.SZ	众合科技	制造行业	浙江省	其他所有制企业	97.31	AAA	特优
2		600219.SH	南山铝业	制造行业	山东省	其他所有制企业	95.53	AAA	特优
3		600611.SH	大众交通	其他行业	上海市	其他所有制企业	94.39	AAA	特优
…		…	…	…	…	…	…	…	…
21		000605.SZ	渤海股份	电力、热力、燃气及水生产和供应业	北京市	其他所有制企业	18.63	A	良
22	2001	600555.SH	海航创新	房地产行业	海南省	其他所有制企业	98.34	AAA	特优
23		000925.SZ	众合科技	制造行业	浙江省	其他所有制企业	98.32	AAA	特优
24		600219.SH	南山铝业	制造行业	山东省	其他所有制企业	98.18	AAA	特优
…		…	…	…	…	…	…	…	…
44		600387.SH	海越股份	批发和零售业	浙江省	其他所有制企业	10.40	A	良
…	…	…	…	…	…	…	…	…	…
677	2021	600611.SH	大众交通	其他行业	上海市	其他所有制企业	83.34	AAA	特优
678		002338.SZ	奥普光电	制造行业	吉林省	其他所有制企业	77.37	AAA	特优
679		603103.SH	横店影视	文化、体育和娱乐业	浙江省	其他所有制企业	75.63	AAA	特优
…		…	…	…	…	…	…	…	…
685		000788.SZ	北大医药	制造行业	重庆市	其他所有制企业	47.90	A	良
686		600797.SH	浙大网新	信息传输、软件和信息技术服务行业	浙江省	其他所有制企业	44.20	A	良
687		002056.SZ	横店东磁	制造行业	浙江省	其他所有制企业	42.90	A	良
…		…	…	…	…	…	…	…	…
703		002258.SZ	利尔化学	制造行业	四川省	其他所有制企业	17.96	BBB	较好
704		002030.SZ	达安基因	制造行业	广东省	其他所有制企业	17.03	BBB	较好

续表

(1)序号	(2)年份	(3)证券代码	(4)证券简称	(5)行业	(6)省区市	(7)所有制属性	(8)信用得分	(9)信用等级	(10)信用度
705	2021	000925.SZ	众合科技	制造行业	浙江省	其他所有制企业	15.72	BBB	较好
…		…	…	…	…	…	…	…	…
714		300161.SZ	华中数控	制造行业	湖北省	其他所有制企业	0.66	CC	很差
715	2022	600611.SH	大众交通	其他行业	上海市	其他所有制企业	99.99	AAA	特优
716		600635.SH	大众公用	电力、热力、燃气及水生产和供应业	上海市	其他所有制企业	99.81	AAA	特优
717		600530.SH	交大昂立	制造行业	上海市	其他所有制企业	99.74	AAA	特优
…		…	…	…	…	…	…	…	…
749		600555.SH	海航创新	房地产行业	海南省	其他所有制企业	24.13	BB	一般
750		600219.SH	南山铝业	制造行业	山东省	其他所有制企业	15.98	B	较差
751		002258.SZ	利尔化学	制造行业	四川省	其他所有制企业	11.61	B	较差
752		300161.SZ	华中数控	制造行业	湖北省	其他所有制企业	0.81	C	极差
753	2023	000564.SZ	供销大集	批发和零售业	陕西省	其他所有制企业	100.00	AAA	特优
754		600530.SH	交大昂立	制造行业	上海市	其他所有制企业	100.00	AAA	特优
755		600635.SH	大众公用	电力、热力、燃气及水生产和供应业	上海市	其他所有制企业	100.00	AAA	特优
…		…	…	…	…	…	…	…	…
760		000616.SZ	海航投资	房地产行业	辽宁省	其他所有制企业	36.48	A	良
761		002030.SZ	达安基因	制造行业	广东省	其他所有制企业	27.43	A	良
762		600219.SH	南山铝业	制造行业	山东省	其他所有制企业	5.42	A	良
763		300597.SZ	吉大通信	信息传输、软件和信息技术服务行业	吉林省	其他所有制企业	3.53	BB	一般
764		600701.SH	工大高新	信息传输、软件和信息技术服务行业	黑龙江省	其他所有制企业	2.63	BB	一般
765		000915.SZ	山大华特	制造行业	山东省	其他所有制企业	2.60	BB	一般
…		…	…	…	…	…	…	…	…
787		002338.SZ	奥普光电	制造行业	吉林省	其他所有制企业	0.25	B	较差
788		600387.SH	海越股份	批发和零售业	浙江省	其他所有制企业	0.13	CCC	差
789		000585.SZ	东北电气	制造行业	江苏省	其他所有制企业	0.05	CCC	差
790		600555.SH	海航创新	房地产行业	海南省	其他所有制企业	0.02	CC	很差

应该指出：表 22.48 中的信用得分一共分成两段。第一段为 2000~2018 年这 19 年，是根据已知数据的违约判别。第二段为 2019~2023 年这 5 年，是根据已知数据对上市公司的违约预测。

1. 2021 年其他所有制企业的信用资质好中差的上市公司

1)2021 年信用资质为特优(AAA)的公司

大众交通(600611.SH)、奥普光电(002338.SZ)、横店影视(603103.SH)等 8 个公司。

2)2021 年信用资质为良(A)的公司

北大医药(000788.SZ)、浙大网新(600797.SH)、横店东磁(002056.SZ)等 18 个公司。

3)2021 年信用资质为较好(BBB)的公司

利尔化学(002258.SZ)、达安基因(002030.SZ)、众合科技(000925.SZ)等 11 个公司。

4)2021 年信用资质为很差(CC)的公司
华中数控(300161.SZ)这 1 个公司。

2. 2022 年其他所有制企业的信用资质好中差的上市公司

1)2022 年信用资质为特优(AAA)的公司
大众交通(600611.SH)、大众公用(600635.SH)、交大昂立(600530.SH)等 34 个公司。
2)2022 年信用资质为一般(BB)的公司
海航创新(600555.SH)这 1 个公司。
3)2022 年信用资质为较差(B)的公司
南山铝业(600219.SH)、利尔化学(002258.SZ)这 2 个公司。
4)2022 年信用资质为极差(C)的公司
华中数控(300161.SZ)这 1 个公司。

3. 2023 年其他所有制企业的信用资质好中差的上市公司

1)2023 年信用资质为特优(AAA)的公司
供销大集(000564.SZ)、交大昂立(600530.SH)、大众公用(600635.SH)等 7 个公司。
2)2023 年信用资质为良(A)的公司
海航投资(000616.SZ)、达安基因(002030.SZ)、南山铝业(600219.SH)这 3 个公司。
3)2023 年信用资质为一般(BB)的公司
吉大通信(300597.SZ)、工大高新(600701.SH)、山大华特 (000915.SZ)等 24 个公司。
4)2023 年信用资质为较差(B)的公司
奥普光电(002338.SZ)这 1 个公司。
5)2023 年信用资质为差(CCC)的公司
海越股份(600387.SH)、东北电气(000585.SZ)这 2 个公司。
6)2023 年信用资质为很差(CC)的公司
海航创新(600555.SH)这 1 个公司。

22.5.8　按所有制划分的上市公司 2021~2023 年重点预警公司小结

本节汇总整理了中国上市公司不同所有制中等级为 AAA、AA、A 信用资质较好的公司，等级为 BBB、BB、B 信用资质居中的公司，以及等级为 CCC、CC、C 信用资质较差的重点预警公司。

1.信用等级为 AAA、AA、A 信用资质较好的公司定义

信用等级为 AAA、AA、A 依次对应着公司信用度特优、优、良。这类公司资质优秀，企业形象得到提升，能够获得政府的认可。融资担保、银行放贷，以及与供应链上下游企业之间赊销、拓展供应链上下游供采时更为安全。在筹资成本方面，信用等级高低必将直接关系到公司筹资成本的大小，该类企业发行债券或申请贷款的利率也相应更低。

2. 2021 年不同所有制的信用等级为 AAA、AA、A 信用资质较好的公司

1)2021 年中央国有企业信用资质较好的公司

香溢融通(600830.SH)、经纬纺机(000666.SZ)、中公高科(603860.SH)等 48 个公司的信用资质为特优。燕塘乳业(002732.SZ)、中科三环(000970.SZ)、中钢天源(002057.SZ)等 7 个公司信用资质为优。沧州大化(600230.SH)、酒鬼酒(000799.SZ)、上海电力(600021.SH)等 226 个公司的信用资质为良。

2)2021 年地方国有企业信用资质较好的公司

益民集团(600824.SH)、大豪科技(603025.SH)、贵州茅台(600519.SH)等 94 个公司的信用资质为特优。中金岭南(000060.SZ)、铜陵有色(000630.SZ)、安徽合力(600761.SH)等 10 个公司的信用资质为优。大连港

(601880.SH)、郴电国际(600969.SH)、华数传媒(000156.SZ)等 401 个公司信用资质为良。

3)2021 年集体企业信用资质较好的公司

日机密封(300470.SZ)、新力金融(600318.SH)、得邦照明(603303.SH)等 5 个公司的信用资质为特优。永新股份(002014.SZ)、航民股份(600987.SH)、中再资环(600217.SH)等 14 个公司信用资质为良。

4)2021 年民营企业信用资质较好的公司

爱乐达(300696.SZ)、展鹏科技(603488.SH)、祥和实业(603500.SH)等 586 个公司的信用资质为特优。麦迪科技(603990.SH)、兰州黄河(000929.SZ)、章源钨业(002378.SZ)等 17 个公司的信用资质为优。汉得信息(300170.SZ)、飞力达(300240.SZ)、天华超净(300390.SZ)等 1152 个公司信用资质为良。

5)2021 年公众企业信用资质较好的公司

镇海股份(603637.SH)、南京银行(601009.SH)、龙蟒佰利(002601.SZ)等 25 个公司的信用资质为特优。东睦股份(600114.SH)、世龙实业(002748.SZ)、江苏有线(600959.SH)等 5 个公司的信用资质为优。硅宝科技(300019.SZ)、上海家化(600315.SH)、东港股份(002117.SZ)等 88 个公司信用资质为良。

6)2021 年外资企业信用资质较好的公司

艾德生物(300685.SZ)、凯普生物(300639.SZ)、惠威科技(002888.SZ)等 32 个公司的信用资质为特优。大名城(600094.SH)、欧比特(300053.SZ)、中颖电子(300327.SZ)、分众传媒(002027.SZ)这 4 个公司的信用资质为优。迪马股份(600565.SH)、西藏药业(600211.SH)、凯美特气(002549.SZ)等 60 个公司信用资质为良。

7)2021 年其他所有制企业信用资质较好的公司

大众交通(600611.SH)、奥普光电(002338.SZ)、横店影视(603103.SH)等 8 个公司的信用资质为特优。北大医药(000788.SZ)、浙大网新(600797.SH)、横店东磁(002056.SZ)等 18 个公司信用资质为良。

3. 2022 年不同所有制的信用等级为 AAA、AA、A 信用资质较好的公司

1)2022 年中央国有企业信用资质较好的公司

香溢融通(600830.SH)、经纬纺机(000666.SZ)、五矿资本(600390.SH)等 344 个公司的信用资质为特优。

2)2022 年地方国有企业信用资质较好的公司

江苏国信(002608.SZ)、贵州茅台(600519.SH)、通程控股(000419.SZ)等 631 个公司的信用资质为特优。ST 云维(600725.SH)、西部证券(002673.SZ)这 2 个公司的信用资质为优。博通股份(600455.SH)、金牛化工(600722.SH)这 2 个公司信用资质为良。

3)2022 年集体企业信用资质较好的公司

法拉电子(600563.SH)、中再资环(600217.SH)、青岛海尔(600690.SH)等 24 个公司信用资质为特优。

4)2022 年民营企业信用资质较好的公司

东方财富(300059.SZ)、棒杰股份(002634.SZ)、易见股份(600093.SH)等 2012 个公司的信用资质为特优。博闻科技(600883.SH)、长城动漫(000835.SZ)、方直科技(300235.SZ)这 3 个公司的信用资质为优。炼石有色(000697.SZ)、宝德股份(300023.SZ)、厦华电子(600870.SH)等 10 个公司信用资质为良。

5)2022 年公众企业信用资质较好的公司

爱建集团(600643.SH)、龙蟒佰利(002601.SZ)、伊利股份(600887.SH)等 147 个公司的信用资质为特优。东北证券(000686.SZ)、佳士科技(300193.SZ)、太平洋(601099.SH)这 3 个公司的信用资质为优。

6)2022 年外资企业信用资质较好的公司

艾德生物(300685.SZ)、欧比特(300053.SZ)、安记食品(603696.SH)等 111 个公司的信用资质为特优。绿庭投资(600695.SH)、商业城(600306.SH)这 2 个公司的信用资质为良。

7)2022 年其他所有制企业信用资质较好的公司

大众交通(600611.SH)、大众公用(600635.SH)、交大昂立(600530.SH)等 34 个公司的信用资质为特优。

4. 2023 年不同所有制的信用等级为 AAA、AA、A 信用资质较好的公司

1)2023 年中央国有企业信用资质较好的公司

中国西电(601179.SH)、中远海发(601866.SH)、中航资本(600705.SH)等 53 个公司的信用资质为特优。

方正证券(601901.SH)、同方股份(600100.SH)、康拓红外(300455.SZ)等 63 个公司的信用资质为良。

2)2023 年地方国有企业信用资质较好的公司

贵州茅台(600519.SH)、博瑞传播(600880.SH)、陇神戎发(300534.SZ)等 95 个公司的信用资质为特优。海峡股份(002320.SZ)、海信科龙(000921.SZ)这 2 个公司的信用资质为优。超声电子(000823.SZ)、岭南控股(000524.SZ)、省广股份(002400.SZ)等 79 个公司信用资质为良。

3)2023 年集体企业信用资质较好的公司

中再资环(600217.SH)这 1 个公司的信用资质为特优。中广天择(603721.SH)、法拉电子(600563.SH)、日机密封(300470.SZ)等 5 个公司的信用资质为良。

4)2023 年民营企业信用资质较好的公司

泛海控股(000046.SZ)、国盛金控(002670.SZ)、乐视网(300104.SZ)等 285 个公司的信用资质为特优。太安堂(002433.SZ)、昊志机电(300503.SZ)、天安新材(603725.SH)等 507 个公司的信用资质为良。

5)2023 年公众企业信用资质较好的公司

白银有色(601212.SH)、爱建集团(600643.SH)、中信证券(600030.SH)等 40 个公司的信用资质为特优。天源迪科(300047.SZ)、生益科技(600183.SH)、神州信息(000555.SZ)等 34 个公司的信用资质为良。

6)2023 年外资企业信用资质较好的公司

银亿股份(000981.SZ)、惠威科技(002888.SZ)、雷柏科技(002577.SZ)等 26 个公司的信用资质为特优。宜安科技(300328.SZ)这 1 个公司的信用资质为优。粤泰股份(600393.SH)、博信股份(600083.SH)、维力医疗(603309.SH)等 22 个公司信用资质为良。

7)2023 年其他所有制企业信用资质较好的公司

供销大集(000564.SZ)、交大昂立(600530.SH)、大众公用(600635.SH)等 7 个公司的信用资质为特优。海航投资(000616.SZ)、达安基因(002030.SZ)、南山铝业(600219.SH)这 3 个公司的信用资质为良。

5. 信用等级为 BBB、BB、B 信用资质居中的公司定义

信用等级为 BBB、BB、B 依次对应着公司信用度较好、一般、较差。该类企业信用资质处于中等水平，该类企业的信用记录正常或存在少量不良记录，其经营状况、盈利水平及未来发展易受不确定因素的影响，偿债能力有波动。该类企业应该加强自身风险管理水平，提升企业信用等级。政府应对诚信的企业给予扶持，对具有不良信用记录的严加监管。

6. 2021 年不同所有制的信用等级为 BBB、BB、B 信用资质居中的公司

1)2021 年中央国有企业信用资质居中的公司

科大讯飞(002230.SZ)、同济科技(600846.SH)、中国船舶(600150.SH)等 63 个公司信用资质为较好。一汽夏利(000927.SZ)这 1 个公司信用资质为一般。国电南自(600268.SH)、华电国际(600027.SH)这 2 个公司信用资质为较差。

2)2021 年地方国有企业信用资质居中的公司

北新路桥(002307.SZ)、西藏矿业(000762.SZ)、*ST 川化(000155.SZ)等 138 个公司信用资质为良好。*ST 沪科(600608.SH)、鲁银投资(600784.SH)这 2 个公司信用资质为一般。京能电力(600578.SH)、*ST 三维(000755.SZ)、六国化工(600470.SH)这 3 个公司信用资质为差。

3)2021 年集体企业信用资质居中的公司

春兰股份(600854.SH)、天鹅股份(603029.SH)、宝钢包装(601968.SH)、华西股份(000936.SZ)等 5 个公司信用资质为较好。

4)2021 年民营企业信用资质居中的公司

贵人鸟(603555.SH)、海默科技(300084.SZ)、紫鑫药业(002118.SZ)等 313 个公司信用资质为较好。*ST 云网(002306.SZ)、硕贝德(300322.SZ)、大连友谊(000679.SZ)这 3 个公司信用资质为一般。ST 成城(600247.SH)、莲花健康(600186.SH)这 2 个公司信用资质为较差。

5)2021 年公众企业信用资质居中的公司

四维图新(002405.SZ)、赫美集团(002356.SZ)、顺威股份(002676.SZ)等 35 个公司信用资质为较好。长电科技(600584.SH)这 1 个公司信用资质为一般。

6)2021 年外资企业信用资质居中的公司

实达集团(600734.SH)、罗普斯金(002333.SZ)、通葡股份(600365.SH)等 17 个公司信用资质为较好。

7)2021 年其他所有制企业信用资质居中的公司

利尔化学(002258.SZ)、达安基因(002030.SZ)、众合科技(000925.SZ)等 11 个公司信用资质为较好。

7. 2022 年不同所有制的信用等级为 BBB、BB、B 信用资质居中的公司

1)2022 年中央国有企业信用资质居中的公司

利达光电(002189.SZ)这 1 个公司信用资质为较好。

2)2022 年地方国有企业信用资质居中的公司

*ST 华菱(000932.SZ)、佛慈制药(002644.SZ)、峨眉山 A(000888.SZ)这 3 个公司信用资质为较好。中华企业(600675.SH)、武汉控股(600168.SH)这 2 个公司信用资质为一般。人民同泰(600829.SH)、哈药股份(600664.SH)这 2 个公司信用资质为较差。

3)2022 年民营企业信用资质居中的公司

华微电子(600360.SH)、和邦生物(603077.SH)、江化微(603078.SH)、方大特钢(600507.SH)这 4 个公司信用资质为较好。九洲药业(603456.SH)、同花顺(300033.SZ)、移为通信(300590.SZ)等 12 个公司信用资质为一般。恩华药业(002262.SZ)、新凤鸣(603225.SH)、克明面业(002661.SZ)等 9 个公司信用资质为较差。

4)2022 年公众企业信用资质居中的公司

顺络电子(002138.SZ)这 1 个公司信用资质为较好。

5)2022 年其他所有制企业信用资质居中的公司

海航创新(600555.SH)这 1 个公司信用资质为一般。南山铝业(600219.SH)、利尔化学(002258.SZ)这 2 个公司信用资质为较差。

8. 2023 年不同所有制的信用等级为 BBB、BB、B 信用资质居中的公司

1)2023 年中央国有企业信用资质居中的公司

航发控制(000738.SZ)这 1 个公司信用资质为较好。中电广通(600764.SH)、振华重工(600320.SH)、中国动力(600482.SH)等 189 个公司信用资质为一般。兰太实业(600328.SH)、隆平高科(000998.SZ)、紫光股份(000938.SZ)等 17 个公司信用资质为较差。

2)2023 年地方国有企业信用资质居中的公司

兰生股份(600826.SH)、金陵药业(000919.SZ)、西南证券(600369.SH)等 6 个公司信用资质为较好。金种子酒(600199.SH)、皖新传媒(601801.SH)、河北宣工(000923.SZ)等 406 个公司信用资质为一般。桂发祥(002820.SZ)、浦东金桥(600639.SH)、北方华创(002371.SZ)等 27 个公司信用资质为较差。

3)2023 年集体企业信用资质居中的公司

永新股份(002014.SZ)、得邦照明(603303.SH)、天鹅股份(603029.SH)等 16 个公司信用资质为一般。凯乐科技(600260.SH)这 1 个公司信用资质较差。

4)2023 年民营企业信用资质居中的公司

振芯科技(300101.SZ)、众泰汽车(000980.SZ)、利源精制(002501.SZ)等 1207 个公司信用资质为较好。

5)2023 年公众企业信用资质居中的公司

绿盟科技(300369.SZ)、天广中茂(002509.SZ)、辉煌科技(002296.SZ)这 3 个公司信用资质为较好。东北证券(000686.SZ)、博雅生物(300294.SZ)、东睦股份(600114.SH)等 64 个公司信用资质为一般。*ST 东数(002248.SZ)、常熟银行(601128.SH)、银河磁体(300127.SZ)等 7 个公司信用资质为较差。

6)2023 年外资企业信用资质居中的公司

S 佳通(600182.SH)、弘讯科技(603015.SH)、金鸿顺(603922.SH)等 57 个公司信用资质为一般。中国国

贸(600007.SH)、苏泊尔(002032.SZ)这 2 个公司信用资质为较差。

7)2023 年其他所有制企业信用资质居中的公司

吉大通信(300597.SZ)、工大高新(600701.SH)、山大华特(000915.SZ)等 24 个公司信用资质为一般。奥普光电(002338.SZ)这 1 个公司信用资质为较差。

9. 信用等级为 CCC、CC、C 信用资质较差的重点预警公司定义

信用等级为 CCC、CC、C 依次对应着公司信用度为差、很差、极差。这类信用资质不好的企业，财务风险较高，自身的风险管理较差，公司生存和持续发展前景不被看好，属于重点预警企业。股票、债券投资者应慎重投资该类企业，采取及时调仓等措施。

10. 2021 年不同所有制的信用等级为 CCC、CC、C 信用资质较差的重点预警公司

1)2021 年地方国有企业信用资质较差的公司

南华生物(000504.SZ)、*ST 柳化(600423.SH)这 2 个公司信用资质为差，*ST 沈机(000410.SZ)、南风化工(000737.SZ)这 2 个公司信用资质为极差。

2)2021 年民营企业信用资质较差的公司

群兴玩具(002575.SZ)这 1 个公司信用资质为差。*ST 金宇(000803.SZ)这 1 个公司信用资质为很差。ST 慧球(600556.SH)这 1 个公司信用资质为极差。

3)2021 年外资企业信用资质较差的公司

*ST 河化(000953.SZ)这 1 个公司信用资质为极差。

4)2021 年其他所有制企业信用资质较差的公司

华中数控(300161.SZ)这 1 个公司信用资质为很差。

11. 2022 年不同所有制的信用等级为 CCC、CC、C 信用资质较差的重点预警公司

1)2022 年中央国有企业信用资质较差的公司

五矿发展(600058.SH)、株冶集团(600961.SH)这 2 个公司信用资质为极差。

2)2022 年地方国有企业信用资质较差的公司

吉林化纤(000420.SZ)、精华制药(002349.SZ)这 2 个公司信用资质为差。长春高新(000661.SZ)这 1 个公司信用资质为很差。宜宾纸业(600793.SH)、ST 南化(600301.SH)、S*ST 前锋(600733.SH)等 7 个公司信用资质为极差。

3)2022 年民营企业信用资质较差的公司

蓝帆医疗(002382.SZ)、方大化工(000818.SZ)、创业软件(300451.SZ)等 12 个公司信用资质为差。爱迪尔(002740.SZ)这 1 个公司信用资质为很差。英维克(002837.SZ)、江南高纤(600527.SH)、安信信托(600816.SH)等 12 个公司信用资质为极差。

4)2022 年公众企业信用资质较差的公司

东方银星(600753.SH)、锦州港(600190.SH)这 2 个公司信用资质为极差。

5)2022 年外资企业信用资质较差的公司

*ST 河化(000953.SZ)这 1 个公司信用资质为极差。

6)2022 年其他所有制企业信用资质较差的公司

华中数控(300161.SZ)这 1 个公司信用资质为极差。

12. 2023 年不同所有制的信用等级为 CCC、CC、C 信用资质较差的重点预警公司

1)2023 年中央国有企业信用资质较差的公司

新集能源(601918.SH)、一汽夏利(000927.SZ)、石化油服(600871.SH)等 18 个公司信用资质为差。保利地产(600048.SH)、中国中车(601766.SH)这 2 个公司信用资质为很差。上海石化(600688.SH)、国投电力(600886.SH)、鞍钢股份(000898.SZ)、中国铁建(601186.SH)这 4 个公司信用资质为极差。

2)2023 年地方国有企业信用资质较差的公司

包钢股份(600010.SH)、山煤国际(600546.SH)、同力水泥(000885.SZ)等 22 个公司信用资质为差。太钢不锈(000825.SZ)、宁沪高速(600377.SH)这 2 个公司信用资质为很差。雷鸣科化(600985.SH)、鲁西化工(000830.SZ)、柳钢股份(601003.SH)等 13 个公司信用资质为极差。

3)2023 年集体企业信用资质较差的公司

青岛海尔(600690.SH)这 1 个公司信用资质为极差。

4)2023 年民营企业信用资质较差的公司

红太阳(000525.SZ)、新凤鸣(603225.SH)、威帝股份(603023.SH)等 66 个公司信用资质为差。保千里(600074.SH)、合盛硅业(603260.SH)、神雾节能(000820.SZ)等 6 个公司信用资质为很差。仰帆控股(600421.SH)、荣盛发展(002146.SZ)、南钢股份(600282.SH)、三一重工(600031.SH)等 5 个公司信用资质为极差。

5)2023 年公众企业信用资质较差的公司

张家港行(002839.SZ)、金风科技(002202.SZ)、中信国安(000839.SZ)这 3 个公司信用资质为差。中毅达(600610.SH)、新华保险(601336.SH)、中国太保(601601.SH)这 3 个公司信用资质为极差。

6)2023 年外资企业信用资质较差的公司

世茂股份(600823.SH)、茂业商业(600828.SH)、步长制药(603858.SH)、天宸股份(600620.SH)这 4 个公司信用资质为差。N 剑桥(603083.SH)这 1 个公司信用资质为很差。华新水泥(600801.SH)这 1 个公司信用资质为极差。

7)2023 年其他所有制企业信用资质较差的公司

海越股份(600387.SH)、东北电气(000585.SZ)这 2 个公司信用资质为差。海航创新(600555.SH)这 1 个公司信用资质为很差。

第 23 章　主要研究结论与政策建议

23.1　主要研究结论

23.1.1　违约预测的最优指标体系结论

本节描述的是中国上市公司违约预测的最优指标体系的结论。

研究发现，对于上市公司整体样本、批发与零售行业、房地产行业等 12 个样本的线性判别主模型的最优指标体系如下。

(1)对于所有 3425 家上市公司整体样本，由 204 个指标构成的$(2^{204}-1)\approx 2.57\times 10^{61}$个指标组合中，遴选出“资产负债率”“每股权益合计”“违规类型”等 19 个指标，构成了 T–0 年违约判别几何平均精度最大的指标组合；遴选出“资产负债率”“营业外收入占营业总收入比重”“广义货币供应量(M2)同比增长率”等 11 个指标，构成了 T–1 年违约预测几何平均精度最大的指标组合；遴选出“资产负债率”“账面市值比”“审计意见类型”等 14 个指标，构成了 T–2 年违约预测几何平均精度最大的指标组合；遴选出“管理费用/营业总收入”“营业总成本增长率”“业绩预告次数”等 10 个指标，构成了 T–3 年违约预测几何平均精度最大的指标组合；遴选出“有形资产/负债合计”“净资产收益率”“审计意见类型”等 14 个指标，构成了 T–4 年违约预测几何平均精度最大的指标组合；遴选出“资产负债率”“管理费用/营业总收入”“每股社会贡献值”等 17 个指标，构成了 T–5 年违约预测几何平均精度最大的指标组合。

(2)对于 162 家上市公司批发和零售行业样本，由 204 个指标构成的$(2^{204}-1)\approx 2.57\times 10^{61}$个指标组合中，遴选出“资产负债率”“每股净资产(相对年初增长率)”“固定资产投资价格指数”等 12 个指标，构成了 T–0 年违约判别几何平均精度最大的指标组合；遴选出“资产总计(相对年初增长率)”“派息比税前”“监事会持股比例”等 16 个指标，构成了 T–1 年违约预测几何平均精度最大的指标组合；遴选出“资产负债率”“资本公积占所有者权益的比例”“总经理是否领取薪酬”等 14 个指标，构成了 T–2 年违约预测几何平均精度最大的指标组合；遴选出“资产负债率”“在建工程比例”“入境旅游人数增长率”等 19 个指标，构成了 T–3 年违约预测几何平均精度最大的指标组合；遴选出“资产负债率”“归属母公司股东的权益/带息债务”“广义货币供应量(M2)同比增长率”等 15 个指标，构成了 T–4 年违约预测几何平均精度最大的指标组合；遴选出“资产负债率”“归属母公司股东的权益/负债合计”“销售费用增长率”等 17 个指标，构成了 T–5 年违约预测几何平均精度最大的指标组合。

(3)对于 125 家上市公司房地产行业样本，由 204 个指标构成的$(2^{204}-1)\approx 2.57\times 10^{61}$个指标组合中，遴选出“资产负债率”“现金比率”“有形资产/总资产”等 10 个指标，构成了 T–0 年违约判别几何平均精度最大的指标组合；遴选出“资产负债率”“剔除预收款项后的资产负债率”“长期资产适合率”等 16 个指标，构成了 T–1 年违约预测几何平均精度最大的指标组合；遴选出“资产负债率”“剔除预收款项后的资产负债率”“长期资本负债率”等 14 个指标，构成了 T–2 年违约预测几何平均精度最大的指标组合；遴选出“资产负债率”“剔除预收款项后的资产负债率”“长期资产适合率”等 19 个指标，构成了 T–3 年违约预测几何平均精度最大的指标组合；遴选出“资产负债率”“长期资产适合率”“带息债务/全部投入资本”等 15 个指标，构成了 T–4 年违约预测几何平均精度最大的指标组合；遴选出“资产负债率”“剔除预收款项后的资产负债率”“长期资本负债率”等 17 个指标，构成了 T–5 年违约预测几何平均精度最大的指标组合。

研究发现，对于上市公司制造行业、上市小企业房地产行业这 2 个样本的逻辑回归主模型的最优指标如下。

(1)对于 2173 家上市公司制造行业样本，由 204 个指标构成的$(2^{204}-1)\approx 2.57\times 10^{61}$个指标组合中，遴选出“资产负债率”“长期资产适合率”“应付账款周转率”等 25 个指标，构成了 T–0 年违约判别几何平均精度最大的指标组合；遴选出“资产负债率”“长期资本负债率”“长期资产适合率”等 16 个指标，构成了 T–1 年违约预测几何平均精度最大的指标组合；遴选出“资产负债率”“长期资产适合率”“归属母公司股东的权益/带息债务”等 14 个指标，构成了 T–2 年违约预测几何平均精度最大的指标组合；遴选出“资产负债率”“权益乘数”“广义货币供应量(M2)同比增长率”等 10 个指标，构成了 T–3 年违约预测几何平均精度最大的指标组合；遴选出“资产负债率”“净资产收益率”“广义货币供应量(M2)同比增长率”等 13 个指标，构成了 T–4 年违约预测几何平均精度最大的指标组合；遴选出“资产负债率”“长期资产适合率”“主营业务比率”等 17 个指标，构成了 T–5 年违约预测几何平均精度最大的指标组合。

(2)对于 103 家上市小企业房地产行业样本，由 204 个指标构成的$(2^{204}-1)\approx 2.57\times 10^{61}$个指标组合中，遴选出“资产负债率”“流动负债权益比率”“资本固定化比率”等 11 个指标，构成了 T–0 年违约判别几何平均精度最大的指标组合；遴选出“资产负债率”“长期资本负债率”“长期资产适合率”等 18 个指标，构成了 T–1 年违约预测几何平均精度最大的指标组合；遴选出“资产负债率”“剔除预收款项后的资产负债率”“长期资本负债率”等 14 个指标，构成了 T–2 年违约预测几何平均精度最大的指标组合；遴选出“资产负债率”“剔除预收款项后的资产负债率”“长期资本负债率”等 10 个指标，构成了 T–3 年违约预测几何平均精度最大的指标组合；遴选出“资产负债率”“长期资产适合率”“流动负债权益比率”等 18 个指标，构成了 T–4 年违约预测几何平均精度最大的指标组合；遴选出“资产负债率”“流动比率”“归属母公司股东的权益/带息债务”等 14 个指标，构成了 T–5 年违约预测几何平均精度最大的指标组合。

23.1.2　违约预测的重要宏观指标结论

本节描述的是中国上市公司违约预测的重要宏观指标的结论。

研究发现，对于上市公司整体样本、批发与零售行业、房地产行业等 12 个样本的线性判别主模型的重要宏观指标如下。

(1)对于所有 3425 家上市公司整体样本，“广义货币供应量(M2)同比增长率”“外商投资总额增长率”“国际专利申请授权数增长率”等 10 个关键宏观指标，对上市企业违约状态有显著影响。

(2)对于 162 家上市公司批发和零售行业样本，“狭义货币供应量同比增长率”“广义货币供应量(M2)同比增长率”“外商投资总额增长率”等 8 个关键宏观指标，对上市公司批发和零售行业违约状态有显著影响。

(3)对于 125 家上市公司房地产行业样本，“广义货币供应量(M2)同比增长率”“能源消费总量增长率”“国际投资净头寸增长率”这 3 个宏观指标，对上市公司房地产行业违约状态有显著影响。

研究发现，对于上市公司制造行业、上市小企业房地产行业这 2 个样本的逻辑回归主模型的重要宏观指标如下。

(1)对于 2173 家上市公司制造行业样本，“中长期贷款基准利率”“广义货币供应量(M2)同比增长率”“国内专利申请授权数增长率”等 8 个宏观指标，对制造行业上市企业违约状态有显著影响。

(2)对于 103 家上市小企业房地产行业样本，“狭义货币供应量同比增长率”“广义货币供应量(M2)同比增长率”“外商投资总额增长率”等 10 个宏观指标，对上市小企业房地产行业违约状态有显著影响。

23.1.3　违约预测的关键预测指标结论

本节描述的是中国上市公司违约预测的 0~2 年短期预测指标和 3~5 年中期预测指标的关键指标结论。

研究发现，对于上市公司整体样本、批发与零售行业、房地产行业等 12 个样本的线性判别主模型的违约预测关键指标如下。

(1)对于所有 3425 家上市公司整体样本，“基本每股收益”“长期资产适合率”“权益乘数”等 7 个指标对企业未来 0~2 年的短期违约预测具有关键影响。“管理费用/营业总收入”“经营活动产生的现金流量净额/经营活动净收益”“营业收入占营业总收入比重”等5个指标对企业未来3~5年的长期违约预测具有关键影响。“资产负债率”和“广义货币供应量(M2)同比增长率”这 2 个指标，不论是对未来 0~2 年的短期违约预测，还是对未来 3~5 年的中期违约预测都有重要影响。

(2)对于 162 家上市公司批发和零售行业样本，“长期资产适合率”“权益乘数”“资产负债率”等 4 个指标对公司未来 0~2 年的短期违约预测具有关键影响。“流动负债权益比率”“现金流量利息保障倍数”“广义货币供应量(M2)同比增长率”等 4 个指标对公司未来 3~5 年的长期违约预测具有关键影响。“资产负债率”“长期资产适合率”“广义货币供应量(M2)同比增长率”这 3 个指标，不论是对未来 0~2 年的短期违约预测，还是对未来 3~5 年的中期违约预测均有关键影响。

(3)对于 125 家上市公司房地产行业样本，“剔除预收款项后的资产负债率”和“流动负债权益比率”这 2 个指标对公司未来 0~2 年的短期违约预测有决定作用。“带息债务/全部投入资本”这 1 个指标对公司未来 3~5 年的长期违约预测有决定作用。“资产负债率”“长期资产适合率”“广义货币供应量(M2)同比增长率”这 3 个指标不论对于公司未来 0~2 年的短期违约预测，还是未来 3~5 年的中期违约预测均有决定作用。

研究发现，对于上市公司制造行业、上市小企业房地产行业这 2 个样本的逻辑回归主模型的违约预测关键指标如下。

(1)对于 2173 家上市公司制造行业样本，“长期资本负债率”“流动比率”“归属母公司股东的权益/带息债务”等 33 个指标对企业未来 0~2 年的短期违约预测有决定作用。“净资产收益率”“主营业务比率”“应付账款周转率”等 22 个指标对企业未来 3~5 年的中期违约预测有决定作用。“资产负债率”和“广义货币供应量(M2)同比增长率”这 2 个指标，不论对于企业未来 0~2 年的短期违约预测，还是未来 3~5 年的中期违约预测都有重要影响。

(2)对于 103 家上市小企业房地产行业样本，“长期负债占比”“扣除非经常损益后的净利润/净利润”“营业外收入占营业总收入比重”等 4 个指标对公司未来 0~2 年的短期违约预测有决定作用。“现金比率”“管理费用/营业总收入”“经营活动产生的现金流量净额/经营活动净收益”等 21 个指标对公司未来 3~5 年的中期违约预测有决定作用。“资产负债率”和“长期资产适合率”这 2 个指标不论对于公司未来 0~2 年的短期违约预测，还是未来 3~5 年的中期违约预测都有决定作用。

23.1.4 中国上市公司信用指数的未来趋势预测结论

本节描述的是中国上市公司信用指数的未来趋势预测的结论。

研究发现，对于上市公司整体样本、批发与零售行业、房地产行业等 12 个样本的线性判别主模型的 2019~2023 年这 5 年中国上市公司信用指数的趋势预测如下。

(1)对于所有 3425 家上市公司整体样本，在 2019~2020 年信用指数呈现上升趋势，于 2020 年出现由好转差的拐点，并在 2020~2021 年信用指数持续下跌，但在 2021~2023 年出现小幅回升，但仍然处于历史低位。2020 年出现由好转差的拐点原因可能是，受 2020 年的新冠疫情的影响，宏观经济环境较差，中国上市公司的发展经营及融资均受影响，导致 A 股市场的信用指数整体下滑。2021~2023 年出现小幅回升的原因可能是，随着 2020 年底新《中华人民共和国证券法》中更为严格的退市政策落地，对上市公司的监管将更加严格，促使上市公司整体违约风险有所改善，信用状况逐步向好，但仍旧处于清偿能力较弱的阶段。具体如第 5 章图 5.13 的中国上市公司年度信用指数走势图所示。

(2)对于 162 家上市公司批发和零售行业样本，在 2019~2023 年这 5 年信用指数呈“M”形态势，即 2019 年呈上升态势，2019 年出现拐点，在 2019~2020 年信用指数小幅下跌，2020 年出现拐点，2020~2022 年急剧上升，2022 年出现拐点，但在 2022~2023 年呈现更为明显的下跌趋势。可能受 2020 年新冠疫情的持续影响，我国的境外货物输入减少，国内的批发和零售业占据了更多的市场份额，导致 A 股“批发和零售业”市场的信用指数在 2020~2022 年出现上升趋势。具体如第 8 章图 8.1 所示。

(3)对于 125 家上市公司房地产行业样本，在 2018 年后信用指数呈现上涨趋势，说明中国房地产行业呈现利好趋势；2019~2020 年这两年信用指数由于新冠疫情的可能影响呈现下降趋势，但在 2021 年之后呈现上涨趋势，猜测的可能造成上涨的原因是，2020 年财政政策和金融政策整体体现出了宽松信号，有利于缓解房地产市场下行压力，导致 A 股市场房地产行业短期的信用指数上涨，但新冠疫情的黑天鹅扰动对经济的影响是巨大的，预计 2022 年后，中国 A 股房地产行业的信用指数会有一个大的下跌。具体如第 9 章图 9.1 所示。

研究发现，对于上市公司制造行业和上市小企业房地产行业这 2 个样本的逻辑回归主模型的 2019~2023 年这 5 年中国上市公司信用指数的趋势预测如下。具体如第 9 章图 9.1 所示。

(1)对于 2173 家上市公司制造行业样本，2018~2019 年信用指数处于下滑阶段，2019 年出现拐点，2019~2020 年信用指数呈缓慢回升趋势，2020 年出现拐点，在 2020~2021 年信用指数呈现急剧下跌趋势，2021 年出现拐点，2021~2022 年信用指数呈现小幅增长趋势，但在 2022~2023 年再次呈现下滑趋势。受 2020 年新冠疫情的影响，宏观经济环境动荡，制造行业的发展经营及融资受影响，导致 A 股制造行业市场的信用指数在 2020~2021 年出现剧烈下滑；随着疫情形势逐渐得到控制，国家采取一系列措施恢复经济，促使 A 股制造行业市场的信用指数在 2021~2022 年出现小幅回升趋势；随着数字化时代的到来，由于众多制造行业公司的数字化水平较低，无法适应数字化技术的飞速发展，因而在数字化革命中再次受到挤压，导致 A 股制造业市场的信用指数在 2022~2023 年再次出现下跌趋势。具体如第 6 章图 6.1 的中国上市公司制造行业年度信用指数走势图所示。

(2)对于 103 家上市小企业房地产行业样本，在 2018~2019 年信用指数呈现上升趋势，但在 2019 年之后呈现下跌趋势，在 2020 年下跌趋势变得更加明显，猜测的可能造成下跌更加迅速的原因是，受 2020 年新冠疫情的持续影响，宏观经济环境动荡，上市小企业房地产行业的发展经营及融资受影响，导致 A 股市场的信用指数整体下滑。

23.1.5　中国上市公司的不同行业信用特征分布规律结论

本节描述的是中国上市公司不同行业信用特征分布规律的结论。

研究发现，中国不同行业上市公司的信用特征分布规律是："信息传输、软件和信息技术服务业""制造业""建筑业"这 3 个行业的信用资质最高，"文化、体育和娱乐业""其他行业""批发和零售行业"这 3 个行业的信用资质居中，"采矿业""电力、热力、燃气及水生产和供应业""房地产业"这 3 个行业的信用资质最低。平均信用资质高的建筑业，在 2021 年和 2023 年的信用资质反而不高。

23.1.6　中国上市公司的不同省区市信用特征分布规律结论

本节描述的是中国上市公司不同省区市信用特征分布规律的结论。

研究发现，中国不同省区市上市公司的信用特征分布规律是：广东省、浙江省、江苏省等 10 个省区市的信用资质最高，河南省、上海市、甘肃省等 10 个省区市的信用资质居中，青海省、宁夏回族自治区、海南省等 11 个省区市的信用资质最低。平均信用资质高的浙江省和江苏省这两个省份，在 2023 年的信用资质反而偏低，可能会存在极高违约风险。

23.1.7　中国上市公司的不同所有制形式信用特征分布规律结论

本节描述的是中国上市公司不同所有制形式信用特征分布规律的结论。

研究发现，中国不同所有制形式上市公司的信用特征分布规律是：民营企业、集体企业、外资企业这 3 类所有制形式的信用资质最高，公众企业和中央国有企业这 2 类所有制形式的信用资质次之，地方国有企业和其他所有制企业这 2 类所有制形式的信用资质最低。平均信用资质高的集体企业，在 2023 年的信用资质反而最低。

23.2 主要创新与特色

23.2.1 方法论方面的创新与特色

(1)企业违约预测最优指标组合的遴选的创新与特色。在 m 个指标构成的 2^m-1 个指标组合中，应用违约状态与指标数据的函数关系 $y=f(x_1, x_2, \cdots, x_m)$的大数据模型、遍历所有指标组合，以预测误差最小为目标函数得到一个最优的指标组合。这就保证了违约预测精度最高。由于每个指标都有“选中”与“未选中”两种状态，因此，m 个指标就有 2^m-1 种组合。例如，本书上市公司的 204 个指标，构成的组合个数就有$(2^{204}-1)\approx 2.57\times 10^{61}$之多。这里的科学问题是：势必存在一个最优指标组合能够最大限度地把违约与非违约客户区分开来。

(2)企业违约预测最优权重向量的确定的创新与特色。根据违约状态 $y_{j(T)}$与指标权重向量 $W_{i(T-m)}$的函数关系 $y_{j(T)}=f(W_{i(T-m)}, X_{ij(T-m)})$，将预测的理论违约状态 $\hat{y}_j$ 与实际违约状态 y_j 进行对比得到预测误差，以预测误差最小为目标函数构建数学规划模型，反推出一组最优权重向量，保证了预测模型最大限度地区分违约与非违约企业。一个指标权重 W_i 取值范围是 0 到 1，由于数轴上任意两点间的有理数有无穷多个，则多个指标权重 $W_i\ (i=1, 2, \cdots, m)$就有无穷多种组合。这里的科学问题是：势必存在一个最优的权重向量能够最大限度地把违约与否的客户区分开来。

(3)多时间窗口的违约预测模型的建立的创新与特色。通过挖掘 $T-m$ 时刻的指标数据 $X_{ij(T-m)}$和 T 时刻的违约状态 $y_{j(T)}$之间的函数关系 $y_{j(T)}=f(X_{ij(T-m)})$，建立大数据模型，实现通过 T 时刻的指标数据 $X_{ij(T)}$预测 $T+m$ 时刻企业的违约状态 $y_{j(T+m)}=f(X_{ij(T)})$。

(4)最优信用等级的划分的创新与特色。通过挖掘“信用等级越高，违约损失率越低”的信用等级与违约损失率的匹配关系，以相邻等级违约损失率之间的差值最小为目标函数，以违约损失率随等级降低严格递增为约束条件，建立信用等级划分模型，保证划分后的信用等级分布近似于等腰三角形的金字塔形状，使得信用等级的划分结果满足“信用等级越高，违约损失率越低”的评级本质规律，改变了现有研究中信用等级越高，违约损失率反而不低的荒谬现象，开拓了信用等级划分的新思路。

(5)上市公司信用特征的分析与揭示的创新与特色。通过对不同行业、地区、所有制形式的公司信用得分均值之间的差异进行非参数检验，识别不同类别公司的信用资质高低，揭示不同行业、不同省区市、不同所有制形式的中国上市公司中，哪类公司的信用资质好，哪类公司的信用资质差，哪类公司的信用资质居中，为股票投资、债券投资提供投资参照，为上市公司自身风险管理提供参考，为银行贷款决策减少坏账损失提供依据，为金融监管当局提供监管建议。

(6)基于典型样本的信用指数和信用风险指数的构建的创新与特色。通过负债总额、资产总额、负债总额和资产总额之和这三个标准分别由高到低选取公司样本总数的前 10%作为典型公司样本，根据最优违约预警模型计算得到典型公司样本的信用得分 S_j，并将典型公司样本的信用得分 S_j 加权平均后转化为信用指数，将典型公司样本的违约风险得分$(100-S_j)$加权平均后转化为信用风险指数。信用指数用于反映清偿能力大小，信用风险指数用于反映违约可能性大小，实现对未来第 $T+m$ 年的信用状况和违约风险的监测和预警作用。

(7)最优违约预警模型确定方面的特色。通过采用线性判别模型、支持向量机、决策树等 14 个大数据模型，进行违约预测。以精度由高到低为第一排序标准，可解释性由强到弱为第二排序标准，复杂性由简洁到复杂为第三排序标准，遴选同时兼顾精度、可解释性、复杂性这个“不可能三角”规则的一个最优预警模型，作为构建信用指数的评价方程和预测方程。

23.2.2 数据处理方面的创新与特色

(1)在非结构化指标处理方面的特色。采用证据权重方法来确定非结构化指标数据的真实得分，而不是人为给定 0 或 1 的主观得分。通过非结构化指标中某个特征违约客户数量占比和非违约客户数量占比之差，计算该特征的 WOE 得分，保证了非结构化指标中特征的得分能够反映违约可能性大小，避免了主观给定得分不能反映违约可能性的不足。

(2)在非平衡数据处理方面的特色。采用合成少数过采样技术方法来处理非平衡数据，即通过在真实违约客户之间进行线性插值的方式，合成虚拟的违约样本，扩充违约企业数量，确保样本中违约企业数量与非违约企业数量比例为 1∶1 的平衡比例，避免了非平衡样本导致训练得到的大数据模型对违约差客户识别率低的弊端。

(3)在剔除异常值处理方面的特色。采用均值±3 倍标准差的方式进行异常值缩尾处理，根据标准正态分布的 3σ 原则，保留了样本 99.74%的信息，避免了样本中异常值存在影响违约预测精度的弊端。

23.2.3 研究发现方面的创新与特色

(1)本书首次构造了中国上市公司信用指数。对于股票投资、公司债券投资、银行贷款、企业的商业信用活动等，可以根据甄别企业信用风险、行业信用风险、地区信用风险，减少投资和贷款失误。对于证券交易所、金融监管当局，可以提供企业违约预警、行业违约预警、地区违约预警，提供未来违约风险变化态势，从而助其针对性地出台相应政策措施来维护证券市场稳定。

(2)揭示了不同行业上市公司的信用特征分布规律。“信息传输、软件和信息技术服务业”“制造业”“建筑业”这 3 个行业的信用资质最高，“文化、体育和娱乐业”“其他行业”“批发和零售业”这 3 个行业的信用资质居中，“采矿业”“电力、热力、燃气及水生产和供应业”“房地产业”这 3 个行业的信用资质最低。

(3)揭示了不同所有制形式上市公司的信用特征分布规律。民营企业、集体企业和外资企业的信用资质最高，公众企业和中央国有企业的信用资质次之，地方国有企业和其他所有制企业的信用资质最低。

(4)揭示了不同省区市上市公司的信用特征分布规律。广东省、浙江省、江苏省、北京市、福建省、贵州省、山东省、安徽省、陕西省和江西省这 10 个省市的信用资质最高，河北省、河南省、上海市、甘肃省、湖南省、湖北省、四川省、西藏自治区、重庆市和内蒙古自治区这 10 个省区市的信用资质居中，辽宁省、天津市、吉林省、云南省、黑龙江省、新疆维吾尔自治区、山西省、广西壮族自治区、青海省、宁夏回族自治区和海南省这 11 个省区市的信用资质最低。

23.3 政 策 建 议

23.3.1 基于行业的中国上市公司信用资质改善建议

(1)建议对“采矿业”“电力、热力、燃气及水生产和供应业”“房地产业”这三个行业，加强行业信用监管。由上文 5.10.1 节可知，“信息传输、软件和信息技术服务业”“制造业”“建筑业”这 3 个行业的信用资质最高，“文化、体育和娱乐业”“其他行业”“批发和零售业”这 3 个行业的信用资质居中，“采矿业”“电力、热力、燃气及水生产和供应业”“房地产业”这 3 个行业的信用资质最低。又由 9.11.4 节、10.11.4 节和 12.11.4 节可知，“房地产业”“电力、热力、燃气及水生产和供应业”“采矿业”的信用指数在没有考虑 2020 年新冠疫情的惯性预测下，均在 2020 年达到低谷，在 2021~2022 年有小幅上升，但在 2022~2023 年又出现跌势。在 2020 年新冠疫情这个突发事件的负面影响下，更应该加强对“采矿业”“电力、热力、燃气及水生产和供应业”“房地产业”的监管，及时采取有效措施应对宏观条件恶化带来的消极影响。

(2)建议从 2021 年起加强对各行业上市公司的整体监管，提高上市公司披露失实的成本。由上文第 6~14 章的信用指数预测可知，上市公司“制造业”“采矿业”等 9 个行业的信用状况由好转差的拐点均在 2020 年(以上预测是没有考虑 2020 年新冠疫情的惯性预测结果，在 2020 年新冠疫情这个突发事件的负面影响下，上市企业 2021~2023 年的行业信用状况将更加不容乐观)，因此建议加强对所有上市公司的监管力度，在 2020 年 12 月修订的退市新规及 2021 年 1 月行业信息披露指引基础上，进一步强化对上市公司财务与非财务信息披露的准确性要求，维护市场稳定运行。

23.3.2 基于地区的中国上市公司信用资质改善建议

(1)建议对辽宁省、天津市、吉林省、云南省、黑龙江省、新疆维吾尔自治区、山西省、广西壮族自治区、青海省、宁夏回族自治区和海南省这 11 个地区的上市公司，加强信用监管。由 5.10.2 节可知，中国上市公司的省区市特征为广东省、浙江省、江苏省、北京市、福建省、贵州省、山东省、安徽省、陕西省和江西省 10 个省市的信用资质最高，河北省、河南省、上海市、甘肃省、湖南省、湖北省、四川省、西藏自治区、重庆市和内蒙古自治区 10 个省区市的信用资质居中，辽宁省、天津市、吉林省、云南省、黑龙江省、新疆维吾尔自治区、山西省、广西壮族自治区、青海省、宁夏回族自治区和海南省 11 个省区市的信用资质最低。

(2)建议加强对中西部地区的政策扶持力度。在上市公司的数量上，中西部地区明显少于东部沿海地区；在上市公司类型上，中西部地区也以资源型企业或劳动密集型企业居多，未来的转型升级压力较大。因此建议，一是支持中西部的优秀企业优先上市，以发挥上市公司对区域经济的带动作用；二是支持中西部已上市企业产业升级与科技创新，承接发达地区的产业转移，并向产业链上下游拓展。

(3)建议建立各地区上市企业信用信息数据库，及时捕捉区域发展中可能违约的要素。在中国证监会“证券期货市场失信记录查询平台”(http://neris.csrc.gov.cn/shixinchaxun/)及信用中国(https://www.creditchina.gov.cn/)的基础上，探索建立各地区的上市公司信用信息专门平台，将资本市场、公安部门、海关部门、法院部门等包含的上市公司大数据统一纳入平台，从而更加精准地监测各地上市公司信用事件，并对上市公司重大信用事件潜在影响进行预警。

23.3.3 基于所有制形式的中国上市公司信用资质改善建议

(1)建议对地方国有企业、其他所有制企业这两类上市公司，加强企业信用监管。由 5.10.3 节可知，中国上市公司不同所有制形式的信用特征分布规律为民营企业、集体企业和外资企业的信用资质最高，公众企业和中央国有企业的信用资质次之，地方国有企业和其他所有制企业的信用资质最低。又由 22.5.2 节和 22.5.8 节可知，地方国有企业、其他所有制企业的信用指数在没有考虑 2020 年新冠疫情的惯性预测下，均是 2020~2021 年信用状况将下降，2021~2022 年信用状况将小幅上升，2022~2023 年信用状况又将下降。在 2020 年新冠疫情这个突发事件的负面影响下，更应该加强对地方国有企业、其他所有制企业的监管，及时采取有效措施应对宏观条件恶化带来的消极影响。

(2)建议加大对民营上市企业的支持力度。由 5.10.3 节可知，相较于其他类型的所有制形式，民营上市企业的信用资质最好。有必要通过加大对民营上市企业的支持力度，给予不同形式的优惠政策与鼓励政策，支持民营上市企业继续发挥在地区经济中的重要作用。例如，可以对信用状况较好的民营企业实行税收减免政策，加大研发费用的扣除力度，进一步鼓励民营企业创新发展。针对民营企业融资难的问题，应着力解决民营企业融资门槛高、环节多、周期长等实际困难。例如，可以考虑建立民营企业融资平台，通过金融科技和大数据分析技术，分析民营企业的征信水平，解决信息不对称的问题。同时，政府也应调整和出台相应的民营企业贷款政策，进一步拓宽民营企业的融资渠道，放宽融资条件，简化融资手续。

23.3.4 基于危险程度的重点预警上市公司信用资质改善建议

(1)建议对信用资质较差的“采矿业”“电力、热力、燃气及水生产和供应业”“房地产业”这 3 个行业违约风险较高的重点预警企业，采用监管谈话等形式对企业管理层进行预警，督促其自查企业预警原因，并围绕企业的上下游供应网络制定相应的预防和转化措施，避免企业一旦发生信用风险对行业发展带来的负面影响。例如，房地产行业中的荣盛发展(002146.SZ)、保利地产(600048.SH)和华夏幸福(600340.SH)等 14 个企业将在 2023 年出现极高信用风险。

(2)建议对信用资质较差的青海省、宁夏回族自治区、辽宁省等 11 个省区市违约风险较高的重点预警企业，采用监管谈话等形式对企业管理层进行预警，督促其自查企业预警原因，并围绕企业的上下游供应网络制定相应的预防和转化措施，避免企业一旦发生信用风险对行业发展带来的负面影响。例如，辽宁省上市公司中，鞍钢股份(000898.SZ)、神雾节能(000820.SZ)、三垒股份(002621.SZ)、恒力股份(600346.SH)这 4 家企业将在 2023 年出现极高信用风险。

(3)建议对信用资质较差的地方国有企业和其他所有制企业这两种所有制形式中被重点预警的企业，采用监管谈话形式给予预警，及时提醒企业管理者自查企业预警原因，并针对企业预警原因制定相应的预防和转化措施，尽可能避免或降低企业对整个行业和地区经济带来的负面影响。例如，鲁西化工(000830.SZ)、柳钢股份(601003.SH)和建发股份(600153.SH)等 13 个地方国有企业将在 2023 年出现较大信用风险。

后　　记

大数据环境既给企业的信用评级和违约预测带来了挑战，又带来了机遇。

本书的目的有二：一是通过大数据方法建立企业信用评级和违约预测体系；二是通过构建信用指数和信用风险指数刻画中国上市公司的信用特征。

面对当下新的技术革命和新的经济社会环境，信用评级与违约风险预测也需要与之适应。

首先，“大数据+人工智能”已成为金融行业新的发展机遇和发展动力。自 2013 年德国提出工业 4.0 后，以物联网、大数据、人工智能等技术为驱动力的“第四次工业革命”以前所未有的态势席卷全球，正在重新塑造未来世界的经济格局。其中，第四次工业革命的主轴就是大数据，以容量大、类型多、存取速度快和平均价值低为主要特征的大数据，给各行业的生产方式转变带来了巨大机遇和挑战。以机器学习、人工智能、云计算为代表的计算技术与分析技术的发展，使得对大数据的处理与应用成为可能。其中，面对金融行业自身海量数据的快速积聚和数据蕴含的巨大价值，“大数据+人工智能”已成为金融大数据应用的新方向，这给金融行业带来了新的发展机遇和巨大的发展动力。

其次，大数据环境给企业违约风险预警研究带来了新的机遇与挑战。一是指标数据在迅猛增加的同时，与违约预警无关的“无用指标”也不断增加。现有的大数据文献，如 *Management Science*、*Journal of Financial Economics* 等顶级学报近些年发表的成果，多数都缺少最优指标组合遴选这方面的研究。二是结构化、非结构化数据不断涌现，如何融合不同类型的数据，并通过指标权重予以反映？典型的大数据模型对最优权重向量的确定亟待深入。以流行最广的线性判别分析为例，2010~2019 年 Web of Science 发表 42 000 多篇线性判别模型论文中的权重由作者设定，一般都没有讨论权重的来龙去脉，更没有讨论最优权重向量的研究。三是具有未来 m 年的预测能力的大数据模型构建。流行的大数据模型一般都缺少对未来 m 年的违约预测，只能进行当年的违约判别。2010~2019 年在得克萨斯大学达拉斯分校的纳文·金达尔管理学院创建的 UT/DALLAS24 期刊数据库中发表的信用风险领域的大数据模型的研究重点一般是算法的优化。针对以上三点，本书以“提出问题—理论建模—模型求解—实际应用”的方式向读者展现一个个科学问题不断地被提出、解决的思考与探索过程。

我们最早的信用评级研究起步于 1998 年，当时著者主持的项目为 1998 年 1 月~2000 年 12 月信贷风险管理量化模型的研究[国家自然科学基金项目(79770011)]。这个项目对于信用评级的研究，在《中国管理科学》《系统工程理论方法应用》《经济科学》等学报发表了一些论文，但其中的信用评级仅仅是项目研究内容的一个部分，其他研究内容为资产负债管理的优化理论与模型。这个项目虽然在后来的结项鉴定中被评为“优”，但那个时期的信用评级研究，显得相当稚嫩，研究方法和研究手段也相当粗糙。

本书中科学研究的实践积淀得益于著者主持的商业银行和智能科技公司的几个项目。一是 2007 年 6 月~2008 年 6 月的“大连银行小企业信用风险评价系统”；二是 2009 年 7 月~2010 年 10 月的“中国邮政储蓄银行农户小额贷款信用风险决策评价系统和商户小额贷款信用风险决策评价系统”；三是 2012 年 1 月~2013 年 12 月的“大连银行小企业信用风险评级系统与贷款定价系统”；四是 2019 年 5 月~2020 年 12 月的“爱德力智能科技(厦门)有限公司智能风险管控模型与算法系统研究”。

本书中科学研究的理论探索和系统攻关方面得益于著者主持的两个国家自然科学基金项目。一是 2012 年 1 月~2015 年 12 月的国家自然科学基金面上项目(71171031)“基于违约风险金字塔原理的小企业贷款定价模型”；二是 2018 年 1 月~2022 年 12 月的国家自然科学基金重点项目(71731003)“大数据环境下的微观信用评价理论与方法研究”。

本书五易其稿，六次修改，是迟国泰教授科研团队科学研究的成果，也是团队师生集体智慧的结晶。

博士生导师周颖教授，组织并参与了整个书稿的框架设计、内容安排和后期的文字润色，并对迟国泰教授科研团队初稿撰写的师生进行了协调。

博士生袁昆鹏协助著者组织了全部5稿的修改讨论会，负责对全部初稿起草小组的研究生进行协调、指导和帮助，并参加相应篇章初稿的文字撰写和润色。博士生章彤、李哲协助袁昆鹏进行组织协调并参加了初稿的文字撰写和润色。

博士生袁昆鹏负责第5~18章等主要篇章不同样本的最优指标组合遴选模型、最优信用等级划分模型、信用指数模型、信用风险指数模型等4个部分的计算机编程和大数据分析。同时，他还在训练测试样本划分、非平衡样本处理、分行业样本处理等方面编制了计算机程序。

每一个样本的违约预测，都需要通过综合考虑复杂性、精度、可解释性的不可能三角，从构建的14种大数据违约预警模型中对比分析遴选出最优违约风险预警模型。

博士生章彤负责了下述8个计算机模型的编程，包括：模型1，线性判别模型；模型8，多数投票线性判别模型；模型9，多数投票逻辑回归模型；模型10，多数投票广义加性模型；模型11，多数投票线性支持向量机；模型12，多数投票决策树模型；模型13，多数投票BP神经网络模型；模型14，多数投票K近邻模型。同时，章彤负责了下述5个模型的数值计算，包括：模型2，逻辑回归模型；模型4，线性支持向量机；模型5，决策树模型；模型6，BP神经模型网络；模型7，K近邻模型。

博士生李哲负责最优信用等级划分模型和模型3——广义加性模型的计算机编程及大数据分析。

博士生李存、董冰洁、王珊珊、邢晋和硕士生沈隆、郑云浩等6人作为初稿文字撰写组长，负责各自撰写小组人员的组织和协调，并参加了相应篇章初稿的文字撰写和编辑。

各章初稿文字撰写与编辑的分工为以下同学。

第1章：王珊珊、张志鹏。

第2章：邢晋、章彤。

第3章：袁昆鹏、章彤、张志鹏、李哲。

第4章：李哲、章彤。

第5章：袁昆鹏、李哲。

第6章：李存、袁昆鹏。

第7章：李丹、李存。

第8章：代佳微、李存。

第9章：沈隆、袁昆鹏。

第10章：赵海浪、沈隆。

第11章：郭秀斌、沈隆。

第12章：郑云浩、袁昆鹏。

第13章：杨涛繁、郑云浩。

第14章：梁金月、郑云浩。

第15章：李哲、董冰洁。

第16章：董冰洁、袁昆鹏。

第17章：卢俊冰、董冰洁。

第18章：柏凤山、董冰洁。

第19章：袁昆鹏、董冰洁

第20章：刘江莹、熊坚。

第21章：赵丽鑫、熊坚。

第22章：熊坚、郭慧敏、董冰洁、李丹、柏凤山、刘江莹、邢晋。

第23章：刘颖、张志鹏。

博士生袁昆鹏起草了前言和后记；复核第6章、第9章、第12章、第16章内容。博士生李哲共同起草了后记；复核第3章和第5章内容。博士生章彤复核了前言、第2章、第3章、第4章和后记内容。

感谢国家自然科学基金重点项目(71731003)“大数据环境下的微观信用评价理论与方法研究”的资助。

欢迎从事大数据信用评级理论与实践研究的同行或业界人士指导我们的科学探索或进行合作研究，我们的研究背景请详见迟国泰个人主页：http://faculty.dlut.edu.cn/1994011028/zh_CN/index.htm。

由于著者的学识水平所限，书中难免存在疏漏之处，诚恳地希望读者批评指正。

著　者

2021 年 4 月